코칭심리학
실천 연구자를 위한 안내서
Handbook of Coaching Psychology: A Guide for Practitioners
2nd edition

Second edition published 2019
by Routledge 2 Park Square, Milton Park, Abingdon, Oxon OX14 4RN
and by Routledge 52 Vanderbilt Avenue, New York, NY 10017
Routledge is an imprint of the Taylor & Francis Group, an informa business
© 2019 selection and editorial matter, Stephen Palmer and Alison Whybrow; individual chapters, the contributors
The right of the editors to be identified as the authors of the editorial material, and of the authors for their individual chapters, has been asserted in accordance with sections 77 and 78 of the Copyright, Designs and Patents Act 1988.
All rights reserved. No part of this book may be reprinted or reproduced or utilised in any form or by any electronic, mechanical, or other means, now known or hereafter invented, including photocopying and recording, or in any information storage or retrieval system, without permission in writing from the publishers.
Trademark notice : Product or corporate names may be trademarks or registered trademarks, and are used only for identification and explanation without intent to infringe.
First edition published by Routledge 2008
British Library Cataloguing-in-Publication Data
A catalogue record for this book is available from the British Library
Library of Congress Cataloging-in-Publication Data
Names: Palmer, Stephen, 1955– editor. | Whybrow, Alison, 1968– editor.
Title: Handbook of coaching psychology: a guide for practitioners/edited by Stephen Palmer & Alison Palmer.
Description: 2nd Edition. | New York: Routledge, 2018. | Revised edition of Handbook of coaching psychology, 2007.
Identifiers: LCCN 2018029791 | ISBN 9781138775312 (hardback) |
ISBN 9781138775329 (pbk.) | ISBN 9781315758510 (Master) |
ISBN 9781317636403 (Web) | ISBN 9781317636397 (epub) |
ISBN 9781317636380 (mobipocket)
Subjects: LCSH: Personal coaching.
Classification: LCC BF637.P36 H36 2018 | DDC 158.3-dc23
LC record available at https://lccn.loc.gov/2018029791
ISBN: 978-1-138-77531-2 (hbk)
ISBN: 978-1-138-77532-9 (pbk)
ISBN: 978-1-315-75851-0 (ebk)
Typeset in Bembo
by Apex CoVantage, LLC

HANDBOOK OF COACHING PSYCHOLOGY 2nd Edition
Copyright © 2019 by Stephen Palmer and Alison Whybrow
Authorised translation from English language edition published by Routledge,
a member of the Taylor & Francis Group
All rights reserved

Korean Translation Copyright © 2023 by Korea Coaching Supervision Academy
Korean edition is published by arrangement with TAYLOR & FRANCIS GROUP
through Imprima Korea Agency

이 책의 한국어판 저작권은 Imprima Korea Agency를 통해
TAYLOR & FRANCIS GROUP와의 독점 계약으로 한국코칭수퍼비전아카데미에 있습니다.
저작권법에 의해 한국 내에서 보호를 받는 저작물이므로 무단전재와 무단복제를 금합니다.

호모코치쿠스 45

코칭심리학
실천 연구자를 위한 안내서
Handbook of Coaching Psychology: A Guide for Practitioners
2nd edition

스티븐 팔머, 앨리슨 와이브로우 편저
강준호, 김태리, 김현화, 신혜인 옮김
김상복 감수

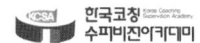

목차

코칭심리학 핸드북	…… 9
머리말	…… 10
서문 및 감사의 말	…… 12
국제 코칭심리학 협회	…… 14

PART 1. 코칭심리학의 관점과 연구 …… 17
  서론 …… 19
  1장. 과거, 현재 그리고 미래 …… 21
  2장. 코칭과 신경과학 …… 35
  3장. 코칭과 코칭심리학 내 자기효능감: 통합된 자기효능감 코칭 모델 …… 53
  4장. 목표와 코칭: 목표 중심 코칭과 코칭심리학의 통합적 증거 기반 모델 …… 69
  5장. 긍정심리학에서 긍정심리학 코칭의 발전으로 …… 97
  6장. 연구와 프랙티셔너: 코칭심리학자로서의 증거에 대한 관점 정립 …… 125
  7장. 코칭심리학 연구 방법론 분석을 통한 증거 기반 코칭의 이해 …… 145

PART 2. 코칭심리학의 접근들 …… 163
  서론 …… 165
  SECTION 1. 행동 및 인지행동적 접근들 …… 171
    8장. 행동주의 코칭 …… 173
    9장. 인지행동 코칭: 통합적 접근 …… 189
  SECTION 2. 인본주의적 접근들 …… 221
    10장. 인간 중심 코칭심리학 …… 223
    11장. 동기 강화 면담: 코칭심리학자들을 위한 접근 …… 245
    12장. 다원주의 코칭 …… 263
  SECTION 3. 실존주의 접근들 …… 281
    13장. 코칭심리학에 대한 실존주의 접근 …… 283
    14장. 게슈탈트 코칭 …… 301
    15장. 코칭에서의 마음챙김: 자기 결정 이론을 중심으로 …… 327
    16장. 자비 중심 코칭 …… 345
  SECTION 4. 존재 중심 접근들 …… 365
    17장. 존재론적 코칭 …… 367

18장. 소매틱 코칭 ······ 385
　SECTION 5. 구성주의적 접근들 ······ 405
　　　19장. 개인 구성주의 심리학 코칭 ······ 407
　　　20장. (성인, 아동, 그룹과 공동체) 모두를 위한 내러티브 코칭 ······ 429
　　　21장. 해결 중심 코칭 ······ 453
　　　22장. 신경 언어 프로그래밍(NLP)과 코칭 ······ 473
　SECTION 6. 시스템적 접근들 ······ 493
　　　23장. 코칭에 대한 교류 분석 접근 ······ 495
　　　24장. 코칭 및 코칭심리학 프랙티스에서 시스템 컨스텔레이션 접근 ······ 517
　　　25장. 정신역동과 시스템-정신역동 코칭 ······ 539

PART 3. 적용, 맥락, 그리고 지속성 ······ 567
　서론 ······ 569
　SECTION 1. 삶과 일에서 개인의 전환 ······ 573
　　　26장. 개인 및 라이프 코칭심리학 ······ 575
　　　27장. 인생 전환기의 발달 코칭 ······ 595
　　　28장. 코칭에 대한 접근으로서의 성인 학습 ······ 613
　　　29장. 커리어 코칭 ······ 633
　　　30장. 스트레스, 회복탄력성, 건강과 웰빙 코칭 ······ 657
　SECTION 2. 코칭, 복잡성과 시스템 차원 개입 ······ 683
　　　31장. 혼돈의 가장자리에서 코칭: 코칭심리학에 대한 복잡성 기반 접근 ······ 685
　　　32장. 조직 내 코칭 개발: 코칭 문화로 이동 ······ 703
　　　33장. 리더십 및 임원 코칭 ······ 727
　　　34장. 팀 코칭 ······ 749

PART 4. 코칭심리학의 전문성과 윤리적 프랙티스 ······ 769
　서론 ······ 771
　35장. 코칭 관계: 코칭 과정과 결과의 핵심적인 역할 ······ 775
　36장. 코칭과 상담의 경계 문제에 대해 다시 돌아보기 ······ 801
　37장. 코칭과 다양성 ······ 823
　38장. 코칭에서 심리측정 사용하기 ······ 845
　39장. 코칭에서 기술의 역할 ······ 869
　40장. 코치이의 정신건강: 코칭심리학자를 위한 실천적 함의 ······ 885
　41장. 코치 발달을 위한 인지 발달적 접근 ······ 903
　42장. 코칭심리학 수퍼비전 ······ 925
　43장. 코칭심리학 교육 및 프랙티스의 글로벌 활동 ······ 945

후기 ······ 962
Appendix 1: 코칭-코칭심리학 전문 기관 ······ 964
Appendix 2: 코칭-코칭심리학 관련 출판물 ······ 966
Appendix 3: 대학-기반 코칭심리학 유닛과 센터 ······ 968
Appendix 4: 국제 코칭심리학 협회(ISCP) ······ 969

색인	······ 972
역자 소개	······ 988
발간사	······ 990

그림/표 목차

그림

1.1 질문에 대한 상위 13개의 응답: 코칭/코칭심리학 프랙티스에서 가장 많이 사용하는 접근은 무엇입니까? 단 한 가지만 선택하세요.	······ 30
3.1 자기효능감 코칭 모델	······ 61
4.1 목표 중심적 자기 조절 표준모델	······ 74
4.2 목표 위계 프레임워크	······ 81
4.3 목표 무시의 결과를 설명하는 목표 위계 프레임워크	······ 83
4.4 코치를 통해 촉진되는 목표 달성에 대한 통합 모델	······ 85
5.1 플로리시의 RAW 모델	······ 103
5.2 계발 코칭: INSIGHT 프레임워크	······ 112
6.1 연구 문헌 프레임워크 체계	······ 130
7.1 두 체계적 문헌 고찰에서 나타난 다양한 연구 방법론의 수	······ 157
7.2 코칭 연구 초점의 변화	······ 157
9.1 스페이스 모델	······ 211
12.1 코칭을 위한 다원주의 프레임워크	······ 270
12.2 코치이의 코칭 경험 평가	······ 277
14.1 인식의 패턴	······ 304
16.1 세 가지 유형의 정서 조절 체계	······ 349
16.2 자비의 속성	······ 352
18.1 소매틱 방법론의 핵심 요소	······ 388
18.2 형태 장소	······ 395
19.1 코칭을 통해 나타나는 역동적인 결과들	······ 410
19.2 클라이언트 자신과 자기의 일치를 통한 개인적 균형과 추진력	······ 412
19.3 수행과 전략적 목표 실현 과정	······ 413
19.4 마이클에게 제공된 요약 프로파일	······ 422
20.1 학습 바퀴	······ 432
20.2 피드백 하기: 조하리 창	······ 436
20.3 이야기가 다양한 대안적 줄거리로 전개될 수 있음을 보여주는 외재화 대화 과정에서의 재저작	······ 440
20.4 고객과 이해관계자에 대한 소프트 시스템(CATWOE) 분석	······ 445
22.1 APET 모델	······ 477
22.2 TOTE	······ 478
22.3 공동 창조된 경계	······ 485
22.4 작업의 특징적 방식	······ 485
23.1 성장하는 경계	······ 501

23.2 다자간 계약	⋯⋯ 504
23.3 OK 목장 – 다른 사람과의 관계에서 자신을 보는 방법	⋯⋯ 508
24.1 마커와 코치의 위치	⋯⋯ 529
25.1 코칭의 네 가지 모델	⋯⋯ 541
25.2 일차 과제	⋯⋯ 546
25.3 경계에서의 관리	⋯⋯ 547
25.4 역할	⋯⋯ 550
25.5 여섯 가지(6) 영역 모델	⋯⋯ 554
27.1 발달 코칭: 전환 연속체	⋯⋯ 603
27.2 발달 코칭: INSIGHT 프레임워크	⋯⋯ 604
27.3 전환기 삼각형	⋯⋯ 605
28.1 윌버의 사분면 통합 모델	⋯⋯ 617
28.2 통합적 경험 코칭 모델	⋯⋯ 619
28.3 코칭 축	⋯⋯ 623
29.1 생애 단계 또는 무지개 모델	⋯⋯ 640
32.1 코칭 비전 매핑을 위한 프레임워크	⋯⋯ 712
33.1 LEC 영역 매핑하기	⋯⋯ 734
34.1 CAPP Realise2 4M 모델	⋯⋯ 760
39.1 기술의 영향을 받는 코칭의 측면	⋯⋯ 872
42.1 코칭심리학 수퍼비전의 시스템적 개요	⋯⋯ 933

표

1.1 전 세계 코칭심리학 관련 이익 집단	⋯⋯ 25
1.2 다른 심리학적 기반을 둔 다양한 코칭 접근을 사용하는 코칭심리학자와 코치의 비율	⋯⋯ 29
2.1 기능이 있는 뇌 부분 요약	⋯⋯ 39
7.1 증거의 위계 구조	⋯⋯ 148
7.2 코칭의 정의	⋯⋯ 149
7.3 코칭심리학의 정의	⋯⋯ 153
7.4 상기한 두 건의 체계적 문헌 고찰 과정 및 초기 결과	⋯⋯ 156
8.1 GROW 과정을 촉진하는 열린 질문의 예시	⋯⋯ 177
8.2 4단계 모델	⋯⋯ 181
9.1 수행 향상 양식	⋯⋯ 215
11.1 변화 주기	⋯⋯ 248
12.1 코칭을 위한 다원주의 프레임워크 적용	⋯⋯ 277
12.2 코치이 선호	⋯⋯ 277
14.1 알아차림의 방해물	⋯⋯ 310
15.1 외재적 동기와 관련된 통합 및 주인의식의 다양한 수준	⋯⋯ 331
15.2 제이크의 사례 개념화 예시	⋯⋯ 339
19.1 코칭 전과 후에 실시한 코치이 상황에 대한 위험 평가(코치이 자기 평가)	⋯⋯ 421
20.1 분산 분석	⋯⋯ 447
22.1 개입에 대한 사전/사후 심리검사 결과표	⋯⋯ 488

23.1 계약 당사자 이해하기 505
23.2 작업 계약서 작성하기 505
23.3 심리적 수준을 표면으로 드러내기 506
24.1 핵심 요소들의 예 525
29.1 다섯 가지 개인 역량 642
29.2 커리어 코칭을 위한 코치이의 동기 탐색 645
29.3 커리어 코칭 카테고리 예 646
29.4 지침 이론 647
29.5 네 가지 기본적인 고용가능성 경향 648
30.1 CLARITY 코칭 모델 사례 연구 676
34.1 강점 기반 팀 코칭 단계 763
34.2 6단계 강점-기반 팀 빌딩 모델 764
39.1 코칭 활동에 연계된 기술들 882
41.1 행동에서 참여에 대한 발달의 세 단계 911
41.2 코칭의 단계 및 발달 과업 914
43.1 코칭심리학 단체와 협회 948
43.2 코칭심리학 그룹/협회의 활동 영역 951
43.3 지속적인 전문성 개발/교육 활동 사례 957

상자

6.1 프랙티셔너-학자를 위한 질문 137
10.1 긍정적 성격 변화의 필요충분조건 226
24.1 Rumi 524
24.2 물리적 지도를 만드는 이유 526
24.3 핵심 포인트 요약 530
32.1 '왜 코칭이 필요한가' 질문 체크리스트 711

코칭심리학 핸드북

『코칭심리학 핸드북: 실천 연구자를 위한 안내서』는 코칭심리학 이론과 연구 및 프랙티스에 관한 명확하고 광범위한 가이드를 제공한다.

이번 새로운 확장판에서는 세계적인 코칭심리학자와 코치를 선정하여, 광범위한 분야의 최신 발전 사항을 간략하게 소개한다. Part 1은 코칭심리학의 관점과 연구를 살펴보고, 과거와 현재를 보면서 미래의 방향을 평가한다. Part 2에서는 행동behavioural과 인지행동cognitive behavioural, 인본주의humanistic, 존재론적existential, 존재-중심being-focused, 구조적constructive, 시스템적systemic 접근을 포함하여 심리학 코칭에 관한 다양한 접근을 제시한다. Part 3는 삶과 일의 개별적 전환, 복잡성 및 시스템적 수준의 개입을 포함한 주제에 중점을 두고 적용, 맥락 및 지속 가능성을 다룬다. 마지막으로, Part 4에서는 코칭심리학의 전문적이고 윤리적인 프랙티스 내에서 다양한 주제를 탐구한다. 이 책에는 코칭심리학의 주요 전문 기관, 간행물, 연구 센터와 학회를 설명하는 여러 부록이 포함되어 있어 필수적인 자산으로 사용될 수 있다.

고유한 범위의 이 텍스트는 코칭심리학자와 코치, 연구자, 코칭심리학과 코칭을 배우는 학생, 코칭 및 비즈니스 심리학을 가르치는 데 핵심 교재가 될 것이다. 인적 자원, 학습과 개발, 관리 전문가, 코치 역할을 하는 임원을 포함하여 자신의 코칭 프랙티스를 뒷받침하는 심리학을 이해하려는 모든 사람에게 중요한 텍스트가 될 것이다.

- **스티븐 팔머**Stephen Palmer는 선도적인 코칭심리학자이며 국제 코칭심리학 협회International Society for Coaching Psychology의 회장이다. 그는 Wales Institute for Work Based Learning의 초빙 교수이자 영국 심리학회 코칭심리학 특별 분과British Psychology Society Special Group in Coaching Psychology의 초대 회장이었다.
- **앨리슨 와이브로우**Alison Whybrow는 2000년대 초부터 코칭심리학 전문성 개발에 참여해 왔다. 영국 심리학회 코칭심리학 특별 분과British Psychology Society Special Group in Coaching Psychology 회장이었던 앨리슨은 현재 국제 코칭심리학 협회 국제 코칭심리 연구센터International Centre for Coaching Psychology의 명예 연구원이다. 그녀는 코칭과 컨설팅 사업을 운영하고 있다.

머리말

코칭심리학의 새 천 년

나는 이 책에서 코칭심리학 분야의 엄청난 성장과 발전을 보게 되어 정말 기쁘다. 책의 초판에는 코칭심리학이라는 새로 만들어진 분야를 설명하는 22개의 챕터만 있었지만, 이번 책에는 중요한 분야의 개념을 성숙하게 한 연구의 추가적인 발전을 반영하는 43개의 챕터가 있다. 우리는 이제 인지행동 기법에서 인본주의적 기법(예: 인간 중심 치료personcentred therapy), 실존적 접근(예: 게슈탈트 코칭gestalt coaching, 마음챙김 mindfulness)에서 구조적 기법(예: NLP 코칭NLP coaching, 개인 구조적 심리학personal construct psychology) 그리고 시스템적 접근(예: 교류 분석Transactional Analysis, 정신역동 코칭psychodynamic coaching)에 이르기까지 전 범위의 코칭심리학 접근을 다루고 있다.

또한 '코칭심리학의 전문성과 윤리적 프랙티스'에서, 코칭과 상담 사이의 경계, 코칭에 있어서 심리측정학psychometrics의 활용, 코칭심리학 수퍼비전과 다양성 문제 등을 탐구한다. 새로운 분야를 개발할 때, 이러한 문제는 해당 분야에 대한 비전과 이해를 창출하는 데 있어 명확하게 표현하고 토론하고 통합해야 하는 근본적인 문제이다.

이번 개정판은 코칭심리학 분야를 더욱 공고하게 해 나가면서 정의했으며 개인, 일, 관계의 어려움을 가진 사람들을 도울 강화된 플랫폼을 제공한다. 바라건대, 이것은 1853년 헨리 데이비드 소로Henry David Thoreau에 의해 제기된 문제를 사회가 해결하는 데 도움이 되길 바란다:

"우리는 우리 몸의 굶주림과 갈증은 얼마나 신속하게 만족시키는지; 우리 영혼의 굶주림과 갈증을 채우는 데는 얼마나 더딘지."

캐리 L. 쿠퍼Cary L. Cooper 교수, CBE
Chatered 인사 개발원Chartered Institute of Personnel and Development 원장과 복지 연구소Institute of Welfare
50주년 조직 심리학과 건강과 교수,
맨체스터 경영 대학교ALLIANCE Manchester Business School, University of Manchester 회장 및 교수,
Booth Street East, Manchester M13 9SS

참고 문헌

Thoreau, H. D. (1906). Letter, February 27, 1853, to Harrison Blake. In The Writings of Henry David Thoreau, vol. 6, p. 213, Houghton Mifflin. See: www.gutenberg.org/files/43523/43523-h/43523-h.htm

서문 및 감사의 말

왜 『코칭심리학 핸드북』의 제2판을 발행해야만 했을까? 2007년에 포괄적인 내용을 담은 초판이 출판되어 많은 코칭과 코칭심리학 프로그램의 핵심 문헌이 된 이후, 이 개정판이 유효하고 필요한 이유는 무엇인가?

앤소니 그랜트Anthony Grant 박사가 코칭심리학이 발전했다고 발표한 2000년과 본 핸드북의 초판이 출판된 2007년 사이에 코칭심리학을 심리학의 하위 학문으로 확립하는 프레임워크가 영국과 호주에서 빠르게 등장했다. 2007년부터 코칭심리학 분야 내에서 이러한 발전 속도는 유지되어 오고 있다. 이러한 프레임워크는 다음을 포함한다: 코칭심리학 전문 기관; 국가 대표 전문 심리학 기관의 하위 그룹; 콘퍼런스; 학부 과정에서 박사 과정 연구 프로그램까지 코칭심리학을 제공하는 대학의 프로그램; 피어-리뷰 출판물; 코칭심리학자를 위한 전문적인 프랙티스 자격 및 공인 자격, 코칭심리학을 국가적 프레임워크 내에서 하위 분야로 설정하는 국가가 더 많아지고 있다. 심리학 코칭에 지속해서 초점을 맞춘 결과, 심리학 코칭 프로그램, 프랙티스와 연구의 깊이와 폭은 개인 코치이와 광범위한 고객 이해관계자에게 이점benefit이 주어짐에 따라 계속 증가하고 있다.

코칭과 코칭심리학 전문가들은 서로에게 정보를 계속 제공하고 서로 협력하며 유사하지만 다른 양상의 배경에 전념하고 있다. 더 넓은 전문 분야에서 이들 사이에 무엇이 같고 무엇이 다른지에 대한 질문이 있지만, 둘 다 자신의 분야에 더 확고한 근거가 있기 때문에 상대적으로 빈도가 적은 관심사이다.

국제 코칭심리학 협회The International Society for Coaching Psychology(ISCP)와 국제 코칭심리학 회의 International Congress for Coaching Psychology 포럼은 이 신흥 글로벌 분야의 연구자, 학생, 프랙티셔너, 학계와 많은 국가적 코칭심리학 기관을 연결하는 유용한 협력 수단으로 부상했다.

이번 판의 프레임워크, 각 섹션의 구조, 각 장의 내용과 흐름에 이런 생각이 들어 있다. 이 책은 이와 같은 전문적인 프랙티스 영역의 발전과 관련된 광범위한 측면과 접근을 다루는 네 부분으로 구성되어 있다. 여기에는 다음이 포함된다: 코칭심리학에 대한 관점과 연구; 코칭심리학 접근; 적용, 맥락 및 지속 가능성; 코칭심리학의 전문성과 윤리적 프랙티스. 각 파트는 관련 섹션으로 구분되어 프랙티스 환경에서 함께 사용되는 주제를 묶은 것이다. 또 각 챕터는 명확한 흐름을 따라 서로 다른 접근과 프레임워크 간을 비교할 수 있게 한다. 또 조직의 고객은 '고객client'이라는 단어로, 코칭을 받는 개인은 '코치이coachee'라는 단어로 매우 구체적인 사용을 했었다.

이처럼 폭넓고 깊이 있는 책이 현실이 될 수 있도록 하는 데 중추적인 역할을 한 전 세계 동료, 고객, 코치이, 출판사의 노력 덕분이다. 우리는 영감을 주는 파트너십과 그들의 기여를 가능하게 하는 놀라운 작업에 대해 모든 기여자에게 감사를 표한다.

이 책이 나올 때까지 인내심을 가지고 기다려 준 기고자와 출판사에 감사 인사를 전한다. 더해서, 다른 사람들도 그들의 통찰력을 배우고 혜택을 받을 수 있도록 그들의 이야기와 애플리케이션 공유를 통해 프랙티스를 되살린 고객과 코치가 없었다면 불가능한 일이다. 마지막으로, 우리는 국제 코칭심리학 협회가 이 책을 국제 무대에서 코칭심리학을 위한 여정의 하나로 자리매김하는 데 파트너로서 참여해 준 것에 감사드린다.

국제 코칭심리학 협회 International Society for Coaching Psychology

서문

국제 코칭심리학 협회The International Society for Coaching Psychology(ISCP)는 전 세계에서 코칭심리학 훈련과 전문성을 발전시키기 위해 노력하고 있다. 여기에는 코칭심리학 이론, 연구, 그리고 프랙티스 개발을 장려하고 코칭심리학자의 작업 지원이 포함된다. 따라서 이 중요한 출판물과 협력할 기회는 우리의 주요 목표 및 전략과 일치하고 공명하고 있다.

이번 제2판에서는 시기적절한 기고문의 43개의 챕터에서 사용할 수 있는 주제의 범위와 다양성으로 실망하게 하지 않을 것이다. 이 구조는 출판물, 소셜 미디어, 행사 및 콘퍼런스와 같은 우리의 활동 과정에서 국제 코칭심리학 협회가 국제적으로 관찰한 시사적 관심 사항, 증거 기반 및 프랙티스 기반, 코칭심리학의 일반적인 패턴을 반영한다.

해당 분야에 크게 기여하는 이 두 번째 판은 당신과 같이 자격을 갖춘 심리학자, 코칭심리학자, 코치, 학생 또는 해당 분야에 더 폭넓은 관심을 가진 사람에게 가치를 제공한다. 다루는 영역은 코칭심리학적 관점과 연구, 코칭 접근을 제시하고 더 시스템적인 개입, 전문적 측면 및 윤리적 프랙티스를 탐구한다.

코칭심리학 분야의 출현을 되돌아보면, 최근 몇 년 동안 코칭심리학이 실제로 달성한 많은 목표가 불가능하지는 않더라도 열망적이었다고 그때 우리가 생각했을지 모르는 성찰이 남아 있다. 이 새로운 코칭심리학 핸드북은 전문성 개발을 하면서 달성한 많은 이정표를 상징적으로 보여준다. 미래는 흥미진진하며, 이제 우리는 코칭심리학이 더 넓은 심리학적 전문성에 미치는 잠재적 영향을 기대할 수 있다.

시오베인 오리어던 Siobhain O'Riordan

국제 심리 코칭학회 의장

Part 1

코칭심리학의 관점과 연구

서론

역자: 신혜인

Part 1의 맥락은 이 핸드북의 편집자들이 제공하는 개요를 바탕으로 했다. '과거, 현재 그리고 미래Past, present and future'는 역사적 관점, 현재의 상태, 그리고 코칭심리학 전문성의 미래 잠재력을 조망한다. 코칭과 코칭심리학 분야에서 발전한 풍요는 지난 10년 반 동안 상당했다. 앞으로 구축해 나가야 하는 우리는 코칭과 코칭심리학이 세상이 어떻게 존재하는지에 대한 기존 가정에 도전하는 프랙티스 영역으로 잘 자리 잡혀 있으며, 유익과 유익이 아닌 영역을 가로질러 전 세계의 리더, 팀과 전체 조직으로서 새로운 내러티브와 존재 방식의 출현을 지지하기 위한 광범위한 증거 기반 방법론을 제공하고 있음을 알 수 있다. 첫 파트는 코칭심리학의 분야에서 비교적 최근에 발달한 것들을 살펴 본다. 우리는 신경과학(2장)과 신체 작업이 어떻게 코칭 프랙티스에 사용될 수 있는지 탐구한다. '코칭과 신경과학Coaching and neuro science'에서, 패트리샤 리델Patria Riddell은 코칭이 어떻게 작용하는지, 그리고 코치이와 고객들에게 어떻게 이것을 적용할 수 있는지에 대한 이해를 돕기 위해 우리가 뇌에 대해 얼마나 많이 알아야 하는지 탐구한다. 다이아나 에귀아르 비에이라Diana Aguiar Vieira와 스티븐 팔머Stephen Palmer가 쓴 '코칭과 코칭심리학 내 자기효능감: 통합된 자기효능감 코칭 모델Self-efficacy within coaching and coaching psychology: and integrated Self-efficacy Coaching Model'(3장)에서 우리를 심리학적 이해의 확립으로 이끈다. 그들은 자기효능감 구조는 몇몇 영역에서 인간의 행동 그리고/또는 변화에 대한 설명과 예측을 가능하게 해왔고, 그것은 코칭심리학에서도 예외가 아니라고 언급한다. 코치와 코칭심리학자 모두를 위한 코칭 프랙티스의 대들보인 목표-중심 코칭은 '목표와 코칭: 목표-중심 코칭과 코칭심리학의 통합적 증거 기반 모델Goals and coaching: an integrated evidence-based model of goal-focused coaching and coaching psychology'(4장)로 앤서니 그랜트Anthony Grant에 의해 탐구되었다. 일부 사람에 의해 현대 코칭심리학의 선구자로 여겨지는, 앤서니는 코칭이 본질에서 목표-중심 활동인데도, 심리학 문헌에서의 목표와 목표 설정에 관한 상당한 양의 문헌들을 코칭 연습에 적용하는 데에 관심을 두게 된 것은 최근의 일이라고 지적한다. 이 장을 통해 그는 이러한 트렌드에 더 많은 자극을 가하는 것을 목표로 한다. 긍정심리학의 성장과 발달은 코칭심리학의 성장과 발달과 유사하며, 코칭과 코칭심리학의 성장과 프랙티스에 중요한 영향을 미쳐왔다. 긍정심리학은 많은 코치의 프랙티스에서 중요한 실마리를 형성한다. '긍정심리학에서 긍정심리학 코칭의 발전으로From positive psychology to the development of positive psychology coaching'(5장)에서 셰일라 팬챌Sheila Panchal, 스티븐 팔머Stephen Palmer, 그리고 수지 그린Suzy Green은 이 풍부한 구성을 함께 모아 코칭 접근으로서의 적용을 탐색한다.

Part 1의 마지막 장은 연구 기반의 프랙티스를 이해하고, 새롭게 나타난 연구를 평가하여 프랙티스에서의 적용을 이해하는 방법에 전념한다. 코칭심리학 연구를 위한 지속적인 탐구는 심리학 프랙티스의 다른 분야와 마찬가지로 무엇이 작용하고, 누구와 함께하며, 어떤 맥락에서 이루어지는지에 관한 관심이다. 확장된 코칭 세계에서 이러한 관점은 또한 중요하다. 이 두 장의 목표와 완전한 설명은 불가능하지만, 현재 연구 환경을 이해하는 몇 가지 주요 측면과 몇 가지 방법을 설명한다. '연구와 프랙티셔너: 코칭심리학자로서의 증거에 대한 관점 정립Research and the practitioner: getting a perspective on evidence as a coaching psychologist'(6장)에서, 아네트 필러리 트래비스Annette Fillery-Travis와 사라 코리Sarah Corrie는 코치와 그들의 조직에 대한 우수하고 지속 가능하며, 개별적으로 맞춤화된 서비스 제공을 촉진하기 위한 연구 증거의 중요성을 전면에 내세운다. 그 원칙들을 바탕으로, 이-링 라이Yi-Ling Lai와 스티븐 팔머Stephen Palmer(7장)는 '코칭심리학 연구방법론 분석을 통한 증거 기반 코칭의 이해Understanding evidence-based coaching through the analysis of coaching psychology research methodology'에서 코칭심리학의 최신 증거 기반을 우리에게 제시한다.

1장
과거, 현재 그리고 미래

저자: 앨리슨 와이브로우Alison Whybrow[1], 스티븐 팔머Stephen Palmer[2]
역자: 신혜인

우리가 2007년에 처음 핸드북을 편찬할 때, 세상은 매우 다른 곳이었다. 국제 금융은 2008년에 붕괴되었고, 국제 권력의 변화, 아랍의 봄, 디지털 세계의 중요성, 빅 데이터, 임박한 기계의 부상, 전쟁의 본질적 변화, 본격적인 국제 보건 위기로서의 당뇨와 같은 사건들은 이미 일어나고 있다. 이러한 변화의 이전에 코칭과 코칭심리학은 번영하고 있었다. 10년 후인 현재, 우리는 코칭과 코칭심리학이 여전히 번영하고 있다는 것을 발견했다. 글로벌 환경의 복잡성 증가, 미래의 불확실성과 더 큰 모호성은 더 깊은 자아 인식, 심리적 유연성, 깊은 협업, 호기심 많은 대화 및 공동 창작의 필요성이 증가하고 있음을 의미한다. 코칭, 코치들의 기술 그리

---

[1] **앨리슨 와이브로우**Alison Whybrow는 2000년대 초반 코칭심리학 개발에 앞장섰으며, i-coach 아카데미의 코칭 프랙티스에서 공인 프로그램을 지휘했다. 국제 코칭심리학 협회와 유럽 전역의 대학 프로그램에 기여하고 있고 영국 런던에서 코치, 컨설턴트, 코칭 수퍼바이저로 코칭 프랙티스 분야를 개발하고 있다. 그녀는 우리의 인간-지구earth 관계를 변화시킬 가능성에 대해 깊은 열정을 가지고 있다.

[2] **스티븐 팔머**Stephen Palmer 교수는 영국 런던의 Centre for Coaching의 창립 이사이다. 2004년에 British Psychological Society Special Group in Coaching PsychologyBPS SGCP의 초대 의장이 되었으며, 2005년에는 런던 시티 대학(현 런던 대학교)에서 심리학 코칭 유닛을 창설하였다. 2016년에 덴마크 Aalborg 대학교 코칭심리학과의 겸임 교수가 되었고, 2018년 Wales Trinity Saint David 대학의 업무 기반 학습 연구소Institute for Work Based Learning의 실습 교수가 되었다. 현재 브라질 리우데자네이루 연방 대학교의 코칭심리학부의 명예 고문이며, 국제 코칭심리학 협회 국제 코칭 심리 연구센터의 코디네이터이다. 또한 국제 코칭심리학회와 국제 스트레스 관리협회의 명예회장이자 연구원이다. 그는 다양한 주제에 대해 50권 이상의 책을 쓰거나 편집했으며 유럽 응용 긍정심리학 저널을 포함한 그 분야의 많은 저널을 공동 편집했다. 2008년 BPS SGCP로부터 코칭심리학에 기여한 공로를 인정받아 평생 공로상을 받았다.

고 코칭심리학의 필요성은 줄어들지 않고, 변하고 있다. 코칭은 주로 일대일 중심에서 훨씬 전체론적이고 시스템 중심으로 이동하면서 코칭의 성장, 특히 코칭의 깊이와 폭에서, 반영되는 성숙함과 자신감이 있다. 그렇지만, 전문성은 단순히 프랙티스에 의해 정의되는 것은 아니다. 다른 측면들 또한 성숙해졌다. 프랙티스를 뒷받침하고 우리를 새로운 사고 영역으로 인도하기 위한 근거 기반인 전문 구성과 표준의 개발과 학사 이후의 학위 및 박사 학위를 포함한 강력한 학습 개발 경로는 모두 코칭 및 코칭심리학 전문성의 기초를 구축하기 위해 결합되었다.

코칭과 코칭심리학의 구분은 유지되고 있지만, 그들의 길은 일치한다; 서로 다른 것보다는 함께 걷는 것, 각각은 서로에게서 배우고 정보를 얻는다. 그리고 특정 프랙티셔너가 선호하는 전문적인 '홈home'을 가질 수도 있지만, 고객과 코치이는 예시 가운데 하나로서의 이 핸드북처럼 풍부한 협업으로부터 이익을 얻는다.

초판부터 구축해온 이 장에서 우리는 심리학적 프랙티스의 하위-훈련의 발전에서 이 시점에 우리가 만들 수 있는 유용한 가정에 대한 관점으로 코칭심리학의 역사적 뿌리, 현재 역할의 핵심 측면과 지난 10년의 트렌드에 대한 일부 탐구를 공유한다.

소크라테스에서 21세기로 나아가며

소크라테스의 변증법적 질문 방법, 소크라테스 방법Socratic method은 현재 사용되는 코칭 기술의 초기 형태였다고 주장할 수 있다. 논리적인 질문을 통해 비판적 사고를 촉진하는 이 방법은 심리학과 심리치료를 포함한 다양한 전문 분야에서 수년간 사용됐다. 본질에서, 심리학자들은 수십 년간 코칭을 프랙티스로 해오고 있는 중이다(Filippi, 1968). 돌이켜보면 미국 스포츠 심리학의 아버지, 일리노이 대학 육상 연구소Illinois the Laboratory for Research in Athletics의 교육 심리학 부교수, 콜먼 그리피스Coleman R. Griffith는 그의 획기적인 책 『코치의 심리학: 심리학의 관점에서 본 코칭 방법의 연구The Psychology of Coaching: A Study of Coaching Methods from the Point of View of Psychology』(Griffith, 1926)를 1920년대에 썼다.

연구소는 심리학적 원리를 명확하게 반영하는 세 가지 핵심 영역을 살펴보기 위해 설립되었다: "a) 순수한 심리학적 사실과 이론의 발견을 향하여, b) 운동 기술과 운동에 대한 마음가짐과 관계가 있는 인간 행동에 관한 사실의 발견을 향하여, 그리고 c) 코칭 방법의 효과 상승을 위하여"(Griffith, 1930, p.vii). 그리피스Griffith의 작업은 스포츠 분야에서 코칭의 심리학에 초점을 맞추고 있다. 그리피스는 코치는 강사 이상이라는 것을 믿었다. "그는 선생님이다, 단어의 옛 의미로는… 성격-형성자chacter-builder; 그는 인격을 형성한다."(1926, p.2) 그리피스는 코치는 운동선수이자, 생리학자, 심리학자가 되어야만 한다고 믿었다. 그의 책 『코칭의 심리학The Psychology of Coaching』(Griffith, 1926)에서, 그리피스는 관중, 스포츠 스타와 '징크스'가 있는 선수들, 과도한 팀 코칭의 문제들, 그리고 학습의 법과 원칙들과 같은 코칭의 측면을 다루었다. 그리피스는 학문적으로 매우 생산적이었다. 이 분야의 그의 출판물들과 작업은 1960년대 미국에서 스포츠 심리학을 심리학의 한 분야로 확립하려는 지지자들인 스포츠 심리학 협회에 의해 재발견되었다. 그리피스가 자신의 연구를 바탕으로 코칭 프랙티션을 알린 코칭에서 심리학의 중요성을 강조하는 심리학 이론을 사용한 것은 수년 뒤 코칭심리학의 발판으로 여겨지고 있다.

그랜트Grant(2005, 2006)는 경영진, 업무 환경 및 인생 코칭 논문에 초점을 맞추고 있는 행동 과학 및 학술 비즈니스 데이터베이스의 논문을 검토했다. 초기의 학술 논문은 가비Gorby(1937)가 쓴 것인데, 그는 경력 있는 직원이 어떻게 신입 직원을 코칭하여 낭비를 줄이고 이를 통해 이익을 늘려 이익-공유profit-sharing 프로그램 보너스를 극대화하는지 설명했다. 그랜트는 1995년부터 2005년까지 피어 리뷰peer reviewed 조사와 연구가 기하급수적으로 증가했다는 점에 주목했고, 이는 업무 환경과 라이프 코칭의 효과에 대한 경험적 뒷받침이 새롭게 등장했음을 시사한다. 코칭과 코치 훈련에서 심리학 원칙의 영향력과 효과는 항상 명확하게 고려되고 있지 않다. 몇몇 코치 훈련 코스는 심리학 원칙에 근거해 오고 있었지만, 명시적이기보다 암묵적이었다(Linely & Harrington, 2007). 더해서, 초기 코치 훈련 제공자들에 의해 개발된 일부 독점 모델과 프레임워크framework는 엄격한 연구의 대상이 아니었다. 그랜트(2007)는 오늘날 우리가 아는 코칭심리학의 출현에 대한 영향은 다음을 포함한다고 제안했다: 인본주의 심리학(예: Maslow. 1968), 1960년대 인간 잠재력 운동human potential movement(HPM), 그리고, 좀 더 나중에, 긍정심리학 운동positive psychology movement(예: Sligman & Csikzentmilhalyi, 2000).

21세기의 변화는 코칭심리학의 발전에서 중추적인 시기로 기록된다. 연구에 의해 뒷받침된 웰빙(건강 악화 대신에)에 초점을 맞춘, 긍정심리학 패러다임은 과학적 배경을 가진 프랙티셔너에게 코칭을 받은 심리학자들에게 그 당시 임상, 상담, 조직 심리학과는 다른 대안적인 관점을 제공했다. 2005년까지, 호주 심리학 협회Australian Psychological Society(APS)와 영국 심리학 협회 Britis Pstchological Society(BPS) 내부에 설립된 코칭심리학 이익 집단들이 있다.

국제적 흐름

우리는 코칭심리학 이론과 실습의 발달이 최근 국제적이라고 말할 수 있다. APS와 BPS를 포함하여 최소 21개의 공식 이익 집단이 있다([표 1.1] 참조). 일부 나라에서, 별도의 코칭심리학 그룹은 공식적으로 개발되지 않았지만, 관심은 심리학적 분류 내에 존재한다. 예를 들어, 미국에서, 미국심리학회 13 분과the American Psychological Association's Division 13는 현재 특정 이익 집단을 두고 있지는 않지만, 코칭심리학에 적극적으로 참여하고 있다.

전 세계 코칭심리학의 협력 발전은 의도적이었다. 2009년에, 피터 자리스Peter Zarris(IGCP 의장)와 스티븐 팔머Stephen Palmer(SGCP의 전 의장)는 동료들과의 대화에서, 코칭심리학이 더욱 국제적으로 발전하는 방법에 초점을 맞춘 제안서를 개발했다.

국제 코칭심리학 회의The International Congress of Coaching Psychology(ICCP, 2010)는 다음과 같이 설정하였다.

- 전 세계적으로 코칭심리학 전문성의 개발을 촉진한다.
- 코칭심리학 공동체를 하나로 모은다.
- 심리학 공동체 내에서 코칭과 코칭심리학의 이론, 연구 그리고 프랙티스를 공유한다.
- 코칭 및 코칭심리학에 관심이 있는 모든 전문가를 참여시킨다.

이러한 협력은 긍정적 영향을 미칠 것이다. 43장은 전 세계 코칭심리학의 발전에 대한 풍부한 그림을 구축한다.

[표 1.1] 전 세계 코칭심리학 관련 이익 집단

The Australian Psychological Society, Interest Group in Coaching Psychology(APS IGCP)	Australia 2002
British Psychological Society, Special Group in Coaching Psychology(BPS SGCP)	United Kingdom 2004
Swiss Society for Coaching Psychology(SSCP)	Switzerland 2006
Society for Industrial and Organisational Psychology of South Africa, Interest Group in Coaching and Consulting Psychology(SIOPSA IGCCP)	South Africa 2006
Danish Psychological Association, Society for Evidence-based Coaching(SEBC)	Denmark 2007
International Society for Coaching Psychology(ISCP) (Prior to 2011 known as Society for Coaching Psychology)	2008
Collegi Oficial de Psicologia de Catalunya, Section of Work and Organisational Psychology, Working Group in Coaching(COPC CGCOP WG) (The Psychology Coaching Section was formalised in 2012.)	Spain 2008
Psychological Society of Ireland, Division of Work and Organisational Psychology, Coaching Psychology Group(PSI DWOP CPG)	Ireland 2008
Hungarian Association for Coaching Psychology	Hungary 2008
International Society for Coaching Psychology(ISCP, Independent). Became 'International' in 2011	2008
New Zealand Psychological Society, Coaching Psychology Special Interest Group(CPSIG)	New Zealand 2009
Association of Coaching Psychologists*(Swedish Psych. Assoc. affiliated, 2018)	Sweden 2009
Israel Association for Coaching Psychology(IACP)	Israel 2010
Dutch Psychological Association, Work and Organisation Section, Coaching Psychology Group(DPA WO CPG) (The CPG ceased in 2015.)	Netherlands 2010–2015
Japan Society of Coaching Psychology(JCPA, Independent)	Japan 2011
Society for Coaching Psychology Italy(SCP, Independent)	Italy 2011
Korean Coaching Psychological Association (KCPA), Korean Psychological Association(KPA)	South Korea 2011
Society of Consulting Psychology (Division 13), American Psychological Association(APA)	USA 2012
Hungarian Psychological Association, Coaching Psychology Division	Hungary 2014
Coaching Psychology Special Interest Groups, Singapore Psychological Society	Singapore 2016
Serbian Association for Coaching Psychlogy(Independent)	Serbia 2018

규정 환경

코칭심리학의 발전은 심리학 프랙티스에 대한 규정과 '심리학자'라는 용어의 합법적 사용으로 영향을 받아 왔으며, 이 용어의 사용은 시행 국가에 따라 적절하게 등록, 허가, 인가 또는 승인으로 인해 제한된다. 영국에는 9개의 보호된 심리학 권리가 있다; 미국에서는 주마다 허가가 다르므로 상황이 더 복잡하다. 일부 국가에서는 누가 자신을 '심리학자'라고 부를 수 있는지에 대한 규정이 없다. 코칭은 법적으로 정의된 직업이 아니기에, 코칭 전문 기관이 코치의 프랙티스 기준을 보유하고 있지만, '코칭'이라는 용어는 제한되지 않는다. 이러한 상황은 코치와 코칭심리학자 모두에게 긍정적인 영향뿐만 아니라 도전 과제도 부여한다.

심리학에 대한 규정 환경은 코칭심리학 전문 단체의 발전에 유용한 영향을 미쳤다. 하나의 전문 단체가 세계적인 수준에서 제어하는 것은 가능하지 않다; 그 대신에, 지역 차별화와 함께 국제적 프레임워크를 제공하는 협력 개발은 처음부터 전문성에 맞게 설계되었다. 이러한 맥락에서, 국제 코칭심리학 협회the International Society for Coaching Psychology(ISCP)는 전 세계 대부분 코칭심리학 그룹의 접점이 되었지만, 그것이 어떤 전문적인 그룹을 대체하거나 다른 방식으로 무색하게 하지는 않는다. 이것은 직업으로서 관찰하기에 흥미로운 코칭심리학과 코칭의 시스템적인 차이다.

코칭심리학 정의

코칭심리학의 정의는 한 가지만 있지 않다. 컨설팅심리학, 상담심리학, 임상심리학과 마찬가지로, 코칭심리학의 정의는 일반적인 정책, 위원회 및 전문가의 의견에 기초하고 심리학자와 관련된 법률을 참고하여 각 전문 단체에 의해 개발되었다.

코칭심리학의 APS 이익 집단은 2002년에 설립되었다. 그것의 정의는 긍정심리학과 코칭심리학 사이의 연관성을 강조한다; 코칭심리학; 응용된 긍정심리학으로서, 확립된 심리학적 접근을 도출하고 개발하며, 임상적으로 유의미한 정신건강(심리학 sic)이 없는 또는 비정상적인 고통 수준의 개인, 그룹 및 조직을 위한 삶의 경험, 작업 성과 및 웰빙 향상에 행동 과학을 체계적으로 적용하는 것으로 이해할 수 있다(APS, 2016). 모든 코칭심리학 그룹이 긍정심리학과 매우 명쾌하게 연결되어 있지는 않다. 주목해야 할 주요 주제는 다음과 같다: 심리학적 접근, 삶의 경험, 업무 성과 및 웰빙 향상. 더 나아가, 임상적으로 유의미한 정신건강 문제가 없는 코치이들과 함께 작업하는 데 초점을 맞추고 있다. 실제로 코치이가 공황 발작과 같은 장애를 겪고 있을 수도 있지만, 여전히 코칭심리학자나 코치는 예를 들어, 코치이가 그들의 CV를 업데이트하고 새로운 직업을 찾는 코칭 과정을 통해 코치이를 도울 수도 있다. 코치이는 아마도 정신건강 문제의 치료를 위해 치료사 또는 의학적 컨설턴트를 병행해서 만날 수 있다. 이런 상황에 대한 사안별 고려가 중요하다.

The BPS Special Group in Coaching Psychology(SGCP)는 2004년 12월에 시작되었다. 그랜트Grant와 팔머Palmer(2002)의 연구부터 적용되고, 기초한 코칭심리학의 정의는 다음과 같다: 코칭심리학은 확립된 성인 학습 또는 심리학적 접근에 기초한 코칭 모델에 의해 뒷받침되는 개인 생활 및 업무 영역에서 웰빙과 성과를 향상하기 위한 것이다(Palmer & Whybrow, 2006, p.8). 심리학적 접근, 향상된 웰빙 및 성과와 관련된 주요 주제는 APS IGCP 정의와 유사하다. 심리학적 프랙티스의 스펙트럼에 걸쳐 포괄적이고 멤버십을 장려하려는 의도는 긍정심리학이 명시한 정의이지만, BPS SGCP에 의한 정의에 명시적으로 서술되지 않았다.

2005년부터, 더 많은 코칭심리학 그룹이 설립되었고([표 1.1] 참조), 이들의 정의는 특정 맥락에서 코칭심리학에 대한 해석을 반영한다. 예를 들어, the Society for Industrial and Organisational Psychology(SIOPSA), Interest Group in Coaching and Consulting Psychology(IGCCP)는 등록된 프랙티셔너에 의해 실행되는 코칭심리학을 다음과 같이 정의한다: 광범위한 심리학 이론과 원칙을 적용해 임상적으로 중요한 정신건강 문제가 없는 상황에서 업무 및 개인 생활 영역에서 최적의 기능, 웰빙 및 성과 향상을 위한 긍정적인 개발과 변화를 촉진하는 대화 프로세스. 개입은 측정 가능한 결과와 함께 행동 지향적이며, 더 큰 자기 인식과 의미를 창출하기 위해 반영되며, 문화적으로 특정한 맥락 내에서 개인, 그룹, 조직 및 공동체를 대상으로 한다(SIOPSA, IGCCP, 2016, p.8). 심리학적 전문 기구에 의해 정의된 코칭심리학과 코칭 전문 기구에 의해 정의된 코칭을 비교하면, 그 차이는 한편으로는 심리학이나 심리학적 접근을 포함할 가능성이 크고, 다른 한편으로는 그들의 부재이다. 코칭심리학 정의의 다양성은 현장에 풍부함을 제공한다.

연구-형성 요인

코칭과 코칭심리학 연구는 무작위 대조군 실험RCTs 연구와 대부분 연구가 질적 방법론과 덜 엄격한 정량적 방법론을 혼합하여 사용하면서 번성했다.

코칭 연구는 예를 들어, 작업 동맹의 본질로 중요한 코칭 관계의 효과적인, 통찰력을 제공하는 매커니즘을 공개하기 시작했다. 특정 심리학적 프레임워크가 긍정적인 영향을 미치는 것으로 입증되었지만(예: Green, Oades & Grant 2006), 작업 동맹은 코칭의 효과에 핵심 요소로 간주된다. 흥미롭게도, 관계의 질에 관한 새로운 연구는 중요한 차이를 보인다. 목표와 과제와 관련된 관계의 측면들이 코칭 환경에서 더 강력하게 보이는(de Haan, Grant, Burger & Eriksson, 2016) 반면, 유대감이나 정서적 관계의 힘은 치료적 환경에서 더 중요하게 나타난다(Ackerman & Hilsenroth, 2003). 작업 동맹이나 코칭 관계는 코칭 기법이 가장 밀접하게 관련된 사람들에 따라 어떻게 효과적인 개입으로 전환되는지에 대한 통찰력을 제공하는 것처럼 보이지만, 그것이 전체 내용을 의미하지는 않는다. 최근 연구 동향과 주제는 6장과 7장에서 깊이 논의한다.

코치 및 코칭심리학자의 프랙티스

2003년, 2004년, 2005년, 그리고 2006/2007년 동안, 매년 영국에서 신생 분야인 코칭심리학자들이 출현함에 따라 그들의 견해와 경험을 탐구하기 위한 조사가 진행되었다(Whybrow & Palmer, 2006a, 2006b 참조). 초기 와이브로우Whybrow와 팔머Palmer에 의해 진행된 조사는 지난 20년 동안 정기적으로 수행되고 있다. 이 핸드북의 초판에서, 팔머와 와이브로우(2007)는 코칭심리학자들이 사용하는 28개 이상의 다른 심리학적 접근을 보고 했으며, 그중 23개는 조사 대상자의 최소 10%가 사용했다. 코칭심리학자에 대한 최근 세계적 설문 조사(Palmer & Whybrow, 2017)는 38개 이상의 심리학적 기반 접근과 통합 접근을 확인했으며, 그중 26개는 조사한 코칭심리학자의 10% 이상이 사용한 것으로 보고되었다([표 1.2] 참조). 더하여, 병행한 조사에서, 코치들(특히 코칭심리학자들보다) 또한 프랙티스practice에서 이러한 심리학적 접근을 사용한다고 보고했다. 코칭 및 코칭심리학 설문 조사 참여자들 사이에서 유행하는 다양한 접근은 [표 1.2]에 나와 있다.

흥미롭게도, 가장 빈번히 사용되는 여섯 가지 접근은 코칭심리학자와 코치 모두에게 동일하다고 조사에서 나타났으며, 긍정심리학은 두 프랙티셔너들의 목록의 맨 위에 자리하고 있다. 이것은 긍정심리학과 코칭심리학 사이의 연관성을 재확인해준다; 그러나 그 연관성이 모두에게 명확한 것은 아니다. 10년 전 비슷한 유형의 설문 조사와 비교하여 마음챙김 접근은 코칭심리학(48%)과 코칭(46%) 프랙티스 모두에서 주류였다.

[표 1.2] 다른 심리학적 기반을 둔 다양한 코칭 접근을 사용하는 코칭심리학자와 코치의 비율

접근	% 코칭심리학자	% 코치
긍정심리학positive psychology	63	57
인지행동cognitive behavioural	57	46
마음챙김mindfulness	48	46
해결 중심solution focused	43	42
강점 기반strengths based	42	48
목표 중심goal focused	42	49
성인 학습adult learning	40	32
행동behavioural	37	40
인지cognitive	31	21
해결 중심 인지행동solution focused cognitive behavioural	29	21
인간 중심person-centered	28	41
인본주의humanistic	28	28
실행 중심action focused	27	30
동기 면담motivational interviewing	27	22
발달론적developmental	22	31
내러티브narrative	22	17
체계론적systemic	19	17
존재론적existential	16	11
교류 분석transactional analysis	15	25
코액티브co-active	14	25
신경 언어 프로그래밍neurolinguistic programming	14	30
문제 중심problem focused	14	15
정신역동psychodynamic	13	10
합리적 정서행동rational emotive behaviour	12	7
게슈탈트 접근Gestalt approaches	11	17
자비 중심compassion focused	11	13

핵심 근거로 하나의 모델만을 선택하도록 강요했을 때, 응답한 코칭심리학자들 사이에서 35가지의 서로 다른 심리학적 기반 접근과 접근의 통합 방법이 핵심으로 주목되었고, 대부분 응답자(20%)는 인지행동 접근에 주목했다. 해결 중심 인지행동(10%), 긍정심리학(8%), 그리고 해결 중심 접근(8%)은 그다음으로 가장 자주 언급되는 세 가지 핵심 근거였다. 코치들에게, 핵심 모델로 32가지의 서로 다른 접근이 언급되었으며, 핵심 모델로는 해결 중심(10%), 인지행동 접근(9%), 긍정심리학(9%)이 가장 많이 언급되었다. 단 하나의 기초를 선택하라는 질문을 받았을 때 언급했듯이, 한 가지 접근만을 선택하는 것은 모든 사람에게 쉽지 않았다: "사람, 역할, 조직 전체에 따라 다르기 때문에 말하기가 거의 불가능했다." 이러한 결과는 [그림 1.1]에 설명되어 있다.

우리가 볼 수 있는 것은 코칭심리학자들과 코치들이 똑같이 그들의 작업에 다양한 기반을 갖추고 있고 그들의 프랙티스에 다양한 심리학적 접근을 통합하고 있다는 것이다. 이 설문 조

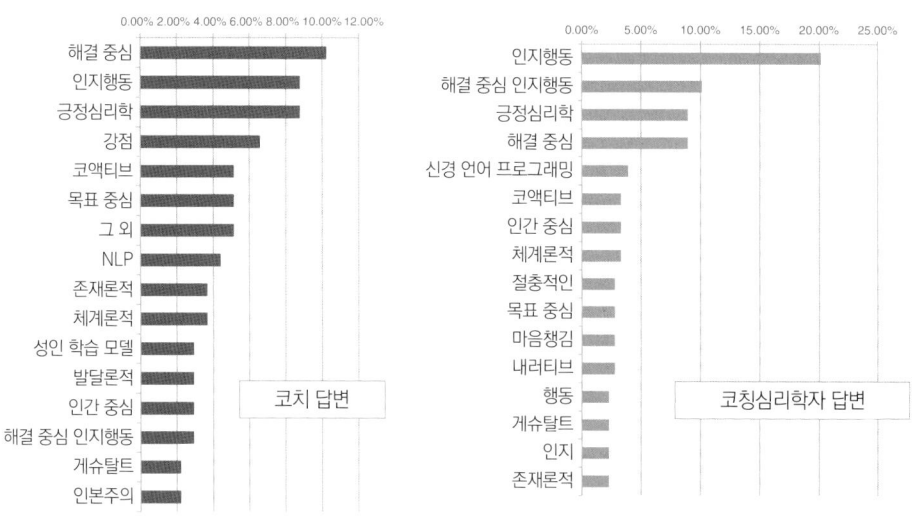

[그림 1.1] 질문에 대한 상위 13개의 응답: 코칭/코칭심리학 프랙티스에서 가장 많이 사용하는 접근은 무엇입니까? **단 한 가지**만 선택하세요.

사는 사람들이 어떻게 자신의 프랙티스를 분류하기로 선택하는지, 그리고 자격에 상관없이 설문 조사를 완료한 코치와 코칭심리학자 사이에 차이점보다 더 많은 유사점이 있을 수 있음을 알려주지만, 이 명백한 다양성이 실제로 무엇을 의미하는지는 명확하지 않다. 이 다양성은 코치이와 고객에게 어떤 실질적인 영향을 미치는가? 프랙티셔너가 사용하는 분류가 일관되게 적용되고 있는가? 예를 들어, 사람들이 긍정심리학이나 마음챙김으로 분류하는 것은 무엇인가? 이 두 가지는 매우 광범위한 용어이다. 코치와 코칭심리학자는 코칭 프랙티스를 어떻게 구성하는가? 이러한 질문을 탐구하기 위해서는 심층적인 질적 접근이 필요하다.

미래에는 어떻게 될까?

이 핸드북은 설문 조사에서 언급된 41개의 심리학적 접근 가운데 24개의 접근과 통합 방법을 상세히 설명하여 코칭 프랙티스에서 많은 접근을 적용하는 방법을 공유하고 한 단계 더 나아간다.

이번 핸드북에서는 증가하는 복잡한 상황에 적용할 수 있는 접근을 포함하기로 했고, 프랙티셔너의 체계적인 인식을 강화하고, 코치이 및 고객과 함께 숨겨진 패턴이 나타날 수 있도록 했다. 폭넓은 심리학적 프랙티스의 부분 집합으로서 코칭심리학자는 흔히 조직과 협력하든, 환경 심리학자로 일하든, 법의학 시스템을 사용하든, 어느 곳에서 일하든 체계적인 토대를 가지고 코칭 프랙티스의 여정에 함께한다; 더 넓은 렌즈와 시스템 및 시스템 역동에 대한 이해는 이점을 준다.

복잡한 세계에서 불확실성에 머물고, 특정 접근의 세부적인 영향에 대한 관심은 코칭심리학자에게 역설적인 무엇인가를 제공한다. RCT는 유용한 영향에 대한 특정 근거를 제공하지만, 건강한 방법을 위해 불확실하고 복잡한 것과 함께 작업하는 코칭 세션에서 나타나는 순간적인 현실에서는, 일반적으로 강력한 기술에 대한 인식과 이러한 기술을 훨씬 뛰어넘는 개인적이고 전문적인 방법을 필요로 한다.

한정된 자원과 지구의 진화(인류세 the Anthropocene)에 영향을 미치는 인간 활동의 새로운 시대를 지구에서 종으로서 살고 일하는 우리의 방식이 중심적 초점이 되면서, 우리가 진실이라고 가정해왔던 것을 보내주고, 숨겨졌거나 무시된 패턴이 나타나도록 허용하는 접근, 개별적인 코치이뿐만 아니라 코치이가 속한 시스템을 명시적으로 고려하려는 접근이 요구된다. 이것은 몇 가지 흥미로운 질문을 가져온다: 코치 또는 코칭심리학자로서, 단순히 코치이의 요구와 기대를 충족시키기 위해 참석하고 있는가? 광범위한 시스템의 책임자는? 어떻게 하면 우리는 눈앞의 것을 뛰어넘을 수 있도록 초점을 확장할 수 있을까? 세계가 필요로 하는 지도자, 지역사회, 사회, 기업, 그리고 삶은 무엇이며, 우리는 코칭심리학자로서 그 큰 도전에 어떻게 발을 내딛고 있는가? 만약 코칭과 코칭심리학이 인간-지구 관계의 균형을 다시 맞추는 것의 일부라면 우리는 어떤 연구를 의뢰할 것인가? 우리는 어떤 질문들을 탐구할 것인가? 우리의 의도를 어떻게 구성할 것인가? 건강한 미래의 진화에서 긍정적인 요소로서 잠재력을 달성하기 위해 우리는 어떻게 코칭을 해야 할까?

그 긴장감을 유지하면서도 여전히 춤을 출 수 있는 것은 아마도 우리가 목표로 하는 것일 것이다. 이 핸드북의 독자로서, 당신은 코치 또는 리더로서의 코치가 되기 위한 여정을 시작하고, 이 분야에서 상당 기간 일을 해오고 있었을 수 있다 – 당신의 출발점이 무엇이든 간에, 이 핸드북은 당신이 되어 가고 있는 코치나 코칭심리학자에 대한 도전을 제공할 것이다. 앞으로 나아가기 위해 확장해야 할 것은 무엇이고, 당신이 버려야 하는 것은 무엇인가? 고객을 붙잡아 그들의 성장 가도를 촉진하고 심리적인 더 큰 마음과 시스템 인지를 촉진하기 위해 당신은 어떤 기술을 개발해야 하는가? 당신의 코치이가 '생각하는 공간'을 키우기 위해 당신이 해야 하는 것은 무엇인가?

논의 포인트

1. 당신은 코칭과 코칭심리학을 어떻게 정의하는가?
2. 당신의 경험에서, 작업 동맹이 코칭의 효과성에 핵심적인 요소인가?
3. 향후 10년간 코칭심리학의 전문성이 어떻게 발전할 것으로 보이는가?
4. 코칭과 코칭심리학의 프랙티스 사이에 실질적인 차이가 있는가?

추천 읽기

Allen, K. (2016). *Theory, Research, and Practical Guidelines for Family Life Coaching*. Basel: Springer International Publishing.
Bachkirova, T., Spence, G., & Drake, D. (2017). *The SAGE Handbook of Coaching*. London: Sage Publications.
Law, H. (2013). *Coaching Psychology: A Practitioner's Guide*. Chichester: John Wiley & Sons, Inc.
Passmore, J., Peterson, D.B., & Freire, T. (2013). *The Wiley-Blackwell Handbook of the Psychology of Coaching and Mentoring*. Chichester: John Wiley & Sons, Inc.
van Zyl, L.E., Stander, M.W., & Odendaal, A. (2016). *Coaching Psychology: Meta-Theoretical Perspectives and Applications in Multicultural Contexts*. Basel: Springer International Publishing.

참고 문헌

Ackerman, S.J., & Hilsenroth, M.J. (2003). A review of therapist characteristics and techniques positively impacting the therapeutic alliance. *Clinical Psychology Review,* 23(1): 1–33.
Australian Psychological Society (n.d.). Definition of Coaching Psychology. Retrieved on 5/9/2018 from www.groups.psychology.org.au/igcp/
de Haan, E., Grant, A.M., Burger, Y., & Eriksson, P.-O. (2016). A large scale study of executive and work place coaching: The relative contributions of relationship, personality match, and self-efficacy. *Consulting Psychology Journal: Practice and Researh,* 68(3): 189–207.
Filippi, R. (1968). Coaching: A therapy for people who do not seek help. *Zeitschrift Fuer Psychotherapie und Dedizinische Psychologie,* 18(6): 225–229.

Gorby, C.B. (1937). Everyone gets a share of the profits. *Factory Management & Maintenance*, 95: 82–83.

Grant, A.M. (2005). *Workplace, Executive and Life Coaching: An Annotated Bibliography from the Behavioural Science Literature (March 2005)*. Unpublished paper, Coaching Psychology Unit, University of Sydney, Australia.

Grant, A.M. (2006). Workplace and executive coaching: A bibliography from the literature scholarly business literature. In D.R. Stober & A.M. Grant (Eds.), *Evidence-Based Coaching Handbook: Putting Best Practices to Work for Your Clients*. Hoboken, NJ: John Wiley & Sons, Inc.

Grant, A.M. (2007). Past, present and future: The evolution of professional coaching and coaching psychology. In S. Palmer & A. Whybrow (Eds.), *Handbook of Coaching Psychology: A Guide for Practitioners*. Hove: Routledge.

Grant, A.M., & Palmer, S. (2002). Coaching Psychology workshop. Annual Conference of the Division of Counselling Psychology, British Psychological Society, Torquay, UK, 18th May.

Green, L.S., Oades, L.G., & Grant, A.M. (2006). Cognitive-behavioral, solution-focused life coaching: Enhancing goal striving, well-being and hope. *Journal of Positive Psychology*, 1(3): 142–149.

Griffith, C.R. (1926). *Psychology of Coaching: A Study of Coaching Methods from the Point of View of Psychology*. New York: Charles Scribner's Sons.

Griffith, C.R. (1930). A laboratory for research in athletics. *Research Quarterly*, 1: 34–40.

International Congress of Coaching Psychology (ICCP). (2010). Aims of the International Congress of Coaching Psychology Forum. Retrieved on 5/9/2018 from https://www.coachingpsychologycongress.net/aims-of-congress/

Linley, P.A., & Harrington, S. (2007). Integrating positive psychology and coaching psychology: Shared assumptions and aspirations. In S. Palmer & A. Whybrow (Eds.), *Handbook of Coaching Psychology: A Guide for Practitioners*. Hove: Routledge.

Maslow, A.H. (1968). *Towards a Psychology of Being*. New York: Wiley-Blackwell.

Palmer, S., & Whybrow, A. (2006). The coaching psychology movement and its development within the British Psychological Society. *International Coaching Psychology Review*, 1(1): 5–11.

Palmer, S., & Whybrow, A. (2007). Coaching psychology: An introduction. In S. Palmer & A. Whybrow (Eds.), *Handbook of Coaching Psychology: A Guide for Practitioners*. Hove: Routledge.

Palmer, S., & Whybrow, A. (2017). *What do Coaching Psychologists and Coaches really do? Results from two international surveys*. Invited paper at the 7th International Congress of Coaching Psychology October 18, . London.

Seligman, M.E.P., & Csikszentmilhalyi, M. (2000). Positive psychology: An introduction. *American Psychologist*, 55(1): 5–14.

Society for Industrial and Organisational Psychology (SIOPSA), Interest Group in Coaching and Consulting Psychology (IGCCP). (2016). Code of Practice for Registered Psychology Practitioners in Coaching. Johannesburg: SIOPSA.

Retrieved on September 9, 2018 from https://www.siopsa.org.za/wp-content/uploads/2018/06/IGCCP_Code-of-Practice-for-Registered-Psychology-Practitioners-in-Coaching_V1.1_2016-uploaded.pdf

Whybrow, A., & Palmer, S. (2006a). Taking stock: A survey of coaching psychologists' practices and perspectives. *International Coaching Psychology Review*, 1(1): 56–70.

Whybrow, A., & Palmer, S. (2006b). Shifting perspectives: One year into the development of the British Psychological Society Special Group in Coaching Society in the UK. *International Coaching Psychology Review*, 1(2): 85.

2장
코칭과 신경과학

저자: 패트리샤 리델Patricia Riddell[1]
역자: 강준호

우리의 뇌는 우리가 경험하는 모든 생각, 정서, 행동, 습성behaviour의 기초이다. 코칭의 본질은 생각, 정서, 행동, 습성의 변화를 포함하기 때문에 코칭이 뇌에 있는 신경세포neuron 네트워크의 변화에 의존해야하 한다는 것은 명확하다. 따라서 우리의 일상 행동과 관련된 신경계가 어떻게 구성되어 있고, 신경계가 어떻게 변화될 수 있 수 있는지에 대한 더 넓은 이해는 코칭이 작동하는 방식에 대한 유용한 통찰력을 제공할 수 있다. 또 코칭이 항상 개인이 바라는 것만큼 많은 변화를 일으키지는 않기 때문에 인간의 두뇌에 대한 더 깊은 이해는 행동 변화를 더 쉽게 얻고 더 안정적으로 유지할 수 있는 수단을 제공할 수 있다. 이런 식으로 신경과학이 제공할 수 있는 가능성은 실질적이고 추구할 가치가 있는 목표이다.

먼저 궁금한 질문은 "코칭의 작동 방식 이해를 위해 뇌에 대해 얼마나 알아야 하는가?"이다. 매우 회의적 견해(Jarret, 2014)부터 코치에게 유용한 정보를 제공하기에 이 분야가 충분히 발전했다고 믿는 견해까지 신경과학에 대한 지식이 충분한지에 대해 문헌 상으로 광범위한 견해가 있다(Bossons, Riddell & Sartain, 2015; Boyatzis, 2012; Boyatzis, Passarelli, Koenig, Lowe, Blessy, Stoller & Phillips, 2012; Brann, 2014). 대부분 이런 딜레마와 유사하게 현재

---

[1] **패트리샤 리델**Patricia Riddell은 Reading 대학의 응용 신경과학 교수이다. 그녀는 Oxford 대학에서 심리학 박사학위를 받았다. 또한 Henley Business School의 MSc에서 코칭 및 행동 변화를 가르치고 있으며, 응용 신경과학에 대한 지식을 전하고 있다. 그녀의 연구 분야는 학습과 기억, 동기부여와 리더십을 포함하고 있다. Email: p.m.riddell@reading.ac.uk

지식이 충분한가에 대한 답은 중간 어디쯤이 될 것이다. 즉 신경과학의 현재 지식이 일부 코칭 기술의 성공 이유를 설명하는 유용한 단서를 제공하지만, 여전히 우리는 뇌가 어떻게 작용하는지 또는 코칭이 어떻게 작용하는지 완전히 이해하지는 못한다.

코칭 분야는 다양하므로 본 장에서 코칭을 정의하는 것부터 시작하는 것이 중요하다. 여기에서는 신경과학과 관련해 코칭을 논의하는데, 코칭심리학을 개인 생활과 업무 영역 모두에서 웰빙과 성과를 향상시키는 것으로, 성인학습이나 심리학적 접근에 기반을 둔 코칭 모델에 근거를 둔 정의를 사용할 것이다.

본 장에서는 뇌에 관한 이해를 향상하고 코칭 효과의 가능성을 제안하는 증거(증거 지지 코칭 evidence-supported coaching)와 별도 설계된 검증 연구에 기반해 특정 코칭 개입을 지지하는 증거를 구별한다(증거 기반 코칭 evidence-based coaching: Stobr, Wildflower & Drake, 2006). 이 두 유형의 증거를 구별함으로써 신경과학이 미래에 증거 기반 evidence-based coaching에 기여할 잠재력이 있지만, 현재는 코칭 효용성 efficacy을 지지 support하는 증거는 매우 드물다는 것이 분명해질 것이다. 따라서 코칭 효용성을 직접 검증하기 위해 설계된 내용이 아니므로 제시된 신경과학적 증거를 해석하는 데 상당한 주의가 필요하다. 해석과 증거를 구별하여 독자가 연구의 한계를 더 잘 알 수 있는 방법들을 논의한다. 마지막으로, 향후 연구 방향에 대한 몇 가지 지침도 제공된다.

신경과학 Neuroscience

신경-과학 Neuro-science

신경과학은 뇌와 신경계의 구조와 기능을 다루는 신경해부학 neuroanatomy, 신경화학 neurochemistry, 신경생리학 neurophysiology, 실험심리학 experimental psychology과 같은 과학의 일부 또는 전체를 포괄하는 일반적인 용어이다. 여기에서는 특정 행동들과 연관되고, 뇌 내부 시스템(연결된 영역들)에서 발생하는 전기적 활성화 패턴들을 이해하는 측면에서 신경과학을 주로 언급할 것이다. 이 분야는 기하급수적으로 확장되고 있지만 여전히 상대적으로 초기 단계이며 현재 신경활동 측정에 사용할 수 있는 기술들에 한계가 있다. 이들 가운데 어느 것도 완벽하지 않다. 예를 들어, 행동과 관련된 신경 활동의 타이밍 정보를 탁월하게 제공하는 기술이 있다

(뇌파 검사electroencephalography(EEG); 사건 유발 전위event related potentials(ERP); 마그네토엔-두부조영술 magnetoencephalography(MEG)). 이러한 기술은 특정 행동이 발생할 때, 뇌의 특정 영역이 활성화되는 순서를 검사하는 데 사용할 수 있다; 그러나 뇌에서 이 활성화가 일어난 위치를 정확히 파악하는 능력은 부족하다. 대조적으로, 뇌 활동이 발생된 위치에 대해 상대적으로 정확한 정보를 주는 기술(양전자 방출 단층 촬영positron emission tomography(PET); 기능적 자기 공명 영상functional magnetic resonance imaging(fMRI))을 활용할 수 있지만, 이 기술은 활동 타이밍 측정의 정확도는 떨어진다. 따라서 모든 이미징 데이터는 어떤 방식이든 제한적이다. 가장 최근의 신경 영상은 이러한 기술 두 가지(예: EEG 및 fMRI)를 결합해 뇌에서 발생하는 활동 타이밍과 위치에 대한 정보를 최대한 획득하려고 시도하고 있다.

신경-*과학*Neuro-science

과학은 관찰과 실험을 통해 물리적 세계와 자연 세계의 구조와 행동을 체계적으로 연구하는 학문이다. 과학자는 기존 증거를 사용해 세상에 대한 가설을 만들고 실험을 설계해 이를 검증한다. 중요한 점은 과학에서는 어떤 것이 참true임을 증명하는 것이 불가능하다는 것이다. 가설은 현재까지의 증거에 대한 가능한 해석일 뿐, 그것이 틀렸음을 증명하는 첫 번째 증거가 나올 때 까지만 유효하다. 이런 이유로 과학자는 본인 가설을 반증할 목적으로 실험을 설계한다. 계속해서 가설을 뒷받침하는 증거를 제공하기보다 가설을 증명하지 않고, 본인 생각이 틀렸음을 결정적으로 보여주는 증거를 찾는다. 가설이 틀렸다는 것을 증명하기 위해 신중히 설계된 연구가 그 가설이 틀렸다는 것을 증명하지 못한다면, 그 결과는 가설을 어느 정도 뒷받침한다. 따라서 과학을 은유의 진보된 형태로 생각하는 것이 합리적이다. 과학자들은 최신의 이해를 사용하여 세상에 대해 무엇이 사실인지 가장 잘 추측best guess할 수 있는 것을 제공한다. 과학이 다른 은유와 다른 점은 현재의 은유가 최신 연구 증거를 반영하기 위해 항상 도전 받고 개선되고 있다는 점이다.

뇌 작동 방식에 대한 정확한 과학적 진실은 없으며, 현재까지 증거를 기반으로 과학자들이 제시한 최선의 추측best guess일 뿐임을 이해하는 것이 중요하다. 따라서 과학자들이 "그것을 증명했다…."라고 하면, 이것은 과학자의 관점이 아니라는 것을 즉시 알 수 있다. 이것은 제시된 내용이 특별히 회의적일 수 있다는 경고로 볼 수 있다. 또한 어떤 하나의 이론은 한 시점에서 현재 상태에 대한 특정 과학자의 의견을 반영한다. 주어진 분야에서 증거에 대한 여러 해석이 존재하며, 그 중 어떤 것도 잘못으로 판명될 수 있다. 문헌을 폭넓게 읽음으로써 어떤 의견을 결정적인 것으로 보거나, 한 이론을 진리로 여기는 경향을 피할 수 있다.

또한 과학적 접근의 의도치 않은 결과는 과학자들이 특정 이론을 반증할 증거를 찾지 못하지만, 이를 뒷받침하는 결정적 증거도 제공하지 않는 등 많은 부정적 결과를 초래한다는 것이다. 과학 저널은 어떤 방향이든 결정적 논문을 받아들이지만, 그들은 결정적이지 않은 논문을 출판하는 것을 꺼린다. 이 결과로 이론을 완전히 지지하지도 반증하지도 않아 출판할 수 없는 데이터가 이를 출판할 수 있게 하는 추가 연구를 기다리며 쌓이는, 과학자들이 '파일 서랍the file drawer'이라 부르는 현상이 발생한다(Rosenthal, 1979). 결과적으로 문헌에 있는 것은 연구 결과의 완전한 버전이 아니다. 따라서 코치와 코칭심리학자는 반복 연구되지 않은 결과를 보수적으로 해석하는 것이 중요한데, 이는 특정 발견을 검증하기 위해 설계된 다음 연구가 결정적이지 않았기 때문일 수 있다. 이런 이유로 신경과학 증거를 가장 잘 해석하는 사람은 신경과학자 자신이다. 이 분야에서 읽을 자료를 찾을 때, 저자의 자격을 고려하고 신경과학이 아닌 관점에서 분야를 해석하는 사람들보다 신경과학 훈련을 받은 사람들이 쓴 기사와 책을 읽는 것을 선택하라. 회의적인 호기심으로 새로운 아이디어에 접근하는 것, 그리고 좋은 연구증거 기반 설명과 주로 의견 기반 설명 사이의 차이점을 인식하는 것이 항상 중요하다. 신경과학이 어디에서 왔는지(전문가는 누구인지), 사례를 뒷받침하기 위해 어떤 증거가 제공되었는지(어떤 연구 논문이 인용되는지)에 대해 경각심을 가져라. 중요한 질문은 주장의 진실성을 확인하려는 경우 동료 평가peer review 간행물에서 인용된 원본 데이터가 있는지 여부이다. 그렇지 않은 경우 해당 전략은 연구보다는 의견에 더 기반으로 두고 있을 수 있다. 자세한 내용은 Dias, Palmer, O'Riordan, de Freitas, Habib, do Nascimento Bevilaqua, Nardi(2015)를 참조하라.

신경과학이 코칭에 어떻게 유용할 수 있는가?

코치의 지식이 코치이보다 많고, 그 지식이 코치이 목표와 관련 있을 때, 코치는 본인 전문 지식을 코칭 상황에 적용할 수 있다(Stober & Grant, 2006). 따라서 뇌 작동 방식에 대한 전문 지식이 코치에게 필요한 지식이라고 할 수 있다. 이 전문 지식에는 당연히 뇌의 영역들과 그 기준에 대한 지식이 포함된다(일부 주요 뇌 영역 기능에 대한 간략한 요약은 [표 2.1] 참조).

이 정보에 쉽게 접근 가능한 좋은 무료 앱이 있다(예: The Cold Spring Harbor Laboratory 3D Brain 앱)

[표 2.1] 기능이 있는 뇌 부분 요약

뇌 영역	기능
전두엽 피질 frontal cortex	실행 기능: 작업 기억, 주의력, 억제, 의사결정
정수리 피질 parietal cortex	감각 사이의 연합association, 공간 인식
측두엽 피질 temporal cortex	청각 및 기억
후두엽 피질 occipital cortex	시각vision
대상피질 cingulate cortex	감정과 고통의 조절
해마 hippocampus	장기 기억
섬피질 insula	감정적 반응을 신호하는 내장 정보(심박수, 호흡수 등)의 통합
기저핵 basal ganglia	습관 형성(흑질substantia nigra), 위협 처리(편도체amygdala), 동기부여 및 보상reward(복측 선도체ventral striatum, 측중격핵nucleus accumbens)
시상 thalamus	감각 지각 및 주의
시상하부 뇌하수체 hypothalamus pituitary	호르몬 조절 및 생산
중뇌개 tectum	세상에 대한 시각 및 청각 지도
뇌교 pons	수면, 신체 기능, 감각 및 자세
소뇌 cerebellum	움직임 제어, 운동 학습
뇌간 brain stem	호흡, 심박수, 혈압

해부학 정보를 사용하는 한 가지 방법은 뇌 내 활성화 수준과 연계해서 행동에 대한 설명을 제공하는 것이다. 예를 들어, 신경과학을 우리가 환경의 위협을 인식하고 이에 대응할 때 편도체amygdala 활성화 수준이 증가하는 것을 설명할 때 사용할 수 있다(Whalen & Phelps, 2009). 이를 코칭과 관련시키기 위해 직장에서 특정 사람에게 특히 부정적 반응을 보이는 코치이의 편도체 활동 증가를 생각하라. 이 증가된 각성이 그들의 긍정적 업무수행 능력을 방해하기에 충분하다. 그러나 신경과학은 위협이 재평가될 때, 편도체 활성화 수준이 감소하고, 복내측 전전두엽 피질ventromedial prefrontal cortex 활성화가 증가한다는 것을 보여준다(Urry et al., 2006). 편도체는 모든 위협을 동등하게 취급하나 복내측 전전두엽 피질은 상황context을 고려할 수 있어 위협이 더 큰 그림의 일부로 간주될 때, 편도체 반응을 감소시킨다. 편도체 활성화를 증가시키는 위협 평가에서 부정적 반응이 발생한다는 점을 유의하며 코칭을 부정적 반응 이해에 활용할 수 있다. 코치이에게 가능한 대안적 행동들에 대한 선택권을 제공하여 복내

측 전전두엽 피질 활동은 증가되고, 편도체 활성화와 위협감은 감소할 수 있다. 이때, 신경과학의 역할은 행동의 새로운 대안 수립 결과로 발생하는 신경활동 변화에 대한 설명이다. 그러나 이런 종류의 설명은, 코칭 자체를 향상하는 추가 정보를 제공하지는 않고 설명의 제공 수준(행동에서 신경 레벨로)만 변경한다. 즉 복내측 전전두엽 피질 활성화를 증가시키는 방법에 대한 정보는 제공하지 않는다. 이렇게 말하면 신경과학은 거의 고급 골상학(성격 추론을 위해 인간 두개골을 측정하는 분야)으로 볼 수 있다. 우리는 신경 영상 기술을 사용하여 우리 머리 바깥쪽 뇌의 요철이 아니라 머리 안쪽에서 활동하는 부분들을 설명하는 것이다.

따라서 뇌의 어느 부분이 우리 행동에 관련 있는지 아는 것만으로 코칭 이해가 크게 향상되지 않는다. 이런 방식으로 뇌의 영역에 대한 지식을 설명하는 것은 해당 분야의 신뢰성 제공을 위해 사용할 수 있다. 때때로, 코치이는 두뇌의 현재 정보처리 방법과 개발 가능한 새로운 처리 방법을 이해하는 것과 함께 새로운 사고방식을 시도할 준비가 된다. 즉 위협대응 신경 메커니즘과 이것이 어떻게 변경될 수 있는지에 대한 심층 이해로 이점을 얻을 수 있다. 그러나 이 경우와 같이 신경과학이 더 큰 이해를 제공하지 않고 전문 지식의 대리인으로 나타나는 경우를 아는 것이 중요하다(Weisberg, Keil, Goodstein, Rawson & Gray, 2008). 이 수준의 설명을 주의해야 하는 한 가지 이유는 때때로 두뇌 활성화 측면에서 설명되는 코칭 전략의 효용에 너무 많은 신뢰를 둘 수 있기 때문이다. 신경과학에 대한 설명이 뇌의 관련된 부분을 언급하는 것 이상으로 진행되지 않는다면 신경과학이 신뢰성을 잃을 가능성이 있다. 연구에 사용된 기술의 복잡성, 각 기술이 제공할 수 있는 것과 제공할 수 없는 증거 및 증거에 대한 해석 등 해당 분야에 대한 철저한 이해가 없는 개인이 신경과학적 용어를 부적절하게 사용하는 경우를 파악하는 것이 중요하다. 이런 식으로 신경과학을 사용하면 블로그, 기사의 신경과학에 대한 잘못된 믿음neuro-myths으로 이어질 수 있다. 예를 들면, 우리는 뇌의 10%만 사용하고, 좌뇌/우뇌형 사람이 있고, 파충류의 뇌가 우리의 감정적 반응을 통제한다는 설명이 있다. 이러한 각 진술이 거짓이라는 매우 좋은 증거가 있다(예: Jarrett, 2014; della Chiesa, 2006). 신경과학자와 대중 사이의 의사소통은 그러한 불완전한 신화들을 없애고 대중에게 신경과학을 최신 상태로 정확하게 전달하는 데 필수적이다.

코칭 분야에서 누가 신경과학자라고 주장할 수 있는지 결정하는 규제 프레임워크가 없기 때문에 자격 없는 프랙티셔너가 이 용어를 남용할 가능성이 있다. 따라서 신경과학적 설명을 프랙티스에 사용하는 모두가 신경과학 박사일 필요는 없지만, 이 분야에 진정한 전문 지식이 있는 사람들과 더 피상적 이해를 가진 사람들을 구분하는 것이 중요하다. 이를 개선할 수 있는 한 가지 방법은 신중한 규제 과정을 도입하는 것이다. 훈련된 신경과학자들이 제공하는 몇 가지 코칭 자격이 있지만 이것은 여전히 매우 드물다.

이런 모든 주의사항 하에서 현재 뇌에 대한 이해가 코칭에 유익을 줄 수 있는 사항을 생각할 수 있다.

코칭 개입 지원을 위한 신경과학 사용하기

신경 가소성 이해하기

신경가소성은 시간에 따라 변화하는 뇌의 능력이다. 행동, 신념, 사고를 빠르고 효율적으로 바꾸려면 뇌에 같은 속도로 변화할 수 있는 구성 요소가 있어야 한다. 따라서 새로운 행동이 생성될 때마다 새로운 정보가 (일시적으로 라도) 저장되기 위해 뇌에서 무엇인가 변경되어야 한다. 빠르게 변화할 수 있는 뇌의 한 구성 요소는 우리 신경세포들neurons 사이의 연결이다 (Nowakowski, 1987). 뇌의 뉴런은 시냅스라는 접합부에서 수천 개의 다른 뉴런들과 연결된다. 우리가 새로운 것을 배울 때 적절한 뉴런들 사이에 새로운 시냅스가 생성되어 이 정보를 저장한다. 일단 시냅스가 생성되면 두 뉴런들 사이의 연결이 충분히 사용되는 한 영구적이라고 생각하고 싶을 것이다. 그러나 이것은 사실이 아니다. 시냅스는 피부 세포와 비슷하게 시간이 지남에 따라 지속해서 손실되고 교체된다. 실제로, 시냅스의 20%가 24시간 동안 변할 수 있는 것으로 추정된다(Purves, Voyvodic, Magrassi & Yawo, 1987). 따라서 두 뉴런 사이의 연결 강도는 시간에 따라 비교적 일정하게 유지될 수 있지만, 이 연결을 생성하는 실제 시냅스는 정기적으로 변경된다.

시냅스를 생성하고 파괴하는 것은 에너지를 소비하는 과정이지만, 이는 뇌에 변화 또는 가소성에 대한 엄청난 능력을 부여하기 때문에 뇌의 기능에 매우 중요하다(Purves, White & Riddle, 1996). 뇌가 시냅스를 만들었지만 변형unmake하지 않았다면 더는 유용하지 않은 사실이나 행동을 제거할 수단이 없을 것이다. 예를 들어, 우리가 유아기에 배웠을 수 있는 행동은 성인만큼 유용하지 않거나 사실이 아닌(또는 더 최근의 증거로 대체된) 사실을 배웠을 수 있다. 지식과 행동에 대한 표현을 실시간으로 변경하려면 새로운 시냅스를 구축하고 오래된 시냅스를 제거해야 한다. 이를 위해서는 어떤 정보가 여전히 최신 상태이고 어떤 정보가 더는 필요하지 않은 지 판단하는 수단이 필요하다. 두 개의 뉴런을 연결하는 시냅스는 표시된 정보가 반복되거나 중요한 것으로 표시되는 경우(예: 감정적 강도에 의해) 유지된다. 일정 시간 동안 비활성 상태인 뉴런 사이의 연결이 제거된다. 시냅스를 만들고 제거하는 이 능력은 새로운 환경에서 학습 수단을 제공하기 때문에 근본적인 진화적 이점을 제공한다.

새로운 시냅스 뿐만 아니라 뇌 일부에서 새로운 뉴런도 생성할 수 있다는 사실이 알려졌다(예: 해마hippocampus, 예: Gross, 2000; Van Praag, Kemperman & Gage, 2000). 새로운 뉴런의 생성에 대한 우리의 이해가 높아짐에 따라 평균보다 많은 뉴런을 만드는 상황과 적게 만드는 상황을 발견했다. 우울하거나 불안할 때 더 적은 수의 새 뉴런을 생성되고, 운동exercise하거나 풍부한 환경enriched environments에 있을 때 더 많은 새 뉴런이 생성된다(Van Praag, Kemperman & Gage, 2000).

중요한 점은 우울증, 불안으로 손실되는 것보다 운동할 때 더 많은 새 뉴런이 생성된다는 증거가 있다. 실제로 증거에 따르면 정신건강이 안 좋으면 신경 가소성이 낮아지고, 인지 유연성cognitive flexibility이 높으면 신경가소성이 높아진다는 증거가 있다(Kays, Hurley & Taber, 2012). 또 신경가소성은 유아기에 더 크지만 일생에 걸쳐 뚜렷하게 나타나며 노령 인구에서도 계속 발견된다(Gutchess, 2014). 따라서 우리 뇌는 평생 학습하도록 만들어졌으며, 학습은 우리를 정신적으로 건강하고, 인지적으로 유연하게 유지한다.

코칭에 대한 시사점

코칭에 참여하는 동기를 약화시킬 수 있는 한 가지 믿음은 코치이가 어떤 이유로 인해 자신이 바뀔 수 없다고 믿는 경우이다. 이것은 너무 늙거나, 너무 어리석거나, 너무 경험이 없거나, 다른 유사한 제한적 신념의 형태를 취할 수 있다. 이 경우 인간 두뇌의 근본적인 본성과 두뇌가 새로운 학습을 생성하는 메커니즘을 이해하면 그런 믿음 극복에 도움이 될 수 있다.

신경가소성과 학습
지능, 성격이 고정된 속성이라고 믿는 것과 사람들의 지능, 개성이 발달할 수 있다고 믿는 정도(증가 이론incremental theory)에서 개인 차가 발견되었다(개체 이론entity theory: Dweck, 2006). 많은 연구 결과에 따르면 어린이와 청소년은 지능(Blackwell, Trzesniewski & Dweck, 2007)과 성격(Yeager, Johnson, Spitzer, Trzesniewski, Powers & Dweck, 2014)이 고정되지 않고 시간에 따라 변화할 수 있다는 믿음을 가질 경우, 더 많은 학습 동기와 더 적은 실패의 두려움을 가지고 있었다. 예를 들어, 신경영상 연구는 지능에 대한 믿음이 학습 상황에서 긍정적/부정적 피드백을 처리하는 방법에 영향을 줄 수 있음을 보여주었다(Mangels, Butterfield, Lamb, Good & Dweck, 2006). 지능이 고정되어 있다고 믿는 사람들은 그것이 발달할 수 있다고 믿는 사람들보다 부정적 피드백에 대해 전두엽 피질frontal cortex에서 더 큰 활성화를 보였다. 이러한 활성화의 규모는 질문에 대한 답변 오류가 타인들의 눈에는 어리석게 보일 수 있다는 우려와 관련이 있었다. 이것은 지능이 고정되어 있다고 믿는 사람의 경우, 어리석게 보일 수 있다고 느끼는 가능성이 미래의 실패를 예방할 수 있는 정보 처리를 방해한다는 것을 암시한다. 이에 비해 지능이 발달할 수 있다고 믿는 사람들은 기억과 관련된 뇌 영역의 활성화가 더 오래 지속되어 재검사 시 정확한 반응을 더 잘 기억할 수 있었다.

만약 지능이 고정되어 있는지 아닌지에 대한 믿음이 우리가 학습하는 방식에 영향을 줄 수 있다면, 이 믿음을 변경하여 학습 동기와 접근 방식을 향상시키는 것이 가능하다. 이것이 가능하다는 몇 가지 증거가 있다. 예거Yeager와 드웩Dweck(2012)은 지능과 성격이 고정된 것이 아니라 시간이 지남에 따라 변할 수 있다고 학생들에게 가르쳤다. 일련의 연구에서 그들은 이것이 수학에서 학업 성취도에 긍정적인 영향을 미치고, 학생들이 왕따를 당하는 상황에서 공격적 반응과 스트레스를 낮추는 것을 보여주었다. 저자들은 지능이 어떻게 발달될 수 있는지 배우는 것이 청소년과 젊은 성인의 회복력을 증가시킬 수 있다고 결론지었다.

이와 관련한 연구에서 블랙웰Blackwell, 트리제니에프스키Trzesniewski 그리고 드웩Dweck(2007)은 중학교 학생들에게 뇌 구조를 가르친 다음, 두 개 그룹을 구분해 기억(대조군)과 신경가소성(실험군)을 각각 학습하도록 했다. 그룹 간에 수학 성적에 상당한 차이가 있었고, 개입 후 테스트했을 때 실험 그룹이 통제 그룹보다 더 높은 점수를 받았다. 이 효과는 개입 후 동기부여에 긍정적 변화를 보여주는 실험 그룹에 속한 매우 많은 어린이에게서 동기 변화에 의해 매개되었다. 교사들의 의견에는 다음이 포함되었다.

> M은 학년 수준보다 훨씬 낮은 [성취를] 했다. 지난 몇 주 동안 그녀는 시험 응시 성취를 향상하기 위해 점심 시간에 자발적으로 도움을 요청했다. 그녀의 최근 시험에서 그녀의 성적은 낙제점에서 84점으로 크게 향상되었다.
>
> (Blackwell, Trzesniewski & Dweck, 2007, p.256)

이 연구는 동기부여가 지능과 성격이 고정되어 있지 않다는 믿음에 의해 영향을 받는다고 제시한다. 이 믿음은 신경가소성과 뇌가 학습하는 방식에 대한 이해를 통해 확립될 수 있다. 이로부터 개인이 지능, 성격이 향상될 수 있다는 점에 초점을 두는지, 아니면 개체에 고유하다는 점에 초점을 두는지가 코칭에 참여 의지와 코칭 개입의 효과성에 영향을 미칠 것이라고 추측하고 싶을 것이다.

코칭에 대한 시사점

이것은 신경과학 문헌이 코칭 효과성 향상 방법에 적용 가능한 통찰력을 주는 것으로 해석될 수 있는 증거를 제공하는 예이다. 변화하는 뇌의 능력과 뇌가 이렇게 진화한 이유에 대해 아는 것은 성장 마인드셋을 유도하는 데 도움이 될 수 있으며, 따라서 변화 동기와 의지를 높일 수 있다. 이를 사용하는 한 가지 방법은 뇌가 경험을 통해 조각sculpted된다는 것을 코치이들에게 상기시키는 것이다. 새로운 작업에 사용되는 뇌 영역에서 새로운 연결이 형성된다. 시간이 지남에 따라 연습 기회를 제공하는 새로운 경험을 통해 뇌는 새로운 행동의 자동화에 필요한 경로를 만들 것이다. 신경과학은 학습이 학습 능력에 의해 제한되는 것이 아니라 새로운 기술을 연습할 수 있는 관련 기회를 찾는 동기의 부족에 의해 제한된다는 것을 이해하도록 도와준다.

여기에 요약된 연구는 코칭이 뇌의 학습 방법을 이해하도록 도와서 변화 가능하다는 믿음을 향상해야 한다는 것을 시사하지만, 현재까지 이러한 지식이 코칭 개입의 결과에 직접적 영향을 미칠 수 있는지를 조사한 연구는 없다. 뇌가 학습하는 시냅스 메커니즘과 이것이 인간 뇌에서 유발하는 신경가소성 정도에 대한 이해가 결합될 때, 코칭의 혜택이 증가한다는 것을 입증하려면 더 많은 프랙티셔너 기반 연구practitioner-based research가 필요하다.

참여의 신경과학

신경과학이 코칭에 유용한 통찰력을 제공할 수 있는 또 다른 방법은 그것이 우리의 현재 믿음을 확장하거나, 반직관적인counter-intuitive 결론에 도달하는 데 사용될 수 있는 경우이다. 우리가 알고 있고 직관적으로 다른 사람들과 관계를 맺는 방식에 대해 사실로 보이는 것들이 있다. 예를 들어, 반두라Bandura, 로스Ross와 로스Ross(1963)의 고전적 실험에서 입증된 바와 같이 개인 수준에서 관찰을 통한 행동 모방imitation of behaviours through observation은 학습에 사용되는 메커니즘으로 오랫동안 알려져 왔다. 이 실험에서 아이들에게 어른들의 공격적인 행동을 관찰한 후 이 행동을 모방할 기회를 주었다. 아이들은 어른들의 공격적 행동을 관찰한 후 그들이 하는 것을 모방하는 것으로 나타났으나, 관찰하지 않은 경우에는 이런 종류의 공격적 행동을 하지 않았다. 이 연구에서 우리는 모방이 어린이와 성인 모두에게 강력한 학습 도구라는 것을 배웠다. 다른 사람을 모방하는 데 관련된 한 가지 중요한 시스템은 거울 뉴런mirror neuron 시스템이다. 이 시스템의 뉴런은 다른 사람의 행동을 관찰할 때와 동일한 행동을 할 때에 모두 활성화되어 관찰된 행동을 자신의 행동으로 전환할 수 있다(Iacoboni, 2009).

행동을 모방하는 것 외에도 인간의 사회적 상호작용을 가능하게 하는, 최근에 진화된 또 다른 기술은 다른 사람의 마음을 읽고 그들이 생각하는 것 또는 그들이 특정 방식으로 행동하는 이유를 추측하는 능력이다(마음 이론theory of mind이라고도 함: 프리스Frith와 프리스Frith, 2012). 반두라Bandura, 로스Ross와 로스Ross(1963) 연구에서 어린이는 성인이 보상을 받는 것을 본 후에 공격적 행동을 모방할 가능성이 더 컸고, 성인이 처벌받는 것을 본 후에는 모방할 가능성이 작았으며, 다른 사람들의 증거에 기반하여 본인 행동으로 인해 발생 가능한 결과를 아이들이 가정할 수 있었다고 제안했다. 마찬가지로 우리는 최근 승진한 사람의 표정, 자세, 목소리 톤, 생각까지도 쉽게 상상할 수 있고, 그리고 이것을 최근 파트너와 헤어진 사람에게 기대할 수 있는 표정, 자세, 목소리 톤, 생각 패턴과 대조할 수 있다. 마음 읽기mind reading를 할 때 우리는 사람들의 행동을 사용하여 감정적 반응을 예측할 수 있고, 사람들의 감정적 반응을 사용하여 행동을 예측할 수도 있다. 다른 사람의 행동을 예측하는 능력은 어린 시절에 단계적으로 발달한다. 영유아로서 우리는 환경에 대한 우리 자신의 신체적, 정서적 반응을 이해하는 법을 배운다. 그런 다음 이러한 경험은 동일한 상황에서 우리가 생각하고 느끼고 행동하는 것을 상상하여 타인들에게 이런 반응과 유사한 외적 징후를 알아차림으로써 환경에 대한 타인들의 반응을 해석하는 데 사용된다(Carpendale & Lewis, 2004). 그래서 우리가 승진했다는 소식을 듣고 웃을 것이라고 상상한다면, 그런 다음 우리는 같은 상황에서 다른 사람이 웃는 것을 보고 그들이 우리가 느끼는 감정을 느끼고 있다고 가정한다. 이 경험을 상상하는 과정은 정서적 전염emotional contagion으로 이어질 수 있다. 우리는 그들이 느낀다고 우리가 상상하는 것을 느끼기 시작한다(Decety & Svetlova, 2011). 연구는 소셜 네트워크 데이터를 사용하여 감정이 개인 사이뿐만 아니라 더 넓은 네트워크 전반에 퍼진다는 것을 입증했다(Fowler & Christakis, 2008). 행복한 사람들과 친구가 되는 사람들은 미래에 더 행복할 가능성이 크다. 이는 행복한 사람들이 다른 행복한 사람들과 섞인 결과일 뿐만 아니라, 시간과 거리에 따라 사람들의 네트워크를 통해 행복이 활발히 확산된 결과라는 분석이 나왔다. 따라서 정서적 전염은 가까운 사람에게만 국한되지 않고 집단적 현상이다.

아동 후반기와 성인이 되면서 우리는 사람들의 행동을 이해하는 법을 배우게 되며, 이 시점에 우리는 더는 자동적으로 타인들이 느끼는 것과 같은 정서을 느끼지 않게 된다(Decety & Svetlova, 2011). 정서적 이해emotional understanding는 타인들의 정서 반응을 자신의 정서 반응과 분리할 수 있게 해주는데, 이는 어려운 상황에 처해있는 사람들을 코칭할 때 중요한 능력이다. 우리가 타인의 정서 반응emotional response을 예측하기 위해 정서적 전염을 사용하든, 정서적 이해를 사용하든, 우리가 올바르게 예측한다면 그 결과 공유된 경험은 개인 간에 라포를 형성할 수 있다. 여기서 우리의 마음 읽기가 항상 올바른 것은 아니라는 점을 주목할 가치가 있다. 우리는 승진 제안을 받았을 때 흥분과 자부심을 느낄 수 있지만, 다른 사람들은 본인들이 그 직무에 대한 기술이 부족하다는 불안을 느낄 수도 있다. 또는 그들이 즐겁게 일했던 사람들로 구성된 팀에서 멀어질 것이기 때문에 상실감을 느낄 수도 있다. 다른 사람들의 정서 반응에 대한 우리의 예측을 확인하는 것이 중요하다. 이것들은 현재 유효한 가설로만 취급되어야 한다.

따라서 우리의 사회적 두뇌는 행동을 모방하고 다른 사람의 정서 반응을 예측할 수 있게 해준다. 주의attention, 감정의 해석 및 표현, 얼굴 인식을 제어하는 시스템을 포함하여 뇌 영역의 전체 네트워크가 이러한 능력에서 활성화된다(Decety & Jackson, 2004). 이 모든 것이 우리 뇌에서 무의식적으로 발생한다(Lakin & Chartrad, 2003). 이 시스템의 활성화 효과는 친한 친구 그룹이 이야기할 때 관찰할 수 있다. 흔히 그들의 자세, 감정, 목소리 톤이 비슷해지며 서로 짝을 지어 친밀하게 행동한다. 이 유사성은 개인이 그룹 내 구성원으로 신뢰할 수 있는지의 척도로 사용되므로 잠재의식 일치subconscious matching는 개인 사이의 더 큰 신뢰로 이어진다(Singer, Seymour, O'Doherty, Stephan, Dolan & Frith, 2006; Xu, Zuo, Wang &

Han, 2009). 이 신뢰는 사회 집단의 사람들 사이에서 협력을 구축하는 데 도움이 된다. 예를 들어, 조나스Jonas, 마르틴스Martens, 카이저Kayser, 프리체Fritsche, 슐리반Sullivan, 그리고 그린버그Greenberg(2008)는 어떤 사람이 다른 사람을 돕는 것을 목격하는 것이 참가자들이 후속 작업에서 더 많은 도움 행동에 참여하게 한다는 것을 보여주었다. 좋은 행동을 하는 것으로 사람들이 신뢰받는 느낌이 있을 때, 이런 행동은 한 상황에서 다른 상황으로 전달될 수 있다. 이것은 실생활에서 쉽게 볼 수 있다. 당신이 운전 시 갈림길에서 누군가 당신을 위해 정지해주었다고 하면 갈림길에서 도로 진입에 어려움을 겪는 다른 운전자를 볼 경우 이것이 당신의 행동에 어떤 영향을 미칠 지 생각해보라.

라포가 개인 사이의 신뢰를 개발하는 데 도움이 될 수 있듯이, 신뢰가 문화적 수준에서도 작동할 수 있다는 증거도 있다. 사람들의 네트워크에서 친사회적 전염prosocial contagion이 어떻게 발전하는지 보여주기 위해 파울러Fowler와 크리스타키스Christakis(2010)는 개인이 매번 네 명의 새로운 참가자 그룹과 함께 일련의 게임 라운드를 진행한 연구 결과를 보고했다. 각 라운드에서 참가자들은 그룹과 공유할 금액 크기를 선택하도록 요청받았다. 결과는 한 라운드에서 관대하게 공유 받은 참가자들이 다음 라운드에서 제공 금액를 늘렸다는 것을 보여주었다. 따라서 새로운 참가자 그룹은 이전의 관대함의 수혜자였다. 효과는 세 번에 걸쳐 각각 나타났는데, 1라운드의 관대함은 3라운드의 새로운 참가자에게 여전히 도움이 되는 것으로 나타났다. 이것은 한 문화 내에서 친사회적 행동 수준의 차이가 상황에 걸쳐 전염될 수 있음을 시사한다. 최근의 뇌 영상 데이터는 협력이 뇌의 보상 센터를 활성화하여 협력 행동에 대한 강력한 동기를 제공할 수 있음을 보여주었다(Krill & Platek, 2012).

신뢰의 문화를 구축하는 것 외에도 그룹 내 개인의 관대한 행동에 대한 감사함이 조직적 맥락 내에서 그룹이 동일한 목표를 공유하고 이를 향해 일할 가능성을 키운다는 연구도 있다(Jia, Tong & Lee, 2014). 이 축적된 연구는 친사회적 전염이 사회 구조 내에서 중요한 '접착제'를 형성할 수 있다는 아이디어를 뒷받침한다.

친사회적 감정의 중요한 부분은 고양감(도덕적 탁월성에 대한 우리의 반응), 감사, 감탄을 포함하여 '타인을 칭찬하는other-praising' 정서이다. 따라서 이런 정서로 활성화되는 뇌 부위를 알아보는 것이 흥미롭다. 이것은 친사회적 행동의 효과를 더 잘 이해하는 데 도움이 될 수 있다. 감탄과 연민(Immordino-Yang, McColl, Damasio & Damasio, 2009)과 고양감과 감탄(Englander, Haidt & Morris, 2012)을 주는 이야기에 반응하는 뇌 활동이 측정되었다. 이러한 정서는 모두 자기 인식의 고양된 감각 heightened sense of self-awareness을 생성하는 능력을 공유한다는 점에서 유사하며, 이것은 우리 자신이 더 선량하게virtuous 되고자 하는 충동을 만든다. 두 연구에서 참가자들은 고양, 감탄 또는 연민의 정서를 유발한 실제 사람들의 행동에 대한 이야기를 읽었다. 모든 이야기는 그러한 정서 반응에 대해 기대되는 심박수, 호흡수 증가를 포함하여 적절한 감정적 반응으로 귀결되었다. 고양, 감탄, 연민에 대한 이야기는 우리의 자기 감각sense of self을 결정하는 뇌 영역의 활동을 증가시켰다(예: 복내측, 내측 전전두엽 피질).

상식적으로는 사회가 친사회적 행동에 대한 보상을 통해 함께 유지된다고 예측하지만, 타인을 칭찬하는 감정에 대한 우리 뇌 반응은 오히려 반직관적counter-intuitive이다. 신경 활성화가 알려주는 것은 우리가 타인에 대한 고양, 감탄, 연민을 느낄 때 우리는 향상된 자기self 감각을 느낀다는 것이다. 자부심, 성취감, 사회적 참여, 자기 가치의 향상을 포함하는 공유된 정서적 반응shared emotional response은 잠재적으로 보상을 주는 행동 방식rewarding ways of acting을 알려준다. 따라서 관대함에서 비롯된 긍정 정서 전염positive emotional contagion은 우리가 미래에 비슷한 방식으로 행동하도록 유도하여 문화 내에서 친사회적 행동의 전반적인 수준을 높일 수 있다.

코칭에 대한 시사점

코칭 시 코치이에게 타인을 칭찬하는 정서를 주는 상황을 생각하도록 격려encouraging하는 것은 코치이 행동의 개선 방법을 숙고하는 동시에 보상의 감각sense of reward을 제공하고, 자기 가치의 감각sense of self-worth을 활성화할 수 있는 잠재력이 있다.

이 연구는 또한 코치이가 자신의 최고 모습best version을 하도록 돕는 것이 코치에게도 '자기 칭찬self-praising' 정서를 불러일으킬 가능성이 크기 때문에, 코칭 활동 그 자체가 보상을 받는 행위라고 알려준다. 코칭이 그렇게 보람 있는 활동이라는 점은 당연한 것이다.

어떤 코치이에게 가장 유용한가?

코칭에 대한 신경과학적 접근 방식은 코칭이 효과가 있는 이유에 대해 명확한 이해가 필요한 코치이와 함께 작업할 때 특히 유용하다. 코칭이 뇌의 정보처리 방식을 보여주는 탄탄한 연구 증거를 기반으로 한다는 것을 이해하면 적용된 기술에 대한 저항이 감소될 수 있다.

신경과학적 접근은 자율성에 대한 강한 욕구가 있는 코치이들에게도 잠재적인 혜택이 있다. 그들의 두뇌 작동 방식과 그들이 새로운 행동을 통해 이끌어낼 변화에 대한 이해를 제공하여 코치이들에게 이런 방식으로 두뇌를 변화시킬지에 대한 선택권을 제공할 수 있다. 행동하지 않으면 신경 반응neural processing 변화가 발생하지 않아 잠재적 손실이 있을 것이라는 감각sense of potential loss은 새로운 행동에 대한 최후의 동기를 제공할 수 있다.

논의 포인트

1. 당신이 코칭에 신경과학의 아이디어를 사용해 왔다면, 당신이 인용한 정보의 출처를 반영하여 이것들이 최신이고 신뢰할 수 있는지 확인하라.
2. 코칭 시, 특정 코치이가 우리 뇌가 변화를 위해 설계되는 방식에 대해 더 잘 이해할 경우, 그들이 새로운 아이디어에 대한 저항이 줄어들지를 생각해보라.
3. 당신의 코치이가 코칭을 위한 가장 자원이 풍부한 상태resourceful state에 있도록 돕기 위해 코치로서 정서적 전염을 어떻게 사용할 수 있을지 생각해보라.
4. 타인을 칭찬하는 정서other-praising emotions가 코치이에게 줄 수 있는 혜택과 코치로서 본인의 일을 토해 자신의 삶에서 얻을 수 있는 모든 이점에 대해 생각해보라.

추천 읽기

Bossons, P., Riddell, P., and Sartain, D. (2015). *The Neuroscience of Leadership Coaching*. London: Bloomsbury Press.
Jarrett, C. (2014). *Great Myths of the Brain*. Chichester: Wiley-Blackwell.
Download the 3D Brain App (Cold Spring Harbor Laboratory) onto your tablet or smartphone.
Sign up to Mindhacks.com for interesting blogs on the latest findings in Neuroscience.

참고 문헌

Bandura, A., Ross, D., and Ross, S.A. (1963). Vicarious reinforcement and imitative learning. *Journal of Abnormal Psychology*, 67, 601–607.

Blackwell, L.A., Trzesniewski, K.H., and Dweck, C.S. (2007). Theories of intelligence and achievement across the junior high school transition: A longitudinal study and an intervention. *Child Development*, 78, 246–263.

Bossons, P., Riddell, P., and Sartain, D. (2015). *The Neuroscience of Leadership Coaching*. London: Bloomsbury Press.

Boyatzis, R. (2012). Neuroscience and the link between inspirational leadership and resonant relationships. *Ivey Business Journal*, http://iveybusinessjournal.com/topics/leadership/neuroscience-and-the-link-between-inspirational-leadership-and-resonant-relationships-2#.VFZwfPSsV8M

Boyatzis, R., Passarelli, A., Koenig, K., Lowe, M., Blessy, M., Stoller, J., and Phillips, M. (2012). Examination of the neural substrates activated in memories of experiences with resonant and dissonant leaders. *The Leadership Quarterly*, 23, 259–272.

Brann, A. (2014). *Neuroscience for Coaches*. London: Kogan Page.

Carpendale, J.I.M. and Lewis, C. (2004). Constructing an understanding of mind: The development of children's social understanding within social interaction. *Behavioral and Brain Sciences*, 27, 79–96.

Decety, J. and Jackson, P.L. (2004). The functional architecture of human empathy. *Behavioural and Cognitive Neuroscience Reviews*, 3, 71–100.

Decety, J. and Svetlova, M. (2011). Putting together phylogenetic and ontogenetic perspectives on empathy. *Developmental Cognitive Neuroscience*, 2, 1–24.

Della Chiesa, B. (2006). *Neuromyths*. Monterey, CA: Monterey Institute of International Studies.

Dias, G.P., Palmer, S., O'Riordan, S., de Freitas, S.B., Habib, L.R., do Nascimento Bevilaqua, M.C., and Nardi, A.E. (2015). Perspectives and challenges for the study of brain responses to coaching: Enhancing the dialogue between the fields of neuroscience and coaching psychology. *The Coaching Psychologist*, 11, 21–29.

Dweck, C.S. (2006). Mindset. New York, NY: Random House.

Englander, Z.A., Haidt, J., and Morris, J.P. (2012). Neural basis of moral elevation demonstrated through inter-subject synchronization of cortical activity during freeviewing. *PLoS One*, 7, e39384.

Fowler, J. and Christakis, N. (2008). Dynamic spread of happiness in a large social network: Longitudinal analysis over 20 years in the Framingham Heart Study. *British Medical Journal*, 337, a2338.

Fowler, J. and Christakis, N. (2010). Co-operative behaviour cascades in human social networks. *Proceedings of the National Academy of Sciences*, 107, 5334–5338.

Frith, C.D. and Frith, U. (2012). Mechanisms of social cognition. *Annual Review of Psychology*, 63, 287–313.

Gross, C.G. (2000). Neurogenesis in the adult brain: Death of a dogma. *Nature Neuroscience Reviews*, 1, 67–73.

Gutchess, A. (2014). Plasticity of the aging brain: New direction in cognitive neuroscience. *Science*, 346, 579–582.

Iacoboni, M. (2009). Imitation, empathy and mirror neurons. *Annual Review of Psychology*, 60, 653–670.

Immordino-Yang, M.H., McColl, A., Damasio, H., and Damasio, A. (2009). Neural correlates of admiration and compassion. *Proceedings of the National Academy of Sciences*, 106, 8021–8026.

Jarrett, C. (2014). *Great Myths of the Brain*. Chichester: Wiley-Blackwell.

Jia, L., Tong, E., and Lee, L.N. (2014). Psychological "gel" to bind individuals' goal pursuit: Gratitude facilitates goal contagion. *Emotion*, 14, 748–760.

Jonas, E., Martens, A., Kayser, D., Fritsche, I., Sullivan, D., and Greenberg, J. (2008). Focus theory of normative conduct and Terror-Management Theory: The interactive impact of mortality salience and norm salience on social judgment. *Journal of Personality and Social Psychology*, 95, 1239-1251.

Kays, J.L., Hurley, R.A., and Taber, K.H. (2012). The dynamic brain: Neuroplasticity and mental health. *Journal of Neuropsychiatry and Clinical Neurosciences*, 24, 118-124.

Krill, A.L. and Platek, S.M. (2012). Working together may be better: Activation of reward centres during a cooperative maze task. *PLoS One*, 7, e30613.

Lakin, J.L. and Chartrad, T.L. (2003). Using nonconscious behavioural mimicry to create affiliation and rapport. *Psychological Science*, 14, 334-339.

Mangels, J.A., Butterfield, B., Lamb, J., Good, C., and Dweck, C.S. (2006). Why do beliefs about intelligence influence learning success? A social cognitive neuroscience model. *Social, Cognitive and Affective Neuroscience*, 1, 75-86.

Nowakowski, R.S. (1987). Basic concepts of CNS development. *Child Development*, 58, 568-595.

Purves, D., Voyvodic, J.T., Magrassi, L., and Yawo, H. (1987). Nerve terminal remodelling visualized in living mice by repeated examination of the same neuron. *Science*, 238, 1122-1126.

Purves, D., White, L., and Riddle, D. (1996). Is neural development Darwinian? *Trends in Neuroscience*, 19, 460-464.

Rosenthal, R. (1979). The file drawer problem and tolerance for null results. *Psychological Bulletin*, 86, 638-641.

Singer, T., Seymour, B., O'Doherty, J., Stephan, K., Dolan, R., and Frith, C.D. (2006). Empathic neural responses are modulated by the perceived fairness of others. *Nature*, 439, 466-469.

Stober, D.R. and Grant, A.M. (2006). *Evidence Based Coaching Handbook: Putting Best Practices to Work for Your Clients*. Hoboken, NJ: John Wiley & Sons, Inc.

Stober, D.R., Wildflower, L., and Drake, D. (2006). Evidence-based practice: A potential approach for effective coaching. *International Journal of Evidence Based Coaching and Mentoring*, 4, 1-8.

Urry, H., van Reekum, C., Johnstone, I.T., Kalin, N., Thurow, M., Scaefer, H., Jackson, C., Frye, C., Greischar, L., Alexander, A., and Davidson, R. (2006). Amygdala and ventromedial prefrontal cortex are inversely coupled during regulation of negative affect and predict the diurnal pattern of cortisol secretion among older adults. *Journal of Neuroscience*, 26, 4415-4425.

Van Praag, H., Kempermann, G., and Gage, F. (2000). Neural consequences of environmental enrichment. *Nature Reviews: Neuroscience*, 1, 191-198.

Weisberg, D.S., Keil, F.C., Goodstein, J., Rawson, E., and Gray, J.R. (2008) The seductive allure of neuroscience explanations. *Journal of Cognitive Neuroscience*, 20, 470-477.

Whalen, P.J. and Phelps, E.A. (2009). *The Human Amygdala*. New York, NY: The Guilford Press.

Xu, X., Zuo, X., Wang, X., and Han, S. (2009). Do you feel my pain? Racial group membership modulates empathic neural responses. *Journal of Neuroscience*, 29, 8525-8529.

Yeager, D. and Dweck, C. (2012). Mindsets that promote resilience: When students believe that personal characteristics can be developed. *Educational Psychologist*, 47, 302-314.

Yeager, D., Johnson, R., Spitzer, B., Trzesniewski, K., Powers, J., and Dweck, C. (2014). The far-reaching effects of believing people can change: Implicit theories of personality shape stress, health, and achievement during adolescence. *Journal of Personality and Social Psychology*, 106, 867-884.

3장
코칭과 코칭심리학 내 자기효능감
통합된 자기효능감 코칭 모델

저자: 다이아나 에귀아르 비에이라Diana Aguiar Vieira[1], 스티븐 팔머Stephen Palmer[2]
역자: 신혜인

서론

사회 인지 이론social cognitive theory(Bandura, 1986, 1997)에서 파생된 자기효능감은 특정 행동을 성공적으로 수행하기 위해 지각된 능력으로 정의될 수 있다. 이 기대되는prospectove 심리학적 구조는 여러 영역에서 인간의 행동 및/또는 변화를 설명하고 예측할 수 있었으며, 우리는 코칭심리학도 예외가 아니라고 제안한다. 다음으로, 사회 인지 이론에 기초하여, 본 장에서 제시된 자기효능감 코칭 모델self-efficacy coaching model(SEC)은 자기효능감 개념을 적용한 코칭 문헌을 수집하고 이를 사회 인지 이론과 통합하여 코칭 및 코칭심리학 내에서 다각도로 서로 다른

---

1) **다이아나 에귀아르 비에이라**Diana Aguiar Vieira 심리학 박사(Porto의 대학)는 포르투갈 Porto Accounting and Business School(ISCAP)의 조교수이다. 그녀는 사회 및 행동 과학 분야에서 가르치고 있으며 고등 교육기관에서 커리어, 동문 그리고 코칭 서비스를 담당해왔다.

2) **스티븐 팔머**Stephen Palmer 교수는 영국 런던의 Centre for Coaching의 창립 이사이다. 2004년에 British Psychological Society Special Group in Coaching PsychologyBPS SGCP의 초대 의장이 되었으며, 2005년에는 런던 시티 대학(현 런던 대학교)에서 심리학 코칭 유닛을 창설하였다. 2016년에 덴마크 Aalborg 대학교 코칭심리학과의 겸임 교수가 되었고, 2018년 Wales Trinity Saint David 대학의 업무 기반 학습 연구소Institute for Work Based Learning의 실습 교수가 되었다. 현재 브라질 리우데자네이루 연방 대학교의 코칭심리학부의 명예 고문이며, 국제 코칭심리학 협회 국제 코칭 심리 연구센터의 코디네이터이다. 또한 국제 코칭심리학회와 국제 스트레스 관리협회의 명예회장이자 연구원이다. 그는 다양한 주제에 대해 50권 이상의 책을 쓰거나 편집했으며 유럽 응용 긍정심리학 저널을 포함한 그 분야의 많은 저널을 공동 편집했다. 2008년 BPS SGCP로부터 코칭심리학에 기여한 공로를 인정받아 평생 공로상을 받았다.

자기효능감을 설명하고 예측하는 데 기여하는 통합 모델을 제공하는 것을 목표로 한다. 자기효능감 코칭 모델은 코치로서 역할을 수행하는 스킬과 관련된 코치의 자기효능감 신념, 그 결정 요인 및 결과에 초점을 맞추고 있으며, 후자는 코치의 코칭 기술에 대한 이점과 평가 측면에서 코치의 관점을 포함한다. 마지막으로, 프랙티스와 연구에 관한 자기효능감 코칭 모델의 적용에 대해 논의한다.

자기효능감 코칭 모델의 발달

앨버트 반두라Albert Bandura(1977)는 특정 영역에서 성취할 수 있는 능력에 대한 사람의 믿음을 나타내는 자기효능감 개념을 소개했다. 이러한 지각된perceived 자기효능감은 "수행 성취, 대리 경험, 언어적 설득, 그리고 생리적 상태에 기초한다."(Bandura, 1977:195) 이러한 원인source 외에도, 반두라는 자기효능감 신념이 얼마나 많은 노력을 기울일지, 장애물이나 회피하고 싶은 경험에 직면했을 때 얼마나 오래 버틸 수 있는지를 결정하기 때문에 자기효능감 신념의 결과에 관해 설명했다. 1986년에 반두라는 자기효능감 이론과 그의 사회 학습 이론을 사회 인지 이론에 통합했다. 그 이후로 이 이론에 관한 많은 연구가 인간 행동의 여러 영역에서 이루어졌다(Bandura, 2004).

우리가 확인할 수 있는 한, 포퍼Popper와 립시츠Lipshitz(1992)는 반두라의 작업을 특히 리더십 개발 분야에서, 코칭(스포츠와 관련된 것이 아닌)과 연관시킨 최초의 저자들이다. 이 최초의 이론적 노력 이후, 코칭 문헌의 몇몇 저자들은 주로 산출된 변수로서 코칭에서의 자기효능감 역할을 탐구했다(예: Baron & Morin, 209, 2010; Evers, Brouwers & Tomic, 2006; Grant, 2014; Gyllensten & Palmer, 2014; McDowall, Freeman & Marshall, 2014; Moen & Allgood, 2009; Pousa & Mathieu, 2015; Stewart, Palmer, Wilkin & Kerrin, 2008; Wakkee, Elfring & Monaghan, 2010). 이 지식을 통합된 이론적 모델로 통합aggregate 하려는 첫 번째 시도는 비에이라Vieira(2013)에 의해 제시되었다. 이전의 노력들을 바탕으로, 본 장에서는 자기효능감 코칭 모델을 제안한다.

이론과 기본 개념

사회 인지 이론에서, 인간의 기능은 세 가지 결정 요소가 상호작용한 산물이다: 개인 내 영향(예: 인지 내부 상태 및 정서적, 신체적 속성), 환경 결정 요인(예: 외부적, 맥락적 요인), 그리고 개인이 관여하는engage in 행동(Bandura, 2012).

사회 인지 이론은 개인을 그/그녀의 삶의 환경의 기여자이고, 단지 그것들의 산물이 아니라는 '자기 계발, 적응 그리고 변화에 대한 동인적agentic 관점'(Bandura, 200:9)을 가정한다. 실제로, 그/그녀의 생각, 감정, 그리고 그에 따른 행동에 작용하는 상황에 영향을 미치는 것은 개인의 행동을 통해서이다(Bandura, 1982). 이 이론에 비추어 보면, 개인은 스스로 목표를 설정하고, 자신의 노력을 끌어내고 동기를 부여하여 자신의 자기 조절 능력(Bandura, 2005)에 기여하기 위해prospective 행동에 대한 가능한 결과를 예상한다.

자기효능감

앨버트 반두라Albert Bandura는 인식된 자기효능감을 '자신의 삶에 작용하는 사건에 영향을 미치는 명시된 수준의 성과를 생산하는 능력에 대한 사람들의 믿음'(Bandura, 1994:71)이라고 정의했다. 저자는 자기효능감 신념이 개인의 인지적, 동기적, 정동적, 선택적 과정을 통해 효과를 창출하면서 어떻게 느끼고, 생각하고, 동기부여하며 행동하는지를 결정하는 데 도움이 된다고 가정했다. 지각된 자기효능감은 예상되는 상황에 대처하는 데 필요한 행동을 얼마나 잘 수행할 수 있는지에 대한 판단과 관련이 있다. 다시 말해, "지각된 자기효능감은 당신이 가진 기술의 수가 아니라, 다양한 상황에서 당신이 가진 것으로 해낼 수 있다는 믿음의 여부에 달려 있다."(Bandura, 1997:37)

반두라(1986, 1997)에게 자기효능감 신념은 인적 동인human agency의 주요 메커니즘이다. 강한 효능감은 인간의 성취와 개인의 웰빙을 증진해서 거절이나 실패할 가능성이 큰 상황에서도 성과를 유지하는 데 기여한다(Bandura, 1986). 대조적으로, 자기효능감 신념이 약하고 자신의 능력을 의심하는 개인은 보통 개인적인 위협으로 보이는 어려운 일을 피하며, 자신이 추구하기로 선택한 목표에 대한 낮은 열망과 약한 책임을 보인다(Bandura, 1994). 사회 인지 이론social cognitive theory은 개인이 도전적인 일에 참여하고 전념할 수 있도록 격려 받고, 개인의 기술 개발을 촉진하기 때문에, 현재의 역량 수준을 약간 넘는 자기효능감 신념이 기술 개발을 촉진한다(Bandura, 1986)고 제안한다. 그러나 만약 자기효능감에 대한 신념이 개인의 현재 역량 수준보다 너무 높게 위치하면 실패를 초래할 수 있다.

자기효능감의 원천source

사회 인지 이론(Bandura, 1997)에 따르면, 개인의 효능감에 관한 신념은 네 개의 주요 원천source에 의해 개발될 수 있다: 1) 숙련된 경험/성공적인 과거 성과(수용력 척도 역할을 하는); 2) 사회적 모델에 의해 제공되는 대리 경험; 3) 언어적 설득(그리고 타인이 그들의 능력에 대한 인식을 개인에게 알려주는 다른 사회적 영향); 그리고 4) 심리-생리학적 및 정서적 상태(실패에 대한 그/그녀의 능력, 힘 그리고 취약성을 추론하는 상태).

반두라(1994)는 강한 효능감의 감각을 만드는 가장 효과적인 방법은 숙련된 경험을 통해서라고 주장하는데, 이는 기대되는 결과를 산출하는 데 필요한 것을 달련達練할 수 있는(또는 그렇지 않은) 개인의 능력에 대한 진정한 증거를 제공하는 원천이기 때문이다. 특히 확고하게 기반을 둔 효능감 감각에 앞서 발생할 때, 성공은 개인적인 효능감에 대한 확고한 신념을 형성하는 반면, 실패는 그것을 약화시킨다. 그런데도 만약 개인이 오직 쉬운 성공만을 경험한다면, 실패에 쉽게 낙담하면서 빠른 결과를 기대할 것이다. 효능감을 기르기 위해서는 끊임없는 노력을 통해 장애물을 극복해야 한다; 어려움은 어떻게 실패를 성공으로 바꿀지 그리고 어떻게 역경에 직면했을 때 인내하는지 배울 기회를 제공한다(Bandura, 1997).

사회적 모델이 제공하는 대리 경험들은 효능감에 대한 자기 신념을 강화하는 또 다른 방법이다(Bandura, 1997). 자신과 비슷한 사람이 성공하는 것을 관찰하면 관찰자의 자기효능감 신념이 향상되어 동일한 활동에 숙달하게 되지만, 실패를 관찰하는 것은 관찰자 자신의 효능감에 대한 판단을 낮춘다. 인식된 자기효능감에 대한 모델링의 효과는 인식된 모델과의 유사성에 의해 영향을 받는다. 즉 가정된 유사성이 클수록 모델의 성공과 실패에 더 설득력이 있다(Bandura, 1994).

사회적 설득과 언어적 격려 또한 자기효능감 신념에 중요한 영향을 미칠 수 있다. 어려운 상황에 대한 숙련된 능력이 있다고 말로써 설득된 사람들은 사회적 격려를 받지 못한 사람들보다 성공하기 위해 더 큰 노력을 동원할 가능성이 크다(Bandura, 1977). 그러나 자신에게 역량이 부족하다고 설득당해왔던 사람들은 도전적인 활동을 피하고 어려움에 직면하면 빠르게 포기하는 경향이 있다. 지각된 자기효능감을 높이기 위해서는 칭찬 이상의 것이 필요하다; 성공으로 이어지는 활동을 개발하며, 개인이 실패를 경험할 수 있는 상황에 빠지지 않아야 한다(Bandura, 1977). 언어적 격려에 의해 유도되는 기대 효능감은, 그런데도 언어적 격려에 대한 진정한 경험적 근거를 제공하지 않으므로 개인의 성취로부터 발생하는 것보다 약할 가능성이 있다(Bandura, 1994).

생리-심리학적 그리고 정서적 상태는 또한 개인의 스트레스 반응과 긴장을 낮은 성과에 대한 취약성의 징후로 해석하는 반면 긍정적인 기분mood은 인식된 자기효능감을 강화하기 때문에 자기효능감에 영향을 미친다(Bandura, 1994). 예를 들어, 활동 수행 중 불안이나 피로의 척도는 인식된 자기효능감을 감소시킬 수 있는 반면, 침착함이나 즐거움의 감정은 인식된 직무의 숙련도를 증가시킬 수 있다(Lent, Brown & Hackett, 1994). 정서 상태는 또한 "사건의 판단, 정서가 사건들과 연결되는 방법, 그리고 어떻게 그것이 해석되고 인지적으로 조직되고 기억에 유지되는지에 영향을 미친다."(Bandura, 1997:111)

자기효능감의 결과

자기효능감 신념은 개인의 행동에 명백한 결과를 초래한다. 개인의 동기와 개인의 정동적 상태의 수준과 지속성은 효능감 신념에 의해 영향을 받아 다양한 유형의 성과performance에 기여한다. 특정 활동 분야에서 자신의 역량을 의심하는 사람들은 같은 분야에서의 어려운 일을 외면하고, 스스로 동기부여가 어렵고, 장애물에 직면했을 때 빠르게 포기한다(Bandura, 1997).

자신의 능력에 대한 강한 신념을 가진 개인들은 보통 피해야 할 위협보다는 반드시 숙련해야 하는 도전으로 어려운 일에 접근해 활동에 대한 관심과 참여도를 높인다. 그들은 스스로 도전적인 목표를 세우고 그것에 대한 강한 의무를 유지하며, 그들이 하는 일에 높은 수준의 노력을 투자하고, 실패나 좌절에 직면했을 때 그들의 노력을 증가시킨다(Bandura, 1997).

자기효능감 신념은 인간의 자기 계발과 변화에 영향을 미치며, 사람들이 스스로 설정한 목표와 결과의 기대를 통해 어려움에 직면했을 때 자기 동기부여와 인내에 중추적인 역할을 한다. 자신의 대처 능력에 대한 사람들의 신념은 정서적 자기 조절에도 핵심적인 역할을 하며, 정서적인 삶의 질과 스트레스와 우울에 대한 취약성에 영향을 미친다. 마지막으로, 자기효능감은 사람들이 그들의 삶 속 결정의 지점에서 고려하는 선택의 범위에 영향을 줌으로써 사람들이 하는 선택에 영향을 미친다. 반두라의 말대로, "그들의 활동과 환경의 선택에 의해, 사람들은 그들의 삶의 경로와 그들이 되고자 하는 것을 설정한다."(2012:13)

사회 인지 이론은 또한 성과의 질이 자기효능감의 결과 가운데 하나라는 것을 인정하며, 많은 연구에서 일과 관련된 업무 성과(Bandura, 1997; Peterson, Luthans, Avolio, Walumbwa & Zhang, 2011; Stajkovic & Luthans, 1998), 팀 성과(예: Chen, Kanfer, Deshon, Mathieu & Kozlowski, 2009), 학업 성취도(Capara, Vecchione, Alessandri, Gerbino & Barbaranelli, 2011; Robbins, Lauver, Le, Davis, Langley & Carlstron, 2004) 등 광범위한 성과 영역에서 이와 같은 생각을 입증하고 있다.

목표 및 결과outcome 기대

자기효능감과 함께 목표와 결과 기대는 사회 인지 이론에서 중심적인 자기 참조self-referent 변수이다. 자기효능감은 "내가 할 수 있을까?"를 말한다. 목표는 "내가 하고 싶은 것 또는 성취하고 싶은 것이 무엇일까?"를 말한다. 사실, 목표는 주어진 활동에 참여하는 것 또는 어려운 일을 완수하거나 특정한 직업을 얻는 것과 같은 특정한 결과에 영향을 미치는 개인의 결심determination을 말한다(Lent, Hackett & Brown, 1999).

목표를 설정함으로써, 개인의 행동을 조직하고 지시하며, 외부의 인센티브가 없는 상황에서도 장기간에 걸쳐 행동적 노력behavioral efforts을 유지하여 원하는 결과의 가능성을 높인다. 목표 설정은 사람들이 개인적 통제나 동인을 통한 중요한 메커니즘(Lent, Brown & Hackett, 1994)으로, 주로 열망하는 결과를 상징적으로 표현하고 내부 성과 기준에 기초하여 자신의 행동에 대한 자기 혁신적self-evaluative 방식으로 반응하는 개인의 능력을 통해 작용한다.

사회 인지 이론은 실행 가능성에 영향을 미치는 목표의 일부 속성을 증명한다. 목표는 명확하고, 구체적이고, 임무task로 세분화되고, 일시적으로 개발될 활동에 가까워지고temporally close to the action to be developed, 공개적으로 수립되고, 강한 책임으로 유지될 때 행동에 대한 강력한 지침guidlines으로 작용한다(Bandura, 1986).

개인이 "만약 이렇게 한다do면, 무슨 일이 일어날까요?"라고 묻는다면, 그 사람은 무언가에 대한 자신의 결과 기대에 대해 스스로 질문하는 중인 것이다. 즉 결과outcome 기대는 행동적 노력으로 발생할 결과consequances(즉, 행동 또는 과정의 결과)에 관한 것이며, 이는 긍정적(인센티브로 작용) 또는 부정적(특정 행동에 대한 낙담으로 작용)일 수 있다.

결과 기대는 다른 것으로부터 야기된 결과 기대results anticipation를 통해 행동에 영향을 미칠 수 있으며, 여러 등급으로 구분될 수 있다: 신체적(예: 쾌락 또는 신체적 불편감에 대한 감각적 경험), 사회적(예: 찬성approval, 인식, 긍정적 보상), 그리고 자기 혁신적self-evaluattive(예: 자기만족, 자긍심)(Bandura, 1986, 1997).

자기효능감과 함께 목표와 결과 기대 모두 특정 활동을 실제로 시작하는 데 중요한 역할을 하는 것으로 밝혀졌다(Evers, Brouwers & Tomic, 2006).

자기효능감 코칭 모델

자기효능감은 가장 많이 연구된 심리학적 구조 중 하나이며, 우리의 의견으로는, 독특한 특징들이 중요 기여 요인이다. 첫째, 자기효능감은 성격 특성이 아니다; '나는 이렇다'와 같은 정적인 성격 특성보다는 '내가 얼마나 잘할 수 있는가?'와 같은 활동을 수행할 수 있는 지각된 능력에 초점을 맞춘 자기 판단으로 구성된다(Zimmerman, 1995). 결과적으로, 자기효능감은 사람들이 다른 활동들 및/또는 수행 범위와 관련하여 개인의 능력을 평가하는 방식이 다양하므로 영역별로 특정적이다. 예를 들어, 누군가는 자신이 스포츠를 할 수 있는 능력은 있지만 외국어를 말하는 것에 관해서는 능력이 훨씬 덜하다고 인식할 수 있다. 이것은 자기효능감 개념이 인간 기능의 거의 무한한 영역에 적용될 수 있다는 것을 의미한다.

둘째, 자기효능감 신념은 일반적으로 특정한 임무task나 활동에 참여하기 전, 사전 고려forethought 과정으로 개념화되어 평가되기 때문에 성과에 능동적인 영향을 미친다(Zimmerman & Cleary, 2006). 자기효능감 신념의 원천source에 대한 명확한 정의와 인식된 자기효능감이 기반이 되는 과정의 이 심리학적 구조는, 사회 인지 이론에 포함된 인간의 기능을 이해할 수 있게 하고 인식된 자기효능감과 결과적으로, 사람들의 성과 및/또는 웰빙을 향상시키는 방법에 개입할 수 있는 단서를 제공한다.

마지막으로, 사회 인지 이론은 목표와 결과 기대와 같이 코칭에서 중요한 다른 자기-참조 변수와 자기효능감의 관계에 대한 설명을 제공한다.

일반적으로 사회 인지 이론(Bandura, 1986, 1997)과 함께 함께 자기효능감 개념, 특히 결정 요인과 결과determinants and consequences를 기반으로 우리는 자기효능감 코칭 모델Self-efficacy Coaching Model(SEC)을 제안한다. 이 모델은 코치로서의 능력과 관련된 코치의 자기효능감 관점, 그 결정 요인 및 결과determinants and consequences에 초점을 맞추고 있으며, 후자는 코치의 기술skills에 대한 유익성 및 평가 측면에서 코치이의 관점을 포함한다. SEC 모델은 다음을 목표로 한다: 1) 코치로서의 그/그녀의 기술을 개발하는 방법을 이해하는데 기여하기; 2) 코치의 성과 측면에서 자기효능감의 예언자 역할을 인정하기; 3) 코칭 과정course의 질을 평가하는 방식을 제공하기; 4) 코치의 전문성 개발과 준비/훈련의 향상을 위한 가이드라인/전략을 제공하기, 더해서 SEC 모델은 또한 코치의 기술에 대한 코치이의 평가뿐만 아니라 코칭 과정의 결과로 코치이가 얻는 이익을 다룬다.

자기효능감 코칭self-efficacy coaching(SEC) 모델은 [그림 3.1]에 나타나 있다. SEC 모델은 네 가지의 요소로 구성되어 있다: 코치의 자기효능감, 그 결정 요인, 코칭 세션에서의 코치의 성과, 그리고 코치이이다. 네 요소 사이의 관계는 번호가 붙여진 화살표로 표시된다. 화살표 1은 코치가 받은 훈련과 수퍼비전, 그/그녀의 코치로서의 과거 경험, 그리고 그/그녀의 정서지능을 포함하는 코치의 자기효능감 결정 요인을 나타낸다. 앞서 반두라(1986)가 언급한 바와 같이, 과거 경험, 타인에 대한 관찰, 언어적 격려 및 생리적, 정서적 상태는 자기효능감의 원천이다. 결과적으로, SEC 모델에서 코치가 받은 훈련과 수퍼비전은 그/그녀의 자기효능감의 두 가지 주요 원천으로 확인된다. 코치 훈련 과정에는 일반적으로 경험이 풍부한 코치(트레이너)에 대한 노출뿐만 아니라 코치 역할을 실험하고 프랙티스할 수 있는 기회가 포함된다. 비디오 시청, 독서 그리고/또는 동료와 코칭 프랙티스에 대해 논의하는 것과 같은 덜 체계적인 학습 경험도 자기효능감을 강화하는 역할을 할 수 있다. 게다가, 수퍼비전 맥락은 수퍼비전으로부터 이익을 얻고 있는 코치에 대한 사회적 지지뿐만 아니라 수퍼바이저의 언어적 격려를 포함한다. 코치로서 성공적인 숙련된 경험은 SEC 모델에서 과거의 경험으로 나타나며, 코치의 자기효능감의 또 다른 원천을 나타낸다. 코칭 또한 코치에게 상당한 이익이 있다고(Rider, 2022; Sweeney, 2007) 제안되었지만, 코칭 문헌 내에서 코칭 과정을 코치의 자기효능감 수준을 향상할 수 있는 경험으로 간주하는 것은 광범위하게 고려되지 않았다. 실제로, 우리의 문헌 검토에서, 코치의 자기효능감이 이런 방식으로 발전할 가능성을 탐구한 연구study는 단 하나뿐이었다(Leonard-Cross, 2010). 이 연구study에서, 지난 2년 동안 코치 역할을 수행한 사람들의

[그림 3.1] 자기효능감 코칭 모델

대다수는 개인의 자기효능감이 증가했다고 보고 했다. 마지막으로, 비록 반두라(1986)에 의해 정서지능은 자기효능감의 원천source으로 확인된 생리적, 정서적 상태보다 훨씬 넓은 개념이지만, 코칭의 맥락과 그들 자신과 다른 사람의 정서에 대한 코치의 명확한 이해를 고려할 때(예: Day, de Hann, Sills Bertie & Blass, 2008),정서지능은 코치의 자기효능감의 중요한 원천으로 SEC 모델에서 제안된다. 이와 관련하여 이 모델에서 정서지능은 메이어Mayer와 살로베이Salovey에 의한 이론화를 의미하며(Mayer, Salovey, 1997; Salovey & Mayor, 1990), 이 이론은 네 가지 다른 기술에 의해 구성된다: 1) 자신과 타인의 정서를 인식하는 능력, 2) 정서를 사용하여 사고를 촉진하는 능력, 3) 정서를 이해하는 능력, 4) 정서를 관리하는 능력이다(Caruso, Salovey, 2004).

   화살표 2는 코치의 자기효능감이 코칭 세션 동안의 성과에 미치는 영향을 나타낸다. 코치의 자기효능감은 코치의 역할을 특정하는 기술과 관련하여 코치가 가진 능력에 대한 인식된 가능성이다(Vieira & Palmer, 2012). 코치의 자기효능감과 그들의 성과 사이의 관계는 사회 인지 이론(Bandura, 1986)뿐만 아니라 인간 기능의 여러 영역에서 자기효능감이 성과에 미치는 영향을 강조하는 연구 본문에 기초한다(예: Judge, Jackson, Shaw, Scott & Rich, 2007; Raub & Liao, 2012). 코칭 문헌에서 코치의 자기효능감에 관한 연구는 부족했었다. 이후 한 연구에서 학습과 결과를 촉진하는 코치의 자기효능감이 작업 동맹의 촉진제라는 것을 발견했다(Baron & Morin, 2009). 또 다른 연구에서는 코치의 자기효능감이 코치의 성과의 질과 관련이 있으며, 후자는 코칭 과정의 마지막에서 이러한 기술들에 대한 코치이의 보고서로 측정되었다(Vieira, 2013).

[그림 3.1]에서, 화살표 3은 코칭 세션 중에 코치의 성과가 개인 또는 그룹으로서의 코치이에게 미치는 영향을 나타낸다. 이러한 영향은 코치이에 의해 달성되는 이점 측면에서 나타날 것으로 예상되며, 코칭 개입에 대한 코치이의 목표에 따라 광범위한 내용을 가정할 수 있다. 그렇지만, 여러 연구에서 직무 성과나 심리적 웰빙의 향상을 보고 하였다(예: Crabb, 2011; Outhwaite & Bettridge, 2009). 코칭 문헌에서 자기효능감에 대한 가장 일반적인 언급은 코칭의 결과(예: Baron & Morin, 2009, 2010; Evers, Brouwers & Tomic, 2006; Grant, 2014; Gyllensten & Palmer, 2014; McDowall, Freeman & Marshall, 2014; Leonard-Cross, 2010; Moen & Allgood, 2009; Pousa & Mathieu, 2015; Stewart, Palmer, Wilkin, & Kerrin, 2008; Wakkee, Elfring & Monaghan, 2010) 또는 코칭 프로세스에 영향을 미칠 수 있는 이전의 코치이의 특성(de Haan, Duckworth, Birch & Jones, 2013 ; Stewart, Palmer, Wilkin & Kerrin, 2008)과 관계없이 코치이와 관련이 있다. 반면, 코치이가 코치의 코칭 기술을 평가하는 방식은 역시 코치 성과 그 자체로 직접적인 결과라고 볼 수 있다.

코치이가 얻는 이점과 코치에 대한 평가가 코치의 자기효능감을 결정하는 요인으로 작용할 것이다(화살표 4). 코치의 기술에 대한 코치이의 평가는 코치의 성과에 대한 간접적인 정보를 제공하며, 이러한 정보는 수퍼비전 맥락 내에서 코치들이 자신의 기술을 더욱 발전시키는 데 도움이 될 수 있다. 이런 종류의 정보는 조직에서 제공하는 기업 코칭의 경우 코치 자신뿐만 아니라 리드 코치lead coach에게도 중요한 피드백으로 작용할 수 있다.

마지막으로, 자기효능감 코칭 모델은 코치의 자기효능감, 결정 요인, 코치의 성과, 그리고 코치이가 명료한 방식으로 상호작용하는 지속적인 프로세스를 나타내기 때문에 역동적 특성을 강조하는 것이 중요하다.

프랙티스와 연구에 자기효능감 모델 적용

반두라가 말한 것처럼, "심리학 이론의 가치는 그것의 설명력과 예측력뿐만 아니라, 궁극적으로 인간의 기능에서 변화를 촉진하는 영향을 미치는 힘에 의해서도 판단된다."(2005:12) 따라서, 이 부분은 자기효능감 코칭self-efficacy coaching(SEC) 모델이 코칭 프랙티스에 어떻게 유용한지 설명하는 것으로 시작한다.

　SEC 모델에서 도출된 프랙티스에 대한 한 가지 시사점은 코치의 자기효능감 그리고 그 결정 요인과 관련이 있다. 자기효능감과 성과 사이의 연관성을 고려할 때, 코칭 기술 자체에 대한 코치의 자기효능감은 훈련, 수퍼비전 및 멘토링 맥락에서 고려되어야 한다. 구체적으로, 이러한 맥락은 자기효능감 원천에 대해 작업할 기회를 극대화하기 위해 계획되고 구성되어야 한다. 이는 훈련 중인 코치coaches-in-training가 모델링에 노출되어야 하고, 코치 역할을 경험해야만 하며, 적어도 자기 자신과 타인의 정서를 식별하는 한 그들의 정서지능을 개발해야 한다는 것을 의미한다. 또한 코칭 기술과 관련된 코치의 자기효능감 평가는 훈련 및/또는 수퍼비전의 질을 평가하는 데 사용될 수 있다. 마지막으로, SEC 모델에 명시적으로 표시되지는 않았지만, 코치는 자기효능감이 '생각을 성과로 전환'(Bandura, 2005:12) 하는 것을 관리하기 때문에, 코칭에 대한 의미가 정직하기 때문에 자기효능감에 대한 이론적 지식도 갖추어야 한다. 스미더Smither와 레일리Reilly(2001)는 코치이의 자기효능감 신념을 높이기 위한 코치의 노력이 행동 변화를 구현하는 데 매우 중요하다고 주장한다. 더해서, 말론Malone(2001)은 임원코칭은 결정 요인, 즉 자기 생각, 숙달된 경험, 사회적 설득 그리고 심리적 상태 관리를 목표로 하는 기술을 자연스럽게 사용하기 때문에 자기효능감을 향상시킬 수 있다고 제안한다.

　코칭 세션 동안 코치이는 성취 전후에 자신의 경험을 성찰할 기회를 가지며, 코치는 이 과정에서 코치이의 현실적이고 건설적인 능력을 향상시킬 것으로 기대된다. 코치이가 과제를 탐색하고 분석할 때 코치는 과제와 관련된 자신의 역량을 평가하는 방식에 특별한 주의를 기울여야 한다. 예를 들어, 코치의 이러한 알아차림은 코치가 코치이의 발전과 관련되었을 때 과제를 달성할 수 있다는 것을 코치이에게 설득할 수 있게 한다. 또 목표 설정은 중요한 코칭 과제이기 때문에, 낮은 수준의 자기효능감은 코치이가 가치 있게 생각할 수 있는 목표를 설정하는 것을 방해하기 때문에 목표에 대한 코치이의 자기효능감을 평가하는 것이 필수적이다. 숙련된 경험이 가장 강력한 자기효능감의 원천인 만큼 코치는 코치이가 역량의 한계선 내에 있는 업무부터 시작하도록 장려해야 한다. 큰 과제를 관리 가능한 하위 목표로 분류함으로써, 코치 또는 코칭심리학자는 코치이들이 성공을 경험할 기회를 증가시킨다.

　모엔Moen과 알굿Allgood(2009)은 비록 임원코칭 맥락에 국한되지만, 코치가 코치이의 자기효능감을 향상시킬 수 있는 과정을 설명한다. 효과적이 되기 위한 우리의 의견으로는, 코치가 자기효능감이 코치이의 생각과 행동에 미치는 영향을 인식하는 것이 중요하다. 또 코치는 자기효능감의 원천에 근거하여, 코칭 유형에 관계없이 코치이의 자기효능감 신념을 강화할 수 있는 코치이의 가능성을 높이기 위해 행동해야 한다.

프랙티스를 위한 SEC 모델의 다른 의미는 코칭 세션 동안 코치의 성과와 코칭 개입을 받는 코치이와 관련이 있다. 코칭 세션에 관련된 기밀성confidentiality을 고려할 때 오디오나 비디오 녹화가 선택사항은 될 수 있지만, 코치의 성과를 직접 평가하기에는 어려움이 있을 수 있다. 그러나 SEC 모델은 코칭 세션을 방해하지 않고 코치의 성과를 평가할 수 있는 두 가지 방법을 제공한다: 하나는 코치이들이 코칭 과정의 마지막에서 얻는 이점과 관련이 있고, 다른 하나는 코치들의 기술에 대한 코치이의 평가와 관련이 있다. 전자는 코칭 과정 초기에 코치가 정의한 목표 달성과 연결되어야 하지만, 후자는 코치의 코칭 능력에 대한 코치이의 인식을 해석한다. 그들의 차례가 되면, 두 종류의 코치이 관련 정보 모두, 정보에 대한 성찰이 스스로 또는 수퍼비전에서 또는 멘토링의 맥락에서 수행되든 코치로서 전문적인 발전에 중요한 피드백 정보에 접근할 수 있도록 함으로써 코치에게 유용할 수 있다. 또한 기관organization에서 코치 팀을 사용하여 조직에 코칭 서비스를 제공하는 경우, 팀의 책임자는 코칭 세션에 참여한 코치이의 평가에 의해 제공되는 각 코치의 성과에 대한 정보로부터도 이점을 가질 수 있다.

자기효능감 코칭 모델self-efficacy coacing model의 연구 가치에 대해서는 화살표로 표현된 네 가지 관계를 기반으로 조사해야 할 몇 가지 간단한 가설을 제공한다고 믿는다. 그러나 반두라Bandura(1997)가 언급한 바와 같이, 연구 중인 인간 영역의 특정 측정measures이 사용될 때 자기효능감의 예측력이 향상된다. 그런 의미에서, 코치의 자기효능감을 평가하기 위해 코칭 기술 자기효능감 척도Coaching Skills Self-efficacy Scales(CSSES)(Vieira, 2011; Vieira & Palmer, 2012; Tokuyoshi, Iwasaki, Vieira & Palmer, 2014)를 개발하고 검증하였다. 이전 연구에서 우리는 SEC, 모델의 화살표 1에서 파생된 다음과 같은 가설들을 테스트했다: "코칭 훈련은 코치의 자기효능감을 결정하는 요소이다." 우리는 코칭 훈련이 해당 과정에 참여한 참가자들의 코칭 기술skills 자기효능감을 향상시킨다는 것을 발견했다(Vieira, 2013).

최근 연구에서, 우리는 코치의 기술을 코치이가 평가할 수 있는 도구를 구성하기 위해 CSSES 항목을 조정했다(CECSS-코치 기술 측정에 대한 코치이의 평가Coachee's Evaluation of Coach Skills Scale; Vieira, 2013). CECSS의 항목은 CSSES의 내용과 성격이 비슷하지만, 코치이의 관점에 맞게 수정되었다. 추가적인 검증 연구가 필요하지만, 우리는 이 두 가지 도구가 자기효능감 코칭 모델에 대한 추가 조사를 촉진할 수 있다고 믿는다.

결론적으로, 자기효능감은 코치와 코치이 모두에게 전문적인 성장과 발전을 달성하고 궁극적으로 성과를 향상하는데 핵심적이다. 이론, 연구, 그리고 프랙티스는 모두 같이 순환cycle하는, 명확하게 이해될 때만 의미가 있다. 우리는 자기효능감 코칭 모델이 향후 연구를 안내/지도guide하고 코칭과 코칭심리학 분야에서 자기효능감의 적용을 이해(이론적, 프랙티스적으로)하는 데 유용할 수 있기를 바란다.

논의 포인트

1. 자기효능감 코칭Self-efficacy Coaching(SEC) 모델은 코칭 훈련에 어떻게 도움이 되는가?
2. 자기효능감 코칭Self-efficacy Coaching(SEC) 모델은 코칭에 대한 연구 개발을 촉진한다. 논의하라.
3. 자기효능감과 그 원천sources에 대한 코치의 지식이 코칭 프로세스에 어떤 방식으로 유용할 수 있는가?
4. 코칭 수퍼비전이나 멘토링은 코치의 자기효능감을 높일 수 있다. 이에 대해 논의해 보라.

추천 읽기

Bandura, A. (1997). *Self-efficacy: The exercise of control*. New York: Freeman.
Bandura, A. (2005). The Evolution of Social Cognitive Theory. In K. G. Smith and M. A. Hitt (eds.) *Great minds in management*. Oxford: Oxford University Press.
Baron, L., & Morin, L. (2010). The Impact of Executive Coaching on Self-Efficacy Related to Management Soft-Skills. *Leadership & Organization Development Journal*, 31(1): 18-38.
Popper, M., & Lipshitz, R. (1992). Coaching on Leadership. *Leadership & Organization Development Journal*, 13(7): 15-18.

참고 문헌

Bandura, A. (1977). Self-Efficacy: Toward a Unifying Theory of Behavioral Change. *Psychological Review*, 84(2): 191-215.
Bandura, A. (1982). Self-Efficacy Mechanism in Human Agency. *American Psychologist*, 37(2): 122-147.
Bandura, A. (1986). *Social foundations of thought and action: A social cognitive theory*. Englewood Cliffs, NJ: Prentice Hall.
Bandura, A. (1994). Self-Efficacy. In V.S. Ramachaudran (ed.) *Encyclopedia of human behavior*, 4: 71-81. New York: Academic Press.
Bandura, A. (1997). *Self-efficacy: The exercise of control*. New York: Freeman.
Bandura, A. (2001). Social Cognitive Theory: An Agentic Perspective. *Annual Review of Psychology*, 52: 1-26.
Bandura, A. (2004). Swimming against the Mainstream: The Early Years from Chilly Tributary to Transformative Mainstream. *Behaviour Research and Therapy*, 42: 613-630.
Bandura, A. (2005). The Evolution of Social Cognitive Theory. In K. G. Smith and M. A. Hitt (eds.) *Great minds in management*. Oxford: Oxford University Press.
Bandura, A. (2012). On the Functional Properties of Perceived Self-Efficacy Revisited. *Journal of Management*, 38(1): 9-44.
Baron, L., & Morin, L. (2009). The Coach-Coachee Relationship in Executive Coaching: A Field Study. *Human Resource Development Quarterly*, 20(1): 85-106.
Baron, L., & Morin, L. (2010). The Impact of Executive Coaching on Self-Efficacy Related to Management Soft-Skills. Leadership & Organization Development Journal 31(1): 18-38.
Caprara, G. V., Vecchione, M., Alessandri, G., Gerbino, M., & Barbaranelli, C. (2011). The Contribution of Personality Traits and Self-Efficacy Beliefs to Academic Achievement: A Longitudinal Study. *British Journal of Educational Psychology*, 81: 78-96.
Caruso, D. R., & Salovey, P. (2004). *The emotionally intelligent manager: How to develop and use the four key emotional skills of leadership*. San Francisco: Jossey-Bass.
Chen, G., Kanfer, R., DeShon, R., Mathieu, J., & Kozlowski, S. (2009). The Motivating Potential of Teams: Test and Extension of Chen and Kanfer's (2006) Cross-Level Model of Motivation in Teams. *Organizational Behavior and Human Decision Processes*, 110: 45-55.
Crabb, S. (2011). The Use of Coaching Principles to Foster Employee Engagement. *The Coaching Psychologist*, 7(1): 27-34.
Day, A., de Haan, E., Sills, C., Bertie, C., & Blass, E. (2008). Coaches' Experience of Critical Moments. *International Coaching Psychology Review*, 3(3): 207-218.
de Haan, E., Duckworth, A., Birch, D., & Jones, C. (2013). Executive Coaching Outcome Research: The Contribution of Common Factors Such as Relationship, Personality Match, and Self-Efficacy. *Consulting Psychology Journal: Practice and Research*, 65(1): 40-57.
Evers, W. J. G., Brouwers, A., & Tomic, W. (2006). A Quasi-Experimental Study on Management Coaching Effectiveness. *Consulting Psychology Journal: Practice and Research*, 58(3): 174-182.
Grant, A. M. (2014). The Efficacy of Executive Coaching in Times of Organizational Change. *Journal of Change Management*, 14(2): 258-280.
Gyllensten, K., & Palmer, S. (2014). Increased Employee Confidence: A Benefit of Coaching. *The Coaching Psychologist*, 10(1): 35-38.
Judge, T. A., Jackson, C. L., Shaw, J. C., Scott, B. A., & Rich, B. L. (2007). Self-Efficacy and Work-Related Performance: The Integral Role of Individual Differences. *Journal of Applied Psychology*, 92(1): 107-127.
Lent, R. W., Brown, S. D., & Hackett, G. (1994). Toward a Unifying Social Cognitive Theory of Career and

Academic Interest, Choice, and Performance. *Journal of Vocational Behavior*, 45: 79–122.

Lent, R. W., Hackett, G., & Brown, S. D. (1999). A Social Cognitive View of School-to-Work Transition. *The Career Development Quarterly*, 47: 297–311.

Leonard-Cross, E. (2010). Developmental Coaching: Business Benefit-Fact or Fad? An Evaluative Study to Explore the Impact of Coaching in the Workplace. *International Coaching Psychology Review*, 5(1): 36–47.

Malone, J. W. (2001). Shining a New Light on Organizational Change: Improving Self-Efficacy through Coaching. *Organization Development Journal*, 19(2): 27–36.

Mayer, J. D., & Salovey, P. (1997). What Is Emotional Intelligence? In P. Salovey and D. Sluyter (eds.) *Emotional development and emotional intelligence: Implications for educators*. New York: Basic Books.

McDowall, A., Freeman, K., & Marshall, S. (2014). Is Feedforward the Way Forward? A Comparison of the Effects of Feedforward Coaching and Feedback. *International Coaching Psychology Review*, 19(2): 135–146.

Moen, F., & Allgood, E. (2009). Coaching and the Effect on Self-Efficacy. *Organization Development Journal*, 27(4): 69–82.

Outhwaite, A., & Bettridge, N. (2009). From the Inside Out: Coaching's Role in Transformation towards a Sustainable Society. *The Coaching Psychologist*, 5(2): 76–89.

Peterson, S. J., Luthans, F., Avolio, B. J., Walumbwa, F. O., & Zhang, Z. (2011). Psychological Capital and Employee Performance: A Latent Growth Modeling Approach. *Personnel Psychology*, 64: 427–450.

Popper, M., & Lipshitz, R. (1992). Coaching on Leadership. *Leadership & Organization Development Journal*, 13(7): 15–18.

Pousa, C., & Mathieu, A. (2015). Is Managerial Coaching a Source of Competitive Advantage? Promoting Employee Self-Regulation through Coaching. *Coaching: An International Journal of Theory, Research and Practice*, 8(1): 20–35.

Raub, S., & Liao, H. (2012). Doing the Right Thing without Being Told: Joint Effects of Initiative Climate and General Self-Efficacy on Employee Proactive Customer Service Performance. *Journal of Applied Psychology*, 97(3): 651–667.

Rider, L. (2002). Coaching as a Strategic Intervention. *Industrial and Commercial Training*, 34(6): 233–236.

Robbins, S. B., Lauver, K., Le, H., Davis, J., Langley, R., & Carlstron, A. (2004). Do Psychosocial and Study Skills Predict College Outcomes? A Meta-Analysis. *Psychological Bulletin*, 130: 261–288.

Salovey, P., & Mayer, J. D. (1990). Emotional Intelligence. *Imagination, Cognition, and Personality*, 9: 185–211.

Smither, J. W., & Reilly, S. P. (2001). Coaching in Organizations: A Social Psychological Perspective. In M. London (ed.) *How people evaluate others in organizations*: 221–252. Mahwah, NJ: Erlbaum.

Stajkovic, A. D., & Luthans, F. (1998). Self-Efficacy and Work-Related Performance: A Meta-Analysis. *Psychological Bulletin*, 124: 240–261.

Stewart, L. J., Palmer, S., Wilkin, H., & Kerrin, M. (2008). The Influence of Character: Does Personality Impact Coaching Success? *International Journal of Evidence Based Coaching and Mentoring*, 6(1): 32–42.

Sweeney, T. (2007). Coaching Your Way to the Top. *Industrial and Commercial Training*, 39(3): 170–173.

Tokuyoshi, Y., Iwasaki, S., Vieira, D. A., & Palmer, S. (2014). Development and Validation of the Coaching Skills Self-Efficacy Scale: Japanese Version (CSSES-J). *The Coaching Psychologist*, 10(2): 59–66.

Vieira, D. A. (2011). *Evaluating coaching training: The development of Coaching Skills Self-Efficacy (CSSE) scale*. Paper presented at 1st International Congress of Coaching Psychology, Barcelona, Spain 11th and 12th October.

Vieira, D. A. (2013). *Self-efficacy: Contributions to research and practice in coaching psychology*. Paper presented at the 4th European Coaching Psychology Conference Hosted by the British Psychological Society, Special Group in Coaching Psychology. Edinburgh: Heriot-Watt University, 12–13 December.

Vieira, D. A., & Palmer, S. (2012). The Coaching Skills Self-Efficacy Scale (CSSES): A Validation Study among a Portuguese Sample. *The Coaching Psychologist*, 8(1): 6–11.

Wakkee, I., Elfring, T., & Monaghan, S. (2010). Creating Entrepreneurial Employees in Traditional Service Sectors: The Role of Coaching and Self-Efficacy. *International Entrepreneurship and Management Journal*, 6: 1–21.

Zimmerman, B. J. (1995). Self-efficacy and educational development. In A. Bandura (ed.), *Self-efficacy in changing societies* (pp. 202–231). New York, NY: Cambridge University Press.

Zimmerman, B. J., & Cleary, T. J. (2006). Adolescents' development of personal agency. In F. Pajares, & T. Urdan (eds.), *Adolescence and education (Vol. 5): Self-efficacy beliefs of adolescents* (pp. 45–69). Greenwich, CT: Information Age Publishing.

4장
목표와 코칭
목표 중심 코칭과 코칭심리학의 통합적 증거 기반 모델

저자: 안소니 M. 그랜트Anthony M. Grant[1]
역자: 김태리

서론

코칭은 본질에서 목표에 초점을 둔 활동이지만, 목표나 목표 설정에 관한 많은 심리학 연구가 코칭 프랙티스의 적용에 관심을 두기 시작한 것은 최근의 일이다. 본 장의 목적은 목표 설정을 다룬 행동과학 분야의 문헌을 분석하고, 목표 중심 코칭에 활용이 가능한 증거 기반 통합 프레임워크를 제시함으로써, 위와 같은 변화에 새로운 동력을 추동하는 것이다. 본 장에서는 목표의 구성 개념에 대한 다양한 접근법에 대해 논의하고, 코칭과 관련된 목표의 정의를 제시하면서, 코칭 교육과 프랙티스에 모두 적용이 가능한 새롭고 포괄적인 목표 중심 코칭 모델에 대해 설명하고자 한다. 아울러 코치가 보유한 목표 중심 코칭 기술이 코칭의 성공적인 결과를 끌어내는 데 중요한 역할을 한다는 사실을 밝힌 실증 연구를 제시할 것이다. 본 연구는 코칭에서 목표 달성을 촉진하기 위해서는 '공통요인common factors'이나 인간 중심 코칭 접근법보다 목표 중심 코칭 접근법을 활용하는 것이 훨씬 효과적이라는 사실을 제언하고자 한다. 아울러, 다양한 유형의 목표 및 이들 각각의 목표가 각 변화의 과정과 구축하는 관계를 이해하면 전문 코치는 고객과 더 효율적으로 작업할 수 있게 되고, 이를 통해 고객에게 업무 성과, 직업적 삶,

---

[1] **안소니 M. 그랜트**Anthony M. Grant 박사는 코칭심리학 및 증거 기반 코칭 접근의 핵심 개척자로 널리 인정받고 있다. 그는 Sydney 대학의 코칭심리학부의 책임자이며 코칭에 대한 과학적 기반을 개발하는 데 기여한 공로로 수많은 국내외 상을 받았다.

그리고 무엇보다 개인적인 삶의 질과 자기 이해를 제고할 수 있는 통찰력을 제공하고 행동 변화를 불러일으키도록 도움을 줄 수 있다.

코칭 목표에 대해서는 논쟁의 여지가 있다

이상하게도, 코칭에 목표를 활용하는 것에 대해서 약간의 찬반 의견이 존재한다. 일반적으로 코칭에서 목표 설정을 활용하는 것을 반대하는 주장들의 핵심은, 목표 설정이 지나치게 단선적인 과정linear process이라서 코칭 대화를 제한시키고, 복잡하고 역동적 시스템인 코칭 대화 중 갑자기 떠오르는 생각을 다루는 것에 방해가 된다거나, 또는 목표 설정은 코치가 고객으로 하여금 미리 설정해 둔 부적절한 목표를 맹목적으로 추구하도록 부추겨 '순서대로 점 잇기 게임join-the-dots'과 같은 식의 '나태한' 코칭으로 빠져 버린다거나, 또 심지어는 목표라는 것이 측정하기는 쉽지만, 실질적으로는 크게 중요하지 않은 주제에 초점을 맞추는 경우가 자주 발생한다는 것이다(Clutterbuck, 2008, 2010).

일부 코치는 코칭에서 목표를 절대로 사용하지 않으며, 그 대신 코치로서 자신의 역할은 고객이 자신의 가치를 탐색하고 원하는 것을 명확히 할 수 있도록 조력함으로써 고객이 원하는 것을 달성하도록 돕는 것이라고 역설한다. 다른 한편에서는 '목표'라는 단어의 사용은 단호히 피하는 듯 보이지만, 고객이 진로를 계획하고 영적 깨달음을 추구하고 변혁적 변화를 촉진하거나 개인적 서사를 다시 써 내려가도록 돕는다고 이야기한다. 일부 순수 심리학 학술지에서는 몇몇 저자가 목표 설정의 남발에 대해 문제를 제기하고 목표 설정의 과다 처방을 비판하면서 목표 설정이 부정적인 인식을 얻기도 했다(Ordóñez, Schweitzer, Galinsky & Bazerman, 2009).

이러한 주장 중 일부는 일리가 있지만, 목표 이론 자체는 코칭 연구와 프랙티스에 기여할 수 있는 바가 크다. 목표와 목표 설정에 대해 다룬 문헌은 상당히 많다(Locke & Latham, 2013). 이러한 일련의 지식을 바탕으로, 본 장에서는 기존의 연구(예를 들어 Grant, 2002; Grant, 2006, 2012)를 활용하고 확대할 것이며, 목표 설정과 관련된 행동과학 분야의 문헌을 바탕으로 코칭 프랙티스에 도움을 줄 수 있는 목표의 개념을 논의하고 목표 중심 코칭의 새로운 모델을 제시하면서, 코치가 보유한 목표 중심 기술이 성공적인 코칭 결과를 도출하는 데 중대한 역할을 한다는 것을 피력하는 새로운 예비 연구를 상세히 소개하고자 한다.

SMART 모델은 코칭을 지나치게 단순화할 수 있다

목표와 목표의 구성 요인에 대해서는 순수 심리학에서 광범위하게 연구되어 왔으며(Moskowitz & Grant, 2009), 일반 심리학 문헌에서도 목표에 대한 정교한 해석을 명료히 제시하고 있다. 그러나 코칭과 관련된 문헌에서는 목표와 관련한 연구가 아직 미진하다. 코칭 문헌을 대체로 살펴보면, 많은 코치가 목표를 SMART(1965년 라이아가 최초 개발)와 같은 약어에 국한하여 이해하는 것처럼 보인다. 참고로, 일반적으로 목표는 구체적이고 specific, 측정할 수 있고 measureable, 실현 가능하며 attainable, 관련성이 있고 relevant, 시간제한이 있는 실행 계획 time-framed action plans 으로 간주된다(참고: SMART의 약자에 대한 정확한 설명은 해석자에 따라 다양하다).

SMART라는 약자로 표기되는 이 개념은 실제로 목표 이론(예: Locke, 1996)을 통해 폭넓게 지지가 되고 있고, 일부 코칭 프랙티스 사례에서는 SMART 모델이 유용하게 활용될 수도 있기는 하지만, 목표를 SMART 실행 계획과 동의어로 이해하는 인식이 널리 퍼지면서 이는 코칭 커뮤니티 안에서 목표 이론이 더 정교하게 이해되고 활용될 수 있도록 발전하는 데 있어 상당한 방해 요인이 되었는데, 이 점은 코칭 연구, 교육 및 프랙티스에 중요한 시사점을 제공한다.

SMART와 같은 약어의 사용이 심층적인 지식 구조의 표층적 특징을 쉽게 기억할 수 있는 유용한 연상법이 될 수 있다는 점은 인정할 만하다. 그러나 더 심층적인 근본 지식에 대한 명확한 이해 없이 이러한 연상법을 사용하는 것은 미진한 지식에 기반을 둔 의사결정, 그리고 목표와 목표 이론에 대한 부정확한 실천 원칙 및 근거 없는 믿음을 양산하는 결과를 초래할 수도 있다. 안타깝게도 이러한 오해는 프랙티셔너가 폭넓은 지식 기반을 활용하는 것을 훨씬 더 어렵게 만들 수 있다. 분명한 것은, 코치 교육자 및 훈련가가 폭넓은 목표 이론 문헌을 더 광범위하게 활용할 수 있는 방법이 여기 있다는 것이다. 본 장을 통해 이러한 실천적 움직임이 더 확산될 수 있기를 바란다.

목표란 무엇인가?

본 장이 코칭에서 목표와 목표 이론이 더 정교하게 활용될 수 있도록 의미 있는 기여를 하기 위해서는, 목표의 구성요소에 대한 명확한 개념을 도출하는 것이 중요하다. '목표'라는 용어는 일반적으로 '노력이 지향하는 목적; 목표 또는 결과'를 의미한다(www.thefreedictionary.com 등 참조). 이러한 개념은 일상적으로 사용하기에는 적절할 수 있지만, 코칭에서 활용하기 위해서는 목표의 구성요소에 대한 훨씬 더 정교한 해석이 필요하다.

목표의 구성요소에 대한 명확한 개념을 도출하기 위해, '준거가치reference values'(Carver & Scheier, 1998), '자기지침self-guides'(Higgins, 1987), '개인적 추구personal strivings'(Emmons, 1992), '퍼스널 프로젝트personal projects'(Little, 1993) 등을 포함한 다양한 범주의 타 용어들이 수년간 사용되었다. 그러나 이런 광범위한 언어적 레퍼토리가 유용할 수는 있어도, 각 개념의 정의가 정확하지 않아서 '목적', '목표', '욕구' 또는 '결과'와 같은 목표 구성요소의 다양한 측면을 구별하기 어렵고, 아울러 목표 구성요소의 진정한 본질을 포착해내지 못한다.

목표는 기존 상태에서 원하는 상태 또는 결과로 전환하는 데 핵심적인 역할을 하는 것으로 정의된다(Klinger, 1975; Spence, 2007 등). 목표 구성요소는 인식(Locke, 2000), 행동(Bargh, Gollwitzer, Lee-Chai, Barndollar, 2001; Warshaw & Davis, 1985) 및 정동(Pervin, 1982) 측면에서 다양하게 정의되었다(더 자세한 관련 내용은 Street, 2002 참조). 세 가지 영역은 코칭과 밀접히 관련되어 있으며, 따라서 코칭에서 활용될 목표의 개념은 이 세 가지 영역을 모두 포괄해야 한다.

코크란Cochran과 테서Tesser(1996)는 목표를 다음과 같은 포괄적인 개념으로 제시하였다: '실제 상태와 비교하기 위해 기억에 저장된 이상적인 모습에 대한 인지적 이미지; 현재에 영향을 미치는 미래의 표현representation of the future; 욕구(목표의 달성을 통해 기쁨과 만족을 기대함); 동기부여의 원천, 실천으로 이끄는 유인책'(Street, 2002, p.100에서 인용). 목표에 대한 이러한 이해는 코칭에 특히 유용한데, 스트리트Street(2002)가 지적한 바와 같이, 이는 목표의 목적이 '동기부여의 원천이자 유인책'이라는 개념에 덧붙여 인지(인지적 이미지 측면) 및 정서와 행동의 역할을 강조하고 있기 때문이다. 그러나 이 정의가 목표를 SMART 실행 계획 모델과 동의어로 보는 개념보다는 더 정교하기는 하지만, 실질적인 기본 정의로 쓰기에는 다소 장황한 감이 있다.

간결하고 상기한 이슈들의 본질을 포착하면서도, 코칭에 명료하게 적용할 수 있는 정의 중 하나는, 목표를 '바라고 있는 상태나 결과에 대한 내적 표현'으로 정의한 오스틴Austin과 밴쿠버Vancouver(1996)의 개념이다(p.388).

'바라고 있는 상태나 결과에 대한 내적 표현'으로서의 목표는 코칭의 중추이다

코칭에 대한 정의는 다양하지만, 모두 공통적인 주제를 담고 있다. 코칭 협회Association for Coaching는 코칭을 '코치가 코치이의 업무 성과, 인생 경험, 자기 주도적 학습 및 개인적 성장의 향상을 촉진하는 협업적이며, 해결책 중심의, 결과 지향적이고, 체계적인 프로세스'라고 정의한다(AC, 2012). 국제 코치 연맹International Coach Federation은 코칭을 '고객이 개인적 및 직업적 잠재력을 극대화할 수 있도록 영감을 불어넣어 주는, 사고를 자극하고 창의적인 프로세스 안에서 고객과 파트너가 되는 것'이라고 정의한다(ICF, 2012). 세계 비즈니스 코치 협회World Association of Business Coaches는 비즈니스 코칭을 '고객과 조직의 비즈니스 목표 달성을 목적으로 고객의 자각과 행동을 제고하기 위해' 설계된 구조화된 대화로 정의한다(WABC, 2012). 유럽 멘토링 및 코칭 위원회The European Mentoring and Coaching Council는 코칭(및 멘토링)을 '고객의 성과 향상 또는 개인적 성장의 제고 또는 두 목적 모두의 실현을 지원하기 위해 … 고객이 자신의 역량, 의사결정 및 삶의 질 향상을 위한 대안적 방법을 찾아내고 시도할 수 있도록 … 고객을 돕기 위한 … 직업 능력 및 개인 능력 개발 분야의 활동'이라고 정의한다(EMCC, 2011).

코칭의 본질에 대해서 전문 코칭 기관 사이에 상당한 의견의 일치가 있는 것은 분명하다. 이러한 모든 정의는 코칭 프로세스가 본질에서 각 개인이 자신의 개인적 또는 직업적인 삶에 유의미하고 긍정적인 변화를 창출할 수 있도록 상호 간 또는 자신 안의 자원을 조정하고 주도하도록 고객을 돕는 것임을 알려준다. 간단히 말해, 모든 코칭 대화는 명시적이거나 암묵적으로 목표에 초점을 맞추고 있으며, 고객이 유의미하고 긍정적인 변화를 창조할 수 있도록 스스로 자기 조절 기술을 향상할 수 있도록 돕는 것이다.

목표 중심적 자기 조절은 코칭 프로세스의 핵심이다

자기 조절의 핵심 구성요소는 개인이 목표를 설정하고, 행동 계획을 수립하고, 행동을 개시하고, 성과를 모니터하고, 기준과 비교하여 성과를 평가하며, 이러한 평가에 기반하여, 더 나은 성과로의 제고와 목표 도달을 위해 행동을 변화시켜 가는 일련의 과정이다(Carver & Scheier, 1998). 코치의 역할은 고객이 자기 조절 주기self-regulatory cycle를 통해 목표 달성을 향해 나아갈 수 있도록 촉진하는 것이다. [그림 4.1]은 자기 조절 표준모델을 보여준다.

코칭 프랙티스에서, 각 단계는 그다음 단계와 중복되며, 각 단계의 코칭은 그다음 단계 프로세스의 촉진을 목표로 삼아야 한다. 예를 들어, 목표 설정은 실행 계획 수립과 이행을 촉진하는 방식으로 이루어져야 한다. 실행 계획은 개인이 실행으로 연결시킬 동기를 부여하도록 설계되어야 하며, 성과를 모니터링 및 평가할 수 있는 도구를 포함시킴으로써, 후속 코칭 세션의 기초가 될 정보를 제공해야 한다(Grant, 2006). 이러한 자기 조절 주기가 코칭 프로세스의 핵심이다.

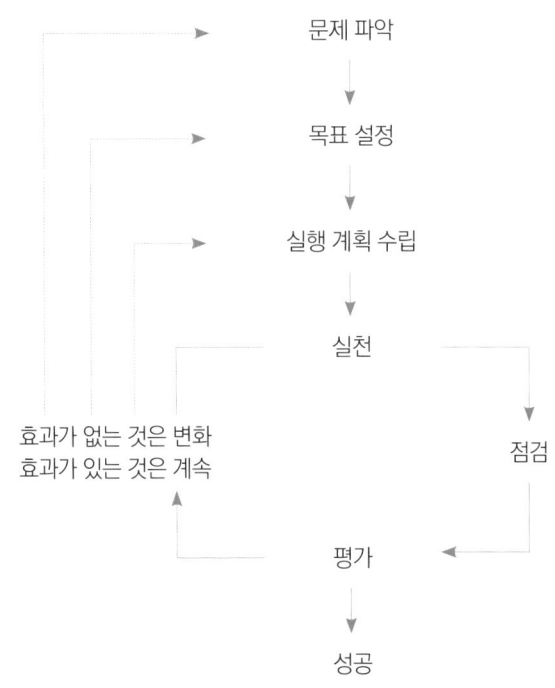

[그림 4.1] 목표 중심적 자기 조절 표준모델

코칭에서 목표를 언제 어떻게 설정해야 하는지 아는 것, 그리고 강력하면서도 명시적으로 목표에 초점이 맞추어진 대화에 고객이 참여할 자세가 되어 있는지, 어떻게 판단하는지 또는 언제 더 모호하게 정의되었거나 더 추상적인 목표를 두고 진행해야 하는가를 아는 것은, 경험이 부족한 초심 코치인지, 더 심화된 역량을 갖춘 전문 프랙티셔너인지를 구분 짓는 기량skill sets이다(Grant, 2011; Peterson, 2011). 따라서 목표의 다면적인 성격을 명확하게 이해하는 것은 초보에서 전문가로 이행하는 데 중요하며, 코칭 교육과 프랙티스 모두와 관련이 있다. 다음으로 바로 이 주제에 대해 살펴보고자 한다.

목표는 단일체monolithic entities가 아니다

코칭을 목표 이론의 관점에서 이해하려면, 다양한 유형의 목표를 구분하는 것이 중요하다. 코칭에 활용할 수 있는 목표의 유형은 20가지가 넘는다. 여기에는 결과 목표, 원위distal 및 근위proximal 목표, 접근 및 회피 목표, 성과 및 학습 목표, 상위 및 하위 순위 목표뿐만 아니라 코치이가 성취하려고 하는 실제 결과도 포함된다. 이러한 구분이 중요한 것은, 서로 다른 유형의 목표는 코치이의 성과 및 목표 추구 과정에서의 경험에 상이한 영향을 미치기 때문이다.

시간 프레이밍time framing: 원위 및 근위 목표distal and proximal goals

목표의 시간 프레이밍은 목표 설정 프로세스의 중요한 부분이며, 시간 프레임은 목표의 달성 가능성에 대한 코치이의 인식에 영향을 줄 수 있다(Karniol & Ross, 1996). 원위 목표는 장기적인 목표이며, 비즈니스 또는 경영 문헌에서 흔히 언급되는 비전 선언문이나 라이프 코칭 문헌에서 언급되는 '광범위하고 모호한 비전'과 유사하다(Grant & Green, 2004). 근위 목표는 원위 목표보다 기간이 짧으며, 원위 목표보다 더 상세한 계획을 이끌어 내는 경향이 있기 때문에(Manderlink & Harackievicz, 1984), 실행 계획 단계에서 활용될 때 중요한 목표이다. 기본적으로, 코칭 세션에서 일반적으로 도출되는 실행 단계는 일련의 단기 근위 목표이다. 코칭 및 실행 계획 프로세스에서 원위와 근위 목표가 결합되면, 전략 개발 향상과 장기적인 성과 제고로 이어질 수 있다(Weldon & Yun, 2000).

결과 목표 outcome goals

많은 코칭 프로그램은 전적으로 결과 목표 설정에 초점을 맞추고 있다. 이러한 목표는 희망하는 몇 가지 결과를 직접적으로 기술하는 경향이 있는데(Hudson, 1999), 예를 들어 '향후 3개월 동안 위젯 판매를 15% 늘리는 것'과 같은 식이다. 이는 목표를 설정하는 데에 유용한 접근 방식인데, 업무를 열심히 하면서 필요한 능력과 지식을 갖춘 개인으로서는, 난이도가 높으면서 구체적이고 명시적으로 정의된 결과 outcome 목표가 성과 performance를 정확히 통제할 수 있게 해주기 때문에, 자주 높은 성과로 연결되곤 한다(Locke, 1996). 실제로, 많은 코칭 프로그램이 온전히 'SMART' 목표를 설정하는 데에만 초점을 맞추고 있는데, 이러한 접근방식은 실제로 목표 설정과 관련한 일부 문헌을 통해 뒷받침되고 있다(Locke & Latham, 2002).

그러나 지나치게 구체적인 결과 목표는 오히려 코치이를 소외시켜, 결과적으로 성과의 저하를 초래할 수도 있다(Winters & Latham, 1996). 아주 신중한 사고방식을 가진 개인에게는, 구체적인 세부 사항을 파고들어 실질적인 목표를 설정하기보다는, 의도적으로 비교적 추상적이거나 모호한 목표를 설정하여 광범위하고 '모호한 비전'(Grant & Greene, 2004)을 수립하는 데 초점을 맞추는 것이 더 유용할 수 있다. 변화 프로세스 상 이 시점에 있는 개인은 모호하거나 추상적인 목표를 비교적 덜 위협적이거나 덜 까다로운 것으로 인식하기 때문이다(Dewck, 1986).

회피 및 접근 목표 avoidance and approach goals

회피 목표는, 예를 들어 '업무에 대한 스트레스를 덜 받기 위해서'와 같이, 바람직하지 않은 상태에서 벗어나려는 움직임으로 표현된다. 회피 목표는 바람직한 결과를 제시하기는 하지만, 특정 결과 목표를 제공하거나 목표 추구 과정에서 가장 유용한 행동을 찾아내는 데에 필요한 충분한 세부 사항을 제공하지는 않는다. '스트레스를 덜 받게' 될 수 있는 방법은 거의 무한대로 존재하기 때문이다. 이와는 대조적으로, 접근 목표는, 예를 들어 '업무적 책임과 개인적 여유 사이의 만족스러운 균형을 누리기 위해서'와 같이, 특정한 상태나 결과를 향한 움직임으로 표현되기 때문에, 적절한 목표 추구 행동을 정의하는 데 실질적인 도움을 준다.

당연한 일이지만, 회피 또는 접근 목표와 관련해서는 차별 효과가 존재한다. 코츠 Coats, 제노프 벌만Janoff-Bulman, 그리고 알퍼트Alpert(1996)는 회피 목표를 설정하는 경향이 있는 사람들은 우울증 수준은 비교적 높지만 웰빙 수준은 낮다는 것을 발견했다. 다른 연구들에서도 회피 목표에 대한 장기적인 추구가 웰빙의 감소와 관련이 있지만(Elliot, Sheldon & Church, 1997), 접근 목표는 학업 성취도 향상뿐만 아니라 웰빙의 증가와 관련이 있다는 것을 알게 되었다(Elliot & McGregor, 2001). 이러한 연구 결과를 기반으로, 일반적으로 코칭 프랙티셔너 문헌에서는 코칭에서 회피 목표보다는 접근 목표의 활용을 권장한다.

그러나 현재까지 이 주제와 관련해서 코칭을 구체적으로 다룬 연구는 거의 없다. 브라운스타인Braunstein과 그랜트Grant(2016)는 무작위 연구를 통해 해결 중심 및 문제 중심 코칭 질문과 접근/회피 목표 사이의 상호작용을 분석했다. 목표 설정 문헌에서는 회피 목표의 활용에 대한 주의를 권고했지만, 브라운스타인Braunstein과 그랜트Grant(2016)는 코칭에서 회피 목표가 접근 목표보다 저조한 결과를 가져오지 않는다는 것을 발견했다. 목표 지향성보다 코칭의 '성공' 여부를 훨씬 더 강력하게 예측하는 변수는, 문제 중심의 질문이 아닌 해결 중심의 코칭 질문을 사용하는 것이었다. 이러한 연구를 통해서 볼 때도, 코칭의 맥락에서 목표 이론적 측면들을 명백하게 분석하여야 할 필요성이 강조된다고 할 수 있다.

성과 및 학습 목표performance and learning goals

성과 목표는 업무 수행에 초점을 맞추고 있으며, 일반적으로 특정 업무를 탁월하게 수행하거나, 타인으로부터 성과에 대해 긍정적인 평가를 받거나, 타인보다 역량이 뛰어나다는 의미에서 경쟁력이 있다는 것으로 표현된다. 성과 목표는 코치이로 하여금 개인적 능력과 역량의 문제에 집중하도록 하는 경향이 있다(Gresham, Evans & Elliott, 1988). 임원이나 기업 코칭에서의 성과 목표에 대한 예를 들자면, '내 분야에서 최고의 변호사가 되는 것'과 같다. 성과 목표는 특히 개인이 목표 달성 프로세스 초기에 성공을 경험하는 경우 매우 강력하게 동기를 부여할 수 있다.

그러나 성과 목표가 실제로는 성과를 저해할 수 있다는 사실은 잘 알려지지 않았다. 이는 특히 업무가 매우 복잡하거나 목표가 매우 도전적이라고 인식될 때, 개인이 숙련되어 있지 않거나 자기 효율이 낮을 때, 또는 자원이 부족한 경우에 해당된다. 게다가, 경쟁이 심한 상황이나 매우 높은 이해관계가 걸려있을 때, 성과 목표는 부정행위나 동료와의 협력에 대한 저항감을 조장할 수 있다. 기업과 비즈니스 업계에서는 이러한 사례들이 빈번히 나타난다(Midgley, Kaplan & Middleton, 2001).

많은 경우에 학습 목표는 과업의 성취를 촉진하는 데 더 효과적일 수 있다(Seijts & Latham, 2001). 학습 목표(숙달 목표로도 칭함)는 코치이로 하여금 과업 자체의 성취보다는 과업의 숙달과 관련된 학습에 초점을 맞추도록 한다. 임원이나 직장 코칭에서의 학습 목표의 예로는 '내 분야에서 최고의 변호사가 되는 방법을 배우는 것' 등과 같다. 학습 목표는 복잡한 과제를 위협이 아닌 긍정적인 도전으로 인식, 실제 과업 성취에 대한 집중력 제고(Deci & Ryan, 2002), 기억력과 행복감의 증진(Linnenbrink, Ryan & Pintrich, 1999)을 포함한 다양한 긍정적 인지 및 정서적 과정과 관련이 있는 경향이 있다. 또 팀 목표를 주로 학습 목표 형태로 구조화 시키면, 아주 복잡하거나 어려운 상황에서 개인의 성과를 향상시킬 수 있으며, 팀 수준의 학습 목표를 사용하면 팀 구성원 사이의 협력을 강화할 수 있다(Kristof-Brown & Stevens, 2001). 학습 목표의 설정을 통해 얻을 수 있는 한 가지 이점은, 학습 목표가 더 높은 수준의 내재적 동기를 불러일으키는 경향이 있으며, 이는 성과로 다시 연결될 수 있다는 것이다(Sarrazin, Valerand, Guillet, Pelletier & Cury, 2002).

이렇게 서로 다른 유형의 목표를 표현하는 방식의 차이는 단순한 의미론 이상의 문제인데, 이는 목표가 표현되는 방식이 코치이의 참여 수준에 중대한 영향을 미치기 때문이며(Rawsthorn & Elliott, 1999), 목표 중심 코칭의 패러다임 안에서 효과적으로 작업하기 위해서 코치는 이러한 뉘앙스를 적절히 다룰 수 있어야 한다.

보완 및 경쟁 목표 complementary and competing goals

아울러 코치는 경쟁적competing이거나 상충하는conflicting 목표를 적절히 다룰 줄 알아야 한다. 이러한 현상은 한 가지 목표의 추구가 다른 목표의 추구를 방해할 때 일어난다. 상충 목표 가운데 일부는 식별이 쉬운데, 예를 들어 '가족과 함께 보내는 시간을 늘리고 싶다'와 '승진하기 위해 업무 시간을 더 확보한다'와 같은 경우다. 그러나 목표의 상충이 항상 명백히 바로 드러나는 것은 아니다. 예를 들어 코치이(영업사원)가 자율성이 주어지는 상황을 어려워하고 영업사원에 대한 통제적인 관리 스타일에 익숙한 경우, '영업사원의 제품 판매량을 늘린다'는 목표는 '자유방임적 리더십hands-off leadership 스타일로 관리한다'는 목표와 상충될 수 있다(Grant, 2006).

여기서 코치가 발휘해야 할 기술은 코치이로 하여금 표면적으로 상충하는 목표를 조정하여 보완 목표를 도출할 수 있는 방법을 찾도록 돕는 것이다. 셸던Sheldon과 카서Kasser(1995)는 이러한 일관성이 목표 달성과 행복감의 촉진에 중요하다고 주장했다.

무의식적 목표?

인간은 목표 지향적인 존재이다. 목표가 없다면 우리는 의식적이고 지각 있는 존재로 살아갈 수 없다. 실제로 카버Carver와 샤이어Scheier(1998)는 인간의 모든 행동은 정신적 목표를 향해 가거나 이로부터 멀어져가는 연속적인 과정이라고 주장한다. 모든 목표가 의식적으로 존재한다는 말은 아니다. 여러 가지 조건에서 우리는 의식적으로 특정 목표를 설정하지 않았더라도 복잡한 결과 지향적인 행동을 하기도 한다.

예를 들어, 나는 집에서 코칭에 관한 글을 쓰다가, 오후에 차와 같이 먹을 과자를 사러 동네 가게에 가야겠다고 결정할 수도 있다. 나는 책상에 앉아 몇 시간째 글을 쓰고 있었을 것이고, 산책하면 허리가 뭉치는 것을 방지하는 데 도움이 된다는 것을 잘 알고 있으므로, 나이가 들수록 허리에 문제가 생기지 않게 하려고 노력한다. 그렇지만 내가 가장 중요하게 의식적으로 정해 놓은 목표는 과자를 사서 오후에 차와 함께 즐기는 것이다. 이 목표를 염두에 둔 채로, 나는 신발을 신고, 선반에서 열쇠를 꺼내고, 지갑을 확인하고, 문을 열고, 문을 다시 닫은 후 잠근다(집의 보안을 유지하고 개인 재산의 손실을 피하기 위해서). 그런 다음, 양쪽을 살피며 길을 건너(차나 다른 교통수단에 치이지 않기 위해서) 가게를 향해 걸어가서는, 과자가 진열된 선반을 찾아서, 여러 가지 과자 중에서 먹고 싶은 걸 고르고(그중에는 내가 싫어하는 것도 있기 때문에), 토요일에 있었던 축구 경기에 대해 가게 주인과 이야기를 나누고, 집으로 조심히 돌아와(등 뒤의 현관문을 열고 나서 닫았음) 커피포트에 전원을 켰다.

이 모든 개별 행동은 어느 정도의 목표를 포함하고 있고, 어느 시점에서든 간에 내 행동에 영향을 미쳤지만, 이 목표들 중에 의식적으로 설정된 것은 없다.

우리가 의식적으로 특정한 목표를 설정하지 않았더라도, 목표-상태goal-states는 우리의 행동에 영향을 미치기 때문에, 목표 이론은 코칭의 맥락에서 인간 행동을 이해하는 수단으로써 특히 도움이 된다. 목표 이론은 고객으로 하여금 목적에 기반을 둔 긍정적인 변화를 촉진할 수 있도록 불필요한 암묵적 목표를 탐색하고, 식별하고, 변경하는 데 도움을 주는 프레임워크를 제공할 수 있다(우리가 달성해야 할 목표나 행동에 대한 동기부여 효과를 인식하지 않더라도 어떻게 행동이 개시되는지에 대해서 근거에 기반을 둔 논의를 하고자 한다면 커스터스Custers와 아츠Aarts(2010)를 참고할 것).

자기일치적 목표self-concordant goals

자기일치는 목표 설정에서 중요한데, 자기일치적이면서 코치이의 개인적인 핵심 가치나 관심을 증진시키는 목표들은 더 매력적으로 인지되어 더 많은 노력을 하도록 이끌어 낼 가능성이 높기 때문이다. 자기일치 이론(Sheldon & Elliot, 1998)은 목표 선택 및 목표 추구와 관련된 원인과 동기를 이해하고 작업하는데 유용한 프레임워크이다.

자기일치란 목표가 개인의 내재적 관심, 동기, 가치와 일치하는 정도를 말한다. 자기결정 이론(Deci & Ryan, 1980)에서 뿌리를 두고 있는 이 개념은, 가치와 목표 사이의 관계성을 이해하게 해주는 간단하면서도 강력한 프레임워크가 될 수 있다. 자기일치 모델은 개인이 자신의 목표가 외부의 힘에 의해 강요된 것이 아닌 진정한 자아에 의해 결정된 것으로 인식perception하는 정도를 강조한다.

자기일치 접근법에서는, 개인이 인식하는 인과의 소재locus of causality가 통제된 (외부) 요인에서 내부의 (자율적) 측면으로 이어지는 하나의 연속선상에서 다양하게 존재한다고 설명한다. 여기서 핵심은 목표가 자기 통합적이라고 생각하는 정도 및 외부-내부 연속선상에서 어디에 위치하는지를 결정하는 열쇠가 바로 인과의 소재에 대한 개인의 인식이라는 것이다. 진정으로 몰입되고 동기부여된 행동을 이끌어 낼 가능성을 극대화하고, 목표 달성 시 성취된 목표에 대해 만족하게 될 확률을 높이기 위해서는, 코치이의 목표가 가능한 한 자기일치적이어야 하며, 코치는 코치이가 자신의 목표를 개인적인 가치와 일치시킬 수 있도록 도움을 주기 위해 아주 적극적인 역할을 할 필요가 있다. 이러한 측면에서 성공적인 목표 정렬goal alignment에 영향을 미칠 수 있는 요소로는 최소, 네 가지가 있다(Sheldon & Elliot, 1999).

첫째, 코치는 지속적이고 진정한 목표를 일시적이거나 피상적인 기분이나 욕망과 구별할 수 있어야 한다. 둘째, 코치이는 자신의 이익을 대변하는 목표와 타인의 이익을 대변하는 목표를 구별할 수 있는 개인적 통찰력과 자기 인식이 필요하다(Sheldon, 2002). 자기 인식 수준에는 상당한 개인차가 존재한다는 점을 고려할 때(Church, 1997), 일부 코치이에게 이는 상당히 어려운 일일 수 있다. 셋째, 목표의 내용은 코치이의 내적 욕구 및 가치에 맞게 표현되어야 한다. 넷째, 코치는 목표가 자기일치적이지 않을 때 이를 인지하고, 코치이의 욕구 및 가치에 부합하도록 목표를 재언어화re-language 및 재구성할 수 있는 능력을 갖추고 있어야 한다.

목표의 위계goal hierarchies: 가치, 목표 및 실천 단계의 연결

일반적으로 가치, 목표 및 실천 단계 사이의 관계는 코칭에서 잘 알려지지 않았지만, 코칭 프랙티스에서 아주 중요하다. 목표 위계 프레임워크는 가치, 목표 및 구체적 실천 단계 사이의 연결을 명시하는 방법 가운데 하나로, 목표의 자기일치 개념을 프랙티스에 적용할 수 있게 해주는 유용한 방법이다([그림 4.2] 참조).

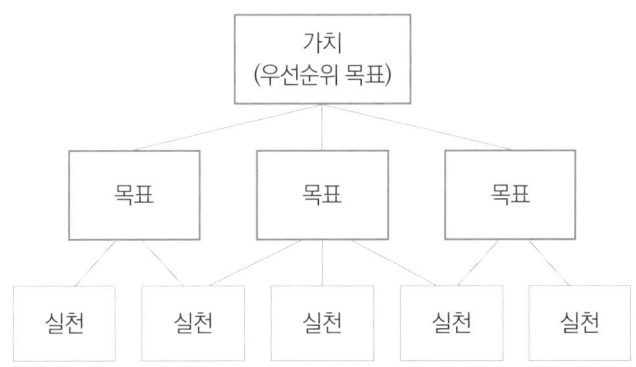

[그림 4.2] 목표 위계 프레임워크

목표는 계층적으로 정렬될 수 있는데, '빅5Big five' 성격유형검사(Costa & McCrae, 1992)와 유사한 형태로 상위의, 범위가 넓고, 추상적인 목표 아래에 구체적이고 명확한 목표가 놓이게 된다. 따라서 '훌륭한 비즈니스 리더가 되겠다'와 같은 추상적인 상위 목표는 '다음 분기에 영업이익을 25%까지 높이겠다'와 같은 구체적인 하위 목표보다 수직적으로 높은 위치에 놓이게 되며, 이러한 개념은 실증적 근거로 뒷받침되고 있다(Chulef, Read & Walsh, 2001; Ouish,

Schimack, Diener & Suh, 1998).

이 관점에서의 상위 목표는 가치와 동일하다. 코칭에서 목표 이론을 사용하는 데 있어서 효용성이 있는 모델은 추상적인 상위 목표를 가치로 생각하는 것을 포함하는데, 추상적인 상위 목표 아래에는 구체적인 하위 목표가 위치하고, 구체적인 하위 목표 아래에는 다시 구체적인 실천action 단계가 위치하게 된다. 실제로, 이러한 방식으로 가치, 목표 및 행동을 계층 구조의 일부로 시각화하는 것을 통해, 코치는 코칭 프랙티스, 교육 및 수퍼비전에 아주 유용한 사례 개념화 프레임워크를 획득하고, 많은 코칭 고객은 가치의 개념을 더 구체화할 수 있게 된다.

코칭 프랙티스에서 이 모델을 사용할 때, 수직적 및 수평적 일치성을 모두 확보하는 것이 중요한데, 즉 목표는 고객의 상위 가치와 정렬되어야 하며, 목표를 측정 가능한 방식으로 작동시키기 위해 마련된 실천 방안도 유사하게 정렬되어야 한다(수직적 일치성). 목표들이 서로 보완하고, 지지하며, 상호 시너지를 줄 수 있도록 수평적 일치성을 확보하는 것 역시 중요한데, 전술한 바와 같이, 목표가 서로 경쟁하거나 충돌하여 한쪽 목표를 추구하는 것이 다른 쪽 목표의 추구에 방해가 되는 결과를 초래해서는 안 된다. 물론 이렇게 정렬하는 것이 늘 가능하지는 않다. 그런데도 경쟁적이거나 상충하는 목표가 존재한다는 것을 코치이가 알아차리게 하고, 목표와 가치 사이의 맥락적인 단절을 강조하는 것만으로도 코치이에게 중요한 통찰과 대안적 관점을 제공할 수 있으며, 이를 통해 변화를 촉진할 수 있는 더 유용한 방안이 창출될 수도 있다.

또 코칭 및 코칭심리학의 교육이라는 측면에서, 이 모델은 예비(학생) 코치들이 목표 정렬 프로세스에 대해 더 정교하게 이해할 수 있도록 도움을 주는 실용적인 모형으로 활용할 수 있다.

목표 무시

위계 모델은 목표 무시의 효과를 설명하는 데 사용될 수 있기 때문에 코치에게도 아주 유용하다. 목표 무시의 개념은 코칭 문헌에서는 잘 알려지지 않았지만, 코칭 프랙티스에 아주 유용한 함의를 제공한다.

목표 무시goal neglect라는 용어는 목표나 업무적 요구사항의 중요성을 이해했거나 인지했더라도 무시하는 것을 의미한다(Duncan, Emslie, Williams, Johnson & Freer, 1996). 본질에서 목표 무시는 우리가 중요한 특정 목표에 주의를 기울이지 못하고, 그 대신 다른 목표나 업무에 집중하게 될 때 일어나는데, 이로 인해 원래 목표를 달성하는 데 필요한 행동과 실제로 수행되는 행동 사이에 불일치가 발생하게 된다.

인간은 본질에서 목표를 지향하는 존재이다. 우리의 모든 행동(여기서 행동은 사고, 감정, 신체적 행동을 포함하게 광범위하게 정의됨)은 우리가 가진 목표에 의해 형성되어, 방향, 목적 및 의미가 주어지는데, 물론 우리의 행동 대부분은 우리의 즉각적인 의식적 자각immediate conscious awareness 밖에 있는 목표와 가치에 의해 형성되고 지시된다. 목표 위계 모델에 따르면, 하위 목표와 행동에 방향, 의미 및 목적을 부여하는 것은 상위의 가치이다.

목표 위계의 상위 수준에서 자기 조절이 정지되면(예를 들어, 상위 가치에 충분한 주의가 기울여지지 않아서), 하위 수준의 목표가 외적 행동과 활동을 지시하는 데 있어 기능적으로 우위에 놓이게 된다(Carver & Scheier, 1998). 다시 말해, 인체 시스템상의 지침이 하위 수준으로 초기화(퇴행)된다는 것이다([그림 4.3] 참조).

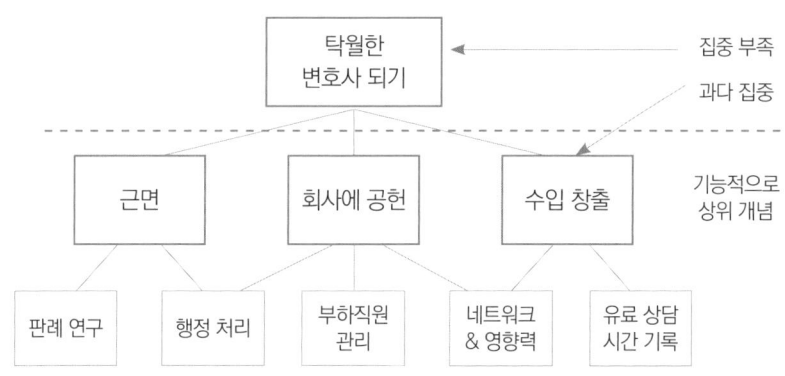

[그림 4.3] 목표 무시의 결과를 설명하는 목표 위계 프레임워크

겉으로는 심리학 이론으로 보이는 이 점이 코칭 프랙티스에 중요한 함의를 가지고 있다. 왜냐하면, 일반적으로 위계 상 하위 수준의 목표는 상위 가치와 비교할 때 그 자체로서는 의미가 없기 때문이다. 사실, 많은 경우 하위 목표와 행동은 전혀 즐거운 활동이 아닐 수 있다. 다만, 이러한 하위 목표의 달성이 상위 가치를 활성화시킨다는 생각이 흔히 즐거움을 만들어내기도 한다.

우리가 목표 위계 시스템에서 상위 가치에 일관된 주의를 기울이지 못하고, 하위 목표 달성에 지나치게 집중할 때, 하위 목표는 인식체계에서 상위의 또는 지배적 가치가 되는데, 본질에서 이런 하위 목표는 그 자체만으로는 만족감을 주지 못하는 경우가 많다.

예를 들어, '탁월한 변호사가 되겠다'는 상위 가치로, 많은 이가 탁월한 변호사가 되어 고객에게 정의를 실현하겠다는 의도를 가지고 법조계에 입문한다. 탁월한 변호사가 되기 위해서는 열심히 일하고, 회사나 업무에서 눈에 띄는 기여를 하고, 수익원을 구축해야 할 것이다. 이러한 중위 목표의 달성은 다시 행정 처리나 청구 시간 기록 등과 같은 하위 목표와 행동을 완수하여야 가능해진다. 그러나 개인들은 흔히 하위 목표(예: 수익 창출 또는 청구 시간 기록)에 집중하면서, 시간이 지남에 따라 상위 가치를 무시하게 되고, 이로 인해 쉽게 목표 불만족과 이탈이라는 결과로 이어진다.

위계적 프레임워크는 코치와 코치이에게 목표 불만족의 원인이 되는 심리적 메커니즘에 대한 아주 유용한 통찰을 제공할 수 있으며, 코칭 프로세스에서 고객에게 도움이 되는 실용적인 도구와 기법을 개발하는 데 활용될 수 있다. 예를 들어, 고객이 의도적으로 상위 가치에 다시 집중하도록 지원함으로써, 우리는 고객이 상위 가치에 내재된 의미와 다시 연결되고 필요한 경우 목표를 재정의할 수 있도록 도움으로써, 결과적으로 유의미하고 긍정적인 변화의 창출을 위해 고객이 다시 활력을 얻고 몰두할 수 있도록 이끌 수 있다.

이 모두를 한데 모아: 교육과 코칭 프랙티스를 위한 통합 모델

위에서 간단히 개괄한 내용에서 알 수 있듯이, 목표 이론은 코칭 프랙티스에 많은 것을 제공한다. 문제는 어떻게 하면 이러한 정보를 코칭 프랙티스에서 유용하게 활용할 수 있을까 하는 것이다. 목표 이론이 코칭 프로그램에서 널리 교육되지 않는 것은, 목표 및 목표 달성 프로세스와 관련된 자료의 양은 방대한 반면, 이러한 지식들 사이에 명시적인 연결을 만들어 다시 이 자료를 코칭 프랙티스와 연관시키는 것이 쉽지 않기 때문이다.

이러한 다양한 지식을 통합하는 한 가지 방법은 목표 중심 코칭과 관련된 여러 가지 요소들에 대한 시각적 개념도 visual representation 또는 모델을 개발하는 것이다. [그림 4.4]에 제시된 것이 이 모델이다. 이 모델은 목표 중심의 접근과 관련된 핵심 사항을 상세히 담아내고자 코칭 세션 중에 코치가 고려할 수 있는 몇 가지 요소를 강조하고 있기 때문에 코칭 및 코칭심리학 교육에 유용하게 활용될 수 있다.

주의사항: 다른 여느 모델과 마찬가지로, 이 모델은 코칭 프로세스에 상기한 요인들이 적용

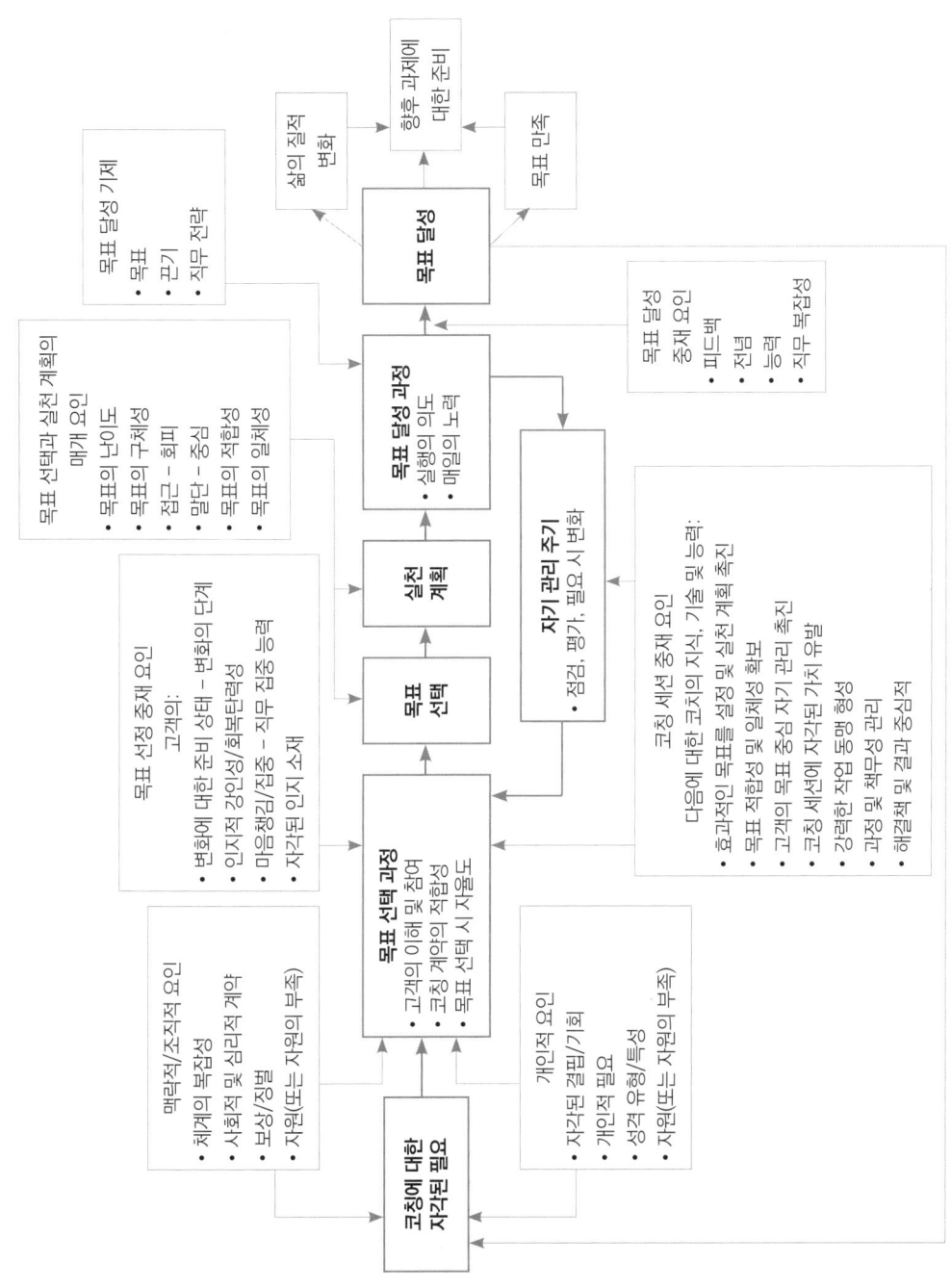

[그림 4.4] 코치를 통해 촉진되는 목표 달성에 대한 통합 모델

될 수 있는 몇 가지 방법을 개략적으로 제시한 것에 불과하다. 이 모델은 내 개인적인 경험과 지식에 기반을 둔 것이기 때문에, 독자들은 각자 고유한 프레임워크 구축을 목표로, 자신의 지식과 코칭 경험을 참고하여 이 모델에 적용·확장시킴으로써 이 모델의 한계를 찾아 나가길 바란다. 실제로 이렇게 개별화된 고유한 모델의 개발은 유용한 교육 도구로 활용될 수 있다.

이 모델을 살펴보면, 코칭 프로세스는 욕구에 의해 추동된다는 것을 알 수 있다(모델 좌측에 표시되어 있음). 개인적 및 상황적/조직적 요인은 양자 모두 코칭에 대한 인지된 욕구를 결정하는 데 중요한 역할을 하며, 이는 개인으로 하여금 목표 선택 과정에 참여하도록 유도한다. 여기서 작용하는 개인적 요인에는 인지된 결핍과 기회, 심리적 욕구, 성격적 특성 및 가용 자원(또는 자원의 부족) 등이 포함된다. 상황적 또는 조직적 요인에는 시스템 복잡성, 사회적 및 심리적 계약, 보상 및 처벌, 가용 자원(또는 자원의 부족) 등이 포함된다.

목표 선택 과정은 흔히 간단하지 않다. 특정 결과를 염두에 둔 조직에 의해 코칭이 위임된 경우에도, 목표 선택 과정은 복잡하고 난해할 수 있다. 코칭 프로세스에서 너무 일찍 특정 목표를 잡아서 설정하려고 서두르는 것은 가장 흔한 탈선요인derailer으로, 특히 초심 코치들이 쉽게 빠지게 되는 공통된 함정이다. 대화의 방향과 목적을 잡기 위해서는 코칭 프로세스 초기에 핵심 주제와 개략적인 초기 목표가 논의되어야 하지만, 코치는 목표 선택 과정 동안 다른 여러 가지 요소에도 주의를 기울여야 한다. 여기에는 코칭 프로세스에 대한 코치의 지식과 개입engagement이 포함된다.

일부 코치는 코칭의 본질에 대해 거의 모르는 상태로 첫 번째 코칭 세션에 임한다. 코칭 계약(공식 또는 비공식)의 적합성 및 명료성은, 목표 선택에 대해 코치에게 부여된 자율성과 마찬가지로, 코치이가 목표 선정 과정에 적극적으로 임하도록 하는 데에 중요한 역할을 한다.

목표 선택의 조절 변수: 코치이의 특성

코칭 목표와 코칭의 최종 결과물 간 관계의 강도strength of a relationship에 영향을 미치는 여러 조절 변수가 있다. 여기에는 코치이가 당면한 과제에 집중하는 능력, 곤란에 직면했을 때 적응하는 능력, 그리고 목표에 대해 지각된 목적과 목표 선택 과정에서 주체성과 자율성을 가지고 있다고 느끼는 정도가 포함된다.

변화에 대한 준비 자세

코치이의 변화에 대한 준비 자세는 역시 목표 선택 과정에 영향을 미치게 되는 또 다른 요인이다. 코치는 코치이가 변화의 단계 중 계획전pre-contemplation, 준비 또는 행동 단계 중 어디에 있는지 고려할 필요가 있다(변화의 범 이론 모델을 다양한 범주의 목표에 적용하는 것과 관련한 유용한 참고 문헌은 Prochaska, Norcross & DiClemente, 1994를 참조할 것). 변화의 범 이론 모델에 따르면, 변화는 다소 중복되면서도 식별이 가능한 일련의 단계를 거치는 전환기를 수반한다고 가정한다. 이 중 다섯 단계는 코칭에서의 목표 설정과 직접적인 관련이 있으며, 해당 단계는 다음과 같다.

1. **계획 전**pre-contemplation: 가까운 미래에 변화할 의도가 없음
2. **계획**contemplation: 변화를 고려하고 있지만, 아직 아무 변화 없음
3. **준비**preparation: 변화하고자 하는 마음이 강해지고, 가까운 미래에 변화를 일으키려는 의도를 가지고 있으며, 흔히 작은 변화가 생기기 시작함
4. **실천**action: 새로운 행동 방식을 실천하고 있지만, (보통 6개월 미만의) 짧은 기간 동안 만들어진 변화임
5. **지속**maintenance: (보통 6개월 정도의) 일정 기간에 걸쳐 선택한 새로운 행동 방식을 실천하고 있음

단계별 코칭 전략

계획 전 단계에 있는 개인에게 적용할 수 있는 일반적인 원칙은, 코치이가 인식을 제고할 수 있도록 활용 가능한 정보의 양을 늘려서 행동으로 옮길 수 있도록 이끄는 것이다. 인식을 제고하는 방법에는 여러 가지가 있는데, 다중척도피드백 영업multi-rater feedback sales, 질적 피드백, 영업 또는 성과 데이터, 또는 기타 관련 정보 등이 이에 포함된다.

계획 단계의 주요 특징은 양가감정으로, 두 가지 이상의 상반된 욕구, 감정, 신념 또는 의견을 한꺼번에 가진 것을 의미한다. 계획 단계에 있는 개인들에게 적용하는 일반적인 원칙은, 아직 준비되지 않은 코치이로 하여금 특정한 목표를 세우도록 강요하기보다, 코치이 스스로

자신의 양면성에 대해 탐색할 수 있도록 돕는 것이다. 이 단계에서 구체적이거나 확장된 목표를 너무 일찍 설정하게 되면, 흔히 코치이가 목표 선택 과정에서 이탈하게 만드는 결과를 초래할 수 있다.

준비 단계에서 코치이는 변화할 준비를 하고 있다. 여기서는 코치이가 변화하고자 완전히 결심하게 만드는 것을 목표로 한다. 목표의 측면에서, 코치는 코치이가 미래에 대한 명확한 비전(추상적 목표)을 구축하고, 작고 쉽게 달성 가능하면서도 일관된 행동 단계를 포함하는 목표를 활용하는 데 집중할 수 있도록 도와야 한다. 이 단계의 전반에 걸쳐 진행 상황을 면밀히 모니터링해야 하며, 작은 하위 목표의 달성에 대해 인정하고 축하함으로써 새로이 실천하는 바람직한 행동을 긍정적으로 강화해야 한다. 확실히, 코칭에서 목표를 효과적으로 활용하기 위해서는 상당한 기술이 필요하게 된다.

실천과 지속 단계에서 핵심은 과거의 성공을 바탕으로 자기 주도적 변화를 극대화하고, 시간이 지남에 따라 변화를 지속하기 위해 더 많은 확장 목표를 사용하면서 전략을 개발하는 것이다.

목표 결정 및 실행 계획 구축

목표 결정과 실행 계획 구축은 목표 선택 과정의 결과이다. 모델에서는 이 프로세스가 선형적 과정으로 표현되지만, 실제로는 단계 사이를 왔다 갔다 반복하는 움직임을 보인다는 점에 유의해야 한다. 목표 결정 및 실행 계획 구축의 매개 변수로는 목표 난이도와 목표 구체성, 접근 목표인지 또는 회피 목표인지, 시간 프레임이 원위인지 또는 근위인지, 성과 지향성인지 또는 학습 지향성인지 등이 포함된다.

목표 결정은 코칭 프로세스에 필요한 부분이기는 하지만 이것만으로 충분하지 않다. 실행 계획이 반드시 구축되고 시행되어야 한다. 실행 계획 구축은 목표를 달성하기 위한 체계적인 수단을 개발하는 과정이며, 자기 조절 능력이 낮은 개인에게는 특히 중요하다(Kirschenbaum, Humphrey & Malett, 1981). 여기서 코치의 역할은 현실적이고 실행 가능한 행동 계획을 수립할 수 있는 코치이의 능력을 계발하고, 목표 달성 프로세스를 촉진하면서 동시에 곤경에 처했을 때도 지속할 수 있는 힘을 증진시킬 수 있는 과업 전략을 수립할 수 있도록 지원하는 것이며, 이를 통해 고객은 자기 조절 능력을 향상하고 회복탄력성을 기를 수 있게 된다(Grant, Curtayne & Burton, 2009).

성공적인 실행 계획 구축의 중요한 결과물 중 하나는 코치이가 숙고적deliberative 사고방식에서 실행적implementational 사고방식으로 전환되는 것이다(Golwitzer, 1996; Heckhausen & Golwitzer, 1987). 숙고적 사고방식은 행동의 장단점을 평가하고, 경쟁적인 목표나 행동 방침을 검토하는 것이 특징이다(Carver & Scheier, 1998). 실행적 사고방식은 일단 행동이 결정되면 실행한다. 이 사고방식은 단호하고 몰입하는 특성을 가지며, 실패보다는 성공에 대해 생각이 치우쳐 있는데, 이는 일반적으로 높은 수준의 자기 효과성, 자기 조절 및 목표 달성과 관련이 있는 요인이다(Bandura, 1982).

자기 조절 주기self-regulation cycle, 피드백 및 목표 만족

코치이가 자기 조절 주기를 거치는 동안 행동을 모니터링 및 평가하고 피드백을 제공하는 것은 코칭 프로세스의 중요한 부분이다. 그러나 많은 경우 자기 성찰이 저절로 이루어지는 것이 아니기 때문에, 코치는 관찰할 수 있고 쉽게 모니터링되는 행동에 초점을 맞춘 행동 계획을 개발할 방법을 찾아야 할 필요가 있다.

물론 모니터링할 내용은 코치이의 목표와 맥락에 따라 달라질 것이다. 모니터링이 쉬운 행동도 있고 비교적 더 어려운 행동도 있다. 운동이나 신체로 하는 행동은 상대적으로 쉽게 모니터링이 가능하다. 개인의 내면적인 문제, 대인관계 기술이나 직장에서의 의사소통 유형은 모니터링이 더 어려울 수 있으며, 따라서 코치와 코치이는 이를 모니터링하고 평가하는 방법을 고안하는 데 상당히 창의적이어야 할 수 있다.

올바른 피드백은 후속 목표와 관련 행동이 어떻게(또는 만약에) 수정되어야 하는지에 대한 정보를 제공하는 데 필수적이기 때문에, 유용한 피드백을 생성할 목표의 종류를 설정하는 데 주의를 기울여야 하며, 이 과정이 잘 수행되면 성공적인 목표 달성으로 이어진다(Lock & Latham, 2002). 코치의 고유한 관심이나 개인적 가치에 맞춰진 목표는 달성 시 개인적으로 더 만족스러울 가능성이 크며, 이러한 목표 만족과 관련된 긍정적인 감정은 코치이가 향후 도전 과업에 착수할 수 있도록 준비하게 하는 중요한 역할을 할 수 있다(Sheldon, 2002).

그래서? 목표 이론은 실제로 중요한가?

위의 논의에서 살펴볼 때, 목표 이론이 코칭 세션 내에서 일어나는 일에 대한 정보를 제공하고, 아울러 전반적인 코칭 프로세스와 큰 관련이 있다는 것이 분명하지만, 여전히 질문은 남아있다: 목표 이론이 실제 코칭 프랙티스에서 중요한가? 코치의 목표 집중 능력이 코칭 결과와 관련이 있는가? 이는 증거 기반 코칭 프랙티스를 더욱 발전시키기 위한 핵심 질문이다.

정신 치료요법 관련 문헌 내의 주요 연구에 따르면, 치료 결과를 결정하는 가장 중요한 요인은, 이른바 공통 요소인데, 이는 치료사가 고객과의 관계에서 고객의 자율성에 대한 신뢰, 온정 및 존경을 구현하는 작업 동맹을 구축할 수 있는 능력을 말한다(Lampropoulos, 2000). 당연히, 코칭 문헌에서는 흔히 이것이 코칭에도 해당한다고 가정한다(McKenna & Davis, 2009). 그렇지만 코칭은 치료요법이 아니다. 코칭과 치료요법의 목적과 과정은 다르다.

코칭과 관련한 두 가지 핵심 연구는 강력한 목표 중심 접근은 지지적인 관계보다 코칭의 '성공'과 더 관련이 있음을 보여준다. 1,895개 코치-코치이 그룹으로부터 얻은 데이터에 기반을 둔 대규모 코칭 연구에서 드한de Haan, 그랜트Grant, 버거Burger와 에릭슨Erikson은 작업 동맹working alliance의 '과업'과 '목표' 항목이 '연대감' 항목보다 긍정적인 코칭 결과에 대한 더 정확한 예측 변수라는 것을 알아내고, 코치-코치이 관계에서 과업과 목표에 집중하는 것이 중요함을 강조하였다. 비슷한 맥락에서, 그랜트Grant(2014)는 코칭의 성공과 목표 중심 코칭 방식 사이의 상관관계가 '공통요인' 인간 중심 코칭 방식을 통계적으로 통제했을 때에도 유의하다는 것을 확인했다. 이러한 연구 결과는, 코칭 맥락에서 목표 중심 코칭 방식이 '공통요인' 인간 중심 코칭 방식보다 더 효과적이라는 점에서 코칭에서 목표를 활용하는 것이 실제로 중요하다는 사실을 강력하게 시사한다. 그렇다고 인간 중심의 관계성이 중요하지 않다는 뜻은 아니다. 오히려, 코칭 관계는 본질에서 목표 중심적이며, 실로 목표는 코칭 이론과 프랙티스에서 필수적인 부분임을 상기시킨다고 할 수 있다.

결론

코치는 자주 고객이 여정을 계획하는 것을 돕는다거나, 삶의 원천을 탐색한다거나, 지난 삶의 이야기를 다시 써 내려가는 등과 같이 다양한 은유를 사용한다. 이러한 은유는 변화를 촉진시키는 강력한 수단이다. 이와는 다르게, 목표 이론에 대한 전문 용어를 사용하기보다, 고객이 스스로의 가치를 탐색하거나 원하는 것을 명확히 할 수 있도록 돕는다는 측면에서 자신의 역할을 정의하는 코치들도 있다. 분명 코치는 자기 자신과 자신의 일에 대해 자신이 선택한 대로 얼마든지 자유롭게 표현할 수 있어야 한다. 그러나 절대 간과해서는 안 되는 것은, 의미 구조화 측면에서의 언어적 기예gymnastics나 변형과 상관없이, 근본적으로 코칭은 목표 지향적 활동이어야 한다는 점이다. 그렇기 때문에 결과적으로, 목표 이론은 실제로 코칭을 이해하는 유용한 틀을 제공할 수 있다.

여기에 제시된 통합적 목표 중심 모델은 개인과 조직이 목적에 기반을 둔 긍정적 변화를 창출하고 이를 지속할 수 있도록 도와주는 다면적인 증거 기반 방법론이다. 코칭 대화는 본질에서 반복적이며 예측불가능한 경우도 잦기 때문에, 코치의 핵심 역량은 목표 이론을 활용하는 데 충분한 지식과 유연성을 가졌는가에 따라 결정된다. 코칭에서 목표를 활용한다는 것은 단순화된 SMART 모델이 의미하는 것을 훨씬 더 넘어서는 일이기 때문이다.

다양한 유형의 목표, 그리고 목표와 변화 프로세스 사이의 관계를 이해하고, 목표-일치 및 목표-추구 프로세스를 촉진함으로써, 숙련된 전문 코치는 고객과 더 효율적으로 작업할 수 있게 된다. 이 과정에서 코치는 고객의 직업적 삶을 향상시키고, 무엇보다 가장 중요하게는, 고객의 개인적 행복감과 자존감을 증진시키는 데 필요한 통찰력과 행동 변화가 일어나도록 돕는다. 이것이 바로 코칭 산업 자체의 가장 중요한 목표이다. 즉 우리의 목표는 고객이 목표에 도달할 수 있도록 돕는 것이다.

논의 포인트

1. 코칭을 진행할 때 당신은 목표를 어떻게 사용하는가?
2. 당신의 삶에서 이 장에서 논의된 사안들은 어떻게 관찰되는가?
3. 목표 이론에 대한 지식과 활용 범위를 어떻게 확장할 수 있을까?
4. 코칭에서 목표는 정말로 중요한가? 중요하다면, 왜 중요한가? 중요하지 않다면, 왜 중요하지 않은가?

참조

1. 알림: 본 문서는 2012년 5월 호주 시드니에서 열린 2012 국제 코칭심리학 회의International Congress of Coaching Psychology에서 저자가 발표한 기존 논문과 프레젠테이션 자료, 2012년 국제코칭심리학리뷰International Coaching Psychology Review에 게재한 논문 「목표 중심 코칭의 통합 모델: 교육 및 프랙티스를 위한 증거 기반 프레임워크An integrated model of goal-focused coaching: An evidence-based framework for teaching and practice」 및 2013년 Clutterbuck, D., Megginson, D., David, S.와 공저한 챕터 「Beyond Goals: Effective Strategies for Coaching and Mentoring」을 바탕으로 정리한 것이다.

추천 읽기

David, S., Clutterbuck, D., & Megginson, D. (Eds.). (2013). *Beyond goals: Effective strategies for coaching and mentoring*. Surrey, UK: Gower.

Gregory, J. B., & Levy, P. E. (2015). *How feedback and goals drive behavior: Control theory*. Washington, DC: American Psychological Association; US.

Locke, E. A. (Ed.). (2002). *Setting goals for life and happiness*. New York, NY: Oxford University Press.

Sheldon, K. M. (2002). The self-concordance model of healthy goal striving: When personal goals correctly represent the person. In E. L. Deci & R. M. Ryan (Eds.), *Handbook of self-determination research* (pp. 65–86). Rochester, NY: University of Rochester Press.

참고 문헌

AC. (2012). Association of coaching definition of coaching. Retrieved 19th April 2012, from www.associationforcoaching.com/about/about03.htm

Austin, J. T., & Vancouver, J. B. (1996). Goal constructs in psychology: Structure, process, and content. *Psychological Bulletin, 120* (3), 338–375.

Bandura, A. (1982). Self-efficacy mechanism in human agency. *American Psychologist, 37* (2), 122–147.

Bargh, J. A., Gollwitzer, P. M., Lee-Chai, A., Barndollar, K., & Trötschel, R. (2001). The automated will: Nonconscious activation and pursuit of behavioral goals. *Journal of Personality and Social Psychology, 81* (6), 1014.

Braunstein, K., & Grant, A. M. (2016). Approaching solutions or avoiding problems? The differential effects of approach and avoidance goals with solution-focused and problem-focused coaching questions. *Coaching: An International Journal of Theory, Research and Practice, 9* (2), 93–109.

Carver, C. S., & Scheier, M. F. (1998). On the self-regulation of behavior . Cambridge, UK: Cambridge University Press. Chulef, A. S., Read, S. J., & Walsh, D. A. (2001). A hierarchical taxonomy of human goals. *Motivation & Emotion, 25* (3), 191–232.

Church, A. H. (1997). Managerial self-awareness in high-performing individuals in organizations. *Journal of Applied Psychology, 82* (2), 281–292.

Clutterbuck, D. (2008). What's happening in coaching and mentoring? And what is the difference between them? *Development and Learning in Organizations, 22* (4), 8-10.

Clutterbuck, D. (2010). Coaching reflection: The liberated coach. *Coaching: An International Journal of Theory, Research and Practice, 3* (1), 73-81.

Coats, E. J., Janoff-Bulman, R., & Alpert, N. (1996). Approach versus avoidance goals: Differences in self-evaluation and well-being. *Personality and Social Psychology Bulletin, 22* (10), 1057-1067.

Cochran, W., & Tesser, A. (1996). The "what the hell" effect: Some effects of goal proximity and goal framing on performance. In L. Martin & A. Tesser (Eds.), *Striving and feeling* (pp. 99-123). Hoboken, NJ: LEA.

Costa, P. T., & McCrae, R. R. (1992). *Revised NEO personality inventory and NEO five-factor inventory: Professional manual*. Lutz, FL: Psychological Assessment Resources.

Custers, R., & Aarts, H. (2010). The unconscious will: How the pursuit of goals operates outside of conscious awareness. *Science, 329* (5987), 47.

Deci, E. L., & Ryan, R. M. (1980). Self-determination theory: When mind mediates behavior. *Journal of Mind & Behavior, 1* (1), 33-43.

Deci, E. L., & Ryan, R. M. (Eds.). (2002). *Handbook of self-determination research*. Rochester, NY: University of Rochester Press.

de Haan, E., Grant, A. M., Burger, Y. D., & Eriksson, P.-O. (in press). A large-scale study of executive and workplace coaching: The relative contributions of working relationship, personality match, and self-efficacy. *Consulting Psychology Journal: Practice and Research*.

Dewck, C. S. (1986). Motivational processes affecting learning. *American Psychologist, 41* (10), 1040-1048.

Duncan, J., Emslie, H., Williams, P., Johnson, R., & Freer, C. (1996). Intelligence and the frontal lobe: The organization of goal-directed behavior. [doi: 10.1006/cogp.1996.0008]. *Cognitive Psychology, 30* (3), 257-303.

Elliot, A. J., & McGregor, H. A. (2001). A 2 X 2 achievement goal framework. *Journal of Personality and Social Psychology, 80* (3), 501-519.

Elliot, A. J., Sheldon, K. M., & Church, M. A. (1997). Avoidance personal goals and subjective well-being. *Personality & Social Psychology Bulletin, 23* (9), 915-927.

EMCC. (2011). European mentoring and coaching council code of conduct for coaching and mentoring. Retrieved 19th April 2012, from www.emccouncil.org/src/ultimo/models/Download/4.pdf

Emmons, R. A. (1992). Abstract versus concrete goals: Personalstriving level, physical illness and psychological wellbeing. *Journal of Personality and Social Psychology, 62*, 292-300.

Gollwitzer, P. M. (1996). The volitional benefits of planning. In P. M. Gollwitzer & J. A. Bargh (Eds.), *The psychology of action*. New York, NY: Guilford.

Grant, A. M. (2002). Towards a psychology of coaching: The impact of coaching on metacognition, mental health and goal attainment. [Emprical, PhD, outome, RC, BS, WS]. *Dissertation Abstracts International Section A: Humanities and Social Sciences, 63* (12), 6094 (June).

Grant, A. M. (2006). An integrative goal-focused approach to executive coaching. In D. Stober & A. M. Grant (Eds.), *Evidence based coaching handbook* (pp. 153-192). New York, NY: Wiley-Blackwell.

Grant, A. M. (2011). Is it time to REGROW the GROW model? Issues related to teaching coaching session structures. *The Coaching Psychologist, 7* (2), 118-126.

Grant, A. M. (2012). *Making a real difference: Insights and applications from evidence-based coaching research in the lab, workplace and reality TV*. Paper presented at the Second International Congress of Coaching Psychology, Sydney, Australia.

Grant, A. M. (2014). Autonomy support, relationship satisfaction and goal focus in the coach-coachee relationship: Which best predicts coaching success? *Coaching: An International Journal of Theory, Research and Practice, 7* (1), 18-38.

Grant, A. M., Curtayne, L., & Burton, G. (2009). Executive coaching enhances goal attainment, resilience and workplace well-being: A randomised controlled study. *The Journal of Positive Psychology, 4* (5), 396–407.

Grant, A. M., & Greene, J. (2004). *Coach yourself: Make real changes in your life* (2nd ed.). Harlow, UK: Pearson Education Ltd.

Gray, D. E. (2007). Towards a systemic model of coaching supervision: Some lessons from psychotherapeutic and coun- selling models. *Australian Psychologist, 42* (4), 300–309.

Gresham, F. M., Evans, S., & Elliott, S. N. (1988). Academic and social self-efficacy scale: Development and initial valida- tion. *Journal of Psychoeducational Assessment, 6* (2), 125–138.

Heckhausen, H., & Gollwitzer, P. M. (1987). Though content and cognitive functioning in motivational versus volitional states of mind. *Motivation and Emotion, 11*, 101–120.

Higgins, E. T. (1987). Self-discrepancy: A theory relating self and affect. *Psychological Review, 94*, 319–340.

Hudson, F. M. (1999). *The handbook of coaching*. San Francisco, CA: Jossey-Bass.

ICF. (2012). International coach federation code of ethics. Retrieved 19th April 2012, from www.coachfederation.org/ethics/

Jordan, P. J., & Troth, A. C. (2002). Emotional intelligence and conflict resolution: Implications for human resource development. *Advances in Developing Human Resources, 4* (1), 62–79.

Karniol, R., & Ross, M. (1996). The motivational impact of temporal focus: Thinking about the future and the past. *Annual Review of Psychology, 47*, 593–620.

Kirschenbaum, D. S., Humphrey, L. L., & Malett, S. D. (1981). Specificity of planning in adult self-control: An applied investigation. *Journal of Personality & Social Psychology, 40* (5), 941–950.

Klinger, E. (1975). Consequences of commitment to and disengagement from incentives. *Psychological Review, 82*, 1–25.

Kristof-Brown, A. L., & Stevens, C. K. (2001). Goal congruence in project teams: Does the fit between members' personal mastery and performance goals matter? *Journal of Applied Psychology, 86* (6), 1083–1095.

Lampropoulos, G. K. (2000). Definitional and research issues in the common factors approach to psychotherapy integration: Misconceptions, clarifications, and proposals. *Journal of Psychotherapy Integration, 10* (4), 415–438.

Linnenbrink, E. A., Ryan, A. M., & Pintrich, P. R. (1999). The role of goals and affect in working memory functioning. *Learning & Individual Differences, 11* (2), 213–230.

Little, B. R. (1993). Personal projects: A rationale and method for investigation. *Environment and Behavior, 15*, 273–309.

Locke, E. (2000). Motivation, cognition, and action: An analysis of studies of task goals and knowledge. *Applied Psychology, 49* (3), 408–429.

Locke, E. A. (1996). Motivation through conscious goal setting. *Applied & Preventive Psychology, 5* (2), 117–124.

Locke, E. A., & Latham, G. P. (2002). Building a practically useful theory of goal setting and task motivation. *American Psychologist, 57* (9), 705–717.

Locke, E. A., & Latham, G. P. (2013). *New developments in goal setting and task performance*. New York, NY: Routledge.

Manderlink, G., & Harackiewicz, J. M. (1984). Proximal versus distal goal setting and intrinsic motivation. *Journal of Personality & Social Psychology, 47* (4), 918–928.

McKenna, D., & Davis, S. L. (2009). Hidden in plain sight: The active ingredients of executive coaching. *Industrial and Organizational Psychology: Perspectives on Science and Practice, 2* (3), 244–260.

Midgley, C., Kaplan, A., & Middleton, M. (2001). Performance-approach goals: Good for what, for whom, under what circumstances, and at what cost? *Journal of Educational Psychology, 93* (1), 77–86.

Moskowitz, G. B., & Grant, H. (Eds.). (2009). *The psychology of goals*. New York, NY: Guilford Press.

Oishi, S., Schimmack, U., Diener, E., & Suh, E. M. (1998). The measurement of values and individualism-collectivism. *Personality & Social Psychology Bulletin, 24* (11), 1177-1189.

Ordóñez, L. D., Schweitzer, M. E., Galinsky, A. D., & Bazerman, M. H. (2009). Goals gone wild: The systematic side effects of over-prescribing goal setting. *Academy of Management Perspectives, February*, 6-16.

Pervin, L. A. (1982). *The stasis and flow of behavior: Toward a theory of goals*. Lincoln, NE: University of Nebraska Press.

Peterson, D. B. (2011). Good to great coaching. In G. Hernez-Broome & L. A. Boyce (Eds.), *Advancing executive coaching: Setting the course of successful leadership coaching* (pp. 83-102). San Francisco, CA: Jossey-Bass.

Prochaska, J. O., Norcross, J. C., & DiClemente, C. C. (1994). *Changing for good*. New York, NY: Avon Books.

Raia, A. P. (1965). Goal setting and self-control: An empirical study. *Journal of Management Studies, 2* (1), 34-53.

Rawsthorne, L. J., & Elliott, A. J. (1999). Achievement goals and intrinsic motivation: A meta-analytic review. *Personality & Social Psychology Review, 3* (4), 326-344.

Sarrazin, P., Vallerand, R., Guillet, E., Pelletier, L., & Cury, F. (2002). Motivation and dropout in female handballers: A 21-month prospective study. *European Journal of Social Psychology, 32* (3), 395-418.

Seijts, G. H., & Latham, G. P. (2001). The effect of distal learning, outcome, and proximal goals on a moderately complex task. *Journal of Organizational Behavior, 22* (3), 291-307.

Sheldon, K. M. (2002). The Self-concordance model of healthy goal striving: When personal goals correctly represent the person. In E. L. Deci & R. M. Ryan (Eds.), *Handbook of self-determination reserach* (pp. 65-86). Rochester, NY: University of Rochester Press.

Sheldon, K. M., & Elliot, A. J. (1998). Not all personal goals are personal: Comparing autonomous and controlled reasons for goals as predictors of effort and attainment. *Personality & Social Psychology Bulletin, 24* (5), 546-557.

Sheldon, K. M., & Elliot, A. J. (1999). Goal striving, need satisfaction and longitudinal well-being: The self-concordance model. *Journal of Personality and Social Psychology, 76* (3), 482-497.

Sheldon, K. M., & Kasser, T. (1995). Coherence and congruence: Two aspects of personality integration. *Journal of Personality & Social Psychology, 68* (3), 531-543.

Spence, G. B. (2007). GAS powered coaching: Goal Attainment Scaling and its use in coaching research and practice. *International Coaching Psychology Review, 2* (2), 155-167.

Street, H. (2002). Exploring relationships between goal setting, goal pursuit and depression: A review. *Australian Psychologist, 37* (2), 95-103.

WABC. (2012). Worldwide Assoication of Business Coaches definition of business coaching. Retrieved 19th April 2012, from www.wabccoaches.com/includes/popups/definition.html

Warshaw, P. R., & Davis, F. D. (1985). The accuracy of behavioral intention versus behavioral expectation for predicting behavioral goals. *The Journal of Psychology, 119* (6), 599-602.

Weldon, E., & Yun, S. (2000). The effects of proximal and distal goals on goal level, strategy development, and group performance. *Journal of Applied Behavioral Science, 36* (3), 336-344.

Winters, D., & Latham, G. P. (1996). The effect of learning versus outcome goals on a simple versus a complex task. *Group & Organization Management, 21* (2), 236-250.

5장
긍정심리학에서 긍정심리학 코칭의 발전으로

저자: 셰일라 팬챌Sheila Panchal[1], 스티븐 팔머Stephen Palmer[2], 수지 그린Suzy Green[3]
역자: 김태리

서론

긍정심리학은 '인간 기능을 최적화하는 조건과 과정의 과학'으로 묘사되어 왔다(Gable & Haidt, 2005:104). 긍정심리학은 코칭을 포함한 광범위한 범주의 다양한 분야를 포함하는 포괄적 용어이다(Linley & Joseph, 2004 참조). 긍정심리학 코칭positive psychology coaching(PCC)은 '회복탄력성, 성취 및 웰빙의 향상을 위한 긍정심리학 이론과 연구를 근거로 삼는 증거 기반 코칭 프랙티스'로 정의할 수 있다(Green & Palmer, 2014).

---

1) 셰일라 팬챌Sheila Panchal은 공인된 심리학자로 산부인과와 리더십 코치로 일하고 있다. 그녀는 엘렌 잭슨Ellen Jackson과 『Turning 30: How to Get the Life You Really Want』의 공동저자이며, 스티븐 팔머Stephen Palmer와 『Developmental Coaching: Life Transitions and Generational Perspectives』의 공동 편집자이다.

2) 스티븐 팔머Stephen Palmer 교수는 영국 런던의 Centre for Coaching의 창립 이사이다. 2004년에 British Psychological Society Special Group in Coaching PsychologyBPS SGCP의 초대 의장이 되었으며, 2005년에는 런던 시티 대학(현 런던 대학교)에서 심리학 코칭 유닛을 창설하였다. 2016년에 덴마크 Aalborg 대학교 코칭심리학과의 겸임 교수가 되었고, 2018년 Wales Trinity Saint David 대학의 업무 기반 학습 연구소Institute for Work Based Learning의 실습 교수가 되었다. 현재 브라질 리우데자네이루 연방 대학교의 코칭심리학부의 명예 고문이며, 국제 코칭심리학 협회 국제 코칭 심리 연구센터의 코디네이터이다. 또한 국제 코칭심리학회와 국제 스트레스 관리협회의 명예회장이자 연구원이다. 그는 다양한 주제에 대해 50권 이상의 책을 쓰거나 편집했으며 유럽 응용 긍정심리학 저널을 포함한 그 분야의 많은 저널을 공동 편집했다. 2008년 BPS SGCP로부터 코칭심리학에 기여한 공로를 인정받아 평생 공로상을 받았다.

3) 수지 그린Suzy Green은 임상 및 코칭심리학자이자 Positivity Institute의 설립자이다. 코칭심리학과 긍정심리학의 상호 보완적인 분야의 리더이다. 호주에서 다양한 명예 학위를 가지고 있으며, Cambridge 대학교 Well-being 연구소의 회원이고 국제 코칭심리학 협회의 부회장이다.

긍정심리학은 지난 10여 년간 코칭심리학 이론 및 프랙티스와 적절하게 결합되어 왔다. 이는 국제 코칭심리학 프랙티스 설문조사(Palmer & Whybrow, 2017)를 통해 조명되었다. 다음 중 코칭/코칭심리학 프랙티스에서 사용하는 접근과 기본 모델은 무엇입니까?(해당하는 모든 항목을 선택하시오)라는 질문에 대해, 긍정심리학이 63.27%로 가장 높은 응답을 받았고, 인지행동학이 57.08%로 그 뒤를 이었다. 세 번째는 47.79%가 선택한 마음챙김, 네 번째는 42.92%의 해결 중심이었다(자세한 내용은 1장 참조). 긍정심리학 및 여러 형태의 긍정심리학 코칭은 코치 및 코칭심리학자들이 다양한 환경과 집단을 대상으로 활용하는 핵심적인 접근으로 자리매김하고 있다.

본 장에서는 이론과 기본 개념을 포함한 긍정심리학 및 긍정심리학 코칭[PCC]의 발달과정과 함께, 다양한 긍정심리학 기법, 개입 및 접근을 살펴보도록 한다.

긍정심리학 코칭의 발전: 긍정심리학 및 코칭심리학 관점

심리학 내 비교적 새로운 두 분야로서 긍정심리학과 코칭심리학은 긴밀하게 연계되어 오면서, 많은 시너지를 창출하였다. 양 분야 모두 최적의 인간 기능을 극대화하는 방법에 대해 관심을 둔다. 린리[Linley]와 해링턴[Harrington](2005)은 이 두 분야를 '응용심리학의 자연스러운 파트너'라고 불렀다.

전문기관들도 긍정심리학과 코칭심리학이 연관되어 있다고 본다. 예를 들어, 호주 심리학회의 코칭심리학 이익단체[APS IGCP]에서는, 코칭심리학을 "긍정심리학의 응용 분야로, 기존의 심리학적 접근법에 근거하여 이를 진전시키며, 임상적으로 드러난 정신건강 문제나 비정상적 수준의 정신적 스트레스를 가지고 있지 않은 개인, 집단, 조직의 삶의 경험, 업무 성과 및 웰빙의 향상에 초점을 맞추고 있는 행동과학의 체계적 응용으로 이해할 수 있다."라고 정의하고 있다(APS IGCP, 2003). 그러나 그랜트[Grant]와 카바나[Cavanagh](2007:240)는 코칭심리학에 대한 이 정의가 "코칭심리학 프랙티셔너와 연구자들이 기존의 심리학 문헌을 단순히 활용하는 것 이상으로 이론 및 실천 모델을 개발하고 검증하기 시작하고 있다."라는 사실을 반영하고 있는지 의문을 제기했다. 긍정심리학 코칭은 기존의 이론에 지난 20여 년 동안 개발되어 프랙티스를 뒷받침하는 새로운 기술과 모델이 결합되어 발전된 것이라고 간주할 수 있다.

로버트 비스와스 디너Robert Biswas-Diener와 벤 딘Ben Dean(2007)은 『삶을 변화시키는 유쾌한 행복 바이러스Positive psychology coaching: Putting the science of happiness to work for your clients』라는 제목의 입문서 서론에서 '긍정심리학 코칭'이라는 용어를 처음 사용했다. 이 독창적인 책이 긍정심리학 코칭 발전의 장을 마련했다. 그러나 비스와스 디너Biswas-Diener에 따르면, 처음에 그는 아마존에 게재된 부정적인 심층 서평에 불쾌한 반응을 보였다고 한다. 그러나 그 후 이 일을 회고하면서 그는 긍정심리학 이론 및 연구가 코칭 프랙티스에 필요한 지식을 더 명확한 방식으로 제공해야 한다는 것을 깨닫게 되었다. 그 서평은 변화의 촉매제가 되었다. 비스와스 디너(2010:2-3)는 그의 다음 책에서, 코치들은 "개념이나 지식이 아닌 도구를 원했다."라고 언급했다. 이 책은 평가를 위한 전략과 함께 코칭 맥락에서 긍정심리학이 어떻게 적용될 수 있는지에 초점을 맞추고 있다.

저자, 연구자 및 '실무형 학자pracademics'들이 긍정심리학 코칭을 설명하기 위해 다양한 정의를 만들어 냈지만, 긍정심리학 분야는 점점 더 통합된 형태로 자리 잡아 갔다. 카우프만Kauffman, 보니웰Boniwell, 실버만Silberman(2010, 2014)은 긍정심리학 코칭을 '고객의 웰빙을 제고하고, 강점을 강화하고 적용하며, 성과를 개선하고, 가치 있는 목표를 달성할 수 있도록 돕는 과학에 근거를 둔 접근법'이라고 정의했다. 그들은 코칭이 긍정심리학에서 '자연스레 돌아가게 될 고향 집natural home'으로 설명되어 왔음을 강조한다. 긍정심리학 접근법은 긍정적인 것에 초점을 맞추고 연속성을 강조함으로써 코칭에 내재된 변화 과정을 촉진시킬 수 있기 때문에, 많은 사람이 경험하는 변화에 대한 자연적인 저항감을 최소화하는 데 도움이 된다. 오데스Oades와 패스모어Passmore(2014:15)는 긍정심리학 코칭을 '긍정심리학의 증거 기반 접근법과 행복의 과학을 활용하여 단기적 행복(즉, 쾌락적 행복hedonic wellbeing)과 지속 가능한 행복(즉, 자기실현적 행복eudaimonic wellbeing)을 향상시키고, 코칭이 완료된 후에도 개인이 이를 계속해 나갈 수 있게 하는 코칭 접근법'으로 정의한다. '코칭'과 '긍정심리학'이라는 용어 외에도, 그린Green과 팔머Palmer(2014), 카우프만Kauffman, 보니웰Boniwell, 실버만Silberman(2014) 및 오데스Oades와 패스모어Passmore(2014)의 정의에서 공통적으로 포함되는 나머지 하나의 요소는 웰빙으로, 일반적으로 이는 코치이가 명확한 목표로 제시하지 않았다 하더라도 긍정심리학 코칭의 단기 및 장기 목표로 간주한다.

긍정심리학의 핵심 이론

긍정심리학은 1998년 마틴 셀리그먼Martin Seligman 교수에 의해 정식으로 소개되었고, 2000년 그의 저서 『Authentic happiness』에서 질병을 고치기보다 행복을 증진하는 데 초점을 맞춘 심리학에 대한 새로운 패러다임을 소개했다. 셀리그먼은 인간의 긍정적 기능에 대한 이해를 제고하여 준 초기 심리학자로 로저스Rogers(1951); 매슬로우Maslow(1954, 1962); 야호다Jahoda(1958); 에릭슨Erikson(1963, 1982); 발리언트Valiant(1977), 데시Deci와 라이언Ryan(1985) 및 리프Ryff와 싱어Singer(1996)의 선구적인 업적에 대해 인정하였다(Seligman, 2005).

긍정심리학의 초기 단계에서, 셀리그먼(2002)은 잘 사는 삶으로 이끄는 세 가지 핵심 경로로서 즐거움, 몰입, 의미를 언급했다. 그 이후로 긍정심리학에 기반을 둔 연구 분야가 크게 발전했다. 비교적 최근의 문헌 서평에서 러스크Rusk와 워터스Waters(2013)는 가장 집중적으로 연구되는 긍정적인 심리학 주제가 삶의 만족/행복, 동기/성취, 낙관주의 및 조직, 시민의식/공정성임을 확인했다.

나날이 연구 기반이 확대되는 긍정심리학은 사실 상당한 응용과학이다. 이러한 유형의 응용된 개입 방법을 '긍정심리 개입positive psychology interventions(PPIs)'이라고 한다. 긍정심리 개입은 '긍정적인 감정, 행동 또는 인식을 배양하는 것을 목표로 하는 치료법 또는 의도적 활동'으로 정의된다(Sin & Lyubomirsky, 2009). 긍정심리 개입의 유형에는 감사, 친절, 강점 그리고 코칭 등이 있다.

현재까지 긍정심리 개입과 관련한 두 가지 메타 분석이 수행되었다. 신Sin과 류보머스키Lyubomirsky(2009)는 4,266명을 대상으로 51개 긍정심리 개입에 대한 메타 분석을 시행하였다. 결과를 통해 긍정심리 개입이 실제로 웰빙(평균 r 값은 5.29)을 크게 향상시키고 우울증 증상(평균 r 값은 5.31)을 감소시킨다는 것을 확인하였다. 2013년, 볼리에Bolier와 동료들은 다른 하나의 긍정심리 개입을 완성하였는데, 긍정심리 개입이 주관적 웰빙과 심리적 웰빙의 증진에 효과적일 뿐만 아니라 우울 증상을 줄이는 데 도움을 줄 수 있다는 사실을 알아냈다. 이 두 메타 분석에 코칭적 개입이 포함되었고 긍정심리 개입이라고 확인되었다(Green, Oades & Grant, 2006; Spence & Grant, 2007). 긍정적인 심리학 이론, 연구 및 프랙티스의 활용이 교육 및 직장 관련 분야에서도 빠르게 성장했다는 점도 주목할 필요가 있다(Seligman et al., 2009; Green, Dulagil & Ahern, 2016).

웰빙 well-being

현재 웰빙의 의미를 이해하기 위해 다양한 이론과 접근법이 활용되고 있다. '웰빙'과 '플로리시flourishing'라는 용어는 흔히 서로 교체하여 사용되는데, 초기 긍정적인 심리학에서는 '주관적 웰빙'이 '행복happiness'의 개념화이자 척도로 사용되면서 쾌락적 웰빙에 초점이 맞추어졌다 (Diener, 2000). 그러나 시간이 지나면서 심리적 웰빙과 같은 자아실현적eudaimonic 접근법을 포함하여 웰빙을 더 광범위하게 개념화해야 한다는 요구가 이어졌다(Ryff, 1989). 그 논쟁은 계속되었고, 웰빙을 논할 수 있는 많은 모델이 과학적 연구를 통해 창출되었다. 우리는 아래의 두 가지 핵심 이론인 PERMA와 자기결정 이론에 대해 검토하고자 한다.

PERMA 모델

2011년 셀리그먼Seligman(2011a, 2011b)은 그의 초기 이론을 보강하여 PERMA 모델을 구축했다. 이 모델은 플로리시의 중요한 측면: 긍정적 감정positive emotions, 몰입engagement, 관계relationships, 의미meaning 그리고 성취achievement에 대해 개괄적으로 제시한다. 긍정적인 감정은 과거, 현재, 미래를 말한다. 플로리시한flourishing 사람들은 감사하는 마음으로 과거를, 희망으로 미래를 바라보며, 현재를 즐긴다. 몰입은 현재 순간에 열중하면서 몰입 상태를 경험하는 것을 의미한다. 관계는 가족, 친구, 이웃, 동료 등 인생에서 지지적인 타인의 중요한 역할에 대해 자각하는 것이다. 의미는 자선 사업, 종교, 가족과 같이 우리 자신보다 더 위대한 것에 시간을 할애하는 것이다. 마지막으로, 성취는 목표를 개발하고 추구해야 할 필요성을 의미하는 것으로, 대부분 증거 기반 코치가 이미 인지하고 있으며 코칭 프랙티스를 통해 적극적으로 참여하는 영역이다. PERMA는 학교와 조직에서 사용되는 일반적인 모델이며, 코칭의 프레임워크로 사용될 수 있다.

자기결정 이론 Self-determination Theory

자기결정 이론Self-determination Theory(SDT)은 플로리시의 핵심 이론이라고도 할 수 있다. 자기결정 이론은 오랜 역사를 가지고 있고, 긍정심리학 이전에 형성되었으며, 일, 교육, 의료, 스포츠,

종교, 심리치료와 같은 다양한 분야에서 동기부여와 웰빙을 제고하는 요인을 식별하는 데 아주 중요한 역할을 하여 왔다(Baard, Deci, Ryan, 2004; Deci & Ryan, 2008; Deci & Ryan, 2008; Deci et al., 2001; Kasser, 2002; La Guardia & Patrick, 2008; Meyer & Gagné, 2008; Gagne & Deci, 2005; Williams et al., 2000). 스펜스Spence와 오데스Oades(2011)는 자기결정 이론이 코칭 프랙티스에 적절한 이론적 프레임워크이자 코칭 분야를 발전시킬 수 있는 연구 질문을 개발하는 데 유용한 관점이라고 주장했다(p.37).

자기결정 이론은 인간은 웰빙과 건강에 필수적인 세 가지 심리적 욕구 - 유능성, 자율성, 관계성만을 가지고 있다고 주장한다. 이러한 기본적인 욕구를 충족시키지 못하면, 불행, 질병 및 경우에 따라 정신이상까지 초래할 수 있다고 한다(Deci & Ryan, 2000; Vanstekist & Ryan, 2013). 자기결정 이론은 사람들이 유능감, 사회적 지지와 자율성을 느낄 수 있는 사회적, 업무적, 교육적, 시민적, 정치적 환경의 중요성을 크게 강조한다.

플로리시flourishing

키예스Keyes(2002)는 그의 논문에서 정신적인 쇠약languishing에서 플로리시까지 범주가 주어져 있는 정신적 웰빙 척도를 통해 플로리시를 정의하고자 하였다. 키예스는 정신건강은 "삶에서 긍정적인 감정과 긍정적인 기능이라는 증상으로 이루어진 증후군으로… 정신건강의 존재는 플로리시로, 정신건강의 부재는 삶의 쇠약으로 특징지어진다."라고 주장했다(Keyes, 2002:207).

후퍼트Hupert와 소So(2011)는 웰빙과 일반적인 정신 질환(우울증, 불안)은 스펙트럼의 반대쪽 끝에 위치한다고 주장하면서, 감정과 기능을 결합한 긍정적인 웰빙(플로리시)의 10가지 주요 특징, 즉 웰빙의 쾌락적 및 자아실현적 측면으로서 유능함, 정서적 안정, 몰입, 의미, 낙관주의, 긍정적인 감정, 긍정적인 관계, 회복탄력성, 자존감 및 활력이 있다는 것을 발견했다. 셀리그먼(2011a, 2011b)은 플로리시가 우리의 행복과 웰빙의 수준을 알려준다고 주장한다. 이 세 가지는 서로 밀접한 관련이 있다.

RAW: 새로운 플로리시 모델

위에서 언급한 바와 같이, 코치가 자기 자신과 코치이의 웰빙을 더 잘 이해하고 증진하는 데 도움이 되는 수많은 이론, 모델 및 접근법이 존재한다. 우리 저자들은 각각 긍정심리학 코치들에게 의미 있는 무엇인가를 제공할 수 있다고 믿지만, 동시에 우리는 새로운 플로리시 모델이 기존의 모든 모델을 아우르는 매우 중요한 모델을 긍정심리학 코칭 프랙티스에 제공할 수 있다는 데에 동의한다. 앞서 언급했듯이, 긍정심리학 코칭에는 몇 가지 정의가 있다. 본 장에서는 '회복탄력성, 성취 및 웰빙의 향상을 위한 긍정심리학 이론과 연구를 근거로 삼는 증거 기반 코칭 프랙티스'라는 그린과 팔머(2014)의 정의가 사용되었다(Green & Palmer, 2014, 2018a, b). 이는 긍정심리학과 코칭심리학의 통합을 위한 프레임워크를 제공하는 플로리시의 RAW 모델([그림 5.1] 참조)에서 도출된 것이다.

플로리시의 RAW 모델

© Green & Palmer, 2014

[그림 5.1] 플로리시의 RAW 모델

RAW 모델은 회복탄력성, 성취 및 웰빙이라는 세 가지의 상호작용하는 핵심 요소로 구성된다. 이 세 영역에 관한 연구는 이것들이 플로리시라는 긍정심리학 개념에 어떻게 기여할 수 있는지를 강조한다. RAW 모델을 사용하면, 프랙티셔너는 어떤 기법, 개입 및 전략이 회복탄력성(의학, 건강 및 스포츠 심리학에서 도출), 성취(코칭심리학에서 도출) 및 웰빙(긍정심리학에서 도출) 연구로부터 도출된 플로리시로 이어질 수 있는지에 대한 지식을 바탕으로 코칭 프랙티스를 뒷받침할 수 있다. 모델에 대해서는 코치이와 상의가 가능하다. 그린과 팔머(2014)는 대안 모델인 WAR(위축Withering, 성취 차단Achievement blocking, 웰빙 파괴Well-being sabotaging)에 대해 소개하면서, 이는 코치이가 자신이 처한 상황을 매우 부정적으로 생각하는 경우, RAW로 연결하기 위한 디딤돌로서 코칭 초기에 상의해볼 수 있다.

긍정심리학의 핵심 개념

마음챙김: 플로리시의 근간

마음챙김은 웰빙을 직접적으로 향상시킨다는 인식과 함께 점점 더 플로리시의 근간으로 인정되고 있으며, 긍정심리학의 많은 다른 개념의 효과성에도 영향을 미친다. 마음챙김은 주로 여러 동양의 관상적 전통, 특히 불교에서 시작되어 길고 오래된 역사를 가지고 있지만, 서양에서 더 널리 보급되고 연구되어 오고 있다(Brown, Ryan & Creswell, 2007). 다양한 환경에서, 특히 우울증, 불안 및 고통의 치료를 위한 임상적 환경에서뿐만 아니라 일반적인 웰빙의 향상에도 마음챙김 프랙티스가 도움이 된다는 사실을 증명하는 연구 문헌이 점점 증가하고 있다(Kabat-Zinn, 2013). 몇몇 학술 논문에서 마음챙김과 코칭의 연관성에 대해 다룬 바가 있지만(예: Cavanagh & Spence, 2013; Passmore & Marianetti, 2007), 지금까지 확인된 실증 연구는 그중 소수에 불과하다(예: Spence, 2006 ; Spence, Cavanagh & Grant, 2008).

    패스모어Passmore와 마리아네티Marianetti(2007)는 마음챙김이 다양한 방식으로 코칭에 적용될 수 있지만, 주로 코치, 코치이 및 양자 사이의 관계라는 세 가지 핵심적인 입장에서 적용될 수 있다고 주장한다. 그들은 코치와 코치이 모두 일상생활에서 마음챙김을 실천하게 되면 스트레스를 덜 받으면서 더 행복한 삶을 살 수 있으며, 또한 효과적인 코칭이 되려면 코치와 코치이가 모두 온전히 집중하고 주의를 기울여야 한다고 제언한다. 이처럼 마음챙김은 코치와 코치이가 코칭 세션과 학습에 주의를 집중할 수 있는 기회를 제공함으로써 개인의 성장과 자아실현을 지원할 수 있다.

강점

긍정심리학의 주요 원칙 중 하나는 셀리그먼의 PERMA 모델에서 몰입이라는 측면과 밀접하게 연결된 강점을 식별하고 적용하는 것이다. 물론 강점은 PERMA의 그 외 다른 모든 구성요소를 향상하는 데에도 활용될 수 있다. 셀리그먼은 개인들이 각자 자신의 고유한 강점을 인지하고 이를 자기 삶의 다른 영역에 적용함으로써 웰빙을 증진시킬 수 있다고 제언한다. PERMA는 코칭에서 유용한 프레임워크로 활용될 수 있다. 성격 강점 및 덕목에 관한 VIA$^{Values\ In\ Action}$ 분류체계(Peterson & Seligman, 2004)는 범문화적으로 존재하는 24가지 성격 강점을 제시하는데, 이는 지혜^{wisdom}, 초월성^{transcendence}, 정의^{justice}, 인간애^{humanity}, 절제^{temperance}와 용기^{courage}의 범주로 분류된다. 강점의 사용은 행복, 자신감, 자존감, 활력, 회복탄력성, 목표 달성, 성과의 향상과 연관성을 가진다(Linley, 2010; Linley et al., 2010; Niemiec, 2013). VIA는 코치이의 강점 탐색을 위해 코칭에서 활용할 수 있는 유용한 도구이다.

맥콰이드^{McQuaid} 외(2018)는 최근 연구에서 고객이 자신의 모든 강점에 대한 '균형 잡힌 표현'을 찾을 수 있도록 돕는 것도 중요하다고 제언한다(Young, Kashdan & Macatee, 2014). 이를 위해서 코치는 코치이가 자신의 강점이 어떻게 과다 또는 과소 사용될 수 있는지 이해하고(Biswas-Diener, Kashdan & Minhas, 2011; Grant & Schwartz, 2011; Linley, Willars & Biswas-Diener, 2010), 어떻게 강점을 통합하여 강점군을 형성할 수 있는지 탐색하고(예를 들어 호기심과 감사의 조합은 호기심이나 감사가 단독일 때보다 강한 힘을 발휘할 가능성이 큼), 아직 실현되지 못했거나 덜 개발된 강점을 개발할 수 있도록 도움을 제공해야 한다. 맥콰이드 외(2018)는 코치는 '강점을 더 사용하라'는 일반적인 제언에서부터, 고객의 강점을 고유한 성격 및 상황적 요인과 함께 통합적으로 다루는 더 다층적인 의미의 '강점 개발' 접근법에 이르기까지, 코칭에서 강점을 어떻게 활용할 것인가에 대한 지식을 심화해야 한다고 주장한다.

낙관주의

낙관주의는 긍정심리학의 발전과 함께 연구되고 구축된 또 하나의 핵심 개념이다. 낙관주의 연구에는 두 가지 주요 접근법(성향적^{dispositional}과 설명적^{explanatory} 양식)이 있는데, 설명적 양식 관점에서의 비관주의 및 낙관주의에 대한 셀리그먼의 초기 연구는 우울증 예방에 대한 그의 추후 연구에 토대가 되었다(Seligman et al., 1979). 이는 또한 긍정적인 심리학을 더 폭넓게 적용하고자 하는 그의 노력을 뒷받침하였다. 예를 들어, 펜실베이니아 회복탄력성 프로그램은 더 광범위한 긍정심리학 접근법의 한 형태로 학교와 미군에서 실시되어 왔다. 셀리그먼(2006)

은 낙관주의는 학습이 가능한 기술이라고 제언하였으며, 많은 연구자 역시 웰빙과 삶에 대한 만족이라는 측면에서 낙관적 설명 양식의 이점을 발견했다. 예를 들어, 이 호Yee Ho, 청Cheung과 청Cheung(2010)은 홍콩의 한 청소년 그룹을 대상으로 한 연구에서 낙관주의와 의미 그리고 삶에 대한 만족 간에 현저한 연관성이 있음을 확인했다.

긍정 정서

긍정심리학 연구의 또 다른 핵심 주제이자 발전하는 영역은 긍정 정서에 관한 것으로, 향상된 긍정 정서가 제공하는 수많은 이점과 관련해서는 상당한 증거가 존재한다(Green et al., 2016). 바바라Barbara와 프레드릭슨Fredrickson(2001)의 '확장과 구축broaden and build' 이론은 사랑, 자부심, 관심과 같은 긍정 정서는 사고-행동 레퍼토리를 확장시키고, 물리적, 지적, 사회적, 심리적 영역에서 지속적인 자원을 구축한다고 주장한다. 이처럼 긍정적인 감정은 주어진 상황에서 창의적으로 생각하는 개인의 능력을 향상하고, 전체적인 회복탄력성을 향상시키는데, 이 두 가지 모두는 근거 기반 코칭 프랙티스에서 매우 중요하다.

류보머스키Lyubomirsky 등(2005)은 또한 긍정 정서가 수입 증가, 병가 일수 감소, 동료들과의 관계 향상, 관리자와 고객 평가 향상 및 조직의 고용 지속 가능성 제고와 관련이 있다는 사실에 주목했다. 심혈관 질환으로부터의 빠른 회복과 같은 건강상의 이점도 확인되었다.

근거 기반 코칭

긍정심리학 코치의 경우, 코칭 자체가 긍정심리학 개입으로 분류되었다는 점도 주목할 필요가 있다(Sin & Lyubomirsky, 2009). 최초로 게재된 라이프 코칭에 관한 무작위 통제 연구에서는, 코칭이 목표 추구, 웰빙 및 희망을 강화할 수 있다고 확인해주었고(Green, Oades & Grant, 2006), 전문 라이프 코칭과 동료 라이프 코칭을 비교한 후속 연구에서는 목표 추구 및 웰빙이 향상된다는 것을 보여주는 증거를 제시했다(Spence & Grant, 2007).

그리고 우리는 일반적인 코칭이 성취와 웰빙을 모두 향상시킬 수 있는 반면, (개인 또는 그룹 기반의) 긍정심리학 코칭은, 특히 코치이의 플로리시에 도움을 주는 감사, 친절, 용서 등과 같은 다른 긍정심리학 개념을 증거 기반 코칭 맥락 안에서 활용할 좋은 기회를 제공한다고 주장하고자 한다. 또한 코칭은 긍정심리학의 개념을 배워서 아는 개인에게 코칭 목표 설정 및 목표 추구 방법을 기반으로 이 개념들을 자신의 삶에 실제로 적용하게 함으로써 해당 개념들에 더 큰 의미를 부여하도록 할 수 있다고 주장하고자 한다. 예를 들어, 비교적 최근에 수행된 한 혁신적인 연구에서, 구즈만Guzman과 동료들(2016)은 요양원 거주자들과의 의사소통 개선을 위한 직원 교육에 영화와 연극 요소를 가미한 긍정심리학 코칭을 활용할 수 있음을 확인했다. 이 연구에 따르면, 해당 개입을 통해, 거주자들은 직원들이 자신들과 하는 상호작용 횟수가 증가하고 팀워크를 즐기는 것처럼 보인다고 인식하였으며, 직원들은 팀워크가 향상되었다고 평가했다. 직원들은 또한 거주자들에 대해 더 긍정적인 태도를 보이게 되었다. 더 많은 연구가 수행되어야 하지만, 이러한 잠정적인 결과는 긍정심리학 코칭이 다양한 환경에서 어떻게 활용될 수 있는지 시사한다.

본 섹션에서는 몇 가지의 이론, 모델 및 개념을 소개하였다. 긍정심리학 및 긍정심리학 코칭은 아직 여전히 성장하는 단계이며, 특히 새로운 연구가 발표되면서, 새로운 착상과 개념에 열려 있다는 점에 주목할 필요가 있다. 이러한 점에 비추어, 우리는 긍정심리학 코치들이 정기적으로 경력 개발에 진지한 노력을 기울이기를 강력히 권장하고자 한다.

긍정심리학에 대한 비판

카우프만Kauffman, 보니웰Boniwell과 실버만Silberman(2010, 2014)은 긍정심리학과 긍정심리학 코칭에 대해 두 가지 주요 비판점을 제시했다. 첫째, 부정 정서와 심층에 있는 근원적인 문제에 대해 불충분한 주의와 수용으로 인하여 잠재적으로 균형의 부족이 발생할 수 있다는 점이다. 둘째로, 특히 개인을 주목하는데, 이는 개인이 자신의 행복에 책임이 있다는 가정으로 이어진다. 이것은 누군가의 행복에 영향을 미치는 더 광범위하고 맥락적인 요소들이 무시될 수 있음을 의미한다. 이는 또한 개인이 자신의 행동만으로 '기분 좋게' 느낄 수 없다면 자신의 감정이 부적절하다고 느끼게 만드는 효과를 가져올 수 있다.

우리는 이 두 가지 비판점 모두 긍정심리학 코치에게 시사하는 바가 있음을 제언하고자 한다. 첫째, 우리는 긍정심리학이 긍정적인 감정의 촉진에서 오는 이익에만 초점을 맞춘다는 생각은 잘못된 인식이라고 주장하지만, 이는 긍정심리학 코치가 중요하게 고려해야 할 사항이다. 카시단Kashdan과 비스와스 디너Biswas-Diener(2014)는 그들의 저서 『다크 사이드; 감정의 어두운 면을 전략적으로 사용하는 기술The Upside of Your Darkside』에서 인간 감정의 전 영역이 다루어져야 할 필요성을 강력히 주장한다. 이 책에서는 너무 많은 긍정적인 감정은 잠재적으로 개인의 파멸로 이어질 수 있다고 제언하면서, 부정적인 감정이 개인의 고통에 대한 내성을 증진시키는 데 도움을 주는 중요한 메커니즘임을 주장한다(Kashdan & Biswas-Diener, 2014).

이는 회복력 향상과 행복의 증진으로 이어질 수 있다. 마찬가지로, 수용 전념 치료Acceptance and Commitment Therapy(ACT)의 지지자들은 긍정 정서를 숭배하는 사회적 담론이 있다고 주장한다. 이는 사람들로 하여금 부정 정서를 없애기 위한 '빠른 해결'을 원하도록 만들 수 있다. 웨그너Wegner(1997)가 강조했듯이, 불안한 내부의 감정을 억압하려는 노력은 오히려 그 감정을 더 강화시킬 수 있다. 고통스러운 증상을 개선하기 위해 위안을 얻기 위한 식사comfort eating 및/또는 과음과 같은 전략은 장기적으로 신체적 및 정신적 건강에 해로운 결과를 초래할 수 있다. 수용전념치료 및 수용전념코칭(Skews & Palmer, 2016)의 핵심 구성요소는 인지cognitions와 정서를 관찰, 경험 및 수용하는 것이다. 따라서 인지와 정서에 '긍정적' 또는 '부정적'이라는 꼬리표를 붙이는 것은 불필요한 일이다.

둘째, 긍정심리학이 너무 개인주의적인 것에 초점을 두는 것과 관련하여, 우리는 셀리그먼Seligman과 칙센트미하이Csikszentmihalyi(2000)의 논문에서 개괄하는 긍정심리학이 다음과 같은 세 가지 수준에서 고려되어야 한다는 초기 목표에 주목하고자 한다: 1) 주관적인 수준, 예를 들어 웰빙, 자족, 만족, 2) 개인 수준, 예를 들어 사랑, 용기, 인내, 용서, 3) 집단 수준, 예를 들어 예의, 중용, 관용, 직업윤리를 포함하여 개인으로 하여금 시민의식을 제고하도록 만드는 긍정적인 제도. 우리는 긍정 교육 운동(Seligman, 2009; Green, 2014)과 긍정 조직학Positive Organisational Scholarship(Cameron, Dutton & Quinn, 2003) 역시 개인에게만 유일하게 초점을 맞추는 것을 넘어 더 광범위한 시스템적 요인에 초점이 맞추어져야 할 필요성을 뒷받침하고 있음을 제언하고자 한다.

마지막으로, 학계 및 언론에서 많은 관심을 받아 온, 이 섹션에서 반드시 다루어져야 할 한 가지 눈에 띄는 문제가 있다. 로사다Losada 비율(또는 한계긍정률)이 프레드릭슨Fredrickson과 로사다Losada(2005)가 학술지 「아메리칸 사이콜로지스트American psychologist」에 게재한 논문을 통해 제안되었을 때, 긍정심리학계를 비롯한 관련 학계에서 높은 평가를 받았다. 비선형 동적 모델을 활용하여 데이터를 해석함으로써, 저자들은 플로리시한 사람과 정신적으로 쇠약한 사람을 구분하는 부정성에 대한 긍정성의 비율(이하 P/N 비율)이 2.9라는 것을 알아냈다. 이 영향력 있는 논문은 수백 번 인용되었다. 특히 프레드릭슨Fredrickson이 2009년『긍정의 발견: 긍정과 부정의 3:1 황금비율Positivity: Top-Notch Research Reveals the 3-to-1 Ratio that Will Change Your Life』이라는 제목의 책을 출간하면서 이 개념은 일반인들에게도 잘 알려지게 되었다. 그러나 얼마 후에 한계긍정률을 도출하는 데 사용된 비선형 동적 모델에 결함이 있다는 것이 밝혀졌고(Brown, Sokal & Friedman, 2013 참조), 이후 프레드릭슨과 로사다(2013)는 이에 대한 수정 논문을 발표했다. 저자들은 "따라서 본 논문의 모델링 요소는 공식적으로 무효로 철회되었으며, 이와 함께 2.9와 11.6의 특정 긍정률에 대한 모델 기반 예측도 철회되었다. 논문의 다른 요소는 유효하며 본 수정 공지의 영향을 받지 않는다."라고 언급했다(2013:822).

브라운Brown, 소칼Sokal, 그리고 프리드먼Friedman(2014)은 비율에 대한 이의제기를 계속했지만, 쌍을 이룬dyad 단위에서는 P/N 비율이 유효하다는 사실에 주목할 필요가 있다. 가트만Gottman 등은 P/N 비율을 사용하여 정신적으로 건강한 커플과 건강하지 않은 커플을 구분하였다(Gottman, Markman, & Notarius, 1977). P/N 비율(1:1)이 낮을수록 이혼 가능성이 현저히 커지고 결혼 만족도는 낮아지는 반면, 성공적인 결혼은 약 5:1의 긍정률로 특징지어진다는 것을 발견했다(Gottman, 1994). 프레드릭슨Fredrickson(2013)은 "긍정률의 동적 및 비선형적 특성뿐만 아니라 이를 계산하는 데 필요한 가장 적절한 알고리즘을 파악하기 위해 앞으로 아주 많은 실증 연구가 더 이루어져야 한다."라고 결론을 내린다(p.7).

긍정심리학 코칭 프랙티셔너는 자신의 프랙티스의 근거 자료로 활용하는 연구 내용을 꼼꼼하게 확인하고 해당 문헌에 대한 가장 최신 정보를 확보하고 있어야 한다. 또한 코치이가 책, 논문 및/또는 인터넷에서 읽은 것에 관한 정보를 언급하는 경우, 코치는 그 정보를 설명할 때 혹시 의문이 제기된 내용이 있다면 그 부분도 함께 포함해 설명해야 하는데, 코치이가 추후 정정된 내용은 읽지 않았을 수도 있기 때문이다.

프랙티스

긍정심리학은 연구에 바탕을 두고 있으므로, 당연히 이 연구들은 긍정심리학 코칭에 적용되는 모델, 기법 및 개입에도 영향을 미쳤다. 근거 기반 인지행동 접근과 모델은 프랙티스를 뒷받침하는 지식을 제공할 수 있다. 구체적인 긍정심리학 기법과 개입이 확실하게 확립되어 연구되었고, 코칭 작업에도 활용될 수 있다.

카우프만Kauffman, 보니웰Boniwell과 실버만Silberman(2010, 2014)은 다음과 같은 주요 기법에 주목한다:

- **세 가지 좋았던 일**three good things. 이 간단하면서도 효과적인 기법은 그날 하루 잘된 일 세 가지를 적어 내려가는 것을 의미한다.
- **감사의 방문**gratitude visit. 개인은 감사함을 느끼는 누군가를 생각하고, 그 사람이 했던 행동과 이것이 자신의 삶에 어떻게 영향을 미쳤는지에 대한 편지를 쓰게 된다. 다음 단계는 그 사람을 실제로 만나 작성한 편지를 읽어 주는 것이다.
- **일상 만끽하기**savouring. 일상의 즐거움을 깨닫고 음미하는 것을 의미한다.
- **내 최고의 미래 모습**best possible future self. 자신이 원하는 대로 이루어진 미래의 모습을 상상하는 작업이다. 이것은 미래에 대한 낙관 의식을 고취시키고, 목표를 명확히 하는 데 도움이 될 수 있다.
- **새로운 방식으로 강점 활용하기**using strengths in a new way. 코치이는 자신이 가진 최고의 강점들 가운데 하나를 정해서 이것을 일주일간 매일 새로운 방식으로 활용한다. 아울러 어려운 상황을 해결하기 위해 이 핵심 강점들 가운데 하나를 어떻게 활용할 수 있을지에 대해 생각해 볼 수도 있다.

점점 더 많은 연구를 통해 이러한 개입이 효과적이라는 증거가 확인되고 있다. 핵심 연구 결과를 통해, 그날 하루 잘된 일 세 가지를 적어 내려가는 방식의 가장 단순한 개입인 세 가지 좋았던 일three good things의 가치가 잘 설명된다. 셀리그먼과 동료들(2005)은 이 개입이 적어도 6개월 동안 행복감을 증가시키고 우울증을 감소시킨다는 것을 확인했다. 신Sin과 류보머스키Lyubormirsky(2009)는 51개의 긍정심리학 개입에 대한 메타 분석을 시행하여, 이러한 개입을 통해 웰빙이 현저히 증가하고 우울증은 감소한다는 사실을 알아냈다. 레온토풀루Leontopoulou(2015)는 18~30세의 청년층을 대상으로 긍정심리학 개입(감사 및 최고의 미래 모습 표현하기 포함)의 효과성을 분석했다. 웰빙의 수준이 눈에 띄게 변하였는데, 특히 희망, 사회적 지지에 대한 자각 및 사회생활에서 오는 스트레스를 효과적으로 처리하는 능력이 향상하였다. 여섯 가지 성격 강점 중 세 가지(용기, 인간성humanity, 초월성)의 수준이 높아졌다는 것도 확인되었다.

본 섹션에서는 긍정심리학 코치에게 추천하고자 하는 INSIGHT와 PRACTICE라는 두 가지 모델을 추가로 소개한다(PERMA는 이론 부분에서 이미 소개하였기 때문에 포함하지 않았다).

INSIGHT 모델

점점 더 많은 코칭 모델이 긍정심리학에서 지식 및/또는 근거를 제공받는다. 예를 들어, INSIGHT 모델([그림 5.2] 참조)은 인생의 전환을 통해 코치가 코치를 지원하는 도구로 개발되었다(Palmer & Panchal, 2011a, b). 그들은 삶의 전환점을 "… 우리 가운데 많은 수가 평생 경험할 가능성이 있는 주요 전환점으로, 다양한 기회와 도전이 존재한다."라고 정의한다(p.4). 이러한 전환은 이직과 같은 사건부터 처음으로 부모가 되는 것과 같은 전반적인 삶의 전환에 이르기까지 다양하다. 이 연구 분야는 다양한 이론, 특히 전 생애 발달심리학의 영향을 받았다. 이 분야의 중요한 이론가로는 에릭슨Erikson(1950)과 레빈슨Levinson과 동료들(1978)이 있는데, 이들은 생애 전환점을 성찰과 재평가의 기간이라고 개념화하였다. 팔머Palmer와 팬챌Panchal(2011a)은 그들의 저서에서 다음과 같은 주요 단계를 주목하였다: 아동기(Fox-Eades, 2011), 10대(Puri, 2011), 20대와 30대(Panchal, 2011), 부모기(Liston-Smith, 2011), 은퇴기(O'Riordan, 2011). 팔머Palmer와 팬챌Panchal(2011a, b)은 또한 사회적, 문화적, 세대의 영향에 따라 개인이 이러한 변화를 어떻게 경험하느냐가 달라질 수 있다는 것을 인지하였다. INSIGHT 모델은 인지행동 접근, 스트레스, 회복탄력성 및 대처와 같은 다양한 학파의 관점 및 기법을 결합하고 있다. 긍정심리학은 INSIGHT 모델의 핵심으로, 긍정심리학이 두 가지 핵심 메커니즘을 통해 긍정적인 전환에 영향을 미친다는 것이 확인되었다. 첫째, 일상생활에서 긍정 정서를 더 자주 느끼면 과도기 동안 불확실성과 관련된 스트레스를 완화시킬 수 있다. 또한 강점에 대한 인식과 의미에 대한 집중을 통해 전환과 관련하여 심사숙고된 의사결정을 내릴 수 있게 된다.

INSIGHT는 어떤 유형의 전환이든 이를 잘 타개해 나갈 수 있도록 개인과 작업하는 코치를 위한 탄력적인 모델이다. 이것은 심리측정과 같은 구조화된 도구뿐만 아니라, 코치가 자신과 타인의 기대에 대해 숙고하도록 장려하는 것과 같이 더 일반적인 지침/조언을 의미한다. 코치

개발 코칭Developmental Coaching: INSIGHT 프레임워크

목표: 미래의 전환에 대한 긍정적인 경험을 촉진하고 향후에는 스스로 전환을 관리할 수 있도록 지원

항목	목적	기법 예시
자기 이해 확장 Increase self-knowledge	자기 통찰력을 제고시키고, 인생에서 중요한 결정을 내릴 때의 기준으로써 이 가치를 강조한다.	가치, 강점, 동기부여자, 추동 요인 등을 표면화할 수 있는 연습/심리측정, 과거의 전환 경험으로부터 학습을 촉진시키는 조력 도구
전환 과정의 불편함 정상화 Normalise transitions	삶의 전환이 발달 과정의 필수적인 측면임을 인식함으로써 고립감에 대응하고, 이에 수반되는 다양한 감정을 인정한다.	개발 모델(예: Erikson, 1950) 또는 전환 모델(예: Bridges, 1995)에 대한 논의
긍정적으로 대처하게 지원 Support positive coping	전환 과정에서 발생하는 난관에 대응할 수 있는 효과적인 대처 전략을 수립한다.	전략에는 건강(영양/운동), 사회적 지지, 이완relaxation 및 인지적 재평가 등이 포함될 수 있다.
과거, 현재, 미래 통합 Integrate past, present, future	과거, 현재, 미래에 대해 긍정적인 평가를 내릴 수 있도록 독려한다.	감사 연습(과거), 평가/낙관주의(현재) 및 비전/목적(미래). 가능한 자기possible selves, 시간 지향성time orientations 및 전환기에 걸친 인생 이야기/연결성에 대한 논의
시간과 공간 허락 Give time and space	전환 과정 동안 작업을 지속할 수 있게 충분한 시간과 공간을 허락한다.	마음챙김과 수용과 전념 기법. 성찰의 기회 마련
더 넓은 맥락 강조 Highlight broader context	전환 경험에 영향을 미치는 더 넓은 맥락의 영향력과 기대에 관심을 기울이게 한다.	연관된 문화적 및 세대적 요인을 검토하기. 핵심 인물/사회의 기대를 표면화한다.
맞춤형 해결책 마련 Tailor solutions	목표, 전략, 해결 방안을 통해 지속 가능한 변화를 꾀한다.	목표 설정, 해결 중심 질문, 실행 계획, 변화 과정에 대한 이해 및 성공 축하

* 위의 요소 전부가 모든 전환이나 모든 개인과 관련된 것은 아니다. 코치는 자신과 작업하고 있는 코치이를 가장 효과적으로 지원할 수 있는 요소를 선택할 수 있다.

출처: Palmer and Panchal, 2011b, p.21

[그림 5.2] 개발 코칭: INSIGHT 프레임워크

는 주어진 코칭 과제에 따라 INSIGHT에서 도움이 되는 개념과 도구를 선택할 수 있다. 예를 들어, '자기 인식의 향상'을 위해 VIA를 사용하기로 결정하거나, 코치이가 '전환 과정의 불편감을 정상화'할 수 있도록, 그리고 '긍정적으로 대처하도록 지원'하기 위해서 과거의 전환기에 어떻게 효과적으로 대처했는지 돌아보게 할 수 있다. 감사(세 가지 좋았던 일과 같이), 낙관주의, 의미를 증진시키는 작업 또한 '긍정적으로 대처하도록 지원'할 수 있을 뿐만 아니라 '과거, 현재, 미래의 통합'에도 도움이 될 수 있다.

PRACTICE 모델

강점에 초점을 맞춘 또 다른 코칭 모델은 PRACTICE(Palmer, 2007a,b, 2008, 2011)로, 이 모델은 와식Wasik(1984)의 7단계 문제해결 순서를 차용하고 팔머Palmer의 초기 연구를 발전시켜 구축한 것이다(Palmer & Button, 1996; Palmer, 1997a, 1997b 참조). PRACTICE라는 약자는 7단계를 나타낸다: 문제 인식Problem identification, 현실적인 목표 설정Realistic, relevant goals developed, 대안 도출Alternative solutions generated, 결과 고려Consideration of consequences, 가장 가능성 있는 대안 선정 Target most feasible solution(s), 선택한 대안 실행Implementation of Chosen solution(s), 평가Evaluation. 코치이가 가진 문제에 따라 PRACITE 모델의 'P'는 '현안 제시Presenting issues', '코칭의 목적Purpose of coaching', '선호하는 대안Preferred options', '선호하는 결과Preferred outcome'를 나타낼 수도 있다(Palmer, 2011). 팔머(2008:4)는 PRACTICE의 강점 중심적 및 해결 중심적 측면을 강조했다. 첫 번째 코칭 세션을 시작할 때, 코치는 코치이에게 자신의 문제, 현안 또는 고민에 즉시 초점을 맞추지 말고 자기 자신에 대해 이야기할 수 있는 기회를 줌으로써 코치이에 대해 더 많이 알아갈 수 있게 된다(O'Connell, 2003). 코칭 프로세스 중에, 코치는 코치이의 역량, 강점 및 자질을 잘 드러내는 관련 사례에 관심을 가지도록 하고, 제시된 문제나 현안이 비교적 큰 문제가 되지 않을 때는 '예외 상황'을 덧붙인다. 코칭 세션의 전체 프로세스에서, 척도 질문을 사용하여 코치이의 현재 상황은 어디에 위치해 있는지, 만약 상황이 진전되고 있다면, 점수를 높이기 위해서 코치이가 무엇을 해야 하는지 모니터링한다. 이 모델은 비즈니스 및 경력 개발, 임원 교육, 리더십 성과, 스트레스, 건강 및 인생/개인적인 문제와 관련된 현안을 다루는 코칭에서 사용되어 왔다(Palmer, 2011; Palmer & Cooper, 2013) PRACTICE는 또한 상담, 치료, 스트레스 관리 분야에서도 활용되어 왔다. 7단계 접근은 유연성 때문에, 포르투갈어(Dias et al., 2011), 스페인어(Sanches-Mora Garcia et al., 2012), 덴마크어(Spaten, Imer & Palmer, 2012)를 포함한 다양한 문화와 언어에 적용할 수 있었다.

기타 도구들

그 외의 긍정심리학 도구에는 삶의 만족도, 의미, 낙관주의 등의 수준을 측정하는 실증적으로 검증된 평가 도구가 상당수 포함된다. 이러한 도구들은 코칭 작업을 시작할 때 자기 인식과 통찰력을 높이고, 진행 과정에서 진전 사항을 측정하는 데 유용한 방법이 될 수 있다. PERMA-프로파일러(Butler & Kern, 2016)는 셀리그먼Seligman의 PERMA 모델을 기반으로 다섯 개의 PERMA 영역에서 플로리시를 측정하는 방법을 제공하는 측정 도구 가운데 하나이다.

응용 긍정심리학 센터Centre for Applied Positive Psychology의 강점 프로파일 모델Strengths Profile model(Linley, 2010)은 강점 평가 및 개발에 활용될 수 있다. 에너지, 역량 및 사용 여부라는 세 가지 차원에 초점이 맞추어진 60개의 자질을 평가하고, 해당 자질이 실현된 강점, 미 실현된 강점, 학습된 행동, 약점 중 어디에 해당하는지 결정할 수 있다(Linley, Biswas-Diener & Trenier, 2011:174 참조).

어떤 코치이에게 가장 유용한가?

긍정심리학 코칭은 조직, 건강 및 교육과 같은 다양한 환경에서 적용될 수 있다. 그중 가장 많은 혜택을 받는 코치이나 고객 그룹은 없다. 사실, 이 접근은 아동기부터 효과적으로 사용될 수 있다. 예를 들어, 매든Madden, 그린Green, 그랜트Grant(2011)는 초등학교 남학생 그룹(10~11세)을 대상으로 한 강점 기반 코칭 프로그램을 평가했다. 이 연구에서는 아이들이 자신의 강점에 대해 더 잘 인식할 수 있도록 청소년용 VIA 설문지를 추가로 사용하였다. 아이들에게는 개인적으로 의미 있는 목표를 설정하여, 자신들의 강점을 참신한 방법으로 사용하고, 최고의 모습이 된 자신을 상상할 수 있도록 '미래에서 온 편지'를 쓰도록 하였다. 이 프로그램을 통해 학생들이 자체적으로 측정한 몰입과 희망 수준이 현저히 향상되었다. 반 니우베르부르크Van Nieuwerburgh와 그린Green(2014)은 학생과 교사 모두를 대상으로 멘탈력 코칭을 진행하면, 학생들의 학업 성적과 웰빙의 향상에 도움을 줄 수 있다고 제언한다. 자레키Zarecky(2014)는 '민간인 생활civvy street'로 전환하는 6명의 군인을 대상으로 질적 연구를 수행했다. 강점 기반 개입을 통해, 대상자들이 군인이라는 집단적 정체성에서 한 개인으로서의 정체성으로 전환해 갈 수 있도록 지원했고, 군 제대 후 어떤 직업을 원하는지 파악하여 이를 달성하는 데 필요한 어휘를 사용할 수 있도록 도움을 주었다. PERMA 및 INSIGHT와 같은 긍정심리학 모델은 개인적인 전환을 겪을 때 도움이 될 수 있으며, 어린 시절부터 은퇴할 때까지의 인생 단계에 걸쳐 개인에게 영향을 줄 수 있는 다양한 스트레스 요인을 해결하는 데 도움이 된다(Pancal et al., 2017).

사례 연구

던Dawn은 자신의 삶에 대한 불안감과 방향성 결여라는 문제로 코칭을 하게 되었다. 그녀는 빡빡한 마감과 일손 부족으로 직장에서 스트레스를 많이 받는다고 이야기하면서, 번아웃이 되어가는 것은 아닌지 걱정했다. 잠을 자는 것도 어려웠고, 운동이나 친구를 만날 시간도 없었다. 자신의 전반적인 상태가 서서히 악화하는 것처럼 느꼈고, 이 상태를 개선하기 위해 변화를 시도하고 싶어 했다. 코치는 INSIGHT 모델을 기반으로 긍정심리학 코칭을 활용하여 던Dawn이 통찰력과 집중력을 회복할 수 있도록 지원하였다.

자기 이해를 확장시킨다

코치는 강점 기반 개입으로 코칭 세션을 시작했다. VIA 강점 평가를 활용하여 던Dawn은 자신의 강점을 파악할 수 있도록 하였다. 던Dawn의 다섯 가지 최고 강점은 호기심, 사회지능, 친절, 아름다움과 탁월함에 대한 감상력이었다. 처음에는 이 접근법에 대해 회의적이었지만, 차차 던Dawn은 그때 나누었던 논의가 유용하다는 것을 깨달았고, 예전에는 그 특성들이 강점이라고 생각하지 않았다고 말했다. 또 그녀의 핵심 강점 중 일부, 특히 사회지능, 친절, 사랑과 같은 관계 지향적인 강점들이 직장 생활에서 활용되지 않았다는 것을 알게 되었다.

과거, 현재, 미래를 통합한다

다른 긍정심리학 접근을 통해 던Dawn은 자신의 과거에 대해 긍정적으로 성찰하고 자신의 미래에 대해서 기대할 수 있게 되었다. 그녀는 지난 10년 동안 자신은 '아무것도 이루지 못했다'는 느낌을 받았다. 코치는 그녀에게 PERMA 모델의 '업적' 측면에 초점을 맞춰 지금까지 자신이 성취한 것들을 나열해 보라고 요청했다. 이 작업을 통해 던Dawn은 자신의 경력, 우정, 여행을 되돌아보며 자신에 대해 더 긍정적으로 느낄 수 있게 되었다. 처음에는 이 작업이 힘들었지만, 일단 집중하게 되자 목록을 꽤 길게 채울 수 있었다. 그녀는 자신이 아무것도 이루지 못했다고 느꼈던 부분에 연연하기보다, 예전에 가졌던 목표, 근면함, 그리고 회복력에 대해 떠올렸다.

그 후 코치는 던Dawn에게 앞으로를 생각하면서 스스로에게 '미래에서 온 편지'를 써보라고 했다(Grant & Greene, 2008). 이 작업은 바바라 프레드릭슨Barbara Fredrikson의 '확장과 구축' 이론에 기반을 둔 것으로, 던Dawn에게 자신의 미래가 어떻게 펼쳐질 것 같은지 다양하고 창의적인 아이디어를 생각해 보게 하였다. 이를 통해 그녀는 '내게는 방향성이 없다'는 관점에서 '내 인생은 여러 가지 흥미로운 방향으로 전환될 수 있다'는 시각으로 전환할 수 있었다. 하나의 미래 계획에 집착하기보다는, 미래를 위해 흥미롭고 매력적인 선택을 할 수 있다는 사실에 용기를 얻었다고 느꼈고, 가능성에 눈이 떠지면서 지금까지 그녀의 부모와 가까운 친구들을 포함한 다른 사람들이 그녀에 대해 가지고 있었던 기존의 기대를 뛰어넘는 생각을 할 수 있게 되었다.

목적의식과 의미를 강화하기 위해 미래 지향적 질문들을 추가로 제시하였다. "어떻게 기억되고 싶으세요?", "80살이 되었다고 가정하고, 자신의 삶을 돌아본다고 상상해 봅시다. 무엇이 중요할까요? 무엇이 가장 자랑스러우실까요?"와 같은 질문들이다. 던Dawn은 자신의 생각이 되도록 최대한 도전받기를 원했고, 이 질문들은 그녀가 '미래에서 온 편지'보다도 훨씬 더 폭넓게 생각할 수 있도록 영감을 주었다. 그녀에 대답을 바탕으로 한 대화에서 그녀는 자신의 삶에서 관계가 가장 중요하다는 것과 함께, 환경 문제에 대한 관심을 통해 세상을 변화시켜 보고 싶어 한다는 사실을 확고히 할 수 있었다. 공동체와 연결되는 것 그리고 유산legacy을 남기는 것 두 가지가 던Dawn에게 중요한 주제로 새로이 자리 잡았다.

긍정적으로 대처하도록 지원한다

던Dawn에게 가장 어려웠던 영역은 일이었다. 그녀는 자신의 업무량을 감당하면서 원하는 균형을 유지하는 것은 힘들다는 것을 깨달았다. 마감일을 맞추는 것이 점점 더 힘들어지고 있었고, 활용 가능한 자원은 한정되어 있다고 느꼈다. 또한 지난 몇 년 동안 일어난 많은 구조적인 변화 때문에 불안감을 느꼈다. 던Dawn은 자신의 일에 대해 긍정적인 면을 보지 못했다고 느꼈고, 관리자 평가는 좋았지만, 의욕을 잃었다고 느꼈다. 코치는 던Dawn에게 직장에서 그날 있었던 '세 가지 좋았던 일'을 연습하면서, 사회지능, 친절, 사랑이라는 강점을 직장에서 활용해 보도록 당부했다. 처음에 던Dawn은 이 과제가 어려웠지만, 시간이 지나면서 점차 쉬워졌다. 그녀는 그저 '고개를 숙인 채 일만 하기'보다 동료들과 더 많은 시간을 보내는 자신을 발견했고, 그 결과 최근 몇 달 만에 일을 즐기고 있었다. 사회지능에 초점을 맞추자 매니저와의 관계도 개선되었고, 자신의 업무량과 필요한 지원에 대한 고민을 이야기할 수 있었다. 그녀의 상사는 그녀에게 멘토링을 제안하였고, 이 멘토링 관계는 던Dawn이 도움을 받을 수 있는 매우 귀중한 원천이 되었다. 다시 한번, 던Dawn은 관계라는 강점을 활용하여 그녀의 멘토와 긴밀한 관계를 구축하고 신뢰감을 빠르게 형성할 수 있었다.

맞춤형 해결책을 마련한다

던Dawn은 긍정심리학 연습을 통해 성찰 기회를 즐겼고, 자신과 공명하는 많은 주제가 있다는 것을 느꼈다. 그녀는 작업을 더 진전시켜 행동에 초점을 맞추기로 결심했다. 그녀는 삶의 목적의식을 높이고 다른 사람들과 더 많이 연결되고 싶었다. 이를 염두에 두고, 그녀는 같은 생각을 가진 사람들을 만나서 열정적으로 활동에 참여할 수 있는 지역 환경 단체를 찾아보기로 했다. 이를 통해 그녀에게 그녀가 원하던 직장 생활과의 균형을 찾을 수 있었다. 게다가, 직장에서 관계적인 강점을 활용하려는 노력으로 그녀의 동료들 (그리고 그녀의 새로운 멘토) 가운데 몇몇과 빠르게 친구가 되었다. 코칭 관계가 끝날 무렵, 던Dawn은 새로운 에너지와 집중력, 소속감을 느꼈다.

코치의 성찰

코칭 작업이 완료된 후, 코치는 동료와의 수퍼비전을 통해 과정과 결과에 대해 모두 성찰했다. 그는 긍정심리학 코칭 관점이 이 코치이로 하여금 문제에 초점을 맞추는 방식과 전반적인 균형 부족에서 벗어나게 하는 데 유용했다고 생각했다. 그는 특히 VIA 강점 평가와 목적/의미 질문을 사용하기로 결정했던 것에 만족했으며, 코치가 이러한 연습을 통해 가장 가치 있는 통찰력을 얻었다는 데에 주목했다. 단기적인 실천과 향후 방향성 측면에서 코칭의 전반적인 영향은 아주 현저했다. 그가 다르게 해볼 수 있었던 점에 대해서, 그는 두 가지 중요한 관찰을 했다. 첫 번째는 그가 첫 세션을 시작할 때 코치이가 부정적 감정을 표현할 수 있는 충분한 시간과 공간을 허용했는지였다. 두 번째로, 그는 VIA에 할애한 시간에 대한 부분이었다. 아마도 강점에 대해 좀 더 지속해서 집중할 수 있었다면, 코치이가 그녀의 강점을 더 활용할 수 있는 더 폭넓은 방법을 찾는 데 도움이 되었을 것이다.

논의 포인트

1. 긍정심리학은 오직 긍정적인 사고만을 다룬다. 이에 대해 논의해 보라.
2. 코칭 및 코칭심리학 분야에서 긍정심리학에 관한 관심이 증가하는 이유는 무엇인가?
3. 비스워스 디너Biswas-Diener(2010:2-3)는 코치는 "개념이나 지식이 아닌 도구를 원했다."라고 언급하였다. 논하여라.
4. 긍정심리학 코칭에는 여러 가지 정의가 있다. 긍정심리학 코칭에 대한 자신의 관점에 가장 근접한 정의는 무엇인가?

추천 읽기

Biswas-Diener, R. (2010). *Practicing positive psychology coaching: Assessment, activities, and strategies for success*. Hoboken, NJ: John Wiley & Sons, Inc.
Driver, M. (2011). *Coaching positively: Lessons for coaches from positive psychology*. Maidenhead: Open University Press.
Green, S., & Palmer, S. (2018). *Positive psychology coaching in practice*. Abingdon, Oxen.: Routledge.
Kauffman, C., Boniwell, I., & Silberman, J. (2014). The positive psychology approach to coaching. In E. Cox, T. Bach- kirova & D. Clutterbuck (eds.), *Sage handbook of coaching*. London: Sage Publications.

참고 문헌

Australian Psychological Society, Interest Group in Coaching Psychology (APS IGCP) (2003). About us. Retrieved 5th September 2018 from www.groups.psychology.org.au/igcp/about_us/
Baard, P. P., Deci, E. L., & Ryan, R. M. (2004). Intrinsic need satisfaction: A motivational basis of performance and well-being in two work settings. *Journal of Applied Social Psychology*, 34, 2045-2068.
Biswas-Diener, R. (2010). *Practicing positive psychology coaching: Assessment, activities, and strategies for success*. Hoboken, NJ: John Wiley & Sons, Inc.
Biswas-Diener, R., & Dean, B. (2007). *Positive psychology coaching: Putting the science of happiness to work for your clients*. Hoboken. NJ: John Wiley & Sons, Inc.
Biswas-Diener, R., Kashdan, T. E., & Minhas, G. (2011). A dynamic approach to psychological strength development and intervention. *The Journal of Positive Psychology*, 6(2), 106-118.
Bolier, L., Haverman, M., Westerhof, G. J., Riper, H., Smit, F., & Bohlmeijer, E. T. (2013). Positive psychology interventions: A meta-analysis of randomized controlled studies. *BMC Public Health*, 13(1), 119.
Brown, K. W., Ryan, R. M., & Creswell, J. D. (2007). Mindfulness: Theoretical foundations and evidence

for its salutary effects. *Psychological Inquiry*, 18(4), 211-237.

Brown, N. J. L., Sokal, A. D., & Friedman, H. L. (2013). The complex dynamics of wishful thinking: The critical posi- tivity ratio. *American Psychologist*, 68(9), 801-813.

Brown, N. J. L., Sokal, A. D., & Friedman, H. L. (2014). The persistence of wishful thinking. *American Psychologist*, 69(6), 629-632.

Butler, J., & Kern, M. L. (2016). The PERMA-Profiler: A brief multidimensional measure of flourishing. *International Journal of Wellbeing*, 6(3), 1-48.

Cameron, K. S., Dutton, J. E., & Quinn, R. E. (2003). *Positive organizational scholarship*. San Francisco: Berrett-Koehler.

Cavanagh, M. J., & Spence, G. B. (2013). Mindfulness in coaching: philosophy, psychology, or just a useful skill?. In J. Passmore, D. Peterson & T. Freire (Eds.), *The Wiley-Blackwell handbook of the psychology of coaching and mentoring* (pp. 112-134). New York, NY: Wiley-Blackwell.

Deci, E. L., & Ryan, R. M. (1985). *Intrinsic motivation and self-determination in human behavior*. New York: Plenum.

Deci, E. L., & Ryan, R. M. (2000). Self-determination theory and the facilitation of intrinsic motivation, social development, and well-being. *American Psychologist*, 55(1), 68.

Deci, E. L. & Ryan, R. M. (2008). Self-determination theory: A macrotheory of human motivation, development and health. *Canadian Psychology*, 49(3), 182-185.

Deci, E. L., Ryan, R. M., Gagne, M., Leone, D. R., Usunov, J., & Bornazheva, B. P. (2001). Need satisfaction, motivation, and well-being in the work organisations of a former eastern block country: A cross-cultural study of self-determination. *Personality and Social Psychology Bulletin*, 27, 930-942.

Dias, G., Gandos, L., Nardi, A. E., & Palmer, S. (2011). Towards the practice of coaching and coaching psychology in Brazil: The adaptation of the PRACTICE model to the Portuguese language. *Coaching Psychology International*, 4(1), 10-14.

Diener, E. (2000). Subjective well-being. *American Psychologist*, 55(1), 34-43.

Erikson, E. H. (1950). *Childhood and society* (2nd ed.). New York: W.W. Norton.

Fox-Eades, J. (2011). Childhood transitions and celebrating strengths. In S. Palmer & S. Panchal (eds.), *Developmental coaching: Life transitions and generational perspectives*. Hove: Routledge.

Fredrickson, B. L. (1998). What good are positive emotions? *Review of General Psychology*, 2(3), 300-319.

Fredrickson, B. L. (2001). The role of positive emotions in positive psychology: The broaden-and-build theory of positive emotions. *American Psychologist*, 30(3), 218-226.

Fredrickson, B. L. (2009). *Positivity: Top-notch research reveals the upward spiral that will change your life*. New York: Harmony Books.

Fredrickson, B. L. (2013). Positive emotions broaden and build. In P. Devine & A. Plant (eds.), *Advances in experimental social psychology* (Vol. 47, pp. 1-53). Burlington: Academic Press.

Fredrickson, B. L., & Losada, M. F. (2005). Positive affect and the complex dynamics of human flourishing. *American Psychologist*, 60(7), 678-686.

Fredrickson, B. L., & Losada, M. F. (2013). "Positive affect and the complex dynamics of human flourishing": Correction to Fredrickson and Losada (2005). *American Psychologist*, 68(9), 822. doi.org/10.1037/a0034435

Gable, S. L., & Haidt, J. (2005). What (and why) is positive psychology? *Review of General Psychology*, 9(2), 103-110. doi:10.1037/1089-2680.9.2.103

Gagne, M., & Deci, E. L. (2005). Self-determination theory and work motivation. *Journal of Organizational Behavior*, 26, 331-362.

Gottman, J. M. (1994). *What predicts divorce? The relationship between marital processes and marital outcomes*. Hillsdale, NJ: Erlbaum.

Gottman, J. M., & Levenson, R. W. (1992). Marital processes predictive of later dissolution: Behavior, physiology, and health. *Journal of Personality and Social Psychology*, 63(2), 221-233.

Gottman, J. M., Markman, J., & Notarius, C. (1977). The topography of marital conflict: A sequential analysis of verbal and nonverbal behavior. *Journal of Marriage and the Family*, 39, 461-477.

Grant, A. M., & Cavanagh, M. J. (2007). Evidence-based coaching: Flourishing or languishing? *Australian Psychologist*, 42(4), 239-254.

Grant, A. M., & Greene, J. (2008). *Coach yourself: Make real change in your life*. New York: Basic Books.

Grant, A. M., & Schwartz, B. (2011). Too much of a good thing: The challenge and opportunity of the inverted u. *Perspectives on Psychological Science*, 6, 61-76.

Green, L. S. (2014). Positive education: An Australian perspective. In M. J. Furlong, R. Gilman & E. S. Huebner (eds.), *Handbook of positive psychology in schools* (2nd ed., pp. 401-415). New York, NY: Routledge.

Green, L. S., Dulagil, A., & Ahern, M. (2016). Evidence-based coaching to enhance senior students' wellbeing and academic striving. *International Journal of Wellbeing*, 6(3).

Green, L. S., Oades, L. G., & Grant, A. M. (2006). Cognitive-behavioral, solution-focused life coaching: Enhancing goal striving, well-being, and hope. *The Journal of Positive Psychology*, 1(3), 142-149.

Green, L. S., & Palmer, S. (2014). *Positive psychology coaching: enhancing resilience, achievement & well-being*. Workshop presented at the 4th International Congress of Coaching Psychology, Melbourne, Australia, 15 November.

Green, L. S., & Palmer, S. (2018a). *Positive psychology coaching in practice*. Abingdon, Oxon: Routledge.

Green, L. S., & Palmer, S. (2018b). Positive psychology coaching: science into practice. In L.S. Green & S. Palmer (eds.), *Positive psychology coaching in practice*. Abingdon, Oxon: Routledge.

Guzmán, A., Wenborn, J., Ledgerd, R., & Orrell, M. (2016). Evaluation of a staff training programme using positive psychology coaching with film and theatre elements in care homes: Views and attitudes of residents, staff and relatives. *International Journal of Older People Nursing*, 12, e12126. doi:10.1111/opn.12126

Ho, M. Y., Cheung, F. M., & Cheung, S. F. (2010). The role of meaning in life and optimism in promoting well-being. *Personality and Individual Differences*, 48, 658-663.

Hupert, F.A., & So, T.T.C. (2011). Flourishing across Europe: application of a new conceptual framework for defining well-being. *Social Indicators Research*. Published online 15 December. doi: 10.1007/s11205-011-9966-7

Jahoda, M. (1958). *Current concepts of mental health*. New York: Basic Books.

Kabat-Zinn, J. (2013). *Full catastrophe living, revised edition: How to cope with stress, pain and illness using mindfulness meditation*. London: Hachette.

Kashdan, T., & Biswas-Diener, R. (2014). *The upside of your dark side: Why being your whole self-not just your "good" self-drives success and fulfillment*. New York: Penguin.

Kasser, T. (2002). Sketches for a self-determination theory of values. In E. L. Deci & R. M. Ryan (eds.), *Handbook of self-determination research* (pp. 123-140). Rochester, NY: University of Rochester Press.

Kauffman, C., Boniwell, I., & Silberman, J. (2010). The positive psychology approach to coaching. In E. Cox, T. Bach- kirova & D. Clutterbuck (eds.), *The complete handbook of coaching*. London: Sage Publications.

Kauffman, C., Boniwell, I., & Silberman, J. (2014). The positive psychology approach to coaching. In E. Cox, T. Bach- kirova & D. Clutterbuck (eds.), *The complete handbook of coaching* (2nd ed.). London: Sage Publications.

Keyes, C. L. M. (2002). The mental health continuum: From languishing to flourishing in life. *Journal of Health and Social Behavior*, 43(2), 207-222.

La Guardia, J. G., & Patrick, H. (2008). Self-determination theory as a fundamental theory of close relationships. *Canadian Psychology*, 49, 201-209.

Leontopoulou, S. (2015). A positive psychology intervention with emerging adults. *The European Journal of Counselling Psychology*, 3(2), 113-136.

Levinson, D. J., Darrow, C. N., Klein, E. B., Levinson, M. H., & McKee, B. (1978). The Seasons in a Man's Life. New York, NY: Knopf. Linley, P. A. (2010). *Realise2: Technical report*. Coventry, UK: CAPP Press.

Linley, P. A., Biswas-Diener, R., & Trenier, E. (2011). Positive psychology and strengths coaching through transi- tion. In S. Palmer & S. Panchal (eds.), *Developmental coaching: Life transitions and generational perspectives*. Hove: Routledge.

Linley, P. A., & Harrington, S. (2005). Positive psychology and coaching psychology: Perspectives on integration. *The Coaching Psychologist*, 1(1), 13-14.

Linley, P. A., & Joseph, S. (2004). Applied positive psychology: A new perspective for professional practice. In P. A. Linley & S. Joseph (eds.), *Positive psychology in practice* (pp. 3-12). Hoboken, NJ: John Wiley & Sons, Inc.

Linley, P. A., Nielsen, K. M., Wood, A. M., Gillett, R., & Biswas-Diener, R. (2010). Using signature strengths in pursuit of goals: Effects on goal progress, need satisfaction, and well-being, and implications for coaching psychologists. *International Coaching Psychology Review*, 5(1), 8-17.

Linley, P. A., Willars, J., & Biswas-Diener, R. (2010). *The strengths book: What you can do, love to do, and find it hard to do-and why it matters*. Coventry, UK: CAPP Press.

Liston-Smith, J. (2011). Becoming a parent. In S. Palmer & S. Panchal (eds.), *Developmental coaching: Life transitions and generational perspectives* . Hove: Routledge.

Lyubomirsky, S., King, L., & Diener, E. (2005). The benefits of frequent positive affect: Does happiness lead to success? *Psychological Bulletin*, 131(6), 803-855.

Madden, W., Green, S., & Grant, A. M. (2011). A pilot study evaluating strengths-based coaching for primary school students: Enhancing engagement and hope. *International Coaching Psychology Review*, 6, 71-83.

Maslow, A. H. (1954). *Motivation and personality*. New York: Harper and Row.

Maslow, A. H. (1962). *Towards a psychology of being*. Princeton: D. Van Nostrand Company.

McQuaid et al. (2018). A character strengths-based approach to positive psychology coaching. In S. Green & S. Palmer (eds.), *Positive psychology coaching in practice*. London: Routledge.

Meyer, J. P., & Gagné, M. (2008). Employee engagement from a self-determination theory perspective. *Industrial and Organizational Psychology*, 1, 60-62.

Niemiec, R. M. (2013). VIA character strengths: Research and practice (The first 10 years). In H. H. Knoop & A. Delle Fave (eds.), *Well-being and cultures: Perspectives on positive psychology* (pp. 11-30). New York: Springer.

Oades, L. G., & Passmore, J. (2014). Positive psychology coaching: A complete psychological toolkit for advanced coach- ing. In J. Passmore (ed.), *Mastery in coaching*. London: Kogan Page.

O'Connell, B. (2003). Introduction to the solution-focused approach. In B. O'Connell & S. Palmer (eds.), *Handbook of Solution-Focused Therapy*. London: Sage.

O'Riordan, S. (2011). Looking forward to retirement. In S. Palmer & S. Panchal (eds.), *Developmental coaching: Life transitions and generational perspectives*. Hove: Routledge.

Palmer, S. (1997a). Problem-focused stress counselling and stress management training: An intrinsically brief integrative approach: Part 1. *Stress News*, 9(2), 7-12.

Palmer, S. (1997b). Problem-focused stress counselling and stress management training: An intrinsically brief integrative approach: Part 2. *Stress News*, 9(3), 6-10.

Palmer, S. (2007a). *Cognitive Coaching in the Business World*. Invited inaugural lecture of the Swedish Centre of Work-Based Learning, Gothenburg, Sweden, 8 February.

Palmer, S. (2007b). PRACTICE: A model suitable for coaching, counselling, psychotherapy and stress management. *The Coaching Psychologist*, 3(2), 71-77.

Palmer, S. (2008). The PRACTICE model of coaching: Towards a solution-focused approach. *Coaching*

Psychology International, 1(1), 4–8.
Palmer, S. (2011). Revisiting the P in the PRACTICE coaching model. *The Coaching Psychologist*, 7(2), 156–158.
Palmer, S., & Burton, T. (1996). *Dealing with people problems at work*. Maidenhead: McGraw-Hill.
Palmer, S., & Cooper, C. (2013). *How to deal with stress* (3nd ed.). London: Kogan Page.
Palmer, S., & Panchal, S. (2011a). *Developmental coaching: Life transitions and generational perspectives*. Hove: Routledge.
Palmer, S., & Panchal, S. (2011b). Life transitions and generational perspectives. In S. Palmer & S. Panchal (eds.), *Developmental coaching: Life transitions and generational perspectives*. Hove: Routledge.
Palmer, S., & Whybrow, A. (2017). *What do coaching psychologists and coaches really do? Results from two International Surveys*. Invited paper at the 7th International Congress of Coaching Psychology 2017, London, 18 October.
Panchal, S. (2011). From twenties to thirties. In S. Palmer & S. Panchal (eds.), *Developmental coaching: Life transitions and generational perspectives*. Hove: Routledge.
Panchal, S., Palmer, S., O'Riordan, S., & Kelly, A. (2017). 'Stress and wellbeing: A lifestage model'. *International Journal of Stress Prevention and Wellbeing*, 1 (5), 1–3. Retrieved from: http://www.stressprevention.net/volume/volume-1-2017/volume-1-article-5/
Passmore, J., & Marianetti, O. (2007). The role of mindfulness in coaching. *The Coaching Psychologist*, 3(3), 131–137.
Peterson, C., & Seligman, M. E. P. (2004). *Character strengths and virtues: A handbook and classification*. New York: Oxford University Press.
Puri, A. (2011). Coaching through the teenage years. In S. Palmer & S. Panchal (eds.), *Developmental coaching: Life transitions and generational perspectives*. Hove: Routledge.
Rogers, C. (1951). *Client-centered therapy: Its current practice, implications and theory*. London: Constable.
Rusk, R. D., & Waters, L. E. (2013). Tracing the size, reach, impact, and breadth of positive psychology. *The Journal of Positive Psychology: Dedicated to Furthering Research and Promoting Good Practice*, 8(3), 207–221. http://dx.doi.org/10. 1080/17439760.2013.777766
Ryff, C. D. (1989). Happiness is everything, or is it? Explorations on the meaning of psychological well-being. *Journal of Personality and Social Psychology*, 57(6), 1069–1081.
Ryff, C. D., & Singer, B. (1996). Psychological well-being: Meaning, measurement, and implications for psychotherapy research. *Psychotherapy and Psychosomatics*, 65, 14–23.
Sánchez-Mora García, M., Ballabriga, J. J., Celaya, J. V., Dalmau, R. C., & Palmer, S. (2012). The PRACTICE coaching model adapted to the Spanish language: From PRACTICE to IDEACIÓN. *Coaching Psychology International*, 5(1), 2–6.
Seligman, M. E. P. (2002). *Authentic happiness: Using the new positive psychology to realize your potential for lasting fulfilment*. New York, NY: Free Press.
Seligman, M. E. P. (2005). Positive psychology, positive prevention, and positive therapy. In S. J. Lopez & C. R. Snyder (eds.), *Handbook of positive psychology*. Oxford: Oxford University Press.
Seligman, M. E. P. (2006). *Learned optimism: How to change your mind and your life*. New York: Vintage Books.
Seligman, M. E. P. (2009). *What you can change … and what you can't: The complete guide to self-improvement*. New York, NY: Vintage Books.
Seligman, M. E. P. (2011a). *Flourish: A new understanding of happiness and well-being-and how to achieve them*. London: Nicholas Brealey Publishing.
Seligman, M. E. P. (2011b). *Flourish: A visionary new understanding of happiness and wellbeing*. New York: Free Press.

Seligman, M. E. P., Abramson, L. Y., Semmel, A., & von Baeyer, C. (1979). Depressive attributional style. *Journal of Abnormal Psychology*, 88, 242–247.

Seligman, M. E. P., & Csikszentmihalyi, M. (2000). Positive psychology: An introduction. *American Psychologist*, 55(1), 5–14. http://dx.doi.org/10.1037/0003-066X.55.1.5

Seligman, M. E. P., Ernst, R., Gillham, K., & Linkins, M. (2009). Positive education: Positive psychology and classroom interventions. *Oxford Review of Education*, 35(3), 293–311.

Seligman, M. E. P., Steen, T., Park, N., & Peterson, C. (2005). Positive psychology progress: Empirical validation of interventions. *American Psychologist*, 60, 410–421.

Sin, N. L., & Lyubomirsky, S. (2009). Enhancing well-being and alleviating depressive symptoms with positive psychol- ogy interventions. *Journal of Clinical Psychology: In Session*, May, 467–487.

Skews, R., & Palmer, S. (2016). Acceptance and commitment coaching: Making the case for an ACT-based approach to coaching. *Coaching Psychology International*, 9(1), 24–28.

Spaten, O. M., Imer, A., & Palmer, S. (2012). From PRACTICE to PRAKSIS: Models in Danish coaching psychology. *Coaching Psychology International*, 5(1), 7–12.

Spence, G. B. (2006). New Directions in the Psychology of Coaching: The Integration of Mindfulness Training into Evidence-Based Coaching Practice. (Unpublished Doctoral thesis) School of Psychology, University of Sydney, Sydney, Australia.

Spence, G. B., Cavanagh, M. J., & Grant, A. M. (2008). The integration of mindfulness training and health coaching: An exploratory study. *Coaching: An International Journal of Theory, Research and Practice*, 1(2), 145–163.

Spence, G. B., & Grant, A. M. (2007). Professional and peer life coaching and the enhancement of goal striving and well-being: An exploratory study. *Journal of Positive Psychology*, 2, 185-194.

Spence, G. B., & Oades, L. G. (2011). Coaching with self-determination theory in mind: Using theory to advance evidence-based coaching practice. *International Journal of Evidence-Based Coaching and Mentoring*, 9(2), 37–55.

Suzy, G., & Palmer, S. (2018). *Positive psychology coaching in practice*. Abingdon, Oxon: Routledge.

Valiant, G. E. (1977). *Adaptation to life* . Boston: Little, Brown.

Van Nieuwerburgh, C., & Green, S. (2014). Developing mental toughness in young people: Coaching as an applied positive psychology. In D. Strycharczyk & P. Clough (eds.), *Developing mental toughness in young people: Approaches to achievement, well-being and positive behaviour* (pp. 81–97). London: Karnac Books Ltd.

Vansteenkiste, M., & Ryan, R. M. (2013). On psychological growth and vulnerability: Basic psychological need satisfaction and need frustration as a unifying principle. *Journal of Psychotherapy Integration*, 23, 263–280.

Wasik, B. (1984). *Teaching parents effective problem-solving: A handbook for professionals*. Unpublished manuscript. Chapel Hill, NC: University of North Carolina.

Wegner, D. M. (1997). When the antidote is the poison: Ironic mental control processes. *Psychological Science*, 8, 148–150.

Williams, G. C., Cox, E. M., Hedberg, V., & Deci, E. L. (2000). Extrinsic life goals and health risk behaviors in adolescents. *Journal of Applied Social Psychology*, 30, 1756–1771.

Young, K., Kashdan, T.B., & Macatee, R. (2014). Strength balance and implicit strength measurement: New considerations for research on strengths of character. *The Journal of Positive Psychology*, 10 (1), 17–24.

Zareckey, A. (2014). How strengths-focussed coaching can help military personnel in their transition to "civvy street". *International Journal of Evidence Based Coaching & Mentoring*, Special Issue 8, 54–66. 13p.

6장
연구와 프랙티셔너
코칭심리학자로서의 증거에 대한 관점 정립

저자: 아네트 필러리 트래비스Annette Fillery-Travis[1], 사라 코리Sarah Corrie[2]
역자: 김태리

서론

흔히들 코칭 연구가 코칭 프랙티스에 미치지 못한다고 말한다. 신흥 업종에서는 그런 주장이 제기되는 것도 드문 일은 아니지만, 새로운 영역의 프랙티스는 기존의 영역과의 경계를 구분 지어야 할 필요가 있으며, 이를 위한 한 가지 방법은 그 프랙티스의 범주 안에 어떤 과업이 포함되어 있는지를(또는 포함되어 있지 않은지를) 정의하는 일련의 지식을 구축하는 것이다. 코칭심리학은 지금까지, 한편으로는 코칭 프랙티스를 심리치료와 분리시키고, 다른 한편으로는 코칭 개입과 컨설팅을 지원하려는 각각의 목적을 가지고 노력을 경주하여 왔다. 프랙티셔너가 탁월하고, 지속 가능하며, 개인에게 맞추어진 서비스를 고객과 조직에 제공할 수 있도록 무엇이 효과가 있고 누구에게 효과적인지에 대한 증거를 제시하여 주는 지식 기반이 그 핵심이며, 이를 제공하는 것이 바로 연구다. 인증, 교육훈련 및 프랙티스의 표준을 개발하기 위해 필요한 증거 기반 프랙티스를 구축하려면 맥락적으로 견고하고 일관된 지식이 적용되어야 한

---

[1] 아네트 필러리 트래비스Annette Fillery-Travis는 수석 코치 교육자, 연구자이자 저자이다. Trinity St David 대학에서 Wales Institue for Work-Based Learning의 책임자가 되기 전에 Middlesex 대학의 전문 박사 학위 책임자이자 EU가 지원하는 범유럽 프로젝트의 주요 연구원이었다.

[2] 사라 코리Sarah Corrie는 코칭심리학자이자 트레이너, 학자이다. Middlesex 대학의 초빙 교수이며 영국 심리학회 British Psychology Society의 Speacial Interset Group의 창립 멤버이자 전 회장이었다. 2016년 사라는 영국 심리학회에서 코칭심리학에 대한 공로로 공로상을 받았다.

다. 따라서 연구는 모든 프랙티스의 전문화에 필수적인 부분이라고 할 수 있다.

예를 들어, 의학, 화학, 법률과 같은 다른 직업과 분야의 경우, 일련의 지식이 해당 분야의 프랙티셔너에 의해서 그리고 학자의 연구를 통해 개발된다. 만약 우리가 지식 개발에 최적화된 프로세스를 설계한다고 하면, 우리는 프랙티셔너에게 직접적인 도움이 되는 강력한 연구 결과를 도출하기 위해 연구자와 프랙티셔너가 모두 참여하는 공동 연구를 고려할 수 있을 것이다. 그러나 프랙티스와 연구를 동시에 수행하는 본 저자들이 볼 때, 그런 식으로 매끄럽게 진행되는 공동 연구는 좀처럼 존재하지 않는다. 그 대신, 연구자와 프랙티셔너 사이에서 영향을 미치는 뚜렷한 내러티브가 확인되는데, 꽤 상이한 이 두 영역의 접점을 찾는 과정에 내재된 딜레마가 이를 통해 설명된다. 이 내러티브에 따르면, 프랙티셔너에게 강력한 이론은 실용적이지 않고, 연구자들 입장에서 지식은 반드시 일반화가 되어야 하기 때문에, 개별 사례에는 관심이 없고 예측이 가능한 유형에만 초점을 맞추게 된다. 물론 이는 지나치게 단순화된 설명이고, 연구와 프랙티스를 접목하기 위한 꽤 영향력 있는 시도가 여러 번 있었다(예를 들어, 영국 정부의 심리치료에 대한 접근성 개선 프로그램; 보건부, 1999 참조). 그런데도 위에서 설명한 내러티브로 인해 두 영역 사이의 상호작용은 무산되었다.

이러한 '연구와 프랙티스의 분리'는 최초의 경영대학원이 대학에 등장한 이후 경영학이 받아왔던 공통적인 비판이다(Van de Ven, 2007). 특히 코칭의 경우에는, 분야의 성장을 주도한 것은 프랙티스의 선구자들이었고, 연구자들은 연구 문제와 맥락 면에서 모두 뒤처져 있었다. 반대로, 코칭은 뒷받침하는 증거가 미비한 상태에서 코칭의 효과성을 주장한다는 점에 대해서도 비판받아 왔다(Briner, 2012).

코칭의 지식 체계 구축을 위한 노력이 개선될 수 있을까? 특히 우리가 연구를 통해 무엇을 얻고자 하는지, 이를 어떻게 활용할 수 있는지에 대해 명확히 할 수 있을까? 이 질문들에 답하려면, 증거란 무엇이며 지금까지 어떤 증거들이 구축되어 왔는지 살펴볼 필요가 있다. 본 장에서는 증거를 검토할 때 고려해야 할 몇 가지 기준을 확인함으로써 위 질문들에 대해 탐색하고자 한다. 첫 번째 기준은, 아리스토텔레스의 수사학 규칙(Roberts & Bywater, 1954)에서 설명하는 작업의 설득력에 대한 몇 가지 성찰과 관련된다. 두 번째, 더 현대적인 기준은 심리학이나 다른 학문 분야에서 공통적으로 활용되는 증거의 범주화이다.

본격적으로 들어가기 전에, 아래의 질문을 사용하여 현재 자신의 프랙티스에서 사용하는 증거의 출처를 생각해 보자:

1. 코치로서 프랙티스를 마지막으로 변경한 것은 언제였는가?
2. 어떤 증거의 출처(논문, 발표 자료, 교육훈련, 수퍼비전, 관찰 등)를 바탕으로 프랙티스를 변경하게 되었는가?
3. 고객과의 코칭 프랙티스를 변경할 정도로 신뢰할 수 있는 증거의 특징은 무엇이었는가?
4. 어떤 증거의 출처라면 내일 코칭 프랙티스를 변경하게 할 만큼 설득력이 있으리라 생각하는가?

상기 질문들이 주어졌을 때 전문 코치들의 피드백은 바르투네크Bartunek(2007)의 연구 결과를 반영하는 유형으로 나타났다. 바르투네크Bartunek는, 아리스토텔레스Aristotle(Roberts & Bywater, 1954)가 정리한 수사학 분류를 사용하여, 학문적 저술을 논리와 주장의 명확성을 강조하는 로고스logos 영역에서 활동하는 것으로 파악한다. 파토스pathos는 일반적으로 독자를 행동으로 이끄는 가치, 신념, 정서에 대한 감정적 호소와 관련이 있다. 에토스ethos는 신용과 신뢰를 의미한다. 아리스토텔레스는 설득력 있는 글은 이 세 가지를 모두 갖추어야 한다고 주장했지만, 글의 보급 경로에 따라서는 그중 한 요소가 다른 요소들에 비해 더 선호될 수 있다. 바루투네크Bartunek(2007)는 프랙티셔너를 독자로 하는 글이 호소력을 갖추기 위해서는 파토스pathos가 필요하다고 밝혔는데, 우리는 직접 경험을 통해 이러한 주장이 사실임을 확인하게 된다. 프랙티셔너는, 감정적 관여를 포함한, 자신의 프랙티스와의 '공명'을 중요하게 생각한다. 개인은 자신의 이미지를 보존하는 방식으로 정보를 찾고 해석한다는 사실을 증명한 여러 연구가 이를 뒷받침한다(Dunning et al., 1991).

만약 우리가 이렇게 연구에 대한 다관점 주의적 요구사항을 가지고 있다면, 우리는 어떻게 유용하면서 증명된 것과 '단순한' 의견에 지나지 않는 것을 구분할 수 있을까? 어떤 증거 기반 프랙티스가 우리의 코칭 및 고객에게 적합할까? 이 질문들에 대답하기 위해, 우리는 '증거'와 '증거 기반 프랙티스'가 정확히 무엇을 의미하는지 고찰할 필요가 있다. 이러한 용어들은 함의가 객관적이지도 중립적이지도 않기 때문에, 우리는 - 개인으로서나 업계 전체적으로 - 통용되는 해석 범위 내에서 용어를 사용할 필요가 있다. 그리고 나서, 우리는 현재 활용 가능한 증거 유형을 알아내기 위해 코칭 지식의 현황을 간략히 살펴보겠다. 여기서는 외부 코치뿐만 아니라 관리자나 내부 코치가 진행하는 코칭까지 포함하고 있지만, 의료 또는 스포츠 환경에서 시행되는 코칭은 포함하지 않았다.[1]

증거의 본질: 자세히 살펴보기

증거 기반 프랙티스는 처음 시작된 이래로(Sackett et al., 1996 참조) 다양한 서비스의 기반이 되었다. 이는 크게 두 가지 의미가 있다: 1) 경험적으로 입증된 개입 방법을 제공하는 방향으로 서비스가 점점 더 조직화되고 있다는 점과 2) 서비스가 국소적 수준에서 효과성의 증거를 제공한다는 점이다. 의료 분야에서 시작되고 특히 활발히 수행되었지만, 증거 기반 프랙티스는 코칭 분야를 포함한 광범위한 분야로 흡수되었다(예: Jarvis et al., 2006 참조). '증거 기반'이라는 주장은 전문가들이 자신의 프랙티스와 이를 통해 획득한 결과물에 대해 정당화해야 할 필요성이 점점 더 증가하는 환경에 정당성을 부여하는 주장이다(Plath, 2006; Corrie, 2010; Palmer & Corrie, 2013).

증거 기반 프랙티스에 대한 탐구의 핵심에는, 프랙티셔너가 제공하는 개입을 통해 해당 서비스의 의도된 수혜자가 최적의 혜택을 받을 수 있도록 보장하는 데 있어 프랙티셔너가 가져야 할 윤리적 책임이 있다. 이외에 명시된 편익은 다음과 같다(Corrie, 2003, 2010; O'Donohue & Henderson, 1999 참조):

- 지식을 최신 상태로 유지하고, 가장 최신 지식을 바탕으로 프랙티스 기반의 의사결정을 내리도록 한다.
- 기준을 고수함으로써 고객에게 더 일관되게 효과적인 결과를 제공할 수 있도록 한다.
- 신뢰도를 보증함으로써 제공 서비스에 대한 (프랙티셔너와 코칭 고객 사이에서의) 믿음을 제고시킨다.
- 경험과 직관을 기반으로 도출한 의사결정보다 좀 더 이론적으로 정당한 것을 전문 프랙티스에 제시함으로써 무비판적으로 기법이 적용되지 않도록 고객을 보호한다.
- 타인의 돈을 받고 제공하는 서비스가 갖추고 있어야 할 윤리적 기저를 제공한다.

적어도 표면적으로는, 프랙티셔너의 서비스가 가장 우수한 최근의 지식에 기반하여야 한다는 개념에 대해 문제를 제기하기는 어렵다. 그러나 이 입장은 몇 가지 함의를 가진다. 첫째, 증거 기반 프랙티스는 연구자계와 프랙티셔너계 간의 공동 작업을 필요로 하는 반면, 이미 앞서 언급했듯이 이런 공동 작업은 좀처럼 잘 이루어지지 않는다. 그렇다면 이렇게 단절된 상황에서, 어떻게 양심적인 프랙티셔너는 새로운 접근법을 평가하고 이를 자신의 프랙티스에 통합하기 위한 '비판적인 눈critical lense'을 기를 수 있을 것인가? 둘째, 증거 기반 프랙티스가 합의된 목표를 얼마나 달성시킬 수 있는가 하는 정도를 설정하는 것은 '증거'를 어떻게 정의하느냐에 달려 있다.

지식의 출처를 계층 구조로 분류하는 것은 널리 인정되는 방법이다. 보건부(1999)가 제시한 증거의 다섯 가지 수준은 다음과 같다:

- 1유형: 최소 하나의 무작위 대조군 연구RCT를 포함한 적어도 1개 이상의 체계적 문헌 고찰
- 2유형: 최소 하나의 우수한 무작위 대조군 연구
- 3유형: 적어도 1개 이상의 무작위화 없이 잘 설계된 연구
- 4유형: 최소 하나의 잘 설계된 관찰 연구
- 5유형: 전문가, 서비스 이용자 및 간병인carer의 의견

모든 연구 방법은 저마다 쓰임이 다르며, '최적의 선택'은 제시된 질문의 유형에 따라 달라진다는 것을 유념해야 한다. 따라서 증거가 단일한 유형의 데이터라는 형태로 존재한다고 이해되어서는 안 되며, 계층적 위치를 유용성과 혼동해서도 안 된다(Roth & Fonagy, 2005). 그런데도 이러한 계층 구조로 만들어져 있다는 것은, 다른 형태의 지식보다 과학적 방법을 더 특별 대우한다는 의미가 된다. 즉 로고스logos에 대한 높은 평가이자, 이렇게 획득된 지식은 전문인 프랙티스 환경에서 문제없이 적용이 가능한 결과물을 제공한다는 암묵적인 가정이다. 앞서 밝힌 바와 같이, 이것은 프랙티셔너와 그 고객들이 중요하다고 생각하는 유형의 '증거'와는 맞아떨어지지 않을 수 있으며, 연구 결과가 프랙티스 환경으로 보급되는 것을 방해할 수 있다.

코칭에 대한 시사점: 지식의 현황

이제 이 계층 구조와 관련하여 코칭이 어떤 위치에 있는지 살펴보도록 하겠다. 코칭은 어느 정도까지 증거 기반이라고 주장할 수 있는가?

코칭에 대한 지식 체계는 지난 20년 동안 크게 발전했으며, 현재 수백 개의 논문과 책이 출간되었다. 자비스Javis 등(2006)은 이렇게 급증하는 코칭 문헌을 한눈에 이해할 수 있는 간단한 프레임워크를 제시하였다(아래 [그림 6.1]):

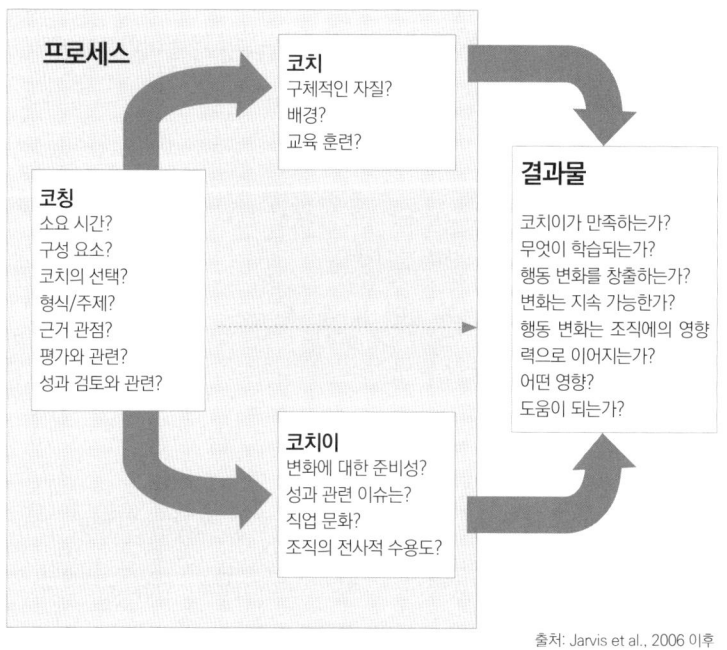

출처: Jarvis et al., 2006 이후

[그림 6.1] 연구 문헌 프레임워크 체계

우리는 세 가지 핵심 영역의 문헌에 기반하여 코칭심리학이 어느 정도까지 증거 기반인가 하는 문제에 접근한다. 첫째, 수많은 연구의 주제가 되었던 질문에 대해 살펴본다 – 코칭의 결과물은 무엇인가? 그다음, 프로세스 연구 문헌의 검토를 통해, 코칭 세션 동안 실제로 어떤 일이 일어나는지와 함께 코칭 세션의 설계와 수행에 중요한 요인들은 무엇인지 알아본다. 마지막으로, 우리는 가장 최근의 연구 관심 영역인 코칭 상호작용 자체, 즉 코칭 프로세스가 진행될 때 일어나는 코치와 고객 사이의 상호작용에 대해 살펴본다.

검토를 진행하면서, 제시된 증거가 계층 내에서 어디에 배치되고, 로고스logos, 파토스pathos 및 에토스ethos 관점에서 어떤 위치에 놓여있는지를 살펴보면 유익할 것이다. 특정한 유형의 질문은 특정한 유형의 증거에 도움을 주는가, 그리고 그 증거는 설득력이 있는가?

코칭의 결과물

지난 20년간 코칭은 마케팅과 매출을 위해 인용할 만한 투자수익률[ROI] 수치를 추구해왔다(Bennett, 2006). 초기 연구들은 고객 만족도 조사와 같은 척도를 활용했다. 연구 결과를 통해 일관되게 높은 수준의 만족도(>90%)(Fillery-Travis & Lane, 2006)와 투자수익률 수치 평가(예: 400%; McGovern et al., 2001)가 확인되었다.

그러나 이들 연구 간에는 차별점이 없었다. 특히, 호손 효과[Hawthorne effect](연구되고 있다는 인지에서 오는 반응 현상) 또는 피그말리온 효과[Pygmalion effect](기대 효과)와 같은 잠재적 왜곡이 미치는 영향에 관해서는 설명하지 않았다. 이러한 효과를 제거하고 일반화가 가능한 결과를 얻을 수 있는 한 방법은 유형 II 증거의 한 예인 대규모 무작위 대조 및 무대조군 실험[randomised uncontrolled and controlled trials(RCTs)]를 수행하는 것이지만, 그 수는 여전히 미미하다. 지난 5년 동안 발표된 700개 이상의 학술 논문과 학위논문(2014년 12월 기준 PsyINFO에서 분석) 중, 대략 200개 정도만이 실증적 연구였고, 그중 11개만이 코칭을 통해 일부 성과 지표가 개선되었다는 가설을 검증하고자 무작위 대조 실험을 수행했다.[2] 실험 연구를 제한하는 주요 요인은 접근성, 비용(자원 및 시간) 및 영향을 미치는 다양한 요소를 통제하기 위한 연구 설계의 어려움이다. 그랜트[Grant](2001)는 무작위 대조 실험 기준을 충족하는 딱 두 개의 연구(Deviney, 1994; Duijts, van den Brandt & Swaen, 2008)를 발견했는데, 1차 측정상으로는 유의미한 개선이 보이지 않는 복잡한 결과를 나타냈다. 흥미롭게도, 연구들에서 3유형의 증거를 더 많이 사용하게 되면서, 파토스[pathos]의 비중이 증가하고 연구의 설득력은 높아지게 된다(de Haan et al., 2011). 그 예로는 레벤슨[Levenson](2009); 에버스[Evers] 등(2006); 오렌스타인[Orenstein](2006) 및 와실리쉰[Wasylyshyn] 등(2006)이 있다.

자각된 효과성에 대한 정보를 수집하기 위해 가장 일반적으로 사용되는 도구는 복수 평가자 피드백을 포함하는 맞춤형 설문조사이다(Thach, 2002; Smither et al., 2003; Kombarakaran et al., 2008). 그러나 노왁[Nowack](2009)은 이러한 설문조사가 감정 및 지속되는 행동의 변화에 미칠 수 있는 부정적인 영향에 주의해야 한다고 제언한다. 두이츠[Duijts] 등(2008)이 활용한 리더십 유형 평가나 목표 성취 척도(Sinclair, 2003)와 같은 검증된 도구를 사용하는 사례는 드물다.

생산성에 대한 '객관적' 성과 척도를 사용한 연구의 예로는, 교육훈련만으로 진행되던 기존의 관리자 개발 프로그램에 코칭을 추가적으로 활용함으로써 공무원 관리자의 생산성에 긍정적인 영향을 주었다는 것을 밝힌 올리베로Olivero 등(1997)의 연구가 자주 인용된다. 교육훈련 후 행동 변화가 일어난다는 흔한 시나리오 안에 코칭의 역할을 탐색하는 이 연구의 구성은 독자들에게 높은 수준의 파토스pathos를 제공한다. 이러한 척도를 투자수익률 수치로 공식화하려는 시도는, 인간에 대한 개입과 관련해서는 이에 잠재적으로 영향을 미치는 요소 중 상당수가 수량화할 수 없거나 아직 알려지지 않았기 때문에, 본질에서 어려운 일이다. 이를 피해 갈 수 있는 기본적인 방법은 증거를 Ⅰ유형으로 '상승'시키는 메타 분석을 하는 것이다. 메타 분석을 처음으로 시도한 것은 드뫼즈De Meuse, 다이Dai와 리Lee(2009)였지만, 총 여섯 개의 연구만이 연구 대상으로 활용 가능하였다(Evers et al., 2006; Luthans & Peterson, 2003; Peterson, 1993; Smither et al., 2003; Togel & Nicholson, 2005; Lew et al., 2003). 독자들은 이 논문의 전체적인 분석 내용에 눈을 돌렸지만, 요약하자면 긍정적인 효과는 실질적으로는 미미한 수준인 투자수익률 1.27로 확인되었다는 결론이었다. 이는 코치들의 경험과는 공명하지 못하는 결과로, 차용된 방법론이 강건하고 결과에서 도출된 주장이 적절히 제한되더라도 논문에 대한 독자들의 낮은 신뢰도로 이어지게 된다.

종합하자면, 코칭 결과물에 대한 문헌은 아직 프랙티셔너나 학문적 관점에서 이에 준하는 실질적인 주장을 도출할 수 있는 수준에까지는 아직 이르지 못했다. 그런데도 결과만이 이야기의 전부는 아니다. 더욱이 측정 결과는 (1) 측정된 대상에 대한 명료하고 실질적으로 적용 가능한 정의 및 (2) 좋은 결과가 무엇인지에 대한 합의된 정의에 따라 달라진다(Corrie, 2010; Fillery-Travis & Lane, 2006). 그러나 코칭 개입을 통해 핵심적으로 다루어지는 문제들이 극단적인 이질성을 보인다는 것은, 코칭 프로세스에 이해관계가 있는 연구자, 프랙티셔너, 코치이 및 기타 이해당사자들의 필요에 따라 평가가 달라질 수 있는 다양한 잠재적 결과가 존재함을 의미한다. 코칭은 여러 장르로 구성되어 있고, 빠르게 확장하고 있는 다양한 맥락에서 제공된다. 이러한 점을 고려할 때, 코칭 개입의 모든 범위에 적용이 가능한 결과 측정 방법을 찾아내는 것은 어려운 일이 될 것이다(Greif, 2007). 그러나 분명히 프랙티셔너들은 저마다 자신의 고객에게 돌아가는 혜택이 무엇인지 확인하는 실질적인 방법을 가지고 있다. 먼저 코칭 프로세스를 다루는 문헌을 검토한 후 이 어려운 문제로 돌아가려고 한다.

프로세스 연구

지금까지 우리는 Ⅲ유형이나 Ⅱ유형의 실험 연구에서 통제되어야 하는 요인과 관련된 정보의 부족에 대해 알아보았다. 코칭 프로세스에 영향을 미치는 것은 이러한 개입과 관련된 요인들이다. 근본적으로 '여기서 무슨 일이 일어나고 있는가?'라는 질문이 제기되는 이 영역의 연구에 대한 관심은 계속해서 확대되어 왔다. 이러한 질문들은 양적 연구를 통해서는 적절히 다루어지기 어렵고, 그 대신 혼합적 방법론이나 Ⅲ유형이나 Ⅳ유형 증거를 활용한 순수 질적 방법론에 포함된 심층 사례 분석을 활용하여야 한다. 질적 방법론은 일반화가 가능한 결과를 도출하지는 못하지만, 일반화만이 유용성에 대한 유일한 기준은 아니다. 설령 로고스logos가 제일 우세하다고 하더라도, 파토스pathos는 충분한 설득력을 부여할 수 있다. 프랙티셔너로서, 우리는 아주 다른 두 사례(한 사례는 공공 부문, 다른 한 사례는 민간 부문)를 이용한 팀 코칭에 대한 연구(Peters & Carr, 2013)가 '우수한 프랙티스' 모델을 제공한다는 측면에서 동일하게 유용하다는 사실을 알 수 있다. 이러한 경우, 강건함의 기준은 진정성, 의존성, 적합도 및 신빙성이다. 즉 연구는 제시된 질문에 적합한 잘 구조화되고 명확하며 투명한 방식으로 현상을 탐색하는가, 그리고 연구 결과에 대한 적절한 주장을 도출하는가(Peters & Car, 2013)? 이러한 기준은, 프랙티셔너는 자신의 경험을 신빙성을 결정하는 인식의 눈으로 사용하기 때문에, 파토스pathos의 영역 내에서 가장 효과적으로 작동한다.

코칭 상호작용에서 작용하는 요인을 찾아내는 유용한 프레임워크로서, 본 저자 중 한 명이 잠재적 요인을 다음과 같이 (a) 코치의 속성, (b) 고객의 속성, (c) 코칭 프랙티스 자체 및 (d) 맥락이라는 주제 하에 분류했다(Fillery-Travis & Lane, 2006). 각 주제에 대해서는 아래에서 차례로 설명하기로 한다.

코치의 속성이라는 개념은 코치와의 작업을 원하거나 코치를 인증할 때 중요하다. 대부분 전문기관들은 딩맨Dingman(2004)과 모건Morgan 등(2006)의 연구에 기초한 역량 프레임워크 관점에서 이를 판단하였는데, 이들의 연구에서는 외부 코치 및 관계 구축을 위해서 대인관계 역량, 의사소통 역량 및 도구적 지원이 필요하다고 제시하였다. 관리자 코치에게 요구되는 역량을 분석한 연구들에서는 힘을 북돋아 주기empowering, 촉진하기facilitating, 용기 있게 이끌어 주기courageous leading을 추가적인 특정 요인으로 파악하였다(Wenzel, 2001; Graham et al., 1993; Elinger & Bostrom, 1998; Elinger, 2003; Elinger et al., 2008). 두 연구 모두 사용한 코칭 유형이나 모델을 요인으로 제시하지 않았다. 본 고를 작성하던 당시, 전체 역량 목록에 대한 증거 기반을 제시한 EMCC의 최신 논평이 회원을 대상으로 게재될 예정이었는데, 관심 있는 독자는 기관 웹사이트를 참조하면 된다.

코치이의 속성 역시 늘 연구의 대상이었는데, 특히 정신병리학의 부재와 변화를 향한 코치이의 준비 자세의 필요성에 관해 탐구되었다(Carey et al., 2011; Seamons, 2006; Wasylyshyn, 2003). 코칭에 대한 초기 저자 중 한 명인 킬버그Kilburg(2001)는 규정 준수compliance 문제에 관해 연구하면서 프로세스상의 요인 모델을 제시하였는데, 이 모델은 심리치료 문헌에 많은 기반을 두고 구축되었다.

대부분 코칭 모델이 단계별 프로세스(관계 구축, 평가, 공식화, 행동 계획 및 모니터링 등과 같은 요소 포함)에 잘 부합한다는 것은 일반적으로 동의된 사실이지만, 개별 프로세스 또는 개별 프로세스 조합의 상대적 영향에 대한 체계적인 연구는 수행된 바 없다. 기존에는 (1) 코치-고객 관계, (2) 코칭 기간, (3) 프랙티스의 목적과 모델의 탐색에 대한 연구가 수행되었다. 코치-고객 관계는 캄파-코케시Kampa-Kokesch와 앤더슨Anderson(2001)의 초기 논평에서 핵심적인 요소로 지적되었다. 드한De Hann은 결정적 사건 방법critical incident methodology을 사용하여 이 주제를 광범위하게 연구했다(de Haan, 2008a, 2008b; de Haan & Stewart, 2011). 바론Baron과 모린Morin(2009)은 치료적 연구 문헌에서 나타나는 '작업 동맹'의 개념과 코치-고객 관계 사이의 유사점을 탐색했는데, 추후 연구에서는 30명의 코치이와 사내 코치를 대상으로 한 사전-사후 실험 설계를 사용하여 자기효능감과 코치-고객 관계의 연관성을 연구하였다. 그레고리Gregory & 레비Levy(2011)는 코치로서의 관리자 상호작용에 대해 논의하였다. 최근에는 드한De Haan과 페이지Page가 '역대 최고의' 코칭 결과 프로젝트(2014)의 예비 연구 결과를 통해, 코칭 관계가 코칭 결과를 가장 정확히 예측하는 요인임을 밝히는 중요한 증거를 제시했다. 이 연구(예비 조사의 결과가 최종 연구의 약 75%를 차지함)는 34개 국가의 1,100명 이상의 코치, 1,800명의 코칭 고객, 82명의 조직 후원자(일선 관리자 또는 책임자)로부터 데이터를 수집하였고, 코칭 관계가 코칭 결과의 가장 강력한 결정 요소라는 확실한 결과를 획득했다. 향후 추가적인 분석을 통해 이러한 결과를 창출하는 코칭 관계의 '질'에 대한 연구가 계속될 필요가 있다. 코치-고객 관계는 그 영향력이 상당하여 심지어 코칭 모델 그 자체와 같은 요소의 영향력을 넘어설 수도 있다(de Haan et al., 2011).

코칭 관계의 기간과 종료 과정(Cox, 2010)에 대해서는, 외견상으로는 보통 코칭의 길이가 자의적으로 선택(전화 한 통부터 12개월의 구조화된 작업에 이르는 범위)되는 것과 관련한 연구에서 흔히 다루어진다. 코칭 후 행동 변화의 지속 가능성(Grant et al., 2010)이나 최적의 결과 창출을 위한 코칭 기간(Research, 2003)을 탐구하는 연구는 소수에 불과하며, 이들 연구는 또한 소규모로 이루어졌다.

코칭 상호작용

본 고의 마지막 주제는 지난 몇 년 사이에 대두되었다. 이는 코칭 상호작용 그 자체에 대한 탐색이다. 이 주제에 대한 연구가 현저히 부족하다는 사실을 인식한 일레인 콕스Elaine Cox의 연구(Cox, 2013)는 이 내용에 아주 적절히 부합된다. 그녀는 특히, 연구자들이 더 가시적인 프로세스 요소를 선호하기 때문에 개입의 관계적 요소를 지속해서 간과해왔다고 주장하였다. 관계가 발전하는 방식 및 이것이 어떻게 코칭 프로세스를 가능케 하고 결과 창출에 기여하는지를 탐색하는 것은 매우 중요하다. 그러나 이 분야의 연구는 이루어지지 않고 있다. 이에 대해 콕스Cox는 연구 중인 현상에 대해 큰 방해를 받지 않고 이 상호작용을 탐구할 수 있으려면 새로운 방법론과 윤리적 프랙티스가 필요하기 때문이라고 이유를 설명한다. 이러한 유형의 연구가 수행된 예로는, 상호작용 내 피드백의 사용에 대한 신규 박사 논문(Lewis, 2014)이 있다. 프랙티셔너에 대한 이 연구는, 코칭 프랙티셔너의 실제 작업 경험을 상세히 기술함으로써 코칭 과정 안에서 적절한 피드백을 제공하기 위한 조건을 모델로 구축한다. 이러한 연구는 현상에 대한 충분히 탐색을 위해서 연구자가 스스로 코치가 되어야 할 필요성에 대한 질문을 제기한다.

목적에 맞는 증거 기반의 정의 및 구축: 추가 고려 사항

코칭 및 코칭심리학의 지식 기반은 확장되고 있지만, 코칭이 실제로 '효과가 있는지', 그리고 누구에게, 어떤 유형의 문제에 대해 효과가 있는지 등 코칭에 대한 근본적인 질문들은 여전히 해결되지 않은 채 남아있다. 그러나 증거 수집의 맥락을 더 넓은 범위로 확장하는 것 역시 중요하다. 스투르디Sturdee(2001)는 증거라는 것은 특정한 정치적, 경제적, 직업적 맥락에서 출현한 사회적 현상이라는 것을 인식하는 것이 중요하다고 강조했다. 결과적으로, 겉으로 보기에 간단한 질문들('코칭이 효과가 있는가?' 등)을 통해 복잡하고 명확하지 않은 의제 해결에 도움을 받을 수 있다. 증거는 시장성이 높은 상품이기 때문에 이를 생산하고 확산시키는 이들에게 투자 가치가 있다.

코치가 하는 일 대부분은 복잡하며, 다층적인 우선순위와 관심사를 반영한다. 이러한 맥락에서 볼 때, 증거는 모호하지 않을 수 없으며, 일련의 활용 가능한 자료를 바탕으로 구성, 해석 및 창작되어야 한다(Newnes, 2001). 코칭 프랙티셔너의 의사결정은, 필연적으로, 맥락 및 이해당사자의 이해관계, 코치이와 조직의 가치, 그리고 시간 제약이나 비용, 코치의 선호 및 목표와 같은 실용적 관심사를 포괄되는 광범위한 제반 사항에 대한 고려를 바탕으로 이루어진다.

증거를 어떻게 정의하고, 수집하고, 확산시킬 것인가 하는 것은 코칭계가 진지하게 고려해야 할 문제이다. 비록 정당성에 집착하는 환경에서 코칭이라는 분야 자체를 확립하고 차별화할 필요가 있지만, 새로이 떠오르고 있는 직업으로서 코칭은 기존의 체계에 의문을 제기하고 비판하며 도전할 수 있는 독특한 위치에 있다고도 할 수 있다. 증거 기반의 구축과 목적에 맞는 연구 방법론의 탐색을 위해서는, 증거를 통해 우리가 얻고자 하는 것이 무엇인지에 대해 신중하게 고려할 필요가 있다. 코칭 프랙티셔너는 새로운 시각으로 지식 생산이라는 과제에 접근할 기회(및 책임)을 가지고 있다. 코칭이라는 것 자체가 우리가 보유한 역량을 바탕으로 비판적인 분석과 성찰을 통해 삶과 일에서 마주하는 도전에 대한 새로운 해결책을 더 신중히 이해하고 인식할 수 있도록 독려하는 과정이듯이, 이와 동일한 역량을 증거 기반 프랙티스의 본질 및 코칭심리학의 발전을 위한 증거 기반의 역할에 대해 심도 깊게 논의해가는 과정 속에 유용하게 녹여낼 수 있을 것이다. 이를 통해 코칭은, 지식 구축을 위한 접근 방식을 검토해가는 과정에서 타 학문 분야에 도움을 제공하는 것도 가능해질 것이다.

맥도널드Macdonald(2001)는 증거 기반 프랙티스가 그 목적을 달성하기 위해서는 다양한 기준을 충족해야 한다고 주장한다. 여기에는 우수한 연구에 대한 투자, 최신 연구에 대한 접근, 증거를 프랙티스에 적용할 수 있는 능력이 포함된다. 그러나 쇼Shaw와 쇼Shaw(1997)의 연구를 통해, 프랙티셔너는 의사결정을 이끌기 위한 다양한 증거의 출처를 복잡한 방법으로 사용하는 경우도 있다는 것이 밝혀졌다. 증거 기반의 기여자, 소비자 및 비평가로서의 코칭 프랙티셔너와 연구의 관계는 여전히 논의가 충분히 이루어지지 않은 지점으로 이 관계 자체로도 탐구를 해볼 가치가 있다. 논란의 여지가 있지만, 우리는 새롭게 제시되는 연구 문헌의 타당성에 대해 코치 및 기타 이해관계자들이 어떻게 평가하고 있으며, 실제 프랙티스에 (만약 적용하고 있다면) 어떻게 적용하는지 이해해야 한다. 프랙티셔너가 로고스logos, 파토스pathos 및 에토스ethos의 영역을 통합하는 작업에 어떻게 그리고 어느 정도까지 접근하는가 하는 것은, 코칭의 결과물, 프로세스 연구 및 코칭 상호작용에 대한 새로운 지식과 더불어 무엇이 코칭을 효과적으로 만드는지에 대한 이해를 구축하는 데 있어 중요하다.

프랙티셔너-학계의 연구 문헌 탐색을 지원하고, 연구와 프랙티스 간에 더 긴밀한 파트너십이 형성되도록 독려하며, 향후 어떤 유형의 증거가 필요한지에 대한 중요한 질문을 제기하고자 하는 관점에서, 현 연구 및 증거 탐색이 이루어지는 때때로 복잡한 맥락에 대한 성찰적 참여를 장려할 수 있기를 바라는 마음으로 [상자 6.1]에 몇 가지 질문을 제시하였다.

[상자 6.1] 프랙티셔너-연구자를 위한 질문

연구의 소비자로서 코칭 프랙티셔너를 위한 질문: 증거 기반에 대한 개인적 참여를 지원하기 위한 질문:

- 증거는 자신에게 무엇을 의미하는가? 자신이 실제 작업하는 코칭 맥락에서 증거를 어떻게 정의하는가?
- 코칭의 일반적인 맥락과 자신의 프랙티스와 관련한 구체적인 맥락에서 현재 해답을 찾고 있는 질문은 무엇인가?
- 자신이 원하거나 자신의 프랙티스 수행 및 개발을 위해 필요하다고 생각하는 일련의 증거에 대하여 어느 정도까지 접근할 수 있는가?
- 원하는 증거 범위와 업무 수행 및 개발을 지원하는 데 필요하다고 믿는 증거에 어느 정도 접근할 수 있는가?
- 자신이 활용 가능한 다양한 정보와 '증거'의 출처 중에 신뢰할 수 있는 것과 신뢰할 수 없는 것을 어떻게 식별하는가? 자신의 지식 관리 및 의사결정 기준은 무엇인가?

연구의 생산자로서의 코칭 프랙티셔너를 위한 질문: 분야 구축에 도움이 되는 질문:

- 해답을 얻고자 하는 질문은 무엇인가?
- 어떤 목적으로 연구를 수행하는가? 프랙티셔너로서 자신의 지식과 역량을 발전시켜 고객에게 더 도움이 되도록 연마하기 위해서인가? 특정 코치이에게 적용한 접근법의 효과성을 연구하기 위해서? 특정한 맥락에서 자신의 프랙티스를 타당화하기 위해서? 다른 서비스 제공자와 효과적으로 경쟁하기 위해서?

- 당신의 증거는 누구에게 이익이 되는가?
- 당신의 증거는 누구에게 불이익이 되는가?

코칭 서비스 프랙티스 및/또는 연구 커뮤니티를 위한: 연구 의제를 개발하고 해결하는 방법에 대한 질문:

- 왜 증거를 찾는가? 스투르디Sturdee의 연구 이래, 다루어지고 있는 다양한 의제 중에는 어떤 것이 있는가, 그리고 이를 주도하는 사람은 누구인가?
- 데이터가 어떤 역할을 해주기를 원하는가, 또는 어떤 역할을 꼭 해주어야 할 필요가 있는가? 이해관계자와 가장 소통하고 싶거나 가장 소통해야 할 필요가 있는 메시지는 무엇인가?
- 현재 어떤 유형의 질문을 가장 먼저 질문하고 싶은가?
- 증거 수집을 위해 가장 먼저 해야 할 코칭 활동은 무엇인가?

코칭 서비스 프랙티스 또는 연구 커뮤니티를 위한: 코칭 연구에 대한 폭넓은 참여를 독려하는 방법에 관한 질문:

- 우리의 연구를 가장 잘 확산시킬 수 있는 방법은 무엇인가?
- 우리의 증거는 누구에게 접근할 수 있어야 하는가?
- 연구 문헌과 관련하여 어떤 종류의 참여를 코칭 서비스 고객에게 권장하고 싶은가? 이러한 참여를 이끌어 내기 위해서 어떤 자원, 지식 및 역량이 필요한가?
- 우리의 다른 이해관계자들은 어떤 목적으로 증거를 찾고 있는가? 그것을 어떤 방법으로 사용하는가?

결론

본 장에서는 코칭심리학을 뒷받침하는 연구에 대해 개괄하고 현재 코칭 분야에서 직면하고 있는 몇 가지 중요한 과제에 대한 관심을 독려하고자 하였다. 아울러 연구가 수행되는 다양하고 복잡한 이유와 증거 기반 프랙티스의 개념이 연구 활동의 독특한 영역으로서 코칭심리학의 발전에 어떻게 이바지하는지에 대한 성찰을 장려하려고 하였다.

효과성에 대한 근본적인 질문은 아직 해결되지 않았지만, 시장 내 코칭의 급속한 확장을 고려할 때 이는 어느 정도 불가피하다. 새로이 등장하는 영역의 전문 프랙티스는 항상 다른 관련 분야와의 차별화가 필요하며, 앞서 설명한 바와 같이, 이를 해결하는 주요한 방법 중 하나는 일련의 학문적 체계, 즉 효과성에 대한 주장을 뒷받침할 수 있는 구체적인 지식과 강건한 증거 기반을 구축하는 것이다. 그런데도 기존 체계를 모방함으로써 체면치레만 하려는 함정에 빠지지 않도록 하는 것도 중요하다. 코칭심리학 분야는 코칭 프랙티스의 연구 및 코칭에 적합한 새롭고 창의적인 방법론의 보급을 위한 중차대한 노력에 신선한 관점을 제공하여야 하는 가장 중요한 위치에 서 있다.

코칭 프랙셔너, 연구자와 이해관계자 각각의 공동체는 연구의 적절한 우선순위를 결정하기 위해 함께 협력해야 한다. 이러한 우선순위에 대응하는 능력은, 결국 다양한 연구 방법을 적절히 활용하는 데에 달려 있다. 프랙티셔너와 연구자는 다양한 연구 방법들의 상대적 기여도에 대해 잘 파악하고 있어야 하며, 자신과 이해관계자에게 가장 시급한 문제를 최적으로 다룰 수 있는 연구 방법을 선택할 수 있어야 한다. 필립스Philips(1993)가 경고했듯이, 과학이 협소하게 정의되는 한 연구자는 "실제 프랙티스 상의 문제 및 불확실한 맥락을 검토하는 데 적합하지 않은 연구적 접근을 사용하게 되면서, 한정된 종류의 문제만을 다루는 연구에 국한되고 마는 경향이 있다."(p.29) 만약 우리가 이 경고에 주의를 기울인다면, 우리는 궁극적으로 모든 관계자의 이익을 위해 학문과 프랙티스 공동체를 한데 모을 수 있을 것이다.

논의 포인트

1. 코칭심리학 프랙티스에서 연구의 역할에 대한 자신의 의견은 무엇인가?
2. 프랙티셔너로서 자신의 프랙티스 중 연구 문헌의 영향을 받은 것은 어느 정도인가? 왜 그렇게 생각하는가?
3. 지식의 출처에 대한 계층적 분류에서 볼 때, 어느 수준의 증거가 자신의 프랙티스 개발을 위한 근거 지식의 제공하는 데 가장 강력하였는가?
4. 본 장의 시작과 끝에 제시된 질문에 대한 자신의 답은 무엇인지 생각해 보라. 그 답은 자신의 프랙티스를 더 효과적으로 비평하고 개발하는 데에 어떻게 도움이 되는가?

참조

1. 공간의 제약성으로 인해 우리가 검토한 내용을 전부 소개할 수는 없기 때문에, 필러리 트래비스Fillery-Travis와 패스모어Passmore(2011), 패스모어Passmore와 기베스Gibbes(2007), 그랜트Grant와 카바나Cavanagh(2007) 등과 같은 더 심층적인 연구에 대해 강조하고자 한다.
2. 동기 강화 면담과 관련된 연구는 의료 환경에서 많이 수행되었지만 - 2011년 한 해에만 197건(Billett et al., 1998; Allen & Eby, 2011; Underhill, 2006), 여기서는 직장 환경에서 일어나는 코칭에만 초점을 둔다.

추천 읽기

Corrie, S. (2010). What is evidence? In R. Woolfe, S. Strawbridge, B. Douglas & W. Dryden (Eds.) *Handbook of Counselling Psychology*, 3rd Ed. Thousand Oaks, CA: Sage Publications.
Fillery-Travis, A., & Passmore, J. (2011).A critical review of executive coaching research: A decade of profess and what's to come. *Coaching: An International Journal of Theory, Research and Practice*, 4(2), 70–88.
Jarvis, J., Lane, D., & Fillery-Travis, A. (2006). *The Case for Coaching: Making Evidence-Based Decisions on Coaching*. London. UK: CIPD.
Nutley, S.M., Walter, I., & Davies, H.T.O. (2007). *Using Evidence: How Research Can Inform Public Services*. Chicago, IL: Policy Press.

참고 문헌

Allen, T.D., & Eby, L.T. (2011). *The Blackwell Handbook of Mentoring: A Multiple Perspectives Approach*. Hoboken, NJ: Wiley-Blackwell.
Baron, L., & Morin, L. (2009). The coach-coachee relationship in executive coaching: A field study. *Human Resource Development Review*, 20: 85–106.
Bartunek, J.M. (2007). Academic-practitioner collaboration need not require joint or relevant research: Toward a relational scholarship of integration. *The Academy of Management Journal* 50: 1223–1333.
Bennett, J.J. (2006). An agenda for coaching-related research: A challenge for researchers. *Consulting Psychology Journal: Practice and Research*, 58, 240–249. doi:10.1037/1065-9293.58.4.240
Billett, S., McCann, A., & Scott, K. (1998). *Workplace Mentoring: Organising and Managing Effective Practice*. Brisbane: Griffith University.
Briner, R.B. (2012). Does coaching work? *OP Matters*, 16: 4–11.
Carey, W., Philippon, D.J., & Cummings, G.G. (2011). Coaching models for leadership development: An integrative review. *Journal of Leadership Studies*, 5: 51–69.
Corrie, S. (2003). Keynote paper: Information, innovation and the quest for legitimate knowledge. *Counselling Psychology Review*, 18(3): 5–13.
Corrie, S. (2010). What is evidence? In R. Woolfe, S. Strawbridge, B. Douglas, & W. Dryden (Eds.) *Handbook of Counsel- ling Psychology*, 3rd Ed. Thousand Oaks, CA: Sage Publications.

Cox, E. (2010). Last things first: Ending well in the coaching relationship. *The Coaching Relationship: Putting People First*: 159.

Cox, E. (2013). *Coaching Understood: A Pragmatic Inquiry into the Coaching Process*. London: Sage Publications.

de Haan, E. (2008a). I doubt therefore I coach: Critical moments in coaching practice. *Consulting Psychology Journal: Practice and Research*, 60(1) March: 91–105.

de Haan, E. (2008b). I struggle and emerge: Critical moments of experienced coaches. *Consulting Psychology Journal: Practice and Research*, 60: 106.

de Haan, E., Culpin, V., & Curd, J. (2011). Executive coaching in practice: What determines helpfulness for clients of coaching? *Personnel Review*, 40: 24–44.

de Haan, E., & Stewart, S. (2011). *Relational Coaching: Journeys towards Mastering One-to-One Learning*. Hoboken, NJ: John Wiley & Sons, Inc.

de Meuse, K. P., Dai, G., & Lee, R. J. (2009). Evaluating the effectiveness of executive coaching: Beyond ROI? *Coaching: An International Journal of Theory, Research and Practice*, 2(2): 117–134.

Department of Health. (1999). *National Service Frameworks for Mental Health: Modern Standards and Service Models*. London: Department of Health.

Deviney, D. E. (1994). The effect of coaching using multiple rater feedback to change supervisor behavior. Dissertation Abstracts International Section A,55, 114.

Dingman, M. (2004). *The effects of executive coaching on job-related outcomes* (Doctoral Dissertation, Regent University. London. UK, 2004). Dissertation Abstracts International, AAT 3141539.

Duijts, S.F., Kant, I., van den Brandt, P.A., et al. (2008). Effectiveness of a preventive coaching intervention for employees at risk for sickness absence due to psychosocial health complaints: Results of a randomized controlled trial. *Journal of Occupational and Environmental Medicine*, 50: 765–776.

Dunning, D., Perie, M., & Story, A.L. (1991). Self-serving prototypes of social categories. *Journal of Personality and Social Psychology*, 61: 957–968.

Ellinger, A.D. (2003). Antecedents and consequences of coaching behaviour. *Performance Improvement Quarterly*, 16: 5–28.

Ellinger, A.D., & Bostrom, R. (1998). Managerial coaching behaviours in learning organisations. *Journal of Management Development*, 18.

Ellinger, A.D., Hamlin, R.G., & Beattie, R.S. (2008). Behavioural indicators of ineffective managerial coaching. *Journal of European Industrial Training*, 32: 240.

Evers, W.J., Brouwers, A., & Tomic, W. (2006). A quasi-experimental study on management coaching effectiveness. *Consulting Psychology Journal: Practice and Research*, 58: 174–182.

Fillery-Travis, A., & Lane, D. (2006). Does coaching work or are we asking the wrong question? *International Coaching Psychology Review*, 1: 23–36.

Fillery-Travis, A., & Passmore, J. (2011). A critical review of executive coaching research: A decade of profess and what's to come. *Coaching: An International Journal of Theory, Research and Practice*, 4(2): 70–88.

Graham, S., Wedman, J.F., & Kester, B.G. (1993). Manager coaching ckills: Development and application. *Performance Improvement Quarterly*, 6: 2–13.

Grant, A. M. (2003). The impact of life coaching on goal attainment, metacognition and mental health. *Social Behavior and Personality: An International Journal*, 31(3), 253–263.

Grant, A.M., & Cavanagh, M.J. (2007). Evidence-based coaching: Flourishing or languishing? *Australian Psychologist*, 42: 239–254.

Grant, A.M., Green, L., & Rynsaardt, J. (2010). Developmental coaching for high school teachers: Executive coaching goes to school. *Consulting Psychology Journal: Practice and Research*, 62: 151–168.

Gregory, J.B., & Levy, P.E. (2011). It's not me, it's you: A multilevel examination of variables that impact employee coaching relationships. *Consulting Psychology Journal: Practice and Research*, 63: 67–88.

Grief, S. (2007). Advances in research on coaching outcomes. *International Coaching Psychology Review*, 2(3), 222–249.

Jarvis, J., Lane, D., & Fillery-Travis, A. (2006). *The Case for Coaching: Making Evidence-Based Decisions on Coaching*. London. UK: CIPD.

Kampa Kokesch, S., & Anderson, M.Z. (2001). Executive coaching: A comprehensive review of the literature. *Consulting Psychology Journal: Practice and Research*, 53: 205–228.

Kilburg, R.R. (2001). Facilitating intervention adherence in executive coaching: A model and methods. *Consulting Psychology Journal: Practice and Research*, 53: 251–267.

Kombarakaran, F.A., Yang, J.A., Baker, M.N., et al. (2008). Executive coaching: It works! *Consulting Psychology Journal: Practice and Research*, 60: 78–90.

Levenson, A. (2009). Measuring and maximizing the business impact of executive coaching. *Consulting Psychology Journal: Practice and Research*, 61: 103–121.

Lew, S., Wolfred, T., Gislason, M., & Coan, D. (2003). Executive coaching project: evaluation of findings. In *Proceedings of the First ICF Coaching Research Symposium* (pp. 62–69).

Lewis, L. (2014). *Feedback in coaching (Doctoral Dissertation Institute for Work Based Learning)*. Middlesex University, London, UK.

Luthans, F., & Peterson, S.J. (2003). 360 degree feedback with systematic coaching: Empirical analysis suggests a winning combination. *Human Resource Management*, 42: 243–256.

Macdonald, G. (2001). *Effective Interventions for Child Abuse and Neglect: An Evidence-Based Approach to Planning and Evaluting Interventions*. Chichester, West Sussex: Wiley-Blackwell.

McGovern, J., Lindemann, M., Vergara, M., et al. (2001). Maximizing the impact of executive coaching. *Manchester Review*, 6: 1–9.

Morgan, H., Harkins, P., & Goldsmith, M. (2006). The right coach. In J. V. Gallos (Ed.) *Organization Development*. San Francisco, CA:Jossey-Bass.

Newnes, C. (2001). On evidence. *Clinical Psychology*, 1: 6–12.

Nowack, K.M. (2009). Leveraging multirater feedback to facilitate successful behavioral change. *Consulting Psychology Journal: Practice and Research*, 61: 280–297.

O'Donohue, W., & Henderson, D. (1999). Epistemic and ethical duties in clinical decision-making. *Behaviour Change*, 16(1): 10–19.

Olivero, G., Bane, K., & Kopelman, R.E. (1997). Executive coaching as a transfer of training tool: Effects on productivity in a public agency. *Public Personnel Management*, 26: 461–469.

Orenstein, R.L. (2006). Measuring executive coaching efficacy? The answer was right here all the time. *Consulting Psychology Journal: Practice and Research*, 58: 106.

Page, N., & de Haan, E. (2014). Does executive coaching work? *Psychologist*, 27(8): 582–586.

Palmer, S., & Corrie, S. (2013). An international perspective on the development of coaching psychology as a profession and evidence-based discipline. Keynote at 3rd International Congress of Coaching Psychology, Rome.

Passmore, J., & Gibbes, C. (2007). The state of executive coaching research: What does the current literature tell us and what's next for coaching research? International Coaching Psychology Review 2(2), Jul: 116–128.

Peters, J., & Carr, C. (2013). Team coaching. Doctoral Disseration In *Institute for Work Based Learning*. London: Middlesex.

Peterson, D.B. (1993). Measuring change: A psychometric approach to evaluating individual coaching outcomes. Annual Conference of the Society for Industrial and Organizational Psychology, San Francisco, CA.

Philips, B. N. (1993). Challenging the stultifying bonds of tradition: Some philosophical, conceptual and methodological issues in applying the scientist-practitioner model. *School Counseling Quarterly*, 8: 27–37.

Plath, D. (2006). Evidence-based practice: Current issues and future directions. *Australian Social Work*, 59(1): 56–72.

Harder+Company Community Research (2003). Executive coaching project: Evaluation of findings. *Report*. Retreived from https://www.performanceconsultants.com/wp-content/uploads/maximizing-the-impact-of-executive-coaching.pdf. 21 August 2018.

Roberts, W.R., & Bywater, I. (1954). *The Rhetoric and the Poetics of Aristotle*. New York, NY: Modern Library.

Roth, A., & Fonagy, P. (2005). *What Works for Whom? A Critical Review of Psychotherapy Research*. New York: Guilford Press.

Sackett, D.L., Rosenberg, W.M.C., Gray, J.A.M., Haynes, R.B., & Richardson, W.S. (1996). Evidence-based medicine: What it is and what it isn't. *British Medical Journal*, 312: 71–72.

Seamons, B.L. (2006). *The Most Effective Factors in Executive Coaching Engagements According to the Coach, the Client, and the Client's Boss*. Oakland, CA: Saybrook Graduate School and Research Center.

Shaw, I., & Shaw, A. (1997). Keeping social work honest: Evaluating as profession and practice. *British Journal of Social Work*, 27: 847–869.

Sinclair, C. (2003). Mentoring online about mentoring: Possibilities and practice. *Mentoring & Tutoring: Partnership in Learning*, 11: 79–94.

Smither, J.W., London, M., Flautt, R., et al. (2003). Can working with an executive coach improve multisource feedback ratings over time? A quasi-experimental field study. *Personnel Psychology*, 56: 23.

Sturdee, P. (2001). Evidence, influence or evaluation? Fact and value in clinical science. In C. Mace, S. Moorey, & B. Roberts (Eds.) *Evidence in the Psychological Therapies: A Critical Guide for Practitioners*. Hove, East Sussex: Routledge.

Thach, E.C. (2002). The impact of executive coaching and 360 feedback on leadership effectiveness. *Leadership and Organization Development Journal*, 23: 205–214(210).

Toegel, G., & Nicholson, N. (2005, August). Multisource feedback, coaching, and leadership development: Gender homophily in coaching dyads. In *Academy of Management Proceedings* (Vol. 2005, No. 1, pp. F1–F6). Briarcliff Manor, NY: Academy of Management.

Underhill, C.M. (2006). The effectiveness of mentoring programs in corporate settings: A meta-analytical review of the literature. *Journal of Vocational Behavior*, 68: 292–307.

Van de Ven, A.H. (2007). *Engaged Scholarship: A Guide for Organizational and Social Research*. Oxford; New York: Oxford University Press.

Wasylyshyn, K.M. (2003). Executive coaching: An outcome study. *Consulting Psychology Journal: Practice and Research*, 55: 94–106.

Wasylyshyn, K.M., Gronsky, B., & Haas, J. (2006). Tigers, stripes, and behavior change: Survey results of a commissioned coaching program. *Consulting Psychology Journal: Practice and Research*, 58: 65–81.

Wenzel, L.H. (2001). *Understanding Managerial Coaching: The Role of Manager Attributes and Skills in Effective Coaching*. Fort Collins, CO: Colorado State University.

7장
코칭심리학 연구 방법론 분석을 통한 증거 기반 코칭의 이해

저자: 이링 라이Yi-Ling Lai[1], 스티븐 팔머Stephen Palmer[2]
역자: 김태리

서론

증거 기반 코칭에 대한 관심은 새 천 년의 시작과 함께 움을 텄다. 그랜트Grant의 코칭에 대한 문헌 고찰(Grant, 2001)은 코칭 프랙티스에 심리학적 원리의 중요성을 강조한 선구적인 연구 가운데 하나였다. 다른 유사한 조력적 개입(예를 들어, 상담 및 치료)과 달리 코칭은 교차 학문적 개입(경영학, 심리학, 사회과학 등)으로 인식된다. 따라서 증거 기반 코칭 프랙티스를 위해 최고의 가용 지식을 통합하는 것은 쉽지 않은 중대 과제이다. 여러 코칭 관련 전문 기관(예를 들어, 영국 심리학회, 유럽 멘토링 및 코칭 위원회 등)은 코칭과 기타 유사한 개입 사이의 차

---

1) **이링 라이**Yi-Ling Lai: CPsychol인 이링 라이 박사PhD는 현재 Portsmouth 대학의 수석 강사이며 리더십 개발에 있어 10년간의 자문 및 학술 경험을 보유하고 있다. 그녀의 주요 연구 초점은 효과적인 코칭 제휴를 위한 공통 요소와 코칭 수퍼비전 프로세스에 대한 심리적 영향을 포함한다. 라이는 증거 기반 코칭 개발에 관한 여러 저널 논문과 서적을 출판했다.
2) **스티븐 팔머**Stephen Palmer 교수는 영국 런던의 Centre for Coaching의 창립 이사이다. 2004년에 British Psychological Society Special Group in Coaching PsychologyBPS SGCP의 초대 의장이 되었으며, 2005년에는 런던 시티 대학(현 런던 대학교)에서 심리학 코칭 유닛을 창설하였다. 2016년에 덴마크 Aalborg 대학교 코칭심리학과의 겸임 교수가 되었고, 2018년 Wales Trinity Saint David 대학의 업무 기반 학습 연구소Institute for Work Based Learning의 실습 교수가 되었다. 현재 브라질 리우데자네이루 연방 대학교의 코칭심리학부의 명예 고문이며, 국제 코칭심리학 협회 국제 코칭 심리 연구센터의 코디네이터이다. 또한 국제 코칭심리학회와 국제 스트레스 관리협회의 명예회장이자 연구원이다. 그는 다양한 주제에 대해 50권 이상의 책을 쓰거나 편집했으며 유럽 응용 긍정심리학 저널을 포함한 그 분야의 많은 저널을 공동 편집했다. 2008년 BPS SGCP로부터 코칭심리학에 기여한 공로를 인정받아 평생 공로상을 받았다.

별점을 설명하는 데 초점을 맞추기 시작했는데, 이는 증거 기반 코칭 프랙티스에 가장 적합한 원리를 찾아내는 데에 필수적인 단계이다(Briner & Rousseau, 2011). 코칭과 코칭심리학 프랙티스에 심리학적 원리를 알리고 강화하기 위해서 몇몇 코칭심리학 특수 이익단체(예: 2002년 호주 심리학회 코칭심리학 이익단체 및 2004년 영국 심리학회 코칭심리학 특별 분과)가 설립되었다. 증거 기반 코칭의 발전을 위해 10년 이상의 노력을 기울인 끝에, 세 건의 메타 분석 연구와 네 건의 체계적 문헌 연구가 출간되면서 코칭 분야에서 심리학의 위치가 확립되었다(Theeboom, Beersma & van Vianen, 2014; Lai & McDowall, 2014; Jones, Woods & Guillaume, 2015; Sonesh et al., 2015; Grover & Furnham, 2016; Athanasopoulou & Dopson, 2018; Bozer & Jones, 2018). 그러나 증거 기반 프랙티스의 일부 지지자는 증거의 질에 대해 의문을 제기하면서 코칭 개입의 효과성을 여전히 의심하고 있다(Briner, 2012). 예를 들어, 대부분 코칭 연구는 정성적 연구 방법에 의존했다. 그러나, 개입의 효과성을 분석할 수 있는 가장 적절한 방법론으로는 무작위적 대조 연구가 거론된다(Guyatt et al., 1995; Guyatt et al., 2000). 따라서 견고한 정량적 연구(예: 명확한 결과가 창출되는 실험)의 수가 증가할 것으로 예상된다.

브리너Briner와 루소Rousseau(2011)는 증거 기반 프랙티스 발전을 위해 활용해야 할 가장 엄격한 방법론은 모든 가용 증거를 분석의 대상으로 삼는 체계적 문헌 고찰systemic review(SR)이라고 주장하였다. 따라서 본 장에서는 코칭심리학에 관한 두 건의 체계적 문헌 고찰을 종합적으로 살펴보면서 최신 코칭심리학 연구 증거에 대해 개괄적으로 소개하는 것을 목표로 한다(Lai & McDowall, 2014; Lai, 2016). 본 분석에서는 주로 현대 코칭 연구 방법론(1995-2016)을 면밀히 검토하고, 두 문헌 고찰을 비교한다. 이를 통해 지난 10년간 증거 기반 코칭의 여정을 심도 있게 이해하고 향후 연구가 되어야 할 영역을 탐색해 볼 수 있을 것이다.

증거 기반 프랙티스란 무엇인가?

증거 기반 프랙티스의 발전을 위한 추가적인 논의에 앞서, 먼저 범주를 정의하는 것이 중요하다. 본 장의 서두 내용을 요약하면, 증거 기반 코칭 프랙티스는 2001년부터 인식되기 시작했고(Grant, 2001), 이 접근법을 지지하는 일부에서는 모범적인 프랙티스의 원칙에 대해 논의했다(Rouseau, Manning & Denyer, 2008; Briner & Rouseau, 2011). 증거 기반 프랙티스의 몇 가지 주요 특징은 아래에 요약되어 있으며, 본 장의 후반부에서 향후 코칭 증거 분석을 위한 지침으로 활용될 것이다.

증거 기반 프랙티스는 프랙티셔너의 전문성과 판단, 하위 맥락에서 창출된 증거, 최고의 가용 연구 증거에 대한 비판적 평가 및 의사결정으로 인해 영향을 받을 수 있는 사람들의 관점 등 네 가지 정보 출처에 대한 양심적이고, 명백하며, 합리적인 사용을 통한 의사결정 과정이다(Sackett et al., 1996, p.71). 브리너Briner와 루소Rousseau(2011)는 증거 기반 프랙티스의 세 가지 특징을 다음과 같이 제시하였다. 증거 기반 프랙티스는:

(1) 프랙티셔너의 전문성과 연구에서 얻은 외부 증거를 통합한다.
(2) 모든 학자, 교육자 및 프랙티셔너가 참여하여 최고의 가용 증거를 확보하고 활용하는 능동적인 프로세스이다.
(3) 단일 연구에 의존하지 않고 체계적 문헌 고찰을 통해 가능한 한 모든 관련 증거를 분석한다.

체계적 문헌 고찰SR은 기존 연구에 대해 탐색하여, 학문적 함의를 선택 및 평가하고, 데이터를 분석하고 종합하며, 알려진 것과 알려지지 않은 것에 기반하여 도달한 명료한 결론을 합리적으로 제시하는 엄격하고 투명한 방법으로 증거에 관해 기술하는 고유한 방법론이다(Denyer & Tranfield, 2011). '증거의 위계 구조'(연구의 질)는 체계적 문헌 고찰 방법론에서 연구를 평가하기 위해 사용되어 왔으며, 연구 질문/가설을 맞는 연구 방법(방법론적 질이라고도 칭함)의 적합성을 평가하는 방식으로 연구의 등급을 매긴다. 증거의 위계 구조라는 개념은 일반적으로 '개입의 효과성'을 평가하기 위해 적용된다. 따라서 코칭 연구 방법론의 선택과 엄격성은 코칭 연구 설계가 증거 기반 프랙티스의 기준을 충족하는지를 평가하는 중요한 기준으로 간주된다. [표 7.1]은 임상 연구를 위해 설정된 연구 방법론의 위계 구조에 대한 일반적인 지침이지만, 광범위한 분야에서 채택하여 사용되고 있다. 이 위계 구조는 확정된 것이 아니고, 연구 목표에 따라 다른 형태의 위계 구조가 사용될 수 있다. 예를 들어, 무작위 대조군 연구는 개입 프로세스나 의미에 대한 질문에 답을 제공하는 가장 적절한 연구 방법이 아닐 수 있다(Peticrew & Roberts, 2006). 따라서 본 장에서 이 두 가지 체계적 문헌 고찰의 평가는

[표 7.1] 증거의 위계 구조

개입의 효과성에 대한
• 체계적 문헌 고찰 및 메타 분석
• 확실한 결과가 도출된 무작위 대조군 연구
• 확실한 결과가 도출되지 않는 무작위 대조군 연구
• 코호트Cohort(추적) 연구/단면(관찰) 연구
• 사례- 대조군 연구
• 단면 조사
• 사례 보고

(Guyatt et al., 1995; Guyatt et al., 2000)

연구 방법론의 선택에 대한 분석에 초점을 맞춘다. 검토 대상에 정성적 및 정량적 논문을 모두 포함하였는데, 그 이유는 심리학적 코칭의 효과성을 분석하는 것뿐만 아니라 건설적인 코칭 관계에 필요한 공통적인 요소가 무엇인지 파악하는 것도 검토의 목적이기 때문이다.

증거 기반 코칭 개발의 딜레마

증거 기반 코칭의 확대를 위해 해결해야 할 난제에 대해서는 광범위하게 논의되어 왔다(Briner, 2012). 본 섹션에서는 기존의 논의를 통합하고 코칭 개입이 증거 기반 프랙티스의 기준을 충족시키는 데 방해가 되는 딜레마에 대해 정리한다. 이 분석을 통해 향후 연구가 초점을 맞추어야 할 더 명료한 방향이 제시될 것이다.

코칭은 교차 학문적 개입법이다

증거 기반 코칭의 개발을 가속화하는 데 있어 근본적인 문제는 코칭 개입의 본질에 있다. 아래 [표 7.2]에 정리된 코칭의 주요 정의를 살펴보면 코칭 개입에 대한 연구 분야는 다양하지만, 크게 경영, 교육/성인 학습, 철학 및 심리학의 네 가지 분야로 분류할 수 있다. 첫째, 코칭에 대한 정의 대부분은 '업무 성과', '직업적 성취', '리더십' 또는 '임원으로서의 인식'의 향상이 코칭의 궁극적인 결과물 중 하나라는 것을 의미한다(Parsloe, 1999; Grant, 2000; Kampa-Kokesch & Anderson, 2001; Crane & Patrick, 2007; Smither, 2011; Lai, 2014).

[표 7.2] 코칭의 정의

출처	정의
Kilburg(1996)	코칭은 조직에서 관리자로 책임을 맡고 있는 코치이와, 합의된 일련의 목표 달성에 도움을 제공하고자 다양한 행동 전략을 응용하는 컨설턴트 사이의 조력적 관계이다.
Parsloe(1999)	코칭은 개인적 및 직업적 웰빙과 성과의 제고를 목적으로 하는 개입 방법으로, 기 정립된 성인 학습 또는 심리학적 접근법에 기반을 둔 코칭 모델에 근거를 둔다.
Grant(2000)	코칭은 문제해결 및 결과에 초점을 맞춘 협업적 프로세스로, 코치는 코치이의 업무 성과, 자기 주도 학습, 삶의 질 향상, 개인적 성장의 제고를 촉진하고자 노력한다.
Greene and Grant (2006)	코칭은 협업을 통해 목표를 설정하고, 브레인스토밍 및 행동 방안을 계획함으로써 자기 주도 학습을 독려하고자 노력하는 결과 중심적 활동이다.
Hamlin et al. (2008)	코칭은 개인이 다양한 영역에서 성과를 향상하고 개인 효과성, 자기 계발 및 개인적 성장을 제고하게 도움을 제공하는 명시적이고 묵시적인 의도이다.
Passmore and Fillery-Travis(2011)	코칭은 조력자facilitator(코치)와 참가자(코치이/고객) 사이에서 일어나는 미래에 초점을 맞춘 소크라테스식 대화로, 참가자의 자기 인식과 개인 책무성의 독려를 목적으로 한다.
de Hann and Duckworth(2012)	코칭은 '자격을 갖춘 코치와 계약에 기반을 둔 일련의 일대일 대화를 통해 이루어지는 리더십 개발의 한 형태'로, 코치이에게 유의미하고 실행 가능하며 시기적절한 결과를 제공한다.
Lai(2014)	코칭은 코치이의 개인적 또는 직업적 목표를 달성하기 위하여 코치와의 지속적인 대화와 협의를 통해 코치이가 긍정적인 행동의 변화를 경험할 수 있게 도움을 주거나 이를 촉진하는 코치와 코치이 사이의 성찰적 프로세스이다. 개인적 또는 업무적 목표를 달성하기 위해 코치와의 지속적인 대화와 협상을 통해 긍정적인 행동 변화를 경험할 수 있게 또는 촉진하는 코치와 코치이 사이의 성찰적 과정이다.

사실 코칭 작업은 기본적으로 코치이의 고용주를 통해 위임되기 때문에, 일반적으로 이해관계자들은 효과적인 코칭 프로그램을 통해 업무 성과와 조직 생산성 향상을 기대한다. 그러나, 코칭 프로세스(코칭 관계)와 근위 결과(코치이의 태도 및 행동 변화)에서 핵심적인 역할을 하는 일부 중요한 선행 요소는, 기업의 생산성(Greif, 2013)과 같은 원위 결과를 촉진하는 효과적인 요소가 된다(Greif, 2013). 따라서 '자기 계발', '자기 주도 학습' 및 '자기 알아차림, 자기 책무성personal responsibility'도 코칭의 정의에서 강조되는데(Parsloe, 1999; Grant, 2000; Greene & Grant, 2006; Passmore & Fillery-Travis, 2011; Lai, 2014), 그 이유는 성과의 창출에 앞서 학습이 먼저 요구되기 때문이다(Seijts & Latham, 2012; Greif, 2013). 아울러 이는 코칭 과정에서 효과적인 학습 프로세스를 촉진하기 위해 성인 학습 이론이 활용되고 있음을 의미한다. 위에서 논의한 내용을 간략히 요약하면, 자기 계발과 조직의 성과/생산성은 코칭 작업의 중요한 결과이며, 이 두 예상 결과는 모두 코칭 참가자가 만들어 내는 변화에 의해 좌우된다(예: 태도, 동기, 자신감 및 행동 방식). 따라서 일반적으로 심리학적 원리와 결합

되어 있는 '행동의 변화 및 전략' 또는 '자기 인식 및 자기효능감'은 긍정적인 코칭 결과 창출의 예비 단계로서 몇몇 정의에 포함되어 있다(Parsloe, 1999; Pass-more & Fillery-Travis, 2011; Lai, 2014). 어떤 예상 결과가 요구되느냐나 어느 분야에 적용되느냐에 관계없이, 효과적인 코칭 프로세스는 코치와 코치이 사이의 대화와 상호작용을 통해 이루어진다(Passmore & Fillery-Travis, 2011; Lai, 2014). 패스모어^{Passmore}와 필러리 트래비스$^{Fillery-Travis}$(2011)는 코칭 프로세스를 긍정적인 변화를 위해 코치이의 자기 인식과 성찰을 자극하는 소크라테스식 미래 중심 대화라고 정의했다. 이 정의야말로 코칭 프랙티스에서의 철학의 위치를 명확히 기술하고 있다.

위의 분석 결과를 종합하면, 의심할 여지 없이 코칭은 적어도 경영학, 성인 학습, 철학, 심리학을 포함하는 교차 학문적 개입법이다. 이렇듯 코칭 개입의 결과는 다양한 형태로 나타나기 때문에 증거 기반 프랙티스에 필요한 이론적 지식을 구축하기 위해 관련 증거를 통합하는 데 있어 어려움을 가중시킨다. 이는 아울러 코칭을 표준화된 직업으로 자리매김해야 하는 난제에 관해서도 설명해 준다.

코칭 연구에서 연구 방법 및 평가 방법은 다양하다

코칭의 학문적 다양성 때문에 코칭 연구에서도 다양한 연구 방법론과 평가 방법이 활용된다. 증거 기반 코칭^{SR}의 모범 사례를 탐색할 때, 체계적 문헌 고찰은 관련 증거를 종합하여 최고의 가용 지식을 프랙티셔너에게 제공할 수 있는 가장 엄격한 방법이다. 체계적 문헌 고찰 과정에서, 연구 방법의 설계는 증거의 질을 결정하는 핵심 요소 중 하나다. 오랫동안, 증거 기반 프랙티스를 지지하는 연구자들은 코칭 개입의 효과성에 대해서 회의적이었는데(Briner, 2012), 그 이유는 코칭이 개인의 학습 및 조직의 성과에 도움이 된다는 것을 입증할 수 있을 만큼 코칭 연구에서 수행된 무작위 대조군 연구^{RCT} 건수가 충분하지 않았기 때문이다. 무작위 대조군 연구가 개입의 효과성 분석을 하는 데는 가장 탁월한 연구 방법으로 꼽히지만(Guyatt et al., 1995; Guyatt et al., 2000), 개입 과정이나 의미를 연구하기에는 적절하지 않을 수 있다(Peticrew & Roberts, 2006). 코칭심리학에 대한 체계적 문헌 고찰 결과(Lai & McDowall, 2014), 10건의 무작위 대조군 연구(1995~2016)를 확인했고, 동일한 검색어를 사용하여

2016년에 반# 체계적 문헌 고찰을 수행한 결과, 14건의 무작위 대조군 연구(2011~2016)가 확인되었다. 그러나 다른 유사 조력적 개입과 비교할 때, 상대적으로 진전이 더뎠다. 코칭 연구 분야의 무작위 대조군 연구에 대한 부적절한 설명은 아래와 같이 정리할 수 있다:

- 코칭 연구자 및 프랙티셔너의 배경은 다양하며, 자신의 영역 안에서 프랙티스와 연구를 수행하는 경향이 있다. 예를 들어, 사회과학이나 경영학 연구에 초점을 맞춘 학술지는, 주어진 맥락에서 개인적인 경험이나 인식을 이해하고 코칭 프로세스에서 나타나는 현상을 설명하기 위해 일반적으로 질적 연구 방법(예: 해석현상학적 분석Interpretative Phenomenological Analysis(IPA), 사례 연구라고도 칭함)을 선호한다. 반면, 우리의 경험에 비추어 볼 때, 심리학 관련 저널은 무작위 대조군 연구 또는 실험을 통해 확실한 결과를 도출하는 특정 코칭 접근법을 활용한 양적 연구를 게재할 가능성이 크다.
- 코칭 작업의 이해관계자와 맥락은 다른 유사 전문 분야의 조력적 개입(예: 상담 및 치료)훨씬 더 복잡하고 다양하다. 대부분 코칭 작업은 코치이의 고용주가 의뢰하므로 코칭의 주제와 기대 결과는 개인적인 자기 계발과 조직 목표 사이에서 결합된다. 이러한 이유로 인해 과학적 실험을 수행하고 특정한 코칭 맥락에서 도출되는 확실한 결과를 분석하기 위해 모든 잠재적 요인과 편향을 줄이는 것이 어려워진다.

결론적으로, 코칭 전문가의 배경이 다양하기 때문에 연구 주제와 방법론의 선택도 다양해진다. 또 더욱 복잡한 이해 당사자의 맥락과 다양성은 종적 실험 연구를 위해 잠재적으로 영향을 주는 요인을 줄여야 하는 어려움을 가중시킨다.

현대 코칭 프랙티스에서 심리학의 역할

코칭에서 심리학 원리의 역할은 몇몇 연구 논평과 단행본(Bachkirova, 2008; Grant, 2001; Passmore & Fillery-Travis, 2011; Whybrow, 2008)을 통해 논의된 바 있다. 실제로 1990년대 이후 점점 더 많은 심리학자가 코칭 산업에 공개적으로 관여하게 되었는데, 그 이유 가운데 일부는 임원코칭이나 라이프 코칭의 목적이 인지, 정서 및 행동의 변화를 촉진하는 것이기 때문일 수 있다(Douglas & McCauley, 1999). 코칭 세션에 심리학 원리를 적용하는 것은 증거 기반 프랙티스의 확대에 기여하는 핵심 요소 중 하나로 간주된다(Grant, 2008). 이는 부분적으로, 첫째, 심리학이 인간 변화의 과정과 이해의 토대를 제공하는 이론 기반 과학이기 때문이다. 증거 기반 코칭 개입(흔히 심리치료 모델에서 차용됨)은 동기와 태도의 변화를 통해 직장 환경에서 코치이의 지속적인 학습과 성장을 촉진시키고자 하는 코칭의 본질적인 목적을 충족한다(Whybrow, 2008). 예를 들어, 시몬스Simons와 클리어리Cleary(2006)는 높은 수준의 자기 이해는 성공적인 리더십에 필수적이라고 제언하는데, 따라서 코칭 프랙티셔너는 행동의 원인이 되는 코치이의 과거 및 그에서 기인하는 태도, 감정 및 신념이 끼치는 영향을 다루기 위해서 상담적 요소를 통합하여 활용할 수 있다. 둘째, 심리학은 학문 영역이자 직업이기 때문에, 심리학에 대한 전문 훈련받은 코치는 코칭 프로세스가 반드시 윤리 규정에 근거하여, 합당한 사업 등록이나 면허 부여 권한을 보유한 기관 등 관련 관리협회의 감독하에서 시행되도록 보장할 수 있다. 덧붙여, 심리학이나 정신건강 분야에서 전문적인 훈련을 받음으로써, 전문 코치는 지금까지 인식하지 못했던 정신건강 문제를 가진 코치이에게 해가 될 수 있는 행동을 최소화하는 데 도움을 받을 수 있다(Berglas, 2002; Cavanah, 2006; Naughton, 2002). 코칭의 일반적인 목표는 개인의 행동 변화를 촉진하고 직장에서 성과를 향상하게 하는 것이지만, 연구에 따르면 라이프 코칭 프로그램 참가자 가운데 25~50%의 사람들이 정신건강 문제를 가지고 있을 수 있다고 한다(Green, Oades & Grant, 2005; Spence & Grant, 2005). 즉 이러한 연구들은, 코치이에게 드러나지 않은 정신건강 문제가 있는지 확인하고 적절한 전문가와의 연계를 지원할 수 있으려면, 심리학 배경을 가지고 있거나 기본적인 심리학 지식을 보유하고 있는 것이 아주 중요하다는 사실을 시사한다.

1995년과 2010년 사이에 관련 증거를 통합하기 위해 코칭심리학 연구 문헌에 대한 체계적 문헌 고찰SR이 수행되었다(Lai & McDowall, 2014). 심리학적 코칭 원리의 적용은 전문 코치가 코치이의 정서적 문제를 식별하고 코칭 프로세스 중에 더 좋은 관계를 구축하는 데 필수적인 요소로 강조되었다(de Haan 2008; Day, 2010; Freedman & Perry, 2010; Gregory & Levy, 2010). 또 코칭 관계는 상담 및 치료 연구에서 이야기하는 작업동맹의 중요성을 반영하는 긍정적인 코칭 결과에 대한 핵심 지표로 확인되었다. 그러나 문헌 고찰의 대상으로 포함된 대부분(70%) 연구는 질적 연구 방법(예: 사례 보고 및 면담)으로 수행되었다. 따라서 당시 문헌 고찰은 향후 코칭심리학 연구는 전문 코치에게 필요한 효과적인 자질에 관한 연구를 지속하면 도움이 될 것이라고 처음에 결론을 내렸다. 아울러, 어떤 유형의 심리학적 개입 및 개념이 전문적인 코칭 교육훈련 프로그램에 포함되어야 하는지 설명하기 위한 탐구와 엄밀한 연구가 계속되어야 할 필요가 있다.

2010년 이후에 발표된 코칭심리학 연구의 질을 평가하기 위해 2016년 반# 체계적 문헌 고찰semi-SR을 실시하여, 코칭 연구(2011~2016년 사이)에 채택된 연구 방법론이 증거 기반 프랙티스 기준에 가깝게 발전되었는지 조사했다.

증거 기반 코칭 프랙티스의 진화? 얼마나 가까이 와있나?

이 섹션에서는 코칭심리학에 대한 두 건의 체계적 문헌을 요약하고 비교함으로써 코칭 연구의 건수가 증가했는지와 연구 설계 측면에서 발전이 있었는지를 살펴보고자 한다. [표 7.3]은 문헌 고찰 과정 및 분석 결과를 정리한 것이다.

[표 7.3] 코칭심리학의 정의

출처	정의
Grant and Palmer (2002)	일반적인 인구 내 정상적인 사람들의 개인적 및 직업적 성과를 향상시키며, 이미 정립된 치료적 접근법에 기반을 둔 코칭 모델에 근거를 둔다.
영국 심리학회 코칭심리학 특별분과(2002)	개인적 및 직업적 웰빙과 성과를 향상시키며, 이미 정립된 성인 학습 또는 심리학적 접근법에 기반을 둔 모델에 근거를 둔다.
호주 심리학회 코칭심리학 이익단체(2003)	코칭심리학은 긍정심리학의 응용분야로서, 기 정립된 심리학적 접근법에 근거하고 이를 발전시키며, 임상적으로 유의미한 정신건강 문제나 비정상적인 수준의 심리적 고통을 가지고 있지 않은 개인, 그룹, 조직의 삶의 경험, 업무 성과 및 웰빙의 향상을 위해 체계적으로 응용된 행동 과학으로 이해할 수 있다.
국제 코칭심리학협회 ((전)코칭심리학협회) (2008)	코칭심리학 프랙티스는 기 정립된 성인 및 아동 학습 또는 심리학 이론과 접근법에 기반을 둔 코칭 모델에 근거하여, 개인의 삶과 일 영역에서 웰빙과 성과를 향상시키는 과정으로 설명할 수 있다. 심리학 대학원 학위나 대학원 수준의 관련 자격을 보유하고, 적절한 지속적 전문성 개발 및 감독 하에 프랙티스를 수행하는 자격을 갖춘 코칭심리학자에 의해 제공된다. 코칭심리학자는 개인, 팀, 조직, 지역 사회에 서비스를 제공한다. 코칭에 대한 이해를 심화하고 프랙티스를 향상하기 위한 코칭 프랙티스 내부의 행동, 인지 및 감정에 관한 과학적 연구.
Passmore(2010) Lai(2014)	코칭심리학은 심리학적 증거 기반 개입과 프로세스를 통해 비임상 인구의 지속 가능한 행동 변화를 지원하거나 촉진하는 것을 목표로 한다. 이러한 개입을 통해 코치는 코칭 프로세스 동안 코치이의 행동, 동기, 가치와 신념을 더 깊고 풍부하게 이해하고, 코치이가 목표를 달성할 수 있도록 촉진한다.

코칭심리학에 대한 첫 번째 체계적 문헌 고찰(1995-2010)

코칭심리학에 대한 첫 번째 체계적 문헌 고찰은 2010년에 수행되었다. 총 58개의 검색어(예를 들어, 개인차* 및 코칭)를 사용하여 9개의 전자 데이터베이스(예: PsyINFO 및 Business Source Complete)를 검색하였다. 최종 분석은 141개의 논문(1995년과 2010년 사이에 발표된 정성적 및 정량적 연구 전부)을 대상으로 하였다. 검토 과정과 결과에 대한 자세한 내용은 2014년 「국제 코칭심리학 소개International Coaching Psychology Review」에 게재되어 있다(Lai & McDowall, 2014).

최종 검토에 포함된 연구 가운데 절반 이상(57%)이 국제 코칭심리학 리뷰 등 심리학 중심 학술지(총 141편 가운데 81편)에 실렸고, 44편이 비즈니스 및 경영학 학술지에 실렸다. 이 연구들에 사용된 연구 방법론과 관련해서는, 대부분 연구가 질적 방법을 통해 수행되었으며(사례 연구 45건, 면접 기반 연구 23건), 23%만이 실험 설계 방법을 사용했다(무작위 대조군 연구 10건, 집단 간 연구 10건, 집단 내 연구 13건).

대부분 연구(69%)는 긍정적인 코칭 결과를 촉진하는 데 있어 특정한 심리적 코칭 접근법과 심리측정의 효과를 분석했다. 가장 많이 사용된 심리 코칭 접근법 또는 모델 가운데 상위 세 가지는 인지행동 코칭, GROW 모델 및 해결 중심 코칭이었다. 그러나 소수의 연구만이 엄격한 실험 설계 방법을 통해 수행되었다. 체계적 문헌 고찰 방법론의 위계 구조에서는 무작위 대조군 연구와 준 실험 연구가 개입의 효과를 분석하는 데 가장 적절한 연구 방법으로 간주된다(Guyatt et al., 1995; Guyatt et al., 2000). 다만, 분석 결과, 이 문헌 고찰(1995-2010)에 포함된 코칭 증거와 표준적인 증거 기반 프랙티스에서 요구하는 기준 사이에는 여전히 상당한 차이가 존재한다는 것이 드러났다. 따라서 코칭 프랙티스에서 특정한 심리학적 접근법의 효과를 확실히 입증하기 위해서는 더 엄격한 연구가 필요하다고 지적하였다.

코칭심리학에 대한 반半 체계적 문헌 고찰(2011-2016)

상기 분석에 이어, 제1 저자는 최근 코칭 연구(2011-2016)에 채택된 연구 방법론이 증거 기반 프랙티스의 기준을 어느 정도 충족하는지 검토하기로 했다. 두 번째 분석은 반半 체계적 문헌 고찰을 수행하였는데, 첫 번째 분석과 동일한 58개의 검색어와 포함 범주를 기반으로 하되, 논문 검색은 세 가지 주요 관련 데이터베이스(PsyINFO, Business Source Complete 및 ISI Web of Knowledge)만을 이용하였다.

두 번째 고찰에서는 최종 검토를 위해 140개의 논문(외부 코칭 관련 113개 및 사내 코칭 관련 27개)을 포함하였다. 여기서는 주로 외부 코칭(외부의 전문 코칭 프랙티셔너와 계약)의 효과를 분석한 113개의 논문에 초점을 맞추었다. 논문의 과반수(64%)가 심리학 중심 학술지 및 단행본에 실렸고, 경영 관련 학술지에 게재된 논문도 34편이나 됐다. 이 연구들에 적용된 방법론과 관련해서는, 2개의 메타 분석과 1개의 체계적 문헌 고찰이 확인되었으며, 연구의 3분의 1 이상(113편 가운데 34편)이 실험 설계 방법(무작위 대조군 연구 및 준 실험 연구)으로 수행되었다. 면담과 사례 연구와 같은 질적 연구도 여전히 전체의 3분의 1(37개 논문) 이상을 차지했다. 연구의 절반 이상(113편 가운데 69편)은 개입, 도구 및 모델과 같은 코칭 프로세스에서의 더 구체적인 요소를 조사하거나 분석했다. 또 두 번째 고찰에서는 코칭 관계와 관련된 연구의 수가 훨씬 많았는데, 대상 논문의 4분의 1(113편 가운데 25편)이 코치와 코치이의 상호작용 사이에 존재하는 요소에 대해 연구하였다. 가장 많이 활용된 심리학적 코칭 접근법 세 가지는 인지행동 코칭, 해결 중심 코칭 및 강점 기반 코칭이었다. 상기한 심리학적 코칭 접근법은 주로 무작위 대조군 연구 및 집단 내/집단 간 연구를 통해 분석되었다. 이러한 세 가지 접근법을 분석하는 데 사용된 방법론은 [표 7.4]에 요약된 바와 같다. 두 번째 문헌 고찰의 초기 연구 결과는 코칭 연구자들의 증거 기반 프랙티스에 대한 인식과 이해가 제고되었음을 보여주었고, 연구 방법론의 엄격성이 연구 설계에서 중요한 고려사항이 되었다. 그러나 연구 목적에 따라 다른 유형의 위계 구조가 적용될 수도 있다. 무작위 대조군 연구는 개입의 프로세스나 의미(예: 코칭 관계)에 관한 질문에 답을 제공할 수 있는 가장 적절한 연구 방법이 아닐 수 있다. 따라서 분석 대상으로 포함된 연구들에 대한 더 심층적인 분석이 필요하다.

[표 7.4] 상기한 두 건의 체계적 문헌 고찰 과정 및 초기 결과

	2010년 체계적 문헌 고찰	2016년 반# 체계적 문헌 고찰
논문 게재 연도	1995-2010	2011-2016(4월)
조사 용어 수	58	58
데이터베이스 수	9	3
포함된 논문 수	141	113(외부 코칭) + 27(조직 내 코칭) = 140
게재 학술지의 분포	• 81: 심리학 중심 학술지 • 44: 비즈니스/경영 관련 학술지	**외부 코칭 관련** • 73: 심리학 중심 학술지 • 34: 비즈니스/경영 관련 학술지
체계적 문헌 고찰/메타 분석	0	3(체계적 문헌 고찰:1, 메타 분석: 2)
연구 방법론 개요	• 무작위 대조군: 10 • 집단 간: 10 • 집단 내: 13 • 최고 빈도: 사례 연구	• 무작위 대조군: 14 • 집단 간: 13 • 집단 내: 7 • 최고 빈도: 면담
상위 세 개의 심리학적 접근	• 인지행동 코칭CBC • GROW 모델 • 해결 중심 코칭SF	• 인지행동 코칭CBC • 강점 기반 코칭 • 해결 중심 코칭SF

코칭심리학에 대한 두 체계적 문헌 고찰 비교

반# 체계적(2011-2016) 검토에서는 코칭 연구 검색에는 주요 세 가지 데이터베이스(PsyINFO, Business Source Complete 및 ISI Web of Knowledge)만을 사용했음에도 불구하고, 지난 5년간 코칭심리학 연구의 수는 상당히 증가했다. 1995년과 2010년 사이에는 포함 범주를 충족하는 기초 연구가 매년 평균 9.4건 있었지만, 2011년과 2016년 사이에는 이것이 30% 더 증가했다. 지난 5년 반 동안, 본 체계적 문헌 고찰의 포함 범주를 충족하는 코칭심리학에 초점을 둔 기초 연구가 평균 25.4개씩 매년 발표되었다. [그림 7.1]은 두 체계적 문헌 고찰에서 사용한 다양한 방법론의 수를 비교한 것이다. 흥미로운 점은 코칭과 관련된 주제에 대한 심리학자들의 관심이 더 높아졌다는 것이다. 첫 번째 체계적 문헌 고찰의 연구 중에서는 57%가 심리학 저널에 게재되었는데, 이것이 반체계적 문헌 고찰에서는 64%로 증가했다. 따라서 이러한 결과에 대해, 더 많은 코칭 연구자와 프랙티셔너가 대학원 과정의 일부로 연구를 수행하고 있고/있거나, 이들이 심리학 원리에 기반을 둔 연구의 장점을 인식하고

있다는 해석이 가능할 수도 있다. 전체적으로, 실험 설계 연구(무작위 대조군 연구, 집단 간/집단 내 연구)의 수는 반체계적 문헌 고찰에서 증가했다. 첫 번째 체계적 문헌 고찰에서는 23%였지만, 반체계적 문헌 고찰에서는 31%로 증가했다. 아울러, 지난 5년 동안 코칭 프로세스 및 관계에 영향을 미치는 요인에 대한 탐색을 많이 하는 방향으로 연구의 초점도 약간 이동했다. [그림 7.2]는 코칭의 네 가지 차원을 바탕으로 지난 10년간의 코칭 연구의 초점이 어떻게 변화했는지 정리한 것이다(Bachkirova, Cox & Clutterbuck, 2014).

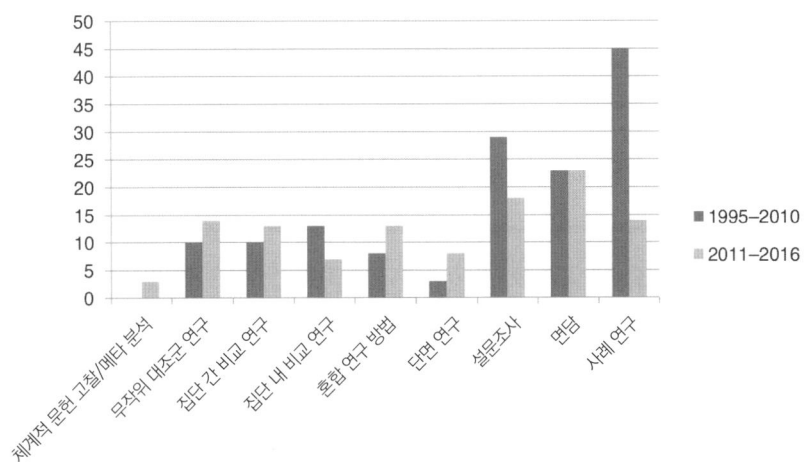

[그림 7.1] 두 체계적 문헌 고찰에서 나타난 다양한 연구 방법론의 수

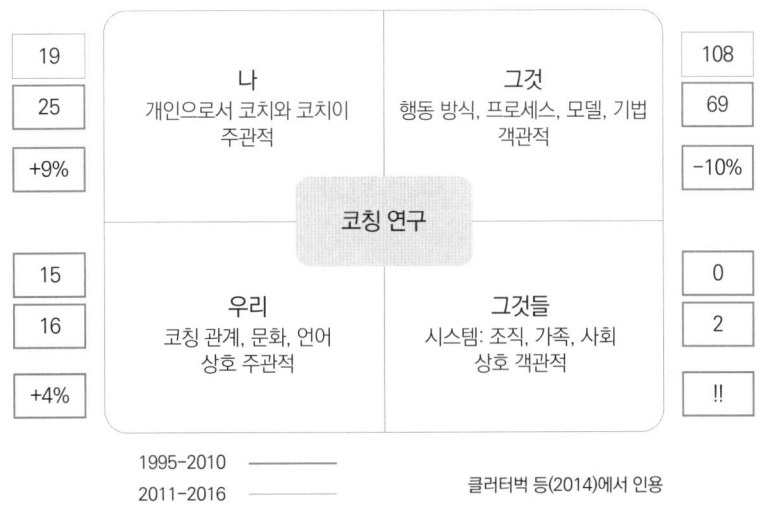

[그림 7.2] 코칭 연구 초점의 변화

요약하자면, 지난 5년간 무작위 대조군 연구와 준 실험 연구가 증가하면서 코칭 증거의 질도 함께 향상되었다. 또 경영 및 건강 등 코칭이 수행되는 분야가 다양한데도 심리학이 효과적인 코칭 결과에 큰 영향을 미친다는 것을 인식하는 코칭 전문가가 증가하고 있다. 그런데도 다른 유사한 조력적 개입과 달리, 관련 이해관계자의 복잡성, 목표 설정 및 외부 요인으로 인해 증거 기반 코칭 프랙티스의 발전은 상대적으로 느리고 더 많은 어려움이 따른다. 따라서 이제 증거 기반 프랙티스 기준에 한 발 더 가까이 다가갔지만, 이 기준을 일관적으로 충족하기 위해서는 코칭 및 코칭심리학 연구에서 개선해 나가야 할 것이 아직 훨씬 더 많이 남아있다.

논의 포인트

1. 프랙티스에 적용하기 전에 코칭 증거와 연구를 검토하는 단계에서 고려해야 할 사항은 무엇인가?
2. 체계적 문헌 고찰은 증거 기반 코칭심리학 프랙티스의 발전을 위해 필요한 가장 엄격한 방법론인가?
3. 코칭 연구 방법론은 증거 기반 프랙티스의 관점에서 중요한가? 왜 그러한가?
4. 최근 몇 년 동안 연구는 코칭 프로세스 및 관계에 영향을 미치는 요인에 대한 탐색에 점점 더 초점이 맞추어지고 있다. 이에 대해 논하라.

추천 읽기

Breakwell, G. M., Smith, J. A., & Wright, D. B. (2012). *Research Methods in Psychology* (4th ed.). London: Sage Publications.

Grant, A. M. (2008). Past, present and future: The evolution of professional coaching and coaching psychology. In S. Palmer & A. Whybrow (eds.), *Handbook of Coaching Psychology: A Guide for Practitioners*. New York, NY: Routledge/ Taylor & Francis Group.

Lai, Y., & McDowall, A. (2014). A systematic review (SR) of coaching psychology: Focusing on the attributes of effective coaching psychologists. *International Coaching Psychology Review*, 9(2), 118–134.

Rousseau, D. M., & Gunia, B. C. (2016). Evidence-based practice: The psychology of EBP implementation. *Annual Review of Psychology*, 67, 667–692.

참고 문헌

Athanasopoulou, A., & Dopson, S. (2018). A systematic review of executive coaching outcomes: Is it the journey or the destination that matters the most? *The Leadership Quarterly*.

Australian Psychological Society (2007). Definition of coaching psychology. Retrieved 5/9/2018 from www.groups. psychology.org.au/igcp/

Bachkirova, T. (2008). Role of coaching psychology in defining boundaries between counselling and coaching. In S. Palmer & A. Whybrow (Eds.), *Handbook of Coaching Psychology: A Guide for Practitioners* (pp. 351–366). Hove: Routledge.

Bachkirova, T., Cox, E., & Clutterbuck, D. A. (2014). Introduction. In E. Cox, T. Bachkirova, & D. Clutterbuck (Eds.), *The Complete Handbook of Coaching* (p. 5). London: Sage.

Berglas, S. (2002). The very real dangers of executive coaching. *Harvard Business Review*, 80(6), 86–93.

Bozer, G., & Jones, R. J. (2018). Understanding the factors that determine workplace coaching effectiveness: A system- atic literature review. *European Journal of Work and Organizational Psychology*, 27(3), 342–361.

Briner, R. B. (2012). Does coaching work and does anyone really care. *OP Matters*, 17, 4–12.

Briner, R. B., & Rousseau, D. M. (2011). Evidence-based I-O psychology: Not there yet. *Industrial and Organizational Psychology*, 4(1), 3–22.

British Psychological Society (2007). The aims of the special group in coaching psychology. Retreived from www.sgcp.org.uk/coachingpsy/rules.cfm .

Cavanagh, M. (2006). Coaching from a systematic perspective: A complex adaptive conversation. In D. R. Stober & A. M. Grant (Eds.), *Evidence Based Coaching Handbook: Putting Best Practices to Work for Your Clients*. Hoboken, NJ: John Wiley & Sons, Inc.

Crane, T., & Patrick, L. (2007). *The Heart of Coaching: Using Transformational Coaching to Create a High Performance Coaching Culture* (2nd ed.). San Diego: FTA Press.

Day, A. (2010). Coaching at relational depth: A case study. *Journal of Management Development*, 29(10), 864–876.

de Haan, E. (2008). *Relational Coaching: Journeys towards Mastering One-to-One Learning*. Chichester: John Wiley & Sons, Inc.

de Haan, E., & Duckworth, A. (2012). The coaching relationship and other 'common factors' in executive coaching outcome. In E. de Haan & C. Sills (Eds.), *Coaching Relationships: The Relational Coaching Field Book* (pp. 185–196). Oxfordshire: Libri.

Denyer, D., & Tranfield, D. (2011). Producing a systematic review. In D. Buchanan & A. Bryman (Eds.), *The Sage Hand- book of Organisational Research Methods* (2nd ed., pp. 671–689). London: Sage Publications.

Douglas, C. A., & McCauley, C. D. (1999). Formal developmental relationships: A survey of organizational practices. *Human Resource Development Quarterly*, 10(3), 203–220.

Freedman, A. M., & Perry, J. A. (2010). Executive consulting under pressure: A case study. *Consulting Psychology Journal: Practice and Research*, 62(3), 189–202.

Grant, A. M. (2000). Coaching psychology comes of age. *PsychNews*, 4(4), 12–14.

Grant, A. M. (2001). *Toward a Psychology of Coaching: The Impact of Coaching on Metacognition, Mental Health and Goal Attainment*. Sydney: Coaching Psychology Unit, University of Sydney.

Grant, A. M. (2008). Past, present and future: The evolution of professional coaching and coaching psychology. In S. Palmer & A. Whybrow (Eds.), *Handbook of Coaching Psychology: A Guide for Practitioners* (pp. 23–39). Hove: Routledge.

Grant, A. M., & Palmer, S. (2002). Coaching psychology workshop. *Annual conference of the Division of Counselling Psychology*, BPS, Torquay, May.

Green, S., Oades, L. G., & Grant, A. M. (2005). An evaluation of a life-coaching group program: Initial findings from a waitlist control study. In M. Cavanagh, A. Grant & T. Kemp (Eds.), *Evidence-Based Coaching* (pp. 127–142). Bowen Hills, Qld, Australia: Australian Academic Press.

Greene, J., & Grant, A. (2006). *Solution-Focused Coaching: Managing People in a Complex World* (2nd ed.). London: Pearson Education Ltd.

Gregory, J. B., & Levy, P. E. (2010). Employee coaching relationships: Enhancing construct clarity and measurement. *Coaching: An International Journal of Theory, Research and Practice*, 3(2), 109–123.

Greif, S. (2013). Conducting organizational-based evaluations of coaching and mentoring programs. In J. Passmore, D. B. Peterson & T. Freire (Eds.), *The Wiley-Blackwell handbook of the psychology of coaching and menoring* (pp. 443–470). Chichester: John Wiley & Sons, Inc.

Grover, S., & Furnham, A. (2016). Coaching as a developmental intervention in organisations: A systematic review of its effectiveness and the mechanisms underlying it. *PloS One*, 11(7), e0159137.

Guyatt, G. H., Haynes, R. B., Jaeschke, R. Z., Cook, D. J., Green, L., Naylor, C. D., Wilson, M. C., & Richardson, W. S. (2000). Users guide to the medical literature XXV: Evidence-based medicine: Principles for applying the users guides to patient care. *JAMA*, 284, 1290–1296.

Guyatt, G. H., Sackett, D. L., Sinclair, J. C., Hayward, R., Cook, D. J., & Cook, R. J. (1995). Users' guide to the medical literature: IX. A method for grading healthcare recommendations. *JAMA*, 274, 1800–1804.

Hamlin, R. G., Ellinger, A. D., & Beattie, R. S. (2008). The emergent 'coaching industry': A wake-up call for HRD professionals. *Human Resource Development International*, 11(3), 287–305.

Jones, R. J., Woods, S. A., & Guillaume, Y.R. (2015). The effectiveness of workplace coaching: A meta-analysis of learning and performance outcomes. *Coaching: Journal of Occupational and Organizational Psychology*, 89(2), 249–277.

Kampa-Kokesch, S., & Anderson, M. (2001). Executive coaching: A comprehensive review of the literature. *Consulting Psychology Journal: Practice & Research*, 53(4), 205–228.

Kilburg, R. (1996). Toward a conceptual understanding and definition of executive coaching. *Consulting Psychology Journal: Practice and Research*, 48(2), 134–144.

Lai, Y. (2014). *Enhancing Evidence-Based Coaching through the Development of a Coaching Psychology Competency Framework: Focus on the Coaching Relationship*. Guildford, UK: School of Psychology, University of Surrey.

Lai, Y. (2016, December 8–9). Five years after the systematic review on Coaching Psychology: Evidence-based coaching? Where are we now? British Psychological Society, Special Group of Coaching Psychology Conference, London, UK.

Lai, Y., & McDowall, A. (2014). A systematic review (SR) of coaching psychology: Focusing on the attributes of effec- tive coaching psychologists. *International Coaching Psychology Review*, 9(2), 118–134.

Naughton, J. (2002). The coaching boom: Is it the long-awaited alternative to the medical model? *Psychotherapy Networker*, 42, July/August, 1–10.

Parsloe, E. (1999). *The Manager as Coach and Mentor*. London: CIPD.

Passmore, J. (2010). A grounded theory study of the coachee experience: The implications for training and practice in coaching psychology. *International Coaching Psychology Review*, 5(1), 48–62.

Passmore, J., & Fillery-Travis. A. (2011). A critical review of executive coaching research: A decade of progress and what's to come. *Coaching: An International Journal of Theory, Research and Practice*, 4(2), 70–88.

Petticrew, M., & Roberts, H. (2006). *Systematic Review in the Social Sciences: A Practical Guide*. Oxford: Wiley-Blackwell.

Rousseau, D. M., Manning, J., & Denyer, D. (2008). Evidence in management and organizational science: Assembling the field's full weight of scientific knowledge through syntheses. *The Academy of*

Management Annals, 2(1), 475-515.

Sackett, D. L., Rosenberg, W. M., Gray, J. M., Haynes, R. B., & Richardson, W. S. (1996). Evidence based medicine: What it is and what it isn't. London: The Association.

Seijts, G. H., & Latham, G. P. (2012). Knowing when to set learning versus performance goals. *Organisational Dynamics*, 41, 1-6.

Simons, L., & Cleary, B. (2006). The influence of service learning on students' personal and social development. *College Teaching*, 54(4), 307-319.

Smither, J. (2011). Can psychotherapy research serve as a guide for research about executive coaching? An agenda for the next decade. *Journal of Business Psychology*, 26(2), 135-145.

Sonesh, S. C., Coultas, C. W., Lacerenza, C. N., Marlow, S. L., Benishek, L. E., & Salas, E. (2015). The power of coaching: A meta-analytic investigation. *Coaching: An International Journal of Theory, Research and Practice*, 8(2), 73-95.

Spence, G. B., & Grant, A. M. (2005). Individual and group life-coaching: Initial findings from a randomised, controlled trial. *Evidence-Based Coaching*, 1, 143-158.

Theeboom, T., Beersma, B., & van Vianen, A. E. (2014). Does coaching work? A meta-analysis on the effects of coaching on individual level outcomes in an organizational context. *The Journal of Positive Psychology*, 9(1), 1-18.

Whybrow, A. (2008). Coaching psychology: Coming of age? *International Coaching Psychology Review*, 3(3), 219-240.

Part 2

코칭심리학의 접근들

서론

역자: 김현화

제2부에서는 코칭 프랙티스에서 심리학 기법들을 사용하는 코칭심리학자들과 코치들이 적용하는 많은 심리학 이론과 틀을 소개한다. 이러한 접근을 모은 것이 모든 것을 포괄하고 있는 것은 아니다. 그러나 인지 발달, 행동주의 그리고 해결 중심 코칭과 같이 좀 더 대중적인 접근을 제시하였다(Palmer & Whybrow, 2017). 또 내러티브 코칭, 실존주의 및 게슈탈트 코칭과 같이 다소 덜 빈번하게 사용되는 접근법도 포함한다(Palmer & Whybrow, 2017). 심리 모델과 프레임워크(8장부터 25장)는 저자들의 시각에서 철학적 근원에 따라 융통성 있게 분류하였다.

행동주의 그리고 인지행동주의 접근들

조나단 패스모어Jonathan Passmore가 소개한 '행동주의 코칭Behavioural coaching'(8장)은 파블로프Pavlov, 스키너Skinner 및 반두라Bandura와 같은 심리학자의 연구를 기반으로 한다. 이 장에서는 다음과 같은 접근을 사용하는데, 조직적 체계들이 명시적으로 설계한 것과 거의 같은 방식으로, 코치이가 스스로 동기부여하고 자기를 보상하는 행동 시스템을 궁극적으로 생성함을 강조한다. 인간 활동에 대한 이러한 순수 행동주의 관점에서 발전한 인지행동주의 접근은 코치와 코칭심리학자 모두에게 가장 빈번하게 시행되는 토대 중 하나이다. '인지행동주의 접근법'이라는 용어는 광범위한 기술과 모델을 포괄한다. 실제로 스티븐 팔머Stephen Palmer와 카시아 시만스카Kasia Szymanska는 '인지행동 코칭: 통합 접근 방식Cognitive behavioural coaching: an integrative approach'(9장)을 소개한다. 이 장에서는 접근을 뒷받침하는 다양한 프레임워크와 핵심 개념이 적절한 적용을 위한 매우 실용적인 방법과 함께 논의된다.

인본주의 접근들

스티븐 조셉Stephen Joseph과 리차드 브라이언트-제프리스Richard Bryant-Jeffries는 순수하게 촉진 지향적인 접근인 '인간 중심 코칭심리학Person-centred coaching psychology'(10장)에서 단순하나 심오한 인간 중심의 코칭 접근 방식에 중점을 두고 이 부분을 시작한다. 개개인은 자신에 관한 최고의 전문가라는 주장은 코칭 프랙티셔너에게 놀라운 일이 아니다. 그러나 이 주장의 철학적, 이론적 깊이는 이러한 수사학적 표현을 코칭 영역의 일부로 무심결에 받아들였던 사람들에게는 놀라울 수 있다. '동기 강화 면담: 코칭심리학자를 위한 접근Motivational interviewing: an approach for coaching psychologists'(11장)은 변화에 대한 동기를 이끌어내고 강화하기 위해 인간을 중심에 두고 협업적인 안내 형식을 따른다. 조나단 패스모어Jonathan Passmore와 앨리슨 와이브로우Alison Whybrow는 개인의 행동 변화에 대한 코치이 고유의 내재적 동기를 강화하기 위해 고안된 이러한 협력적 접근 방식을 공유한다. 변화 주기를 확인하며, 주기를 통과하는 움직임을 나타내는 대화는 코칭 과정에 참여할 수 있도록 사람을 보강하고 개방하는 특정 기술과 함께 논의된다.

인본주의 접근 범주의 마지막 장인 '다원주의 코칭pluralistic coaching'(12장)은 통합된 접근 방식에서 작동하는 코치이를 지원하는 접근 방식으로, 코치이의 목표 달성에 가장 효과적일 가능성이 큰 코칭 개입을 활용한다. 이 접근에서 조피아 우트리Zsófia Utry, 스티븐 팔머Stephen Palmer, 존 맥레오드John McLeod 및 믹 쿠퍼Mick Cooper가 설명했듯이 코칭 파트너십에서 이루어지는 협업의 깊이는 코칭 과정의 다른 모든 측면뿐만 아니라 최상의 코칭 접근 방식일 수 있음을 포함한다. 이는 코치이 중심의 접근이 더 나은 참여와 결과로 이어질 수 있다는 관점이다.

실존주의 접근들

실존주의 코칭은 에르네스토 스피넬리Ernesto Spinelli와 캐롤라인 호너Caroline Horner가 쓴 '코칭심리학에 대한 실존적 접근An existential approach to coaching psychology'(13장)에서 소개된다. 실존주의의 기본 철학적 가정을 명시적으로 인정하고 활용하는 접근으로 다른 접근 방식과 구별된다. 여느 때와 마찬가지로 저자들은 실천에 대하여 이러한 잠재적으로 복잡하고 현상학적인 접근을 이해하기 쉽고 실용적으로 소개한다. 이를 바탕으로 줄리 알란Julie Allan과 앨리슨 와이브로우Alison Whybrow는 코칭 실천의 두 번째 실존적 영역인 '게슈탈트 코칭Gestalt coaching'(14장)을 공유한다. 이 장에서는 아마도 더 잘 알려진 인물 중 하나인 프리츠 펄스Fritz Perls의 게슈탈트 치료 철학을 활용하고, 특히 관계와 패턴의 맥락에서 현상학적 접근에 더욱 기반을 둔 근본 가정과 관점에 대한 통찰을 제공한다.

마음챙김mindfulness은 고든 스펜스Gordon Spence가 '코칭에서의 마음챙김: 자기 결정 이론을 중심으로Mindfulness in coaching: a self-determination theory perspective'(15장)에서 소개한다. 스펜스Spence는 마음챙김이 그 자체로서는 접근이라기보다는 특정한 의식의 질을 묘사하는 것이라고 지적하였다. 대부분 심리학적 접근법은 알아차림awareness에 대한 주의력 증대를 중요한 결과로 간주한다. 마음챙김은 코칭의 본질에 거의 내재한 공통 요소로 간주할 수 있다. 이러한 근거는 마음챙김과 마음챙김 실천의 급격한 증가와 가치에 대한 유용한 통찰을 제공한다. 이 장은 또한 마음챙김에 기반을 둔 실천의 다면적이고 넓은 조망을 보여준다. 크리스 아이언스Chris Irons, 스티븐 팔머Stephen Palmer 및 리즈 홀Liz Hall은 '자비 중심 코칭Compassion focused coaching'(16장)으로 초점의 깊이를 더한다. 이는 심리 과학의 다양한 분야를 활용하는 통합 접근 방식이며, 특히 높은 수준의 고통과 스트레스를 다루는 작업 환경에 직면하거나 자기비판, 실패에 대한 두려움 및 극심한 걱정으로 내적 갈등의 어려움을 겪는 사람들에게 특히 유용할 수 있다.

존재 중심 접근들

이 부분에서 다룰 두 개의 장은 모두 이 핸드북의 제1판에는 없던 새로운 내용이다. 존재 중심 접근의 범주에서 첫 번째 장은 '존재론적 코칭ontological coaching'(17장)이다. 아부디 샤비Aboodi

Shabi와 앨리슨 와이브로우Alison Whybrow는 코치의 세계에 대한 해석과 그들의 존재 방식에 대한 탐구를 기반으로 하는 이러한 접근 방식을 공유한다. 존재론은 존재에 관한 연구이다. 존재론적 코칭은 코치이가 어떻게 언어를 사용하는가, 세계에 대한 해석이 형성하는 감정은 무엇인가, 어떻게 공간을 거쳐 가는가, 그리고 그들이 무엇일 될 것인가를 통해 코치이의 존재에 있는 핵심을 파악하는 것을 목표로 한다. 목표는 이전에 사용할 수 없었거나 보이지 않았던 새로운 가능성을 생성하여 변환을 촉진하는 것이다. 이어서 유니스 아퀼레나Eunice Aquilina 그리고 리차드 스트로치-헤클러Richard Strozzi-Heckler가 설득력 있게 설명하는 통합된 전체론적 접근인 '소매틱 코칭Somatic coaching'(18장)이 뒤를 잇는다. 존재론적 코칭과 유사하게, 소매틱 코칭은 인간이라는 '존재'가 다뤄질 때, 지속 가능한 변화가 일어나는 것을 보고 그 사람의 존재 방식에 더 초점을 맞춘다. 이 풍부한 접근 방식은 구체화된 패턴과 함께 작동하며, 개입은 대화 수준이 아닌 신체적 수준에서 이루어지는 경우가 많다.

구성주의 접근들

'개인 구성심리학 코칭Coaching with personal construct psychology(PCP)'(19장)은 키에런 두이난Kieran Duignan이 제시한다. PCP는 구성주의적, 인본주의적, 맥락적 심리학 주제를 심리측정, 소프트 시스템 방법론 및 행동 강화 기술과 결합하고 있다. 이 체계적인 코칭 접근법은 매우 실용적인 관점에서 논의된다. '(성인, 아동, 그룹과 공동체) 모두를 위한 내러티브 코칭Narrative coaching for all (adults, children, groups and communities)'(20장)은 호 로우Ho Law가 소개한다. 내러티브 코칭은 특히, 다문화적 맥락에 특히 적절한 것으로 간주된다. 스토리텔링을 기반으로 하는 이 접근은 적극적인 경청 과정을 통해 자신이 소유한 강점, 지식 및 기술에 대한 개인 및 공동체의 인식을 높인다. 구성주의 접근의 세 번째 장인 '해결 중심 코칭Solution-focused coaching'(21장)은 부끄럽지 않은 결과를 지향하며 역량을 기반으로 한다. 빌 오코넬Bill O'Connell과 스티븐 팔머Stephen Palmer는 이러한 접근 방식이 현재의 만연한 긍정심리학 패러다임과 잘 부합한다고 말한다. 이 접근은 코치의 기존 기술, 강점, 지식 및 경험에 중점을 두고, 미래 차원을 따라 성장에 대한 감각을 실제로 확장하도록 코치를 초대한다. 마지막 장은 '신경 언어 프로그래밍Neuro Linguistic Programming(NLP) 및 코칭'(22장)이다. 브루스 그림리Bruce Grimley가 명확하고 실용적으로 설명한 NLP는 실존적 현상학과 게슈탈트 심리학에 강한 뿌리를 두고 있다. 핵심 구성 중 일부는 코치와 실무자에게 친숙할 수 있으나 세상을 해석하는 방식을 구성하는 더 심오한 실존적 틀은 다소 약할 수 있다.

시스템적 관점들

특정한 관점을 가져라. 여러 측면에서 2부의 각 접근은 시스템적 관점을 가지고 있다. 그러나 여기에서 설명하는 접근은 의도가 있는 더욱 시스템적인 접근이다. 산드라 윌슨Sandra Wilson은 '코칭에 대한 교류 분석 접근Transactional Analysis approaches to coaching'(23장)을 공유한다. 교류 분석TA은 강력한 시스템적 코칭 접근으로, 관계를 수립하고 문제를 함께 해결하며 목표를 달성할 때, 인간의 욕구와 행동 사이의 연결 그리고 이것들이 조직 내 사람들의 효율성 또는 비효율성에 어떻게 영향을 미치는지에 대한 통찰과 이해를 제공한다.

시스템적 코칭, 또는 더 구체적으로 '코칭과 코칭심리학의 프랙티스에 대한 시스템적 범주 접근Systemic constellations approach to coaching and coaching psychology practice'(24장)은 제이크 파Jake Farr와 매트 셰퍼드Matt Shepheard에 의해 소개되었다. 이 접근은 더 선형적인 방법liner methods을 사용하여 자주 볼 수 없는(또는 사용 가능한) 자원을 제공하고 기본 역동, 정보 및 자원 조명하는 매핑 방법론mapping methodology을 사용하여, 코치이와 그들이 속한 시스템의 맥락에서 야기하는 것을 보여준다. 이것은 좀 더 표면적인 경험의 뿌리에 박혀 있을 수 있는 더 복잡하고 얽힌 패턴을 드러낼 수 있도록 한다.

베가 자기어 로버츠Vega Zagier Roberts와 할리나 부르닝Halina Brunning은 '정신역동 그리고 시스템 정신역동 코칭Psychodynamic and systems-psychodynamics coaching'(25장)에 대한 훌륭한 통찰력을 제공한다. 정신역동 코칭은 개인과 집단 사이에서 작용하는 정신적 힘이 사고와 행동에 어떻게 영향을 미치는지를 이해하는 방법에 기반을 두고 있다. 시스템 정신역동 접근은 역할, 권한, 작업 시스템 및 과정 설계에 중점을 둔 개방 시스템 이론의 요소를 통합한다. 이러한 통합은 코치이를 위한 더 깊은 통찰 제공을 목표로 하는 매우 실용적이고 유용한 코칭 접근에 적합하다.

제2부의 각 기고자는 통합된 전문 지식을 제공한다. 이는 독자가 개념적 그리고 이론적 배경에 접근할 수 있도록 하며, 제시된 사례 연구 자료에서 각 접근 방식의 중심 개념이 쉽고 생생하게 표현되었다. 이러한 각 장의 접근 방식은 각 개인의 실무에 대한 부합 여부와 관계없이

독자에게 선물을 제공한다. 접근 방식을 강조함으로써 생긴 명확성은 코칭 실무자로서 추구하는 것이 흥미로울지 또는 그렇지 않을지에 대해 매우 귀중한 통찰력을 독자에게 부여한다.

참고 문헌

Palmer, S., & Whybrow, A. (2017). What do Coaching Psychologists and Coaches really do? Results from two international surveys. Invited paper at the 7th International Congress of Coaching Psychology 2017. Theme: Positive and Coaching Psychology: Enhancing Performance, Resilience, and Well-being. Presented on 18 October in London.

Section 1

행동 및 인지행동적 접근들

8장
행동주의 코칭

저자: 조나단 패스모어Jonathan Passmore[1]
역자: 김현화

서론

행동주의 코칭은 코치와 코치이, 또는 그룹들 사이의 관계에서 이루어지는 체계적인 과정들에 의해 이루어지며, 이 과정에는 코치이 자신의 능력 개발은 물론 직업과 개인 삶에서 가치 있고 지속 가능한 변화 달성에 방해가 되는 요소들을 제거하기 위해 가치와 동기에 대한 평가와 조사, 측정 가능한 목표 설정, 구체적 행동 계획의 정의, 타당한 도구와 기법의 사용이 포함된다(Skiffington & Zeus, 2003: 6).

행동주의에 기반을 둔 코칭은 GROW 형태로 영국의 코치들에 의해 활발하게 활용된 가장 보편적인 코칭 모델이라 할 수 있다(Whitmore, 2009; Alexander, 2016). GROW 모델과 이를 이어 쏟아져 나온 행동주의 모델들(Macintosh, 2003; Caplan, 2003; Hardingham, Brearley, Moorhouse & Venter, 2004; Peltier, 2009)은 가장 보편적인 모델이 되었다. 그러나 이러한 모델이 행동주의 기반에 근거하고 있음을 인식하거나 실무에서의 영향을 성찰하는 코치는 매우 소수에 불과하다.

이번 장에서는 행동주의 코칭 모델의 기원을 살펴보고, 이를 심리학자와 코칭 전문가 모두

---

[1] **조나단 패스모어**Jonathan Passmore는 5개의 학위를 가진 공인된 심리학자이면서 코치이다. 현재 Henley Centre for Coaching and Behavioural Change의 감독이자 포루투갈의 Evora 대학의 교수직을 맡고 있다. 그는 30권의 책과 100편이 넘는 과학 기사, 책으로 널리 글을 썼다.

가 임상 실천의 구성요소로 활용할 수 있는 방법에 대하여 설명하고자 한다.

행동주의 코칭의 발달

행동주의 코칭의 발달은 파블로프Pavlov, 와트슨Watson, 스키너Skinner와 반두라Bandura에 뿌리를 두고 있다. 안타깝게도, 이른바 '비-심리학적' 코칭 모델이라 여겨지는 것들에서 이러한 유전적 근원은 거의 사라지고 있다. 보상과 처벌에 근거를 둔 행동주의 기반 모델은 비즈니스 업무의 핵심을 구축하였다. 조직 내에서 코칭이 발전함에 따라, 이러한 행동주의 기반 접근 역시 발전하고 있다.

가장 보편적인 행동주의 코칭 모델 형식은 GROW 코칭 모델이다. GROW는 1980년대 그레이엄 알렉산더Graham Alexander가 발전시킨 4단계 코칭 모델이다. 코치는 4단계를 따라 진행한다: 각 단계는 목표goal 설정하기, 현실reality 검증하기, 대안option 만들기, 나아갈 방향way forward에 동의하기로 이루어져 있다. 이 접근은 수많은 유사 모델을 출현시켰는데, 이러한 모델들의 초점은 개인행동의 조율과 새로운 학습을 통한 수행 능력 향상에 있다.

이러한 단순 모델들은 GROW 개념의 많은 부분을 취하고, 이를 인간의 학습과 행동에 관한 행동주의 전통에서 얻은 근거 기반 연구들을 통합한, 더욱 정교한 행동주의 코칭의 기본 틀이다(Skeffington & Zeus, 2003).

이론과 기본 개념들

행동주의의 대중화는 파블로프Pavlov(1927)의 연구가 이루어졌던 1920년에 그 뿌리를 두고 있다. 파블로프는 환경 조건에 적응하기 위해 주어진 상황에 반응한다는 조건반사 개념을 밝혔다. 파블로프의 고전 실험에서 개는 음식이 아닌, 벨 소리를 듣고 침을 흘렸다. 처음에는 음식(무조건적 자극)에 의해 개가 침을 흘린다는 것을 관찰하였다. 이후 중립적 자극(벨 소리)을 음식과 연합하였다. 처음에는 벨 소리가 개에게 아무런 영향을 끼치지 않았다. 그러나 음식이 나올 때마다 계속 벨을 울리자, 개는 음식과 벨 소리가 연합됨을 학습하게 되었다. 음식과 벨

소리의 연합은 매우 강력해서, 음식 없이 벨 소리만으로도 침을 흘리게 할 수 있었다. 파블로프는 개 또는 사람에게 행동과 보상 또는 처벌 사이에 유사한 종류의 연합을 형성함으로써 조건 반응을 만들 수 있다고 주장하였다.

적절한 자극으로 행동 변화를 가져올 수 있다는 신념을 둔 이러한 관점은 전쟁 전·후 시기 동안 경영 서적에 많은 정보를 제공하였다. 그러나 대다수의 경영 서적들은 이것이 행동주의에 기반하고 있음을 알지 못했다.

행동주의는 1960년대에서 1970년대의 주류 심리학으로 자리매김하였는데, 스키너Skinner(1974)에 의해 더욱 발전하였다. 그는 행동을 두 유형으로 분류하였다. 하나는 그가 반응적 행동respondent behaviour이라고 부른 것이다. 이것은 파블로프의 고전 조건 모델을 따라 개 또는 사람이 새로운 반응(타액과 같은)을 현존하는 자극(벨 소리)과 연합하여 학습하는 것이다. 두 번째는 스키너가 조작적 행동operant behaviour이라 칭한 것이다. 이러한 학습 과정에서 한 개인은 새로운 행동을 시도하게 되며, 시행착오를 거치면서 성공적 결과를 얻게 됨으로써 행동이 강화된다.

이로부터, 스키너는 강화(보상)와 처벌 모두 학습을 촉진할 수 있다고 보았다. 행동에 대한 보상과 같은 강화는 그 행동을 반복하도록 만든다. 또한 처벌도 원하는 행동을 하게 하는 데 활용될 수 있다. 처벌의 형태는 행동 이후 즉각적인 제재를 가함으로써 취해질 수 있다. 이것은 또한 정적 강화 제거로도 활용될 수 있는데, 보너스 지급을 보류하는 것이 예가 될 수 있다. 스키너의 개념은 조직 발달에서 중요한 역할을 해왔다.

오늘날 경영에서 급여 또는 평가와 관련된 수행의 향상은 각 개인의 행동이 금전적이든 칭찬과 같은 심리적이든, 보상과 처벌을 통해 형성될 수 있다는 믿음에 직접적으로 연결되어 있다. 또 수행 관리, 목표 설정과 역량 체계 사용은 모두 행동주의 사고와 연결된다.

반두라Bandura(1969)의 연구는 사회 학습을 행동주의적 사고에 접목하여 새로운 영역으로 이끌었다. 그는 파블로프와 스키너가 관찰한 바와 같이 행동주의는 하등 체계에 있는 종들에게 적합하지만, 추상적인 사고력이 있는 인간에게는 학습이 강화 없이도 이뤄질 수 있음을 지적하였다. 파블로프와 스키너에 의하면, 개인은 자극 또는 반응을 경험해야만 했다. 그들은 보상 또는 처벌받아야 하고, 그 행동에 관한 명확한 관계를 인식해야 했다.

그러나 반두라는 학습이 타인의 성공과 실패를 관찰함으로써 일어날 수 있다고 보았다. 이러한 학습은 두 가지 방식으로 일어난다. 첫째, 행동을 관찰하고 모방하는 것이다. 예를 들어,

다른 직원이 고객에게 미소 짓는 것을 보고 그 행동을 따라 하는 것이다. 두 번째, 행동은 관찰되고 학습될 수 있으며, 행동에 보상이 뒤따를 때만이 그 행동은 재현될 수 있다. 예를 들어, 어느 한 직원이 미소가 판매를 증진할 것이란 사실을 알 수도 있지만, 매출 목표가 매출 보너스와 연결되어 있을 때만 미소를 지을 것이다. 또한 반두라는 한 개인이 타인의 실수로부터 관찰과 학습을 할 수 있다고 보았다. 예를 들어, 상사와의 논쟁이 업무에서 개인적으로 부정적 결과를 초래할 가능성을 증가시킨다는 것을 배울 수 있을 것이다.

반두라가 제시한 대다수 흥미로운 개념들은 자기효능감에 관한 것이다. 이는 자신의 능력에 대한 믿음을 뜻한다. 이 개념은 자기-인식에 근거를 두고 있으며, 자신이 업무를 얼마나 잘 수행하고 있다고 생각하는지에 달려 있다. 반두라는 자기효능감이 높은 사람이 스트레스 상황에서도 굴하지 않고 꾸준히 수행할 수 있다고 보았다. 후속 연구(Locke & Latham, 1990; Gist & Mitchell, 1992)는 높은 자기효능감과 우수한 업무 능력 사이의 강한 상관관계를 보여주었다.

이상의 행동주의 개념들은 경영, 인간 학습 그리고 최근의 코칭에서 우리의 사고와 실천에 상당한 영향을 미쳤다. 우리 사고의 행동주의적 기반은 의심의 여지가 없이 우리의 문화적 접근에 통합되었다.

프랙티스

어떻게 코칭 모델들이 행동주의 개념으로부터 영향을 받았을까? 행동주의에 근거를 둔 학습과 발달은 최근 대부분 경영 사고에서 '당근과 채찍' 경영 기술들을 사용하도록 이끌었다. 첫째, 행동 관찰 그리고 좀 더 최근에는 역량을 통한 행동 측정에 초점을 맞춰 왔다. 둘째, 이어진 수행은 급여와 평가 제도들을 통해 보상(또는 처벌)받는다. 셋째, 학습은 멘토링과 역할 모델링을 통해 촉진된다.

행동주의 기반 코칭 모델은 코치이로 하여금 학습과 성장을 도출하는 그들 자신만의 방법을 구성하도록 한다. 코치이는 스스로 수행 평가 체계를 구성하고, 목적 달성에 영향을 미친 자신의 행동을 관찰하도록 자극받는다. 성취, 통제 및 성장과 같이 사람들 대다수가 만족을 발견하는 측면은 행동주의 기반 코칭 모델에 내재한다. 따라서 코치이는 궁극적으로 그들 고유의 동기, 행동에 대한 자기-보상 체계를 생성하고 있다.

GROW 모델

GROW 모델은 아마도 가장 잘 알려진 코칭 모델일 것이다. GROW는 4단계로 구성되어 있고, 전통적으로는 심리학적 수련을 받지 않은 코치들에게 적합한 비-심리학적 모델로 비추어졌었다. 이 모델에서 코치는 소크라테스식 학습 스타일을 활용한다. 열린 질문을 통해 코치이는 4개의 활동 중심action-focused 단계로 나아갈 수 있다([표 8.1] 참조). 4단계는 코치이가 구체적으로 세운 목표를 더 잘 수행하거나 더 좋은 결과를 이끄는 특정 행동의 명료화에 도움이 되도록 구성되어 있다.

[표 8.1] GROW 과정을 촉진하는 열린 질문의 예시

단계	가능한 질문들
목표Goal	• 무엇을 성취하기를 원하는가? • 이 만남을 통해 무엇을 얻기를 원하는가? • 무엇에 대해 알기 원하는가?
현실Reality	• 무엇이 일어났는가? • 이것이 왜 문제인가? • 그것이 당신에게 의미하는 것은 무엇인가? 예시를 제시할 수 있는가? • 무엇을 하고자 했는가? 무엇이 일어났는가? • 그에 대해 어떻게 느끼는가? • 다른 대안이 있다고 생각하는가?
대안Options	• 무엇을 시도했었는가? • 그것의 장, 단점은 무엇인가? • 할 수 있는 다른 것이 있는가? • 앞으로 무엇을, 언제 할 것인지 요약해 볼 수 있는가? • 당신이 예상하는 장애물과 반대 이유는 무엇인가?
나아갈 방향Way forward	• 그것들을 어떻게 극복할 것인가? • 누가 도와줄 수 있는가? • 어떠한 자원이 필요한가? • 언제 진행 상황들을 검토해야 하는가?

코칭 목표 정하기

GROW의 첫 번째 단계는 목표 명료화와 관련 있다. 코칭 관계의 목적이 개인의 성장과 업무 수행 향상을 위한 도움이라는 두 가지를 모두 추구하는 것이라면, 어떠한 목표들 이와 같은

목적의 현실화에 가장 효과적일까? 수많은 업무 환경에 관한 연구들이 이 분야에 대한 명쾌한 가이드를 제시한다.

첫째, 목표는 가능한 현실적이면서 도전적(Locke & Latham, 1990)이어야 한다. 실천의 관점에서 볼 때, 코치이가 목표 달성을 위해 열성을 다하거나, 그것을 이룰 수 있는 능력이 있다면 상당히 도전적인 목표가 될 수 있다.

둘째, 목표 설정은 매우 구체적이어야 한다(Locke & Latham, 1990). 더욱 엄밀하게 말해, 목표는 코치이가 목표 성취에 대한 자신의 능력을 더 효율적으로 평가할 수 있어야 하며, 달성 시기를 확인할 수 있는 것으로 규정된다. 유용한 평가 척도들은 달성 기한까지 특정 과업의 수행 정도를 특정하여 수량화할 수 있다. 또한 더 향상된 명료화는 코치와 코치이 사이의 더 깊은 이해를 가능하게 한다.

셋째, 코치이는 목표에 전념해야 한다. 목표는 코치이에게 의미가 있어야 하며, 동기부여가 되어야 한다. 만약 목표에 대한 몰입이 확실하지 않다면, 코치는 코치이가 목표에 관한 이익을 알아내기 위해 애쓰도록 지지하는 작업을 할 수 있다. 코칭 세션에서의 이러한 논의는 더욱 진지한 인지 처리 과정으로 이어지며, 결과적으로 목표의 실현 가능성이 커진다(Gollwitzer, Heckhausen & Ratajczak, 1990).

넷째, 코치이는 자신이 정한 목표를 성취할 수 있는 자신의 능력을 믿어야 한다. 이러한 믿음은 코치이의 과거 수행에 관한 이해, 자신의 능력에 관한 인식, 성공적 업무 수행에 필요한 기술 그리고 필요한 새로운 기술 습득에 필요한 시간에 관한 이해와 같은 현실적 근거를 요한다. 또한 폭넓은 업무 및 개인의 환경 역동과 관련된 명료화 또한 중요하다.

다섯 번째, 코칭 목표에는 장단기 목표가 구성되어야 한다. 장기 목표는 장기간의 몰입 정도에 영향을 미친다(Lerner & Locke, 1995). 목표에 대한 이정표를 중간 과정에 설정함으로써, 진척 과정을 추적할 수 있고, 자기-동기부여, 자기-보상 행동 체계가 유지될 수 있다. 장기 목표의 성취를 위해 중단기 목표가 함께 구성되어야 한다.

현실 확인

다음 과정은 코치이의 현실과 목표가 얼마나 잘 부합하는지에 대한 탐색이다. 주어진 상황의 현실은 현재의 수행, 코치이의 역량 그리고 현재의 맥락에 영향을 미치는 개인적, 직업적 역동으로 점검할 수 있다. 이 과정은 코치이가 자신의 성과에 대한 정량적 데이터를 수집하거나 코치이가 360도 역량 질문 또는 기타 평가(예를 들어, 인적성 검사)를 완료하도록 초대하는 등 자기 성찰이 수반될 수 있다. 이러한 활동을 통해 얻은 결과는 특정 목표 달성에 대한 현실성 검증에 유용한 틀을 제공한다. 결과는 다른 행동, 그리고 다른 행동이 명시된 목표의 달성을 지지할 수 있는지에 대한 성찰을 장려한다.

일단 현재의 성과와 이를 행동으로 어떻게 알 수 있는지에 대한 명확한 시각이 확보되면, 원하는 성과와 현재의 성과 사이의 차이를 볼 수 있다. 코치와 코치이는 이 정보를 사용하여 목표가 실제로 현실적인지, 특히 원하는 성과와 현재 성과 사이의 차이가 어디에서 더 뚜렷한지를 함께 탐색할 수 있을 것이다. 이러한 결과로 목표 달성을 위한 시간체계를 조정할 수 있다. 또한, 목표 또는 최종 목표를 향해 구축되는 일련의 하위 목표를 재설정할 수 있다.

대안 생성

확인된 목표 및 하위 목표를 달성하기 위해 추구할 수 있는 행동은 GROW 과정의 한 부분으로서 탐색 된다. 코치는 목표 성취를 위해 다양한 생각과 대안들을 만들어 낼 수 있는 문제해결 기술과 창조적 기술을 노출할 것이다. 좀 더 현실적인 대안은 정밀한 평가를 통해 확인된다. 코치는 다른 대안을 평가할 명확한 기준을 마련하도록 코치를 격려할 수 있다. 대안의 범위는 필요한 조직적/문화적 행동 또는 개인적 가치를 관리하고 조절하는 대안적 방법으로 이끄는 행동 조정이 포함될 수 있다. 신중한 질문 과정을 통해, 코치는 대안을 균형 있게 평가하고 특정 행동 과정을 통해 도출될 수 있는 결과에 대한 충분한 탐색을 보장하기 위해 코치이와 협력한다.

촉진 행동

마지막 요소는 앞으로의 방향을 명료화하는 것이다. 이는 행동의 단일 과정일 수 있지만, 코치이가 좀 더 분석과 검토할 요소들일 수 있다. 무엇이 효과가 있는지를 점검하는 시행착오의 본질은 스키너의 연구에 영향을 받지만, 우리의 업무와 개인적 삶은 더 복잡하기에 행동 조정이 일어나는 맥락의 어느 지점에 따라 효과가 일어날 수도, 그렇지 않을 수도 있다.

코치보다 코치이가 미래의 행동 계획을 정리해야 하며, 언제 그 과정들을 검토하는 것이 적절할지 결정할 때는 코치와 동의해야 한다. 이후의 코칭 세션에서도 계속하여 과정을 검토할 수 있다. 무엇이, 왜 효과가 있는가? 무엇이 효과가 없었는가? 왜 그런가? 다음으로 코치이는 목표 달성에 긍정적인 영향을 미치는 행동이 무엇인지를 시험하고 지속하기 위해 추가 활동을 구별할 수 있게 된다.

따라서 GROW 모델은 코치이가 목표를 향해 앞으로 나아갈 수 있도록 이끈다. 이것은 무엇이 효율적인지 보기 위해 행동의 시행착오를 검증한다. 코치이는 개인의 선험적 경험, 타인에 대한 관찰, 지금 여기에서의 단순한 실험 등으로부터 학습을 도출할 수 있다. 역량 체계 또는 또 다른 관련 행동 체계는 바람직한 행동을 밝히기 위해 활용될 것이다. GROW 요소들에 대한 순차적인 설명이 제시되었지만, 실제로 코치와 코치이는 세션의 초점에 따라 GROW 요소들 사이에서 앞뒤로 움직일 것이다. GROW의 핵심에는 코치이가 올바른 행동을 개발하고 적용함으로써, 목표를 달성할 수 있다는 믿음이 남아있다.

행동주의 4단계 코칭 모델

GROW 과정이 형성되는 동안, 다른 행동주의 연구자들은 그들 자신의 행동주의 코칭 모델을 발전시켰다. 4단계 행동주의 모델이 그것의 좋은 예시가 될 수 있다(Skiffington & Zeus, 2003). 그 외의 접근으로 T-GROW 개발 및 I-GROW 개작이 포함된다. T-GROW에는 대화의 초점, 즉 주제Topic가 좀 더 명확하게 포함된다. I-GROW에서 'I'는 이슈Issue와 관련이 있다. 실제로 두 모델 모두 유의미한 변화가 있는 것은 아니다. 여기에서 중요한 특징은 대안 단계를 대안 생성과 대안 평가라는 두 단계로 구분하여 경험이 적은 코치에게 이러한 단계를 명확히 하도록 한다는 것이다.

스키핑턴Skiffington과 제우스Zeus는 자신들의 코칭 모델에서 4단계, 7스텝을 활용하였다([표 8.2] 참조). 성찰, 준비와 행동의 단계는 GROW 모델과 매우 흡사하다. 추가된 예비 스텝에는 코칭 관계의 계약 요소와 코칭 평가의 초기 범위가 포함된다. 더 나아가 공식적 유지 단계가 포함되는데, 이것은 중요하지만, GROW 모델에서 생략된 요소이다. 이들의 모델은 목표 설정, 현실 검증, 대안 설정 및 실행의 측면을 통합하여 경험이 적은 코치가 더 쉽게 접근할 수 있는 일련의 선형적 행동 코칭 과정으로 구성되어 있다.

스키핑턴과 제우스(2003)가 제시한 이 모델은 좀 더 고전적 행동주의자들이 인지적 요소로 생각했던 요소들을 포함한다. 이것은 코치이가 행동에 관한 성찰뿐만 아니라 신념과 정서의 '블랙박스'에 들어갈 수 있도록 격려한다.

[표 8.2] 4단계 모델

단계	스텝	가능한 질문들
1. 성찰	a. 교육	• 당신이 활용한 변화 모델에 관해 말해 줄 수 있는가? • 코칭 과정의 경계와 유익에 대해 아는가? • 당신이 속한 조직 그리고 개인의 목적은 무엇인가? • 어떤 힘이 도움이 되며, 어떤 힘이 목표 달성에 방해가 되는가? • 이 코칭 개입의 종결에서 성공이란 어떤 모습인가?
2. 준비	b. 정보 수집	• 핵심 임원에게서 당신이 획득한 정보는 무엇인가? • 이 목표를 다루기 위해 어떤 역량이 도움이 되는가? • 직장에서 당신의 수행(행동)에 관해 다른 사람들에게서 어떤 피드백을 받았는가?
	c. 계획	• 목표를 이루기 위해 가장 도움이 되는 행동은 무엇인가? • 다른 행동들 중 어떤 행동이 이를 지지하는가? • 보고된 행동에 대한 촉발 사건은 무엇인가? • 행동의 결과는 무엇이었는가? • 누가 이 목표(이 방식으로 행동)를 성공적으로 달성했다고 생각하는가? • 당신의 과정을 어떻게 관찰할 것인가?
3. 행동	d. 행동적 변화 e. 측정 f. 평가	• 어떻게 이 새로운 행동 기술을 획득할 수 있을까? • 새로운 행동의 영향을 측정하기 위해 모은 증거는 무엇인가? • 어떻게 새로운 행동이 당신이 설정한 초기 목표에 영향을 주었는가?
4. 유지	g. 유지	• 어떻게 이 새로운 기술을 일상 행동의 일부분으로 만들 수 있는가? • 이 기술의 발전을 위해 지속하여 취할 행동은 무엇인가? • 만약 이 행동이 설정한 목표 성취에 도움이 되지 않는다면 어떻게 행동할 것인가?

(Skiffington & Zeus, 2003에서 응용)

현실에서의 코칭 실천은 각기 다른 모델과 과정들의 범위를 통합하여 적용하고 있다고 말할 수 있다. 따라서 행동주의 코치는 코치이와의 라포 형성을 목적으로 인본주의적 요소를 활용하며, 그들의 코치이를 향해 공감적이며 판단하지 않는 태도로 다가간다. 그들은 또한 인지적 코칭 요소를 접목하여 코치이로 하여금 자신의 수행을 향상 또는 방해하는 신념들을 성찰하도록 할 수도 있다. 코치는 또한 코치이의 동기를 도전하거나 과거의 경험을 성찰하도록 격려하고, 무의식으로부터 의식으로 알아차린 이슈들을 도출할 수 있다.

어떤 코치이에게 가장 유용한가?

행동주의 기반 코칭은 표면적으로 긍정적이고 단순한 틀을 제공하며, 이는 직장 내 관리자 및 삶을 살아가는 대부분 사람이 가진 발달이라는 서구적 철학에 직관적으로 부합한다. 관리자들은 현실적이며, 과정에 기반을 둔 유사-과학pseudo-scientific 체계에 반응한다(Dembkowski & Eldridge, 2013). 여기에는 흥미로운 다음의 몇 가지 요소가 포함된다:

- 높은 성과를 내기 위한 목표 설정
- 향상을 위한 차이를 명료화하기 위해 행동 체계를 활용하여 과거와 및 현재의 수행 검토
- 아이디어 구상, 그리고 자신뿐 아니라 타인의 성공과 실패 경험에 대한 묘사
- 일련의 기준에 대한 대안 평가, 경험적 행동 계획에 대한 동의 그리고 이것의 효과성에 관한 검토

코치이의 측면에서 행동주의 기반 코칭 접근은 서구 조직에서 이미 우세한 행동주의 전통에 잘 부합한다. 행동주의 기반 코칭의 목표 설정 요소는 계획 설정, 목표 달성 및 지속적 향상을 추구하기 위한 동력을 지원한다. 이러한 주제들은 현재 관리 실천의 일상적 측면을 반영한다. 대다수 관리자는 폭넓은 사업 및 조직의 목표와 전략들에 통합되는 개인적 목표를 가지고 있다. 긍정적 성과 개선을 고려하는 관리자를 위하여, 행동주의 코칭은 미리 구성된 체계를 제공한다.

행동주의 모델은 강력하고 명확한 학습 요소를 갖고 있다. 이러한 초점은 학습 구조를 만드는 것에 대한 지속적인 학습 논쟁에 의해 뒷받침된다(Senge, 1994). 관리자들에게 이 모델은 타인 관찰을 통한 학습과 비평의 공간을 제공한다.

요약하자면, 행동 기반 코칭 모델은 지배적인 서구의 조직 문화 내에서 실천하는 사람들에게 옳다고 느껴질 뿐만 아니라 관리자들이 일상적으로 하는 행동의 많은 부분을 반영한다.

신념 체계가 행동에 거스르게 충돌하거나, 관리자의 변화에 대한 동기 부족과 같이 좀 더 복잡한 이슈를 다뤄야 하는 관리자들과 작업하는 경우, 행동주의 코칭 접근만으로는 부족할 수 있다. 관리자가 이슈에 대해 인지하고 있으며, 수행의 방해 요소 또는 무엇이 동기를 부여하는지 알 것이라는 가정이 언제나 가능한 것은 아니다. 이럴 때, 개인의 행동을 이끄는 근본 신념과 가치를 탐색할 수 있게 하는 코칭심리학적 접근은 좀 더 효과적인 코칭 개입을 가능하게 할 것이다.

사례 연구

크리스틴Christine은 매우 유능한 지방 자치 교육 관리자이다. 첫 만남 당시, 그녀는 처음으로 이 직책을 새롭게 맡은 상황이었다. 나는 크리스틴이 임명된 이후 그녀를 코칭하도록 초빙되었는데, 이는 조직 방침의 하나로 새로운 고위 관리자 임명을 지원하기 위함이었다. 인사부는 6개월간 4주에서 6주 간격으로 2시간씩 6회의 세션을 통해 크리스틴을 지원하도록 계약하였다. 인사부 관계자는 코칭 관계에서 논의된 이슈에 관한 비밀 유지 조항에 동의하였다.

이 위치로 지명되기 전까지, 크리스틴은 6년 넘게 이웃 의회의 조감독으로 일했으며 교육 서비스를 개선한 공로를 인정받았다. 새로운 역할은 맡은 그녀가 보기에 교육 서비스는 실패였으며 의회는 감사에서 혹평을 받아 왔다. 크리스틴을 지명한 것은 이러한 문제를 시정하고자 하는 첫 조치로 보였다.

세션 1은 사실 확인과 관계 형성 세션이었다. 코치이와 함께 신뢰가 있는 작업 동맹 관계 형성이 가능한가? 코치이가 기꺼이 정보를 제공하고자 했는가? 코치이의 관점에서 주요 이슈는 무엇인가? 코치로서 나는 그들에게 어떠한 도움을 제공할 수 있는가? 그들이 상황을 평가하는 데 일관적인 것과 비일관적인 것은 무엇인가? 그들의 관점을 확신 또는 도전하는 데 지지할 수 있는 근거는 무엇인가?

크리스틴과의 첫 번째 만남에서 우리는 관계 형성에 집중했다. 나는 크리스틴에게 이제까지의 경력, 성공과 부진했던 지점, 임명 과정과 이후 첫 40일간의 경험을 말해보도록 했다. 그녀의 이야기는 일관되게 긍정적이었다. 가르치는 일로 시작해서 교육 정책을 다루었고, 이후 선임 관리자의 지위에 오르기까지의 과정은 성공적이었다. 크리스틴은 최근까지 의회에서 조감독으로 6년을 지냈으며, 그녀는 헤드헌터로부터 구직 기회가 있다는 전화를 받고 자극받아 이동하게 되었다. 크리스틴은 또한 까다로운 정치인들 그리고 관리자들과 힘든 시기를 보내고 있었지만, 자신의 목적의식을 잃지 않고 업무에 집중함으로써 그 시간을 견뎌내고 있었다.

크리스틴은 그 위치에서 영향력을 끼치고자 했으며, 51세라는 나이를 고려할 때, 이 일이 앞으로 7년에서 10년 정도 더 할 수 있는 마지막 직업이 되리라 생각했었다. 그녀는 선임이라는 위치가 위험이나 공격에 노출된 자리이며, 개인적으로 유능하다 할지라도, 정치

역동에 따라 또는 최고 경영자가 변화를 원하는 경우라면 임원진 전반에 걸쳐 변화를 겪을 수밖에 없다는 것을 알고 있었다.

크리스틴의 주요 관심사는 팀의 직원 채용 문제에 대한 해결과 좀 더 효율적인 시간 관리였다. 크리스틴은 아침 7시부터 저녁 8시까지 한 주에 75시간을 일한다고 보고했다. 그녀에게는 저녁 11시에 끝나는 주기적인 심야 모임이 있었다. 저녁 8시 이후 집에 도착하여 식사 이후, 잠자리에 들기 전까지 의회 보고서들을 읽으며 일을 더 하기도 했다. 그녀는 주말에도 매일 4~5시간을 일했다. 자녀가 있는 여성으로서 이는 남편과 가정생활 모두에 영향을 끼칠 수밖에 없었다.

크리스틴은 선택 과정의 하나로 개인 프로파일을 만들었다. 나는 이를 우리의 초기 논의의 하나로 검토하고 핵심적인 이해관계자 그리고 팀원들과의 관계들을 탐색했다.

이러한 초기 세션의 논의는 50분가량 진행되었다. 이를 통해 유용한 배경 정보를 획득할 수 있었고, 앞으로 이어지는 세션에서 다시 언급할 수 있는 공통 주제를 마련하였다.

나는 크리스틴이 제기한 이슈들을 요약하고 첫 번째 세션에서 정리된 '직원 채용', '시간 관리', '일과 삶의 균형'이라는 세 가지 주제를 제시하였다. 직원 채용은 다음 주에 면접이 예정되어 있었기에 시급한 문제였다. 시간 관리 그리고 일과 삶의 균형 이슈는 서로 연관이 되어 있고, 6회의 세션 내 다루어야 할 문제임이 분명했다. 다음은 행동 코칭의 틀을 사용하여 문제를 탐색한 한 가지 예시로서 시간 관리 문제를 중점적으로 살펴보았다.

나는 크리스틴에게 그 이슈를 어떻게 생각하는지 물었다. 크리스틴은 업무 부담으로 인해 어떻게 장시간 근무했는지 설명했다. 그녀는 주간 부서 관리팀 회의를 단축하는 등 몇 가지 변화를 시도했지만, 그 영향은 제한적이었다. 나는 크리스틴에게 무엇을 이루고 싶은지 물었다. 시간 관리가 언제 개선되었는지 어떻게 알 수 있을까? 성공은 어떤 모습일까?

크리스틴은 이를 시간 낭비하지 않았다고 느끼는 것으로 정의했다. 다음으로 나는 일과 삶의 균형에 관한 이슈를 다뤘다. 이것 또한 다르게 보이는가? 크리스틴은 일주일에 평균 60시간을 일해야 한다고 생각하고 있었다. 나는 또 이러한 생각의 근거에 관해 설명해보라 하였다. 크리스틴은 이전의 마지막 관리자에 의해 일했던 업무 시간 경험을 묘사하였다. 나는 이것이 가정생활과 장기적 지속 가능성에 어떤 영향을 미칠지 의문을 제기했다. 크리스틴은 이 정도는 괜찮다고 느꼈다. 마지막으로, 나는 크리스틴에게 시간 목표와 관련하여 증거 수집을 권하였다. 남편은 어떻게 생각했는가? 자녀들은 그것에 대해 어떻게 느꼈는가?

우리는 최근 잘 기능하는 행동들 그리고 어떻게 성공으로 이어졌는지에 대한 평가로 되돌아와 성찰하였다. 나는 크리스틴이 이러한 행동의 함축적 의미에 대해 성찰해 보도록 격려하며 다루었다. 회의에서 다른 사람들은 그녀를 어떻게 생각할까? 나는 또한 주어진 하루에서 좀 더 시간을 만들 수 있는 다른 대안들을 마련해보도록 했고, 그녀의 역할에서 무엇이 적절한 시간 투자이며 집에서 가족과 함께 있을 때는 어떻게 시간을 분배하는 것이 적절할지 생각해 보도록 했다.

초기 논의를 통해 드러난 이슈들 가운데 한 가지와 개인 프로파일 검토에서 크리스틴 자신과 타인의 행동에 대한 성찰이 부족함을 발견할 수 있었다. 그녀는 과도하게 업무 중심적이었으며, 타인의 행동에 관해 주의를 기울이지 않았다. 나는 그녀에게 타인이 자신의 행동을 어떻게 볼지 생각해 보도록 했다. 그녀는 어떤 메시지를 직원들에게 보내고 있는가? 가족에게는 어떠한 메시지를 전하고 있는가? 그녀는 현재 근무 시간 그리고 앞으로 몇 개월 동안 이것이 어떻게 바뀔지에 대해 무엇을 논의할 수 있을까?

크리스틴은 시험해 볼 수 있는 새로운 행동 하나를 선택하였다. 업무를 좀 더 위임하고 몇몇 요소에서는 업무의 질을 확인하는 역할을 하기로 하였다. 그녀를 필요로 하는 경우에만 회의에 참석하기로 했으며, 우선순위를 매일 정하고, 그 우선순위 결정에 도움이 되는 장기 계획 수립에 시간을 할애하기로 하였다. 그녀는 일하지 않았을 때 어떤 결과가 생기는지를 확인하기로 하였고, 중요도가 낮은 업무는 그냥 두기로 하였다. 이를 통해 크리스틴은 행동 계획을 세울 수 있었다.

이 세션 동안 내 목표는 먼저 관계를 형성하는 것이었고, 두 번째 크리스틴을 한 개인으로, 관리자로 이해하는 것이었다. 이러한 목표가 달성된 이후, 나는 크리스틴이 생각하는 우선순위를 다루고자 했다. 나는 약간의 성찰 시간 만들기 그리고 성찰의 결과물에 대한 검토, 특히 크리스틴의 활동을 향한 행동 편향에 대해 열중하였다.

세션이 끝나갈 무렵, 나는 그녀가 개발한 행동 계획을 정리해 보도록 하였다. 나는 다음 만남에서의 검토를 위한 근거를 마련하고자 행동 계획에 대한 몇 가지 메모를 작성하였다. 마지막 스텝에서는 크리스틴에게 세션과 자신이 배운 것에 대해 평가해 보도록 하였다.

논의 포인트

1. 행동주의 코칭은 현실적인 접근이기에 상업적 상황에서 이상적이다. 이에 대해 논의하라.
2. GROW 모델은 정교함이 부족한가?
3. 행동주의 코칭은 명백한 목표를 설정할 수 없는 코치이에게 부적합하다. 이에 대해 논의하라.
4. GROW 모델은 실제로 코치와 코칭 대화를 하기 위한 틀인가?

추천 읽기

Alexander, G. (2016). Behavioural coaching:GROW model. Chapter 5. In J. Passmore (ed.) *Excellence in Coaching: The Industry Guide* (3rd edition). London: Kogan Page.
Dembkowski, S., & Eldridge, F. (2013). Behavioural coaching. Chapter 18. In J. Passmore, D. Peterson, & T. Freire (eds.) *The Wiley Blackwell Handbook of the Psychology of Coaching & Mentoring*. Chichester: Wiley-Blackwell.
Starr, J. (2002). *The Coaching Manual: The Definitive Guide to the Process and Skills of Personal Coaching.* New York: Prentice Hall.
Whitmore, J. (2009). *Coaching for Performance: Growing People, Performance and Purpose* (4th edition). London: Nicholas Brealey Publishing.

참고 문헌

Alexander, G. (2016). Behavioural coaching: GROW model. Chapter 5. In J. Passmore (ed.) *Excellence in Coaching: The Industry Guide* (3rd edition). London: Kogan Page.
Bandura, A. (1969). *Principles of Behaviour Modification*. New York, NY: Holt, Reinhart and Winston.
Caplan, J. (2003). *Coaching for the Future*. London: CIPD.
Dembkowski, S. & Eldridge, F. (2013). Behavioural coaching. Chapter 18. In J. Passmore, D. Peterson, & T. Freire (eds.) *The Wiley Blackwell Handbook of the Psychology of Coaching & Mentoring*. Chichester: Wiley-Blackwell.
Gist, M. & Mitchell, T. (1992). Self efficacy: A theoretical analysis of its determinism and malleability. *Academy of Management Review*, 17(2), 183–211.
Gollwitzer, P., Heckhausen, H. & Ratajczak, K. (1990). From weighing to willing: Approaching a change decision through pre or post decisional mentation. *Organisational Behaviour & Human Decision Processes*, 45(1).
Hardingham, A., Brearley, M., Moorhouse, A. & Venter, B. (2004). *The Coach's Coach*. London: CIPD.
Lerner, B. & Locke, E. (1995). The effects of goal setting, self efficacy, competition and personal traits on

the performance of an endurance task. *Journal of Sports & Exercise Psychology*, 17(2).
Locke, E. & Latham, G. (1990). *A Theory of Goal Setting and Task Performance*. Englewood Cliffs, NJ: Prentice Hall.
Macintosh, A. (2003). *Growing on grow: A coaching model for sales*. www.pmcscotland.com
Pavlov, I. (1927). *Conditioned Reflexes*. Oxford: Oxford University Press.
Peltier, B. (2009). *The Psychology of Executive Coaching: Theory and Application* (2nd edition). New York, NY: Brunner Routledge.
Senge, P. (1994). The leaders new world: Building learning organisations. In C. Mabey & P. Iles (eds.) *Managing Learning*. London: Pitman.
Skiffington, S. & Zeus, P. (2003). *Behavioural Coaching: How to Build Sustainable Personal and Organisational Strength*. North Ryde: McGraw-Hill.
Skinner, B. F. (1974). *About Behaviourism*. London: Jonathan Cape.
Whitmore, J. (2009). *Coaching for Performance: Growing People, Performance and Purpose* (4th edition). London: Nicholas Brealey Publishing.

9장
인지행동 코칭
통합적 접근

저자: 스티븐 팔머Stephen Palmer[1], 카시아 시만스카Kasia Szymanska[2]
역자: 김현화

서론

인지행동 코칭cognitive behavioural coaching(CBC)은 코치이가 그들의 현실적 목표를 성취할 수 있도록 인지행동 틀 안에서 인지, 행동, 상상 그리고 문제해결 기술과 전략들을 접목하여 사용하는 통합적 접근법이다. 인지행동 코칭은 수행을 향상하며, 심리적 회복탄력성, 웰빙well-being을 증진하고, 스트레스를 방지하며 변화를 방해하는 요소를 극복할 수 있도록 돕는다.

이는 문제해결 및 해결 추구 그리고 인지행동 방법론을 사용하여 코치이가 실제 문제를 극복하고 성과 및 목표 달성에 대한 정서적, 심리적, 행동적 장애를 처리하도록 지원하는 이중

---

[1] 스티븐 팔머Stephen Palmer 교수는 영국 런던의 Centre for Coaching의 창립 이사이다. 2004년에 British Psychological Society Special Group in Coaching PsychologyBPS SGCP의 초대 의장이 되었으며, 2005년에는 런던 시티 대학(현 런던 대학교)에서 심리학 코칭 유닛을 창설하였다. 2016년에 덴마크 Aalborg 대학교 코칭심리학과의 겸임 교수가 되었고, 2018년 Wales Trinity Saint David 대학의 업무 기반 학습 연구소Institute for Work Based Learning의 실습 교수가 되었다. 현재 브라질 리우데자네이루 연방 대학교의 코칭심리학부의 명예 고문이며, 국제 코칭심리학 협회 국제 코칭 심리 연구센터의 코디네이터이다. 또한 국제 코칭심리학회와 국제 스트레스 관리협회의 명예회장이자 연구원이다. 그는 다양한 주제에 대해 50권 이상의 책을 쓰거나 편집했으며 유럽 응용 긍정심리학 저널을 포함한 그 분야의 많은 저널을 공동 편집했다. 2008년 BPS SGCP로부터 코칭심리학에 기여한 공로를 인정받아 평생 공로상을 받았다.

[2] 카시아 시만스카Kasia Szymanska는 공인된 심리학자이자 심리치료사이며 국제코칭심리학회의 부연구원이다. 그는 국제 전문 개발 아카데미International Academy of Professional Development의 이사이자 이전 코칭심리학의 편집자이다. 인지행동 코칭의 다양한 측면에 대한 챕터와 기사를 집필 및 공동 집필하였다. email: info@kszymanska.com

시스템 접근 방식이다(Palmer & Neenan, 2000). 인지행동 코칭의 중요 측면은 오컴Occam의 면도날로 알려진 바와 같이, 최소의 노력으로 최대의 유익을 얻는다는 절약성parsimony의 원칙이다.

인지행동 코칭의 발전

인지행동 코칭의 발전은 본질에서 인지행동치료와 문제해결 중심 치료의 발달과 연결된다. 역사적으로, 인지치료와 코칭의 개념은 에픽테토스Epictetus 철학에서 흔적을 찾을 수 있다. 에픽테토스는 기원후 1세기 인물로, 인간은 '어떠한 사건이 아니라 그들이 택한 관점에 의해 혼란에 빠진다'라고 하였다. 1950년대에 심리학자 앨버트 엘리스Albert Ellis(1962)는 합리적 정서행동치료rational emotive behaviour therapy(REBT)를 개발하였다. 그는 정서 조절을 위한 ABCDE 모델을 창안하였다. 이와 병행하여, 인지치료는 1960년대에 아론 벡Aaron Beck(1967)에 의해 개발되었으며, 후에 도널드 마이켄바움Donald Meichenbaum(1985)은 인지행동 치료와 스트레스 예방 훈련에 자기 대화의 관련성을 강조했다. 아놀드 라자루스Arnold Lazarus(1981)는 다중양식 치료multimodal therapy(MMT)를 개발하였는데, 이는 다양한 접근들로부터 취한 폭넓은 기술들을 사용한 절충적이고 체계적인 접근이다.

1980년대와 1990년대에 인지치료와 행동치료는 점진적으로 서로 혼합되어 인지행동치료로 발전하였다(Curwen et al., 2018 참고). REBT는 합리적 훈련(Ellis & Blum, 1967), 임원 리더십(Ellis, 1972), 업무 생산성(DiMattia & Mennen, 1990), 관리자 및 임원 발달(Kirby, 1993), 성과(Dryden & Gordon, 1993) 그리고 스트레스 관리 프로그램(Palmer, 1995, 2002; Ellis et al., 1998)을 포함하는 비임상적 프로그램에 적용되어왔다.

미국에서 인지적 코칭(Costa & Garmston에 의해 개발, 2002, 1985)은 교육에서 우수성 추구를 지지하는 것에 초점을 두었다(Sawyer, 2003). 이는 교사의 인지 과정 향상과 교사의 효능을 높이는 수퍼비전supervisory 또는 동료 코칭 모델이다(예: Dutton, 1990).

1990년대 이후 개발된 인지행동 코칭은 인지행동, 다중양식, 합리적 정서행동 그리고 문제 및 해결 중심 접근법에 적용된 이론적 개념과 전략을 통합하였다(예: D'Zurilla, 1986; Dryden, 2016; Neenan & Palmer, 2001, 2012; Palmer, 2008; Palmer & Burton,

1996; Palmer & Neenan, 2000; Palmer & Gyllensten, 2008).

이론과 기본 개념들

인지행동 코칭에는 두 가지 기본 전제가 있다. 사람들은 충분치 못한 문제해결 및 해결 추구 기술을 갖지 못하거나 이미 아는 기술인데도 압박이나 스트레스 상황에 놓이면 적용하지 못할 가능성이 있다. 또 한 개인이 느끼거나 행동하는 방식은 대부분 그들이 가진 신념, 특정한 상황 또는 문제에 대한 평가에 의해 결정된다. 이에 더하여 불안과 같은 부정적 정서의 결과는 그들의 수행과 웰빙을 방해할 수 있다. 이 접근법은 개인의 문제해결 능력을 향상하고, 자신의 사고를 인식하도록 도우며, 수행을 방해하고 스트레스를 유발하고 목표를 가로막는 신념들을 수정하도록 지지하는 것을 목표로 한다. 인지행동 코칭은 코치이가 스스로 코치self-coaches가 될 수 있도록 돕는 궁극적인 목표를 가지고 코치이가 미래에 대한 행동 계획을 수립할 수 있도록 한다.

이러한 계획은 해결 탐색 전략을 포함한다. 이 접근은 업무 환경, 즉 어려운 상황에서의 성과 향상 또는 최대화에 흔히 초점을 둔다.

인지행동 코칭은 목표 수립 이론(Locke & Latham, 1990), 문제해결 이론(see D'Zurilla, 1986; Dostál, 2015), 정보처리 이론(Beck & Clark, 1997), 심리적 상호작용 이론psychological interactionism(Dryden, 2015; Milner & Palmer, 1998) 사회인지 이론(자기효능감과 모델링과 관련하여; Bandura, 1986)에 영향을 받았다. 이어지는 내용에서는 인지행동 코칭에 영향을 준 이론들에 초점을 두고자 한다.

문제해결과 해결 추구 체계: PRACTICE

인지행동 코칭의 본질이 문제-중심, 목표와 해결-중심이기 때문에, 코치와 코치이가 불필요하다고 여기면 심층적인 인지 평가와 개입에 많은 시간을 할애하지 않는다. 이것은 이중 시스템 접근으로, 오로지 코치이로 하여금 자신의 목표를 성취하도록 돕기 위해 시도되는 심리적, 실천적 이슈들 전체 또는 각각에 중점을 둔다(Palmer & Neenan, 2000). 따라서 코칭하는 동안 어떠한 단계에서 PRACTICE(Palmer, 2007 a, 2007b, 2011; Wasik, 1984)와 같은 실천적 해결-중심 체계를 활용할 수 있다. 각 단계는 아래와 같다.

단계 steps	질문/행동 questions/actions
1. 문제 정의 **P**roblem identification	• 무엇이 문제 또는 이슈인가? • 무엇을 변화시키고 싶은가? • 이것이 문제, 이슈, 고민이 되지 않았던 예외적 상황이 있는가? • 문제 또는 이슈를 비틀거나 다르게 볼 수 있는가? • 상황이 개선된다면 어떻게 알 수 있는가? • 오늘 문제 또는 이슈에 대한 해결 정도를 0(전혀 해결되지 않음)에서 10(매우 해결되었음) 간격의 척도에 표시한다면 어디에 해당하는가? • 문제 또는 이슈를 비틀거나 다르게 볼 수 있는가? • 내일 아침에 깨어보니 이 문제(또는 이슈 또는 고민이 사라졌다는 것을 상상할 수 있는가? 무엇이 달라지게 했는지 알아차릴 수 있는가?
2. 현실적이며 타당한 목표 설정(예: SMART 목표) **R**ealistic, relevant goals developed	• 무엇을 성취하기 원하는가?
3. 대안적 해결책 마련 **A**lternative solutions generated	• 대안은 무엇인가? • 대안 기록하기
4. 결과 예상 **C**onsideration of consequences	• 어떤 일이 일어날 수 있는가? • 각각의 가능한 해결책이 얼마나 유용한가? • 해결책의 유용함에 대해 0(전혀 유용하지 않음)에서 10(매우 유용함) 척도에 표시
5. 가장 실행 가능한 해결책(들) 마련 **T**arget the most feasible solution(s)	• 무엇이 가장 실현 가능한 해결책(들)인가? • 이제 가능한 솔루션을 고려했는데, 가장 실현 가능한 솔루션 또는 실용적인 솔루션은 무엇인가?
6. 선택된 해결책(들) 실행 **I**mplementation of **C**hosen solution(s)	• 선택된 해결책(들)을 처리가 가능한 단계로 나누어 실행하기
7. 평가 **E**valuation	• 얼마나 성공적이었는가? • 성공에 대해 0에서 10까지의 척도에 표시 • 무엇을 학습할 수 있었는가? • 지금 코칭을 마무리할 수 있는가? 아니면 다른 이슈나 우려 사항을 다루거나 논의하기를 원하는가?

PRACTICE 모델에서 'P'는 또한 '문제 제기Presenting issues' 또는 '코칭의 목적Purpose of coaching' 또는 '선택된 대안Preferred options' 또는 '선택된 결과물Preferred outcome'을 의미할 수도 있다 (Palmer, 2011). PRACTICE는 포르투갈어(Dias et al., 2011), 스페인어(Sánchez-Mora García et al., 2012) 그리고 덴마크어(Spaten et al., 2012)와 같이 다양한 문화와 언어로 접목되고 있다.

니난Neenan과 팔머Palmer(2001)는 코치이가 7스텝 모델 활용에 적응됐다면, 빠른 문제해결 과정을 위해 단축 모델을 사용하고자 할 가능성이 있다고 하였다. 예를 들어:

- STIR: 문제 선택Select a problem; 해결책 마련Target a solution; 해결책 실행Implement a solution; 결과 검토Review the outcome
- PIE: 문제 정의Problem definition; 해결책 실행Implement a solution; 결과 평가Evaluate the outcome

이러한 단축 문제해결 모델은 일반적으로 위기 대처나 신속한 결정을 위해 문제를 빠르게 처리하는 데 사용할 수 있다. 이와 같은 단축 모델들은 신속하지만 신중함이 부족할 수 있고, 따라서 때에 따라 덜 만족스러운 결론이 도출될 수도 있다.

다섯 가지 상호 교환적 양식: SPACE

생리Physiology, 행동Action, 인지Cognition, 정서Emotion의 (PACE로 알려진) 네 가지 양식과 외부 환경인 사회적 맥락Social context 사이에는 상호성(즉, 상호작용)이 있다. 인지행동 코칭은 코치이가 목표를 성취할 수 있도록 이러한 다섯 가지 영역에서의 변화를 추구한다. 에저튼Edgerton은 이러한 다섯 가지 영역, 즉 생리Physiology, 행동Action, 인지Cognition, 정서Emotion, 사회적 맥락Social context의 첫 글자를 조합하여 SPACE를 개발하였다(Edgerton & Palmer, 2005).

SPACE 모델 또는 체계는 코칭 프로그램의 발달과 평가 목적을 위해, 각 영역 사이의 연결을 명확하게 해 줄 수 있는 교육적 도구로 활용될 수 있다. 예를 들어, 면접을 보러 가는(사회적 맥락Social context) 사람은 그 상황이 어려울 것(인지/판단Cognition/appraisal)이라고 인식할 수 있다. 이러한 부정적 판단은 불안(정서Emotion)을 촉발할 수 있고, 불안에 대한 생리적 반응은 땀과 신체적 긴장(생리적Physiological)을 증폭해서 대기실을 서성이게(활동/행동Action/behaviour) 만들 수 있다. 이는 SPACE 체계를 활용해 종이나 화이트보드에 도표를 그려볼 수도 있다. SPACE에는 여러 가지 주요 단계가 있고, 각 단계에서 세 가지 색상 펜(파란색, 빨간색 및 녹색)을 사용하여 SPACE 다이어그램을 완성한다: 1) 코치이의 목표 확인, 일반적으로 특정 상황에 대한 코치이의 반응을 변화시키는 것을 포함. 2) 상황에 대한 사전 SPACE 분석(파란색 작업). 3) 사고 오류, 뜨거운 인식 및 자기 패배적 행동을 규명하여 이해도 심화하기(빨간색 작업). 4) 협업을 통해 현실적인 생각과 같이 더 유용한 전략과 개입을 개발(녹색 작업). (SPACE의 확장형은 다음을 참고. Williams et al., 2010; Williams & Palmer, 2013; Weiss et al., 2017.)

평가

인지행동 코칭의 핵심 특징은 평가와 사례 개념화이며, 이는 첫 코칭 세션에서 시작되며, 필요에 따라 코칭 과정 중에 수정될 수도 있다. 필수적으로, 코치이의 참여 이유와 목표를 포함한 전기적 자료들을 수집하고, 인지적 체계 안에서 개념화하고, 이를 코치이와 공유한다. SPACE, ABCDF 체계 또는 7단계 PRACTICE 해결 중심과 같은 간결한 코칭 체계는 단순하게 사례 개념화를 할 수 있다(Palmer, 2002, 2007). 인지행동 사례 개념화는 이론을 실천에 연결할 수 있도록 도우며, 체계적 방법으로 적용될 수 있는 기술과 전략의 적절한 사용을 위한 가이드를 제공한다. 코칭에서 심도 있는 평가까지는 필요하지 않으며, 사례 개념화는 해결하기 어려운 특별한 문제나 이슈를 다루지 않는다. 일반적으로 사례 개념화는 인지행동 체계를 바탕으로 코치이와 협업하여 자신의 이슈를 이해할 기회를 제공하면서 이루어지며, 이를 통해 코치이는 궁극적으로 자신에 대한 코치self-coach가 되는 것이다.

ABCDEF 코칭 모델

알버트 엘리스Albert Ellis(1962)는 정서의 ABC 모델을 발전시켰다. 'A'는 촉발 사건 또는 역경을 뜻한다. 'B'는 그 사건에 대한 신념을 뜻하고, 'C'는 정서적, 생리적, 행동적 결과를 뜻한다. 엘리스는 'B'에서 핵심적으로 혼란을 일으키는 신념은 주로 완고하고, 유연하지 않으며, 비경험적, 비이성적이며 기능적이지 않다고 보았다. 그는 이를 '비합리적 신념'이라 하였다. 또한 이것들을 사람들이 상황에 대해 만들어 내는 추론과 구분했다(이후 그의 연구에서 덜 중요하게 강조되었으나). 면접 예시가 ABC 체계로 설명될 수 있다.

A (촉발사건Activating event)	• 면접
B (A에 대한 신념Beliefs about A)	• 면접은 어렵고 끔찍할 것이다. • 나는 반드시 면접을 잘해야만 한다. • 나는 면접 실패를 견딜 수 없다.
C (결과Consequences)	• 과도한 불안 (정서) • 대기실에서의 서성대는 행동: 면접에서의 낮은 수행 (행동) • 땀, 가슴 떨림, 등과 어깨의 긴장 (생리적)

코칭 세션 동안 코치는 코치이와 협업할 수 있고, 코치이의 인지모델에 관한 개념적 이해를 돕기 위해 화이트보드 또는 카드에 코치이의 문제에 관한 인지행동적 평가를 적어볼 수 있다. 코칭 시작 단계에서 흔히 코치이를 위한 인지적 통찰은 바로 그들의 정서적 고통과 저조한 성과에 크게 영향을 미치고 있는 생각이지, 상황 그 자체가 아니다. 그러나 정서적 또는 '직감적gut' 통찰은 코치이가 스트레스를 완화하고 수행을 향상하는 새로 형성된 유용한 생각과 신념을 실천에 반영하고, 이에 따르는 스트레스 수준 감소와 수행 증가를 관찰할 필요가 있기 때문에 발전하는데 더 많은 시간이 걸린다. '비합리적 신념'이라는 용어는 코칭 상황에서 사용하지 않는데, 이는 '비합리적'이라는 말을 코치이가 때때로 경멸 또는 심지어 모욕적인 것으로 볼 수 있기 때문이다. 사고의 오류, 유용하지 않은 생각, 목표를 방해하는 생각 그리고 수행을 방해하는 사고performance interfering thought(PIT)가 더 유용한 용어들이다.

엘리스의 ABC 모델은 두 단계를 더 포함한다. 'D'는 도움이 되지 않는 신념의 논박disputation과 수정을 뜻하지만 코칭에서 'D'는 논의discussion를 의미하기도 하며, 'E'는 촉발사건을 다루는 효과적effective인 새로운 접근이다(Palmer, 2009). 팔머(2002)는 코칭 영역에 미래를 의미하는 'F' 단계를 더하였다. 이는 개인적 또는 업무적 목표 그리고 미래의 수행 능력을 높이고 미래의 스트레스에 대처가 가능한 ABCDE 과정으로부터의 학습에 초점을 둔 미래future를 의미한다. 따라서 코치이는 지적 통찰로부터 정서적 통찰로의 점진적 전환을 경험하게 된다. 다음의 질문과 반응이 그 예가 될 수 있다.

D (논의 또는 논박Discussion and Disputation)	• 면접이 정말 끔찍할까? 인터뷰는 어려울 수 있지만 실제로는 거의 끔찍할 정도는 아니다. • 왜 잘해야만 하는가? 잘하는 것이 매우 좋긴 하지만, 반드시 그래야만 하는 것은 아니다. • 실패를 견딜 수 없다는 것이 사실일까? 이제까지 내 생각대로 모든 것이 이뤄진 것은 아니지만, 내 삶을 잘 꾸려 나가고 있기에, 나는 살아 있는 증거다.
E (효과적인 새로운 접근Effective new approach)	• 면접에 집중된 신념에 초점을 맞추어라; 불안이 아닌 관심을 느껴 보라; 방을 서성이지 마라; 생리적 반응을 줄여보라. 예를 들어 긴장감을 낮춰라.
F (미래에 초점Future focus)	• 업무 목표 성취에 집중하라. 면접에서 불안을 줄일 방법을 습득하라. 좀 더 융통성 있는 완벽주의자가 되고 '나는 잘해야 한다'라고 요구하지 않는 것을 배운다.

전체 모델은 초기에 특정 목표Goal 설정을 포함하는 G-ABCDEF 모델이다. 코칭에서 G-ABCDEF 모델은 스트레스, 수행, 회복탄력성 그리고 웰빙well-being 모형으로 언급되곤 했었다. 이는 임상적 조건들만을 다루는 것이 아니라 수행력 향상과 같이 긍정적인 것에 초점을 맞추어 업무 현장에 초창기 모델을 도입하였다. 앞서 소개한 엘리스의 정서 장애에 대한 ABCDE 모델과 달리, 벡Beck의 연구를 근거로 한 인지적 접근은 다음과 같은 인지의 3단계가 필요하다고 주장한다(Curwen et al., 2018 참고):

자동적 사고	• '갑자기 떠오르는' 생각 또는 이미지: 나는 실수할 것이다.
중간 신념	• 역할: 나는 실수를 절대 해서는 안 된다. • 가정: 내가 실수한다면, 내 멍청함이 증명될 것이다. • 태도: 나는 실수를 용납할 수 없다.
핵심 신념	• 아동기 또는 사춘기 초기에 형성되며 경직된 경향: 나는 실패자다.

따라서 코치가 활용하는 실제적 인지행동 접근은 코치가 받은 훈련에 좌우되고 코칭의 평가와 실행에 영향을 끼칠 것이다. 인지행동 코칭 문헌의 핵심은 연역적인 엘리스의 접근과 귀납적인 벡의 접근 모두를 아우르는 이론을 따르는데, 이는 훈련받지 않은 독자들에게는 불명확할 것이다(Neenan & Dryden, 2014). 인지행동 접근에서의 다른 모델들, 예를 들어 팔머와 그의 동료들(2003)이 설명한 다면적 자기-코칭multimodal self-coaching 같은 경우, 좀 더 명확하

다. 인지행동 코칭은 대부분 역사적이며 현재와 미래에 초점을 맞추고 있지만, 발달 경험의 영향을 고려한다는 점에서는 주목할 가치가 있다. 앞서 제시한 예와 같이, 신념은 아동기에 비판적인 부모와 함께 살면서 발달했을 수 있다. 코치이는 코칭 세션의 일부를 자신의 신념이 어떻게 발전했는지를 논의하는 데 할애하고 싶어 할 수 있다; 코치는 지금-여기에서 신념이 바뀔 수 있음을 강조한다.

변화 과정

변화 과정에는 코치이에게 여러 단계가 필요하다.

1. 실용적이며 정서에 초점을 둔 문제해결 및 해결 중심 기술에 대한 습득과 개선
2. 융통성 없고, 성과를 방해하며, 스트레스를 유발하는 사고, 태도 및 신념에 관한 규명, 도전과 변화
3. 성과 향상과 스트레스를 완화하는 사고, 태도 및 신념을 장려하는 유연한 사고 유형 개발
4. 좌절에 대한 높은 저항력, 확장된 자기 수용 및 향상된 생리적 회복탄력성 개발

인지행동 코칭의 효과

인지행동 코칭의 발달과 함께 인지행동 코칭 그리고 해결 중심 soution-focused(SF) 코칭이 코칭 과정과 결과에 어떻게 기여하는지에 초점을 둔 연구발표가 꾸준히 증가하고 있다. 이에 대한 개요는 다음과 같다.

그랜트 Grant(2001)의 연구에 따르면 행동주의 코칭이 학습 수행을 향상하도록 했다면, 인지 기반 코칭은 정신건강, 자기-조절과 자기-개념 향상에 효과가 있었다. 인지와 행동이 접목된 코칭은 시간이 지나도 지속해서 유지되는 수행 능력의 향상은 물론 웰빙 well-being 또한 증진하게 하였다. 그랜트(2003)는 20명의 대학원생을 대상으로 진행한 그룹 해결 중심-인지행동 SF-CB 라이프 코칭을 통해 정신건강, 삶의 질 및 목표 달성이 향상되었음을 발견하였다. 그린

Green과 동료들(2005, 2006)은 해결 중심-인지행동 라이프 코칭 접근을 사용하여 목표 추구, 긍정적 정서 및 심리적 웰빙의 증진을 발견하였다. 그르비치Grbcic과 팔머Palmer(2007)는 102명의 중간 관리자를 대상으로 인지행동 자기 코칭 매뉴얼을 활용했는데, 스트레스 감소 효과가 있었고 과업, 정서 및 주의 집중 방해에 대한 대처 유형을 증가시켰다. 리브리Libri와 켐프Kemp(2006)의 사례 연구에 따르면, 인지행동 코칭이 남성 재무 담당 임원의 영업 성과, 성과에 대한 핵심 및 전반적 자기평가를 향상하게 하였다. 베도스-존스Beddoes-Jones와 밀러Miller(2007)는 단기 인지행동 코칭이 업무 성과를 개선하고 상당한 개인적 가치를 높였음을 발견했다. 그린Green과 동료들(2007)은 정상 상태의 여고생들을 대상으로 우울 감소와 함께 인내력 및 희망을 증진하기 위해 라이프 코칭을 하였다. 컨스Kearns와 그의 동료들(2007)은 인지행동 코칭이 완벽주의와 자기-불구화 현상을 감소시켰음을 발표하였다. 스펜스Spence와 그랜트Grant(2007)는 전문 해결 중심-인지행동 코칭이 목표 달성을 크게 향상하였으나, 동료 코칭은 그렇지 않았음을 발견했다. 그랜트Grant(2008)는 훈련 중인 코치를 위한 개인 라이프 해결 중심-인지행동 코칭이 목표 달성, 통찰 및 학습, 불안 감소, 인지적 인내력, 개인 통찰력을 증진하고 또한 참가자의 기말 성적이 더 높음을 발견했다. 그랜트Grant, 커테인Curtayne 그리고 버튼Burton(2009)은 임원 해결 중심-인지행동 코칭이 목표 달성, 회복탄력성 및 직장에서의 웰빙을 향상하고 우울증과 스트레스를 감소시킨다는 사실을 발견했다. 카라스Karas와 스파다Spada(2009)는 단축 인지행동 코칭 프로그램에서 모든 연구 참여자가 후속 조치에서 이득이 유지됨과 함께 많은 의사결정 실천의 지연이 상당히 개선되었음을 발견했다.

질렌스텐Gyllensten과 동료들(2010)이 진행한 질적연구는 인지행동 코칭이 정서 조절 개선과 더욱 적극적인 전략 개발을 도출함을 드러냈다. 스파텐Spaten(2010)은 단축 인지행동 코칭을 받은 대학생들을 대상으로 한 연구조사에서 세션이 종결될 무렵에 불안과 우울증 수준이 낮아졌고, 웰빙이 증가했음을 보고했다. 그랜트Grant(2014)는 해결 중심-인지행동 임원코칭이 목표 달성 증가, 해결 중심 사고 강화, 변화에 대처하는 능력 향상, 리더십 향상, 자기효능감 및 회복탄력성 향상, 우울증 감소로 이어졌다는 사실을 발견했다. 토브란드Torbrand & 엘람-다이슨Ellam-Dyson(2015)은 학생들을 위한 그룹 인지행동 코칭이 미루기 수준을 감소시켰음을 밝혔다. 데이비드David와 동료들(2016)은 임원 인지행동 코칭 프로그램이 성과 개선을 이끌었다고 보고했다. 다른 연구들(예: Hultgren et al., 2016; Barry et al., 2017)이 있었지만, 그 결과는 잠정적이며 추가적인 연구 필요성을 강조한다.

프랙티스

인지행동 코칭의 목표

인지행동 코칭의 전반적인 목표는 코치이가 다음과 같이 행동하도록 돕는 것이다.

- 현실적 목표 달성
- 어려움 또는 문제들을 축소 및 해결
- 새로운 기술 습득과 대처 전략 개발
- 잘못된 사고, 스트레스 유발 사고 stress inducing thinking(SIT), 수행 방해 사고 performance interfering thoughts(PITs), 부정적 자동적 사고 negative automatic thoughts(NATs), 필요하다면 중간 및 핵심 신념 수정
- 사고의 기술, 스트레스 경감 사고 stress alleviating thinking(SAT), 수행 능력 향상 사고 performance enhancing thoughts(PETs), 필요하다면 현실적이고 유용한 중간 및 핵심 신념 개발
- '자기-코치 self-coach' 되기

코칭 세션의 구조와 세션 사이의 과제

구조화된 접근은 코치이가 세션에서 다룰 주제를 코치와 협상하여 사용 가능한 시간을 극대화할 수 있기 때문에 유용할 수 있다(Curwen et al., 2018). 두 사람 모두는 현재 세션 및 전체 코칭 프로그램과 관련이 있다고 생각하는 문제를 제기할 수 있다. 이는 또한 인지행동 코칭의 해결 중심적 본질을 반영한다. 구조는 다음과 같다.

1. 코치이의 현 상태에 대한 간략한 확인. 예: '최근 어떻게 지내는가?'
2. 세션에서 다룰 주제에 대한 협의. 예: '오늘의 주제로 무엇을 하고 싶은가?'
3. 세션 사이의 과제(들) 점검. 예: '지난주 과제는 어떻게 진행되었는가?'
4. 이슈 또는 문제 다루기. 예: '이제 오늘 주제에 대해 논의해봅시다.'
5. 세션 사이의 과제(들)에 대한 협의
6. 세션 피드백. 예: '오늘 세션에 대한 피드백이 있는가?'

일반적으로 '숙제homework'라는 용어는 코칭 세션에서는 많은 코치이에게 흔히 부정적 기억으로 다가올 수 있기에 잘 사용하지 않는다. 그 대신 '과제assignment' 또는 '세션 사이의 과제'라는 용어를 선호한다. 이전 세션에서 협의된 과제(들)를 점검하는 것은 코칭의 중요한 측면이다. 만일 이를 간과하면, 코치이는 과제 수행이 중요하지 않으니 굳이 신경 쓸 필요가 없다는 것을 핵심 메시지로 학습할 수 있다. 인지행동 코칭은 코치이에게 코칭 외의 또 다른 167시간, 즉 행동 계획, 기술과 전략을 실천하는 시간이 얼마나 중요한지를 상기시킬 수 있다. 중요한 정보는 어떻게 과제를 처리할 수 있을까에 집중할 때 발견될 수 있다. 직면한 문제들 또는 처리하지 않은 과제들은 모두 코칭에서 '이득이 되는 것grist to the mill'이자 유용한 학습 포인트가 될 수 있다.

문제 획득과 유지

인지행동 이론은 문제가 다원적 요인들에 의해 발달한다고 본다. 이 요인들에는 결혼 문제, 정리해고, 괴롭힘, 사별, 질병과 같은 삶의 사건들; 외로움, 열악한 주거, 일과 삶의 불균형 및 부적절함과 같은 사회적 요인들; 과도한 알코올 남용, 공격적 행동, 인지적 그리고 행동적 회피와 같은 부적절하고 도움이 되지 않는 대처 전략들; 일과 관련된 스트레스, 업무 시간 내에 감당하지 못한 일을 처리하기 위한 업무 시간 연장, 낮은 업무 성과와 같은 직업적 문제들; 시끄러운 작업 환경과 같은 환경적 스트레스가 있다. 기술의 부족, 유전적 요인과 아동기 경험들은 문제에 모든 영향을 미치거나 악화시킬 수 있다. 개인 수준에서 이러한 문제들 일부가 코칭으로 개선될 수 있다 해도, 앞서 언급한 요인들로 인해 촉발된 스트레스의 수준이 심각할 경우 전문적 치료가 더 적절한 개입이 될 수 있다.

관련 이슈를 다루지 않고 회피하면 문제는 계속 유지될 수 있다. 문제를 지속시키는 요인들로는 기술의 부족, 스트레스를 유발하고 수행을 방해하는 생각들(SITs와 PITs), 사고의 오류, 현실적 목표 성취에 방해가 되는 중간 신념과 핵심 신념이 있다. 이러한 것들은 인지행동 코칭의 초점이 될 수 있고 임상적 장애가 있는 매우 고통스러운 사람들에게는 치료가 권장될 수 있다.

인지행동 코칭 프로그램의 전형적 구조

팔머(2007에서 인용)는 코칭 프로그램의 전형적 구조를 제안하였다:

세션
1-2 간단한 이중 시스템 사례 구성(예: SPACE, ABCDEF, PRACTICE), 목표 설정과 개입.
성취 가능한 SMART 목표 달성에 집중(세션 소요 시간 60 ~ 120분)
2-4 필요한 경우, 몇 가지 지속적 평가. 그렇지 않다면, 목표 성취에 집중.
2-6 방해받는 목표 또는 과제 과정이 있다면 심리적 장애들에 집중. 특정 문제를 구체화하기 위해 전체 평가 필요.
1-8 대부분 코치이가 효과적이었다고 보고하면 코칭 종결 가능

(Gyllensten & Palmer, 2005)

세션 길이는 업무와 관련된 이슈를 다루는 데 있어 이슈의 긴박성에 따라 30분에서 길게는 120분 정도의 시간이 소요될 것이다. 그러나 삶 또는 개인적 이슈와 관련된 코칭은 60분 정도일 가능성이 크다. 코칭은 총 1-3회까지만 이루어질 수도 있다.

인지적 기술들과 전략들

인지 기술과 전략은 폭넓게 존재한다. 중요한 것들을 살펴보면 다음과 같다.

사고의 오류 명료화하기

인지치료에서 말하는 '인지 왜곡cognitive distortions'(Curwen et al., 2018; Szymanska & Palmer, 2015)은 인지행동 코칭과 훈련 상황에서 사고의 오류들로 더 많이 알려져 있다 (Palmer et al., 2003). 이는 인지적으로 불충분하거나 부적절한 자료에 초점을 맞추고 비논리적인 결론을 도출하고, 부정확한 추론을 하거나 거의 또는 전혀 없는 경험적 증거를 바탕으

로 결과를 예측하여 일어나는 과정상의 오류이다. 코칭 안내 자료 또는 인지행동 자기-코칭cogitive behavioural self-coaching 서적(예: Palmer & Cooper, 2013)은 코치이가 일반적으로 사용하는 다양한 사고의 오류들을 이해하고 인식할 수 있도록 돕는다.

사고의 오류들은 다음을 포함한다:

- **마음 읽기/섣부른 결론에 도달하기**: 관련 정보를 습득하기 전에 결론을 예측. 예: '업무 외 근무를 하지 않는다면, 나는 해고될 것이다.'
- **흑백 논리 사고**: '매우 훌륭한 또는 매우 형편없는'과 같이 극단적 기준으로 경험을 평가. 예: '그녀는 언제나 지각한다.'
- **비난**: 문제에 대한 책임을 지지 않거나 누군가 또는 어떤 것을 비난. 예: '이것은 전부 그녀의 잘못이다. 그녀는 편지를 보내라고 다시 말해 줬어야만 했다.'
- **개인화**: 사건을 개인의 것으로 만듦. 예: '만약 우리 팀의 제안이 거절된다면, 그것은 전적으로 내 잘못이다.'
- **점치기**fortune-telling: 언제나 미래에 일어날 일을 예측. 예: '나는 다음 주 정리해고 될 것이란 사실을 안다.'
- **정서적 합리화**: 감정을 사실로 착각. 예: '나는 매우 긴장된다; 나는 이 합병이 실패할 것이란 사실을 안다.'
- **라벨링**labelling: 자신 또는 타인을 설명하기 위해 라벨 또는 전반적 평가를 활용. 예:'나는 완전 바보다.' 또는 '시험에서 불합격은 완전한 실패자라는 것을 반증한다.'
- **당위성**: 'should', 'must'와 같이 경직되거나 융통성 없는 사고: 자신과 타인에 대해 당위성을 요구. 예: 그는 그 프로젝트에서 일을 더 잘했어야만 했다.'
- **극대화 또는 파국화**: 지나치게 부분을 부풀리기. 예: '그 미팅은 내가 참석한 미팅 중에 최악이었다. 끔찍했다.'
- **최소화**: 상황을 만든 하나의 요소를 최소화. 예: '내가 좋은 성적을 받다니, 이건 분명히 시험이 쉬웠다는 뜻이야.'
- **낮은 인내력 또는 '난 이걸 견딜 수 없어!'**: 스스로 '나는 견딜 수 없어!'라고 말하며 보이는 좌절과 스트레스 상황에 대한 낮은 인내력
- **부인**phoneyism: 중요한 대상에게 자신이 거짓된 사람 또는 사기꾼으로 드러날 것이라 믿음.

예: '만약 내가 잘못하면, 그들은 진짜 내 모습, 즉 완전한 사기꾼을 보게 될 것이다.'

사고 기술들

코치이가 사고의 오류를 범하지 않도록 도울 수 있는 폭넓은 범위의 사고 기술들이 있다. 이는 다음과 같이 정리할 수 있다(Palmer & Strickland, 1996 각색).

사고의 오류 기록하기
수행력이 떨어지고, 일을 미루고, 스트레스를 느낀다면, 생각하는 사고의 오류가 무엇인지를 자신에게 묻고 적어본다. 사고의 오류를 피하는 방법을 습득하게 될 것이다.

당신 자신의 친구가 되기
친구나 동료가 비슷한 실수를 저질렀다면, 당신이 자신에게 하는 것처럼 비판적이고 가혹할까? 비판적인 내면의 목소리를 밀어내고 자신의 긍정적 측면을 간과하지 않는다.

상대적 생각
상황이나 결과를 '끔찍함 대 탁월함'과 같은 절대적인 관점에서 보고 있다면, 어딘가 중간 지점을 찾도록 하라. 이는 상황에 대한 관점을 객관적으로 유지하는 데 도움이 된다. 일반적으로 상황과 사람은 너무 복잡하여 극단적인 관점에서 볼 수 없다.

증거 찾기
때때로 상황에 관한 우리의 평가는 약점이 있다. 만약 자신의 수행이 형편없었다고 믿어진다면, 부정확할 수 있는 가설을 만들기보다, 타인의 피드백을 들어본다. 만약 어떤 상황에 머무르는 것이 견딜 수 없다고 생각되면, 테스트해보고 몇 분 더 머물러 본다.

라벨링 하지 않기 de-labelling
자신과 타인에 대한 전반적 평가를 피하라. 우리는 '완전한 바보' 또는 '완전한 실패자'로 평가하기에 너무 복잡하다. 자신 또는 타인의 특정 행동에 대한 라벨을 붙였다면, 그 즉시 그 라벨이 타당한가에 대해 질문을 던져보라. 예를 들어, 자신 또는 동료가 마감 기한을 지키지 않았다는 이유로 '완전한 바보'라고 부른다면, 이러한 라벨이 그 한 번의 실수에 대해 타당한가? 확고한 개선, 즉 말 그대로 자신의 나쁜 점들까지 모두 온전히 수용하는 자기-수용에 대한 배움을 고려하길 원할 수 있지만, 꼭 반드시 그래야 할 필요는 없다.

좀 더 이성적으로 사고하기

'틀림이 없다', '해야 한다', '당연하다', '할 필요가 있다', '이것은 끔찍한 일이다', '난 이것을 참을 수 없다' 등과 같이 정서를 자극하는 단어들은 스트레스 수준을 높이고 수행을 방해한다. '이 정도면 괜찮다', '이것은 바람직하다.', 등과 같이 정서를 덜 자극하는 표현들은 우리를 좀 더 이성적으로 만들어 준다.

넓게 보기

주어진 상황과 문제에 전적인 책임이 자신에게 있는 것처럼 느껴질 때, 관련된 모든 다른 측면을 리스트로 적고, 100% 자신이 비난받아 마땅한지 생각해 보라. 각 사람 또는 측면별로 책임의 무게를 나누어 파이 차트 pie chart를 그려볼 수 있다. 만약 다른 사람을 전적으로 비난할 경우, 이 프로세스를 반복하고 다른 모든 관련 요소들을 포함할 수 있다. 다른 사람들 또한 완전히 비난받을 일은 거의 없다.

생각 검토와 수행 방해 사고 직면을 위한 탐색 안내와 소크라테스식 질문들

안내된 발견은 코치와 코치이가 협업하는 과정에서 세상 또는 특정한 문제를 다른 방식으로 보는 것을 뜻한다. 이는 기원전 5세기 철학자 소크라테스로부터 발전된 체계적 질문, 귀납적 추론에 근거를 둔 질문을 활용한다. 이는 수행 방해 사고를 확인하고 수정하는 데 도움을 주기 위해 사용된다. 당신의 신념에 대한 증거가 어디에 있는가?, 당신의 신념을 반박할 어떠한 증거가 있는가? 흑백 논리로 생각하는 것은 아닌가? 라는 질문이 포함될 수 있다.

조사 방법

가정하기와 독심술을 멈추기 위해 코치이는 자기의 생각을 확인 또는 반박하기 위해 동료나 친구와 같은 다른 사람들의 의견을 확인해 볼 것을 권장받는다.

양식form 사용

양식은 수행 방해 사고에 초점을 맞추고, 평가하며 적응적인 수행 향상 사고로 대체하는 데 사용될 수 있다. 인지행동 코칭에 활용된 이러한 수행 방해/수행 향상 사고 양식은 Centre for Coaching의 니난Neenan과 팔머Palmer에 의해 개발되었다(2001). 여기에는 2열과 5열 버전이 있다(사례 연구 참조). 이러한 양식들은 코치이가 특정 상황에서 스트레스를 느낄 때 활용될 수 있다. 초점은 스트레스 유발 사고SIT를 스트레스 경감 사고SAT로 수정하는 것이다.

정동affect 라벨링

정동 라벨링이란 실제 또는 상상의 상황에서 코치이가 느끼는 정서에 대해 이름을 지어보도록 하는 것을 뜻한다. 이는 일반적으로 인지행동 코칭에서 코치이가 정서emotion와 인지 사이의 연결을 보도록 도울 때 사용된다. 우측 복외측 전전두엽 피질 활동을 증가시켜 변연계의 일부로서 정서 처리에 중요한 역할을 하는 편도체의 활동을 감소시킴으로써 두려운 상황에 대한 정서적 조절을 도울 수 있다(참고: Burklund et al., 2014; Lieberman et al., 2007). 인지행동 코칭에서 코치는 또한 코치이에게 0에서 10까지의 척도로 정서를 평가하도록 한다. 10은 매우 고조된 정서를, 0은 정서 없음을 의미한다. 규제가 생기면 정서의 강도가 낮아져야 한다.

하향하는 화살

근원적 가정 또는 핵심 신념을 발견하는 과정은 하향하는 화살 기술로 알려져 있다. 이는 번즈Burns(1990)에 의해 개발되었는데, 코치이의 부정적 자동 사고들NATs의 의미를 명확히 하는 것과 관련된다. 그것들은 일시적으로 사실인 듯 보이고 나름의 의미를 찾고 있다.

코치이: 이번 승진 면접에서 실패할 것이란 사실을 알아요.
코　치: 그 일이 일어났다고 가정해 본다면, 당신에게 어떤 의미인가요?
코치이: 지금 일에 영원히 갇혀서 어디도 가지 못할 거예요.
코　치: 그렇다면, 그건 어떤 의미인가요?
코치이: 승진할 수 없을 정도로 저는 실력이 부족한 사람이지요.

위의 예시와 같이, 핵심 신념은 '나는 실력이 부족한 사람이다' 이다. 핵심 신념을 도출함으로써, 코치는 코치이와 함께 이를 교정할 수 있는 작업으로 들어갈 수 있게 된다. 다음을 보라.

추론의 사슬

앞서 설명한 바와 같이 ABCDEF 평가와 개입에서 코치는 추론의 사슬이라고 알려진 기술을 활용하는데, 이는 코치이가 정말로 괴로워하는 결정적 'A'인 촉발사건 (A) 또는 문제의 측면들이 무엇인지를 발견하기 위함이다. 흔히 처음에 문제라고 여겨졌던 것들이 실제로는 근본적 두려움이 아닐 때가 많다. 추론의 사슬에서 코치이의 두려움은 직면 되지 않으며, 일시적으로, 일어날 수 있다고 가정된다. 코치는 B-C 생각을 강화하고(예: 신념과 정서적 결과를 연결) A-C 언어 사용을 자제한다(예: 촉발사건과 정서적 결과를 연결). 사례 연구에 이와 관련한 예시가 나와있다.

신념의 비용-편익 분석

비용-편익 분석은 중간 또는 핵심 신념으로 구성될 수 있으며, 이를 고수할 때의 장단점을 강조한다. 다음 단계는 더 도움이 되는 반대 신념을 개발하는 것이며, 그 과정을 반복한다.

비블리오테라피와 비블리오트레이닝 Bibliotheraphy and bibliotraining

비블리오테라피는 코치의 제안으로 코치이가 자신의 특정 문제에 대한 지식을 얻기 위해, 관련 있는 자기 훈련self-help 매뉴얼, 책, 비디오, DVD, 디지털 자료 및 웹사이트를 활용하는 것이다. 그러나 코칭과 훈련 상황에서 '치료'라는 용어를 포함하기에, 흔히 전문가들은 이를 비블리오트레이닝 또는 비블리오코칭으로 대치하기도 한다(참고 Palmer & Burton, 1996).

심상 기법들

인지행동 코치들이 사용하는 심상 기법의 핵심은 동기 심상, 대처 심상, 시간 설계 심상, 심상적 노출, 긍정적 심상, 성취 심상, 죄책감 감소 심상, 분노 감소 심상, 합리적 정서 심상을 포함한다(참고: Lazarus, 1984; Palmer & Dryden, 1995; Ellis et al., 1998; Palmer et al., 2003; Palmer & Puri, 2006). 이들 가운데 두 가지 주요 심상 기법에 초점을 맞추어 설명하고자 한다.

동기 심상

동기 심상motivation imagery은 두 부분으로 구성된다(Palmer & Neenan, 1998). 시작하면서, 코치이에게 그들의 특정 문제를 다루지 않고 원하는 목표를 달성하지 못한 채 남은 삶을 시각화하도록 한다(비활동 심상). 다음으로 그 특정한 문제를 다루기 위해 열심히 노력하고 그것들이 사라진 미래가 어떻게 펼쳐질지 상상하도록 한다(활동 심상). 이 기술은 코치이가 삶의 문제나 이슈를 다루기를 꺼리거나 모호하게 여길 때 동기화하는 데 사용한다.

대처 심상

코치에게 스트레스를 받거나 불안해 하는 문제 또는 상황에 대해 대처할 수 있는 자신을 상상하도록 촉진한다(Palmer et al., 2003). 이는 중요한 미팅에 늦었을 때 두려움이 커지는 것과 같이 예상되는 문제들에 대한 대처를 상상하는 것을 포함한다. 대처 심상은 한 개인이 모든 일을 완벽하게 해낸다는 성취의 심상과 혼돈되어서는 안 된다.

행동 전략들

인지행동 코치는 코치이가 심리적 문제를 다루고 그들의 수행 능력 향상 사고와 신념을 시험해 보도록 행동주의 전략들을 사용한다. 몇몇 보편적 전략들의 예시는 다음과 같다.

시간 관리 전략들

비효율적인 시간 관리 기술은 인지행동 코칭에서 흔히 만나게 되는 보편적인 문제 가운데 하나이다. 지연과 연결된 수행 방해 사고(예: '이건 너무 어려우니 나중에 해야겠다.')에 함께 맞서면서, 코치이는 우선순위 결정, 리스트 작성 등과 같은 효과적인 시간 관리 전략 적용을 배운다.

자기 주장 훈련과 의사소통 기술들

자기 주장은 흔히 코치이의 마음 속에서 공격성, 그리고 괴롭힘과 관련된 특징으로 오해되기도 하였다. 인지행동 코칭은 코치이가 주장과 공격의 차이를 구별하도록 교육한다. 새로운 행동 강화를 목적으로 코치는 코치이가 수행 방해 사고를 평가하거나 가정을 멈추도록 이끌거나 도우며, 역할극이나 실험을 활용한다.

이완과 마음챙김 mindfulness

이완과 마음챙김 전략들은 이완과 마음챙김 상태를 증진하기 위해 공통적으로 사용된다. 이완과 마음챙김 대본을 세션 내에서 소리 내어 읽을 수 있다. 코치이가 이완 또는 마음챙김 과정을 설명하는 적절한 앱을 내려받도록 한다. 이것들은 스마트 폰을 통해 쉽게 이용할 수 있다.

행동 실험

행동 실험은 인지행동 코칭의 핵심 구성 요소이다. 이는 코칭 세션 내에서 또는 세션 외적으로 세션과 세션 사이에 주어지는 과제 일부로, 친구들과의 만남 또는 직장에서 적용될 수 있다. 이 경험은 협력적 방법으로 구성되며, 기록, 검토될 수 있다. 예를 들어, 발표하는 동안 목소리가 갈라질 것이라고 믿는(예언) 코치이는 직장 동료들 앞에서 모의 발표를 하고, 그 결과를 기록해 보는 실험을 계획할 수 있다.

어떤 코치이에게 가장 유용한가?

인지행동, 실질적 문제-해결과 해결-추구 방법론들에 근거를 둔 인지행동 코칭은 직무 또는 학업 수행, 대중연설, 웰빙, 시간 관리, 의사결정, 문제해결, 정서 및 분노 조절의 증진 또는 개선을 원하는 코치이들에게 유익한 방법이다. 이는 미루기, 자기 주장의 부족, 직업 전환에서의 우유부단, 발표 불안과 같은 스트레스와 불안을 극복하는 데 도움을 줄 수 있다. 이 접근은 아동, 청소년, 성인, 노인에게 사용될 수 있으며, 개인, 그룹, 학교, 건강, 스포츠와 업무 상황 등에도 적용할 수 있다.

인지행동 코칭에서 코치이의 실패(각색: from Neenan & Palmer, 2000:217)는 다음과 같은 코치이의 요인에 기인할 수 있다.

- **정서적 책임**을 수용하지 않는다. - 따라서 자신이 행동하기에 앞서 다른 요인(예: 그들의 매니저, 업무 또는 파트너)들을 문제의 원인이라 비난하며 그러한 요인들이 변해야 한다는 기대를 한다.
- **코칭에 대한 자기 책임**을 수용하지 않는다. - 그들의 실질적, 정서적 문제들, 변화를 막는 것들에 대해 맞서려는 노력을 강하게 회피 그리고/또는 저항한다.
- **임상적 장애**가 있다. - 우울과 같은 몇몇 임상적 장애들은 동기와 목표 중심적 행동을 감소시킨다.

사례 연구

마크Mark(35세)는 두 명의 자녀가 있는 기혼남으로, 대형 정유회사의 고문이다. 그는 바로 얼마 전에 승진하였다. 그는 그 직책을 기꺼이 받아들였다. 그러나 그 자리에는 그가 해결하기를 원하는 일과 관련된 문제가 있었다. 그것은 임원진을 대상으로 매달 본사에서 발표하는 것이었다. 그는 큰 어려움 없이 발표할 수 있었지만, 점점 그 업무에 대해 불안해지기 시작하였다.

계약

마크는 그 일을 기꺼이 받아들이기로 했으므로 발표 불안을 다루기 위한 코칭을 받기로 하였다. 초기 계약은 인사부서의 메일을 통해 이뤄졌다. 코칭심리학자와 마크는 마크의 현재 사무실에서 처음 만났다. 마크는 이전의 상담 경험이 있었지만, 크게 도움이 되지 않았다고 하였다. 직장에서의 발표 불안을 다루기에 앞서 코칭의 제한점을 알릴 필요가 있었다.

그들은 2시간씩 코칭 세션을 3회 진행한 이후 그 과정을 검토하기로 동의하였다. 추가 세션은 필요에 따라 진행될 수 있었다.

발표 불안

마크가 문제를 묘사하는 것을 들었을 때, 처음 10분 내에 그가 프레젠테이션을 하는 데 상당히 능숙했고, 그의 스트레스 수준은 프레젠테이션을 하는 능력과 기술이 아니라 프레젠테이션에 대한 그의 생각 때문일 가능성이 더 커진다는 것이 명백해졌다. 절약성parsimony의 원칙에 따라, 코칭심리학자는 코칭의 PRACTICE 모델을 사용할 필요가 없다는 결론을 내렸다.

코치는 양상들 사이의 관계를 보여주기 위해 마크와 함께 SPACE 다이어그램을 완성하였다([그림 9.1] 참고).

마크는 네 개의 양상modalities과 사회적 맥락 사이의 관계를 볼 수 있었다. 그러나 그는 자신의 신념에 쉽게 도달할 수 없었다. 그들이 가장 관련있는 문제와 인지에 초점을 맞췄다는 것을 확실하게 하기 위한 평가의 하나로 추론 사슬을 활용했:

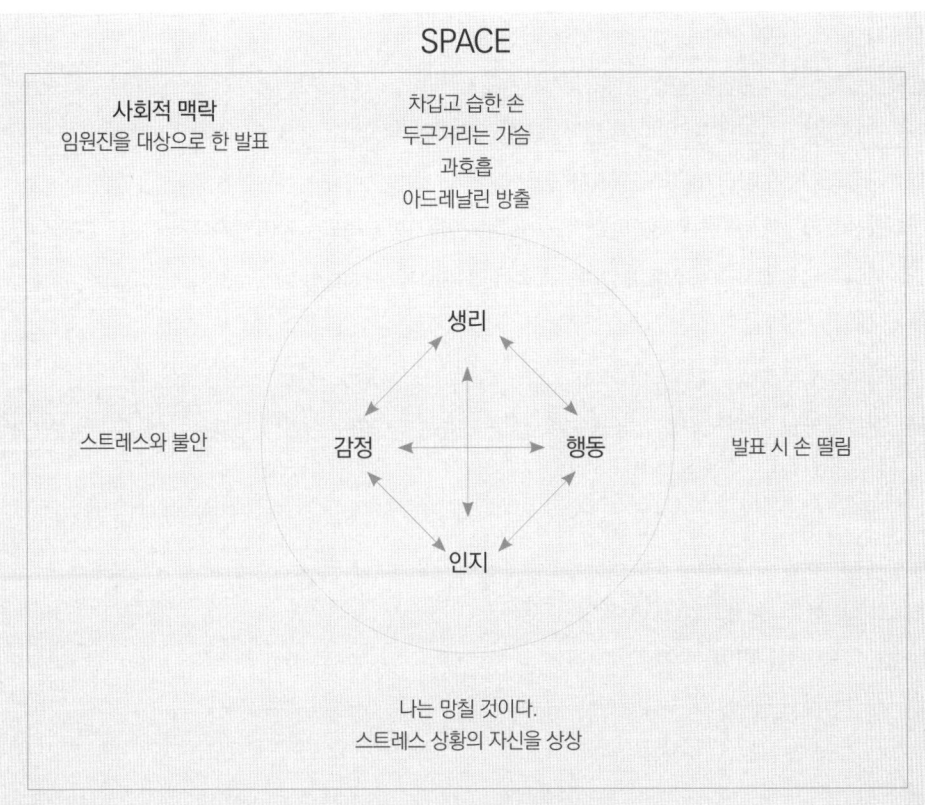

[그림 9.1] 스페이스 모델 Space model

코치: 발표에 대해 스트레스를 받을 때, 연관된 또 다른 생각이 떠오르지 않았을까 궁금합니다. 그것이 무엇인지 발견하고, 정확한 이슈에 초점을 맞추고 있다면 그것을 보는 것이 매우 유용할 것 같아요. 우리가 이에 대한 정보를 얻기 위해 좀 더 질문해도 괜찮을까요?

마크: 좋아요.

코치: 새로 임명된 후, 임원진 앞에서 발표하는 동안의 어떤 느낌이 들었나요? (정서 명료화)

마크: 매우 불안했어요.

코치: 임원들 앞에서 발표를 시작했다고 가정해 봅시다. 무엇이 당신을 불안하게 하나요? (변화를 위해 공략해야 하는 관련 정서에 초점 두기)

마크: 제가 망쳐버리는 것이요.

코치: 망친 순간을 상상해 봅시다. 눈을 감고 상상해 보면 더 쉬울 거예요. 망친 상황을 상상해봅시다. 그 상황이 그려지나요? (논의되고 있는 상황에서 코치이가 자신의 사고에 접촉할 수 있도록 돕기)

마크: 네.

코치: 자, 이제 당신이 가장 불안해하는 것이 무엇이죠?

마크: 그들이 나를 쓸모없는 인간이라고 생각하는 것?

코치: 만약 그들이 당신을 쓸모없다고 생각했다면, 그렇다면요?

마크: 지금의 새로운 자리가 위태로워지지 않을까요?

코치: 당신이 지금의 자리를 위태롭게 했다고 가정한다면, 가장 우려되는 것이 뭘까요?

마크: 모두 저당 잡혀서 경제 상황이 나빠지고 결국 다 잃게 되는 것이에요.

코치: 또 다른 건요?

마크: 없어요.

코치: 당신의 핵심 추론을 정리해 봅시다. (코치가 화이트보드에 쓰기 시작한다) 당신은 다음의 이유로 인해 불안하네요:

1. '나는 망칠 것이다.'
2. 그들이 나를 쓸모없다고 생각할 것이다.
3. 내 자리를 위태롭게 할 것이다.
4. 경제적 상황이 나빠질 것이다.
5. 모든 걸 잃을 수도 있다.

당신이 임원진 앞에서 발표하는 동안 불안할 때, 1부터 5까지 순서를 정해본다면 가장 불안하게 하는 것은 무엇인가요?

마크: 솔직히 말해, 모든 걸 잃어버릴 거라는 생각은 하지 않아요. 예전에 힘든 시간을 보낸 적이 있고, 함께 했던 친구들도 몇몇 있었어요. 그렇지만 우리는 모든 걸 잃어버리진 않았어요. 저는 이 일을 정말로 하고 싶고 이 지위에 오른 이상 잘 유지하고 싶어요. 저는 한동안 지금의 이 자리를 꿈꾸곤 했어요. 제가 이 자리를 위태롭게 하는 모든 것을 떠올리면서 스트레스 받았었네요.

코치: 이제 우리는 당신이 가장 불안해 하는 발표를 하는 것과 연결된 중요한 'A' 또는 어떤 측면을 발견한 것 같네요. 이제 이에 대해 가진 신념들을 발견해 봅시다. 마음의 눈을 통해 당신이 발표를 망쳐서 직업이 위태롭게 되는 것을 상상해 볼 수 있을까요? ('뜨거운hot' 인지들을 끌어내기 위해 심상 활용)

마크: 네.

코치: 지금 직업이 위태롭게 되는 것을 상상하고 있나요?

마크: 저는 이 새로운 직책을 놓쳐서는 안 돼요.

코치: 만약 그렇게 되면요?

마크: 끔찍할 거예요. 그들은 제가 무능하다고 생각할 거예요.

코치: 실제 그들이 당신에 대해 어떻게 생각하고 있을까요?

마크: 제가 완전히 쓸모없다고 생각하지 않을까요?

코치: 그것에 동의하시나요?

마크: 물론이죠!

코치: '나는 완전 쓸모없다'라는 생각이 당신의 발표 기술 부족과 연합되어 있나요, 새로운 역할에서의 당신과 연합하고 있나요? (질문의 명료화)

마크: 둘 다인 것 같아요. 그러나 그들이 새로운 직책에서의 나를 어떻게 보느냐가 더 중요한 것 같아요.

코치: 좋아요. 그러면 스트레스를 일으키는 신념은 (화이트보드에 적으며)

B: 신념들

1. 나는 이 새로운 자리를 잃어버려서는 안 된다.
2. 그렇게 되면 끔찍할 것이다!
3. 나는 완전 쓸모없는 인간이다.

당신이 이런 신념들을 갖고 있을 때, 스트레스를 계속 받게 되나요, 아니면 편해지나요? (그의 사고와 이에 대한 느낌 사이의 연결을 밝혀줌)

마크: 저는 계속 스트레스받을 거예요.

코치: 그것이 발표를 방해하나요, 도와주나요? (직업을 잃어버릴 것에 대한 두려움과 발표에서 그가 보이는 행동 사이의 연결을 밝혀줌)

마크: 더 나쁘게 만들어요!

코치: 스트레스받는 것에 대해 무엇을 할 수 있을까요? (해결책 찾기 질문)

마크: 임명 거부나 발표 회피는 불가능할 것 같고, 아마 생각을 바꿀 수는 있겠죠?

코치: 이 자리를 계속 유지하고 싶다면, 무엇을 하는 것이 좋을까요?

마크: 생각 바꾸기요. (이 세션에 충분한 시간이 있었기에, 코치는 수행 향상 양식 소개)

코치: 단기간에 PETs라 부르는 새로운 수행 향상 사고를 인식하고 개발하기 위해 일반적으로 저는 수행 향상 양식을 완성해 보자고 코치이에게 제안하거든요. 해보길 원하나요?

마크: 네.

코치와 마크는 세션 초기에 도출한 정보를 바탕으로 수행 향상 양식의 첫째 열의 세 칸을 완성했다. 그들은 또한 발표와 직접적으로 관련된 수행 방해 사고를 추가하였다. 이어서 둘째 열에 수행 방해 사고를 적고, 이에 맞서는 수행 향상 사고들을 넷째 열에 기록하였다. 마크는 코치가 자신에게 던진 몇 가지 질문을 넷째 열에 포함하여 세션 후에 사용하는 것이 유용함을 알게 되었다. 마지막으로 우리는 마지막 열을 완성하였다([표 9.1] 참고).

세션 내- 세션 사이의 과제

첫 번째 세션이 종결될 무렵, 마크는 현재 또는 이후 세션에서 자신의 자리가 위태롭게 될 가능성과 발표와 관련하여 추가적 수행 방해 사고 또는 수행 향상 사고를 적는 데에 동의하였다. 그에게 인지행동 셀프 코칭 서적 읽기 과제를 주었다. 특별히, 잘못된 사고에 대한 인지, 그리고 사고 기술, 심상 기술 개발로 구성된 제2장 '스트레스 정복을 위한 생각 바꾸기'를 주의 깊게 보도록 권하였다(참고: Palmer & Cooper, 2013). 마크가 코칭 세션을 다시 들을 수 있도록 녹음하였다.

두 번째 그리고 세 번째 코칭

두 번째 세션에서 마크는 그가 일상적으로 사용해왔던 몇 가지 사고의 오류를 인식하고 이에 관해 피드백하였다. 그들은 SPACE 다이어그램으로 되돌아가, 녹색 작업을 할 때, 발표를 앞둔 순간과 발표하는 동안에 좀 더 편안함을 느끼기 위한 벤슨Benson의 이완 기술 사용 가능성에 대해 논의하였다. 이는 셀프 코칭 서적에서 다루고 있다. 이러한 기술을 제2의 본성으로 자리 잡게 하려면 매일 꾸준히 실천할 필요가 있다. 코치는 마크가 발표에 대해 맞설 수 있는 대처 심상을 어떻게 사용할 수 있는가에 관해 이야기하였다. 여기에는 마크가 손을 떨거나 노트북 컴퓨터 위로 허우적거리는 심상을 대신하여, 표현을 돕는 방식으로 손을 사용하는 심상, 그리고 어려운 질문에도 잘 대처하는 심상이 포함되었다.

이미 세션 사이의 연결 기간에 몇 차례 이메일을 교환했으며, 세 번째와 마지막 세션은 전화로 진행되었다. 발표는 잘 진행되었고, 그는 직책에서의 위태로움을 겪지 않았다.

[표 9.1] 수행 향상 양식

표적 문제 (A)	수행 방해 사고들(PITs) (B)	정서적/행동적 반응 (C)	수행 향상 사고들(PETs) (D)	문제에 대한 효과적이고 새로운 접근 (E)
임원진 앞에서 발표를 망치면 내 위치가 위태로울 것이다.	1) 이 새로운 직책을 놓칠 것이 분명하다.	불안	현실적으로 이 직책을 놓칠 수도 있지만, 내가 이 한 번의 발표에서 실수할 확률은 낮다.	나는 새로운 직업을 받아들일 것이다.
	2) 이건 끔찍한 일이다.	극심한 불안	이것이 끔찍할까? 이 직업을 잃는다면 고통스럽겠지만, 이것으로 세상이 끝나지 않는다는 것을 나는 안다.	나는 발표 준비를 잘 할 것이고, 발표할 때 크게 말할 것이다.
목표들: 적당한 수준으로 발표하기 나 또는 발표에 대해 그들이 어떻게 생각할지보다, 발표에 집중하기	3) 나는 완전히 쓸모없는 인간이다.	우울	어떻게 내가 완전히 쓸모없을 수 있나? 그러려면, 발표 이외의 다른 모든 것에서도 쓸모없었어야 한다.	발표 시 타인의 마음을 읽지 않겠다.
	4) 나는 잘해야 하고 완벽하게 한다.	불안	왜 나는 잘해야만 하는가? 현실적으로 나는 그렇지 않다. 어디서 이 생각이 왔을까? 이건 나를 더 스트레스받게 하고 수행력도 떨어뜨린다. 완벽한 발표가 있을까? 아니면 내 기대가 너무 높은가? 나는 완벽한 발표가 아닌 충분히 적당한 발표에 초점을 두겠다.	책 207쪽에 있는 대처 심상을 읽겠다.

(© Centre for Coaching, 2019)

논의 포인트

1. 코칭에서 절약성parsimony 원칙이 어떠한 면에서 중요한가? 제시한 사례 연구에 이 원칙이 반영되었는가?
2. 인지행동 코칭은 피상적이다. 이에 대해 논의해 보라.
3. 코칭에서 심층적인 인지행동 사례 개념화가 이루어지지 않았다면, 이는 나태하며 비윤리적일 가능성이 있는가? 이에 대해 논의해 보라.
4. 코치이에게 자기 계발이나 셀프 코칭 자료를 읽게 하는 것이 목표 달성에 어떤 식으로 도움이 되는가?

추천 읽기

Dryden, W. (2016). *Very Brief Cognitive Behavioural Coaching (VBCBC)*. Abingdon: Routledge.
Neenan, M., & Palmer, S. (2012). *Cognitive Behavioural Coaching in Practice: An Evidence Based Approach*. Hove: Routledge.
Neenan, S., & Dryden, W. (2014). *Life Coaching: A Cognitive-Behavioural Approach*. Hove: Brunner-Routledge.
Palmer, S., & Cooper, C. (2013). *How to Deal with Stress*. London: Kogan Page.

참고 문헌

Bandura, A. (1986). *Social Foundations of Thought and Action: A Social Cognitive Theory*. Englewood Cliffs, NJ: Prentice Hall.
Barry, M., Murphy, M., & O'Donovan, H. (2017). Assessing the effectiveness of a cognitive behavioural group coaching intervention in reducing the symptoms of depression among adolescent males in a school setting. *Internationa Coaching Psychology Review*, 12(2): 101-109.
Beck, A. T. (1967). *Depression: Clinical, Experimental, and Theoretical Aspects*. Philadelphia, PA: University of Pennsylvania Press.
Beck, A. T., & Clark, D. A. (1997). An information processing model of anxiety: Automatic and strategic processes. *Behaviour Research and Therapy*, 35(1): 49-58.
Beddoes-Jones, F., & Miller, J. (2007) Short-term cognitive coaching interventions: Worth the effort or a waste of time? *The Coaching Psychologist*, 3(2): 60-69.
Burklund, L. J., Creswell, J. D., Irwin, M. R., & Lieberman, M. D. (2014). The common and distinct neural bases of affect labeling and reappraisal in healthy adults. *Frontiers in Psychology*, 5: 221.
Burns, D. (1990). *The Feeling Good Handbook*. New York: Plume.
Centre for Coaching (2019). *Completed ABCDE Form*. London: Centre for Coaching.
Costa, A. L., & Garmston, R. J. (2002). *Cognitive Coaching: A Foundation for Renaissance Schools*. Norwood, MA: Christopher-Gordon.
Curwen, B., Palmer, S., & Ruddell, P. (2018). *Brief Cognitive Behaviour Therapy*. London: Sage Publications.
David, O. A., Ionicioiu, I., Imbarus, A. C., & Sava, F. A. (2016). Coaching banking managers through the financial crisis: Effects on stress, resilience, and performance. *Journal of Rational-Emotive & Cognitive-Behavior Therapy*, 34: 267-281.
Dias, G., Gandos, L., Nardi, A. E., & Palmer, S. (2011). Towards the practice of coaching and coaching psychology in Brazil: The adaptation of the PRACTICE model to the Portuguese language. *Coaching Psychology International*, 4(1): 10-14.
DiMattia, D. J., & Mennen, S. (1990). *Rational Effectiveness Training: Increasing Productivity at Work*. New York: Institute for Rational-Emotive Therapy.
Dostál, J. (2015). Theory of problem solving. *Procedia: Social and Behavioral Sciences*, 174: 2798-2805.
Dryden, W. (2015). *Rational Emotive Behaviour Therapy: Distinctive Features*. 2nd edition. Hove: Routledge.
Dryden, W. (2016). *Very Brief Cognitive Behavioural Coaching (VBCBC)* . Abingdon, Oxon: Routledge.

Dryden, W., & Gordon, J. (1993). *Peak Performance: Become More Effective at Work*. Didcot, UK: Mercury Business Books.

Dutton, M. M. (1990). Learning and teacher job satisfaction (staff development). Doctoral dissertation, Portland State University, Portland, OR. *Dissertation Abstracts International*, 51/05-A, AAD90-26940.

D'Zurilla, T. J. (1986). *Problem-Solving Therapy: A Social Competence Approach to Clinical Intervention*. New York: Springer.

Edgerton, N., & Palmer, S. (2005). SPACE: A psychological model for use within cognitive behavioural coaching, therapy and stress management. *The Coaching Psychologist*, 2(2): 25-31.

Ellis, A. (1962). *Reason and Emotion in Psychotherapy*. New York: Lyle Stuart.

Ellis, A. (1972). *Executive Leadership: A Rational Approach*. New York: Institute for Rational-Emotive Therapy. Stephen Palmer and Kasia Szymanska.

Ellis, A., & Blum, M. L. (1967). Rational training: A new method of facilitating management labor relations. *Psychological Reports*, 20: 1267-1284.

Ellis, A., Gordon, J., Neenan, N., & Palmer, S. (1998). *Stress Counselling: A Rational Emotive Behaviour Approach*. New York: Springer.

Grant, A. M. (2001). Coaching for enhanced performance: Comparing cognitive and behavioural approaches to coaching. Paper presented at the Third International Spearman Seminar, Extending Intelligence: Enhancement and New Constructs, Sydney.

Grant, A. M. (2003). The impact of life coaching on goal attainment, metacognition an d mental health. *Social Behaviorand Personality*, 31(3): 253-264.

Grant, A. M. (2008). Personal life coaching for coaches-in-training enhances goal attainment, insight and learning. *Coaching: An International Journal of Theory, Research and Practice*, 1(1): 54-70.

Grant, A. M. (2014). The efficacy of executive coaching in times of organisational change. *Journal of Change Management*, 14(2): 258-280.

Grant, A.M., Curtayne, L., & Burton, G. (2009). Executive coaching enhances goal attainment, resilience and workplace well-being: A randomised controlled study. *Journal of Positive Psychology*, 4(5): 396-407.

Grbcic, S., & Palmer, S. (2007). A cognitive-behavioural self-help approach to stress management and prevention at work: A randomised controlled trial. *Rational Emotive Behaviour Therapist*, 12(1): 21-43.

Green, L. S., Oades, L. G., & Grant, A. M. (2005). An evaluation of a life-coaching group programme: Initial findings from a waitlist control study. In M. Cavanagh, A. M. Grant & T. Kemp (eds.) *Evidence Based Coaching: Volume 1, Theory, Research and Practice from the Behavioural Sciences*. Bowen Hills, Qld, Australia: Australian Academic Press.

Green, L. S., Oades, L. G., & Grant, A. M. (2006). Cognitive-behavioral, solution focused life coaching: Enhancing goal striving, well-being and hope. *Journal of Positive Psychology*, 1(3): 142-149.

Green, S., Grant, A., & Rynsaardt, J. (2007). Evidence-based life coaching for senior high school students: Building hardiness and hope. *International Coaching Psychology Review*, 2(1): 24-32.

Gyllensten, K., & Palmer, S. (2005). The relationship between coaching and workplace stress: A correlational study. *International Journal of Health Promotion and Education*, 43(3): 97-103.

Gyllensten, K., Palmer, S., Nilsson, E-K., Regnér, A. M., & Frodi, A. (2010). Experiences of cognitive coaching: A qualitative study. *International Coaching Psychology Review*, 5(2): 98-108.

Hultgren, U., Palmer, S., & O'Riordan, S. (2016). Developing and evaluating a virtual coaching programme: A pilot study. *The Coaching Psychologist*, 12(2): 67-75.

Karas, D., & Spada, M. M. (2009). Brief cognitive-behavioural coaching for procrastination: a case series. *Coaching: An International Journal of Theory, Research and Practice*, 2(1): 44-53.

Kearns, H., Forbes, A., & Gardiner, M. (2007) A cognitive behavioural coaching intervention for the treatment of perfectionism and self-handicapping in a non-clinical population. *Behaviour Change*, 24(3): 157-172.

Kirby, P. (1993). RET counselling: Application in management and executive development. *Journal for Rational-Emotive and Cognitive-Behavior Therapy*, 11(1): 51-57.
Lazarus, A. A. (1981). *The Practice of Multimodal Therapy*. New York: McGraw-Hill.
Lazarus, A. A. (1984). *In the Mind's Eye*. New York: Guilford Press.
Libri, V., & Kemp, T. (2006). Assessing the efficacy of a cognitive behavioural executive coaching programme. *International Coaching Psychology Review*, 1(2): 9-20.
Lieberman, M. D., Eisenberger, N. I., Crockett, M. J., Tom, S. M., Pfeifer, J. H., & Way, B. M. (2007). Putting feelings into words: Affect labeling disrupts amygdala activity to affective stimuli. *Psychological Science*, 18: 421-428.
Locke, E. A., & Latham, G. P. (1990). *A Theory of Goal Setting and Task Performance*. Englewood Cliffs, NJ: Prentice Hall.
Meichenbaum, D. (1985). *Stress Inoculation Training*. New York: Pergamon.
Milner, P., & Palmer, S. (1998). *Integrative Stress Counselling: A Humanistic Problem Focused Approach*. London: Cassell.
Neenan, M., & Palmer, S. (2000). Problem focused counselling and psychotherapy. In S. Palmer (ed.) *Introduction to Counselling and Psychotherapy: The Essential Guide*. London: Sage Publications.
Neenan, M., & Palmer, S. (2001). Cognitive behavioural coaching. *Stress News*, 13(3): 15-18.
Neenan, M., & Palmer, S. (2012). *Cognitive Behavioural Coaching in Practice: An Evidence Based Approach*. Hove: Routledge.
Neenan, S., & Dryden, W. (2014). *Life Coaching: A Cognitive-Behavioural Approach*. Hove: Brunner-Routledge.
Palmer, S. (1992). Stress management interventions. Counselling News, 7: 12-15.
Palmer, S. (1995). A comprehensive approach to industrial rational emotive behaviour stress management workshops. *Rational Emotive Behaviour Therapist*, 1: 45-55.
Palmer, S. (2002). Cognitive and organisational models of stress that are suitable for use within workplace stress management/prevention coaching, training and counselling settings. *Rational Emotive Behaviour Therapist*, 10(1): 15-21.
Palmer, S. (2007a). Cognitive coaching in the business world. Inaugural lecture given at the Swedish Centre for Work Based Learning, Goteburg, Sweden, 8 February.
Palmer, S. (2007b). PRACTICE: A model suitable for coaching, counselling, psychotherapy and stress management. *The Coaching Psychologist*, 3(2): 71-77.
Palmer, S. (2008). Multimodal coaching and its application to workplace, life and health coaching. *The Coaching Psychologist*, 4(1): 21-29.
Palmer, S. (2009). Rational Coaching: A cognitive behavioural approach. *The Coaching Psychologist*, 5(1): 12-18.
Palmer, S. (2011). Revisiting the P in the PRACTICE coaching model. *The Coaching Psychologist*, 7(2): 156-158.
Palmer, S., & Burton, T. (1996). *People Problems at Work*. London: McGraw-Hill.
Palmer, S., & Cooper, C. (2013). *How to Deal with Stress*. London: Kogan Page.
Palmer, S., Cooper, C., & Thomas, K. (2003). *Creating a Balance: Managing Pressure*. London: British Library.
Palmer, S., & Dryden, W. (1995). *Counselling for Stress Problems*. London: Sage Publications.
Palmer, S., & Gyllensten, K. (2008). How cognitive behavioural, rational emotive behavioural or multimodal coaching could prevent mental health problems, enhance performance and reduce work related stress. *The Journal of Rational Emotive and Cognitive Behavioural Therapy*, 26(1): 38-52.
Palmer, S., & Neenan, M. (1998). Double imagery procedure. *Rational Emotive Behaviour Therapist*, 6(2): 89-92.

Palmer, S., & Neenan, M. (2000). Problem-focused counselling and psychotherapy. In S. Palmer & R. Woolfe (eds.) *Integrative and Eclectic Counselling and Psychotherapy*. London: Sage Publications.

Palmer, S., & Puri, A. (2006). *Coping with Stress at University: A Survival Guide*. London: Sage Publications.

Palmer, S., & Strickland, L. (1996). *Stress Management: A Quick Guide*. 2nd edition. Dunstable, UK: Folens.

Sánchez-Mora García, M., Ballabriga, J. J., Celaya, J. V., Dalmau, R. C., & Palmer, S. (2012). The PRACTICE coaching model adapted to the Spanish language: From PRACTICE to IDEACIÓN. *Coaching Psychology International*, 5(1): 2–6.

Sawyer, L. (2003). Integrating cognitive coachingSM with a framework for teaching. In J. Ellison & C. Hayes (eds.) *Cognitive Coaching: Weaving Threads of Learning and Change into the Culture of an Organisation* (pp. 151–162). Norwood, MA: Christopher-Gordon.

Spaten, O. M. (2010). *Coaching Forskning – Effekt af Coaching på Nystartede Studerende*. Aalborg: Aalborg University.

Spaten, O. M., Imer, A., & Palmer, S. (2012). From PRACTICE to PRAKSIS: Models in Danish coaching psychology. *Coaching Psychology International*, 5(1): 7–12.

Spence, G. B., & Grant, A. M. (2007). Professional and peer life coaching and the enhancement of goal striving and well-being: An exploratory study. *Journal of Positive Psychology*, 2(3): 185–194.

Szymanska, K., & Palmer, S. (2015). Cognitive behavioural therapy. In S. Palmer (ed.) *The Beginner's Guide to Counselling and Psychotherapy*. 2nd edition. London: Sage Publications.

Torbrand, P., & Ellam-Dyson, V. (2015). The experience of cognitive behavioural group coaching with college students: An IPA study exploring its effectiveness. *International Coaching Psychology Review*, 10(1): 76–93.

Wasik, B. (1984). *Teaching Parents Effective Problem-Solving: A Handbook for Professionals*. Unpublished manuscript, University of North Carolina, Chapel Hill, NC.

Weiss, R., Edgerton, S., & Palmer, S. (2017). The SPACE coaching model: An integrative tool for coach therapists. *Coaching Today*, October, 12–17.

Williams, H., & Palmer, S. (2013). The SPACE model in coaching practice: A case study. *The Coaching Psychologist*, 9(1): 45–47.

Williams, H., Edgerton, N., & Palmer, S. (2010). Cognitive behavioural coaching. In E. Cox, T. Bachkirova & D. Clutterbuck (eds.) *The Complete Handbook of Coaching*. London: Sage Publications.

Section 2
인본주의적 접근들

10장
인간 중심 코칭심리학

저자: 스티븐 조셉Stephen Joseph[1], 리처드 브라이언트-제프리스Richard Bryant-Jefferies[2]
역자: 김현화

서론

인간 중심 코칭심리학은 인간이 자신의 재능과 강점을 최대한 활용하고, 자신의 잠재력을 더 많이 발휘하며, 개인적 그리고 직업적 삶에서 더욱 완전하게 기능할 수 있도록 돕기 위해 창안되었다. 이는 인간은 선천적으로 더 자율적이고, 사회 구성적이며, 최적으로 기능하는 데 동기를 부여한다는 메타 이론적 가정을 근거로 하여 사람들과 협업하는 방식이다. 이렇듯 인간 중심 코칭심리학자들은 코치이가 자신에 대한 최고의 전문가이며, 판단 또는 강요당하는 느낌이 들지 않는 수용 가능한 진정한 관계를 코치이에게 제공할 수 있다면 그들의 내재적 동기가 우러나올 것이라 믿는다. 이 장에서는 인간 중심 접근의 발달 개요와 라이프 코칭에 사용한 사례에 대하여 설명한다.

---

[1] 스티븐 조셉Stephen Joseph 박사는 공인된 코칭심리학자이자, Meyler Campbell에서 교육받은 비즈니스 코치이다. 긍정심리학의 응용에 관심이 많은 그는 획기적인 책 『Positive Psychlogy in Practice: Promoting Human Flourishing in Work, Health, Education and Everyday Life』의 편집자이다. 그의 가장 최신 책은 『Authentic: How to Be Yourself and Why It Matters』이다.
[2] 리처드 브라이언트-제프리스Richard Bryant-Jefferies는 런던의 대형 NHS 신탁에서 1차 진료 알코올 상담사 및 상담 수퍼바이저로 일했으며, 약물 오용 서비스, 평등과 다양성을 관리했다. 그는 두 권의 소설을 포함하여 20건이 넘는 상담 주제에 대한 책을 썼는데, 이 책들은 독자를 상담 경험으로 끌어들이는 방식으로 쓰였다.

인간 중심 코칭의 발달

인간 중심 접근은 칼 로저스Carl Rogers에 의해 처음 개발되었다(1951, 1961). 본래, 그는 치료사가 세션의 흐름을 지시하지 않고 내담자의 인도에 따르려 노력하기에 자신의 접근 방식을 비지시적 치료라고 불렀다. 그러나 이 용어는 예를 들어, 방향성이 전혀 없는 접근 방식이라 생각하게 하는 등의 혼란을 일으킬 수 있었다. 로저스는 내담자 중심 치료 접근 방식에 대한 설명을 변경하였다. 이로써 내담자 중심이 되기 위해 치료사가 지시적이지 않음을 분명히 하였다. 나중에 내담자 중심이라는 용어는 인간 중심이라는 용어로 대체되었는데, 이는 치료실에만 국한되지 않고 건강 돌봄, 교육, 갈등 해결 그리고 현재의 코칭에 이르기까지 모든 상황에서 사용될 수 있는 도움에 대한 철학적 접근이라는 인식에서 비롯된 것이다.

코칭과 상담과의 관계에 대해서는 코칭 분야에서 논란이 있지만, 인간 중심 접근은 역기능에 대한 '교정'이나 '치유'에 관심을 두지 않고, 치료사가 전문가라는 의학 모델의 '진단적' 태도를 절대 취하지 않기에 다른 치료적 접근과 다르고 독특하다. 인간 중심 접근 코칭의 초점은 코치이가 심리적 기능의 스펙트럼 어디에 놓여있든 코치이가 최적의 기능을 수행할 수 있도록 자기 결정을 촉진하는 것이다(Joseph, 2003, 2015).

이처럼 인간 중심 접근은 자신이 자신에 대한 최고의 전문가라는 철학적 입장을 공유하는 코칭심리학에 쉽게 적용할 수 있다(예: Kauffman, Joseph, & Scoular, 2015). 많은 코치는 자신들의 코칭 기원이 인간 중심 치료라는 것을 의식하지 못한 채, 이미 비지시적 방식으로 실천하거나 비지시적 개념의 영향을 받고 있다.

인간 중심의 메타 이론적 관점은 최근에 발전한 긍정심리학(예: Joseph, 2015)과 더불어 60년 이상의 연구와 이론을 통해 입증된 심리학 전통(참고: Barrett-Lennard, 1998)이다. 인간에게 성장, 발전 및 최적 기능을 향한 내재적 경향이 있다는 가정은 코치이 자신을 가장 잘 아는 사람이 코치가 아니라 코치이라는 이론적 근거를 제공한다(Joseph, 2003; Levitt, 2005). 각자 자신이 자신에 대한 최고의 전문가라는 생각이 비지시적 접근의 기초이다.

이론 및 기본 개념

칼 로저스Carl Rogers는 모든 인간이 성장, 발전, 최적의 기능을 향한 내재적 성향을 가지고 있다는 메타 이론적 관점을 소개했는데, 이를 **실현 경향성**actualizing tendency이라 불렀다(참고: Rogers, 1959, 1963). 그러나 이는 자동으로 일어나는 과정이 아니다. 인간이 타고난 최적의 본성을 **스스로 실현**self-actualise하기 위해서는 올바른 사회적 환경이 필요하다. 로저스가 제안한 올바른 사회적 환경은 자신이 있는 그대로의 모습으로 이해되고, 가치 있게 여겨지며, 수용된다고 느끼는 환경이다. 로저스는 그러한 환경에서 인간은 자신의 본질적인 실현 경향성과 **일치**congruent하는 방식으로 자기 실현하려는 경향이 있으며, 결과적으로 웰빙well-being과 최적의 기능을 발휘한다고 판단하였다. 그러나 자신이 누구인지에 대해 이해받지 못하고, 무가치하게 여겨지며, 인정받지 못한다고 느끼고, 오직 타인이 그들에게 요구하는 모습으로 되었을 때만 가치 있다고 느낄 때, 그들은 자신의 본질적인 실현 경향성과 일치하지 않는 방식으로 자기를 실현하게 되고, 그 결과로 고통과 역기능을 초래한다.

필요충분조건

코치가 시도하는 것은 적절한 사회 환경 조건을 만들어 주려는 노력이다. 심리학자들에게 로저스(1957, 1959) 이론의 용어는 친숙할 것이며, 무조건적인 긍정적 존중, 공감 및 일치성이라는 용어를 거의 모두가 들어보았을 것이다. 그러나 이 세 가지 용어가 너무 친숙한 나머지 이론의 깊이가 흔히 간과되고 실제보다 훨씬 더 피상적인 접근으로 오인되는 경우가 있다. 로저스(1957)는 실제로 치료에서 긍정적인 성격 변화에 요구되는 여섯 가지 필요충분조건을 설명했다([상자 10.1]). 로저스는 이러한 조건이 성공적인 도움 관계에서 성격 변화의 기초가 된다고 믿었다. 따라서 코칭에 적용할 수 있다.

> [상자 10.1] 긍정적 성격 변화의 필요충분조건
>
> 조건 1. 두 사람은 심리적으로 연결된 상황에 있다.
> 조건 2. 우리가 내담자라고 하는 첫 번째 사람은 불일치 상태에 있으며 취약하거나 불안하다.
> 조건 3. 우리가 치료사라고 하는 두 번째 사람은 그 관계에서 일치 및 통합되어 있다.
> 조건 4. 치료사는 내담자에 대해 무조건적인 긍정적인 존중을 경험한다.
> 조건 5. 치료사는 내담자의 내부 준거 틀에 대한 공감적 이해를 경험하고, 이 경험을 내담자에게 전달하기 위해 노력한다.
> 조건 6. 치료사의 내담자에 대한 공감적 이해와 무조건적인 긍정적 존중을 전하는 것은 성취를 위한 최소 조건이다.
>
> (Rogers, 1957, p.96).

조건 1은 전제 조건으로서, 이것이 충족되지 않으면 나머지 다섯 가지 조건은 의미가 없다. 로저스가 말한 심리적 연결은 두 사람이 서로를 의식하고 있는지, 그리고 한 사람의 행동이 나머지 한 사람에게 영향을 미치는지 아닌지를 말한다. 예를 들어, 긴장하고 있는 사람이라면 심리적 연결이 있었는지 판단하기 어려울 것이다.

조건 2는 불일치로, 이는 근원적 감정과 이 감정에 대한 의식 사이의 불일치, 또는 감정 인식과 감정 표현 사이의 불일치가 일어나는 상태를 말한다. 예를 들어 불안해 보이지만 자신의 불안을 의식하지 못하는 코치이는 자신의 근원적 감정과 그 감정에 대한 인식이 불일치한다고 할 수 있다. 반면 스스로 불안함을 인지하고 있지만 괜찮다고 말하는 사람은, 의식과 표현 사이의 불일치를 경험하는 경우다.

조건 3은 코치의 일치성으로, 즉 코치는 그들의 내적 경험과 그들의 근원적 사고와 감정을 정확하게 인식하고 이러한 생각과 감정을 상황에 맞게 적절하게 표현할 수 있는 능력이 있다(Bozarth, 1998; Wyatt, 2001). 즉 코치의 내적 인지와 정서 상태, 이러한 상태에 대한 의식적 자각, 그러한 상태를 명확하게 표현하는 능력 사이의 일치를 뜻한다.

조건 4는 코치의 무조건적인 긍정적 존중으로, 코치이에게 조건이나 가치를 부여하지 않고 따뜻하게 있는 그대로 받아주는 것이다.

조건 5는 코치의 공감적 이해로, 코치는 코치이의 경험이 정확히 어떠한지를 느끼고 이해한다.

마지막, 조건 6은 코치이가 코치의 공감과 무조건적인 수용을 지각함을 의미한다. 로저스는 위의 여섯 가지 조건이 존재하면, 건설적인 성격의 변화가 일어나며, 그러나 만약 여섯 가지 조건 모두가 갖추어졌을 때, 그리고 그 조건들이 더 많이 존재할수록 내담자의 건설적인 변화가 더 두드러질 것이라 믿었다.

'마지막 조건은 … 내담자가 최소한의 한도에서 그를 위해 치료사가 경험하는 수용과 공감을 감지하는 것이다. 이러한 의사소통이 일어나지 않는다면, 내담자에 관한 그러한 태도는 관계 안에 존재하지 않고, 따라서 우리의 가정에 따라 치료적 과정도 일어날 수 없다.'(Rogers, 1957) '최소한의 한도'라는 표현이 흥미롭다. 이는 치료사 안에 존재하는, 그리고 그가 전달하는 공감과 무조건적 긍정적 수용을 모두 감지할 필요는 없다는 의미이다. 논리적으로는 더 많이 인식될수록 치료적 효과가 더 좋으리라 생각할 수 있지만, 치료사가 정확하게 잘 듣고 공감적으로 이해하고 있다는 것이 희미하게라도 감지되는 것으로도 충분히 긍정적인 치료적 효과가 생길 수 있다. 그렇지만 강도와 정확성의 문제라면, 치료사의 부족한 이해와 부정확한 경청보다 내담자가 자신들의 내부 세계에서 공감적으로 이해되는 매우 중요한 부분을 생생하게 경험하는 것이 더 치료적으로 중요하다. 내담자에게 전해지는 치료사의 공감, 일치성 및 무조건적인 긍정적 존중은 건설적인 성격 변화의 과정을 위한 조건을 만든다.

(Bryant-Jefferies, 2005a, p.11)

로저스(1957)가 설명한 필요충분조건은 인간 중심 코치의 태도적 특성과 코치이에 대해 일치하고 공감하고자, 그리고 무조건 긍정적인 태도를 경험하기 위해 노력한다는 측면에서 코치의 실천 방식을 잘 설명하고 있다. 인간 중심 코칭의 기본 개념은 이러한 핵심 태도적 자질이 실현 경향성의 건설적 표현을 촉진하는 사회적 환경이라는 것이다. 코치이가 판단이나 평가받는다고 느끼지 않는 환경에서 코치이는 더는 자신을 방어할 필요성을 느끼지 않으며, 따라서 일치된 실현 경향성을 발전시킬 수 있다.

비지시성

이것이 실천에서 의미하는 바는 인간 중심 코치는 자신에 대해 깊이 이해하고 있고 코치이와 진솔한 방식으로 함께할 수 있는 사람이라는 것이다. 코치는 자신의 정한 안건을 코치이에게 부여하지 않으며, 코치의 관점에서 코치이의 세계를 이해하려고 노력하며, 그들의 삶의 방향을 받아들인다. 즉 코치이의 자기 결정이 가장 중요하다.

따라서 인간 중심 코칭의 핵심은 사람들이 본질에서 건설적이고 최적의 기능을 지향하며 올바른 사회 환경 조건 하에 이 힘이 방출된다는 코치의 메타 이론적 가정이다. 그랜트Grant는 다음과 같이 말한다.

> 내담자 중심 치료사들은, 사람들이 무엇을 원하는지, 아니면 어떻게 자유로워져야 하는지에 대한 가정을 세우지 않는다. 자기 수용, 자기 관리, 긍정적 성장, 자기실현, 실제와 지각된 자기 사이의 일치, 또는 실제에 대한 특정한 관점, 또는 그 어떠한 것 등을 발전시키려 시도하지 않는다. … **내담자 중심 치료법은, 단순하게 타인의 자기 결정권을 존중하는 것이다**.
>
> (Grant, 2004: p.158).

치료에 대해 논의하지만, 요점은 코치의 무조건적인 태도와 비지시적이라는 원칙적인 자세를 토대로 하는 타인의 자기 결정에 대한 존중이 코칭에도 동등하게 적용된다는 것이다(Levitt, 2005 참고). 브로들리Brodley(2005)는 다음과 같이 주장한다.

> 비지시적 태도는 심리적으로 중요한 의미가 있다. 이것은 기술이 아니다. 치료사의 발달 초기에 이는 '이것을 하지 말라, 저것을 하지 말라'와 같이 피상적이고 규범적일 가능성이 있다. 하지만 시간을 두고 자기 검증과 치료 경험이 더해감에 따라, 치료자의 성격 일부가 된다. 이는 인간의 건설적 잠재력에 대한 깊은 존경과 그들의 취약성에 대한 극도의 민감성을 뜻한다.
>
> (Brodley, 2005, p.3)

앞에서 살펴본 대로 자기 생각을 부여하지 않고 코치이의 방향을 수용하는 것은, 인간 중심 코칭의 핵심(예: 조건 4)이며, 의사소통은 치료사의 일치성과 공감을 바탕으로 이루어진다(Bozarth, 1998 참고). 인간의 실현 가능성이 동기의 중심적인 근원임을 절대적으로 믿기에 개입하지 않고 개입 의도 또한 없다는 것이 인간 중심 코칭에게 기본이 된다. 보자트Bozarth(1998)는 다음과 같이 이야기한다.

> 치료사는 내담자와 함께하며, 그의 속도를 맞춰 주며, 그의 생각, 경험, 처리 과정을 따른다. 치료사는 다른 일에 관여하지 않으며, 인간 중심 치료의 핵심을 어기지 않는 것 외에는 다른 의도를 가질 수 없다. 다

른 일에 대한 관여는 그것이 무엇이었든지 인간 중심 접근의 본질에 대한 '조건부 승인yes, but' 반작용이다. 이는 치료자가 내담자를 어디로 이끌거나 내담자가 어떤 일을 하도록 하는 치료 계획, 치료 목표, 중재적 전략에 대한 의도가 있을 때, 치료자가 인간 중심 치료의 본질을 위반한다는 것을 의미한다.

(Bozarth, 1998, pp.11-12)

진솔하고 정서적으로 의사소통하는 관계 안에서, 사람들은 방어기제를 내려놓고 본인 자신을 더 알아가며 삶에서 새로운 선택이 가능한 자유를 느낀다. 효과적인 인간 중심 코칭 관계의 중요한 측면은 코치이를 향한 코치의 의사소통, 공감, 무조건적인 긍정적 존중과 일치성을 목표로 하는 능력의 증대이다. 코치이가 이러한 자질을 코치로부터 점점 더 많이 경험하고 받으면서, 그들 고유의 경험과 의사소통에 대한 능력이 발전되고 증진된다. 이를 통해 인간 중심 접근에서 코칭 관계는 코치와 코치이 모두가 최적의 기능을 향한 움직임을 경험하는 진정한 상호 협력적 자질을 가정한다(Murphy, Cramer & Joseph, 2012).

연구 지지

어떠한 심리학자라도 결국 중심적인 질문은, 인간 중심 심리치료이든 아니든 사람들을 돕는 효과적 방법이 무엇인가에 대한 것이다. 1960, 70년대의 초기 연구는 로저스가 말한 여섯 가지 필요충분조건의 타당성을 입증하였다(Barrett-Lennard, 1998 참고). 하지만 이후 20년간 인간 중심 심리치료 연구 전통이 쇠퇴하였는데, 이는 다음 세대 연구의 적극적인 심리학자들이 인지적 접근에 관심을 두는 경향이 있었기 때문이며, 따라서 인간 중심 심리치료는 주류 심리학 안에서 점점 소외되었다(Joseph, 2003). 결과적으로, 로저스가 말한 여섯 가지 조건은 정말 필요하고 충분한지에 대해 다양한 연구자들이 유용한 자료들을 서로 다르게 분석하고 있기에 반론없이 유지되고 있다. 인간 중심이 아닌 다른 분야의 심리학자 중에서는, 조건이 필요할 수는 있으나 항상 충분한 것은 아님을 암시하며 증거를 해석하는 경향이 있다. 따라서 다른 전통을 따르는 치료사들은 다양한 인지적 또는 행동적 기법과 같은 방식의 어떠한 개입이 더해져야 효율성이 생긴다고 보고 있다.

그렇지만, 인간 중심 치료사들은 같은 자료를 분석하며 필요조건은 아닐 수 있지만, 충분조건이라고 제안하였다. 개인적 성장과 발전은 개종에서 트라우마적 경험에 이르기까지 다양한 종류의 변화를 통해 일어날 수 있기에, 조건들이 필요하지 않을 수 있으나, 그러한 조건들이 있으면 충분하다고 여겨진다(Bozarth, 1998 참고). 따라서 더는 개입니 필요하지 않다. 인간 중심 관점을 뒷받침하는 연구들에서 치료적 관계의 중요성을 입증하는 압도적인 증거가 존재한다(Bozarth & Motomasa, 2005; Duncan & Miller, 2000; Hubble & Miller, 2004; Murphy & Joseph, 2016; Wampold, 2001 참고).

인간 중심의 치료 조건이 필요하고 충분한지에 대한 문제를 해결하는 데 있어서 문제 일부는 특정한 불편 상태를 다루기 위해 치료나 코칭을 수행한다는 사실이다. 로저스가 정의하는 건설적인 성격 변화는 어떠한 정서적 또는 심리적 스트레스를 치유 또는 해결하기 위한 특정한 목표를 직접적으로 지향하기보다는, 전체적 인간으로서의 인간 발달에 우선을 둔다. 인간 중심 코칭은 개인 삶에서 더 진솔하게 표현하고 경험할 수 있도록 도움을 주기 위해 고안되었다(Wood, Linley, Maltby, Baliousis & Joseph, 2008).

프랙티스

이제 코치이가 자신에 대한 최고 전문가라는 메타 이론적 관점의 중요성에서 인간 중심 코칭심리학의 실천을 설명하고 이 작업이 코칭심리학에 어떻게 적용될 수 있는지 고찰하고자 한다.

인간 중심을 지향하는 작업은 사람들을 심리적 기능에 따라 단계로 나누지 않는다. 스트레스와 역기능을 완화하는 과정이 웰빙과 최적의 기능을 촉진하는 과정과 같기 때문이다(Joseph, 2015). 기능이라는 스펙트럼에서 양극단은 자기실현이 실현 경향성과 얼마나 일치하는지와 관련된 시각에서 정의된다. 일치성이 커질수록 웰빙과 최적의 기능도 더 커진다. 반대로 일치성이 줄수록 스트레스와 역기능이 커진다(Ford, 1991; Wilkins, 2005 참고).

긍정심리학

인간 기능의 부정적 그리고 긍정적 측면 모두에 대하여 통합적이고 전체적으로 초점을 맞추는 인간 중심 접근은 긍정심리학적 관점을 제공한다(Joseph & Worsley, 2005). 코칭심리학은 스트레스와 역기능 상황에 있는 사람들과의 작업에서 요구하는 이론적 근거와 실천 기술을 동등하게 요구하는 활동이다. 인간 중심 코칭심리학은 최적 기능에 대한 이해와 증진, 그리고 역기능의 완화를 하나의 과제로 보는데, 이는 이 둘을 별개의 분리된 과제로 보는 의료 모델과는 반대된다(Joseph, 2015 참고). 인간 중심 코칭은 스트레스와 역기능의 완화에 관심을 두기보다는 웰빙과 최적의 기능 촉진에 관여한다. 인간 중심 관점에서 이것들은 실제로는 두 개의 개별적인 과제가 아니라 하나의 과제이다. 따라서 인간 중심 관점에서는 상담과 코칭의 이론적 차이가 없다. 어디부터 시작하는지는 중요하지 않다. 인간 중심 심리학의 창시자 중 한 사람인 쉴리엔Shlien은 1956년에 처음으로 한 강연에서 이렇게 말했다.

> … 만일 심리상담에서 발달한 기술들이 역기능적인 사람들에게 건설적인 능력을 발휘할 수 있게 하여 더욱 건강하게 했다면, 같은 방식으로 건강하게 기능하는 사람들이 더욱 충분히 기능하도록 도와야 한다. 만일 건강이라는 긍정적 목표를 지향한다면, 그들이 어디에서 시작할지보다 어떻게 그 긍정적 목표를 최종적으로 성취할지에 관심을 둘 것이다.
>
> (Shlien, 2003, p.26)

상담 vs 코칭

따라서 훈련의 깊이와 지속 기간은 인간 중심 코칭심리학자가 심리적 기능의 스펙트럼 위 어디에서 작업이 가능한가를 결정하는 데 있어서 유일한 이슈이다. 인간 중심 코칭심리학 실천의 측면에서, 코치의 임무는 코치이가 진솔하게 경험하고 자신이 받아들여지고 이해받는다고 느낄 수 있는 사회적 관계를 육성하는 것이다. 치료적 과정은 상담과 똑같지만, 의학 모델에 근거를 둔 다양한 전문적 분야를 발전시켰다는 사실로 인해 내용에서 차이가 있다(Joseph, 2015 참고). 즉 우리가 어떤 용어를 사용하는지는 누가 우리의 도움을 요청하는지 결정할 것이다. 일반적으로 대중들은 상담이 삶을 되돌아보며 무엇이 잘못되었는지를 찾는 과정이고, 코칭은 미래를 향해 어떻게 하면 잘 해낼 수 있는지를 확인하는 과정이라 생각한다. 상담은 과거를 돌아보고 싶어 하는 사람에게, 코칭은 미래를 구상하고 싶어 하는 사람에게 권할 수 있을 것이다. 하지만 인간 중심 치료사나 코치의 임무는 상황을 막론하고 관계에 있어서 일치적이며, 공감적이고 무조건적이며, 이로 인해 인간의 자기 결정권을 촉진한다는 면에서 똑같다. 따라서 이론적 과정 수준에서, 코칭이든, 상담이든, 임상 심리를 하든 인간 중심 심리학자의 임무는 항상 같다. 하지만 내용을 실천하는 측면에서는 차이가 있을 수 있다. 왜냐하면, 도움을 청하는 사람들이 코칭과 상담에서 비교되는 다른 재료를 가져올 것이기 때문이다.

> 인간 중심과 같은 치료적 접근은 당신이 무엇을 얼마나 많이 했는가가 아니라 내담자와 함께한 당신이 어떠했는가가 치료적으로 중대하며, 이러한 '당신이 어떠했는가'가 내담자에게 전해져야 한다고 확신한다.
>
> (Bryant-Jefferies, 2005b)

어떠한 코치이에게 가장 유익한가?

이 부분에서는 코치가 어떤 유형의 코치이에게 도움이 될 것인지와 코칭에서 탐색 될 문제 유형에 관해 설명하고자 한다. 살펴본 바와 같이, 상담에 대한 인간 중심 접근은 궁극적으로 인간은 개인적 또는 직업적 삶에서 취해야 할 가장 좋은 방향이 무엇인지를 안다는 철학을 바탕으로 하고 있다. 건설적 관계 구축에 대한 로저스의 설명([상자 10.1])에서 전달된 바와 같이, 자신이 받아들여지고 이해받는다고 느끼는 사회적 환경에서, 그들은 자신 안에 있는 내면의 지혜를 깊이 들을 수 있을 만큼 충분히 방어를 낮출 수 있다. 로저스는 이를 유기체 가치 평가 과정Organismic Valuing Process(OVP)이라 하였다. 따라서 그들은 자신의 상황을 더 객관적으로 분석하고, 자신의 욕구를 더 잘 이해하며, 자신을 더 신뢰하고, 자신의 방향을 찾을 수 있게 된다. 그러므로 이러한 접근은 스스로 방향을 모색하는 한 광범위한 고객들에게 도움이 될 수 있다. 예를 들어, 직업적 삶에서 이 접근은 새로운 진로 선택이나, 중요한 사업 결정, 또는 경영자로서 자신의 전략에 대한 성찰을 포함할 수 있다. 개인 삶에서는 새로운 관계 형성, 결혼생활의 갈등, 또는 질병 후 삶에 대한 재구성 등과 관련이 있을 수 있다. 핵심적으로 인간 중심 코칭은 사람들이 좀 더 진솔하게 살 수 있도록 돕는 하나의 방법이다.

그러나 실제로 일부 코치이는 이러한 작업 방식을 어려워할 수 있다. 예를 들어, 처음에는 진실성과 스스로 방향을 찾는 수준이 매우 낮은 코치이나 관계에서 다른 사람과 충분한 접촉을 할 수 없는 코치이에게는 접근 방식이 압도적으로 느껴질 수 있다. 그러한 내담자와 함께 일할 수 있으려면 숙련된 코치가 필요하다. 예를 들어, 코치이가 부담감을 느끼지 않고 자신의 속도와 방향을 찾을 수 있도록 신뢰와 공감대를 쌓는 방법으로 코치가 초기 세션에 일부 활동이나 기법을 소개하는 것이 유용할 수 있다. 아동 및 청소년과 함께 작업할 경우가 흔히 있을 수 있으며, 이런 경우에는 예를 들어, 예술 재료 또는 모래놀이 기법을 사용하는 것이 도움이 될 수 있다. 이 장의 제1 저자는 비즈니스 또는 리더십 코치로서, 그리고 제2 저자는 라이프 코치로서 이 접근을 활용한다. 다음 부분에서는 라이프 코칭에서 이 접근을 어떻게 활용했는가를 보여줄 것이다.

라이프 코칭에서의 사례 연구[1]

앤Anne은 심리학자의 방에 앉아 있다. 이것은 세 번째 세션이었다. 처음 두 세션에서 그녀는 최근의 생활, 데니스Dennis와의 이혼, 그가 어떻게 떠났는지, 과거에 대한 집착 외에는 아무것도 할 수 없었던 그녀가 얼마나 비참하고 우울했었는지, 그녀가 잃어버린 것들과 함께하기를 기대했으나 상실한 미래에 대해 돌아보았다. 이 모든 것은 너무나 갑작스러운 일이었다. 당시 46세의 그녀는 무너지고 있었다. 그녀의 친구, 딸, 부모님은 모두 협력적이었지만 그녀는 곤경에 처해 있다고 느꼈다. 그때는 그가 떠난 지 1년이 다가올 무렵이었으며, 그녀는 좀 더 지속 가능한 방법으로 삶을 재구성하고 노력할 필요를 느꼈다.

앞선 세션에서 그녀는 '미래 바라보기'를 시작할 필요가 있음을 느낀다며 마무리하였다. 자신의 말을 들어주고, 필요한 공간을 제공해 준 마이클Michael에게 매우 고마워했다. 그녀는 자신의 힘겨운 씨름과 혼란을 그가 잘 들어주고 있다고 느꼈다. 그러나 그녀는 더는 그러한 상황에 머물고 싶지 않다는 것을 알았다.

마이클은 앤을 마주 보고 앉았다. '자, 지난 시간에 미래로 향하는 방법에 더 집중하고 싶다고 했어요. 아직도 그런가요?' 그는 가정을 하고 싶지 않았다. 인간 중심 코칭심리학자인 그는 코치이에게 강요하거나 끌어내지 않고 함께 작업하기를 원했다. 그의 접근 방식의 핵심에는 자신이 아는 실현화 경향성의 존재에 대한 흔들림 없는 수용이 자리 잡고 있었는데, 그것은 인간이 필요로 하거나 그들이 도달할 수 있는 가장 충만하고 만족스러운 경험을 향해 갈 수 있다는 믿음이다.

'네. 그래야 해요. 더는 과거에 끌려갈 수 없어요. 거기에는 제 일부분, 많은 감정, 특히 분노와 수치심이 있다는 것을 느껴요. 하지만 저는 앞으로 나아갈 필요가 있어요.'

'음. 나아갈 필요, 그런 감정에서 벗어나 나아간다.' 마이클은 공감 반응에 집중했다.

'제게는 새로운 삶을 건설할 필요가 있는 것 같아요. 그렇지요?'

'새로운 삶을 건설할 필요성에 대한 느낌이라…' 마이클은 약간 '새로운'을 강조했는데, 이건 그가 어떻게 앤의 말을 듣는지 보여준다.

앤이 고개를 끄덕였다. 그녀는 계속 느낄 수 있었다. '미래가 어떨지 모르겠고, 그게 무섭기도 하고 약간은 흥분되지만, 대부분은 무서워요.'

'맞아요. 주로 무섭고, 약간 흥분되지요. 미래는 어떠할까…?' (1)

앤이 어깨를 으쓱했다. 그녀는 마이클이 말하는 방식을 인식했다. 그는 어떠한 방식으로든 그녀 자신이 의미하는 바대로 듣기 위해 서두르지 않는 것으로 보였다. 이는 자신에게 존재하는 그 무엇과 진실로 접촉하기 위한 시간을 주는 것 같았다.

그녀는 자신이 깊은 호흡을 하고 있음을 느꼈고, 심장이 조금씩 두근대기 시작하는 것을 느꼈다. 그녀는 불안하고 약간 초조했다. 이 느낌이 좋지 않았다. 그녀는 입을 다물고 아래를 보았다.

마이클은 갑자기 나타난 침묵을 느꼈다. 그리고 앤의 머리가 움직이는 것을 알아차렸다. 급작스러운 일이었다.

'나는 무슨 일이 일어나고 있는지 방해하고 싶지 않아요.' 마이클이 부드럽게 이야기했다. '그러나 당신에게 무언가가 일어나는 것처럼 느껴져요.'

앤은 자신 안에서 매우 많은 경험을 하고 있었다. 하지만 그녀는 아직 그것이 무엇인지 잘 몰랐다. 그래서 겨우 그녀가 감정에 대해 말할 수 있는 것은 단지, 그게…, 그래서…, 글쎄, 불안한 이라는 말뿐이었다. 그러나 그녀는 이유를 확신하지 못했다. 그녀는 아무 말도 하지 않았다. 사실, 그녀의 의식의 가장자리에 있던 자료들이 그 존재를 더욱 분명하게 느끼기 시작했고, 그 자료들은 아마도 자신이 유능하고 자신감 있는 여성이라는 자신에 대한 자기 인식과 모순되는 것이었다. 최근 몇 달 동안 그녀의 자기에 대한 감각은 타격을 입었지만, 그녀는 적절한 지지를 받았고, 자신이 좋은 사람이라는 것을 알았고, 그 모든 것을 헤쳐 나갈 방법을 찾아야 한다는 것에 매달렸다…. (2)

마이클은 일어났던 침묵을 존중했다. 그에게 있어서 침묵은 침묵을 가능하게 하는 어떠한 특별한 공감이 필요했다. 그는 침묵이 시작되었을 때 알아차렸으며, 이제는 그녀가 하는 어떠한 말은 물론, 자신의 내면에서 일어나는 어떠한 경험에 대한 민감성을 유지하며, 그녀를 한 사람으로서 따뜻하게 수용하면서, 그녀에게 존재하는 그 무엇에 앤이 함께할 수 있도록 하였다.

앤은 깊게 숨을 들이마시고 한숨을 쉬었다. 그녀는 고개 들어 마이클의 눈을 보았다. 그가 실제로 이 방에 현존하는 것으로 여겨졌다. 그러나 그녀의 내면에서도 마찬가지였다. 그녀는 억눌렀다. 불안감이 바뀌면서, 생생한 어조가 되었다. 이것은 무서움이었다. 그녀는 그것을 언급했었지만, 그것은 단지 단어에 더 가까웠다. 그것은 이제 그녀의 경험과 인식 속에 존재하게 되었다. '저는 무서워요.'

조용히 그 말을 하였고, 마이클은 더 집중해서 들어야 했다. 그는 비슷한 톤으로 대답했다. '무섭군요….'

앤은 힘이 없고 팔이 저리면서도 이상하게 무겁고 감각이 없었다. 그녀는 더웠다. 그녀는 억누르며 머리를 흔들었다. '나, 나는 자신이 어떤지 확실하게 볼 수 없고, 즐길 줄 몰라요. 나는 자신을 즐겁게 하는 방법을 모르겠어요. 그리고 나는 다른 사람과 함께 있는 나 자신을 볼 수 없어요. 그리고….' 그녀의 목소리가 점점 작아졌다.

'그리고…?' 마이클은 말의 내용에 공감하려고 하지 않았다. 이것은 앤이 거치고 있는 과정에서 그녀를 빠져나오게 할 것이다. 그는 만약 그녀가 할 수 있다고 느끼거나 원하는 것을 느낀다면 더 말하도록 그녀를 기다렸을 것이다.

'나는 해야 해요, 그렇죠? 나는 해야 해요. 나는 길을 찾아야 해요. 그러나 나는 아직 어떤 부분은 피하기를 원한다는 것을 알아요. 변해야만 한다는 것도 알고요.'

'음, 회피를 원하는 당신의 일부와 변해야 한다는 것을 아는 또 다른 일부 사이의 긴장이군요.'

'내면에서의 싸움 같아요. 나는 그 가운데서 두려워요.'

'당신의 내면에서 일어나고 있는 싸움 가운데서 두려워하고 있군요.'

앤은 마이클의 반응을 들으면서 그 단어들이 구성되는 것을 느꼈다. '싸움의 한가운데서 두려워하는 나 자신'

마이클은 고개를 끄덕거렸다. '그게 당신 자신이에요.' 이것은 앤이 자신을 위해 만들고 있는 너무나 중요한 구별_{differntiation}의 느낌이다. 그는 그녀의 전체 삶 속에서 마주한 어려운 시기에서 그와 같이 어려운 과정을 헤쳐 나가고자 하는 한 사람으로 수용하며, 그녀에 대해 단순한 공감적 반응과 따뜻함을 유지하고, 그녀의 과정을 신뢰하고, 그녀와 함께 있었다.

앤은 끄덕거리고 있는 자신을 발견하였다. '이게 저예요. 뭔가 알 것 같아요. 더 선명하게 아는 것 같아요. 선택, 싸움, 그리고 앞으로 나아가야 한다는 걸 알아요. 저도 알아요.' 그녀는 잠시 멈칫했다. '그렇지만 너무 불확실하고 너무 무서워요.'

'당신은 무엇을 해야 하는지 알지만, 너무 무섭군요.

'저의 일부는 앞으로 가기를 바라지만 다시 움츠리고, 다른 일부는 단지 앞으로 가기를 원하지 않은 채로 거기에 너무 오래 있었어요. 저는 나아가야 해요.'

'거기에 오래 머물렀고, 무서움이 느껴지더라도 당신은 나아가야 해요.'

앤은 여전히 무섭지만, 그 강도가 약해지고 불안이 완화된 것을 느끼며 고개를 끄덕였다. '저는 이런 일들이 필요해요. 제 딸은 정말 지지적이에요. 딸은 휴일에 함께 외출하기를 원해요. 확실히 나는 그것이 필요하다는 것을 알아요, 딸이 옳고, 그것은 제게 좋을 거예요. 그죠?' (3)

마이클은 알지 못하는 사실에서 확신을 두고 말하는 것을 원치 않았다. 그가 중요시하는 것은 그녀를 위한 누군가의 가장 좋은 생각이 아니라, 앤이 자신의 필요를 평가하고 그에 기반하여 결정하는 것이었다. '당신은 확신은 없지만, 동시에 그녀가 옳다고 확신하시는 것처럼 보여요. 어떠세요?'

앤은 다시 깊게 심호흡하며 고개를 끄덕였다. '맞아요. 제게 기회가 있어요. 새로운 내가 돼야 해요. 저는 미래에 성장할 기회를 저 자신에게 줘야 해요. 그리고 이건 항상 쉽지 않아요, 그렇지요?'

마이클은 미소지었다. '쉽지 않겠으나 당신의 미래에서 성장할 기회이지요.' 이것은 앤이 했던 이야기 중 어딘가에 있었다. 그는 그것에 공감하면서 미소지었다. 앤은 쉽지 않다는 느낌과 성장하는 느낌 모두에서 자신의 목소리가 들리는 것을 느꼈을 때 희망과 방향을 더 명확하게 느낄 수 있었다.

'그럼, 뭘 해야 하죠?'

'음, 무엇을 원하세요?' 마이클은 제안하지 않으려 했고, 지시적인 코칭 접근을 피하였다. 인간 중심 접근 코칭의 독특함은 그들에게 필요한 건설적인 선택을 하도록 이끌기 위해 인간을 신뢰하면서 비지시적인 태도를 유지한다는 것이다. (4)

앤은 그 질문에 머물렀다. '저는 우울한 분위기에 머물러 변명하는 것을 그만두고, 친구와 더 밖으로 나가려고 노력했었어요.'

'그래요. 친구들과 밖으로 나가려는 어떠한 것.'

'그리고, 저는 새로운 친구를 만드는 것도 그랬고요. 그러니까 야간 강좌에 대해 궁금했지만, 수년간 아무것도 하지 않았어요. 생각은 해봤지만 그뿐이었지요.'

'생각은 당신이 해냈지만 그뿐이었군요.'

'제가 어찌해야 할지 확신이 없어요. 괜찮아지겠죠, 그렇죠?'

'음, 중요한 질문이에요, 내가 할 수 있을까? 내가 괜찮아질 수 있을까?'

'그러나 저는 그걸 해야만 해요. 그리고 제안에 대해 더욱 신중하게 살필 거예요. 좋은 생각이라고 생각하세요?'

'매우 긍정적으로 들리네요.' 이것은 긍정적으로 들렸고 마이클의 반응은 진심이었다. 그러나 그는 그것에 동의했기에 무엇인가를 그녀가 해야 한다는 인상을 앤에게 주지 않도록 다시 다짐했다. 그는 그녀 스스로 그녀가 원하는 것을 확신하기를 원했다. 그녀가 아는 것과 원하는 것이 일치할 때 그녀의 동기는 더 강해질 것이다. (5)

앤은 고개를 끄덕였다. '그리고 저는 딸과 함께하는 휴일을 계획할 거예요. 그리고 친구들과의 외출을 더 생각하지만, 혼자서는 하고 싶지 않아요.'

'그래요. 지금 당장 혼자 하는 건 무리겠지요. 친구나 딸과 함께 있고 싶을 거예요.'

앤은 어떠한 안전함을 느끼면서, 고개를 끄덕였고, 그렇다고 그녀는 생각했으며, 어떤 식으로든 더 안전하게 느껴졌다. 그다지 더 많이 안전하지 않지만, 좀 더 현실적이고 믿을만하다. '제가 해내야 해요, 그렇죠?'

'그에 대한 제 생각은 "당신에게 옳다고 느껴지는 당신만의 시간과 방식이라는 것입니다."'

'맞아요. 사람들은 해야 하는 것을 말하는 것을 좋아하지만, 저는 그것을 좋아하지 않아요, 강요하는 느낌을 좋아하지 않아요. 사람들은 제게 말했지만, 그것은 너무 지나쳤었죠. 이젠 그것이 가능할 것이라고 느껴져요.' 앤은 생각을 모으면서 잠시 머물렀다.

'맞아요. 저는 저의 길, 저의 속도를 찾을 필요가 있어요. 저는 오랫동안 방관자로 있었어요.'

'음, 매우 명확하게 들리네요, 오랫동안 방관자로 있었다는 인식이.' (6)

앤은 새로운 동기를 느꼈다. 그렇다. 그녀는 거기에 머물렀고 그렇게 했고, 그것은 그녀에게 어떤 의미가 되는 부분의 역할을 했다. 그러나 지금 그녀는 나아가야 하고 어떻게 그리고 어디로 나아가기 시작할지에 대한 약간의 아이디어가 있다.

* 각 숫자에 맞는 설명은 '과정 설명' 참고

해설

이 사례는 인간 중심 접근이 코치이에게 해야 할 것을 설명하고자 함이 아니라, 인간에게 성장, 발달, 그리고 최적의 기능을 향한 실현화 경향성이 내재하여 있고, 따라서 코치는 코치이 스스로 자신의 방향을 찾을 수 있다고 믿는 메타 이론적 가정에 기반을 두고 있음을 설명하고 있다. 특별히 사례에서 코치이에 대한 코치의 공감과 따뜻한 수용의 역할, 코칭 과정의 준비라 할 수 있는 관계 형성, 그리고 코치이 스스로 자신의 방향을 찾을 것에 대하여 코치가 신뢰할 수 있는 능력의 중요성에 대해 묘사하고 있다. 또한 이 사례를 선택한 이유는 이 사례가 상담과 코칭의 접촉면을 보여주고 있기 때문이다. 사례에서 코치이는 자신의 과거 이슈 탐색에서 미래를 위한 새로운 의사결정과 목표 설정으로 전환하였다.

비록 사례 연구를 통해 인간 중심 코칭심리학이 기술이 아닌 관계를 사용하는 것으로 정의하는 것으로 보이나, 근본적으로 기술 사용 자체를 금하는 것은 아님을 강조하고자 한다. 최근 몇 년간 인간 중심 치료 분야에서 많은 이론과 실천의 발전이 이루어졌고, 전문가로서 코치이 개념은 실천에서 다양한 방식으로 해석되고 있다. 코칭심리학자는 더욱 과정 지향적인 접근을 통해 코치이가 맡은 역할과 함께, 코치이의 속도에 따라(Worsley, 2001; Worsley, 2004), 전통적 인간 중심 접근 치료로부터 작업의 개념과 방식을 도출할 수 있고(Sanders, 2004 참고), 정리할 수 있다(Merry, 2004). 인간 중심의 작업 방식이 가지는 차이점은 기술이 사용될 때 인간 중심 이론의 메타 이론적 가정이 표현된다는 것이다(Joseph, 2015 참고). 코치가 특정 기술이나 가정을 사용하는 것이 문제가 아니라 어떻게 사용하는가가 중요하다.

과정 설명

위의 (1)에서 인간 중심 코치는 코치이와 함께하며 그녀의 말과 감정을 반영해줌으로써, 코치가 들었던 것을 그녀가 듣게 하여 그녀가 마주하고 있는 딜레마를 파악하고 있다. 그녀의 미래는 조금은 무섭고, 흥분되며 불명확해 보였다. 코치는 미래가 어떠할지에 대한 혼란을 다룰 때 그녀가 미래를 볼 수 있도록 하고 그 의미를 심사숙고하게 도왔다. 자신의 이야기를 듣도록 함으로써 좀 더 자신 고유의 경험을 개방할 수 있었다. 불안이 나타나자 (2)에서 보이듯 자기의 인식의 가장자리에서 의식이 생겨나기 시작하였다. 아직 의식의 내용이 공개되지 않은 상태일지라도, 불안이 존재한다는 사실은 무엇인가 불편한 것이 만들어졌으며, 자기개념에 대한 도전 가능성을 의미한다. 먼스Mearns & 쏜Thorne(2000)은 유기체의 경험 내에 존재하나 인간의 인식에는 존재하지 않는 요소라는 '인식의 경계'에 대한 글을 썼다.

내용이 나타남에 따라, 그리고 코치이가 그것을 알아채고 이해함에 따라 불안은 완화된다 (3). 이는 항상 일어나는 것은 아니다. 새로 나타난 내용은 자신의 개념을 근본적으로 흔들 수도 있다. 인간 중심 코치는 이를 억지로 떠오르게 하지 않는다. 코치이의 독자적인 과정을 통해 떠오를 수 있도록 치료적, 과정적 조건을 제공하는 것이 코치의 역할이다. 코치이는 긍정적 방향을 찾으며 앞을 바라보고 있고, 이제 본인 경험에 더 개방적으로 되고, 현재에 더 충실해진다. 이곳에서부터 그녀는 더 현실적으로 미래를 구상하고, 동기가 확실해지며, 과거에 집착함으로 인해 문제가 되었던 내면적 모순에 의한 피해를 확실하게 줄일 수 있다.

코치이는 아직 '무엇을 해야 하는지'는 모르는 상태이며(4), 인간 중심 코칭심리학자는 이 질문을 그대로 둔다. 그가 답할 문제가 아니다. 이러한 비지시적인 태도는 인간 중심 접근에서 특히 매우 중요하다. 코치이는 자신의 방향을 스스로 찾을 수 있다고 신뢰받고, 로저스의 주장에 따라 '인간은 자기 이해와 자기 인식, 기본 태도 및 자기 주도적 행동에 변화를 위한 폭넓은 자원을 내부에 가지고 있다; 이러한 자원들은 만약 촉진적인 심리적 태도가 명확하게 제공될 수 있는 환경이라면 개발될 수 있다(Rogers, 1980, p.115).'

코치이는 스스로 뭘 해야 할지 인식하기 시작하고, 이에 따른 전략을 세우기 시작하는데, 이는 자신이 깨달은 바에 의해 움직인다. 그녀가 인정하듯이 자신이 원하는 것임을 알지만, 그녀의 다른 일부는 뒤로 물러나고 싶어 한다. 인간 중심 코치는 코치이가 아는 것과 원하는 것을 하나로 통합하도록 하는 것이 중요하지만, 그것이 코치이를 뒤로 물러서게 하는 요소들로 인식하고 경험하는 방식이 될 수 있다는 것을 안다. 그녀가 행동을 취할 수 있는 에너지와 정확한 방향을 찾을 수 있도록, 그녀의 인식은 충만하고 더욱 완전할 필요가 있다. 그렇다고 해도, 다시 말하지만, 그녀에게 이를 위한 적당한 시기가 따로 있다.

코치이가 자기 스스로 변화를 만들 필요를 인지하고, 이에 대해 준비가 되면, 세션에서 자신의 인식 안에서 자신에 대한 경험을 처리한다. (6)에서 코치이는 여정을 시작했다. 코치는 자신의 '공감적 반영'에 의해 코치이가 하게 된 모든 말에 반응하지 않고, 코치이의 과정이 데리고 간 그 지점을 포착하여 강력하게 반응한다. 이는 매우 강력하다. 코치이가 스스로 도달한 경지에서 머물도록 하는 것이다. 확인된 그 지점에서 코치이는 앞으로 나아갈 수도 있고, 아니면 진행을 방해하는 자신의 본성 안에 있는 또 다른 어떠한 요소를 발견할 수도 있다. 그렇다면 이를 인식하고 탐색하기 위한 여지가 주어질 것이다. 인간 중심 코치는 만약 어떤 것이 나타나면 그것의 등장 시기가 적절했음을 믿어야 한다는 것을 안다.

사람들은 흔히 급성장하기도 하고, 때로는 상당히 급진적인 방식으로 성장하기도 한다. 먼스Mearns와 쏜Thorne이 '사회적 중재의 구속restraint of social meditation'이라고 부른 개념이 깨진 것처럼 보일 수 있지만, 인간이 잠재력을 깨닫지 못하게 막는 가치 조건들이 깨지는 것이다. 물론 그러한 급성장이 항상 지속 가능한 것은 아닐 수 있으며, 아마도 필요한 것은 건강한 균형, 실현화 경향성과 사회적 중재의 제약 사이의 지속적인 대화 과정을 포용하는 점진적인 움직임일 것이라고 강조한다(2000, p.180). 인간 중심 코칭심리학자는 코치이와 함께하는 세션 중에 이에 대한 시야를 제공한다. 코칭 분야에서 인간 중심 코칭 접근만의 독특성은 이러한 대화가 완전히 존재할 수 있도록 하며, 성장 측면으로 인식될 수 있는 것의 위치를 설정하지 않으며, 억지로 성장을 도모하려 하지 않는다는 사실이다. 이 과정을 바라보는 다른 시각은, 자기self 내에 존재하는 '성장하는' 그리고 '성장을 위함이 아닌' 구성의 관점이라 할 수 있을 것이다(Mearns & Thorne, 2000: 114-16).

마지막 분석에서 코치의 역할을 다음과 같다.

> 치료적 조건, 치료적 관계로 인해 어떠한 문제에 관여하는가에 상관없이 어떠한 형태로든 건설적인 성격 변화의 기회를 제공하는 것이다.
>
> (Bryant-Jefferies, 2005c, p.20)

이것이 바로 인간 중심 접근의 핵심이다. 위의 예는 라이프 코칭에서의 적용을 보여주었다. 그러나 이것이 인간 중심 접근이 라이프 코칭에만 적용된다는 것을 의미하지는 않는다. 비지시적 또는 인간 중심 접근 개념은 자기 결정과 진솔성 개발을 목표로 하는 비즈니스 또는 임원진 코칭에서도 중요하다(Kauffman, Joseph & Scoular, 2015).

결론

인간 중심 접근은 코칭심리학 분야에 많은 것을 제공한다. 인간을 제한하는 것과 발전시키는 것을 모두 포함한 심리적 과정을 정의하고 이해하기 위한 탄탄한 이론적 체계를 제공한다. 이 이론은 좀 더 충만하고 만족스러운 삶의 경험 성취를 촉진하는 실현화 경향성이라는 핵심 개념을 포함한다. 관계의 원칙에 관한 훌륭한 연구들은 인간 안의 그리고 인간을 통한 이러한 경향성이 더욱 풍부하게 발현하며, 발현되었을 때 엄청난 인간 잠재력의 성취 가능성으로 이어진다는 점을 강조하고 있다. 그 무엇도 강요하지 않는다. 이는 코치이의 자기 결정을 촉진하는 것을 목표로 하여 돕는 비지시적 접근이다.

논의 포인트

1. 효과적인 인간 중심 코칭을 위해 요구되는 관계적 요소의 핵심은 무엇인가?
2. 인간 중심 코치는 코치이가 자신에게 진실한 방식으로 발전하고 있는지를 어떻게 확신하는가?
3. 인간 중심 접근 관점에서 보았을 때 코칭과 상담은 어떠한 차이가 있는가?
4. 코칭에 비지시적 접근을 적용함에 있어서 강점과 약점은 무엇인가?

참고

1. Routledge에서 출판한 Living Therapy 시리즈 가운데 인간 중심 상담에서 리차드 브라이언트-제프리스Richard Bryant-Jefferies가 작성한 가상의 대화를 활용하였다.

추천 읽기

Joseph, S. (2015). *Positive therapy: Building bridges between positive psychology and person-centred psychotherapy*. London: Routledge.
Levitt, B. E. (Ed.) (2005). *Embracing non-directivity: Reassessing person-centered theory and practice in the 21st century*. RossonWye: PCCS Books.

Rogers, C. R. (1959). A theory of therapy, personality, and interpersonal relationships as developed in the client-centered framework. In S. Koch (Ed.), *Psychology: A study of a science, Vol. 3: Formulations of the person and the social context* (pp. 184-256). New York: McGraw-Hill.

Rogers, C. R. (1961). *On becoming a person*. Boston, MA: Houghton Mifflin Co.

참고 문헌

Barrett-Lennard, G. T. (1998). *Carl Rogers' helping system: Journey and substance*. London: Sage.

Bozarth, J. D. (1998). *Person-centred therapy: A revolutionary paradigm*. Ross-on-Wye: PCCS Books.

Bozarth, J. D., & Motomasa, N. (2005). Searching for the core: The interface of client: Centered principles with other therapies. In S. Joseph & R. Worsley (Eds.), *Person-centred psychopathology: A positive psychology of mental health*. Rosson-Wye: PCCS Books.

Brodley, B. T. (2005). About the non-directive attitude. In B. E. Levitt (Ed.), *Embracing non-directivity: Reassessing personcentered theory and practice in the 21st century* (pp. 1-4). Ross-on-Wye: PCCS Books.

Bryant-Jefferies, R. (2005a). *Counselling for problem gambling*. Abingdon: CRC Press, p.11.

Bryant-Jefferies, R. (2005b). *Counselling for eating disorders in men*. Abingdon: CRC Press.

Bryant-Jefferies, R. (2005c). *Counselling victims of warfare*. Abingdon: CRC Press.

Duncan, B., & Miller, S. (2000). *The heroic client: Doing client-directed, outcome Informed therapy*. San Francisco, CA: Jossey-Bass.

Ford, J. G. (1991). Rogerian self-actualization: A clarification of meaning. *Journal of Humanistic Psychology*, 31, 101-111.

Grant, B. (2004). The imperative of ethical justification in psychotherapy: The special case of client-centered therapy. *Person-Centered and Experiential Psychotherapies*, 3, 152-165.

Hubble, M. A., & Miller, S. D. (2004). The client: Psychotherapy's missing link for promoting a positive psychology. In P. A. Linley & S. Joseph (Eds.), *Positive psychology in practice* (pp. 335-353). Hoboken, NJ: John Wiley & Sons, Inc.

Joseph, S. (2003). Client-centred psychotherapy: Why the client knows best. *The Psychologist*, 16, 304-307.

Joseph, S. (2015). *Positive therapy: Building bridges between positive psychology and person-centred psychotherapy*. London: Routledge.

Joseph, S., & Worsley, R. (2005). A positive psychology of mental health: The person-centred perspective. In S. Joseph & R. Worsley (Eds.), *Person-centred psychopathology: A positive psychology of mental health* (pp. 348-357). Ross-on-Wye: PCCS Books.

Kauffman, C., Joseph, S., & Scoular, A. (2015). Leadership coaching and positive psychology. In S. Joseph (Ed.), *Positive psychology in practice: Promoting human flourishing in work, health, education and everyday life*. Hoboken, NJ: Wiley.

Levitt, B. E. (Ed.) (2005). *Embracing non-directivity: Reassessing person-centered theory and practice in the21st century*. Rosson-Wye: PCCS Books.

Mearns, D., & Thorne, B. (2000). *Person-centred therapy today*. London: Sage Publications.

Merry, T. (2004). Classical client-centred therapy. In P. Sanders (Ed.), *The tribes of the person-centred nation: An introduction to the schools of therapy related to the person-centred approach* (pp. 21-44). Ross-on-Wye: PCCS Books.

Murphy, D., Cramer, D., & Joseph, S. (2012). Mutuality in person-centered therapy: A new agenda for research and practice. *Person-Centered and Experiential Psychotherapies*, 11, 109-123.

Murphy, D., & Joseph, S. (2016). Person-centered therapy: Past, present and future orientations. In D. J. Cain, K. Keenan & S. Rubin (Eds.), *Humanistic psychotherapies: Handbook of research and practice* (pp. 185-218). Washington, DC: American Psychological Association.

Rogers, C. R. (1951). *Client-centred therapy: It's current practice, implications and theory*. Boston: Houghton Mifflin Co.

Rogers, C. R. (1957). The necessary and sufficient conditions of therapeutic personality change. *Journal of Consulting Psychology*, 21, 95-103.

Rogers, C. R. (1959). A theory of therapy, personality, and interpersonal relationships as developed in the client-centered framework. In S. Koch (Ed.), *Psychology: A study of a Science, Vol. 3: Formulations of the person and the social context* (pp. 184-256). New York: McGraw-Hill.

Rogers, C. R. (1961). *On becoming a person*. Boston, MA: Houghton Mifflin Co.

Rogers, C. R. (1963). The actualizing tendency in relation to "motives" and to consciousness. In M. R. Jones (Ed.), *Nebraska symposium on motivation*, Vol. 11 (pp. 1-24). Lincoln, NE: University of Nebraska Press.

Rogers, C. R. (1980). *A way of being*. Boston, MA: Houghton Mifflin Co.

Sanders, P. (2004). *The tribes of the person-centred nation: An introduction to the schools of therapy related to the person-centred approach*. Ross-on-Wye: PCCS Books.

Shlien, J. M. (2003). Creativity and psychological health. In P. Sanders (Ed.), *To lead an honourable life: Invitations to think about client-centered therapy and the person-centered approach* (pp. 19-29). Ross-on-Wye: PCCS Books.

Wampold, B. E. (2001). *The great psychotherapy debate: Models, methods, and findings*. Mahwah, NJ: Lawrence Erlbaum.

Wilkins, P. (2005). Person-centred theory and "mental illness". In S. Joseph & R. Worsley (Eds.), *Person-centred psychopatholgy: A positive psychology of mental health* (pp. 43-59). Ross-on-Wye: PCCS Books.

Wood, A. M., Linley, P. A., Maltby, J., Baliousis, M., & Joseph, S. (2008). The authentic personality: A theoretical and empirical conceptualisation and the development of the authenticity scale. *Journal of Counselling Psychology*, 55, 385-399.

Worsley, R. (2001). *Process work in person-centred therapy*. Basingstoke: Palgrave.

Worsley, R. (2004). Integrating with integrity. In P. Sanders (Ed.), *The tribes of the person-centred nation: An introduction to the schools of therapy related to the person-centred approach* (pp. 125-148). Ross-on-Wye: PCCS Books.

Wyatt, G. (Ed.) (2001). *Rogers' therapeutic conditions: Evolution, theory and practice, Vol. 1: Congruence*. Ross-on-Wye: PCCS Books.

11장
동기 강화 면담
코칭심리학자들을 위한 접근

저자: 조나단 패스모어Jonathan Passmore[1], 앨리슨 와이브로우Alison Whybrow[2]
역자: 김현화

서론

동기 강화 면담은 변화에 대한 동기를 유도하고 강화하기 위한 협력적이고 인간 중심적으로 인도하는 방식이다(Miller & Rollnick, 2009: 137). 코치는 코치이가 직면한 문제에 대한 역사적 양가감정을 해결하도록 도움으로써 코치이의 내적 동기를 행동 변화로 강화하기 위해 그들을 지지하며, 코치이와 협업한다(Resnicow, DiIorio, Soet, Borrelli, Hecht & Ernst, 2002; Miller & Rollnick, 2002). 동기 강화 면담Motivational Interviewing(MI)은 인본주의 상담 스타일인 로저스Rogers 학파에 기반을 두고 있다.

행동 심리학 개념에 근거를 두는 행동주의 코칭이 외적 강화의 결과 또는 임금, 칭찬, 사회적 위치와 같은 외재적 동기들의 결과에 기반을 두는 것과 달리, 동기 강화 면담은 명백하게 내적 동기 강화에 초점을 맞추고 있다. 동기 강화 면담 접근은 개인이 내적으로 동기부여가

---

1) **조나단 패스모어**Jonathan Passmore는 5개의 학위를 가진 공인된 심리학자이면서 코치이다. 현재 Henley Centre for Coaching and Behavioural Change의 감독이자 포루투갈의 Evora 대학의 교수직을 맡고 있다. 그는 30권의 책과 100편이 넘는 과학 기사, 책으로 널리 글을 썼다.
2) **앨리슨 와이브로우**Alison Whybrow는 2000년대 초반 코칭심리학 개발에 앞장섰으며, i-coach 아카데미의 코칭 프랙티스에서 공인 프로그램을 지휘했다. 국제 코칭심리학 협회와 유럽 전역의 대학 프로그램에 기여하고 있고 영국 런던에서 코치, 컨설턴트, 코칭 수퍼바이저로 코칭 프랙티스 분야를 개발하고 있다. 앨리슨은 우리의 인간-지구earth 관계를 변화시킬 수 있는 가능성에 대해 깊은 열정을 가지고 있다.

될 때 지속적이고 의미 있는 변화가 일어난다는 점을 강조한다. 동기 강화 면담 기술 사용에 있어서, 코치는 코치이의 가치와 목표를 탐색하여 코치이들의 현재 행동과 이상적 행동 사이의 불일치를 파악하고 그 갈등을 해결할 수 있도록 돕는다. 동기 강화 면담을 통한 변화가 왜 유익한가에 대해 코치이가 코치에게 말하기 시작하는 것을 목적으로 하며, 이때 코치는 공감적이고 반영적인 환경을 제공하여 코치이들이 '변화 대화change talk'에 집중할 수 있도록 돕는다(Miller & Rollnick, 2012).

과정이 담고 있는 핵심 신념은, 수용과 지지받는 조건 아래에서, 사람들은 자신을 위한 최고의 해결책을 발견하기 위해 자신만의 긍정적이고 창의적인 에너지와 통찰력을 사용하며, 모든 인간에게는 건강한 방향으로 발전하려는 능력이 이미 내재해 있다는 것이다(Miller & Rollnick, 2002).

동기 강화 면담의 발달

동기 강화 면담은 '어떻게 하면 사람들이 변화할까?'라는 물음에 대한 대답을 찾고자 노력하던 미국의 심리학자 윌리엄 밀러William Miller가 개발하였다. 그의 연구는 그가 치료하던 알코올 의존 환자를 관찰했던 경험에서 출발하였다. 그는 치료 내에서의 변화 과정들이 치료 밖에서의 자연스러운 변화를 반영하고 있음을 발견했다. 사람들의 변화 여부에 대한 예측 가능한 핵심 요인은 그들이 치료과정에서 변화에 관해 말하는 방식에 있다. 그는 약물남용 내담자 중에서 변화에 대해 높은 동기와 헌신을 암시하는 내담자들이 변화할 가능성이 가장 크다고 주장했다. 따라서 치료사들은 내담자들과 함께하면서 변화에 대한 그들의 결단을 강화하도록 돕는 역할을 한다(Miller & Rollnick, 2002). 밀러는 치료적 상호작용 방식이 변화 대화의 빈도에 영향을 끼치는 요인으로 보고 **공감적 방식**의 상호작용이 변화 대화를 촉진하는 반면, **직면 방식**은 저항을 일으켜 적극적 변화를 저해한다는 사실을 발견했다.

동기 강화 면담에 관한 대다수의 근거 기반은 임상심리학을 배경으로 하는데, 특별히 임상심리학에서 동기 강화 면담은 알코올과 물질남용 상담에서 매우 성공적이었다는 임상 결과와 함께 줄곧 중독 관련 문헌에 자주 인용되어왔다(Burke, Arkowitz & Menchola, 2003; Miller & Moyers, 2002; Solomon & Fioritti, 2002). 동기 강화 면담은 예를 들어, 당뇨병 환자들이 혈당 조절을 더 잘할 수 있도록 돕는 것과 같이 만성적 질병 관리 분야에 활용되고 있다(Channon, Smith & Gregory, 2003; Prochaska & Zinman, 2003). 동기 강화 면담은 또한 청소년들의 행동 변화를 촉구함으로써, 피임 도구 사용 증진에 그 효과를 입증했다(Cowley, Farley & Beamis, 2002).

더 최근의 저자들(Miller & Rollnick, 2012)은 여러 평가 연구 결과를 토대로 핵심 문헌의 개정판을 제작하였고 접근법을 개정하였다.

코칭에서 동기 강화 면담의 구체적인 적용은 이 책의 초판 이후로 증가했으며, 동기 강화 면담 이론(Anstiss & Passmore, 2012, 2013; Passmore, 2014)과 프랙티스(Passmore, 2011, 2012a, 2012b, 2013a, 2013b)의 적용에 관한 많은 논문과 책의 챕터들이 증가하고 있다.

여전히 동기 강화 면담의 적용에 관한 연구는 미약한 상태이다. 그러나 더 넓은 범위의 동기 강화 면담 연구(예: Project Match, 1997)는 알코올 및 물질 중독 치료와 같은 영역에서 동기 강화 면담의 효과성을 입증했다. 그러나 좀 더 일반적인 코칭 문헌에서는 심장병 환자를 더 건강하게 하는 데 동기 강화 면담이 사용되었다는 예가 있다(Kazel, 1998).

계속하여 우리는 코칭에서 동기 강화 면담을 사용하면서 코치들과 함께 동기 강화 면담 적용의 가치, 그리고 이 접근 방식이 CBC 및 행동주의 접근과 함께 주류 코칭심리학 접근이 될 기회를 목격하고 있다.

동기 강화 면담의 이론과 개념

동기 강화 면담 접근은 이 영역과 밀접하게 관련 있는 폭넓은 심리학 그리고 변화에 대한 심리학 문헌들로부터 많은 개념을 가져왔다. 동기 강화 면담 접근에는 다음과 같은 세 가지 기본 원칙이 있으며, 이에 대해 구체적으로 논의하고자 한다. 첫째, 코치이의 변화에 대한 준비 정도에 적합한 코치의 스타일에 대한 필요성, 둘째, 변화에 대한 동기의 개념과 동기를 개발하는 방법이다. 여기에서 우리는 변화에 대한 동기를 한 사람이 가진 '변화에 대한 준비, 의지 그리고 능력'이라 간주한다. '준비, 의지 그리고 능력'의 3요소에서, 아무리 준비를 많이 할지라도 자신이 무능력하다고 생각하는 사람에게는 변화가 어려울 것이다(Rollnick, 1998). 이것은 세 번째 원칙인 자기효능감 개념으로 연결된다. 코치는 이러한 세 가지 원칙들을 동시에 발전시키기 위해서 코치이와 함께 작업해야 한다.

그렇다면 먼저, 코치는 목표 행동을 향한 코치이의 변화에 대한 준비 정도를 계속 진단할 필요가 있다. 프로차스카Prochaska와 디클레멘트DiClemente(1992)가 최초로 개발한 변화에 대한 초이론적trans theoretical 모델은 훌륭하게 연구되었고 영향력 있는 모델로서, 사람들이 행동 변화를 위해 얼마나 준비되어 있는지, 얼마나 성공적인 변화가 지속되는지를 설명하고 있다. 이 모델은 [표 11.1]에서 제시한 바와 같이, 개인이 변화 주기의 일부로서 필요한 단계들을 거쳐 변화가 진행된다고 강조한다.

[표 11.1] 변화 주기

단계	행동
전 숙고	코치이는 변화 가능성을 생각하고 있지 않다.
숙고	코치이는 변화의 이익과 손해를 고려하면서, 양가감정을 경험한다.
준비	코치이는 행동을 위한 준비를 하고 있다.
행동	코치이는 변화를 시도하는 중이다.
유지	행동의 성공적 변화가 일어났으며, 6개월 동안 유지되고 있다.

출처: (Prochaska & DiClemente, 1992).

단계 사이의 이동은, 숙고 전 단계로부터 유지단계까지의 경로는 언제나 직선인 것은 아니며, 전 단계로의 회귀가 발생하고, 장기적인 유지 관리가 달성되기까지 전형적으로 나선형 진행을 통해 이루어진다. 초 이론적 모델은 사람들이 인식의 발생과 함께 변화의 여러 단계에서 각기 다른 사고 패턴을 경험한다고 주장한다. '숙고contemplative' 단계에 이르면서 변화를 만들 수 있도록 지원하는 새로운 사실이나 생각을 배우고, 변화에 대한 확고한 헌신을 가능하게 하는 자기 해방을 경험하면서 '행동' 단계가 시작된다(Perz, Diclemente & Carbonari, 1996). 이와 마찬가지로 특정한 행동의 장단점 사이에서 균형은 변화에 대한 개인의 단계에 따라 다양하다. 예를 들어 준비 단계에 있는 코치이에게는 숙고 단계에 있는 사람보다 자신의 현재 행동에 대하여 더 부정적인 인식과 정서를 경험하게 제안한다(Prochaska & Zinman, 2003).

사람들은 변화 주기 동안 변화에 대한 동기가 다양하다. 그래서 코치의 개입과 돕는 방식은 코치이의 변화 단계를 충족시킬 수 있어야 한다. 동기 강화 면담은 변화에 대한 양가감정 극복에 특히 유용해 보인다. 양가감정은 사람들을 현재의 차선 행동에 갇히게 하고 심지어 그들이

원할 때조차 변화할 수 없게 만든다. 그러나 동기 강화 면담 관점에서, 양가감정은 변화 과정의 자연스러운 부분이며, 오히려 저항은 변화의 핵심이다. 이런 장벽에 대한 탐색과 확인은 동기를 부여해야 하는 코치에게는 핵심적인 도전이다. 저항의 탐색은 권위와 같은 지시적인 방법이 아닌 협력, 공감과 같은 직면을 바로 하지 않는 방식으로 진행된다(Miller & Rollnick, 2002).

특별히 양가감정은 전 숙고 단계와 숙고 단계 또는 때때로 준비 단계에서 발생하는 것으로 보인다. 양가감정은 코치이와의 대화 중에 확인할 수 있고 '더 적은 시간을 일하고 싶지만, 그만두면 일할 수 없을 거예요'와 같은 전형적인 진술문과 연관이 있다. 이 지점에서 코치로부터의 직접적인 답변(예: 충고 또는 대안 행동 제시)은 코치이의 저항을 증가시킬 수 있다. 코치이의 저항은 논쟁, 가로채기, 부인, 무시 그리고 '네, 그렇지만' 반응과 같은 행동들을 통해서 표현될 수 있다(Miller & Rollnick, 2002). 저항 행동은 변화에 대한 코치이의 단계와 코치의 접근 사이에서의 불일치로부터 기인하는 것으로 보이며, 결과적으로 코치와 코치이 모두는 좌절감을 느끼게 된다.

변화에 대해 더 많이 주장할수록, 변화가 일어날 가능성은 작아지는데(Miller, Benefield, & Tonigan, 1993), 그것은 부분적으로는 일관성을 현상 유지하고자 하는 인간의 욕구에서 기인한다(Hargie & Dickson, 2004).

즉 만일 어떤 사람이 변화에 대한 양가감정이 있다면, 현재 상태를 유지함으로써 더 불리한 상황들에 대하여 설득이나 직면할 경우, 더 부정적인 결과들을 초래할 수 있다. 즉 직면적 접근은 오히려 기존의 행동을 감소시키기보다 오히려 더 확고하게 만들 수도 있다. 심지어 절박함 또는 변화의 잠재적 이익을 강조하는 코치의 부드러운 설득조차 일반적으로 저항을 증가시키고, 변화 가능성을 줄일 수도 있다(Miller & Rollnick, 1991).

코치이의 언어에 주의하며, 코치는 코치이에게 변화에 대한 그들의 생각을 0-10의 척도를 활용하여 물어볼 수 있다(0=변화에 대한 흥미가 전혀 없음; 10=이미 변화가 일어남).

코치이의 변화에 대한 동기는 그들의 가치 및 목표와 현재 행동 사이에서 인식된 불일치에서 기인하는 것으로 보인다. 성공적인 변화가 일어나기 위해서 그들은 자신의 가치와 함께 목표 행동이 중요함을 기꺼이 믿을 필요가 있고, 삶에서의 변화를 우선순위에 두는 준비가 필요하다. "동기 강화 면담은 코치이가 그러한 변화가 더 높은 내재적 가치를 제공하고 자신의 최선의 이익에 부합한다고 생각하지 않는 한 행동 변화를 유도하지 않을 것이다."(Miller & Rollnick, 2002) 마찬가지로 변화가 그들 자신과 일치되는 느낌이 들지 않는다면, 변화는 일어나지 않을 것이다(예: Hargie & Dickson, 2004).

인본주의 관점에서, 동기 강화 면담은 코치이들이 그들의 현재적 자기와 이상적 자기를 정의할 수 있도록 촉진한다; 그러면 현재에서 이상을 향한 변화를 추구할 수 있다. 코치이는 그들에게 일어나고 있는 현재의 문제 행동들이 단기적 욕구는 충족시킬지언정 심층적 가치와 장기적 만족은 충족시켜줄 수 없다는 것을 깨달을 수도 있다. 열린 질문과 적극적 경청과 같은 일반적 코칭 기술들을 통해 코치이는, 스스로 가치 있게 생각하는 이상적 행동과 현재의 행동 사이의 불일치를 코치에게 묘사할 수 있게 될 것이다. 코치이의 가치에 초점을 맞추고, 그들의 현재 행동들이 이상적 행동들과 얼마나 불일치하는지를 발견할 수 있도록 돕는 것은 변화의 중요성에 대한 의식을 증가시킨다(Miller & Rollnick, 2002).

동기 강화 면담 접근을 사용하는 코치들은 다른 동기 강화 면담의 원칙들을 훼손하면서 불일치를 심화시키면 안 된다. 코치는 코치이가 양가감정의 핵심에서 스스로 파악한 불일치에 관한 관심에 공감적이고 점진적인 방식으로 초점을 맞춘다.

코치이의 주제에 초점을 두는 것은 부정적 행동에 대한 초점을 전환함으로써 변화에 대한 욕구를 증가시키는 한편, 방어는 감소시킬 수 있고, 긍정적 생활양식과 잠재적으로 더 깊은 만족을 주는 수행 목표로 향하게 한다(Miller & Rollnick, 2002).

앞에서 언급한 세 번째 동기 강화 면담의 요소는 자기효능감 개념과 관련이 있다. 자기효능감이란 예를 들어 어떤 일에서 성공 또는 성취할 수 있는 능력에 대한 자신의 믿음을 말한다(Bandura, 1977). 원하는 변화를 이룰 수 있다는 능력에 대한 자각 없이는 변화가 발생하지 않을 것이다.

이러한 동기 강화 면담의 세 가지 개념들은 연관성이 있다; 예를 들어, 준비는 변화에 대한 내재적인 중요성과 확신을 깨닫는 것에 의존한다. 변화를 중요하게 여기지 않는 코치이는 변화에 관한 준비를 하지 않을 것이다. 더 나아가, 변화할 수 없다고 인식하는 코치이는 그들의 변화 준비를 높게 평가하지 않을 것이다. 동기 강화 면담을 통한 코치이의 양가감정 탐색은 이 세 가지 개념 중 어느 것이 코치이를 양가감정에 머무르게 하는지를 명확히 하고, 어떤 측면이 변화 대화의 초점이 되어야 하는지를 코치가 확인하는 데 도움이 된다.

동기 강화 면담 접근은 변화에 대한 한 가지 '정답'은 없다는 점에서 변화에 대한 다른 심리학적 접근들과 일치하며, 만일 변화를 위해 시도한 어떤 계획이 효과가 없었다면, 그것은 그 계획과 코치이의 창조성이 잘 맞지 않았을 뿐이므로 많은 다른 접근을 시도하면 된다(Miller

& Rollnick, 2002).

프랙티스

여기에서 우리는 코칭심리학자들에 의해 동기 강화 면담을 어떻게 적용할 수 있는지 탐색해 보고자 한다.

　동기 강화 면담이 효과적인 접근이 되기 위해서는 코칭 관계가 우호적 관계 형성과 더불어 협력적이어야 한다. 이러한 토대는 강압적이거나 위계적인 관계보다 코치이의 신뢰를 훨씬 더 촉진시킬 수 있다(Miller & Rollnick, 2002). 이 접근은 코치이의 노력에 대한 비판보다는 공감과 지지를 옹호한다. 이 관계는 코치이가 자신의 발전에 대해 책임지는 파트너십에 비유된다.

　장기적인 성공 가능성을 높이기 위해서는 변화에 대한 목적과 방향성을 코치이가 설정해야 한다. 전반적으로 코칭의 상호작용은 '레슬링'이 아니라 함께 추는 '댄스' 같아야 한다. 코치의 피드백과 제안들은 오직 코치이가 그것들에 대해 고려할 준비가 되어있고, 양가감정을 해결하여 행동을 취할 준비가 되어있을 경우만 유용하다.

　동기 강화 면담은 두 개의 특징적인 시기가 있는데, 첫 번째 시기는 언덕에 오르는 것에 비유할 수 있다. 이 시기는 양가감정을 탐색하는 것과 변화에 대한 내재적인 동기와 자기효능감을 세우는 것이 포함된다. 이러한 탐색의 시기에 특히 효과적인 몇 가지 유용한 요소는 다음과 같다:

- 열린 질문들
- 반영적 경청 진술들
- 기준척도를 사용한 변화에 대한 확신 평가
- 적극적 긍정제고 offering affirmation

열린 질문들은 코치이의 정보를 알 수 있도록 촉진하고 코칭의 진행 과정을 더 나아갈 수 있게 만든다. 예를 들어 "나는 당신이 상황을 어떻게 보는지 이해하고자 합니다. 어떻게 여기까지 오게 되었나요?" 코치의 적극적 경청에 의해 코치이는 대화를 주도하게 될 것이다.

반영적 경청 진술들은 코치의 다양한 반응으로 대다수가 구성되어야 한다. 반영적 경청의 본질은 코치이가 한 말의 의미를 추측하기보다는 구체적으로 확인하는 것이다. 예를 들어, 코치이는 "그 프로젝트에 쓸 수 있는 시간이 더 있었다면 좋았을 텐데"라고 표현할 수도 있다. 코치이의 이러한 말에는 다음의 여러 가지 의미를 포함한다: 그 프로젝트에 대하여 생각할 시간, 토론할 시간, 계획할 시간이 더 많았다면 좋았을 것이라는 의미, 또는 그 계획이 우선순위 목록에서 아주 높은 위치를 차지하는 것이 아닐 수도 있다는 것을 의미할 수 있다. 반영적 경청 진술의 예는 다음의 보기와 같다:

코치이: 상사가 저를 코칭에 의뢰하였습니다.
코 치: 당신은 상사에 의해 이 대화에 참석할 것을 요청받았군요.
코치이: 나는 정말로 공평하지 않다고 느껴져요. 사실 상사가 하는 일 대부분은 공평하지 않습니다.
코 치: 그러한 것들이 당신에게는 정당해 보이지 않는군요. 그 결과 당신은 상사의 조치로 인해서 좌절감을 느끼고 있는 것처럼 보이네요.

밀러Miller와 롤닉Rollnick(2002)은 질문과 반영적 진술을 구별했는데, 질문은 목소리 톤이 끝에서 올라가지만 반영적 진술은 내려간다.

코치의 반영적 진술은 코치이에게 적극적 경청을 하고 있음을 알려주고, 코치이로 하여금 공감받고 있음을 충분히 느끼도록 하여 더 나은 변화 대화로의 진전을 촉진한다(Miller & Rollnick, 2002). 반응은 수동적 과정이 아니며, 오히려 코치가 무엇에 반응할지 또는 간과할지 결정하는 적극적 과정이다. 능숙한 반응은 코치이의 말에 대한 단순한 반복이라기보다, 탐색 과정에 의미 있는 순간을 더하여 앞으로 나아가게 하는 것을 의미하며, 너무 멀리 나아가지 않으면서 잠재적인 저항을 피할 수 있게 한다.

변화에 대한 욕구는 높지만(변화가 중요하다), 변화에 대한 확신은 낮을 때에, 코치이는 양가감정을 표현할 수 있다(Miller & Rollnick, 2002). 이런 상황은 자기 확신 척도confidence ruler를 사용하면 쉽게 진단할 수 있다. 여기에서 코치이는 0~10척도 사이에서 그들에게 필요한 변화에 대한 평가를 요구받는다(0=변화에 대한 낮은 확신; 10=변화에 대한 높은 확신). 코치이의 자신감을 뒷받침하는 것이 무엇인지, 또는 부족한 것이 무엇인지 이해하기 위해, 자기

확신 척도의 두 가지 질문을 사용한다:

- '왜 당신은 그 척도에서 0이 아니라 X라고 평가하나요?'
- '당신이 X에서 더 큰 점수로 올라가려면 얼마나 걸릴까요?'

인정해주기는 동기 강화 면담에서 매우 중요한 요소이다. 인정은 코치이에게 변화에 대한 확신과 그들이 현재 상황을 극복할 수 있는 신념을 세울 수 있도록 도우면서, 수용적 환경을 촉진한다.

하나의 국면이 진행되는 동안, 앞에서 강조한 기술들은 양가감정을 명확하게 하고 탐색하는 것을 돕는다; 그러나 코치이가 양가감정의 곤란함에 빠지게 될 위험도 있다. 코치들은 변화로의 조심스러운 이동을 위해 앞서 언급된 몇 가지 기술들을 사용할 수 있다. 그러나 코치이가 고착된 경우, 탄력을 유지하거나 다시 시작하기 위해 코치는 변화 대화에 대한 반영을 유도하고 격려할 수 있는 더 많은 지시적 기법을 사용할 수 있다.

변화 대화를 알아차릴 수 있는 능력은 동기 강화 면담 코치의 기술 중에서 핵심 요소이다. 변화 대화는 현재 상황에 초점을 맞춘 것으로부터 변화에 대한 분명한 의도를 드러내는 쪽으로 움직이는 양상을 통해서 구분될 수 있다(Miller & Rollnick, 2002). 코치이는 현 상태의 불이익에 대해서 논의하기 시작할 수 있다. 예를 들면 "나는 그들이 원하는 것을 할 수 없습니다." 또는 변화에 대한 이점을 인정하면서 "나는 전에 했던 일을 즐길 수 있을 것 같아요."라고 말할 수 있다. 변화 대화는 변화에 대한 낙관과 변화의 의도를 표현하는 것과 연관이 있다. 예를 들어 "나는 일상적인 일 중의 몇 가지를 재조정할 것입니다." 또는 "나는 막연하게 이렇게 계속 갈 수는 없을 것 같습니다."

변화 대화는 코치 쪽에서 의식적으로 초점을 맞추어 끌어내거나 불러일으킬 수 있다. 변화 대화를 이끌기 위해서는, 이전에 활용된 자기 확신 척도가 이용될 수 있다. 그것은 코치이의 자기평가를 분명하게 하는 데에 적합할 수 있다. 그리고 변화를 다루는 것의 중요성에 대한 코치이의 평가를 명확히 한 다음의 질문을 하는 것이 적절할 수 있다.

- "왜 당신은 변화의 중요성이라는 측면에서 0이 아니라 X라고 표시하나요?"
- "당신은 X에서 더 큰 점수로 가려면 무엇이 필요할까요?"

코치이가 이전에 탐색하고 논의한 양가감정의 해결을 반영하고 강화하기 위해 의사결정 대차 대조표decisional balance sheet를 작성하는 것이 유용할 수 있다. 의사결정 대차 대조표는 변화에 대한 새로운 행동이나 목표에 대한 찬반양론과 현재 상황의 찬반양론을 비교하는 간단한 목록이다.

변화 대화를 계속해서 탐색해 나갈지 방향을 바꿀지는 코치의 반응에 달려있다. 저항을 숙련되게 다루는 것은 변화 대화를 증진 또는 감소시킬 수 있다. 저항이 일어날 때, 그것은 코치와 코치이 사이에 불일치가 있다는 것을 나타낸다. 그런 까닭에 코치는 저항을 성격 결함이라기보다는 하나의 기회로 간주한다.

더 나아가, 단순한 반영적 진술에 의존하기보다는 결과를 과장하여 강조하는 자세한 반영들은 코치이로 하여금 그들의 양가감정에 대하여 상반된 주장을 이끌어 낸다. 예를 들면:

코치이: 훈련에 못 가겠어요. 만일 실패한다면, 동료들이 어떻게 생각하겠어요?
코　치: 동료들의 반응에 어떻게 행동해야 할지 모르겠다는 거군요?

확장된 반영은 저항을 불러일으킬 수 있는 성급함과 빈정거림 없이, 지지적이고 사실적인 어조로 하는 것이 중요하다(Miller & Rollnick, 2002).

결론적으로 틀을 새롭게 짜는 것은 코치이의 주장에 대한 타당성을 인정해주는 기술이다. 그러나 그 정보는 새로운 관점에서, 변화에 대하여 더 지지적으로 다시 반영된다. 예를 들면:

코치이: 매우 오랫동안 변화하고자 노력했지만 실패했습니다.
코　치: 마치 도전에 직면하여 결연에 찬 것처럼 들려요; 이러한 변화는 당신에게 틀림없이 중요하겠군요.

개인의 선택과 통제를 강조하거나 저항에서 초점을 바꾸는 것은 코치이가 표현한 저항에 코치가 직면하지 않고 유연하게 대처하도록 돕는 유용한 전략들이다.

동기 강화 면담 접근의 두 번째 국면은 언덕의 다른 측면을 내려가는 여정에 비유한다. 이것은 코치이가 협력적으로 변화 계획에 헌신하도록 강화하는 것과 관련이 있다. 코치는 변화를 위한 방안들을 의논하기 위해 코치이 내면에 존재하는 준비에 관한 신호들을 찾아야 한다. 이러한 신호들은 다음과 같다.

- 저항의 감소
- 변화와 관련된 질문 증가
- 코치이 관점에서의 문제에 대한 논의 감소

코치는 코치이의 변화에 대한 헌신을 강화하기 위해 방향을 전환할 수 있다. 코치이의 동기를 최대화하기 위한 방향 전환은 코치이가 추구하고 바라는 목표들을 스스로 만드는 것과 연관된다. 만일 목표가 부적절하다면, 이는 곧바로 코치이를 통해 드러날 것이다. 코치는 코치이에게 코치의 목표를 부과해서는 안 된다. 또한 목표는 현실적이어야 한다: 이상적 행동과 현실적 행동의 사이가 먼 목표는 변화에 대한 확신을 감소시킬 수 있다(Miller & Rollnick, 2002).

목표를 명확히 한 다음 단계는 목표 성취 방법들을 고려하는 것이다. 성취를 달성하기 위한 한 가지 방법은 선택 가능한 대안들에 대해 브레인스토밍하는 것이다; 이때 코치이의 과제는 선호하는 대안을 선택하는 것이다. 이런 논의들은 변화에 대한 계획을 고안하는 방향으로 나아가며, 다음과 같은 이슈들의 요약이 포함된다: 왜 변화가 중요한지, 얼마나 구체적인 목표에 도달할 수 있는지, 예측되는 장애물이 무엇인지, 변화가 어떻게 측정될 수 있는지를 평가하는 것 등이다. 일단 변화 계획이 고안되면 코치는 계획에 대한 코치이의 헌신을 얻어내야 한다. 경험상, 코치이가 계획을 말로 표현하면 할수록 헌신이 더 강화된다.

동기 강화 면담은 대인관계적 양식으로써, 지시적인 것과 내담자 중심적인 것이 조화를 이루며 구성되며, 양가감정에 대한 해결을 목적으로 한다. 그런데 만일 동기 강화 면담이 교묘하게 조종하는 기술이 된다면 동기 강화 면담의 정신은 상실된다(Miller, 1994).

동기 강화 면담의 핵심 측면들은 다음과 같이 요약할 수 있다:

- 요약을 통해서 코치이의 관점에 공감하기
- 코치이에 의한 변화 대화를 반영해줌으로써 코치이가 변화에 초점을 두도록 유지하기
- 계속하여 변화에 대한 준비를 관찰하기
- 변화에 대하여 코치이가 제안한 방법들을 강화하고 인정하기

어떤 코치이에게 가장 유용한가?

심리 코칭 및 일반 코칭 프레임워크의 일부로서 사용되는 동기 강화 면담의 기본적 관점은 모든 코칭 상호작용의 역동을 강화할 수 있고, 코칭 목표를 향한 지속적인 움직임을 촉진할 수 있다. 또한 하나의 접근으로써 동기 강화 면담은 다음에 나오는 구체적인 코칭 과제를 위한 가치 있는 도구이기도 하다.

양가감정 극복에 초점을 둔 동기 강화 면담은, 코치이가 고객이 아닌, 타자에 의해 의뢰된 상황에서 적합하다. 이는 조직 환경 속에서 두 가지 주요한 방식들로 드러난다. 첫째, 폭넓은 프로그램의 일환으로 조직이 관리자 그룹 코칭을 의뢰하고, 그룹 내의 개인은 그들의 조직이나 그들의 능력에 대한 주요한 관심을 표현하면서도, 코칭 자체를 그러한 문제 극복의 잠재적 자원으로 보는 것을 주저한다. 개인에게 미치는 영향은 단기에서 중기적 역량 또는 징계 절차를 통해 개인을 평가하고, 태도 및 성과 문제들을 코칭을 통해 다룬다는 것이다.

우리는 이러한 상황 속에 있는 많은 코치이를 만났는데, 초기 세션 동안 그들의 상황은 전통적 행동주의와 인지적인 개입을 통해 전혀 나아지지 않았다. 이런 상황에서 코치이는 변화에 대한 저항이 매우 높은 듯 보였으며, 조직이 그들을 의뢰했기 때문에 계속해서 코칭에 참석했다. 이러한 상황은 흔히 조직의 합병이나 구조조정처럼 새로운 역할들이 부여될 때 발생하고, 그러한 변화를 지지하기 위해 개발 또는 코칭 프로그램에 의뢰된다.

두 번째는 코치이가 역량 평가 또는 징계 조치에 앞서 마지막 단계로서 코칭에 의뢰되는 상황이다. 이런 상황에서 우려되는 결과는 분명치만, 우리의 경험으로 볼 때 코치이는 자신이 변화할 필요가 있다는 관리자의 견해를 부정하거나 관리자가 지금은 불공평하지만, 궁극적으로는 '하늘의 뜻'에 따라 자신의 진정한 가치를 알아줄 것이라 믿는다. 결국 코치이는 명백히 양가감정에 '갇힌다'.

이러한 사례들에서 내담자는 흔히 명시적인 행동 변화를 추구하나, 행동주의에 기반을 둔 코칭을 시작할 수 있으려면, 코치는 코치이가 직면한 상황이나 두려움에 대한 양가감정을 탐색하고 해결해야 하며(의지), 변화를 위한 내재적 동기를 그들 내면에서 발전시킬 필요가 있다(준비). 그 이후에야 행동주의 코칭은 성공을 위한 새로운 기술이나 태도들을 발전시키는 데 효과적으로 사용될 수 있다(능력able).

사례 연구

ICT의 서비스 책임자인 앤디Andy는 작은 지방 중앙 기관에 있는 전략 관리자에게 보고했다. 우리의 첫 번째 만남 당시 그는 최근에 강화된 책임감과 새로운 라인 관리 관계라는 역할을 맡게 되었다.

구조조정 일부로 서비스 책임자들과 새로운 관리자들이 임명되었고, 앤디는 조직 내 코칭 프로그램의 하나로 코칭을 받게 되었다. 코칭 프로그램은 내부의 팀이나 개인을 위해 설정된 명확한 목적 없이 여섯 세션을 이어서 진행하기로 합의하였다. 부가적으로 내담자는 비밀조항에 동의했고, 보고에는 예외가 없었다. 암묵적인 목표는 구성원들이 새로운 역할에 적응하면서 팀을 지원하고 효과적인 팀워크를 개발하는 것이었다.

앤디는 팀의 다른 사람들처럼 코칭에 '초대'받았다. 그러나 첫 세션에서 앤디는 모든 사람이 참석하기는 하겠지만 코칭이 어떻게 이익이 되는지는 볼 수 없을 것이라 했다. 앤디는 10년 이상 그 조직에서 일해 왔으며, 정리해고 대상에서 제외되어 실망했다. 정리해고 대상이 된 같은 조직의 다른 사람들은 상당한 퇴직금을 받았기 때문이다.

첫 세션에서 코칭의 기본적인 규칙들과 본질에 대해서 논의한 후에, 앤디에게 그의 역할에 관한 정보와 그가 코칭 세션을 어떻게 이용하고 싶은지 공유할 것을 제안하였다. 초기 목적은 앤디가 명백한 목적을 설정하고, 문제-해결 기술을 통해 성과 문제를 해결할 수 있도록 돕기 위해, 행동주의 모델을 도입하는 것이었다.

라포는 형성되었지만 앤디는 새로운 환경에 대한 적응의 필요성에 대한 인식에는 실패했음이 곧바로 명백하게 드러났다. 첫 번째 세션 동안 계속되던 주제는 앤디의 신념이었다. 앤디는 회사에서 정리해고 대상이 되기를 원했으며, 계속 일하도록 한 회사의 결정이 불공평하다고 생각했다. 그는 변화 또는 적응에 대한 어떤 욕구도 없었고, 회사를 떠나겠다는 신념은 지속되었다. 그의 주요한 희망은 50번째 생일인 18개월 후에 재정적 결산을 하고 회사를 떠나는 것이었다.

첫 세션의 마지막에 코치는 앤디에게 코칭이 도움이 되는지 그리고 계속해서 코칭을 받기를 원하는지를 물어보았다. 이에 그는 코칭의 가치를 발견했으며, 주위에서 자신이 참석하기를 기대하기에 계속해서 두 번째 세션에 참여하겠다고 하였다.

두 번째 세션은 첫 번째 세션 후 6주 만에 이루어졌다. 코치는 참여를 이끌어내지 못한 일반적인 실패에 대해 반영하면서, 코칭에 대한 앤디의 정신적 방해물 탐색에 초점을 맞추었다. 또한 일과 역할에 관한 앤디의 신념과 가치관에 대해 논의하였다. 이를 통해 앤디가 회사에 남기를 원하지 않았으며, 일이 휴가와 회사를 위한 재정의 원천이라는 증거를 확인했다. 이 세션 동안 비현실적인 가정들을 도전하고, 일을 바라보는 대안적 방식에 대해 성찰하도록 하였다.

두 번째 세션 끝 무렵에 앤디는 자신의 가치관과 신념에 대해 더욱 분명한 관점들을 발전시켰다. 그러나 코치는 인지적 접근이 더 나은 진전을 촉진할 수 없을 것이라 느꼈다. 앤디는 심의회에서 진행 중인 의제에 대응할 필요성에 대해 모호한 상태였고, 현재 역할이 자신을 위한 것이 아니라 여기며, 50세에 정리해고되기를 계속해서 원하고 있었다.

세 번째 세션에서 코치는 인지적 접근을 진행하면서, 몇 가지 동기 강화 면담 기술들을 적용하였다. 코치는 앤디에게 자신이 변화에 대하여 얼마나 준비되었는지를 0-10의 척도 점수로 말하도록 하였다. 앤디는 같은 이유를 되풀이하며 1점에 가까이 있다고 하였다. 코치는 10점이 되려면 얼마나 걸릴지를 탐색했다. 처음에 앤디는 그 질문에 저항했지만, 몇 번의 부정 후에, 그는 정말 자신이 일을 사랑했다면 그것이 보상 때문이었을 것이라고 하였다. 계속해서 코치는 동기 강화 면담 기술을 사용하면서 이러한 생각들을 탐색해나갔고, 세션의 마무리를 향해갈 무렵, 앤디는 즐겁게 일했던 상황들에 대해, 그리고 왜 현재의 역할이 참여를 막고 있는지에 관한 것뿐만 아니라, 만약 그가 그 구조를 계획했다면 그 이상적인 세계에서 어떠했을지에 대해 적극적으로 말하였다.

네 번째 세션 동안 앤디의 변화에 대한 확신을 재검토하였다. 앤디는 자기 확신 척도를 사용하여 0~10점으로 평가했다. 앤디는 여기서 좀 더 높은 4점을 주었다. 코치는 좀 더 논의한 후, 변화 척도 주제로 돌아와 앤디에게 왜 0점이 아니라 4점을 주었는지 그리고 그가 4점에서 더 높은 점수로 가려면 얼마나 걸릴지를 생각해 보도록 하였다.

세션 동안 대차대조표를 사용하여 현재 작업을 최대한 활용하고 앤디의 기술과 관심에 더 잘 맞도록 재구성하려는 개념과 비교하여 '정리해고 대기'라는 접근의 장단점을 검토하였다. 이 작업은 고용주가 앤디의 실망스러운 성과와 업무에 대한 소극적인 태도를 보고 경험했을 때 실제로 해고될 수 있음을 강조해주고 있다. 앤디의 저조한 사기로 팀원들은 괴로워했고, 만약 그가 배우자에게 업무에 대한 불만을 계속 표현했다면, 가정생활도 마찬가지였을 것이다. 앤디는 정리해고 대상이 될 수 있을지 확신할 수 없었다. 떠날 수 있기까지 5년이나 10년 정도 걸릴지도 모른다(이는 남은 삶의 20~50%를 차지할 것이다). 긍정적인 면에서, 앤디는 일이 과거에 즐거웠다는 것을 인정했고, 자신이 조직의 구조에 영향을 미치고 다시 일을 재미있게 만들 수 있는 자신감과 잠재력이 있음을 믿기 시작했다.

네 번째 세션의 마지막에, 앤디의 이야기 내용이 전환되었다. 그는 정리해고 대상에서 제외된 것에 대한 좌절감, 일은 나쁘다는 신념 그리고 새로운 환경에서 앞으로 나아가는 것에 대한 욕구의 결핍에 관해 이야기해왔었다. 그러나 동기 강화 면담과 인지적 기술을 통해서 앤디는 세상에 대해 대안적 방식으로 생각하게 되었고, 자신의 상황에 관해 긍정적인 어떤 것을 하고자 하는 내재적 동기가 자라게 되었다.

다섯 번째와 마지막 세션 동안, 동기 강화 면담과 인지적인 의도의 자각을 유지하면서, 어떠한 행동이 성공을 가져올 것인가와 핵심 과제 설정과 작업에 초점을 맞춘 더 강력한 행동주의적인 접근으로 되돌아올 수 있었다.

논의 포인트

1. 이 장에서 보여준 변화 주기를 참조하여, 당신에게 개인적으로 변화를 요구했던 구체적이고 도전적인 가장 최근의 사례를 떠올려보라. 당신이 만들었던 그 상황과 변화를 묘사해 보라. 변화 주기에 당신의 변화 경험을 대입해보며 각 단계에서 무엇이 가장 유용했고, 유용하지 않았는지를 확인해 보라.
2. 최근의 코치이를 떠올리며, 그들의 변화 여정에 대한 지도를 작성해보라. 그들의 변화 주기의 각 단계에서 사용한 개입은 무엇인가?
3. 코칭에서 변화 주기 단계와 코치이의 언어에 더 적응하기 위해 당신은 무엇을 할 수 있는가?
4. 동기 강화 면담은 현재 당신이 하는 코칭 접근과 어떻게 보완 또는 대조를 이루는가? 당신은 이 장에 나와 있는 내용으로부터 무엇을 그리고 어떻게 당신이 하는 코칭과 통합시킬 수 있겠는가?

추천 읽기

Anstiss, T., & Passmore, J. (2013). Motivational interview approach. In J. Passmore, D. Peterson, D., & T. Freire (eds.), *The Wiley-Blackwell Handbook of the Psychology of Coaching and Mentoring* (pp. 339–364). Chichester: Wiley-Blackwell.

Diclemente, C. C., & Prochaska, J. O. (1998). Toward a comprehensive, transtheoretical model of change: Stages of change and addictive behaviours. In W. R. Miller, & N. Heather (eds.), *Treating Addictive Behaviours* (2nd edn., pp.3–24). New York: Plenum Press.

Miller, W. R., & Rollnick, S. (2012). *Motivational Interviewing: Helping People Change* (3rd edn.). New York: Guilford Press.

Passmore, J. (2016). *Integrative coaching. In Excellence in Coaching: The Industry Guide* (3rd edn.). London: Kogan Page.

참고 문헌

Anstiss, T., & Passmore, J. (2012). Motivational interview. In M. Neenan, & S. Palmer (eds.), *Cognitive Behavioural Coaching in Practice: An Evidenced Based Approach* (pp. 33–52). Hove: Routledge.

Anstiss, T., & Passmore, J. (2013). Motivational interview approach. In J. Passmore, D. Peterson, & T. Freire (eds.), *The Wiley-Blackwell Handbook of the Psychology of Coaching and Mentoring* (pp. 339–364). Chichester: Wiley-Blackwell.

Bandura, A. (1977). Self-efficacy: Towards a unifying theory of behaviour change. *Psychological Review*, 84, 191–215.

Burke, B. L., Arkowitz, I. I., & Menchola, M. (2003). The efficacy of motivational interviewing: A meta analysis of controlled clinical trials. *Journal of Consulting Clinical Psychology*, 71, 843–861.

Channon, S., Smith, V. J., & Gregory, J. W. (2003). A pilot study of motivational interviewing in adolescents with diabetes. *Archives of Disease in Childhood*, 88(8), 680–683.

Cowley, C. B., Farley, T., & Beamis, K. (2002). "Well, maybe I'll try the pill for just a few months".... Brief motivational and narrative-based interventions to encourage contraceptive use among adolescents at high risk for early childbearing. *Families, Systems and Health*, 20, 183.

Hargie, O., & Dickson, D. (2004). *Skilled Interpersonal Communication: Research, Theory and Practice* (4th edn.). London: Routledge.

Kazel, R. (1998). Cardiac coaching produces better health savings. *Business Insurance*, Oct. 19, 1998.

Miller, J. H., & Moyers, T. (2002). Motivational interviewing in substance abuse: Applications for occupational medicine. *Occupational Medicine*, 17(1), 51–65.

Miller, W. R. (1994). Motivational interviewing: III. On the ethics of motivational intervention. *Behavioural and Cognitive Psychotherapy*, 22, 111–123.

Miller, W. R., Benefield, R. G., & Tonigan, J. S. (1993). Enhancing motivation for change in problem drinking: A controlled comparison of two therapist styles. *Journal of Consulting and Clinical Psychology*, 61(3), 455–461.

Miller, W. R., & Rollnick, S. (1991). *Motivational Interviewing: Preparing People to Change Addictive Behaviour*. New York: Guilford Press.

Miller, W. R., & Rollnick, S. (2002). *Motivational Interviewing: Preparing People for Change* (2nd edn.).

New York: Guilford Press.

Miller, W. R., & Rollnick, S. (2009). Ten things that motivational interviewing is not. *Behavioural and Cognitive Psychotherapy*, 37, 129–140.

Miller, W. R., & Rollnick, S. (2012). *Motivational Interviewing: Helping People Change* (3rd edn.). New York: Guilford Press.

Passmore, J. (2011). Motivational interviewing: A model for coaching psychology practice. *The Coaching Psychologist*, 7(1), 35–39.

Passmore, J. (2012a). MI techniques: Typical day. *The Coaching Psychologist*, 8(1), 50–52.

Passmore, J. (2012b). MI techniques: Recognising change talk. *The Coaching Psychologist*, 8(2), 107–111.

Passmore, J. (2013a). MI techniques: Agenda mapping. *The Coaching Psychologist*, 9(1), 32–35.

Passmore, J. (2013b). Ethics in motivational interviewing. *The Coaching Psychologist*, 9(20), 112–115.

Passmore, J. (2014). Motivational interviewing. In J. Passmore (ed.), *Mastery in Coaching: A Complete Psychological Toolkit for Advanced Coaching*. London: Kogan Page.

Perz, C. A., Diclemente, C. C., & Carbonari, J. P. (1996). Doing the right thing at the right time? The interaction of stages and processes of change in successful smoking cessation. *Health Psychology*, 15, 462–468.

Prochaska, J. O., & DiClemente, C. C. (1992). Stages of change in the modification of problem behaviours. In M. Hersen, R. Eisler, & P. Miller (eds.), *Progress in Behaviour Modification*. Sycamore, IL: Sycamore Press.

Prochaska, J. O., & Zinman, B. (2003). Changes in diabetes self care behaviours make a difference in glycemic control: The Diabetes Stages of Change (DISC) study. *Diabetes Care*, 26, 732–737.

Project MATCH Research Group. (1997). Matching alcoholism treatments to client heterogeneity: Project MATCH post-treatment drinking outcomes. *Journal of Studies on Alcohol*, 58, 7–29.

Resnicow, K., DiIorio, C., Soet, J. E., Borrelli, B., Hecht, J., & Ernst, D. (2002). Motivational interviewing in health promotion: It sounds like something is changing. *Health Psychology*, 21(5), 444–451.

Rollnick, S. (1998). Readiness and confidence: Critical conditions of change in treatment. In W. R. Miller, & N. Heather (eds.), *Treating Addictive Behaviours* (2nd edn.). New York: Plenum.

Solomon, J., & Fioritti, A. (2002). Motivational intervention as applied to systems change: The case of dual diagnosis. *Substance Use and Misuse*, 37(14), 1833–1851.

12장
다원주의 코칭

저자: 조피아 안나 우트리Zsófia Anna Utry[1], 스티븐 팔머Stephen Palmer[2],
존 맥레오드John McLeod[3], 믹 쿠퍼Mick Cooper[4]
역자: 강준호

서론

다원주의 코칭pluralistic coaching에서는 올바른 코칭 방법들이 많이 존재하며, 어떤 방법이 가장 유익하다고 생각하는지 코치이와 논의한다. 처음에는 이것이 어려운 얘기로 들리지 않는다. 그러나 좀 더 생각해보면 많은 질문이 떠오른다. 얼마나 많은 코칭 방법을 알아야 할까? 이것을

[1] **조피아 안나 우트리**Zsófia Anna Utry MScMaster of Science는 국제 심리 코칭 협회의 부회원이자 헝가리 심리코칭 협회 Hungarian Association for Coaching Psychology의 명예 부회장이다. 그녀는 체계적이고 판단이 내려진 사례 기반 연구 설계를 사용하여 코칭 프랙티스에 대한 다원주의 접근의 적용과 코칭 효과의 평가에 관심이 있다.

[2] **스티븐 팔머**Stephen Palmer 교수는 영국 런던의 Centre for Coaching의 창립 이사이다. 2004년에 British Psychological Society Special Group in Coaching PsychologyBPS SGCP의 초대 의장이 되었으며, 2005년에는 런던 시티 대학(현 런던 대학교)에서 심리학 코칭 유닛을 창설하였다. 2016년에 덴마크 Aalborg 대학교 코칭심리학과의 겸임 교수가 되었고, 2018년 Wales Trinity Saint David 대학의 업무 기반 학습 연구소Institute for Work Based Learning의 실습 교수가 되었다. 현재 브라질 리우데자네이루 연방 대학교의 코칭심리학부의 명예 고문이며, 국제 코칭심리학 협회 국제 코칭 심리 연구센터의 코디네이터이다. 또한 국제 코칭심리학회와 국제 스트레스 관리협회의 명예회장이자 연구원이다. 그는 다양한 주제에 대해 50권 이상의 책을 쓰거나 편집했으며 유럽 응용 긍정심리학 저널을 포함한 그 분야의 많은 저널을 공동 편집했다. 2008년 BPS SGCP로부터 코칭심리학에 기여한 공로를 인정받아 평생 공로상을 받았다.

[3] **존 맥레오드**John McLeod는 Oslo 대학과 Dublin의 Institute for Integrative Counselling and Psychotherapy에서 교수직을 맡고 있다. 그는 상담 및 심리치료의 낯은 측면에 대해 광범위하게 발표했으며, 치료적 프랙티스에 대한 협력적이고 유연하며 연구 정보에 입각한 접근의 개발에 전념하고 있다.

[4] **믹 쿠퍼**Mick Cooper는 Roehampton 대학의 상담심리학 교수로, Centre for Research in Social and Psychological TransformationCREST의 소장을 맡고 있다. 그는 공인된 심리학자이자 UKCP에 등록된 심리치료사이며 British Association for Counselling and PsychotherapyBACP의 회원이다. 네 명의 아이들 아버지이고 영국 남쪽 해안에 있는 Brigton에 살고 있다. Email: mick.cooper@roehampton.ac.uk

코칭에 어떻게 적용할까? 코치이가 동의하지 않는 방법을 요구하면 어떻게 해야 할까? 가장 적합한 방법이 무엇인지를 코치이에게 물어보면 무능해 보이지 않을까?

본 장의 목적은 프랙티셔너를 혼란스럽게 하는 것이 아닌 코치-코치이 협력을 향상할 수 있는 윤리적, 이론적, 연구 기반의 프레임워크를 제안하는 것이다. 그리고 코치 활동을 포함해 코칭 프로세스의 모든 측면에서 협력적 방식으로 메타 커뮤니케이션metacommunication을 하면 참여도와 결과가 향상될 수 있다고 주장한다.

다원주의 코칭pluralistic coaching의 발전

젠킨스Jenkins(2011)는 다양한 지식의 통합이 코칭에서 미해결 이슈라고 주장했다. 기술적 절충주의technical eclecticism(효과가 있다면 무엇이든 활용할 수 있다는 개념)는 코칭에서 이러한 도전을 해결하고자 한 카우프만Kauffman의 아이디어 중 하나였다(Jenkins, 2011 인용). 그러나 오하라O'Hara(2011)는 기술적 절충주의가 모더니스트적 사고modernist thinking는 촉진하지만, 코칭의 기본 철학을 생각하도록 하지는 않는다고 지적했다. 반면 그는 다원주의 및 비판적 현실주의critical realism와 같은 접근이 코칭에서의 지식에 관해 탐구에 유용하다고 제안한다.

다원주의에도 다양한 견해가 존재하지만, 다원주의 코칭의 근원은 2006년 믹 쿠퍼Mick Cooper와 존 맥레오드John McLeod가 처음 개념화한 다원주의 상담 및 심리치료pluralistic counselling and psychotherapy 분야에 있다(Cooper & Dryden, 2016). 이것은 해당 분야에서 만연한 학파 주의에 대한 대응이었고, 또한 심리치료에서 내담자 개인의 선호preferences와 목표에 중심을 두는 유연한 접근을 개발하는 것을 목표로 했다.

그들은「상담과 심리치료를 위한 다원주의 프레임워크: 연구를 위한 시사점A pluralistic framework for counselling and psychotherapy: Implications for research」(Cooper & McLeod, 2007) 논문에서 기본 원리들을 제시했다. 한편, 다원주의 상담을 더욱 연구, 발전시키기 위해 교육 과정이 개설되고, 리서치 클리닉이 설치되었다. 임상 실무 가이드가 제시된 첫 번째 책은 2011년에 출판되었다. 그리고 로햄턴Roehampton 대학에서 개최된 국제회의 결과, 2012년 유럽 심리치료 및 상담 저널 European Journal of Psychotherapy and Counseling에 특별 호가 게재되었다(vol 14, issue 1). 그 후 영국에서 관련 출판물 수가 증가하였는데, 이는 상담 및 심리치료 전문가들이 다원적 아이디어에 영감을 받고 자극받았다는 것을 보여주는 것이다.

우트리Utry 외(2015)는 다원주의 프레임워크를 코칭심리학에 적용하는 방법을 강조했다. 같은 시기에 펜들Pendle(2015)의 질적 연구는 다원주의 접근의 잠재력에 대한 코치의 인식을 조사했다. 그는 코칭에서는 연구 참가자들 사이에서 학파주의schoolism의 증거를 찾지 못했지만, 이 접근법이 코치의 지식과 전문가 정체성을 확립하는 데 어떻게 도움이 될 수 있는지에 대한 가치를 더 많이 인정하게 되었다. 펜들Pendle(2015)은 다원주의 접근이 코칭 언어와 맥락에 맞게 도입된다면 코칭을 더 코치이 중심적coachee-centered으로 만들 잠재력이 있다고 결론지었다.

이론 및 기본 개념

조력 관계에서의 힘에 관한 질문

다원주의는 포스트모더니즘적 사고에 근원을 두고 있다(예: Gergen, 1991). 이것은 유사한 여러 시나리오에 대해 사용, 발견, 적용 가능한 유일한 객관적 진실은 없다고 주장한다. 사람들은 자신의 견해를 한데 모아, 특정 맥락 내에서 자신의 특정 상황에 맞는 진실을 논의하고 공동 창조co-creating함으로써 유용한 지식, 자신에게 맞는 진실local truth을 생성한다(Stelter, 2014). 또한 인본주의적, 실존주의적 가치에 기반을 둔 윤리적 관점을 통합하여 각자의 주체agency와 세계관world view에 대한 인정과 깊은 존중을 강조한다(Cooper & McLeod, 2011). 그러므로 다원주의 관점은 본질에서 관계적이고, 인간 고유성을 존중한다.

대화 기반 조력 전문성에 대한 다원주의 접근은 세 가지 주요 제안으로 요약된다(Cooper & Dryden, 2016). 첫째, '조력 방향에 대한 다원주의pluralism across helping orientations'로 사람들이 고통받는 이유를 이해하는 바른 방법이 많이 있고, 이 중 어떤 방법도 다른 것보다 우월하지 않다는 것을 의미한다. 즉 목표 달성을 위해 사람들과 일하는 올바른 방법이 많이 존재한다. 둘째, '고객에 대한 다원주의pluralism across clients'는 전문가는 이러한 다양성에 대해 개방적이고 각 고객에게 맞춤형 서비스를 제공하기 위해 노력해야 함을 뜻한다. 셋째, 고객과 전문가 사이의 조력 관계에서 힘이 균형을 이루어야 한다는 인식이다. 양측은 특정 상황에 대해 의견이 다르더라도 동등한 가치를 지닌 견해를 말하며, 목표/과제/방법은 당사자 사이의 협력적 참여collaborative engagement를 통해 도출되어야 한다.

코치이 중심성coachee-centeredness 및 인간의 본질, 장애물 및 목표

심리치료에 비해(Cooper & McLeod, 2011; Cooper, 2015; Cooper & Dryden, 2016) 다원주의 코칭은 삶에서 심각한 고통을 경험하지 않은 사람들의 학습과 발달을 돕는 것을 목표로 한다. 그러나 접근 방식은 동일한데, 코칭 내용뿐 아니라 프로세스 결정에 코치이가 참여하도록 적극적으로 초대하는 것이 중요하다. 코칭에서 어디서나 통하는 일반적 진리general truth가 없다는 점을 고려하여 코칭 프로세스가 효과를 발휘하도록 각 사례에 맞는 진실local truths만이 함께 만들어 갈 수co-create 있는 것이다.

다른 시점에 다른 코치이들에게는 다른 방법이 도움될 수 있으므로 결과적으로 올바른 코칭 방법은 다양하다고 주장한다. 그리고 특정 시점에 특정 코치이에게 어떤 방법이 가장 도움이 되는지 알려면 코치이와 방법에 대한 대화를 나눠봐야 한다(Cooper & McLeod, 2011 인용).

정신건강 스펙트럼의 어느 지점에 있든 다원주의 접근은 사람들을 어려움뿐만 아니라 강점과 자원resources 측면에서도 이해할 수 있다고 가정한다. 사람은 본질에서 목표 지향적goal oriented이고, 주체적agentic이며 코칭을 포함하여 그들 삶에 대한 선택을 할 수 있는 능력을 갖추고 있다.

코치이 인생의 장애물blocks은 동일한 가치로서 다양한 코칭심리학 내용orientation으로 해석 가능하다. 따라서 다원주의 접근은 사람들이 발달 측면에서 어떻게 정체되어 있는지를 선험적으로 가정하지 않는다. 오히려 코치/코치이가 체험한 다양한 심리 이론과 경험을 활용한 협업적 대화collaborative dialogue로 사례들이 구성된다.

목표 달성 역시 다양한 방법으로 실현되고 이해될 수 있다. 다원주의 접근은 코치/코치이 간 코칭 목표/과제/방법에 대한 정기 피드백과 함께 메타 커뮤니케이션, 공유된 의사결정을 통해 코칭 프로세스에 긍정적 결과와 더 깊은 참여가 가능하다고 가정한다.

메타 커뮤니케이션metacommunication

메타 커뮤니케이션은 코치/코치이가 코칭 프로세스 자체에 대해 논의하는 협력적 행위collaborative act이다. 코치는 세션에서 "당신의 목표를 향해 우리가 어떻게 함께 작업하기를 원하십니까?"라고 질문한다. 대부분 코치이는 "모르겠습니다…. 당신이 전문가잖아요."라고 답변한다. 코치는 "함께 일하는 좋은 방법들이 다양하므로, 제가 관심있는 것은 당신의 선호입니다. 사람마다 다른 것들이 효과가 있기 때문입니다."라고 다시 답한다. 또는 일부 코치이는 같은 질문에 대해 "내 생각이 멍청하든 아니든 누군가 내 생각에 대해 피드백해 주길 원합니다…. 어쩌면 어떤 조언일 수도 있고요."라고 답할 수도 있다. 메타 커뮤니케이션은 코칭 참여자 사이의 진정한 대화를 위해 노력하여 코치이의 목표 달성에 가장 유익한 것이 무엇인지, 해당 목표로 나아가기 위해 어떤 과제들이 수행되어야 하며, 이 과제들은 어떤 방법으로 촉진되어야 하는지에 대한 서로의 견해를 탐색하고 이해한다(Utry et al., 2015).

공유된 의사결정 shared decision making

메타 커뮤니케이션을 통해 코칭 프로세스에 대해 공유된 결정을 논의할 수 있다. 코치는 "자문 역할을 하고 싶지는 않지만, 도움이 된다면 당신의 말이 어떻게 들리는지 되짚어 보는 것 reflecting back도 기쁜 일입니다. 누군가 당신의 말을 되짚어 줄 때, 일반적으로 좋은 점은…"이라고 설명해 줄 수 있다. 공유된 의사결정은 윤리적 프랙티스를 촉진하고, 건강관리, 정신건강 분야에서 서비스 사용자 경험과 참여도를 향상한다는 증거가 존재한다(Cooper 등, 2016). 공유된 결정은 코치의 전문성과 후속 프로세스에 대한 코치이의 사전 동의를 기반으로 한다.

피드백 문화

엘리Ely 등(2010)은 임원코치들이 코칭에서 체계적 피드백 문화를 구축하기보다 그때그때 코치이에게 피드백을 요청하는 경향이 더 많다는 것을 발견했다. 엘리 등(2010)은 코치과 코치이 만족도 향상을 위해 코치이 발전 수준을 정기적으로 파악할 것을 제안한다. 코치/코치이가 코칭 프로세스에 대해 다른 견해를 가질 수 있다는 증거도 있다(예: Gessnitzer & Kauffeld, 2015). 그러나 코치이 작업 경과와 작업동맹working alliance에 대한 체계적 모니터링은 정신건강 분야에서 긍정적 결과를 가져왔고, 코칭 중단율dropout rates을 감소시키고, 작업동맹과 코칭 관계에 대한 만족도를 향상시켰다(Duncan & Sparks, 2016). 따라서 증거에 따르면 피드백 규칙protocol을 설정하는 것이 잠재적으로 유익하며, 때로는 코칭에 핵심적일 수도 있다. 피드백 규칙 설정은 과정과 결과 만족도 모두를 높이기 위해 얼마나 자주, 프로세스의 어떤 측면에 대해, 어떤 방식(서면 또는 구두)으로 피드백을 주고받아야 하는지에 대해 코치이와 합의하는 것을 의미한다.

협업 능력 collaborative capacity

이 접근 방식의 추가적인 이점은 앞서 언급한 협력적 절차 collaborative rituals와 코칭 프로세스 논의 negotiations에 참여함으로써 대개 코치이 협업 능력이 향상된다는 점이다(Utry et al., 2015). 코치이는 잠재적으로 대인관계 기술을 개발 및 개선할 수 있고, 대화를 더욱 명료하고 더 잘할 수 있으며, 성찰 능력 역시 향상될 수 있다. 또 프랙티셔너로서도 자기 자신과 프로세스에 대한 전문가로서 견해를 중시함으로써, 자신감도 향상될 수 있다(Cooper et al., 2016).

아래 사례에서 코치이는 진단 세션이 끝날 무렵 자신의 변경된 주제 선호를 성찰했으며, 코치는 의도적으로 이 과정에 대한 고객의 인식을 말할 수 있도록 촉진했다.

> 코치이: 제가 먼저 커리어 관련 대안과 조치에 초점을 맞추고, 그다음으로 스트레스 관리에 초점을 맞추는 것으로 결정했다는 것을 알고 있습니다….
>
> 코　치: 그럼 지금은 어떤 생각이 드세요?
>
> 코치이: 글쎄요, 스트레스 관리가 필요한 상황이 곳곳에서 생기고 있습니다. (그리고 혼자서 웃음) … 그래서 우리는 먼저 거기에 집중해야 할 것 같습니다.
>
> 코　치: 사실 처음부터 저도 그것을 생각하고 있었는데, 그 얘기를 해주셔서 정말 좋습니다…. 저는 당신에게 더 중요한 것이 무엇인지 너무 일찍부터 가정하고 싶지는 않았거든요. 스트레스가 당신의 결정에 전반적으로 영향을 미칠 수 있어서 먼저 그것을 이해하자는 것은 좋은 생각인 것 같습니다.

프랙티스

실제 다원주의 코칭은 특정 접근, 모델, 기술을 선정하여 모아 놓는 것이 아니다. 중요한 목표는 코치이가 자신의 목표를 달성하고, 목표 달성 방법을 찾는 것에 동참하도록 코치이의 주체 agency, 강점 strengths 및 자원 resources 활용을 촉진하는 것이다. 이는 코칭 목표/과제에 대한 공유된 의사결정을 하는 것뿐만 아니라, 프로세스에 유익한 문화적 자원cultural resources(예: 책, 친구, 산책 등) 활용과 같은 가능성 있는 방법potential method까지 논의하는 것을 의미한다.

개입 방법intervention method에 대한 코치이 선호를 기반으로, 코치이가 도움이 되지 않는다고 판단하면 변경하기 때문에 단순히 통합적integrative 또는 절충적eclectic으로 작업하는 방식이 아니다. 만약 특정 코칭 방법을 지향하던 프랙티셔너가 본인 접근의 한계를 인식하고, 가능한 다양한 방법을 코치이에게 적용하며, 코치이가 원하는 것을 제공할 수 없을 경우 잘 아는 것을 추천한다면 관점에서 다원적이 될 수 있다(Cooper & McLeod, 2011).

이러한 사고방식은 애당초 다원적 방식으로 코칭을 하던 일부 코치 및 코칭심리학자에게 당연한 내용일 수 있다. 이들에게 이러한 접근 방식의 주요 이점은 펜들Pendle(2015)이 연구에서 설명했듯이, 풍부한 전문적 정체성을 가지고 자신의 지식과 프랙티스를 명확화하고 체계화하는 데 도움이 된다는 점이다.

코칭에서 다원적 진단pluralistic assessment in coaching

진단은 본질에서 코치이의 강점strengths과 자원resources을 대상으로 한다. 도전이나 장애물이 어떻게 발생했는지, 그 내용은 무엇인지, 그리고 무엇이 해결책이 될 수 있는지에 대한 다양한 해석이 있을 수 있다는 가정하에서 사례가 만들어진다. 사례에 대한 작업적working 이해는 대화를 통해 공동 창조되며co-created 코치이/코치 모두의 견해를 활용한다. 코치는 코칭 지식을 기반으로 사례에 대한 최초 해석을 제공하고, 코치이는 그 시점에서 어떠한 이론적, 실용적 접근에 공감이 가는지를 선택한다. 대화와 함께 사례에 대한 이해를 높일 수 있도록 표준 심리측정 방법이 활용된다.

코치가 활동의 모든 것을 설명하기는 어렵겠지만, 코치이에게 다양한 대안, 선택지(Cooper & McLeod, 2011)를 제공, 설명하여 코칭에 적용될 내용들에 대해 잘 아는 상태에서 선택할 수 있도록 해야 한다.

일정timeline, 주제themes 및 연관 관계connections가 포함된 화이트보드 또는 큰 종이에 아이디어를 적어두면 코치/코치이 모두 진단 초기의 혼란을 관리하고, 이를 반영하며 공유된 코칭 계획shared coaching plan을 명확히 할 수 있다(McLeod & McLeod, 2016).

코칭을 위한 다원주의 프레임워크

코칭 동맹(O'Broin & Palmer, 2010a)을 논의 및 수립할 때, 쿠퍼Cooper와 맥레오드McLeod(2011)의 다원주의 치료 프레임워크를 적용할 수 있다. 프레임워크([그림 12.1])는 코치이가 코칭에서 원하는 것에 대한 협업과 대화에 대한 개방성을 기반으로 한다. 여기에는 상호 영향을 받는 세 가지 광범위한 영역들 – 목표goals/과제tasks/방법methods이 포함된다. 목표는 가치를 내포하며 더 넓은 의미에서 코치이 삶의 일반적 목표를 의미하는 인생 목표와 코칭 종료 시까지 달성하고자 하는 코칭 목표로 구분된다. 과제는 코치이가 자신의 코칭 목표를 달성하고 인생 목표에 더 가까워질 수 있도록 하는 코칭 세션 내 개발의 주안점이다. 방법은 고객이 수행, 책임지는 코치이 활동coachee activities과 코치가 진행을 촉진하기 위해 코치이에게 제공하는 코치 활동coach activities으로 구분된다. 코치이 활동에서 문화적 자원을 고려하는 것이 중요하

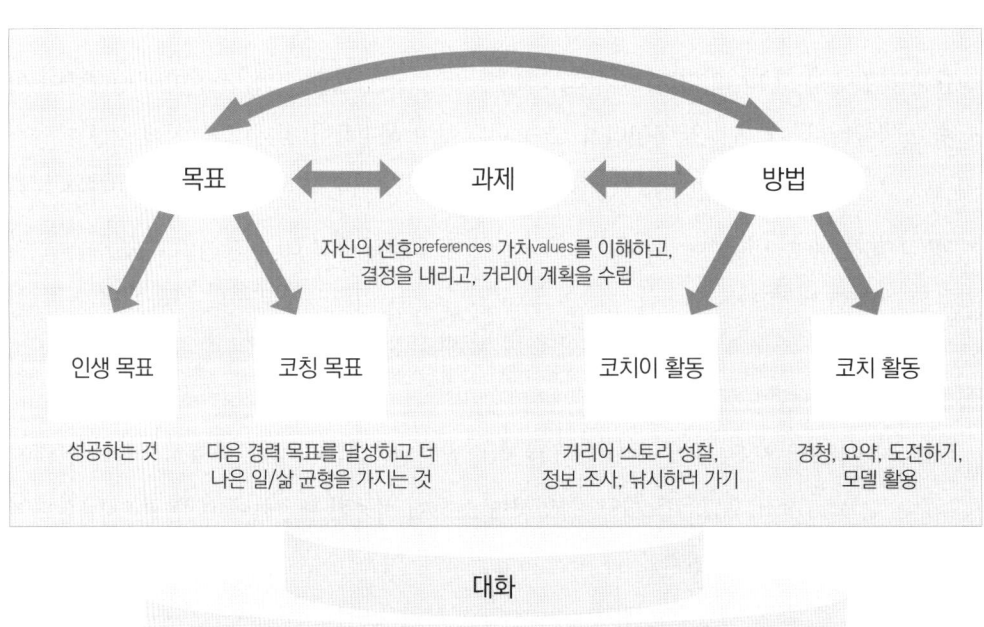

[그림 12.1] 코칭을 위한 다원주의 프레임워크

다. 일상생활에서 코치이가 웰빙 및 목표 달성 역량을 유지, 개선하기 위해 사용하는 음악 듣기, 독서, 운동 또는 다른 취미와 같은 몇 가지 추가적인 코칭 자원들이 있다.

이 코칭 프레임워크는 투명성, 고객 중심성 및 수퍼비전 동맹supervisory alliance을 향상할 수 있으며 메타 커뮤니케이션을 위한 좋은 프랙티스이다. 코치이 의견의 중요성은 게스니처Gessnitzer와 카우펠드Kauffeld(2015)의 작업동맹working alliance 연구에서 지지를 받았다. 목표/과제에 대해 공식적으로 합의했지만, 코치이가 제기한coachee-initiated 목표/과제만이 단기 코칭의 목표 달성과 관련이 있는 것으로 밝혀졌다.

메타 커뮤니케이션에 참여engagement in metacommunication

코치이 선호는 시간이 지남에 따라 변할 수 있다. 따라서 메타 커뮤니케이션은 코칭 초기에 일회성 행위가 아니다. 오히려, 코칭 프로세스의 지속적 요소로 코치이가 특정 시점에 목표 달성에 가장 도움이 된다고 생각하는 것에 따라 코칭 프로세스를 맞춤화, 개인화 및 조정한다.

모든 코치이가 동일한 수준의 메타 커뮤니케이션을 원하지 않을 수 있다(Cooper et al., 2016). 그러나 그들은 자신의 관점과 자기에 대한 지식self-knowledge이 코치나 코칭심리학자의 전문 지식만큼이나 코칭 설계에서 중요하다는 것을 초기부터 알아야 한다.

코칭 선택사항을 설명할 때 코치이의 다른 관점들이 실제로 어떻게 적용되었는지, 가급적이면 연구 결과로 뒷받침된다면, 코치가 사례로 제시할 수 있다면 코치이가 결정하는 데에 도움이 될 수 있다.

피드백 문화 구축

피드백을 요청하고 정직하게 답변하는 것 모두가 어려울 수 있다. 그러나 이는 코칭 프로세스 초기부터 도입될 수 있으며, 코치/코치이는 피드백 제공 및 교환의 빈도, 형식에 대해 공유된 결정을 내릴 수 있다. 따라서 피드백은 코치이의 진행 상황progress, 경험experiences 및 코칭에 대한 헌신commitment을 코치에게 알리는 이점과 함께 프로세스의 자연스러운 일부가 될 수 있다. 또한 서로에게 건설적 피드백을 제공할 때 필요한 대인관계 기술을 연습, 개선할 수 있는 매우 좋은 기회이다.

변화 프로세스와 코칭 관계 |the change process and the coaching relationship

코칭 연구 문헌에 따르면 코칭 관계는 변화 및 코칭 결과에 영향을 미치는 중요한 또는 가장 중요한 요인으로 생각된다(예: Gyllensten & Palmer, 2007; O'Broin & Palmer, 2010b; Jones, 2015). 대화, 메타 커뮤니케이션, 협업 및 피드백 문화에 대한 다원주의 코칭의 강조를 고려할 때, 다원주의 코칭은 본질에서 변화를 달성하기 위해 코치-코치이 사이의 관계를 강화하는 것을 목표로 한다.

존스Jones(2015)의 연구에 따르면 다원적 관점과 프랙티스가 정말로 코칭과 매우 관련이 있을 수 있다. 그는 코치이의 코치 선택이 흔히 적절하지 않은 코칭 지식을 기반으로 한다고 주장한다. 그렇지만 코치/코치이 매칭은 연구 결과에서 중요한 것으로 밝혀졌다. 이것은 실제로 코칭이 무엇에 관한 것인지 전달하는 데 더 많은 노력을 기울여야 함을 시사한다. 또 존스는 코치이가 조직 환경 내에서 코치의 전문 지식에 도전하고, 그들이 진정으로 원하는 것을 요구할 수 있을 만큼 충분히 권한이 있다고 느끼는지 질문한다.

존스는 또한 코치이의 선호와 니즈가 시간이 지남에 따라 변할 수 있으며, 특정 시점에 도움이 된 것이 다른 시점에 그다지 유익하지 않을 수 있음을 발견했다. 콕스Cox(2005, Jones 인용, 2015)는 좋은 코치는 코치이의 변화하는 니즈에 적응할 수 있음을 시사한다. 다른 한편으로 존스는 '코치가 코치이의 필요에 진정으로 적응할 수 있는지 또는 적응 능력/역량에 한계가 있는지(그리고 그것이 무엇인지)'에 대한 더 많은 연구가 필요하다고 주장한다(2015, p.100).

요약하자면, 다원주의 코칭은 항상 코칭 또는 코칭심리학 프랙티셔너로서 자신에게 도전할 준비가 되어 있고, 코치이와 그들의 견해에 함께할 수 있도록 진정으로 열려 있는 것이다(Cooper, 2015). 코치이의 다양성diversity과 주체agency를 인식하는 다원주의 코칭은 코치이가 원하는 코칭 프로세스로 맞춤화하기 위해 노력하고 코칭에서 최고의 목표/과제/방법을 찾는 데 동등하게 기여하도록 코치이를 참여시킨다. 이러한 메타 커뮤니케이션을 통해 코치-코치이 간 진정한 대화가 이루어질 수 있다. 이 메타커뮤니케이션에 의해, 2명의 전문가는 코치이 학습 및 발달에 유익한 방법에 대한 공유된 결정을 위해 그들의 지식을 최대한 활용한다. 체계적인 방식으로 피드백을 요청하여 피드백 문화를 구축하면, 코치가 코치이 진행 상황progress에 대한 정보를 유지하고 이탈disengagement을 방지할 수 있다. 이 접근의 부가가치는 증가된 투명성과 각각의 코치이 니즈에 대응하는 것 이상으로 그 자체로 역량 발달로 이어질 수 있고, 일상 및 직장 생활에서 바람직한 스킬이 될 수 있는 코치이의 협업 역량을 증가시킬 기회이다.

어떤 코치이에게 가장 유용한가?

다원주의 코칭은 VUCA(변동적이고volatile, 불확실하며uncertain, 복잡하고complex, 모호한ambiguous) 세계에서 주체agency와 소속감sense of belongings을 경험하고자 하는 사람들을 대상으로 한다 (Rodrigez & Rodrigez, 2015). 이 접근에서 특히 누가 가장 많은 혜택을 받는지에 대한 탄탄한 데이터는 아직 없다. 그러나 이론적 기반에서 살펴보면 코칭의 일부로 참여를 원하고 힘의 균형을 중요하게 생각하고 복잡성에 개방적인 사람들이 이러한 유형의 프랙티스를 가치 있게 여길 가능성이 가장 크다.

다원주의 접근의 한계는 실제 적용 방안에 대한 명확한 답변을 제공하지 않는다는 것이다. 그러나 이 접근은 현재 세계의 과잉 복잡성, 불확실성 및 우발 상황을 수용하고(Stelter, 2014) 이에 효과적으로 대응하기 위해 노력한다. 결과적으로 다원주의 접근은 코치들이 코치이와 그들 세계의 복잡성에 대처할 준비를 할 수 있도록 돕는 것을 목표로 한다.

이 접근은 논의 및 협업 스킬이 필요하다. 코치이에게 그들이 동등한 파트너이며, 코칭 프로세스에서 니즈needs를 표현하는 것이 중요하다는 것을 분명히 밝힘으로써 코치에게 지속적 도전을 줄 수 있다. 코치는 자신이 진정으로 편안하게 작업할 수 있는 유연성 수준level of flexibility이 어느 정도인지 자각해야 하며, 이를 위해 자신의 프랙티스와 전문성 철학professional philosophies에 대한 지속적인 성찰이 필요하다.

사례 연구

코치이

여섯 살 된 딸을 둔 서른세 살 여성 산드라Sandra는 독립 트레이더로 일했다. 사전 코칭 인터뷰에서 그녀는 전반적으로 좋은 정신건강 수준을 가지고 있다고 말했다.

코칭 시작 5개월 전, 그녀는 딸의 아버지이자 8년간의 오랜 파트너와 약혼했다. 코칭 한 달 전, 그녀는 파트너의 헌신commitment이 충분한지 확신하지 못해 약혼을 파기했다.

절차적 과정

첫 번째 단계는 산드라의 코칭 준비 상태를 평가하고, 전화 인터뷰를 통해 다원주의 접근이 실제로 의미하는 바를 알려주는 것이었다. 각각 약 1.5시간, 5회의 세션이 3주 동안 이어졌다. 그녀는 첫 세션에서 코칭 선호 양식coaching preference form을 작성하고 각 세션 후에 피드백 양식feedback forms을 작성하는 데 동의했다. 이것은 그녀에게 코칭 프로세스에서 도움 되는 부분과 도움이 되지 않는 부분을 평가하고 그 내용을 설명해 달라는 요청이었다. 그 양식들은 다원주의 상담에서 코칭으로 차용되었다(Cooper & McLeod, 2011).

변화 과정

첫 세션에서 산드라는 코칭 목표를 자기 관리 향상을 지원하고, 가까운 인간관계를 더 잘 관리하는 것으로 설정했다. 그녀가 도출한 과제들은 자신의 도전과제들(자기 자신에 대한 것을 포함)에 대해 더 객관적 시각을 획득하고, 합리적 사고와 정서적 사고 사이의 상호작용을 이해하는 것이었다. 그녀는 자신을 매우 감정적인 사람으로 묘사했지만, 사회적 시나리오에서 더 신중하게 작업하기를 원했다. 일과 역할에 대한 선호하는 방법들이 논의되었다.

두 번째 세션에서 산드라의 관심에 기반하여 그녀가 바꾸고 싶은 행동 뒤에 있는 사고와 정서에 대한 통제 감각을 탐구, 개발하는 데 적용 가능한 방법으로 인지행동 ABC 모델cognitive-behavioral ABC model(9장 참조)이 소개되었다. 예를 들어, 산드라는 파혼하고 나서 건강에 대해 덜 신경 쓰고, 더 많이 담배를 피우며, 더 적게 운동했다.

그녀가 문제 행동에 관련된 상황, 생각에 대해 집중해서 이야기하자 그녀를 압도하는 너무 많은 이야기가 흘러나왔다. 코치는 산드라에게 생각할 공간을 주고 싶었지만, 그 과정에서 그녀가 화내는 것을 보고 코칭 방법에 대한 메타 커뮤니케이션을 하기로 결정했다. 그 결과 해결 중심 지향solution-focused orientation으로 그들은 방법을 변경하였다(21장 참조). 산드라는 부정적 감정에 건설적으로 대처했던 과거의 긍정적 경험positive exceptions에 대한 질문을 받았다. 집에서 춤을 추고 춤의 환상dance fantasies에 몰입하는 것이 유용하다고 설명하면서, 여기에서 그녀는 자신의 문화적 자원cultural resources을 찾아냈다. 코치는 그녀가 부정적 이야기negative narratives에 얽히지 않도록 앞으로 본인이 더 자주 중단interrupt할 수 있도록 해달라는 허락을 요청했다. 그녀 역시 코치에게 그녀의 내적 과정internal processes보다는 미래 갈등 관계에 초점을 맞출 것을 요청했다.

그녀의 서면 피드백을 기반으로 한 방법/목표에 대한 대화 후, 나머지 세션에서 더이상의 불화는 없었다. 그녀는 이후에도 집중해서 이야기했지만, 이제 코치는 그들 사이의 라포를 구축하는 데 도움이 되는 더 명확한 질문을 내놓았다. 세 번째 세션이 끝날 무렵, 그녀는 무엇보다 자신이 자신과의 갈등conflict with herself을 겪고 있다는 점과 대인관계 갈등interpersonal conflicts으로 넘어가기 전에 먼저 그것에 집중해야 한다는 점을 알아차리기 시작했다.

네 번째 세션에서는 자기 관리 개선의 목표에 다시 집중하였다. 그녀는 부정적 감정이 생길 때 있는 그대로를 느끼도록 자신을 수용하며, 담배를 피우고 바쁘게 지내거나 친구에게 불평하기 위해 전화함으로써 부정적 감정을 회피하지 않는 것이 가장 큰 과제라고 생각했다. 그 후 대인관계 갈등 주제가 나왔고, 게슈탈트 의자 기법Gestalt chair technique(14장 참조)에 통해 그녀는 자신에 대해 더 많은 책임을 지고 사회적 상황에서 더 자각할 수 있다는 것을 깨달았다.

마지막 세션에서 그녀는 자신이 이전에 비판적으로 화를 냈던 사회적 상황에서보다 차분하고 인내심을 느꼈다고 보고했다. 그녀는 자신의 대인관계 기술이 발전되었다고 느꼈고, 이는 그녀에게 안도감을 주었다. 그녀는 또한 친구들에게 불평하지 않았다. 그녀는 말하기 전에 더 많이 생각할 필요가 있음을 느꼈다. 그녀는 자신의 감정을 더 잘 조절하는 것처럼 보였다. 그러나 여전히 그녀는 파트너와 함께 지내거나 그를 떠나는 것에 대해서는 우유부단했다.

코칭의 유익한 측면에 대해 처음에 그녀는 감정을 조절하며 대화할 수 있는 것이라고 말했다. 세 번째 세션 후, 코치가 코칭 방식을 조정했을 때 그녀는 '근본적인 문제를 명확하지만, 나 자신이 한심하지 않은 방식으로 표현할 수 있었다'라고 말했다. 나머지 두 세션에서 그러한 방식이 더 정직하고 개방적이며 신뢰를 쌓는 과정에 도움이 되었음을 알아차렸다.

코치가 가장 자주 유용했던 점에 대한 그녀의 의견은 적절하고 좋은 질문, 요약 및 코치가 초점을 다시 핵심으로 안내하는 방법이라고 했다. 예를 들어: '…. 코치는 상처 주는 방식으로 내 고통을 표현하거나 요약하지 않았고, 오히려 사실적으로 내 관점을 요약했습니다.' 그러나 그녀의 가장 눈에 띄는 코멘트는 '가장 좋은 순간은 코치가 흡연에 대해 나와 같은 태도를 가지고 있다고 말했을 때였습니다….'이었다.

적용한 다원주의 개념 및 전략

처음에 산드라는 코칭에 대한 생각과 그것이 일반적으로 그녀에게 도움 될 방법에 대해 물었다. 코치와 함께 프로세스 설계 작업, 피드백의 중요성 및 메타 커뮤니케이션이 무엇인지와 같은 프랙티스에 대한 다원주의 접근 방식의 의미는 전화 인터뷰와 첫 개인 미팅에서 논의되었다. 그녀는 첫 피드백에서 '다음 세션에 관심이 있습니다.' 그녀는 '개인 코칭에 다양한 방법으로 접근하는 방법에 대해 관심을 불러 일으켰습니다(그리고 우리는 함께 해결책을 찾습니다).'라고 언급했다.

코칭을 위한 다원주의 프레임워크의 목적도 설명했다. 전체 프로세스를 구성하고 공유하며 나중에 방향과 선호의 가능한 변화를 반영하는 것이었다. [표 12.1]은 첫 세션에서 그녀에게 프레임워크가 어떻게 생겼는지 보여준다. 그녀는 또한 코칭 선호 양식을 작성했고 그녀가 작성한 답변들에 대해 논의했다. 코치/코치이 간 관계가 무엇을 의미하는지와 같은 질문이 명확하지 않은 경우 설명이 제공되었다. [표 12.2]는 자신이 선호하는 코칭 스타일의 다양한 측면에 대한 그녀의 평가를 보여준다(예: 과제 제공 여부, 현재 또는 미래에 집중, 세션을 주도하는 사람, 나를 방해하거나 방해하지 않음 등).

피드백 문화와 관련해 그녀는 각 세션 중간과 마지막에 구두로 프로세스에 대한 메타 커뮤니케이션을 동의했다. 또한 그녀는 세션 사이에 이메일로 피드백 양식을 회신했.

그래프([그림 12.2] 참조)는 전반적 유용성overall helpfulness, 세션 느낌how the session felt, 진행 경과progress 및 무언가 다르게 보기see differently 여부와 관련하여 코치이 경험이 시간이 지남에 따라 개선되는 경향을 보여준다.

[표 12.1] 코칭을 위한 다원주의 프레임워크 적용

목표		과제	방법들	
인생 목표	코칭 목표		코치이 활동	코치 활동
자신의 가족 내에서 조화로운 관계	1. 자기 관리/개인 개발 2. 개인적 관계를 더 잘하고, 갈등을 다루는 방법 배우기	• 더욱 자기 인식이 높아지고 외부에서 그녀 자신을 바라보기 • 감정과 합리적 사고의 메커니즘 이해하기	• 공유와 성찰하기 • 프로세스에 대한 구두/서면 피드백 제공하기 • 코칭 실습에 동참하기	• 산드라가 그녀 자신의 말을 듣게 도와주기 • 산드라가 그녀의 결정을 지지하게 도와주기 (코칭 선호 양식이 더 자세한 내용을 보여줌)
		대화		
		협력		

[표 12.2] 코치이 선호

5 – 강한 선호	4	3	2	1	0 – 선호 없음 (실제로는 비워둠)
코치의 개성과 유머 보여주기 코칭 세션에 대한 구조 제공하기 코칭에서 무엇이 일어나고 있는지 사고 프로세스에 대해 이야기해주기	많은 기법과 실습 사용하기 코칭 세션 주도하기 나에게 조언 제공하기 내 강점과 능력에 초점 맞추기 내가 나에게 최선이라고 생각하는 것에 초점 맞추기 한 사람의 개인으로서 나에게 그들 자신에 대해 이야기하기	현재 내 삶에 집중하기 나에게 개입하여 적절히 중단하고 초점을 유지하기 많은 침묵을 허용하지 않기	도전적 모습 보이기 나 자신의 신념에는 도전적이지 않기	주로 내 감정에 초점 맞추기 우리 사이의 관계에 초점 맞추기	내 과거에 초점 맞추기 내 미래에 초점 맞추기 내 현재 이슈에 초점 맞추기/더 깊이 내재한 이슈에 초점 맞추기

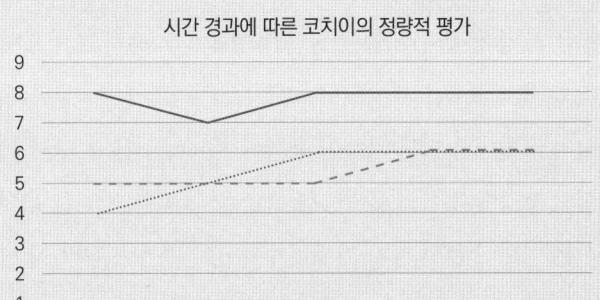

[그림 12.2] 코치이의 코칭 경험 평가

시간 경과에 따른 코치이의 정량적 평가

	세션1	세션2	세션3	세션4	세션5
세션 느낌(1-7)	5	5	5	6	6
다르게 보기(1-7)	5	5	5	6	6
진행 경과(1-7)	4	5	6	6	6
전반적 유용성(1-9)	8	7	8	8	8

피드백은 두 번째 세션이 중요해질 때 가장 유익했다. 그녀는 그것이 도전적이었다고 인정했다: "나는 어려운 일들에 대해 이야기하고 있었어요." 다음 세션이 시작될 때 "내가 개인 문제로 코치를 압도하여, 점점 더 좋은 참여자가 되지 못할까 두려워요…." 그리고 "기술적이고 실용적 연습을 더 많이 해서 매우 기뻐요."라는 피드백이 논의되었다. 이것에 대해 대화를 나눈 결과 산드라는 좋은 참여자가 되기 위해 더 많은 연습을 하겠다고 제안했지만, 그녀가 정말로 관심을 두었던 것은 자신의 어려움과 갈등을 계속 탐구하는 것이었다.

중요한 순간에 대한 메타 커뮤니케이션과 방법에 대한 즉각적 대화는 코치이의 선호를 고려하여 프로세스를 개인화하는 데 도움이 되었다. 또 코치는 메타 질문을 하는 것이 점점 더 쉬워지고 자연스럽게 느껴진다는 것을 깨달았다(예: "다른 주제처럼 들리네요. 주제를 바꾸시겠어요, 아니면 원래 주제로 돌아가시겠어요?" 또는 "나는 이것이 새로운 이야기라고 봅니다. 우리가 이야기하기로 동의한 것보다 이것을 이야기하는 것이 더 도움이 될까요?"). 메타 커뮤니케이션의 증가는 또한 코치이의 서면 피드백을 바탕으로 하여 더 나은 프로세스 경험 및 결과와 관련이 있는 것으로 보인다.

논의 포인트

1. 당신은 코칭에 얼마나 많은 접근과 방법을 적용하고 있으며, 이것들은 어떻게 서로 관련되어 있는가?
2. 당신의 코칭에서 협의 가능한 측면 negotiable aspects 은 무엇인가?
3. 당신의 코칭에서 협의 불가능한 측면 non-negotiable aspects 은 무엇인가?
4. 당신은 어느 수준의 메타 커뮤니케이션이 좋은 프랙티스라고 생각하는가?

추천 읽기

Cooper, M., & Dryden, W. (Eds.). (2016). *The Handbook of Pluralistic Counselling and Psychotherapy*. London: Sage.

Cooper, M., & McLeod, J. (2011). *Pluralistic Counselling and Psychotherapy*. London: Sage.

Jenkins, S. (2011). Coaching Philosophy, Eclecticism and Positivism. *International Journal of Sport Science and Coaching: Annual Review of High Performance Coaching & Consulting*: 1–27.

Pendle, A.P. (2015). Pluralistic Coaching? An Exploration of the Potential for Pluralistic Approach to Coaching. *International Journal of Evidence Based Coaching and Mentoring*, 9: 1–13.

참고 문헌

Cooper, M. (2015). *Existential Psychotherapy and Counselling: Contributions to a Pluralistic Practice*. London: Sage.

Cooper, M., & Dryden, W. (2016). *Introduction to Pluralistic Counselling and Psychotherapy*. In M. Cooper and W.

Dryden (Eds.), *The Handbook of Pluralistic Counselling and Psychotherapy*. London: Sage.

Cooper, M., Dryden, W., Martin, K., & Papayianni, F. (2016). Metatherapeutic Communication and Shared Decision-Making. In M. Cooper and W. Dryden (Eds.), *The Handbook of Pluralistic Counselling and Psychotherapy*. London: Sage.

Cooper, M., & McLeod, J. (2007). A Pluralistic Framework for Counselling and Psychotherapy: Implications for Research. *Counselling and Psychotherapy Research*, 7: 135–143.

Cooper, M., & McLeod, J. (2011). *Pluralistic Counselling and Psychotherapy*. London: Sage.

Cox, E. (2005). For better, for worse: The matching process in formal mentoring schemes. *Mentoring & Tutoring: Partnership in Learning*, 3: 403–414.

Duncan, B.L., &Sparks, J.A. (2016). Systematic Feedback through the Partners for Change Management System (PCOMS). In M. Cooper and W. Dryden (Eds.), *The Handbook of Pluralistic Counselling and Psychotherapy*. London: Sage.

Ely, K., Boyce, L.A., Nelson, J.K., Zaccaro, S.J., Hernez-Broome, G., & Whyman, W. (2010). *Evaluating Leadership Coaching: A Review and Integrated Framework. The Leadership Quarterly*, 21: 585–599.

Gergen, K.J. (1991). *The Saturated Self: Dilemmas of Identity in Contemporary Life*. New York: Basic Books.

Gessnitzer, S., & Kauffeld, S. (2015). The Working Alliance in Coaching: Why Behavior Is the Key to Success. *The Journal of Applied Behavioral Science*, 51: 177–197.

Gyllensten, K., & Palmer, S. (2007). The Coaching Relationship: An Interpretative Phenomenological Analysis. *International Coaching Psychology Review*, 2: 168–177.

Jenkins, S. (2011). Coaching Philosophy, Eclecticism and Positivism. International Journal of Sport Science and Coaching: Annual Review of High Performance Coaching & Consulting, 7: 1–27.

Jones, C.W. (2015). Choosing Your Coach: What Matters and When: An Interpretative Phenomenological Exploration of the Voice of the Coachee PhD, Oxford Brookes University. Retrieved on 29/9/17 from: https://radar.brookes. ac.uk/radar/file/5f4a52f7-efc5-4530-9134-ac62660bd0e7/1/jones2015choosing.pdf

McLeod, J., & McLeod, J. (2016). Assessment and Formulation in Pluralistic Counselling and Psychotherapy. In M. Cooper and W.Dryden (Eds.), *The Handbook of Pluralistic Counselling and Psychotherapy*. London: Sage.

O'Broin, A., & Palmer, S. (2010a). The Coaching Alliance as a Universal Concept Spanning Conceptual Approaches. *Coaching Psychology International*, 3: 3–5.

O'Broin, A., & Palmer, S. (2010b). Exploring Key Aspects in the Formation of Coaching Relationships:

Initial Indicators from the Perspective of the Coachee and the Coach. *Coaching: An International Journal of Theory, Research and Practice*, 3: 124–143.

O'Hara, D. (2011). Coaching Philosophy, Eclecticism and Positivism: A Commentary. *International Journal of Sport Science and Coaching: Annual Review of High Performance Coaching & Consulting*: 58–58.

Pendle, A.P. (2015). Pluralistic Coaching? An Exploration of the Potential for Pluralistic Approach to Coaching. *International Journal of Evidence Based Coaching and Mentoring*, 9: 1–13.

Rodrigez, A., & Rodrigez, Y. (2015). Metaphors for Today's Leadership: VUCA World, Millennial and "Cloud Leaders". *Journal of Management Development*, 34: 854–866.

Stelter, R. (2014). *A Guide to Third Generation Coaching*. London: Springer.

Utry, Z.A., Palmer, S., McLeod, J., & Cooper, M. (2015). A Pluralistic Approach to Coaching. *The Coaching Psychologist*, 11: 46–52.

Section 3

실존주의 접근들

13장
코칭심리학에 대한 실존주의 접근

저자: 에르네스토 스피넬리Ernesto Spinelli[1], 캐롤라인 호너Caroline Horner[2]
역자: 김현화

서론

실존주의 코칭심리학은 코치이가 만들어내는 의미와 세상에서 채택한 관계 모두를 통해 표현되는 코치이의 존재 방식에 대한 체계적 탐구에 중점을 두고 있다. 실존주의 철학의 바탕에서 직접적으로 생겨난 실존주의 접근은 인간의 경험은 불확실성을 피할 수 없으며, 따라서 항상 새로우며 예측할 수 없는 일들이 일어날 가능성에 열려 있다고 주장한다.

코칭에 대한 모든 접근은 많은 경우 코칭 프랙티셔너에게 암묵적이고 드러나지 않은 상태로 남아 있더라도 다양한 철학적 토대와 가정에 근거를 둔다. 그렇지만 코칭에 대한 실존주의 접근은 근본 철학적 가정을 명백히 인정하고 드러내어 사용하기에 다른 접근들과 엄밀하게 차별화된다.

동시에, 이 접근은 **철학적 기반을 두었다기보다는 현존하는 다양한 경쟁적 대안 모델에 대한 실존주의 코칭 접근의 차별화를 지지하는 특정한 철학적 가정들의 집합**이다. 이런 방식으

---

[1] 에르네스토 스피넬리Ernesto Spinelli는 실존주의 치료 및 코칭의 선도적인 현대 트레이너 및 이론가 중 한 명으로 국제적으로 인정받고 있다. 그는 British Psychological SocietyBPS의 회원이며 BPS Special Group in Coaching Psychology의 창립 멤버이며, APESC 공인 전문 코치 겸 코치 슈퍼바이저이다.
[2] 캐롤라인 호너Caroline Horner는 DProf(코칭심리학) 경험이 풍부한 전문 코치, 교육자 및 조직 개발 컨설턴트이다. I-coach 아카데미의 관리 이사로서, 그녀는 영국에서 가장 존경받는 코칭 프로그램 중 하나를 만들었다. 그녀의 분야의 전문가로 조직이 사람들이 권한을 부여받고 최선을 다해 일할 수 있도록 하는 일 문화를 개발하는 것을 돕고 있다. Email: caroline@i-coachacademy.com

로, 실존주의 접근은 현대 코칭심리학의 이론과 실천에 기반이 되는 많은 가정에 급진적인 도전을 한다.

이론 및 기본 개념

실존주의 이론은 독립적으로 경계 짓는 이원론적 방식으로 인간 존재를 고려하는 지배적인 서구의 경향에 반대한다. 자기/타자, 주체/객체, 내면/외부, 사고/정서는 특히 분리주의 서구의 이원론적 성찰 방식의 예시다(Gergen, 2009). 이와 대조적으로 실존주의 사고는 항상 상대적으로 조율된relationally attuned 관점에서 인간 존재의 문제와 관심사를 이해하려고 한다. 이러한 패러다임의 전환은 아마도 관계성, 불확실성, 실존적 불안이라는 세 가지 핵심 실존주의 원리를 통해 가장 잘 표현될 것이다.

세 가지 핵심 원리

관계성relatedness의 원리는 표면적 그리고 더 깊은 차원 모두에서 이해할 수 있다. 가장 단순하고 표면적인 수준에서 관계성이란 존재하는 모든 것은 항상 다른 모든 것과 불가분의 관계에 있음을 의미한다. 관계성의 원리는 비록 이러한 표면적 차원에서조차도 배타적으로 고립주의적인 주관성에 관한 서구의 가정에 도전하지만, 이러한 관계성에 대한 관점은 수많은 다른 접근법, 이들 중 가장 명백하게는 체계적 접근법들과 공유된다(Hills, 2012). 관계성에 대한 실존적 관점의 유의미한 차이를 만드는 것은 더 깊은 의미를 고려할 때만 더 명확해진다. 이러한 더 깊은 관계성 개념은 우리 각자가 전적으로 독특하고 반복할 수 없는 존재로서 모든 존재가 공유하는 근본적인 관계성을 통해서만 두드러진다고 주장한다. 사회 구성주의 이론가인 켄 거겐Ken Gergen은 이러한 견해를 다음과 같이 적절하게 요약한다: "고립된 자아self나 완전히 사적인 경험은 없다. 그보다는 우리는 공동체co-constitution의 세계에 존재한다."(Gergen, 2009: xv)

실존주의 이론의 두 번째 원리는 불확실성으로 이는 관계성의 즉각적인 결과로 발생한다. 실존주의에서는 어떠한 개인 '나'도-스스로 또는 그 자체- 완벽하고 궁극적인 확실함을 가지고 온전히 결정할 수 없으며, 자신의 경험에 대한 자극으로 제시되는 그 무엇은 물론 그 무엇을 어떻게 경험하고 반응할지를 통제할 수 없다고 주장한다. 우리의 삶에서 무엇인가 또는 그 어떤 다른 것에 대해 불확실성을 느끼게 될 때가 있는 것만은 아니다. 오히려 실존적 의미에서의 불확실성은 우리의 모든 경험, 심지어 지속적이거나 습관적이라고 부르는 경험조차도 새롭고 독특하며 반복할 수 없음을 고려하게 한다.

실존적 불안의 원리는 관계적 불확실성의 생생한 경험을 표현한다는 점에서 처음 두 원리의 직접적인 결과에 따른다. 실존적 불안은 긴장, 걱정, 스트레스만을 뜻하는 것이 아니다. 이는 분명히 이러한 혼란과 장애를 포함하지만, 더 나아가 삶에서 경험하게 될 미지의 가능성에 대해 내재적으로 열려 있기에 나타나는 불완전성과 끊임없는 잠재성을 경험하며 좀 더 일반적으로 느껴지는 것을 표현하고자 한다. 이러한 넓은 의미에서 실존적 불안은 활기와 약화 모두에 해당될 수 있는데, 이는 우리의 창의성, 연결성 및 돌봄에 박차를 가할 뿐만 아니라 두려움의 연료로 작용하여 아무것도 하지 못하게 할 수도 있다. 실존적 불안의 딜레마는 불안, 그 자체가 아니라 우리 각자가 그 불안을 어떻게 감수하며 살아갈 것인가에 있다. 우리를 약하고 무력하게 할 수 있는 실존적 불안의 잠재적 가능성을 저항, 거부 또는 부인하려는 시도는 일반적으로 권태, 강박 행동, 공포 및 중독 장애와 같은 용어로 표현되는 엄격하고 제한적인 사고 및 행동 패턴을 일으킨다. 그러한 전략은 불안에 대한 불안들로 드러난다. 실존주의적 사고는 우리 삶에서 불안을 줄이거나 근절하기 위한 수단을 제안 또는 제공하지 않는다. 그보다는 우리의 불안 회피 전략을 재고하여 이에 대한 정확한 '가치price', 그리고 그로 인해 발생하는 결과가 무엇인지를 좀 더 판가름하여 도전하고, 실존적 불안에 대해 좀 더 열린 자세로 마주하거나 관여함으로 해서 생기는 대안적 '가치price'가 무엇인지를 평가하도록 한다.

이러한 세 가지 핵심 원리의 영향은 모든 실존주의 사고에 자리 잡고 있다. 아마도 코치에게 가장 적합한 것은 의미와 선택에 관여하는 일반적인 가정에 도전하는 것이다.

의미/무의미

여러 다른 관점과 마찬가지로, 실존주의 이론은 우리가 의미를 만드는 존재라고 주장한다(Spinelli, 2005, 2014). 특히 빅터 프랭클Viktor Frankl(Frankl, 1988)의 아이디어에 가장 큰 영향을 받은 많은 실존주의 저자는 우리의 의미가 부적절해지거나 잃어버려 찾을 수 없는 것처럼 보일 때 직면하는 의미와 딜레마의 결정적 중요성을 정확히 강조하였다. 동시에, 의심할 여지 없이 또는 대안이 불가능할 정도로 엄격하게 유지되는 의미들은 부정적이고 쇠약하고 파괴적으로 경험됨과 동시에, 해방적이고 전환적이며 삶을 강화시키는 의미들로 경험할 수 있다. 같은 방식으로, 의미 상실 또는 장기적인 무의미는 무섭고 혼란스러울 수 있지만, 이는 또한 그러한 경험으로부터의 '해방free up'을 설계하게 하는 마취제 또는 기술을 사용하려는 시도에 대한 열망일 수 있다. 이와 같은 모순적 경험은 우리가 의미에 대해 취할 수 있는 가정이 지닌 복잡성을 드러낸다. 마찬가지로, 그것들은 '무의미'의 중요한 역할을 설명한다.

가장 먼저 고려할 점은, 우리는 무의미함을 매우 못 견디는 것 같다는 것이다. 우리는 알지 못하거나 모호하거나 새로운 경우나 사례를 접하면 그것들의 의미를 알아내고자 자극받는다. 만일 그 의미가 적절하지 않으면, 그에 대한 가치를 거부, 부정 또는 부인하는 것이 일반적인 태도이다(Cohn, 2002; Spinelli, 2005; Strasser & Strasser, 1997). 순수 미술, 건축 그리고 음악의 사조에 의해 촉발된 '낯선 것의 쇼크the shock of the new'(Hughes, 1991)에 대하여 경멸하는 문화적 반응의 반복은 우리의 경험에 동반되는 무의미함에 대한 불안의 명백한 예들 가운데 하나일 뿐이다.

실존주의 사고는 우리에게 의미와 무의미 사이를 구분하지 않기를 강조한다. 그 대신, 우리가 찾았다고 주장하는 의미들 가운데에서 무의미에 대해 열린 채로 남아 있는 우리의 능력으로 균형을 맞추며 의미를 찾으려는 인간의 경향성을 고려한다. 존재하는 의미에 관한 질문과 도전을 통해 창조, 발견, 즐거움 그리고 상상의 가능성이 등장한다. 마찬가지로, 확립된 의미를 엄격히 고수하며 무의미를 회피하는 것은 경직되고 정체되며 문화적, 정치적, 종교적, 성적, 지적 근본주의를 육성하는 융통성 없는 진실이나 교리가 된다.

우리의 의미 추구에 대한 중요성은 추구 그 자체에 있는 것이 아니라, 어떻게 찾아가는가에 있다. 우리가 가지고 가는 무의미함이라는 끊임없는 도전에 대한 인내력-또는 부족함-이 어느 정도인지가 모든 차이를 만든다.

선택

선택을 둘러싼 쟁점과 질문은 비 관계적, 즉 '경계가 구분된boundaried' 선입관에서 이해되는 경향이 있다. 이러한 관점은 다음과 같이 요약된다. "나는 내 인생에서 선택하고 당신은 당신 인생에서 선택한다. 또 우리는 각자 항상 현재 상황에 대한 대안을 선택할 수 있다."

이와는 대조적으로, 실존주의 이론의 선택에 대한 해석은 이론의 세 가지 원리에 따른다. 첫째, 선택에 대해 검토할 때, '나'와 '타자'와 같이 각각 개별적으로 구별되고 분리된 실체가 각자를 위해 그리고 각자가 단독으로 선택한다는 가정을 바탕으로 한 관점을 피한다. 이 구분은 엄청난 의미가 있다. 이러한 실존적 관점에서는 "어떠한 선택도 내 것이거나 네 것일 수 없고, 어떠한 선택에 대한 경험의 영향도 '내 책임' 대 '네 책임'으로 분리될 수 없으며, 어떠한 개인적 자유의 느낌도 진정으로 상호 관계적 차원을 피할 수 없다."(Spinelli, 2001: 15-16)

실존적 사고는 선택의 이슈를 발생origination의 이슈로부터 분리하는 태도를 유지한다. 선택은 우리 삶의 어떠한 그리고 모든 순간에 발생하는 수많은 사건에 의해 자극되는 동기, 통제 또는 결정에 대한 능력이나 수용 능력에 관한 것이 아니다. 오히려 우리의 선택은 이러한 자극에 어떻게 반응하느냐에 달려있다. 우리가 하는 선택은 항상 출생 시간과 장소, 생물학적 구성, 사회 문화적 배경, 국적과 같은 다양한 조건 안에 놓이게 되거나 상황에 맞춰지게 된다. 이러한 상황 조건은 우리의 현사실성facticity이다. 우리의 선택은 언제나 현사실성에 놓이거나 포함된다. 만일 긴장이 존재한다면, 그것은 그 자체로 선택과 현사실성 사이에 존재한다기보다는, 긴장이라는 현사실성을 포함한 선택 또는 또 다른 현사실성(또는 현사실성이 아닌 것)을 요구하는 선택을 취하는 것이다. 이러한 후자의 관점에서 우리는 틀린false 선택을 할 수 있다. 즉 오직 존재할 수 있는 선택은 실제와는 다른 현사실성이라는 상황이다. 틀린 선택을 흔히 하게 되고, 틀린 선택을 하게 하는 결정을 통해 많은 딜레마가 생긴다.

선택과 현사실성을 함께 가져가며, 실존적 사고는 많은 경우에, 우리의 선택이 우리가 가정하는 것만큼 여러 가지 대안이 없을 수 있다고 주장한다. 다음의 예시를 고려해보자.

> 투자 회사의 CEO인 조지George는 투자에 매우 윤리적이다. 그는 사적 그리고 직업적으로 회사의 윤리 정책에 철저히 따르고 있다. 현재 회사는 재정적으로 힘들고 미래도 위태롭다. 회사를 훨씬 더 안전한 위치에 올려놓을 가능성은 있지만, 윤리적으로 훨씬 더 모호한 투자를 포함하는 제안과 관련 되어야만 달성할 수 있다.

원칙적으로 조지George는 몇 가지 선택을 할 수 있다. 그러나 마찬가지로, 하나의 선택을 제외한 모든 선택은 이러한 대안 선택하기 위해 조지가 아닌 다른 사람이 되어야 한다는 점에서

'틀린false' 선택이 될 것이다; 그는 다양한 선택 가능성을 허용하는 사실성의 조건을 가진 사람이 되어야 한다.

조지는 모든 대안적 선택에 대한 태도를 확실히 상상할 수 있지만, 이러한 선택들은 그가 다른 버전의 사람이 되었을 때만 사용할 수 있다. 그것들은 다른 딜레마를 일으킨다: 조지는 윤리적으로 모호한 투자에 자신과 회사를 연관시킬 수 있는 또 다른 조지가 될 준비가 되어있는가? 계속하여 현재 자신이 규정하는 조지로 계속 존재하려면 기존 조건에서 자신을 위한 것을 선택해야 한다. 물론 조지는 이론적 대안 가능성이 실제로 그에게 유용하다고 가정하여 틀린 선택을 하게 하는 '만약에' 게임을 할 수 있다. 그러나 이러한 대안은 조지가 현재의 조지임을 포기할 준비가 되었고 그가 고수하는 윤리적 투자에 대한 견해와 가치를 더 가지지 않는 경우에만 틀리지 않은 선택이 된다.

실존적 관점은 많은 경우, 아마도 모든 경우에, 현재의 선택은 선택 결과가 선택한 '나'에게까지 확대되고 영향을 미친다는 점에서 선택하는 '나'가 불확실성이라는 위치에서도 선택하도록 요구한다는 것을 강조한다.

이러한 선택에 대한 더욱 복잡한 관점은 선택이 어떻게 전적으로 또는 일차적으로 유쾌하거나 원하는 방식으로 흘러가지 않는다는 것을 분명히 한다. 오히려, 선택은 불안을 일으킨다. 실제로, 선택을 포기 또는 부인하려는 시도는 흔히 선택에 따르는 힘들고 불확실한 요구에서 발생하는 후회로부터의 탈출뿐만 아니라 원하는 긴장 완화를 제공할 수 있다.

실존주의 사상은 선택이 축하의 원인이 될 수 있는 만큼 비난의 문제가 될 수 있다고 주장한다(Sartre, 1991). 모든 선택에는 그에 따른 보상과 대가가 있다. 심지어 최상의, 최선의 원하던 그리고 만족스러운 선택이라 해도 모든 선택은 그 선택의 결과로 잃어버린 "무엇인가"에 직면하기 때문에 어느 정도의 후회를 불러일으킬 것이다.

프랙티스

각 코치이에 대해 긍정적이고 자기실현적인 자질과 가능성을 광범위하게 다루는 다른 코칭의 관점과는 달리, 실존주의 접근은 코치이가 서로 대립하는 가치들과 신념들을 가지고 있기에 존재할 수 있는 분리된 입장, 목표와 열망들에 대한 중요성을 동등하게 강조한다. 이 접근은 코치이가 자신의 개인적, 직업적 삶을 구성하는 수많은 상호 대인관계에 주어진 의미와 가치 그리고, 그들이 채택하는 관계적 입장이 타인은 물론 자기 삶의 질과 즐거움에 어떻게 영향을 주는가를 명료화하고 재고하도록 돕는다.

따라서 실존주의 접근 코칭의 일부는 코치이가 상호 대인관계적으로 조율된 인식과 이해를 기반으로 한 개인적 결정과 삶에 대한 변화에 도달하도록 돕는 것에 관여함을 나타낸다.

이것은 변화를 목적으로 한 '행동doing' 개입과는 반대로, 세상에 존재하는 방식a way of being in the world을 강조한다. 이 접근은 특별한 기술이나 도구에 의존하지 않는다. 실존주의 접근과 관련된 '기술skill'은 많지만, 그 기술의 가치는 그것들이 드러난 것에서 비롯된 '존재를 목적으로 하는being focused' 접촉에 따른다. 코칭에 대한 실존주의 접근은 코치와 코치이라는 상호관계 내에서의 존재 경험에 기반하며, 어떻게 이 경험이 주된 '기술skill'이나 '도구tool'로써 코치이의 전체 세계관을 조명하는지를 보여준다.

코칭 관계의 중요성

실존주의 접근 코칭은 유익한 개입을 위한 주요 요소로서 코치이의 세계관에 대한 묘사적 탐색descriptive exploration을 지지한다. 이처럼 코칭은 코치이가 체화하고 경험하며 존재하는 그의 현재 살아가고 있는 세계로 들어가려는 시도에 중점을 둔다. 이는 현재의 문제 및 갈등이 생경하거나 별로 관련 없는 것이 아니라, 그러한 문제 및 갈등이 세계관의 양상과 표현으로서 이해될 수 있는 방식으로 좀 더 적절한 탐색을 가능하게 한다.

그와 같은 탐색의 성공 여부는 신뢰할 수 있는 코칭 관계 수립에 달려있다. 이러한 관점은 다른 코칭 모델에서도 서서히 인정되는 추세이며, 심리치료 연구가 밝힌 관계의 중요성에 대한 결론과 유사하다(Cooper, 2003; Spinelli, 2005, 2014; van Deurzen & Hanaway, 2012).

목표 설정이나 변화 전략 수립이 효과적인 코칭에 필수적이라고 여겨지는 가운데, 실존주의 접근은 코치이의 세계관에 담긴 구체적 구조와 의미 사이의 관계에 초점을 둔다. 따라서 실존주의적으로 말하자면, 코치이의 폭넓은 상호 대인관계와 코치와의 구체적인 상호관계에서 나타나는 세계관을 코치이가 묘사적으로 밝히도록 도우려는 코치의 의지는 코칭에서 매우 중요하다.

실존주의 영향을 받은 코치는 관계 그 자체를 통해 코치이의 세계관에 내재하는 숨겨진 상호 대인관계적 문제점을 확실하게 보여주려 시도한다. 다음으로, 코치이의 세계관에 대한 탐구와 관련된 두 가지 핵심 '기술'을 간단히 소개하겠다.

현상학적 방법

코치이의 현존하는 세계관에 자신을 조화시킬 수 있도록 코치가 돕는 강력한 방법 가운데 하나는 현상학적 연구 방법으로 알려진 것을 적용하는 것이다. 이 과정에는 세 가지 구체적 '스텝steps'이 있다(Idhe, 1977; Spinelli, 2005 , 2014).

Step 1. 판단중지epoché의 법칙
이 법칙은 코치에게 본래 가지고 있던 코치이에 대한 초기의 편견과 선입견을 한쪽에 두며, 예상과 가정을 중지, 즉 모든 가정에 최대한 '괄호 치기bracket'할 것을 촉구한다. 판단중지의 법칙은 코치가 드러난 그 자체에 초점을 두고 조율함으로써, 코치이가 현재 살아가고 있는 자신의 세계에 대한 관점이 좀 더 적절하게 열리고, 차례로, 그 의미와 가치에 부합하는 재구성이 뒤따라 일어날 수 있음을 역설한다.

Step 2. 묘사의 법칙
이 법칙의 핵심은 "설명이 아니라 묘사하라."이다. 코치가 본인이 선호하는 가설이나 이론에 기초하여 코치이의 문제를 바로 분석 또는 변화시키려는 대신, 코치이의 세계관을 묘사적으로 탐색한 구체적 내용에서 얻은 정보 자체에 계속 집중해야 한다. '왜'보다는 '무엇을, 어떻게' 코치이가 경험했는지를 더 중점적으로 다루어야 한다.

Step 3. 수평화의 법칙
현상학적 방법의 세 번째 스텝은 수평화의 법칙으로 알려져 있다. 이 법칙은 코치가 설명의 내용이 지니는 의미 또는 중요성에 대해 처음부터 어떠한 위계도 세우지 않고 동등하게 다룰 것을 당부한다.

어떠한 위계적 가정이라도 피하며 묘사하려는 시도에서, 코치는 선입견은 더 줄이고 더 적절한 수준으로 코치이의 세계관에 접근할 수 있게 된다. 이로써 코치는 코치이의 세계관이 지니는 중요한 측면들을 크게 오해할 수 있는 위계에 근거를 둔 판단으로 인한 즉각적 실수를 최대한 피할 수 있게 된다.

현상학자들 스스로가 지적한 바와 같이, 현상학적 방법의 세 스텝 각각에 대한 궁극적인 또는 완벽한 준수 또는 이행은 불가능하며, 그것이 가능했다는 어떠한 주장도 믿지 말아야 한다(Merleau-Ponty, 1962). 코치에게 있어서 괄호 치기, 순수한 묘사 또는 절대적 수평화의 완전한 달성은 불가능으로 남아 있지만, 각각의 법칙에 대한 시도는 당연히 가능하며, 그렇게 함으로써, 각 '스텝'을 통한 탐색의 과정에서 좀 더 자신의 편견에 대해 인식할 수 있게 된다. 나아가 선입견에 대한 인정을 통해 코치들은 초기 단계에서 했을지도 모르는 즉각적 선입견에 관한 지나치고 무비판적 의존을 막을 수 있다.

따라서 이제 좀 더 엄밀히 말해, 현상학적 방법의 각 '스텝'은 나머지 두 가지와 완전히 구별될 수 있는 완전히 독립된 활동이라기보다는 더 명확하게 취해진 특정한 초점이라는 것이 명확해져야 한다.

대화에서의 상호 대인관계적 영역

코치이의 세계관을 확인할 수 있는 두 번째 수단, 즉 묘사의 법칙은 다음의 네 가지 상호 대인관계적인 영역 또는 대화의 포인트에 초점을 둔다(Spinelli, 2005).

나-초점 I-focus

'나'가 초점이 된 만남의 영역은 "어떠한 주어진 관계에서 '나 자신'으로 존재하며 겪은 내 경험"을 묘사하고 명료화하려 한다. 그것은 사실상, "이 만남에서 나는 나로서 존재하는 내 현재 경험에 대해 나 자신에게 무엇을 말할 것인가?"를 묻는다.

나-초점을 사용함으로써 코치이는 자기 자신과 관련하여 자기 self in relation to self에게 현재 경험하고 있는 것이 무엇인지를 자신과 코치에게 표현할 수 있게 된다.

너-초점 You-focus

'너'가 초점이 된 만남의 영역은 "나와 관련된 '타인'에 대한 내 경험"을 묘사하고 명료화하려 한다. 이것은 "어떠한 주어진 만남에서 나와 함께하는 타인의 경험에 대해 나는 나 자신에게 무엇을 말할 것인가?"에 초점을 둔다.

너-초점을 사용하여 코치이는 코치라는 현존하는 특정한 타자를 통해 타인과 관련하여 현재 자기가 경험하고 있는 것이 무엇인지를 자신과 코치에게 표현할 수 있게 된다.

우리-초점 We-focus

'우리'가 초점이 된 만남의 영역은 서로 관련하여 존재하는 '우리'라는 각 참여자의 경험을 묘사하고 명료화하려 한다. "이 만남의 즉시성에서 존재하는 우리의 경험에 대해 나는 나 자신에게 무엇을 말할 것인가?"라고 묻는다.

위 세 가지 영역 모두 코치가 코치이의 현재 경험에 접근하여 이해를 도우며, 특히 우리-초점은 특유의 즉시성 때문에 실존주의 관점에서 중요하게 다룬다. 이는 사람 대 사람의 관점에서 타인과 연결된 '그 순간' 무엇을 경험하고 있는지에 대해 관여하고 표현한다. 따라서 우리-초점은 나-초점과 너-초점에서 존재하는(그리고 좀 더 암묵적으로 표현되는) 상호 대인관계적 기반이 명백히 표현된다.

그들-초점 They-focus

'그들'이 초점이 된 만남의 영역은 내가 현재 존재하는 방식에 대응하여 '(코치라는 타자를 넘어 더 확장된) 타인들'이라는 더 넓은 세상을 구성하는 내 사람들이 그들 고유의 상호 대인관계적 영역을 어떻게 경험하는가에 대한, 그리고 또한, 코칭의 결과로 나에게 가능성으로 제시되기 시작한 새로운 존재 방식에 대한 내 경험을 묘사하고 명료화하려는 시도를 의미한다.

이 네 번째 관계적 영역의 탐색은, 코치이가 새롭게 발견된 대안적 '존재 방식'에 대해 고려하고 선택하는 시점에서 특히 의미가 있을 것이다. 이때 "내 새로운 관점이 갖는, 또는 내가 중요하다고 여기는 타자들과의 관계가 갖게 될 의미와 영향에 대해 나 자신에게 무엇을 말할 것인가?"라는 질문이 생겨난다. 또 더 나아가 그들-초점은 "내 결정 또는 서로 함께하는 그 중요한 타자들의 관계에서 각자가 갖는 의미와 영향에 대해 나 자신에게 무엇을 말할 것인가?"를 묻는다.

그들-초점 탐색 뒤에 존재하는 의도는 코치이의 결정을 바꾸거나 막는 것도, 코치나 타인들의 도덕적 관점을 코치이의 관점에 강요하는 것도, 이러한 '타인'의 실제 관점을 코치이의 세계관에 집어넣으려는 것도 아니다. 그 의도가 고려하는 것은 코치이가 '세계를 배제'할 가능성을 허락하기보다는 그가 현존하는 세계와 그 안에 존재하는 타자들을 포함하는 방식으로 새롭게 선택한 코치이의 존재 방식에 영향을 미치도록 노력하는 것이다.

위에서 요약한 두 가지 기술의 핵심에는 코치이가 명백한 진술을 하고 알리는 두 가지 수준, 즉 명백히 말하는 수준, 그리고 그에 대해 의미심장하게 근본적, 암묵적이고 은밀한 가치, 신념 그리고 가정을 드러내는 수준 모두에서 정확히 '경청 되는' 코치이의 경험을 확실히 하고자 하는 시도가 담겨있다.

코치 쪽에서의 이러한 시도는 코치이가 코치와의 상호 대인관계를 통해 방어적이지 않으며 정확하게 '그들 자신을 듣도록' 하는 조건을 허락한다.

이러한 의미에서 초점은 코치이의 가치 및 믿음에 대한 상대적 합리성 또는 비합리성이 아니다. 그보다는 코치이 세계관 내의 일관적 그리고 비일관적인 부분, 그리고 이로 인해 일어나는 혼란, 불편, 그리고 갈등의 경험을 드러내는 것에 중점을 둔다.

이 과정을 통해 존재하는 문제와 갈등뿐 아니라 가능한 해결책까지 코치이 세계관의 맥락에서 해결될 수 있다. 코치이의 세계관 안에서 또는 그로부터 생겨나는 상호 대인관계적 문제의 직접적 표현으로 여겨져 등장한 문제들은, 더는 코치이의 전체 세계관과 독립된 것이 아니고 단독으로 처리할 수 없으며, 그보다는 실존주의적 코칭 접근의 중요한 특색으로 작용하는 상호 대인관계적 기반으로 다루어야 한다.

어떤 코치이에게 가장 유용한가?

우리는 실존주의적 입장 및 접근은 모든 종류의 코칭에 적용 가능하다고 생각한다. 하지만 특히 전환기를 겪고 있는 사람들에게 유용하다. 중년기와 같은 삶의 전환, 퇴직, 직장에서의 발전이나 승진과 그와 같은 상황에서의 위기와 같은 개인적 및 직업적 환경의 급격한 변화 등이 전환의 예들이다. 딜레마는 흔히 의미를 되찾고, 잃어버린 가능성을 다루고, 선택하도록 하며, 그로 인해 불안을 경험하게 한다. 이 접근에서는 행동과 수행의 신속한 전환 기술이나 기법에 초점을 맞추는 것에 제한이 있지만, 우리의 경험으로 보아, 코치이 자신의 삶에 대한 태도 그리고 어떻게 이것이 자신의 정서와 행동에 영향을 주는가에 대한 이해를 넓히는 것은 수행과 관련한 변화를 자극한다.

이 접근의 성과는 자신의 실제 경험과 자신이 더 일치하게 되고, 자신이 누구이고 아닌지에 대해 더 명확해지는 것을 포함한다. 복잡함, 모호함 그리고 불안에 대해 편해지는 것, 자기책임감, 더 나은 삶의 질과 즐거움 역시 성과에 포함된다. 실존주의 코칭 적용에 관한 연구는 리더십 개발(Jopling, 2012), 커리어 개발(Pullinger, 2012), 인생 및 직업에서의 주요 결정(Lebon & Arnaud, 2012), 업무와 관련한 스트레스 감소(Krum, 2012) 등에 관한 주제들에 대한 적용을 밝히고 있다.

성찰적이고 탐구적이며 깊이 도전하는 과정에 개방적인 코치는 실존주의 접근을 선호할 가능성이 크다. 또한 자신의 삶에 대한 이해를 확장하기 위해 노력하는 가운데, 복잡하고 역설적인 문제와 씨름하며, '지금 여기'에서 피드백을 받는 기회를 가치 있게 여기는 사람들에게 유용할 가능성이 크다. 또한 규정된 변화나 목표 설정에 관심이 덜한 사람들에게도 유익하다. 어린이와 청소년은 실존적 질문에 대해 논쟁적일 수 있기에, 이 접근 방식은 성인에게 더 적합하다.

전반적으로, 코치의 '실행' 기술과 레퍼토리의 개발 및 개선과 반대로 '존재의 자질'과 세계관 탐색에 중점을 둔 이 접근은 코칭 분야의 수많은 접근 방식이 이해하는 코칭 내 지배적인 많은 가정과 강조에 역행한다. 이러한 차이가 결국 실존주의 접근의 가장 큰 장점인지 아니면 약점인지를 지켜봐야 할 것이다.

의심할 여지 없이, 이러한 관점을 테스트하기 위해서는 더 많은 연구가 필요하지만, 실존주의 접근의 상호 대인관계적 가정은 코칭 발전에 상당한 기여가 될 것으로 보인다.

사례 연구

마리안느: 실존적 접근 삽화

마리안느Marianne는 영국의 탄탄하고 존경받는 시장조사 회사에서 4년 넘게 고위직에 있다. 강한 존재감과 충분한 자질을 보여주긴 했지만, 그녀는 업무 시작부터 팀과 상사와의 관계가 좋지 않았다. 결과적으로, 장기 전략 수립을 위한 조직의 다양한 구조화된 평가를 통해 그녀의 기량과 잠재력이 입증됐지만 두 번이나 승진 기회를 놓쳤다. 고용 유지와 승진의 기회를 만들기 위해, 회사는 그녀에게 대인관계 기술을 개선할 수 있는 코칭을 제안했다. 그녀는 코치를 몇 명 만나본 후 본 장의 저자 가운데 한 사람(에르네스토)을 선택했고, 그 선택의 근거로 예비 세션에서 설정된 관계를 강조하였다. 격주로 세션당 90분씩 총 8회 대면 코칭을 시행하기로 하였으며, 구체적 횟수, 기간 및 비용에 관해 계약하였고, 다양한 이해관계자의 관점에서 비밀보장에 관한 문제도 다루었다.

첫 번째 정식 세션을 시작하며, 마리안느는 회사에서 본인의 능력과 존재감을 각인시켜 최대한 승진하도록 노력하고, 만약 불가피하게 떠나야 할 상황이 온다면 회사가 자신의 중요성을 느꼈으면 한다는 목적으로 코칭에 오게 되었다고 밝혔다. 그리고 코치가 구체적인 결과 중심적 목표를 파악하고 이에 대한 자신의 이행 방법을 제시할 것을 요청하였다.

코치는 아직은 세션의 시작이기에 그녀가 말한 목표가 그녀의 세계관뿐 아니라, 조직안에서의 리더십 행동에 대한 기대감과 정확히 어떤 관계가 있는지 모르기에 구체적 목표를 파악하기 어렵다고 답했다. 그 대신 함께 노력하여 이에 일치하는 결과 목표들을 확인하자고 제안했다. 마리안느의 즉각적 반응은 일종의 분노였다. 그녀는 그러한 요구의 가치를 무시하였고, 코치의 능력을 의심하며, 그 자리에서 관계를 끊고 더 유능한 사람으로 대체하겠다고 위협하였다.

코치는 그녀의 관점을 바꾸려고 노력 또는 논쟁하지 않고, 이와 같은 자신의 '어리석은' 요청에 대한 지금의 반응이 회사에서 팀원들의 '어리석은' 제안과 요청을 받았을 때 하는 그녀의 반응과 어떠한 식으로든 일치하는 바가 있는지를 물었다. 이를 들은 마리안느는 놀랐고, 화를 삭이고 도전을 받아들이려고 진지하게 고민하기 시작했다. 그녀는 전반적으로 매우 비슷하다고 판단하였다. 코치는 코칭 관계에서 발생한 갈등을 살펴보자고 제안했다. 이것이 가장 직접적인 문제였고, 그들이 발견한 것이 마리안느의 더 넓은 관계 갈등에 적용될 수 있을지 고려해볼 수 있었기 때문이었다. 이야기를 나누어 보니, 마리안느의 강한 반응은 본인이 코치가 한 말의 목적과 가치를 즉각 이해하지 못했다고 자책하는 데서 나온 그녀 자신의 어리석음에서 비롯되었음이 드러났다. 이러한 어리석고 부적절한 느낌에 대하여 그녀는 코치에게 똑같이 전가하는 것으로 반응하였다.

코치는 마리안느의 결론을 다시 말했다: "내가 어리석거나 부적절하다고 느낄 때, 나는 다른 사람이 어리석거나 부적절하다고 전가한다." 이 말을 듣고 그녀는 무엇을 느꼈을까? 마리안느는 이 점을 고려했고, 자신과 코치 둘 다 놀랍게도, 상대방의 발언이 타당하고 적절하다고 이해하고 받아들인다면, 심지어 그 발언이 타당하고 가치가 있다고 하여도, 자신에 대한 타인의 관점과 요구에 대해 패배를 인정하는 것이 되는 것이기에 어떤 식으로든 '실패'라 여기고 있음이 드러났다. 더 복잡한 문제는, 만약 구체적인 목표와 전략을 제시하라는 그녀의 요구에 코치가 따랐다 하더라도, 그녀는 코치를 따르는 것이 되기에 분명히 '패배' 의식을 느꼈을 것이라는 사실이다. 왜 그럴까? 코치가 본인 생각이 없는 사람이며, 자기가 하자는 대로 따라가기만 하는 '패배자'이며, 결국 그런 코치를 선택한 마리안느 본인도 실패자임이 드러나게 되기 때문이다.

즉 마리안느는 코치든 회사 팀원들이든, 그녀의 언어적 비판과 거부하는 태도는 이상하게도 '패배'를 피하려는 수단으로 적용됐다는 것을 깨달았다. 그렇다면 승리감을 느꼈을까? 흥미롭게도, 그러지 않았다. 마리안느의 관점에서, '승리'는 오직 타인들에게만 가능한 성취였다.

두 번째 세션을 시작하며, 마리안느는 승리할 것 같은 일이 생길 때면, 그녀는 사실 아무것도 느끼지 못했으며 본인이 책임이나 통제권이 없는 외부 요소나 운에 의해서만 '승리의 결과'를 설명했음을 명확히 했다. 반면에 '패배'는 항상 그녀 자신 때문이라고 생각했다.

더 깊은 탐색을 통해, 마리안느의 세계관에서 '승리'는 '좋은 것'과 동일시될 뿐 아니라 단절되고, 비현실적이고 확실한 형태가 없는 것이라 여기지만, '패배'는 '나쁜 것'일 뿐 아니라 연결되고, 현실적이며, 실재적인 것과 관련이 있음이 드러났다.

이러한 이분법적 사고를 통해, 마리안느는 그녀와 타인(회사의 팀, 아버지, 과거의 두 애인)과의 관계를 탐색하기 시작했다. 모든 경우에서 그녀는 '패배' 감정을 느꼈지만 동시에 패배감과 '나쁜 것'이 그녀에게 '현실적일 수 있는 기회'라는 강한 힘을 부여해 줬다고 인정했다. 관계가 적절한 방향으로 발전하는 것 같을 때, 예를 들어 '승리'로 다가갈 때, 마리안느는 '좋은' 감정을 느꼈으나 사실은 점점 더 분리되는 것 같았고 공허하며 그녀 자신과 동떨어진 느낌을 받았다.

이쯤에서, 자연스럽게 그녀는 왜 이러한 방식으로 존재했었는가에 대해 탐색하기 시작했다. 무엇이 이런 고정된 관점과 상호 대인관계적 입장을 가지게 했을까? 코치는 근본 원인을 찾기 위해 그녀의 어린 시절의 과거 사건에 초점을 두기보다, 그에 동반하는 자신의 신체 상태와 어떠한 정서 또는 판단적 진술에 초점을 둔 묘사를 통하여, 알지 못하는 과거 원인이 영향을 미치고 있는 현재 삶에 초점을 두어 이러한 질문에 대한 답을 구할 수 있도록 도왔다. 이를 시도하면서 마리안느는 신체적 느낌과 정서, 행동에 공명하는 자신과 다른 사람들, 그리고 자신과 타인 사이의 상호 대인관계에 대해 반복하여 나타내고 있는 고정된 태도, 신념, 가정을 드러내기 시작했다. 마리안느는 이러한 묘사적 과정을 세션 내에서 코치와 함께, 그리고 세션과 세션 사이에 혼자서도 진행하였다.

마리안느가 리더십과 가장 밀접한 관계가 있는 영역으로 타인과의 관계를 들었기 때문에, 코치는 이에 동의해 남은 세션 동안 집중적으로 팀원들과의 관계를 다루기로 하였다.

이에 대한 탐색은 자신에 대한 타인의 다양한 인식을 자신은 어떻게 자각하는지 묘사하도록 요청하는 것으로 시작하였다. 이어서 그녀는 자기 자신의 관점에서 이러한 인식에 대해 묘사적 탐색을 하였다. 마리안느는 자신을 포함한 모두에 대해 매우 비판적이었고, '나쁘고 패배자'라고 인식하고 있음을 실감했다. 그리고 '진짜로?' 그렇다, 마리안느는 적어도 그것들이 모두 '진짜'라고 인정하였다.

여기서, 코치는 또다시 그녀에게, 코칭의 직접적 관계 경험에 집중할 것을 요구했다. 이를 진짜라고 느꼈을까? 그렇다. 나쁘다고 느꼈는가? 아니다. 패배감을 느꼈는가? 실제로는 정반대다. 그렇다면 그녀가 원래 갖고 있던 자기, 타인 그리고 상호 대인관계와 관련된 고정된 세계관을 깨버린 코칭 관계의 특징은 무엇이었을까?

마리안느가 설명한 다양한 중요 변수 가운데 하나는 의사소통 방식이었다. 그녀는 평소 자신의 더 넓은 세계에서 타인과의 상호작용은 물론 자신과의 상호작용에 대해 알아차렸을 뿐 아니라, 자신의 화난 목소리, 긴장된 몸, 정서적 거리 유지, 부지불식간에 비판적인 메시지에 대한 끊임없는 경계와 같은 다양한 요소들을 확인할 수 있었다. 본인과 타인에 대한 의사소통 방법이 본질에서 불명확하고, 혼란스러웠다는 결론을 얻었다. 그와 동시에 이러한 요소들 때문에 자신의 말에 대한 타인의 반응을 정확하게 듣는 능력이 저하되었음을 인정했다. 반면 코칭 세션은 훨씬 '편하고, 연결됨을 느낄 수 있고 이해 가능한' 의사소통의 연속이었다고 하였다.

코치와 마리안느는 이어서 의사소통에서 명확하고 혼란스럽지 않은 방식으로 대화를 서로 주고받는 연습에 초점을 두었는데, 이것이 그녀가 밝힌 그러한 변수들 가운데 특히 즉시 개선 가능한 것으로 보였기 때문이다. 그러자 즉각적인 변화가 나타났다. 그녀는 방어하지 않고 진심으로 웃을 수 있었다. 그리고 그 웃음과 함께 '좋았고, 진짜였고, 승리자'임을 느낄 수 있었다.

다음 세션의 시작에서 그녀는 배운 것을 팀과 함께 시도했고, 그 결과, 그녀의 직속 상사를 포함한 다른 사람들이 그녀의 변화에 대해 언급할 정도로 그들 사이의 상호작용이 개선되기 시작했다고 보고하였다. 그리고 마리안느는 이 모든 것을 어떻게 경험했을까? 좋지 않았다. 사실, 거의 끔찍함에 가까웠다.

이처럼 진솔하게 속마음을 털어놓음으로써 마리안느와 코치는 그 경험들이 코칭 관계에서의 경험과 어떠한 차이가 있는지에 대해 돌아보게 되었다. 이러한 대화를 통해 마리안느는 모두 매우 가치 있다고 여기는 '진짜의, 좋음, 승리자'의 감정을 계속하여 느끼고 있으며, 동시에 지나치게 드러났으며, 아마도 어느 시기에는 지나치게 솔직했다고 느끼고 있었음을 깨달았다. 다시 한번, 이러한 경험 그리고 팀원들과 새로운 상호 대인관계를 통해 일어난 '끔찍함에 가까운' 느낌 사이에는 명확한 연결고리가 만들어졌다. '진짜의, 좋음, 승리자'의 감정에는 대가가 따랐다. 그녀에게 있어서 그러한 대가를 치를 만한 가치가 있었을까?

마지막 질문이 남은 세션에서 다룰 대화의 초점이 되었다. 이에 대한 세부 사항은 이 대화의 한계를 훨씬 더 확장하였다. 총 여덟 세션을 마무리하며, 마리안느는 본인의 정서 반응을 더 깊게 이해하게 되었고, 팀원들과의 관계 안에서 자신의 반응을 선택할 수 있게 되었음을 느꼈다. 코칭 관계에서 배운 기술들을 계속 적용하였고 4개월 만에 승진 제안을 받았다. 개인 자격으로 마리안느는 영향력 있는 기술의 더욱 광범위한 레퍼토리 개발을 요구하는 더 복잡한 리더십 역할로 한 단계 더 전환하기 위해 코치와의 만남을 지속하였다.

논의 포인트

1. 실존주의 코칭 접근은 코치와 코치이 사이에서 일어나는 경험적 즉시성 조성하기를 추구한다. 이러한 태도는 당신이 현재 지지하는 태도와 어떻게 비교되고 대조되는가?
2. 현상학적 방법의 세 가지 '스텝'을 이용하여 자신의 개인적 의미를 드러냄으로써 당신 삶에서 최근 발생한 특정 사건에 대해 파트너와 교대로 탐구하라. 실습을 완료한 후, 이러한 질문 방법을 통해 얻은 가치가 있다면 어떤 것인지, 이에 대해 논의해 보라.
3. 실존주의 이론이 제안하는 선택에 대한 관점에 대하여 생각해보라. 코치이의 현재 문제를 이해하는 데 있어 이 관점이 갖는 가치는 무엇인가?

4. 사례 연구에서 현재 당신의 코칭 방식에 도전하며 주목하게 한 것은 무엇인가?

추천 읽기

Jacobsen, B. (2007). *Invitation to Existential Psychology*. Chichester: Wiley.
Spinelli, E. (1997). *Tales of Un-Knowing: Therapeutic Encounters from an Existential Perspective*. Hay-On-Wye: PCCS Books.
Spinelli, E. (2014). *Practising Existential Therapy: The Relational World*, 2nd edition. London: Sage.
van Deurzen, E. & Hanaway, M. (Eds.) (2012). *Existential Perspectives on Coaching*. London: Palgrave Macmillan.
Yalom, I.D. (2001). *The Gift of Therapy*. London: Piatkus.

참고 문헌

Cohn, H.W. (2002). *Heidegger and the Roots of Existential Therapy*. London: Continuum.
Cooper, M. (2003). *Existential Therapies*. London: Sage.
Frankl, V. (1988). *The Will to Meaning: Foundations and Applications of Logotherapy*. New York, NY: Penguin Books.
Gergen, K.J. (2009). *Relational Being: Beyond Self and Community*. Oxford: Oxford University Press.
Hills, J. (2012). *Introduction to Systemic and Family Therapy*. London: Palgrave Macmillan.
Hughes, R. (1991). *The Shock of the New: Art and the Century of Change*. London: Thames and Hudson.
Idhe, D. (1977). *Experimental Phenomenology: An Introduction*. Albany: State University of New York (1986).
Jopling, A. (2012). Coaching leaders from an existential perspective, in E. van Deurzen & M. Hanaway (Eds.), *Existential Perspectives on Coaching*. London: Palgrave Macmillan, pp. 72–83.
Krum, A.N. (2012). How can ideas from the existential approach enhance coaching for people with work-related stress? *International Journal of Evidence Based Coaching and Mentoring*. Special Issue No.6, pp. 57–71.
LeBon, T. & Arnaud, D. (2012). Existential coaching and major life decisions, in E. van Deurzen & M. Hanaway (Eds.), *Existential Perspectives on Coaching*. London: Palgrave Macmillan, pp. 47–59.
Merleau-Ponty, M. (1962). *The Phenomoneology of Perception* (trans. C. Smith). London: Routledge & Kegan Paul.
Pullinger, D. (2012). Career development as a life changing event, in E. van Deurzen & M. Hanaway (Eds.), *Existential Perspectives on Coaching*. London: Palgrave Macmillan, pp. 60–71.
Sartre, J. P. (1991). *Being and Nothingness: An Essay on Phenomenological Ontology* (trans. H. Barnes). London: Routledge.
Spinelli, E. (2001). *The Mirror and the Hammer: Existential Challenges to Therapeutic Orthodoxy*. London: Sage.
Spinelli, E. (2005). *The Interpreted World: An Introduction to Phenomenological Psychology*, 2nd edition. London: Sage.
Spinelli, E. (2014). *Practising Existential Therapy: The Relational World*, 2nd edition. London: Sage.
Strasser, F. & Strasser, A. (1997). *Existential Time-Limited Therapy: The Wheel of Existence*. Chichester: Wiley.

14장
게슈탈트 코칭

저자: 줄리 알란Julie Allan[1], 앨리슨 와이브로우Alison Whybrow[2]
역자: 김현화

서론

게슈탈트 코칭은 온전히 알아차리기와 그 알아차림을 행동으로 바꾸는 과정에 관여한다. 점점 더 많은 코치가 이 접근을 어떠한 방식으로든 사용하고 있는데, 특별히 경영이나 리더십 코칭에서, 그리고 생산적, 창의적 능력을 끌어내기 위해 시간을 사용하는 사람들에게 많이 사용된다. 게슈탈트 코칭이라는 명칭이 등장하기 전부터 임상가들은 게슈탈트 심리학과 게슈탈트 심리치료 모두에 대한 이해가 필요하였다.

게슈탈트 코칭을 설명할 때 게슈탈트 치료와 관련한 레스닉Resnick의 도전과 일맥상통하는 호기심을 끄는 과제가 있다. '모든 게슈탈트 치료사들은 지금까지 해 왔던 그리고 현재 하고 있는 어떠한 게슈탈트 기법이라도 그 사용을 중단할 수 있어야 한다. 그것이 불가능하다면, 처음부터 게슈탈트 치료를 하지 않은 것이다. 그들은 의미 없는 장난과 술수에 갇혀 시간을

---

[1] **줄리 알란**Julie Allan은 경험이 풍부한 코칭심리학자AFISCP, 경영진 코치APECS, 수퍼바이저 및 컨설턴트이다. 이전에 BBC 잡지의 기자였던 그녀의 심리학 글은 윤리, 수퍼비전, 지혜, 메타인지, 복잡성을 포함한다. 그녀는 또한 조직에서의 이야기에 관한 글인 『The Power of the Tale』의 저자이기도 하다. 그녀의 작업은 성인 발달에 대한 특별한 전문 지식과 시적 상상력에 대한 관심을 이끌어낸다. Email: julie@thepowerofthetale.co.uk

[2] **앨리슨 와이브로우**Alison Whybrow는 2000년대 초반 코칭심리학 개발에 앞장섰으며, i-coach 아카데미의 코칭 프랙티스에서 공인 프로그램을 지휘했다. 국제 코칭심리학 협회와 유럽 전역의 대학 프로그램에 기여하고 있고 영국 런던에서 코치, 컨설턴트, 코칭 수퍼바이저로 코칭 프랙티스 분야를 개발하고 있다. 앨리슨은 우리의 인간-지구earth 관계를 변화시킬 수 있는 가능성에 대해 깊은 열정을 가지고 있다.

허비한 것이다.'(Resnick, 1984, p.19) 그렇다면 게슈탈트 코치가 하는 일은 무엇이며, 게슈탈트 코칭은 어떤 경험일까? 코치이들은 왜 게슈탈트 코칭을 선택하고, 그로부터 어떤 유익을 얻을 수 있는가?

레스닉Resnick은 위의 글을 쓰며, 명백한 정의가 부족하였기에 어떻게 받아들여질 것인가에 대해 염려와 약간의 불안을 느꼈으며, 좀 더 명확하게 설명하기를 원하였다. 그녀는 다음과 같이 말한다:

게슈탈트 코칭은 해결resolution의 긍정적인 주기cycle와 다음 초점의 출현이 만들어지는 방식으로 완전히 알아차린aware 다음 그 알아차림awareness을 행동action으로 전환하는 과정에 관한 것이다.

게슈탈트 코칭에서 코치는 세션 중 코치이가 그들의 알아차림(사고thoughts, 느낌feelings, 감각sensations)에 특별히 중점을 두며, 코치이에게 도전, 지원 그리고 질문하기 위해 이를 되돌아보는 작업을 한다. 특히, 그들은 코치이가 어떤 식으로든 자신의 경험이 차단되고 잠재력이 제한되며 경험의 전체 주기 흐름이 원활하지 않다고 여겨지는 모든 곳에서 활동을 촉진하고자 한다. 이에 대한 유용한 비유는 호흡 과정이다. 생명을 유지하는 그리고 일반적으로 가장 효과적인 호흡은 숨을 완전히 들이쉬고 완전히 내쉬어야 다음 호흡이 가능하다. 이처럼 '그때 거기에서 일어난 일there-than'보다는 '지금 여기에서 일어나고 있는 일here-now'을 더욱 강조한다.

레스닉은 이러한 정의를 통해 합리적인 설명이 이루어졌다고 보고, 이를 어떻게 기본이론 그리고 특별히, 좀 더 행동에서의 구체적 게슈탈트 사례로 연결할 수 있을까에 대해 관심을 두었다. 게슈탈트 용어로, 레스닉은 '배경ground'으로부터 나타난 '전경figure'에 관심을 두었고, 주의를 요구하는 다음 문제에 대한 설명이 자유로워졌다.

게슈탈트 코칭의 발달

게슈탈트 심리학은 베르트하이머Wertheimer(1880-1943), 쾰러Köhler(1887-1967) 그리고 코프카Koffka(1886- 1941)에 의해 개척되었다. 게슈탈트gestalt는 통합된 또는 의미 있는 전체를 의미한다. 1920년대 이래로 자신의 아이디어들을 발전시킨 프리츠 펄스Fritz Perls(1893-1970)는 때때로 논란이 되기도 하지만 게슈탈트 치료의 창시자이다. 그의 아내 로라Laura 또한 적극적으로 참여하였다. 게슈탈트 코칭은 펄스Perls가 치료사와 코치와의 관계에서 필요로 하는 '진정성'에 대해 매우 엄격하고, 아마도 타협적이지 않은 태도를 보였다는 점에서 펄스의 심리치료와는 구별될 수 있다. 그러나 코치와 코치이의 매우 '충만한full' 경험 그리고 세션의 '지금-여기here-and-now'에서 일어나는 그들 사이의 관계에 대한 개념은 의심할 여지 없이 게슈탈트 코칭 프레임워크의 일부이다.

게슈탈트 접근은 일반적으로 개인의 생생한 각성에 근거를 두고 있으며, 20세기 초에 등장한 두 가지 주요 전통과는 구별이 된다. 행동주의 또는 인지행동 접근은 학습 과정에 집중하였고, 정신역동 전통은 생물학적 추종에 관심을 두었는데, 펄스는 이 두 가지로 인간 발달을 고려하는 것이 충분하지 않다고 믿었다. 1930년대부터 1950년대까지를 지나면서 펄스와 동료들은 전체와 맥락의 관점(전체론holism)에서 인간을 바라보며, 인지, 개인의 감각 형성, 해결/결과에 대한 게슈탈트적 이해를 통합하였다. 전체론holism이라는 용어는 스머츠Smuts(1936)가 최초로 만들었다. 개인 수준에서의 작업은 또한 집단으로 발전하였고, 1960년대부터 조직 상황으로 발전하였다(Nevis, 1987; Issacs, 1993). 게슈탈트가 기업 맥락으로 진입한 것은 그리 오래되지 않았다.

좀 더 최근에 이르러 게슈탈트 코칭 접근법을 사용하는 사례가 급증하고 있다. 어떤 방식으로든 필연적으로 진화하는 게슈탈트의 본질은 '하나만의' 게슈탈트를 드러내는 것을 금하며, 만일 그럴 수밖에 없다면 어떠한 공통 주제의 출현을 허용한다. 스포스Spoth, 토만Toman, 라이히트만Leichtman & 알란Allan(2013)은 전 세계에서 진행되는 게슈탈트 코칭의 발달을 검토하면서, 동시에 미국 클리블랜드Cleveland와 케이프 코드Cape Cod에 있는 게슈탈트 연구소들의 접근이 보이는 다양한 진화를 추적하였다. 그리고 팔머Palmer와 와이브로우Whybrow(2007)는 특별히 이 접근이 왜 널리 보급되지 못하였는가에 대한 잠재적 이유를 연구하였다. 그들은 또한 게슈탈트 코칭에 대한 문헌이 어느 정도 증가하고 있음을 보고하였다. 2009년에 『코칭심리학 핸드북Handbook of Coaching Psychology』이 처음으로 출판되고 이후 개정되는 동안 사이먼Simon(2009), 길리Gillie(2009), 브루커트Bluckert(2009, 2014), 패트리지Partridge와 스포스Spoth(2013)는 게슈탈트 코칭에 대한 문헌을 코칭 관련 문헌의 일부로 남겼으며, 특히 리어리 조이스Leary-Joyce(2014)는 처음으로 이 주제에 대해 한 권의 서적으로 완성하였고, 그다음 인물이 브루커트Bluckert(2015)이다.

게슈탈트 코칭의 이론과 기본 개념들

게슈탈트 심리학과 심리치료, 게슈탈트 코칭은 알아차림의 증대 그리고 우리 주위의 세계를 조직하고 인식하는 방식에 관심을 둔다. 이는 인본주의적이고 실존적이며 현상학적일 수 있다.

게슈탈트 심리학은 우리가 무엇을 보는가와 어떻게 사물을 인식하는가는 그때 그 순간 우리가 누구인가에 따른 결과라고 본다. 특정한 상황(배경)에서 느껴지는(전경으로 떠오르는 becomes figure) 것은 매 순간 달라진다. 이처럼 역동적인 경험이 지니는 복잡성에 질서를 잡으려는 시도로써, 우리는 그것들을 현재의 사고방식, 과거의 경험 및 선입견에 따라 느껴지는 방식으로 조정하려 한다. 우리는 또한 평형이나 대칭, '폐쇄closure'를 기대하는 경향이 있다. 시각 과정 실험은 자기중심적 성향을 보이는 우리의 세계에 대한 인식 방식에 대한 일정한 이해를 제공한다.

얼굴/양초대 그림에서, 관점에 따라서 얼굴이 배경으로 물러나고 양초대가 인식되거나, 또는 그 반대가 되기도 한다. 또 다른 그림에서는, 떨어져 있는 세 개의 선이 연결된 하나의 삼각형으로 보이기도 한다. 전체를 만들기 위해 공간을 채운다(참고: [그림 14.1]).

또한 우리는 유사성, 패턴 발견, 유사한 것 모으기, 다른 것 구분하기를 선호하는 성향이 있다. 예를 들면, [그림 14.1]을 보면 대각선을 이루는 O의 배열은 가로로 배열된 X들로 이루어진 선과 명백히 구분된다.

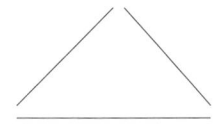

[그림 14.1] 인식의 패턴

이에 더하여, 우리는 새로운 경험을 할 때마다 자신의 세계관을 재해석하며, 그 경험을 통해 자신이 누구인지에 대한 우리의 이해는 끊임없이 변화하고 있다. 게슈탈트 코칭의 목적은 코치이가 더 다양한 선택에 접근하고 역량을 최대한 활용할 수 있도록 이러한 주관적인 세계를 탐구하는 것이다. 이는 인간 중심 접근의 측면에서 말하는 인간의 잠재력 실현과 같다.

전통적 게슈탈트의 치료 관점은 각 개인으로서의 우리는 자신의 의사결정과 행동 또는 우유부단함과 행동하지 않음에 대한 책임이 있으며(실존주의), 인간이라는 존재로서, 사람들 사이의 관계는 어떠한 종류의 공유하는 유신론이 없어도 발전할 수 있다는 것이다(인본주의). 그렇지만 초기 게슈탈트 심리학은 선Zen 禪의 영향을 받았다.

현상학과 세 가지 결정적 원칙

현상학phenomenology은 지금 분명하게 일어나는 현재의 현상을 통해 상황을 이해하려는 학문이다. 예를 들어, 오렌지를 먹으면서 나는 지금 여기에서 오렌지의 향기와 모양, 껍질의 촉감과 오렌지를 깨물었을 때의 맛과 소리로 그 경험을 충분히 인식한다. 나는 과거나 미래의 경험에 방해받지 않고, 모든 감각을 통하여 오렌지를 경험하고 인식한다. 만일 다른 물건이나 사람, 다른 '전경figure'에 주의를 기울이며 먹는다면 온전하게 오렌지를 인식하지 못하게 된다. 현상학적 접근에서는 과거와 미래가 존재하지만, 행동에 대한 인식과 결정을 증진하는 데에 도움이 되는 가장 즉각적이고 강력한 정보에 접근하기 위해 현재에 대한 완전한 관심이 필요하다. 코칭 세션에서, 코치이는 코치가 세션 내에서 일어나는 느낌, 신체적 움직임, 자세 등에 세심하게 관심을 가지며, 이에 관한 질문 또는 성찰을 기대할 수 있다. 게슈탈트 코칭은 코치가 항상 세션이 일어나는 공간 안에서 지금 당장 무엇이 바뀌어야 하는지를 밝혀내고자 한다. 그리고 그 결과로 세션의 현장 밖에서 그리고 다른 시간에 효과적으로 변화가 일어날 수 있도록 하기에 생동감 넘치고 살아있다.

욘테프Yontef(1980, Clarkson 참조)에 의하면 현상학은 게슈탈트 치료의 세 가지 결정적 원칙 중 하나이다. 이러한 현상학 원칙에 의하면, 게슈탈트 코칭의 유일한 목적과 방법론은 알아차림awareness이다.

두 번째 원칙은 게슈탈트가 온전히 대화적 실존주의dialogic existentialism에 기초한다는 것이다. 코칭에서 이것은 '지금-여기here-and-now'에서 코치와 코치이가 나누고 있는 대화를 의미한다. 대화dialogue는 그리스어 dia(통하여)와 logos(말/의미)를 어원으로 한다. 이는 관계와 알고자 하는 마음에 관심을 두며 대화를 시작할 때 서로 생각하지도 않았던 새로운 무언가가 발생할 수 있음을 의미한다. 이처럼 일어나는 매우 창의적인 방식을 통해서, 현재 상황에 관해 완벽히 적합한 무언가가 새로 생겨날 수 있다. 전체론, 즉 코칭 관계가 세션 외부에서 일어나는 패턴을 재창조하고 구성할 것이라는 가정에 따르기 때문에 '지금now'에 초점을 두는 것은 게슈탈트 측면에서 의미가 있다. 따라서 즉각적인 대화에 변화를 만들면 더 광범위한 시스템(들)에 효과적으로 차이를 가져올 수 있다.

세 번째 원칙은, 게슈탈트의 개념적 토대는 전체론holism과 장場 이론field theory에 기반을 둔 게슈탈트라는 것이다. 우리는 맥락이나 '장場' 안에 존재하며, 그 장과 관련하여 자신을 이해하기 때문에, 장을 언급하지 않고는 이해할 수 없다. 코칭에 적용되는 이 원칙은 코치/코치이 관계의 중요성을 강조한다. 코치는 장 안에 있을 수 없다cannot not be. 코치와 코치이는 서로의 장이나 맥락의 일부로서, 코치와 코치이 사이의 관계에 초점을 맞춘다.

욘테프Yontef(1980)는 이 세 원칙이 상호 연계되고 서로를 포괄하는 것으로 보았다.

이러한 원칙의 '배경ground'을 향하여, 게슈탈트 코칭은 일상 경험에 대한 완벽한 집중을 방해하는 것이 무엇인지 의식적으로 알아차릴 수 있도록 도와준다. '조금이라도 알아차림을 방해하는 것blocks to awareness'을 규명하고, 탐색하며, 제거가 가능하게 함으로써, 우리는 더 효과적이고 더 건강한 행동과 기능이 가능한 선택을 하도록 한다.

펄스Perls(1969)는 지금-여기에서의 자기 인식이 사람들을 건강하게 하는 열쇠라 믿었다. 이러한 자기 인식은 각 개인이 환경적 도움에서 벗어나 (고립된 자기 몰두가 아닌) 완전히 그들 자신이 되는 성숙한 자립을 하며, 자신들의 충만한 잠재력을 발휘하는 삶을 살아가는 사람들에게 더 큰 반응 능력을 갖추는 환경을 창조하기 때문이다. 코칭 언어로 말하면, 알아차림은 코치이가 행동과 관계에 더 많은 선택과 능력을 제공하면서, 가능한 행동의 범위를 넓히는 조건들을 생성한다. 게슈탈트 코칭에서 실험과 리허설의 첫 번째 장소는 코치와 함께하는 코칭 관계 안에 있다.

사례 연구에 적용

타 회사와 효과적인 파트너십을 조율할 책임이 있는 한 고위 간부가 그 타 회사 직원과의 상호작용을 할 필요가 있었다. 해당 여직원과 전화 통화를 한 적 있으며, 만날 예정이었다. 그렇지만 준비가 부족하다고 느꼈고 그 이유가 불분명하였기에 회의 준비에 대한 도움을 원했다.

코치: 맘이 편치 않다고 말씀하시네요. 좀 더 이야기해주시겠어요?

간부: 글쎄요, 그녀가 날 만나고 싶어 하지 않는다는 느낌이 들어요(손을 앞으로 모아 손가락을 편 상태에서 손바닥을 보이며; 코치는 완전히 경청하는 방식의 하나로 그 자세를 부지불식간에 따라 하고 있다. 간부는 고개를 끄덕인다)….

코치: 좀 불편하시군요? 그리고 제가 맞게 이해했다면, 뭔가 이 일로부터 멀어지고 싶은 마음이 그러나 약간 그런 게…(코치는 다시 몸을 앞으로 뒤로 조금씩 움직이는 코치이를 따라 한다, 이는 그녀가 관찰한 것이다).

간부: 네, 네…. (다리를 꼬고 팔을 교차하여 배 위에 얹는다.) 좀 걱정돼서요.

코치: 걱정스럽게 느껴지는군요(물어보는 표정).

간부: 네…. 제가 지금 이 일이 잘 처리해야 하는 상황인데 만약 그녀가 저와 얘기하길 원하지 않는다면 문제가 생기지요.

코치: (코치는 지금 간부의 자세와 '처리해야 하는 상황', '잘 처리', '만약'에 주의를 기울이고 있다.) 그 밖의 다른 느낌은요?

간부: 사실, 두려워요. 실패할지도 모르잖아요.

코치: ('불편함'으로부터 실패에 대한 두려움 인식으로 주의가 이동하고 있다. 간부의 긍정적 가능성을 활용하기로 선택하고, 코치이의 손 모양을 따라 하며) 실패할지도 모른다는 두려움을 느끼는군요. 약간 배를 보호하려는 듯이 보이고 처리해야 하는 그 상황에 아무 준비 없이 있는 느낌이 들고 있군요.

간부: 그냥 전반적인 불안인 것 같아요.

코치: 그리고 그 불안이 복부에 있어요(물어보는 표정).

간부: 네.

코치: 두려움을 느끼고 복부에 불안이 있군요. 확실해지니 좋군요. 비록 복부에 불안이 있더라도 상대 회사 사람과 어떻게 하면 효율적인 관계를 맺을 수 있을지에 대해 생각해 볼까요?

간부: (웃음 짓고 바로 앉아 양손을 움직인다.)

코치: 그 생각이 당신을 움직이게 하는군요.

간부: 네, 할 수 없을 거로 생각했었는데…. 글쎄요, 정말 재미있네요….

코치: 재미있나요?

간부: 사실 그 역시 상당히 불안할 수도 있겠다는 생각이 들어요…. 우리 둘 다 불안할 수 있지요(웃음).

코치: 둘 다 불안해하다니 재미있네요(함께 미소). 지금은 기분이 어떠세요?

간부: 현재로서는 약간 흥분되네요.

코치: 흥분된다…. 어디에서 흥분되나요?

간부: 실제는 잘 모르겠어요. 그냥, 저, 그 상황을 일종의 환영을 하게 된 것 같아요.

코치: 상황을 환영한다…. 그리고 그 상황의 이름이? (미소)

간부: 안드레아Andrea (웃음)

코칭은 거슬리는 감정이나 신체적 반응에 연결하는 법을 포함하여, 코치이가 어떻게 하면 효과적인 연결을 만들 수 있는지에 집중한다.

게슈탈트 사고의 측면으로 보면, 위 사례는 다음 항목을 포함한다:

- '지금 여기'에서의 대화
- 현재의 이슈, 또는 '전경'
- 실제에 대한 명확성을 얻고 전경과 '접촉contact', 즉 또 다른 전경의 출현을 허락하면서, 전체 그림의 한 부분에 대한 해결 정도를 허락하는 충분한 접촉을 하기 위해 현상학을 이용하는 과정

현상학을 사용함으로써 코치이가 자신과 연결하는 과정 그리고 타인에 대해 연결하는 능력을 도왔다. 또한 코치이가 자신이 가진 불안과 타인이 가질 수 있는(또는 없을 수도 있는) 불안을 구별하는 데 도움이 되었으며, 이에 더하여 더 나은 만남의 환경이 될 가능성을 제공하였다.

이 주기가 바로 경험의 게슈탈트 주기이며, 한 세션에 몇 번에 걸쳐 일어날 수 있고 전체 그림 안에 주기가 있을 것이다. 사례 안에서 인본주의와 실존주의가 실제로 적용되고 있음을 볼 수 있다. 개입하기 전의 코치이는 인간에게 따르기 마련인 조건과 느낌들로부터 자신을 분리하였고, 그 결과 타인과 좋은 관계를 형성할 가능성으로부터도 자신을 분리하였다.

핵심 개념

접촉 경계contact boundary 현상은 환경과 연결하는 과정 중에 있는 '자기self'가 무엇이고 자기self가 무엇이 아닌지 구별하고 있다는 게슈탈트 개념에서부터 나온다. 접촉 경계는 자기와 자기가 아닌 것을 구별하는 실제적인 지점이며(Perls, 1957), 매 순간 자기에 대한 이해와 알아차림의 변화와 함께 바뀐다. 펄스Perls(1969)는 헤라클레이토스의 핵심 메타포들 가운데 하나인 결코 같은 강물에 두 번 발을 담글 수 없다는 이미지를 자주 사용하였다(Clarkson, 1993). '그 누구도 같은 강물에 두 번 발을 담글 수는 없다. 이미 그 사람은 달라졌고 물도 다른 물이 흐른다.'(Heraclitus in Guerrière, 1980, p.104)

변화의 역설적 이론(Beisser, 1970)에 의하면, A에서부터 B로 변하기 위해서는 일단 A에 온전히 집중해야 한다. 클락슨Clarkson(1989)은 어떤 것이든 충분히 그리고 완전히 이야기되었을 때, 그 반대도 드러나기 시작한다는 게슈탈트 학자들의 관점을 지향한 사람 중 하나이다. 다시 말해, 'A'가 무엇인지 완벽하게 인식했다면, 그 반대의 상황 그리고 그 둘 사이에 존재하는 어떠한 많은 대안(B1, B2, … BX)도 알게 된다. 게슈탈트 코치는 코치이 본인이 현재 속한 상황에 대한 알아차림을 완전히 일으키고 탐색하도록 돕는다. 왜냐하면 이러한 선명한 경험이 코치이의 행동 변화를 일으킬 가능성이 있기 때문이다.

알아차림에 대한 관심은 경험의 주기에 의해 알게 되고, 경험의 주기에 정보를 제공하기도 한다. 많은 학자가 이 7단계 주기에 대해 설명하였다(예: Clarkson, 1989; Zinker, 1978). 위 사례에 적용하면, 주기는 코치이가 '전혀 편안하지 않음'을 느끼면서 감각sensation이 시작되고, '나는 실패할 거야. 두려워.'라는 불안이 복부에 있음을 알게 되고(알아차림), 서로가 불안하더라도 진정으로 효율적인 연결고리를 어떻게 만들지 이해하며(움직임), '그녀도 상당히 불안할 거야'라고 자각하고(행동), 회의에 대한 '흥분'을 느끼고(최종 접촉), '상황을 환영'하며(만족), 마지막으로 휴식을 취한 후(철수) 주기는 다시 시작된다. 알아차림이 더 큰 알아차림으로 이어지면서, 모든 지점에서 주기는 다른 많은 주기로 이어질 수 있다.

알아차림의 방해물 blocks to awareness

게슈탈트 치료법에서는 충분한 알아차림을 방해하는 일곱 가지 요소를 설명한다. 어느 정도 환원주의적이라고 볼 수도 있지만, [표 14.1]은 방해물과 주기 단계를 보여주고 있다. 이들 가운데, 코치에게 있어서 내사 introjection와 반전 retroflection은 자기 비판적 사고 패턴과 미해결 과제를 처리하는 데 특히 중요하다.

[표 14.1] 알아차림의 방해물

알아차림의 방해물과 그것에 의해 방해 받은 주기의 부분	고객에게 의미하는 것
둔감화 desensitisation – 감각 sensation 방해	감각들 또는 느낌들 sensation and feelings이 희석, 무시, 부정된다. 고통이나 불편감이 생각(형상화되는 것)으로 떠오르는 것을 막는다. 낮은 수준의 둔감화는 단기적으로는 목적 충족에 유용할 수 있으나, 장기적으로는 건강하지 못하며 지속이 불가능하다. 예를 들어, 지각을 차단하기 위해 부적절하게 커피 섭취, 잠을 자지 않는 것, 진통제 복용, 그리고 다른 조치.
편향 deflection – 알아차림 방해	사람 또는 상황과의 직접 접촉을 피한다. 대화 주제가 미묘하게 바뀌거나 개정될 수 있다. 예를 들어, '당신이 완수한 프로젝트가 긍정적 찬사를 받을 때 어떤 느낌이세요?'라는 질문에, '나는 아무것도 한 게 없어요. 그 프로젝트를 성공하게 할 수 있었던 것은 팀이었습니다.'라고 답한다. 정서적 충만함이 담긴 직접적인 느낌을 나누는 대신, 추상적 언어를 선택('약간 혼선을 일으킬 수 있다')하거나 눈 맞춤을 회피할지도 모른다. 상습적 편향은 자신과 타인 또는 환경으로부터 긍정적이며, 유용한 피드백을 얻지 못함을 의미한다. 약간의 편향은 건강한 선택일 수도 있다.
내사 introjection – 행동 변화, 즉 자신의 욕구를 충족시키는 적절한 행동을 취하려는 것을 방해	어떠한 비판적 평가 또는 의도된 선택 없이 타인이 전하는 생각, 감정 그리고 메시지를 '통째로 삼킨다.' 내사는 흔히 우리에게 주어진 것에 관해 분별할 줄 몰랐던 유년기의 유물이다: '항상 열심히 해야 해', '감정을 절대 보여서는 안 돼', '멍청하구나', '우리 집안의 모든 여자는 집에 있어야 하고 가족을 바른길로 이끌어야만 한다.' 이러한 것들은 '너는 항상 반드시 ~해야만 한다.'라는 생각으로 확고히, 전체주의적이며, 내면화되어 자리 잡는다. 내사는 어떤 특정 기술 학습을 도울 수 있지만, 후에 그들이 여전히 그것을 시도하는지를 탐색하기 위해 재검토할 필요가 있다.
투사 projection – 행동 방해	자신에게서 깨닫지 못하거나 보지 못한 것을 타인의 성격이나 행동에서 본다. 예를 들어, 자신이 자신 또는 타인에 대해 비판적이고 판단적일 때, 대신하여 타인이 자신에 대해 비판적이고 판단적이라고 경험할 수 있다. 투사는 코치이를 위해 탐색하고 작업할 영역을 제공한다. 또한 현재로 돌아오기 전의 해당 시점과 공간에서 창의적으로 다양한 시나리오에 자신을 투사하고 작업함으로써, 미래 상황에 대한 계획 수립과 예측에 도움이 될 수 있다.
반전 retroflection – 이것은 특히 알아차림 주기의 최종 접촉 국면을 방해할 수 있다.	반전에는 두 가지 유형이 있다. 첫째, 누군가 또는 어떠한 것에 대해 자신이 하고 싶었던 것을 자신에게 하는 경우이다. 예를 들어, 부정적 감정들, 분노, 타인에 대한 공격을 표현하기보다는 자신을 공격한다.: '내가 너무 쓸모없을 때 왕따 당하는 것은 당연해.' 상처나 분노에 대한 표현을 스스로 절대 허락하지 않는 것은 일반적으로 건강한 처방이 아니다.

[표 14.1] 알아차림의 방해물(계속)

알아차림의 방해물과 그것에 의해 방해 받은 주기의 부분	고객에게 의미하는 것
	둘째, 타인이 자신에게 해 주기를 바라는 것을 스스로 하는 경우이다. 자립의 한 형태라 할 수 있지만, 이 또한 현재의 만남에서 진정한 대인관계적 욕구를 방해할 수 있다. 예를 들어 '이 만남에서 당신이 얻고 싶은 것이 무엇인가?'라는 질문에 대해 '나는 여기에 소속되어 있다는 느낌을 원해요.'라거나 '제게 이 문제에 관한 많은 아이디어가 있어요. 그리고 이를 그들에게 알리길 원해요.'라는 진정으로 원하는 목소리보다는 '오! 저는 여기에 참여하는 것만으로도 행복해요.'라고 답한다.
이기주의egotism – 만족을 방해	참여하지 않고 밖에 머무르면서 주변을 둘러싼 환경과 그것들의 경험에 대해서 관찰자 또는 해설자가 되는 특징이 있다. 그 사람은 어떤 일이 일어나고 있는지는 이해나 그 이해하는 바를 실행하지 않는다. 그 결과 그들은 공감이 부족하게 보이며 더 직접적인 관계가 주는 만족에서 혜택을 얻지 못한다. 이러한 상태에 있는 상사는 스트레스를 받는 직원에 주목하며 마치 그에 대한 주목이 충분하다고 여기며, 그를 향해 손을 내밀지 않고 스트레스에 대한 정보를 기록한다.
융합confluence – 철수를 방해	이는 자신을 자신의 환경이나 타인과 구별하지 않는 사람에게서 나타난다. '우리는 그렇게 생각해, 그렇지, 우리?'라는 말이 관계에서의 융합을 보여준다. 융합은 또한 '집단 사고思考'에서 나타난다. 어떠한 사건의 단계에서 경계, 불평이나 갈등에 대한 고려는 중요한 관계, 심지어 '생존'에 대한 위협으로 경험된다. 조직에서, '평지풍파를 일으키지 않는 것이 중요해', '난간 너머로 머리 내밀기', 등등 다른 무수한 표현들이 있다. 경계에 주의를 기울이고 갈등을 허용하는 것은 조직과 조직의 생존에 위협으로 보여질 수 있다. 융합은 건강한 접촉, 풍성한 삶과 공감을 촉진하도록 도울 수 있다. 단, 건강한 접촉에서는 그러한 순간이 다시 일어날 수 있다는 자신감과 함께 놓아 주어야 한다. 그러한 '놓아 줌'이 없다면 발전은 일어나지 않는다. 코치이는 그들의 직업과 융합될 수도 있다. 그래서 자신의 직업 역할로부터 자신을 구별할 수 없게 된다.

여기서 흥미로운 것은 자기 현상phenomenon of the self이다. 장 이론의 언어로 말하면, 자기는 장을 구성한다고 생각할 수 있다. 우리는 특정 순간에 어떻게 현실, 즉 '삶의 공간'을 어떻게 정리할지, 경험을 어떻게 구성할지에 대한 이해를 명백한 방식은 아니더라도 지속하여 구하고 있다. 우리는 특정 의미에 따라 장을 정리하는데, 이는 우리 전체 경험의 특정한 부분이 형태를 가지게 되고, 다른 부분은 그 주위로 배열되는 개인적인 과정이다. 이 과정은 일하는 자기self로 해석될 수 있다(Latner, 1986). 따라서 자기는 과정일 뿐, 정지 상태의 구체적인 정신적 존재가 아니다; 이는 우리가 실험적 장을 형성하거나 우리의 현실을 선택하면서, 끊임없이 관여하는 계속적, 발전적, 전환적 과정을 설명하는 방법을 제공한다(Parlett, 1991). 휴스턴Houston(2003)은 '그 무엇도, 그 누구도 맥락에서부터 진정으로 분리될 수 없다'라고 하였다(p.6).

자기, 경험, 전경과 배경이라는 모든 요소는, 지각 과정 그리고 우리의 가정, 고정관념 그리고 세상에 대한 우리의 기대에 관한 결과에 따라 왜곡된다. 진정으로 무언가를 **있는 그대로** 보지 않는다. 우리는 **우리의 방식으로** 그것들을 본다(작자 미상, 아나이스 닌^{Anais Nin}과 그의 동료들이 인용함. Nin, 1961, p.124 참고). 우리는 우리가 기대한 대로 보기 쉽다.

게슈탈트 코칭은 내 생각 속에서 일어난 일이 아니라 실제로 어떤 일이 일어났는가에 반응을 하기 위해, 개인적 경험을 선명하게 하고, 가정과 선입견을 알아차리도록 촉진하고, 그것에 도전하는 것을 목표로 한다.

코치와 코치이의 관계 속에서 일어나는 대화 과정을 통해, 더는 유용하지 않으나 여전히 의심 없이 유지되고 흔히 보이지 않는, 조직 및 개인의 검토되지 않은 의미생성 패턴을 드러내거나 발견(그리고 아마도 회복)하도록 코치이를 자극하기에 새로운 생각이 나타난다. 이러한 방식으로 알아차림을 일으키는 것을 목표로 한다.

다음의 인용문이 유용할 것이다: '나는 이러한 실존주의와 선^{Zen 禪} 철학의 혼합, 유기적 성격 이론, 그리고 현상학적 경험적 작업 방식이 게슈탈트 접근 정의에 대한 필요충분조건이라고 생각한다.'(Smith, 1976, p.74)

게슈탈트 코칭심리학의 프랙티스

어떻게 게슈탈트 코칭의 목적을 이룰 수 있을까? 이번 장 첫 부분에서 언급한 레스닉^{Resnick}의 경고를 다시 살펴보는 것이 가치가 있을 것이다.

이를 염두에 두며, 다음의 자료들은 (규정이 아닌) 가능성을 가리키며, 세상에 존재하는 코치와 코치이 관계들만큼이나, 그 각각은 유일하면서도 결국 관점에서는 모두 같은 목적이다. 코치는 성공적인 게슈탈트 코칭에 필요한 창의성과 발생 가능성에 대한 세심한 주의를 기울이기 위해 매번 기본 원칙에서 출발해야 한다.

- 이론적, 실무적 역사에 대해 완벽히 알고 있을 것
- 타인에게 코칭할 때 현상학을 책임감 있게 사용할 능력이 있을 것
- 윤리적 기준에 맞춰 적절한 실행할 것

여러 속임수와 많은 술수로 장난치는 것은 매우 적절하지 않다.

게슈탈트 코칭에서 코치이는 오감을 모두 사용하여 자기 자신, 자신의 사고, 맥락, 그리고 관계에 참여하게 된다. 신체적 움직임과 놀이(예: 모델링과 그림을 통해)도 코칭의 일부가 될 수 있다. 이러한 경험의 표현을 위해 편안한 방이 있는 환경이 주어지는 것이 유용하다.

게슈탈트 코치는 코칭 관계에 자신을 초대한다. 그들은 현존하며, 진솔하고 코치이 맥락의 한 부분이다. 코칭 공간에서 코치가 경험하는 것이 코칭 과정의 한 부분이다.

게슈탈트 코칭에서 코칭 관계는 중요한 '도구'이다. 신뢰, 자기의식, 창의적 실험을 발전시키는 것은 코치이가 더 건강한 세계관을 갖게 하며, 이는 코치와 코치이 사이에 존재하는 진정한 관계를 통해 가능하게 된다.

대화

게슈탈트 코치들에게 유용한 정보를 제공하는 관점 하나는 대화를 통해 숨겨졌던 패턴이 드러나고 새로운 이해가 나타날 수 있다는 것이다.

코치는 대화로 코치이가 자신만의 가정과 패턴을 찾을 수 있도록 돕는다. 본인이 사용하는 말에 관한 알아차림이 생겨나고, 스스로 통제할 수 있는 언어를 사용하며 자신의 사고, 느낌, 행동에 대한 책임이 자신에게 있음을 확인한다. 코치는 코치이를 돕는데, 그들은 알아차린 정도만큼 이전의 패턴을 더 잘 인식하고 '불러낼 call out' 수 있다. 코치이는 코칭 세션 밖에서도 이와 같은 접근을 적용할 수 있도록 도움받는다.

코치이는 최대한의 감각을 통해 벌어지고 있는 일을 경험하면서, 자신과 코칭 세션에서 순간에 따라 변하는 경험, 그리고 이를 넘어 자기 주변의 삶과 업무의 맥락에 대해 좀 더 알아차리게 되는 것을 배운다. 코칭 관계에서 하는 실험으로서 긍정적 또는 부정적 피드백을 편향 없이 받아 보기 그리고 사고, 느낌feelings, 그리고 신체의 감각을 완벽하게 경험하기가 있다.

실험

게슈탈트 접근의 핵심인 실험은 경험의 주기에서 행동 단계와 밀접한 관련이 있지만, 실제로 실험은 경험의 모든 주기와 관련 있다. 코치이는 새로운 생각, 신념, 행동을 코칭 관계라는 보호 장치 내에서 해 보도록 격려받는다.

코치이가 창의적 실험을 제안 또는 가능하게 하는 순간을 확인하기 위해서는 코치의 창의성과 타이밍이 필요하다. 실험에는 양극화polarization가 포함될 수도 있다. 이것은 가치, 믿음, 자기비판 등 다양한 입장 간 차이점을 설명하고 알아보는 과정을 뜻한다. 코치이의 가치, 가정, 믿음에 대해 알아차림을 일으키는 것은 스스로 한계를 둔 사고, 느낌, 행동을 떨쳐내는 중요한 과정이다. 본인 안의 비판적 부분, 또는 이러한 신념, 가정, 가치를 배웠거나 게걸스럽게 삼키게 한 부재 하는 타인과 대화를 나누게 함으로써 알아차림이 촉진되며, 이러한 방식으로 지각의 근본 패턴을 도출한다. 그러면 코치이는 지각의 패턴을 알게 되고, 그들의 사고, 느낌, 행동을 알려주는 가정들을 재검토할 수 있게 되고, 의식적인 취사선택이 가능하게 된다. 이는 내면화된 가치 및 선입견이라는 '독재tyranny'로부터의 해방이다(Clarkson, 1989). '두 의자 기법', '메타 미러meta mirror', '실연enactment' 등 다양한 테크닉들이 이 게슈탈트 치료 기법들이다.

실제 자기 모습과 다른 다양한 자신의 모습, 자신들의 이상적인 목표를 성취했을 때의 모습, 자기가 되고 싶은 모습을 그려보기 위해 시각화도 실험에 사용된다.

스토리텔링과 비유도 치료의 기법으로 사용하여 코치이가 실제 또는 희망하는 개인적 이야기를 성찰하는 데 사용할 수 있는 이야기를 만들어 보도록 격려한다. 잠재적으로 어려운 상황에 대비한 연습을 통해, 코치이는 코칭 세션을 초월하여 개인적 자원을 쌓을 수 있다. 코치와 코치이 사이에서 고안된 실험은 세션 내에서 하거나 세션 외의 과제로, 또는 동시에 진행할 수 있다.

코칭 관계

코칭 관계는 효과적인 게슈탈트 코칭의 열쇠이며, 코치는 물리적으로 함께하든 그렇지 않든 코치이의 장 안에 존재한다. 대면하는 것뿐 아니라, 다양한 방법의 상호 대인관계적 접촉이 게슈탈트 코칭에 사용될 수 있다. 전화 코칭 세션에서는 대면 접촉이나 화상 회의 형태에 비해 오감을 모두 관찰할 기회가 줄어들기에 정보의 다양한 요소(예를 들어, 억양, 또는 사용한 특정 언어)에 대해 주의할 필요가 있다. 전체 맥락을 제한할 수 있는 이메일, 문자 메시지 등과 같은 전자 매체는 별개의 작업에서 최소한으로 사용하는 것이 좋다.

적용과 과정

게슈탈트 코칭에 표준 형식이 존재하지 않으며, 코치이에 의한 코칭 관계에서 일어나는 것이 세션의 형식을 생성한다는 것은 그리 놀랍지 않을 것이다. 접근 방식이 온전히 현존하며 완전히 알아차림을 일으키는 것에 대한 것이므로 모든 범위의 작업 방식이 한 세션에 포함될 수 있다.

집단과 작업할 때, 능숙하게 게슈탈트 접근, 철학, 개념을 사용함으로써 그 집단에서 어떠한 일이 매 순간 벌어지고 있는가에 대해 집단 구성원이 알아차림을 일으킬 수 있도록 한다. 사람들은 무엇에 집중하는가? 사람들은 무엇에 대하여 이야기하는가? 이 집단에서의 패턴이 다른 분야에서 반복하여 나타나는가?

어떤 코치이에게 가장 유용한가?

게슈탈트 코칭은 잠재적으로 본인을 '작업의 도구'로서 전체적인 시각으로 자신을 보며 자신이라는 존재를 변화를 위한 촉매제로 사용할 수 있는 사람에게 가장 적합하다.

고위 간부 또는 리더 위치에 있는 사람들에게 유용한데, 이유는 (반드시) 단순한 성과 향상에 도움을 주는 것보다는 전반적으로 효과적인 존재 방식을 다루기 때문이다. 또 게슈탈트 코칭의 특징인 '체계적 관점들'에 관심이 있는 개인에게도 빈번하게 사용된다. 그리고 자신 그대로의 존재 방식에 완전히 몰입함으로써 어떤 순간에라도 역설적으로 발생하는 변화에 대한 문제를 다루는 데 유용하다. 게슈탈트 접근법은 명백히 전체적이고 체계적인 접근보다 더욱 엄격한 격차 분석 기반 및/또는 인지행동 접근을 원하는 사람들은 선호하지 않을 수 있다.

사례 연구

게슈탈트 사례 연구는 전체가 부분의 합보다 클 때 개별 요소를 유용하게 설명하거나 돌이켜 볼 때 중요한 '생생한 현재'를 존중하는 과제를 제시한다. 다음의 코칭 부분에서는 처방이 아닌 시금석이나 사고의 시작점으로서 실제로 게슈탈트 코칭을 살짝 보여준다.

코치이에 대하여

카리나Carina는 최근 합병을 마친 대기업의 고위 간부이다. 그녀는 두 단계 위인 위원회의 감독 또는 한 단계 위인 부서의 최고 관리자로의 승진 가능성을 앞두고 있다. 카리나는 (합병 전) 360도 피드백 과정 그리고 (새로운 상사로부터 합병 이후) 최근 평가를 거쳤다. 첫 코칭 만남 전에 그녀는 다음의 두 가지 영역을 다룰 필요가 있다고 보고하였다.

1. (조직의 윗선들에) 좀 더 전략적으로 자신의 리더십을 보여주기
2. 그녀는 혼란(정리해고, 퇴출, 윤리와 성과 문제)을 충분히 겪었고, 그 어느 때보다도 '진두지휘'해야 한다고 느끼며, 그것이 필요하기는 하지만 전략적이지 않을 수도 있다고 생각하고 있다.

세션 1 발췌: 코치이를 위한 상황 탐색

첫 세션에서 카리나는 처음의 목표를 반복하여 이야기하였다. 그러나 많은 부정적 업무 경험에 관해 설명하며 계속 회사에 남기를 원하는 것인지 혼란스러워하였다.

코　치: 오늘 우리가 함께 시간을 쓰기로 한 이 순간, 당신에게 가장 중요한 것이 뭐죠?

카리나: 글쎄요. 저는 더 나은 전략적 리더십이 필요하다고 말씀드렸고 아마 의심할 여지가 없는 것 같아요. 그러니 아마도 그거겠지요.

코　치: ('아마'와 '의심할 여지 없는'이라는 표현에 주목함) 음? 전략적 그리고 리더십은 전혀 다른 의미이거나 관련이 없는…. 저는 그 용어들이 당신과 당신의 업무에 어떤 의미인지 알고 싶어요. 당신에게 그것들이 왜 중요할까요? 그 중요성에 대해 다루어보기로 해요.

카리나: 그래요. 글쎄. 동감이에요. 그 의미가 무엇인지 알고 싶네요.

코　치: 그 의미가 뭘까요…. 그리고 '그들'이 누구일까요?

카리나: (의자에서 안절부절못하며, 시선은 자주 천장을 향하며, 여전히 빠르게 말하며) 글쎄, '그들'은 회사고 실제로는 일과를 마친 제가 이사회에 어떻게 보였을지예요. 그

들은 우리 모두가 좀 더 전략적이기를 원해요.

코　치: (잠시 멈추었다가) 저는 우리가 조금 서두르고 있고 약간 혼란스럽게 느껴지기 시작했어요. 이사회에 대해 언급할 때의 어조, 전략에 대해 말할 때의 표정에 눈길이 갔어요.

카리나: (고개를 끄떡이며) 음. 눈에 띄었나요? 훌륭해요.

코　치: 눈에 띄었다? 글쎄요. 아마도 그랬어요.

카리나: 좋아요. 그냥 단지 요청받은 것을 스스로 원하고 있는지 그리고 잘 해낼 수 있을지 잘 모르겠어요. 아시다시피 저는 그들을 좋아하지 않아요.

코　치: '그들'을 좋아하지 않네요. 그래서 어떠세요? 당신은 어떻길래요?

카리나: (카리나는 의자를 돌려 한쪽으로 비스듬히 기대어 한 손을 의자 등받이에 대고 그 손으로 머리를 지탱하고, 한쪽 아래로 시선을 두며, 목소리를 가다듬고, 한숨을 내쉰다.) 전혀 저와는 맞지 않아요.

코　치: 맞는다는 것에는 어떠한 중요성이 있나요?

카리나: 제가 보기에 사람들은 부당한 승진을 위해 많은 시간을 쓰는 것 같아요. 그런데 저는 그렇지 않아요.

코　치: 당신은 부당하게 승진하지는 않았나요?

카리나: (미소) 네. 글쎄요. 분명히 저는 정당하지 않게 승진하지 않을 거에요. 당신이 뭘 의미하는지 알아요. … 글쎄 그게 제게는 맞지 않아요.

코　치: 당신은 정당하게 승진했나요?

카리나: 저 스스로 승진을 위해 뭘 할 필요가 없었어요. 좋은 성과가 스스로 증명하니까요.

코　치: 그리고 당신은 좋은 성과를 냈군요.

카리나: 네. 그게 그저 저에게 바라는 거예요. 사람들에게 이야기하고 다닐 필요가 없지요.

코　치: 누구에게 말한다는 거죠?

노트

게슈탈트 접촉 주기를 주목하면서, 코치는 (둔감화와 편향이 수반하는) 감각 그리고 알아차림을 탐색하였고, 코치이의 행동 선택(행동 변화)에 잠재되어 있던 한계를 만든 내사에 대한 중요한 정보를 얻었다. 대화를 통해 다음과 같은 '~해야만 한다'에 대해 알아차리게 된 코치이에게 불편한 감정이 일어났다: 당신은 그저 좋은 성과를 내야만 한다; 사람들은 과시하지 말아야 한다; 사람들은 마땅히 받아야 할 부분에 대해서만 신망받아야 한다; 사람들은 자신들의 실제 가치를 조용히(그리고 정확하게) 아는 것을 기뻐해야 한다; 속이기 쉽거나, 얕은 사람이 되지 말아야 한다…. 이것들은 행동과 접촉을 방해한다. 세션에서, 잠재된 자기 한계와의 충분한 접촉이 반전retroflection 없이(예를 들어, 그들이 '나쁘다' 또는 '어리석다') 코치이에게 일어났다. 그들은 '그들이 어떤 사람인가'에 대한 유용한 깨달음을 얻었다.

과제

제시된 실험은 방해를 불러일으키지 않으면서 감각과 알아차림에 대한 잠재력 증진을 선택하였다. 코치이는 '신망credit'에 대한 자신과 타인의 행동 또는 관점에 대해 주목하기 그리고 그들을 바꾸려 하지 않기에 동의하였다. 또한 자신이 직접 하느라 시간을 소모하지 않고 팀원들이 하도록 하라는 상부의 요청에 대한 자신의 반응을 알아차리기에도 동의하였다.

세션 2에서 카리나는 팀에 대한 그녀의 기대하는 바를 매우 명확히 파악하게 되었다고 보고하였다. 그 알아차림은 그녀의 행동 수정에 도움이 되었고 팀원들도 반응하였다. 이어지는 세션에서 대인관계에 대해 다루고 집으로 돌아갔으며, 배우자가 그녀의 하루가 어떠했는지를 물었을 때 울음을 터뜨렸다. 코치는 카리나의 그러한 경험을 다시 세션이 이루어지고 있는 방으로 가지고 와서 앞선 세션과 유사한 접근을 진행하였다: '지금 그것에 대해 생각하면서, 뭔가 특별하게 떠오르는 게 있나요?' 코치는 그 고유하게 경험된 경험(슬픔)에 주목하고 공유하였으며, 거기에서 본 것, 들은 것, 그리고 아닌 것에 대해 깊은 탐색을 하였다.

과제

단순하게 다음의 것에 주목하기: 그녀가 듣거나 듣지 못했다고 느끼는 의사소통, 그녀가 보거나 보지 못했다고 느끼는 의사소통, 타인의 말을 진짜로 듣고 참여했다고 느낄 때의 의사소통에 주목하기.

세션 3 발췌: 더 많은 접촉

코　치: 그래서 의사소통의 모든 종류에 주목하고 있군요. 리더십은 어떻게 되어가나요? 아직 전략적이지 않나요?

카리나: 그에 대해 이야기하고 싶어요. 제가 이사회 임원들을 비롯하여 타인과 이야기할 때 얼마나 저 자신을 닫는지 알게 됐어요. 그리고 제가 충분히 '그 안에' 들어가 있지 않기에 저의 기여가 의문시된다고 생각하고, 그리고 이것이 제가 전략적일 때, 그렇게 자세히 말하지 않았어도 되는데, 그래야만 사람들이 주목한다는 생각과 연결된다고 생각해요…. 그렇지만 어찌 되었든 혼란스럽네요.

코　치: 제게는 실제로 당신이 약간 당황한 것으로 보여요. 당황스러운가요?

카리나: 당황스러워요. 제가 보이지 않거나 그 무엇도 아닌 것 같네요. 그러나 제가 그에 대해 할 수 있는 것이 무엇인지 볼 수가 없네요.

코　치: 약간 다른 무엇인가를 하거나, 그저 떠오르는 것이 무엇인지를 보기 원해보면 어떨까요? (코치이는 흥미를 보이나 열성을 보이지는 않는다.) 무엇이 명백히 보이게 되는지, 몇 분 동안 어떤 식으로든 그려보는 거예요.

카리나: 오, 처음에는 그렇지 않았는데 제게 부담을 주시네요. 글쎄, 좋아요. 잘은 못 그리겠지만요.

코　치: 다행히도 최소한 그건 문제가 되지 않아요. 당신에게 필요한 모든 것은 그저 무엇인가를 그리는 거예요. 당신이 좋다면, 무엇이라도 당신다운 것, 보여주지 못한 것이나 보여주고 있는 것을요.

(10분이 지나는 동안 코치이는 4장의 그림을 그렸다. 코치는 이에 대한 설명을 요청하였다. '이에 대해 설명을 조금 해주세요', '이들은 당신이 아는 사람들인가요?'라는 질문, 그리고 '이 부분의 색은 정말 진하네요', '제가 보기에 X와 Y사이가 꽤 멀어 보여요'와 같은 말로 탐색의 깊이를 더 하였다.)

카리나: 그건 가족이고 이 사람은 저예요. 전 항상 다섯 명 중 가운데 있지요. 이길 수가 없어요.

노트

코치의 입장에서, 이 세션은 매우 다르게 느껴졌다. 카리나는 많은 영역에서 명확하게 접촉하였고, 경계의 침범과 방해물을 거의 보이지 않았다. 제시한 실험은 그림이나 도식화와 같이 어떠한 식으로든 사안을 좀 더 시각적으로 드러내도록 하였다. 이것이 실제 또는 '가시적' 메타포에 대해 이야기할 수 있게 하였고 그녀가 '혼란'이라고 표현한 바와 같이, 어떻게 표현해야 할지 모르는 순간에 말로 잘 정리할 수 있도록 도왔기에 코치이에게 유용하였다.

카리나는 '타인에게 대항'이 아니라 조화로운 방식으로 자기 업무에 대한 이사회의 주목을 '끌어내기' 위해 어떻게 말하고 보여줄 수 있었는지를 탐색했다.

카리나는 팀원들을 지원하고 이사회에 대해서는 정보 제공/지원 면에서 적합한 방식으로 리더십을 수행할 수 있을 것이라는 매우 명쾌한 상태로 세션을 마쳤다.

과제

카리나의 과제는 다음과 같다; 어떤 식으로든 자신의 새로운 개인적 비전을 획득하고 자신이 어떻게 보이는지에 대해 신뢰할 수 있는 다른 사람들의 피드백을 구한다. 자신의 헌신과 이것이 눈길을 끌고 있는지에 대해 주목한다.

세션 4: 계획, 하나의 주기 끝맺음과 새로운 주기 시작

이 세션에 도달하며 코치는 관계 설정과 비전 유지를 위해 코치이가 일으킨 다양한 환경의 변화를 탐색 중에 발견하였다. 카리나는 이사회로부터 유용하게 주목받고 있지만, 자신이 매우 열정적이기는 하나 자신의 활동 수준이 얼마나 지속 가능한지는 의심스러웠다.

코　치: 글쎄, 그것을 분명히 하는 것이 좋겠어요. 그렇다면 어떻게 하면 계속해서 성공하고 전략적 리더십을 발휘하고 인정받을 수 있는지에 대해 잠시 탐색할 가치가 있을까요?

카리나: 그게 가능할지는 잘 모르겠어요.

다른 코치이들과 비슷한 지점에서 코치는 흔히 두 가지 유형의 탐색이 도움이 된다는 것을 발견했으며, 여기에 간략하게 설명하면 다음과 같다. 첫 번째는 '두 의자' 유형의 대화이다. 이는 코치이가 실제로 함께 있는 대상이 아니지만, 그와 대화를 할 수 있도록 하는 데 사용할 수 있다. 여기에서는 코치이의 '일치'와 '반대' 부분이 서로 대화하도록 한다. 이어서 '타임 라인' 유형을 사용한다. 이는 코치이가 1년이 지나 성공한 시점을 상상하는 실험이다. 그때로부터 단계별로 분기를 나누어 현재로 되돌아오면서, 성공하기까지 과정을 역으로 그려본다. 이는 물리적 신체와 감각을 연결하고 성취에 필요한 '계획'을 통해 작동한다.

코　치: (복부의 함정 안에 있는 불안을 언급하며) 당신이 이름 지은 '할 수 있는 나'와 '함정' 사이의 대화를 해봅시다. 누가 먼저 이야기를 할까요?

카리나: 함정이요.

코　치: 좋아요, '함정' 의자에 앉으세요. '할 수 있는 나'가 말할 때는 '할 수 있는 나' 의자로 옮겨가세요.

카리나('함정'): 네가 해온 모든 좋은 것에 대해 난 매우 불안해. 엄청난 노력을 했고 알다시피 이렇게 계속 갈 수는 없어.

카리나('할 수 있는 나'): ('할 수 있는 나' 의자로 이동) 불안하고 노력이 들어갔다니 유감이네. 하지만 나는 가치 있는 일이라 생각해.

카리나('함정'): 가치 있는 일이긴 하지만 계속 유지할 수는 없잖아.

카리나('할 수 있는 나'): 할 수 있어.

카리나('함정'): 그렇지 않아.

카리나('할 수 있는 나'): 네 말이 맞아. (코치를 향하며). 이제 어떻게 하나요?

코　치: 저는 어느 쪽에도 서지 않아요. 카리나의 자리로 돌아오시지요. 첫 대화를 '함정'으로 시작했고 꼭 정확한 것은 아닐 수 있지만, 마무리도 '함정'의 방식으로 했다는 것이 눈에 띄네요.

카리나: 좋아요. 또 해 보죠. ('할 수 있는 나' 의자로 이동)

카리나('할 수 있는 나'): 비록 불안하더라도 계속 성공할 수 있는 방법을 찾아내야만 해.

카리나('함정'): 좋아. 나는 불안이 좋아. 그게 내 일이야.

카리나('할 수 있는 나'): 불안이 너의 일이라고? 왜?

카리나('함정'): 그래야 네가 어려운 상황을 겪지 않으니까.

카리나('할 수 있는 나'): 네가 불안을 멈추면 내가 어려운 상황에 놓일 거로 생각하는구나.

카리나('함정'): 맞아.

카리나('할 수 있는 나'): 그래. 음. 글쎄. 좋아, 네가 약간 불안할 수 있어서 내가 어려운 상황에 놓이지 않지만 그건 아주 조금인 경우야, 왜냐하면 네가 너무 불안하면 나는 결국 더 열심히 그리고 실제로는 지나치게 열심히 하게 되니까.

카리나('함정'): 좋아. 나는 약간만 불안한 상태로 있겠어. 그리고 네가 조금만 내 목소리를 들어준다면 아우성치지는 않을게.
(코치이는 카리나의 본래 의자로 돌아온다) 맞아요. 이게 지금 점점 우스워지네요.

코 치: 우습다?

카리나: 글쎄, 오, 이런! 저 혼자서 말하면서, 조금 불안할 수 있어서 제가 곤란하지는 않지만, 너무 열심히 하지 않아도 된다는 결정에 대해 동의를 하고 있네요.

코 치: 그래서 '할 수 있는 나'와 '함정'이 지금은 동의가 되었나요?

카리나: 네. 믿기지 않네요. 제가 스스로에게 좋은 이야기를 했다는 것이요.

코 치: 그리고 잘 들어주시기도 했지요.

코치는 동의한 내용을 다시 다루었고 미래로부터 현재로의 타임 라인을 따라 되짚어 보기를 제안하였다. 카리나는 3개월로 특정하여 초점을 두었다. 지면 관계상 이에 대해서는 여기에서 다루지 않았지만, 다음과 같이 접근하였다.

1. 원하는 결과를 구체화하기
2. 원하는 상황에 있는 자신의 모습을 상상하고, 그곳에 있는 상황이 어떠할지에 대해 매우 충분히, 모든 감각을 사용하여 상상하기
3. 원하는 상황을 앞둔 1개월 전으로 돌아와서 다시 과정을 반복하기. 그리고 그 당시에 원하는 상황이 되게 하려면 무엇이 필요한지를 결정하기
4. 선택의 많은 단계를 반복하기. 이 사례에서는, 한 달 전으로 갔다가 오늘로 돌아오기
5. 단계들을 재검토하고 획득하기

노트

이 세션의 마지막에 이르러 코치이는 실제로 약간의 불안을 인정하고 성공에 대한 집착을 줄이기 위해 노력할 방법을 알게 되었고, 지속 가능한 성공에 대해 알아차렸다. 그녀는 '함정pit'이 하는 일이 불안 만들기라는 것이 상당히 재미있게 여겨졌다. 그녀는 가끔 만나도 괜찮을지도 모른다는 것을 기억하기 위해 일종의 농담으로 '그를' 브래드 피트Brad pit라고 부르기 시작했다.

불안은 흥분이 그러하듯 행동 변화와 연합될 수 있다. 불안은 동기가 될 수 있으나, 브래드가 도움이 되려면 친구가 되어야 한다.

후기

카리나의 리더십은 더 많이 구체화 되었고 지속할 수 있게 되었다. 어떻게 자신 고유의 경계를 유지했는지, 그리고 이사회의 임원과 주체적인 사람이 될 가능성에 대해 작업하기 시작했는지에 대해 때때로 논의하였다. 그녀는 선택권을 주는 방식으로 자신과 다른 사람들을 알아차리는 방법과 더는 쓸모없는 내사(또는 자신이 소환했던 낡고 잘못된 메시지)에 덜 얽매이는 법을 배웠다고 느꼈다.

논의 포인트

1. 레스닉Resnick의 인용문을 코칭 실행에 적용하면 이것이 당신 자신과 다른 사람들의 코칭 실행에 어떤 의미가 있는가?

"모든 게슈탈트 치료사들은 지금까지 해 왔던 그리고 현재 하는 어떠한 게슈탈트 기법이라도 그 사용을 중단할 수 있어야 한다. 그것이 불가능하다면, 처음부터 게슈탈트 치료를 하지 않은 것이다. 그들은 의미 없는 장난과 술수에 갇혀 시간을 허비한 것이다."

(Resnick, 1984, p.19)

2. 알아차림의 주기를 고려하고 이를 코치이와의 관계에 적용할 때, 이 주기에서 지금 당신의 어떠한 대인관계 방식 패턴을 알아차리는가? 이러한 패턴으로 이어지는 특정 탐색 영역은 무엇인가?
3. 당신의 코칭 과정과 게슈탈트 접근을 고려하며, 당신은 평소 어떻게 코치이와 실험을 고안하는가?
4. 이 장의 개념과 논의를 재검토하며, 어떻게 현재 하는 코칭을 다르게 할 수 있을까?

추천 읽기

Bluckert, P. (2015). *Gestalt Coaching: Right Here, Right Now*. Maidenhead: Mc Graw Hill.
Clarkson, P. (1993). 2,500 Years of Gestalt: From Heraclitus to the Big Bang. *The British Gestalt Journal*, 2, pp. 4-9.
Leary-Joyce, J. (2014). *The Fertile Void: Gestalt Coaching at Work*. St Albans: AOEC Press.
Whybrow, A., & Allan, J. (2014). Gestalt Approaches. In J. Passmore (ed.). *Mastery in Coaching: A Complete Psychological Toolkit for Advanced Coaching* (pp. 97-126). London: Kogan Page.

참고 문헌

Beisser, A.R. (1970). The Paradoxical Theory of Change. In J. Fagan, & I.L. Shepherd (eds.). *Gestalt Therapy Now* (pp. 77-80). New York: Harper and Row.
Bluckert, P. (2009, 2014). The Gestalt Approach to Coaching. In E. Cox, T. Bachkirova, & D. Clutterbuck (eds.). *The Complete Handbook of Coaching* (pp. 77-90). London: Sage.
Bluckert, P. (2015). *Gestalt Coaching: Right Here, Right Now*. Maidenhead: McGraw Hill.
Clarkson, P. (1989). *Gestalt Counselling in Action*. London: Sage.
Clarkson, P. (1993). 2,500 Years of Gestalt: From Heraclitus to the Big Bang. *The British Gestalt Journal*, 2, pp. 4-9.
Gillie, M. (2009). Coaching Approaches Derived from Gestalt. In D. Megginson, & D. Clutterbuck (eds.). *Further Techniques for Coaching and Mentoring* (pp. 29-48). Amsterdam: Elsevier.
Heraclitus, qtd. in Guerriere, D. (1980). Physis, Sophia, Psyche. In *Heraclitean Fragments: A Companion Volume to the Heidegger/Fink Seminar on Heraclitus*. Alabama: University of Alabama Press.
Houston, G. (2003). *Brief Gestalt Therapy*. London: Sage.
Issacs W. N. (1993). Taking Flight: Dialogue, Collective Thinking, & Organizational Learning. *Organizational Dynamics Special Issue on the Learning Organisation* (autumn), 22, pp. 24-39.
Latner, J. (1986). *The Gestalt Therapy Book: A Holistic Guide to the Theory, Principles, & Techniques*. Gouldsboro, ME: Gestalt Journal Press.

Leary-Joyce, J. (2014). *The Fertile Void: Gestalt Coaching at Work*. St Albans: AOEC Press.
Nevis, E.C. (1987). *Organizational Consulting: A Gestalt Approach*. New York, & London: Gestalt Institute of Cleveland Press published by Gardner Press Inc.
Nin, A. (1961). *Seduction of the Minotaur*. Chicago, IL: The Swallow Press. See also (https://quoteinvestigator.com/ 2014/03/09/as-we-are/)accessed 31 August 2018.
Palmer, S., & Whybrow, A. (2007). Coaching Psychology: An Introduction. In S. Palmer, & A. Whybrow (eds.). *Handbook of Coaching Psychology* (pp. 9–11). Hove: Routledge.
Parlett, M. (1991). Reflections on Field Theory. *The British Gestalt Journal*, 1, pp. 68–91.
Partridge, C., & Spoth, J. (2013). Deepening Awareness: A Gestalt Approach to Coaching. In *Coaching Today* (April, pp. 5–9). Lutterworth: BACP.
Perls, F. (1957). Finding Self through Gestalt Therapy. *The Gestalt Journal*, 1(1).
Perls, F. (1969). *Gestalt Therapy Verbatim*. Gouldsboro, ME: Gestalt Journal Press.
Resnick, R.W. (1984). Gestalt Therapy East and West: Bi-Coastal Dialogue, Debate or Debacle? *Gestalt Journal*, 7(1), pp. 13–32.
Simon, S. (2009). Applying Gestalt Theory to Coaching. *Gestalt Review*, 13(3), pp. 230–240.
Smith, E.W.L. (1976). *Growing Edge of Gestalt Therapy*. Maine: Gestalt Journal Press.
Smuts, J.C. (1936). *Holism and Evolution*. London: MacMillan.
Spoth, J., Toman, S., Leichtman, R., & Allan, J. (2013). Gestalt Approaches. In J. Passmore, D.B. Peterson, & T. Freire (eds.). *The Wiley-Blackwell Handbook of the Psychology of Coaching and Mentoring* (pp. 385–406). Chichester: John Wiley & Sons Ltd.
Yontef, G. (1980). Gestalt Therapy: A Dialogic Method. Unpublished manuscript.
Zinker, J. (1978). *Creative Process in Gestalt Therapy*. New York: Vintage Books (first published in 1977).

15장
코칭에서의 마음챙김
자기 결정 이론을 중심으로

저자: 고든 B. 스펜스 Gordon B. Spence[1]
역자: 김태리

서론

마음챙김 mindfulness은 코칭 그 자체에 대한 접근이 아니다. 마음챙김은 특정한 의식의 상태를 일컫는 말이기 때문인데, 이는 현재의 경험(의미, 생각, 감정 또는 행동의 습관 포함)을 알아차리면서 호기심과 개방성을 가지고 이에 주의를 기울이는(Brown & Ryan, 2003; Cavanagh & Spence, 2013) 집착하지 않는 심리적 자유의 상태와 유사하다(Martin, 1997). 대부분 심리학적 개입(인지행동학, 정신역동 또는 인본주의 이론에 근거를 둔 것이든 아니든)은 주의력과 인식의 제고를 근본적으로 중요한 결과로 간주하기 때문에, 마음챙김이 어느 한 접근 방식에만 국한되어 나타나는 특징은 아니다. 오히려, 마음챙김은 (정신 치료 문헌에서 주장되듯; Martin, 1997) 공통적인 요소에 더 가까우며, 코칭의 성찰적이고 성장 지향적인 본질과도 일맥상통한다.

본 장에서는 코칭 대화의 가치는 마음챙김의 존재 또는 부재에 의해 영향을 받는다고 주장할 것이다. 카바나 Cavanagh와 스펜스 Spence(2013)에 따르면, 코칭에서의 마음챙김의 개발은 코

---

[1] 고든 B. 스펜스 Gordon B. Spence는 Sydney Business School(Wollongong 대학)의 프로그램 감독으로 코칭, 마음챙김, 리더십, 지원 참여 및 직장 복지에 특히 관심이 있다. 그는 15년간 다양한 조직에 임원/직장 코칭, 교육 및 컨설팅 서비스를 제공한 경험이 있으며, Havard 대학의 Science Adivisory 위원회의 공동 의장을 역임했고, 『Sage Handbook of Coaching』(2016)의 공동 편집자이기도 하다.

치이 안에서, 코치 안에서, 그리고 코칭 대화 안에서 (함께) 일어날 수 있다. 코치이와 코치에게 있어 마음챙김을 강화하는 방법은, 특히 효과적이라고 알려진 명상이나 다른 형태의 형식적으로 구조화된 프랙티스와 표면적으로는 동일하다(Van Gordon, Shonin, Zangeneh & Griffiths, 2014). 이 프랙티스들은 모두 의심할 여지 없이 실천할 만한 가치가 있지만(의미 있는 방식으로 주의를 기울이는 훈련을 할 수 있도록 도와주기 때문에), 본 장 대부분은 코치와 코치이의 상호작용에서 어떻게 마음챙김이 일어날 수 있으며, 이것을 통해 코치와 코치이 모두 어떤 도움을 받을 수 있는지에 초점이 맞추어질 것이다. 이번 논의에서는 마음챙김이 코칭 과정 안에 존재하는 기본적인 심리적 욕구에 대한 지지와 충족을 통해 어떻게 코칭의 최적화를 가능케 하는지 설명하는 데 도움이 되는 자기결정 이론self-determination theory(SDT)(Deci & Ryan, 1985)을 소개할 것이다.

코칭에서의 마음챙김의 발전

마음챙김은 동양의 몇몇 관상적contemplative 전통(예: 불교, 힌두교)에서 중심적인 위치를 차지해왔기 때문에 이천 년 이상 거슬러 올라가는 역사를 가지고 있다. 예를 들어, 불교에서 마음챙김은 아주 중요한데, 이는 생명이 영원하지 않고 세상은 예측할 수 없는 방식으로 끊임없이 변화하고 있다는 관점 때문이다. 마음챙김의 심리학적 중요성은 고통suffering을 감소시키는 역할과 관련이 있다. 고통의 감소는 사람들이 현실의 진정한 본질을 받아들이고 삶에 안정과 예측 가능성을 불어넣기 위해 자리를 잡은 심리적 애착(물건, 사람, 그리고/또는 생각에 대한)을 내려놓기 시작할 때 생겨난다(Gunaratana, 2011). 지난 40년 동안, 마음챙김은 서구에서 학자 및 프랙티셔너들의 관심을 점점 더 사로잡았고, 다양한 응용 환경에서 마음챙김의 가르침과 프랙티스를 어떻게 활용할 것인가에 대한 연구 문헌이 급증했다(Kabat-Zin, 2013).

코칭에 대한 마음챙김의 관련성도 주목받았는데, 일부 학자는 코칭 관계에서의 마음챙김의 역동과 마음챙김이 코칭 결과에 미치는 영향을 파악하는 데 초점을 두었다. 예를 들어, 최근 연구에서 카바나Cavanagh와 스펜스Spence(2013)는 코칭에서 마음챙김의 역할은 다섯 가지 정도의 성찰적 공간reflective spaces 또는 '대화'의 유형을 바탕으로 고려할 수 있다고 주장했다. 이 중 두 가지 대화 유형은 코치이(예: 자기 자신과의 대화 및 자기 세계와의 대화)를 포함하며, 나머지 대화 유형은 '코치와 코치이 사이에 만들어진 공유 공간 - 외부 코칭 대화'(p.123)를 포함한다.

이 모델에서는 코칭 결과outcomes가 코치와 코치이가 코칭 대화로 끌고 들어오는 것(즉, 기능적 및 역기능적 신념, 가설, 행동 방식 등) 및 그들이 공동으로 창조할 수 있는 생각과 행동의 질quality에 따라 달라진다고 가정한다. 예를 들어, 상대적으로 마음챙김 수준이 낮은 사람은 코치이를 싫어하는 자신의 감정을 알아채지 못할 수도 있고, 이 감정이 코치가 묻는 질문 유형에 어떤 영향을 미치는지 또는 경청의 질을 어떻게 저하시키는지 모르고 있을 수도 있다. 반대로, 마음챙김 수준이 아주 높은 코치이는 코치의 짜증으로 인해 자신이 혼란스럽다는 것을 알아채고, 동시에 자신이 그 대화를 중단하고 싶어 한다고 인식한다. 그렇지만 그 혼란에 즉각 반응하여 대화를 중단하는 대신, 코치이는 자신의 감정을 코치에게 공유하기로 하고, 그 관계 안에서 무슨 일이 일어나는지 알아보는 시간을 갖자고 요청한다.

자기결정 이론: 코칭에서 마음챙김의 중요성을 이해하는 데 도움이 되는 인식의 틀

마음챙김은 순간순간의 경험에 대해 이완되고 비판단적인 알아차림으로 특징지어지는 특정한 의식 상태를 나타낸다. 마음챙김을 통해 성찰적 공간을 창출한 결과, 개인은 자신의 중요한 측면(가치, 흥미, 직관 등)에 더 민감해지고, 이러한 측면이 어떻게 행동으로 일관되게 이어질 수 있는지 생각해 볼 수 있다(Niemiec & Ryan, 2013). 이를 통해, 자기결단력choicefulness과 자기 주도성(또는 개인 자율성)이 생겨나면서, 건강한 인격 발달의 토대와 더불어 외부 세상에서 진실하게 행동하고자 하는 의도가 갖추어지게 된다.

자기결정 이론(Deci & Ryan, 1985)은 코칭 문헌 내에서 점점 더 많은 관심을 받고 있는 인간의 동기와 성격 발달에 대한 거시 이론이다(Spense & Deci, 2013). 자기결정 이론을 구성하는 여섯 가지 소이론mini-theories은 동기부여 및 성격 발달 과정의 다양한 측면을 다루고 있지만 (요약된 내용은 Spense & Deci, 2013, p.91 참조), 그 핵심에서는 인간은 보편적이고 근본적인 일련의 심리적 욕구를 가지고 있으며, 이를 충족시키는 것이 건강한 발달, 열정적 관여vital engagement, 효과적인 행동, 심리적 행복에 필수적이라고 전제하고 있다. 좀 더 구체적으로, 자기결정 이론은 인간의 기능과 행복의 수준이 세 가지 기본적인 심리적 욕구의 만족 정도에 달려있다고 주장한다: 자율성autonomy, 유능성competence, 관계성relatedness(Deci & Ryan, 2008). 사람들은 가족 관계, 우정, 직장 문화, 정치 시스템, 문화적 규범과 같은 삶의 사회-문화적 환경이, 자신이 본연의 모습대로 자유롭게 선택한 행동을 경험하고(자율성), 자신의 강점과 능력을 활용하여 가치 있는 결과를 창출하며(유능성), 자신에게 유의미한 타인과 밀접하고 안전하게 연결되어 있다고 느끼고 싶어 하는(관계성) 내재적인 욕구를 충족시켜줄 때, 역량을 발휘하며 가장 좋은 감정을 느낀다.

내재적intrinsic 및 외재적extrinsic 동기부여

자기결정 이론의 핵심적인 주장은 경험과 행동 방식의 다양한 특질을 이해하고 예측하기 위해서는 동기 유형의 구분이 중요하다는 것이다. 자기결정 이론을 가장 특징짓는 것primary distinction은 자율적 동기autonomous motivation와 통제적 동기controlled motivation이다. 자율적 동기는 완전히 자율적인 선택, 자발성 및 의지를 가지고 행동하는 것을 말한다. 자율적일 때, 사람들은 자신이 하는 일에 대해 동의하게 되고, 긍정적인 영향, 지지, 만족을 경험할 가능성이 더 커진다. 자율적 동기는 내재적 동기와 잘 내재화된 외재적 동기라는 구체적인 유형의 동기 두 가지로 구성된다. 내재적 동기는 활동 자체가 흥미롭고 즐겁기 때문에 활동에 참여하는 것을 의미한다. 내재적 동기는 자율적 동기의 원형prototype(예: 놀이 중인 어린이)으로, 내면적이면서 본래의 특징을 가지며 만족도가 가장 현저하다. 이와는 대조적으로, 외재적 동기는 어떤 별개의 결과를 얻기 위해 행동하는 것을 말한다. 뒤에서 바로 다루어지겠지만, 자기결정 이론의 프레임워크 안에서 마음챙김은 외재적 동기를 내재화시키는 역할을 하는 것으로 보이는데, 이는 자율적 동기의 수준이 더 높아진다는 것을 의미한다.

주관적 주인의식의 연속체: 내재화와 통합

데치Decci와 라이언Ryan(2008)에 따르면, 내재화는 사람들이 외부 가치나 규제를 '수용take in'하기는 하지만 이를 자신의 것으로 받아들일 수도 있고 받아들이지 않을 수도 있는 과정을 의미한다. 근본적인 발달 과정인 유기통합organismic integration의 과정은 사람들이 외재적 동기가 부여된 행동의 가치와 규제를 받아들여 이를 자기감sense of self과 통합하는 더 완전한 내재화를 의미한다. 좀 더 구체적으로는, 내재화 수준 및 결과로 도출되는 행동의 자율성 수준에 따라 네 가지 유형의 외재적 동기가 존재한다([표 15.1] 참조).

[표 15.1]에 제시된 예시와 같이, 동일한 활동이나 목표라도 그 아래에는 상당히 다른 동기가 자리할 수 있다. 중요한 것은, 자기결정 이론에서는 흔히 목표를 추구하는 이유에 모든 유형의 동기가 (다양한 수준으로) 존재한다고 인식한다는 것이다. 아울러, 동기의 강도는 적절히 지지적인 사회-문화적 환경에 의해 영향을 받게 된다고 주장한다. 이러한 기존의 연구가 본 논의에 제공하는 함의는, 코칭이 자율성, 유능성 및 관계성의 충족을 지원하고 촉진하는 데 도움이 된다면, 코칭을 통해 개인이 더 자율적인 (확인되고 통합된) 목표 선택을 향해 나아갈 수 있도록 조력할 수 있다는 것이다. 아래에서 곧 설명하겠지만, 코치이, 코치와 양자가 참여하는 코칭 대화에 높은 수준의 마음챙김이 존재할 때 이러한 현상이 일어날 가능성은 더 커진다.

[표 15.1] 외재적 동기와 관련된 통합 및 주인의식ownership의 다양한 수준

이유	유형	동기	예시
외적	조절된	타인이 당신이 해주길 바라고, 당신은 이를 수행함으로써 보상을 받거나 이를 수행하지 않으면 곤경에 처할 수 있기 때문에 노력한다.	"내가 부하직원에게 멘토링을 하는 이유는 내 승진 기회를 높이고 싶기 때문이다."
내사된	조절된	하지 않았을 때 수치심, 죄책감이나 조바심을 느끼거나 또는 했을 때 스스로 뿌듯함을 느끼기 때문에 노력. 하지 않으면 안 된다고 생각하며, 이를 하기 위한 동기부여를 위해 내적인 처벌을 사용한다.	"내가 부하직원에게 멘토링을 하는 이유는 훌륭한 관리자라면 마땅히 해야 하는 일이기 때문이다."
확인된	자율적	스스로 그 행동의 가치를 받아들였기 때문에 노력함. 그 행동이나 목표가 원래는 타인에게서 나온 것이더라도, 지금은 자신의 욕구와 목표에 도움이 된다고 생각한다.	"내가 부하직원에게 멘토링을 하는 이유는 잠재력을 개발해주는 유용하고 비용이 적게 드는 방법이기 때문이다."
통합된	자율적	자기 자신의 통합된 면을 드러내는 행동이기 때문에 중요하다고 생각하여 노력함. 활동이 흥미롭거나 재미있기 때문이 아니라 오히려 진실성과 존중감을 갖추는 데 아주 중요하기 때문에 부여되는 동기이다.	"내가 부하직원에게 멘토링을 하는 이유는 다른 이들이 성장하는 모습을 지켜보는 것이 내게는 아주 의미 있는 일이기 때문이다."

유기적 변증법 및 기본적인 심리적 욕구

위에서 언급한 바와 같이, 인간을 능동적이고 성장 지향적이라고 보는 자기결정 이론SDT의 관점은 내재적 동기와 유기적 통합에서 드러난다. 이 관점에서는 자아를, 한 개인의 삶을 구성하는 무수한 내부적 및 외부적 사건의 의미를 찾아가면서 이를 일관적이고 통일된 자기감으로 통합하기 위해 지속해서 노력하는 경험에 대한 능동적 처리자이자 일련의 역동적인 심적 과정 및 구조라고 본다. 이처럼 자기결정 이론은 본질에서 인간 본성에 대한 긍정적인 관점을 제시한다. 그런데도 자기결정 이론은 인간 경험의 유기적 변증법을 명시적으로 인정하고, 이에 대부분 실증적 관심을 둔다(Deci & Ryan, 1985). 간단히 말해서, 변증법은 상충하는 힘이나 생각의 병치juxtaposition이다. 자기결정 이론에서 핵심이 되는 변증법은, 이러한 긍정적인 발달적 경향과 자율적인 동기를 차단, 손상과 지연시키는 다양한 사회-환경적 영향력이 가진 잠재적으로 파괴적인 힘(예: 부모의 통제, 동료집단의 압박, 제한적인 법률 등)과의 상호작용 과정에서 사람들이 성장과 발전을 지향하게 되는 자연적인 성향 사이에 존재하는 충돌이다.

유기적 변증법의 한 측면인 내재화와 통합은 서로 다른 사회-문화적 환경(변증법의 다른 측면)에 의해 도움을 받거나 방해를 받을 수 있는 발달 과정이다. 기본적인 심리적 욕구가 다시 한번 가장 중요해지는 곳이 바로 이 접점nexus이다. 자율성, 유능성 및 관계성의 충족은 내재적 동기를 유지시키고 외재적 동기의 내재화 및 통합을 촉진하는 역할을 한다는 것은 자기결정 이론을 통해 가정되었고, 수많은 연구에 의해 지지가 되었다(예: Baard, Deci & Ryan, 2004; Deci, Eghrari, Patrick & Leone, 1994). 이는 어떤 식으로든 타인들을 감독, 자문 또는 지도하는 (코치와 같은) 사회적 주체는 기본적인 심리적 욕구의 충족을 촉진하는 방식으로 그 타인들과 관계를 맺고 지원을 제공하는 정도만큼 더 효과적일 것임을 암시한다. 특정한 상황에서 이러한 욕구의 충족을 촉진함으로써, 사회적 주체는 자신이 상호작용을 하는 사람들의 자율적인 동기를 지원할 수 있다. 사람 내부의 성장 과정은 환경 속에서 마주치게 되는 도전을 이겨내기 위해서 기본적인 심리적 욕구 충족을 요구하기 때문에, 자기결정 이론은 개인이 환경과의 지속적인 상호작용 속에서 자신의 욕구를 충족시키거나 좌절시키는 정도를 살핀다. 자신의 기본적인 욕구가 좌절되는 정도만큼, 인간 경험의 더 어두운 면이 무기력, 부정적인 영향, 공격적인 행동 방식 및 정신병리학의 형태로 명백히 드러난다. 이는 코치는 코칭 프로세스 안에서 욕구에 대한 지원을 제공해야 할 필요가 있음을 강조하고 있기 때문에 코칭에 중요한 함의를 가진다.

이론을 프랙티스에 적용하기

마음챙김과 보통 연결된 자기 이해의 한 유형인 자율적 동기를 가지려면, 삶에서 가치 있고 중요하다고 생각하는 것에 대한 명확한 지각을 필요로 하는 한, 마음챙김과 자율적 동기는 개념적으로 관련되어 있다. 이 섹션에서는 코칭이 주의력 있는 상태를 촉진하고 더 높은 수준의 자율적 기능을 할 수 있도록 도움을 줄 수 있는 방법에 대해 초점을 맞출 것이다.

마음챙김과 코치

대부분 전문화된 지원 서비스들(예: 상담, 심리치료)과 마찬가지로, 코칭에서도 관계의 질은 무엇보다 중요하다. 코칭을 통해 창출되는 긍정적인 결과는 대개 코치이의 노력과 실천을 바탕으로 이루어지는 것이지만, 코치 역시 코칭 관계에서 발휘되는 개인적 자질을 통해 코칭 결과에 현저히 기여하게 된다. 매우 현실적인 의미에서, 코치의 개인적 자질은 코칭 관계에서 가장 예리한 '도구tools'이다. 즉 코칭을 이끌어 가는 능력은 코치가 코치이의 고민을 얼마나 잘 들어주고, 정보를 처리하고, 공감을 표시하고, 신뢰를 쌓으며, 피드백을 제공하고, 생각과 행동의 패턴을 파악하고, 전이와 역전이를 관리할 수 있는가 등을 결정하는 일련의 기본적인 의사소통과 대인관계 능력에 기초한다. 마음챙김은 이 모든 기술의 핵심이며, 논란의 여지는 있지만 가장 중요한 기여는 주의를 안정시키고(오랜 시간 경청할 수 있는 능력을 향상시킴) 생각과 행동의 패턴을 알아차리는 것(통찰력을 갖게 하고 미래 계획의 설계와 행동에 도움을 줌)을 통해 이루어진다.

다른 지원 전문가들과 마찬가지로, 코치도 다양한 형태의 직업적 및 개인적 역량 개발(예: 공식적 수퍼비전, 상담 또는 심리치료)에 정기적으로 참여하는 것이 중요하며, 코칭 관계의 질과 효과성에 영향을 줄 수 있는 자신의 내적 또는 대인관계적 문제에 대한 메타인지적 자각을 개발하는 데 도움을 받을 수 있다. 이를 통해 코치는 마음챙김 능력을 더욱 향상하면서, 공식적인 구조화된 마음챙김 훈련(예: 마음챙김 기반 스트레스 감소 프로그램Mindfulness-Based Stress

Reduction; Kabat-Zin, 2013)에 참여하거나 프랙티셔너가 더 주의력 있는 상태로 들어가는 발판을 마련하도록 설계된 다양한 사전 코칭 관례나 의식을 구축함으로써 계속해서 마음챙김 역량을 개발해갈 수 있다. 다섯 가지 성찰 공간 모델(Cavanagh & Spence, 2013)과 관련할 때, 이러한 활동은 코칭에서 세 번째와 네 번째 성찰 공간(즉, 코치의 내면적 대화 및 코치와 외부 세계의 대화)을 강화하려는 노력이라고 할 수 있다.

마음챙김과 코치이

앞서 언급한 바와 같이 자기결정 이론의 관점에서 코칭의 주요 목표는 성장과 자기실현을 향해 나아가고자 하는 자연스러운 경향성을 활성화하는 방식으로 코치이를 지원하는 것이다. 코치이가 목표나 다른 바람직한 결과를 향해 억지로 움직이게 만든다는 것이라기보다는, 기본적인 심리적 욕구가 더 충족되는 것을 경험하게 됨으로써 목표를 위해 노력하고자 하는 코치이의 동기가 높아진다는 가정이다. (코치이의 사회적 관계망 중 하나의 연결고리에 불과한) 코치의 행동을 통해 창출할 수 있는 욕구 충족의 크기에는 분명 한계가 있지만, 코치는 적어도 다음의 세 가지 방법으로 도움을 줄 수 있다. 첫째, 코치는 코칭 관계의 범위 안에서 코치이의 기본적인 심리적 욕구를 충족시킬 수 있는 양질의 지원을 제공할 수 있다. 둘째, 코치이가 자신의 존재 및 자율성, 유능성, 관계성에 대한 기본적인 욕구를 알아차릴 수 있도록 촉진할 수 있다. 마지막으로, 더 넓은 세상에서 더 높은 수준의 욕구 충족이라는 결과를 창출해 줄 행동을 실천하도록 독려할 수 있다(예: 자신의 유능성에 대한 자각을 제고하기 위해 상사에게 더 도전적인 업무를 요청한다).

다음 섹션에서는 코칭을 통해 어떻게 코치이의 마음챙김 수준을 향상시킬 수 있는지(특히 코치의 행동에 초점을 맞추어), 그리고 이것이 어떻게 코치이의 기본적인 심리적 욕구를 충족시키는 자극으로 이어질 수 있는지에 대해 논의할 것이다. 이 내용은 카바나Cavanagh와 스펜스Spence(2013) 모델에서 설명하는 첫 번째와 두 번째 성찰 공간에 해당한다(즉, 코치이의 내면적 대화 및 코치와 외부 세계 사이의 대화).

자율성 욕구에 대한 지원

자기결정 이론에 따르면, 자율성에 대한 지원은 다른 이의 시각을 수용하거나 관점을 이해하는 데에서 시작된다(Spense & Deci, 2013). 이는 코칭에서 중요한데, 그 이유는 사람들이 자신의 관점이 무엇인지 항상 명확하게 파악하고 있는 것은 아니기 때문이다. 이럴 때, 이해하고자 하는 온전한 관심과 깊은 호기심을 가지고, 비판단적으로 경청할 준비가 되어 있는 누군가와 함께 있는 것이 크게 도움이 된다. 코치이가 자신의 관점을 명확히 하도록 독려하는 것은, 이러한 노력을 통해 코치이가 가치, 신념, 가정 등을 포함한 자신의 고유한 시각을 더 완전하게 이해하도록 도움을 줄 수 있기 때문에 유용하다. 코치가 이러한 방식으로 경청(예: 편향된 판단을 눈치채고 이로부터 떨어져 나오는 것)을 지속하기 위해서는 높은 수준의 마음챙김이 필요하지만, 이러한 경청은 또한 코치이로 하여금 점점 더 깊은 성찰을 통해 스스로 어떻게 자신의 세계를 주관적으로 구축하는지 솔직하게 탐색하도록 함으로써 코치이가 더 높은 수준의 마음챙김 상태가 되도록 유도할 수 있다. 이는 동기부여 관점에서 중요한데, 개인의 가치, 흥미 및 신념에 대한 이해의 제고는 이를 기초로 하여 더 많은 자율적 목표 설정할 가능성을 높이기 때문이다(Cavanagh & Spence, 2013).

사람들이 (자신이 원하는 일과 목표를 설정하는 수단으로써) 자신의 고유한 관점에 대해 성찰할 수 있도록 독려하는 것이 코칭에서 긍정적인 출발점이라는 데에는 의심의 여지가 없지만, 사람들이 그 관점에 맞춰 행동하도록 지원하는 것은 시간을 필요로 하는 과정일 수 있다. 스펜스Spence와 오데스Oades(2011)가 지적한 바와 같이, 이는 코치이가 자신의 관점에 대해 진지하게 생각해 보는 것에 익숙하지 않아, 이것이 추진력의 부족이나 소극성(무기력amotivation) 또는 자기 자신보다는 다른 이들의 선호나 관심사에 의존하는 방식을 초래하기 때문일 수 있다(조절된 동기controlloed motivation). 이러한 상황에서 신뢰가 변화의 열쇠가 되는 것은 분명하지만, 코치이가 자신의 동기부여 방식을 솔직하게(비방어적으로non-defensive) 인식할 수 있게 되도록 먼저 도움을 주어야 비로소 변화가 일어날 수 있다.

유능성 욕구에 대한 지원

코칭은 사람들이 본래 능력을 갖추고 있으며 지지적인 환경에서 모습을 드러내는 잠재력을 보유하고 있다고 가정한다(Stober & Grant, 2006). 예를 들어, 해결 중심 코칭(Berg & Szabo, 2005)은 사람들은 능력이 있고, 최선을 다하며, 자신이 창조하고자 하는 변화의 일부에 (작은 부분일지언정) 이미 관여되어 있다고 가정한다. 이러한 기법의 사용은 사람들로 하여금 현재 진행하고 있거나 과거에 결과가 좋았던 일에 집중하도록 함으로써 유능성이라는 감정을 강화할 수 있는 조건을 창출할 수 있다. 마음챙김은 적어도 두 가지 방식으로 유능성을 지지하는 역할을 하는 것으로 볼 수 있다. 첫째, 현재 진행 중인 경험에 대해 개방적이고 수용적인 태도를 유지함으로써 코치와 코치이가 크고 작은 성과 또는 그 성과 창출에 기여하는 강점을 간과하게 될 가능성이 작아진다. 둘째, 구조화된 마음챙김 훈련의 참여를 통해 사람들은 자신의 사고가 작동하는 방식을 더 잘 이해할 수 있게 되고, 이는 유능성에 대한 인식의 제고로 이어지는 경우가 많다.

관계성 욕구에 대한 지원

코칭은 일반적으로 적극적 경청, 공감, 무조건적 긍정적 존중, 주의 깊고 반응적인 신체언어 등과 같은 주요한 미시적 기술의 사용을 통해 강화되는, 칼 로저스Carl Rogers의 핵심적인 관점인 인간 중심주의(Stober & Grant, 2006)에 기초하고 있다고 간주된다(Starr, 2011; van Nieuwerburgh, 2013). 자기결정 이론에서 이러한 역량은 코치이의 주요한 관심사에 초점이 맞추어진 따뜻하고 신뢰적인 관계를 구축함으로써 관계성 욕구를 충족시키는 데 도움이 되는 환경을 조성한다. 덧붙여, 스펜스Spence와 오데스Oades(2011)는 "코칭 외에서 코치이가 구축하고 있는 긴밀한 관계가 있다고 하더라도, 자신이 이러한 관계 속에서 지속해서 수용, 이해, 존중되거나 진심으로 지지받는다고 느끼지 않을 수도 있다."라고 지적한다(p.46). 이런 경우, 사람들은 다른 이들과 긴밀하고 긍정적인 관계로 연결되어 있다고 느끼지 않을 수 있으며, 관계성이라는 이 기본 욕구를 충족하기 위해 자신이 원하는 것보다는 다른 이들의 선호에 맞추어 행동함으로써 (그 대신 자율성 욕구에 대한 충족은 타협함) 연결되고자 노력하게 된다. 예를 들어, 상사가 내부 승진을 배신행위라고 생각할 수도 있다는 우려 때문에 부하직원은 내부 승진을 포기하기로 결심할 수 있다. 이런 상황에서, 코칭은 관계가 불안정한 사람이 자신의 가치와 일치하는 행동 방식을 탐색할 수 있을 만큼 충분히 안전하다고 느낄 수 있도록 도울 수 있다(예: 그 자리에 지원한 후 이것이 의미하는 관계적 함의를 관리하기 위한 계획을 세움).

어떤 코치이에게 가장 유용한가?

현재에 더 주의를 기울이며 살아간다는 것은 알아차림과 주의력을 의식적으로 배양하는 것을 의미하며(자동적이고 반응적인 행동 방식을 상쇄하는 데 도움이 됨), 그렇기 때문에, 이는 모든 코치이에게 잠재적으로 유용하다. 그러나 다음과 같은 이들에게 특정한 가치를 제공할 수 있다:

- 과중한 업무량을 해소하고 극심한 스트레스와 같이 이에 관련한 문제를 관리하고자 하는 코치이. 이 경우, 마음챙김 훈련(예: MBSR)에 참여하면 (집중력 저하가 문제인 경우) 주의력 안정 및 (인지적, 정서적 및 신체적 피로가 높은 경우) 에너지 비축 관리에 도움이 될 수 있다.
- 부하직원들이 업무에 더 몰입하게 하고, 더 효과적으로 소통하며, 갈등을 관리하기 위한 방법으로 리더십이나 관리 방식에 변화를 주고자 하는 코치이. 이런 경우에는, 일상적인 방식으로 시각적 단서, 자기 대화, 모바일 앱 등을 활용하여 마음챙김 연습할 수 있다.
- 개인적 또는 직업적으로 전환(예: 경력, 관계)하는 과정에 있으며, 새롭게 설정한 개인적 또는 직업적 목표로 진전하기 위해 지원을 필요로 하는 코치이. 이 경우 코치와의 성찰적 대화를 하면 자기 인식이 깊어지고 중요한 가치와 관심사를 명확히 하는 데 도움이 될 수 있다.

사례 연구

코치이

제이크Jake는 업계에서 12년 동안 종사한 36세의 텔레비전 업계 임원이다. 2003년 커뮤니케이션과 미디어 분야에서 학사 학위를 받은 후, 제이크는 3년간 소규모 제작사에서 다양한 제작을 담당하며 업무를 익혔다. 항상 야심이 남달랐던 제이크는 열정적으로 업무에 임했고, 자주 긴 시간 동안 업무를 하면서 성실하고 헌신적인 직원이라는 평판을 빠르게 만들어 갔다. 일 자체는 흥미롭고 재미있었지만, 그가 궁극적으로 원하는 것은 자신의 제작 회사를 직접 차려 이 분야에 그의 족적을 남기는 것이었다. 2007년이 되자 제이크는 자신이 하는 일에 능숙해졌고, 창창한 앞날이 기다리고 있다는 것이 분명해졌다. 그렇지만, 최고가 되겠다는 열정 때문에 제이크는 다른 직원들과 좋은 관계를 맺는 것에는 특별히 노력하지 않았다. 사람들은 제이크가 좋은 의도를 가지고 업무를 잘 해내기 위해 최선을 다한다고 느끼면서도, 일이 잘 풀리지 않을 때 자신의 의견을 강요하고 다른 사람들을 제압하려는 모습을 보면서 그가 지나친 완벽주의에 독선이 심한 사람이라고 생각했다. 가끔 다른 동료들로부터 이런 피드백을 받으면 제이크는 진심으로 미안해하면서 기꺼이 사과하곤 했다. 제이크의 뛰어난 유머 감각도 불거진 갈등을 완화하는 데 한몫하였다. 그러나 동료들 입장에서는 실망스럽게도 제이크는 행동 방식을 절대 바꿀 수 있을 것 같지 않았고, 시간이 지나면서 사람들은 제이크의 강압적인 행동에 대해 회피(단순히 그가 원하는 대로 하도록 둠) 또는 직접 대면(보통은 제이크의 승리로 이미 결정된 듯 보이는 논쟁으로 이어짐)으로 대응했다. 제이크는 자신의 대인관계 방식을 많은 사람이 좋아하지 않는다는 것을 알면서도, 이것이 그의 목표를 이루는 데에 치명적인 걸림돌이 될 것으로 생각하지 않았고, 보통은 그가 '관계 회복'이라고 부르는 것을 통해 해결이 가능했다. 2008년 초, 밥 잭슨Bob Jackson이 제이크의 새 상사로 부임했다. 무슨 이유에서인지 밥Bob은 제이크를 처음부터 싫어하는 것 같았고, 제이크에게 짜증이 난 것처럼 보였다. 영문을 모르는 제이크는 당연히 밥이 도대체 자신에 대해 무슨 얘기를 들었는지 궁금했고, 업계에 있는 누군가가 자신에 대해 나쁜 이야기를 퍼트렸을 거로 추측했다. 심한 불안을 느끼게 된 제이크는 밥에게 자신의 가치를 입증하기 위해 모든 노력을 기울였다. 어느 날, 권위 있는 리더십과 탁월한 업무 수행을 위해 최선을 다하는 모습을 보이기 위해, 제이크는 제작 지연을 문제 삼아 한 직원을 공개적으로 문책했다. 이를 본 밥은 즉시 제이크를 사무실로 불러 해당 직원에게 사과하라고 요구했고, 크게 화가 난 모습으로 제이크에게 "공격적인 태도를 고치거나 그게 싫으면 나가라."라고 말했다. 얼마 후, 제이크는 아내의 제안한 대로 임원코치 서비스를 신청했다.

코칭

제이크를 코칭하기 위한 첫 번째 주요 과제는 위의 사례 연구에서 제시된 것과 유사한 배경 정보를 수집하여 사례를 자기결정 이론의 용어로 개념화하는 것이다. 이 작업의 목적은 제이크의 코칭에 적용할 접근 방식을 미리 결정하는 것이 아닌, 동기부여 관점(그의 인생 목표와 그 목표에 부여된 개인적인 의미 포함)에서 제이크의 일반적인 상태를 평가하고 그의 기본적인 심리적 욕구가 어느 정도 충족되고 있다고 스스로 인식하고 있는지를 파악하는 것이다. [표 15.2]는 제이크의 사례를 개념화한 내용 중에서 발췌한 예시와 함께 마음챙김적 알아차림 및 주의가 얼마나 효과가 있을 수 있는지에 대한 몇 가지 가능성을 정리한 것이다. 그러나 마음챙김은 코칭 대화의 어느 부분에서든 나타날 수 있는 의식의 질을 의미하기 때문에, 사례에 제시된 세부 사항은 마음챙김의 배양이 얼마나 유익할 수 있는지에 대한 정확한 이정표를 제시하는 것은 아니다.

[표 15.2] 제이크Jake의 사례 개념화 예시

주제	기본적인 욕구의 충족	마음챙김의 관련성
완벽주의 성향이 보이며, 지나치게 사소한 부분까지 관리하게 될 수 있다.	실패에 대한 과도한 걱정과 자신 또는 타인의 능력(유사성)에 대한 확신 부족과 관련된다. 타인에게 좋은 평가를 받고 싶다는 집착(관계성)과 결부되어 있다.	이러한 걱정은 인식의 가장자리에 존재하기 때문에, 사소한 것까지 통제하고 싶다는 충동이 일어날 때 제이크는 그가 경험하는 생각과 감정에 주의를 기울이면 도움이 된다.
관계 개선에 대한 저항	타인을 대하는 방식을 개선하는 것에 대해 저항해 온 것으로 보이는데, 이는 동료들을 공감하는 데 어려움을 느끼거나(관계성) 변화하는 방법을 모르기 때문 및/또는 변화할 자신이 없기 때문이다(유능성).	자신의 행동이 타인에게 미치는 영향을 고려하는 것은 제이크가 온전히 개발한 적이 없는 조망수용perspective-taking 역량일 수 있다. 잠시 멈추고 자신의 상호작용의 본질을 주의 깊게 관찰하는 시간을 가지면 관계의 질을 제고하는 행동적 선택을 하는 데 도움이 될 수 있다.
권위 있는 인물의 인정에 대한 갈망	분명 자신의 관심사에 기반을 둔 명료하고 장기적인 포부가 있지만(자율성), 제이크는 권위 있는 인물에게 인정받지 못하는 것에 대우 민감한 것처럼 보인다(관계성). 이는 그러한 갈등이 자신의 최종 목표(즉, 자신의 제작 회사를 직접 운영하는 것)에 장애물이 될 수도 있다는 두려움 때문일 수 있다.	만약 제이크가 권위 있는 인물과의 갈등이 장기적인 목표에 장애물이 된다고 생각한다면, 이 두려움이 얼마나 자주 올라오는지, 그리고 무엇이 이것을 촉발하는지 알아차리는 것이 도움이 될 수 있다. 아울러 밥의 인정에 대한 갈망과 스스로 사장이 되고자 하는 갈망 사이에 모순이 존재하지는 않는지 생각해 보는 것도 도움이 될 수 있다.

초기 세션 및 목표 명확화

일단 사례의 개념화가 끝나면, 제이크가 코칭을 통해 달성하고자 하는 바를 이해하는 것이 자연스러운 코칭의 출발점이 될 것이다. 제이크는 (밥이 짜증스럽게 제안했듯이) 다른 직장을 찾고 싶을까, 아니면 상황을 개선하기 위해 노력하고 싶은가? 최근의 사건들이 그에게 어떤 영향을 미쳤는가? 그는 자신이 어떻게 반응한다고 인식하였는가? 그는 자신이 어떻게 반응할 수 있기를 원하는가? 만약 3개월 후에 돌아본다면, 이 상황을 어떻게 해결했다고 말하고 싶은가? 코칭의 초기 단계에서 물을 수 있는 다른 질문들도 많이 있지만, 자기결정 이론의 관점에서는 코칭 안건이란 자신의 핵심 가치 및 관심사의 개발이 향후 행동을 변화시켜 가는 데 어떻게 도움이 되는지 스스로 성찰하고 명확히 표현할 수 있도록 도움을 주는 질문을 설정하고 체계화하는 것임을 제이크가 이해할 수 있도록 돕는 것이 가장 유익할 것이다. 이를 통해 코치는 자율성을 지지하는 환경을 조성할 뿐만 아니라 제이크가 자신의 핵심적 측면에 인식과 주의를 기울이게 하는 데 도움이 되는 성찰적 질문을 함으로써 마음챙김을 배양하게 된다.

장기 목표 distal goal를 사용하여 근위/중심 변화 proximal goal 지원하기

코칭에 대한 자기결정 이론 SDT적 접근은 제이크의 주요 인생 목표에도 깊은 관심을 가진다. 그의 현재 상황에 비추어 볼 때, 이 논의는 자신의 제작 회사를 차리고 싶다는 오랜 열망에 의해 좌우될 확률이 높다. 이 목표가 제이크에게 왜 그렇게 중요한지를 이해하는 시간을 가지는 것을 통해, 코치는 제이크에게 동기를 부여하는 것이 무엇인지, 행동을 규제하는 준거의 틀이 무엇인지(즉, 자신 또는 타인), 그리고 그는 일반적으로 세상을 어떻게 이해하는지에 대한 상당한 통찰력을 얻어야 한다. 다시 한번 말하지만, 제이크의 개인적인 관점을 이해하는 것이 이 탐색 과정의 목적이기 때문에, 질문을 통해 자율성에 대한 그의 욕구를 더 지지하고 계속해서 자기의 핵심적 측면을 성찰하도록 독려해야 한다. 제이크가 인생 목표에 대해 탐색하는 것이 스스로에게 유용할 수 있는 이유가 하나 더 있다. 최근 사건들에서 나타난 변화의 성격과 정도를 고려할 때(예를 들어, 다른 사람들에 대해 지나치게 사소한 것까지 관리하고 무례하게 대하는 그의 성향), 제이크에게 있어 영감이 되는 이 목표의 본질을 탐구하는 것이 유용할 수 있다. 이는 적어도 두 가지 방법으로 도움이 될 수 있다. 첫째, 그의 행동의 변화가 가지는 광의의 중요성을 맥락화하는 데 도움이 될 것이다. 즉 타인에게 공감하고 제작진을 미세 관리하지 않는 것과 관련된 역량이 텔레비전 산업의 사업주에게 필수적이라는 것을 그가 이해하는 데에 도움이 될 수 있다. 둘째, 이 목표와 관련된 긍정적인 감정은 일반화가 가능하고, 변화에 대한 동기를 부여하는 원천을 제공할 수 있다.

변화에 대한 준비 자세 및 실천 의지 세우기

지금까지 제이크에 대해 알게 된 것에 기반할 때, 밥의 최후통첩에 대한 행동 변화의 함의는 뚜렷해 보인다. 즉 코칭에서 검토 중인 직장에서의 행동들은 이미 굳어진 것처럼 보이며, 이를 바꾸기 위해 제이크가 크게 노력을 기울인 적도 없다. 따라서 이런 변화에 대해 그가 양가감정을 갖게 될 가능성이 크며, 그가 변화할 준비가 되었는지 확인하는 일은 코칭 초기 단계에서 중요한 초점이 된다. 물론 이것은 제이크로 하여금 변화의 장점과 단점을 명확히 제시하도록 함으로써 비교적 쉽게 알아낼 수 있다. 제이크가 느끼는 양가감정이 심각하다면, 그의 양가감정에 대해 스스로 탐색해 볼 수 있도록 돕는 것이 바람직하다. 그렇게 하지 않으면, 아무런 변화 없이 밥이나 직장의 다른 동료와의 또 다른 갈등으로 이어지게 될 확률이 높다.

여기서 유용성이 입증되어야 할 행동 변화 모델과 도구는, 변화 과정에서의 몇 가지 중요한 특징을 설명해주는 범(초)이론적 행동 변화단계 모형transtheoretical model(Pro-chaska, Prochaska & Levesque, 2001)과, 자기결정 이론과 잘 부합하는 '임상적 방식'으로 널리 알려진 동기부여 면담MI(Miller & Rollnick, 2012)이다(Patrick & Williams, 2012). 이 단계에서 사용하는 유용한 동기부여 면담 도구는 의사결정 균형 매트릭스decisional balance matrix로, 이를 통해 변화에 찬성 및 반대하는 이유와 변화하지 않는 이유를 명료히 제시해 봄으로써 제이크 스스로 변화해야 할 이유를 찾아갈 수 있도록 도움을 줄 것이다.

이러한 방식으로 활용될 때, 의사결정 균형 매트릭스는 자율성에 대해 강력한 지지를 제공한다. 만약 제이크가 요구된 대로 변화하는 것을 거부하기로 결정한다면, 코치는 그 선택을 존중하고 제이크가 자신의 선택이 의미하는 바를 헤아릴 수 있도록 도와야 한다. 자율성을 지지한다는 것은 사람들이 코치가 그렇게 해야 한다고 생각하는 방식으로 행동하지 않을 것임을 의미한다는 점에 유의해야 한다. 이는 코치에게 상당한 불편함을 초래할 수 있으며, 제이크의 경우, 코치가 필요한 변화에 대해 직접적으로 옹호하거나 '넌지시 흘리기sneaky telling'를 통해 은밀히 진전시킬 수 있다(예: "리차드 브랜슨Richard Branson이 직원들을 미세 관리할 시간이 있을 거로 생각하는가?"). 만약 코치의 불편함과 옹호하고 싶은 충동이 반응적 대응(즉, 말하기)을 촉발하게 되면 자율적인 의사결정은 가로막으면서 변화에 대한 제이크의 저항만 증가시킬 수 있기 때문에, 이러한 상황에서 코치의 마음챙김 역량은 매우 중요하다.

변화를 계속 지원하기

그게 아니라면, 의사결정의 균형을 맞추는 과정이 제이크가 자신의 양가감정을 해결하는 데 도움이 되는 경우 (변화 과정 중 더 적극적인 단계로 이동), 코치는 다양한 도구와 기법을 사용하여 변화 노력을 지원할 수 있다. 여기에는 회피 목표보다는 접근 목표의 명확화, 목표를 작은 '크기'로 세분화, 결정적인 순간(예: 실수가 알려진 경우)에 나오는 정서 반사 행동emotional reactivity을 관찰하는 데 도움이 되는 자기 관찰 기법, 격한 강점에 대한 마음챙김 기반 대응 전략 및 정기적인 휴식이나 운동 등과 같이 자아 고갈(Baumister & Vohs, 2007)에 대한 대응에 도움이 되는 일과의 개발 등이 포함될 수 있다.

논의 포인트

1. 마음챙김 수준이 높은 코치는 어떤 방식으로 코치이의 자율적 동기를 지지하는 맥락을 창출한다고 생각하는가?
2. 어떤 식으로든 자율성, 유능성 및 관계성에 대한 기본적인 욕구를 지원할 수 있는 공통적인 코칭 기법에는 무엇이 있는가?
3. 코칭 세션 중 마음챙김 상태를 유지하기 어렵게 만들 수 있는 요인에는 무엇이 있다고 생각하는가?
4. 코칭 중 현재의 순간에 깨어있는 상태에서 벗어나게 되었을 때, 이를 되찾는 데 도움이 될 수 있는 전략은 무엇이라고 생각하는가?

추천 읽기

Deci, E. L., & Flaste, R. (1995). *Why We Do What We Do*. New York: Putnam Publishing Group.
Miche, D. (2008). *Buddhism for Busy People: Finding Happiness in an Uncertain World*. Ithica, NY: Snow Lion Publications.
Pink, D. H. (2009). *Drive: The Surprising Truth about What Motivates Us*. New York, NY: Riverhead Books.
Spence, G. (2008). *New Directions in Evidence-Based Coaching: Investigations into the Impact of Mindfulness Training on Goal Attainment and Well-Being*. Saarbrucken, Germany: VDM Publishing.

참고 문헌

Baard, P. P., Deci, E. L., & Ryan, R. M. (2004). Intrinsic need satisfaction: A motivational basis of performance and well- being in two work settings. *Journal of Applied Social Psychology*, 34 (10), 2045–2068.
Baumeister, R. F., & Vohs, K. D. (2007). Self-regulation, egodepletion, and motivation. *Social and Personality Psychology Compass*, 1 (1), 115–128.
Berg, I. K., & Szabo, P. (2005). *Brief Coaching for Lasting Solutions*. New York: W.W. Norton.
Brown, K. W., & Ryan, R. M. (2003). The benefits of being present: Mindfulness and its role in psychological well-being. *Journal of Personality and Social Psychology*, 84, 822–848.
Cavanagh, M., & Spence, G. B. (2013). Mindfulness in coaching: Philosophy, psychology, or just a useful skill? In J. Passmore, D. Peterson & T. Freire (Eds.), *The Wiley-Blackwell Handbook of the Psychology of Coaching and Mentoring* (pp. 112–134). New York: Wiley-Blackwell.
Deci, E. L., Eghrari, H., Patrick, B. C., & Leone, D. (1994). Facilitating internalization: The self-determination theory perspective. *Journal of Personality*, 62, 119–142.
Deci, E. L., & Ryan, R. M. (1985). *Intrinsic Motivation and Self-Determination in Human Behavior*. New York: Plenum Press.
Deci, E. L., & Ryan, R. M. (2008). Facilitating optimal motivation and psychological well-being across life's domains. *Canadian Psychology*, 49, 14–23.
Gunaratana, H. (2011). *Mindfulness in Plain English*. Somerville, MA: Wisdom Publications.
Kabat-Zinn, J. (2013). *Full Catastrophe Living: Using the Wisdom of Your Body and Mind to Face Stress, Pain, and Illness*. New York: Bantam Books.
Martin, J. R. (1997). Mindfulness: A proposed common factor. *Journal of Psychotherapy Integration*, 7 (4), 291–312. Miller, W. R., & Rollnick, S. (2012). Motivational Interviewing . New York: Guildfor Press.
Niemiec, C. P., & Ryan, R. M. (2013). What makes for a life well lived? Autonomy and its relation to full functioning and organismic wellness. In S. David, I. Boniwell & A. C. Ayers (Eds.), *Oxford Handbook of Happiness* (pp. 214–226). Oxford: Oxford University Press.
Patrick, H., & Williams, G. C. (2012). Self-determination theory: Its application to health behavior and complementarity with motivational interviewing. *International Journal of Behavioral Nutrition and Physical Activity*, 9 (18).
Prochaska, J. M., Prochaska, J. O., & Levesque, D. A. (2001). A transtheoretical approach to changing organizations. *Administration and Policy in Mental Health and Mental Health Services Research*, 28 (4), 247–261.

Spence, G. B., & Deci, E. L. (2013). Self-determination with coaching contexts: Supporting motives and goals that prmote optimal functioning and well-being. In S. David, D. Clutterbuck & D. Megginson (Eds.), *Beyond Goals: Effective Strategies for Coaching and Mentoring* (pp. 85-108). Padstow, UK: Gower.

Spence, G. B., & Oades, L. G. (2011). Coaching with self-determination theory in mind: Using theory to advance evidence-based coaching practice. *International Journal of Evidence-Based Coaching and Mentoring*, 9 (2), 37-55.

Starr, J. (2011). *The Coaching Manual: The Definitive Guide to the Process, Principles and Skills of Personal Coaching*. Harlow, UK: Pearson.

Stober, D., & Grant, A. M. (2006). *Evidence-Based Coaching Handbook: Putting Best Practices to Work for Your Clients*. New York: Wiley & Sons.

Van Gordon, W., Shonin, E., Zangeneh, M., & Griffiths, M. D. (2014). Work-related mental health and job performance: Can mindfulness help? *International Journal of Mental Health and Addiction*, 12 (2), 129-137.

van Nieuwerburgh, C. (2013). *An Introduction to Coaching Skills: A Practical Guide*. London: Sage.

16장
자비 중심 코칭

저자: 크리스 아이언스 Chris Irons[1], 스티븐 팔머 Stephen Palmer[2], 리즈 홀 Liz Hall[3]
역자: 김태리

서론

자비[연민심] 중심 코칭 Compassion Focused Coaching(CFC)은 진화심리학, 신경과학, 애착 이론, 발달심리학, 사회심리학을 포함한 다양한 과학 분야에 근거를 둔 코칭에 대한 통합적 접근으로, 개인, 그룹, 조직이 난관, 고충 및 고통에 대처할 때 고충의 완화와 성장 촉진 방안의 탐색에 대한 인식을 제고하고 역량을 개발하도록 돕는 것을 목표로 한다.

자비 중심 코칭은 코치이가 자신의 어려움을 관리하는 능력을 높이는 데 도움을 될 수 있는

---

[1] **크리스 아이언스** Chris Irons는 임상심리학자이자 Balanced Minds의 이사이다. Balanced Minds는 개인, 그룹 및 조직에 자비중심 접근을 제공하기 위해 설립된 조직이다. 그는 국제적으로 인정받는 자비 중심 치료 CFT의 트레이너이자 수퍼바이저이며 곧 출간될 책 『The Compassionate Mind Workbook』의 저자이다.

[2] **스티븐 팔머** Stephen Palmer 교수는 영국 런던의 Centre for Coaching의 창립 이사이다. 2004년에 British Psychological Society Special Group in Coaching Psychology BPS SGCP의 초대 의장이 되었으며, 2005년에는 런던 시티 대학(현 런던 대학교)에서 심리학 코칭 유닛을 창설하였다. 2016년에 덴마크 Aalborg 대학교 코칭심리학과의 겸임 교수가 되었고, 2018년 Wales Trinity Saint David 대학의 업무 기반 학습 연구소 Institute for Work Based Learning의 실습 교수가 되었다. 현재 브라질 리우데자네이루 연방 대학교의 코칭심리학부의 명예 고문이며, 국제 코칭심리학 협회 국제 코칭 심리 연구센터의 코디네이터이다. 또한 국제 코칭심리학회와 국제 스트레스 관리협회의 명예회장이자 연구원이다. 그는 다양한 주제에 대해 50권 이상의 책을 쓰거나 편집했으며 유럽 응용 긍정심리학 저널을 포함한 그 분야의 많은 저널을 공동 편집했다. 2008년 BPS SGCP로부터 코칭심리학에 기여한 공로를 인정받아 평생 공로상을 받았다.

[3] **리즈 홀** Liz Hall은 선임 프랙티셔너 코치, 훈련된 MBSR 교사, 마음챙김/자비 트레이너, 마음챙김, 자비와 코칭(『Mindful Coaching』, Kogan Page, 2013 포함)에 관한 저자이다. 그녀는 『Coaching at Work』의 편집자이자 『International Journal for Mindfulness & Compassion at Work』의 공동 편집자이다.

특정한 유형의 위로-친애의 감정을 개발하고, 시간이 지남에 따라, 외적 난관(예: 어려운 관계나 조직의 역학 관계와 연결된)이나 내적 고통(예: 높은 수준의 자기비판, 반추, 걱정, 낮은 자신감, 실패에 대한 두려움)을 처리하기 위해 사용할 수 있는 '자비심compassionate mind'을 개발하도록 돕는 데 목적이 있다.

자비 중심 코칭의 발전

자비 중심 코칭은 최근 폴 길버트Paul Gilbert 교수와 동료들이 개발한 심리치료 접근인 자비 중심 치료Compassion Focused Therapy(CFT)에서 나왔다. 처음에는 일반적인 치료로는 개선이 잘되지 않는 경우가 잦은 수치심과 자기비판의 수준이 높은 사람들을 돕기 위해 개발됐지만, 현재는 임상적 및 비임상적 증상 모두에 광범위하게 활용되고 있다. 자비 중심 치료에서 획득된 통찰을 바탕으로, 자비 중심 코칭은 코치이가 부정적인 감정, 자기비판, 되새김rumination, 걱정, 자기 검열에서 비롯되는 (보통은) 부정적인 영향을 자각하고 이해하는 데 도움을 주는 다양한 개입 방식을 활용하여, 코치이가 자신을 더 지지하고 격려하며 자비로운 마음으로 대하는 관계를 구축하도록 돕는 것을 목표로 삼는다. 자비 중심 코칭은 또한 코치이로 하여금 동료와 자신이 관리하는 사람들에 대한 동정심을 기르고 조직 내의 다른 사람들에게서 자비심과 보살핌을 받는 것이 고통을 줄이고 성과를 향상하는 데 얼마나 도움이 되는지 고려하도록 돕는다. 현재는 자비에 기반을 둔 개입이 개인, 그룹 및 조직에 긍정적인 변화를 가져올 수 있다는 다양한 증거가 제시되어 있다(Barnard & Curry, 2011; Leaviss & Uttley, 2015; Dutton et al., 2006 참조).

이론 및 기본 개념

자비 중심 코칭은 인간의 고통과 행복을 이해하는 진화심리학 프레임워크 내에 있으며, 우리의 뇌, 삶의 본질 및 우리 모두가 직면하게 되는 어려움에 대한 중요한 심리 교육적 성찰을 다양하게 포함한다(Gilbert, 2009, 2014; Gilbert & Choden, 2013). 몇 가지 핵심 사항을 요약하면 아래와 같다.

우리의 마음은 수억 년에 걸친 진화 과정의 산물이다. 그 안에는 다양한 동기(예: 지위 및 애착), 정서 성향(예: 불안, 분노, 슬픔, 기쁨) 및 타 동물들과 공유하는 반응 범주(예: 투쟁-도피, 경직, 굴복)가 들어 있다. 그러나 대략 2백만 년 전, 고대 인간들은 복잡한 인지 체계의 급속한 발달로 이끈 진화의 과정을 거치게 된다. '똑똑해지는 것'을 통해 뇌 구조는 복잡한 사고, 상상, 계획, 정신화, 메타인지 및 자기검열을 할 수 있게 되었다. 새롭게 생겨난 이 능력들('새로운 뇌new brain'라고 칭함)은 우리가 기존에 가지고 있던 감정과 동기('오래된 뇌old brain'라고 칭함)와 상호작용이 가능하며, 이 두 가지 뇌가 함께 작동하면 쓸모없고 비합리적인 '순환고리loop' 속에 사로잡힐 수 있다. 코치이가 이러한 순환 고리의 본질을 이해할 수 있도록 도울 수 있는 한 가지 방법은 설명과 함께 사례를 제시하는 것이다. 예를 들어, 얼룩말이 아프리카 사바나에 있는 풀을 행복하게 뜯어 먹고 있는 모습을 상상해 보자. 사자를 보자마자, 얼룩말은 오래된 뇌 반응(예: 불안, 도망)을 경험하고 달아난다. 일단 얼룩말이 다시 안전해지고 사자에게서 멀리 떨어지면(위협이 되는 자극이 더는 존재하지 않음), 얼룩말은 안정을 찾게 되고 그 전에 하고 있던 것(예를 들어, 풀을 뜯어 먹는 것)을 계속할 수 있다. 그러나 만약 우리를 쫓아오는 사자로부터 우리가 가까스로 도망쳤다고 상상하면, 그렇게 빨리 진정하지 못할 것이다. 오히려, 오래된 뇌의 불안이 우리로 하여금 상상하고('만약 잡혔다면 어떻게 됐을까'), 걱정하고('어쩌면 아직 밖에 있을지도 몰라'), 계획하게('나중에 이 빌딩에서 어떻게 나가지?') 하면서 새로운 뇌의 능력에 영향을 미치게 되고, 이것이 다시 오래된 뇌의 감정을 자극함으로써(예: 불안) 우리의 뇌와 몸에 위협이 계속 남아있게 만든다. 이는, 다시, 우리의 새로운 뇌에 스트레스를 동반하는 영향을 계속 미치게 된다. 이런 식으로 '순환 고리'를 도는 것이 우리 잘못은 아니지만, 우리에게 많은 문제를 일으킨다. 여기서 핵심은 코치이가 자신의 '머릿속 순환 고리'를 인식할 수 있도록 돕기 위해 어떻게 이 심리교육을 활용할 수 있는지와, 이러한 순환 고리가 어떻게 그들의 삶에 부정적인 방식으로 영향을 미치는지 확인하는 것이다.

두 번째 개념은 '자아self'에 대한 우리의 감각은 삶의 경험에 의해 형성된다는 점에서 사회구성주의와 관련이 있다. 따라서 오늘 이 세상에 존재하는 우리의 버전은 만약 우리가 다른 인생 경험을 했었더라면 되었을지 모를 셀 수 없이 많은 여러 버전 가운데 하나이다. 이를 이해할 수 있는 한 가지 방법은, 코치이로 하여금 자신이 다른 인생 환경을 경험했다면 어떤 모습의 사람이 되어있을지 되돌아볼 수 있도록 돕는 것이다(예: 가정이 아닌 폭력적인 마약 조직에서 자신을 키웠거나 자신의 부모가 아닌 다른 이웃집에서 자랐더라면). 사람들이 보통 이를 통해 얻게 되는 것은, 자신이 다른 환경을 경험했다면 인간으로서 상당히 다른 모습이 되어있을지도 모른다는 직관적인 감각이다(예: 마약 조직의 예를 들자면, 분노, 공격성, 잔인성 또는 불안과 복종심의 경향이 훨씬 높았을 것이다). 그래서 자비 중심 코칭은 사람들로 하여금 현재 자신의 모습은 자신이 통제할 수 없는 사건들에 의해 사회적으로 형성되었다는 것을 인식하도록 돕는다. 따라서 수줍어하거나 자신감 없는 자신의 모습을 스스로 탓하기보다, 자신에게 주어진 삶의 경험에서라면 지금의 자신의 모습이 되었다는 것이 수긍할 만하다고 인식할 수 있게 된다. 이는 코치이가 스스로에게 느끼는 수치심을 감소시키고, 나아가 우리가 힘들어하는 어려움 가운데 많은 것이 '우리 잘못이 아님'을 이해하는 데 도움을 줄 수 있다. 그러나 우리가 곧 알게 될 것처럼, 이러한 통찰을 배우고 실천하는 데 있어, 또 다른 버전의 자신을 연구하고 계발하는 것에 대한 책임도 우리 자신에게 있다는 사실이 인식되기 시작할 수 있다.

세 번째 개념은 코치이가 우리 감정의 진화된 기능 및 이것이 기본적 동기나 행동과 어떻게 연관되어 있는지, 그리고 어떻게 이것이 우리 삶에서 흔히 균형을 잃는지를 이해하도록 도와준다. 타 연구자들이 제시한 바에 인용하면(예: Depue & Morrone-Strupinsky, 2005; LeDoux, 1998), 자비 중심 코칭에서는 우리에게 다음과 같은 세 가지 기본 유형의 정서 조절 체계가 있다고 제언한다:

위협 및 자기 보호 체계 – 이 체계는 외부 세계의 위협을 감지하고 우리 몸이 이에 대응하도록 자극하기 위해 진화했다. 이 체계는 감지된 위협에 대한 다양한 신경 생물학적/생리학적 반응과 연결되어 있다. 또한 위협과 관련된 특정한 핵심 정서(예: 불안, 슬픔 및 분노)와 행동(예: 투쟁-도피 반응, 경직, 굴복)과 연결된다. 위협 체계는 우리의 가장 지배적인 정서 처리 체계로, 부정적인 기억, 사건 및 유인誘因에 더 쉽게 초점을 맞추고 우리의 사고가 유비무환 방식으로 작동하도록 관리한다.

추구, 탐색 및 획득 체계 – 이 체계는 우리와 타인에게 유리한 자원을 찾고 관심을 기울이며, 이 자원을 추구하고 획득할 수 있도록 우리에게 동력을 제공하기 위해 진화했다. 이를 촉진하기 위해, 이 체계는 긍정적인 감정(예: 흥분, 기쁨)에 대한 특정 유형의 활성화 및 활력화와 연결되어 있다. 코치이 중 다수는 업무 환경에서 이 체계를 인식하는데, 예를 들어 대규모 계약을 따내거나 승진에 성공했을 때 올라오는 감정이 여기에 해당한다.

만족, 위로 및 친애 체계 – 이 체계는 개인이 더는 위협 또는 자원의 추구나 소비에 집중하지 않을 때 올라오는 침착, 평화 및 평온과 같은 긍정적인 정서 상태를 의미한다. 이 체계는 '휴식과 소화rest and digest' 반응과 관련이 있는데, 이 반응을 통해 동물들은 긴장 완화, 휴식, 회복 기간을 경험하는 것이 중요하다. 따라서 이 체계는 부교감 신경계와 연결되어 침착, 안전, 위로의 경험을 촉진한다. 포유류가 세상에 등장하면서, 이 체계는 애정, 보살핌, 양육, 애착의 신호에 매우 민감해지도록 변화하였다. 또한 이 체계는 신경펩타이드 옥시토신과 연결될 수 있으며, 우리의 위협 체계를 조절하는 데 중요한 역할을 할 수 있다는 것이 연구를 통해 시사되었다.

[그림 16.1]은 이 세 가지 상호작용 체계에 대한 설명이다.

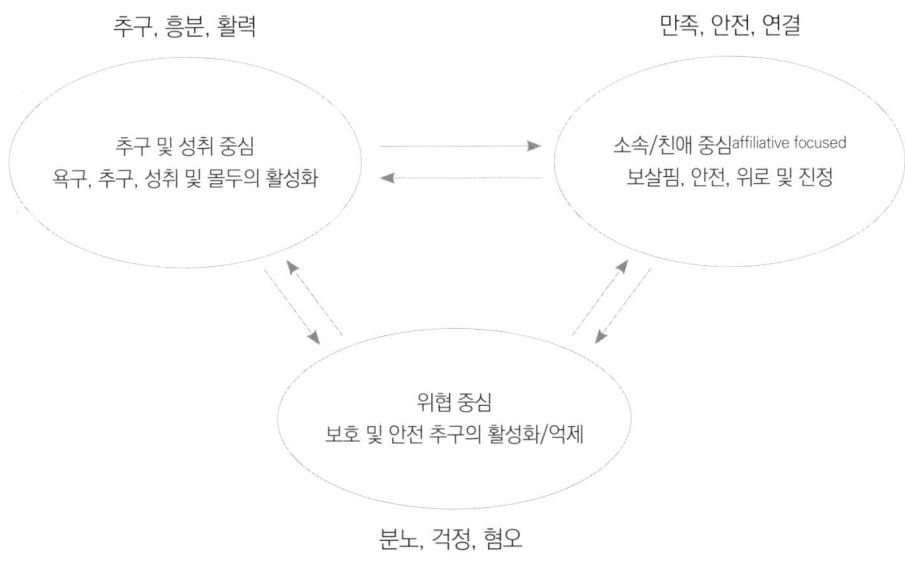

출처: Gilbert, P. (2009) 자비로운 마음The Compassionate Mind Constable & Robinson에서 인용을 허락함

[그림 16.1] 세 가지 유형의 정서 조절 체계

애착attachment과 소속/친애affiliation의 중요성

소속/친애는 위협과 추구 체계 모두와 연결될 수 있지만, 위로-소속/친애 체계는 따뜻함, 친절함 및 지지라는 친 사회적 감정과 연관되어 있으며, 보살핌과 수용이라는 포유류에서 나타나는 애착 체계에 뿌리를 두고 있다. 자비 중심 코칭의 핵심 개념은, 특정 유형의 소속/친애 관계라는 것이 우리로 하여금 안심, 지지, 안전 및 위로를 느낄 수 있도록 하는 데 중요한 역할을 한다는 것이다. 실제로, 어려움에 처했을 때, 보통 우리가 가장 먼저 의지하는 것이 타인이 제공하는 보살핌, 안심감 및 지지이며, 따뜻하면서 친밀한caring and affiliative 관계 및 반응의 질은 우리의 위협 정서의 조절에 강력한 영향을 미치고 흔히 위로, 안전, 만족을 느끼게 해준다.

이러한 유형의 보살핌-소속/친애caring-affiliative 관계는 우리가 위협 정서를 조절하는 데 중요한 역할을 하며, 우리의 뇌가 발달하는 방식, 우리의 유전자가 어떻게 표출되는 방식 및 우리의 면역체계가 반응하는 방식을 바꿀 수 있다는 것이 확인되었다. 따라서 자비 중심 코칭은 코치이가 자신의 삶에서 직면하는 많은 어려움을 앞으로 더 잘 관리해 나갈 수 있도록 도움을 주는 방법으로서, 어떻게 하면 따뜻하고 친밀한 상호작용의 힘을 기를 수 있는지 탐색하는 것을 목표로 한다.

자비 중심 코칭에서는 사람들의 목표 달성이나 자신의 가치와 일치하는 삶의 영위를 방해하는 여러 가지 요인이 존재한다고 제언하는데, 그중 일부는 아래와 같다:

- 지나치게 활성화된 위협 체계. 일반적으로, 이것은 사람들이 이 체계에서 유발되는 특정한 정서(예: 분노, 불안, 수치심)를 너무 높은 수준에서 경험하는 데에서 기인한다.
- 지나치게 활성화된 추구 체계drive system. 일반적으로 여기에서는, 사람들이 목표를 추구하는 것에 지나치게 사로잡혀 있어 과한 욕구의 추구와 소유(예: 성공, 돈, 인정)에 대한 집착적 행동이나 몰두로 이어진다. 일부 사람의 경우, 목표를 달성하지 못하면 자신이 열등해진다고 믿고 있는 위협 체계의 활성화가 그 아래에 자리하고 있을 수 있다.
- 저활성화된 추구 체계. 이 경우, 일부 사람은 도달 불가능/달성 불가능한 목표, 또는 추구를 통해 유발되는 동기부여와 쾌락의 활성화를 차단하는 위협 체계의 과활성화(예: 수치심이나 걱정, 자기비판, 우울과 같은 감정)와 같은 다양한 요인에서 기인하는 추구의 부족에 직면할 수 있다.

- 저활성화된 위로-소속/친애 체계. 이 경우, 사람들은 사회적 안전의 부족 및 지지와 안심을 제공해 줄 타인에게 의지할 수 없는 것에 대해 이야기한다. 또한 여기서 흔히 볼 수 있는 것은 자기 자신을 위로하거나 안심시킬 수 있는 내적 감각을 만들어 내는 것, 또는 더 넓은 의미에서 자기 자비적이 되는 것의 어려움이다.

자비 중심 코칭에서는, 사람들이 삶의 장애물을 극복하고 개인적인 목표에 도달하여 번창하도록 돕는 데 있어 가장 핵심은 자비를 배양cultivation하는 것이라고 제언한다. 자비 중심 코칭은 타인을 보살피고 (그리고 보살핌을 받고) 친애적인 관계를 모색하기 위해 발달되어 온 우리의 동기부여 체계와 연결된 진화의 맥락에서 자비를 이해한다. 우리는 자비의 표준 정의(Gilbert, 2014)를 다음과 같이 사용한다:

자신과 타인의 고통에 대한 감수성 및 그 고통을 완화하거나 방지하려는 노력

이 관점에서, 자비는 상호 상이하면서도 관련이 되어있는 두 가지 심리를 가지고 있다:

1. 고통을 외면, 회피 또는 차단하거나 무시하기보다는, 근심과 고통에 관심을 기울이고 이를 다루면서 다가가고자 하는 능력. 여기서 중요한 자질에는 웰빙을 위한 보살핌, 고통에 대한 감수성, 연민, 고통에 대한 인내심, 공감, 비판단 등이 있다.
2. 고통을 완화하고 방지하기 위해 지혜를 계발하고 펼쳐내는 것. 이것은 고통을 다루고 웰빙을 증진시키는 능력 향상에 도움이 되는 기술과 프랙티스를 개발하는 것을 의미한다. 자비 중심 코칭에서 코치이는 주의력 훈련, 도움이 되는 추론과 조망 수용, 도움이 되는 행동에 대한 고려와 개입(강점 및 용기의 개발) 및 다양한 감각, 호흡, (자비로운) 이미지 훈련에 대한 프랙티스 및 활용을 위한 교육훈련을 받는다.

[그림 16.2]은 이 두 가지 심리에 대한 설명인데, 내부의 원이 자비의 첫 번째 심리를 일으키는 속성을, 바깥쪽 원이 자비의 두 번째 심리를 일으키는 다중 역량 훈련 및 속성을 나타낸다. 일반적으로, 코치이는 이러한 심리 중 하나 또는 두 가지 모두를 다루는 것에 방해받거나 어려움을 겪기 때문에, 자비 중심 코칭 과정은 코치이가 '자비로운 마음compassionate mind'을 발

달시키고 이를 통해 자신과 타인의 근심과 고통을 다루고 완화할 수 있는 능력을 배가시킬 수 있는 역량과 자질을 개발할 수 있도록 돕는 것을 포함한다.

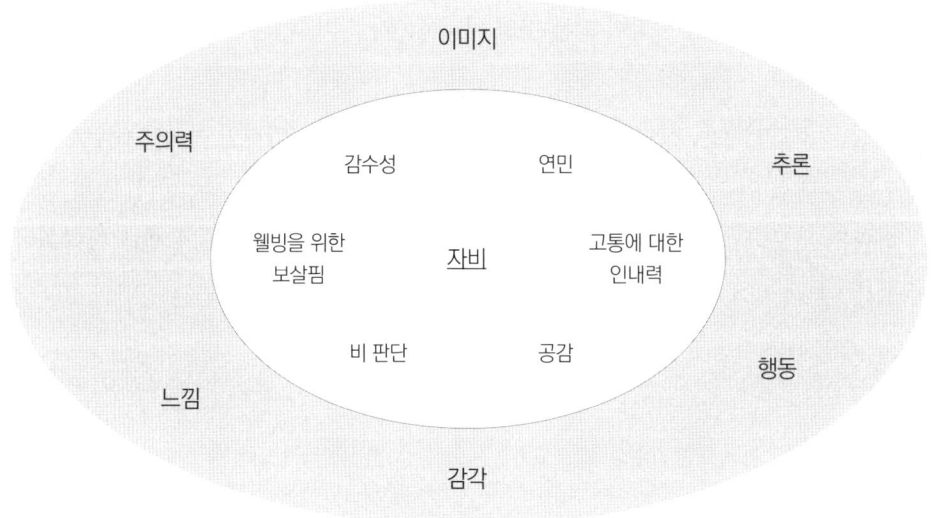

출처: Gilbert, P. (2009) 자비로운 마음 The Compassionate Mind Constable & Robinson에서 인용을 허락함

[그림 16.2] 자비의 속성

프랙티스

자비 중심 코칭의 목표는 자비의 정의를 반영한다. 즉 코치이가 자신과 타인의 고통에 더 민감해지도록 도움을 주면서, 동기부여 및 다양한 역량 개발을 통해 이러한 고통을 완화하고 웰빙을 가능케 하는 것이다. 코치는 다음과 같은 과정으로 이를 촉진한다:

1. 코칭 관계: 코치이가 근심과 고통을 다루어 내는 과정 및 이를 완화할 수 있는 역량의 개발을 촉진하는 유익한 코치-코치이 관계의 구축은 웰빙과 개인적 목표의 달성에 도움을 준다. 자비 중심 코치는 코치이의 어려움을 수용할 수 있는 안전하고 안심되는 관계를 만들어 가는 동시에 고통을 완화하는 역량 개발을 통해 변화에 대한 동기를 부여한다.

코치는 '우리성we-ness', 협업 및 지지가 밑바탕이 된 환경을 조성하고자 노력한다. 코치는 자기 자신뿐만 아니라 코치이의 '세 가지 체계'의 균형에 대해 알고 있고, 위협 상태나 추구 상태가 과하게 돌아갈 때는 자기 성찰이 가능하다.

2. 자비로운 통찰: 위에서 설명한 바와 같이, 자비 중심 코치는 인간에 대한 핵심 개념 몇 가지를 공유하는데, 여기에는 우리의 뇌가 아주 '까다롭고' 무익한 순환 고리와 집착에 빠지기 쉽다는 것과 자아감은 유전자와 사회적 환경/경험 모두의 산물이라는 것이 포함되지만, 이 둘 중 어느 것도 우리가 선택한 것은 아니다. 자비 중심 코치는 이러한 통찰을 활용하여 코치이가 직면한 어려움에 대한 수치심과 자기 비난이 줄어들도록 도움을 주는 동시에 스스로 할 수 있는 일에 대해서는 책임을 져야 한다고 강조한다. 자비 중심 코치는 자비 중심 치료의 핵심 원리와 이론에 대한 주요 심리교육을 공유하는 것을 바탕으로, 코치들이 (인간의) 고통의 본질에 대한 탈비난적이며 자비로운 통찰력을 키울 수 있도록 교육한다.

3. 주의력 안정 및 자비로운 속성의 경험과 개발을 위한 역량 개발

    주의력 훈련 및 마음챙김: 우리의 마음이 어떻게 작동하는지, 그리고 그 안에서 일어나는 어떤 생각, 감정, 신념이 생겨나는지 관심을 기울이기 위해 노력하는 과정을 통해, 우리는 상기 항목(1과 2)을 향해 나아가기 시작한다. 주의를 이해하는 한 가지 방법은, 무엇이든 초점이 맞추어진 것에 빛을 비추어주는 '조명'에 비유하는 것이다. 예를 들어, 우리는 코치이에게 매우 화가 났었거나 행복했던 때의 기억에 초점을 맞추도록 요청할 수 있다. 그런 기억에 집중하게 되면, 사람들 대부분은 다양한 신체 감각(예를 들어, 심박수, 호흡, 근육의 긴장 또는 전반적인 '감정'의 변화)이 일어나는 것을 알아차리게 된다. 여기서, 코치가 이해하고 있어야 할 중요한 메시지는 '주의가 몸을 움직이게 만든다 attention plays the body'는 것이다. 이러한 통찰을 바탕으로 자비 중심 코치는, 위에서 설명한 순환 고리 밖으로 코치이가 빠져나가는 데 도움이 되는 다양한 주의력 및 마음챙김 프랙티스를 활용하는 방법을 학습할 수 있도록 지원한다.

    진정 호흡 리듬: 주의력과 마음챙김 기술의 개발과 더불어, (일반적으로) 평소보다 느리고 깊이 호흡하는 리듬을 연습하여 몸에 익히는 것이 코치에게 도움이 될 수 있다. 자비 중심 코칭에서는 코치가 안정감 및 현실과의 연결감을 바탕으로 몸이 느긋해지는 감각을 경험하는 방법을 코치가 학습할 수 있도록 지원하는 것에 중점을 둔다. 이런 리듬

으로 호흡을 하게 되면 부교감 신경계의 '진정calming' 체계를 자극하여 다양한 방식으로 건강에 긍정적인 영향을 미치는 것으로 나타났다. 이러한 호흡 리듬은 코치이가 위협이나 추구 체계가 활성화된 상태에 사로잡혀 있다고 느낄 때 느긋함을 되찾게 해주는 데 도움이 되며, 흔히 성찰 및 문제해결 기술을 다시 작동시키는 능력을 촉진한다.

이미지 상상: 이미지를 사용하는 것은 말보다 더 강력하게 정서를 자극하고(Holmes & Mathews, 2010), 우리의 뇌와 생리적 반응에 강력한 영향을 미치는 것으로 나타났다. 만약 당신이 가장 두려워하는 것을 상상하거나 성적 환상에 초점을 맞춘다면, 당신의 몸에는 강력하지만 서로 다른 생리적인 반응이 나타날 것이다. 우리의 뇌가 이러한 방식으로 주의를 기울이고 '상상'할 수 있는 능력을 갖추고 있다는 것이 중요한 이유는, 이를 통해 궁극적으로 자비로 연결되는, 위로-친애 체계와 같은, 특정 감정 체계를 자극하기 때문이다. 여기서, 사람들에게 평화, 만족, 차분함이나 기쁨이 느껴지는 '안전'하거나 '고요한' 장소의 이미지를 만들어 보라고 안내하면 도움이 된다.

4. 다양한 정서적, 이미지, 신체 및 의인화/행동 프랙티스를 활용하여 서로 다른 '흐름flows'에서의 자비를 배양develop한다.

   i. 나로부터 타인에게 향하는 자비

   ii. 타인으로부터 내게 향하는 자비

   iii. 자기 자비

   - 이러한 방식으로 자비를 배양하는 것은 다양한 건강 및 심리적인 이득이 있는 것으로 확인됐다. 자비 중심 코칭에서는 자비에 기반을 둔 주요 프랙티스를 다양하게 활용하고 있다.

자비로운 타인의 이상적인 모습 설정: 자비 중심 코치는 타인이 갖추고 있길 바라는 자비로움의 이상적인 특징이나 속성에 대해 코치이와 이야기를 나누면서 이 사람/사물/대상의 모습이 어떠한지 의인화하거나 상상해 볼 수 있는지 확인한다. 몇 가지 핵심적인 특징(예를 들어, 따뜻함, 헌신, 지혜, 강인함)을 바탕으로 코치는 코치이가 어려움과 근심을 관리하고 다루는 방법으로서 이 이미지를 어떻게 활용하는지 배울 수 있도록 돕는다. 예를 들어, 코치는 '직장에서의 이 어려운 상황에 대해 자비로움에 대한 당신의 그 이미지는 어떻게 도움이 될 것 같습니까?' 또는 '이 상황에 대한 근심에 대해 당신의 자비로운 이미지는 뭐라고 말해 줄까요?"라고 질문할 수 있다. 이런 식으로 이미지를 설정하면 자비가 흘러 들어오는 것을 경험하는 데 도움이 되고, 코치이가 '자신의 어려움에 도움을 주는 또 하나의 마음'을 가질 수 있도록 도울 수 있다.

자비로운 자기의 이상적인 모습 설정: 이 연습에서 자비 중심 코치는 코치이로 하여금 이미지 상상, 구현 및 연기와 연계된 다양한 기술을 활용하여 '최고로 이상적인 자비심'을 갖추게 된 자신의 모습을 만들어 내도록 돕는다. 코치이는 자비로운 자신의 이상적인 모습이 가지게 될 속성(예를 들어, 깊은 배려심, 지혜, 강인함)과 함께, 이 속성들이 자신의 마음(예를 들어, 자신이 생각하고 느끼는 방식), 동기, 얼굴 표정, 목소리 톤, 몸짓, 동작 등에 어떻게 영향을 미칠 것 같은지 생각해 볼 수 있도록 한다. 일단 대략적인 내용이 설정되고 만들어지면, 자비로운 자기는 다음의 두 가지 방향에 초점이 맞추어질 수 있다:

- 타인에 대한 자비(자비가 외부로 흘러나옴)

여기서 자비로운 자신은 코치이가 아는 누군가에게 향한다. 이것은 코치이가 알거나 좋아하는 어떤 이가 기쁨, 행복, 웰빙을 느끼도록 상상하거나 소망하는 것에서 시작한다. 자비로운 자신의 관점에서, 코치이가 자신이 아끼는 이 사람을 어떻게 대하고, 말하고, 상호작용하고 싶은지 생각해 보도록 안내할 수 있다.

- 자기 자비(자비가 내면으로 흘러 들어감)

이 연습에서 코치이는 자신의 자비로운 자기 안으로 발을 들여놓고, 이러한 자비로운 속성이 자신을 향할 수 있도록 코치의 도움을 받는다. 처음에는 코치이가 더 자연스럽게 자비를 느끼게 되는 자기의 일부(예를 들어, 부모나 동료)에게 자비로운 자기의 속성이 향하도록 연습해 볼 수 있다. 코치이는 자신이 직면한 근심이나 어려움을 견디는 힘이 있다거나, 행복하다거나, 삶이 원활히 흘러간다고 상상하는 것에 초점을 맞출 수 있다. 시간이 지나면서, 차차 자기가 덜 선호하는 자신의 일부에 자비로운 자기가 향하도록 해볼 수 있다. 이와 관련한 내용은 아래에서 좀 더 자세히 살펴보기로 한다.

자비의 실제 적용 – 우리의 어려움에 자비 적용하기

코치이가 '자비심'의 구성요소를 개발하기 시작하면서, 즉 자비의 다양한 속성(예: 배려심, 지혜, 강인함)에 접근해 가면서, 자비 중심 코치는 이러한 속성과 기술이 코치이가 겪고 있는 삶의 어려움에 더 구체적이고 연마된 방식으로 적용될 수 있도록 돕는다. 자비 중심 코칭은 다른 여러 가지 코칭 및 심리치료적 접근에 사용되는 응용된 형태의 개입을 활용하는 다중적 코칭 접근이다(Gilbert, 2014 참조). 이러한 개입 세 가지는 아래와 같다.

우리의 서로 다른 정서적인 '자기'에게 자비를 베푸는 것

인생에서 우리가 겪게 되는 여러 가지 어려움은 어려운 상황 그 자체가 아니라 그 상황 안에서나 그 상황이 종료된 후의 상반된 정서와 동기에서 발생한다. 예를 들어, 만약 우리가 직장에서 동료와 말다툼하거나, 프로젝트에 실패한다면, 우리는 우리의 화가 나는 반응에 상당히 불안해하거나, 발생한 일에 대한 슬픔으로 두려워질 수 있다. 여기서, 코치는 코치이로 하여금 우리가 일관된 자아로 이루어진 것이 아니라 다양한 자아들로 가득 차 있으며, 이러한 서로 다른 자아는 우리가 무엇에 주의를 기울이는지, 어떻게 생각하는지, 어떻게 느끼는지, 그리고 무엇을 하는지를 패턴화한다는 사실을 이해하고 탐색하도록 도와야 한다. 예를 들어, 논쟁할 때 우리의 불안한 부분은 우리의 화난 부분과는 매우 다른 방식으로 생각하고 느끼고 행동할 것이다. 여기서 어려운 점은 한 가지 정서가 다른 정서를 '차단'할 수 있어서, 우리에게 도움이 되는 중요한 대응 방식과 반응에 대응하기 어렵게 만든다는 것이다. 여기서, 우리는 여러 개의 자아라고 불리는 기법을 사용할 수 있는데, 이 기법에서는 상황에 대한 일반적인 정서적 반응(예를 들어, 분노, 불안, 슬픔, 수치심, 죄책감)을 차례로 표현하고, 다시 마치 이들이 자아의 개별적 부분인 것처럼 또는 또 다른 자아들인 것처럼 차례로 자리를 내어주게 된다. 각각에 대해, 우리는 이들이 가진 생각, 신체적 감정, 행동적 충동, 바라는 결과와 기억과 더불어, 어떻게 이들이 서로 충돌하게 되는지를 확인할 수 있다. 이 프랙티스의 핵심은 다시 자비라는 바탕으로 돌아가는 것인데, 여기서 자비로운 자아는 우리가 서로 다른 감정적인 '자아'(예를 들어, 슬픈 자아, 분노한 자아, 불안한 자아)를 이해하고 참으며 대응할 수 있도록 도와줄 수 있다.

자비로운 편지 쓰기

우리가 삶에서 어렵다고 느끼는 것들에 대해 편지를 쓰는 것은 신체적, 정신적 건강에 긍정적인 변화를 가져다주는 효과적인 방법이라고 알려져 있다. 자비 중심 코칭에서, 우리는 약간 변형된 형태의 이 표현적인 글쓰기를 기반으로 코치이가 자비로운 편지 쓰기를 배우고 실천할 수 있도록 돕는다. 여기서, 코치이는 그들이 현재 어려움을 겪고 있는 일에 대해 자비로운 자기(또는 자비로운 타인)로부터 자기 자신에게 편지를 쓰게 된다. 이 편지의 목적은 특정한 어려움을 파악하고 주목하면서 자비의 기술(예: 공감과 이해, 격려 등)을 사용하여, 자신이 어려움을 겪고 있는 현실과 이 어려움이 어떻게 발생하였는지를 다루면서 이를 관리하고 대처하고 해결할 방법에 대해 성찰하는 것이다.

변화 과정

자비 중심 코칭의 변화 과정은 코치이나 타인이 인생에서 겪고 있는 어려움에 대한 인식의 제고와 적응을 수반하며, 이러한 어려움을 인내하고 수용하고 '공존 be with' 할 수 있는 힘을 증진시킨다. 자비 중심 코칭을 통해 코치이는 또한 배려심, 지혜, 강인함/용기와 같은 자비에 기반을 둔 자질의 조합을 통해 이러한 어려움에 변화를 가져올 수 있는 향상된 동기와 능력을 보이게 된다. 일부에게는 이러한 변화는 세션 초기부터 시작되고, 점진적인 변화와 함께 때때로 어려운 과정을 거치는 사람들도 있지만, 시간이 지나면서 결국 도움이 된다. 일반적으로, 자비 중심 코칭의 관점에서 작업을 한다는 것은, 코치이가 자비에 대한 큰 두려움, 장애물 및 저항을 이해하고 견디고 대응할 수 있도록 돕는다는 것을 의미한다. 이는 때때로 이 코칭 작업의 핵심이 되기도 하며, 코치는 이러한 일반적인 어려움과 이를 다루는 방안과 관련하여 점점 증가하는 연구 문헌을 잘 파악하는 것이 도움이 될 수 있다(Gilbert et al., 2011).

어떤 코치이에게 가장 유용한가?

자비 중심 코칭은 코치이가 자신의 삶, 관계 및 직장에서 어렵고 고통스러운 여러 가지 경험을 다룰 수 있도록 돕는다. 이 중 다수는 일반적으로 생각하기thinking(예를 들어, 자기비판, 반추, 걱정), 감정emotions(예를 들어, 불안, 분노, 수치) 및 행동(예를 들어, 회피, 복종, 공격) 방식에 대한 분투를 포함한, 체계에 기반을 둔 경험의 어려움과 위협에 관련된다. 또한 자비 중심 코칭은, 위협에 기반 경험을 하는 상황에서, 추구 시스템(예를 들어, 직장과 인생에서의 성공과 성취를 위한 동기, 완벽주의나 건강한 노력의 추구와 관련한 어려움)과 연결된 목표 기반이나 가치 기반 행동을 이행하는 데 어려움을 겪고 있는 코치이에게 도움이 된다.

또한 자비 중심 코칭은 코치이가 부하직원과 동료에 대한 자비심을 배양하고 조직의 다른 이들로부터 자비나 지지를 받는 데에 더 개방되어 있도록 도움을 줄 수 있다. 이를 통해 코치이는 동료들 및 넓게는 관계 전반적으로 더 편안하고, 안전하며, 연결되어 있다고 느낄 수 있게 된다. 자비에 초점을 둔 접근법은 웰빙을 증진시키고 부정적인 영향을 감소시키며 어려운 상황에 대처할 수 있는 능력을 증진시킬 수 있다.

자비 중심 코칭은 광범위한 증거 기반 심리치료적 접근에서 비롯되었지만(Leaviss & Uttley, 2015 참조), 코칭에 대한 새로운 접근 방식이기 때문에, 누구에게 어떤 상황에서 이 접근이 가장 유용할 수 있는지 확인하기 위해서는 계속적인 연구가 수행되어야 한다.

사례 연구

영국의 중등학교 교사인 나즈마Najma는 그녀가 교직에 남고 싶은지, 만약 남는다면, 부서장 자리에 지원할지 결정하기 위해 도움을 받고자 코칭을 찾았다. 그녀는 자신을 야망 있는 사람이라고 말하며, 경력의 다음 단계로 그 자리에 지원하는 것이 그녀에게는 합당한 선택이었지만, 자신은 '자신감을 잃었고', 혼란스러움과 당황스러움을 느끼고 있다고 말했다.

코치는 자신이 오랫동안 마음챙김 명상을 해오고 있고, 적절한 경우 마음챙김 및 자비를 적용하여 작업을 하고 있다는 것에 대해 분명하게 전달했다. 나즈마가 자신의 이야기를 시작한 후, 자비중심코치 접근이 특히 유용하고 적절할 수 있다는 것이 분명해졌다.

나즈마는 어머니가 최근 유방암 진단을 받았고 어머니와 동생들을 부양하는 것에 스트레스를 많이 받는다고 말했다(아버지는 몇 년 전에 돌아가셨다). 그녀는 이렇게 바쁜데도 모든 것을 다 내려놓고 싶다고 얼마나 자주 생각하는지 모른다며 분통을 터뜨리면서, 자신을 그냥 혼자 있게 좀 내버려 뒀으면 좋겠다고 바란다는 사실이 '끔찍하게' 느껴진다고 말했다. 마치 그녀에게 할 일이 너무 많은 것처럼 들린다고 부드럽게 말했을 때, 나즈마는 "맞아요, 그렇지만 제가 할 수밖에 없어요. 이기적으로 굴 수도 있죠. 그래도 된다는 것도 알고요. 아버지가 편찮으셨을 때도 지금이랑 똑같은 상황이었어요."라며 격한 어조로 말했다.

그녀의 아버지는 알코올 의존증이었고, 나즈마는 아버지께 충분히 해드리지 못했다고 생각했다. 나즈마는 자신이 그렇게 이기적으로 굴지만 않았더라면 아버지가 돌아가시지 않았을지도 모른다고 생각하곤 했는데, 그녀가 배은망덕하고 자기 생각만 한다고 늘 꾸짖었던 아주 비판적인 엄마 때문에 촉발된 환상이었다.

나즈마는 자신과 어머니, 아버지에게 얼마나 화가 나는지 모른다고 말했다. 그녀는 또한 아버지를 살리는 것에 '실패'한 것이 슬프다고 표현하면서, 지금 어머니에게 충분히 못 해 드리고 있다는 것이 불안하다고 했다. 이 이야기를 듣고 나 코치는 나즈마에게 세 가지 체계적 정서 모델을 설명으로 넘어갈 수 있었다. 코치는 당연히 나즈마가 위협 체계에서 너무 많이 작동하고 있으며, 분노, 불안 및 이와 관련된 행동(예: 어머니에 대한 복종)을 포함한 전형적인 위협 정서를 드러내고 있다고 말했다. 코치는 인간의 뇌가 어떻게 진화했는지 설명하고, 나즈마의 '오래된 뇌'가 가끔 과한 추구 양상으로 들어가는 것은 그녀의 잘못이 아니라고 조언했다. "당신을 안전하게 지키고 싶었을 뿐이죠. 인간의 뇌는 그렇게 돌아가요."라고 말했다.

다른 세션에서 코치는 나즈마에게 그녀의 인생 경험이 그녀를 어떻게 형성했는지 탐색했다(사회구성주의social-constructionism). 코치는 나즈마에게 자신의 인생 곡선life-line을 그린 후에 그 위에 중요한 사건들을 표시하면서 그 사건들이 그녀의 삶에 어떤 영향을 미쳤는지 성찰해 보라고 했다. 코치는 나즈마가 완전히 다르게 성장 과정을 거쳤다면 그녀가 어떻게 달라졌을 것 같은지 생각해 보라고 했다. 이 작업은 우리 경험이 우리의 자아의식을 형성한다는 개념을 강화했고, 나즈마의 몇몇 부정적인 자기 평가가 나즈마 자신의 선택이나 개인적인 결점 때문이 아닌 그녀의 경험에 의해 형성된 측면에서 나온 것임을 성찰하도록 도와주었다. 코치는 나즈마가 부모와의 관계, 그녀의 아버지가 병을 앓던 중 그리고 돌아가신 후 어떤 기분이었는지(아버지가 돌아가시고 가족 모두를 떠났음에 화가 났고, 지금도 화가 나 있음), 그리고 그녀의 어머니가 그때와 지금 그녀를 어떻게 대하는지를 이야기해보도록 했다.

나즈마는 이 '이야기'에 등장하는 인물이 그녀 혼자만이 아니라는 것을 깨닫기 시작했다 - 그녀의 부모님도 역할이 있었다. 어느 순간 그녀는 아버지의 삶이 끝나가면서 일어났던 일들을 떠올리며 화가 났고, 코치는 이러한 고통스러운 감정들을 인정할 수 있도록 도움을 주면서, 나즈마가 이를 견디면서 처리할 수 있도록 지원했다. 코치는 나즈마의 고통과 함께 머무는 데 있어 자신의 위협 시스템이 활성화되는 것을 용인하였고, 나즈마와 함께 존재하며 공감하기 위해서 스스로에게 마음챙김과 자기 자비 프랙티스를 실천했다. 이는 나즈마가 그녀의 '어려운' 감정을 돌볼 수 있는 공간을 만들어 줌으로써, 그 감정들을 알아차리고 자신에게 미치는 부정적인 영향에 대해 더 잘 이해할 수 있게 해주었다. 바로 자비 중심 코칭의 핵심 접근이다.

그녀가 어린 시절 얼마나 보살핌을 받지 못하고 자신을 위로할 수 없었는지와 더불어 나즈마가 지금 겪고 있는 어려움을 다루기 위해, 코치는 그녀가 자애로운 정신 훈련 기법을 실천하도록 안내하고 격려하였다. 여기에는 진정 호흡 리듬과 함께 주의력 및 마음챙김 연습이 포함되었다. 때때로 어렵기도 했지만, 나즈마는 시간이 지남에 따라 이러한 기법들이 자신의 부모와 업무를 둘러싼 위협 기반의 '마음의 순환 고리'를 더 잘 인식하는 데 얼마나 도움이 되었는지 이야기하였다. 또한 이 기법들은 예를 들어, 불안을 줄이기 위해 진정 호흡 리듬을 사용하는 것을 통해 그녀에게 여유를 주고 현재에 머물 수 있게 도움을 주었다.

코치는 자기 자신과 타인에게 더욱 자비로워질 수 있도록 자신을 훈련하는 것이 가능하다고 설명하면서, 이를 통해 얻을 수 있는 잠재적인 이득을 알려주었다. 나즈마는 자신의 감정과 행동을 계속해서 자각하고 이해하면서, 그녀 자신과 주변인들과의 관계에 변화시키는 데 도움을 주는 구체적인 기법을 배우는 데 동의하였다. 나즈마는 자비로운 자기를 배양하기 위한 도움을 받았고, 자기로부터 자비를 이끌어 내고 경험하는 것이 어떤 것인지 탐색하기 시작했다(예를 들어, 타인에게로 자비가 흘러 들어감, 타인에게서 오는 친절과 배려의 신호에 열려 있음, 그리고 가장 중요한 것은 자기 자비). 나즈마는 실천 기법들이 어려웠다. 그러나 코치는 분노를 느끼거나 당황하는 것과 같이 자비에 대한 다양한 두려움, 장애물 및 저항에 대해 나즈마가 탐색하고 이해할 수 있도록 도와주었다. 이를 통해 그녀는 자신의 경험과 현재 가족이 마주하고 있는 어려움을 고려할 때, 누군가와 자비를 주고받는 것을 자신에게는 당황스럽게 느껴지는 것이 놀랄 만한 일이 아니라는 것을 알게 되었다. 시간이 지나면서, 지지와 안내를 통해, 코치는 나즈마가 이러한 어려움 가운데 많은 것을 다룰 수 있도록 도왔다.

세션이 진행되면서 코치는 나즈마가 자신에게 매우 엄격하고 높은 수준의 자기비판을 보이며, 이것이 나즈마가 자기 자신에게 더 자비로워지는 데에 자주 방해가 된다는 것을 알게 되었다. 나즈마가 그녀 자신을 마치 어려움을 겪고 있는 자기 학생 중 하나인 것처럼 대한다고 코치가 이야기하자, 나즈마는 '그럴 리가요'라며 웃었다.

코치는 나즈마의 어머니가 매우 비판적이었기 때문에 나즈마도 엄격한 자기비판을 하게 되었다고 설명했고, 코치는 나즈마와 함께 자기비판이 얼마나 흔한지, 그리고 우리의 생존을 돕는 방어적 자세와도 같은 자기비판의 본질과 기능에 대해 살펴보았다. 자기비판은 부적절함이라는 감정에 초점을 맞추거나 자기혐오와 경멸의 감정과 관련될 수 있다(Gilbert et al., 2004). 자기비판 탐구 과정에서, 나즈마의 마음고생은 부적절하며 결함이 있다고 느끼는 것과 관련이 있다는 것이 분명해졌고, 그녀는 곧 자기비판(자기검열의 형태로)이 어머니를 포함한 비판적인 타인들로부터 자신을 보호하는 방법으로 작동했다는 것을 인식하기 시작했다. 코치는 나즈마에게 그녀의 자비심 기술을 사용하면 그녀가 자기비판에서 벗어날 수 있을 뿐만 아니라 자신이 부적절하다고 느끼는 감정을 견디면서 궁극적으로는 줄이는 데 도움이 되는지 안내했다. 이 작업에는 코치의 안내와 함께 진행되는 이미지 상상 연습과 자애로운 편지쓰기가 포함되었다.

물러나는 것을 도울 수 있는지, 또한 그녀가 인내하고 궁극적으로 그녀의 부족감을 줄이는 것을 도울 수 있는지 소개했다. 여기에는 안내 이미지 연습과 동정심 있는 편지 쓰기가 포함되었다. 코치는 자비 중심 코칭 접근법에 따라 다중적 자아라는 개념을 소개했다. 코치는 나즈마로 하여금 그녀의 화가 나고, 불안하며, 수치스러운 부분들이 현재의 마음고생에 대해 얼마나 다른 사고, 감정 및 행동 방식을 가졌는지 생각해 보도록 하였다. 코치는 자애로운 자기를 안내 지침으로 삼아, 나즈마가 이러한 다른 부분들을 인정하고 지혜와 강인함으로 현 상황에 임하면서, 분노와 수치심을 외면하지 말고 단호하면서도 따뜻한 어조로 자신의 고민과 욕구를 표출할 수 있는 방법을 찾을 수 있도록 도왔다.

코칭이 마무리될 무렵, 나즈마는 자신이 어머니의 행동에 대해서는 더 관대해지고 자신의 욕구에 대해 더 확고해졌다고 말했다. 그녀는 자기 자신과 형제자매들에 대해서 훨씬 더 자비로워졌다고 느끼고 있었다. 그녀는 자신이 안전하며 코치에 의해 판단 받지 않는다고 느끼면서, 코치가 '나를 비난하지 않고, 나를 위해 내 곁에 있어 주는, 내 마음속의 지혜로운 존재와 약간 비슷하다'라고 생각했던 것이 얼마나 도움이 많이 되었는지 강조했다.

이후 세션에서는 나즈마가 직업적으로 하고 싶은 일을 포함하여 어떤 미래의 모습으로 나아가고 싶은지 탐색했다. 그녀는 교직에 남아있기를 원했고, 자신이 소속된 부서의 부서장이 되기를 간절히 원하고 있었다.

논의 포인트

1. 프랙티셔너가 자비로운 코치나 자비로운 코칭심리학자가 되기 위해 필요한 자질은 무엇인가?
2. 자신의 코칭 프랙티스를 곰곰이 돌아보면서, 어떤 코치이가 자비 중심 코칭을 통해 도움을 받을 수 있을지 생각해 보자.
3. 자비 중심 코칭 Compassion Focused Coaching을 현재 자신의 코칭에 어떻게 통합할 수 있는가?
4. 자기 자신에게 자비 중심 코칭 기법을 사용하지 못하게 방해하는 요인은 무엇인가?

추천 읽기

Gilbert, P. (2009). *The Compassionate Mind: A New Approach to the Challenges of Life*. London: Constable & Robinson.
Gilbert, P., & Choden, K. (2013). *Mindful Compassion*. London: Constable & Robinson.
Irons, C., & Beaumont, E. (2017). *The Compassionate Mind Workbook: A Step-By-Step Guide to Developing Your Compas- sionate Self*. London: Little, Brown Book Group Limited.
Ricard, M. (2015). *Altruism: The Power of Compassion to Change Yourself and the World*. London: Atlantic Books Ltd.

참고 문헌

Barnard, L. K., & Curry, J. F. (2011). Self-compassion: Conceptualizations, correlates, & interventions. *Review of General Psychology*, 15, 289.

Depue, R. A., & Morrone-Strupinsky, J. V. (2005). A neurobehavioral model of affiliative bonding. *Behavioral and Brain Sciences*, 28, 313-395.

Dutton, J. E., Worline, M. C., Frost, P. J., & Lilius, J. (2006). Explaining compassion organizing. *Administrative Science Quarterly*, 51, 59-96.

Gilbert, P. (2009). *The Compassionate Mind*. London: Constable & Robinson.

Gilbert, P. (2014). The origins and nature of Compassion Focused Therapy. *British Journal of Clinical Psychology*, 53, 6-41.

Gilbert, P., & Choden, K. (2013). *Mindful Compassion*. London: Constable-Robinson.

Gilbert, P., Clarke, M., Hempel, S., Miles, J. N. V., & Irons, C. (2004). Criticizing and reassuring oneself: An exploration of forms, styles and reasons in female students. *British Journal of Clinical Psychology*, 43, 31-50.

Gilbert, P., McEwan, K., Matos, M., & Rivis, A. (2011). Fears of compassion: Development of three self-report measures. *Psychology and Psychotherapy: Theory, Research and Practice*, 84, 239-255.

Holmes, E. A., & Mathews, A. (2010). Mental imagery in emotion and emotional disorders. *Clinical Psychology Review*, 30, 349-362.

Leaviss, J., & Uttley, L. (2015). Psychotherapeutic benefits of compassion-focused therapy: An early systematic review. *Psychological Medicine*, 45, 927-945.

LeDoux, J. (1998). *The Emotional Brain*. London: Weidenfeld and Nicolson.

Section 4

존재 중심 접근들

17장
존재론적 코칭

저자: 아부디 샤비 Aboodi Shabi[1], 앨리슨 와이브로우 Alison Whybrow[2]
역자: 신혜인

서론

존재론적 코칭 ontological coaching은 코치이의 세계와 그들의 존재 방식에 대한 해석을 탐구하는 것에 기초한다. 존재론은 존재에 대한 연구이다. 존재론적 코칭은 코치이 존재의 핵심을 파악하는 것을 목표로 한다.

존재론적 코치는 코치이의 존재에 대해 호기심과 탐구심을 가지고 접근한다: 코치이가 언어를 어떻게 사용하는지; 세상에 대한 그들의 해석을 어떤 정서로 형성하고 있는지; 그들이 어떻게 우주를 이동하는지, 그리고 그들이 무엇이 될 수 있는지. 존재론적 코칭의 목적은 이전에는 불가능했거나 보이지 않았던 새로운 가능성을 창출하여 새로운 학습과 행동을 가능하게 함으로써 코치이의 변화를 촉진하는 것이다.

철학의 주요 과제가 영혼의 외침 soul's cry에 반응하는 것이라고 언급한 샤론 레벨 Sharon

---

[1] **아부디 샤비** Aboodi Shabi는 영국 및 유럽 코칭 커뮤니티의 선도적인 개척자이며 UK ICF의 창립 공동 회장이었다. 그는 전 세계 수천 명의 코치와 리더와 함께 일했다. Adobi는 코칭에 대해 정기적으로 글을 쓰고 Coaching at Work 잡지의 편집 위원회이며, 콘퍼런스와 많은 장소에서 국제적으로 연설하고, 다양한 유럽 코칭 학교의 초청 퍼실리테이터이다. Email: aboodi@aboodishabi.com

[2] **앨리슨 와이브로우** Alison Whybrow는 2000년대 초반 코칭심리학 개발에 앞장섰으며, i-coach 아카데미의 코칭 프랙티스에서 공인 프로그램을 지휘했다. 국제 코칭심리학 협회와 유럽 전역의 대학 프로그램에 기여하고 있고 영국 런던에서 코치, 컨설턴트, 코칭 수퍼바이저로 코칭 프랙티스 분야를 개발하고 있다. 앨리슨은 우리의 인간-지구 earth 관계를 변화시킬 수 있는 가능성에 대해 깊은 열정을 가지고 있다.

Lebell(2004)을 바탕으로 존재론적 코칭은 고객의 행동 수준이 아니라 고객의 영혼 수준에서 작업하고 있다. 이러한 맥락에서, 실러Sieler의 말처럼: "우리의 영혼이 영양을 공급받을 때 우리는 더 창의적이고 효과적이다."(Sieler, 2003, p.11) 훌리오 올라야Julio Olalla와 라파엘 에체베리아Rafael Echeverria가 말했듯이, 존재론적 코칭은 '우리 영혼의 변화'를 만드는 것을 목표로 하는 과정이다(unpublished, p.3). 이것은 우리가 기꺼이 관찰하고, 질문하고, 우리 자신을 바꿀 수 있을 정도로 충분한 호기심을 가질 때만 일어난다.

존재론적 코칭의 발달

존재론적 코칭은 강력한 철학적 토대를 가지고 있다. 그것은 실존주의 철학자 마틴 하이데거Martin Heidegger의 업적에 뿌리를 두고 있다. 철학은 2,000년 동안 명백히 존재being에 대한 연구를 소홀히 했다는 것을 발견한 것은 하이데거Heidegger였다(Heidegger, 1927/1996). 하이데거에게 존재의 본질nature of being 자체는 조사할 가치가 있었다. 하이데거의 업적은 또 다른 20세기 철학자인, 신체를 사물이 아니라 경험하는 존재experience being로 본 모리스 메를로퐁티Maurice Merleau-Ponty에게 강한 영향을 미친 것이다(Merleau-Ponty, 1962).

20세기 후반은 존재론적 코칭의 발달에 중요한 시기였다. 철학자 존 랭쇼 오스틴John Langshaw Austin은 윌리엄 제임스William James의 강연(Austin, 1975)에서 언어에 대한 개념을 단순히 서술적인 것이 아니라 능동적이고 생성적generative인 언어라고 제시했다. 화행이론Speech act theory은 존 설John Searle에 의해 더욱 발전되고 변형되었으며, 이론의 상세한 설명은 이곳에서 다루지 않겠지만, 행동으로서 언어의 개념은 존재론적 코칭의 핵심이다. 우리가 말할 때, 우리는 묘사할 뿐만 아니라 행동한다.

이와 함께 칠레의 신경생리학자neuro-physiologist 움베르토 마투라나Humberto Maturana는 인지 생물학을 연구하여(Maturana, 1980), 구조적 결정론structural determinism 개념을 만들었다. 구조적 결정론은 사물이 만들어지는 방식에 따라 작동한다는 생각이다. 기계적인 물체가 그 구조에 따라 작동하는 것처럼, 우리 인간은 우리가 어떻게 형성되었는지에 따라 행동한다. 예를 들어, 아주 건강한 사람은 몇 년 동안 운동하지 않은 사람과는 다른 구조를 가지고 있고, 매우 다르게 작동할 수 있다. 문학적인 예로, 디킨스Dickens의 소설 『위대한 유산Great Expectations』(1861)에서, 제단에서 버림받은 후being jilted at the altar 남성을 미워하는 어머니에게 양육되어 '훈련'을 받은 미스 해비샴Miss Havisham은 사랑을 할 수 없는 구조를 가졌다고 말할 수 있다.

이러한 생각, 존재 자체의 중요성; 언어가 생성적이며 우리의 서사가 우리의 행동 능력을 형성한다는 관점; 신체적somatic 현상으로서의 인식perception에 대한 메를로퐁티Merleau-Ponty의 개념과 우리가 세상에서 어떻게 행동하느냐가 우리가 어떻게 형성되느냐에 달려 있다는 것을 보여주는 마투라나Maturana의 연구는 언어와 의사소통에 대한 새로운 이해를 만들기 위해, 또 다른 칠레 사람인 전 재무장관이자 정치범인 페르난도 플로레스Fernando Flores에 의해 종합되었다.

1976년 감옥에서 풀려난 플로레스Flores는 미국으로 갔다. 그는 테리 위노그라드Terry Winograd와 함께 연구했고, 베르너 에르하르트Werner Erhard의 후원으로 존 설John Searle과 다른 주요 사상가들 아래에서 통합 박사학위를 마쳤다. 그는 사람들이 일을 해내기 위해 어떻게 함께 일하는지에 대한 이해와 통찰력을 지속해서 발전시켰다. 플로레스Flores의 작품 대부분은 『Conversations for Action and Collected Essays』(Flores, 2013)에 실려있다. 플로레스Flores는 베르너 에르하르트Werner Erhard의 생각에 큰 영향을 미쳤고, 그들은 함께 이러한 아이디어를 사업과 개인 개발에 적용하기 위해 작업했다. 그들은 라파엘 에체베리아Rafael Echeverria, 제임스 플래허티James Flaherty와 또 다른 칠레 난민인 훌리오 올라야Julio Olalla와 함께 존재론적 코칭 전문성의 기초로써 언어와 기분mood 및 정서emotion의 존재론을 발전시켰다.

이러한 초기 사상가들은 미발표된 수필, 인터뷰, 그리고 원고에서 그들의 아이디어를 발표했다. 실러Sieler(2003, 2007), 플래허티Flaherty(1998), 그리고 샤비Shabi(2015)와 같은 후대의 프랙티셔너와 저자들은 이러한 아이디어를 포착하여 코칭과 코칭심리학 프랙티스의 영역으로 가져왔다.

존재론적 코칭의 이론 및 기본 개념

존재론적 코칭의 핵심은 우리가 세상을 보는 방식이 우리의 행동 능력을 형성한다는 전제이다. 우리는 세상에 대한 우리의 해석에 의해 행동한다. 제임스 플래허티James Flaherty는 다음과 같이 썼다: "각자의 행동은 그가 가져온 해석과 완전히 일치했으며, 그 해석은 시간과 사건과 환경을 넘어 지속될 것이다. 코치로서 우리의 역할은 고객의 해석 구조를 이해한 다음 파트너 관계에서 이 구조를 변경하여 후속 조치가 의도한 결과를 가져오도록 하는 것이다."(Flaherty, 1998, p.9)

존재론적 코칭에서 우리가 가장 관심을 가져야 하는 것은 이러한 우리의 해석 구조이다.

해석 구조에 대해 두 가지 중요한 사항을 확인해야 한다:

- 우리의 해석은 대부분 의식적이지 않다; 우리는 심지어 우리가 자신이나 세상을 인식하기도 전에 우리의 모든 삶을 형성해온 내러티브narrative 속에서 자랐다.
- 우리의 해석은 언어적인 내러티브만을 근거로 하지 않는다; 우리는 또한 정서적이고 신체적인 내러티브에 의해 형성된다.

이 두 번째 포인트를 먼저 개발한, Newfield Network(훌리오 올라야Julio Olalla가 설립한 코칭 스쿨)의 연구에서는 이러한 해석 구조를 관찰자observer라고 부른다(Shabi, 2015; Sieler, 2003). 인간으로서 우리는 결과를 만들어내는 행동을 한다. 일반적으로, 우리가 만든 결과가 마음에 들지 않을 때, 우리는 우리가 취한 행동을 보고 그것들을 바꾸려고 노력한다. 우리는 더 많이 할do more 수도 있고, 덜 할do less 수도 있고, 새로운 행동을 시도할 수도 있다. 그러나 우리가 우리 자신이라는 관찰자를 보지 않는다면, 우리의 구조적 해석에 의문을 제기하지 않는다면, 우리는 단순히 같은 것을 더 많이 생산할 가능성이 크다.

우리의 구조적 해석, 우리의 내러티브는 언어적으로만 존재하는 것이 아니다. 우리가 성장하고 언어와 이야기 속에서 살아가는 동안, 우리는 또한 정서적이고 신체적인 내러티브 속에서 성장한다. 우리가 관찰자로서 세 가지 영역에서 살고 있다고 말할 수 있다: 함께 일관성을 만들어내는 언어language, 신체body와 정서emotions이다. 세 가지 영역에 대한 설명은 아래와 같다.

- 언어에 의해, 우리는 우리가 삶에 대해 배운 이야기, 우리가 사는 내러티브, 우리의 가치 또는 핵심 신념을 의미한다 – 예를 들어, '세상은 위험하다', '독립하는 것은 중요하다', '도움이 될 수 있는 사람들을 믿을 수 있다', '돈은 얻기 어렵다'. 우리는 우리 주변 세계로부터 이런 것들을 배우고 흡수하며, 그것들은 우리의 일부가 된다.
- 몸에 의해, 우리는 우리가 공간space을 이동하는 방식을 의미한다. 효율성을 중요시하는 사람은 빠르고 효율적으로 움직일 수 있으며, 그 결과 일을 해내게 된다; 그러나 동시에 연

결에는 덜 사용할 수 있다. 다른 사람은 더 느리게 이동하고, 시간을 들여 타인과 연결할 수 있다; 하지만 그들은 관계를 우선시 하기 때문에 일을 끝내지 못하거나 집중하지 못할 수도 있다. 두 예시는 좋거나 나쁜 것이 아니다; 오히려 특정 결과에 의존한다. 다시 말하지만, 공간을 이동하는 이러한 방법은 학습된다. 우리는 다른 문화권의 사람들이 어떻게 움직이고 세계와 타인과 신체적으로 상호작용하는지를 볼 때 이것을 관찰할 수 있다.

- 정서에 의해, 존재론적 코칭의 맥락에서, 우리는 우리가 행동하도록 미리 준비pre-disposes하는 것을 의미한다. 올라야Olalla는 존재론적 코칭의 중요한 부분으로 정서를 다루는 작업을 설명한다(Hall, 2010). 우리의 접근에서 우리는 철학적인 의미에서의 정서, 즉 정서가 우리의 존재 방식을 어떻게 형성하는지에 관심이 있다. 예를 들어, 내가 화나면, 나는 당신이 나에게 도움을 요청할 때 내가 기분이 좋을 때와는 다르게 행동할 것이다. 정서는 '당신에게 다른 것들을 말해주는' 단서로 여겨진다(Hall, 2010, p.27).

우리는 세 가지 영역 모두에서 배운다. 우리는 가족, 우리를 둘러싼 문화로부터 세상에 관한 이야기와 내러티브를 배운다; 동시에 우리는 또한 정서와 공간space을 통해 어떻게 움직일지 배운다. 우리는 우리의 삶에서 일어나는 모든 학습이 플래허티Flahertry에 의해 묘사된 '해석의 구조structure of interpretation'를 형성한다고 말할 수 있다(1998). 세 영역을 모두 함께 보면, 온전한whole 사람의 일관성 있는 그림이 나타난다.

예를 들어, 마틴Martin의 사례를 들어보자. 마틴은 세상을 위험한 곳으로 보고, 위험을 회피하고 잠재적인 기회를 거부한다. 언어의 영역에서 마틴은 삶에서 배운 특정한 내러티브를 가지고 있을지도 모른다. 아마도 그는 갈등 지역conflict zone에서 자랐거나, 집에서 많은 분노가 있었거나, '사람을 믿을 수 없다'거나 '삶은 힘들다'는 것이 지배적인 가족 내러티브였을 것이다. 마틴의 세계관은 그가 자라면서 몸을 낮추고 억제하는 법을 배워온 것이 신체적으로 나타난 것이다. 이제, 우리는 그가 움직이는 것을 볼 때 그가 주저하고, 사람들을 만날 때 주저하고, 의견을 낼 때 초조하게 주의를 둘러보는 것을 알아차린다. 정서적인 영역에서 마틴은 두렵거나 소심하거나 불안할 수 있다. 마틴은 일관성을 보여준다. 우리는 인생에서 큰 위험을 감수할 것 같지 않고, 스스로 억제할 수 있는 한 사람을 본다. 그는 안전하다고 느낄 수도 있지만, 다른 관점에서 보면 많은 기회와 가능성을 놓치고 있는 것으로 보일 수도 있다.

첫 번째로, 우리의 해석은 우리의 의식적 알아차림 밖에서 작동한다. 이러한 내러티브는 마틴에게 솔직하다; 그는 그가 세상을 보는 방식의 필터를 통해 행동하고 있다는 사실을 알아차리지 못한다. 마틴에게 "세상은 위험하고, 나는 조심해야만 한다."는 것은 명백하다. 우리가 세상을 어떻게 해석하는지 알지 못하는 한, 우리는 우리의 '위험 회피risk aversion'를 더 조사해야 하는 대상으로 보지 않을 것이다. 우리는 우리의 '존재being'를 보지 못한다.

실러Sieler(2007)는 우리의 의식 수준이 우리가 관찰자로서 기능하는 근본적인 토대라고 지적한다. 존재론적 코칭과 인간 발달의 이러한 연결은 키건Kegan(1982) 및 성인 발달 이론의 연구와 확실한 연관성을 제공한다. 성장의 아이디어를 뒷받침하는 또 다른 요소는 복잡성을 통해 생각하는 능력으로 훌리오 올라야Julio Olalla에 의해 제공되었고, 조세프 캠벨Joseph Campbell의 연구에 대한 그의 언급이다(2010).

존재론적 코칭의 목적은 코치이가 그들이 누구인지 고정되어 있지 않으며 많은 사람이 이미 학습되었기 때문에 학습되지 않을 수 있음을 알 수 있도록 돕는 것이다. 이러한 구조적 가소성structural plasticity의 개념은 움베르토 마투라나Humberto Maturana에 의해 처음으로 명시되었다(1980).

존재론적 코칭의 프랙티스

이 섹션에서는 프랙티스practice의 핵심 요소에 대한 감각을 제공한다. 그러나 코칭 개입의 전체적인 형태는 프랙티스의 개별적인 측면보다는 존재론적 프랙티스를 결정한다. 이후의 내용은 존재론적 코칭 프랙티스를 소모하거나 완벽하게 하는 표현은 아니다.

코치의 역할

우리는 흔히 우리의 구조적 해석에 눈이 멀기 때문에, 그것들을 무의식적으로 작동하는 경향이 있다. 우리는 우리가 볼 수 없는 것을 볼 수 있도록 도와줄 누군가, 즉 눈먼 우리를 밝혀줄 누군가가 필요하다. 우리는 존재론적 코치가 그 누군가라고 말할 수 있다.

코치의 역할은 코치이가 자신의 구조적 해석과 그것이 어떻게 형성되었는지 밝히도록 돕고, 코치이가 이전에는 사용할 수 없거나 볼 수 없었던 학습을 위한 새로운 영역을 개척하는 것이다. 또는 플래허티Flaherty가 말했듯이 코치이와의 파트너십에서 새로운 결과를 내기 위해 구조를 변경한다(Flaherty, 1998).

알아차림을 높인 코치는 코치이와 협력하여 새로운 존재 방식을 파악하고, 거의 말 그대로 새로운 구조를 구축하는 방법을 모색하며, 오래된 학습된 자아를 넘어서 옛 자아가 이용할 수 없는 새로운 존재 방식을 발견한다. 코치이의 경우, 자신이 누구라고 생각하는지가 우리가 학습한 것의 기능이라는 것을 깨닫고, 이제 우리는 새로운 것을 학습할 가능성을 수용할 수 있으며, 존재론적 코칭 대화에서 나오는 프랙티스를 통해 말 그대로 새로운 자신이 되는 것을 배울 수 있다.

존재론적 코칭 개입의 형태는 존재론적 코치가 자신의 역할을 수행하도록 하는 것이다. 아래의 다섯 가지 프랙티스를 차례로 살펴보자:

- 질문 조건 만들기
- 관찰자에게 질문하기
- 온전한 자아와 함께 듣기
- 학습 표면화
- 새로운 존재 방식 연습하기

질문 조건 만들기

존재론적 코칭은 코치의 열정적인 호기심이 필요하다. 우리는 우리 앞에 있는 자신에 대해 열정적으로 호기심을 가질 필요가 있다. 그들은 어떤 이야기를 배웠는가? 그들은 어떤 해석 속에 살고 있는가? 그들의 구조적 결정론은 그들을 어떻게 형성하는가? 이것을 기술적으로 하기 위해서, 코치는 코치이가 어떻게 행동해야 하는지 또는 코치이가 가져야 할 올바른 정신적 태도에 대한 모든 평가와 판단을 뒤로 하고 코치이가 어떻게 현재의 인간 존재가 되었는지를 기꺼이 알아내야 한다. 그것은 또한 코치이의 특별한 분위기, 그들이 지금까지 당연하게 여겼던 존재 방식을 보고 의문을 제기하는 의지와 개방성이 필요하다.

코칭은 굉장한 공동의 창조co-creative 과정이지만, 코치가 코치이의 방식과 코치이를 위한 가능한, 단순히 코치이가 눈이 먼 것처럼 코치도 눈이 멀지 않았기 때문에 코치이가 단순히 보지 않는, 새로운 프랙티스 또는 방향을 볼 것이라는 점에 주목할 필요가 있다. 우리는 코치가 코치이가 눈이 먼 것과 다른 방식으로 눈이 멀었기 때문에 존재론적 코칭이 효과가 있다고 말할 수 있다. 실제로 코치와 코치이가 정확히 같은 세계를 보거나 같은 내러티브를 공유한다면 코칭의 영향은 매우 제한적일 것이다.

이러한 열정적인 호기심의 결과로 코칭 작업은 매우 도전적인 것으로 경험될 수 있다. 존재론적 코칭 프랙티스에서는 질문의 성격과 목적, 참여의 역할과 규범을 명확히 하는 것이 중요하다.

관찰자에게 질문하기

프랙티스에서 열정적인 호기심은 가능한 한 코치이와 함께하기 위해 경청하고 호기심을 가질 수 있는 능력을 길러야 하며, 코치이가 말하는 사람이 누구인지, 말하는 방식에서 무엇이 드러나고 있는지를 알아차리고 도울 수 있어야 한다. 이를 위해서는 맥락에서 물러나 코치이가 세션에서 어떻게 드러나는지 showing up 알아야 한다.

다음과 같은 질문이 있을 수 있다:

- 코치이는 어떻게 방 room 안을 걷고 연결되어 있는가?
- 코치이가 자신의 이슈에 대해 말할 때 무엇을 알 수 있는가?
- 그는 어떻게 말하는가?
- 그녀는 어떻게 자신을 유지하는가?
- 그가 말할 때 그의 목소리/호흡/자세에서 우리는 무엇을 알아차릴 수 있는가?
- 말로 하든 아니든 그녀는 말을 할 때 어떤 가정을 하는가?
- 그녀는 세상에 대해 어떤 신념을 가졌는가?
- 그의 존재 방식, 그가 보고하는 상황을 경험하는 방식으로 이어진 세계관이나 구조적 해석은 무엇인가?
- 코치이의 정서적인 세계는 무엇인가?
- 그녀는 어떤 정서적 리듬이나 상태를 나타내는가?
- 그가 말할 때 의자 앞으로 앉는 것은 무엇을 보여주는 것인가?

우리는 또한 코치이의 일관성coherence(또는 다른 방식)에 대해 궁금해할 필요가 있다. 일관성의 부족은 우리의 호기심을 더욱 일깨울 것을 필요로 한다. 예를 들어, 코치이가 자신에게 중요한 것에 대해 이야기할 때 웃고 있다면, 그 웃음이 무엇을 드러낼 수 있는지 궁금할 수 있다. 또는 무엇을 숨기는지.

온전한 자아와 함께 듣기

코치로서 질문을 보류하는 것은 유용하다: "내가 코칭을 할 때 코치이는 나에게 어떻게 하는가?" 또는 "내 앞에 있는 인간 존재가 나에게 미치는 영향은 무엇인가?" 이런 의미에서, 코치가 누구인지 그리고 코치가 자아를 사용하는 것은 관계에 중요하다. 코치는 중립적이고 수동적인 관찰자가 아니다; 존재론적 코칭은 친밀한 관계이며, 코치는 그녀 또는 그의 고객들이 이용할 수 있어야 한다.

존재론적 코치로서 요구되는 듣기의 질은 기술적 역량과 대인관계적 기술을 넘어선다; 고도의 자기-알아차림self-awareness이 필요하다. 우리가 어떻게 듣고 있는지 이해하려면 우리가 관심을 기울이고 있는 것이 무엇인지 이해해야 한다. 이를 위해서는 자기-작업self-work이 필요하다. 우리는 이 점을 설명하기 위해 미 얀 청 저지Mee-Yan Cheung-Judge의 연구와 자아 개념을 도구instrument로 사용한다. 청 저지Cheung-Judge가 묘사한 것처럼, 그것은 자신을 아는 데 시간과 에너지를 바침으로써 자신의 도구instrumentality를 소유하는 것을 요구한다; 평생 학습 습관을 개발하고 권력과 통제의 문제를 통해 작업하는 것; 정서적이고 직관적인 자기-알아차림self-awareness을 구축하고 자기-관리self-care에 전념하는 것(Cheung-Judge, 2001). 코치로서, 우리는 우리가 어떻게 형성되었는지, 우리의 내러티브는 무엇인지, 우리의 맹점은 무엇인지 기꺼이 발견할 필요가 있다. 우리가 우리에 대해 더 많이 작업할수록, 우리는 우리가 생각하는 바로 그 자신에게 더 많은 의문을 품게 되고, 코치이들에게 더 많은 것을 제공할 수 있게 된다.

코치의 듣기는 질문에 대한 정보를 제공하고, 이는 다시 가능성의 공간을 알려주기 때문에 듣는 방식을 듣는 것이 중요하다. 듣는 사람으로서 코치는 다음과 같은 질문을 할 수 있다 (Sieler, 2003, p.129):

- 나한테 무슨 일이 일어나고 있는가?

- 나는 지금 어떻게 듣고 있는가?
- 나는 무엇을 듣고 있는가?
- 나는 어디서 듣고 있는가?
- 내 편견이 내가 듣는 것을 어떻게 방해할 수 있는가?
- 이러한 해석이 내 정서에는 어떤 영향을 미치는가?
- 다르게 듣기 위해 내 몸을 어떻게 움직일 수 있는가?
- 나는 코치이를 합법적인 타인으로 파악하고 있는가?

전체적으로 듣는 것은 깊은 수준의 기술을 필요로 한다. 우리가 어떻게 듣는지 듣는 동안, 우리는 코치이의 말에 귀를 기울이고 그들과 그들의 존재 방식에 대해 질문을 해야 한다. 이로부터 코치 앞에 있는 자기self에 대한 그림이 나타나기 시작한다.

학습 표면화

이것은 코치이가 존재론적 영역, 즉 그들의 존재 영역과 그들을 형성한 내러티브를 발견하도록 돕는 것에 관한 것이다. 다음 질문에 대답하기 위해 우리는 코치이가 무엇을 어떻게 학습했는지 알아내야 한다: 그들은 그들의 삶에서 어떻게 여기까지 왔는가?

학습에 관한 이러한 탐구는 심리치료적 탐구라기보다는 코치이의 배경과 구조적 해석(Flaherty, 1998)을 밝히고 그가 오늘날 누구인지 적어도 부분적으로는 학습의 기능을 하고 있다는 알아차림을 높이는 데 도움이 된다.

이 학습은 코치이가 자신의 존재 방식이 학습된 것임을 인식할 수 있도록 표면으로 가져와야 한다. 일단 코치이가 어떻게 존재 방식을 학습했는지 확인한 후에는 새로운 것을 배울 가능성을 소개하고 코치이가 다른 관찰자를 구축하는 데 도움이 될 프랙티스를 식별하도록 도울 수 있다. 더그 실스비Doug Silsbee는 이를 재조직re-organisation으로 설명한다: "새로운 행동은… 행동적, 인지적, 신체적으로 우리 자신의 재구성이 필요하다."(Silsbee, 2008, p.54)

우리가 현재의 길을 계속 간다면 미래가 무엇인지에 대한 질문을 탐구하는 것이 중요할 수 있다. 이 과정과 그것이 만들어내는 이해는 코치이가 다른 미래를 만들기 위해 불편하거나 어려운 변화를 만들 수 있도록 자극할 수 있다.

짧은 예를 통한 삽화를 보자. 시니어 임원인 로빈Robin은 일이 너무 벅차다고 불평하고 있다. 우리가 더는 탐구하지 않고 가능한 행동 수준에서 해결책을 살펴보면 로빈은 기법을 사용하여야 할 일이 너무 많은 문제를 처리하는 생각을 할 수 있고, 비서나 조수를 고용할 수 있다. 이러한 해결책은 그가 취할 수 있는 실질적인 조치에 초점을 맞추고 있으며 단기적으로 당분간 효과가 있을 수 있다. 해결책은 관찰자 또는 로빈의 존재를 탐색하거나 다루지 않는다. 그가 누구인지, 그의 존재 방식은 변하지 않았기 때문에 그는 곧 다시 압도당했다고 보고할 가능성probable이 높다. 그가 배치하는 기법technology이나 비서의 수와 상관없이 같은 관찰자로 남아 있다면 앞으로도 벅찬 미래가 이어질 가능성이 크다.

존재론적 코치는 압도적인 것을 뒷받침하는 학습을 탐구할 것이다. 우리는 그가 '독립적independent'이 되는 법을 학습했고 도움을 요청하는 방법을 모르거나 기꺼이 요청하지 않는다는 것을 알게 될 수 있다. 아니면 '아니요'라고 말할 수 없을 정도로 친절하고 도움 되어 주는 법을 배웠을지도 모른다. 이것들은 압도에 대한 존재론적 설명이다 – 로빈의 자기self 또는 존재 방식에 대한 것이다. 마찬가지로 가능한 다른 설명이 많이 있을 수 있다는 점을 유념하는 것이 중요하며, 우리는 이 가능한 해석을 순전히 예시로 선택했다.

우리는 로빈이 바쁘다는 가치에 대한 내러티브를 가지고 있기 때문에 항상 의자 가장자리에 앉아 있거나, '해야 할 일이 너무 많아서' 자주 동요하고 쉴 수 없다는 것을 알아차릴 수 있다. 이 모든 관찰은 우리가 도움을 요청하거나, '아니오'라고 말하거나, 휴식을 위하고 재충전하는 시간을 갖는 것과 같은 다른 전략을 채택하는 것보다 아마도 '그냥 더 열심히 노력하는 것'에 의해 압도되는 느낌을 다루는 관찰자의 그림picture을 구축하는 데 도움이 될 것이다. 코치는 단순히 중립적인 관찰자가 아니다. 코치이가 우리에게 어떻게 일어나게 하는지How the coachee happens to us, 그들이 우리에게 미치는 영향은 코치이의 존재 방식에 대한 '정보'의 중요한 원천이기도 하다(Shabi, 2015).

우리는 이러한 발견을 로빈의 관심attention이 될 수 있게 하고, 영원히 무언가에 갇혀 있기보다는, 그가 도움을 요청할 수 없거나 거절할 수 없다는 것이 그가 학습한 것이고 현재 그의 일부가 되었음을 보여준다. 만약 그것이 그가 배운 것이라면, 그는 새로운 것을 배울 수 있다.

이러한 깨달음은 코칭에서 중요한 순간이자 강력한 깨우침awakening이 될 수 있다. 그것은 코치이의 기분을 절망의 장소에서 호기심과 희망의 장소로, 그리고 다른 것을 어떻게 학습하고, 새로운 존재 방식을 만들고, 다른 삶의 경험을 할 수 있는지에 대한 호기심의 장소로 바꿀 수 있다.

새로운 존재 방식 연습하기

이러한 알아차림은 시작에 불과하다. 이 새로운 학습을 기반으로, 코치는 코치이가 새로운 자기self 또는 존재 방식을 구축하는 데 도움이 되는 새로운 프랙티스를 설계하는 것을 도울 것이다. 예를 들어, 코치이는 어떻게 '아니오'라고 말할 수 있는 자기self를 만들기 시작할 수 있을까? 그중 일부는 '아니오'라고 말할 권리가 있다는 것을 언어적으로 배우게 될 것이다. 그렇지만 그것은 단지 아니라고 말하는 것 이상이다. 그것은 헌신을 전달하는 방식으로 '아니요'라고 말하는 것, 아니요를 견딜 수 있는 신체body를 만드는 것이다. 그것은 말 그대로 자신의 입장을 고수하는 방법의 학습을 필요로 할 수 있다. 실러Sieler는 이를 그/그녀 스스로 정당한 존재로 간주하는 사람(2003)이라고 언급한다. 단순히 다른 신체 위치에 대해 말하는 것보다, 우리는 코치이가 그들의 자세를 조정하고 새로운 신체 위치에 수반되는 내러티브나 가능성이 무엇인지, 또는 새롭게 표현된 '아니오'가 어떻게 빠지게lands 하고 영향을 미치는지 탐구하도록 할 수 있다. 이는 즉각적인 학습을 제공할 수 있으며, 코칭 세션 이외의 세계에서 새로운 프랙티스를 설계하는 기초가 될 수 있다.

프랙티스에 관한 또 다른 중요한 점은 우리가 고립된 프랙티스 이상의 것을 해야 한다는 것이다. 우리는 보통 혼자 학습할 때 덜 배우고 다른 사람들, 특히 원하는 새로운 존재 방식에 유능한 다른 사람에게서 학습하는 데 도움을 받는다. 이것의 일부는 루이스Lewis, 아미니Amini & 래넌Lannon(2001)이 변연계 수정limbic revision이라고 부르는 것과 관련이 있다: 우리가 다른 사람들로부터 정서적으로 배우는 아이디어, 우리는 경험을 통해 현실 세계에서 프랙티스를 함으로써, 다른 사람들과의 실제 관계에서 단순히 게임을 방관하거나 게임에 대해 읽는 것이 아니라 게임에 참여함으로써 학습한다.

코치이는 새로운 프랙티스의 불편함에 익숙해지는 방법을 배워야 할 것이다. 아마도 확고하게 서 있는 것이 '자연스럽지 않다'고 느낄 것이다; 아마도 그들은 '아니오'라고 말하는 것을 처음 시작할 때, 특히 다른 사람들이 실망한다면 죄책감을 느낄 것이다. 코치이가 이러한 가능성을 알아차리도록 하는 것은 좋은 생각이다; 새로운 학습은 새로운 프랙티스의 불편함에 익숙해지려는 의지가 필요하다.

프랙티스는 새로운 자기self를 만들어내기 위해 지속해서 취하는 행동이다. 특정 문제에 대한 일회성 조치보다는 지속적인 변화를 구축하기 위한 프랙티스가 훨씬 더 장기적이다. 사실, 새로운 것의 프랙티스는 평생의 여정이라고 볼 수 있다: 어떤 학습이든 우리는 능력과 유능성을 기르기 위해 계속 프랙티스를 해야 하며 오래된 관찰자나 언어가 우리에게 더 친숙하리라는 것을 명심해야 한다. 우리가 프랙티스를 하지 않으면 항상 우리의 예전 존재 방식으로 돌아갈 위험이 있다. 스튜어트 헬러Stuart Heller가 지적했듯이, 우리는 습관의 관료제bureaucracies와 같다. "관료bureaucracies들은 비전을 이해하지 못한다. 그들은 변화를 스스로 방어한다. 그것이 그들의 일이다 - 새로운 일이 일어나는 것을 막는다."(Heller, interview with Rockwell, 2002) 프랙티스를 통해서 우리는 다른 구조를 만들 수 있다.

우리가 압박받고 있을 때 근육이 이미 잘 훈련되어 있게 하려면, 프랙티스를 할 필요가 없을 때 프랙티스하는 것은 중요하다. 차분한 호흡 운동을 프랙티스 하기 전에 스트레스를 받을 때까지 기다리는 것은 좋지 않다; 압박받을 때 평온함에 이를 수 있는 것은 규칙적이고 지속해서 명상을 프랙티스 했기 때문이다. 프랙티스는 새로운 학습과 새롭게 되는 것new becoming에 결정적으로 중요한 부분이다. 프랙티스 없는 코칭은 통찰력만 생성한다; 변화가 실제로 구체화되기 시작하고 코칭의 이점이 코칭 세션 자체를 훨씬 뛰어넘기 시작하는 것은 새로운 프랙티스의 살아있는 과정이다.

설계된 첫 번째 프랙티스는 조정이 필요할 수 있다. 코칭은 탐색, 피드백 및 교정의 지속적인 과정이다. 각 세션을 시작할 때 프랙티스를 검토하는 것이 중요하다. 코치이의 프랙티스 생활 경험, 그들이 알아차린 것, 초기 코칭의 문제에 대한 구체적인 영향 및 광범위한 영향을 검토해야 한다.

어떤 코치이에게 가장 유용한가?

존재론적 코칭은 매우 강력한 결과를 낳을 수 있다. 하지만 고객은 준비가 되어 있어야 한다. 고객이 빠른 결과를 원하거나 자신이 누구인지 질문하기를 꺼리는 경우, 고객은 조급해질 가능성이 높으며 이러한 접근에서 어떠한 혜택도 얻을 수 없을 것이다. 그들은 심지어 그러한 코칭 접근이 비효율적이라고 묘사할 수도 있다.

따라서 존재론적 코칭은 코치이가 어느 정도 인지하고 있거나 더는 동일한 것이 선택사항이 아니라는 것을 기꺼이 인정할 때 진짜 가치를 가지게 된다. 코치이가 세상에서 누구인지,

그리고 존재 방식이 그들을 잘 섬기고 있는지serving를 성찰할 준비가 되었을 때 가치가 있다. 존재론적 코칭은 단기적인 목표를 달성하는 것보다 삶과 일에서 지속 가능한 자기self의 변화를 만들어내는 것이다.

사례 연구

브리트Britt는 자신의 경력에서 매우 성공적이었던 40대 초반의 덴마크 여성이다. 그녀는 지금까지 거의 성공하지 못했던 그녀의 삶의 영역인 사랑을 하는, 개인적인 관계를 찾고 있었기 때문에 코칭을 찾아왔다. 나(아부디 샤비)는 그녀에게 지금까지 시도했던 것을 묻는 것으로 시작했다.

브리트: 음, 인터넷 데이트, 친구들에게 물어보기, 사교 모임에 가기 등 일상적인 모든 것을 시도해봤지만, 그것들 중 어느 것도 나에게 잘되지 않았어요.

아부디: (그녀가 말할 때 나는 그녀의 외모에 놀랐다 - 그녀는 매우 짧은 머리에 검은 옷을 입고 닥터마틴 부츠를 신고 있었고, 꽤 격식을 갖춘 자세를 취하고 있었다.) 당신이 지금의 외모와 자신의 행동 방식을 갖게된 이유를 자세히 말해주세요.

브리트: 아, 저는 항상 이렇게 옷을 입어요. 저는 독립적인 것을 좋아하고요. 절대 타협해서는 안 돼요, 특히 관계를 위해서는요.

아부디: (그녀가 말을 할 때, 그녀의 신체는 조여 오고tighten, 매우 심각해 보이고 있다 - 확실히 그녀는 망치지 않으려고 하는 인상을 주었다. 그녀와 이 관찰에 대해 공유하는 것이 중요하다고 느꼈다.) 저는 당신이 말할 때, 당신이 신체를 조이고 있는 것을 알아차렸어요. 저는 당신이 망치지 않으려고 하는 인상을 받았습니다.

브리트: 물론이죠! 아무도 내가 하고 싶지 않은 일을 하라고 강요하지 못해요!

아부디: 알겠습니다, 고객님의 상황을 좀 더 살펴보도록 하죠. 먼저, 얼마나 오랫동안 독신이었나요?

브리트: 음, 솔직하게, 저는 진지한 관계를 맺어 본 적이 없어요.

아부디: (나는 그녀의 답변을 듣고 놀랐다. 나는 이제 그녀가 타협하기 꺼리는 것과 그녀의

독립성을 탐색하기 시작했다.) 당신은 어디서 독립의 가치와 타협하지 않는 것을 배웠습니까?

브리트: 글쎄요, 저는 아주 어렸을 때 배웠어요. 우리 가족은 매우 강압적이었고, 전혀 나를 위한 공간이 충분하지 않았어요. 그래서 저는 자신을 변호해야 했고, 제가 믿는 것을 위해 싸워야 했어요. 싸우지 않으면 심각하게 받아들여지지 않았어요. (다시, 그녀는 반복했다.) 저는 항상 어떤 것에도 타협하지 않으려고 노력했어요. 타협하지 않는 것은 매우 중요해요.

브리트의 접근은 그녀의 일에서 매우 성공할 수 있게 했으며, 그녀가 삶에서 어디에 있는지 알게 했다. 사람들과 다른 관계를 구축하는 데 그녀의 구조적 내러티브가 목적에 얼마나 적합했는가?

약간의 부드러운gentle 질문과 함께, 그녀는 타협하고 싶지는 않지만, 관계를 맺을 것이라는 희망을 품지 않았다는 점을 인정했다.

브리트: 저는 무엇을 더 해야 할지 모르겠어요.

아부디: 다른 시도를 하기 전에 절대 타협해서는 안 된다는 당신의 신념을 조금 더 깊이 살펴보도록 하죠. 그것이 정말 삶에 대한 '진실'인가요? 아니면 당신의 특정한 가족력을 다루기 위해 학습한 것입니까?

그녀는 이에 대해 오랫동안 성찰을 했다.

브리트: 좋아요. 아마 당신 말도 일리가 있을 거예요. 아마 사실이 아닐 수도 있어요.

아부디: 저는 그것이 당신을 인생에서 아주 멀리까지 데려다준다는 것을 알 수 있습니다. 당신은 매우 성공적이었습니다. 그렇지만 모든 것에는 비용이 듭니다. 타협하지 않은 대가는 무엇이었나요?

다시, 그녀는 시간을 가졌다.

브리트: 음, 아마도, 제가 관계를 찾는 데 장애물이 되었던 것 같아요. 저는 남자가 저를 변

화시키는 것을 절대로 원하지 않아서, 제 독립성과 타협을 해야 할 것 같다고 느끼면 항상 떠났어요.

이제, 우리는 그녀의 존재 방식에 대한 개방감을 가지게 되었고, 이는 그녀의 행동보다는 그녀 자신에 대해 관계를 찾는 그녀의 능력에 영향을 미칠 수 있는 무언가가 있다는 인식이었다 - 그녀는 자신이 관찰자가 되는 대가를 기꺼이 인정했다.

이제 변화에 대해 말하기 시작할 때였다. 나는 이러한 맥락에서, 아마도 더 부드럽고 가벼운 다른 인상을 만들 수 있는 다른 관찰자가 되는 것을 탐색하는 것이 가능하다고 제안했다. 그녀는 이 생각에 저항했지만, 지금 나는 그녀가 이미 경험한 것을 더 많이 얻을 뿐이라는 것과 같다는 것을 고려할 수 있도록 도전할 수 있다. "알았어요.", 그녀가 동의했다. "해볼 만한 가치가 있을지도 모르겠네요."

내 다음 코칭은 브리트에게 그녀의 삶에 이 새로운 가능성에 대한 '동맹allies'이 있는지 묻는 것으로 움직였고, 그래서 나는 그녀에게 가볍게 존재하기를 편안하게 생각하면서, 타협이라고 생각하지 않는 친구들이 있는지 물었다. 그녀는 한두 명을 떠올렸고, 그녀는 기꺼이 그들에게서 배우고, 그들과 함께 옷을 쇼핑하면서 다채로운 옷을 입기 시작하겠다는 것에 동의했다. 그녀는 그것이 어떤 변화를 가져올지에 대해 약간 의심스러워했지만, 나는 그녀에게 성공이 어떤 것일지에 대한 기대 없이 새로운 것을 실험하는 정신으로 시도해보라고 부탁했다.

이후 몇 달 동안, 그녀는 때때로 자신의 진행 과정을 보고하곤 했다. 그녀는 자신의 저항과 여정에서 직면한 도전을 인정했지만, 그녀 친구들의 지지와 함께 계속 나아갔다.

6개월 후, 우리는 다시 만났고, 나는 그녀의 변화에 놀랐다-그녀는 밝은 옷을 입고 있었고, 머리는 더 길었으며, 전에는 없었던 부드러움이 있었다. 내가 그녀에게 변화에 대해 어떻게 느끼는지 물었을 때, 그녀는 나에게 "저는 새롭게 나타난 저를 좋아하기 시작했고, 저는 모든 것을 타협할 필요가 없다는 것을 깨닫고 있어요."라고 말했다.

그리고 몇 달 후, 나는 그녀로부터 "제 남자친구가 당신에게 편지로 '감사하다'라고 말해달라고 부탁했어요. 저는 너무 사랑에 빠져서 믿기가 힘들 정도예요."라는 메일을 받고 기뻤다.

> ### 코치의 성찰
>
> 이 이야기는 자기를 변화시킴으로써, 당신이 생각하는 당신과 완전히 다른 사람이 됨으로서, 고객이 그들이 진정으로 갈망하는 것을 얻도록 이끌 수 있음을 보여준다. 우리는 심지어 그들이 취하는 행동이 같을 수도 있지만, 그 행동을 취하는 존재가 다르고, 그것이 완전히 다른 결과를 만들어내는 것이라고 말할 수 있다.

논의 포인트

1. 관찰자의 개념을 다시 생각해보면, 당신이 세상을 해석하는 방식에 대해 아는 구조적 내러티브는 무엇인가? 무엇이 당신의 존재 방식을 알게 했으며, 이것이 당신의 코칭 프랙티스에 어떤 도움이 되었는가?
2. 당신의 코칭 프랙티스를 생각해 볼 때, 코치이가 자신의 존재 방식을 알아차리는 데 도움이 되는 유용한 개입의 구체적인 예시를 떠올릴 수 있는가? 사례 연구를 성찰하는 것이 유용할 수 있다. 브리트의 '존재being'에 대해 어떤 인상을 받았는가? 그녀의 언어 사용, 그녀의 기분, 그녀의 신체에 관해? 당신은 그녀에게 어떤 질문을 할 수 있는가? 어떤 프랙티스를 제안할 수 있는가?
3. 듣는 사람listener으로서의 자신에 대해 알아차림을 높이기 위해 코치로서 어떤 활동을 할 수 있는가? 어떤 사전-, 진행 중, 사후-성찰을 통해 듣는 방식을 들을 수 있는가?
4. 존재론적 코칭은 현존하는 코칭 접근을 어떻게 보완하거나 대조되는가? 이 챕터에서 당신의 프랙티스에 어떻게 그리고 무엇을 통합할 수 있는가?

추천 읽기

Flaherty, J. (1998). *Coaching: Evoking Excellence in Others*. New York: Routledge.
Lewis, T., Amini, F., & Lannon, R. (2001). *A General Theory of Love*. New York: Vintage, Random House.

Strozzi-Heckler, R. (1984). *The Anatomy of Change a Way to Move through Life's Transitions*. Berkeley, CA: North Atlantic Books.
Winograd, T., & Flores, F. (1987). *Understanding Computers and Cognition: A New Foundation for Design*. Boston: Addison Wesley.

참고 문헌

Austin, J. L. (1975). *How to Do Things with Words* (Second ed.). Harvard: Harvard University Press.
Cheung-Judge, M.-Y. (2001). The Self as Instrument: A Cornerstone for the Future of OD. *OD Practitioner*, 33(3), pp. 11-16.
Dickens, C. (1861). *Great Expectations*. London: Chapman and Hall.
Echeverria, R., & Olalla, J. (Unpublished). The Art of Ontological Coaching Part 1. Unpublished manuscript. The Newfield Group.
Flaherty, J. (1998). *Coaching: Evoking Excellence in Otheres*. New York: Routledge.
Flores, F. (2013). *Conversations for Action and Collected Essays: Instilling a Culture of Commitment in Working Relationships*. North Charleston, SC: Create Space Independent Publishing Platform.
Hall, L. (2010, July/August). Mystery Man. *Coaching at Work*, 5(4), pp. 26-29.
Heidegger, M. (1927/1996). *Being and Time* (J. Stambaugh, Trans.). New York: State University of New York.
Heller, S. (2002). *The Body's Language of Leadership, Changing the Bureaucracy*. Interview with Camilla Rockwell: http://roundstoneintl.com/the-bodys-language-of-leadership-changing-the-bureaucracy/ (Accessed 24 January 2016).
Kegan, R. (1982). *The Evolving Self*. Cambridge, MA: Harvard University Press.
Lebbell, S., & Epictetus. (2004). *The Art of Living: The Classical Manual on Virtue, Happiness and Effectiveness*. San Francisco, CA: Harper Collins.
Lewis, T., Amini, F., & Lannon, R. (2001). *A General Theory of Love*. New York: Vintage, Random House.
Maturana, H. R. (1980). Biology of Cognition. In H. J. Maturana, & F. J. Varela (Eds.), *Autopoiesis and Cognition: The Realization of the Living* (pp. 5-58). Dordecht: D Reidel Publishing Co.
Merleau-Ponty, M. (1962). *Phenomenology of Perception* (C. Smith, Trans.). London: Routledge & Kegan Paul Ltd.
Olalla, J. (2010, December 1st). *What Coaching Really Mean*. Retrieved from YouTube: www.youtube.com/watch?v=8-7u9vNo-WE.
Searle, J. R. (1977). *Speech Acts: An Essay in the Philosophy of Language*. Cambridge: Cambridge University Press.
Shabi, A. (2015, May). Ontological Coaching. *The Listener New Series* (7), pp. 2-5. Retrieved from: http://www.kensmithcoaching.co.uk/NS7.pdf
Sieler, A. (2003). *Coaching to the Human Soul: Ontological Coaching and Deep Change* (Vol. 1). Blackburn, Victoria, Australia: Newfield.
Sieler, A. (2007). *Coaching to the Human Soul: Ontological Coaching and Deep Change* (Vol. 2). Blackburn, Australia: Newfield.
Silsbee, D. (2008). *Presence-Based Coaching: Cultivating Self-Generative Leaders Through Mind, Body, and Heart*. John Wiley and Sons.

18장
소매틱 코칭

저자: 유니스 아킬리나Eunice Aquilina[1], 리처드 스트로치 헤클러Richard Strozzi-Heckler[2]

역자: 신혜인

서론

소매틱 코칭somatic coaching은 사람의 구체적인 형태를 변형시키고, 그들의 습관적인 패턴과 내러티브에 관한 알아차림을 심화시키며, 그들이 삶과 일에서 누가 되고 싶은지를 향해 나아갈 수 있도록 지원함으로써 작용하는 변화 과정이다. 이는 한 사람의 존재 방식, 즉 그들이 누구인지가 코칭의 기초이며 그 사람의 '존재being'('하는 것doing'보다)가 다루어질 때 지속 가능한 변화가 발생한다고 가정한다.

소매틱 코칭은 신체body를 변화, 학습 및 변형의 근본적인 원천source으로 특권을 부여한다. 소매틱 코치는 신체, 즉 인간의 형태를 우리의 행동 인식, 생각, 느낌, 감각, 정서와 기분을 표현하는 통합된 공간으로 본다. 신체와 한 사람으로서 당신이 누구인지, 즉 자기self는 불가분의 관계에 있으며 신체를 통해 우리는 자기와 직접적으로 작업하고 있다고 주장한다. 이 해석에서 신체는 우리가 신뢰와 친밀감을 쌓고 의미 있는 일을 만들고, 가족과 공동체를 창조하고,

---

[1] 유니스 아킬리나Eunice Aquilina는 30년 동안 조직 개발 분야에서 전 세계 리더들과 협력해왔다. 그녀는 10년 넘게 소매틱을 공부했고, 공인된 코치이자 코칭 수퍼바이저이다. 『Embodying Authenticity: A Somatic Path to Transforming Self, Team and Organisation』의 저자이다. Email: eunice@eaconsult.co.uk

[2] 리처드 스트로치 헤클러Richard Strozzi-Heckler는 런던의 대형 NHS 위임 하에 1차 치료 알코올 상담사 및 상담 수퍼바이저로 일하며, 약물 오용 서비스를 관리하고, 평등과 다양성을 다루었다. 그는 두 편의 소설을 포함하여 20권이 넘는 상담을 주제로 한 책을 집필했는데, 이는 독자들을 상담 경험으로 끌어들인다.

언어로 세계를 만들고, 우리의 영적인 열망을 가져오는 에너지가 넘치는 공간이다.

소매틱 코치의 근본적인 일은 사람들이 그들을 살아있게 하는 이 활기찬 힘을 느끼고 함께하도록 안내하는 것이다. 지혜와 깊이의 원천으로서 신체의 선천적인 지능을 조정하는 것이다.

소매틱 코칭은 개인이나 팀이 자가 생성self-generating, 자가 교육self-educating과 자가 치유self-healing를 할 수 있도록 신체와 함께, 신체를 통해 작업하는 과정이다. 이것은 신체적physical, 정서적, 정신 그리고 영적 웰빙에 기초한 리더십을 만든다.

소매틱 코칭의 발달

60년대 후반, 광범위하게 교육에 관한 글을 쓴 교육자 조지 레너드George Leonard가 '인간 잠재력 운동Human Potential Movement'(1972)이라는 용어를 만들었을 때, 자기 계발은 새로운 국면을 맞이했다. 심리학은 새로운 인본주의에 의해 되살아났고, 증상보다 치료 과정의 중심에 사람을 두었다. 이러한 초기의 많은 사상가와 프랙티셔너(Maslow, 1954; Perls, 1951, 1994; Rogers, 1961)는 동양의 명상 프랙티스뿐만 아니라 생체-사이버네틱스bio-cybernetics(살아있는 유기체 전체에 관한 연구)와 신체 활동에 영향을 받았다. '온전한 건강holistic health'과 같은 용어 또한 생겨났다.

1970년에 공동 저자인 리차드 스트로치 헤클러Richard Strozzi-Heckler는 명상, 신체 작업 및 움직임 프랙티스와 게슈탈트 치료에 기초한 신체 지향 심리치료body-oriented psychotherapy의 통합을 개척했다. 표준 심리학적 프랙티스에 환멸을 느낀 그는 고객의 증상이 그들의 행동, 정서, 사고 그리고 에너지의 상태가 불가분으로 연결된 전체성에 대한 비전에 의해 가려지는 것을 보았다. 그는 그들의 문제가 목적, 의미, 진실성 그리고 풍부한 정서적 삶을 중심으로 어떻게 돌아가는지 보려 했다. 단순히 다른 직업 역할로 이직하는 방법에 대해 혼란스러워하는 사람에게 성격 장애에 대한 진단을 따르게 하는 불일치는 그에게 용납되지 않았다.

프로이트Freud의 제자인, 빌헬름 라이히Wilhelm Reich는 신체와 의식 사이의 연관성을 보았다. 라이히Reich는 그의 고객들이 정서 표현에 대한 충동을 억제하기 위해 어떻게 신체를 수축하는지 관찰했다. 그는 갑옷 상태armouring 아이디어를 제안했는데, '… 에너지가 근육 수축에 얽매여 신체를 통해 흐르지 못하는 상태'이다(Catone, 2014, p.92). 개인이 물려받은 검증되지 않은 사회적 패턴은 그의 근육, 장기, 신경계에 통합되었다. 스트로치 헤클러Strozzi-Heckler는 신체를 통해 직접 작업하지 않고는 다양한 문제를 해결하는 것이 불가능하다는 것을 인지했다. 그는 우리의 세포 수준cellular level에는 약간의 격려만 있어도 전경foreground으로 떠오르는 선천적인 지능이 있다고 믿었다. 이 핵심 신체성 감각의 양성은 작업 방식의 첫 번째 원칙이 되었다. 이것이 소매틱 코칭의 시작이었다.

스트로치 헤클러Strozzi-Heckler는 신체성 심리치료사로 일한 경험과 선구적인 신체 작업자bodyworkers들, 특히 랜돌프 스톤Randolph Stone(Polarity therapy, 1954), 아이다 롤프Ida Rolf(Rolf, 1979), 모셰 펠든크라이스Moshe Feldenkrais(Feldenkrais, 2010)의 연구를 결합했다. 그는 합기도aikido 무술의 담론을 오랜 기간의 명상 수련과 통합함으로써 그의 신체성 방법론을 계속해서 발전시켰다. 또한 칠레 비즈니스 컨설턴트인 페르난도 플로레스Fernando Flores 박사(2012)와 함께 시간을 보내면서 언어와 언어의 체화됨embodiment of language을 그의 신체성 접근에 통합했다. 그 결과 혁신적인 변화를 위한 통합된 방법론이 탄생했다.

신경과학 분야의 점점 더 많은 연구에서 신체를 통한 학습이 일관되고 지속 가능한 성과를 만들어내고 있다는 과학적 근거를 제공하기 시작했다. 조사를 통해서는 우리의 신경 경로뿐만 아니라 심장, 내장, 결합 조직의 신경 전달 물질의 발견을 통해 뇌와 신체 사이의 연관성을 확립했다. 우리의 장腸 신경계는 약 1억 개의 뉴런으로 구성되어 있으며 뇌가 수신하는 만큼 많은 메시지를 뇌에 보낼 수 있다. 과학은 우리의 뇌가 우리의 신체 전체로 확장된다고 제안한다: 신경과학자이자 약리학자인 캔디스 퍼트Candace Pert(1988:12)는 "나는 뇌와 신체를 더는 구분할 수 없다."라고 말했다.

소매틱 코칭의 이론과 방법론

토마스 한나Thomas Hanna(1970)가 처음 도입한 용어인 소매틱somatics은 초기 그리스어(소마soma)에서 유래했는데, 이는 전체적으로 살아있는 신체를 의미하며 마음과 신체가 나눠진다는 데카르트Cartesian의 개념보다 앞선 것이다. 소매틱 코치는 인간의 형태를 정서, 기분, 사고, 지각, 직관을 경험하고 행동을 취하는 공간으로 본다.

우리의 신체는 우리 경험의 형태이며, 한 사람이 가진 전체 역사의 표현이다. 라이히Reich의 동료인 알렉산더 로웬Alexander Lowen은 "한 사람의 전형적인 행동 패턴에서 나타나는 개인의 성격은 신체의 형태와 움직임에 의해 신체성 수준에서도 묘사된다. 신체의 표현은 전형적인 정서적 표현의 신체성 관점이며, 이것은 영적 차원psychic level에서의 특징으로 보인다. 방어는 신체의 두 차원에서 근육 갑옷으로 나타난다."라고 했다(1976: 137). 캔디스 퍼트Candace Pert가 제안했듯이, "신체는 우리의 무의식이다!"(1997: 141) 소매틱 코치는 신체에 존재하는 조건과 사람의 체형이 세상에 존재하는 방식을 어떻게 알려주는지 관찰하고 주의를 기울이도록 훈련받는다. 이 해석에서, 신체와 자아self는 뗄레야 뗄 수 없이 연결되어 있으며 신체를 통해 작업함으로써 소매틱 코치는 코치이의 존재 방식과 직접적으로 작업할 수 있다.

이 방법론의 핵심 요소는 사회적 맥락 안에서 발행하고 자연과 정신spirit에 의해 정보를 얻는 소매틱 알아차림, 소매틱 개방, 소매틱 프랙티스이다. 이러한 핵심 요소는 상호 의존적이며, 상호 지원적이다. 이들은 순차적으로 발생하는 것이 아니라 동시에 발생한다.

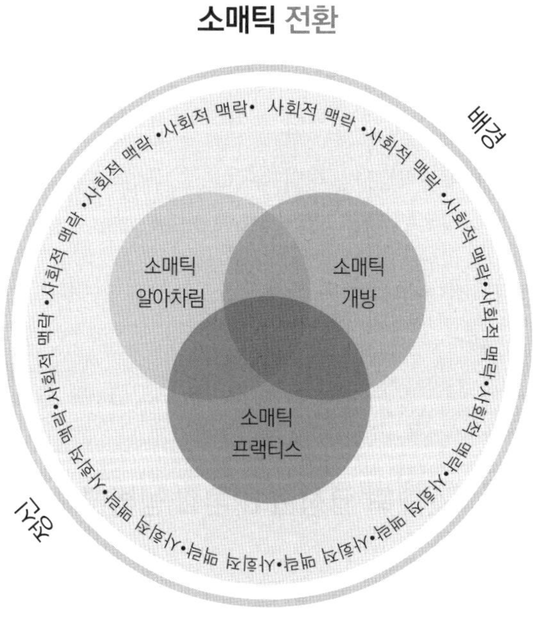

[그림 18.1] 소매틱 방법론의 핵심 요소

소매틱 알아차림

소매틱 알아차림somatic awareness은 우리의 관심을 신체의 삶으로 돌리고 거기에 무엇이 존재하는지 먼저 보는 과정이다. 선택은 알아차림을 따른다. 우리가 더 많이 알아차릴수록, 우리는 새로운 방법으로 상황에 대응하는 더 많은 선택권을 갖게 된다. "내수용 감각interoception은 과학자들이 우리의 본능적 경험을 묘사하기 위해 사용하는 용어이다. 우리의 심장, 내장, 폐, 피부 및 결합 조직은 모두 내부 상태에 대한 고유한 신호를 뇌에 제공한다."(Blake, 2018, p.47) 소매틱 알아차림을 발달시키는 것은 온도, 압력, 모양 그리고 우리 내면의 배경inner landscape을 알기 위한 움직임과 같은 감각에서 시작된다.

감각의 최소화minimisation, 마비와 분리는 상실과 트라우마 사건과 같은 어려운 삶의 경험에 대한 일반적인 반응이다. 감각에 주의를 기울이면 고객은 신체의 삶에 주의를 기울이고 소매틱 알아차림을 발전시키고, 과거의 상처와 트라우마를 치료할 수 있다.

소매틱 개방

소매틱 개방somatic opening은 신체 또는 소마soma의 '개방'과 오랫동안 유지되어 온 수축contractions, 정서, 정신 구조 및 내러티브의 방출을 포함한다.

소매틱 개방에서, 우리는 우리의 행동과 세상에 대한 감각의 방식을 지배하는 역사적 근육 조직, 장기 반응, 조직 대사와 호흡 패턴을 방해한다. 이러한 측면은 우리의 역사적인 '형태shape'(시간이 지남에 따른 경험의 신체적 표현physical manifestation)를 개방하면 습관적 방식으로서의 알기knowing와 정체성에 관한 질문에 우리를 던지기 때문에 불안할 수 있다. 우리는 '나는 더는 내가 누군지 모르겠다'라고 느낄지도 모른다. 그러나 이러한 '무효화undoing'가 전환 과정transformation process의 핵심이다. 이것은 역사적인 형태, 즉 방법론과 내러티브가 우리를 지금의 위치로 이끌어 준 것에 대해 감사를 표하는 단계이며, 우리는 그 유용성보다 오래 지속되었음을 인정한다. 이제는 새로운 형태shape가 나타날 가능성을 허용하면서 놓아줄 때이다. 베셀 반 데르볼크Bessel van der Volk(2014)는 신체를 통한 작업이 오랫동안 유지된long-held 습관적 패턴으로 작업하는 가장 직접적인 방법이라고 제안한다.

소매틱 프랙티스

우리는 우리의 프랙티스의 집합이다; 우리의 습관적인 행동 패턴은 평생 발전하여 우리의 일상생활의 방식이 된다. 만약 우리가 무언가를 충분히 오래 프랙티스를 한다면, 그것이 체화된 진정성이든 만성적인 불안이든 우리는 그 프랙티스가 될 것이다. 소매틱 프랙티스somatic practice는 우리가 현재 우리의 삶에 대한 현재의 약속과 비전과 관련된 새로운 기술, 새로운 역량, 그리고 새로운 존재 방식을 체화embody할 수 있게 한다. 우리가 뭔가 다른 것을 프랙티스할 때, 규칙적으로 그리고 시간이 지남에 따라, 우리는 신경 경로를 다시 연결하기 시작한다(Price et al., 2006). 그렇지만 반복만으로는 충분하지 않다(Zull, 2002). 우리의 프랙티스는 우리가 관심을 두는 것, 우리의 삶과 우리의 일에서 나아가야 할 중요한 것과 연결되어야 한다.

새로운 프랙티스는 우리 자신과 다른 사람들에게 우리가 더 현존present하고, 개방하며, 연결될 수 있는 새로운 형태를 개발하는 데 도움이 된다. 근거와 성실한 프랙티스가 없다면 변화를 위한 의도는 좋은 생각에 불과할 것이다. 헌신적인 프랙티스는 우리의 회복력을 활용하고, 더 많은 선택을 개발하고, 반응하는 대신에 대응하고, 스트레스가 많은 상황에 집중하는 데 도움이 된다.

사회적 맥락

우리가 자라왔고 우리가 살고 있는 사회적 맥락은 항상 우리와 함께하며, 우리의 세계관, 행동, 선택, 기본 습관, 관계, 그리고 우리가 체화한 모든 것을 계속해서 형성하고 있다.

배경/자연 landscape/nature

자연 세계natural world와 우리의 관계는 우리 소마soma와의 관계와 일치한다. 환경이 우리의 신체성 형태와 삶의 관점에 어떻게 영향을 미치는지에 대한 시각을 잃을 수 있다.

정신/미스테리 spirit/the mystery

영혼의 문제에는 경외심, 경이로움, 사랑, 시대를 초월한 경험, 이해하지 못한 지식, 삶의 신성함, 비이원론, 무엇인지에 대한 직접적 인식, 연민을 낳는 고통이 포함된다. 개인적 자아는 덜 중심적이 되고 우리의 상호 연결성은 더욱 기초적으로 변한다. 작은 '나'는 더 큰 전체에 속해있다는 심오한 감각에 의해 가려진다.

소매틱 코칭의 핵심 원칙

소매틱 코칭의 약속은 개인, 팀, 조직이 충족과 만족에 대한 비전을 향해 나아가도록 하는 것이다. 동시에 이 여정에서 내재된 감성과 프랙티스는 실용적인 지혜, 근거 있는 동정심 compassion, 능숙한 행동의 체화된 미덕을 만들어낸다.

  소매틱 코칭은 신체와 **함께**, 신체**에서**, 그리고 신체를 **통해** 작업한다.

신체에서 작업하기

만성 두통, 요통 등 개인의 증상이 너무 심한 경우 다른 문제를 해결하기 전에 주의를 기울여야 한다. 그녀가 의학적인 배경을 가지고 있지 않은 한, 소매틱 코치는 단순히 신체에 저장된 긴장을 방출 release 하는 것을 돕기 위해 훈련받고, 유기적인 원인이 있다면, 자격이 있는 건강 전문가에게 그를 리퍼해야 한다.

신체와 함께 작업하기

개인의 정서적, 사회적 삶이 다루어질 때, 사람들과 상황에 대한 정서적 반응은 신체적으로 나타난다. 코치와 코치이는 현재 증상을 완화하는 데 초점을 맞추는 것에서 특정 관계가 어떻게 코치이를 쇠약하게 하는 고통을 유발하는지에 대한 질문으로 전환한다. 개인은 특정 사람들과 함께 있을 때 그리고/또는 특정 대화에서 신체적 physically, 에너지적, 정서적, 관계적으로 자신을 형성하는 방식에 대해 다른 수준의 주의와 책임감을 가지고 기존과는 다른 존재의 방식을 창조하도록 배운다.

신체를 통해 작업하기

우리가 신체를 통해 작업을 할 때, 우리는 우리가 누구인지 형태를 잡는 것과 생기를 불어넣는 기본적인 삶의 에너지와 관련이 있다. 신체를 통한 작업의 중심이 반드시 증상을 완화하거나, 특정 자세를 얻거나, 특정한 방식으로 움직일 수 있거나, 특정한 정서를 표현하는 것은 아니다. 신체에 대해 그리고 신체와 함께하는 작업에서 앞선 모든 기법을 사용할 수 있지만 초점은 근본적으로 자아를 형성하는 에너지에 있다. 자기 수양self-cultivation을 위해 신체를 통한 작업을 하는 것은 결국 자아 너머 무엇이 있으며, 우리가 말하는 이 자아는 누구인가에 대한 영적 질문으로 이어질 것이다. 소매틱 코치의 근본적인 작업은 사람들이 그들을 살아있게 하는 활기찬 힘을 느끼고 함께하도록 안내하는 것이다.

우리의 살아있음aliveness은 우리가 어떻게 정서를 표현하고, 접촉하고, 친밀감을 형성하고, 약속을 이행하고, 가족이나 팀에서 역할을 수행하는지와 같은 제스처에 명시적이며 고유한 에너지 리듬을 가지고 있다. 우리는 이것을 에너지의 리듬rhythm of energy이라 부르며, 개인, 팀 및 조직을 코칭하는데 유용한 신체성 구분이다. 우리의 에너지 리듬은 4단계로 구분된다: 각성awakening, 증가increasing, 억제containing, 완성completing.

- 깨우침awakening – 우리의 주의를 신체의 삶에 쏟는 것은 깨우침의 첫 단계이다. 우리는 우리가 어디에서 자신을 차단하고 무감각하게 하는지, 어디서 어떻게 우리의 살아있음을 느끼지 못하게 하는지 식별하는 법을 배운다. 우리는 얕은 호흡 패턴이 어떻게 우리 존재를 압박하는지, 구부정한 어깨가 어떻게 산소의 완전한 수송을 방해하는지, 목이 막히는 것이 어떻게 자기 주장을 억누르는지 발견한다.
- 증가increasing – 우리의 에너지가 발달하고 성숙할 수 있도록 해주는 구조의 구축이다. 이 단계에서 우리는 증가하는 에너지에 귀를 기울이고 에너지의 확장에 참여하기 시작한다.
- 억제containing – 우리가 더는 앞으로 나아가거나 일정 수준의 인정이 필요하지 않고, 오히려 우리가 얼마나 멀리 왔는지를 아는 데서 만족과 자유를 발견하면서 우리의 보폭을 밟고, 자신감과 능력을 가지고 움직이는 때이다.

- 완성completing – 프로젝트, 대화, 관계 등 어떤 것을 완성하는 것에 대한 완전한 만족감은 논리적으로 생각하는 것만큼이나 에너제틱한 경험에서 나온다. 우리는 우리가 쌓아온 유산을 받아들이고, 우리가 공헌한 가치를 알고, 자신의 성취 감각을 경험할 수 있다.

소매틱 변형의 원호arc

소매틱 코칭에서 변화의 여정은 코치이가 더는 자신에게 도움이 되지 않는 역사적 형태와 존재 방식에서 벗어나 자신의 포부, 가치, 신념과 일치하는 새로운 체화됨embodiment을 만드는 데 참여할 수 있도록 지원하는 것으로 시작된다. 네 가지 단계는 다음과 같다:

1. 역사적 단계
2. 무한한 열린 단계
3. 새로운 형태
4. 새로운 형태의 체화

이 과정은 선형적이지 않지만, 일반적으로 코치이가 포기하려는 역사적 형태와 그들이 발견하는 과정에 있는 미래에 대한 약속 사이에 친밀한 관계가 되도록 지원함으로써 시작된다. 이때 끝나는 것과 시작하는 것 사이에 밀접한 관계가 있다. 이것은 코치이가 특정 미래에 대한 비전, 의도, 헌신을 선언하는 순간이다. 미래에 대한 선언은 소매틱 코치에게 그가 함께 일하면서 성취하고자 하는 바를 알려준다.

역사적 단계

소매틱 코치는 신체와 자아가 불가분 관계에 있다는 생각을 그에게 소개한다. 그들은 신체의 감각 구조, 이러한 감각이 내러티브와 이야기를 만드는 방법, 특정 내러티브가 감각을 만드는 방법을 보여준다. 그들은 이 내러티브가 어떻게 신념이 되었고, 믿음이 성격과 기질로 굳어졌는지 질문할 것이다. 성격은 행동, 기분, 정서로 신체에서 살고 있다. 이 과정에서 개인은 자신의 주의를 기울여 '생각하는 자아thinking self'에서 느끼는 자아feeling self로 옮겨가야 한다. 이것은 사람이 명확하게 생각하고 분석하는 능력을 잃는 것이 아니라, 머리 아래에 살아 있는 신체성 지능의 차원을 추가했다는 의미이다.

그들이 느끼는 삶의 감각과 연결되면서 그들은 자발적으로 발생하고 우리의 근육 체계에 사는 자동적이고 반사적인 반응을 인식하기 시작한다(van der Volk, 2014). 그들은 금지당하지 않았지만 인식된 공격이나 배신에 대한 반응에 초점을 맞추고 있다. 이것들은 우리의 조건화된 경향이며, 우리의 신체적physical 형태에서 나타나는 역사적 경험에서 비롯된다.

형성의 장소 Sites of shaping **– 시간이 지남에 따라 어떻게 형성되는지**
우리의 가족생활, 이웃, 학교, 공동체, 제도, 사회 규범, 신념 체계, 역사적 힘, 그리고 환경 모두는 우리의 에너지가 우리를 통해 움직이고 우리를 형성하는 것을 허용하거나 허용하지 않는 방식에 영향을 미치는 역할을 한다. 신체는 우리 경험의 형태가 된다. 이는 우리가 삶과 어떻게 관계를 맺고 있는지 보여준다.

'형성의 장소/변화의 장소Sites of Shaping/Sites of Change'은 FIVE 세대 조직의 앨런 그레이그Alan Greig와 스테이시 헤인즈Staci K Haines(Strozzi-Heckler, 2014)의 공중 보건 모델에 기반을 둔 프레임워크이다. 이는 코치가 이러한 영향 중 일부를 구별하고, 코치이와 함께 기관 및 사회적 규범으로 인한 조건화가 기관, 커뮤니티, 가족과 개인 수준에서 어떻게 지속되는지 식별하는 데 유용한 도구이다.

이 단계에서 코치이는 자신의 역사 총합이 자신의 신체에 존재하는지 확인하도록 안내된다. 이것은 확실히 심리학이나 철학에서는 새로운 생각은 아니지만, 소매틱은 이 역사가 문자 그대로 우리의 신체 조직에 존재한다는 것을 밝혀냈다. 소매틱 코치는 그들의 역사가 근육, 장기 및 신경계에 어떻게 존재하는지, 그리고 그것이 내러티브, 감각, 정서, 세계관 및 존재 방식으로 세상에 어떻게 명시적으로 나타나는지 경험하도록 고객을 지원한다.

소매틱 코치는 소매틱 프랙티스에 참여하여 코치이가 자신에게 습관적인 것, 시간이 지남에 따라 연습한 것이 일상생활에 나타나는 것에 대한 알아차림을 확장한다. 코치이는 안전과 소속감을 유지하는 기본적인 반응과 해석 패턴이 어떻게 더는 자신의 열망과 의도에 부합하지 않는지 배운다.

코치이의 습관적인 존재 방식, 시간이 지남에 따라 정해진 독특한 조건을 탐색함으로써, 그들은 유용성보다 오래 지속된 자동적인 존재 방식을 끝내는 과정을 시작한다.

무한 공간 unbounded space

역사적 형태에서 벗어나 우리는 개방 단계인 무한한 단계로 들어간다. 그들의 이전 삶의 패턴으로부터의 구분은 코치이가 매었던 밧줄을 푸는 느낌을 갖게 할 수 있다. 그들은 알려진 것을 뒤로하고 아직 새로운 형태에 도착하지 못했다.

이것은 숙련된 소매틱 코치의 지원을 받는 코치이에게는 새로운 배경 landscape 으로 들어가 새로운 깊이를 발견할 기회이다.

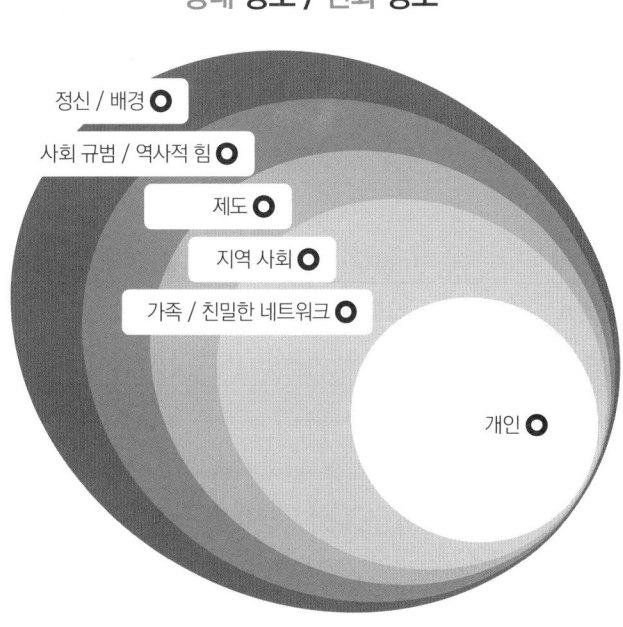

[그림 18.2] 형태 장소

그들의 이전 정체성은 풀리지 않고 있고, 자기 인식에 대한 일반적인 기록 notation 은 어디에도 보이지 않는다. 그들은 마치 자신을 통해 움직이는 이 많은 삶을 어떻게 해야 할지 모르는 것 같다. 두려움을 느끼는 것은 매우 자연스러운 일이다. 그들이 생각했던 '나'가 풀리고 있다. 그들의 세계관이 변화하면서 그들은 불안해한다.

소매틱 코치는 코치이가 감정, 이미지, 인식 및 정서의 거대한 팽창에 정착하도록 안내한다. 그들이 자신의 살아있음aliveness과 접촉할 때 그들은 평범하고 이성적인 설명을 넘어서는 무언가에 감동을 받는다. 코치이는 조용히 귀를 기울이고 무엇이 요구되는지 지켜보도록 권장받는다. 그들은 서두르지 않고 살아있음의 새로운 깊이와 광대함을 경험하도록 코칭 받는다. 그들은 풍부한 새로운 에너지와 함께하는 법을 배운다. 그들은 습관적인 조건화된 반응 패턴에 구애받지 않고 삶의 과정이 그들을 통해 움직이도록 허용하는 방법과 같은 억제하는 방법을 코칭 받는다.

이 경험은 이전에 왔던 어떠한 경험과도 매우 다르게 보일 수 있지만, 코치이는 깊이 지지하는 방식으로 자기 생성self-generating을 하고 있음을 보여준다. 또한 소매틱 코치는 자신의 주의를 엄격하게 유지하고, 중심이 된 존재감을 체화하고, 코치이를 위한 기반을 마련해야 한다. 소매틱 개방 안에서 코치이는 자기 자신이 되고, 자기 수용, 자기 치유하는 과정으로 이동할 수 있음을 인식하게 된다.

새로운 형태

무한한 단계에서부터 충동impulse이 형성되기 시작하여 새로운 존재 방식, 새로운 형태의 시작을 알린다. 이제 소매틱 코치가 묻는 질문은 "이 새로운 존재 방식을 인지하는 방법을 배우기 위해 어떤 기술이 필요한가?", "당신의 지지 네트워크에 있는 사람은 누구인가?", "어떤 새로운 행동을 체화embody하고 싶은가?"이다. 코치이가 새로운 형태를 형성하기 시작하면서 행동을 위해 스스로 모으고 동원하는 방법에 대해 코칭을 받는다. 그들 개인의 현존presence과 보편적인 현존이 어떻게 밀접하게 연관되어 있는지 드러난다. 그들은 마음, 신체, 정신spirit으로 나누어진 자아 대신에, 활기차고 본질적인 연속체로서 경험하는 법을 배운다. 그들은 깊은 신체성 충동의 경험에 머무르는 방법을 보여주면서 충동으로 성장하고, 그것은 간절히 바라는 열망이 된다. 새로운 형태가 진화함에 따라 적절하고 딱 맞기도 하고 시작하고 멈출 수도 있지만 이제는 성장에 자극을 주는 기본적인 자신감이 있다.

누군가에게는 무한한 단계를 거치는 것이 경계와 호의적인 태도allegiances의 변화로 인해 확실성이 부족하게 되어 불편할 수 있다. 하지만 무한한 공간에 발을 들여놓는 것은 코치이가 자제력을 배우는 데 도움이 된다. 두려움이나 반사적 위축reflexive contraction으로서의 억제가 아니라 더 많은 삶, 사랑, 모순, 여러 가지 약속을 지킬 수 있는 더 많은 능력을 담을 수 있는 심오한 성숙이다. 소매틱 코치는 코치이가 지혜, 동정심, 선택적 행동을 긍정하는 에너지를 견디고 함께할 수 있도록 지지한다. 코치이는 그들이 어떻게 그들의 삶을 창조하는 완전한 참여자가 될 수 있고 변화의 희생자가 될 필요가 없는지 이해하기 시작한다. 이와 같은 더 깊은 지혜를 믿을 수 있다는 것은 우리 모두가 평생 전환하는 데 도움이 된다. 이것은 우리의 삶을 통해 다양한 형태와 정체성이 될 많은 새로운 가능성을 열어주며, 매력적이고 자유롭다.

체화됨 embodiment

코치이는 새로운 형태가 형성됨에 따라 새로운 프랙티스를 통해 자신의 비전과 약속을 체화하거나 '맞춤화 somatise'할 수 있도록 지지받는다. 이것이 체화됨의 과정이다. 이 단계에서는 세계와 상호작용하는 에너지가 넘치고 감정 차원을 가진 새로운 형태로 심화된다. 그들은 그들의 꿈, 그들의 열망을 관찰하고 표현된 현실로 옮기는 데 도움이 되는 프랙티스를 배우기 시작한다. 그들은 새로운 존재 방식을 향해 자아를 근육질로 그리고 에너지가 넘치도록 동원하도록 코칭 받는다. 체화됨 단계에는 프랙티스, 호기심과 실험이 필요하다. 존재의 새로운 방식을 개발하는 데 있어, 코치이는 다른 감정과 함께하는 방법과 이러한 다른 감정이 특정 방식으로 감정을 조직하는 방법을 배우는 것이 중요하다. 그들이 새로운 형태에 익숙해지고 더 많은 만족감을 느끼고 살기 위한 프랙티스를 하게 되면서, 그들은 필연적으로 그들의 역사적 삶의 패턴을 성찰하는 도전에 부딪히게 될 것이다. 그 순간, 소매틱 코치는 코치이가 다른 프랙티스를 하는 도전을 이겨내도록 격려한다.

새로운 존재 방식을 체화하는 데는 오랜 시간이 걸린다. 이것은 신속한 해결을 바라는 우리의 열망과는 반대되는 것이다. 우리는 장기적인 프랙티스에 참여함으로써 숙련된 통제력을 얻는다. 지름길은 없다. 갑자기 번개 치는 것과 같은 변화의 순간에도 우리는 전에 걸어왔던 만 번의 걸음에 대해 잊어버린다.

소매틱은 하나의 길, 자기 수양 self-cultivation의 지속적인 여정, 존재 방식이다. 이것은 개인적이고 조직적인 변화를 위한 이론이다. 다음과 같은 고객에게 도움이 될 것이다.

- 기본적인 수준에서 변화하려는 의지가 있다.

- 자신이 무엇을 하는지보다 자신의 일과 삶에서 존재 방식이 어떻게 나타나는지 초점을 맞출 준비가 되어 있다.
- 자신이 원하는 삶을 살고 얼마나 만족하는지 성찰할 수 있다.

이것은 세계 시민이 되는 기본 원칙을 지지하기 때문에 성인기에 접어드는 어린이와 청소년에게 적용할 수 있는 방법론이다.

그룹과 팀 단위로 작업하는 경우에도 적용할 수 있다. 개인과 집단의 전환은 상호 의존적이고 분리할 수 없다. 우리가 다른 사람들을 변화와 전환으로 이끌려면, 우리 자신의 내적 작업부터 시작해야 한다.

사례 연구

코치이

제니Jenny는 카리브해에 있는 글로벌 기구에서 맡은 일을 한 뒤 코칭을 위해 방금 막 돌아왔다. 우리의 탐구적인 대화에서, 그녀는 나에게 "저는 제 인생의 갈림길에 서 있고, 어디로 가야 할지 확신하지 못하고, 어떤 길로 가야 할지 제 능력을 의심하고 있어요"라고 말했다.

제니는 매우 성공적인 전문직 여성으로 존재하고 있다presented. 그녀는 대기업의 중앙 허브에서 일하면서 기업 회계사로서 해외 근무를 막 마쳤다. 이사회와 고위 경영진에게 엄청난 가시성을 가져다주는 매우 중요한 역할을 맡았었다. 그녀가 그녀의 일에 대해 말할 때, 그녀의 기술적인 능력은 분명했고, 나는 그녀가 왜 이 역할을 맡았는지 쉽게 알 수 있었다. 그녀는 시니어인데도 어떻게 다양한 이해관계자들과 함께 자신의 입장을 고수할 수 있었는지에 관해 이야기했으며, 여기에는 매우 자신감 있고 카리스마 넘치는 사업의 설립자 에너지가 포함되어 있었다. 그런데도 그녀가 하는 말은 내가 앞서 본 사람과 어울리지 않는 것 같았다. 그녀의 목소리는 생기가 거의 또는 아예 없는 상태로, 꽉 붙들고 있고 좁고, 자제하며 조용히 말하는 것처럼 보였다. 소매틱 코치는 이것이 그녀의 역사적인 형태, 삶의 경험을 통해 시간이 지남에 따라 형성된 패턴이며 현재 그녀의 삶의 방식을 알려주는 것이라고 이해했다.

제니와 내가 어떤 관계에 있는지 관찰하면서, 나는 그녀가 깊이 뿌리박힌 자기 의심에 대해 작업하고 싶다고 말했을 때 놀라지 않았다. 그녀는 영국으로 돌아갈 예정이었지만 집으로 돌아온 것은 그녀의 기술적 전문성이 충분한 섬에서 자신의 지위의 성역을 떠나는 것을 의미했다. 삶의 주류로 다시 돌아간다는 것은 그녀의 자기 의심에 직면하는 것을 의미했다. 그녀가 말했다: "저는 우리가 저의 현재 상황과 제가 코칭 세션에서 달성하고자 하는 목표에 대해 이야기했던 것을 기억해요. 부족한 것에 대한 두려움과 자기 의심을 표현할 수 있었는데도 저는 제 욕망과 소망을 표현할 수 없었던 것을 분명하게 기억해요. 그것이 나를 사로잡고 있다는 것은 꽤 명백해 보였어요."

코칭

우리의 첫 번째 세션에서, 우리는 소매틱으로 작업하는 것은 무엇을 의미하는지를 포함해 우리가 어떻게 함께 작업해 나갈지 이야기했다. 우리는 시간이 지남에 따라 제니를 형성하고 있는 것을 탐색하기 시작했다. 나는 그녀에게 그녀에 대해 내가 알아야 할 무엇이든 공유하도록 그녀를 초대했고, 제니는 그녀의 어린 시절, 가족과 성격에 대해 많은 것을 이야기했다. 그녀는 매우 사랑하는 가족의 지원으로 중동에서 자랐지만, 이것은 그녀의 아버지가 사업을 위해 집에서 떠나있는 시간을 더욱 힘들게 만들 뿐이었다. 제니는 자신을 매우 민감한 사람이라고 묘사했고, 그녀가 자란 환경이 그녀의 취약성을 증폭시킨 것처럼 보였다. 그녀는 자신을 작게 유지하고, 경계를 늦추지 않고, 자신의 취약성을 숨기고 다치지 않도록 하는 방법으로 해리disassociating 전략을 개발했다. 나는 그녀의 신체가 많은 두려움을 담고 있다는 것을 느낄 수 있었다. "이러한 두려움이 제 삶에 나타나는 몇 가지 방식들이 있었어요. 사람들과 사귀는 것이 힘들었고, 나 자신에 대해 말하고 싶지 않았어요. 나는 다른 사람들을 들여보내지 않았고, 나에게 불리하게 작용할 수 있는 취약성을 보일까 봐 두려워서 내가 겪고 있는 일을 공유할 수 없었어요. 저는 목소리가 없었어요."

나는 제니가 자신의 감정에 빠지도록 돕는 방식으로 집중화를 소개했다. 그녀의 역사적인 형태를 탐색하는 목적으로, 우리는 그녀의 조건화된 경향이 그녀의 신체에 어떻게 나타나는지 밝히는 데 도움이 되는 또 다른 프랙티스에 참여했다. "첫 번째 세션에서, 우리는 유니스Eunice가 내 옆에 서서 제 팔을 잡고 내 신체에서 무슨 일이 일어나고 있는지, 내 머릿속에서 어떻게 이야기가 시작되는지, 어떤 정서들이 나를 통해 흐르는지 알아차리라고 요청하는 프랙티스를 했어요. 저의 초기 반응은 어깨가 긴장되고 가슴이 휘젓는 것을 느끼고 매우 작아지고, 위축되고 편협해지는 것이라는 것을 알고 있었어요. 그다음에 해리가 이어졌어요. - 저는 분리되어 방어 메커니즘으로 벽을 세웠어요. 유니스는 그 프랙티스를 몇 번 반복했고 내 머릿속에 들리는 몇 가지 문구를 추가했어요. '하지 마, 넌 실패할 거야, 너는 그럴 능력이 없어, 너는 부족해.' 제니는 육체적으로 움직이거나 해리로써 벗어나고 싶은 너무 익숙한 욕망을 느꼈다고 보고했다. 우리는 이 패턴이 그녀의 삶에서 어떻게 나타나는지, 그리고 그것이 그녀와 그녀가 되길 원하는 모습에 미치는 결과를 탐색했다. 우리의 작업을 위한 가이드는 제니가 선언한 미래였다. "저는 제가 인생에서 하는 일에서 행복을 찾기 위해 저 자신에게 충실할 것을 약속합니다."

그 후 몇 달 동안 제니와 나는 특히 도전적인 상황에서 제니가 더 깊은 지혜와 접촉할 수 있도록 그녀의 신체에 주의를 기울이는 작업을 지속했다. 우리는 실제로 할 수 있는hands-on 소매틱 작업을 포함하기 시작했다 - 소매틱 코칭의 필수적인 부분으로 체화됨이 된 패턴과 내러티브를 분해하여 코치이를 역사적 형태의 한계로부터 해방시키는 개방 과정. 이 무한한 공간으로 이동하는 것은 코치이에게 혼란스럽게 느껴질 수 있으며, 그녀의 코치로서 집중된 존재감centered presence을 체화하고 펼치는 것과 함께하는 것이 중요했다.

나는 제니를 초대해서 지금 여기서 일어나고 있는 일에 현재 머물면서 그녀가 어떻게 연결되어 있는지 알아차리도록 했다. 이 탐색에서 그녀는 자신이 어떻게 해리하는지, 어떻게 수축하는지, 그리고 두려움을 동반하는 즉각적인 내러티브(제니가 수다스러운 원숭이라고 부르는)를 알아차리기 시작했다. "끈적끈적한 반창고를 뜯어내는 것보다 용량이 쌓이면 조금 더 깊이 파고 들어가는 안전함이 불편감을 느낄 때도 머무를 수 있게 했습니다."

우리는 제니의 가슴을 부드럽게 하고, 목을 풀어주고, 어깨를 풀어줄 수 있도록 도움이 되는 작업을 했다. 호흡 패턴의 조합과 제니에게 다른 소리를 내도록 초대하는 것은 제니가 목 주위를 붙들고 있던 것을 천천히 푸는 데 도움이 되었다. 조금씩, 시간이 지나면서, 그녀가 오래된 패턴을 탈구조화하면서, 수축을 유지했던 곳들이 부드러워지기 시작했고, 새로운 정체성, 새로운 형태가 출현할 수 있는 공간을 만들었다. 그녀는 더 깊은 지혜를 느끼고, 그녀 자신을 현재에 있게 하고, 새롭고 다른 방식으로 연결을 유지하면서, 그녀가 수축 주위에서 긴장을 푸는 방법을 배웠다.

우리는 제니가 그녀의 새로운 형태, 그녀의 새로운 정체성에 완전히 적응할 수 있도록 지지하는 프랙티스를 살펴보기 시작했다. 나는 제니에게 Jo Kata(Jo는 활엽수 지팡이이고 Kata[어깨]는 일본어로 형태를 의미한다)를 소개했다. Jo 프랙티스는 제니가 중심화된 현존을 체화하는 데 도움을 주었다. "제가 지금 알아차리는 것은 제가 매달리던 자기 파괴적인 회전목마의 방향을 멈추거나 바꾸는 능력인데, 그것은 점점 쉬워지고 있고, 때로는 깊은 심호흡 몇 번만 하거나 Jo 프랙티스를 하기도 해요. 나는 스트레스가 많은 상황에 들어가 어깨가 수축하는 것을 느낄 때 Jo 프랙티스가 매우 강력하다는 것을 알게 되었어요. 예를 들어, 제가 과거에 힘들어했던 대중 연설을 최근에 시작했어요. 저는 사전에 Jo 프랙티스를 사용하는 것이 나 자신에게 진실하겠다는 약속을 굳건히 하는 데 정말 도움이 되었고, 명확하고 자신 있게 내 견해를 말할 힘을 주었다는 것을 알았어요".

또한 그녀의 일상생활에서도 프랙티스를 할 수 있는 기회가 있었다. 예를 들어, 그녀는 또 다른 전문 자격을 취득하고 싶지만, 생각만으로도 그녀의 습관적이고 기본적인 패턴을 철회하는 계기가 되었다. "제가 준비하는 동안 그리고 시험 자체를 위해 사용한 프랙티스는 넓고 깊은 곳으로 떨어지기 쉽게 빠져드는 프랙티스와 변화하는 환경의 중심화와 재중심화를 배우는 데 도움이 되는 프랙티스를 포함하고 있었어요. 숨이 가빠지고 땅이 발에 닿아있는 것을 느끼면서 시험을 보는 동안 미지에 대한 두려움을 극복할 수 있었어요. 내가 한 작업은 체계적이고 침착하게 일할 수 있게 해주었고 내가 할 수 있는 최선을 다했다는 느낌으로 자리에서 떠났어요. 제가 예상했던 것보다 훨씬 더 높은 점수를 받고 합격한 것 같아요. 소매틱 코칭은 제가 과거에는 도망쳤을 다양한 상황에 대처할 수 있는 능력과 힘을 기를 수 있게 해주었어요".

제니는 더는 두려움과 자기 의심에 이끌리지 않는 새롭고 의미 있는 미래를 선언하며 전환의 길로 한 발자국 나아갔다. 그녀는 그 순간에 선택하는 데 도움이 되는 프랙티스에 접근할 수 있었고, 계속해서 그녀의 선언을 향해 움직였다. 제니는 계속해서 프랙티스를 통해 새로운 모습을 체화하면서 자기 교육, 자기 생성self-generating, 그리고 자기 치유를 하고 있다. 제니는 "저는 이것이 진행 중인 과정이고 새로운 상황에 대한 제 능력을 계속해서 프랙티스와 개발을 할 필요가 있다는 것을 알지만, 수다쟁이 원숭이가 이제 훨씬 더 조용해진 것 같고 거절을 개인적인 것으로 받아들이거나 부정적이고 파괴적인 사고 패턴에 빠지지 않아요."라고 성찰했다.

소매틱 코칭을 통해, 코치이가 배운 것:

- 관계를 유지하면서 자신이 소중하게 여기는 것을 옹호하는 방법; 강력한 선언을 하는 방법; 신뢰를 구축하는 방법
- 새로운 행동과 새로운 삶의 방식을 체화할 수 있는 프랙티스를 이행하는 방법
- 자동적이고 역사적인 반응과 중심화된 선택을 구분하는 방법
- 우리의 소마soma 속에 있는 깊은 지혜와 동감, 직관과 접촉하는 방법
- 리더십 현존을 구축하는 방법

소매틱 코칭은 지속 가능한 변화와 전환을 지지하는 강력한 방법론이다. 그것은 우리가 우리의 소마soma에 완전히 적응하고 우리가 누구인지에 대한 충만함 속에서 세상과 관계하도록 초대한다.

논의 포인트

1. 당신과 코치로서의 당신 자신의 프랙티스에 어떤 질문을 떠오르게 하는가?
2. 코치로서의 효율성에 어떤 가치가 있다고 볼 수 있는가?
3. 소매틱 코칭 과정을 읽으면서, 개인적인 발전에 신체가 어떤 역할을 한다고 생각하는가?
4. 자신의 프랙티스와 이 접근에서 어떤 유사점과 차이점을 이끌어낼 수 있는가?

추천 읽기

Aquilina, E. (2016). *Embodying Authenticity a Somatic Path to Transforming Self, Team and Organization*. London: Live it Publishing.

Lewis, T., Armini, F., & Lannon, R. (2001). *A General Theory of Love*. New York: Random House Inc.

Blake, A. (2018). *Your Body Is Your Brain*. Truckee, CA: Embright LLC.

Strozzi-Heckler, R. (2014). *The Art of Somatic Coaching: Embodying Skillful Action, Wisdom and Compassion*. Berkeley, CA: North Atlantic Books.

참고 문헌

Blake, A. (2018). *Your Body Is Your Brain*. Truckee, CA: Embright LLC.
Cotone, C. (2014). *Interpreting Body Psychology How to Interpret and Change Your Body*. Bloomington, IN: Balboa Press.
Feldenkrais, M. (2010). *Embodied Wisdom: The Collected Papers of Moshé Feldenkrais*. Berkley, CA: Somatic Resources and North Atlantic Books.
Flores, F. (2012). *Conversations for Action and Collected Essays: Instilling a Culture of Commitment in Working Relationships*. North Charleston, SC: Create Space Independent Publishing Platform.
Hanna, T. (1970). *Bodies in Revolt: A Primer in Somatic Thinking Holt*. New York: Rinehart and Winston.
Leonard, G.B. (1972). *The Transformation: A Guide to the Inevitable Changes in Humankind*. New York: Delacorte Press.
Lowen, A. (1976). *Bioenergetics*. New York: Penguin Books.
Maslow, A.H. (1954). *Motivation and Personality*. New York: Harper (Harper Collins).
Perls, F., Hefferline, R.E., & Goodman, P. (1951\1994). *Gestalt Therapy: Excitement and Growth in the Human Personality*. London: Souvenir Press.
Pert, C. (1988). The Wisdom of the Receptors: Neuropeptides, the Emotions, and Bodymind. *Advances: Institute for the Advancement of Health*, Vol. 3, No. 3, Summer, 8–16.
Pert, C. (1997). *Molecules of Emotion: The Science Behind Mind-Body Medicine*. London: Simon & Schuster UK Ltd.
Price, D., Verne, N., & Schwartz, J.M. (2006). Plasticity in Brain Processing and Modulation of Pain. *Progress in Brain Research*, Vol. 157.
Reich, W. (1980). *Character Analysis*. New York: Farrar, Straus and Giroux.
Rogers, C. (1961 Reprinted 2004). *On Becoming a Person*. London: Constable & Company Ltd.
Rolf, I.P. (1979). *Rolfing: Re-Establishing the Natural Alignment and Structural Integration of the Human Body for Vitality and Well-Being*. Rochester, VT: Healing Arts Press.
Stone, R. (1954 Reprinted 1986). *Polarity Therapy the Complete Collected Works on This Revolutionary Healing Art*. Volume One. Reno, NV: CRCS Publications.
Strozzi-Heckler, R. (2014). *The Art of Somatic Coaching: Embodying Skillful Action, Wisdom and Compassion*. Berkeley, CA: North Atlantic Books.
Van der Volk, B. (2014). *The Body Keeps the Score*. St Ives, London: Penguin.
Zull, J. (2002). *The Art of Changing the Brain: Enriching the Practice of Teaching by Exploring the Biology of Learning*. Sterling, VA: Stylus Publishing.

Section 5

구성주의적 접근들

19장
개인 구성주의 심리학 코칭

저자: 키에런 두이난Kieran Duignan[1]
역자: 김현화

서론

본 장은 개인 구성주의 심리학the psychology of personal constructs(PCP) 코칭에 대한 이야기를 제공한다(프랙티셔너 커뮤니티에서는 'PCpersnal constructs'라 칭함). 'PC' 이론과 프랙티스에 대한 정보를 함께 다루기에, 코치이를 돕기 위해 대안들을 그들 자신, 타인과 집단, 그리고 업무와 스포츠 및 개인적 삶에서의 수행과 전략적 목표와 함께 삼중으로 '심사숙고'할 수 있다.

행동이 개인의 생각과 감정에 의해 영향을 받는다는 개념은 전문 심리학자들 사이에서 보편화되었지만, 오하이오 주립 대학의 미국인 교수 조지 켈리George Kelly가 『개인 구성주의 심리학The Psychology of Personal Constructs』(Kelly, 1955/1991)을 집필하던 당시에는 근본적 행동주의와 정신분석학이 심리학 영역에서 지배적인 영향력을 가지고 있었다. 이러한 환경에서 켈리Kelly는 심리치료에 대한 다원주의적 전략의 윤곽을 구상하였다. 그는 이를 미 해군의 인적 요인 심리학자human factors psychologist로서 일했던 경험을 바탕으로 만들었으며 동시대의 미국인 존 듀이John Dewey(1910/91)의 과제 분석적 실용주의뿐만 아니라 오스트리아계 헝가리인 야코브

---

[1] **키에런 두이난**Kieran Duignan은 직장에서 사고 예방 및 사고 후 학습을 지원하는 리더십, 관리 및 소셜 네트워크에 대해 연구하고 코칭한다. 그는 공인된 심리학자, 공인된 인체공학자, 공인된 안전 및 보건 전문가, 그리고 공인된 인사개발원의 연구원이다. Email: kieran@beengaging.org

모레노Jacob Moreno(Moreno & Fox, 2000)의 사이코드라마 기술과 당시 등장한 영국인 윌리엄William의 Q 방법론을 공동 채택했다.

코칭에 관련된 개인 구성주의 심리학의 발달

1955년은 PCP가 치료적 개입 양식과 별개의 심리 연구 방식으로 시작된 해이며, 이는 곧 미국, 영국, 호주로 퍼졌다. 켈리는 코치이를 공동 실험자로 하며, 코치이의 행동을 테스트할 수 있는 인간 행동에 대한 일련의 명제에 기반을 둔 개방형 시스템을 구축하려는 방법을 채택하였다. '근본 가정Fundamental Postulate'과 11개의 추론 또는 원칙으로 구성된 이러한 격자 구조는 행동의 원칙으로 간주 될 수 있으며, 코치이가 구성하는 패턴에 영향을 받는다. 이러한 구조는 오늘날까지 남아 사회적 정체성, 창의성, 판단력, 시장조사, 인적 자원 관리/개발과 같이 기원이 같은 영역에서 진행하는 경험적 연구가 켈리의 추론을 타당한 방식으로 테스트하고 있으며, 이들 중 일부는 그 범위를 넓히고 있고, PCP 이론을 코칭으로 확장할 수 있는 기반을 제공하고 있다.

1980년대 중반에서 2000년대에 이르는 동안 개척자들은 PCP 이론을 개발하였고, 1990년대에는 하트퍼드셔Hertfordshire 대학교 내에 통합된 개인 구성 심리학 센터Center for Personal Construct Psychology 그리고, 런던 서부 브루넬 대학교의 인간 학습 연구 센터Centre for the Study of Human Learning라는 독립 소규모 사업이 주도하는 학회와 출판물을 통해 응용 분야에 박차를 가하였다.

켈리는 심리학의 세 가지(임상, 성격 및 인적 요인) 하위 분야를 코칭심리학의 전조가 될 정도로 잘 연결하였다. PCP와 코칭심리학을 연결한 문헌은 배니스터Bannister(1982)로 거슬러 올라갈 수 있으며 현재까지 올림픽 표준 코치 버틀러Butler(1996)의 스포츠 심리학 가이드에서 가장 생생한 표현이 발견되었다.

이론

코칭 개입의 설계

코칭 개입 설계에서 버틀러Butler는 개인 구성 코칭에 대한 공리적 관점에 대해 예리하게 표현하였다. 그는 외부의 사건 또는 타인으로 인한, 개인적 통제를 넘어서는 문제와 어려움의 근원에 대한 개인적 귀인과 심리는 물론 생리적, 생물학적으로 인간에게 내재 된 탁월함, 지구력, 회복탄력성의 근원에 대한 코치의 귀인을 대조하였다. 이러한 이중적 관점은 조직 행동의 일인자인 에드거 샤인Edgar Schein(2005:72)이 내린 코칭의 정의에 동조한다. 그는 코치를 '과정 컨설테이션, 콘텐츠 전문가, 진단 전문가/처방 담당자의 역할 사이를 쉽게 이동할 수 있는 능력'이 있는 사람으로 정의하였다.

조지 켈리의 원제목과 그의 전기를 꼼꼼히 읽어본 PC 심리학자인 프란셀라Fransella(1995)는 그곳에서 코칭심리학에 대한 풍부한 전조를 밝혔다. "인간의 심리적 과정은 그가 사건을 예상하는 방식 따라 흐른다(Kelly, 1955/1991, 1: 40)."라는 PC 이론의 근본 가정은 그가 제2차 세계대전 당시 미 해군 장교로 복무하며 경험했던 인적 요인 분야로부터 채택한 원칙으로 볼 수 있다. 이런 의미에서 정상적이고 '건강한 사람'은 예측 가능한 위험을 줄이고 최적의 상호작용을 통해 그리고 환경과 함께 가능한 기회를 실현하기 위해 행동한다는 명제로 해석될 수 있다. 이 명제는 PCP 코칭의 상위, '높은 수준'의 목적이라 할 수 있다. 켈리는 그의 '근본 가정'에서 인간 행동의 11가지 원칙 또는 상관관계를 도출했다. 이들 각각은 코칭과 관련이 있을 수 있으며, 일부는 코칭 설계에 특히 중요하다. 예를 들어, 구성 원칙은 다음과 같이 주장한다: "사람은 반복 구성으로 사건을 예측한다. … (원문 그대로) 오직 단조로운 사건들의 흐름 안에서 반복되는 주제에 귀 기울여 조율할 때만 우주가 자신에게 이해되기 시작한다. 음악가처럼, 그는 경험을 이해하기 위해 경험을 구절로 나누어야phrase 한다. 그 한 구절은 구별되는 사건들이다. 사건의 분리는 인간이 시간을 의미 있는 길이로 쪼개기로 했을 때 스스로 만들어 내는 것이다. 되풀이되는 주제에 기반을 둔 이러한 사건 내에서 인간은 유사점과 차이점의 기반을 찾기 시작한다. … 구성은 사람들에게 삶의 돌진하는 소리와 격노 속에서 반복되는 주제를 들을 수 있게 한다(1955/91:35/36 … 359; 필자 추가)." 어떻게 음악가가 자신의 경험을 '구절phrases'로 나누는가에 대해 곰곰이 생각한 켈리의 선택은 어떻게 유능한 코치가 비즈니스, 스포츠 또는 공연 예술의 특정 분야에서 코칭의 일치하는 목적과 특히 관련이 있는 코치이의 특정 행동 패턴에 대해 주의하는가와 동조한다. 이는 또한 켈리가 미 해군으로 5년간 복무하는 동안 많은 군대 음악가 그룹이 연주하는 음악 구절을 나누는 것을 본 경험을 반영한다. 그는 친근하게 코치이를 음악가로 비유하였는데, 이는 '과학자'로서의 코치이라는 관점을 강조하면서 광범위한 문화적 대조를 제공한다(Kelly, 1955/1991:10/11). 음악가의 역할은 다른 환경에서 다른 작품을 연주할 때 코치이가 자신의 경험을 어떻게, 그리고 얼마나 잘 '구절'로 나누고 있는가와 이 '구절 나누기'가 다양한 목적에 어느 정도 적합한지를 분별하기 위해 심리적으로 민첩한 속성뿐만 아니라 사회적 상상력이 요구됨을 암시한다. 어느 파트 타임 연주자를 생각해 보자. 그는 낮에는 육군 밴드에 소속되어 있으면서 여왕 폐하와 다른 왕실 구성원들을 위한 정기 연주하기도 한다. 그리고 이와는 또 다르게 클럽, 술집, 댄스 홀 그리고 공원에서 색소폰을 연주하거나 사적 생활인 '휴무'일 때는 가족 행사에서 (딸이 연주하는 피아노에 맞추어) 바이올린을 연주한다; 그는 자세를 악보와 청중에 따라 맞추듯 반복적으로 자신의 음악적 구절 나누기를 바꾼다. 오늘날 PC 코치들은 다양한 종류의 음악과 인간 감정 범위의 연관성을 강조하는 윌슨Wilson(2002)의 음악 연주에 관한 심리 연구 덕분에 켈리가 선택한 음악가 비유의 효과를 이해할 수 있다. 코칭심리학자들에게 비유가 강조하는 것은 코치이가 업무를 수행하기 위해 많은 육체적 체력, 인지 능력 및 신체적 기민함이 필요할 뿐만 아니라 다양한 오케스트라, 밴드와 매년 구성되는 앙상블에 포함되기 위해 자신의 성격 특성, 대인관계 및 그룹 간 기술에 대한 상당한 통제가 필요하다는 것이다.

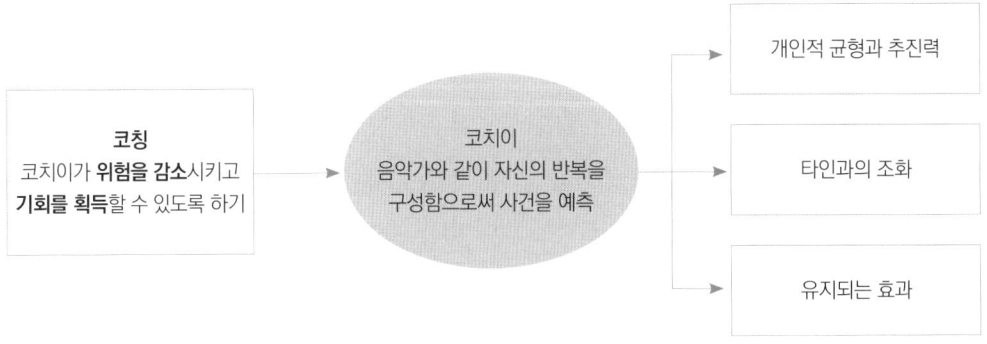

[그림 19.1] 코칭을 통해 나타나는 역동적인 결과들

[그림 19.1]은 근본 가정fundamental postulate과 구성 추론construction corollary의 관점에서 PCP 코칭을 통해 나타나는 세 가지 결과들을 보여준다.

켈리가 설계한 개입의 세 번째 측면은 '구성적 대안주의constructive alternativism', 즉 음악 작곡, 해석, 연주에서 그러하듯 살아있는 한 반드시 삶의 선택지를 발견할 수 있기에 최종적으로 막다른 골목은 없다는 믿음을 실현하기 위해 타인들과 공동 채택함으로써 자신의 '경험 추론 - 인간의 구성 시스템은 연속적으로 사건에 대해 반복 추론하며 변화(1955/1991: 50)' - 을 스스로 적용하는 것이다. 앞서 언급한 바와 같이, 켈리 자신은 듀이Dewey의 과제 분석적 실용주의뿐만 아니라 모레노Moreno와 스티븐슨Stephenson의 기법을 공동 채택하였다. 이러한 공동 채택의 실천은 또한 프란젤라Franzella(1995: 87/88)가 저술한 그의 전기에 기록된 바와 같이 심리측정 사용에 대한 강력한 옹호에서 드러나는데, 이는 오늘날 PCP 공동체의 많은 사람이 간과하는 특징이 있다. 역사적으로, 전환의 공동 채택 실천은 여러 방면을 지향하며, PCP는 인지행동주의와 귀인 이론 적용의 발전을 촉진했다.

개인적 균형과 추진력을 위한 코칭

역사적으로 켈리의 근본 가정fundamental postulate은 개인의 정신은 경험과 행동의 통제 센터로 작용하는 개인의 정체성에 관한 질문을 다루기 때문에, 성격의 기본 구성 요소임을 의미한다. 이러한 정신의 조화 기능에 대한 특징을 묘사하며, 실용주의 심리학자 미드Mead(1925)가 구별한 '나[주체]로서의 자기self as I'와 '나를[객체]로서의 자기self as me'에 배니스터Bannister(1982)의 PCP 연결은 코치이가 자신의 고유한 자기self와 그들 자신이 일치하는 태도를 보일 수 있도록 하는 과정에 대한 근본적 진술로 남아 있다. 실용주의 심리학자 제임스James는 '나[주체]로서의 자기self as I'와 '나를[객체]로서의 자기self as me'로 대조되는 이원주의를 제안하였다. 나를[객체]로서의 '자기'는 타인들에게 드러나 외부로 알려진 것들이 모인 나를 의미하는 것과는 대조적으로, 나[주체]로서의 '자기'는 자기self의 핵심 감각, 경험의 조직자 및 해석자를 암시하며 인식, 작용, 일관성 및 연속성으로 구성된다(Butler & Gasson, 2004). [그림 19.2]는 코치이가 자신과 자기self를 일치시키는 과정을 표현하고 있다.

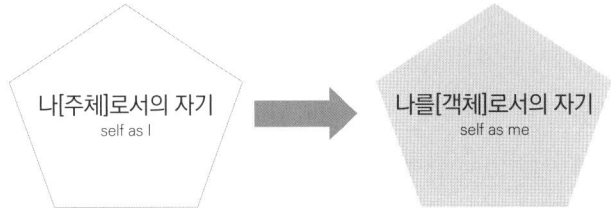

[그림 19.2] 클라이언트 자신과 자기Self의 일치를 통한 개인적 균형과 추진력

이러한 자신과 자기(Self)를 일치시키기 위한 도움의 대화 형태에 대한 성찰은 샤인 Schein(1987)이 규명한 코치의 과정에서의 컨설턴트 역할the process consultant을 예상했으며, '정서지능'이라는 용어가 만들어지기 한 세대 전부터인 PCP의 시작부터, PCP의 핵심은 정서적 인식이었다. 코칭에서 중요하게 여기는 '코치이 자신과 자기Self의 일치'를 추구하며, 코칭심리학자는 '전환의 차원', 특히 '공포', '불안', '위협' 그리고 '죄책감'으로 알려진 정서(스트레스나 트라우마를 통한 자기로부터의 이탈) 그리고 '적대감'으로 알려진 관련 증거를 왜곡하는 자기 파괴에 대한 PCP의 가르침을 활용할 수 있다(Kelly, 1955/1991: 361 ff.). 개인의 자기Self 경험에서 감정의 영향에 대한 이러한 전체적인 개념화는 켈리의 원 프로파일에서 맥코이McCoy(1977)가 17개로 확대하였고 키아리Chiari(2013)가 설명을 추가하였다.

현대 PCP 코칭은 공동 채택 도구, 개인 주도 이론personal initiative theory 및 수행 평가 연구의 결과로 풍성하게 되었다.

타인과의 조화를 위한 코칭

코치이가 타인과 맺는 상호작용의 질감과 관련하여, PCP의 가르침은 사람들이 다른 개인들과 조화를 이룰 수 있도록 하는 과정으로 코칭과 관련된 두 가지 중요한 원리를 제시한다.

'공통성commonality' 원리는 '한 사람이 또 다른 사람이 사용하는 것과 유사한 경험 구성을 사용하는 한, 그의 심리적 과정은 그 또 다른 사람의 것과 유사함'을 제안한다(Kelly, 1955/1991:63).

켈리의 '사회성sociality' 원리는 '한 사람이 다른 사람의 구성 과정을 추론하는 한, 그는 그 다른 사람을 포함하는 사회적 과정에서 역할을 할 수 있음'을 제안한다. 성격심리학자 로버트 호건Robert Hogan은 이에 자극을 받아, "어떠한 성격심리학자라도 이보다 나은 사람들의 상호작용에 대한 이론을 제공하지 못하였다."라고 논평하였다(Hogan & Smithers, 2001:194).

다른 사람들과의 효과적인 조화는 적어도 암묵적으로 그들과의 가치 협상에 달려있다. 두이난Duignan(1989)과 브로피Brophy(2003)는 조직 문화를 결속하는 가치의 측면에서, 경영진과 주주가 직원과의 이해 차이를 협상하는데 어떻게 PCP를 사용할 수 있는가를 보여준다. 여기서 과정에 대한 의논 대상이자 진단자/처방자로서 코치의 역할은 특별히 중요하다.

현대 PCP 코칭은 공동 채택 도구, 사회적 정체성 접근의 결과로 깊이가 더해가고 있다.

수행과 전략적 목표를 위한 코칭

PCP는 코치가 성과와 전략적 목표를 파악하고 이를 실현하기 위해 체계적으로 움직일 수 있도록 지원하는 데 상당한 잠재력을 가지고 있다. [그림 19.3]은 기본 가정, 구성 원리 및 전환 차원이 연결되는 과정을 개략적으로 보여준다.

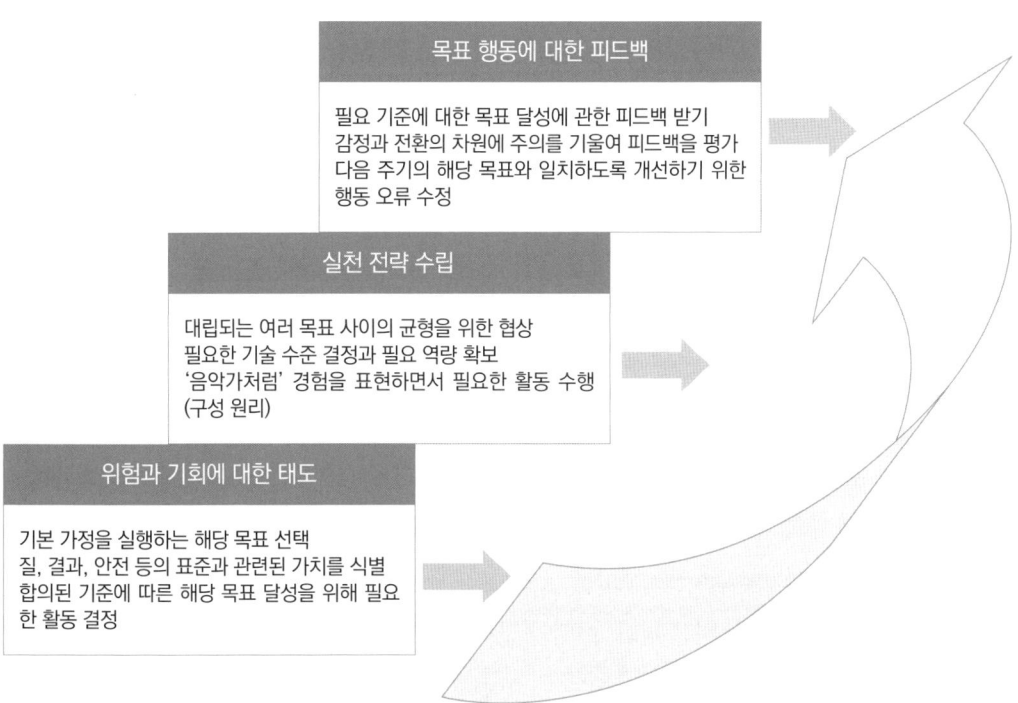

[그림 19.3] 수행과 전략적 목표 실현 과정

코치이와 그들의 목표를 일치시키는 것은 PCP '근본 가정fundamental postulate'을 적용하는 것으로서, 성과 및 전략적 목표와의 조정에 내재 된 개인적 요구에 대한 일관된 구성을 지지하는 한, 예측 가능한 사건 사이의 심리적 전환에 대한 기대와 관리가 개인과 조직에 지대한 영향을 미친다. 켈리가 구성 원리에서 코치를 음악가로 비유한 것은 이 개요에 내포된 다양한 종류의 변화와 관련이 있다. 왜냐하면 수반된 다양한 악기와 음악 형태가 어마어마할 수 있고, 그의 은유는 기회와 위험의 규모와 관련된 정서적 요구의 본질 모두를 전형적으로 보여주기 때문이다. 여기서 코치의 역할은 진단자/처방자 그리고 과정 중의 의논 상대로서 해야 할 역할뿐만 아니라 내용에 대한 전문가content expert로서의 역할을 요구 받을 것이다.

버틀러Butler(1996)의 코칭 가이드는 레퍼토리 그리드repertory grid를 사용하여 각 코치이와 함께 개인화된 작업 중심 프로파일러를 개발함으로써 코치이와 그들의 목표를 일치시키는 단계를 통해 PCP 코치의 작업방식을 밝혔다(Butler & colleagues, 1993). 로젠버거Rosenberger와 프라이탁Freitag(2009)은 레퍼토리 그리드가 조직 변화와 지속 가능한 조직 수행의 과제 분석 방법으로도 사용될 수 있음을 보여주었다. 더 큰 도식에서 그러한 그리드는 그르니에Grenier(1972)의 기업의 생애사에서 진화와 혁신의 순환 패턴에 대한 지도의 변곡점을 밝힐 수 있다. 로즈베어Roseveare(2006)의 연구는 자영업자들의 '자립'이라는 전략적 목표, 아마도 이 생애사의 한 형태의 첫 번째 단계와 정렬하는 경험을 특징으로 한다.

현대 PCP 코칭은 공동 채택 도구와 행동 조절 이론action regulation theory에 의해 더욱 풍성해졌다.

프랙티스

PCP라는 유동적인 이론과 PCP를 특징짓는 여섯 가지 방법 사이의 연관성이 다음에 요약되어 있다. 촉진적 대화; '자기 묘사'를 통한 코치이의 스토리 텔링; 그리드 방법론; 심리측정; 과제 분석 및 역할 실연實演enactment.

PCP의 개방형 시스템 특성은 전화, 이메일 및 화상 회의를 통한 원거리 코칭에 적합하지만 동시에 PCP의 직관에 반하는 방식counterintuitive style은 일반적으로 처음부터 '실제 세계real world'에서 코치와 코치이 사이의 상호 이해를 쌓기 위해, 개인적인 만남의 시간이 필요하다.

촉진적 대화

진단 인터뷰와 착수-관리 단계initiative-management stage 동안, 코치이가 이러한 세 단계의 어디에서든 정렬을 위해 행동에 대한 계획을 구상하고 시험할 수 있게 하는 코칭은 대면 또는 전화나 태블릿을 이용한 촉진적 대화를 강조하는데, 이는 코칭 중의 코치이에게 매우 귀중할 수 있다. 쉬니트만Schnitman(1996)이 PCP로 하는 심리치료 대화에 관해 쓴 내용은 PCP 코칭에도 똑같이 적용된다; 발달 가능성 존중, 변화의 비선형적 모델(선형적 모델로도 적당함), 충분한 실천, 공동 참여 구상과 인간의 경험들에 대한 다차원적 관점.

존스Jones(1992)는 경험에 대한 설명을 풀어내기 위한 공감적 구조화 접근을 설명한다. 프란시스Frances(2008)는 코치가 그룹 발전 단계에 대한 가설을 생성하기 위해 그룹 대화를 예리하게 관찰하여 개인적이고 집단적인 기대와 실험 행동의 패턴을 해석하는 방법을 보여주었다.

즉 교육적 행동이 PCP 코칭의 자리를 차지할 수는 있지만, 겉으로 드러나는 경우는 거의 없다. 유능한 음악 지도교사는 초보 음악가가 스스로 동기부여된 책임감을 키우도록 코칭 속도를 그에 맞추지만, 여전히 학습자의 발달에 대한 전반적인 방향과 심리적 안전에 대한 책임을 진다. 이는 PCP 코칭심리학자도 마찬가지이며, 필요하다면 같은 도구를 새로운 방식으로 다시 사용할 수도 있다.

'자기 묘사self-characterisation'를 통한 코치이의 스토리텔링

한 회기에서 코치이의 행동은 샤인Schein이 규명한 각 코칭 역할들 사이를 PCP 코칭심리학자가 원활하게 이동하도록 도전할 수 있고, 흔히 단순히 "당신이 괜찮다면 당분간 이 문제를 다른 시각으로 보자고 제안해도 될까요?"라는 말이 신호가 될 수 있다. 코치이가 특정한 상황에서 자신에 대한 심리적 타당성을 어떻게 해석하는지 협상하는 것은 PCP 코칭심리학자에게 있어 최초의 도전으로 기록된다; 코치이의 주관적 견해에 대한 이러한 강조는 PCP의 진정한 특징이며, 샤인(2013)이 칭한 '겸손한 질문'을 통해 코치이에게 필요한 것이 무엇인가를 질문함으로써 목표에 다가가게 된다.

PCP는 코치이의 주관적 세계 구축을 중요하게 여기기에, 되도록 그가 겪는 곤경과 관련된 경험에 대해 말하고 싶은 것에 집중적인 주의를 포함하는 진단을 설계할 때, 이를 위해 '자기 묘사'라는 도구를 사용한다. 켈리(1955/91: 239 ff.)는 한 사람의 자신에 관한 이야기를 3인칭 관점으로 묘사하기 위해 이 용어를 만들었다. 이런 종류의 개인적인 이야기에서 사용되는 내용과 관점은 코칭에 대한 개인의 기대와 어떻게 코칭을 신청하게 되었는지를 항상 드러내고 있다. 코치이들의 자신의 경험에 대한 설명을 '쉽게 믿으며' 경청하는 것은 효과적인 코칭에서 가장 중요한 요소인데, 이는 코치이가 자신의 세계를 이해하고 다른 사람들에게 감추고 있는 자신감의 포부를 드러내어 '자기들의 공동체'에 대한 그들만의 이야기를 만들 수 있기 때문이다(Mair, 1977).

그리드 방법론grid methodology

아마도 개인 구성 심리학과 가장 일반적으로 관련된 개입 도구는 '레퍼토리 그리드repertory grid'라 할 수 있다. 이는 켈리가 Q-방법론(스티븐슨Stephenson의 글에서 인용)으로부터 창안하고 '심리적 공간의 수학적 구조'(Kelly, 1955/1991: 189 ff.)라는 측면에서 도입한 것이다. 코칭심리학자는 앞서 설명한 PCP 이론의 세 가지 영역의 어떠한 것과 관련하여 코치이가 처음 떠올린 생각의 표면 아래에서 자신이 구성한 정반대에 도달하려는 경향이 있는 코치이와 협력하여 잘 설계된 그리드로 많은 것을 달성할 수 있다. 간단히 말해서, 레퍼토리 그리드에 대한 세 가지 관점은 고려해 볼 가치가 있다.

첫째, 코치이에게 레퍼토리와 그 밖의 그리드(예: 프란젤라Fransella와 동료들이 논의한 양자 관계, 의존성 및 함축적 그리드, 2003)를 제안하여 설명된 경험 내용의 어떠한 영역을 그들이 어떻게 인식하고 경험하는가를 체계적으로 탐색할 수 있는 구조화된 기본 틀을 제공할 수 있다. 코치는 코치이가 왜 '교착stuck'되었다고 느끼는지에 대한 통찰을 추론 또는 개발하기 어려운 불투명 상황에서 코치이의 요구를 진단하려 하는데, 얀코비치Jankowicz(2003), 프롬Fromm(2004), 그리고 Fromm & Paschelelke(2011)는 이를 조명하였다.

둘째, 모든 그리드가 숫자를 포함하는 것은 아니다. 프록터Procter와 프록터Procter(2008)는 관계에 대한 정성적 데이터를 사용하여 '지각자 요소 그리드perceiver element grids'를 생성할 수 있음을 정밀하게 보여주었다.

셋째, 컴퓨터 프로그램을 사용하여 그리드 데이터를 분석하고자 하는 코칭심리학자에게는 온라인에서 무료로 사용할 수 있는 Idiogrid(Grice, 2002)가 유용하다. Gridsuite(Fromm,

2007)의 경우, 통계 계산이 백그라운드에 남게 되므로, 코치와 코치이는 어떻게 코치이가 자신의 개인적 경험 세계에서 스스로 지향하는가에 대한 데이터에 의해 제공되는 이야기에 대해 깊게 생각해 볼 수 있다. Shaw & Gaines (2018)가 설계한 *Rep*Plus에 대한 원리는 소프트웨어 자체가 발전하는 동안에도 여전히 유효하다.

심리측정

잠재적 약점이 코치이 문제의 구성에 지나치게 의존하는 경향에 있다면, 즉 코칭 환경에서 '감응성 정신장애folie à deux'가 일어날 위험이 있다면, 진단 과정에는 코치이가 선택한 사람들에 의한 관찰자 피드백과 함께 신중하게 선택된 심리측정 도구가 포함될 수 있다. 켈리의 전기에서 프란젤라Fransella(1995: 87/88)가 주목한 바와 같이, 일반적으로 PCP 공동체 내에서 무관심한 듯 보이지만, 그는 심리측정 도구의 선택적 사용을 강력하게 옹호했으며, 이제 코칭심리학자 사이에서 보편적으로 사용되고 있다(Passmore, 2012). PCP 코치인 버틀러는 영국 성인 1,303명을 표본으로 하여 표준화된 심리측정 도구인 '성인을 위한 자기 이미지 프로 파일러The Self-Image Profiler for Adults'(Butler & Gasson, 2004)를 개발했다.

과제 분석

개략적으로 설명한 다른 실제 개입 방법과는 대조적으로, 과제 분석은 PCP를 포함하여 어떠한 심리학 학파와도 낯선 독립적 제3의 학파가 검증할 수 있는 '실제real', 객관적 세계로 확고하고 명확하게 이동할 것을 코칭심리학자에게 요구한다. 과제 분석 기법은 최근 수십 년간 급증하였으며, 인적 요인 과학과 인간 공학에 뿌리내리게 되었고, 스튜어트 버틀Stuart-Buttle(2006)이 요약한 국내 및 국제 표준 및 지침을 조율하여 정규화된 절차가 마련되었다.

리즌Reason(1990), 커원Kirwan & 에인스워스Ainsworth(1992) 그리고 모거리지Moggeridge(2006)는 유용한 훈련과 참고 자료를 개발하였고, 넓은 의미에서, 브로피Brophy(1988), 얀코비치Jankowicz(1995), 얀코비치Jankowicz & 도보시 본Dobosz-Bourne(2003), 얀코비치Jankowicz(2003), 라이트Wright(2008)는 과제 분석과 관련하여 PCP를 반영한 예화illustration들을 제시하였다.

역할 실연實演

PCP 개입에서 역할 실연 기법은 켈리가 야콥 모레노Jacob Moreno의 창조적 인습 타파를 전승한 것으로, 딜런Dillen과 동료들(2009) 그리고 베르호프슈타트-데네베Verhoftstadt-Denève(2003)가 이를 적용하였다. 켈리 자신은 모레노의 '행동화'라는 사이코드라마 개념을 코치이가 구성한 생각의 '감춰진' 정반대를 어떻게 사용하는지를 설명하는 데 사용하였다. 이는 언어적 또는 의미론적 묘사보다, 우리가 지금 '이중 구속 상황'이라 부르는 것 안에서 사회적으로 원하는 자신을 구성하는 것에 대한 설명이 될 수 있다.

윌슨Wilson(2002)은 특히 업무 환경에서 역할 실연이라는 창의적 형식을 구상하는 데 귀중한 자원을 제공한다.

주석: '전체적인 PCP 코칭'의 개념

이 장에서는 삼자적 일치의 측면에서 PCP 코칭의 필수 조건, 코치의 역할 그리고 실제 기법에 대해 고려해보았다. 실행 가능한 PCP 코칭은 또한, 마치 조지 켈리George Kelly가 제안한 음악가처럼 그들 고유의 즉각적인 맥락에서 코치이를 평가하는 전문적 능력, 비즈니스 및 문화적 지식을 포용한다.

어떤 코치이에게 가장 유용한가?

PCP 코칭심리학이 가장 유용할 코치이 그룹은 네 개의 원으로 구성된 벤 다이어그램으로 표현할 수 있다.

하나의 원은 조직 차원의 자기 묘사 및 레퍼토리 그리드를 혼합하여 전략적 과제 분석에 대한 도구로 사용하여 경영 영역의 중요한 위험과 기회를 정확히 파악할 수 있는 CEO와 이사회 임원진 집단이다.

또 다른 원은 성과 관리(Marlow, 2000) 및 e-러닝(Rolfe, 2004) 메커니즘을 통해 직원의 생산 능력을 극대화하기 위한 전략적 접근 방식을 고려하고자 하는 중소기업 현장의 리더와 관리자들이라는 두 번째 집단이다. 필요에 따라 가족 소유 및 관리 기업으로 구분할 수 있다.

세 번째 원은 사회적 정체성과 적절한 업무 스트레스 요인과 직원 간의 적응 관계를 촉진하기를 열망하는 인사 및 전문 보건/의료 실무자 집단을 나타낸다.

네 번째 원은 다음과 같은 개인으로서 직접 혜택을 받을 수 있는 사람들을 나타낸다:

- 변화하는 자신의 사회적 정체성과 고용 가능성에 대해 성공과 실패 경험을 창의적으로 구축하고자 하는 중년 및 노년의 여성과 남성
- CIPD Chartered Institute of Personnel and Development가 영국 전역에서 조직한 무료 스텝 어헤드 Steps Ahead 멘토링 계획에 참여하는 사람들을 포함하여 경력 전환 진입 단계에 있는 젊은 여성과 남성
- 일과 가정생활을 조화시키고 자신과 가족이 함께 재충전 활동을 위해 '즐거운' 시간을 보내고자 하는 여성과 남성

사례 연구

시에라Ciara는 진단 단계에서 자신에게 제시된 코칭 요청 이슈 중에서 어느 정도 상반된 갈등 '구성'에 직면했는지 궁금했다.

코치이

직원이 112명인 의료 전자 회사 알파Alpha의 인사 관리자인 코치이 줄리Julie는 시에라Ciara에게 전화를 걸어 운영 이사인 마이클 오리오던Michael O'Riordan을 코치이로서 만날 것을 요청했다. 마이클은 몇 달 전에 임명되었으며 회사의 안정에 중요한 역할을 하는 것으로 여겨졌지만, 최근 팀 구성 실행에서 그가 관계에 매우 큰 어려움이 있음이 보고되었다. 그녀는 재무 이사 게라드Gerard도 흔히 마이클과 불화를 겪었지만, MD인 아담Adam은 그를 계속 높이 평

가했다고 보고하였다. 아담의 평가에 관한 한 회사의 주력 제품의 명운은 마이클의 전문 경영 정신에 달려있었다. 그녀는 마이클이 "그가 다소 우스꽝스러운 희망이라고 부른 '우리가 함께 부를 다른 곡조 발견'이라는 게임에 참여하는 회사 밖 훈련"에 참여하기를 꺼렸던 이유를 설명했다.

시에라는 이에 대한 설명을 아담과 줄리의 평가로 해석하였다. 아담은 마이클이 핵심 업무와 잘 맞고, 그르니에Grenier가 칭한 진화의 '주도를 통한 성장' 단계를 통해 성장하는 상대적으로 작은 회사에서 마이클이 단기적 필요에 중요한 역할을 한 것으로 보았다. 줄리가 보고한 행동 증상은 그르니에의 혁명 '자율성 위기' 단계의 지표로 해석될 수 있다.

마이클은 시에라의 사무실에 제시간에 나타났다. 편하면서도 단정한 옷차림을 한 그는 미소 없이 그녀의 눈을 똑바로 바라보며 정중하게 인사를 건넸다. 그는 "당신이 알파Alpha와 친숙하다는 걸 알고 있어요. 몇 년이나 일하셨지요?"라는 말로 대화를 열었다. 시에라는 이에 답하였다. 오래지 않아 마이클은 함께 해야 할 작업을 시에라가 어떠한 방식으로 제안하는가를 물었다. 그는 업무 상황에서의 자기 묘사를 만남 전에 작성해달라는 그녀의 요청에 동의하였다. 마이클은 약속대로 만나기 48시간 전에 자기 묘사가 들어있는 밀봉된 봉투를 전달하였다.

시에라의 관찰에 따르면, 마이클은 코칭을 통해 이익을 얻고자 하는 동기가 있다는 것에 대한 매우 신뢰할 만한 근거를 제시했지만, 공통성commonality과 사회성sociality 원칙이 어떻게 적용될 수 있는지에 대하여 거의 인지하지 못하고 있었다. 마이클이 관심을 두고 있는 문제는 시작부터 확연하였다. 그는 '코치이들과 함께 해나가는 데에 개인적인 주도성'이 그가 기대했던 전부라고 강조했다. 그는 "그들은 마치 결코, 실수하지 않는 병원을 대표하는 의사와 마취사인 것처럼 행동한다. 과거에 감당한 패널티의 65~75%가 우리 책임이 아니라는 것이 대낮처럼 명백한데, 이렇게 되풀이되는 문제들과 혼자서 씨름해야 한다는 사실에 화가 난다."라고 적었다. 그의 자기 묘사에서 구성construction과 개별성Individuality의 원리가 무대 위의 배우와 같이 두드러져 보였다.

코칭

알파에서 몇 년 동안 익숙하게 컨설팅, 상담 및 코칭을 했던 줄리의 관찰, 마이클의 자기 묘사에 대한 관찰을 비추어보아, 시에라는 마이클이 그르니에(1972)의 조직 진화 및 혁명 모델의 2단계 이후 변곡점에서 전형적인 관리자를 대표한다고 잠정적 평가하였다. 그는 영입 당시 알파가 절실하게 필요했던 지시적 리더십을 제공했지만, '자율성의 위기' 단계에 도달했고, 그녀의 도전은 마이클이 그에 대해 보고한 관리자와 기술자들이 그들의 상황을 어떻게 해석하는지를 더 잘 이해함으로써 개인 주도성에 대한 자신의 견해를 재구성할 수 있도록 하는 것이었다. 첫째, 그녀는 그에게 그들이 함께한 작업에 대해 평가하는 간단한 절차에 동의하도록 했으며, 사실상 이것은 상호 사회성 개발 목적이었다. 그녀는 관련 PCP 원칙, 특히 선택choice 및 단편화fragmentation 원칙에 주의하면서 [표 19.1]에 표시된 위험 매트릭스 사본을 그에게 보여주었다. "여기에 가져온 문제가 직원의 개인 주도성 수준과 관련이 있는 경우, 이 문제가 회사 업무에 미치는 영향은 무엇이라고 생각합니까?"

[표 19.1] 코칭 전과 후에 실시한 코치이 상황에 대한 위험 평가(코치이 자기 평가)

			프로젝트 팀과의 긴장이 주는 영향				
			매우 낮음	낮음	보통	높음	매우 높음
			1	2	3	4	5
위험 가능성	매우 높음	5	5	10	15	20	25
	높음	4	4	8	12	16	20
	보통	3	3	6	9	12	15
	낮음	2	2	4	6	8	10
	매우 낮음	1	1	2	3	4	5

그녀는 마이클이 문제의 영향을 매우 높음, 위험 가능성 또한 매우 높음을 선택하여 25로 평가한 것을 기록하였다. 그런 관점에서 그들은 일대일 기준으로 코칭을 함께하며 적절한 달성 점수가 25보다 작은 숫자가 될 것이라는 마이클의 의향에 동의하였다. 그녀의 다음 결정은 부분적으로 그와 관련된 창의성의 구성 요소에 대한 자료를 공유하기 위해, 그리고 또 한 부분으로는 연습이 그의 직원들과의 사회성과 공통성에 대한 대안적 접근을 위한 창을 어느 정도 열어줄 수 있는지 관찰하기 위해 그가 자신의 창의성에 대한 정확한 측정을 완료하도록 그를 초대하는 것이었다; 결국, 그의 자기 묘사는 그가 10대 때 뛰어난 팀워크를 보여준 투수로서의 적응력을 얼마나 자랑스러워했는지를 보여주었다. [그림 19.4]는 그에게 제공한 창의성 측정에 대한 피드백 자료를 요약한 것이다.

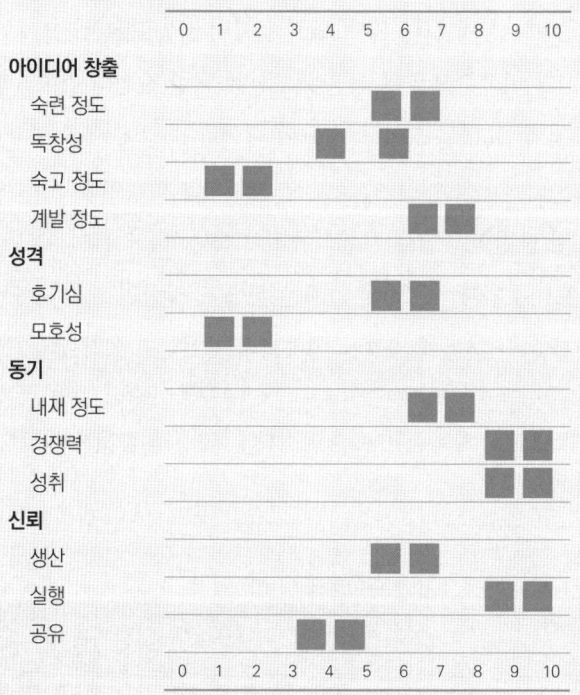

[그림 19.4] 마이클에게 제공된 요약 프로파일

잠시 후 그녀는 이렇게 덧붙였다. "아마도 당신은 개인적으로 다룰 수 있는 문제에 가장 집중할 수 있을 것 같아요. 한 사람의 개인적 주도성이 다른 사람의 개인적 주도성과 매우 다르고, 각각의 장점에 대해 논의하는 데 당신 자신이 참여하지 않으면 어떤 일이 벌어질까요? 그러면 그것은 단순히 당신이 선호하는 문제, 당신의 개인적인 취향의 문제가 되나요?"

그는 웃으며 "네, 물론 간단한 선택은 드물죠. 그리고 정말로 생각해 보면, 그들 대부분이 me2에 이바지할 수 있는 몇 가지 속성을 개별적으로 얼마나 가지고 있는지 압니다. 솔직히 말하면 어떤 면에서는 제 것보다 더 가치가 있기도 합니다!"

"그러니, 이것은 '창의성'을 공동의 공유 접근 방식으로서 적합성을 비교 시험해 볼 수 있는 방법을 생각해 볼 수 있는 기회지요. 먼저 그들 각자에게 me2 창의성 질문지를 제공할 수 있어요. 이는 겉으로 보기에는 아무것도 하지 않는 것에 비해 훨씬 앞선 긍정적인 방법입니다!"

"으음. 어디 보자. 저는 다른 사람들이 저와 비슷한 수준의 동기 요소, 특히 경쟁력 및 성취를 기대했지만, 저 자신은 별로 자신에 대한 신뢰를 보이지 않았습니다. 어쩌면 숙고가 제게는 너무 '미루는 것'처럼 들릴 수도 있지요. 하지만 일부 사람에게는 어떠한 변화를 숙고하는데, 시간이 얼마나 필요한지 압니다. 예! 좋습니다."

"네, 물론 그것들은 제가 해결할 수 있는 제 행동의 한 부분입니다. 시에라, 뭐 하나 말씀드릴까요?"

"네?"

"me2의 피드백에 대해 생각해 본 결과, 두 개의 전구가 제 머릿속에 밝혀졌습니다. 하나는 이 피드백을 제가 기꺼이 받아들임으로써, 당신이 보여준 위험 매트릭스의 평가가 점점 내려가기 시작하고, 확실히 20점까지 그리고 우리가 그것을 고수한다면 점점 낮아질 것이라는 거죠. 또 다른 하나는 제 팀원들에게 me2를 받아들이라고 부탁해야 할 것이라는 거예요. 부탁이기보다는 요청이지요!. 이로써 저는 그들이 그들 자신의 개인적 프로파일과 전체 그룹의 프로파일을 알도록 코치할 수 있어요. 그래서, 진짜 변화가 개인적 코칭에서 좀 더 큰 무엇으로 일어나는 거지요…."

"마이클, 당신과 당신이 이끄는 사람들이 공정한 징계에 대한 존중이라는 한 가지 큰 공통점을 가질 수 있는지 궁금하네요."

시에라는 다음과 같은 메모를 포함하여 사례 기록을 하였다: 마이클은 자신에 대해 보고한 사람들과의 의사소통 방식에 영향을 받으면서 그들의 보고를 보기 시작하면서, 리더로서의 자신의 업무에서 핵심 역할을 주로 주도하는 것에서 좀 더 유연하게 주도하는 것으로 기꺼이 조정하고자 하는 것으로 보였다. 그리고 그는 단순히 획일적인 '낮은 주도성' 스타일로 행동하기보다는 긍정적인 면에서 그 낮은 주도성이 어떠한 차이가 있는지를 이해하기 시작한 것일 수 있다. 소기업에서 높은 성과 관계를 구축하기 위한 심리적 계약에 대한 아킨슨Atkinson(2007)의 보고서를 상기하면서, 그녀는 각 팀 구성원들의 me2 데이터를 사용하여 그들과 함께 그만의 목표 설정 및 피드백 기술을 개발할 수 있도록 할 것인지에 주목하였다.

논의 포인트

1. 직원이 60명인 기업에 최근 임용된 CEO가 전자악기를 유통하는 틈새시장에서 선두주자로서의 입지를 다지기 위해 차별화된 경쟁 전략으로 '심리적 계약'이 투자 가치가 있는가에 대해 논의를 요청하였다. 켈리의 근본 가정, 구성 및 감정적 '전환의 차원' 원칙을 적용하여, 관련된 전략과 전술 문제에 대해 어떻게 계획할 수 있을지에 대해 논하라. 필요하다면, 키르쿨Kirkul(2001) 그리고 파조Paio와 동료들(2010)의 연구를 참고할 수 있다.

2. 당신은 다년간 해외에서 근무하다가 정리해고 대상이 되어 귀국하게 된 다국적 기업 주재원들을 위한 경력 및 정리해고 관련 코칭 프로젝트를 이끌기로 동의하였다. PCP 기법의 하나인 '자기 묘사'와 '레퍼토리 그리드'를 사용하여 코칭 계획을 구상하라. 필요하다면, 실바넨Silvanen & 룀사Lämsä (2009)가 밝힌 주재원 유형을 참고하라.

3. 9명으로 구성된 소규모 전문 서비스 회사의 관리자들이 매일 오전 정기 팀 브리핑 참석을 거부하여 반복해서 지적을 받은 실적이 우수한 영업 사원의 극도로 비협조적인 행동에 대한 지침을 요청하였다. PCP와 관련된 원칙과 '변화의 차원'의 측면에서, 그리고 중소기업의 인적 자원 관리에 관한 드 그립de Grip과 시힌Siheen(2009)의 대조적인 연구 결과를 고려하여, 관리자들을 돕기 위한 코칭의 개요를 제시하라.

4. 인사 관리 책임자인 조이스 라이시Joyce Lacey는 실제적인 평가 기술에 중점 두기를 바라며, 관리자에게 공정하고 건설적인 성과 평가를 할 수 있도록 코치해 달라고 요청하였다. 관리자가 두이난Duignan과 버리Bury(2018)의 레퍼토리 그리드 및 개인 네트워크 분석 가이드를 사용하여 평가할 때, PCP 원칙인 공통성 및 사회성 원칙과 전환의 차원을 적용하는 데 있어서, 그들이 쉽게 기억할 수 있는 '팁'을 어떻게 설계할 수 있는지에 대해 간략히 설명하라.

추천 읽기

Butler, R.J. (1996). *Sports Psychology*. Oxford: Butterworth Heineman.
Kelly, G.A. (1977). The psychology of the unknown. In Bannister, D. (ed.) *New Perspectives on the Theory of Personal Constructs*. London: Academic Press.
Jankowicz, D. (2003). *The Easy Guide to Repertory Grids*. Chicester: John Wiley & Sons. Ltd.
Duignan, K., & Bury D. (2018). *Network Coaching with Repertory Grids and Personal Network Analysis*. Croydon: Be Engaging.

참고 문헌

Atkinson, C. (2007). Building high performance employment relationships in small firms. *Employee Relations*. 29(5). 506–519.

Bannister, D. (1982). Knowledge of self. In Holdsworth, R. (ed.) *Psychology and Career Counselling*. Pp. 130–142. Leicester: British Psychological Society.

Brophy, S.A. (1988). *Quality of service in banking: A study of perceptions of relationships with customers and the organisation in a retail bank*. Unpublished Ph.D. dissertation. Dublin: Trinity College.

Brophy, S.A. (2003). Clarifying corporate values: A case study. In Fransella, F. (ed.) *International Handbook of Personal Construct Theory*. Chichester: John Wiley and Sons Ltd.

Brutus, S., Fletcher, C., & Baldry, C. (2009). The influence of independent self-construal on rater self-efficacy in performance appraisal. *International Journal of Human Resource Management*. 20(9). 1999–2011.

Butler, R.J. (1996). *Sports Psychology in Action*. Oxford: Butterworth-Heinemann.

Butler, R.J., & Gasson, S.L. (2004). *Manual for The Self Image Profiler for Adults*. London: Harcourt Assessment.

Butler, R.J., Smith, M., & Hardy, L. (1993). The performance profile in practice. *Journal of Applied Sport Psychology*. 5. 48–63.

Chiari, G. (2013). Emotion in personal construct theory: A controversial question. *Journal of Constructivist Psychology*. 26(4). 249–261.

De Grip, A., & Siehen, T. (2009). The effectiveness of more advanced human resource systems in small firms. *International Journal of Human Resource Management*. 20(9). 1914–1928.

De Kok, J., Uhlaner, L.M., & Thurik, A.R. (2006). Professional HRM practices in family owned-managed enterprises. *Journal of Small Business Management*. 44(3). 441–460.

Dewey, J. (1910/91). *How We Think*. New York: Prometheus Books.

Dillen, L., Siongers, M., Helskens, D., & Verhoftstadt-Denève, L. (2009). When puppets speak: Dialectical psychodrama within developmental child psychotherapy. *Journal of Constructivist Psychology*. 22. 55–82.

Duignan, K. (1989). *From financial accountants to commercial advisers, with the help of repertory grids*. An unpublished report for Philips Commercial. Croydon: Mid-Career Development Centre.

Duignan, K., & Bury, D. (2018). *Network Coaching with Repertory Grids and Personal Network Analysis*. Croydon: Be Engaging.

Frances, M. (2008). Stages of group development: A PCP approach. *Personal Construct Theory & Practice*. 5. 12–20.

Fransella, F. (1995). *George Kelly*. London: Sage Publications.

Fransella, F., Bell, R., & Bannister, D. (2003). *A Manual of Repertory Grid Technique*. Chichester: John Wiley and Sons Ltd.

Fromm, M. (2004). *Introduction to the Repertory Grid Interview*. Munich: Waxmann.

Fromm, M. (2007). *Manual for Gridsuite 4 and 4+*. Stuttgart: Institute of Personal Construct Psychology.

Fromm, M., & Paschelelke, S. (2011). *Grid Practice: Introduction to the Conduct and Analysis of Grid Interviews*. Norderstedt: Books on Demand GmbH.

Grenier, L.E. (1972). Evolution and revolution as organizations grow. *Harvard Business Review*. July–August. 37–46.

Grice, J.W. (2002). Idiogrid: Software for the management and analysis of repertory grids. *Behavior Research, Methods & Computers*. 34(3). 338–341.

Hogan, R., & Smithers, R. (2001). *Personality: Theories and Applications*. Boulder: Westview Press.

Jankowicz, A.D. (1995). Negotiated shared meanings of the management process: A discourse in two voices. *Journal of Constructivist Psychology*. 8. 117-128.

Jankowicz, A.D. (2003). *The Easy Guide to Repertory Grids*. Chichester: John Wiley and Sons Ltd.

Jankowicz, A.D., & Dobosz-Bourne, D. (2003). How are meanings negotiated? Commonality, sociality and the travel of ideas. In Scheer, J. (ed.) *Crossing Borders: Going Places: Personal Constructions of Otherness*. Giessen: Psychosozial-Verlag.

Jones, H. (1992). The core process interview: EPCA newsletter 1992, 19-20: Summarised. In Fransella, F. (ed.) *The International Handbook of Personal Construct Psychology*. Pp. 119-120. Chichester: John Wiley and Sons Ltd.

Kelly, G.A. (1955/1991). *The Psychology of Personal Constructs*. Volume 1. London: Routledge.

Kelly, G.A. (1977). The psychology of the unknown. In Bannister, D. (ed.) *New Perspectives on Personal Construct Theory*. London: Academic Press.

Kirkul, J. (2001). Promises made, promises broken: An exploration of employee attraction and attention practices in small businesses. *Journal of Small Business Management*. 39(4). 320-355.

Kirwan, B., & Ainsworth, L. (1992). *Handbook of Task Analysis*. London: Taylor and Francis.

Mair, J.M.M. (1977). The community of self. In Bannister, D. (ed.) *New Perspectives on Personal Construct Theory*. Pp. 125-149. London: Academic Press.

Marlow, S. (2000). Investigating the use of emergent strategic human resource management activity in the small firm. *Journal of Small Business and Enterprise Development*. 7(2). 125-148.

McCoy, M. (1977). The reconstruction of emotion. In Bannister, D. (ed.) *New Perspectives on Personal Construct Theory*. Pp. 93-124. London: Academic Press.

Mead, G. (1925). The genesis of the self and social control. *International Journal of Ethics*. 35. 251-273.

Moggeridge, B. (2006). *Designing Interactions*. Cambridge, MA: MIT Press.

Moreno, J., & Fox, J. (2000). *The Essential Moreno's Writing: Psychodrama, Group Method and Spontaneity*. Berlin: Springer.

Pajo, K., Coetzer, A., & Guenole, N. (2010). Formal development opportunities and withdrawal behaviours by employees in small and medium-sized enterprises. *Journal of Small Business Management*. 48(3). 281-301.

Passmore, J. (ed.) (2012). *Psychometrics in Coaching: Using Psychological and Psychometric Tools for Development*. 2nd edition. London: Kogan Page.

Procter, H.G., & Procter, M.J. (2008). The use of qualitative grids to examine the development of the construct of Good and Evil in Byron's play, 'Cain, a mystery'. *Journal of Constructivist Psychology*. 21. 343-354.

Reason, J. (1990). *Human Error*. Cambridge: Cambridge University Press.

Rolfe, I. (2004). E-learning for SMEs: Competition and dimensions of perceived value. *Journal of European Industrial Training*. 29(5). 440-445.

Rosenberger, M., & Freitag, M. (2009). Repertory grid. In Kuhl, S., Strodholz, P. & Taffertshofer, A. (eds.) *Handbuch Methoden der Organisationsforschung: Quantitative und Qualitative*. Pp. 477-497. Wiesbaden: VS Verlag fur Socialwissenschaften.

Roseveare, J. (2006). *The independence index: A proposed diagnostic for isolated functioning ability grounded in a study of current human needs in an increasingly solitary society*. Unpublished D. Occ. Psych. thesis. London: University of East London.

Schein, E H. (1987). *Process Consultation: Issues for Managers and Consultants*. London: Addison-Wesley.

Schein, E.H. (2005). Coaching and consultation: Are they the same? In Goldsmith, M., Lyons, L. & Freas, A. (eds.) *Coaching for Leadership: How the World's Greatest Coaches Help Leaders to Learn*. San Francisco: Jossey Bass/Pfeiffer.

Schein, E.H. (2013). *Humble Enquiry*. San Francisco: Berrett Koehler Inc.

Schnitman, D.F. (1996). Between the extant and the possible. *Journal of Constructivist Psychology*. 9. 263–282.

Shaw, M., & Gaines, B. (2018). RepPlus 1.1. for Windows and OS X. downloadable form http://cpsc ucalgary. ca/~gaines/repplus

Silvanen, T., & Lämsä, A.M. (2009). The changing nature of expatriation: Exploring cross-cultural adaptation through narrativity. *International Journal of Human Resource Management*. 20(7). 1468–1486.

Stephenson, W. (1953). *The Study of Behavior: Q Technique and Its Methodology*. Chicago: University of Chicago Press.

Stuart-Buttle, C. (2006). Overview of national and international standards and guidelines. In Karwowski, W. (ed.) *Handbook of Standards and Guidelines in Ergonomics and Human Factors*. Boca Raton: CRC Press.

Verhoftstadt-Denève, L. (2003). The psychodramatical 'social atom method': Dialogical self in dialogical action. *Journal of Constructivist Psychology*. 16. 183–212.

Wilson, G.D. (2002). *Psychology for Performing Artists*. 2nd edition. London: Whurr Publishers Ltd.

Wright, R.P. (2008). Rigor and relevance using repertory grid technique in strategy research. *Research Technology in Strategy and Management*. 3. 295–348.

20장
(성인, 아동, 그룹과 공동체) 모두를 위한 내러티브 코칭

저자: 호 로 Ho Law[1]
역자: 김태리

서론

스텔터 Stelter(2013:8)는 다음과 같이 (내러티브 narrative) 코칭의 정의를 제시했다:

1) 특정한 *맥락* context에서의 자신의 경험 및 2) 특정한 맥락과 상황에서 자신이 타인과 상호작용, 관계, 교섭하는 방식에 대해 깊이 *성찰* reflection하고 *새로이 이해할* new understanding 수 있는 공간과 기회를 (특히) 코치이에게 제공하려는 목적을 가진 *계발적인* developmental 의사소통과 대화이자, 코치와 코치이의 공동 *창조* co-creative 프로세스. 이 코칭 대화는 대화의 주제가 놓여 있는 맥락에서 실행할 수 있는 *새로운 행동을 가능케 하여 야* new possible ways fo acting 한다. (기울임 꼴 부분은 추가됨)

위의 정의는 코치가 코치이를 대상으로 적극적인 경청을 통해 코치이가 살아온 경험에 대

---

[1] 호 로 Ho Law PhD, CPsychol Chartered Psychologist, CSci Chartered Scientist, AFISCP(Accred), AFBPsS Associate Fellow of the British Psychological Society, FHEA Fellow of the Higher Education Academy는 30년 이상의 연구 및 실무 경험을 가진 코칭과 컨설팅 분야에서 국제적으로 유명한 프랙티셔너 심리학자이다. 그는 Colombo Institute of Research & Psychology 의 명예 교수이자 국제 코칭심리학 협회 International Society for Coaching Psychology(ISCP)의 이사이며, Empsy® Cambridge Coaching Psychology Group의 설립자이다. Email: ho.law@empsy.com

해 이야기를 나누고, 숨겨진 의미, 가치, 기술 및 강점을 확인하며, 행동 계획 수립을 위해 새로운 줄거리를 다시 만들어가는 공동 창조 프로세스(코치와 코치이 사이의 동등하고 사회적인 공동 작업)를 강조한다. 내러티브 코칭은 코치이가 자신의 자아 정체성과 일치하는 포부, 진정한 희망, 꿈을 이룰 수 있도록 돕는다.

이 접근은 맥락 기반이기 때문에(특히 코치이의 문화적 환경에 민감함), 따라서 특히 서로 다른 공동체 환경 내에서 적용할 수 있다. 이 정의는 문화적 차원을 코칭에 통합함으로써 코치이가 의미 있는 목표의 달성을 위해 자신의 잠재력을 더 많이 발휘할 수 있도록 도울 수 있다는 필립 로신스키Philippe Rosinski(2003)의 제언과 일치한다.

내러티브 코칭의 발전

내러티브 코칭을 주창하는 세 명의 선구자가 있다: 호주(미국)의 데이비드 드레이크David Drake(2015), 덴마크의 라인하르트 스텔터Reinhard Stelter(2013), 영국의 본 저자(Law, 2006; Law et al., 2006; CIPD, 2006: 10). 세 명 모두 내러티브 접근으로 코칭의 기초를 다졌지만, 각각의 발전은 독립적으로 이루어졌다. 드레이크Drake식 접근의 이론적 토대는, 정신역동 전통에 뿌리를 두고 사회 구성주의와 통합된 애착 이론을 포함한다. 로Law와 스텔터Stelter의 방법론은 고故 마이클 화이트Michael White의 접근을 포함하는데, 여기에는 학습 및 사회/문화적 기반에 뿌리를 둔 내러티브 협동작업이 추가로 통합되어 있다(Stelter & Law, 2010). 스텔터(2013)는 이 접근법을 '제3세대 코칭'이라고 명명했다. 반면, 본 저자 외(Law et al., 2005, 2006)는 이를 코칭심리학을 위한 메타 모델 또는 포괄적 통합 프레임워크Universal Integrative Framework, 약자로 UIF라고 불렀다.

스토리텔링은 인류 문명의 시작부터 우리 일상생활의 일부였지만, 내러티브 프랙티스가 시작된 것은 비고츠키Vygotsky(1962[1926])의 (학습과 관련한) 근접 발달proximal development과 인류학(사회/문화적 기반)까지 거슬러 올라갈 수 있다 – 예를 들어(Hall, 1976; Hofstede, 1991; Trompenaars & Hampden-Turner, 1997); '통과 의례'와 같은 은유의 사용, '역공간liminal space'을 통해 전환을 알리는 의식(van Gennep, 1960; Turner, 1967; Turner & Brunner, 1986) 및 공연performance으로서의 이야기(Myerhoff, 1986) 등이다.

이러한 은유들은 인간의 인식, 정서, 인지와 웰빙을 변화시키는 강력한 수단이라는 것이 확인되면서 심리치료에 활용되었다. 내러티브 요법은 1980년대와 1990년대에 호주에서 개발되었고, 지역사회, 집단, 아동 및 가족 치료에 널리 응용되었다(White & Eptston, 1990; Eptston & White, 1992). '내러티브 코칭'이라는 변용된 형태는 2006년 본 저자가 영국에서 처음 소개하였다(Law, 2006; Law et al., 2006; CIPD, 2006:10). 당시 조직에서 스토리텔링 방법론을 활용하는 것이 점점 더 보편화되고 있었다(Allan et al., 2002; Ncube, 2006).

이론 및 기본 개념

서론에서 설명한 정의는 다음과 같은 내러티브 프랙티셔너들의 인식론적 관점을 담고 있다 (Stelter, 2013).

- 현상학적 전통 – 현 맥락에 구현된 경험에 초점을 맞춤
- 사회 구성주의 – 의미는 사회적으로 구성되고 개인들 사이의 상호작용을 통해 협상된다.

학습 및 사회적/문화적 토대는 상기한 인식론적 관점을 바탕으로 다음과 같은 학습 이론을 통합하여 구축되었다.

- 경험적 학습(Kolb, 1984) – 학습 주기
- 사회 이론(Wenger, 1998) – 사회적 구조 설명(거시적 관점에서 상황적 구조를 강조: 공동체/사회 및 이것이 개인에게 미치는 영향); 상황적 경험(주체성, 상호작용의 개념); 관습 practice(사회적 관습의 생산 및 재생산); 정체성(사회적 및 문화적 관점에서의 자기 정체성)

문화 인류학과 학습 심리학은 상호문화적 문제에 특정한 민감성을 가진 비임상non-clinical 집단과 관련이 있다. 따라서 다양성 코칭의 주류 분야 내에서 내러티브를 새롭게 활용하는 것은 아주 적절하다.

주요 핵심 개념

먼저 학습은 코치이/학습자와 코치가 상호작용하는 (코칭 관계가 이루어지는 지점) 실질적인 코칭 경험에 기반을 둔다. 코칭 프로세스는 학습 바퀴 learning wheel라고 부르는 효과적인 학습 프로세스로([그림 20.1]), 콜브Kolb의 학습 주기(1984)를 변용한 것이다.

학습 바퀴는 다음과 같은 네 가지 학습 단계로 구성된다:

1. 구체적 경험concrete experience – 코치이가 상황을 어떻게 경험하는지 이해할 수 있도록 실제 사례를 제공한다.
2. 성찰reflection – 코치이로 하여금 깨닫게 된 교훈에 대해 생각해보게 한다(어떻게 및 무엇을).
3. 추상적 개념화abstract conception – 경험을 의미 있는 개념으로 전환한다.
4. 행동action – 위 세 단계의 결과로서 결정을 내리거나 행동을 취한다.

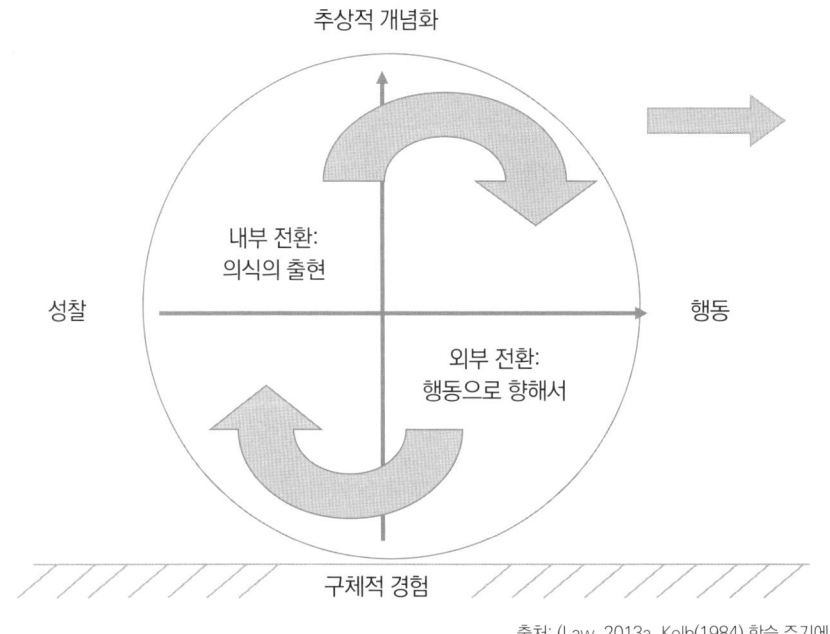

출처: (Law, 2013a, Kolb(1984) 학습 주기에서 변용함)

[그림 20.1] 학습 바퀴

코칭 맥락에서 '행동action'이라는 용어는 상당히 광범위하게 정의된다는 점에 주목할 필요가 있다(학습 주기의 마지막 단계를 적극적 실험으로 한정하여 지칭한 콜브와는 대조적으로). 예를 들어, 행동은 결정을 포함하며, 따라서 행동하지 않겠다는 결정도 선택사항이 될 수 있다.

위에서 설명한 학습 프로세스에는 두 가지 유형의 전환으로 구성된 코칭 조건이 포함되어 있다:

- 내적/수직적 변화 – 경험을 통해 의식이 출현함
- 외적/수평적 변화 – 성찰적 프랙티셔너로서 성찰에서 행동으로

위의 전환은 적극적인 과정이다. 자동적인 과정이 아니며, 학습자는 각 학습 단계 사이의 장벽/격차 때문에 '막혀버리는' 경우가 자주 발생한다. 비고츠키Vygotsky(1962[1926])는 이러한 학습 격차를 '근접발달영역zone of proximal development'이라고 불렀다. 이 개념을 코칭에 적용하면, 학습 격차는 여러 단계의 거리두기 작업distancing tasks을 설계하고 실행함으로써 해소될 수 있는데, 다음의 단계를 거치게 된다.

1. 기술description – 코치이가 자신의 세계에서 일어나는 구체적인 대상/사건에 대해 특징지을 수 있도록 독려한다(주도적인 특징 부여).
2. 관계relation: 관계에 대한 주도성 – 대상과 사건 사이의 관계를 확립함으로써 연계 고리를 찾아낸다(분석 및 패턴 짝짓기).
3. 평가evaluation – 성찰, 연계 고리로부터 구체적인 현상에 대한 자각과 학습을 유도한다.
4. 정당화justification – 상기 평가에 대한 판단; 삶과 정체성에 대한 개념 형성을 위해 구체적이고 실제적인 환경에서 도출된 자각과 학습을 추상화한다.
5. 결론/권고conclusion/recommendation – 행동 계획과 시작을 공식화한다; 구축된 개념을 바탕으로 구체적인 행동의 결과를 예측한다.

기본 가정

내러티브 코칭의 기본 가정은 두 가지다. 첫째, 코칭 프랙티스는 포괄적 통합 프레임워크(Law

et al., 2005, 2006)의 학습에 대한 가정learning assumptions과 일관되게 이루어져야 한다. 이는 존중, 협력학습, 코치/코치이 사이의 유동성이다. 존중은 협력학습 관계에서의 동등한 권리와 존중을 의미한다(Law, 2010). 스텔터(2013)는 이를 코치와 코치이가, '목격자 사고witness-thinking'와 '연민을 넘어선 공감'이 결합된 균형 잡힌 관계를 맺을 수 있는 대화 윤리라고 칭하며(예: 자신이 살아온 경험과 공명하는 타인의 관점을 이해하는 것), 화이트(1995)는 코치이의 문화적 환경에 대해 코치가 탈중심적인decentered 입장을 견지해야 한다는 점을 강조하였다. 협업 학습collaborative learning은 스텔터(2013)의 반응성responsiveness 개념(코칭은 상호 반응적이고 및 협업적인 프로세스)과 더불어, 수퍼비전 및 지속적인 경력 개발의 중요성(Law, 2013a, 2013b)을 강조한다. 이 프로세스는 콜브의 학습 주기와 연결되어야 한다. 코치/코치이 사이의 유동성(주체성 참조)은 코치이가 기술과 지식을 가지고 있다고 가정한다. 즉 코치도 코치이 못지않게 많이 배우게 된다.

둘째, 마이클 화이트의 제언을 코칭의 맥락에서 활용하기 위해서, 우리는 인간의 본성과 지역사회에 대해 다음과 같은 **내러티브적 가정**을 한다:

1. **해석학적 구성주의**hermeneutic constructionist**(협상/관계적) 가정** – 우리의 삶을 형성하는 의미는 사회적으로 구성되고 타인과 비교하여 해석된다(Stelter, 2013; Law, 2013a). 내러티브 프랙티셔너는 화자가 들려주는 줄거리를 화자가 의미를 해석하는 기본적인 의미 형성의 틀로 간주한다. 이는 결과적으로 우리의 삶을 형성하는 의미를 부여한다.
2. **복잡성**complexity – 인생은 하나의 이야기가 아닌 다양한 이야기로 구성되어 있다. 그렇지만 그중 어떤 이야기는 코치이의 삶에서 더 중요해지지만, 코치이의 성장에 꼭 필요할 수도 있는 다른 이야기는 무시될 수 있다.
3. **주체성**agency – 개인과 지역사회는 강점, 지식 및 기술(변화를 위한 인간의 역량과 잠재력, Derida, 1978)을 가지고 있다. 다만 코치이가 코치를 찾아왔을 당시는 아직 이런 자질에 대해 스스로는 잘 모르고 있을 수 있다(조하리의 창Johari window 이론에서 말하는 보이지 않는 창blind spot). 내러티브 접근법은 내재적인 것을 외재적으로, 친숙한 것을 생경하게 만들어 코치이가 자신의 보이지 않는 창을 '볼 수 있도록' 돕는다.

(White, 2006)

장애요인과 목표 달성

사람들은 자신의 인생, 사회적, 업무적 및 그 외의 코칭 목표를 달성하지 못하도록 어떻게 자신을 가로막는가? 개인이 가지고는 있지만 잊혔거나 숨겨진 강점은 그들의 이야기 안에서 빈약하게 묘사된다. 코치의 역할은 이러한 강점, 기술 및 지식을 다시 개발시키는 것이다. 따라서 코치의 임무는 고객으로 하여금 자신의 인생 여정 중 의미 있는 순간을 찾아내어 지금껏 자칫 무시해 왔던 (빈약한 묘사) 자신의 인생 경험을 재고하도록 돕는 것이다. 내러티브적 관점에서는 코치와 코치이를 '의미 창조자'로 본다.

이 접근이 코치이가 목표를 달성하는 데 어떻게 도움이 되는가? 내러티브 접근법은 고객(특히 다른 문화권의 고객)으로 하여금 지금까지 생각했던 것보다 새로운 상황에 대처할 수 있는 지식과 기술이 자신 안에 더 많이 내재한다는 사실을 깨닫도록 돕는다. 코치-코치이 사이의 대화 작업을 통해, 코치이는 자신이 내어놓은 이야기에 대하여 자기 삶에 가치를 부여하는 해석을 새로이 전개시킨다. 이러한 해석은 자신의 삶과 정체성, 희망과 꿈 등에 대한 개념을 구체화한다. 내러티브 작업을 통해 전개된 새로운 이야기는 사람들이 앞으로 나아갈 수 있도록 토대를 제공한다. 코칭의 임무는 근접발달영역에 대한 비계 설정scaffolding을 돕는 것이다. 마이클 화이트(2006)는 이른바, 행동 영역과 의식 영역에 대한 거리두기 작업의 단계를 제시함으로써 근접발달영역에 비계를 설정하는 체계적인 방법을 개발하였다. 비계를 설정할 때, 개인은 '행동 영역' 및 자신의 의식과 연결된 '정체성 영역'을 여행하는 관념적인 여정을 거치게 된다. 이는 코치이가 자신의 삶과 개인적 정체성에 관한 이야기를 전개할 수 있도록 도와주는 효과적인 질문을 통해 이루어진다. 마이클 화이트(2006)는 "비계 질문은 사고mind의 이런 대안적 영역에 관한 풍부한 묘사를 가능하게 한다."라고 언급했다.

행동 영역

행동 영역은 화자가 설명하는 사건들로 구성된다(Bruner, 1990; White, 2007). 이러한 사건들은 시간을 거치며 연속적으로 얽히거나 연결되기 쉽고, 이는 화자의 삶에 대한 자전적/역사적 여정을 보여준다. 여느 이야기와 마찬가지로, 코치이가 말하는 일련의 사건들은 자신의 대처 전략, 성공 또는 실패를 반영하는 주제/플롯을 만들어 낼 가능성이 크다. 즉 행동 영역은

다음과 같은 요소로 구성된다:

1. 시간선time line – 최근, 과거 또는 아주 먼 과거라는 관점에서의 사건의 시간
2. 사건events – 수많은 단일 사건들
3. 상황circumstance – 사건이 발생하는 조건
4. 연속성sequence – 사건이 한꺼번에 몰려서 또는 연속적으로 발생하며 상호연관되어 있음
5. 줄거리/주제plot/theme – 사건은 예를 들어 전략, 성공, 손실 또는 실패와 같은 결과로 이어짐

조하리 창의 관점으로 행동 영역을 살펴보면([그림 20.2]), 코치이가 공개하기로 선택한 이야기는 이미 알고 있거나 친숙한 내용을 드러낸다. 그러나 이 내용 중 일부를 이전에는 코치에게 숨겼을 수도 있다(I 및 III).

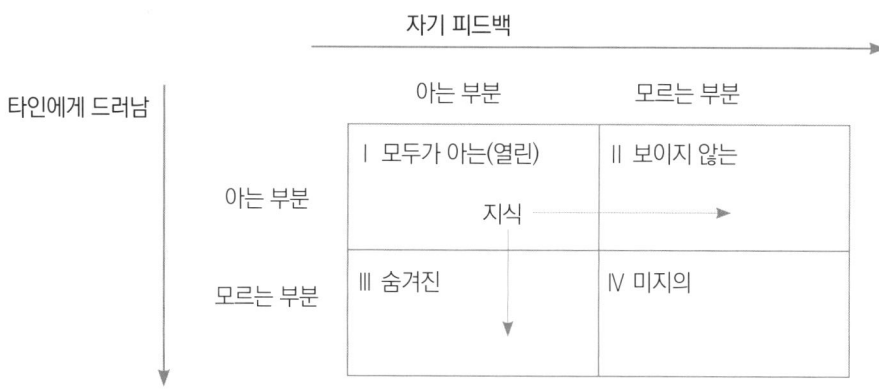

[그림 20.2] 피드백 하기: 조하리의 창

의식 영역

의식 영역은 화자 자신의 정체성과 함께, 자신의 정체성과 동시대 문화에 의해 형성된 자신의 행동과 사건에 대한 결론으로 구성된다. 의식 영역은 청자가 이야기를 들으며 이해한 것을 나타낸다. 이러한 이해는 의도적인 것이거나 내재적인 것이다.

- 의도적 이해 – 가치, 목적, 포부, 개인적 주체성, 회복
- 내재적 이해 – 자각(자기 인식), 학습

조하리 창의 관점에서 볼 때, 의식 영역은 화자의 보이지 않는 영역을 드러낼 수도 있는데, 이는 보통 줄거리에서 몇 가지 빈약한 묘사로 나타나며 코치는 이를 이해하고 더 발달시킬 필요가 있다.

프랙티스

복합된 내러티브 접근은 다음과 같은 기법 또는 단계로 구성된다:

1. 외재화 대화(일대일)
2. 회원 재구성/재저작(일대일)
3. 외부 증인이 다시 말하기(일대일:n)
4. 정의 예식 ceremony(공동체) – 다시 말한 것을 다시 말하기

내러티브 기법을 코치이가 자신의 내적 경험을 이야기 형식으로 밖으로 드러내는 외재화 대화의 한 형태로 볼 수도 있다. 분명 외재화 대화는 코치가 코치이의 숨겨진 정체성에 대해 알아야 할 것을 최대한 알아내고, 어쩌면 코치이 스스로가 인식하지 못하는 영역에 대해서 파악할 수 있는 출발점이다. 스토리텔링은 대화 중에 자신의 인생 경험을 외부로 표현하는 좋은 방법이다. 그러나 이야기를 풀어내는 과정에서 대화 진행 방식의 미묘한 차이는 존재한다. 어떤 기술을 사용할지는 코치이가 코칭 세션에서 말하는 이야기의 내용에 따라 달라진다. 어떤 이야기는, 예를 들어 증조할머니와 같이, 먼 과거에 사랑했던 사람에 대한 것일 수 있는데, 이때 코치는 회원 재구성 기법을 사용하여 이야기를 발전시킬 수 있다. 이와는 다르게, 실패, 자신감의 상실, 학습된 무력감과 같이 자신의 삶에서 발생한 외상적 traumatic 사건에 대한 이야기가 전개될 수도 있다. 이런 경우에는, 재저작을 통해 코치이의 꿈과 희망을 되살릴 수 있는 대안적인 이야기를 개발할 수도 있다. 외부 증인과 정의 예식은 그룹 토론을 촉진하는 강력한

도구로, 다른 이들로 하여금 자신의 경험담을 공유하도록 독려하고, 그 경험의 중심에 있는 화자의 주제에 대한 공감을 이끌어낸다.

내러티브 접근법의 목표는 코치이의 인생 경험담을 재저작하도록 함으로써 코치이의 역량과 지식을 재개발하는 것이다.

외재화 대화 externalising conversations

근접 발달을 위한 비고츠키의 거리두기 작업은 마이클 화이트의 내러티브 탐색과 결합하여, 코치-코치이 소통에서 외재화 대화를 구성한다. 이러한 대화는 비계 설정에서 다음의 단계와 같이 배치된다:

1단계. 서술 description – 코치이는 자신의 최근 경험과 관련한 이야기를 한다. 특히, 코치는 코치이가 자신의 문제해결 기술을 통해 획득한 고유한 결과물에 대해 이야기하도록 지도하고, 코치이의 학습이나 목표 달성을 방해하는 장애물을 파악한다.

2단계. 관계 지도 그리기 relation mapping – 코치는 코치이의 인생담 중 복잡함이 드러나는 다양한 영역에서 확인된 장벽/문제의 효과/영향을 파악한다. 여기서 말하는 영역이란, 가정, 학교, 직장; 동등한 관계적 맥락, 즉 우정이나 자기 자신과의 관계(자기 정체성)를 포함한 친밀한 관계, 목적; 미래의 가능성, 포부, 가치, 희망, 꿈 등을 포함한 삶의 목표에 관한 것일 수 있다. 코치는 문제의 효과/영향을 코치이 삶의 전 영역으로 확장시키지 않도록 주의해야 한다. 코치는 코치이의 목표와 포부에 가장 중요해 보이는 영역에 초점을 맞춘다.

3단계. 평가 evaluation – 대화가 종반에 가까워지면, 코치는 주어진 영역 내의 이야기로부터 드러나는 주제/줄거리의 효과/영향을 평가하고 이를 코치이와 공유한다.

4단계. 정당화 justification – 코치이는 위의 평가를 정당화하고, 자신의 가치, 희망, 꿈과 관련하여 합의된 평가에 대한 판단을 내린다.

5단계. 결론/권고 conclusion/recommendation – 이 단계가 내러티브 지도의 일부는 아니지만, 코칭 세션을 완성하기 위해 이 단계를 추가했다. 코치로서 프랙티스를 할 때, 코치이에게 자신의 성과 창출 및 목표 달성을 방해하는 행동 계획을 수립하도록 권고한다. 숙련된 코치라면 메타 방법론을 활용하여 이 단계에서 인지행동 기법과 같은 다른 접근과 연계시킬 수 있다.

위의 다섯 단계에 걸친 코치의 탐색 결과로서, 코치이는 자신의 삶과 정체성에 대한 가치 있는 결론을 구술하게 된다. 이는 코치이의 신념, 가치, 헌신, 욕망, 원하는 목적, 갈망, 소망, 결단, 희망, 꿈 등에 대한 결론이다.

재저작 re-authoring

코치가 코치이의 이야기에 적극적으로 귀를 기울일 때, 섬세하고 공감적인 태도를 경주해야 하는 것 외에도, 코치는 주제/줄거리를 따라(외재화의 2단계) 시간의 흐름을 통해 전개되는 이야기의 사건들을 순차적으로 연결해야 한다. 이는 내러티브 코치의 핵심 기술 중 하나다. 이야기가 전개될 때, 코치이는 이야기에 등장하는 몇몇 중요한 인물들에 대해 언급하고, 해당 회원들의 정체성에 대한 결론을 코치와 공유할 수 있다(회원 재구성 참조). 재저작 대화 re-authoring conversations 동안, 코치는 코치이가 자기 삶에서 특별히 더 무시해왔던 사건들과 그러한 대안적인 줄거리에서 드러나는 독특한 결과나 이례적인 일을 파악하도록 돕는다. 이러한 독특한 결과나 이례적인 일은 이야기를 다시 쓸 수 있는 시작점, 즉 코치이 삶에 대한 대안적인 줄거리로 진입하는 지점이 되어준다. 따라서 어떤 면에서, 재저작은 코치이에게 있어 가장 지배적인 (흔히 문제가 되는) 줄거리에서 벗어나 새로운 줄거리를 개발하는 과정이라고 볼 수 있다(3단계와 4단계 사이에 전환점이 생겨남). ([그림 20.3] 참조)

대화를 시작할 때, 이러한 독특한 결과나 이례적인 일은 빈약하게 묘사된 희미한 흔적으로 나타난다. 대개 이러한 이야기들 사이에는 간극이 존재한다. 따라서 내러티브 코치는 코치이가 이러한 공백을 메울 수 있도록 질문을 통해 비계를 구축해야 한다. 마이클 화이트(2005, p.10)가 지적했듯이 "비계는 사람들로 하여금 자신이 살아온 경험을 수집하도록 도와주고, 상상력 및 의미-생성 자원을 확장하여 활용하게 만들며, 코치이의 흥미와 호기심을 끌어당긴다."

코칭의 결과로서, 내러티브 코치는 코치이가 대안적인 이야기를 개발하고 줄거리를 촘촘하게 만들도록 도와야 한다. 보통 코치는 사실 이러한 이야기가 코치이의 가치와 자아 정체성과 공명하는 자신의 역사에 더 깊이 뿌리내리고 있다는 것을 알아차리게 된다. 스텔터(2013)는 이 단계를 동기부여motivation와 닻 내림anchoring(줄거리를 촘촘하게 하는 것)이라고 부른다.

비계를 설정하면서 코치는 일련의 내러티브 질문을 던지게 된다. 이는 마치 하나의 여정과 같이, 코치/코치이는 '사고mind의 영역'을 '함께 걸으며 이야기하는'(제롬 브루너Jerome Bruner의 은유에 따라) 과정이다. 내러티브 용어로는 '행동 영역'과 '정체성 영역'이라고 이름 붙였다. 코치가 비계 질문을 통해 도움을 제공하면서 진행하는 이 대화를 거치면서 마음의 대안적 영역은 풍부히 묘사된다.

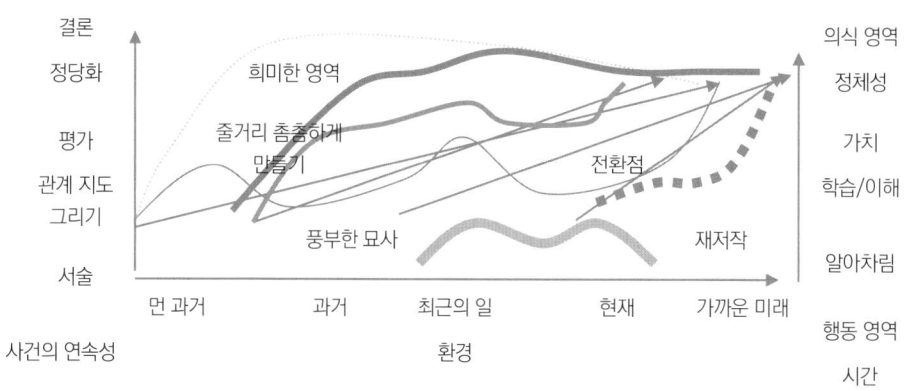

[그림 20.3] 이야기가 다양한 대안적 줄거리로 전개될 수 있음을 보여주는 외재화 대화 과정에서의 재저작

회원 재구성 대화 re-membering conversations

회원 재구성 대화는 자신의 기억 속에 있는 사람을 수동적으로 회상하는 단편적인 작업이 아니다. 이야기에서 재구성 및 재언급될 사람은 자신의 역사 속에서 또는 현재 삶의 정체성과 관련된 중요한 인물이다. 바바라 마이어호프Barbara Myerhoff(1982)의 연구에서 차용한 '회원 재구성' 개념을 은유적으로 사용하여, 마이클 화이트(2005, p.13)는 회원 재구성 대화를 다음과 같이 설명한다:

1. '삶'은 '회원들로 구성된' 클럽이며, '정체성'은 삶의 '연결association'임을 일깨울 것
2. 정체성은 하나로 일치된 목소리라기보다는 다중적인 목소리이며, 이는 현시대 서구 문화

에서 유행하는 '껍질에 싸인 자기encapsulated self'라는 특징을 드러내는 것임을 알게 할 것
3. (일부 멤버십의 승격이나 강등, 우대나 철회, 개인 정체성의 문제와 관련하여 일부 목소리에 대한 권한 부여나 자격 박탈 등) 삶의 멤버십에 대한 변경 가능성을 열어줄 것
4. 선호하는 삶의 정체성과 지식, 및 생존 기술에 대해 풍부히 설명할 것: 이것들은 사람들의 삶에서 가장 의미 있는 멤버십을 통해 공동으로 생성되었음

멤버십을 검토하면서, 코치는 화자의 정체성, 지식 및 역량에 관한 이야기를 더 탐색할 수 있다. 상세히 설명하는 과정에서 의미 있는 결과물, 결론, 학습 및 문제해결 방식이 다양하게 드러날 수 있는데, 이것들은 화자의 정체성, 지식, 역량의 형성에 상당한 영향을 미쳤을 수 있다. 이 사실을 자각함으로써 코치이에게는 개인적 성장을 위한 발판이 구축된다. 결과적으로, 코치/코치이는 앞으로 어떻게 나아갈지에 대한 구체적인 방안을 이끌어 낼 수 있게 된다. 회원 재구성은 '재저작' 작업 중 코치이의 이야기에 중요한 인물이 관여되는 특정한 사례라고 생각하면 된다.

외부 증인이 다시 말하기outsider witness re-telling

앞 섹션에서 설명한 외재화 대화는 그룹이나 팀 맥락에서 적용 가능한데, 그룹원 중 한 명 또는 그 이상이 이야기의 증인 역할을 하게 된다. 참가자는 청중 앞에서 자신의 살아온 이야기를 할 수 있는 선택권이 주어진다. 선택된 외부 증인들은 인정을 넘어서는 추가적인 지지를 코치이에게 제공할 수 있기 때문에 내러티브 코치를 보조하는 역할도 함께 수행할 수 있다 (즉, 들은 이야기의 중요성을 인정하는). 이야기를 들은 후, 코치는 외부 증인에게 들은 이야기를 다시 말해달라고 요청하는데, 특히 이야기의 어떤 부분에서 자신의 경험과 공명한다고 느꼈는지 묻는다. 다시 말하기에서, 외부 증인은 들은 이야기를 그대로 설명할 필요 없이, 자신에게 가장 와 닿았던 점에 초점을 맞추면 된다.

외부 증인은 자신이 들은 것 중 특정한 측면을 다시 말함으로써 이야기에 반응한다. 이 작업은 '외부 증인의 다시 말하기'가 행하여지고 있는 곳의 문화에 따라, 고유한 인정 관례 traditions of acknowledgement를 바탕으로 구체화된다. 마이클 화이트(1995, 12005, 2007)에 따르면, 외부 증인의 재귀적 반응reflective responses에는 네 가지 범주가 있다. 내러티브 프랙티셔너는 외부 증인

에게 다음과 같이 요청하거나 안내할 수 있다:

1. 화자의 표현을 확인한다.
2. 이야기를 듣고 떠오른 이미지를 묘사한다.
3. 자신의 인생 경험을 바탕으로 반응을 구체화한다.
4. 이야기를 통해 인식된 것knowledge이 자신의 삶으로 '이동'되었음을 인정한다.

정의 예식definitional ceremony(공동체) – 다시 말한 것을 다시 말하기retellings of retellings

내러티브 프랙티스의 맥락에서(그리고 후기 구조주의라는 더 넓은 맥락에서), 한 개인의 자아 정체성은 개인적이나 개별적인 성취에 의해서가 아닌 다음과 같은 사회적, 역사적, 문화적 영향에 의해 결정된다:

- 개인 고유의 역사
- 개인 고유의 진정성
- 대중적 및 사회적 성취
- 개인 스스로 주장하는 자신의 정체성에 대한 인식

위에서 언급된 바와 같이, 정의 예식은, 사회적 조건(특히 문화마다 다른 상황) 때문에 그전에는 받아들여지지 못하였을 수도 있는, 화자의 자아 정체성을 사회적으로 인정해 주는 강력한 방법이다. 내러티브 관점에서, 정의 예식은 이야기에 대한 다양한 대안적인 주제나 대항 플롯counter-plots을 강화시키고, 정의 예식이 아니고는 코치이가 경험하지 못하였을 자신의 이야기의 주체성에 대한 권한 부여empowerment를 증폭시킨다.

정의 예식은 다층적이며 다음과 같은 구조로 이루어져 있다:

1. 이야기하기 – 예식의 주인공인 화자가 수행함
2. 말한 것을 다시 말하기(첫 번째 다시 말하기) – 외부 증인이 수행함
3. 다시 말한 것을 다시 말하기(두 번째 다시 말하기) – 원래 화자가 수행함

4. 다시 말한 것에 대해 다시 말한 것을 다시 말하기(세 번째 다시 말하기) – 외부 증인이나 외부 증인의 2차 그룹이 수행함

이론상으로는, 위와 같은 다시 말하기 과정은 무한정 계속될 수 있다. 실제 상황에서, 이야기에 대한 다시 말하기를 몇 차까지 진행할 것인가 하는 것은 육체적, 시간적 한계에 따라 결정된다.

정의 예식은 모든 참가자를 '이동moving'시키는 과정이기 때문에, 모임 방식으로 진행하는 그룹 및 공동체 작업이나 공동체 회합에 이상적이다. 의식을 통해 화자는 자신의 원래 모습이 아닌 자신이 원하는 모습이 되어 볼 수 있는 기회를 얻게 된다. 은유적으로 말하자면, 화자는 참여의 직접적인 결과로써 삶의 한 장소에서 다른 장소(지금 여기)로 '옮겨지고/이동되고being moved/transported' 있는 것이다.

코치와 코치이 사이의 대화 외에도, 이메일, 일기, 편지 쓰기나, 모임 때 코치이의 이야기를 기념하는 인증서를 발급하는 것과 같은 다른 의사소통 형식을 활용할 수도 있다.

어떤 코치이에게 가장 유용한가?

이 접근은 직장과 거주를 위해 국가를 이주한 경험이 있는 코치이에게 가장 유용하다는 것이 확인되었다. 내러티브 접근법을 통해 특히 도움을 받는 고객의 맥락적 또는 경험적 특징은, 자신의 고유한 강점, 가치 및 신념을 당연시하는 것을 포함하여 해당 고객이 거주지의 변동 및 이로 인한 문화의 변화로 인해 고생한 경험이 있는 경우이다.

서술적 접근이 특히 유용한 고객 맥락 또는 경험의 유형은 고객이 자신의 특징적인 힘, 가치 및 믿음을 당연하게 여기는 것을 포함하여 장소와 문화의 혼란으로 고통받는 곳이다.

본질에서 내러티브 코칭은 고객에 의한 이야기의 표현에 많이 의존하기 때문에, 이 접근법은 구술적 의사소통으로 제한된다. 고객이 언어적으로 문제가 있거나 구두로 하는 소통 능력이 부족한 경우, 그림 그리기, 연극 작업 등 다른 소통 방식을 활용할 수도 있다.

안전한 환경 내에서, 내러티브 접근법은 어린이와 청소년에게 쉽게 적용될 수 있다. 사실, 마이클 화이트가 진행했던 초기 프랙티스 중 대부분은 아동을 동반한 가족 치료였다(예를 들

어, White & Morgan, 2006 참조). 영국 심리학회의 윤리 및 행동 강령을 준수하는 것 외에도, 어린이와 청년을 대상으로 하는 코치는 아동법Children Act(2004) 및 정보 공유에 대한 지침도 함께 참고하여야 한다. 그러려면 코치는 어린이에게 알맞은 은유를 사용하기 위한 창의적인 노력을 할 필요가 있는데, 예를 들어 자신의 삶의 정체성, 문화유산, 포부를 표현하기 위한 은유로 나무 전체와 나무를 구성하는 여러 부분(뿌리, 가지, 잎)을 활용하는 식이다.

사례 연구: 희망에 대한 이야기*

배경

피어 코칭 교육 프로그램이 개발되어, 지역의 사회적 기업 조직과의 협력을 통해 시행되었다. 이 프로그램은 영국 런던 서더크Southwark 지역의 거주자 중에서, 심리적 또는 사회적 곤란을 겪고 있는 지역사회 주민들에게 도움을 제공하는 동료 코치가 되고자 희망하는 사람들에게 제공되었다. 참가자 자신들도 비슷한 어려움을 경험했다. 조직 철학 및 접근법은 내러티브의 외재화 원리와 맥이 통한다: 문제가 문제일 뿐, 사람은 문제가 아니다(Stelter & Law, 2010). 이 내러티브 코칭 프로그램의 목표는 다음과 같았다:

1. 참가자의 개인적 발전, 자기 성찰 및 전반적인 기능의 향상을 돕는다.
2. 서더크 지역의 동료 코칭 자원을 확대한다.
3. 조직과 대학 모두에 대한 고객 피드백을 받는다.
4. 동료 코치가 지역사회 내에서 배정된 임무를 성공적으로 수행할 수 있도록 한다.
5. 6주간 진행된 지역사회 기반 동료 코칭 교육 프로그램의 효과를 평가한다.

이 프로그램은 주택 협회에서 자금을 지원하였고, 프로그램 참가자 중 두 명에게 학생들의 코칭을 의뢰해 준 이스트 런던 대학교UEL의 프로그램(Make It Global)을 통해 평가를 진행하였다.

이 계획에 참여한 두 사람에게 학생 자리를 제공하는 이스트 런던 대학교UEL의 프로그램(Make It Global)을 통해 평가되었다.

고객

이 사례 연구에는 다음과 같은 여러 조직 고객이 참여하였다: 주택 협회가 프로그램 재정 지원하였고, 대학에서 노하우 제공과 함께 학생에 대한 코칭을 의뢰하였으며, EU는 대학에 자금을 지원했다(시스템 분석은 [그림 20.4] 참조).

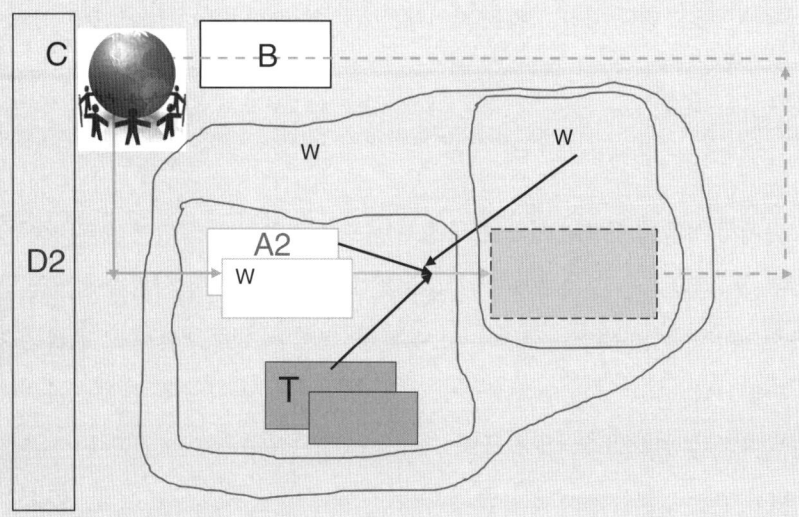

기호: A – 행위자; B – 수혜자; C – 고객; D – 시스템 보유자 (O); E – 환경; T – 전환; W – 세계관

[그림 20.4] 고객과 이해관계자에 대한 소프트 시스템(CATWOE) 분석

진행 과정

6개월간(2013년 11월~2014년 5월) 피어 코칭 교육 프로그램(월 1회 교육)이 시행되었다. 첫 번째 세션에서 그룹 대상 내러티브 코칭이 소개되었고, 프로그램에 코칭 내용이 적용되

었다. 참가자(동료 코치)에게는 전문교육을 받은 전문가가 진행하는 추가 교육과 그룹 수퍼비전이 제공되었다. 세션 동안, 참가자들은 2인 1조나 소규모 그룹으로 나뉘어, 외부 증인의 다시 말하기 방식으로 자신의 실제 경험담을 나누도록 하였으며, 전체가 다 모여서 경험을 공유하며 축하하는 정의 의식으로 마무리하였다. 평가는 2x2 준실험설계(정량적)와 내러티브 방식의 탐구 절차에 따른 내러티브 연구 방법(질적)을 혼합하여 진행하였다(Hiles, Cermak, & Chrz, 2009). 정량적 측정을 위해, 로^{Law}(2013a)가 개발한 문화 및 사회적 역량^{CSC}에 대한 자기평가 설문지^{SRQ}를 활용하여, 참가자의 역량과 지식(코칭 역량 점수)을 평가하였다. 코칭(실험) 그룹으로 CTTS 교육 프로그램에 참여한 참가자들 외에, 같은 지역에 거주하는 다른 구성원들도 비코칭 그룹(통제)으로 설문 조사에 참여할 수 있게 하였다. 모든 참가자는 프로그램의 시작과 종료 시점에 설문지를 작성하였다(Law, 2014).

변화 과정

예비 조사에서 시행한 정량 분석의 초기 결과는 프로그램 후 코칭 그룹 참가자들의 코칭 역량 점수가 향상되었다는 것을 보여주었고, 코치 교육을 받지 않은 사람들에 비해 코칭 역량 점수가 현저하게 높았다(Law, 2014). 다시 말해, 실험 처지에 대한 주요 효과는 현저하게 나타난 반면, $F(1,145)=5.43$, $p=0.05$, 성별, 인종 및 실험 처치 조건 간에는 유의한 상호작용이 나타나지 않았다([표 20.1] 참조).

내러티브 연구 방법은 동료 코치들의 이야기, 즉 내재된 목표, 희망, 꿈, 그리고 코칭 교육이 어떻게 도움이 되었는지를 확인하기 위해 사용되었다. 분석(Murray, 2003; Hiles et al., 2009에서 차용) 결과를 통해, 이 과정이 참가자들로 하여금 외부 증인이라는 타자의 눈을 통해 검증된 새로운 자아 정체성을 재구성할 수 있도록 도움을 주었음이 확인되었다(Geertz, 1986 참조). 참가자들은 이 과정에서 다른 참가자들의 이야기와 공명하는 자신의 경험을 공유하는 과정을 통해 고통의 경험이 주는 의미를 발견하였다. 전체적으로 볼 때, 참가자들의 이야기는 (교육 전) 비관적이면서 퇴행하는 낙관적 어조에서 (교육 후) 더 낙관적이고 진보적인 어조로의 변화를 보여준다(Law, 2015, 2016).

[표 20.1] 분산 분석

집단 간 차이 검정

측정: 역량
변환 변수: 평균

변량원	총 변량	자유도	제곱 평균	F	유의 확률
상수항	66338.107	1	66338.107	88.159	.000
성별	32.710	1	32.710	.043	.839
인종	2308.548	4	577.137	.767	.568
처치 조건	3680.190	1	3680.190	4.891	.049
성별*인종	.000	0	.	.	.
성별*처치 조건	.000	0	.	.	.
인종*처치 조건	471.124	3	157.041	.209	.888
성별*인종*처치 조건	.000	0	.	.	.
오류	8277.333	11	752.485		

직면한 한계점

- 언어 장벽 – 일부 참가자의 모국어가 영어가 아니었기 때문에, 참가자가 질문을 잘 이해하고 질문으로 인해 어려움을 겪지 않도록 각별한 주의와 고려가 필요하였다.
- 이야기의 원저자의 타당성, 신뢰성 및 표현 – 내러티브 프랙티셔너는 다양한 공동체 출신의 개인과 집단의 이야기를 다시 말하고, 보고하고, 전파하는 민족지학자의 역할을 하기 때문에, 우리는 이들 참가자에게 정당한 예우를 갖추고 존중하였는지에 대한 윤리적 딜레마를 느꼈다. 이야기 중 일부는 매우 개인적이고 정치적으로 민감한 사안일 때도 있었다. 이와 관련하여 제기하게 된 질문들은 다음과 같다: 다시 말해진 이야기가 화자의 의도를 공정하게 표현하는가? 다시 말해진 이야기가 유효하고 원래 이야기의 의미를 확실하게 나타내는가?
- 이해관계자에 대한 감사의 글 – 기밀 유지를 위해 화자의 이름과 신원은 익명으로 유지된다. 그렇기 때문에, 감사의 글에 이야기의 출처에 대한 예우로 해당 당사자들을 언급하는 것이 어려웠다.
- 특별한 이야기를 전파하는 학자, 심리학자, 연구자로서의 책임 - 일면, 이러한 이야기

들을 출판하고, 이를 위한 기술과 지식을 공유해야 한다는 직업적인 의무감을 느낀다. 반면 다른 한편으로, 이 과정은 해당 이야기와 지식에 기여해 준 개인들에 대한 세심하고 예우를 갖춘 태도와 균형을 맞춰 수행되어야 한다.

- 이야기의 소유권 – 일부 이야기는 매우 특이하고 개인적인 것이었음에도, 일단 모임에서 말하기와 다시 말하기를 거쳐 대중에게 출판되면, 기술과 지식은 여러 공동체로 공유되었다. 화자의 일부는 이야기가 전파되면서 지식을 내재하여 이동시키는 것에 대해 매우 만족할 수도 있지만, 그중에는 널리 공유하기에는 자신의 이야기가 너무 개인적인 것이라고 느끼는 사람이 있을지 모른다. 이는 해당 이야기의 소유권과 저자에 대한 의문을 제기한다. 이야기를 쓰고 보도하는 작가가 저자인가, 아니면 화자 자신이 이야기를 소유해야 하는가? 누가 이야기와 지식을 전파할 수 있는 권한, 책임 및 통제권을 가지고 있으며, 이는 누구의 이익을 위해서인가?

* 감사의 말

본 저자는 이 사례 연구에 도움을 준 나오미 음와삼빌리 Naomi Mwasambili(CTTS 책임자), 발레리아 스테르지 Valeria Sterzi, 제니 고든 Jenny Gordon(전 이스트 런던 대학 재학생)과, 연구비를 지원해 준 Make It Global 프로그램에 감사를 전한다.
www.enterprising-women.org/make-it-globals-leadership-programme-2014

논의 포인트

1. 코치로서, 화자 stroyteller가 새로운 행동 방안에 대한 아이디어를 떠올릴 수 있도록 독려하는 질문을 고안할 수 있는가? 화자가 대안적 범주의 정체성을 찾아가도록 안내하기 위해 내러티브 코치는 무엇을 해야 하는가?
2. 위에 제시한 사례 연구는 설문 조사 방법으로 평가되었다. 상기 사례 연구의 맥락에서 평가를 위해 사용된 해당 접근의 약점은 무엇인가? 저자들은 아울러 혼합 방법론의 일부로 내

러티브 연구 방법을 사용했는데, 이는 상기 사례 연구(및 일반적인 내러티브 프랙티스)에 사용하기 가장 적합한 질적 연구 방법인가?

3. 당신의 코치이(또는 코치)가 과거에 정신 질환을 진단받았다는 사실을 털어놓았다고 상상해보라. 어떤 기분이 드는가? 문제점, 현안 및 우려 사항은 (혹시 있다면) 무엇인가?
4. 정의 의식 접근법을 활용할 수 있는 다른 상황을 찾아볼 수 있는가? 어떤 변경 사항을 고려해야 하는지 (혹시 있다면) 설명해보라. 다시 말한 것에 대한 다시 말하기를 하는 외부 증인은 누구인가? 이러한 그룹 상황에서 기밀이 유지되도록 하기 위해 어떻게 할 것인가?

추천 읽기

Drake, D. B. (2015). *Narrative Coaching: Bringing Our New Stories to Life*. Canada: CNC Press.
Law, H. (2013a). *The Psychology of Coaching, Mentoring & Learning*. Second Edition. Chichester: Wiley-Blackwell.
Law, H. (2013b). *Coaching Psychology: A Practitioner's Guide*. Chichester: Wiley-Blackwell.
Stelter, R. (2013). *A Guide to Third Generation Coaching: Narrative-Collaborative Theory and Practice*. Dordrecht, Heidelberg: Springer.

참고 문헌

Allan, J., Fairtlough, G., & Heinzen, B. (2002). *The Power of the Tale: Using Narratives for Organisational Success*. Chichester: Wiley.
Azarova, V., Law, H., Hughes, G., & Basil, N. (in preparation). Celebrating Heritage: A Mixed-Method Research: Exploring Experiences of Refugee Children and Young People in the Context of Tree of Life Groups.
Bruner, J. (1990). *Actual Minds, Possible Worlds*. Cambridge, MA: Harvard University Press.
CIPD. (2006). News: Sort it with a story from down under. *Coaching at Work*. 1(2): 10. Chartered Institute of Personnel & Development. London: Personnel Publication Ltd.
Derrida, J. (1978). The art of thinking narratively: Implications for coaching psychology and practice. *Australian Psychologist*. 42(4): 283–294.
Drake, D. B. (2015). *Narrative Coaching: Bringing Our New Stories to Life*. Petaluma, Canada: CNC Press.
Epston, D., & White, M. (1992). *Experience, Contradiction, Narrative & Imagination: Selected Papers of David Epston & Michael White*. Adelaide, Australia: Dulwich Centre.
Geertz, C. (1986). Anti-anti-relativism. *American Anthropologist*. 86: 263–278.
Hall, E. T. (1976). *Beyond Culture*. Garden City, NY: Anchor Press.
Hiles, D., Cermák, I., & Chrz, V. (2009). Narrative oriented inquiry: A dynamic framework for good

practice. In *Narrative, Memory and Identities*. Pp. 53–65. Huddersfield: University of Huddersfield.

Hofstede, G. H. (1991). *Cultures and Organizations: Software of the Mind*. London: McGraw-Hill.

Kolb, D. A. (1984). *Experiential Learning: Experience as the Source of Learning and Development*. Englewood Cliffs, NJ: Prentice Hall.

Law, H. C. (2006). Can coaches be good in any context? *Coaching at Work*. 1(2): 14. Chartered Institute of Personnel & Development. London: Personnel Publication Ltd.

Law, H. C. (2010). Coaching relationships and ethical practice. In S. Palmer & A. McDowall (eds.). *The Coaching Relationship*. Hove: Routledge.

Law, H. C. (2013a). *The Psychology of Coaching, Mentoring & Learning*. Second Edition. Chichester: Wiley-Blackwell.

Law, H. C. (2013b). *Coaching Psychology: A Practitioner's Guide*. Chichester: Wiley-Blackwell.

Law, H. C. (2014). Stories of hope: A narrative practice in wider communities. *Presentation at the Research Conference*. 25 June, University of East London.

Law, H. C. (2015, 2016). Communities of hope: A narrative practice and its evaluation. *Presentations at British Psychological Society (BPS) Annual Conference*. 5–7 May 2015, ACC, Liverpool; and at *BPS (Northern Ireland) 60th Anniversary Annual Conference*, 3–5 March 2016 at the Ballymascanlon House, Co Louth, Ireland.

Law, H. C., Aga, S., & Hill, J. (2006). "Creating a 'camp fire' at home", narrative coaching: Community coaching & mentoring network conference report & reflection. In H. C. Law (ed.). *The Cutting Edge*. Volume. 7, No. 1. ISSN 1366–8005. Peterborough, UK: Peterborough School of Arts Publication.

Law, H. C., Ireland, S., & Hussain, Z. (2005, 2006). Evaluation of coaching competence self review on-line tool within an NHS leadership development programme. *Special Group in Coaching Psychology Annual National Conference*. December. City University, London: The British Psychological Society. *International Coaching Psychology Review*. 1(2). The Australian Psychological Society & British Psychological Society.

Murray, M. (2003). Narrative psychology. In J. A. Smith (ed.). *Qualitative Psychology: A Practical Guide to Research Methods*. Chapter 6, pp. 111–132. London: Sage.

Myerhoff, B. (1982). Life history among the elderly: Performance, visibility and re-membering. In J. Ruby (ed.). *A Crack in the Mirror: Reflexive Perspectives in Anthropology*. Philadelphia, PA: University of Pennsylvania Press.

Myerhoff, B. (1986). Life not death in Venice: Its second life. In V. Turner & E. Brunner (eds.). *The Anthology of Experience*. Chicago, IL: University of Illinois Press.

Ncube, N. (2006). The tree of life project: Using narrative ideas in work with vulnerable children in Southern Africa. *The International Journal of Narrative Therapy and Community Work*. 1: 3–16.

Rosinski, P. (2003). *Coaching Across Cultures*. London: Nicholas Brealey.

Stelter, R. (2013). *A Guide to Third Generation Coaching: Narrative-Collaborative Theory and Practice*. Dordrecht, Heidelberg: Springer.

Stelter, R., & Law, H. (2010). Coaching: Narrative-collaborative practice. *International Coaching Psychology Review*. 5(2): 152–164.

Trompenaars, F., & Hampden-Turner, C. (1997). *Riding the Waves of Culture*. Second Edition. London: Nicholas Brealey.

Turner, V. (1967). *The Forest of Symbols: Aspects of Ndemby Ritual*. Ithaca, NY: Cornel Paperbacks.

Turner, V., & Brunner, E. (eds.). (1986). *The Anthology of Experience*. Chicago, IL: University of Illinois Press.

Van Gennep, A. (1960). *The Rite of Passage*. Chicago, IL: Chicago University Press.

Vygotsky, L. S. (1962[1926]). *Thought and Language*. Cambridge, MA: MIT Press.

Wenger, E. (1998). *Communities of Practice: Learning, Meaning, and Identity*. Cambridge: Cambridge University Press.

White, M. (1995). *Re-Authoring Lives: Interviews & Essays*. Adelaide, S. Australia: Dulwich Centre Publications.
White, M. (2005). Michael White Workshop Notes. Published on September 21, 2005 www.dulwichcentre.com.au
White, M. (2006, February 20-24). *Narrative Therapy Intensive Workshop*. Adelaide, S. Australia: Dulwich Centre.
White, M. (2007). *Maps of Narrative Practice*. New York, NY: W.W. Norton.
White, M., & Epston, D. (1990). *Narrative Means to Therapeutic Ends*. New York, NY: W.W. Norton & Co.
White, M., & Morgan, A. (2006). *Narrative Therapy with Children and Their Families*. Adelaide, S. Australia: Dulwich Centre Publications.

21장
해결 중심 코칭

저자: 빌 오코넬Bill O'Connell[1], 스티븐 팔머Stephen Palmer[2]
역자: 김현화

서론

해결 중심 코칭solution-focused coaching(SFC)은 결과를 지향하며, 성과를 기반으로 하는 접근이다. 이는 코치이가 자신의 문제에 대한 해결책을 도출하고 코치와 함께 구성하여 그들이 선호하는 결과를 달성할 수 있도록 도와준다. 해결 중심 코치는 문제해결보다는 코치이의 기술, 강점, 지식 및 경험에 중심을 둔다. 코치의 역할은 코치이가 자신에게 적합한 해결책을 스스로 설계하고 구현할 수 있도록 확장하고 명료화하고 지원하고 힘을 실어주는 것이다.

이 접근법은 코치이의 문제에 명확하게 집중함으로써 코치이의 협업을 강화하는 실용적인

---

[1] **빌 오코넬**Bill O'Connell은 최근 은퇴한 해결 중심 훈련Training for Focus on Solutions의 이사였다. 그는 또한 버밍햄Birmingham 대학에서 해결 중심 치료 석사 학위를 받았다. 빌은 『통합적 해결 중심 치료Solution Focused Therapy』(제3판, 2012)의 저자이며, 해결 중심 접근에 관한 책들의 공동 집필자 및 공동 편집자이다.

[2] **스티븐 팔머**Stephen Palmer 교수는 영국 런던의 Centre for Coaching의 창립 이사이다. 2004년에 British Psychological Society Special Group in Coaching PsychologyBPS SGCP의 초대 의장이 되었으며, 2005년에는 런던 시티 대학(현 런던 대학교)에서 심리학 코칭 유닛을 창설하였다. 2016년에 덴마크 Aalborg 대학교 코칭심리학과의 겸임 교수가 되었고, 2018년 Wales Trinity Saint David 대학의 업무 기반 학습 연구소Institute for Work Based Learning의 실습 교수가 되었다. 현재 브라질 리우데자네이루 연방 대학교의 코칭심리학부의 명예 고문이며, 국제 코칭심리학 협회 국제 코칭 심리 연구센터의 코디네이터이다. 또한 국제 코칭심리학회와 국제 스트레스 관리협회의 명예회장이자 연구원이다. 그는 다양한 주제에 대해 50권 이상의 책을 쓰거나 편집했으며 유럽 응용 긍정심리학 저널을 포함한 그 분야의 많은 저널을 공동 편집했다. 2008년 BPS SGCP로부터 코칭심리학에 기여한 공로를 인정받아 평생 공로상을 받았다.

접근이다. 코치와 코치이의 관계는 코치이가 기법을 이해하고 자신들을 위해 사용하기를 희망하며 설명하는 진솔한 관계이다. 이는 단기에 유익한 결과를 얻는 집중적이고, 정중하며, 점진적인 방법이다. 해결 중심 코칭은 1990년대 후반 이래로 국제적인 지지를 받고 있다.

해결 중심 코칭의 발전

비록 알프레드 아들러Alfred Adler, 밀턴 에릭슨Milton Erickson 그리고 존 위클랜드John Weakland가 역사적으로 영향력을 끼쳤다고 하더라도 해결 중심 접근의 창립자를 한 명으로 정의하기란 어렵다(O'Connell, 2003). 해결 중심 접근은 가족치료 분야에서 비롯되었다. 이는 1980년대 미국 위스콘신주 밀워키에 있는 단기 치료 센터Brief Therapy Centre의 가족 치료사 팀에 의해 개발되었다. 이 팀을 이끈 리더 스티브 드쉐이저Steve de Shazer와 인수 킴 버그Insoo Kim Berg는 해결 중심 접근에 대한 많은 글을 썼으며, 전문 임상가들이었다. 또 다른 리더 중에는 네브래스카에서 심리치료사로 활동하는 빌 오한론Bill O'Hanlon이 있다. 가족들은 흔히 다양하고 복잡한 문제들을 보였으며, 정확히 문제가 무엇이었는지, 누구 탓인지에 대해 구성원 간 다툼도 심했다. 이는 오랜 시간을 소모하게 하였다. 그와 같은 갈등과 적대적 상황에서, 가족 구성원은 방어적으로 되고, 그 결과 일반적으로 개인적인 변화를 할 수 없거나 원하지 않았다. 이러한 비생산적인 교착 상태를 관찰한 팀은 전술을 변경하였다. 가족의 문제에 대한 합의를 이끌기 위해 노력하는 대신, 팀은 해결이 어떻게 보일지에 대한 동의를 찾으려고 노력했다. 그들은 각 가족 구성원에게 상황이 개선되었음을 어떻게 알 수 있는지, 즉 달라졌다면 무엇을 보고 알아차릴 수 있는가를 질문하였다.

이러한 관점을 수용함으로써, 가족들이 문제 가지고 싸우느라 소모한 시간이 줄었음을 발견하였다. 치료사들은 가족 구성원들에게 상황이 나아질 때를 알아차리도록 격려했을 때, 가족들이 더 빨리 진전했음을 발견했다. 가족이 '해결책'에 더 집중할수록 문제의 악순환에 덜 갇히게 되었다(참고: de Shazer et al., 1986).

그와 같은 초창기 시절 이래로, 해결 중심적 사고와 실천은 상당히 광범위하게 전문가들 사이에서 다음과 같은 맥락과 고객 그룹에 그 원리와 기법이 적용되면서 국제적으로 인정받게 되었다(예: Berg & Miller, 1992; Lethem, 1994; LaFountain & Garner, 1996;

Selekman, 1997; Triantafillou, 1997; Hoyt & Berg, 1998; George, Iveson & Ratner, 1999; Darmody, 2003; Devlin, 2003; Grant, 2003; Hawkes, 2003; Hoskisson, 2003; Norman, 2003; O'Connell & Palmer, 2003; Sharry, 2003; Bloor & Pearson, 2004; Berg & Szabo, 2005; Meier, 2005; Jackson & McKergow, 2007).

- 교육 - 개인지도, 멘토링 그리고 강의
- 코칭, 상담, 명상, 조언과 지도
- 어린이
- 정신건강
- 성적 트라우마
- 약물 중독
- 사회사업
- 심리학
- 부모 교육
- 지지 그룹
- 수퍼비전
- 반영reflecting 팀
- 사업과 경영
- 조직 변화
- 팀 코칭 및 개발

이는 그룹, 팀, 커플과 가족, 청년과 어린이에게 광범위하게 사용된다(참고: O'Connell & Palmer, 2003). 많은 코치는 자신이 해결 중심 접근과 관련성이 있음을 발견하였다(참고: Palmer, Grant & O'Connell, 2007; O'Connell, Palmer & Williams, 2012; Palmer, 2011).

해결 중심 기법을 일부는 실무의 한 부분으로 사용하고, 다른 일부는 인지행동 접근(Dias, Palmer & Nardi, 2017; Green, Oades & Grant, 2006; Hultgren, Palmer & O'Riordan, 2016; Palmer, 2008)과 통합했으며, 여전히 또 다른 일부는 핵심 모델로 사용한다(Berg & Szabo, 2005).

이론과 기본 개념

엄밀히 말하면, 해결 중심 접근은 이론이 단순하다. 해결 중심 코칭은 '적은 것으로 달성할 수 있는 것을 더 많은 것으로 이루려는 것은 헛된 일'이라는 오컴Occam의 원칙에 따라 개념을 만들고 치료에 개입하면서 미니멀리스트가 되는 것을 목표로 한다(참고: Russell, 1996: 462-463). 이러한 미니멀리즘은 코치로 하여금 완벽한 백지에서 시작할 필요를 느끼기보다는, 코치이의 삶에서 이미 작동하는 것과 연결하도록 한다. 코치이는 이미 건설적이고 도움이 되는 많은 것을 하고 있다. 따라서 '고장 난 게 아니라면, 굳이 고치지 마라' 그것은 단순히 효과가 있는 일을 더 많이 하는 경우일 수도 있다. 코치이에게 최적화된 '그들 나름'의 문제해결 전략이 그들에게 낯설게 느껴지는 중요한 전략보다 더 효과적이다. 코치이의 목표와 가치에 협력하는 것은 문제가 아니라 그 사람에게 맞는 해결책을 보장한다.

SFC는 코치이의 자원, 강점, 그리고 개인적 자질에 집중하며, 다음과 같은 사실을 가정한다:

- 코치이가 자신의 문제에 대해 해결책을 구성하도록 도울 수 있으며, 만약 필요하다면 최소한의 분석으로 가능하다.
- 코치이는 자신 그리고 타인이 모르는 매우 많은 자원과 능력이 있다. 거의 모든 사람은 자신들이 가진 잠재력 일부를 사용하지 않는다.
- 코치이는 자신의 바람직한 미래에 대해 많은 생각이 있다. '여러 문제'를 가진 코치이는 '여러 목표'를 가진 코치이로 볼 수 있다.
- 코치이는 이미 건설적이고 도움이 될 만한 행동을 실행하고 있다(그렇지 않다면 상황은 더 나빴을 것이다).
- 비록 우리는 분명히 과거를 가지고 있고 실수와 성공을 통해 배워야 하지만, 해결 중심 코칭의 원칙은 코치이의 현재와 바람직한 미래에 초점을 맞춘다. 물론 과거를 통해 우리는 얼마나 먼 여행을 해왔고 어떻게 역경을 극복했는가를 되새길 수 있다. 또한 우리 삶의 역사를 통한 교훈은 오래된 문제가 우리에게 다시 나타날 수 있다는 것이다.
- 문제의 원인을 이해하려는 시도가 도움이 될 때도 있지만, 항상 그런 것만은 아니다. 원인 찾기가 누군가 또는 무엇인가를 비난하게 될지도 모른다. 문제의 원인을 두고 다투는 것은 행동을 스스로 정당화하거나 상황을 악화시킬 수도 있다. 분석의 형식에 따라서, 희망

이 있는 미래를 기대하기가 더 힘들어질 수도 있다.

해결 중심 코치는 코치이의 경험을 독자적으로 해석하지 않는다. 코치이가 잘못해 왔던 것을 어떤 식으로 고쳐야 하는지 안다고 생각하지 않는다. 그 대신 코치이가 '올바른' 성공을 거두었을 때 어떻게 했는지를 더 잘 알 수 있도록 돕는다. 코치는 '그러한 차이를 만드는 차이가 무엇일까요?'라는 질문을 코치이에게 할 수 있다.

또한 '당신이 목표를 달성했을 때 그것이 당신에게 어떤 차이difference를 줄까요?'라고 질문할 수 있다. 이어서 좀 더 심도 있게 '어떤 차이가 생기면 당신이 목표를 달성할 수 있나요?' 이러한 일련의 질문은 코치이 선택과 우선순위를 명확하게 하는데, 그리고 목표 달성을 위한 단계를 확인하는 데 도움이 된다. 코치는 '문제 대화problem talk'를 목표로 하기보다는 코치이의 문제를 듣고 인정한다. 사람들은 흔히 마음에 담긴 것을 털어놓기를 원하거나 필요로 한다. 특히 자신이 고립되었다고 느끼거나 오해받는다고 느끼면 더욱 그렇다. 그래서 코치는 '문제 중심 대화'에서 '해결 중심 대화'로 이동하기 위한 기회를 찾으면서 동시에 코치이의 근심과 감정을 확인하고 인정하는 것이 중요하다. 사람들은 때에 따라 본인의 문제 상황을 더 구체적으로 설명할 필요성을 느낄 것이다. 만약 코치가 '부정적' 대화를 받아들이지 않고 오로지 '긍정적 사고'만 강조한다면, 코치이는 코치의 노력을 거부하고 방해하게 된다. 하지만 코치이는 흔히 가슴속으로부터 털어놓을 해결책을 가지고 있다는 것을 기억할 가치가 있다. 상황을 개선하기 위한 본인만의 생각이 있을 것이며, 타인과 이를 탐구할 기회가 필요하다. 현명한 코치는 항상 코치의 생각에 귀를 기울이고 가능한 한 코치의 취향에 협조할 것이다.

사람들이 '오래된 같은' 문제들을 반복하는 경향이 있는 것처럼, 잘 시도했었던 문제해결 전략들의 제한적 레퍼토리를 사용하는 경향도 있다. 이런 레퍼토리 중 어떤 것들은 더는 해결책이 아니다. 코치이는 과거의 해결책이 현재에는 적용하기 힘들다는 사실을 알아도 딱히 다른 대안을 모르기에 계속 실행한다. 이를 두고 사무엘 존슨Samuel Johnson은 '경험에 대한 희망의 승리(Boswell, 1791)'라고 표현했다. 그들은 이전의 경우에 효과가 없었다는 경험적 증거를 무시하고 이를 반복할 것이다. 해결 중심 접근은 그와 같이 도움이 되지 않는 패턴에서 벗어나 '다른 것을 하도록' 코치이에게 권장한다.

해결 중심의 작동 방식은 코치와 코치이가 협력하여 코치이에게 관련 있고 최적화된 '그들 나름'의 해결책을 찾도록 하는 것이다. 코치이에게 맞는 해결책을 찾기 위해 코치는 코치이를 방해하지 않아야 한다. 이는 코치는 돕지만, 코치이의 고유한 해결책 구성 과정을 간섭하거나 대신하지 않는다는 의미이다. 코치의 해결책, 특히 정형화된 해결책 제시는 단기적으로는 도움이 될 수 있으나, 장기적으로는 코치이의 자신감을 떨어뜨리고 의존성만 높인다.

해결 중심의 코치는 코칭이 주로 문제를 '보는 것'에서 자신의 삶에서 건설적이고 긍정적인 사건이 언제, 어떻게 발생하는지를 알아차리는 것으로 관심의 초점 전환을 권장한다. 예를 들어 컵에 물이 반이나 남았다고 볼지, 반밖에 없다고 볼지는 선택할 수 있다. 마찬가지로 저지른 실수를 곱씹으며 지낼지 아니면 남은 인생을 어떻게 성공적으로 지낼지 그리고 일이 잘 풀리지 않을 때 어떠한 다른 행동을 할 수 있을지를 배우는 것은 그들이 선택할 수 있다.

사람들은 해결에 주의를 기울일수록, 사용 가능한 해결책을 더 많이 알아차릴 수 있다.

해결 중심적 코치는 코치이가 다음과 같은 사항에 초점을 맞출 수 있도록 질문한다:

- 코치이의 단기 또는 장기적 희망이 무엇인가?
- 문제가 일어났던 상황에서 어떻게 예외적으로 관리하는가?
- 코치이의 기술, 자질 그리고 강점, 즉 자원이 무엇인가?
- 그들에게 필요한 첫 번째 단계가 무엇인가?
- 과정을 성취하기 위해 사용할 전략이 무엇인가?

해결 중심 코치는 코치이를 자기 삶의 전문가로 본다. 즉 코치의 전문적 지식보다 코치이의 '내적' 지식이 우위에 있다. 전문가라고 해서 코치이에게 맞는 '바른' 해결책을 알지 못한다. 해결책은 문제가 아니라 코치이에게 맞아야 한다. 그린Greene과 그랜트Grant(2003)는 다음과 같이 주장한다:

> 최선의 해결 중심 코칭은 우리가 가진 풍부한 경험, 기술, 전문 지식, 그리고 직관을 사용하고 접촉할 수 있게 하는 것이다. 그것은 코치이의 직장 그리고 개인적인 삶 모두에서 자신이 처한 상황에 대해 개인적이고 창의적인 해결책을 찾도록 돕는다.
>
> (Greene & Grant, 2003: 23)

해결 중심 코치는 목표를 달성하기 위해 코치이에게 힘을 불어넣어 주고, 동기를 불러일으킬 수 있는 언어와 태도를 발달시키도록 돕는다. 해결 중심 대화는, 코치이가 선호하는 미래를 달성할 수 있게 돕는 능력과 자질, 그리고 기술을 강조한다. 코치들의 목소리 톤은 긍정적이고, 희망적이며 존중을 담고 있다. 그들은 코치이에게 변화가 항상 일어나고 있으며 적어도 어느 정도 변화의 방향을 결정할 수 있는 능력이 있다는 인식을 강조한다.

보통 해결 중심 프랙티셔너 훈련에서 심리학 이론 탐구를 그리 강조하지 않는다. 그렇지만 자기주도학습과 자기조절은, 일반적으로 그 이론들이 어떻게 코치가 목표를 달성하도록 돕는가를 설명하기에 해결 중심 접근에서 중요한 측면으로 고려한다(Grant, 2006a). 그랜트Grant(2006b: 158)는, '목표 설정은 성공적인 자기조절과 효과적인 코칭의 기본'이라고 하였다. 래섬Latham과 유클Yukl(1975), 로크Locke(1996), 로스톤Rawsthorne과 엘리엇Elliot(1999)의 연구는 이러한 주장을 지지하는데, 이 연구들은 목표 설정과 성과 결과performance outcomes 사이의 관계에 관하여 보고한 연구 자료들을 검토한 결과로써, 코칭 과정에서 목표 설정의 중요성을 강조한다. 그렇지만, 스쿨라Scoular와 린리Linley(2006)는 최근 연구에서 지나치게 신성시되어 비판이나 의심 없이 받아들이고 있는 코칭과 목표 설정에 도전하였다. 그들은 117명의 피실험자를 목표 설정 집단과 그렇지 않은 집단으로 각각 나누어 실험을 설계하여 연구하였다. 이 연구에서는 두 조건 사이에서 유의미한 차이를 발견할 수 없었으나, 성격 차이가 통계적으로 의미 있음이 발견되었다. 코치와 코치이가 기질에서 차이를 보였을 때 결과 점수가 더 높게 나왔다.

프랙티스

관계성

앞으로 설명할 개입들은 코치이를 전문가로 여기는 존중, 호의, 협동 관계라는 맥락에서 일어난다. 코치의 역할은 해결책이나 충고 또는 병리학적 통찰을 주는 것이 아니다(O'Connell, 2003; Grant, 2006b; O'Connell, Palmer & Williams, 2012). 이보다는 지지적인 질문과 반영 과정을 통해, 현재 선택한 문제들과 관련하여 스스로 본인의 자원을 두드려 깨우고 이미 자신이 수많은 기술, 강점, 그리고 전략의 저장소를 가지고 있다는 사실을 깨우치도록 조력하는 것이다.

해결 중심 코치의 핵심적 공헌은 주의 깊은 경청, 코치이를 해결 궤도$^{\text{solution-track}}$에 따르게 하기, 코치이 능력을 반영하기, 코치이가 상상력을 사용할 수 있도록 촉진하기, 코치이만의 독특한 전략을 요약하기이다.

기법이 해결 중심 코치를 만들지 않는다.

누군가를 진정한 해결 중심으로 만드는 것은 바로 해결 중심 가치가 근본이 되는 관계의 특질이다.

기술과 전략

SOLUTION(해결) 모델

윌리엄스^{Williams}, 팔머^{Palmer}와 오코넬$^{\text{O'Connnell}}$(2011)은 코치가 전형적인 해결 중심 코칭 세션의 구조를 쉽게 떠올릴 수 있도록 코칭에서 강조되어야 할 중요한 여덟 가지 핵심 요소의 머리글자를 조합하여 'SOLUTION(해결)'이라는 용어로 간단하게 구성하였다. 그 의미는 다음과 같다:

- S Share updates 최신 정보 공유
- O Observe interests 관심사 관찰
- L Listen to hopes and goals 희망과 목표 경청
- U Understand exceptions 예외에 대한 이해
- T Tap potential 잠재력 깨우기
- I Imagine success 성공을 상상하기
- O Own outcomes 결과를 인지하기
- N Note contributions 기여에 주목하기

SOLUTION(해결) 모델 또는 프레임워크는 기술과 성과, 리더십 및 관리, 건강 및 웰빙 그리고 라이프/개인 코칭을 포함한 다양한 맥락의 코칭에 사용될 수 있다(참고: Williams, Palmer & O'Connell, 2011, FOCUS 모델을 포함한 추가 정보 참고).

세션 이전 변화

코치이가 처음으로 코칭 세션을 요청하면, 코치는 첫 세션 시작 이전에 일어난 모든 변화에 주목할 것을 요청한다(O'Connell, 2003; O'Connell, Palmer & Williams, 2012). 많은 코치이가 보통 첫 번째 세션에서 자신의 상황을 통제하거나 개선했다고 보고한다. 이로써 코치이의 자원과 전략이 무대의 중심이 되는 강력하고 긍정적인 세션의 출발을 제공하며, 코치와 코치이에게 구축할 플랫폼을 부여한다.

문제로부터 자유로운 대화

첫 세션의 시작에서 코치는 또한 코치이에게 문제에 대한 언급 없이 자신의 관심사나 자기에 관한 이야기를 할 기회를 준다(O'Connell, 2003; O'Connell, Palmer & Williams, 2012).

이러한 대화는 흔히 코치가 알면 도움이 되는 다음과 같은 정보 파악에 도움이 된다.

- 코치이와 어떻게 작업을 해야 하는가?
- 코치이에게 작용할 은유나 사례가 무엇인가?
- 해결책 구성에 적절한 코치이의 강점, 특성 그리고 가치

또한 '문제로부터 자유로운 대화는 현재 경험하고 있는 어떠한 어려움보다 다른 더 많은 것이 코치이에게 있다'라는 사실을 강조한다.

능력 추구

해결 중심 코치는, 코치이가 직면한 어려움을 인식함과 동시에 그들이 능력을 보인 사례에도 특별한 관심을 기울인다. 능숙한 코치는 코치이가 자신의 강점과 자질에 대해 알아차리도록 하고 현재 상황에 적용할 수 있는 방법에 대해 숙고할 적절한 시기를 감지한다. 섬세하게 이루어진다면, 코치이는 자신의 기술과 장점을 소유하게 되지만, 코치들이 과하게 피드백할 경우, 코치이는 자신이 그러하다는 것을 인식하지 못하고 그 장밋빛 상상을 거부하기 쉽다.

예외 구축

해결 중심 코치는 문제를 경험했던 때에 대한 고민보다는, 코치이가 문제를 더 잘 다룰 수 있

었던 있는 경우에 대해 질문한다. 이러한 경우를 '예외exceptions'라고 부른다. 모두에게는 높고 낮음, 오르막과 내리막, 좋은 시절과 힘든 시절이 있기에 예외는 항상 발견된다(O'Connell, 2001, 2003; O'Connell, Palmer & Williams, 2012). 이러한 예외는 코치이에게 이미 바람직한 전략이 있다는 근거를 제공한다. 이러한 경우를 탐색하고 연구함으로써, 코치이는 예외가 일어났던 상황을 떠올릴 수 있다. 코치들은 이때 '그것은 어떻게 했나요? 가장 먼저 무엇을 했나요? 그것이 유용할 거로 생각한 이유는 뭔가요? 그것을 다시 하려면 어떤 변화가 필요한가요?'와 같은 질문을 할 수 있다. 예외는 '잘 작동한다면, 계속 유지하라'라는 해결 중심 원칙을 따르는 개념이다.

기적 질문

스티브 드쉐이저Steve de Shazer(1988)와 동료가 제안한 기적 질문은 '문제 대화'를 코치이가 지나칠 수 있도록 돕기 위해 해결 중심 코치가 사용하는 기술 개입이다. 이는 문제가 코치이를 지배하거나 규정하지 않을 때, 스스로 일상을 어떻게 보는지를 기술하기 위해서 코치이의 상상력을 자극하며 진행된다. 일반적인 형식은 다음과 같다.:

> 어느 날 당신이 잠든 사이에 기적이 일어나 우리가 얘기하던 문제가 사라졌다고 가정해 봅시다. 당신은 자고 있었기에 기적이 일어난 사실을 모릅니다. 잠에서 깨어, 기적이 일어났음을 알게 되는 첫 징조가 무엇일까요?

기적 질문은, 일반적인 대화 속의 질문으로 찾는 것이 아니라 상상의 자료에 접근하기 때문에 매우 강력하다(O'Connell, 1998; O'Connell, Palmer & Williams, 2012). 능숙한 코치는 기적 질문을 코치이의 대답과 밀접하게 연결하여 다음 질문으로 이어간다. 각 답변은 코치이가 선호하는 시나리오의 또 다른 부분을 구성하고 그가 사용할 수 있는 전략을 명확히 하는 데 도움이 된다. 코치는 코치이의 기적 대답을 탐색함으로써, 기적의 작은 부분이라도 이미 일어났던 예외의 예를 듣게 될 것이다. 코치는 또한 코치이의 강점, 자질, 역량에 대한 증거를 알게 될 것이다. 또한 '그들이 기적이 일어났는지 어떻게 알 수 있을까요?' '그들은 주목하는 달라진 것이 무엇일까요?' '그들은 어떻게 반응할까요?'라는 질문에는 코치이의 인생에서 중요한 다른 사람들도 포함될 것이다.

척도

코치는 코치이의 진행 과정 평가를 돕고, 작지만 인식할 수 있는 목표 설정과 전략 개발을 위해 0부터 10까지의 척도를 사용할 수 있다(참고, O'Connell, 2001, 2003; Greene & Grant, 2003; Berg & Szabo, 2005; Grant, 2006a; O'Connell, Palmer & Williams, 2012). 척도에서 10은 '가장 좋음'을 의미하고 0은 '가장 나쁨'을 의미한다.

코치는 다음과 같은 질문을 하여 코치이가 척도의 어느 지점에 있는지를 생각하도록 묻는다. '하루나 이틀 전에는 몇 점이었다고 할 수 있나요? 척도상 가장 높은 점수를 기록한 때가 언제인가요? 앞으로 몇 주 후 몇 점이 되길 바라고 있나요?' 코치이는 또한 타인이 자신을 몇 점으로 평가할지를 고려해볼 수 있다. 해결 중심 코치는 코치이가 상위 점수로 올리기 위해 취할 수 있는 작은 발걸음이 무엇인지 생각해 보도록 용기를 북돋는다. 이는 '작은 변화는 큰 변화로 이어진다'라는 해결 중심 원리와 일맥상통한다. 코치이가 작은 변화를 만들기로 약속할 때 원래 계획했던 것보다 ('물이 오르는 get on a roll' 것 같이) 훨씬 더 많은 추진력을 얻는 경우가 흔히 있다. 상황이 어려울 때, 코치이가 할 수 있는 최선은 척도상 같은 점수를 유지하도록 열심히 노력하는 것이다. 척도는 간단하고 실용적인 기법으로, 코치이가 자신의 진행 과정을 측정하고 다음 단계를 계획하기 위해 세션들 사이에 사용할 수 있다.

세션 전후 과제

세션 중 해결 중심 질문은 상황을 발전시키기 위해 꼭 필요하며, 보통 다음의 원칙을 따른다:

- 뭔가가 잘 되고 있다면, 계속하라.
- 잘 적용되지 않는다면, 그만둬라.
- 작은 발걸음은 큰 변화로 이어진다.
- 무엇인가 다른 것을 시도하라.

피드백

세션이 끝날 때쯤 코치는 코치이에게 간단한 피드백을 한다. 이는 명확하고 단순한 구조를 따른다:

- 세션에서 코치이가 만든 유용한 공헌contribution을 구체화하여 인정하는 피드백
- 세션 중 드러난 코치이의 근거 있는 성취에 대한 요약
- 위의 두 내용과 코치이가 명시한 목표를 연결
- 세션 사이의 과제로써 코치이가 다음 세션에 오기 전까지 해야 할 것에 대해 합의

재구성

재구성 기법은 코치이가 어떤 문제나 이슈를 바라보는 색다른 시각을 갖도록 돕는다 (O'Connell, 2000). 문제에 대한 다른 관점은 코치이가 문제를 해결하는 데 도움을 줄 수 있다.

편지 쓰기

일부 해결 중심 코치의 경우, 각 세션의 마무리 피드백을 요약하여 코치이에게 편지를 쓴다. 또한 코치이에게 긍정적인 변화나 문제 극복 경험을 저널이나 일기로 남기도록 권할 수 있다. 이러한 기록은, 어려운 시기에 코치이가 끌어낼 수 있는 해결책의 기억 저장소 역할이 된다. 코치이는 척도 응답과 기적 질문을 스스로 하며 해결 중심 기법을 지속하여 사용할 수 있다.

어떤 코치이에게 가장 유용한가?

일반적으로 해결 중심 코칭에서 대부분 코치이는 진전을 보인다. 이는 아동, 성인, 노년, 커플 그리고 업무팀에게 적합하다. 임상 장애가 있는 개인은 코칭 대신 해결 중심 치료 또는 인지 행동 치료와 같은 다른 형태의 치료를 받는 것이 유리할 수 있다.

코치가 생활이나 업무와 관련된 문제에 집중하고, 치료사가 불안과 같은 임상 장애에 초점을 맞춘다면 치료는 코칭과 병행될 수 있다. 그러나 이러한 상황에서 코치나 코칭심리학자의 임상 장애에 대한 이해가 도움이 될 수 있다. 예를 들면, 우울증이 있는 코치이는 코칭 세션에서 설정된 목표에 압도되거나 자살 충동까지 일어날 수도 있다. 이럴 경우라면 그만해야 할 것이고 코칭에 의한 것이라 여겨질 수 있다.

해결 중심 코칭은 다음과 같은 이유로 효과가 없을 수 있다:

- 코치의 능숙함 부족
- 코치의 모순된 접근 사용
- 코치이가 일시적으로 자신의 자원을 끌어내기가 불가능함
- 코치이가 '성급한 개선'을 추구하고 변화의 욕구를 성취하는 데 있어 어떠한 노력에 대한 의지가 없음
- 자신의 강점이나 자질을 인정할 수 없을 정도로 낮은 코치이의 자존감
- 코치이가 문제의 근본에 대한 깊은 이해를 원함
- 코치이가 코치가 지시적이고 문제를 해결해 주길 원함

코치이가 변화에 대해 숙고 이전 단계 pre-contemplative stage(참고: Prochaksa & DiClemente, 1992)라면, 아직 코칭을 시작할 준비가 덜 된 것이다. 코치이가 목표 개발 및 세션과 세션 사이 과제 수행에 양가적 태도를 보일 때 이러한 사실은 코칭 과정에서 분명하게 드러난다. 그러나 그들은 처음 몇 차례의 코칭 세션 중에 변화할 수도 있고, 나중에 코칭을 재개하는 것이 유리할 수도 있다.

사례 연구

콜린Colin(35세)은 대기업의 팀장이었다. 코칭을 처음 받으러 왔을 때 그는 똑똑하고 따뜻하며 성실하고 유능한 사람처럼 보였다. 여섯 달 전 승진했을 때, 콜린은 동료들을 지원하고 관리하기, 문제해결과 새로운 아이디어 창출, 회의 주관과 정책 발전에 기여 등과 같은 새롭게 맡은 역할들을 즐겼다. 그렇지만 콜린은 새롭게 맡은 역할 가운데 하나인 매월 관리자 회의 참석 때문에 굉장한 불안감이 생겼다. 콜린은 그 회의가 굉장히 경쟁적이고 위압적이면서 위협을 받는 분위기라고 생각하여 회의 시간 대부분 잠자코 있었고, 그 순간이 어서 지나가기만을 바랐다. 회의 중 콜린은 발언할 때 다른 사람들로부터 무시당한다고 느꼈다. 위축되는 이러한 경험은 자신감에 영향을 끼쳤다. 몇몇 유력한 관리자들에 의해 따돌림을 당하는 기분이 들었고 자신의 기반을 지탱하는 것이 힘듦을 알게 되었다. 그는 자신을 실패자로 여기기 시작했고 자기 팀을 관리자 회의에서 효율적으로 대표하지 못함으로써 팀을

실망하게 했다. 팀원들에게 회의에서 문제를 제기하지 못했다고 알렸을 때, 그는 자신이 지도자로서 신뢰를 잃어가고 있다고 느꼈다.

콜린은 관리자 회의가 싫었고 또 무서웠다. 회의와 관련된 것들을 생각하지 않으려고 회의가 있는 전날 밤에는 그냥 자버렸다(흔히 그의 두 살 난 아이의 방해로 더 심해지기도 하였다). 회의가 있는 날 아침이면 출근길에 너무 아프고 두려웠다고 느꼈다. 회의가 끝나고 나면, '불안한 신경 쇠약자'처럼 느껴졌다고 자신을 묘사했다.

콜린이 코칭에서 상황을 설명했을 때, 코치는 관리자 회의가 그에게 얼마나 어려웠을지 충분히 알 수 있었다. 그렇지만 회의에 대해 그가 구체적으로 어떻게 행동했는지를 묻기보다는 팀장으로서 강점이 무엇인지 묻자 콜린은 좀 놀라워했다. 그의 팀과 연관 지어서 콜린은 '자신감 있고 지원을 잘하며 열성적인, 아주 열심히 일하는 사람'이라고 느꼈다. 회사를 벗어난 친구들이 콜린을 어떻게 묘사하는가를 질문하자, 콜린을 '성실하고 남을 잘 돌봐주며 다른 사람들에게 관심이 있는' 사람이라고 답했다. 이런 열린 대화 속에서, 콜린은 관리자 회의는 자기 인생 맥락 가운데 하나일 뿐임을 알게 되었다. 그가 자신에 대해 매우 어렵다고 느끼고 생각했던 건 관리자 회의라는 특수한 상황 하나뿐이었다.

사실 콜린은 개인적으로도, 사회적으로도 자원을 많이 갖고 있었다. 예를 들어 업무가 아닌 상황에서 자신이 단호할 수 있었던 때를 설명할 수 있었는데, 예를 들어, 집주인과 계약 연장을 위해 협상할 때가 그런 경우였다. 그래서 코치는 누군가와 업무상 현재와 비슷한 상황에서 처리했던 다른 경우를 물었고, 콜린은 다른 회사에서 그에게 불합리한 요구를 했었던 상급자에게 도전했던 때를 기억해냈다. 이를 그렇게 하기가 매우 어려웠고 그렇게 하기 전에 '스스로 위로'해야 했다.

콜린의 자원과 관련하여 코치가 물었다, '관리자 회의에서 도움이 될 것 같은 본인의 자질이나 강점은 무엇인가요?' 콜린은 평소 '의사소통을 명확하게 잘한다'라고 답했다. 이 대답은 명확한 의사소통을 위해 그는 무엇을 하고 있는지에 대한 논의로 이어졌다. 이를 회의와 연관하여 그가 명확한 의사소통을 하기 위해 할 수 있는 것에 대해 다음과 같이 생각해 보았다:

- 회의가 시작할 때 미리 준비한 주제를 제안하기

- 회의 내용과 관련된 질문하기
- 팀의 안건 상정하기
- 자신의 아이디어에 대해 소유권 유지하기

코치는 콜린에게 어떻게 이런 것들을 할 수 있을지에 대해 팁을 주기보다는, 먼저 다음과 질문을 했다. "지난 회의 중에 이런 행동을 했던 적이 있었습니까?" 이런 경우가 거의 생각 나지 않았지만, 어렵게 하나를 떠올렸다. 스트레스에 시달리던 동료 하나를 도와준 일이었다. 심지어 타인들이 동의하지 않을 때도 하고 싶은 말을 하고, 주장을 굽히지 않았다. 코치는 이어서, '현재 회의에서 하는 행동 중 그만두면 좋겠다고 생각하는 것이 있느냐'라고 물었다. 콜린은 스스로 종속적인 위치에 놓게 하는 행동을 그만두면 좋겠다고 답했다. 그가 그만하고 싶은 행동은 의장의 시선 밖에 있는 자리에 앉아, 쉬는 시간마다 모두에게 커피를 따르는 일이었다.

코치는 기적 질문 기법을 사용하여 콜린에게 어느 날 자는 동안 놀라운 기적이 생겼다고 상상해 보라고 말했다. 그에게 다음 관리자 회의에서 잘 수행할 수 있는 능력이 생겼다는 가정이었다. 물론 자고 있었기에 이를 몰랐다. 회의 당일 아침 일어났을 때, 놀라운 일이 일어났음을 어떻게 알 수 있었을까? 이를 대답하고 이어진 질문에 대해 다음과 같이 묘사하였다: 아주 기분 좋게 잤을 때처럼, 저는 일어나서 매우 차분해요. 옷도 깔끔하게 차려입고, 회의가 얼마나 끔찍할지를 생각하지 않은 채 음악을 들으며 즐겁게 지낼 수 있어요. 팀 이슈에 대해 어떻게 이야기해야 할지를 미리 준비해 놨죠. 그날 회의에서 누구보다 난 잘할 거라고 저 자신에게 말해요. 회의에 들어가기 전 심호흡을 하고, 회의에서 제가 사람들을 잘 볼 수 있고, 또 제가 잘 보일 수 있는 자리에 앉아요. 회의 초반에는, 제 존재감을 각인시키기 위해 무언가를 말해요. 걱정한 티가 전혀 안 나고, 오히려 편안한 모습이지요.

기적 질문에 대한 콜린의 대답은 계획 수립으로 이어졌다. 콜린은 다음과 같이 결심하였다:

- 관리자 회의 전날 밤에는 아이를 돌보지 않겠다고 아내에게 말하기
- 회의 준비를 더 잘하기. 특히 말해야 할 팀 안건에 대해 좀 더 신경 써서 준비하기
- 일하러 갈 때 iPod 챙겨가기

- 회의 시 앉는 자리 바꾸기
- 단지 질문만 할지라도 회의 초반에 발언 시도하기

　세션이 끝날 즈음 코치는 콜린에게 피드백하면서 그가 팀장으로서 가진 능력들에 대해 다시 생각날 수 있도록 도왔다. 콜린은 관리자들에게 자기가 승진할 수 있는 자질을 갖췄음을 증명했다. 관리자 회의에서 실적을 올리는 다양한 아이디어를 냈다. 코치는 콜린이 본인의 능력을 한 가지 맥락에서 다른 맥락으로 옮길 수 있다는 자신감을 보이도록 도와주었다. 2주 뒤 두 번째 세션에서 콜린은 지난 세션 이후 일어난 어떤 변화에 대해 중심적으로 이야기하였다. 콜린은 주의를 기울였던 관리자 회의에 대한 여전한 불안이 있었다. 하지만 팀 안건을 상정하는 데 성공했다. 어떻게 그것이 가능했냐고 코치가 물었다. 콜린은 팀 안건 상정하는데 스스로 압력을 받고 있었다고 말했다. 왜냐하면 또다시 안건을 올리지 못하고 실패하면 팀원들이 얼마나 실망할지에 대해 계속 생각했기 때문이다. 또한 회의에 갈 때 이전보다 편한 느낌을 받았는데, 전날 밤 아이를 아내가 잘 돌봐주어서 푹 잘 수 있었기 때문이다. 또한 콜린은 출근하며 음악을 듣는다는 계획도 실천했다. 음악을 들으며 회의에 대한 걱정과 부담을 잠시 잊을 수 있었다.

　이러한 해결책을 더욱 발전시키고자 코치는 콜린에게 척도 질문을 했다.

코치: 0부터 10점까지 있어요. 모든 것이 좋을 때 10점, 정말 나쁠 때는 0점이에요. 관리자 회의가 지금 있다고 하면 당신은 지금 상태를 몇 점으로 표현할 수 있나요?

콜린: 3점이요.

코치: 2점이 아닌 3점을 준 이유는요?

콜린: 이제 다르게 생각하기 시작했다고 생각해요. 창의적으로 생각해야 할 회의가 아니에요. 너무 경쟁이 심해요. 이것에 적응하고 나만의 관리 방법을 찾아야 해요.

코치: 그래서 당신 생각에 3점을 유지하거나 4점으로 올라가기 위해선 무엇이 필요한가요?

콜린: 한 가지 할 수 있는 건 동료인 엠마Emma와 이야기하는 것이에요. 엠마도 회의에 대해 저와 같은 문제를 가지고는 있지만 잘 해결한 것처럼 보이거든요.

코치: 4점을 달성하기 위해서는 또 무엇이 필요한가요?

콜린: 제가 관리자 회의에서 팀을 위한 성과를 가져왔다고 팀원들에게 말했을 때 그들이 좋은 반응을 보인다면 앞으로 나아갈 동기가 생길 수 있을 것 같아요.

더 진행된 논의에서 콜린은 척도 점수를 높일 수 있도록 다음 단계를 위한 계획을 수립했다. 진행 과정에서 방해물이 생길 수도 있지만, 코치는 콜린이 강점을 활용할 수 있도록 계속하여 지지할 것이고, 콜린이 경험에서 배우는 바가 늘어나고 성취하길 원하는 것을 달성해 갈수록 더욱 집중하여 주의를 기울일 것이다. 코치가 적용하는 다양한 개입은 콜린이 자신에게 사용하고 스스로 격려할 수 있는 것들이기도 하다:

- 회의에서 긍정적인 무엇인가를 했던 때를 주목하고 그것을 어떻게 했는지를 인식하기
- 성취할 수 있는 작은 목표를 설정하기
- 코칭 과정을 평가하고 측정하기 위해 척도를 사용하고 나아갈 다음 단계를 규명하기
- 코치이에게 작동하는 해결책을 코치이 스스로 고안해 낼 수 있도록 자신의 자원과 상상력을 사용하는 훈련하기

어느 정도 시간이 지나 콜린은 관리자 회의에서 자신감을 되찾았고, 더 단호하게 되었으며 팀장으로서 주가는 계속해서 올라가게 되었다. 관리자 회의에 참석하는 것이 업무 분담 중 가장 선호하지 않는 부분이긴 하지만, 적어도 이제는 자신이나 팀을 위해 마땅히 해야 하는 일이라고 받아들이고 있었다.

논의 포인트

1. 문제가 아닌 해결책에 초점을 두고 시간을 투자하는 것이 더 효율적인 이유는 무엇인가?
2. 기적 질문은 해결 중심 코칭의 핵심 부분인가?
3. 해결 중심 코칭과 치료 이론은 간단하다. 이것이 사실인가, 아니면 일부 해결 중심 실무자들이 단지 실무에 정보를 제공할 수 있는 기초 이론에 관심이 없는 것인가?
4. 목표 설정은 해결 중심 코칭의 핵심적인 측면인가?

추천 읽기

Greene, J., & Grant, A. M (2003). *Solution-Focused Coaching*. Harlow, UK: Pearson Education.
Jackson, P. Z., & McKergow, M. (2007). *The Solutions Focus: Making Coaching and Change Simple*. London: Nicholas Brealey.
O'Connell, B., & Palmer, S. (eds.) (2003). *Handbook of Solution-Focused Therapy*. London: Sage.
O'Connell, B., Palmer, S., & Williams, H. (2012). *Solution Focused Coaching in Practice*. Hove: Routledge.
본 장은 해결 중심 치료의 창시자인 스티브 드쉐이저Steve de Shazer와 인수 김 버그Insoo Kim Berg에게 바칩니다.

참고 문헌

Berg, I. K., & Miller, S. D. (1992). *Working with the Problem Drinker: A Solution Focused Approach*. New York: W. W. Norton.
Berg, I. K., & Szabo, P. (2005). *Brief Coaching for Lasting Solutions*. New York: W. W. Norton.
Bloor, R., & Pearson, D. (2004). Brief solution-focused organizational redesign: A model for international mental health consultancy. *International Journal of Mental Health*. 33(2): 44–53.
Boswell, J. (1791). *The life of Samuel Johnson LL,D*. London: Charles Dilly.
Darmody, M. (2003). A solution-focused approach to sexual trauma. In B. O'Connell and S. Palmer (eds.) *Handbook of Solution-Focused Therapy*. London: Sage.
De Shazer, S. (1988). *Clues: Investigating Solutions in Brief Therapy*. New York: W. W. Norton.
De Shazer, S., Berg, I. K., Lipchik, E., Nunnaly, E., Molnar, A., Gingerich, W., & Weiner-Davis, M. (1986). Brief therapy: Focused solution development. *Family Process*. 25: 207–221.
Devlin, M. (2003). A solution-focused model for improving individual university teaching. *International Journal for Academic Development*. 8(1/2): 77–90.
Dias, G., Palmer, S., & Nardi, A. E. (2017). Integrating positive psychology and the solution-focused approach with cognitive-behavioural coaching: The integrative cognitive-behavioural coaching model. *European Journal of Applied Positive Psychology*. 1(3): 1–8.
George, E., Iveson, C., & Ratner, H. (1999). *Problem to Solution: Brief Therapy with Individuals and Families*, revised edition. London: BT Press.
Grant, A. M. (2003). The impact of life coaching on goal attainment, metacognition and mental health. *Social Behavior and Personality*. 31(3): 253–264.
Grant, A. M. (2006a). Solution-focused coaching. In J. Passmore (ed.) *Excellence in Coaching: The Industry Guide*. London: Kogan Page.
Grant, A. M. (2006b). An integrative goal-focused approach to executive coaching. In D. R. Stober & A. M. Grant (eds.) *Evidence Based Coaching Handbook: Putting Best Practices to Work for Your Clients*. Hoboken, NJ: Wiley.
Green, L. S., Oades, L. G., & Grant, A. M. (2006). Cognitive-behavioural, soloution focused life coaching: Enhancing goal striving, well-being and hope. *Journal of Positive Psychology*. 1(3): 142–149.
Greene, J., & Grant, A. M. (2003). *Solution-Focused Coaching*. Harlow, UK: Pearson Education.
Hawkes, D. (2003). A solution-focused approach to 'psychosis'. In B. O'Connell & S. Palmer (eds.) *Handbook of Solution-Focused Therapy*. London: Sage.
Hoskisson, P. (2003). Solution-focused groupwork. In B. O'Connell & S. Palmer (eds.) *Handbook of Solution-Focused Therapy*. London: Sage.

Hoyt, M. F., & Berg, I. K. (1998). Solution-focused couple therapy: Helping clients construct self-fulfilling realities. In M. F. Hoyt (ed.) *The Handbook of Constructive Therapies*. San Francisco, CA: Jossey-Bass.

Hultgren, U., Palmer, S., & O'Riordan, S. (2016). Developing and evaluating a virtual coaching programme: A pilot study. *The Coaching Psychologist*. 12(2): 67–75.

Jackson, P. Z., & McKergow, M. (2007). *The Solutions Focus: Making Coaching and Change Simple*. London: Nicholas Brealey.

LaFountain, R. M., & Garner, N. E. (1996). Solution-focused counseling groups: The results are in. *Journal of Specialists in Group Work*. 21(2): 128–143.

Latham, G. P., & Yukl, G. A. (1975). A review of research on the application of goal-setting theory in organisations. *Academy of Management Journal*. 18(4): 824–845.

Lethem, J. (1994). *Moved to Tears, Moved to Action: Solution Focused Brief Therapy with Women and Children*. London: BT Press.

Locke, E. A. (1996). Motivation through conscious goal setting. *Applied and Preventive Psychology*. 5(2): 117–124.

Meier, D. (2005). *Team Coaching with the Solution Circle: A Practical Guide to Solutions Focused Team Development*. Cheltenham: Solutions Books.

Norman, H. (2003). Solution-focused reflecting teams. In B. O'Connell & S. Palmer (eds.) *Handbook of Solution-Focused Therapy*. London: Sage.

O'Connell, B. (1998). *Solution-Focused Therapy*. London: Sage.

O'Connell, B. (2000). Solution Focused Therapy. In S. Palmer (ed.) *Introduction to Counselling and Psychotherapy: The Essential Guide*. London: Sage.

O'Connell, B. (2001). *Solution-Focused Stress Counselling*. London: Continuum.

O'Connell, B. (2003). Introduction to the solution-focused approach. In B. O'Connell & S. Palmer (eds.) *Handbook of Solution-Focused Therapy*. London: Sage.

O'Connell, B., & Palmer, S. (eds.) (2003). *Handbook of Solution-Focused Therapy*. London: Sage.

O'Connell, B., Palmer, S., & Williams, H. (2012). *Solution Focused Coaching in Practice*. Hove: Routledge.

Palmer, S. (2008). The PRACTICE model of coaching: Towards a solution-focused approach. *Coaching Psychology International*. 1(1): 4–8.

Palmer, S. (2011). Revisiting the P in the PRACTICE coaching model. *The Coaching Psychologist*. 7(2): 156–158.

Palmer, S., Grant, A., & O'Connell, B. (2007). Solution-focused coaching: Lost and found. *Coaching at Work*. 2(4): 22–29.

Prochaska, J. O., & DiClemente, C. C. (1992). *Stages of Change in the Modification of Problem Behaviors*. Newbury Park, CA: Sage.

Rawsthorne, L. J., & Elliot, A. J. (1999) Achievement goals and intrinsic motivations: A meta-analytic review. *Personality and Social Psychology Review*. 3(4): 326–344.

Russell, B. (1996). *History of Western Philosophy and Its Connection with Political and Social Circumstances from the Earliest Times to the Present Day*. London: Routledge.

Scoular, A., & Linley, P. A. (2006). Coaching, goal-setting and personality: What matters? *The Coaching Psychologist*. 2(1): 9–11.

Selekman, M. D. (1997). *Solution-Focused Therapy with Children*. London: Guilford Press.

Sharry, J. (2003). Solution-focused parent training. In B. O'Connell & S. Palmer (eds.) *Handbook of Solution-Focused Therapy*. London: Sage.

Triantafillou, N. (1997). A solution-focused approach to mental health supervision. *Journal of Systemic Therapies*. 16(4): 305–328.

Williams, H., Palmer, S., & O'Connell, B. (2011). Introducing SOLUTION and FOCUS: Two solution-focused coaching models. *Coaching Psychology International*. 4(1): 6–9.

# 22장
신경 언어 프로그래밍Neuro Linguistic Programming(NLP)과 코칭

저자: 브루스 그림리Bruce Grimley[1]
역자: 김현화

서론

신경 언어 프로그래밍Neuro Linguistic Programming(NLP)은 인본주의 심리학 시대에 등장한 모델로 행동주의와 인지 기법 모두를 절충적으로 활용한다. NLP의 핵심 활동은 코칭이 아니라 모델링이며, 일부 NLP 실무자는 자신이 하는 일에 매우 능숙하다고 생각하는 사람들을 모델링하여 결과적으로 관련 기법으로 코칭 모델을 개발해 왔다. 메타 코칭meta coaching(Hall & Duval, 2004), 7 C's(Grimley, 2013), 유발(열정) 불러 일으키기 코칭provocative coaching(Hollander, 2013; Kemp, 2011) 또는 클린 코칭clean coaching(Tompkins & Rawley, 2006)이 그러한 예들이다. 다른 NLP 임상가들은 코칭에 사용할 수 있는 모델을 설계하는 데 사회적 파노라마social panoramas(Derks, 2005), 핵심 혁신core transformation(Andreas, 1994) 또는 해결resolve(Bolstad, 2002)와 같은 연구 기술을 사용했다. 이러한 모든 접근을 구체적으로 NLP 접근으로 만드는 것은 모든 저자가 NLP의 전제에서 작업하고 코칭 모델 내에서 NLP 모델링 연구과제에서 개발된 많은 패턴을 활용한다는 것이다.

---

[1] 브루스 그림리Bruce Grimley ㈜Achieving Lives의 상무 이사인 그림리는 코칭 및 상담에서 NLP를 전문적으로 사용하고 있다. Sage에서 2013년에 출판된 그의 최근 책 『The Theory and Practice of NLP Coaching』은 심리학 렌즈를 통해 NLP를 바라봤고, 그의 논문에서는 NLP란 무엇인가?에 관한 질문을 던지고 있다. Email: bruce@achieving-lives.co.uk

NLP의 발달과 코칭

NLP를 처음 시작한 인물은 프리츠 펄스Fritz Perls, 버지니아 사티어Virginia Satir 그리고 밀턴 에릭슨Milton Erickson을 치료 유형의 모델로 삼은 존 그라인더John Grinder 박사와 리차드 밴들러Richard Bandler 박사이다. 오랫동안 NLP 코치들은 NLP가 이론이 아니라는 태도를 보여 왔다. 이러한 입장은 다음과 같은 의견으로 요약된다:

> 우리는 자신을 모델러modeler라고 부른다. 본질에서 사람들이 어떠한 말을 하는가에 주의를 거의 기울이지 않으며, 무엇을 하는가에 많은 관심을 기울인다. 그런 다음 그 하는 일에 대한 모델을 스스로 구축한다. 우리는 심리학자도 신학자 또는 이론가도 아니다. 우리는 사물의 '진정한' 본성에 대해 전혀 알지 못하며 무엇이 '진실'인지에 특별히 관심 두지 않는다.
>
> (Bandler & Grinder, 1979)

NLP 이론은 NLP의 전제로부터 파생되었다. 이러한 것들은 대부분 밀턴 에릭슨Milton Erickson 박사(Linden, 2014)와 체계 이론의 연구에서 비롯되었다(Tosey & Mathison, 2009). 인간이 저지르는 기본적인 오류는 세계에 대한 자신의 경험을 통해 작성된 지도를 객관적 세계라는 영토로 착각하며 이를 논리적으로 입력하는 것이다. 이를 그레고리 베이트슨Gregory Bateson은 다음과 같이 멋지게 요약하였다:

> 인간은 자신이 발견한 해결책에 대해 헌신하며, 이러한 심리적인 헌신이 조현병 가족 구성원들이 상처받는 방식으로 스스로 상처를 줄 수 있다. (Bateson, 1972, p.242)

이러한 헌신commitment은 인지 부조화 패러다임을 작동시키고(Festinger, 1957), 내적 처리 과정의 여러 수준에 걸친 내적 일관성의 결과로 생기는 충동은 코치이에게 훨씬 더 역동적이고 복잡하며 유동적인 현실이 아닌 '있는 그대로의' 현실을 경험하게 한다. 코치이가 세상을 전자의 방식으로 인식할 때 목표에 도달하는 데 필요한 선택이 훨씬 쉽다. 하지만 코치이는 세상을 고정된 것이라 경험하고, 그 '있는 그대로'의 현실은 그들이 벗어나거나 떠날 수 없는 고착된 상태로 만들기에 NLP 코치의 문 앞에 도착했다. 이론적으로, NLP 코칭의 모든 것은 코치이를 위한 선택을 함께 창조하는 것이다. 이는 무의식적으로 착각하고 있는 고정되고, 정서적으로 가득 찬 세계 지도보다는 선택과 유연성에 대한 애착이라 말할 수 있을 것이다.

이론과 기본 개념

NLP 이론의 배경이 되는 기본 개념 일부는 다음과 같다.

현상학적 세계를 구성하며 이에 대한 책임이 있는 인간

NLP에서 코집스키Korzybski에서 비롯된 '지도는 영토가 아니다'라는 가정이 가장 유명할 것이다. 전체 문장은 다음과 같다:

> 만약 정확하다면, 지도는 영토와 유사한 구조를 가진 영토에 대한 유용한 설명이 되겠지만, 지도는 영토가 아니라 영토를 표현한 것이다. (Korzybski, 1994, p.58)

코치이의 진전을 막는 근본 장벽은 위에서 언급한 논리적 입력의 오류이다. 이런 마음가짐은 식당에 가서 '메뉴판을 먹으면서 실제 식사를 하고 있다'라고 생각하는 것과 같다.

개념적으로, NLP 코치는 코치이와 함께 작업할 때 실제 사건이 아니라 만들어진 사건과 작업한다는 것을 이해할 필요가 있다. 이러한 사건들은 실제로 그들이 어려서 그리고 아마도 그다지 자원이 풍부하지 않았을 때 길러졌을지도 모른다. 그러나 그들은 이제 더 나이가 들고 더 많은 자원이 있다. 따라서 그들은 자신의 사고와 감정, 언어와 행동, 타인과의 관계를 일으키는 현상학적 감각 표현에 대해 개인의 책임이 있으며, 이러한 것들이 쉽고 빠르게 변할 수 있음을 인식하는 것이 중요하다.

개인 그리고 집단 수준에서 체계적으로 사회적 존재인 인간

개인 수준에서 인간은 체계적으로 구성되어 있고, 그 체계의 각 수준에서 개인은 삭제, 왜곡 및 일반화라는 모델링 변수를 통해 개인적 모델을 만든다. NLP에서 청소년 뇌를 성인 뇌의 형태로 조성되도록 돕는 시냅스 가지치기는 작동하는 이러한 모델링 변수들의 기능과 헤브 규칙Hebb rule의 조직화로 간주한다. 여기서 말하는 헤브 규칙Hebb rule은 흔히 "만약 뉴런들이 함께 자극한다면, 이들은 함께 연결된다."(Löwel & Singer, 1992, p.211)라는 행동주의 주문으로 잘 요약된다. 처음으로 경험의 결과로, NLP에서 FAfirst access(첫 번째 접근) 또는 F^1으로 알려진 감각 수준에서 의미를 생성하도록 체계적으로 삭제, 왜곡 및 일반화할 뿐만 아니라, 자연어natural language를 통해 이 경험과 우리가 생성하는 의미를 코드화한다. 두 번째 단계에서도 역시 삭제, 왜곡 및 일반화하지만, 이러한 언어적 수준은 다른 논리적 입력 단계이며 이는 NLP에서 F^2로 알려져 있다. 카마이클Carmichael과 동료들(1932)이 실험적으로 보여준 이러한 언어적 코드화는 우리의 현상학적 경험이 감각 경험을 통해 세상에 대한 우리의 첫 번째 접근을 언어적으로 코딩하는 방식과 직접적 관련이 있다는 사피어-워프Sapir Worph 이론의 불충분했던 버전을 뒷받침한다. 코치이가 일반적으로 저지르는 첫 번째 오류가 지도를 영토로 착각하는 것이라면, 두 번째 오류는 논리적 수준을 혼동하는 것이다. 아지리스Argyris(1957, 1964)가 지적했듯이 사람들은 어떠한 말을 하고(F^2) 그와 다른 어떠한 행동을 한다(FA 또는 F^1). 흔히 이러한 모순은 무의식적이며 내부 체계 충돌을 나타내는 코치이에게는 맹점이다. 베이트슨Bateson은 조현병에 대한 이중 구속 이론을 개발하면서 예를 하나 제시한다. 어머니가 자녀에게 "얘야 자라. 너는 너무 피곤해. 그러니 나는 네가 잠을 좀 잤으면 좋겠어."라고 말할 수 있다. 그러나 이러한 명백하게 애정이 담긴 의사소통은 "나는 너에게 질렸으니 내 눈에서 사라져."라는 의미를 담는 어조로도 표현될 수 있다. 비록 아이는 어머니의 내적 충돌과 모순을 알아차릴지라도, 어머니는 보지 못한다. 게다가, 어린 그 아이는 이러한 모순에 대한 언급을 금지 당했고 또한 그 체계를 떠날 수 없었기에, 결국 다른 사람들은 물론 자신에 대해서도 다른 수준 사이의 모순을 면밀하게 구분하지 않는 것을 배우게 된다.

이러한 내적 모순은 더 넓은 사회적 그리고 직업적 세계에 영향을 미친다. NLP는 코치이의 지도가 지니는 각 측면을 다른 부분의 관점에서 다룰 필요가 있다고 믿는다. 따라서 예를 들어 언어라는 한 부분의 어떠한 변화는 다른 부분, 즉 내적 감정, 심상 또는 단어에 의해 체계적으로 지원됨을 확신할 수 있다. 한 개인으로서의 코치이가 체계적으로 정렬되어 있지 않을 때, 그들은 자신의 개인적 또는 직업적인 삶을 불일치한 방식으로 살며 결핍된 생태 환경 안에 존재하게 된다. 이러한 생태 환경의 결핍에 대한 다른 사람들의 반응은 코치이가 잘 형성한 결과물과 조화되지 않을 것이다. 이러한 모순은 무의식적이기에, 코치이는 흔히 무엇을 해야 할지에 대해 막막하며, NLP 코칭은 그들이 혼란을 겪고 있는 다른 수준의 내적 정보 처리를 어떻게 분류하는지 도울 수 있다.

NLP의 체계적 특성은 실제로 인지행동 코칭을 완전히 뒤집는다; NLP 코칭의 지렛대는 의식적 그리고 전의식적 사고의 범주보다는 감각적 영역에 걸쳐 있다고 간주한다. 1990년대 중반 NLP 트레이너 그리핀Griffin과 타이렐Tyrrell이 이에 대하여 설명하였다(Griffin & Tyrrell, 2000). [그림 22.1]는 NLP 사고를 효과적으로 표현하는 APET 모델을 보여주고 있다. 이로써 우리의 경험이 먼저 감각적 경험(F^1에서의 유형 매칭)을 통해 나타나고 이 유형화에 대한 우리의 첫 번째 의식적 반응은 정서적 반응임을 알 수 있다. 정서적 반응이 있고 난 뒤에야 비로소 우리는 언어적 지도를 통해 범주화를 초래하는 의식적 이해를 공식화하기 시작한다. 이러한 감각 유형 수준에서의 직접적인 일치가 F^2수준에서 작업하는 경향이 있는 사람들과의 작업보다 더 빠른 결과를 얻는 경험에 대한 설명이라고 NLP 코치들은 믿는다.

APET
- **A**ctivating trigger: 촉발사건
- **P**attern matching (F^1): 유형 매칭
- **E**motional arousal: 감정 각성
- **T**hinking (belief) (F^2): 사고(신념)

ABC
- **A**ctivating trigger: 촉발사건
- **B**elief (thinking F^2): 신념(사고 F^2)
- **C**onsequence(behavioural and emotional): 결과(행동 및 정서)

출처: Griffin & Tyrrell, 2000.

[그림 22.1] APET 모델

목표를 지향하는 인간

코치이들이 흔히 저지르는 세 번째 실수는 부적격한 결과를 생성하는 것이다. 언어학에서 문장은 깊은 구조를 완전히 나타내지 못할 때 옳지 못하게 형성된다. 표면적 구조에는 청자가 충분히 이해하는 데 필요한 중요한 정보가 결핍되어 있다. 마찬가지로, NLP 코칭에서 코치이는 자신이 잘 형성된 결과물을 가지고 있다고 착각할 수 있지만, 중요한 부분들은 사실상 빠져 있다. NLP에서 잘 형성되기 위해 목표는 반드시 긍정적으로 서술되어야 하며, 코치이가 스스로 결정하고, 동기부여되어야 하고 현재 중요한 것을 보존해야 한다. 목표는 또한 (코치

이 목적의 일부가 아니라) 생태학적이어야 하며 감각에 기반하고 시간의 틀 안에 있어야 한다. 이것이 달성된 경우, 많은 NLP 코치는 밀러Miller와 그의 동료들이 제안한 TOTE 패러다임(1960, [그림 22.2])을 이용하고 코치이와 협력하여 어떠한 내적 또는 외적 작동이 자신의 결과물과 거리를 더 가깝게 하거나(일치) 더 멀게 하는가(불일치)를 구체적으로 이해하고 있다.

작동 수준에서 지각, 사고 및 행동의 유연성 개발은 코치이가 코치로부터 독립적인 자세를 취할 수 있고, 다양한 상황에서 요구되는 미래 경험에 필요한 조정이 가능하게 하기 위해 TOTE를 사용하여 일어난 결과이다.

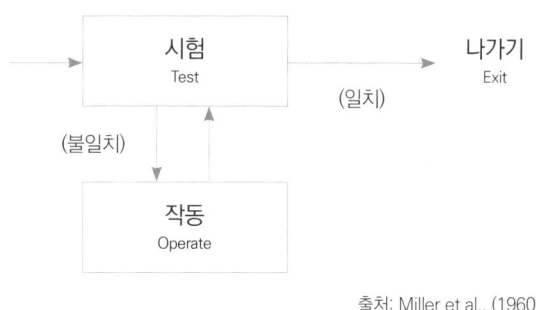

출처: Miller et al., (1960).

[그림 22.2] TOTE

프랙티스

접근의 목적

NLP의 목적은 코치이가 더 훌륭한 선택을 그들의 삶에서 할 수 있도록 하는 것이다. 이는 코칭 과정을 통해, 그들 자신이 세계 지도를 구성하기에 똑같은 문제 맥락에 처했더라도 현재 이용 가능한 일련의 선택들이 자신에게 있음을 스스로 발견하는 방식으로 지도 또한 재구성할 수 있다는 인식의 발달을 통해 달성된다. 눈에 띄게, 그들은 자유로워졌고 정보 처리에서 독립적 작동이 가능하게 되었으며, 그러한 방식으로 WFOWell-Formed Outcome(잘 형성된 결과물)가 자동으로 반응하게 되는 것은 시간문제일 뿐이다. 흔히 이 과정은 NLP 코치가 정보 처리의 두 수준에서 동시에 작업하고 FA 수준에서 변화의 결과로 코치이가 지금까지의 '문제 상황'을 더는 문제로 경험하지 않는 새로운 지각 과정으로 나타나기 때문에 다소 마술적인 것으로 간주된다.

현재 대부분 NLP 유형화는 다음과 같은 기능을 한다:

1. 감각을 통한 외부 세계에 대한 첫 번째 접근(F^1)과 언어적으로 매개된 정신 지도(F^2) 사이의 지도 구성에 언어적으로 도전하도록 설계된 메타 모델
2. 감각 시스템과 그 하위 양식에 걸쳐 규정된 작동
3. 다른 인지 구조에 감각이 배치되는 재구성 패턴
4. 통합 목적으로 차별화된 감각 경험을 함께 결합하는 앵커링 anchoring
5. 클라이언트의 의식적 이해로 F^1에서의 표상들을 지도화할 필요 없이 언어 유형화 사용으로 전환되는 밀턴 Milton 모델

자기와의 라포 rapport

NLP 코치는 코칭할 수 있는 자원이 풍부한 상태에 있는 것이 근본적인 출발점 중 하나라는 데 동의할 것이며, 이는 볼스태드 Bolstad의 RESOLVE 모델에서 공식적으로 인정되며 R은 '실무자를 위한 자원이 풍부한 상태 resourceful state for the practitioner'를 의미한다.

NLP에서 자기와의 적절한 관계는 코치이가 달성하고자 하는 결과에 관해 이야기할 때 코치이가 말하는 내용과 방법에 정밀하게 초점을 맞추게 한다. 필연적으로 코칭 관계에 전이가 일어나겠으나 NLP 코치가 전이를 받아들이자마자 지도와 영토의 구분이 모호해지고 논리적 수준은 혼란스러워진다. 그러한 경우 코치의 초점이 코치이가 제공하는 것에 **구체적으로** 향하지 않게 된다. 그것은 역전이의 본질을 탐색하는 내적 초점으로 얽혀 하나의 새로운 이야기가 된다. 따라서 NLP 코치는 수퍼비전을 통해 코치이가 제공하는 것에 대한 외부적인 참여를 막는 어떠한 긍정적 또는 부정적 역전이 문제를 해결할 수 있도록 하는 것이 중요하다.

NLP 코치가 코칭 과정을 촉진하기 위해 코치의 의지대로 들어가고 나갈 수 있는 매우 유용한 두 가지 특정 상태가 있다. 첫 번째는 아무것도 모르는 상태이다. 물론 무의식적 사고에도 범주가 있다. 안토니오 다마시오 Antonio Damasio는 "우리는 언어적 피조물이다."(Damasio,

2014)라고 하였다. 그러나 아무것도 모르는 상태란 오직 보고 듣는 감각적 구별에만 주의하면서 우리 자신만의 내적 의미형성 과정을 가능한 한 보류하려는 시도이다. 이것의 유용성은 코치이가 자신의 경험을 더 효과적으로 표현하는 방법을 모델링하는 두 번째 상태인 모델링 상태 modelling state에 참여하는 데 도움이 되며, 따라서 코치가 잘 형성된 결과를 달성하지 못하도록 스스로가 얼마나 방해할 수 있는가를 구체적으로 평가할 수 있다는 것이다. 이 모델링 상태는 라포를 발전시키는 데 특히 유용하다.

라포 rapport

라포는 코치이에게 매우 깊은 수준에서 그들의 세계 지도를 이해하고 있음을 알려준다. 코치이는 그렇게 이해받는다고 믿을 때만 코치에게 자신의 결과로 향하는 길을 '허락 permission'한다. 라포는 여러 가지 방법으로 얻을 수 있다.

표상 체계

NLP 코칭에서 코치이는 표상 체계를 통해 간접적으로 세상에 대해 행동한다. 우리는 먼저 오감을 통해 우리 자신을 세상에 표현한다. 예를 들어 개는 후각이 뛰어나고, 매는 시각이 뛰어나며, 박쥐들은 청각 체계를 사용하여 본다. 인간으로서 우리는 오감을 모두 사용하며, 아마도 특정 상황에서는 다른 감각을 선호할 수도 있다. 코치이는 자신의 선호에 대한 단서를 제공한다. 따라서 라포 형성을 위해서는 의사소통에서 선호하는 감각에 부합해야 한다. 만약 코치이가 빠르게 말하고, 시선을 위로 두고, 숨을 얕게 쉬고, 똑바로 서고, 밝은 색상의 옷을 입고, 흔히 미래가 밝아 보인다고 말하며, 몸동작이 많다면, 그가 선호하는 표상 체계가 시각적일 가능성이 크다. 이러한 경우라면 주로 시각적 서술어로 의사소통할 필요가 있다. 자신감 있게 말할 때 사람들이 어떻게 보이는지를 알아차리기, 그리고 그들이 알아차린 것에 대해 그림을 그리기와 같이, 사실상 코치이에게 시각적 작업을 제공하는 것이 중요하다. 다른 표현 체계에도 유사한 단서가 있지만, NLP 코치는 이러한 단서가 무엇인지 알아차리고 코치이와의 의사소통에서 이를 다시 사용하는 것이 중요하다.

언어

코치이의 말은 그들의 감정과 생각을 나타낸다. 코치이에게 피드백할 때(NLP 대화의 역추적 back tracking) 그들이 사용한 단어를 그대로 사용하는 것이 중요하다. 코치이의 말을 바꾼 재구성 paraphrasing은 내용에 가까워질 수 있지만, 여기서의 핵심은 코치이의 현실을 해석하기 위해 코치가 자신의 현실을 이용한다는 것이다. 무의식 수준에서의 라포 형성을 위해 코치이의 현실을 코치가 완전히 파악했음을 코치이가 이해할 필요가 있다. 데이비드 그로브 David Grove의 모델링에 기반을 둔 모델인 깨끗한 언어 clean language는 부담을 최소한으로 하며 코치이와 소통하는 효과적인 방법이다(Lawley & Tompkins, 2000).

신체 언어

NLP의 또 다른 전제는 정신 mind과 신체가 한 체계의 일부라는 것이다. 무언가를 생각하고 그 결과에 따라 어떠한 신체적 움직임이 따른다. 라포 형성을 위한 중요한 방법은 코치이의 몸동작에 따를 뿐만 아니라 자신의 신체 움직임과 언어 또한 일치하도록 하는 것이다. 라포가 형성된 사람들의 비디오를 보면, 한 사람이 다리를 꼬면, 몇 초 후 다른 사람도 똑같이 따라하는 것을 볼 수 있다. 때로는 다리를 꼬는 대신 팔짱을 끼는 것과 같이 NLP가 크로스오버 매칭 crossover matching이라고 부르는 현상이 있을 수 있지만, 원리는 그대로 유지된다. 이것은 일치적이고 미묘한 방식으로 수행되어야 한다. 만약 그렇지 않다면, 그것은 역효과를 일으키고 코치이는 이탈하는 방법을 찾을 것이다.

메타 프로그램

메타 프로그램은 삭제, 왜곡 및 일반화라는 모델링 원리를 사용하는 무의식적인 방법이다. 그것들은 우리의 삶을 조직하는 템플릿과 같다. 흔히 메타 프로그램이라는 용어는 성격과 혼용된다. 모든 소문자 t의 가로선과 모든 소문자 i의 점을 세밀하게(큰 청크 chunk보다는 작은 청크) 매우 잘 쓰는 사람을 알고 있을 수 있다. 외압이 가해질 때까지 절대로 동기부여되지 않고 항상 빈둥거리지만, 막상 일이 시작되면 세상에서 가장 동기부여되는(주도적이기보다는 반동에 의한) 사람이 있다. 마지막 예로, 계획이 있을 때만 존재할 수 있는 사람을 알고 있을 수 있다. 그들은 정말 훌륭한 시간 관리인이며 자신뿐만 아니라 다른 사람들에 대해서도 체계적으로 정리하는 것(선택의 자유보다는 절차)을 즐긴다. 라포 형성을 위해 NLP 코치는 코치이가 어떤 패턴을 특징적으로 채택하는가를 주목하고 이러한 패턴을 커뮤니케이션에 사용한다.

목표 설정

NLP에서 목표 설정은 많은 사람이 잘못된 결과를 가질 수 있고 이것이 그들이 약속한 것을 스스로 지키지 못하는 핵심 이유라는 사실을 강조하기 위해 잘 형성된 결과well-formed outcome(WFO)를 갖는 것으로 언급된다. RESOLVE 모델에서 S는 구체적 결과specific result를, E는 라포 형성establish rapport을 나타낸다. 7 C의 모델에서는 어떠한 결과라도 맥락 내에서 발생해야 하며 맥락을 설정하기 위한 질문이 제기된다. 메타 모델은 '무엇이? 언제? 어디서? 누가? 그리고 어떻게?'라는 질문과 함께 코치이가 말한 문장의 표면 구조를 그들의 더 깊은 참조 경험 구조와 다시 연결하려고 시도한다. 이는 코치이가 원하는 것을 정확히 밝히도록 돕는 것에 매우 유용하다. 7 C의 모델에서 약어 SMACTEPPOMF는 NLP 코치에게 WFO의 특성을 상기시키는 체크 리스트 역할을 한다.

Specific 특성: 그것은 감각에 기반합니까?
Measurable 측정 가능: 공식적인 측정 방법이 없는 경우 비공식적으로라도 측정을 할 수 있습니까?
Achievable 달성 가능: 다른 사람이 이를 수행할 수 있으며, 코치이가 이를 수행하는 것이 현실적입니까?
Chunk Size 청크 크기: 결과가 적절한 크기의 청크입니까? 세상을 바꾸려면 청크를 줄여야 하고 발톱을 깎으려면 청크를 키울 필요가 있을 수 있습니다.
Time frame 시간 프레임: 달성을 위한 시간 프레임은 무엇입니까?
Ecology 생태 환경: 코치이의 어떠한 부분이 이 결과에 동의하지 않습니까?
Positive 긍정적: 결과가 긍정적으로 명시되어 있습니까?
Preserve 보존: 새로운 결과가 현재 가치 있는 모든 것을 보존합니까?

O_{wnership} 소유권: 코치이가 결과에 대한 소유권을 가지고 있습니까?
M_{otivation} 동기: 코치이는 회복력이 있고 끝까지 전진할 수 있는 에너지가 있습니까?
F_{uture pace} 미래의 속도: 코치이가 결과를 성공적으로 달성할 수 있도록 미래의 속도를 적절하게 조절할 수 있습니까?

시스템 역동

매우 자주, 그리고 역설적으로 NLP 코치와 코치이가 라포를 형성하고 WFO를 개발하며 춤을 추는 동안 코치이는 코칭의 목표 설정 부분이 실제로 코칭의 마지막에 온다는 것을 알게 된다. 이는 NLP 코치가 부담을 최소화하며 코치이의 세계 지도에 대한 피드백과 구조적으로 조절한 많은 NLP 패턴을 사용하여 진행했기 때문이다. 코칭 관계를 통해 코치이는 궁극적으로 책임을 져야 한다는 것을 이해할 필요가 있다. 그것은 그들의 지도이며 그들에게는 요구되는 개정에 대한 책임이 있다. NLP 코치는 라포를 구축하고 자신의 기술을 사용하여 코치이의 주관적 경험 구조를 지원하고 설명할 수 있다. 그러나 그들이 원하는 것과 이를 달성하는 방법을 결정해야 할 사람은 코치이 자신이다.

어떤 코치이에게 가장 유용한가?

NLP 코칭은 역동적이고 유동적인 코칭 접근방식을 좋아하는 사람들에게 적합하다. 무작위 대조군 연구_{randomised controlled trials(RCT)}를 통해 특정 기술이 특정 인구에 대해 일반적으로 효과가 있는 것으로 나타난 내용 중심 접근이 코치이에게 필요한 경우, NLP는 이러한 요구 조건에 불충분하다. NLP 접근은 각 코칭 개입을 각각의 코치이에 맞게 조정한다. 이러한 취지는 NLP 코칭에 사용되는 NLP 모델 중 하나인 밀턴 모델_{Milton Model}을 참고하여 요약된다. 에릭슨_{Erickson}은 이에 관해 관찰하며 침대보다 키가 큰 사람은 자르고 작은 사람은 늘이는 '프로크루스테스_{Procrustes}의 침대'를 흔히 인용한다.

바흐키로바_{Bachirova}(2012)는 윌리엄스_{Williams}(2010)를 인용하여 무작위 대조군 연구가 제공하는, 이른바 최적 표준_{gold standard}에 대한 증거 제공 시 발생하는 많은 어려움 가운데 하나를

강조한다:

> 참여자 사이의 이질성을 설명하려면 통계적 유의성을 달성하기 위해 무작위 대조군 연구의 참여자수가 상당히 커야 한다. 연구원들이 결국 발견한 것은 매우 많은 사람이 보이는 중심 경향이며, 그들을 개인으로 본다면 그 누구도 대표하지 못하는 측정값이다.

이 문제의 진정한 핵심은 학술 문헌에서 변화에 대한 역동적 접근의 증거 여부가 장래의 코치가 관심을 가져야 할 사항이라는 것이다. 일반적으로 NLP는 그렇지 않지만, 브리너Briner의 이 문제에 대한 논의는 명확하다:

> 그렇다면, 코칭은 효과가 있을까, 아니면 미덥지 않은 것일까? 나는 우리가 아직 그 질문에 대한 명확한 답을 가지고 있다고 생각하지 않는다. 하지만 뭐가 정말 의심스러운지는 안다. 그리고 그것은 신경 쓸 일이 아니다.
>
> (Briner, 2012, p.11)

NLP 코칭은 또한 코치가 잠재의식 수준에서 공식적으로 작업할 수 있도록 하는 코칭 계약을 기꺼이 수락하는 코치이에게 적합하다. 이것은 역동적 관계의 발전에 따라 코치가 그러한 역동을 명시적으로 만들지 않고 내적 및 무의식적 패턴을 전환하려는 의도에서 자동적인 방식으로 언어 또는 행동을 사용할 수 있는 권한을 가진다는 것을 의미한다. 그러한 역동성을 즐길 준비가 되지 않은 코치이는 NLP 코치와 함께 작업하지 말아야 한다.

사례 연구

경험이 풍부한 전임 교사 존John은 학교가 제공하는 6회기 분노 조절 코칭 세션 참여를 위해 나에게 의뢰하였다.

맥스웰Maxwell(2009)은 심리학과 심리상담 교육을 받은 비즈니스/임원코칭 코치와 그렇지 않은 코치를 구별하였으며 IPAinterpretative phenomenological analysis(해석 현상학적 분석) 연구에서 심리학과 심리상담 교육을 받은 코치가 경계에서 더 많이 일하는 경향이 있음을 밝혔다. [그림 22.3]과 [그림 22.4]로 제시하였다. 이 개입은 처음에는 전통적인 '합리적' 코칭 개입으로 시작되었지만, 그것은 경계에서 매우 효과가 있는 것이 되었다.

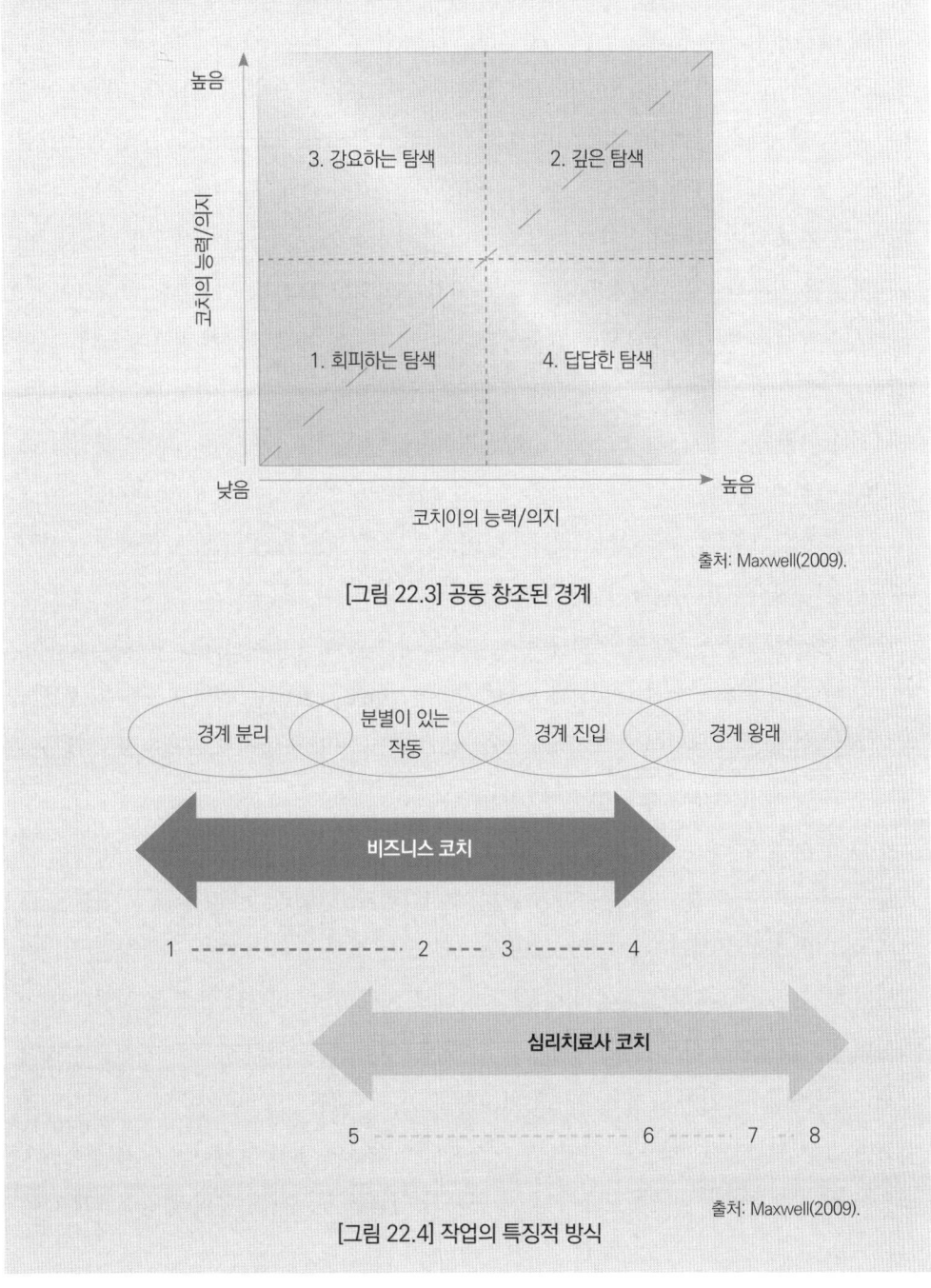

[그림 22.3] 공동 창조된 경계

[그림 22.4] 작업의 특징적 방식

라포가 빠르게 형성되었고 존은 부서 차장이라는 도전적인 역할에서 발생할 수 있는 관계상의 어려움에 관해 이야기하였다. 그는 또한 다양한 동료/학생들을 대할 때 긴 시간과 유연한 접근이 필요한 교사 역할의 까다로운 성격에 대해서도 말했다.

　존은 매일 아침 필라테스를 한다고 했으며, 나는 당시의 분노 정도를 1에서 10까지 척도로 표현해보라고 했다. 그는 전혀 화나지 않았다고 하였다. 나는 그의 상태가 어떻게 바뀌었고 아침 필라테스 후에 그 상태가 바뀌게 된 원인이 무엇인지 물었다. 그는 업무에 관련된 예기 불안의 측면에서 말했다. 우리는 호흡, 생리, 감정 상태 및 수행이 편안하고 수월한 방식으로 최적의 성능이 어떻게 마음과 몸이 함께 작용하는 기능인지 탐구했다. 나는 스포츠의 틀을 사용하여 운동선수가 개인 최고 성적을 달성할 때의 경험에 관해 설명하며, 그때는 선수가 매우 편안한 상태임을 암시하였다. 나는 계속하여 존을 모델링하며 그가 '시도한다'라는 단어를 사용하는 일관된 패턴이 있음을 알아차렸다. 나는 그에게 '시도한다'라는 단어가 포함된 말을 했을 때 스스로 모델이 되어보도록 했다. 그는 높은 수준의 불안을 보고했다. 그런 다음 나는 그를 방의 다른 곳으로 데려가 불안한 상태를 '떨쳐 버리고' '하겠다'라는 단어로 문장을 재구성하도록 했다. 이를 하면서 그는 훨씬 더 많은 통제력과 자신이 말한 것을 할 수 있다는 자신감을 느꼈다.

　초기 세션에서 나는 상황적 성격 관점에서 작동하는 온라인 메타 프로그램 설문지와 내가 개발한 온라인 스트레스 설문지를 사용하였다(Grimley, 2010). 이러한 도구를 사용하여 우리는 현재 존이 누구이고 직장에서 화를 내지 않고 편안한 방식으로 업무를 수행했을 때 존은 누가 될 수 있을지를 모델링하였다.

　두 번째 세션 후 존은 직장으로 돌아갈 수 있었고 우리는 직장 내에서 긍정적인 정서 상태를 앵커링anchoring하기 위한 전략을 개발하기 시작했다. 안젤라Angela라는 특정 인물은 존에게 어떠한 일정 문제를 일으켰고, 그녀가 그의 모든 성과 관리 노력에 저항하는 것처럼 보였기 때문에 그는 흔히 그녀에게 매우 화가 나곤 했다. 그는 하나의 경우를 설명하기 시작하면서 진짜로 웃었다. 나는 그에게 그 상태를 유지하도록 요청하고 그의 어깨를 터치하였고, 그 상태를 더 강하게 유지하라고 한 다음 그에게 '내면으로 들어가' 그가 어떻게 그 웃음이 발생하는지 발견하도록 하였다. 존은 자신이 웃음이 전체 상황이 얼마나 우스꽝스러운지에 대한 것임을 알아차렸다. 그는 누군가의 성과를 관리하면 고위 경영진에게 너무 가혹하다고 비난받고, 가볍게 성과를 관리하면 효과적으로 업무를 수행하지 않는다는 비난을 받는 이중 구속에 걸려있었다. 존의 메타 프로그램 프로필을 통해 그가 외부로부터 참조됨을 발견했으며, 직장에서 편안한 존의 이상적인 모델이 실제로는 더 내부적으로 참조된 모델임을 알아차렸다. 안젤라의 이름을 '웃는 안젤라'로 변경하고 이를 청각 앵커로 사용하여 더 내부적으로 참조되는 존을 촉발^{trigger}시켰다. 우리는 이 시나리오를 미래의 상황에 대입함에 따라 존은 안젤라가 '게임할 때' 화를 낼 필요가 없음을 경험했다. 그는 단지 절차를 따랐고 그녀가 기준에 저항하는 지점을 측정하면서, 수행 개선을 위한 안젤라와의 합의에 도달하는 데 중점을 두었다.

계획했던 6번의 세션을 마치며, 나는 우리가 기술적으로 상당히 작업을 잘했음을 느꼈다. 나는 비록 코칭의 성과에 대해 만족했을지라도, 여전히 우리가 아직 밝혀내지 못한 근본적 패턴이 존재하며 이는 존이 말하는 '동요'의 원인이라는 것이 우려되었다.

나는 학교에 보고서를 제출하였고 그들은 현저하게 드러난 근본적 우려가 무엇인지를 물었고, 존에게 추가 6세션을 제공하였다. 이 세션의 처음에 나는 우리가 그동안 이미 해왔던 작업과 일관성을 유지하며 지속하였으나, 좀 더 집요하게 무엇이 진정으로 존을 화나게 만드는가에 대해 일치하는 답을 구했다. 존은 자신에게 가해지는 비현실적인 기대에 분노를 드러내며 적대적인 감정에 대해 말했다. 그는 심지어 아이들 또는 직원들을 공격하는 상상을 했다; 그는 이것을 자신의 '나쁜 상태'라고 불렀다. 나는 더욱 호기심과 집요함이 일어나면서, 처음 6번의 세션 동안 존은 자원이 풍부한 상태를 앵커링할 수 있는 능력에 대해 더 확신하게 되었다. 나를 똑바로 바라보며 매우 빠르게 땀을 흘리면서 떨고 있는 그에게 나는 그가 단지 아마도 관심을 얻으려는 것일 수도 있다고 제안했다. 격앙된 분노를 조절하면서 나는 "당신에게 지금 무슨 일이 일어나고 있나요?"라고 물었다. 그는 "정말 화가 나요."라고 대답했다. 나는 "누구에게?"라고 물었다.

"당신이요."라고 그는 말했다. 나는 "좋아요. 마침내 우리가 무엇을 작업하고 있는지 알게 되었어요."라고 대답했다. 나는 상황을 가볍게 만들고 존에게 괜찮다면, 그의 '나쁜 상태'를 상자에 다시 넣고 다음 세션에서만 꺼내면 어떨지 물었다. 그는 지친 어조로 "네."라고 답했다. 20년 동안 등록된 심리치료사로도 일해 왔던 나는 처음부터 의심스러운 점이 있었음을 알아차렸다. 즉 여기에는 다루어야 할 필요가 있는 임상 증상의 요소가 있었다. 초반의 자기소개서를 통해 그의 가족 중에 우울증 병력이 있었음을 발견했고, 근본적인 불안을 발견하면서 더 객관적인 검사가 필요하므로 벡스Becks의 우울증 검사 목록, 불안 및 무망감 목록을 적용하는 것이 적절하다고 생각했다. [표 22.1]은 개입에 대한 사전/사후 점수이다.

[표 22.1] 개입에 대한 사전/사후 심리검사 결과표

심리측정	날짜 A 2014	상태	상태의 범위
BAI	27	심각한 불안	26-63
BHS	4	가벼운 무망감	4-8
BDI-II	33	심각한 우울	29-63
심리측정	날짜 A 2014 + 6주	상태	상태의 범위
BAI	4	거의 불안하지 않음	0-7
BHS	2	거의 무망감이 없음	0-3
BDI-II	0	거의 우울하지 않음	0-13

여덟 번째 세션에서는 '개인 이력 변경'이라는 NLP 패턴을 사용하는 것이 적절하다고 생각했다. 우리는 현재, 미래, 과거로 타임 라인을 설정했고 긍정적인 감정 상태를 앵커링한 후 존에게 타임 라인을 따라 나쁜 상태에 접근하도록 요청하였다. 이 나쁜 상태는 존의 삶에서 두드러지게 나타날 때마다 무의식적 심리가 그것을 표시할 수 있도록 타임 라인을 따라 여행할 때 운동 감각적 앵커(닻) 역할을 하였다. 이러한 각 경우에 나는 존에게 그 나쁜 상태가 무엇을 하려고 했는지 탐색하게 하였다. 그리고 난 뒤, 타임 라인에서 한 발짝 떨어져서 그 시점에서 자신과 다른 사람들을 다시 조망하고, 그 나쁜 상태가 하고자 하는 것과 다르게 모두에게 생산적이며 생태학적인 대안 행동을 만들어 보도록 하였다. 이 과정을 완료하기 위해 두 세션이 필요했다. 우리는 결국 존의 분노가 시작된 사건에 이르렀다. 그는 한 어린 여학생에게 어떤 학생이 "너희 엄마는 나쁜 년이었으니 죽어 마땅해."라고 말하는 것을 듣고 초등학교 운동장을 가로질러 '날아가' 그 학생의 멱살을 잡았다고 말했다. 그녀의 어머니는 자동차 사고로 죽었고 그 어린 소녀는 그 당시 차 안에 있었다.

우리가 7살에 도착했을 때 존은 깜짝 놀랐다. 왜냐하면, 그는 그가 믿을 수 없을 정도로 화가 났으리라 생각했기 때문이다. 그러나 아마도 그 타임 라인을 따라 '30년'에 걸친 이전의 모든 재구성 기능으로서, 지금은 그러한 체화된 전략을 사용할 필요가 없었다. 존은 단지 그 말을 한 학생에게 달려가서 껴안고 싶은 자신을 발견했는데, 그 이유는 그가 그런

> 끔찍한 말을 하면서 하는 모든 것은 자신만의 방식으로 슬퍼하는 것이었고, 그는 그 무엇보다도 포옹이 필요했기 때문이다. 이 시점에 많은 눈물을 흘렸다.
>
> 나머지 세션은 기본적으로 12세션에 걸쳐 수행된 모든 작업을 통합하고 마무리했다. 스트레스 점수는 4.2에서 1.9로 떨어졌다(mean 3.8 sd=1.16). 성격 프로필에 따르면 존은 이제 훨씬 더 많이 내부로부터 참조할 뿐만 아니라 구조화된 방식으로 작업할 수 있는 더 큰 능력을 갖추게 되었고 이제 자신의 목표를 향해 일하는 데 훨씬 더 집중하게 되었다.
>
> 학교에 대한 최종 보고서가 작성되었으며 3개월 후 후속 전화 통화를 통해 더는 결근이 없었으며 앞으로 나아가는 데 있어서 코칭에서 얻은 모든 이익이 유지되고 있음이 드러났다.

논의 포인트

1. 증상의 신속한 해결로 유명한 NLP는 고객이 조만간 좋은 선택할 수 있도록 한다. 저자가 처음부터 임상적 증상에 관해 알고 있었지만, 위의 성공적인 코치 개입을 초래한 실제 지표가 되는 사건을 끄집어내는 데 그렇게 오랜 시간이 걸린 이유는 무엇이라고 생각하는가?
2. 맥스웰Maxwell(2009, p.160)은 "코칭 대화에서 사적인 영역과 직업적 영역이 깊이 얽혀 있고 코치나 코치이가 이것들을 구분하는 것은 현실적이지 않다. 만약 코치가 자신들의 역량과 소관에 따라 심리적 장애를 잘 다루기만 한다면 반드시 문제가 되는 것은 아니다. 그러나 잘 다루지 못하면 심각한 윤리적, 도덕적 그리고 잠재적으로 법적인 문제들이 발생할 수 있다."라고 결론 내렸다. 코치로서의 당신은 자신이 역량을 발휘할 수 있는 범위 내에서 운영하고 있는지를 어떻게 판단할 수 있겠는가? 맥스웰이 언급하는 문제들이 무엇이라고 생각하는가?
3. NLP는 출판된 경험적 증거에 관하여 관심이 없는 것 같다. 이 장을 읽고 그것이 문제라고 여겨지는가? 당신의 대답이 예이든 아니든, 당신의 답에 대한 근거를 논하라.
4. 코스타Costa와 맥크레이McCrae(1994, p.22)는 "성격 특성은 실제로 변하지 않는다. 그것이 불변인지 아닌지에 관한 질문은 다른 저자에게 남긴다."라고 말한다. 새로운 생명을 재생산하기 위해 물살을 거슬러 오르는 연어의 여정과도 같은 코칭이 확장하는 것은 무엇인가?

추천 읽기

Bandler, R., & Grinder, J. (1979). *Frogs into princes: Neuro linguistic programming*. Moab, UT: Real People Press.
DeLozier, J., & Grinder, J. (1987). *Turtles all the way down*. Scotts Valley, CA: Grinder ,Associates.
Dilts, R., & DeLozier, J. (2000). *Encyclopedia of systemic neuro-linguistic programming and NLP new coding*. Scotts Valley, CA: NLP University Press.
Dilts, R., Grinder, J., Bandler, R., & DeLozier, J. (1980). *Neuro-linguistic programming, Volume 1: The study of the structure of subjective experience*. Capitola, CA: Meta Publications.

참고 문헌

Andreas, C. (1994). *Core transformation: Reaching the wellspring within*. Boulder, CO: Real People Press.
Argyris, C. (1957). *Personality and organization*. New York. Harper and Row.
Argyris, C. (1964). *Integrating the individual and the organization*. New York: Harper and Row.
Bachirova, T. (2012). *Nature of evidence, quality of research and self-deception in coaching and coaching psychology*. Retrieved on 27th October 2014 from: www.bps.org.uk/system/files/documents/sgcpconference_keynote_bachkirova_2012.pdf
Bandler, R., & Grinder, J. (1979). *Frogs into princes: Neuro linguistic programming*. Moab, UT: Real People Press.
Bateson, G. (1972). *Steps to an ecology of mind*. Chicago and London: University of Chicago Press.
Bolstad, R. (2002). *Resolve: A new model of therapy*. Carmarthen: Crown House.
Briner, R. (2012, November). Does coaching work and does anyone really care? OP Matters. *British Psychological Society*, 16, 4-11.
Carmichael, L., Hogan, P., & Walter, A. (1932). An experimental study of the effect of language on the reproduction of visually perceived forms. *Journal of Experimental Psychology*, 15, 73-86.
Costa, P.T., & McCrae, R.R. (1994). Set like plaster? Evidence for the stability of adult personality. In Heatherton, T.F. & Weingberger, J.L. (Eds.) *Can personality change?* Washington, DC: American Psychological Association.
Damasio, A. (2014). *FIAP 2014 self comes to mind: A dialogue with Antonio Damasio*. Retrieved on 28th October 2014 from: www.youtube.com/watch?v=8LD13O7dkHc
Derks, J. (2005). *Social panoramas: Changing the unconscious landscape with NLP and psychotherapy*. Carmarthen: Crown House Publishing.
Festinger, L. (1957). *A theory of cognitive dissonance*. New York: Harper and Row.
Griffin, J., & Tyrrell, I. (2000). *The APET model: Patterns in the brain*. Chalvington, East Sussex: HG Publishing for the European Therapy Studies Institute.
Grimley, B.(2010). *Alter Ego*. Retrieved on 12th March 2016 from: www.achieving-lives.co.uk/free-profiler-instructions/and Stress questionnaire. Retrieved on 12th March 2016 from www.achieving-lives.co.uk/questionnaires/stress-test/7
Grimley, B. (2013). *The theory and practice of NLP coaching: A psychological approach*. London: Sage Publishing.
Hall, M., & Duval, M. (2004). *Meta-coaching volume 1 coaching change: For higher levels of success and*

transformation. Clifton, CO: Neuro Semantics publications.

Hollander, J. (2013). *Provocative coaching: Making things better by making them worse*. Carmarthen: Crown House Publishing.

Kemp, N. (2011). Provocative change works. Improvisation and humour in therapy and coaching. In M. Hall, & S. R. Charvet (Eds.) *Innovations in NLP for Challenging times*. Carmarthen: Crown House Publishing.

Korzybski, A. (1994). *Science and sanity: An introduction to non-Aristotelian systems and general semantics* (5th edn.). New York: Institute of General Semantics.

Lawley, J., & Tompkins, P. (2000). *Metaphors in mind. Transformation through symbolic modelling*. London. The Developing Company Press.

Linden, A. (2014). *A message from Anné to you*. Retrieved on 7th August 2014 from www.youtube.com/watch?v=1zX1T0RsCAQ Dutch Association for NLP

Löwel, S., & Singer, W. (1992). Selection of Intrinsic Horizontal Connections in the Visual Cortex by Correlated Neuronal Activity. Science, January 10, 1992. pp. 209–212. United States: American Association for the Advancement of Science.

Maxwell, A. (2009). How do business coaches experience the boundary between coaching and therapy/counselling? In *Coaching: An international journal of theory, research and practice, Vol 2 Issue 2 pp149–162*. New York: Taylor & Francis Group.

Miller, G.A., Galanter, E., & Pribram, K.H. (1960). *Plans and the structure of behaviour*. New York: Holt, Rhinehart & Winston.

Tompkins, P., & Lawley, J. (2006). Coaching with metaphor. In *The cutting edge coaching techniques handbook*. London: Chartered Institute of Personnel and Development.

Tosey, P., & Mathison, J. (2009). *Neuro-linguistic programming: A critical appreciation for managers and developers*. Basingstoke: Palgrave Macmillan.

Williams, B.A. (2010). Perils of evidence-based medicine. *Perspectives in Biology and Medicine*, 53, 1, 106–120.

Section 6
시스템적 접근들

23장
코칭에 대한 교류 분석 접근

저자: 산드라 윌슨Sandra Wilson[1]
역자: 강준호

서론

TA로 많이 알려진 교류 분석Transactional Analysis은 인본주의 전통 내에서 개인 및 사회적 기능 향상을 위한 성격 이론이자 체계이다. TA는 1960년대에 에릭 번Eric Berne 박사가 심리치료적 접근으로 개발했으며, 그 후 계속 발전해왔다. 교류 분석은 조직, 교육, 상담, 심리치료의 네 가지 분야에서 국제적으로 인정받는 학습과 개발 기회를 제공한다.

교류 분석은 인간의 니즈와 행동 간 연계성, 조직과 조직 내 사람들 간 관계 설정, 문제해결, 고객clients과 이해관계자stakeholders 지원에 효과적인 방식을 이해하는 체계적인 접근을 제공한다. TA는 개인/팀/전체 조직 개발을 위한 탄탄한 심리학적 프레임워크이다.

TA는 코칭의 즉시성을 저해하지 않으면서 코칭을 풍부하게 하는 통합 이론들을 제공한다. TA 이론은 코치 자신의 태도 이해 및 정체성 재구성을 지원하는 데 활용할 수도 있다. 적용이 용이한 TA 모델은 성장, 개발, 변화 촉진을 위한 고객과의 작업을 지원한다.

---

[1] **산드라 윌슨**Sandra Wilson DProf.는 TA의 조직적 적용을 전문으로 하는 교류 분석가를 가르치고, 그들의 수퍼바이저이다. 그녀는 TA를 사용하여 코칭 전략가, 코치, 수퍼바이저와 코치 훈련가로 활동하면서, 개인과 팀이 인간이 상호작용하고 의사소통하고 관계를 구축하는 방식에서 무의식이 수행하는 고유한 역할에 대한 이해를 할 수 있도록 돕는다.

교류 분석의 발전

교류 분석은 정신역동적 접근에 기원을 두고 있다. 번Berne의 이론은 그의 임상 경험에 뿌리를 두고 있는데, 정신분석가로서의 훈련이 그의 생각에 강한 영향을 미쳤다(Stewart, 1992). 위도슨Widdowson(2010)은 인본주의, 실존, 인지행동, 정신역동 치료에서 최상의 접근을 아우르는 통합 모델로서의 교류 분석에 대해 설득력 있게 글을 썼다. 번Berne은 근대와 고대의 많은 철학적 견해를 활용했고, 그의 생각과 프랙티스에 큰 영향을 준 것으로 보이는 세 가지 철학 흐름이 있다. 이것은 경험주의, 현상학, 실존주의였다(Stewart, 2007).

번Berne의 초기 작업 이후 많은 TA 학파가 발전했다. 코칭에 가장 중요한 것은 발달 학파Developmental School(Hay, 1995)이다. 발달 TA는 개인, 직업, 그룹, 조직 수준에서 변화 및 성장 과정에 TA를 적용하는 것과 연관된다. 발달 TA는 조직적, 교육적, (비치료적) 상담/코칭 전문성을 결합하여 비치료 분야 TA를 지칭하기 위해 현재 사용되는 용어이다. 이러한 전문성은 공통점이 많다. 그들은 고객과 모델 및 개념을 공유(가르침)하고 그들과 함께 작업(촉진)하여 그들의 자기 이해와 그에 따른 행동 선택을 증가하는 방식으로 TA를 사용하는 데 중점을 둔다. 고객은 또한 그룹, 팀, 가족, 조직, 기관 내에서 작동하는 구조, 프로세스를 이해하는 데 도움이 된다.

TA의 코칭 적용은 지난 10년간 증가했고, 많은 교육기관에서 코칭 프로그램을 제공하지만, 이들은 전문 코치의 육성보다는 코칭에 TA를 적용하는 데 더 많은 관심이 있다. 국제 TA 인증기관에서는 코칭을 '자격심사 분야'로 지정하지 않아, TA 코칭심리학자는 대부분 특정 TA분야 훈련을 받았을 가능성이 크지만 발달 TA분야와 관련이 없을 수 있다. 많은 교류 분석가가 전문 포트폴리오의 일부로 코칭을 제공하지만, 코칭에 TA를 본격적으로 적용하여 널리 알린 사람은 아직 등장하지 않았다.

코칭에 교류 분석을 적용하면 코치는 코치이coachee가 다음을 수행할 수 있도록 지원한다.

- 본인이 가진 잠재력을 달성한다.
- 진정성 있는 방식으로 생활하도록 개인의 자유/선택/책임에 중점을 둔다.
- 부정적인 제한된 신념, 핵심 신념, 암묵적 가정을 파악하고 변경한다.
- 개인 효과성을 제한하는 무의식적 갈등을 해결한다.

TA 코칭심리학자는 코치이와 협력하여 사람들이 자신을 더 잘 이해하고, 결과적으로 세상에 존재하는 방식에 대해 다른 선택을 하도록 돕는다.

이론 및 기본 개념

TA 철학

TA는 기법들이 수반되는 일련의 연계된 이론의 집합이며, 여러 철학적 가정에 기반을 둔다.
(국제 교류 분석 협회 International Transactional Analysis Association www.itaaworld.org)

이론들이 상호 연계되어 있지만, 코치이 개발을 지원하기 위해 간단한 독립형 모델로도 사용될 수 있다. 두 가지 모델로 작업하는 방법의 예는 사례 연구 부분에서 제공된다.

TA의 철학적 기반에는 다음이 포함된다

Stewart & Joines (2010)

- 모든 사람은 인간으로서 OK(괜찮다)이다.
- 누구나 생각할 수 있는 능력이 있다.
- 사람들은 자신의 운명을 결정하고, 이러한 결정은 변경될 수 있다.

이러한 가정에서는 TA 프랙티스의 두 가지 기본 원칙을 따른다:

- TA는 계약 기반의 방법이다.
- TA는 열린 의사소통을 포함한다.

TA 코칭심리학자는 사람들이 긍정적인 의도에서 관계를 맺고, 자신이 처한 상황과 그들에게 이용할 수 있는 자원으로 최선을 다하고 있다는 신념으로 사람들을 만나고 수용한다. TA 코칭심리학자는 고객들이 온전하고 건강하며 적절히 기능하고 있다고 생각한다.

철학적 기반과 수반된 가정은 TA 코칭심리학자가 고객과 함께 일하는 방식을 알려준다.

계약하기 및 열린 커뮤니케이션

번Berne의 **계약 방법 원칙**은 TA 프랙티스의 두드러진 특징으로 남아 있다. 번Berne(1966)은 계약을 '잘 정의된 일련의 행동에 대한 명시적인 상호 약속'(p.362)으로 정의했다. 번Berne이 말하는 효과적인 프랙티셔너는 모든 관련 당사자와 사전 협의된 명시적 계약 조건 내에서 작업해야 한다.

TA의 철학은 존중과 공감적 수용이 필수임을 강조한다. TA는 프랙티셔너와 고객이 공동 목표에 대해 동등한 책임을 지는 계약을 기반으로 한다. 권한이 공유된다는 점에 대한 이해를 기반으로 방법과 개념method and concepts이 코치이에게 공유된다.

여기서 발생하는 원칙은 TA가 계약 협의 사항의 일부로 이행된다는 점이다. 즉 코치이는 자신을 더 잘 이해하고, 상호합의 된 결과를 목표로 교류 분석가와 협력하기 위해 이론을 활용해야 한다.

계약하기는 코칭 관계가 구축되는 토대이며 TA 코칭심리학자가 계약을 사용하는 방법의 예는 본문의 프랙티스 섹션과 사례 연구에 나와 있다.

무의식의 힘 – 우리 자신의 길을 가다

번Berne(1972)은 "우리는 왕자로 태어났으나, 문명화 과정이 우리를 개구리로 만든다."(p.45)라고 말했다. 즉 아이들은 신념, 행동, 태도로부터 자유롭게 태어났으며, 주변 세상을 경험 및 해석하는 과정에서 세상을 보고 상호작용하는 자신만의 독특한 방식이 개발된다. TA 코칭심리학자는 우리의 생각, 느낌, 행동 방식에 강력한 영향을 미치는 '내부 세계inner world'를 우리가 가지고 있다는 것에서 출발한다(Howard, 2006). 우리들의 '내면세계'는 경험, 느낌, 기억, 신념, 환상을 포함한다. 그것은 부분적으로 의식할 수 있지만 대개 무의식적이며, 우리가 '외부 세계outer world'에 어떻게 관여하는지에 영향을 준다. 본질에서 이것은 우리 성격이 구조화되고, 타인들과 상호작용하는 방식의 토대이다.

다른 정신역동 접근과 같이 TA의 관점은 무의식은 역동적이며, 목적의식이 있다는 기본 믿음에 기반하고 있다. 결과적으로 그것은 알아차리지 못하지만 우리 행동, 느낌, 환상에 대한 동기의 원천이다. 우리 주변 세계를 경험하는 방식에 가장 큰 영향을 미치는 것은 흔히 무의식적 기억, 신념, 느낌, 환상이다(Berne, 1972). 따라서 TA 코칭심리학자는 우리 행동과 의식적 신념들은 대부분 세계에 대한 우리 경험을 각자의 고유한 참조 틀frame of reference에 맞추려는 시도로 형성된다는 개념을 가지고 작업한다.

TA 코칭심리학자는 사람들이 자신의 방식에서 벗어날 수 있도록 도와준다. 이것은 TA 이론을 사용해 고객의 신념, 행동, 느낌, 태도를 탐색하고 다른 대안들을 선택할 수 있도록 지원함으로써 이루어진다.

코치이는 언제 TA 코칭에 참여하는가?

우리 각자는 내면 세계inner world에 의해 제한받으며 그러한 내면세계는 역동적이고 항상 변화한다는 점을 고려할 때 동요turbulence는 심리 기능의 정상적인 측면이다. 그러나 동요의 강도와 양은 주어진 순간에 우리가 얼마나 많은 압력을 받고 있는지에 따라 달라진다. 이러한 압력은 내외부 원천에서 발생한다. 내부 원천은 우리의 본능적 니즈needs, 기억, 환상, 신념, 소망뿐만 아니라, 우리 자신과의 관계 및 우리 마음속의 중요한 타인과의 관계가 해당될 수 있다. 외부 원천은 우리에게 영향을 미치는 외부 세계의 사건, 관계일 수 있다.

하워드Howard(2006)는 대류 흐름이 상호작용하며 지속적이고 끊임없이 변화하며 움직이는 '용암lava' 램프 같은 내부 세계의 이미지를 제시했다. 램프 내 이동량은 시스템 내 열량에 의해 결정된다. 비슷한 방식으로 우리 내부 세계에 있는 난기류turbulence의 양은 우리 내부 또는 외부 세계의 압력에 의해 생성되는 '심리적 열량psychological heat'에 의해 결정된다.

따라서 코치이는 자신이 경험하는 심리적 난기류psychological turbulence 양이 개인적 불편함이나 자신이 속한 시스템 내에서 불균형을 유발할 때 TA 코칭에 참여하게 된다. 코치이는 내부 세계에 접근하고 탐구하기 위해 코칭 프로세스에 참여한다. 이에 따라, 통찰, 선택, 행동을 추구하는 코칭 여정이 시작된다.

이 여정을 통해 코치이는 TA에서 자기 인식self-awareness과 자기 조절self-regulation로 설명되는 내부 응집력internal cohesion에 점점 더 가까워진다. 코치이는 자신의 신념 체계belief system와 내부 프로세스internal process에 대한 깊은 이해를 통해 내부 및 외부의 역동을 더 효과적으로 관리할 수 있다. 따라서 자기 관리self-manage와 자기 통제self-regulate를 더 잘할 수 있게 된다.

TA 코칭의 목표로서 자율성autonomy

TA 코칭의 목표는 자율성이다. 번Berne(1964)은 자율성을 그 자체로 정의하지 않고 오히려 인식awareness, 자발성spontaneity, 친밀성intimacy이라는 세 가지 능력 표출을 통해 자율성의 달성이 드러난다고 말했다.

자율적 행동은 자신, 타인, 세상에 대한 인식, 자발적인 행동, 진정한 감정의 개방적 표현, 타인과 진정한 관계 형성 의지를 특징으로 한다. 자율성 획득은 억제하는 신념 체계inhibiting belief systems에서 벗어나는 것을 의미한다.

자율성과 성장하는 경계growing edge

세 가지 자율성의 능력autonomous capacities 회복을 표출하는 것으로 나아가는 것은 '성장하는 경계growing edge'(Wilson, 2010) (p.53)라고 불리는 방향으로 나아가는 것이다.

대부분은 우리의 현실을 보호하기 위한 참조 틀인 내면세계라는 제한 구역에서 활동한다. 변화하기 위해서는 우리는 경계를 확장하고 제한 구역을 넘어설 준비가 되어 있어야 한다. 그러나 우리는 제한 구역을 벗어나기를 원할 만큼의 불편함(동요turbulence)을 충분히 경험해야 한다. 코치와 코치이coachee가 함께 작업하면서 통찰을 만들고, 알아차림과 새로운 가능성을 창출함에 따라 제한 구역과 성장하는 테두리 사이의 경계가 침투되고 확장된다([그림 23.1] 참조).

코치이와 함께 너무 빨리 움직이면 그들의 내부 경계boundaries를 벗어나, 불편 (또는 두려움) 지대로 이동하여 강한 저항에 직면하게 된다. TA 사고는 발달적이어서 성장을 위한 목표를 수립하는 데 도움이 될 수 있다. 이것은 우리가 코치이와 예측할 수 있는 유형의 상호작용 및 예측할 수 있는 발달 단계를 거치는 것을 의미한다. 건전한 발달이나 성장하는 경계를 향한 움직임과 관련된 몇 가지 특성들이 있다. 이러한 특성들은 TA 코칭심리학자에게 성장하는 경계를 향한 코치이의 움직임을 진단하는 프레임워크를 제공한다.

고객이 성장하는 경계edge를 향해 나아가는 데 효과적으로 협력하기 위해 코치는 고객이 직면한 발달 문제에 주의를 기울여야 한다. 코치는 고객이 지나치게 빨리 움직이지 않고, 동시

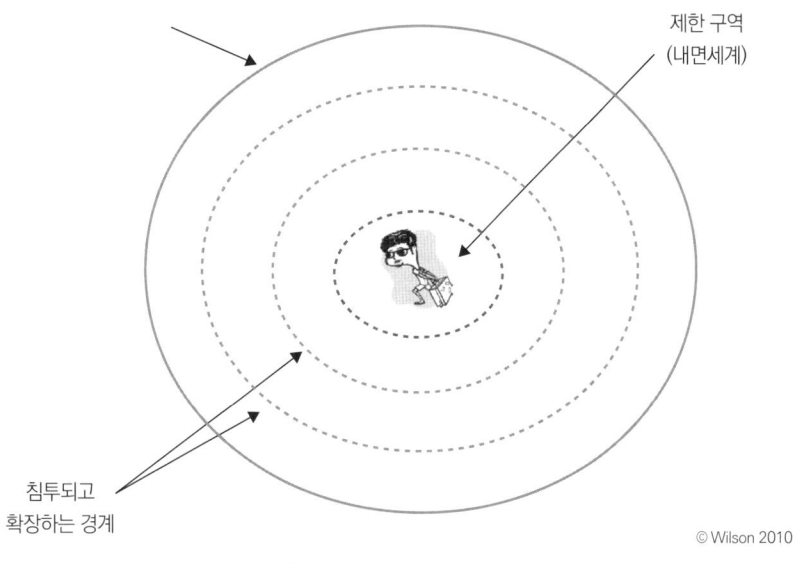

[그림 23.1] 성장하는 경계

에 정지 상태로 이어지는 압도적 불안감을 유발하지 않으면서 변화에 대한 통찰과 헌신을 통해 전진할 수 있도록 적절히 도전받도록 과정을 관리해야 한다.

프랙티스

TA 코칭심리학자가 작업하는 방식의 핵심은 코치이의 발달을 지원하기 위해 이론과 모델을 공유하는 것이다. 이것을 코칭 계약의 일부로 합의한다. 언어의 단순성과 모델의 시각적 표현이 코치이의 알아차림을 창출하고, 변화를 위해 대안을 생각하도록 돕는다.

이를 염두에 둘 때, 이 글에 나오는 두 가지 모델은 코치를 위한 대안들로 반드시 따라야 하는 규범으로 제시되지는 않았다. 많은 가능성이 존재하며, TA 코칭심리학자는 통찰력과 이해를 제공하는 모델 제시 전에 알아차린 것을 지속해서 분석하여 고객에게 반영 후 돌려준다.

TA 이론을 발전시키며 번Berne은 코치이와 공유할 수 있도록 언어를 단순화하는 의식적 선택을 하는 동시에, 일반적으로 감춰진 정신 현상에 주의를 기울였다(Stewart, 1992). 이것의 장점은 별도 TA 훈련을 받지 않아도 각 전문 영역에서 그 모델들을 사용할 수 있다는 것이다.

물론, 이는 효과적이고 적절하게 윤리적으로 적용되어야 한다. 그러나 TA를 사용하는 코치는 다음 내용을 따르는 것이 중요하다.

- 자신이 사용하는 모델을 완전히 이해하고 있다.
- 고객에게 모델을 공유하고 사용에 합의한다.
- 고객이 알아차림과 자신의 무의식 과정에 대한 통찰력을 얻도록 모델을 사용한다.
- 윤리적이고 전문 프랙티스에 적합한 표준을 가지고 일한다.

모델과 사용법 설명 전 다룰 마지막 측면은 '코칭 프레즌스^{presence}'이다. TA 코칭심리학자는 코칭은 그 관계에 온전한 자기로 임해야 하는 관계적 과정이라는 점을 지지한다. TA 코칭심리학자는 인간적으로 가능한 한 자율적^{autonomous}이어야 하며, 고객과 함께 작업할 때 자신의 생각, 감정을 완전히 알아차린 상태에서 이의 영향을 받지 않도록 하거나 고객 서비스에 사용할 수 있어야 한다. 또한 고객에 대해 깨어 있어 목소리 톤, 박자, 언어, 신체 움직임 등의 변화를 포착하고, 고객에 대해 알아차린 내용을 되돌려주어야 한다. TA 코칭심리학자는 도움이 되지 않는 자신의 생각, 감정 및 행동 패턴에 얽매여서는 안 되며, 이것이 작업을 방해하는 시점을 알아차릴 수 있어야 한다. 그리고 마지막으로 TA 코칭심리학자는 고객과 진정한 관계를 구축하는 능력이 있어야 하며, 고객이 얘기하는 것에 반응하는 그들의 정서를 기꺼이 표현해야 한다.

계약$^{the\ contract}$

TA는 본질에서 고객이 원하는 어떠한 변화라도 달성하는 데 TA 프랙티셔너와 고객이 공동 책임을 지는 것을 의미하는 계약 방법이다. TA는 개방성, 명확한 의사소통 및 상호 존중의 중요성을 강조한다.

이것은 각 당사자가 동등한 조건으로 관련된다는 가정에서 비롯된다. 코치이를 위해 일을 하는 것은 프랙티셔너(코칭심리학자)의 몫이 아니며, 코치이는 프랙티셔너가 그들을 위해 일을 해주기를 기대해서는 안 된다. 둘 다 변화 과정에 참여하는 것이 중요하며 둘 다 작업이 어떻게 공유될지를 명확하게 알아야 한다. 따라서 그들은 계약을 체결한다.

계약은 각 당사자의 책임에 대한 설명이다. 코치이는 자신이 바꾸고 싶은 것과 그 변화를 위해 해야 할 일을 나타낸다. TA 코칭심리학자는 코치이와 함께 이 작업을 수행할 의향이 있음을 확인한다. TA 코칭심리학자는 작업을 위해 자신의 전문 스킬을 최대한 활용할 것을 받아들이고, 작업에 대한 대가로 기대하는 보상을 설명한다. 계약을 맺는 법을 배우고, 계약을 통해 보고, 적절하게 변경하고, 다음 문제로 넘어가는 것은 자율성의 신호이다.

번Berne(1966)은 다음과 같은 세 가지 수준의 계약이 있는 것을 파악했다.

- 행정 계약administrative contract – 시기, 장소, 지급 등에 대한 합의. 하이Hay(2000)는 행정 계약을 절차적 계약administrative contract으로 이름을 변경했다.
- 전문 계약professional contract – 수행할 작업의 목표, 즉 결과 및 각 당사자가 프로세스에 기여하는 방법과 관련된다.
- 심리적 계약psychological contract – 계약 당사자 사이의 내재된 역학 관계. 일반적으로 말로 표현되지 않고 흔히 계약 당사자들의 의식적 알아차림을 벗어나는 영역이다.

계약은 다음을 명시해야 한다:

- 계약 당사자들은 누구인가
- 그들이 함께 수행할 것은 무엇인가
- 어느 정도의 기간이 소요되는가(장소, 시기, 빈도, 취소 방식)
- 과정의 목표 또는 성과는 무엇인가
- 성과를 달성했을 때 어떻게 알 수 있는가
- 그것이 고객에게 어떻게 유익할 것인가
- 수수료

TA 코칭심리학자가 코치에게 직접 지급할 책임이 있는 개인 고객과 협력하는 경우, 양자 계약을 맺을 수 있다. 이 경우 계약은 최소한의 절차적/전문적 수준으로 구성되어 간단할 것이다. 계약의 심리적 수준에 대해서는 다음에서 다룬다.

조직 TA 코칭심리학자는 다자간 계약으로 작업할 가능성이 더 크다(Hay, 2000). 따라서 계약은 시스템 내에서의 작업을 고려하게 되며, 계약 과정은 더 복잡한 경향이 있다([그림 23.2] 참조).

조직적 맥락에서 우리는 계약 내에 더 많은 참여자와 계약 과정에 추가되는 관계 복잡성을 설명한다.

계약에 여러 당사자가 있을 뿐만 아니라 여러 계약이 관련되어 있다([표 23.1] 참조).

TA 코칭심리학자로서 우리는 프로세스에 대한 모든 당사자의 이익을 핵심으로 하는 깨끗하고 안전한 계약을 수립하기 위해 다양한 수준의 계약을 사용할 수 있다. 계약의 절차적/전문적 측면은 역할과 페르소나를 반영하고 관계를 구성한다.

코치이와의 작업에 대한 코칭 계약을 체결할 때 TA 코칭심리학자는 코치이 및 직속 상사와 함께한다. 계약의 절차적/전문적 수준은 일반적으로 동의하기 쉽고 명확하고 깔끔한 질문을 통해 설정할 수 있다([표 23.2] 참조). 이러한 질문들은 TA에만 국한되지 않으며 모든 코치가 어떤 형태로든 활용할 수 있다.

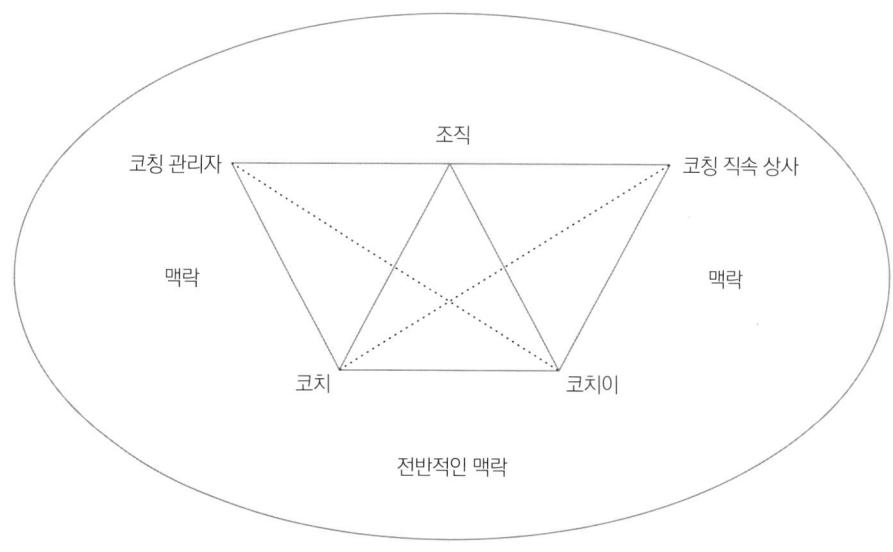

[그림 23.2] 다자간 계약

[표 23.1] 계약 당사자 이해하기

공식 계약은 다음 사항을 고려한다:
- 조직이 고객이다(비용은 조직에서 지급한다).
- 코치는 전문 서비스 제공을 위해 조직과 계약을 맺는다(계약 1). 이는 일반적으로 조직의 코칭 관리자(일반적으로 HR 또는 OD)를 통해 협상한다.
- 코치이는 일반적으로 고용 계약으로 조직과 계약을 맺는다(계약 2).
- 직속 상사는 조직과 계약을 맺고 있으며(계약 3), 그들의 책임 영역은 직원 개발을 지원하는 것이다.
- 코칭 관리자는 조직과 계약을 맺고 있으며(계약 4), 그들의 책임 영역은 직원 개발을 지원하기 위해 적절한 유형의 개입을 제공하는 것이다.

비공식적이고 암묵적 계약들:
- 코치는 코칭 관리자와 계약을 맺는다(계약 5).
- 코치이는 계발 활동에 참여하기 위해 직속 상사와 계약을 맺는다(계약 6).
- 직속 상사는 직원 계발을 지원하기 위해 코치이 및 코칭 관리자와 계약을 맺는다(계약 7).
- 코칭 관리자는 적절한 유형의 개발 개입을 제공하기 위해 직원과 계약을 맺는다(계약 8).

계약의 심리적 수준에 대한 설명의 중요성

이것은 교류 분석 접근의 차이를 만드는 계약의 측면이다. 계약의 심리적 수준은 눈에 보이지 않는다. 이는 계약 당사자의 마음에 있으며 당사자가 서로를 보는 방식과 서로 관계하는 방식을 반영한다. 그것은 신념/신화/소문/환상/이전 경험 및 무언의 기대사항을 설명한다. 우리는 계약의 심리적 수준에 합의하지 않는다. 그것은 코칭 프로세스가 시작되기 전에 존재한다. TA 코치는 계약의 바탕에 있는 역학 관계를 드러내기 위해 질문을 할 것이다([표 23.3] 참조).

[표 23.2] 작업 계약서 작성하기

절차적 수준
- 코칭 계약은 언제 시작됩니까?
- 얼마나 많은 세션이 계약될 예정입니까?
- 각 세션의 기간은 얼마입니까?
- 장소 예약은 누가 담당합니까?
- 취소는 어떤 방식으로 운영됩니까?
- 누구에 의해 어떤 문서가 작성 및 제공되어야 합니까?

[표 23.2] 작업 계약서 작성하기(계속)

전문적 수준

- 코칭 개입의 목적은 무엇입니까?
- 각 당사자가 바라는 성과는 무엇입니까?
- 결과에 대한 동의를 어떻게 얻어야 합니까?
- 성공을 어떻게 측정합니까?
- 코치는 관계상에서 무엇을 해야 합니까?
- 코치이는 관계상에서 무엇을 해야 합니까?
- 코치는 어떤 윤리 강령을 준수합니까?
- 기밀 유지 계약이란 무엇입니까?
- 조직은 어떤 피드백을 기대합니까? 누구에게서?
- 각 계약 당사자들의 역할과 책임은 무엇입니까?
- 코치이와 직속 상사는 코칭의 결과로 무엇이 변화되는지 어떻게 알 수 있습니까?
- 서로에게 어떻게 피드백을 줄 것입니까?

[표 23.3] 심리적 수준을 표면으로 드러내기

문의할 질문들

- 언급되지 않았으나 코치/코칭으로부터 코치이가 기대하는 것은 무엇입니까?
- 성공적인 결과를 얻는 데 방해가 될 수 있는 코치와 코치이 사이에서 발생할 수 있는 일은 무엇입니까?
- 코치이는 코칭 세션에서 무엇이 발생하기를 기대합니까?
- 계약 당사자 중 코치이가 '고착'되어 있다고 예상하는 사람이 있습니까?
- 과정에 참여하는 코치이의 동기는 무엇입니까?
- 코치이와 직속 상사는 코칭에 대해 어떻게 느끼고 있습니까?
- 언급되지 않았으나 코칭/코치에게 직속 상사가 기대하는 것은 무엇입니까?
- 계약 당사자들의 기대사항들은 무엇이며, 그것들은 얼마나 정렬되어 있습니까?
- 코치가 너무 집착하지 않고 코치는 코치이와 어떻게 동맹을 맺을 수 있습니까?
- 효과적으로 일하는 데 방해가 될 수 있는 코치의 스타일과 코치이 스타일은 무엇입니까?
- 각 당사자는 코칭에 대해 어떤 희망과 우려하고 있습니까?

상기 목록은 가능한 질문 유형의 예시이지만 사전 설명 목록은 아니다. TA 코칭심리학자는 세션이 진행될 때 계약 당사자 사이의 프로세스에 주의를 기울이고 그들의 직감을 신뢰하는 법을 배운다. 질문은 계약 과정에서 순간적으로 나타나는 것에 주의를 기울이는 과정을 통해 진화한다.

계약의 효과는 심리적 수준에서 결정된다. 즉 말하지 않은 것과 무의식이 계약을 방해할 수 있다. 따라서 이 수준의 근본적인 이슈들을 알아차리는 것이 더욱 중요하다.

인생 태도 life positions

"I'm OK, You're OK"는 무엇을 의미합니까?

"I'm OK, You're OK"는 교류 분석 이론/프랙티스/교육에서 암묵적 기본 내용이지만, 문장 의미가 문자로 구체화되지는 않는다. 그것은 단지 '나', '당신', 'OK', 'Not OK' 개념의 네 가지 가능한 조합 가운데 하나이다.

번Berne(1964, 1972)은 네 가지 인생 태도를 설명했다.

+ + I'm OK, you're OK (자기 긍정/타인 긍정)
− + I'm not OK, you're not OK (자기부정/타인 긍정)
+ − I'm OK, you're not OK (자기 긍정/타인 부정)
− − I'm not OK, you're not OK (자기부정/타인 부정)

교류 분석에서는 [그림 23.3]과 같이 OK 목장corral(Ernst, 1971)과 인생 태도life position를 동일시하는 경향이 있다. 스튜어트Stewart와 조인스Joines(2010)는 다음과 같이 말했다:

> 우리 각자는 네 가지 인생 태도 가운데 하나를 기반으로 각본을 작성하며 성인기에 이르게 된다. 그러나 우리는 매일 매시간 그 위치에 머물러 있지 않다. 분 단위로 우리는 위치 사이를 이동한다(p.123).

에른스트Ernst(1971)는 이러한 이동을 분석하는 방법을 제공한다. 우리는 분 단위는 말할 것도 없고 우리의 전체 삶의 운명을 빠르게 바꿀 수는 없다. 이 모델은 우리에게 멋진 대칭 이론을 보여주는데, 네 가지 인생 태도는 체계적인 방식으로 네 가지 가능성을 제공한다. 그런데도 다이어그램은 여러 관계에서 우리 행동을 검토하는 데 유용한 도구를 제공한다.

다른 사람들과 어울리기 위해 우리는 I'm OK, you're OK 철학으로 지내야 한다. 그러면 우리는 그 사람을 그의 행동을 더 잘 구별할 수 있다.

코칭에 이 모델을 사용하면 코치이가 특정 관계의 맥락에서 자신의 신념, 행동을 검토하고, 스트레스를 받을 때 취하는 경향이 있는 기본 태도 역시 이해할 수 있다. 이러한 이해를 통해 그들은 다른 선택을 더 잘 할 수 있다.

I'm not OK – you're OK –+ 어쩔 수 없는 떨어져 있는	I'm OK – you're OK ++ 건강한 함께 잘 지내는
I'm not OK – you're not OK – – 절망적인 아무 곳도 없는	I'm OK – you're not OK +– 적대적인 제거하는

[그림 23.3] OK 목장corral – 다른 사람과의 관계에서 자신을 보는 방법

어떤 코치이에게 가장 유용한가?

사람들은 발달 단계마다 다른 것을 필요로 하며, 코칭에 대한 다양한 접근은 잠재적인 코치이에게 자신의 필요에 가장 적합한 접근으로 작업할 수 있는 선택권을 제공한다. 인간의 정신은 다양하고 예측할 수 없으며 '정상적인 행동'은 찾아보기 어려운 상태이며, 많은 '비정상적인 행동'이 매일 보인다. TA 코칭심리학자는 더 깊은 탐구가 필요한 가능한 이슈들을 알아차리는 방법으로 징후의 반복, 변화하는 행동 및 이해되지 않는 반응에 주의를 기울인다. TA 코칭은 관련 이론을 통해 무의식적인 마음의 힘을 드러내고, 개인이 자신의 잠재력을 어떻게 방해하는지에 대한 통찰력을 창출하는 성찰 공간을 제공한다. 이러한 통찰력은 변화의 기회를 창출한다.

코칭에 대한 TA 접근 방식은 자기 인식, 자기 이해, 자기조절을 개발하려는 사람에게 가장 적합하다. TA 코칭의 기본 목표는 개인, 전문가, 사회/문화적 운영 환경과 관련하여 개인의 자율성을 높이는 것이다. 코치는 기꺼이 자기 성찰에 참여하고, 프로세스가 작동하도록 변화에 전념해야 한다.

사례 연구

피터Peter는 큰 규모의 지역 기관에서 최근 승진한 고위 관리자이다. 조직은 잘 개발된 코칭 전략을 가지고 있으며, 코칭은 강력한 육성 방법으로 인식된다. 피터는 이제 공식적으로 과거 동료였던 10명을 관리하고 있는데, 각 구성원과 전체 팀에게 자신의 권위를 주장하기가 어렵다는 것을 알게 되었다. 3개월 후 리뷰 미팅에서 상사는 코칭이 그의 새로운 역할 상의 도전과제 해결에 도움이 될 수 있다고 제안했다. 피터는 장기적인 효과가 제한적이었던 이전 코칭 경험이 있었다. 초기 미팅에서 피터는 그가 항상 자신을 주장하고 권위를 행사하는 데 문제가 있어 왔다고 말했다. 그는 자신을 더 잘 이해하고, 그 결과로 변화 전략을 개발하고 구현하기 위해 코칭 계약에 참여하는 데 개방적이었다.

다음은 앞에 제시된 두 개 모델을 사용해 피터와 함께 작업하는 TA 코칭심리학자를 보여준다.

계약의 심리적 수준을 표면에 드러내기

다음은 심리적 수준에서 내재한 역동 관계를 드러내는 예이다.

직속 상사 및 코치이와의 계약 세션에서 코치는 직속 상사를 초대하여 코치와 그녀의 업무 스타일에 대해 알고 싶은 것을 숙고한다.

코치: "제가 코치로 일하는 방법에 대해 어떤 질문이 있는지 궁금합니다."

직속 상사: "글쎄요, 저는 당신의 자격 증명내역을 확인했고, 당신이 코칭에 있어 '블랙 벨트'가 있다고 들었습니다." (웃음)

코치: "음, 그렇게 말할 때 웃으시는군요. 그것은 당신에게 무엇을 의미합니까?"

직속 상사: "저는 코치님이 터프해서 사람들을 놓아두지 않는다고 들었던 것 같습니다."

코치: "그럼 그것이 제가 피터와 함께 일하는 방식에 대한 당신의 기대사항에 어떤 영향을 미칠 수 있습니까?"

직속 상사: "좋은 질문입니다. 답이 뭔지는 잘 모르겠지만 피터는 과거에 코치가 있었는

데 아무런 차이가 없었습니다. 이번에도 코칭이 우리 조직에서 적합하지 않을 수 있습니다."

이 단계에서 코치는 사회적 수준의 메시지를 선택하고 심리적 수준의 메시지를 읽는다.

직속 상사: 사회적 수준: "내가 당신이 터프해서 사람들을 놓아두지 않는다고 들은 것 같습니다." 심리적 수준: "나는 당신이 피터와 일할 때 터프하게 하기를 원합니다."
직속 상사: 사회적 수준: "좋은 질문입니다. 답이 뭔지는 잘 모르겠지만 피터는 과거에 코치가 있었는데 아무런 차이가 없었습니다. 이번에도 코칭이 우리 조직에 적합하지 않을 수 있습니다." 심리적 수준: "그가 함께 일한 마지막 코치보다 더 터프해지지 않는다면, 당신은 이 조직에서 다시 일하지 못할 것입니다."

이 시나리오의 잠재력은 직속 상사가 코치가 코치이와 함께 일할 방법에 대해 무언의 기대를 가지고 코칭의 결과로 아무것도 변화되지 않았다고 느끼면 화가 나거나 좌절하는 것이다.

코치는 과정을 계속 진행한다:

코치: "그럼 상사께서 제가 터프하기를 원한다고 말할 때, 의미하시는 바를 이해하도록 도와주세요."
직속 상사: "흠, 저는 코치께서 피터에게 도전하기를 바랍니다. 저는 그의 지난번 코치가 그렇게 했다고 생각하지 않습니다."
코치: "그러면 제가 그에게 도전하고 있다는 것을 어떻게 상사분께서 아시도록 할 수 있을까요?"
직속 상사: "우리가 이미 논의한 변화들을 제가 볼 수 있기를 기대합니다."
코치: "그럼 피터, 지금 나온 얘기에 대해 어떻게 생각하세요?"
코치이: "저는 존John이 옳다고 생각합니다. 저는 도전 받을 필요가 있습니다."
코치: "그럼 도전받을 준비가 얼마나 되어 있습니까?"
코치이: "저는 제가 지난번보다 더욱 준비되어 있다고 생각합니다."

코치: "그럼 존, 오늘 우리가 체결하는 이 계약의 일환으로, 피터에게 어떻게 도전하시겠습니까?"

직속 상사: "당신은 터프하군요, 나는 이것에 도전받고 있는데, 그것은 내가 다르게 행동해야 할 일에 대해 생각하게 만들기 때문에 좋은 것 같습니다."

코치: "저는 코칭 과정과 우리 각자가 가진 역할과 책임에 대해 명확하게 하는 것이 중요하다고 생각합니다. 이것이 제가 이것을 얘기하는 이유입니다."

직속 상사: "저는 당신이 지금 하는 일을 이해합니다. 저는 피터를 지원할 준비가 되어 있어야 합니다. 그래서 저는 그를 다른 방식으로, 더 직접적으로 도전해야 합니다."

코치: "피터, 당신이 코칭의 목표를 달성하기 위해 도전 방법 측면에서 존으로부터 필요한 것은 무엇입니까?"

코치이: "글쎄요, 저는 그가 2주마다 열리는 회의에서 저와 함께 확인해 주셨으면 합니다. 저는 또한 제가 다르게 수행하고 있는 것을 알아차리시면 (존에게 직접 이야기하며) 상사께서 저에게 말해주셨으면 합니다."

코치: "그러면 제가 듣고 있는 것을 요약하겠습니다…."

대화를 더 진행한다:

코치: "존, 상사께서는 코칭의 한 가지 성과가 피터가 자기 주장을 할 수 있는 능력을 개발하도록 돕는 것이라고 언급했습니다. 피터가 상사분에게 더 단호한 태도를 보이는 것을 어떻게 대처하시겠습니까?"

직속 상사: "그가 단호한 자세를 보여야 하는 것은 내가 아니라 그의 팀입니다."

이 단계에서 코치는 사회적 수준의 메시지를 선택하고 잠재적인 심리적 수준 메시지를 읽는다.

직속 상사: 사회적 수준: "그가 단호할 필요가 있는 것은 내가 아니라 그의 팀과 함께 합니다." 심리적 수준: "나는 그가 나에게 주장하기를 원하지 않습니다." 목소리 톤은 상당히 싸늘했고, 잠재적으로 심리적 수준에서 위협을 전달했다. "그가 나

에게 단호하게 행동하도록 조장하지 마십시오." 또는 "그가 나에게 단호하지 않은 것이 좋습니다."

코치는 계속 진행한다.

코치: "저는 우리의 이전 대화에서 피터가 좀 더 일반적으로 더 단호해야 한다고 들었습니다. 제 생각은 이것이 바람직하다면, 그가 상사분에게 더 단호하게 대하는 것이 적절할 때가 있을 수 있습니다."

직속 상사: "저는 그것에 대해서는 잘 모르겠습니다."

코치: "피터가 해야 하는 말을 얼마나 기꺼이 들으시겠습니까?"

직속 상사: "말해 보게. 피터."

코치이: "이 말을 하기가 힘드네요. 그렇지만 존, 저는 제가 당신에게 좀 더 단호한 태도를 가져야 한다고 생각합니다. 저는 당신에게 의사결정을 미루고 제가 타당하지 않다고 생각하는 것에도 동의하는 경향이 있습니다."

코치: "제가 방금 들었던 것은 지금 피터가 존, 당신에게 단호한 태도를 보였다는 것입니다. 그것에 대해 어떻게 느끼세요?"

직속 상사: "저는 지금 제 자신을 정당화하고 싶어요. 그리고, 그가 저에게 더 단호해져야 한다는 것에 대해서는 지금까지 생각해보지를 않았습니다."

코치: "그럼 그가 방금 했던 것을 할 가능성을 방금 깨달았다면, 향후에는 어떻게 대응하시겠습니까?"

직속 상사: "저는 그를 지원하기 위해 최선을 다할 것이며, 저에게 미루는 것에 주의를 기울일 것입니다. 피터. 제 생각으로는 당신은 자신이 생각하는 것을 말하는 것이 더 낫습니다."

대화는 코칭 과정의 결과뿐만 아니라 이러한 결과를 달성하기 위해 일하는 데 있어 우리의 다양한 역할/책임에 대한 명확성을 확립하는 방식으로 진행되었다.

TA 계약 프레임워크를 사용 시, 효과적 계약이 성립될 수 있다. 그것은 관계의 경계를 설정뿐 아니라 좋은 작업을 가장 자주 방해하는 무의식의 측면을 인식하게 한다.

인생 태도 이해하기

이 세션에서 코치이는 타인들의 도전을 더 잘 수용하기 위해 노력하고 있다. 그는 CEO의 도전을 받아들이기가 어렵다는 것을 알게 된다.

코치: "CEO의 도전을 받았을 때 어떤 점이 다른 것을 알아차렸나요?"
코치이: "좀 더 긴장됩니다. 저는 곤혹스러울 것 같아요."
코치: "곤혹스럽다구요?"
코치이: "음, 아마도 제가 곤란해질 거에요. 저는 대답을 못할 테지요."
코치: "그럼 CEO 물음에 대한 모든 답을 알아야 합니까?"
코치이: "흠, 그렇지 않으면 바보처럼 보일 거에요 – 전문가가 되어야 한다는 뜻이에요."
코치: "전문가가 모든 답을 가지고 있다고 생각하시는 것 같습니다."
코치이: "글쎄요. 재밌네요. 동료들과 대화를 나눌 때 그런 느낌이 들지 않아요. 저는 더 개방적이며 질문들을 하지만, 여전히 전문가입니다."
코치: "그러면 CEO의 도전을 받으면 어떤 일이 발생하게 됩니까?"
코치이: "모르겠어요. 단지 CEO뿐만이 아니에요. 나보다 낫다고 생각하는 사람들과 함께 있는 경우 그렇습니다."
코치: "당신이 나보다 더 나은 사람들이라고 얘기하는 것이, 당신에게 어떤 의미가 있습니까?"
코치이: "시니어이거나 더 자격을 갖춘 사람들입니다. 저는 항상 특정 사람들과 있으면 그렇게 되었어요."
코치: "당신에게 익숙한 패턴인 것 같습니다."
코치이: "네, 그런 것 같아요. 항상 그런 것은 아니지만, 확실히 그런 부분이 있어요."
코치: "저는 당신에게 도전하고 있습니다. 그것에 대해 어떻게 생각하세요?"
코치이: "당신은 저를 곤란하게 하려고 하시지는 않거든요."
코치: "당신은 다른 사람들은 당신을 곤란하게 한다고 확신하는 것 같습니다."
코치이: "글쎄요. 다른 사람들은 그런 것 같아요."

이 시점에서 코치는 OK 목장corral 모델을 공유할 것을 제안하고 코치이는 이것이 도움이 될 수 있다는 데 동의한다.

코치: "그럼, 모델에서 CEO가 당신에게 도전할 때 당신은 어떤 창을 보고 있습니까?"
코치이: "I'm not OK - you're OK에요."
코치: "제가 제대로 기억한다면, 당신은 CEO와 함께하는 것이 아니라, 당신보다 낫다고 생각하는 사람과 있는 것 같다고 얘기했었습니다."
코치이: "그것과 같은 위치에요. 저를 사기꾼으로 보기 전에 제가 그런 느낌을 받는 사람들에게서 벗어나고 싶어요."
코치: "방금 말씀하신 것에서, 스스로에 대한 강한 판단을 들었습니다. 어떤 면에서 당신이 사기꾼이라고 생각하십니까?"
코치이: "글쎄요, 당신이 그렇게 말하니, 저는 사기꾼이 아니에요. 그렇지만 어떤 상황에서는 저 자신에 대해 괜찮다고 생각하지 않아요."
코치: "그럼 자신에 대해 괜찮다고 느낄 때는 무엇이 다른가요?"
코치이: "음, 저는 'OK/OK' 창을 통해 보고 있어요."
코치: "그럼 그것을 가능하게 만드는 것은 무엇입니까?"
코치이: "저는 자신감이 있고, 현실에 기반을 두고 있다고 느껴요. 그리고 지식이 있어요."
코치: "그럼 무엇이 당신이 자신감 있고, 근거 있고 지식이 있다고 느낄 수 있게 하나요?"
코치이: "음, 권위에 대한 것 같아요. 저는 저보다 더 많은 권위를 가진 사람들에 둘러쌓이면 불안감을 느껴요."
코치: "그런 패턴이 당신에게 얼마나 익숙합니까?"
코치이: "아주요. 항상 그랬던 것 같아요."
코치: "그리고 저는 당신이 달라지는 때가 있다고 지난번에 들었습니다."
코치이: "맞아요, 우리가 지난번에 얘기했던 그렘린이 나오는 때예요. 그렘린이 튀어나와 내 귀에 속삭여요."
코치: "그래서 특정 상황에서 특정한 사람들과 함께 있을 때, I'm not OK/You're OK 라는 것으로 들립니다. 그렘린이 활동하기 때문인가요?"
코치이: "맞아요."

코치:	"그렘린이 뭐라고 하나요?"
코치이:	"닥치는 게 좋을 텐데, 너는 들통나게 될 거야."
코치:	"그렘린 목소리를 들을 때는 어디에 있습니까?"
코치이:	"음, 저는 모르겠어요." (웃음) "정말 도움이 되지 않아요. 저는 그것이 나를 제한한다고 생각해요."
코치:	"그럼 다음에 그렘린의 말을 듣고 그 장소로 향하는 자신을 느낄 때, 자신을 I'm OK/You're OK 위치에 머무르기 위해 무엇을 할 수 있습니까?"
코치이:	"저는 그것이 일어나는 것을 알아차린다고 생각해요. 거의 무의식 상태인 것 같아요. 저는 부적절함을 느끼기 시작했어요. 그래서 제가 머무르기 위해 할 수 있는 일이 있어야 해요."
코치:	"그게 뭐가 될 수 있을까요?"
코치이:	"이것이 약간 어리석은 것처럼 들릴 수도 있지만, 내일 CEO와 회의할 예정인데 손바닥에 ++를 쓰려고요. 저는 그것이 저에게 이 이론을 상기시키고 제가 머무르는 데 도움이 될 것이라고 생각해요. 그렘린의 목소리에 맞서기 위해 시각적인 무언가를 갖는 것이 도움이 될 것이라고 생각해요."

이 예에서 코치이는 이것이 권위에 대한 문제이며, 이전의 메시지를 재생하고 있음을 이해하기 시작한다. 모델의 단순성 덕분에 그는 무슨 일이 일어나고 있는지 탐색하고 이전 메시지에 대응하고 지금 여기에 머물기 위한 전략을 개발할 수 있다.

요약

이 내용은 교류 분석의 두 가지 이론 개요를 제공하기 위해 작성되었다. 사례 연구는 이론을 독립형 모델로 사용하여 실제 코칭에서 발췌한 내용을 제공한다. 실제로 코치이와 함께 일할 때 TA 코칭심리학자는 코치이 이야기의 다른 조각들을 연결하여 코치이의 무의식에 대한 통합된 그림integrated picture of the coachee's unconscious을 만드는 것을 돕는다. TA 코치는 고객이 자율성을 향한 여정journey to autonomy에 협력하여, 오래된 도움 되지 않는 패턴을 인식하고 다른 선택하도록 지원한다.

논의 포인트

교류 분석에서 우리는 다른 사람들과 함께 사용하기 전에 우리 자신을 이해하고 변화시키기 위해 이론을 사용한다. 이를 염두에 두고:

1. 당신이 읽은 내용을 생각할 때, 어떤 점에서 교류 분석이 끌리고, 어떤 점에서 그렇지 않은가?
2. 고객과의 계약을 개발하는 방식을 향상하는 계약하기 모델contracting model에서 무엇을 얻을 수 있는가?
3. 자신과 고객에 대한 통찰력 만들고 알아차림을 향상하기 위해 제공된 이론을 어떻게 시작할 수 있는가?
4. 당신이 도전받아 왔던 전문적 관계professional relationship를 생각할 때, 인생 태도 이론life position theory이 어떻게 역동 관계dynamic를 이해하는 데 도움이 될 수 있는가?

추천 읽기

Hay, J. (2009). *Transactional Analysis for Trainers*, Second Edition. Watford: Sherwood Publishing.
Mountain, A., & Davidson, C. (2011). *Working Together*. Farnham: Gower.
Stewart, I., & Joines, V. (2010). *TA Today*, Second Edition. Nottingham: Lifespace Publishing.
Widdowson, M. (2010). *Transactional Analysis: 100 Key Points and Techniques*. London: Routledge.

참고 문헌

Berne, E. (1964). *Games People Play*. New York: Grove Press.
Berne, E. (1966). *Principles of Group Treatment*. New York: Grove Press.
Berne, E. (1972). *What Do You Say After You Say Hello?* New York: Grove Press.
Ernst, F. (1971). The OK Corral: The Grid for Get on With. *Transactional Analysis Journal*, 1, 4, pp. 231–240.
Hay, J. (1995). *Donkey Bridges for Developmental TA*. Watford: Sherwood Publishing.
Hay, J. (2000). Organizational TA: Some Opinions and Ideas. *Transactional Analysis Journal*, 30, 3, pp. 223–232.
Howard, S. (2006). *Psychodynamic Counselling in a Nutshell*. London: Sage Publications.
International Transactional Analysis Association. *Definition of TA*. www.itaaworld.org
Stewart, I. (1992). *Key Figures in Counselling and Psychotherapy: Eric Berne*. London: Sage Publications.
Stewart, I. (2007). *Transactional Analysis Counselling in Action*, Third Edition. London: Sage Publications.
Stewart, I., & Joines, V. (2010). *TA Today*, Second Edition. Nottingham: Lifespace Publishing.
Widdowson, M. (2010). *Transactional Analysis: 100 Key Points and Techniques*. London: Routledge.
Wilson, S. (2010). Autonomy & The Growing Edge: The Coaching Journey. In *Keeping the TAO Torch Alight: Reading after Berne*. Utrcht: PD Publications.

# 24장
코칭 및 코칭심리학 프랙티스에서 시스템 컨스텔레이션 접근

저자: 제이크 파[1]Jake Farr, 맷 셰퍼드[2]Matt Shepheard
역자: 강준호

서론

코칭에서 시스템 컨스텔레이션system constellation 접근은 코치이가 속한 시스템 맥락에서 코치이와 문제를 본다. 선형적, 개인내면, 대인관계, 인지적 접근 방법으로는 보이지 않거나 적용할 수 없는 역동 구조, 정보, 자원을 드러내는 대체물/대역 매핑mapping 방법론을 사용한다.

모든 시스템과 관계적 상호작용의 근저에서 영향을 주고 있는 원칙들을 기반으로 작업하며, 컨스텔레이션 코치는 코치이와 함께 흐름flow을 재설정하기 위해 균형이 맞지 않는 시스템 요소에 주의를 기울인다.

모든 것은 시스템 맥락 내에서 발생하므로 시스템 관점을 적용할 경우, 코치이는 더 많은 것을 받아들일 수 있고, 흔히 고착된 느낌으로 인해 또는 이슈가 반복되거나 이슈가 시스템의 다른 곳에서 다시 드러나면서 알아차리게 되는 복잡한 패턴과 얽힘이 드러난다.

이 작업은 타 분야 전문가들(특히 게슈탈트 프랙티셔너)에 의해 채택, 적용되었지만 인본주

---

[1] 제이크 파Jake Farr MSc, MA, CPsychol은 숙련된 OD 컨설턴트이자 코칭심리학자이다. 시스템 컨스텔레이션 심리치료에 대한 그녀의 훈련과 몰입은 민간 또는 공공 부문 조직의 리더, 전환 프로그램을 주도하는 임원, 이사회와의 팀 개발 또는 장기 치료 작업의 고객과 함께하는 모든 작업을 풍부하게 한다. Email: jake@apodltd.com
[2] 맷 셰퍼드Matt Shepheard는 Third Sector에서 조직을 이끌었고 시스템 코치, 촉진자, 피료사로 일하고 있다. 그는 교육 신탁 프로그램 책임자이며 그룹 워크샵과 일대일 세션에서 시스템 컨스텔레이션과 협력하여 조직 및 가족 체계 문제에 작업을 적용한다.

의적, 초개인적, 세대를 초월한 전체론적 접근holistic approach이다.

코칭에서 시스템 컨스텔레이션 발전

시스템 컨스텔레이션은 베르트 헬링거Bert Helinger(Hellinger, Beaumont & Weber, 1998)의 작업 방식인 '가족 세우기family constellations'로 시작되었으며, 특히 네 명의 저명한 시스템 지향 심리학자: 야곱 모레노Jacob Moreno, 에릭 번Eric Berne, 버지니아 사티어Virginia Satir 및 이반 보소르메니 나기Ivan Boszormenyi-Nagi(Cohen, 2009)를 포함한 많은 이론적 내용을 활용한다. 이 작업은 주로 독일어권 국가에서 1970년대 후반부터 1990년대 중반에 처음 개발되었다. 헬링거Hellinger의 가족 시스템에 대한 접근은 컨스텔레이션 적용(본질에서 시스템에 대한 물리적 대체물/대역 매핑)이 독특한데, 커플 치료, 팀, 조직 작업, 교육 및 아픔, 질병 작업과 같은 다양한 시스템 환경, 분야에서 개발 및 적용되었다.

군터 베버Gunther Weber는 그가 편집하고 헌터 버몬트Hunter Beaumont(Hellinger, Beaumont & Weber, 1998)에 의해 영어로 번역된 『두 행운Zweierlei gluck』(1993)의 출판 라이선스를 통해 헬링거Hellinger의 작업을 대중들에게 소개한 것으로 알려져 있다. 버몬트는 1991년 런던 게슈탈트 센터에서 열린 교육 세션에서 헬링거Hellinger의 작업을 영어권 세계에 소개했다.

현재 시스템 컨스텔레이션은 가족 분야를 넘어 적용되고, 또한 (비록 많은 사람이 이러한 방식으로 컨스텔레이션을 처음 접하는 경우가 많지만) 헬링거Hellinger의 대규모 워크숍 방식 역시 넘어섰다. 시스템 코치는 대부분 일대일로 작업하는데 테이블 위에 '조각pieces'을 사용해 시스템 요소를 나타내거나, 방바닥에 플로우 마커floor marker를 표시하여 시스템 요소를 나타낸다.

이론 및 기본 개념

이 작업의 철학, 접근은 배우고 적용하는 데 시간이 걸리지만 몇 가지 기본 내용과 원칙은 다음과 같다.

알지 못함 not knowing

주목하는 것에 의도 없이 현상학적 접근을 유지하는 것이 시스템 코치 작업의 핵심이다(Ulsamer, 2008). 시스템 코치는 선입견, 변화 의도 없이 코치이와 컨스텔레이션을 보며, 해결책보다는 '무엇인가'를 보고 인정하는 데 중점을 둔다.

관찰자 태도를 유지하며 '알지 못함'에 머물게 되면 새로운 것이 드러난다(Schneider, 2007). 따라서 시스템 코치는 패턴 인식과 현상학 사이의 긴장감을 유지한다.

이런 방식으로 일하는 데 필요한 것은 코치가 '알지 못함'의 태도를 유지하는 방법이다(Whittington, 2012). 우리가 미지의 것을 존중하는 마음으로 개방적으로 직면할 수 있고, 알기 위해 서두르지 않고 해결책이 필요 없는 내면의 빈 공간을 만들 수 있다면, 더 큰 미지의 것과 우리를 이끄는 힘들과 관련해 우리 자리를 차지하게 된다(Ulsamer, 2008). 드러난 것에 겸손하고 존중하는 마음으로 이 자리를 차지하면 통찰력을 높일 수 있다.

장場, 시스템 system, 자기 self

간략히 이 기본 원칙은 한 개인이 가지는 시스템 구성원으로서의 소속감은 개인에게 영향, 충격을 주는 내재된 무의식적 역학 구조의 지배를 받는다는 것이다(Horn & Brick, 2009). 이러한 역동은 시스템 내에 존재하며 개인에게 작용한다. 시스템을 그 자체로 살아있는 유기체로 보는 것이 도움이 된다.

인간은 근본적으로 사회적 또는 무리를 짓는 동물이며 소속감은 생존과 관련이 있다(Ruppert, 2008). 본능적으로 함께 움직이는 버팔로, 새, 물고기 무리를 관찰하는 것과 마찬가지로, 개인을 인도하고 집단을 보호하는 지배 원칙 governing principle이 있다(Schneider, 2007). 시스템 코칭은 전체적 관점을 보이므로 고객에게서 확장하여 그들이 자리하고 있는 더 큰 시스템을 볼 수 있다. 이렇게 확장된 맥락에서 볼 때 이슈/도전과제는 다르게 조명되고 이해된다.

이 관점을 적용하면 개인에게 발생하는 문제, 이슈, 도전은 시스템 내에 위치하고 '전체 시스템' 관점을 통해 파악된다. 시스템 프랙티셔너는 드러난 증상 symptoms에 대해 우호적인 견해를 가졌는데, 이를 표지 signposts로 삼아 고객을 시스템 불균형으로 이끌고 문제로 그것을 드러내는 진정한 인과 지점, 원래의 사건으로 이끈다(Franke, 2005). 이는 개인의 영향력이나 개인 역량/자원 영역에서 장애물, 문제의 근원을 찾는 것과는 반대이다(Franke, 2005). 이 관점은 우리가 원인과 결과의 개념에 도전할 것을 요구할 수 있는데, 우리는 이것이 항상 시간/공간에서 선형적인 방식으로 관련되지 않는다는 것을 알기 시작한다. 시스템 세우기는 우리가 잘못된 곳에서 해결책을 찾거나, 단순히 원인이 아닌 증상을 치료하려고 할 때 우리가 알 수 있도록 도와준다. 센게Senge(1990)는 내재적 원인보다는 증상의 빠른 개선에 초점을 맞춘 개입은 단지 일시적인 완화만을 가져오고 더 큰 압력을 만들어 낼 수 있다고 강조한다. 대조적으로, 시스템 관점은 문제를 시스템 불균형의 해결책 또는 반영으로 본다. 우리는 역동 구조, 증상이 실제로 시스템에서 어느 자리에 속하는지, 그리고 그것이 더 의미가 있는 자리가 어느 곳인지를 묻는다. 증상을 나타내는 목적은 무엇이며, 이것을 시스템 차원에서 해결하려면 무엇이 필요할까?

시스템 관점을 통해 개인은 자신을 중심인물로 인식하는 주관적인 관점에서 다른 사람들과 마찬가지로 여러 부분으로 구성된 시스템의 일부인 자리로 이동한다. 중요한 것은 '너' 또는 '나'가 아닌 '우리 사이의 공간'에 위치하게 된다. 게슈탈트 이론가들은 이를 '장場field에서 하나의 기능을 담당하는 자기self'라고 설명한다. 게슈탈트 치료의 창시자들은 이것을 "유기체와 환경 사이의 경계에서 경험이 일어난다."라고 설명한다(Perls, Hefferline & Goodman, 1951, p.227). 우리는 하나의 고정된 '나'가 있다는 생각을 넘어 우리의 자기 개념과 행동, 능력이 접촉 환경에 의존한다는 생각에 열려 있어야 한다. 시스템 컨스텔레이션 코치는 이것을 '관계망matrix 내 우리의 자리에 의존한다'라고 표현한다. 이 작업으로 우리가 다른 시스템의 다른 자리에 서 있을 때 발생하는 자기 감각의 변화에 대해 알아차릴 수 있다. 우리는 관계 패턴과 관계가 발생하는 맥락을 더 많이 살펴보기 시작한다. 우리가 그림을 확대하면서 우리 이야기, 아이디어는 도전받고 새로운 가능성이 나타날 수 있다. 이러한 확장된 관점을 포함하기까지 코치이와 코치의 설명은 당연히 불완전하다.

시스템 컨스텔레이션 접근은 우리 모두를 연결하며 정보를 얻을 수 있는 앎(정보)informing의 장場이 존재한다고 가정한다. 루퍼트 셀드레이크Rupert Sheldrake의 형태장morphic field과 형태장 공명morphic resonance은 이러한 연결 장을 가리킨다(Sheldrake, 2004). 유명한 사례는 집에 있는 개가 주인이 집에 돌아오는 것을 감지하고 앎의 연결 장을 통해 이를 알아채는 것이다. 셀드레이크Sheldrake는 개인이 활용하고 기여하는 집단 기억collective memory에 대해 이야기하는데(Sheldrake, 2009), 그것이 시스템 코치가 탐구하는 장이다.

양심 conscience

집단에 속한다는 것은 생존 개념과 연결되어 있으며, 인간 시스템 내에서 우리의 행동과 선택에 영향을 미치는 것은 소속의 필요성이다(Schneider, 2007). 시스템 작업에서 '양심'의 개념은 우리가 집단에 속하도록 안내하는 내적 감각을 설명하는 데 사용된다(Horn & Brick, 2009). 개인 양심은 우리가 본질에서 집단 내 소속의 원칙을 파악하고 준수하는 수준이다(Hellinger, Beaumont & Weber, 1998). 우리는 우리가 충성스럽게 행동하는지 또는 우리 행동이 소속을 위협하는지에 대한 감각을 지니고 있다. 이러한 양심은 옳고 그름, 도덕 기준의 관념 너머에 있고, 오히려 그것은 주로 개인 소속을 유지하는 것과 관련이 있다(Schneider, 2007). 우리는 우리 시스템에 속하는 원칙, 행동을 채택한다. 가족 시스템, 조직 시스템에 속하기 위해 코치이에게 요구되는 것은 무엇인가? 특정 시스템의 소속 원칙이 코치이를 어떻게 제한하거나 차단하는가? 코치이에게 이것들이 일단 드러나 보이면 이러한 한계를 얼마나 넘어설 수 있는가?

소속감을 지키는 개인 양심뿐만 아니라 전체의 무결성에 봉사하는 시스템, 집단 양심이 있다. 이 수준에서 집단 구성원은 집단 생존 보호를 위해 부름을 받으며, 시스템이 개인보다 우선한다(Schneider, 2007). 여기에서는 조직의 완전성, 무결성, 생존을 뒷받침하는 구성원 자격 조건이 우선순위에 있다. 동물 무리가 포식자에게 위협을 받으면 한 구성원이 무리를 구하기 위해 무리에서 이탈한다. 사회 평론가 바바라 에런라이크 Barbara Ehrenreich는 무리를 보호하기 위해 죽는 희생 제물의 개념에 대해 포식자가 희생자를 차지할 때 무리가 어떻게 이완되고 잠시동안 안전해지는가를 설명한다(Ehrenreich, 1998). 시스템적 양심은 시스템이 균형/완성/포용을 추구함에 따라 우리를 더 큰 전체를 위해 봉사하도록 우리를 소환한다. 이러한 집단 양심은 자각에서 벗어나 작동하며, 개인 니즈를 고려하지 않는다.

컨스텔레이션은 다양한 수준의 양심을 볼 수 있게 하여 이러한 강력한 역동을 드러내고 코치이를 어떻게 제한 또는 지원하는지 보여준다. 우리는 현재 증상이 무엇에 대한 무의식적인 표현인지를 묻는다. 시스템 수준에서 균형이 맞지 않는 것은 무엇인가? 컨스텔레이션에서 코치는 코치이에게 개인 양심이 중단되고 더 큰 집단 양심이 어떻게 그들을 봉사하도록 소환하는지, 이것이 개인에게 어떻게 나타나는지 볼 수 있는 기회를 제공한다.

질서들 the orders

헬링거Hellinger, 버몬트Beaumont, 그리고 베버Weber(1998)는 시스템 내에서 작동하는 것은 본능적 질서의 힘들, 보이지 않지만 강력한, 결정적으로 작동하지만 보이지 않는 중력과 매우 유사하다고 설명한다. 가족과 달리 조직 내에서 이러한 기능의 작동 방식에 미묘한 차이가 있지만, 질서의 역동 구조는 소속, 시간/장소의 위계, 구성원 간 주고받기/교환의 균형과 관련이 있다.

개인을 가로막는 것이 무엇인지 파악할 때, 우리는 자연적인 시스템 질서들을 보고 가족/조직 내에서 제외된 자리를 확인한다.

이러한 질서들이 존중되지 않거나 따르지 않을 경우, 시스템은 흔히 개별 구성원의 대가를 치르고 자체적으로 보상하고 균형을 잡으려고 한다. 이것은 반복적인 행동, 고착, 잠재력 달성에 장애물, 심지어 신체적 증상으로 나타난다.

소속 belonging

이 질서의 힘은 시스템에 속할 권리와 관련이 있으며, 사람들이 부당하게 제외 또는 해고될 때 균형이 맞지 않는다(Horn & Brick, 2009). 이 질서가 위반되면 조직 내에서 제외 충동이 발생하는데, 개인들이 제외된 사람들의 역사를 대표하도록 요청받으며, 무의식적으로 패턴을 반복하거나 잠재력을 제한당한다. 귀속과 떠남이 적절하게 존중될 때 시스템이 편안해지는 느낌이 들며 사람들 역시 편안하게 느끼고 집단의 소속 규칙에 동의할 준비가 된다.

시간과 장소 time and place

이 질서들은 그룹 내의 위계, 기능에 관한 것이다. 조직 원칙으로서의 시간은 과거, 현재, 미래의 사람, 사건들의 자리를 정한다. 이러한 원칙은 역사의 영향과 과거에서 현재와 미래로의 선형적인 시간 흐름과 관련이 있다. 그 안에서, 시간상 처음 온 사람, 사건들은 나중에 온 사람, 사건들보다 특정한 우선순위를 갖는다. 과거가 영예롭게 여겨지고 존중되며 그것의 자리가 있을 때, 나중에 오는 사람들은 이것을 자원으로 활용하여 현재에 서서 미래를 향해 바라볼 수 있다(Whittington, 2012).

모든 사람이 시스템에서 '올바른right' 또는 최적의 자리를 차지할 때 흐름, 편안함, 힘이 있다. 올바른 자리에 있는 것은 자신이 누구인지와 자신을 경험하는 방식에 영향을 준다

(Whittington, 2012). 조직에서 우리는 여러 자리를 가지고 있다 – 내가 여기에 얼마나 오래 있었는가? 나는 몇 살인가? 위계 구조에서 내 기능적 포지션은 무엇인가? 내가 얼마나 많은 책임을 지고 있는가? 가족 내에서는 이것이 더욱 명확하다 – 내가 첫째 자녀인가, 둘째인가? 나는 부모인가, 자녀인가? 나는 자녀인가, 배우자인가? 개인들이 시스템의 비워진 부분을 채우기 위해 의도치 않게 자신들의 진정한 위치에서 벗어나 행동하면 그들의 능력이 제한되거나 주변 사람들의 능력을 제한하게 된다.

교환 exchange

이 질서의 힘은 시스템 내 요소들/사람 간 주고받는 균형의 필요성과 관련이 있다. 이것은 관계를 만들고 결속시키는 공정한 교환, 조절 리듬을 위한 원동력이다. 주고받는 균형 감각은 개인 수준에서 알아차리지만, 또한 시스템 전체에 걸쳐 작동한다(Whittington, 2012).

교환은 주고받기의 조율이다. 받는 행위는 주려는 충동을 유발한다. 사람들은 그들이 속한 조직에서 주고받기의 공정한 균형이 있을 때, 관계가 욕구의 상호 의존성을 기반으로 하는 곳일 때 번성/번영 flourish한다. 과도하게 주거나, 너무 많이 받거나, 불공정한 이익을 취하는 것은 모두 시스템에서 증상으로 나타나는 반응으로 이어질 수 있다(Hellinger & ten Hovel, 1999). 코치는 주고받기를 서로 필요로 하는 활동으로 보고 유대감, 소속감을 지원할 수 있다.

결과 및 자질 consequences and qualities

질서의 불균형 해결을 위해 후대 시스템 구성원이 소환되는 경우, 개인은 다른 사람들의 운명에 얽혀 무의식적으로 시스템의 다른 부분과 과도하게 동일시될 수 있다. 무의식적으로 다른 사람에게 속한 짐을 지거나, 시스템의 과거 구성원 행동에 대해 속죄하려고 시도한다. 이것이 균형과 완성을 추구하는 행동으로 드러나는 시스템적 양심이다(Franke, 2003). 컨스텔레이션 코치에게 필요한 자질은 비난을 넘어서는 명확한 의도를 바탕으로 한 코치/코치이/시스템 모두에 대한 존경, 감사, 포용이다.

프랙티스

시스템 컨스텔레이션 원칙은 개인과 팀/이사회 코칭 모두에 적용될 수 있다. 컨스텔레이션의 목표는 모든 사람이 시스템 내에서 올바른 자리를 찾을 수 있도록 이전에 숨겨지거나 가려진 것을 드러내어 시스템의 목적이 더 쉽게 수행되고, 리더들의 흐름을 자연스럽게 하는 것이다.

편의상 개인 상황에서의 기법을 보여주지만, 많은 단계가 직간접적으로 팀, 이사회 코칭으로 전환될 수 있다.

> [박스 24.1] Rumi
>
> 잘못한 일, 옳은 일을 한다는 생각 너머에 장場이 있습니다. 나는 그것에서 당신을 만납니다. 영혼이 그 풀에 누울 때 세상은 너무 꽉 차서 이야기할 수 없습니다. 생각, 언어, 심지어 '서로'라는 문구조차 이해되지 않습니다.
>
> Mevlana Jelaluddin Rumi, 13세기

계약하기 및 초기 인터뷰

코치/코치이는 탐구하는 이슈, 시스템 명확화 작업을 함께한다. 이 명확화 작업은 코치이 니즈를 수집하는데, 질문/조사가 이러한 니즈에 적절히 연계되고, 코치이가 프랙티스할 수 있는 영역 내에 명확히 있는 경우에 가장 효과적이다.

이슈가 해결되면 코치이에게 무엇이 달라지는지에 대한 설명을 포함하여 일단 이슈가 명확해지면 코치/코치이가 함께 작업하며, 시스템 내에서 이슈와 관련된 핵심 요소들을 파악한다. 코치는 코치이의 이슈 설명에 너무 빠지지 않도록 알아차려야 한다. 당연히 코치이는 이야기를 가지고 오지만, 이는 시스템적 관점에서 불완전할 가능성이 있다. 만약 코치가 전체 이야기에 '동의'한다면, 그때 그들은 또한 개인과 시스템상의 맹점 blind spots 에도 동의하는 것이다.

초기 인터뷰에서 파악할 수 있는 핵심 요소들의 예는 [표 24.1]에 나열되어 있다.

[표 24.1] 핵심 요소들의 예

사람들의 그룹	추상적 요소들	개인들
창업/설립자	원래 목적	코치이(의뢰인)
컨설턴트들	현재 목적	내 옛 상사
잠재적인 직원들	우리의 자원들	내 새로운 상사
이사회	리더십	이사 X
소비자	혁신	이사 Y
다음 세대	내 두려움들	해고된 재무 관리자
재무 부서	내 희망들	HR 이사
운영	우리의 제품들	내 전임자
이사들	경제적 환경	창업/설립자
신탁관리자(이사진)	브랜드(상표)	NW 지역의 총괄이사
아일랜드 직원들	이익	
	조직 가치들	

대체물/대역 매핑mapping

물리적 지도physical map([Box 24.2])를 사용해 코치이는 시스템에 대한 그들의 감각을 물리적 형태로 보면서 상호작용할 수 있다. 코치이는 자신의 이야기, 생각은 놓아두고 먼저 자신에게 느껴지는 감각과 연결해 시스템 요소들의 상호 관계를 매핑하도록 요청받는다. 코치는 사무실에 있는 물건(컵, 열쇠, 문서 집게 등), 스티커 메모(고객이 작성한 요소의 이름을 붙일 수 있도록) 또는 테이블용으로 별도 제작된 세우기 조각 등 시스템 요소들을 표현하는 도구를 창의적으로 활용할 수 있다. 플로어 마커(바닥에 표시하는 것) 역시 매우 효과적인데, 코치이가 마커 위에 직접 서서 작업 과정에서 나타나는 신체 반응에 대해 알아차림을 더 많이 할 수 있다. 무엇을 사용하든 방향을 나타내는 표시가 있어야 한다는 점이 중요하다.

코치이는 일반적으로 자신에 대한 마커를 먼저 배치하고, 그다음 중요한 요소를 배치하는 순으로 자리를 정한다. 대개 코치이가 요소들과 시스템 경계 사이 거리와 방향을 모두 고려하여, 관계로 들어가 느껴지는 감각을 천천히 받아들이도록 촉진하는 것이 좋다. 필수 요소만 사용하고 지도에 하나씩 추가하는 방식으로 단순하게 시작하는 것이 가장 좋다.

그런 다음 코치/코치이는 요소 사이의 관계와 시스템 내 특정 자리를 차지하는 방식을 파악하기 위해 지도를 보고, 상호작용하는 내용을 논의한다. 코치는 코치이가 다른 요소들의 입장에 더욱 완전히 발을 들여놓기 위해 자신의 현재 이야기에서 탈동일시 되도록 지원한다. 코치이는 또한 멀리서 전체를 바라봄으로써 메타 포지션meta-position을 취할 수 있는데, 그 자체도 프랙티스로 유용하다.

[박스 24.2] 물리적 지도physical map를 만드는 이유

- 구현된 3D(입체적) 검사 기반 구축하기
- 전체적 시각 획득하기
- 시스템의 내부 감각에 형태와 모양 부여하기
- 새로운 그림 만들기

개입interventions

시스템 내 질서의 원칙들ordering principles에 대한 코치의 이해를 바탕으로, 개입interventions을 통해 코치이의 '질서 원칙들이 어떠한 모습인지'의 경험이 드러나도록 하고, 이를 증폭시켜야 한다. 이 과정 자체만으로도 코치이에게는 충분할 수 있는데, 특히 코치이가 이러한 작업 방식에 익숙하지 않은 경우 더욱 그렇다. 전체 시스템에 대한 더욱 풍부한 그림을 통해, 코치이와 코치는 매핑 작업의 결과로 무엇이 달라졌는지 탐색해보고, 거기에서부터 좀 더 고전적인 코칭 대화로 넘어갈 수 있다(어떤 방식modality에서부터든지 간에).

컨스텔레이션 프로세스에서 두 가지 핵심 개입은 탐험 정신으로 제공되는 문장과 공간적 자리 배치이다. 이것들은 가설을 검증하고, 시스템 내에서 이완release, 흐름flow, 가능한 해결 방법possible resolution을 찾는 데 사용된다.

시스템 문장systemic sentences은 지도에 목소리를 내게 하고, 코치이가 진실함을 느끼는가를 검증하고 코치가 시스템적 통찰력을 제공할 수 있게 한다. 시스템 문장은 컨스텔레이션의 주요 부분이지만, 많은 코치는 '코치이가 얘기하도록 문장을 말해주는 것'에 거부감을 느낄 것이다. 그러나 코치이는 시스템과 관련해 무엇이 옳다고 느끼는지에 대해 좋은 내적 감각internal sense을 가지고 있으며, 제안된 문장이 어떻게 전달되는지에 대한 자신의 내적 감각을 신뢰하면서 이를 검증하도록 요청받아야 한다. 극적이거나 정서적 어조를 추가하지 않고 문장들이 고객들에게 주어지고 이야기하게 된다. 코치이/코치는 정확하고 도움이 되는 문장과 문구들

을 찾기 위해 함께 작업한다. 울사머Ulsamer(2005)는 촉진자의 안내 하에 문장들이 '변화를 자극하고 고객을 올바른 방향으로 움직이고 긍정적 효과를 줄 수 있는' 결과로 이어진다고 언급했다(2005, pp.3-8).

문장들은 단순히 무엇을 인정하는 것부터, 증상 또는 시스템 불균형을 강조하기 위한 문구, 해결책을 제시하는 문구까지 다양하다. 올바른 문장은 제한된 내러티브limiting narratives를 넘어 사각지대blind spots를 드러내고, 연결을 만들어 냄으로써 핵심에 곧장 들어가는 힘을 가지고 있다.

문장들의 몇 가지 예:

- 소속의 질서와 관련해, 시스템 구성원들이 보기에는 너무 고통스러운 사람, 사건들로부터 멀어졌을 때 이것들을 제외하게 된다:
  "우리는 당신을 잊으려고 노력했습니다." - "이제 나는 당신을 봅니다. 당신은 이 조직의 역사에서 항상 자리를 차지할 것입니다."
- 자리 질서와 관련해, 시스템의 한 구성원이 자리에서 벗어나 자신의 역할에 필요한 것보다 더 많은 권한을 차지하는 경우:
  "나는 나보다 조금 더 커지려고 노력했습니다." - "나는 인정하기 싫지만, 당신은 사장이고 나는 당신을 위해 일합니다."
- 시간 질서와 관련해, 구성원들이 수년간 일한 조직에 새 리더가 합류했는데 팀원들의 저항을 받는 경우:
  "당신들은 이 조직에 먼저 왔고 나는 나중에 왔습니다. 내가 오기 전, 앞서 있던 모든 것 때문에 오늘 내 일만 할 수 있습니다."
- 교환 질서와 관련해, 인력 구조조정의 영향에 유의하는 경우:
  "당신의 실직을 통해 지급한 대가는 조직이 생존할 수 있음을 의미하며, 우리는 우리를 유지할 수 있었습니다. 당신의 해고로 우리의 이익이었습니다. 감사합니다."

초기 매핑 후 테이블 위의 조각 또는 바닥 마커를 공간적으로 재배치 (또는 이동)하면 또 다른 형태의 가설 및 영향을 검증할 수 있다. 예를 들어, 코치이의 조각을 지도의 경계로 이동하여 시스템 요소들에 미치는 영향을 조사한다. 지도map가 펼쳐지면 코치이/코치가 추가 정보를 흡수할 수 있도록 한 번에 한 요소씩 조심스럽게 움직여야 한다. 근본적인 수준에서 움직임은 변화가 조건을 더 좋게 또는 나쁘게 만드는지 검증해야 한다. 요소 사이의 거리를 변경(특히 증가)하면 접촉의 강도가 낮아지고 더 많은 개방성과 대화를 촉진할 수 있다. 코치이의 조각 방향을 (다른 쪽으로) 바꾸면 접촉과 강도가 증가할 수 있고 고객이 자신과 시스템이 회피하는 것을 보도록 초대할 수 있다.

컨스텔레이션에서 부분의 작은 변화는 전체에 영향을 미치고, 전체에 대한 변화는 그 부분의 변화에 영향을 미친다는 점에 유의해야 한다.

코치이가 자신의 조각을 미래를 향하도록 이동하도록 초대하여 컨스텔레이션을 끝내는 것은 유용할 수 있으며(단, 과용하면 안 됨), 코치이가 매핑 프로세스 후 미래를 어떻게 직면할지에 대한 감각을 얻을 수 있다. 그러나 코치가 컨스텔레이션을 종료하기로 선택하는 곳마다 기존의 내러티브가 새로운 그림에 겹칠 수 있는 분석이나 해석을 서두르지 않고 시스템의 새로운 그림이 내재화될 수 있도록 해야 한다. 그러나 매핑 프로세스는 향후 코칭 세션에서 추가로 고려할 수 있도록 코치이/코치 모두에게 유용한 정보를 제공하고, 코치이가 더 쉽게 나아가는 데 필요한 추가적인 자원 획득하기에 대한 단서들을 제공할 수 있다.

구조화된^{embody} 세우기 – 시작하기

구조화된 세우기(Sparrer, 2007)는 상황을 진단하고, 자원을 공급하고 시나리오 또는 결정을 검증하는 데 사용할 수 있다. 개방적인 형태를 취하는 대신 미리 결정된 구조를 중심으로 설정된 움직임을 따른다. 한 가지 간단한 양식은 대안들을 탐색하는 것이다.

질문 또는 선택 사항과 관련하여 4개의 가능한 대안^{possible options}을 나타내는 네 개 마커를 선택한다. 그것들을 나란히 놓고 코치이가 뒤로 서서 네 곳을 바라보게 한다. 그런 다음 코치는 코치이가 신체, 관계 경험을 추적하면서 접근하기/거리두기를 탐색하고, 각 대안과 관계를 맺을 때 네 가지 대안들을 서 있도록 또는 빠지도록 할 수 있다. [그림 24.1]은 이것을 보여준다.

시스템 코치의 입장

시스템 코치의 자세/태도는 매우 중요하며 이론, 기술이 함께 함양되어야 한다(Whittington 2012). 보유할 핵심 자질 중 일부는 존경, 감사, 포용, 적절한 권위, 주의, 시각의 초점과 폭,

[그림 24.1] 마커와 코치의 위치

알지 못함에 대한 편안함, 개인적 한계에 대해 편안함과 정직함, 판단하지 않음 및 미지의 것에 대해 온화하지만, 역동적인 호기심이다.

코칭하는 동안 시스템적 입장을 취할 때, 대화는 필연적으로 코치의 프레임에 의해 영향을 받을 것이며, 마커와 직접적 매핑을 사용하지 않더라도 코치이는 (심상화를 통해) 시스템의 내부 지도를 유지하거나 더 단순한 수준에서 시스템과의 코칭 대화를 마음에 두도록 안내받을 수 있다.

시스템을 마음에 두면 시스템적 충성도systemic loyalties가 드러나고, 많은 코칭 대화의 '나 중심성I-centricness'에서 벗어나, 코치/코치이 관계 자체(물론 다른 시스템이지만)에서도 무언가 완화할 수 있다. 이 과정을 통해 코치는 메타 포지션 모델로 이야기에서 벗어나도록 자신과 코치이를 지원하면서 한발 뒤로 물러나 전체를 본다.

이 작업을 위해 현존하고 집중(센터링)하는 능력을 개발하는 것이 중요하며, 마음챙김 프랙티셔너들에게 친숙한 내면의 고요함inner stillness이 시스템적 밀고 당기기systemic pushes and pulls, 조화harmony, 부조화disharmony를 감지하면서 시스템을 차분하게 움직이는 데 필요하다. 호흡breath은 코치/코치이 모두에게 이 상태를 달성하는 데 매우 중요한 도구이다.

테이블 또는 바닥에 물리적 지도physical map를 만들기 위해 움직일 때, 전문가의 해석보다는 협업적 탐색 과정에 참여하는 것이 중요하다. 코치는 코치이가 완전히 참여할 수 있는 속도로 해야 한다. 코치이 경험을 심화하는 방법(문장과 동작 사용)을 찾고 고객이 신체 수준bodily level에서 그리고 인지적cognitively으로 어떻게 흡수하고 반응하는지 알아차리고 질문하는 방법은 현상학적 탐구phenomenological enquiry의 적용이 필요하다(자세한 내용은 13장. 실존주의 접근existential approach 참조).

드러나는 것에 따라 안내하는 것이 중요하므로 코치의 시스템 지식에 영향을 받는 가설들은 가볍게 생각한다. 시스템 컨스텔레이션에서 촉진자는 더 큰 맥락과 컨스텔레이션 장場에서 나오는 정보와 지혜를 신뢰한다. 드러나는 것에 대한 작업의 일부 핵심 포인트는 아래에 요약되어 있다([Box 24.3]). 어렵더라도 모든 행동에는 기능이 있으며 행동의 이면에 있는 목적에 대해 시스템적으로 질문하는 것은 시스템 코칭 대화 수준에서 또는 매핑 할 때 유용하다.

[박스 24.3] 핵심 포인트 요약

핵심 포인트
- 자기 자신과 고객 모두에 대해 알지 못함not knowing의 긴장을 유지하라.
- 장場의 지혜wisdom of field에 의지하라.
- 무엇이 옳고 그른지보다 시스템을 강화하는 것을 찾아라.
- 포용적이고 판단하지 마라.
- 제외된 대상, 사람을 찾아라.

팀 코칭

팀과의 시스템 코칭은 팀 구성원들이 전체 일부로서 조직과 관련하여 자신을 느낄 수 있도록 하는 데 도움이 된다. 팀 수준에서 작업 시, 팀 구성원이 서로의 대역을 하지 않는 것이 중요하다. 그러나 아이디어 및 개념과 관련한 추상적 요소 또는 그것 자체를 대변할 수 있다. 시스템 내 그들 자리에 대해 느껴진 감각을 체험하고 시스템의 다른 곳에서 상대적으로 작은 변화들에 의해 때때로 어떻게 영향을 받는지 느끼는 것은 매우 큰 영향을 미칠 수 있으며, 팀 내 개인들이 사람과 에너지의 역동적 상호작용의 일부임을 인식하도록 지원한다.

어떤 코치이에게 가장 유용한가?

코치가 이슈를 발견하고 가능한 해결책이나 움직임을 찾기 위해 코치이를 지원하기 때문에 시스템 작업은 흔히 실험하기와 테스트하기의 과정이다.

다음 상황들은 시스템 접근이 유용할 수 있음을 나타낸다.

부서장은 조직 내에서 누가 역할을 담당하든 항상 실패하거나 빨리 그만둔다는 사실을 알아차린다. 아마 코치이는 직장 내 역동 구조나 사건들에 불균형적으로 영향을 받거나 그에 끌렸다는 것을 알게 될 것이다. 리더는 그들이 지속해서 기반이 약화하거나, 그들의 아이디어가 관심을 끌지 못한다는 사실을 알게 되거나 코치이는 되풀이되는 이슈나 장애에 대해 성찰할 때 실제로 앞뒤가 맞지 않거나 의미가 없다고 느낀다.

코치가 시스템적으로 작업할 수 있는 일반적인 이슈들의 목록은 다음과 같다.

- 문제들이 반복적이거나 막혀 있는 곳
- 일반적으로 성공적인 접근이나 모델이 도움이 되지 않는 경우
- 상충하는 이야기와 판단이 있는 곳
- 관계적 또는 조직적 역학이 복잡하고 혼란스럽게 느껴지는 곳
- 말하지 않은 것이 많거나 명확하게 표현하기 어렵다고 느낄 때
- 갈등이 있는 곳
- 파악하거나 조치를 취하기 어려운 이슈들이 있는 곳
- 패턴들 또는 도전 사항들 뒤에 있는 이유들이 명확하지 않은 곳
- 명확히 합리적 해결책들이 지속해서 실패하는 곳
- 변화 과제들이 반복적으로 실패할 때
- 유능한 사람들이 자신들의 잠재력을 발휘하지 못하거나 그들의 스킬과 경험을 충분히 활용하지 못하는 곳
- 코치가 시스템적 질서들이 무시되고 있다고 보는 곳

한계 및 고려 사항

코치이에게 이 작업 방식을 적용하려면 신뢰와 미지의 세계에 도전하려는 상호 의지가 필요하다. 시스템 지도를 만들고 탐색하려면 몸에 느껴지는 감각에 연결하기 위해 인지적 합리화 cognitive rationalisation를 제쳐 놓을 준비와 침착함이 필요하다. 코치이는 정보를 듣고 상호 연관시킬 때 일시적으로 비습관적인 방법less habitual way을 우선시해야 한다. 몸에 느껴지는 경험에 연결되도록 지원한다는 전제 조건을 고려하면 어느 정도 환경 세팅setting이 중요하다.

시스템 접근은 숨겨진 역학 구조를 드러내고 시스템의 고착된 부분을 풀어주므로 사람들을 특정한 슬픔, 상실, 감정적 해방감에 연결될 수도 있다. 이는 세팅 내에서 제공되는 맥락이어야 하며, 코치이/코치의 계약에 따라 좀 더 개인적 세팅에 참여하도록 민감하게 제공하거나 현재에서 작업을 심화하는 방식으로 유지되어야 한다. 코치는 코치이와 함께하는 경계, 허용 범위를 설정하고 촉진하고 존중해야 한다.

사례 연구

다음 작업은 전체 조직을 이끄는 단일 팀one team처럼 운영되도록 지원하는 핵심 목표를 가지고 글로벌 인도주의 자선 이사회와 함께 제이크 파Jake Farr가 수행했다.

초기 계약은 1년 동안 함께 일하며 정보를 수집하고, 관계를 심화하고, 업무/환경 변화로 인한 팀/조직의 니즈에 대응하기 위해 함께 여정에 있음을 인식했다.

이 사례 연구는 8명의 이사회 구성원과 함께 팀 시스템 컨스텔레이션 작업을 보여준다. 이 팀과 함께 수행한 시스템 코칭을 입증하기 위해 다른 관점과 프레임워크는 적용하지 않았다. 시스템 접근은 조직, 코칭심리학자로서의 작업 구조에 쉽게 결합되며 다른 프레임워크와 함께 쉽고 유익하게 사용할 수 있다.

첫 번째 팀 세션에 앞서 이사회의 역학 구조와 그들이 직면한 밀고 당기는 행동들을 탐구하기 위해 최고 경영자와 미팅을 가졌다. 조직의 간략한 역사와 함께 상황별 도전 사항들이 수집되었다.

최고 경영자는 경영진이 '전체 조직을 이끄는 단일팀'으로 기능하는 자리에 도달하기 위해, 서로 더욱 협력적으로 일할 수 있도록 코칭이 이사회를 지원하기를 바란다고 밝혔다. 이에 접근하는 한 가지 방법은 이사회가 같은 페이지 상에 있도록 조직의 몇 가지 간단한 진실을 인정하는 것이다. 이것은 또한 시스템적 접근 방식, 특히 물리적 매핑 프로세스를 도입하는 방법이기도 하다. 이 사례에서 출발점은 과거 역사와 사건들의 장소에 대해 단순하지만, 흔히 인정되지 않는 진실들을 강조하는 것이었다.

첫날에는 함께 시간/장소의 질서들을 유지하면서 조직의 역사와 상호 관계의 맥락에서 자신들의 감각을 얻기 위해 이사회를 지원하는 수단으로 시스템 관점이 소개되었다. 이 첫 번째 컨스텔레이션은 기대감, 두려움 및 개인적 이야기를 공유하고 우리 여정의 목적지를 보는 창의적인 방법을 찾는 등 작업 방식을 확립하는 것을 포함하여 하루로 진행되었다.

컨스텔레이션 – 조직 타임 라인 time line 만들기

팀은 조직 역사의 중요한 순간, 업적, 좌절, 변화의 타임라인을 만들도록 요청받았고 각각의 사건들을 포스트잇 메모에 별도로 작성하고 벽에 배치했다. 모든 팀 멤버들이 사건들을 이해할 수 있도록 각 지점에 대해 충분한 사실을 수집하는 것이 중요했지만 가능한 판단 또는 꾸밈이 최소화 되도록 했다. 65년에 걸친 조직의 역사에서 15개의 중요한 순간들이 벽에 적혔다.

시간 경과에 따른 주요 사건들의 시각적 지도를 만듦으로써 시간/장소의 질서들에 주의를 기울이고 과거 사건들을 포함하도록 지원했다. 타임라인을 되돌아보고 형성기의 순간, 특히 사람들이 잊고 싶은 순간을 진정으로 받아들이면 현재 조직의 경험이 강화된다. "오늘의 조직은 과거의 모든 사건과 사람들에 의해 세워졌다."와 같은 문장으로 이사회가 실험하도록 제안했다.

그런 다음 팀은 조직에서 근무한 기간에 따라 그들 스스로 순서를 정하도록 요청받았다. 조직과의 연결 기간은 16년에서 6개월에 걸쳐 있었다. 최고 경영자는 조직에서 2.5년 동안 근무했다.

한 팀에는 여러 위계가 있으며, 그중 일부를 인정함으로써 팀 구성원은 자신의 자리를 더욱 명확하게 하고 그 자리에서 더 많은 기여를 할 수 있게 된다. 이러한 서로의 감각에 적응하는 데 시간이 좀 지난 후, 이러한 인정을 통해 팀 사이에 전체적인 안정이 있었고, 팀원들 사이에서 편안한 느낌이 증가하는 것을 감지했다.

팀의 리더가 다른 팀원들보다 조직에서의 근무 기간이 적다면 이것은 존중받아야 한다. 세우기 문장은 "비록 제가 리더이지만 당신은 나보다 먼저 여기서 일하고 있었고 나는 나중에 팀에 합류했습니다. 나는 나보다 앞서 온 사람들의 작업을 기반 위에서 일할 것입니다."

조직 내에서 시간/장소의 질서를 확대하려는 의도를 가지고 각 팀원은 가장 오래 근무한 멤버부터 시작하여 자신들이 만든 타임라인에서 하나의 사건을 선택하도록 요청받았다. 일단 선택되면 살아있는 타임라인에서 해당 사건을 대표하게 된다.

각 멤버는 순차적으로 그들이 만든 타임라인에서 그 순간에 대한 스티커 메모를 작성했다. 가장 오래 근무한 멤버가 조직의 설립 대역을 맡았고, 가장 최근에 합류한 멤버가 '새 본사 건물' 대역을 맡았다. 다른 사건들은 다른 조직과의 합병, 지난 CEO가 주도한 핵심 전략, 당시 조직에 중대한 영향을 미쳤던 법률의 변경 등이 있었다.

타임라인의 시작 부분에 '조직 설립'의 대역이 플로어 마커에 발을 딛고 그 자리에서 이야기하도록 초대되었다. 각 이사회 멤버가 속한 조직의 완전하고 풍부한 신체적 역사를 제공하는 데 유용한 정보를 도출하기 위한 질문들이 있었다.

- 거기에서 느낌이 어떻습니까?
- 당신의 초점은 무엇입니까?
- 그 자리에서 어떤 가정, 힘 및 제약사항들이 널리 퍼져 있습니까?
- 현재 조직의 리더들에게 하고 싶은 말은 무엇입니까?

일단 각 이사회 멤버가 타임라인에서 자리를 잡고 해당 사건의 대역으로서 말한 후, 팀 코치는 외부인의 관점에서 어떤 시스템적 통찰력을 제공했다. 각 멤버는 한 번에 하나씩 컨스텔레이션 장場에서 나와 전체를 성찰하도록 요청받았다.

이러한 시스템 관점을 통해 이사회는 자신들의 관점을 전환하여 이윽고 이 순간에 개인으로서 자신들에 관한 관심을 줄이고, 과거 및 이전 사람들의 공헌에 대한 존중을 포함하는 방법을 제공했다. 이것을 알아차리자 그들은 더욱 안정된 듯 보였고 역사에 대한 몸으로 느껴진 감각으로 현재의 과제들을 바라볼 수 있었다. 그들도 언젠가 그러한 역사의 일부가 될 것이라는 것을 아는 것은 그들에게 너무 크지도 너무 작지도 않은 적절한 크기의 감각을 주는 것처럼 보였다.

이 활동을 통해 이사회는 현재 관심의 초점에서 한발 물러나 큰 그림을 볼 수 있었다. 역사를 기억하고 포함하고 그와 본능적으로 그리고 신체적으로 연결함으로써 이사회는 그들 자신을 특정 시점으로 느껴진 감각을 체험했고, 결국 조직에 대한 청지기 직분future executive board을 되돌아볼 미래의 이사회가 있어야 한다는 것을 상기시켰다. 게다가, 대역들로부터 도출된 학습과 관점이 이슈들에 대한 그들의 현재 생각에 영향을 미치기 시작했다.

합병 대역의 불편함과 안절부절못함이 드러난 눈에 띄는 한 가지 측면은 이 사건으로 인한 미완료된 사업 가능성이었다. 이사회는 다음 도전 사항으로 너무 빨리 넘어가기보다는 방 안에 있는 코끼리를 직면하고 이름을 지정하고 기존의 과제들과 개입을 완료하는 등을 포함하여 조직적 긴장들에 더욱 온전히 주의를 기울이기 위해 성찰하고 결정했다.

이사회는 지난 전략의 좋았던 점과 미흡했던 점과 그것이 또한 어떻게 반향을 일으켰는지를 상기했다. 이것들 모두 다가오는 조직적 도전과제들과 이에 대한 접근 방식의 우선순위를 지정하는 방법에 대한 추가적인 지혜를 제공했다.

이사회가 일반적으로 과거 이사회가 의도한 영향을 미치지 않았다고 생각했던 과거로부터 전략적 방향의 중대한 변화를 대표하는 대역은 전략의 좋은 의도로 간주되었던 것과 다시 연결되었다. "당신의 역할에 서본다면, 그 당시에는, 나는 아무것도 다르게 해내지 못했을지 모른다."라는 문장이 제안되었다. 이것은 그들의 견해를 부드럽게 하고 과거 이사회에 대한 존경과 감사를 높이고 현재의 도전과제들과 관련하여 더욱 겸손하게 만드는 영향을 미쳤다. 앞으로 그들은 그들이 후세대들에 "우리는 사용 가능한 자원과 정보를 가지고 그 당시에 할 수 있는 최선의 결정을 내렸다."라고 말하고 싶어 하는 것을 볼 수 있었다.

코칭 프로그램 2개월 후 몇 가지 성찰들:

"다른 사람의 입장에서 설 수 있는 기회가 저를 변화시켰습니다."

"타임라인에서 우리 입장을 깨닫는 것은 너무나 큰 영향을 미쳤습니다. 우리는 최선을 다한 다른 사람들의 발자취를 따르고 있으며 다른 사람들은 우리의 일을 발전시킬 사람들을 따를 것입니다. 우리는 세상을 성취할 필요가 없었으며, 단순히 다른 사람들이 따라갈 수 있는 최고의 기반을 계속해서 놓습니다."

논의 포인트

1. 시스템 작업은 개인보다는 더 넓은 시스템을 본다. 시스템에서 근본 원인 및 솔루션을 찾을 때 조직 내에서 개인의 책임과 자신에게 맞는 자리는 어디인가?
2. 시스템 코치로서 효과적으로 일하려면 먼저 본인 가족 이슈에 대해 컨스텔레이션에 참석하는 것을 포함해 깊이 있는 개인 작업이 필요하다. 이에 대해 논의해 보라.
3. 조직의 역사에서 사람들의 행동과 결정을 살펴보면, 시스템 관점은 "당신의 역할에 서본다면, 그 당시에는, 나는 아무것도 다르게 해내지 못했을지 모른다"라는 비판단적인 방향을 유지하도록 요청한다. 조직의 역사, 전임자 역할, 동료들의 행동을 고려할 때 이 입장의 영향을 더 생각해보라.
4. 익숙한 조직(또는 자신의 업무)에서 도움 되지 않는 반복적인 패턴이나 해결되지 않은 문제를 생각해보라. 포스트잇 메모를 사용하여 이러한 도전 사항, 패턴이 존재하는 시스템의 일부인 모든 요소(사람, 개념, 역할, 부서 등 – 도전 사항 자체에 대한 마커 포함)의 시각적 지도를 만든다. 이 지도를 조감도로 사용하여 이러한 시스템적 맥락에서 본 도전 사항에 대해 생각해보라.

추천 읽기

Horn, K., & Brick, R. (2009). *Invisible Dynamics: Systemic Constellations in Organisations and Business*. Heidelberg: Carl Auer.
The Knowing Field (www.theknowingfield.com) – International Constellations Journal.
Ulsamer, B. (2008). *The Art and Practice of Family Constellations*. Heidelberg: Carl Auer.
Whittington, J. (2012). *Systemic Coaching and Constellations: An Introduction to the Principles, Practices and Applications*. London: Kogan Page.

참고 문헌

Cohen, D. B. (2009). *I Carry Your Heart in My Heart: Family Constellations in Prison*. Heidelberg: Carl Auer.
Ehrenreich, B. (1998). *Blood Rites: Origins and the History of the Passions of War*. London: Virago.
Franke, U. (2003). *The River Never Looks Back: Historical and Practical Foundations of Bert Hellinger's*

Family Constellations (translated by K. Leube). Heidelberg: Carl Auer.
Franke, U. (2005). *In My Minds Eye: Family Constellations in Individual Therapy and Counselling*. Heidelberg: Carl Auer.
Hellinger, B., Beaumont, H., & Weber, G. (1998). *Loves Hidden Symmetry: What Makes Love Work in Relationships*. Phoenix, AZ: Zeig & Tucker.
Hellinger, B., & ten Hovel, G. (1999). *Acknowledging What Is: Conversations with Bert Hellinger*. Phoenix, AZ: Zeig & Tucker.
Horn, K., & Brick, R. (2009). *Invisible Dynamics: Systemic Constellations in Organisations and Business*. Heidelberg: Carl Auer.
Perls, F.S., Hefferline, R.F., & Goodman, P. (1951). *Gestalt Therapy: Excitement and Growth in the Human Personality*. New York, NY: Julian Press.
Barks, C. (Translator) (1995). *The Essential Rumi*. New York, NY: Quality Paperback Book Club.
Ruppert, F. (2008). *Trauma, Bonding and Family Constellations*. Somerset: Green Balloon Publishing.
Schneider, J. (2007). *Family Constellations: Basic Principles and Procedures*. Heidelberg: Carl Auer.
Senge, P. (1990). *The Fifth Discipline: The Art and Practice of the Learning Organization*. New York, NY: Doubleday Business.
Sheldrake, R. (2004). *The Sense of Being Stared At*. London: Arrow.
Sheldrake, R. (2009). *A New Science of Life*. London: Icon Books.
Sparrer, I. (2007). *Miracle, Solution and System*. Cheltenham: SolutionBooks.
Ulsamer, B. (2005). *The Healing Power of the Past: The Systemic Therapy of Bert Hellinger*. Nevada City, CA: Underwood.
Ulsamer, B. (2008). *The Art and Practice of Family Constellations*. Heidelberg: Carl Auer.
Weber, G. (1993). *Zweierlei Glück: Konzept und Praxis der systemischen Psychotherapie*. Heidelberg: Carl Auer.
Whittington, J. (2012). *Systemic Coaching and Constellations: An Introduction to the Principles, Practices and Applications*. London: Kogan Page.

25장
정신역동과 시스템system-정신역동 코칭

저자: 베가 자기어 로버츠Vega Zagier Roberts[1], 할리나 브루닝Halina Brunning[2]
역자: 김현화

서론

정신역동psychodynamic이라는 용어는 두 가지 개념이 연결되어 있다. 'psycho'는 영혼 또는 마음이라는 뜻의 그리스어 psyche에서 왔으며, 'dynamic'은 신체적 강인함 또는 힘을 뜻하기도 하며, 움직임이나 동작 또는 변화를 일으키는 힘을 뜻하는 그리스어 dynamis에서 유래하였다. 따라서 정신역동 코칭은 개인과 집단 안에서 그리고 그 사이에서 사고와 행동에 영향을 끼치는 정신적인 힘이 어떻게 작동하는가를 이해하는 방식에 근거를 두고 있다.

코칭에 정신역동을 적용하는 임상가들은 이론과 실제 전개에서 다양하게 접근한다. 치료사의 대다수는 하나의 정신분석 이론 또는 다른 '학파'에 근거를 둔 훈련을 받는다. 그 외 다른 사람들은 시스템-정신역동 관점을 적용한다. 이는 개인과 집단행동에 대한 무의식적인 정신

---

[1] **베가 자기어 로버츠**Vega Zagier Roberts는 리더십과 문화 변화에 특별한 관심을 가진 독립 컨설턴트이자 코치이다. 그녀는 Tavistock/Essex MA 대학의 'Consulting and Leading in Organisations' 교수진의 일원이며 고급 프랙티스 및 연구 분야의 전문 박사 학위 수바이저이자 Tavistock Consulting의 일원이다. Email: vega@vzrconsulting.com

[2] **할리나 브루닝**Halina Brunning은 공인된 임상심리학자, 프리랜서 조직 컨설턴트, 공인된 임원코치이다. 그녀는 임상 및 조직 문제에 대해 광범위하게 출판을 해왔며 2009년 이탈리아어로 번역된 『Executive Coaching: Systems-Psychodynamic Perspective』(2006)을 포함하여 Karnac의 여러 책을 편집했다. 2010년에서 2014년 사이에 그녀는 정신분석적 렌즈를 통해 현대 세계를 분석하는 3부작 『Psychoanalytic Perspectives on a Turbulent World』을 구상하고 편집했다. Email: halina@brunningonline.net

생활의 영향에 초점을 맞춘 정신분석 이론의 요소들과 역할, 권위, 그리고 작업 체계와 과정 설계에 초점을 맞춘 열린 체계 이론의 요소들을 결합한 것이다. 이처럼 코칭 과정에서 역할에 중점을 두기에, 흔히 이러한 접근을 역할 컨설턴트 또는 역할분석role analysis이라 부르기도 한다.

정신역동과 시스템-정신역동 코칭의 발달

영국에서 실시되는 주요 코칭 방식의 핵심적 차이를 연구하여 로버츠Roberts와 재럿Jarrett(2006)이 제안한 코칭 유형 검증은 정신역동과 시스템-정신역동 코칭의 역사에 대한 유용한 상황적 배경을 제공한다. [그림 25.1]은 작업의 주요 목표와 초점에 있어서 다양한 종류의 코칭을 수행하는 주요 실무자들과의 인터뷰를 기반으로 작성되었다. 코칭 개입의 주요 목표는 수직축에 나타나 있으며, 스펙트럼의 한쪽 끝에는 통찰이 있고 다른 쪽 끝에는 결과(예: 더 높은 매출)가 있다. 수평축은 코칭의 주요 초점이 개인인지, 조직 또는 조직의 역할인지를 나타낸다.

'구름 모양cloud' 안에 기록된 정보들은 엄격한 범주라기보다는 코칭 개입 유형의 군집이다.

놀라운 발견은 대부분 앞서가는 코칭 접근이 하나 또는 다른 사분면에 명확하게 들어가지 않는다는 것이다. 예를 들어 정신역동 코칭은 아래 사분면의 두 영역에 위치한다. 좀 더 정확히 구분하면 '치료적 정보 제공' 접근은 왼쪽에 위치하며 시스템-정신역동 접근(역할 컨설턴트)은 오른쪽에 위치한다. 본질에서, 위의 두 사분면은 목표 달성을 기반으로 하지만 아래의 두 사분면은 의미 형성을 기반으로 한다. 계속하여 정신역동 코칭의 두 가지 중요한 '흐름'에서 보이는 공통점과 차이점에 대해 생각해 보고자 한다.

실제로 정신역동 치료의 역사는 20세기 초 프로이트Freud의 '대화 치료talking cure' 개발 당시로 거슬러 올라간다. 그러나 정신역동 코칭은 비교적 최근에 발전되기 시작하였다. 앞으로 두 가지 주요한 정신역동 코칭의 근원을 찾아볼 것이다.

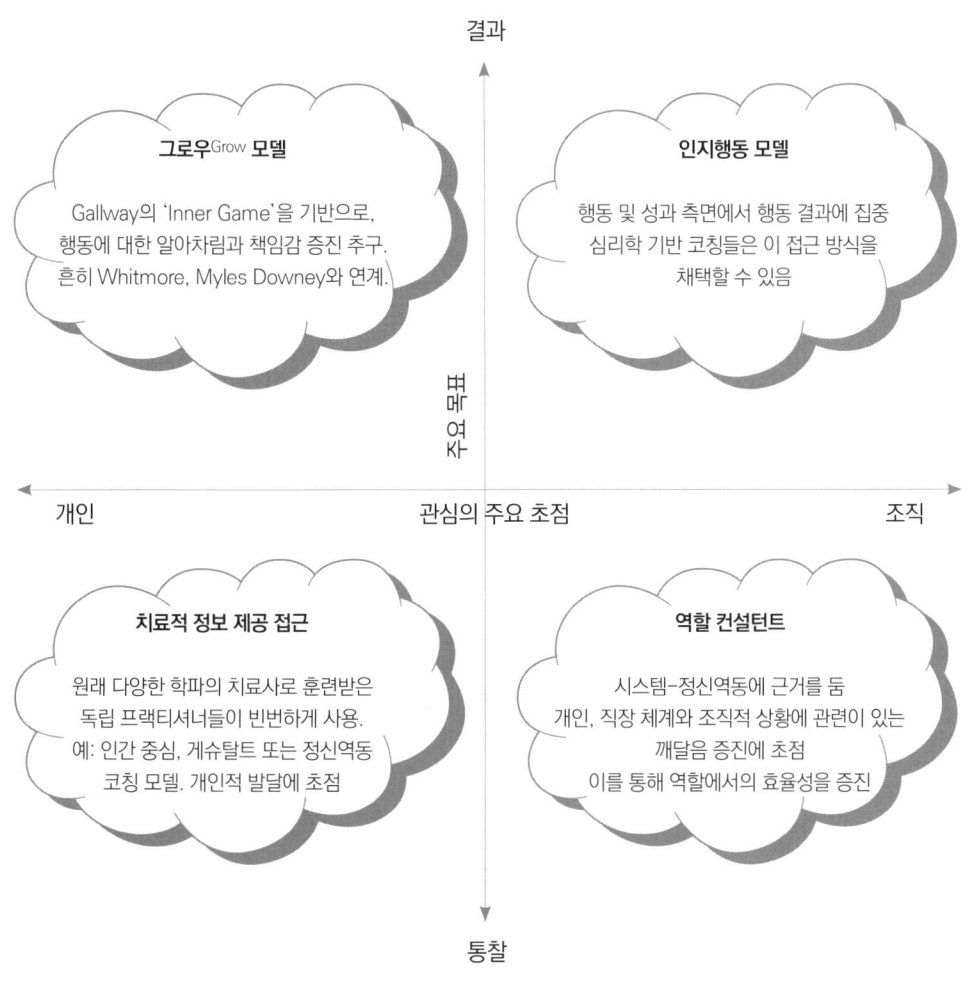

[그림 25.1] 코칭의 네 가지 모델

조직을 대상으로 하는 정신역동적 정보 제공 작업

2차 세계대전 당시 Tavistock 클리닉 출신의 정신분석가들은 전쟁의 영향에 관심을 두었다. 그들은 특별히 선발된 장교들과 정신적인 트라우마를 겪은 병사들의 재활에 대해 다양한 임상적 이해를 적용해보고자 하였다. 전쟁이 끝나고, 이들 정신분석가 중 몇몇은 광부, 공장 근로자, 어린이 보육사. 병원 관련 종사자 등등을 포함한 광범위한 조직과 함께 이론의 발전, 연구를 목적으로 사회 과학자, 인류학자 그리고 타 분야의 학자들과 함께 새롭게 설립된

Tavistock 인간관계 연구소에서 연구하였다(Trist & Murry, 1990 참고).

최초로 시스템-정신역동 코칭을 개인의 직장 문제에 적용한 시기는 아마도 1950년대 후반으로 거슬러 올라갈 것이다. 당시 Christian Teamwork Trust(Grubb Institute of Behavioral Studies의 전신)는 조직의 행동과 역동에 대한 참가자의 이해를 돕도록 다양한 훈련 프로그램을 제공하였다. 지도자와 관리자들이 좀 더 효과적으로 그들의 역할을 감당할 수 있도록 하는 방법인 조직 역할 분석 Organisational Role Analysis(ORA)이 여기에서 나왔다(Reed, 1976; Reed & Bazalgette, 2003). ORA는 개인 또는 '조직 역할 컨설턴트', 좀 더 최근 들어 (마케팅 목적의) 비즈니스 코칭이라는 명칭으로 많은 시스템-정신역동을 실시하는 임상가들이 적용하고 있다(Newton et al., 2006).

개인을 대상으로 하는 정신역동 지향의 치료와 상담

1990년대 중반부터, 정신역동을 포함한 모든 종류의 심리치료사와 상담사가 코칭의 형태를 직장으로 확대하려는 경향이 증가하고 있다. 일정 부분은 대중들이 장기 치료에 대해 흥미를 잃으면서 대안적 방식이 필요했기에 발생한 결과이기도 하다. 펠티어 Peltier는 '대화 치료는 너무 느리고, 개인적이다. 이것이 무엇을 보장하는가? 시간이 없는 사람들에게는 강력한 한방과 초점이 부족하다'라고 비판하였다(Peltier, 2001: xvi).

그러나 또한 많은 조직 내에는 정신역동 지향 코치가 제공할 수 있는 무엇인가 놓친 것이 있다는 인식이 존재한다. 어느 한 수준에서, 대부분 현대 조직 내에서 이제는 일상이 되어버린 결과 중심의 압력에서 벗어난 '생각의 여백'이 필요함을 깨닫게 되었다. 이로써 직장에서 어려움을 일으키는 좀 더 모호하고, 좀 더 덜 의식적인 요인에 대한 깊은 이해를 발전시킬 수 있다.

이론과 기본 개념

정신역동 코칭의 이론의 틀과 개념은 정신분석과 정신분석적 정보 제공 치료 맥락에서 발전한 프로이트 Freud와 그를 이은 학자들의 이론과 개념에서 비롯되었다.

정신분석 이론에서 비롯된 개념들

무의식적 정신생활

정신역동 개념의 초석은 우리가 인식하지 못하는 방식으로 잠재되어 영향을 끼치는 무의식이 존재한다는 가정에서 시작한다. 즉 우리의 뇌 안에 의식이 알 수 없는 사고와 기억이 있다는 것이다. 예를 들어 뇌의 어떠한 부분에 전극으로 자극을 주면, 갑자기 잊었던 이름이나 전화번호 또는 지난 과거의 자세한 기억들이 떠오르게 된다. 정신분석 이론은 불안과 고통으로부터 보호하기 위해 우리가 경험한 어떠한 특별한 측면이 무의식이 된다고 주장한다.

무의식적 불안과 방어

'무의식'과 같이 '불안'이라는 말은 우리가 일상적으로 사용하는 용어이다. 불안은 일반적으로 장차 미래에 닥칠 위협이 예상됨에 의해 감정적으로 초조하고 불편한 상태를 말한다. 위협에 대한 예상은 방어 태세를 갖추도록 한다. 예를 들어 직장에서, 직원들은 실직에 대한 공포, 사고와 위험한 실수 등등에 대한 걱정 같은 의식적인 불안이 있을 수 있다. 그들은 이러한 불안을 관리 또는 낮추기 위해, 예를 들어 노동조합을 만들거나 실수를 예방하기 위해 작업 순서를 좀 더 정교하게 수정하거나 어떠한 행동을 취할 것이다.

프로이트Freud와 그 뒤를 이은 정신분석학 이론가들은 일부 불안이 무의식적이라는 개념을 내세웠다. 예를 들어, '사랑하는 누군가를 상처 주기를 원한다' 또는 '부모나 자식을 향해 성적인 감정을 느낀다'와 같이 받아들일 수 없는 충동이 있을 수 있다는 것이다. 만일 이러한 감정들이 적절하게 의식화가 된다면, 사랑스럽고 정상적인 사람으로서 우리 자신에 대한 감각의 위협을 감당할 수 있게 된다. 정신분석 이론은 이러한 감정들이 방어기제를 사용하여 우리의 무의식을 통과하며 의식으로 표출이 된다고 주장한다.

부인(그렇지 않다고 느낌), 투사(자신의 감정을 타인의 감정인 것으로 느낌), 이상화와 평가절하(고통스러운 혼합된 감정을 회피하려고 타인들 모두 좋거나 모두 나쁘다고 여김), 그리고 주지화(감정을 배제하고 이성적으로만 설명) 등이 이러한 방어기제들이다(A. Freud, 1966).

정신분석 이론은 우리 모두에게 무의식적 불안에 휩쓸려가지 않기 위해 자신을 보호하는 방어가 필요하다고 주장한다. 어떤 방어는 도움을 주지만 또 다른 방어는 우리가 현실 세계에서 적절히 다루지 못하는 때도 있고, 자신의 능력을 제대로 사용하지 못하도록 막는 때도 있다. 예를 들어, 과도한 투사를 사용할 경우, 자기 자신에서 문제를 찾고 개선하려 하지 않고 타인을 비난할 수 있다. 이것은 또한 우리 자신을 무력하게 느끼게 하여 실제로 우리가 가진 능력과 강점의 자발적 사용을 막을 수도 있다.

담아주기|containment

감정적으로 긴밀하고, 나이에 걸맞게 보살피고, 안전감(우리가 두려워하는 것을 감당할 수 있다는 느낌)과 이해받는 느낌을 주는 양육자들 덕분에 영아기와 아동기에서부터 우리는 불안을 다루는 것을 배우기 시작한다고 가정한다. 영아는 감정을 양육자에게 투사하는 것으로 여겨진다. 영아는 감정을 '흡수'하고 처리하는 양육자에게 그들의 감정을 투사하고 더는 두려워하지 않는 것으로 보인다. 비생산적인 방어기제의 사용으로 감정을 해소할 필요 없이, 직장에서도 이 개념을 유사하게 적용할 수 있다. 바람직한 관리는 효율적으로 생각하고 행동할 수 있도록 의식적 그리고 무의식적 불안 모두를 충분히 막아주고 담아주는 역할, 즉 영아에 대해 양육자가 대하는 방식과 비슷한 기능을 수행할 수 있음을 제안한다. 그러나 만일 부모나 직장 상사 스스로가 극도로 불안하거나 다른 곳에 몰입해 있다면, 그들은 아마도 자녀나 직원들의 불안을 다루는 것을 도와줄 수 없을 것이다. 이 시점에서, 우리는 도움이 되지 않는 방어기제에 압도되고 의존할 수 있다. 예를 들어, 누군가 자신을 장악하려는 상황에서는 정체성 상실에 대한 불안이 생기기 쉽다. 악하게 세력을 확장하려는 사람은 일시적으로는 내적 응집성과 정체성을 강화할 수 있으나, 장기적으로는 적절한 사전 만남 작업에 대한 참여도를 경감시킨다.

전이

이 개념은 일반적으로 생애 초기 경험이 현재에 반영되는 경향이 있다는 생각을 근거로 하며, 전이로 인해 한 개인의 타인에 대한 인식이 변색하고 심지어는 왜곡될 수도 있음을 의미한다. 예를 들어, 부모를 어린 시절 나에게 도움을 주셨던 존재로 여기는 감사한 경험을 한 사람들은 '내적'으로 권위자에 대해 호감을 느끼는 경향이 있으며, 이에 따라 직장에서도 권위자들과 긍정적인 관계를 기대하며 긍정적인 방식으로 대할 확률이 매우 높다. 반면, 어린 시절에 억압, 위협, 학대를 경험한 사람들은 직장 내에서도 비슷한 감정을 가질 수 있고, 그가 속한 조직에서 권위자 위치에 있는 사람들과 어쩌면 지나치게 불만족스럽고 의존적이거나 매우 공격적이고 방어적일 수 있다.

역전이와 무의식적 의사소통

역전이란 정신분석학에서 비롯된 용어로 환자로 인하여 분석가에게 생긴 감정을 말한다. 강하게 환자를 보호하거나 구해주고 싶은 열망과 같은 감정이 일종의 예가 될 수 있다. 분석가는 감정적으로 중립을 유지하며 환자들과 소통할 때 경청과 해석을 전제하기에, 역전이는 기본적으로 방해요인으로 여겨진다. 그러나 점차 환자들이 보내는 무의식에 대한 분석가의 반응으로 이해될 수 있고, 더 나아가 무의식 단계에서 환자가 보내는 중대한 정보의 자원으로 활용될 수 있다고 인식되고 있다. 예를 들어, 환자를 보호하려는 충동이 표면적으로는 실제로 환자가 말한 것과는 매우 무관한 것일 수 있고, 어쩌면 분석가는 그것은 그 자신에게서 비롯된 개인적 필요로부터 온 것이라는 가정을 할 수 있다. 이러한 일은 충분히 있을 수 있으며, 또 하나의 가능성은 환자가 무의식적으로 공포와 강자로 인식된 그 누군가로부터 보호받고자 하는 갈망을 분석가에게 전달(분석가에게 구하는 부모에 대한 느낌)하였고 분석가가 받아들인 것일 수도 있다. 이러한 무의식적 의사소통이 분석가가 환자를 보호하도록 감정을 불러일으켰을 수 있다.

열린 체계 이론으로부터의 개념

살아있는 유기체는 그가 속한 환경과 자원을 함께 교환함으로 인해 생존한다. 다시 말해 이것이 열린 체계의 존재 방식이다. 이 유기체는 외부로부터 내부를 구분하는 막과 피부인 외적 경계가 필요하다. 이 경계는 반드시 결핍을 방지하고 분열로부터 조직을 보호하기에 충분할 만큼 견고해야 하나 외부 환경과 서로 교환할 정도의 침투성은 있어야 한다. 가장 단순한 살아있는 체계는 단일 세포이다. 좀 더 복잡한 유기체에서는 이 열린 체계들이 동시다발적으로 작동이 되고, 전체로서의 유기체의 필요에 역할을 할 수 있도록, 각각의 체계들은 그들만의 고유한 기능을 수행하면서도 다른 체계들과 잘 조화되면서 움직인다.

이러한 개념을 인간 체계에 적용한 쿠르트 레빈Kurt Lewin(1947)의 연구가 체계에서 부분과 전체 사이의 관계 그리고 체계와 그들이 속한 환경 사이의 관계에 관한 연구의 틀을 제공한 밀러Miller와 라이스Rice(1967)에 의해 더욱 확장되고 발전되었다.

일차 과제

조직은 생존을 위해 반드시 작동해야만 한다는 것이 일차 과제이다(Rise, 1963). 열린 체계로서의 조직은 [그림 25.2]에 도식으로 제시되었다. 가운데 있는 상자는 가죽(A)이 신발(B)로 변하는 것과 같이, 투입물이 결과물로 변하도록 과제 수행이 필요한 작동 체계를 나타낸다.

일차 과제는 일정 시간 내에 처리되는 일의 양에 의해 정의된다. 투입물은 가공되지 않은 원재료(예: 가죽)이며, 결과물은 완성된 제품(신발)이다. NHS와 같이 사람을 대상으로 일하는 조직에서는 A 상태(예: 질병이 있는 사람들)인 사람들이 투입물이고 결과물은 B 상태인 사람들(예: 건강을 회복한 사람들)이다.

다양한 종류의 투입물과 결과물을 보유하는 기업은 [그림 25.2] 더 훨씬 복잡하다. 예를 들어 신발 공장은 환경으로부터 정보를 얻고, 재정 계획을 세우는 데 그 정보를 사용하며 마케팅 전략을 수립한다. 생산, 판매, 마케팅과 같은 다른 부서 사이의 조율이 필요하기도 하다. 그러나 어떻게 자원을 분배하고 조직 사이에 일어나는 다양한 활동들의 우선순위를 둘지를 결정하는 것은 조직의 일차 과제에 의해서 결정된다.

[그림 25.2] 일차 과제

일차 과제의 개념은 복잡계complex system라는 한계가 있지만 절대적으로 매우 유용하다. 자신의 작업 체계의 목표와 의도한 결과물에 대한 명확성은 자신이 올바른 방향으로 가고 있는지, 체계 및 작업 실행 설계의 적절성 여부를 지속하여 평가할 수 있는 일종의 척도를 제공한다. 또 이는 각 하부 체계가 전체 조직의 일차 과제에 특정한 기여를 어느 정도 하는지 파악하고 연결하는 데 도움이 된다.

경계에서의 관리와 경계 관리

살아있는 유기체는 적당하게 침투되는 막이 필요하다. 비슷하게, 유기적 조직은 환경과의 교류를 조절하는 경계가 필요하다. 이 조절은 관리의 핵심 기능이다. 예를 들어 관리자는 자신이 담당해야 하는 수준, 목표 제품과 원자재와의 조합, 또는 소비자의 요구 변화 등에 대한 확신이 필요하다. 이러한 이유로 열린 체계 모형은 그들이 관리하는 조직의 경계에 관리자를 배치한다(참고: [그림 25.3]).

[그림 25.3]에서 m1, m2 등은 팀 또는 부서와 같은 하부 조직의 관리자를 의미한다. 대문자 M은 소문자 m으로 표시한 하부 조직 관리자들의 직속상관을 뜻한다. 조직의 경계에 있는 그들은 관리와 동시에 내부와 외부를 연결하고, 경계를 가로질러 다른 조직과의 교류를 조율하는 기능을 한다.

조직의 경계에 있다는 것은 외적 환경과 조직의 내부 상태를 동시에 접촉할 수 있다는 것을 의미한다. 이러한 위치는 앞에서 설명한 의식적, 무의식적 불안을 담아주기에 대한 필요를 제공하기 위해 직원들의 감정 상태와 연결되어 있다. 조직에서 아주 멀찌감치 떨어져 있거나 단절로 인해 이 경계에서의 위치를 상실한 관리자는 더는 효율적 관리를 할 수 없게 된다.

고위 관리자나 이사들은 다양한 하부 조직들([그림 25.3]의 M처럼)의 작업을 두루 살피며 이 하부 조직들의 작업을 잘 조합할 필요가 있다. 이는 구체적인 목표와 활동이 각기 서로 그리고 전체와 어떻게 연결되는지에 대한 비전과 넓은 이해를 요구한다. 또 이러한 비전과 이해를 그가 이끌고 관리하는 사람들과 원활하게 의사소통할 수 있는 능력이 필요하다.

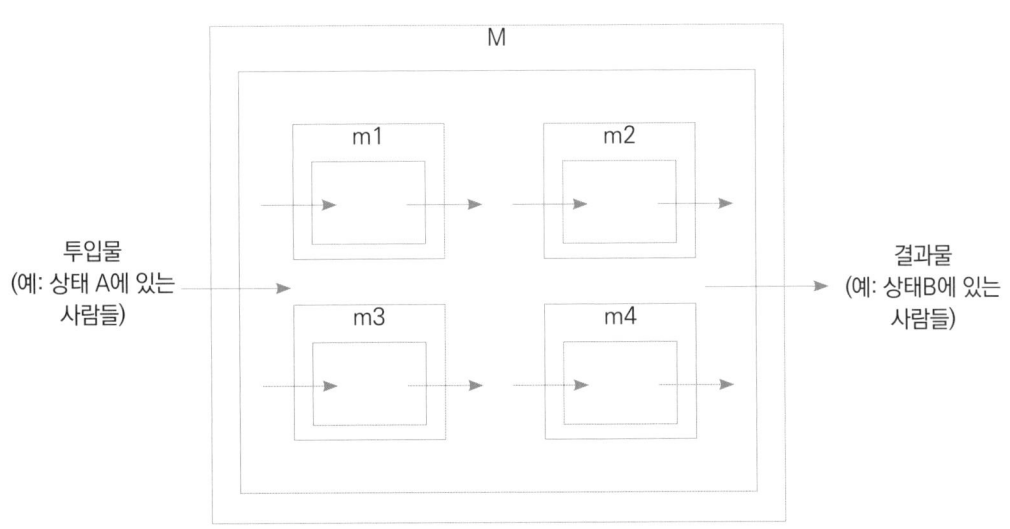

[그림 25.3] 경계에서의 관리

두 가지 이론의 조합으로 형성된 시스템-정신역동

사회적 방어 체계

자크Jacques(1953)는 '사회 구조의 역동the dynamics of social structure'이라는 획기적인 글에서 '개개인을 조직으로 결속하게 하는 일차적 응집 요소는 바로 불안에 대항하기 위한 방어(Trist & Murray, 1990; 420-421)'라고 주장하였다. 사회 구조 내에는 조직, 개인, 집단은 의식적 역할 뿐만 아니라 무의식적 역할도 수행한다. 자크Jacques는 어느 외항선의 일등 항해사와 선장을 예로 들었다. 일등 항해사는 모든 잘못에 대한 '문제의 근원'인 반면, 선장은 모든 생명을 의지하고 믿을 만한 '보호자로 이상화'되었다. 그 배의 승무원이라는 전체 '사회적 체계'는 ('모두 좋다' 또는 '모두 나쁘다'로 양분되는) 분열과 투사라는 방어를 사용하고 있었다. 그러므로 모든 나쁨, 약함 등등은 일등 항해사에게 돌아갔고, 모든 좋음, 강함 그리고 지식은 선장에게 투사되었다. 이러한 방어는 승무원들이 누군가의 안전한 손에 맡겨져 있다는 느낌과 선장이 전능하지 않다는 잠재적 현실이 주는 공포로부터 보호받는 느낌을 주었다.

이러한 종류의 분열은 외항선이라는 상황 또는 전시에는 유용할 수 있지만, 흔히 일상적인 조직에서는 비난, 희생양 그리고 현실적 문제해결에 대한 능력 결핍과 같은 역기능으로 작용할 때가 있다. 더욱이 투사의 중심에 있는 사람은 이러한 투사를 매우 사적으로 경험할 가능성이 있다. 일등 항해사는 실제로 이에 대해 부당함을 느끼기 시작했을 수 있고, 선장은 그 나름대로 자신이 과대한 평가를 받고 있음을 인식할 수 있을 것이다. 이 모두는 집단적 투사 과정의 결과로서 업무에서 현실감을 놓칠 위험이 있다. 이러한 종류의 조직적 투사에 대한 자각은 스트레스와 대립을 줄일 수 있고 효과적인 행동을 취할 수 있는 좀 더 정확한 현실에 대한 인식을 다시 얻게 할 수 있다.

각 개인적 수준에서 작동하는 방어에 대해 언급한 것 같이 조직의 방어 체계는 피할 수도 없으며, 불안에 압도되지 않는다면 필요하기도 한 것이다. 이런 관점에서 보면 조직에 존재하는 방어 체계의 작동 여부 그리고 이에 대한 대가는 무엇인가? 라는 질문이 생긴다. 우리는 주어진 상황 내에서 '그동안 작동했던 방식'으로 처리하는 경향이 있다. 비생산적인 조직 방어에 대한 통찰은 일종의 비용편익 분석에 대한 기회를 주고, 만일 필요하다면 어떻게 역할, 조직과 작업 수행이 설계되어야 할지에 대해 재고하도록 한다. 조직 내에 관료주의가 존재하는지, 실수 방지를 위한 장치들은 효율적인지, 또는 끊임없는 변화 요구를 충족하는데 필요한 유연성을 실제로 막고 있는 것은 아닌지에 관한 질문들이 이에 대한 예가 될 것이다.

업무 체계의 설계

조직 내에서 체계 주변의 경계와 하위 체계들은 중요한 기능을 담당한다. 이들은 '나는 내가 해야 할 과제가 있는 X 팀의 일원이다'와 같이 집단과 개인의 정체성 형성을 촉진하며 조직의 내부와 외부에 누가 있는지를 규명하는 데 도움이 된다. 그러므로 우리가 일부인 조직의 정신적 지도를 그릴 수 있게 한다. 반면에, 엄격한 경계는 팀, 부서와 조직들 사이의 협업을 방해하며, 심지어는 갈등까지 일으킨다. 여기에서, 다시 한번 지금의 경계가 과연 과제 수행을 돕는가 아니면 방해하는가에 대한 유용한 질문이 생긴다.

권위와 리더십 훈련

권위 훈련은 정신역동이나 열린 체계 이론 또는 이상적으로 둘 다 사용되는 것으로 이해될 수 있다. 정신분석적 관점에서 권위자와 맺는 한 사람의 무의식적 관계는 우리가 권위를 어떻게 적절하게 사용하는가에 영향을 준다. 권위의 부적절한 사용은 직원들에게 고위 관리자로부터 희생당하는 느낌마저 들게 하는 지나친 통제 또는 처벌하는 권위주의자가 되는 것, 그리고 또한 이와 반대로 도움이 될 만한 행동이 무엇인가를 규명하기보다는 직원들과 함께 섞여 자신의 권위를 포기하는 것을 포함한다.

그러나 관계에 대한 보고 설계(조직적 요소)는 또한 조직에서 어떻게 권위가 경험되고 사용되는가에 대한 중대한 영향력을 가지고 있다. 예를 들어, 요즘 많은 사람은 하나 이상의 책무를 맡고 있다. 아마도 그들이 속한 직업 영역과 여러 전문 분야에 걸친 팀에서 그들의 역할은 또 다른 관계를 맺고 있을 것이다. 이는 이러한 상황에서 서로 다른 부서들과의 연결이 어떠한가를 이해하는데 있어서 도움이 되는 경우, 매우 필요하고 유용한 설계가 될 수 있다. 그러나 반면에 이러한 설계는 누가 무엇에 책임이 있는지를 모호하게 하는 무의식적인 방어 기능을 가질 수 있으며, 이는 역효과를 일으키고 스트레스를 줄 수 있다.

정신역동과 체계적 관점의 결합은 한 개인 고유의 심리적 구성과 조직의 문화 모두의 측면에서 권위가 (위임, 공식적 권한 라인에 의해) 주어지고 (역할 보유자에 의해) 받아들여지는 것을 보는 데 도움이 된다(Krantz & Maltz, 1997). 리더십 훈련 방법과 밀접한 연관이 있는 다음과 같은 질문이 있다. 오직 최고위 관리자들에게만 리더십이 필요한 것일까? 투르케

Turquet(1974)는 건강하고 창조적인 팀에서 리더십은 당면한 상황을 감당할 힘이 누구에게 있느냐에 따라 바뀔 수 있다고 주장한다.

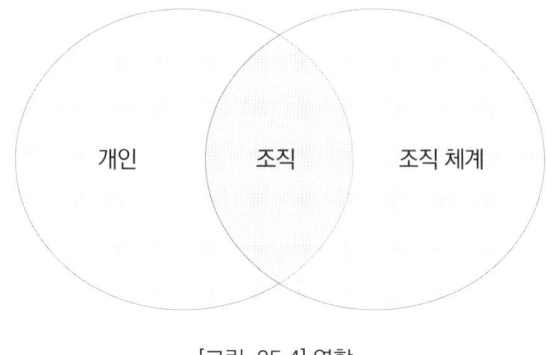

[그림 25.4] 역할

역할

[그림 25.4]에서 제시한 것처럼, 개인과 조직이 교차하는 지점에 역할이 위치하며, 역할의 개념이 중복되는 그 부분에서 모든 이러한 개념들이 비롯된다. 역할은 '특정한 상황과 관련하여 자신의 행동을 체계화하는 마음속에 존재하는 생각의 패턴'으로 정의할 수 있다(Grubb Institute, 1991:8). 역할의 측면은 고용 기관에 의해 작업 명세서, 조직 강령, 정책 등에 의해 부여된다. 그러나 역할은 권위와 리더십의 실천 부분에서 이미 설명한 바와 같이 스스로 취하는 것이기도 하다. 역할 속의 개인은 그들의 기술, 생각, 신념, 내면화된 과거 권위자들과의 무의식적인 관계성 그리고 그들이 속한 조직의 그들에 대한 요구, 변하는 상황에 따른 조직과 자신의 요구에 대한 이해에 기초하여 그것을 개인적인 것으로 만든다.

프랙티스

코칭 모형의 유형학typology([그림 25.1] 참고)을 다시 살펴보면 정신역동 코칭의 목표는 쉽게 드러난다. 치료적 정보 제공 코칭은 과거에는 의식 영역 밖에 있었던 것들을 의식으로 인식하도록 코치이의 개인적 통찰이 발전하는 것을 목표로 할 것이다. 그것들은 예를 들어 반복되는 행동과 대인관계 패턴에 대한 통찰을 통해 도출하도록 할 것이며, 그 결과, 변화를 택함으로 더 나은 위치에 서게 될 것이다.

역할 컨설턴트의 주된 목표는 코치이의 영감과 능력을 그들이 속한 조직 체계의 목적과 더 잘 맞거나 잘 조절되도록 하는 것이다. 이것은 코치이 각자의 역할에 관한 깊고 넓은 이해를 포함한다. 어떤 조직 또는 하위 조직에 속해 있는가, 그들 권위의 근원인 어떠한 경계에 있는가, 어떻게 그 권위를 사용하는가, 일차 과제의 요구에 맞도록 그들의 역할과 조직이 부합되기 위해 유기적으로 어떻게 설계하는가 등에 대한 것들이 그들이 가져야 할 역할 이해에 대한 예들이다. 부가적으로 코치이는 좀 더 자신이 일부분으로 있는 조직의 방어 과정에 대해 인식하게 되고, 이를 통해 어떻게 행동해야 할지를 더 좋은 선택을 하게 한다. 이 과정에서 개인적 통찰이 개발되나 이는 코칭의 우선적 목표는 아니다([그림 25.1] 참고).

정신역동 이론으로부터 도출된 도구와 기술

인식 밖에 있는 것을 시야로 들이기

정신역동적 정보 제공 치료는 훌륭하게 환자가 자기self 통합을 이루기 위해 무의식을 의식의 과정으로 가져오는 것, 또는 프로이트Freud의 용어로 설명하면 (의미 있고 만족스러운 관계를 맺는) 사랑과 (생산적이고 창조적인) 일에서의 능력 향상이다. 환자가 (거리낌 없이 어떠한 것이라도 떠오르는 생각을 말하도록 하는) 자유연상과 꿈 분석은 무의식적 재료를 사용하는 것이며, 치료자는 환자가 해석을 통해 통합과 통찰을 할 수 있도록 돕는다. 이 과정의 핵심 도구에는 환자의 내적 세계에 대해 중대한 정보를 제공하는 전이와 역전이가 함께 포함된다.

정신역동 코치는 명백하게 치료와 구분한다. 코치이는 환자가 아니며 코치 역시 치료사의 역할이 아니다. 전체적으로, 정신역동 코치는 고의로 무의식의 깊은 세계를 건드리지도, 직접적으로 해석하지도 않는다. 그러나 대부분 다른 코칭과 비교해 보면 상대적으로 뜻하지 않은 연결의 확장에 따라 세션은 비구조화될 가능성이 크다.

또 적은 양의 의식적 재료는 그림 그리기를 통해 표면화될 수 있다(그림을 통한 통찰에 대한 설명, 브루닝Brunning(2001)과 이 장의 두 번째 사례 참고). 코치는 무의식 재료의 '깊은' 해석을 제공하지 않으나 코치이의 어려움에 대한 원인이 무엇 때문일 것이라는 가설을 제공할 수 있다. 전에는 깨닫지 못했던 코치이의 연결고리를 지목하고 그들이 이에 대해 호기심을 키울 수 있도록 한다. 다시 말해 이 과정은 코치이의 확고했던 방어를 누그러뜨리게 한다.

정신 분석 치료 상황에서 일어나는 전이는 정신역동 코칭 과정에서는 그리 많지 않다. 다만 코치 역할을 어떻게 생각하고 받아들이는가에 집중한다. 핵심 기법들은 다음과 같다.

'제3의 귀로 듣기'*

이것은 특별한 종류의 경청으로 코치이와 단순히 말을 하는 것뿐만 아니라 코치이와 새로운 연결을 맺기 위해 다른 수준에서 의사소통하는 것이다. 말하지 않은 것이 꼭 무의식일 필요는 없으나 말을 하지 못할 만한 이유는 있을 것이다. 최근 근무 평가에 대해 화를 내며 방어적으로 말하는 관리자를 예로 들어보자. 그는 평가 보고서의 많은 비판에 대해 실제로는 동의한다고 말할 수 없었음을 느꼈다. 어째서 그가 말 못 할 정도의 위험을 느꼈는가에 대한 후속 탐색 과정을 거침으로써 직장에서 능력을 충분히 발휘할 수 없게 방해받았다는 전체 가정의 범위를 변화시키는 데 매우 의미가 있었다.

자료로써 개인의 고유한 감정 사용하기

이것은 정신역동적 정보 제공 경청의 또 다른 방식이다. 이는 때때로 '이야기의 배경 음악' 또는 '병렬 과정'에 경청하는 것으로 설명되기도 한다. 코치의 감정은 그들만의 것이 아니라 코치이의 의식 밖의 것을 반영하는 것일 수도 있으며, 그러므로 표면 아래에서 진행되는 것에 대한 핵심적인 정보로 작용할 수도 있다. 어떤 사람들은 자연스럽게 이런 방식으로 직관을 기본으로 하여 듣는다. 그러나 이 또한 배우고 연습할 수 있는 기술로 행동과 의사결정을 근거로 한 자료를 풍성하게 첨가한다면 코치와 치료사만이 아니라 직장에서 관리자나 그 밖의 사람들도 할 수 있다.

담아주기와 역할에서 머무르기

잠재된 무의식을 깨워 표면으로 사고와 감정을 불러일으키기 위해, 코치이는 안전감을 느껴야 한다. 치료 환경에는 이러한 안전감을 제공하기 위한 많은 특징이 있다. 특별히 환자가 과도하게 불안에 압도되지 않도록 확정된 세션 시간과 횟수라는 경계를 둔다. 이 경계는 환자와 치료사 사이의 관계에 관한 것이다. 치료사는 환자가 더 나아지도록 비밀을 지키며 온갖 주의를 다 기울여 비판 없이 들어주는 든든한 대상이 되어 돕는다. 함께하며 담아주기를 통해 코치이의 불안을 견딜만한 수준이 되도록 하고 습관적인 방어에서 벗어나도록 하고 이를 통해 무엇인가 새로운 것을 배울 수 있게 한다.

정신역동 코칭은 다양한 경계가 있다. 만나는 장소가 변경될 수 있고, 세션 또한 불규칙적 간격으로 진행할 수 있다. 그러나 코치는 이러한 외적인 환경의 변화와 상관없이 변화의 영향에 대해 주의를 기울여야 하고 코치이와 작업을 하면서 역할에 머무르도록 애써야 한다. 코치는 코치이가 코치에게 관심이 없거나 무시할지라도, 또는 반대로 코치를 지나치게 이상화하더라도 무엇이 진행되는지를 이해하는 데에 초점을 두어야 한다.

코치이의 코치에 대한 이상화는 잠재적으로는 코칭 과제에 부정적 위협이 되는 경우가 많다. 코치가 부정적 투사를 받을 때, 이 투사를 정보로 사용하기보다는 감정을 행동으로 드러내는 경우가 있다. 지나치게 강한 라포가 코치와 코치이 사이에 형성되었을 때는 실제로 말해야 하고 처리해야 할 어려운 문제를 회피하는 태도를 보이며, 무의식적으로 코치가 나약해질 수도 있다.

여섯 가지(6) 영역 모델

앞에서 기술한 바와 같이, 시스템-정신역동 코칭은 사람, 역할 그리고 조직 사이의 연결에 관심을 기울인다(P/R/O: [그림 25.4] 참조). 브루닝Brunning(2001, 2006)은 [그림 25.5]와 같은 '여섯 가지(6) 영역 모델'이라는 실제 코칭 모델을 개발하였다.

사람, 역할 그리고 조직이라는 기본 3요소를 근거로 한 P/R/O 모델에서는 역할 안에 코치이의 성격, 인생 이야기, 기술, 재능과 능력에 대한 정보까지 포함하는 것에 대해 개방적이다. 모든 여섯 가지 영역은 코칭 세션 동안 현재를 동시다발적으로 고려하고, 어느 영역의 하나 또는 모든 영역을 옳고 적절한 업무의 초점을 구성한다. 또한 [그림 25.5]는 코칭에 참고하거나 충족할 수 있는 전문성과 지식에 대한 부가적 자원을 밝히고 있다. 이것들은 다이어그램에서 그 각 여섯 가지 영역과 연관된 각각의 영역 바깥에 위치한다.

여섯 가지 영역은 마치 톱니바퀴들이 서로 인접한 톱니들과 연결되어 영향을 주며 회전하듯이, 지속하여 역동하는 움직임을 보인다. 그러므로 '현재 조직에서의 역할'의 영향에 방해가 있으면 '인생 이야기'에 영향을 미치며, 역으로 '인생 이야기'에 문제가 있으면 현재 조직에서의 역할에도 부정적으로 작용한다. 각 영역은 조화 또는 부조화라는 방식으로 서로에게 영향을 미친다. 예를 들어, 어떤 성격과 어떤 인생 이야기는 어떠한 직장에서의 개인 역할에 있어서 외적 조건과 환경이 어떻게 구성되어 있는가에 따라 좀 더 효율적일 수도 비효율적일 수도 있다. 이에 대한 것은 앞으로 소개할 첫 번째 사례 연구에서 설명될 것이다.

여섯 가지 영역 모델을 실행할 때, 코치는 코치이와 코칭 회기 내에서 일어나는 대화를 심도 있게 진행할 수 있도록 개인적인 자료와 정보에 대해 비교적 자유롭게 접근할 수 있어야 한다고 협상해야 한다. 동시에 이 코칭 과정이 정신분석 치료가 되지 않도록 주의하고, 코치이도 이에 대한 명확한 이해가 있어야 한다. 코치이가 일정 수준의 심리치료가 필요하다는 것을 '알고' 있으면서도 덜 위협적인 코칭을 차선책으로 택하며, 정신역동 코치가 이를 제공하기를 바랄 수도 있다는 것은 그리 특별한 것이 아니다. 그와 같은 많은 상황에서, 코칭 대신 심리치료로 위탁하거나 코칭을 병행하여 선택적으로 개입할 수도 있다.

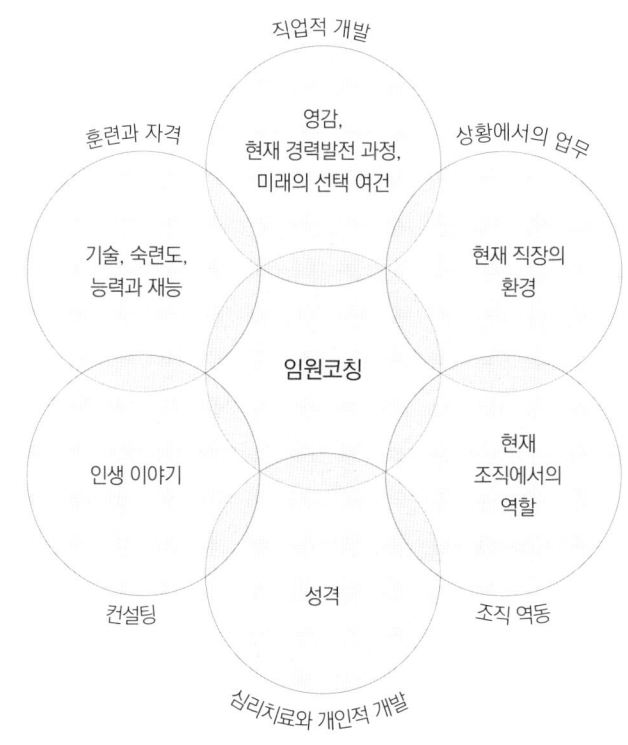

[그림 25.5] 여섯 가지(6) 영역 모델

역할분석에서 사용되는 도구와 기술

체계적으로 사고하기

앞서 설명한 모든 도구는 역할 컨설턴트에서 사용된다. 제시된 문제가 무엇이든지, 체계적으로 이해되어야 한다는 가정이 그 차이점이다. 예를 들어, 정신역동 코치는 흔히 조직에서 어려움의 원인으로 여겨지는 '골칫거리'인 사람들을 언급한다. 오브홀저Obholzer(2003)는 다음과 같이 말하고 있다. 각기 다르나 전체와 상호연결 되어있는 개인 또는 역할이나 부분집합을 살피는 것이 절대적 핵심이다. 그러나 '개별적'으로 드러난 어떠한 현상이라 해도 항상, 최우선으로 가장 중요하게 필요로 하는 것은 조직의 증상을 살피고 그 수준에서 역점을 두어 다루는 것이다(Obholzer, 2003:156).

정신 내적 조직organisation-in-the-mind

시스템-정신역동 코칭 또는 역할 컨설턴트의 핵심은 '정신 내적 조직'이라는 코치이가 가진 내적 조직 모형을 표면화하고 잘 설명할 수 있도록 하는 것이다. 허튼Hutton와 그의 동료들(1997)은 이를 다음과 같이 정의한다.

> 내면의 심리적 공간에서 경험하고 상상함으로써 형성되고 다음으로 환경과 어떻게 상호작용하는가에 영향을 미치는 조직이라는 개념이다(p.114).

코치이는 중대한 자료인 감정적 경험에 대해 인식하고 되돌아보는 것을 배운다. 코치는 언제나 코치이와 대화를 하면서 직장에서의 중요한 사건, 새로운 전략이나 프로젝트, 또는 코치이의 업무와 표면적으로는 무관하게 보이는 일화 등등 그 어느 것이라도 코치이가 내놓는 자료들이 유기적으로 얽혀 형성된 역동에 관하여 방심하지 말아야 한다. 코치이가 가져오는 어떤 것이라도 어느 정도는 그들 '안'에서 일어난 조직의 영향 또는 반향이므로 '진단적' 도구로서 효력이 있다(Armstrong, 2005).

때때로 코치는 (덜 의식적인 것을 표면화하는 방식으로) 코치이가 조직 내에서의 자신을 그리도록 초대할 수 있고, 코치이의 '개인적' 내적 세계에 관한 것만이 아니라 그들의 조직적 체계에서 겪은 내적 경험을 표현한 그림으로 작업할 수 있다.

증거로서 경험 사용하기

정신 내적 조직organisation-in-the-mind을 좀 더 예리하게 보게 되면서, 코치이는 상황 속에서 하나의 체계로서 자신의 조직에 대해 깊이 이해하게 되고, 자신과 타인의 행동을 이해하는 자료로서 자신의 경험을 충분히 사용할 수 있는 능력이 향상된다. 코치와 코치이는 함께 무엇이 진행되고 있으며, 그렇다면 코치이가 직장에서 어떤 것을 검증해야 하는가에 대한 가설을 세우는 작업을 한다. 코치이는 조직과 코칭 세션을 오가는 반복과정을 거듭한다. 각각의 환경에서 배운 것은 또 다른 환경에서의 학습에 대한 정보와 실마리를 제공한다.

이와 같은 몇 차례의 반복을 경험하며, 코치이는 또한 이러한 방식을 통해 '어떻게 배우는가를 학습'하며, 이 과정은 내면화된다.

어떤 코치이에게 가장 유용한가?

펠티에Peltier(2001)의 주장에 따르면 정신역동 개념은 대인관계 기술 증진, 자기 이해 향상, 부하직원, 동료 또는 상사와의 '어려움' 다루기, 자기 파괴적 행동 극복을 원하는 코치이들에게 매우 유용하다. 여기에 특별한 정신역동 코칭의 한 형식으로 역할 컨설턴트를 추가하고자 한다. 역할 컨설턴트는 개인/성격, 역할과 조직문화 사이의 표면 아래 존재하는 연결고리가 무엇인지를 발견하고, 무엇이 '나'이고 무엇이 '내'가 아닌지를 구분할 수 있도록 하며, 이로 인해 성찰에 대한 여유와 건설적인 행동을 하도록 돕는 기능을 한다. 이 작업이 성공적으로 이루어지면, 조직 체계의 유익을 위해 자기와 역할 사이에서 다양한 업무 선택을 할 수 있고, 바람직한 성과를 낼 수 있는 의식적이고 이성적이며 확실한 수행을 할 수 있는 더 좋은 기회들이 생긴다.

시스템-정신역동 관점에서 비롯된 코칭이 성공하기 위해서는 일반적으로 코치와 코치이가 직접 만나서 상호작용하는 것을 기본으로 한다. 이러한 접근의 코칭 과정에서는 무의식적 불안을 건드림으로 인해 감당하기 어려운 감정을 일으킨다. 따라서 대면으로 코칭하는 것이 여러모로 유익하다. 전화나 이메일을 통한 코칭은 코치가 생생한 단서를 잡기가 불가능하고 코치이를 충분히 담아주고 지지해주기가 쉽지 않기에 서로 만나지 않고서는 위험한 측면이 있다. 서로 만나지 않는 장거리 코칭 또한 무의식적 소통의 차원에 있어서 코치의 '듣는hear' 능력이 작용하기 어렵기에 무리가 있다. 다만 코치이가 업무로 자주 장기 출장을 가야 하는 경우 이메일e-mail과 전화로 기본적인 지속성을 유지하면서 어떠한 확고한 상황을 만든 뒤 감정을 다루어 주는 것은 가능할 수는 있다.

제1판이 출간된 이래로 기술이 향상되었고 코칭을 위한 원격 커뮤니케이션, 특히 Skype 및 시각적 접촉을 허용하는 기타 플랫폼의 사용이 심리 및 조직 역동 코치를 포함하여 기하급수적으로 증가했다. 그러나 대부분 코치는 위에서 설명한 이유로 적어도 가끔은 대면 세션을 갖는 것을 권장한다. 일반적으로 코치와 코치는 최소한 첫 번째 세션이라도 대면으로 진행하는 것이 도움이 된다고 생각한다.

정신역동 코칭은 은행에서 병원, 다국적 기업, 학교, 보육 시설에 이르기까지, 그리고 최고경영자에서 일선에서 일하는 팀 리더에 이르기까지 모든 지위 계층을 망라하여, 공적 및 사적인 영역 모두에서 성공적으로 사용되고 있다. '골칫거리' 동료로부터 직업 진로에 이르기까지, 그리고 특별히 권위와 리더십에 대한 훈련과 연관하여, 폭넓은 다양한 문제들을 가진 사람들을 도울 수 있다.

또한, 예를 들어, 이 코칭은 학교에서 직장으로의 전환에 어려움을 겪고 있는 젊은이들에게 유익하다. 그러나 역할에만 초점을 두는 역할 컨설턴트는 젊은이들이 역할 문제와 관련하여 탐색하고 작업하는 상황으로 제한이 된다는 아쉬움이 있다. 이러한 방식의 코칭, 상담 또는 심리치료로 적절한 도움을 주는 것이 부적합한 대상은 어린이와 청소년일 확률이 높다.

나이, 고용된 조직의 형태, 또는 코치이의 지위에 상관없이, 정신역동 코칭은 열린 태도와 탐구심이 필요하다. 이미 설정한 목표 달성을 위해 예상할 수 있는 구조화된 접근을 원하는 코치이는 다른 코칭이 더 적합할 수도 있다. 실제로 정신역동 코칭에서 코치와 코치이는 가보지 않고서는 '알 수 없는 것'에 대한 호기심과 인내가 있어야 한다.

사례 연구 1: 행동에서의 P/R/O

카렌Karen은 공공기관의 중간 관리자이다(코치이의 동의하에 약간의 세부 사항은 변경하여 사례를 공개한다). 카렌은 현재 자신의 역할에 대해 비판적으로 성찰하고, 지금 당장 그리고 장기적으로 자신의 업무에서 무엇을 해야 할지 결정하기 위해 자발적으로 코칭에 참여하였다. 특별히 카렌을 괴롭히는 문제는 현재 조직 내에서 자신의 직무기술서 명료함이 계속해서 부족하다는 것이다. 이를 직속상관에게 이야기할 때마다 오히려 더 혼란스럽고 아무것도 해결되지 않고 불분명함만 더하게 되었다.

그녀는 조직 내에서 정의되지 않은 자신의 역할과 일반적으로 자신의 직무에서 기대되는 자율성을 고려하며, 자신의 역할을 재정의하여 외부 고객의 요구를 충족하고 자신의 지식과 전문 분야를 기반으로 조직에 도움이 되도록 자신의 역할을 재정의하였다. 자신의 역할을 재정의한 카렌은 외부 고객을 위한 수많은 훈련 행사를 감당하였다. 모든 참여자는 감사를 표했고 긍정적인 평가를 하였다. 하지만 직속 상사는 한 번도 공식적인 인정을 하지 않았다.

너무나 힘겹게 혼자 백여 명의 외부 참여자들에 대한 훈련 행사를 준비하는 동안, 카렌은 조직으로부터 전혀 지지받지 못하고 고립되는 느낌을 다시 갖게 되었다. 행사 날짜가 임박하여, 공식적 도움이 거의 없이 혼자 과로하였다. 그녀는 혼자 감당하기 힘들었고 분노를 느꼈지만, 조직 내의 누구와도 맞설 수 없었고 맞서고 싶지도 않았다. 어쨌든 별다른 도움 없었음에도 훈련 행사는 예정대로 진행되었고 매우 성공적이었다.

두 번째 코칭 세션이 바로 이 사건 이후 진행되었다. 카렌의 이야기를 듣는 동안, 코치에게 겉보기에는 사소하나 실제로는 매우 중요하게 다가온 사건이 있었다. 표면적으로 그 작은 사건은 단순히 카렌과 그녀의 개인비서 사이에서 벌어진 의견 차이에 관한 문제였다. 그 사건의 내용은 중요한 서류가 컴퓨터상에서 사라진 것이 있었다. 개인비서는 카렌이 삭제했을 것이라 주장을 하고, 카렌은 결코 그렇게 중요한 서류를 자신이 삭제했을 이유가 없다고 반박하였다.

'삭제deleted'라는 단어가 카렌의 경험과 감정을 포함하여 그녀의 전체 영역에 관해 이야기하고 생각하는 데 있어서 하나의 은유가 되었다. 카렌은 마치 너무나 중요한 서류가 컴퓨터 하드 디스크에서 삭제된 것처럼 자신이 조직에서 '삭제'된 것으로 느끼고 있음을 깨달았다. 이러한 '삭제' 경향은 역할이나 조직뿐만 아니라 제3의 영역, 즉 카렌 자신의 내부에도 존재하는 것이 아닐까? 세션이 진행되면서, 카렌은 자신의 욕구와 영감을 무시하고, 그 결과 타인에게도 충분히 요구하지 않는 방식으로 자신을 스스로 '삭제'하는 경향이 있음을 알아차렸다.

이것은 새로운 관점을 제공하였다. 이 코칭 과정에서 개인, 역할 그리고 조직이라는 세 가지 영역이 겹치는 부분에 대해 들여다보았다. 이 세 영역에서, 피할 수 없는 동일한 '삭제'가 작동되고 있었다. 각 영역은 다른 영역에 영향을 미치고 증폭시켰다. 카렌은 저평가받고, 자신의 재능을 충분히 발휘하지 못했으며, 그녀의 경계 밖에서는 매우 확실하게 잘 알려진 성공적인 훈련 행사에 대해 정작 조직은 무시라는 '삭제' 버튼을 사용하였음을 인식했다. 동시에 그녀는 스스로 자신만의 전문성과 능력에 대해서 충분하게 역할 재협상을 해야 할지, 사직해야 할지에 대해 갈피를 잡지 못했다. 그 대신에 그녀는 끊임없이 개인, 구조 그리고 문화의 상호작용 속에서 과로하고 저평가받는 위치에 갇힌 모습을 보이는 역동의 반복에 고착되었다.

이러한 겹치는 부분에 대한 발견을 통해 카렌에게 다음과 같은 많은 선택이 열렸다.

- 직속상관에게 콘퍼런스에 대한 구체적인 피드백을 요청하기
- 새로운 통찰에 대한 지지 또는 일치하지 않는 증거를 좀 더 확보하기 위해 360도 평가 요청하기
- 훈련 업무가 좀 더 명확하게 그녀의 업무로 인식되고 인정되도록 하고, 그와 같이 구체적인 일에 대해서 그녀의 직무기술서를 놓고 재협상하기
- 또는 새로운 직업을 찾기 위한 대안적인 단계 밟기

코치가 카렌이 그녀 자신의 요구를 '삭제'하는 성향이 있는지와 왜 다른 사람들 또한 똑같이 대하게 했는지에 대한 원인을 일부러 깊이 탐색하지 않았는지에 관심을 두는 것이 중요하다. 이 코칭이 목적을 달성했다는 측면에서 그녀가 이러한 성향이 있다는 것, 그녀가 현재 상황으로부터 자유로워지고, 좀 더 효율적인 장기적 직업 경력 관리에 대한 필요성을 그녀가 의식적으로 알아차리는 것만으로도 충분하다.

물론, 카렌은 코칭 시작하기 전에도 자신이 이러한 성향이 있음을 조금은 알았지만, 업무와 관련하여 이러한 경향이 이처럼 힘들게 했다는 것을 알지 못했다. 또한 얼마나 확고하게 만연한 조직의 문화에 동조함으로 인해 직업 역할에서 그녀가 '삭제'되었다고 느꼈었는지를 알지 못했다.

논의

같은 문제나 역동이 모든 P/R/O 세 영역에서 동시다발적으로 표출될 때마다, 코치이들은 그들의 직업 역할에 의해 과도하게 영향을 받을 것이다. 그리고 그들이 처한 상황에 대해 어떠한 건설적인 시도를 할 수 있다는 자유마저 없다고 느낄 것이라고 하는 중요한 유사성이 있다. 이것은 나(역할에서의 개인)와 내가 아닌 나(조직에서의 역할) 사이의 무거운 무의식적인 융합, 그리고 개인에 속한 것과 조직에 속한 것을 구분하는 어려움에서 비롯한다. 한 번 개인적 요소를 인식하고 자신만의 것으로 여기면, 코치이들은 훨씬 더 다른 두 영역(역할과 조직)을 이러한 성급한 융합으로부터 구분하기 쉬워진다. 또 좀 더 냉정하게 내부 연결을 보게 하고, 그들 자신이 대행하는 권위와 그들이 속한 조직의 이익을 행사하는 능력을 회복하게 된다.

사례 연구 2: 역할 분석

제랄드Gerald는 공공기관에서 중간 관리자로 일하고 있다. 그는 주도적으로 진행하고자 하는 일을 자주 중단시키는 직속상관 키스Keith가 자신을 무시한다고 느끼고 있다. 제랄드는 경력 개발과 현재 직장을 떠나는 문제에 대해 생각해 보고자 코칭을 받으러 왔다.

18개월 전쯤, 제랄드의 조직문화가 수행 과정 중심에서 목표 중심으로 급격하게 바뀌었다. 키스는 일 년 조금 전부터 현재의 자리를 맡고 있으며, 제랄드와 팀원 모두는 그 변화를 한마음으로 매우 싫어하였다. 회의에서 키스는 항상 어떻게 하면 정부가 제시한 목표를 달성할 것인가에 대해서만 초점을 맞추었다. 첫 번째 코칭에서 제랄드는 만일 목표와 과정이 서로 역할을 해야 한다면 '목표보다는 어떻게 일이 진행되는가에 관심이 있다'라고 하였다. 그는 직속상관 키스가 자기 생각을 계속 '묵살killing off'하려 하는 것으로 보고 있다. 코치가 그에게 그가 속한 작업 체계를 그림으로 그려보라고 하자, 제랄드는 마치 바퀴와 같이 축과 그 축을 중심으로 연결된 막대들을 그렸다. 그림 속에는 자신과 팀원들만 있을 뿐 직속상관 키스나 기타 이사들은 없었다. 그림 속의 선들은 안에서 바깥으로 향하는 작살처럼 보였다.

제랄드 또한 무엇인가를 '묵살'하는 것은 아닐까? 제랄드의 '정신 내적 조직organisation-in-mind'은 포위당해 고립된 것으로 보인다.

두 번째 코칭 세션에서 그는 최근에 키스로부터 상당히 혁신적인 생각으로 만든 의견에 대해 비판만 가득 적어 '자신의 의견을 박살한' 이메일을 받았다는 이야기를 하였다. 그는 자신을 '느긋한 창조성'이 있다고 평가했던 전 직속 상사와의 경험을 대비하여 말하였다. 그에게 있어서는 마치 창조성과 태만(예를 들어, 수행 목표에 의한 통제에 대한 저항)이 하나이자 똑같은 것이었다.

코치와 제랄드는 함께 비판에 줄을 그으며 이메일을 읽었다. 그 결과 문제는 키스와 관련 없음이 밝혀졌다. 코치는 제랄드가 키스와 함께 있다고 상상해보게 했다; 키스가 아주 친한 동료나 친구에게 제랄드, 당신을 뭐라고 할 것 같아요? "저 인간은 정말 멋대로야! 나를 무시하고 자기가 하고 싶은 대로 마구 해버린다니까! 그 사람 속을 알 수가 없어. 만약에 이 빌어먹을 목표를 달성하지 못한다면 아마 끝장날 거야!" 그림이 바뀌었다. 키스는 단순히 자신을 힘으로 짓누르기만 하는 것이 아니라 자신이 그를 위협하고 위험에 빠뜨리는 존재가 되었다. 처음으로 키스 또한 목표에 관해 만족해하지 않는다는 힌트가 있었다.

제랄드는 다음 날 키스와 회의가 있다며 이에 대해 매우 걱정하며 코칭에 세션에 왔다. 그가 할 수 있는 상상은 오직 두 가지 시나리오뿐이었다. 하나는 그가 아이디어를 제안하면 키스가 묵살할 것이라는 것이고, 다른 하나는 아이디어를 조용히 가지고 있다가 나중에 그 계획이 '해명되는get unravelled' 것이었다. 이 두 가지 시나리오 외에 세 번째 방법을 찾기 위한 시도로, 코치는 빈 종이를 가지고 회의 석상에서 키스와 함께 머리를 맞대고 아이디어를 내보면 어떤 일이 벌어질 것인가를 물었다. 제랄드는 회의적이었으나 이 시도에 대해 동의하였다. 얼마 후 그는 회의가 환상적이었다고 설명하였다. 키스는 빈 종이에 많은 색의 펜으로 아이디어를 채웠다. 그는 제랄드가 전에는 보지 못했던 에너지로 가득 찼다. 최종 제안은 제랄드가 처음에 원했던 것과 별로 다르지 않았다. 그러나 키스는 이것을 완전히 다르게 보고 진심으로 지지하였다. 이제 제랄드는 상사로부터의 지지만을 얻은 것이 아니라 조직안에서 '진정한 일'에 대한 순수한 열정이 있는 키스의 새로운 모습을 발견하였다.

코칭이 진행되면서, 제랄드의 에너지는 키스에 대한 저항으로부터 어떻게 자신의 열정과 부서의 목표가 조화되어 이사회의 목표에 이바지할 수 있을지에 관한 생각으로 이동하였다. 그는 키스는 물론 다른 부서 관리자들과도 그들이 하는 일에 대한 비전과 목적에 관해 이야기하기 시작하였다. 점점 많은 사람이 정부의 명령에 따르느라 망각하고 있던 의미에 대한 감각이 회복되기 시작하였다.

　제랄드의 다음 직장 경력에 관한 생각도 바뀌었다. 전에는 그의 일차적인 목적이 자신의 느긋함에서 오는 창조성을 인정해 주는 상사 아래에서 일할 수 있는 직업을 찾는 것이었는데, 지금은 조직의 핵심 목적과 부합하여 그가 담당하는 일을 수행하면서 좀 더 능력을 발휘할 수 있는 조직을 찾는 것이 더 중요하게 되었다. 지금 당장 회사를 그만두는 것이 급한 것이 아니라는 것을 느낌과 동시에, 그러나 그의 가장 깊은 곳에 있는 영감과 열망이 다른 영역을 원하고 있음을 깨달았다.

논의

정신역동 관점에서. 한 개인은 투사 체계의 이동으로 변화를 이해할 수 있다. 이사회의 두 과제는 목표 달성과 코치이에게 긍정적인 변화를 만들어주는 의미 있는 작업 수행으로 분열되어 있었다. 이 분열은 제랄드와 키스에 의해 불거져서 조직 내에서 확대된 방어를 작동하게 하였는데, 한 사람은 점점 더 나태하게 만들었고, 또 다른 한 사람은 더 완고하고 관료적으로 만들었다. 이와 같은 가설이 코칭 세션 동안 세워졌고, 직장에서 검증할 수 있었다. 키스가 그 자신만의 일에 대한 열정을 되찾을 수 있는 여지가 생기고, 제랄드가 목표를 이루기 위해 어느 정도의 책임감을 공유하게 됨으로써 전체 조직은 좀 더 통합적이고 창조적으로 변하였다.

　비록 한 부분에서 일어난 통찰이었지만, 조직적 요소와 '정신 내적 조직'에 주의를 기울임으로써 커다란 변화가 일어났다. 제랄드의 그림은 그가 겪고 있는 경계에서의 위치에 대한 혼란을 보여주었다. 그는 내부(그의 팀이 하는 업무)와 외부 세계(그와 팀의 필요)를 연결하고 있었으나 그 외부의 조직은 망각하고 있었다. 결과적으로, 그는 자신의 역할을 성과 목표들을 무시한 채 자신의 이익을 위해 싸우고 팀의 자율성을 지키는 것으로 제한했다. 이러한 태도는 이사회의 존립을 위험에 빠뜨렸고, 장기적으로는 결국 자신의 유익 또한 위협하는 것이다. 조직을 살피면서 빠진 부분을 발견하는 것은 대단히 중요한 첫걸음이다. 제랄드가 자신이 속한 하부 조직의 핵심 목표에 대해 다시 정의하고, 이것이 어떻게 조직의 다른 부분들과 연결될 수 있을까를 생각하는 과정에서, 새로운 대화가 시작되었다. 제랄드는 정부의 통제에서 야기된 불안으로 인해 단절되었던 핵심적인 연결을 다시 형성함으로써 그가 속한 팀에서 리더십을 행사할 수 있었다.

논평

두 가지 사례 연구에서 드러난 것 같이, 코치이에게 선택을 열어둔다는 점에서 정신역동/시스템-정신역동 코칭이 언제나 그 외의 코칭 방법들과 매우 다른 것만은 아니다. 정신역동 코칭의 차별점은 코치이가 그들 상황에서 비롯된 어떠한 무의식적 추동을 이야기하고, 이해하고, 이용하는 것에 초점을 둔다는 것이다. 시스템-정신역동 관점이 코칭에 첨가된다면, 코치이는 조직 역동과 구조, 개인의 역동과 더 넓은 맥락 사이를 연결하도록 도움받는다. 이것은 각자의 역할에 대한 '재-상상 re-imagine'을 가능하게 한다(경영 활동으로서 성찰적 사고의 중심성을 설명한 사례 연구와 함께한, 개인의 역할과 조직에 대한 재-상상에 관한 토론을 참조하라. Hutton, 1997.)

승인

이 장은 이전에 출판된 다음의 두 개의 장을 광범위하게 다루었으며, 이전에 출판된 작업 및 관련 도표를 부분적으로 재인쇄할 수 있도록 각 출판사의 명시적인 허가를 받았다.

V. Z. Roberts (2004) Psychodynamic approaches: organisational health and effectiveness, in E. Peck (ed.) *Organisational Development in Healthcare: Approaches, innovations, achievements*. Abingdon, UK: Radcliffe

V. Z. Roberts and M. Jarrett (2006) What is the difference and what makes the difference: a comparative study of psychodynamic and non-psychodynamic approaches to executive coaching, in H. Brunning (ed.) *Executive Coaching: Systems-psychodynamic perspective*. London: Karnac

논의 포인트

1. 무의식적 역동으로 작업할 때 코칭에서 치료로 전환하지 않도록 하려면 어떻게 해야 할까?
2. 이 장은 사람, 역할 및 조직 체계에 관한 관심의 가치에 대한 것이다. 코칭을 하는 동안 이러한 영역 중 한두 개에만 우선권을 주는 것보다 세 가지 모두에 주의를 기울이는 데 도움이 되는 것은 무엇일까?
3. 정신분석 이론의 다른 측면에 동의하지 않더라도 정신역동 사고의 어떤 요소가 코칭 실천을 풍부하게 할 수 있는가?
4. 이 장의 앞부분에서 우리는 '권한의 행사는 정신역동 이론이나 열린 체계 이론, 또는 이상적으로는 두 가지 모두를 사용하여 이해될 수 있다'라고 언급하였다. 충분한 권한을 가지고 자신의 역할을 지속하는 데 어려움을 겪고 있는 특정 코치이를 생각해 보라. 어떻게 두 이론의 갈래를 모두 이용하여 그들의 경험을 새롭게 조명할 수 있을까?

참조

* 이것은 시어도어 라이크Theodor Reik가 환자의 의사소통을 듣는 특정한 방법을 설명하는 용어이며, 다시 말해, 말로 표현될 필요가 없는 것에 대한 경청을 의미한다(Reik, 1948).

추천 읽기

Brunning, H. (ed.) (2006). *Executive Coaching: Systems-Psychodynamic Perspective*. London: Karnac.
Hutton, J., Bazalgette, J., & Reed, B. (1997). Organisation-in-the-mind. In J. E. Neumann, K. Kellner, & A. Dawson-Shepperd (eds.) *Developing Organizational Consultancy*. London: Routledge.
Newton, J., Long, S., & Sievers, B. (eds.) (2006). *Coaching in Depth: The Organisational Role Analysis Approach*. London: Karnac.
Obholzer, A., & Roberts V. Z. (eds.) (2018). *The Unconscious at Work: A Tavistock Approach to Making Sense of Organisational Life*. London: Routledge.

참고 문헌

Armstrong, D. (2005). *Organization-in-the-Mind*. London: Karnac.
Brunning, H. (2001). The six domains of executive coaching. *Journal of Organizational and Social Dynamics* 1(2): 254-263.
Brunning, H. (ed.) (2006). *Executive Coaching: Systems-Psychodynamic Perspective*. London: Karnac.
Freud, A. (1966). *The Ego and the Mechanisms of Defence*. New York: International Universities Press.
Grubb Institute (1991). *Professional Management: Notes prepared by the Grubb Institute on Concepts Relating to Professional Management*. London: Grubb Institute.
Hutton, J. (1997). Re-imagining the organisation of an institution: Management in human service institutions. In E. Smith (ed.) *Integrity and Change*. London: Routledge.
Hutton, J., Bazalgette, J., & Reed, B. (1997). Organisation-in-the mind. In J. Neumann, K. Kellner, & A. Dawson-Shepherd (eds.) *Developing Organisational Consultancy*. London: Routledge.
Jacques, E. (1953). The dynamics of social structure: A contribution to the psycho-analytical study of social phenomena deriving from the views of Melanie Klein. *Human Relations* 6: 3-24. Reprinted in E. Trist, & H. Murray (eds.) (1990). *The Social Engagement of Social Science*, Volume 1: *The Socio-Psychological Perspective*. London: Free Association Books.
Krantz, J., & Maltz, M. (1997). A framework for consulting to organizational role. *Consulting Psychology Journal* 49(2):137-151.
Lewin, K. (1947). Frontiers in group dynamics, Parts I, & II. *Human Relations* 1: 5-41; 2: 143-153.
Miller, E. J., & Rice, A. K. (1967). *Systems of Organisation: The Control of Task and Sentient Boundaries*. London: Tavistock.
Newton, J., Long, S., & Sievers, B. (eds.) (2006). *Coaching in Depth: The Organisational Role Analysis Approach*. London: Karnac.
Obholzer, A. (2003). Some reflections on concepts of relevance to consulting and also to the management of organisations. *Organisational and Social Dynamics Journal* 3(1): 153-164.
Peltier, B. (2001). *The Psychology of Executive Coaching: Theory and Application*. London: Brunner-Routledge.
Reed, B. (1976). Organisational role analysis. In C. L. Cooper (ed.) *Developing Social Skills in Managers*. London: Macmillan.
Reed, B., & Bazalgette, J. (2003). Organizational role analysis at the Grubb Institute of Behavioural Studies: Origins and Development. In J. Newton, S. Long, & A. Sievers (eds.) *Coaching in Depth: The Organisational Role Analysis Approach*. London: Karnac.
Reik, T. (1948). *Listening with the Third Ear*. New York: Pyramid.
Rice, A. (1963). *The Enterprise and its Environment*. London: Tavistock.
Roberts, V. Z. (2004). Psychodynamic approaches: Organisational health and effectiveness. In E. Peck (ed.) *Organisational Development in Healthcare: Approaches, Innovations, Achievements*. Abingdon, UK: Radcliffe.
Roberts, V. Z., & Jarrett, M. (2006). What is the difference and what makes the difference: A comparative study of psychodynamic and non-psychodynamic approaches to executive coaching. In H. Brunning (ed.) *Executive Coaching: Systems-Psychodynamic Perspective*. London: Karnac.
Trist, E., & Murray, H. (eds.) (1990). *The Social Engagement of Social Science*, Volume 1. London: Free Association Books.
Turquet, P. (1974). Leadership: The individual and the group. In A. D. Colman, & M. H. Geller (eds.) *Group Relations Leader 2*. Washington, DC: A. K. Rice Institute.

Part 3

적용, 맥락, 그리고 지속성

서론

역자: 김태리

Part 3에서는 코칭이 적용되는 분야와 코칭이 적용되는 대상을 포함한 맥락적 측면에서의 코칭을 다루면서, 다양한 상황에서 코칭이 어떻게 적용되는지 살펴본다. 제목에서 알 수 있듯이, 본 파트에서는 강력하면서도 지속 가능한 코칭 개입을 어떻게 이끌어 낼 것인가와 관련된 접근과 이론을 탐색한다. 첫 번째 그룹은 다양한 맥락 속에서 중대한 변화와 선택지에 직면하고 있는 개인을 대상으로 탄력적이고 강력한 코칭 개입을 창출하는 데에 초점을 맞춘다. 두 번째 그룹은 더욱 광범위하고 복잡한 분야에서 지속 가능하고 강력한 코칭 개입을 창출하기 위한 접근에 관해 살펴본다.

삶과 일에서 마주하는 개인적인 변화

본 Part는 '개인 및 라이프 코칭심리학Personal and life-coaching psychology'(26장)으로 시작한다. 이 장을 집필한 올레 마이클 스페이튼Ole Michael Spaten은 코치이가 자기 삶에서 원하는 것을 성취할 수 있도록 돕기 위해 코칭을 어떻게 적용할 수 있는가에 초점을 맞추고 있다. 이를 위해 적용할 방법론은 다양하지만, 이 장에서는 코치이가 개인적 핵심 가치, 개인적 열망, 자신의 삶에 부여하는 의미에 대한 인식과 명확성을 높이는 데에 특별히 유용한 것으로 판명된 다수의 방법론과 기법을 중점적으로 다룬다. 이어지는 27장은, 셰일라 팬챌Sheila Panchal, 시오베인 오리어던Siobhain O'Riordan, 그리고 스티븐 팔머Stephen Palmer가 집필한 '인생 전환기의 발달 코칭Developmental coaching across life transitions'이다. 이 장에서는 생애 전환, 발달적 관점과 함께 긍정적인 성장이라는 측면을 다룬다. 이러한 맥락에서 적용되는 코칭은, 삶의 중대한 전환기에 긍정적인 성장과 발전을 지원하는 방식을 통해 효과적인 문제해결을 촉진하도록 의도적으로 설계되어 있으며, 다양한 이론적 토대와 개발 이론을 유용하게 적용할 수 있다. 그다음, '코칭에 대한 접근으로서의 성인 학습Adult learning as an approach to coaching'(28장)에서는, 데이비드 레인David Lane, 마크 사이먼 칸Marc Simon Kahn과 로이드 채프먼Lloyd Chapman이 코칭 분야의 많은 이에게 영향을 미친 특정 영역의 접근법과 이론을 다룬다. 이 영역의 이론은 성인이 학습하는 방식에 관심을 두는데, 핵심 가정은 사람들이 자신의 경험을 이해하고 전환하는 방식은 저마다 다른 경향이 있고, 이는 그들이 무엇을, 어떻게 배우는지에 모두 영향을 미치기 때문에, 이것을 이해하게 되면 코치가 더 효과적인 서비스를 제공하는 데 도움이 된다는 것이다. 이 장에서는 이러한 이론과 관점이 코칭과 코칭심리학 프랙티스에 어떻게 유용하게 적용될 수 있는지 알아본다.

그다음에는 피터 페나Peter Fennah와 함께 '커리어 코칭Career coaching'(29장)을 살펴본다. 커리어 코칭에 대해 보이는 관점은, 커리어 코칭을 '직장에서의 변화를 관리할 수 있는 개인의 의지와 능력을 탐색하는 일'로 정의하는 광범위한 인식의 틀이다. 일work은 전 세계 어디서나 개인의 실용적이고 동기부여적인 다양한 욕구를 충족시켜 준다. 이는 개인의 행복과 정체성은 물론 가족, 지역사회, 사회에도 긍정적인 영향을 미칠 수 있다. 직장 환경은 빠르게 변화하고 있는데, 그중 많은 부분이 기술 중심의 변화다. 일의 중요성과, 개인적인 삶의 선택과 상관없는 변화의 속도를 고려할 때, 커리어 코칭은 코칭 개입을 통해 코치이의 생애 고용 기간 전반에 걸쳐 잠재적으로 큰 변화를 미칠 수 있는 풍부한 코칭 영역이다.

생애 모든 경험과 변화에 걸쳐 자기 자신의 능력을 꽃피우고 지속할 수 있도록 회복탄력성을 강화하고 강력한 능력을 만드는 것은 30장의 주제이다. 헬렌 윌리엄스Helen Williams, 스티븐 팔머Stephen Palmer와 크리스티나 질렌스텐Kristina Gyllensten은 '스트레스, 회복탄력성, 건강과 웰빙 코칭Stress, resilience, health and wellbeing coaching'에서 코칭의 네 가지 틈새 영역을 통합한다. 이 네 영역은 코치이가 건강과 관련한 목표를 달성할 수 있도록 돕는 공통의 목표를 통해 연결되어 있다. 스트레스와 생활 습관 관련 질병은 개인, 기업, 사회에 점점 증가하는 심각한 비용을 초래한다. 코칭이 스트레스 관리 및 회복탄력성뿐만 아니라 넓은 의미에서 건강과 웰빙에 대한 효과적인 개입법이라는 증거가 늘어남에 따라, 이 장은 이러한 맥락에서 어떤 특정 모델과 접근법을 적용할 수 있는가에 대한 혜안을 제공한다.

코칭, 복잡성, 그리고 시스템 수준에서의 개입

이 섹션의 첫 번째 장은 상황에 대한 설명을 제공한다: '혼돈의 가장자리에서 코칭: 코칭심리학에 대한 복잡성 기반 접근Coaching at the edge of chaos: a complexity informed approach to coaching psychology'(31장). 레슬리 쿤Lesley Khun과 앨리슨 와이브로우Alison Whybrow는 복잡성 기반 접근이 코칭심리학의 지식 기반을 확장할 수 있다는 복잡성 과학의 측면에서 코칭을 바라본다. 주요 구성 원칙과 복잡성 관련 개념을 소개하고, 실제로 복잡성을 활용하기 위한 제안점을 제공한다. 32장에서는 전체 조직 시스템에서의 코칭 개입에 대해 살펴보고, 업무 설계 및 코칭 스킬 개발의 심리학적 토대에 관한 통찰을 제공한다. '조직 내 코칭 개발: 코칭 문화로의 이동Developing coaching in organisations: moving towards a coaching culture'에서 앨리슨 와이브로우Alison Whybrorw와 에드 노팅엄Ed Nottingham은 조직 내 코칭 개발에 접근하는 프레임워크와 방법을 제공한다. 두 개의 사례 연구를 바탕으로 전체 시스템 코칭 개입과 관련하여 조직이 취할 수 있는 매우 다른 접근에 관해 설명하면서 접근의 다양성을 강조한다. 전체 시스템 개입 방식에 기반을 둔 중요하고 규모가 큰 응용 개입법 가운데 하나가 '리더십 및 임원코칭Leadership and executive coaching'(33장)이다. 여기서 비키 엘람-다이슨Vicky Ellam-Dyson, 다샤 그레이포너Dasha Grajfoner, 앨리슨 와이브로우Alison Whybrow 그리고 스티븐 팔머Stephen Palmer는 리더십 개발에서 리더십과 임원코칭leadership and executive coaching(LEC)의 역할에 대해 논의하고, 연구자뿐만 아니라 프랙티셔너가 주목하는 심리학 이론과 이의 실질적 적용을 함께 다루면서 리더십과 임원코칭에서 심리학의 역할을 탐색한다. 이 장에서는 현재의 리더십 맥락과 코칭심리학이 이를 어떻게 다루어 왔는지 살펴본 다음에, 심리학적 근거 이론을 설명하고 프랙티스를 위한 시사점을 제공한다. 이 그룹의 마지막 장에서는 샌디 고든Sandy Gordon과 더그 맥키Doug Mackie가 '팀 코칭Team coaching'(34장)을 주제로 다루었다. 이 유형의 코칭 개입은 스포츠에서 잘 확립되어 있지만, 다른 맥락에서는 비교적 생소하다. 팀 코칭 프랙티스, 정의 및 증거 기반 문헌은 단편적이고 비일관적으로 드러난다. 그와 동시에, 팀 코칭은 코칭을 적용할 수 있는 중요한 성장 분야라고 간주한다. 이 장의 목적은 팀 코칭에 관한 검증된 최신 이론과 프랙티스를 명확히 제시하고, 팀 코칭과 코칭 문화 창출을 위한 강점 기반 접근을 소개하는 것이다.

Section 1

삶과 일에서 개인의 전환

26장
개인 및 라이프 코칭심리학

저자: 올레 마이클 스페이튼 Ole Michael Spaten[1]
역자: 김태리

서론

개인 코칭 및 라이프 코칭심리학은 코치가 만족스럽고 알찬 인생 경험의 향상과 개인의 인생 목표 달성을 촉진하는 체계적인 과정을 통해 개인이 삶의 가치, 비전 및 의미를 명확히 할 수 있도록 돕는 것을 목적으로 한다. 개인 코칭 및 라이프 코칭심리학은 구체적인 초점에 맞추어 특정 맥락에서 진행된다(Dunbar, 2010; Palmer & Whybrow, 2008; Grant, 2003; Zeus & Skiffington, 2000; Neenan & Dryden, 2014).

각 개인의 핵심 가치와 포부를 파악하고, 이를 목표 달성 방향과 일치하도록 맞추는 데에 중점을 둔다. 따라서 개인 및 라이프 코칭의 초점은, 예를 들어 임원 및 성과 중심 스포츠 코칭과는 다르다. 던바Dunbar에 따르면, "라이프 코칭은 비즈니스나 스포츠 성과와 관련이 없는 모든 종류의 코칭에 붙여진 호칭이다."(2010, p.9) 이 개념에 따르면, 위 영역을 제외한 코치이 삶의 전반적인 측면을 코칭 프로세스를 통해 탐색할 수 있다. 또 개인 코칭과 라이프 코치는 보통 비임상적인 개인 고객이 대상이며(비용을 지불하면서), 조직이나 팀 코칭 세션 맥락에서

---

[1] 올레 마이클 스페이튼Ole Michael Spaten PhD, MA, MISCPAccred은 심리학 석사 프로그램 수퍼바이저이자, Aalborg 대학교 심리학 코칭 부서 책임자이다. 덴마크 코칭 연구의 선도적인 선구자인 그는 스칸디나비아에서 단기 인지행동 코칭의 효과를 평가하는 최초의 무작위 대조군 실험을 수행했다. 덴마크 심리 코칭 저널의 창립 편집장인 올레의 연구 관심사와 출판물은 심리 코칭에서 자아와 정체성, 사회적 학습 및 경험 기반 프로세스와 관련이 있다.

진행하지 않는 것이 일반적이다.

본 장에서는 먼저 라이프 코칭 접근법의 발달과정을 살펴본 후, 개념과 이론적 토대에 관해 설명하고, 이어서 라이프 코칭의 가설과 이론이 코칭심리학에 어떻게 적용되는지에 대한 논의로 확장할 것이다.

개인 코칭 및 라이프 코칭심리학의 발달

라이프 코칭은 1970년대 후반에 자기 계발 분야, '뉴에이지' 사조 및 긍정심리학 운동의 성장과 함께 나타났다(Dunbar, 2012). 인적 자원 관리human resource management(HRM)(Grant, 2003)의 등장과 연계되어, 이러한 다양한 분야의 개념들이 발전하여 이후 자기 계발의 토대를 마련했고(Whitmore, Kauffman & Bachkirova, 2008), 전 세계적으로 막대한 수익을 올리는 인기 있는 비즈니스로 변모하였다(Coutu & Kaffman, 2009). 착상의 토대를 제공한 것이 확실해 보인다고 해도, 라이프 코칭의 발전을 특정한 학자 단 한 사람의 공으로 돌릴 수 없는 것은, 라이프 코칭이 인본주의 이론, 인지-행동 접근, 긍정심리학, 해결 중심 코칭, 목표 설정 이론 및 전통적인 정신분석을 포함한 기존에 잘 알려진 이론적 학파(Dunbar, 2012; Rogers, 1957; Palmer & Whybrow, 2008; Grant & Cavanagh, 2010; Bachkirova, 2011)와 관련되어 있기 때문이다. 더욱이 그랜트Grant는 부르는 명칭이 서로 다르다고 해도, 인본주의 코칭, 인간 중심 코칭, 긍정심리학 코칭 및 관계 중심 코칭relational coaching은 동일한 기본 원리에 기반을 두고 있다고 말한다(Grant, 2003).

접근의 이론적 기반이 다소 폭넓다는 면에서 동적 강도가 높을 수는 있지만, 또한 같은 이유로 일관성에 관한 문제가 제기될 수도 있다.

발달과정에서 라이프 코칭은, 예를 들어 교육학, 심리학, 스포츠 및 경영학 등 다양한 범주의 학문에서 차용한 방법론에 실용적으로 기초한다(Palmer & Whybrow, 2008). 코칭이 광범위하고 오래된 전통과 역사에 뿌리를 두고 있기는 하지만, 개인 및 라이프 코칭은 여전히 탄탄한 실증적 토대를 구축해야 하는 비교적 새로운 학문 분야이다. 전 세계 대학에 코칭 과목, 학과 및 대학원 학위가 도입된 것은 1970년대 후반부터 코칭 분야가 크게 진보하였음을 의미한다(Grant, 2016).

지난 수십 년 동안 전문화professionalization(Atad, Galily & Grant, 2013; Moore, 2010)와 주요 발전(Grant, 2011)이 이루어졌지만, 라이프 코칭의 질에 대한, 구체적으로는 라이프 코칭이 효과성 여부와 작동 방식을 검증하는 실증적 연구가 부족하다는 학문적 공백이 생긴 것으로 보인다(Palmer & Whybrow, 2008). 결과적으로, 이 분야는 '마차가 말 앞에 달린 것과 같은 역순으로 발전'하고 있다고 설명할 수 있다(Grant, 2011, p.112). 이는 예를 들어, 라이프 코칭의 훈련 기술과 응용 영역이 이론 영역 연구보다 더 빠르게 자리를 잡았다는 사실을 봐도 알 수 있다.

개인 코칭 및 라이프 코치의 이론, 기본 개념과 가정

기본적으로, 개인 코칭과 라이프 코칭은 각 개인(코치이)이 가치, 존엄, 역량, 중요성을 지닌 고유한 사람이며 그렇게 대우받아야 한다는 근본적인 믿음에서 출발한다. 가장 중요한 것은, 유기체적 자기 조절, 자기 동기부여, 자기 결정을 통해 구현된 개인의 내재적 능력에 대한 믿음이다.

전통 인본주의 이론에서는 사람이 성장과 발달을 향한 내재적 경향성을 가졌다고 제언한다. 이러한 경향은 유기체적 자기 조절과 결합되어 사람들이 완전한 인간 잠재력을 실현하는 방향으로 나아가도록 이끌게 된다(Maslow, 1943; Rogers, 1963). 자기 결정성 이론은 몇 가지 유기체적 메타 이론에 기반을 둔 가정에 기초하고 있다(Ryan, Kuhl & Deci, 1997). 개인 코칭과 라이프 코칭은 사람은 본질에서 활동적이고 호기심이 많고 활력이 있으며 스스로 동기를 부여하는 존재라는 근본적인 믿음을 공유한다(Schneider et al., 2011). 코치는 코치이와 협력하여 변화를 어떻게 만들어 갈지 조율한 후 이러한 바람직한 삶의 변화를 향한 코치이의 내적 결단과 동기를 일깨우며 프로세스를 진행하는데, 이 과정에서 코치는 비지시적으로 역할을 수행해야 한다. 각 사람은 자기 자신, 자신의 문제, 목표, 의도 및 방향성을 이해할 수 있는 근본적인 능력을 갖추고 있으며, 자기 삶의 전문가로 간주한다. 각 사람은 진정한 자기가 되기 위한 잠재력과 성숙함을 극대화하는 심리적 성장의 방향으로 발전하고 변화를 일으킬 수 있는 능력을 갖추고 있다.

우리는 어떻게 이해할 수 있을까: '진정한 자기가 되기 위하여'

일치성은 코치가 진심을 가지고 진실하고 열린 마음으로 코치이와 상호작용한다는 것을 의미한다. 코치는 진실하며 가면을 쓰지 않는다. 즉 내적 및 외적 경험은 하나이며 동일하다. 일치성은 모 아니면 도의 양극단이 아닌 그 사이의 연속선상에서 계속 변화하여 간다(Corey, 1996). 로저스Rogers(1986)는 '존재being'가 아닌 '되기becoming'라는 의도적 측면을 지적함으로써, 치료사가 실수, 결함 및 진정한 자아가 되기 위한 모든 것을 포함한 한 인간으로서 작업하는 것을 허용한다.

코치-코치이 관계

코치와 코치이 사이의 상호 관계는 코칭 프로세스의 결과를 결정하는 가장 중요한 요인으로 간주된다(Gregory & Levy, 2013; O'Broin & Palmer, 2010). 좋은 코칭 관계는, 코치이가 편안하고 동등하며 자신감 있다고 느끼면서 개인적인 문제를 코칭 세션에서 자유롭게 털어놓을 수 있는 최상의 환경, 계약 및 접촉을 촉진한다는 특징을 갖는다(O'Broin & Palmer, 2010). 이는 기본적으로 코치가 다음에 능숙하다는 것을 의미한다.

- 진정한 수용과 따뜻함이라는 자질의 배양
- 코치이의 관점을 파악하는 섬세한 역량의 개발
- 적절할 때, 코치이가 내적 세계를 이해하는 방식에 대해 코치이와 공유

기타 중요한 기법은 경청 기술, 질문 기술, 일반적인 자기 이해력, 코치이에 대해 파악한 것을 검증하고 보여주는 능력 및 코치이의 생각, 감정, 말과 몸짓에 대한 성찰을 통해 코치이가 편안하며 이해받는다고 느끼게 하는 능력 등이다.

이러한 자질을 바탕으로 코치는 다음과 같이 행동할 가능성이 크다.

- 인생 경험 중 두려움을 느끼는 부분에 대해 탐색하는 것이 안전하다고 생각한다.
- 자신의 모든 면을 더 깊이 이해하고 받아들이게 된다.

- 이상적이고 건강한 자기의 모습을 향해 '자기'를 재구성할 수 있고, 이렇게 재구성된 자기가 되는 것이 더 만족스럽다고 생각하며, 결국 더는 코치가 필요하지 않으며, 로저스Rogers의 말처럼 '독립을 향해 나아가고' 있다는 것을 깨닫게 된다(Rogers, 1940).

가정

초창기 라이프 코칭은 더 광범위하게 정의되었으며 '업무 수행 능력의 제고'를 포함하였다. 그러나 그랜트Grant는 라이프 코칭의 맥락을 더 엄격하게 축소하여 "… 일반적으로 업무나 고용의 영역보다는 개인적인 영역에 속하는 목표에 초점을 맞추는 경향이 있다."라고 언급하였다 (Grant & Cavanah, 2010). 라이프 코칭은 계속해서 방향성을 발전시켜 나가면서, 과학의 한 영역으로서 새로운 개념과 방향에 대한 개방성 및 엄격하고 비판적인 사고와의 연계성을 갖춘 체계적인 과정으로 자리할 것이다. 이와 관련하여, 과연 명확히 분리하는 것이 가능한 일인지에 대한 질문이 제기될 수 있다. 보통 사람들의 일상은 직장의 삶과 얽혀 있어, 이분법적인 구분이 불가피하게 모호해질 수 있다. 사람들은 때때로 일과 삶의 균형을 맞추는 데 어려움을 겪고, 이런 경우 직장 생활이 코칭의 대상이 될 수 있다.

앞서 언급했듯이, 라이프 코칭은 기본적으로 평상시의 삶에 잘 기능하면서도 일상생활의 특정 측면을 개선하기를 원하는 비임상적 코치이를 대상으로 한다. 이에 덧붙여, 그리피스Griffith와 캠벨Campbell은 코칭 고객이 "잘하고 있지만 더 잘하고 싶을 때 이러한 형태의 도움을 구한다."라고 표현했다(Griffith & Campbell, 2008, p.166). 특히 지난 역사를 통해 여러 학자가 라이프 코칭을 다르게 정의해 왔지만, 하나의 공통점은 라이프 코칭을 사람들이 변화를 향해 앞으로 나아가고자 하는 여정을 촉진하는 것으로 보는 관점이라고 생각된다. 이를 달성하는 방법은, 코치와 코치이가 대화(소크라테스식 대화, 아래 참조)를 통해 코치의 가치, 비전, 삶의 의미, 목표를 함께 검토하는 체계적인 과정을 통하는 것이다. 이 과정은 또한 건강하지 못한 생각과 행동 패턴에 대한 교정도 포함할 수 있다. 개인 및 라이프 코칭심리학에 대한 더 심층적인 세부 사항은 다음 단락 및 훨씬 더 뒤에 있는 사례 연구를 통해 제시될 것이다.

소크라테스식 산파술적 대화법 Socratic 'maieutic' dialogue

이 관점에서는 코칭이 코치이가 처해 있는 상황에 대한 대화와 지식을 통해 인간의 성장과 잠재력을 최적화하는 것이라고 주장한다(Stober, 2006). 대화를 통한 작업은 인지 및 행동 코칭과 치료에서 안내적 발견 또는 소크라테스식 대화라고 불린다(Neenan & Palmer, 2012; Szymanska & Palmer, 2012). 탐구적 대화는 소크라테스 철학의 전통에 뿌리를 두고 있으며, 질문, 답변, 성찰, 인정이 차례로 이루어진다. 이 과정은 원래 그리스어로 조산사 - 출산 시 조력자를 뜻하는 '산파'로 이름이 붙여졌다. 이것은 철학자(코치)의 역할을 영혼의 산파라고 표현한 것이다(Steinmetz, 2012).

가치, 삶의 의미, 자아실현, 성장을 추구하는 코치이의 여정은, '코칭은 스스로 선택과 결정을 내릴 수 있는 능력을 향상시킴으로써 상대방에게 책임감을 심어주는 데 도움이 되고, 인류의 진화에서 변혁을 일으키는 산파라고 할 수 있기 때문에'(Kaufmann & Bachkirova, 2008, p.11), 변혁으로 한층 더 나아가는 데 중요하다. 그러므로, 이러한 형태의 대화는 오랜 역사적 전통을 가지고 있으며, 코치가 조산사의 역할을 한다는 은유는 코치의 변혁적 역할을 강조한다. 조산사로서 일한다는 개념을 이 이론적 프리즘을 통해서 보면(Steinmetz, 2012), 코치가 '뒤로 물러앉아', 진심으로 수용하고, 이해하고, 관찰하며, '상체를 앞으로 기울여', 격려하고, 긍정적이며, 자신감 있고, 진정성이 있으며, 끝까지 기다려주는, 성찰적인 경청을 동시에 제공하는 것으로 특징지어지는, 라이프 코치와 코치이 사이의 특별한 관계가 설명된다.

프랙티스

개인 코칭과 라이프 코칭을 통한 개입은 광범위한 주제 범위를 다루는데, 예를 들어, 코치이의 딜레마, 무언가 새롭게 일어났거나 끝난 일, 일반적으로 만족감이 부족한 일에 대한 경험을 포함할 수 있다. 또한 건강과 관련된 문제가 다루어질 수도 있으며, 몇몇 학자는 성과와 관련한 문제를 포함하기도 한다(Dunbar, 2010; Newnham-Kansas, 2011; Schneider et al., 2011; Holland, 2007; Grant, 2011; Neenan & Palmer, 2012).

가치, 삶의 의미, 비전 및 목표 설정

분명한 것은, 대개 고객은 앞으로 나아가기 위해 도움이 필요한 변화기와 전환기에 라이프 코치를 찾는다. '코치coach'라는 개념은 헝가리 단어 'kocgsci'에서 유래되었는데, 이것은 사람들을 한 곳에서 다른 곳으로 데려다주는 교통수단인 마차를 의미한다. 코칭에서 이 은유는 정신적인 이동을 의미한다. 그러므로 개인 코칭과 라이프 코칭의 전반적인 목표는 코치이가 더 좋은 별개의 장소로 이동할 수 있도록 돕는 것이다. 따라서 코치와 코치이가 공동으로 목표로서의 '어딘가 더 좋은 별개의 장소'를 구체화하고, 유용한 가치와 삶의 의미를 탐색하는 것이 중요하다. 코치이의 삶의 의미, 가치, 비전 및 목표는 기초 단계 또는 그 이후에 진행되는 코칭의 초점이 될 수 있다. 다만, 목표를 결정하는 시점은 논의해야 하는 문제다. 클러터벅Clutterbuck이 지적한 바와 같이, "코칭 관계 초기에 특정한 목표를 세우는 것은 때때로 코치이에게 도움이 되기보다는 지나친 의존의 대상이 될 수 있다."(2010, p.73) 따라서 코치는 변화의 과정에서 목표 설정이 미치는 부정적인 영향을 인식하는 것이 중요하다. 아울러 목표의 협상은 세션을 거치며 계속해서 창출되는 산물로써 코칭 세션의 기초 단계 중에 고정된 목표라기보다는 코칭 과정의 결과물이라고 할 수 있다.

접촉과 계약

개인 코칭과 라이프 코칭에서 코치와 코치이 사이의 상호 관계는 코칭 결과에 매우 중요하다(Gregory & Levy, 2013; O'Broin & Palmer, 2010). 양자는 계약 과정 전반에 걸쳐 상호 관계를 평가하며(O'Broin & Palmer, 2008), 유익한 코칭 관계를 구축하기 위해 코칭 세션을 시작할 때부터 계약 내용을 명확하게 협상하는 것이 필수적이다(Dunbar, 2010). 심리적 접촉과 계약을 성립시키는 것은 양자가 공동으로 수행해야 할 프랙티스다. 계약 및 생산적인 작업 동맹의 구축은 1) 코칭 목적의 명확화 및 가능한 경우 코칭 목표의 명확화, 2) 코치와 코치이의 역할에 대한 투명성, 3) 상호 존중, 공감 그리고 진정성 있는 존중 및 수용을 동반한 지속적인 검증 과정에 대한 동의(O'Broin & Palmer, 2010; Bluckert, 2006)를 포함한다. 공감은 주로 타인의 경험과 조화를 이루려는 태도이자 방법이지만, 최적의 관계를 이루기 위해 기술을 습득할 수도 있다. 관계 형성을 위한 기술은 무엇보다 중요한 것으로 밝혀졌다(Rogers, 1957).

계약에 대한 적절한 협상이 이루어져야 하는 것은 이를 통해 오해와 기대 미충족의 가능성을 줄이고 목표 설정에 도움이 될 수 있기 때문이다. 계약에는 고지에 입각한 동의와 기밀성 문제도 포함되며, 무엇보다 코칭 대화에 포함될 내용과 포함되지 않을 내용, 즉 코칭 계약에 포함 및 불포함된 내용을 구분하여 준다(Hudson & McLean, 1995). 계약 협상은 또한 코칭의 빈도, 시간 일정 및 세션 구성, 수수료 및 취소 규정에 대한 합의를 포함한다. 기대, 합의, 약속은 코칭 세션 중에 변경할 수 있으므로 계약은 역동적인 도구라고 이해할 수 있다.

코칭과 치료 사이의 경계와 구분

이 두 개입 분야 사이의 경계와 차이를 분석할 때, 가장 일반적으로 적용되는 두 가지 구분법은 다음과 같다(de Freitas, 2014; Cavanah & Palmer, 2006; Grant, 2014; Spacen, 2013):

1) '임상' 대상인가 아니면 '비임상' 대상인가?
2) 코칭 개입을 위한 확실한 목표가 있는가, 아니면 치료인가?

위 구분은 다음에 근거하여 상세히 설명될 수 있다: 1) a) 진단 기준에 근거하여 이 문제가 이른바, 임상적인지, 아니면 비임상적인지에 대한 평가. 다음 두 가지 기준은 첫 번째 기준을 변형한 것이다: b) 임상 또는 비임상 사이의 구분은 고객과 심리학자 평가에 각각 기초한다, c) 대화의 프레임워크에 기초한다: 이 대화는 코칭으로 정의되는가? 아니면 치료로 정의되는가? 미묘한 차이가 설명될 것이다.

코칭 목표와 관련하여: 2) 코칭과 치료의 핵심 목표는 항상 아주 다르다는 것을 상기하면 치료와 코칭 사이의 경계와 차이가 도출된다. 사실상 모든 코칭은 특정한 편익을 추구하고, 목표 중심적이며, 잘 정의되지만, 광의의 치료 작업은 증상이나 정신건강 문제를 개선하거나 치료하고자 한다(Berg & Szabo, 2005).

라이프 코칭은 대개 미래의 관점에 초점을 맞추게 되며, 코치이의 자각과 자의식은 미래의 행동에 의미와 가치를 축적하는 것을 목표를 가지고 지금-여기에 존재하는 것을 재고하는 것이 목적이다.

(인본주의) 치료나 상담에서는 이러한 자기 인식 자체가 목표가 될 수 있으며, 흔히 치료는 향후 변화의 기회와 관련하여 감정적인 회고에 집중하는 것으로 특징지어진다(Stober, 2006). 위에서 언급한 바와 같이, 개인 코칭과 라이프 코칭에서 코치이는 기능적으로 정상인 사람들(비임상)을 대상으로 한다는 점에서 다르다. 대조적으로, 인본주의 치료나 상담은 일종의 웰빙을 기대하며 경험하려는 목적으로 대게 아주 정상적으로 기능할 수 있는 기능 장애(임상)인 사람을 대상으로 한다(Joseph, 2006; Joseph & Bryant-Jeffiries, 2007; Stober, 2006). 그러나 팔머Palmer와 와이브로우Whybrow(2006)가 제언하는 바와 같이, 비임상 인구 중에도 잠재적으로 취약성을 가진 코치이가 포함되어 있으므로 이러한 구분은 애매하다. 이는 일부 코치이가 심리적인 어려움을 겪고 있을 수 있으므로 코칭 세션 전이나 도중에 상담이나 치료 쪽으로 진료 의뢰가 되어야 함을 시사한다.

코칭과 그 외 서비스 사이의 회색 구역에 존재하는 몇 가지 함정

위에서 언급한 바와 같이, 코칭은 비임상 인구, 즉 '정신적으로 건강한' 사람들을 위해 설계된 개입이다. 그런데도 개인 코칭과 라이프 코칭 분야는 분명 상담, 멘토링, 컨설팅 및 치료와 같은 개입법과 경계를 공유한다. 코칭 세션을 거치면서 '무거운 개인 문제를 가볍게 만들 수도 있다'는 합리적인 우려에 직면하고 있다(Cavanah, 2005). 따라서 코치의 전문 자격과 관련하여 다음과 같은 사항이 고려되어야 한다:

- 코치는 위 서비스들의 범주를 구분할 수 있을 만큼 충분히 교육받아야 하며, 이를 통해 코칭이 불가피하게 공유하는 회색 영역에 대해 적절하게 조치함으로써, 코치가 코칭 영역 밖 및 합의된 코칭 계약 외의 문제를 다루려고 하지 않아야 한다(Grant, 2007).
- 아울러, 코치는 코치이를 신중하게 평가하고 코치이가 개인 코칭과 라이프 코칭에 참여할 수 있는지 또는 다른 서비스에 의뢰되어야 하는지 결정해야 한다.

하버드 비즈니스 리뷰Harvard Business Review가 140명의 응답자를 대상으로 실시한 설문조사에서, 민간 회사에서는 개인적인 문제를 다루기 위해 코치를 고용하지는 않는 것으로 나타났다(Coutu & Kauffman, 2009). 제시된 질문 "개인적인 문제를 해결하기 위한 코칭에 자주 고용되는가?"에 오직 3%만이 그렇다고 대답했다. 그러나 코칭 세션 중에 코치이는 개인적인 문제를 제시할 수 있다. 같은 설문조사에서 "임원코칭에서 개인적인 문제를 다룬 적이 있는가?"라는 질문에 76%가 그렇다고 응답했다(Coutu & Kauffman, 2009). 만약 코치가 이러한 문제를 다룰 충분한 지식, 교육 및 자격을 갖추지 못하였다면, 이런 코치는 코치이를 함부로 대하게 된다는 놀라운 사실을 시사할 수 있다(Beagles, 2002).

다른 연구에 따르면 코칭을 신청한 대상자의 52%가 '상당한 수준의 우울증, 불안, 스트레스'를 겪는 것으로 나타났다(Green, Oades & Grant, 2006). 심리학자는 자신의 능력과 지식의 한계를 알고 있어야 한다는 것이 윤리 지침과 행동 강령에 명시되어 있다. 그러므로 가장 중요한 것은 잠재적인 코치의 심리 상태를 정확하고 올바르게 평가할 수 있어야 한다는 것이다. 이는 코치가 임상적인 문제가 있는 것으로 평가된 코치이를 치료를 제공하는 적절한 전문가에게 의뢰할 수 있어야 한다는 것을 의미한다(Spence, Cavanah & Grant, 2006; Grant, 2007). 개인 코칭 또는 라이프 코칭을 제공하는 코치가 코칭에 등록해도 되는 코치이와 다른 서비스로 의뢰해야 하는 코치이를 구분할 수 있을 만큼 충분히 숙련되지 않은 경우 해당 코치는 자격이 박탈되어야 한다. 계약 전에 잠재적인 코치이를 평가하는 것이 매우 중요하기 때문에, 우리는 아래에 곧 제시될 사례 연구에서 이 주제를 다시 다룰 것이다. 코치이를 잘못 배치하게 되면 코치이에게도, 코치로서의 신뢰도에도 치명적인 결과를 초래할 수 있다(더 상세한 논의는 36장의 '경계' 참조).

세션의 종료

마무리 시점에서 아주 중요한 사건이 일어나는 경향이 있기 때문에, 코칭 관계의 종료에 대해 미리 계획하는 것이 중요하다(Clutterbuck & Megginson, 2004). 모든 코칭 세션은 언젠가 완료되어야 하므로, 코칭에서의 공동 작업도 완료되어야 한다. 좋은 마무리를 계획해야 하는 주된 이유 중 하나는 코칭 동맹에 대한 긍정적이고 유익하며 가치 있는 결말을 어떻게 맺을 수 있는지, 그리고 코치이의 이익을 위해 해결이 필요한 주요 문제를 어떻게 제기할지 예측하기 위해서다(Cox, 2010).

각 개인 및 라이프 코칭 세션뿐만 아니라 일련의 전체 세션은 코치가 코치이로 하여금 해당 세션 동안 의미 있었던 내용을 요약하도록 함으로써 종료되는 경우가 많다. 이 프랙티스의 목적은 코치이가 달성한 것에 대한 인식을 높이고 코치에게 피드백을 제공하는 것이다.

치료와 달리, 코칭 세션의 종료는 아마 슬픔, 상실 및 불안의 감정을 불러일으키지는 않겠지만, 코칭 관계의 마무리는 어떤 감정이 올라오더라도 이를 해결할 수 있도록 구상되어야 한다. 제대로 된 이별을 경험하는 것은 코치이가 의미 있고 진실한 관계를 계속 만들어 가는 데 도움이 될 수 있다. 대다수 코치이의 일상생활에는, 관계 안에 일련의 시작과 끝이 있을 것이며, 라이프 코칭의 목적은 획득한 알아차림을 일상생활로 되돌리고 그 발견을 실제 생활에서 실천하는 것이다.

궁극적으로, 세션의 종료 프로세스에 대한 몇 가지 최종적인 견해를 추가하고자 한다. 뒤를 돌아보고, 평가하고, 앞을 내다보며, 작별 인사를 하는 것은 도움이 된다고 생각한다. 라이프 코칭은 보통 회기 제한이 있지만, 세션을 계속해도 코치이가 얻을 이익이 없다는 것이 뻔하다면 그 과정이 끝나야 한다는 신호를 보내는 것이 코치의 의무다. 또 계약 시작부터 코칭 세션의 횟수가 정해지고, 명확하고 일관된 목표가 협상되었다면, 해당 목표가 달성되었을 때 세션을 종료하는 것은 당연한 일이다.

어떤 코치이에게 가장 유용한가?

대부분 코치이에게 개인 코칭과 라이프 코칭이 도움이 되지만, 라이프 코칭의 근본적인 신념에 공감하고 이 과정을 탐구, 실험 및 참여하려는 의지가 있는 사람이 가장 큰 혜택을 보게 될 것이다. 코치는 관련 교육훈련을 받거나 임상 장애에 대한 이해를 갖춤으로써, 상담이나 치료가 필요한 임상적 인구에 속하는 코치이를 정확하게 배제할 수 있어야 한다.

코칭 프로세스의 일부는 코치이의 내부 동기를 일깨우는 것이므로, 소속 회사에서 의뢰된 코치이는 자신의 개인적 가치와 코칭 프로세스에 참여하는 목적, 그리고 현재 직면한 문제에 대한 자신의 정확한 해석을 고려해 보아야 한다. 코칭 프로세스의 일부는 코칭 작업을 통해 해결해야 할 문제들에 대한 목표를 설정하는 것이다. 개인 코칭과 라이프 코치의 본질은 알아차림을 제고하고 삶의 가치와 의미를 논의할 수 있는 능력에 기초하며, 따라서 코치이가 언어적 의사소통과 자신의 문제에 대한 성찰을 기반으로 코칭 대화를 할 수 있도록 노력한다.

사례 연구

잭Jack과 캐롤Carol

다음 사례 연구는 내용 및 등장인물과 관련하여 몇 가지 서로 다른 코칭 세션을 조합한 것이며, 따라서 대화 발췌문은 원문이 아니라 재구성된 것이다. 이는 사례 연구의 명료성, 특정 사항에 대한 강조 및 궁극적으로 잭과 캐롤의 실제 신분의 보호를 위한 목적으로 수행되었다.

오전 9시. 월요일 아침 잭은 프림로즈 힐 고등학교의 심리치료실로 들어섰다. 그는 자리에 앉아서 전에 담임 선생님께는 털어놓은 적 있는 그의 몇 가지 문제를 심리상담사에게 이야기했다.

잭은 자신의 어린 시절이 불안했고, 아버지는 집을 자주 비웠으며, 잭의 부모님은 둘 다 자신들의 감정이나 갈등에 대해 잭에게 이야기할 수 없거나 말하고 싶지 않아 하는 것 같았다. 어머니가 관심 있게 귀를 기울이는 것은 그저 학교에서 잭이 좋은 성적을 받았다고 이야기할 때뿐이었다. 이혼 후 몇 년 동안 어머니와는 연락이 잘 닿지 않았고, 아버지와 어머니 사이에는 갈등이 계속되었다. 지금까지 어머니와의 관계는 그저 실패로 남아있다. 잭은 지난 금요일에 선생님께 이 모든 경험을 털어놓았다. 유익한 대화를 나눈 후, 마지막에 선생님은 잭에게 학교의 상담사인 캐롤을 찾아가서 개인 코칭과 라이프 코칭을 받아보라고 권했다.

의자를 긁는 날카로운 소리에 잭은 자신의 마음이 상담실에 온전히 머물고 있지 않다는 것을 깨달았고 "… 오긴 했는데, 저를 도와주실 수 있을지는 잘 모르겠네요…. 그렇지만…"이라며 말을 이어갔다.

캐롤은 잭의 방황하는 마음에 주목하며 이것이 해리된 성격에서 비롯된 것이라고 생각했다.

캐롤: 그럼, 우리가 무엇을 할 수 있을지 보자. 오늘은 첫 코칭 세션을 하고 난 후에, 네가 추가 세션을 희망하는지 결정할 수 있어. 코칭 세션은 철저히 비밀이 유지될 거고, 다른 누구에게 어떤 것도 보고하지 않을 거야. 네가 너 스스로에게나 타인에게 또는 우

리가 사는 세상에 해를 끼치는 행동을 할 거라고 네가 말하지 않는 한 말이야. 이 조건 하에서 참여하는 것에 동의하니?

잭 : 네, 괜찮아요.

캐롤: 좋아, 시작하자. 먼저 요즘 네가 직면한 가장 중요한 문제에 대해 먼저 얘기해 주었으면 해.

잭 : 문제들이 서로 얽혀 있는 것 같아요. 제가 고등학교를 입학한 직후부터 문제가 시작됐어요. 항상 할머니와 친했는데, 제가 프림로즈 힐에 입학하길 바라셨어요. 성공하려면 열심히 공부해서 100% 이상의 성과를 내야 한다고 생각해요. 화학을 공부하고 싶은데, 처음부터 수업에서 낙제해서 더 열심히 하려고 노력했죠….

　　캐롤은 "공부를 아주 열심히 해야 한다."는 것이 잭의 핵심 신념 가운데 하나라고 생각한다.

캐롤: 흠, 그래서 아주 열심히 공부했고, 목표를 달성하기 위해서는 정말 열심히 공부하고 싶다고 생각하는 거지?

잭 : 네, 꼭 그래야 해요.

캐롤: 음, 꼭 그래야 하고, 그리고 열심히 했는데, 어쩌다 보니 낙제하게 됐고. 이 말을 통해서 네가 무슨 말을 하고 싶은 건지 더 말해 줄 수 있어?

잭 : 새로운 반에 들어갔는데 슬펐어요. 전에 다니던 학교에서는 아주 뛰어난 학생이라는 말을 들었었는데, 지금은 따라갈 수가 없는 느낌이에요. 완전히 실패한 것 같은 기분이 들어요.

　　캐롤은 잭이 모 아니면 도라는 개념으로 생각하는 것 같다고 눈치를 챈다.

캐롤: 흠, 그렇구나.

잭 : 이미 수업 첫 주부터 제가 초등학교에서 선생님들께 늘 받았었던 긍정적인 피드백이 이제 더는 존재하지 않는다는 것을 깨닫고 너무 놀랐어요. 그리고 그전에는 잘 몰랐었던 '눈에 띄지 않는 아이'라는 느낌이 확 느껴졌어요. 너무 불안했고, 수업 시간에 '눈에 더 띄려면' 어떻게 해야 하는지 모르겠더라고요.

캐롤은 잭이 느끼는 익명성이 어린 시절의 애착 문제를 재활성화시키고 있으며, 지금은 인정이 부족한 상태였다.

캐롤: 놀랐다고 느낀 건 이해할 수 있지만, 지금 당장은 너를 최대한 이해하려고 노력해 볼게. 지금 가장 중요한 문제가 '반에서 눈에 띄는' 거야?
잭 : 그냥 너무 혼란스럽고 지금 가장 중요한 문제가 무엇인지 모르겠어요. 왜냐하면 최근 들어 난생처음으로 아침에 학교 가고 싶은 의욕이 없다는 것을 경험하고 있거든요. 올해 초 학교에 입학했을 때는 기대가 컸는데, 이제 모든 것이 다 달라진 것 같아요.
캐롤: 그런 기분이 들 때는 어떻게 하니?
잭 : 모르겠어요. 외로워요. 그리고 선생님이 그러시는데 제가 점점 우울해지는 것 같데요.

캐롤은 잭이 단절되어 있다고 생각하고 우울한 상태와 연관될 수 있는 다른 증상들을 경험하지 않는지 곰곰이 생각하기 시작한다.

캐롤: 흠. 이런 일이 일어날 때 너는 어떤 기분이 들어?
잭 : 글쎄요, 나아지지 않을 것 같아서 무서워요. 우리 가족의 관계는 점점 더 긴장이 곤두서고 있고. 저는 어머니에게 너무 화가 나요. 가끔은 잠들지 못해서 밤을 꼬박 새워요. 그 대신 깨어있는 동안은 끔찍한 생각으로 자신을 고문하게 돼요.

캐롤은 수면 부족이 우울증의 전형적인 징후 가운데 하나라고 지적한다.

캐롤: 그러니까 가끔 밤에 잠을 잘 수 없다는 거구나. 얼마나 자주 그러는지, 또 얼마 동안이나 지속됐는지 알고 싶은데.
잭 : 그럴 때도 있고 안 그럴 때도 있는데, 매주 한두 번씩 그런 것 같아요. 한두 달 정도 됐고요.
캐롤: 끔찍한 생각을 할 때, 자신한테 무슨 말을 하는지 설명해 줄 수 있니?
잭 : 예를 들어, 나는 잘하는 게 아무것도 없어 뭐 그런 거요.

캐롤: 흠, 네가 잘하는 게 아무것도 없다고 스스로에게 말한다는 거구나. 이런 끔찍한 생각들, 자신을 고문하고 가끔 밤에 잠을 못 잔다는 것, 이 모두가 너의 웰빙에 대해 심각하게 생각해야 할 아주 중요한 신호들이야. 이 부분에 대해서는 오늘 세션이 끝날 때 다시 얘기해보자. 그 전에 네 학교생활에 대한 이야기로 돌아가고 싶은데, 괜찮니?

잭 : 네, 괜찮아요.

캐롤: 학교에서 어떻게 지내고 있는지 설명해 줄 수 있겠니?

잭 : 숙제를 다 못 할 것 같아요. 저녁 늦게나 숙제를 시작하거든요. 흔히 제대로 숙제를 하는 건지 확신이 안 서요. 그래서 잠도 늦게 자게 되고 다음 날 아침에는 너무 피곤해요.

캐롤은 혹시 자살에 대해 생각해 본 적이 있는지 알아볼 필요가 있다는 생각이 든다. 왜냐하면 많은 증상이 우울증을 가리키고 있기 때문이다. 그녀는 잭이 이야기한 증상이 임상적인 우울증과 연결되는지 한동안 계속해서 확인한다.

캐롤은 잭과 그의 상황을 어떻게 이해하고 해석할 것인가?: 잭이 코칭에 적합한가? 중요한 질문은 코치이(잭)가 코칭받을 준비가 되어 있는지, 즉 잭과 잭의 문제가 '비임상적'인가, 아니면 상담, 임상심리학자, 정신과 의사나 의사에게 의뢰해야 하는가의 여부이다.

잠을 잘 수 없는 것은 잭의 건강을 위협할 수 있고, 그를 취약하게 만들 수 있다. 수면 장애는 임상적 장애의 주요 요소이자 우울증의 여러 징후 가운데 하나로 이해될 수 있다. 이 '빨간 경고등'은 캐롤로 하여금 임상적인 우울증의 가능성을 배제하기 위해 추가적인 질문을 제시하도록 경고한다.

학교 공부와 충분히 잘하는 것

잭은 충분히 잘하는 것과 만족스러운 학업 수준에 맞춰 숙제하는 것에 대해 걱정을 많이 한다. 캐롤은 잭의 포부가 약간 완벽주의적인 수준에 있는지 알아보고 싶다. 잭은 흔히 숙제를 끝내기 위해 매우 늦게까지 공부하고 그러고 나서 너무 늦게 잠자리에 든다 – 이것 때문에 수면 부족 상태가 되고, 학교에서 충분히 잘하고 있는지 확신하지 못하게 만드는 악순환이 된다. 캐롤은 이 악순환을 이해하고, 충분히 잘하고 있지 않다는 그의 가정을 뒷받침하는 구체적인 증거가 있는지 알아보고자 한다. 잭은 좋은 성적과 선생님, 친구, 그리고 가족들로부터 인정받는 것을 통해 동기가 부여되는 것 같다. 잭에게 있어 충분히 잘한다는 것은 성적을 높게 그리고 거의 완벽한 수준으로 받는 것이다. 캐롤은 잭의 근본적인 사랑의 결핍, 조건 없는 긍정적인 배려의 결여, 소속감의 부족이 그를 과잉 보상을 받으려고 지나치게 애쓰게 만드는 것이 아닌지 자문한다.

잭의 목표는 일상생활에서 더 잘 기능하고, 자신의 가치 평가에 맞게 학업적 야망을 선택해서 자기실현을 향한 정상궤도로 돌아오는 것이다. 캐롤은 잭의 많은 걱정과 부정적인 자동적 사고가 잭의 다소 힘들었던 어린 시절을 상징할 수 있다는 것을 이해한다. 높은 자기 기준에 부응할 때만 자신을 수용하는 것은 잭의 조건인 자존감 때문이다.

부모님의 이혼부터 고등학교에서 외로움을 느끼기까지

캐롤은 어떤 삶의 의미와 어떤 가치관이 잭에게 동기를 부여하는지 알고 싶다. 잭은 대학교에 가서 대학교에서 공부하는 것에 대한 그의 잠재력과 꿈을 실현하고, 이 노력을 통해 자신의 진정한 모습을 실현하라는 조언받는다. 이 결정은 잭과 그의 할머니가 함께 내린다. 현 고등학교에서, 잭은 또래나 선생님에게 긍정적인 인정을 많이 받지 못하는 환경이다. 병원성 환경은 우리의 잠재력을 억제할 수 있으며, 대학에서 잭은 어렸을 때 자주 받았던 학업적 인정을 갈망한다. 그는 희망을 잃고, 자신의 이미지를 왜곡하고, 다소 익숙하지 않은 불안함을 느낀다. 이 모든 삶 조건의 거대한 변화는 잭의 비전, 꿈, 삶의 의미, 가치관, 자존심을 산산조각 낸다. 다음 세션에서는 이러한 조건에 대해 좀 더 자세히 살펴볼 것이다. 아울러, 캐롤은 잭이 부모로부터 '혼자 남겨진' 것에 대해 지난 이야기를 다시 활성화할 위험이 있다고 생각하며, 현재 그의 상황이 어린 시절의 상황과 어떻게 다른지 생각해 보아야 한다. 다음 세션이 끝날 때, 캐롤은 잭이 개인 코치와 라이프 코칭보다 상담에 더 적합한지 결정할 것이다.

논의 포인트

1. 코치이는 자신이 코치에 의해 설계된 계획을 따르는 것이 아니라 진정하고 고유한 자기로 나아가고 있는지 어떻게 알 수 있는가?
2. 코치는 진정한 관계를 구축하고, 진정성을 가지며, 공감을 표시하고, 조건 없는 긍정적 태도로 대응하는 법을 배울 수 있는가?
3. 개인 및 라이프 코칭을 통해 접근하는 것이 가장 적합한 경우에 코치이가 직면할 수 있는 문제는 무엇이며, 이 접근 방식이 효과적이지 않을 때 생길 수 있는 다른 문제는 무엇인가?
4. 개인 및 라이프 코칭은 어떤 도구와 기법을 통해 장기적이고 영구적인 긍정적인 변화를 창출할 수 있으며, 어느 수준까지 이러한 결과의 창출이 가능하다고 생각하는가?

추천 읽기

Grant, A. M., & Cavanagh, M. (2010). life coaching. In E. Cox, T. Bachkirova & D. Clutterbuck (Eds.), *The Complete Handbook of Coaching* (pp. 297-310). London: Sage.

Joseph, S., & Bryant-Jefferies, R. (2007). Person-centred coaching psychology. In S. Palmer & A. Whybrow (Eds.), *Handbook of Coaching Psychology: A Guide for Practitioners* (pp. 211-228). London and New York, NY, US: Routledge.

Neenan, M., & Dryden, W. (2014). *life coaching: A Cognitive Behavioural Approach* (2nd ed.). New York, NY, US: Rout ledge/Taylor & Francis Group.

Nelson-Jones, R. (2006). *life coaching Skills: How to Develop Skilled Clients*. London, GB: SAGE Publications Ltd.

참고 문헌

Atad, O. I., Galily, Y., & Grant, A. M. (2013). life coaching in Israel: An overview of Israel's burgeoning life coaching industry. *International Journal of Evidence Based Coaching and Mentoring, 11*, 112-121.

Bachkirova, T. (2011). *Developmental Coaching: Working with the Self*. Maidenhead: Open University Press.

Berg, I. K., & Szabó, P. (2005). *Brief Coaching for Lasting Solutions*. New York, NY, US: W W Norton & Co.

Berglas, S. (2002). The very real dangers of executive coaching. *Harvard Business Review, 80* (6), 86-93.

Bluckert, P. (2006). *Psychological Dimensions of Executive Coaching*. Buckingham, UK: Open University Press.

Cavanagh, M. (2005). Mental health issues and challenging clients in executive coaching. In M. Cavanagh, A. M. Grant & T. Kemp (Eds.), *Evidence-Based Coaching* (Vol. 1, pp. 21-36). Bowen Hills, Qld:

Australian Academic Press.

Cavanagh, M., & Palmer, S. (2006). The theory, practice and research base of Coaching Psychology is developing at a fast pace. *International Coaching Psychology Review, 1* (2), 5–7.

Clutterbuck, D. (2010). Coaching reflection: The liberated coach. *Coaching: An International Journal of Theory, Research and Practice, 3* (1), 73–81.

Clutterbuck, D., & Megginson, D. (2004). All good things must come to an end: Winding up and winding down a mentoring relationship. In D. Clutterbuck & G. Lane (Eds.), *The Situational Mentor: An International Review of Competences and Capabilities in Mentoring* (pp. 178–193). Aldershot: Gower.

Corey, G. (1996). *Theory & Practice of Counselling and Psychotherapy*. Pacific Grove, CA: Brooks/Cole Publishing Company.

Coutu, D., & Kauffman, C. (2009). What can coaches do for you? *Harvard Business Review*, 1, 1–7.

Cox, E. (2010). Last things first: Ending well in the coaching relationship. In S. Palmer & A. McDowall (Eds.), *The Coaching Relationship: Putting People First* (pp. 159–181). New York, NY, US: Routledge/Taylor & Francis Group.

de Freitas, S. B., Habib, L. R., Sardinha, A., King, A. L. S., Barbosa, G., Coutinho, F. C., Martiny-Costa, C., de Carvalho, M. R., Palmer, S., Nardi, A. E., & Dias, G. P. (2014). Cognitive-behavioural therapy and cognitive-behavioural coaching: Differences and similarities between the two approaches. *Revista Brasileira de Terapias Cognitivas*, 10, 1.

Dunbar, A. (2010). *Essential life coaching Skills*. New York, NY, US: Routledge/Taylor & Francis Group.

Grant, A. M. (2003). The impact of life coaching on goal attainment, metacognition and mental health. *Social Behavior & Personality, 31* (3), 253–264.

Grant, A. M. (2006). A personal perspective on professional coaching and the development of coaching psychology. *International Coaching Psychology Review, 1* (1), 12–22.

Grant, A. M. (2007). A model of goal striving and mental health for coaching populations. *International Coaching Psychology Review, 2* (3), 248–262.

Grant, A. M. (2011). Workplace, executive and life coaching: An annotated bibliography from the behavioural science literature. *Coaching Psychology Unit, University of Sydney: Sydney*.

Grant, A. M. (2014). Autonomy support, relationship satisfaction and goal focus in the coach–coachee relationship: Which best predicts coaching success? Coaching: *An International Journal of Theory, Research and Practice*, 7(1), 18–38.

Grant, A. M. (2016). What can Sydney tell us about coaching? Research with implications for practice from down under. *Consulting Psychology Journal: Practice and Research*, 68 (2), 105–117.

Grant, A. M., & Cavanagh, M. (2010). life coaching. In E. Cox, T. Bachkirova & D. Clutterbuck (Eds.), *The Complete Handbook of Coaching* (pp. 297–310). London: Sage.

Green, L. S., Oades, L. G., & Grant, A. M. (2006). Cognitive-behavioral, solution-focused life coaching: Enhancing goal striving, well-being, and hope. *The Journal of Positive Psychology*, 1 (3), 142–149.

Gregory, J. B., & Levy, P. E. (2013). Humanistic/person-centered approaches. In J. Passmore, D. B. Peterson & T. Freire (Eds.), *The Wiley-Blackwell Handbook of the Psychology of Coaching and Mentoring*. (pp. 285–297). Hoboken, NJ: Wiley-Blackwell.

Griffith, K., & Campbell, M. (2008). Semantics or substance? Preliminary evidence in the debate between life coaching and counselling. *Coaching: An International Journal of Theory, Research and Practice*, 1 (2), 164–175.

Holland, A. (2007). Counseling/coaching in chronic aphasia: Getting on with life. *Topics in Language Disorders*, 27 (4), 339–350.

Hudson, F. M., & McLean, P. D. (1995). *Life Launch: A Passionate Guide to the Rest of Your Life*. Santa Barbara, CA: The Hudson Institute Press.

Joseph, S. (2006). Person-centred coaching psychology: A meta-theoretical perspective. *International*

Coaching Psychology Review, 1 , 47–54.

Joseph, S., & Bryant-Jefferies, R. (2007). Person-centred coaching psychology. In S. Palmer & A. Whybrow (Eds.), *Handbook of Coaching Psychology: A Guide for Practitioners* (pp. 211–228). London and New York, NY, US: Routledge.

Kauffman, C., & Bachkirova, T. (2008). The evolution of coaching: A cottage industry grows up. *Coaching: An International Journal of Theory, Research and Practice*, 1 (1), 10–14.

Maslow, A. H. (1943). A theory of human motivation. *Psychological Review*, 50, 370–396.

Moore, M. (2010, Sept. 25). From coaching evidence to coaching demonstrations. A speech given during the Coaching in Medicine & Leadership Conference, Harvard Medical School and McLean Hospital, Boston, MA.

Neenan, M., & Dryden, W. (2014). *life coaching: A Cognitive Behavioural Approach* (2nd ed.). New York, NY, US: Rout- ledge/Taylor & Francis Group.

Neenan, M., & Palmer, S. (2012). *Cognitive Behavioural Coaching in Practice: An Evidence Based Approach*. Hove: Routledge.

Newnham-Kanas, C., Morrow, D., & Irwin, J. D. (2011). Participants' perceived utility of motivational interviewing using co-active life coaching skills on their struggle with obesity. *Coaching: An International Journal of Theory, Research and Practice*, 4 (2), 104–122.

O'Broin, A., & Palmer, S. (2008). Reappraising the coach-client relationship: The unassuming change agent in coaching. In S. Palmer & A. Whybrow (Eds.) *Handbook of Coaching Psychology: A Guide for Practitioners* (pp. 295–324). New York, NY: Routledge/Taylor & Francis Group.

O'Broin, A., & Palmer, S. (2010). Exploring key aspects in the formation of coaching relationships: Initial indicators from the perspective of the coachee and the coach. *Coaching: An International Journal of Theory, Research and Practice*, 3(2), 124–143.

Palmer, S., & Whybrow, A. (2008). Coaching psychology: An introduction. In S. Palmer & A. Whybrow (Eds.), *Handbook of Coaching Psychology*. Hove: Routledge.

Rogers, C. R. (1940). The processes of therapy. *Journal of Consulting Psychology*, 4 (5), 161–164.

Rogers, C. R. (1957). The necessary and sufficient conditions of therapeutic personality change. *Journal of Consulting Psychology*, 21 (2), 95–103.

Rogers, C. R. (1963). Actualizing tendency in relation to "Motives" and to consciousness. In *Nebraska Symposium on Motivation* (pp. 1–24). Oxford: University Nebraska Press.

Rogers, C. R. (1986). Reflection of feelings and transference. *Person-Centered Review*, 1 , 375–377.

Ryan, R. M., Kuhl, J., & Deci, E. L. (1997). Nature and autonomy: An organizational view of social and neurobiological aspects of self-regulation in behavior and development. *Development and Psychopathology*, 9 (4), 701–728.

Schneider, J. I., Hashizume, J., Heak, S., Maetani, L., Ozaki, R. R., & Watanabe, D. L. (2011). Identifying challenges, goals and strategies for success for people with diabetes through life coaching. *Journal of Vocational Rehabilitation*, 34(2), 129–139.

Spaten, O. M. (2013). Coachingpsykologi i Danmark – forskning, teori og praksis. [*Coaching-Psychology in Denmark – Research, Theory and Practice*]. Psyke & Logos, 34 (2), 421–442.

Spence, G. B., Cavanagh, M. J., & Grant, A. M. (2006). Duty of care in an unregulated industry: Initial findings on the diversity and practices of Australian coaches. *International Coaching Psychology Review*, 1(1), 71–85.

Steinmetz, J. (2012). Life coach as midwife: Reflections on a Socratic metaphor. *Coaching: An International Journal of Theory, Research and Practice*, 5 (1), 43–54.

Stober, D. R. (2006). Coaching from the humanistic perspective. In D. R. Stober & A. M. Grant (Eds.), *Evidence Based Coaching Handbook: Putting Best Practices to Work for Your Clients* (pp. 17–49). Hoboken, NJ: John Wiley & Sons Inc.

Szymanska, K., & Palmer, S. (2012). *Understanding CBT: Develop Your Own Toolkit to Reduce Stress and Increase Well-Being*. London: Kogan Page.

Zeus, P., & Skiffington, S. (2000). *The Complete Guide to Coaching at Work*. Roseville, NSW: McGraw-Hill.

27장
인생 전환기의 발달 코칭

저자: 셰일라 팬챌Sheila Panchal[1], 시오베인 오리어던Siobhain O'Riordan[2], 스티븐 팔머Stephen Palmer[3]
역자: 강준호

서론

발달 코칭developmental coaching에는 다양한 견해가 존재하지만, 이 용어 자체는 모든 코칭에 적용 가능하다. 발달 코칭은 스킬/성과에 초점을 맞추기보다 **전인적 존재**whole person을 아우르는 접근에 사용되어 왔다(Leonard-Cross, 2010). 이 장에서 탐색하는 발달 코칭 관점은 세 가지 주요 측면 – 인생 전환기life transitions, 세대 관점generational perspectives 및 긍정적 성장positive growth을 다룬다. 이것은 개인 차이individual differences와 동시에 노화의 필연성inevitability of growing older을 인정한

---

[1] 셰일라 팬챌Sheila Panchal은 공인된 심리학자로 산부인과와 리더십 코치로 일하고 있습니다. 그녀는 엘렌 잭슨Ellen Jackson과 『Turning 30: How to Get the Life You Really Want』의 공동 저자이며, 스티븐 팔머Stephen Palmer와 『Developmental Coaching: Life Transitions and Generational Perspectives』의 공동 편집자이다.

[2] 시오베인 오리어던Siobhain O'Riordan PhD은 공인된 심리학자이자 Center for Coaching and Centre for Positive Transitions의 부소장이다. 그녀는 국제 심리 코칭 협회의 회장이자 회원이다. 그녀의 전문 관심사는 경영진, 건강, 웰빙, 발달 코칭심리학 영역 내에 있다.

[3] 스티븐 팔머Stephen Palmer 교수는 영국 런던의 Centre for Coaching의 창립 이사이다. 2004년에 British Psychological Society Special Group in Coaching PsychologyBPS SGCP의 초대 의장이 되었으며, 2005년에는 런던 시티 대학(현 런던 대학교)에서 심리학 코칭 유닛을 창설하였다. 2016년에 덴마크 Aalborg 대학교 코칭심리학과의 겸임 교수가 되었고, 2018년 Wales Trinity Saint David 대학의 업무 기반 학습 연구소Institute for Work Based Learning의 실습 교수가 되었다. 현재 브라질 리우데자네이루 연방 대학교의 코칭심리학부의 명예 고문이며, 국제 코칭심리학 협회 국제 코칭 심리 연구센터의 코디네이터이다. 또한 국제 코칭심리학회와 국제 스트레스 관리협회의 명예회장이자 연구원이다. 그는 다양한 주제에 대해 50권 이상의 책을 쓰거나 편집했으며 유럽 응용 긍정심리학 저널을 포함한 그 분야의 많은 저널을 공동 편집했다. 2008년 BPS SGCP로부터 코칭심리학에 기여한 공로를 인정받아 평생 공로상을 받았다.

다. 요약하면 이 장에 기반이 되는 발달 코칭 정의는 다음과 같다.

> 발달 코칭은 긍정적 성장과 발달을 지원하는 주요 생애 전환기key lifespan transitions의 효과적 이행negotiation을 촉진한다. 이는 문화적 요인cultural factors, 세대적 영향generational influences과 같이 코치이coachee의 전환 경험에 영향을 주는 광범위한 상황에서 통찰을 이끌어낸다.
>
> Palmer와 Panchal (2011, p.5)

더 많은 배경 설명을 위해 발달 코칭 맥락 내에서 강조하는 몇 가지 중요한 고려 사항들이 있다.

- 문화, 세대적 요인이 발달 코칭에 영향을 준다는 점에서 사회적 맥락social context도 중요하다. 이런 주제들은 코치이가 사회적 환경 내에서 갈등conflicts, 도전challenges, 기회opportunities를 어떻게 경험할지 판단하는 데 도움이 된다. 그러나 발달 코칭에서 고정 관념stereotypes, 일반화generalisations에 빠지지는 말아야 한다는 점에 주의해야 한다.
- 모든 코칭은 어느 정도는 발달적일 수 있다(예: 스킬 향상을 넘어 나아가기).
- 발달 코칭은 광범위하고 다양하며, 때로는 복잡한 코칭심리학 주제이다.
- 발달 코칭 분야에는 아동과 성인 발달 이론child and adult developmental theories이 다양하게 존재한다.

발달 코칭의 발전

여기에 제시된 접근은 전 생애 발달심리학 이론lifespan development theory의 영향을 많이 받았다. 에릭슨Erikson(1950), 레빈슨Levinson과 동료들(1978)과 같은 주요 이론가들은 전 생애lifespan에 걸친 '전환transition'이라는 아이디어를 논의했다. 이러한 생각들은 인생 전환기에 걸친 발달 코칭의 형성에 핵심 개념을 제공했다. 이 관점에서 코칭은 개인이 인생의 주요 전환기를 거쳐, 성장, 발전하도록 지원하는 데 도움이 되는 방법이라고 볼 수 있다. 인생 전환기의 발달 코칭은 인생의 특정 단계stage 또는 국면phase과 관련해 해결해야 할 도전들challenges이 존재한다는 생각에 기반을 둔다. 코칭의 주요 개발 및 고려 사항에는 인생 전환점life transition points, 사회적, 세대적 요인social and generational factors, 긍정적 노화positive ageing와 관련된 가능성이 포함된다. 그러나 코칭 초반에서 주의할 것은 코치이가 조치가 필요한 도전을 항상 부정적으로만 인식하는 것은 아니라는 점이다.

인생 전환점life transition points

발달 코칭은 다양한 인생 전환점을 포함하는데, 팔머Palmer와 팬챌Panchal(2011)의 〈Developmental Coaching〉 서문의 정의가 코치와 코칭심리학자가 이러한 시기의 코치이를 지원하는 방법과 관련해 도움이 된다(O'Riordan, Palmer & Panchal, 2017 참조). 여기에서 팔머Palmer와 팬챌Panchal(2011, p.4)은 '… 다양한 수준의 기회/도전이 함께하며 우리 대다수가 일생 동안 경험할 수 있는 주요 전환점key turning points'으로 인생 전환점을 정의한다. 인생 전환기는 경력 전환career transition, 직장, 이사와 같은 특정 사건들과 부모 되기, 이혼, 은퇴와 같은 더 많고 넓은 인생 전환기를 포함한다. 레빈슨Levinson과 동료들(1978)은 "모든 전환기의 주요 과제는 기존의 인생 구조life structure에 의문 제기를 하고, 재평가하고, 자기self와 세계world의 다양한 변화 가능성을 탐구하며, 다음 안정기의 새로운 인생 구조 기초를 형성할 핵심 선택에 헌신하는 것이다."라고 말하였다. 따라서 인생 전환기는 학습과 개발learning and development의 기회로 생각할 수 있으며(예: Merriam, 1998) 이는 발달 코칭 프로세스의 중요한 이론적, 철학적 토대이다.

사회/세대적 요인Social and generational factors

발달 코칭과 관련된 두 번째 중요한 개념은 더 넓은 사회적 맥락과 세대적 요인이다. 이것은 개인의 인생 전환기 경험에 영향을 미칠 수 있는 문화적, 세대적 트렌드에 대한 견해를 갖는 것을 의미한다(Palmer & Panchal, 2011, p.4). 예를 들어, 오늘날 은퇴는 40년 전과 어떤 면에서 다를까? 최근 연구는 손주를 돌보는 조부모의 건강 그리고 웰빙과 같이 지금까지 문헌에서 간과된 노후의 삶later life이 변화하는 특징과 경험을 살펴보았다(Glaser, di Gessa, & Tinker, 2014).

긍정적 노화와 관련된 가능성 Possibilities associated with positive ageing

마지막으로, 발달 코칭의 핵심 가정은 '긍정적 노화' 및 일반적 긍정심리학 작업과 일치하여, 나이 듦에 대한 긍정적 입장positive stance을 촉진하는 것이다. 이를 통해 개인은 자신의 강점에 집중하고, 불안/걱정에 휩싸이기보다 각 전환기와 관련된 발달/변혁의 기회를 활용할 수 있다. 레비Levy와 동료들(2002)의 연구에서는 노화에 대한 긍정적 자기 인식과 장수longevity 사이의 연관성에 주목했다. 스트렌저Strenger와 루텐버그Ruttenberg(2008)는 '중년기 변화midlife change'라는 개념 및 관련 기회들이 중년기 위기midlife crisis의 트라우마보다 더 널리 퍼져 있음을 강조했다(Jacques, 1965).

발달 코칭 이론과 기본 개념

다양한 이론과 연구는 인생 전환기에 걸친 발달 코칭 분야에 정보를 제공하고 심리학의 많은 영역을 활용한다. 발달 코칭 분야의 폭은 인류학, 정치학, 사회학, 경제학 및 경영 이론과 같은 다른 연관 분야의 통찰까지 포함한다.

언급했듯이 주안점은 전 생애 발달심리학 이론lifespan development theory에 있다. 주요 이론가로는 에릭슨Erikson(1950, 1995)과 레빈슨Levinson과 동료들(1978)이 있는데 이들은 단계 또는 국면으로 성인 발달을 설명한다. 에릭슨Erikson의 이론들은 생애주기life cycle 내 보편성에 주목하므로 성인 발달의 개인차를 무시하는 경향이 있고 대부분 노후 삶의 전환기에 대한 적절한 설명이 부족하다. 개인들은 성격personality과 발달 여정developmental journey에 영향을 미치는 각자의 경험을 가진 고유한 존재이다. 헨드리Hendry와 클로엡Kloep(2002)은 '개인별로 상이한 자원들resources을 축적하거나 잃어버리는 역동적 생애 과정dynamic lifelong process'을 설명한다. 생애 과정 관점의 구분된 단계들discrete stages과는 다른 생애 전반에 걸친 일관성 개념(Kim & Moen, 2002) 및 연속성 이론들continuity theories(예: Atchley, 1989) 또한 주목할 가치가 있다.

또 자기에 대한 이론들theories of self은 코치와 코칭심리학자가 인생 전환기를 지나고 있는 코치이를 지원하는 통찰력 있는 관점을 제공한다. 마르쿠스Markus와 누리우스Nurius(1986)는 모든 사람은 많은 '가능한 자기possible selves'를 가지고 있다고 주장했다. 이러한 자기에는 우리가 되고

싶은 사람, 우리가 되었으면 하고 주위에서 기대하는 사람 또는 우리가 되기 싫어하는 사람을 포함한다:

> 가능한 자기는 우리가 매우 원하는 이상적 자기들ideal selves이다. 그들은 또한 우리가 되고 싶거나, 되기 싫어하는 자기들이다. 우리가 희망하는 가능한 자기는 성공한 자기, 창의적 자기, 부유한 자기, 날씬한 자기 또는 사랑받고 존경받는 자기를 포함하는 반면, 두려워하는 가능한 자기는 외로운 자기, 우울한 자기, 무능한 자기, 알코올 중독된 자기, 실업자 자기 또는 노숙자 자기이다.
>
> (Markus와 Nurius, 1986, p. 954)

코칭 대화를 통해 이러한 사례 또는 코치이 자신의 개인 구성 개념personal constructions을 탐색할 수 있다. 코치이가 마음의 눈mind's eye으로 다양한 미래 자기들future selves을 상상하는 과정을 지원하기 위해 이미지imagery와 시각화visualisation를 사용할 수 있다. 경험상 코치이는 자신이 만든 부정/중립/긍정적 미래 자기들을 논의하는 것에서 혜택을 얻을 수 있다. 코치이의 두려움이 현실적이지 않다는 것을 깨닫거나, 노력할 수 있는 다른 원하는 가능한 자기들이 존재한다는 것을 깨달을 수도 있다. 결과가 암울할 필요는 없다.

팔머Palmer와 팬챌Panchal(2011)에 따르면 전환기 심리학transition psychology은 발달 코칭의 추가적 핵심 이론 토대이다(예: Kubler-Ross, 1969; Bridges, 1995). 이 분야는 전환기 관련 다양한 정서emotion, 도전challenge, 기회opportunity 개념을 탐구한다. 흔히 정리해고redundancy 같은 특별한 삶의 변화에 적용되며, 중년mid-life과 같은 더 광범위한 인생 전환기에도 유용한 관점을 제공한다. 정서를 개인 변화의 '정상적normal' 측면으로 보는 방식이 유용하다. 긍정심리학을 포함해 발달 코칭 발전에 기여한 많은 분야가 있다.

발달 코칭에 영향을 미친 매우 밀접하게 연관된 네 가지 영역은 스트레스, 회복탄력성, 대처coping 그리고 웰빙well-being 이론과 연구이다(예: Palmer & Cooper, 2013; Palmer & Gyllensten, 2015a, 2015b). 코치와 코칭심리학자가 전환기가 코치이의 회복탄력성과 웰빙에 부정적 영향을 주는 스트레스 많은 도전적 시기임을 인정하는 것이 중요하다. 코치와 코칭심리학자의 역할 가운데 하나는 코치이가 대처 전략coping strategy 및 자원resources을 구축하도록 하는 것이다. 이는 도전적 사고방식challenging thinking styles에서 신체 운동physical exercise에 이르기까지 다양하다. 이러한 전략은 한 전환기에서 다른 전환기로의 변화에 적용될 수 있다. 예를 들어, 청소년 시기에 사회적 지원의 혜택을 극대화하고 '도움을 요청'하는 방법을 배우면, '30세' 같은 이후 전환기를 지날 때 이 스킬을 활용할 수 있다. 슐로스버그Schlossberg와 동료들(1995)의 전환기 이론은 전환기에 대처하는 개인 능력에 영향을 미치는 네 가지 요소로 상황situation/자기self/지원support/전략strategies을 제시했다. 극단적으로 전환기는 심각한 불안과 우울증의 촉매가 될 수 있다. 스탠리Stanley와 동료들(2009)은 전환기를 자살 위험 요소risk factors에 유용한 개념으로 제안했다. 그들은 20개 사례 연구를 바탕으로 고등 교육에서 학생 자살을 연구했다.

세대적 요인Generational factors

인생 전환기에 걸친 발달 코칭의 또 다른 주요 측면은 오늘날 인생 전환기를 경험하는 방식에 얼마나 광범위한 사회적 요인social factors이 영향을 미칠 수 있는지 고려하는 것이다. 세대별 정의와 연령대는 약간 다를 수 있지만 다음 범주가 가이드가 될 수 있다(CIPD, 2008 인용):

- 참전 군인(또는 전통주의자), 1939~1947년 출생
- 베이비 붐 세대, 1948~1963년 출생
- X 세대, 1964~1978년 출생
- Y 세대 (또는 밀레니얼 / 넥스트 세대), 1979~1991년 출생
- Z 세대, 1991~2009년 출생
- A/Alpha 세대, 2010년 이후 출생.

모든 세대를 초월해 오늘날 우리 삶의 방식에 영향을 주는 몇 가지 광범위한 사회적 주제social themes가 있다. 발달 코칭에 대한 우리의 견해는 개인 코칭의 유용한 맥락으로 이러한 영향을 고려하고 있다(Palmer & Panchal, 2011):

- 소비주의와 물질주의consumerism and materialism
- 사회적 이동social mobility
- 기술technology
- 선택choice
- 법적 변화legislative changes

- 인구 통계학적 변화demographics shifts

본 장의 서두에 언급했듯 고정 관념stereotypes과 가정assumptions을 피해야 한다. 광범위한 사회적 트렌드와 세대 차이에 대한 논의는 오늘날 서구 사회에서 인생 전환기가 어떻게 경험되는지 맥락화contextualise하는 것을 목표로 한다. 시간이 지나면서 이 트렌드는 진화할 것이며, 발달 코칭에서 중요한 메시지는 코치이 경험에 대한 광범위한 영향에 대한 알아차림awareness을 유지하는 것이다.

발달 코칭 프랙티스

발달 코칭은 대면, 전화, 스카이프Skype 또는 브이씨VSee 같은 온라인 커뮤니케이션 시스템을 포함한 다양한 채널로 진행될 수 있다. 발달 코칭은 일대일 방식으로 진행되는 경향이 있다. 코치 또는 코칭심리학자의 핵심 스킬은 유형화된 세션, 짜여진 구조와 형식이 아니라 코치이와 코칭 대화에 몰입할 수 있도록 유연함flexible과 '그 순간에 맞춰' 작업work in the moment하는 것이다. 완전한 목록은 아니지만, 발달 코칭에 유용하게 적용되는 코칭심리학 접근은 다음과 같다:

- 인본주의적/사람(코치이) 중심 – 전인적 존재whole person와 자기 연속성self-continuity 측면에 초점 맞추기
- 해결 중심 코칭solution-focused coaching – 문제 대화problem talk 너머 일상에 전이 가능한 스킬transferable skills에 초점 맞추기
- 내러티브 코칭narrative coaching – 스토리텔링 하기
- 인지행동 코칭cognitive behavioural coaching – 코치이가 더 건전healthy하고 유익한helpful 방식으로 생각하도록 지원하기
- 행동 코칭behavioural coaching – 행동 실행behavioural action로 연계 촉진하기 및 자기효능감self-efficacy 구축하기
- 긍정심리학positive psychology – 강점 및 긍정적 노화에 초점 맞추기

발달 코칭에 대한 우리의 관점을 뒷받침하는 모델은 팔머Palmer와 팬챌Panchal(2011, pp.20-21)이 개발했다. [그림 27.1]은 세대적 요인과 인생 전환기를 결합해 코치이 상황을 파악할 수 있고, 어떤 유형의 발달/사회적 맥락이 고객 이해에 도움이 될지 알 수 있다. [그림 27.2]에서는 유연한 INSIGHT 프레임워크를 사용해 발달 코칭에 적용될 수 있는 다양한 코칭 접근과 기술을 살펴본다. 이 프레임워크의 모든 개념을 코치이에게 적용하기보다 현재 이슈, 코치이의 인생 경험 및 스킬과 역량에 따라 달리 적용한다. 코치는 개인차individual differences에 초점을 맞추고 고정 관념stereotypes을 피해야 한다. INSIGHT 프레임워크는 잠재적으로 긍정적 전환기positive transitions로의 변화를 촉진할 수 있다.

발달 코칭과 관련해 살펴볼 주요 내용은 대부분 코치이가 새로운 경험을 처음 맞이하지는 않는다는 점이다. 즉 다양한 인생 경험, 개인차는 고려해야 하지만 사람들이 평생 다양한 전환기를 넘어갈 때 어떤 공통점이 있다. 이러한 측면은 일반적인 코칭 철학과 잘 부합한다. 이 관점을 뒷받침하기 위해 팔머Palmer와 팬챌Panchal(2011, p.19)은 "특정 전환기를 성공적으로 넘어가는 것이 미래 변화의 성공을 담보할 수 있다."라고 주장했다. 따라서 긍정적 전환기는 향상된 자기효능감self-efficacy으로 이어질 수 있다.

코치이에게 변화 과정change process 동안 연속성sense of continuity을 제공하기 위해 이러한 상황에서 특히 도움이 될 수 있는 다양한 기법과 특정한 접근들이 있다:

- 그림 카드와 이야기picture cards and stories
- 심리측정psychometrics
- 전환기 정상화하기normalizing transitions(예: 모델, 이론 논의하기)
- 생리적, 행동적 전략을 바탕으로 작업하기working on physiological and behavioural strategies
- 각각의 맥락 검토하기(예: 세대적, 문화적, 영적)
- 목표 설정하기
- 더 큰 자기 수용을 위해 작업하기. 예: 큰 나The Big I/작은 나little I(Lazarus, 1973)
- 전환기 동안 코치이를 지원하도록 지식, 기술 및 소셜 네트워크, 그룹, 전환기 같은 자원 리스트를 만들도록 코치이 촉진하기

발달 코칭: 전환기 연속체

문화적 맥락	현재 사회적 맥락(예: 소비주의, 기술, 이동성, 선택)					
	알파 세대	Z 세대	Y 세대	X 세대	베이비붐 세대	전통주의자
영향	소셜 네트워킹 지구 기후	기후 변화 경기 후퇴 '디지털 네이티브'	테러리즘 기술 붐 '헬리콥터' 부모	상업주의 컴퓨터 밖에서 일하는 부모	시민권 텔레비전 의료 발달	대공황 2차 세계대전 핵가족
특성	자기 충족적 기업가 (NB. 특성이 여전히 나타나는 중)	환경의 참을성 없는 내성적 상상력이 풍부한	긍정적 기업가적인 사회적으로 인식되는 유연성에 열중	자립적 의심 많은 변화에 적응적인	교육받은 독립적인 질문 권위 품질 중심	열심히 일하는 사람 조직에 대한 충성적 개인적 믿을 수 있는

★ 코치이 ★ 코치이 ★ 코치이

생애

발달 전환기

- **어린 시절**: 예: 보육/학교 시작 부모에게서 독립심 키우기
- **10대**: 예: 사춘기, 대학 시작, 학문적 선택하기
- **20대/30대**: 예: 커리어 선택, 인간관계, 헌신
- **중년**: 예: 빈 둥지, 커리어 변화, 노인 돌보기
- **퇴직**: 예: 신체 건강, 역할 재정의

부모 되기
예: 자기 자신과 인간관계에 대한 지속적 조율

지속적 발달 및 전환기
나는 누구인가? 내가 원하는 것은 무엇인가? 내게 중요한 것은 무엇인가? 내 삶의 목적은 무엇인가?

[그림 27.1] 발달 코칭: 전환 연속체
출처: (개정판 Palmer & Panchal, 2011, p.20)

인생 곡선 지도 lifeline map 역시 발달 코칭 맥락에서 자기효능감 구축, 학습과 자원 파악 촉진에 유용한 기법이다. 이것은 코치이 경험 기반의 인생 경로 접근이다. 코치이 일생 동안 발생한 사건과 주요 시점(예: 첫 직장, 출산, 집 구매, 은퇴)이 선 위에 표시된다. 코치이 관점에서 인생 단계 life stage를 구분하고 각각에 이름 labels을 쓴다. 이것은 미래 목표와 각각의 기대 수준을 연결하는 코칭 대화로 이어질 수 있다.

전환기 삼각형 Transition Triangle(O'Riordan & Panchal, 2012; O'Riordan, 2013)은 코치이가 자신의 풍부한 자원, 과거 전환기에서 배운 대처 방법 및 이것들이 발달/목표 달성에 어떻게

발달 코칭: INSIGHT 프레임워크

목표: 긍정적 전환기 경험을 촉진하고 미래 전환기를 스스로 관리할 수 있도록 한다.

요소	목표	예시 기법
자기에 대한 지식 향상하기 **I**ncrease self-knowledge	더 큰 자기 통찰력을 얻고 삶의 다양한 결정의 기초로 가치를 강조한다(vs. 외부의 기대).	가치, 강점, 동기요인, 동인 등 파악을 위한 실습/심리측정, 과거 전환기에서의 배움을 촉진하는 인생 곡선 도구
전환기 정상화하기 **N**ormalise transitions	발달의 필수 요소로서 인생 전환기에 대한 알아차림으로 고립감에 대응하고, 관련된 여러 감정을 인식한다.	발달 모델(예: Erikson, 1950) 또는 전환기 모델(예: Bridges, 1995)에 대한 논의
긍정적 대처방법 지원하기 **S**upport positive coping	전환기 도전 사항을 다루기 위한 효과적 대처 전략을 구축한다.	전략에는 건강(영양/운동), 사회적 지원, 이완 및 인지 재평가가 포함될 수 있다.
과거, 현재, 미래 통합하기 **I**ntegrate past, present, future	과거, 현재 및 미래에 대한 긍정적 평가를 촉진한다.	감사 실습(과거), 인생 성찰/낙관주의(현재) 및 비전/삶의 목적(미래). 가능한 자기들, 시간 방향성 및 전환기에 걸친 인생 이야기/연결에 대한 논의
시간과 공간 제공하기 **G**ive time and space	전환기 과정 동안 작업할 수 있는 충분한 시간과 공간을 허용한다.	마음챙김과 수용/전념 기법(ACT) 성찰 기회 만들기
더 넓은 맥락 강조하기 **H**ighlight broader context	전환기 경험에 영향을 미치는 광범위한 영향과 기대사항에 주의한다.	관련 문화적/세대적 요인들을 검토한다. 주요 개인/사회적 기대 사항을 도출하고 코치이 자신의 기대 수준을 파악한다.
솔루션 최적화하기 **T**ailor solutions	목표, 전략 및 해결 방안을 통해 지속 가능한 변화를 가능하게 한다.	목표 설정, 해결 중심 질문, 실행 계획 수립, 변화 과정 이해 및 성공 축하하기

* 이 모든 요소가 모든 전환 및 개인과 관련된 것은 아니다. 코치는 코치이를 가장 효과적으로 지원할 수 있는 요소를 선택할 수 있다.

[그림 27.2] 발달 코칭: INSIGHT 프레임워크
출처: (개정판 Palmer & Panchal, 2011, p.20)

도움이 되는지 성찰하는 데 활용되는 기법이다. 간단히 말해 전환기 삼각형은 코치이 대처 수준과 관련해 사소한 것부터 주요 전환기까지 척도로 구분해 과거/현재 전환기를 인식하도록 코치가 촉진하는 활동이다. 여기서 유의할 점은 이는 성공/실패의 척도가 아니라 코치이 '대처 방법의 양'과 관련이 있다는 것이다. 대처 전략에는 '유머' 또는 '분산distraction'(체육관에 가기) 같은 긍정적 대처 방법 역시 포함될 수 있다.

핵심 내용들을 코치이가 가장 이해하기 쉬운 삼각형 위치에 작성한다. 전환기 기간상에서 사소하거나/중요한 것 또는 대처 방법의 양이 많거나/적은 것은 개인차에 따라 생각이 다르므로 이 단계 활동이 중요하다. 즉 삼각형상의 각 점은 코치이 관점에서 생각하는 사소한 것에서부터 주요 전환기까지 각 코치이 경험과 발생한 대처 수준을 보여준다.

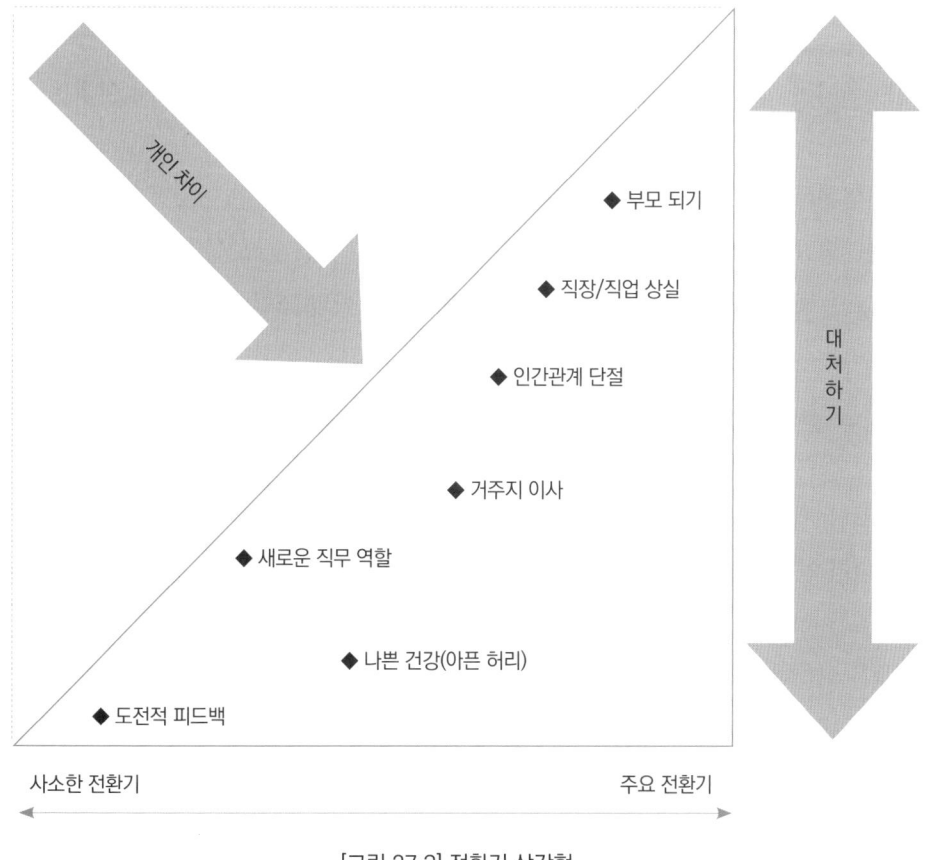

[그림 27.3] 전환기 삼각형
출처: (O'Riordan & Panchal, 2012, 2013 각색)

일반적인 예상 패턴은 더 많은 대처 자원들을 포함하는 중요한 인생 사건들이 표시된 삼각형 모양과 유사하지만(예: Holmes & Rahe, 1967), 코치이 경험에 따라 패턴이 달라진다. 이 기법은 학습된 대처 방법, 풍부한 자원 및 자기효능감 구축에 대한 코칭 대화의 유용한 발판이 된다. [그림 27.3]은 전환기 삼각형의 실제 예를 보여준다.

흥미롭게 이 두 접근 방식은 코치이가 삶의 다른 시기의 전환기가 현재 코칭 상황에 어떻게 도움이 되는지에 대한 통찰을 나누는 종합적인 '연결된 접근holistic joined-up approach'을 제공한다(예: 상실에 대처하기).

어떤 코치이에게 가장 유용한가?

코치이가 발달 코칭에서 일반적으로 제시하는 주요 주제는 가치, 정체성 및 삶의 목적values, identity and purpose(VIP)과 관련이 있으며, 이 영역에 초점을 맞춘 코치이가 발달 코칭에서 가장 많은 유익을 얻는다. 그리고 VIP 관련 이슈들은 주요 인생 전환점에 걸쳐 공통적으로 나타나는 것으로 관찰되었다(Liston-Smith, O'Riordan, & Panchal, 2009, 2010).

오리오던O'Riordan과 팬챌Panchal(2012)은 회사 내에서의 발달 코칭에는 다음과 같은 전환기들이 포함되는 것에 주목했다:

- 초기 커리어 코칭(예: 자신감 향상, 현재에서 미래로 나아가기)
- 온보딩/채용(예: 신입 사원, 대학 졸업생 프로그램, 직원 리텐션 및 몰입 촉진)
- 시니어 인재 육성(예: 시니어 리더 육성, 중년의 도전, 양육 책임, 더 광범위한 질문)

그들은 이러한 접근이 스킬 기반의 목표 달성 측면에서는 이점이 적지만, 다음과 같은 비즈니스 환경에서는 발달적 접근이 유용하다고 제시했다:

- 성과 향상 시키기
- 핵심 지식, 인재 리텐션 촉진하기
- 다양성 촉진하기(예: 성별, 세대)

- 이익과 학습의 유지를 장려하기
- 사후적 또는 필요시 지원 대비한 선제적 지원 제공하기
- 전환기 지원의 코칭 문화 조성하기(예: 도움 요청 필요가 없이 제공됨)
- '관리자가 생각하는 것'과 '직원이 생각하는 것' 사이의 시너지 촉진하기

더 많은 이론적/실용적 질문은 또한 주요 인생 전환기 동안 개인에 대한 효과적 지원 방법에 대한 우리 이해를 발전시키기 위한 향후 고려 사항/연구에 관심을 둔다. 이러한 질문은 오리오던O'Riordan과 팬챌Panchal에 의해 제기되었다(2008년 인용):

- 코치/코칭심리학자로서 우리에게 '큰 그림big picture' 지식이 얼마나 유익할까?
- 특정 인생 전환점에 대한 개인 경험이 다른 사람들 코칭에 도움이 될까? 즉 코치가 자신을 위해 했던 것을 코치이가 똑같이 경험할 필요가 있을까?
- 코칭할 때 나이에 따른 고정 관념을 우리는 어떻게 피해야 할까?
- 코치로서 우리는 미래 세대에 어떤 영향을 미치고 있을까?
- 인생 전환기는 문화에 따라 어떻게 다를 수 있으며, 코치에게는 어떤 시사점이 있을까?

좋은 코치-코치이 관계 유지가 전환기 기간 동안 코치가 코치이를 지원하는 데 도움이 될 수 있다. 코치는 그것이 관계에 대한 지식을 향상하고 코칭에 유익하다는 것을 안다(Pamer & McDowall, 2010 참조). 코칭 대화는 코치이 이슈/목표에 초점을 맞추어야 하며, 발달 코칭 이론, 모델과 관계없이 목표를 코치가 주도해서는 안 된다.

발달 코칭의 성공적 적용은 코치의 스킬과 역량에 달려 있다. 특정 전환기는 일부 사람에게 높은 스트레스와 불안을 야기하므로, 코치는 적절히 경계를 지키고, 필요시 코치이에게 상담 또는 치료를 추천하는 것도 중요하다. 수퍼비전은 이러한 이슈가 발생할 때 코치가 이를 해결하는 데 도움이 될 수 있다.

사례 연구: 에리카Erica

에리카는 45세 생일을 맞아 본인 커리어와 삶을 평가하고자 하는 44세의 재무 임원이다. 그녀는 인생의 주요 이정표 및 원하는 변화에 대한 본인 감정을 파악하는 계기로 코칭을 사용하길 원했다. 그녀는 사람들이 "시간이 촉박하다.", "그녀가 삶을 바꾸려면 지금 해야 한다."라고 말한다고 느꼈다. 그녀는 커리어가 20~30대에는 성공적이었으나, 지금은 정체되었다고 느꼈고 새로운 도전을 갈망했다. 그녀는 지금까지 자신의 경험을 돌아보았고, 그녀의 남은 생애와 커리어에서 무엇을 원하는지를 성찰하기를 원했다.

코칭심리학자는 INSIGHT 프레임워크(Palmer & Panchal, 2011 참조)를 사용해 에리카의 작업을 지원하기 위해 여러 코칭 도구/기법을 선택했다.

전환기를 정상화하기 normalise transitions

처음 코칭심리학자는 브리지스Bridges(1995)의 전환기 모델을 소개하며 인생 전환기에 대한 논의를 촉진했다. 코치는 그것이 에리카에게 유용한 맥락을 제공하고, 그녀의 변화 능력을 촉진하는 INSIGHT 프레임워크의 가장 중요한 측면이라고 느꼈다. 에리카는 이것이 자신이 가진 많은 부정적 감정을 정상화normalising하고, 나타난 기회들을 인식하는 데 도움이 된다는 것을 알게 되었다. 그녀는 또한 과거 전환기들에 대해 살펴보았고, 그것들에 효과적으로 대처했다는 사실에 감사할 수 있었다.

자기에 대한 지식 향상하기 increase self-knowledge

코칭심리학자는 에리카의 자기에 대한 지식을 향상하는 방법으로 가치values 탐구가 강점, 인생 곡선보다 유용한 기법이라고 판단했다. 이 논의는 가치에 대한 주제를 제기하고 에리카의 핵심 가치core values가 무엇인지 파악함으로써 자기에 대한 지식을 향상하여 미래 의사결정의 기초로 삼았다. 약간의 논의와 성찰 후에 에리카는 '창의성, 가족 및 안전'을 그녀의 핵심 가치로 도출하였다.

긍정적 대처 방법 지원하기 support positive coping

코칭심리학자는 영양nutrition, 이완relaxation 및 사회적 지원social support과 같은 측면을 포함하는 긍정적 대처 방법을 주제로 고려했다. 코칭심리학자가 그녀의 전환기 대처 능력에 영향을 주는 여러 인지적 장애요인cognitive blockers을 파악하자 에리카는 인지적 접근cognitive approach을 채택했다. 여기에는 "시간이 부족해요.", "나는 그것을 알기 전에 늙을 거예요.", "인생이 나를 지나가는 것 같아요.", "내가 원하는 것을 할 수 있는 충분한 자유 시간이 없어요."가 포함되었다. 심리적 장애물psychological barriers과 도움이 되지 않는 사고unhelpful thinking에 대한 논의가 에리카에게 깊은 통찰을 주었다. 그녀는 자신의 전환기에 대해 더 유용하고 실용적 사고방식을 생각해냈다. 예를 들어, "나는 시간을 통제할 수 없지만, 그 시간에 하는 일은 통제할 수 있다.", "시간이 계속 지나갈지 모르지만, 계속 그것에 대해 생각하는 것은 도움이 되지 않는다.", "아무것도 할 수 없다고 생각하는 것은 방해가 될 뿐이니, 뭔가를 해야 한다." 등이다.

맞춤형 솔루션 만들기 tailor solutions

앞으로 나아가기 위해 에리카는 3개월 단기 실행 계획을 수립했다. 변화를 작은 단계로 나누는 것은 중요한 삶의 변화를 만든다는 생각으로 압도된 것을 깨달은 에리카에게 유용한 전략이었다. 그녀의 실행 계획은 이력서 업데이트하기, 인적 네트워크 내 사람들에게 연락하기, 일주일 중 저녁에 두 번씩 미술 수업 참여하기이었다. 그녀는 작은 변화에 대한 추가 아이디어뿐만 아니라 자신의 감정과 생각을 기록하기 위해 매일 일기를 쓰기로 했다. 그녀는 자신에 대해 얻은 통찰을 탐색하고, 이미 취한 행동들에 대해 논의하고, 전환기에 대한 감정을 성찰하고, 다음 단계에 합의하기 위해 3개월간 코칭심리학자와 만나기로 했다.

더 많이 성찰하기 further reflections

다시 INSIGHT 프레임워크를 활용한 코칭심리학자는 코칭 세션 자체가 에리카에게 안전하고 수용적인 환경에서 전환기를 성찰하는 데 필요한 시간/공간을 제공한다고 믿었다. 코칭 대화 중 일부는 다음과 같은 광범위한 상황을 다루었다. 에리카는 자신이 현재 커리어에서 더 높은 역할을 계속 추구해야 한다는 기대를 받는 느낌이 본인의 감정과 어떻게 충돌되는지 우려를 공유했다. 또 에리카는 사소했거나, 더 중요했던 과거의 인생 전환기에 관해 이야기했으며, 이를 통해 그녀의 대처 방법과 진화하는 가치들 측면에서 과거/현재/미래 사이에서 상호 연결성을 만들 수 있었다.

논의 포인트

1. 발달 코칭은 긍정적 성장과 발달을 지원하며, 주요 인생 전환기에서 효과적 대처를 촉진한다. 이에 대해 논의해 보라.
2. 발달 코칭에 영향을 준 다양한 이론/모델을 고려할 때, 발달 코칭에 대한 당신의 관점은 무엇인가?
3. 당신의 인생에서 경험한 기회와 도전을 촉발한 주요 전환점은 무엇인가?
4. 발달 코칭에서 당신은 이미지와 시각화를 어떻게 사용하겠는가?

추천 읽기

Bachkirova, T. (2010). The cognitive-developmental approach to coaching. In E. Cox, T. Bachkirova & D. Clutterbuck (eds.), *The Complete Handbook of Coaching*. London: Sage.

Bridges, W. (1995). *Managing Transitions: Making the Most of Change*. London: Nicholas Brealey Publishing Ltd.

Garvey, B. (2009). Coaching people through life transitions. In J. Passmore (ed.), *Diversity in Coaching: Working with Gender, Culture, Race and Age*. London: Kogan Page.

Palmer, S. & Panchal, S. (2011). *Developmental Coaching: Life Transitions and Generational Perspectives*. Hove: Routledge.

참고 문헌

Atchley, R. C. (1989). A continuity theory of normal aging. *The Gerontologist*, 29(2), 183-190.

Bridges, W. (1995). *Managing Transitions: Making the Most of Change*. London: Nicholas Brealey Publishing Ltd.

CIPD (2008). Gen Up: How the Four Generations Work. London: Chartered Institute of Personnel and Development. Retrieved from http://www.cipd.co.uk/onlineinfodocuments on 10 January 2009.

Erikson, E. (1950). *Childhood and Society*. New York: Norton.

Erikson, E. (1995). *Childhood and Society*. London: Vintage.

Glaser, K., di Gessa, G., & Tinker, A. (2014). *Grandparenting in Europe: The Health and Wellbeing of Grandparents Caring for Grandchildren: The Role of Cumulative Advantage/Disadvantage*. Grandparents Plus.

Hendry, L. E., & Kloep, M. (2002). *Life-Span Development: Resources, Challenges and Risks*. London: Thomas Learning.

Holmes, T. H., & Rahe, R. H. (1967). The social readjustment rating scale. *Journal of Psychosomatic Research*, 11, 213.

Jacques, E. (1965). Death and the mid-life crisis. *The International Journal of Psychoanalysis*, 46(4), 502-514.

Kim, J., & Moen, P. (2002). Retirement transitions, gender, and psychological well-being: A life-course approach. *Journal of Gerontology: Psychological Sciences*, 57B, 212-222.

Kubler-Ross, E. (1969). *On Death and Dying*. London: Macmillan.

Lazarus, A. A. (1977). Towards and egoless state of being. In A. Ellis and R. Greiger (Eds.), *Handbook of Rational-Emotive Therapy*. New York, NY: McGraw-Hill.

Leonard-Cross, E. (2010). Developmental coaching: Business benefit – Fact or fad? An evaluative study to explore the impact of coaching in the workplace. *International Coaching Psychology Review*, 5(1), 36-47.

Levinson, D. J., Darrow, C. N., Klein, E. B., Levinson, M. H., & McKee, B. (1978). *The Seasons in a Man's Life*. New York, NY: Knopf.

Levy, B. R., Slade, S. V., Kasl, S. V., & Kunkel, S. R. (2002). Longevity increased by positive self-perception of aging'. *Journal of Personality and Social Psychology*, 83(2), 261-270.

Liston-Smith, J., O'Riordan, S., & Panchal, S. (2009, December 16). *Life transitions and turning points: Using a developmental coaching psychology approach*. Masterclass at the 2nd European Coaching Psychology Conference, British Psychologi-cal Society's Special Group in Coaching Psychology, Egham.

Liston-Smith, J., O'Riordan, S., & Panchal, S. (2010). Transitions and the meaning of life: The vital role of coaching psychology. Workshop at the Going Global 2010 International Conference, London, Association for Coaching.

Markus, H., & Nurius, P. (1986). Possible selves. *American Psychologist*, 41, 954-969.

Merriam, S.B. (1998). Adult life transitions: Opportunities for learning and development. In M.A. Wolf & M.A. Leahy (Eds.), *Adults in Transition* (pp. 8-18). Washington, DC: American Association for Adult and Continuing Education.

O'Riordan, S. (2013). Developmental coaching: Supporting later life and retirement transitions. 3rd International Con-gress of Coaching Psychology, Division of Work and Organisational Psychology Coaching Psychology Group, Psychological Society of Ireland, Dublin, 15th June.

O'Riordan, S., Palmer, S., & Panchal, S. (2017). The bigger picture: Building upon the 'Developmental Coaching: Transitions Continuum'. *European Journal of Applied Positive Psychology*, 1(6), 1-4. Retrieved from: www.nationalwellbeingservice.org/volumes/volume-1-2017/volume-1-article-6/

O'Riordan, S., & Panchal, S. (2008, December 17). *The Big Picture: Placing life transitions in today's generational context for coaching psychologists*. Skills-based session at the 1st European Coaching Psychology Conference, London, British Psychological Society's Special Group in Coaching Psychology.

O'Riordan, S., & Panchal, S. (2012). Workshop at the Coaching and Mentoring at Work Conference, London, 11th July.

Palmer, S., & Cooper, C. (2013). *How to Deal with Stress*, 3nd edition. London: Kogan Page.

Palmer, S., & Gyllensten, K. (2015a). *Psychological Stress: The History and Development of Theories: Stress*. Volume 1. London: Sage.

Palmer, S., & Gyllensten, K. (2015b). *Psychological Resilience and Wellbeing: The History and Development of Theories*. Volume 1. London: Sage.

Palmer, S., & McDowall, A. (2010). *The Coaching Relationship: Putting People First*. Hove: Routledge.

Palmer, S., & Panchal, S. (2011). *Developmental Coaching: Life Transitions and Generational Perspectives*. Hove: Routledge.

Schlossberg, N.K., Waters, E.B., & Goodman, J. (1995). *Counseling Adults in Transition*, 2nd edition. New York, NY: Springer.

Stanley, N., Mallon, S., Bell, J., & Manthorpe, J. (2009) Trapped in transition: Findings from a UK study of student suicide. *British Journal of Guidance and Counselling*, 37(4), 419-433.

Strenger, S., & Ruttenberg, A. (2008). The existential necessity of mid-life change. *Harvard Business Review*, February 1st, 82–90.

28장
코칭에 대한 접근으로서의 성인 학습

저자: 데이비드 레인David Lane[1], 마크 사이먼 칸Marc Simon Kahn[2], 로이드 채프먼Lloyd Chapman[3]

역자: 신혜인

서론

성인 학습adult learning은 코칭 분야의 많은 사람에게 영향을 준 접근 그룹의 일부이다. 데이비드 콜브David Kolb(1984, 2015)의 작업을 포함한 일부 기여는 널리 인용된 반면, 전문가 학습 작업과 같은 다른 주요 기여는 일반 코칭 문헌에 포함되지 않았다.

이 분야의 이론은 성인이 학습하는 방법, 특히 코칭 관점으로 직장에서 어떻게 학습하는지에 관한 것이다. 사람들은 자신이 선호하는 무엇을 어떻게 학습하는지에 영향을 미치는 경험을 파악하고 변화시키는 방법을 가진 경향이 있으며, 이를 이해하면 코치가 더 효과적인 서비스를 제공하는 데 도움이 될 것이라고 가정한다.

---

1) **데이비드 레인**David Lane은 시니어 글로벌, 국가 수준의 여러 부문에 걸친 광범위한 조직 코칭을 경험했다. 그는 경험이 풍부한 코치들을 위해 석사 학위 과정을 운영하고 있고 코칭 전문성의 연구 및 개발에 기여하고 있다. 그는 심리치료를 전문으로 하는 BPS Register of Psychologists Register의 전 의장이며, 심리치료에 관한 EFPA 그룹을 개최하고 있다. 데이비드는 BPS, CIPD, WABC와 EMCC 위원회에서도 활동했다. 그는 뛰어난 Outstanding Scientific Contribution에서 BPS 시니어상을 받았으며, 2010년에는 Contribution to Professional Psychology에서 BPS로부터 명예를 얻었다.
2) **마크 사이먼 칸**Marc Simon Kahn은 『Coaching on the Axis: Working with Complexity in Business and Executive Coaching』의 저자이다. 그는 공인된 비즈니스 코치이자 임상심리학자이며, 런던에 본사를 둔 Human Resources & Organisation Development for Investec의 글로벌 책임자이다.
3) **로이드 채프먼**Lloyd Chapman DProf는 임원진 코칭을 전문으로 하며, 유럽과 아프리카의 임원과 임원진을 코칭했다. 박사 학위 논문을 위해 그는 통합된 경험 코칭 모델Experiential Coaching Model을 연구, 개발했다. 그는 Stellenbosch 경영 대학원의 코칭 및 임원 개발 프로그램을 강의하고 있다. Email: lachapman@lantic.net

본 장에서는 먼저 성인 학습 이론의 중요한 아이디어를 탐구한 다음 작업 기반 코칭work-based coaching의 맥락에서 성인 학습을 고려한다. 후자에서, 학습을 개인과 조직 사이의 양방향 관계 과정으로 보는 것의 중요성을 설명하고 성인 학습 이론과 연결한다.

성인 학습 이론: 개념과 기원

코칭에 대한 많은 접근과 달리, 성인 학습 이론은 치료적 맥락에서 파생되지 않았다. 이것은 사람들이 항상 마주치는 경험에서 배우는 방법에 관한 것이다. 따라서 심리치료와 코칭 사이에 관계에 대한 가정을 통해 필터링할 필요가 없는 코칭에 직접 적용할 수 있다.

최근 리뷰에서 그레이Gray, 버든Burden, 레인Lane(2015)은 달로즈Daloz(1999)를 인용하고, 이 분야에서 세 가지 주요 이론의 영향을 언급한다:

1. **국면 이론**Phase Theory(Jung, Levinson, Buhler, Neugarten): 사람들은 학습과 시간적 단계를 거친다. 연령 사이의 주요 전환과 그러한 변화의 문화적 맥락을 중요하게 여긴다.
2. **단계 이론**Stage Theory(Kegan, Piaget, Gilligan, Kohlbergh): 사람들은 단계적으로 배운다: 생존이 중요한 전인습적 단계preconventional stage, 적합성과 소속감을 추구하는 관습적 단계conventional stage, 그리고 생존이나 적합성을 넘어 더 넓은 문제가 고려되는 후인습적 단계postconventional stage까지.
3. **여정 이론**Journey Theory(Perry, Daloz): 사람들은 순진naïve하거나 단순하게 생각하기에서 복잡한 상대론적 추론으로 이동하고 여정이 진행됨에 따라 선택이 이루어진다.

따라서 우리가 탐구할 수 있는 많은 지점이 있지만, 우리는 코칭 및 코칭심리학에 특히 영향을 미친 아이디어에 중점을 두고 선택했다. 성인 학습 이론은 어린이보다는 성숙한 학습자의 특정 경험에 관심을 두었지만, 현장의 많은 사람은 그들의 작업을 철학자이자 교육자인 존 듀이John Dewey로 거슬러 올라간다. 그렇지만 듀이의 연구의 기원을 돌아보면 시카고 교사 엘라 플래그 영Ella Flagg Young(Barden, 2015; McManis, 1916)의 작업에서 훨씬 더 이른 세기의 전환을 볼 수 있다. 이 작업은 코칭 문헌에서 가장 널리 참조되는 작업이기 때문에 설명을 위해 채택하였다. 우리는 콜브Kolb와 윌버Wilbur의 작업에 중점을 둔다.

우리는 콜브의 작업에 대한 논의를 제시하고 윌버의 공헌을 탐구한다. 그들의 작업에 대한 비평 중 일부를 살펴보고 이후 채프먼Chapman의 이러한 아이디어의 종합과 발전을 고려한다. 이것은 핵심 프레임워크를 제공하며, 정체성과 학습의 개념을 고찰하여 확장한다. 우리는 이것을 학습자에 대한 초점과 칸Kahn의 연구에서 탐구한 코칭의 관계적 특성 사이의 다리로 본다. 이러한 아이디어를 종합하여 프랙티스를 개념화하는 방법을 제안하고 이후 사례 연구를 제공할 것이다. 위와 같은 방식으로 본 장을 구성함으로써 우리는 독자들이 성인 학습 이론을 자신의 프랙티스에 통합하는 방법을 찾을 수 있길 바란다.

데이비드 콜브David Kolb(1984)의 적응 경험 학습 모델

데이비드 콜브David Kolb 또한 듀이Dewey의 연구를 바탕으로 성인 학습을 이해하는 데 아마도 가장 영향력 있는 접근을 개발했다. 콜브(1984)의 경험 학습 모델Experiential Learning Model은 듀이Dewey, 르윈Lewin, 그리고 피아제Piaget의 인지 발달 전통과 위에서 언급한 단계 이론Phase Theory의 요소에서 도출되었다. 그의 모델은 다음과 같은 네 가지 적응adaptive 학습 모드를 포함하는 주기를 따른다(Kolb, 1984, pp. 68-69):

1. **구체적인 경험**concrete experience: 새로운 경험에 편견 없이 완전하고 공개적으로 참여할 수 있는 능력
2. **성찰적 관찰**reflective observation: 자신의 관점을 여러 관점에서 성찰하고 관찰하는 능력
3. **추상적 개념화**abstract conceptualization: 관찰을 통해 개념과 이론을 만드는 능력
4. **능동적 실험**active experimentation: 결정을 내리고 새로운 행동과 사고를 실험하기 위해 구성된 이론을 사용하는 능력

이 모델에는 변증법적으로 반대되는 두 가지 적응 방향을 나타내는 두 가지 차원이 있다:

1. 구체적인 경험 vs. 추상적 개념화
2. 능동적 실험 vs. 성찰적 관찰

위의 차원은 독립적이지만 상호 향상되고, 각 차원은 변증법 사이의 갈등 해결이 필요한 학습 과정에 기여한다. 따라서 본질에서 학습은 항상 즐겁고, 자극적이며, 만족감을 주는 것이 아닌 갈등과 긴장이 가득 찬 과정이다(Brookfield, 1986; Chapman, 2010).

콜브(1984, pp.43-51)는 세계를 경험하는 상반된 방식을 나타내기 때문에 첫 번째 방향을 이해prehension 차원으로 언급한다. 첫 번째는 상징적 표현이나 개념의 사용에 의존하는 이해comprehension이고, 두 번째는 더 구체적이고 직접적으로 느낀 경험을 사용하는 이해apprehension이다. 그는 두 번째 방향을 전환transformation 차원이라고 한다. 그것은 내향intension이라고 하는 것에 대해 성찰하거나, 확장extension이라고 하는 외부 세계의 능동적 조작을 통해 경험을 전환하는 상반된 방식을 나타낸다. 이 차원은 의미와 의식의 알아차림을 만든다.

정신분석학자 빅터 프랭클Victor Frankl(1988)이 설명한 것처럼, 개인은 일반적으로 생각하기로 삶의 의미를 발견하지 않는다. 그것은 긴장으로 가득 찬 발견과 학습의 과정이다. 그의 관점에서 개인적인 의미의 발견은 그 자체로 치료의 한 형태이다. 콜브(1984)의 모델이 학습을 의미를 만드는 과정으로 본다는 점에서 학습 자체는 개발을 촉진하는 전환 과정으로 볼 수 있다.

학습과 개발은 콜브의 네 가지 적응 모드 사이의 거래와 그들 사이의 긴장 해결의 결과로 발생한다고 볼 수 있다(ibid.). 학습이 인간 발달에 적극적으로 관여하지 않는 종속적인 과정이라고 믿는 고전적인 피아제Piget 이론가들과 달리, 콜브(1984)는 학습을 발달이 발생하는 과정으로 노출하여 이를 세 가지 발달 단계로 구분한다.

1. **획득**acquisition은 출생에서 청소년기까지 확장되며 기본적인 학습 능력과 인지 구조가 습득되는 단계이다.
2. **분화**specialization는 정규 교육을 통해 성인기 초반까지 확장된다.
3. **통합**integration은 사람들이 사회적 요구를 충족시키는 상황에서 개인적 의미를 찾는 실존적 도전에 직면할 때 시작된다. 이 단계에서 개인은 환경의 영향을 받기보다 영향을 주기 위해 더 노력한다.

콜브가 환경과 사회적 맥락과의 이러한 상호작용을 매우 명시적으로 하고 있는데도 메리엄Merriam과 비에레마Bierema(2014)는 콜브의 모델이 경험에 대한 성찰이 사회적 맥락 밖의 진공 상태에서 수행될 수 있기 때문에 흔히 '맥락 자유context free'[문맥에 구애받지 않는]라는 비판을 받아왔다고 지적한다. 맥락 자유에 대한 이러한 비판은 통합 경험 모델(Chapman, 2010)에서 콜브(1984) 모델을 윌버Wilber(1995)의 연구와 통합함으로써 해결되었다.

켄 윌버Ken Wilber(1995)의 통합 이론integral theory

윌버(1995)의 공헌은 엄청난 양의 정보를 종합synthesise하는 능력이다. 그는 서양의 심리학과 동양의 영성을 통합한 연구로 잘 알려져 있다. 윌버의 중심 가설 중 하나는 모든 것이 맥락 안에 존재한다는 것이다. 그는 개인에 대한 어떤 것도 그들의 맥락과 독립적으로 완전히 이해될 수 없기 때문에 그들이 생겨난 문화를 이해하지 않고 개인을 이해하는 것은 매우 어렵다고 주장한다. 그는 슈마허Schumacher(1978)의 네 가지 지식 분야에 해당하는 사분면 모델을 개발했다. 윌버의 사분면은 인간의 경험을 이해하는 다차원적 접근을 제공하며, 경험의 외부 및 내부 세계뿐만 아니라 개인과 사회적 맥락(집합적)도 통합한다.

켄 윌버Ken Wilber(1995)의 사분면 통합 모델four-quadrant Integral Model([그림 28.1]):

	내부	외부
개인	**개인의 경험과 의식** • 사고/야망 • 감정 • 분위기 • 감각 입력input • 이미지	**신체와 행동** • 신경-근육계 • 유전학 • 신체 감각 • 행동 • 실행
공동체 또는 집단	**그룹 구성원** • 언어 • 사교계 • 의례rituals/역사 • 관습 • 문화-조직/가족	**사회 시스템** • 자연과 인간이 만든 시스템 • 기술 • 과정과 구조 • 물리 법칙 • 객체

[그림 28.1] 윌버의 사분면 통합 모델
출처: Wilber(1995, p.71)에서 발췌

개인과 공동체 모두에게는 외부 영역과 내부 영역이 있다. 오른쪽 위 사분면은 개인의 외부 영역을 다루고 감각과 동일시된다. 그것은 보여지고 측정할 수 있으며 신경근 시스템, 유전학, 행동과 실행 같은 것들로 구성되어 있다. 예를 들어, 만약 개인이 우울한 경우, CAT 스캔은 때때로 항우울제가 처방될 수 있는 신경학적 패턴을 드러낼 수 있다. 하지만 오른쪽 사분면 범위를 사용하여 사람이 우울한 이유를 식별할 수 없다. 이를 위해서는 왼쪽 상단 사분면으로 이동하여 환자와 대화를 시작하여 내부 세계를 탐색해야 한다. 이것은 내적 경험과 의식의 세계, 사고, 야망, 감정, 분위기와 이미지의 영역이다. 오른쪽 아래 사분면은 집단의 외부 표현이다. 그것은 사회 시스템의 영역이며 자연적이고 인간이 만든 시스템, 기술, 물리 법칙 그리고 객체와 같은 것들을 포함한다. 이 사분면은 시스템이 어떻게 행동하는지 보여주지만, 시스템이 왜 그렇게 행동하는지는 최종 사분면에 맡겨지기 때문에 드러나지 않는다. 왼쪽 아래 사분면은 언어, 관습, 의례, 역사와 문화의 현상을 포함하는 그룹 구성원의 영역이다.

그러나 윌버(1995, 1995, 2001)의 모델은 의식의 진화적 수준도 포함하기 때문에 지식의 네 분야에 제한되지 않는다. 스뮤츠Smuts(1973)와 슈마허Schumacher(1978)처럼 윌버는 우리가 물질에서 생명으로, 생명에서 마음으로, 마음에서 영혼으로, 영혼에서 정신으로 진화하고, 인간의 발달은 개인 이전pre-personal에서 개인으로, 그다음 개인 차원의 의식으로 진화하는 과정이라고 주장한다.

로이드 채프먼Lloyd Chapman(2010)의 통합적 경험 코칭 모델Integrated Experiential Coaching Model

윌버(1995)의 모델은 통합된 성장과 개발을 위한 메타 프레임워크를 제공하는 반면, 콜브(1984) 모델은 통합된 방식으로 배우고 성장할 수 있는 실용적이고 경험적인 방식을 제공한다. 채프먼(2010)은 코칭의 학습 과정을 고려하면서 통합적 경험 코칭 모델([그림28.2])을 달성하기 위해 두 가지 장점을 종합적으로 제시한다.

통합적 경험 코칭 모델은 코칭이 개인의 성장과 발전을 촉진하기 위해 개인의 통합 경험 학습을 촉진하는 것이라고 제안한다. 그것은 슈마허의 지식의 네 분야와 윌버의 통합 모델Integral Model을 통합하여 다양한 의식 수준, 특히 개인과 자아 초월 수준에서 개인의 개발을 지원한다. 경험적인 이유는 콜브의 경험 학습 모델Experiential Learning Model을 사용하기 때문이다. 통합적 경험 코칭 모델(Chapman, 2010)은 신체, 마음, 영혼과 정신을 존중하고 이들의 통합을 촉진하는 실질적인 방법론을 제공한다.

메리엄Merriam과 비에레마Bierema(2014)는 성인 학습 이해와 관련하여 다섯 가지 전통적인 학

[그림 28.2] 통합적 경험 코칭 모델
출처: Chapman(2010). Wilber(1996, p.71); Kolb(1984, p.42)에서 발췌

습 이론이 있다고 생각한다: 인본주의, 행동주의, 구성주의, 인지주의와 사회적 인지주의, 이 다섯 가지 이론은 모두 통합적 경험 코칭 모델에 통합되어 있다. 행동주의는 관찰할 수 있는 행동이 학습이 발생했는지를 결정한다고 믿는다. 오른쪽 상단 사분면의 영역이며, 이 모델은 관찰할 수 있는 정동 변화를 찾는 근거 기반 접근이다. 인본주의 관점은 인간이 성장하고 발전할 수 있는 잠재력을 가지고 있다고 믿는다. 통합적 경험 코칭 모델의 핵심으로 개인과 개인 사이 수준에서 지속적인 성장과 발전을 가능하게 하기에 인본주의 접근이다. 인지주의에서 강조하는 점은 정보 처리의 정신적 과정으로서의 학습으로 옮겨 간다는 것이다. 인지주의 접근은 콜브의 경험적 학습 주기의 필수적인 부분이다. 이것은 성찰적 관찰과 추상적 개념화의 핵심이다. 사회적 인지주의자는 인간의 학습이 사회적 맥락에서 일어난다고 가정한다. 통합적 경험 코칭 모델에서 왼쪽 상단과 왼쪽 하단 사분면의 기능이다. 구성주의자는 학습은 경험으로부터 의미를 창조하는 것이라 믿는다. 구성주의는 콜브(1984)의 경험 학습 모델의 전환 차원에 내재되어 있다.

코칭에서의 학습과 정체성

코치는 고객들이 평생 학습하고 작업work 맥락에서 정체성을 형성할 수 있도록 도와주는 역할을 한다(Chappel et al., 2003). 로 멩-청Lo Meng-cheng(2006)이 주장한 바와 같이, 정체성은 실천action 현장에서 발생하기 때문에 조직에서는 작업work의 맥락에서 고객과의 참여에 의해 형성된다. 움직이는 안건moving agenda을 협상하는 것은 코치가 점점 더 직면해야 하는 과제의 일부이다. 이러한 의미에서, 학습 과정은 한 사람이 사회적 맥락, 일반적으로 커리어나 직장 맥락에서 다른 사람들과 지속해서 자신의 정체성을 협상하는 내러티브로 구성될 수 있다(Lane & Corrie, 2006).

코치가 만드는 내러티브를 통해 정체성을 볼 때, 성찰적이고 관계적인 내러티브의 동일시 개념을 고려하는 것이 도움이 된다(Chappel et al., 2003). 성찰적 확인identification은 사람이 자기-내레이션self-narration 과정을 통해 자신의 정체성을 구축할 수 있는 방식을 말한다. 그래서 코치에게, 일련의 사건들은 그 또는 그녀의 정체성에 대한 내러티브를 그리는 방식과 관련이 있을 수 있다. 코치가 조직과 계약을 시작할 경우에는, 기존의 내러티브가 진입점을 제공한다. 그러나 코치가 조직의 사람들과 함께 작업하게 될 경우에는 재협상이 발생한다. 각 개인은 코치에 대한 자신만의 정의를 가지고 있고 조직적인 정의도 있다. 이러한 요소들은 관계적 내러티브 식별 과정이 각 상호작용에서 전개됨에 따라 코치의 정체성에 영향을 미친다. 고객에게도 유사한 과정이 발생한다. 그들은 점차 관계적 내러티브로 진화하는 자기-서술self-narration(콜브 주기의 성찰적 과정)로 시작한다. 새로운 이야기에서 캐릭터가 진화함에 따라 코치와 고객 사이에 내러티브가 구성된다(Corrie & Lane, 2010). 조직에서 코치 또는 코칭 고객이 되는 것은 공동 구성co-constructed된다(관계적 내러티브 정체성의 과정으로서). 코칭 맥락에서 성인 학습이 등장하는 것은 바로 이러한 관계적 과정이다. 따라서 목적은 모든 관계의 참여를 통해 정의된다. 칸(2014)이 지적한 것처럼 우리는 항상 조직 이야기에서 플레이어 사이의 관계 축에 대한 이해를 달성하고 있다.

학습에 대한 관계적 접근 – 마크 칸Marc Kahn(2014)의 축 코칭

많은 사람이 코칭에서 학습에 대한 관계적 접근의 가치를 주장했다(예. Brunning, 2006;

Cavanagh, 2006; De Haan, 2008; Huffington, 2006; Kahn, 2011, 2014; Kemp, 2008; Passmore, 2007). 그들의 관점에서, "성공은 코칭 관계의 질과 후원 조직과 일치하는 정도에서 비롯된다."(Kahn, 2014, p.1) 따라서 코칭은 특정한 방법이나 기술을 사용하는 것보다 관계를 맺는 것이다. 이 개념의 핵심은 후원 조직과 코칭을 받는 개인이 공평한 고객이라는 기본 원칙이다(ibid.).

따라서 칸(2011)은 "비즈니스 코칭에 대한 성공적인 접근은 코치, 개인 고객, 조직 사이의 관계 역동에 대한 중요한 고려 사항을 포함하고 코칭 관계와 비즈니스 환경과의 체계적인 인터페이스에 중점을 둔다."라고 주장한다(p.194). 그는 개인과 조직 사이의 "코칭 축Coaching Axis" 개념을 작업의 초점 장소로 제공하고자 한다. 여기서 코치는 두 사람 사이의 내러티브 축의 번역가, 중재자 또는 중개자 역할을 하며, 궁극적인 목적은 관계적 상태의 개선과 이를 통해 의미 있는 결과를 전달하는 것이다.

칸의 작업(다른 것 중에서도)은 조직 환경이 명백하고 은밀한, 복잡한 관계 시스템으로 구성되어 있다는 사실에 기반을 두고 있다. 게다가, 그러한 환경에서 가치를 전달하는 개인의 능력은 다른 사람과의 관계를 형성할 수 있는 정도에 크게 좌우되며, 이는 결국 자신의 재능을 실제 결과로 전환하는 것을 촉진한다.

예를 들어, 새로운 회사에서 일을 잘하기 위해 고군분투하는 강력한 기술력을 가진, 최근에 고용된 영업 사원 벤Ben의 경우를 예로 들어보자. 벤은 지시받는 것에 저항적이고 매우 독립적이다. 그는 과거에 관리자에게 불만이 있었다고 보고하면서, "신은 스스로 돕는 자를 돕는다."라는 신념을 유지하고 있다. 반면에, 그의 새 회사의 조직 문화는 매우 협력적이고 성과를 달성하기 위해 팀워크에 크게 의존하고 있다. 여기서 개인과 조직의 축을 가로지르는 두 개의 경쟁적인 관계적 내러티브가 보인다. 그러한 맥락에서, 벤이 그 역할에 필요한 영업 기술력을 가지고 있다는 사실은 그의 개인적인 이야기(성찰적 내러티브)를 바탕으로 한 그의 심리가 관리자의 지시에 저항하고 동료들과 함께 일하는 것을 피하도록 하기 때문에, 그가 조직에서 지속해서 수행하기에 충분하지 않을 것이다. 문제는 벤의 심리(개인적 이야기)와 조직 문화(조직적 이야기) 사이의 관계적 내러티브에 있다. 예를 들어, 팀원들은 벤이 제품에 대한 지식과 영업 기술에 관해서는 기술적technically으로 뛰어나다고 보고하지만, 안타깝게도 벤은 팀의 일원으로 일하지 않으므로 때때로 비즈니스 전략에 반하는 일을 할 수 있어서 함께 일하기가 어렵다. 이것은 그가 팀 미팅에 참여하지 않고, 흔히 참석하지 않으며, 피드백이 주어졌을 때 '미세한 관리micro-managed'라고 불평하는 사실로 인해 더 악화된다. 그의 관리자는 벤이 자신의 행동이 팀의 다른 사람들에게 미치는 영향이나 신중하게 시행된 집단의 판매 전략에 대해 생각하지 않고 일한다고 말한다.

코칭 관점에서, 이 사례는 코칭을 받는 개인과 조직 전체의 성공을 촉진하기 위해서는 코치가 개인과 조직의 이야기와 성과를 도출하기 위해 상호작용하는 방식에 접근하는 것이 매우 중요하며, 이는 모두에게 학습 가능성을 제공한다. 따라서 새로운 관계적 내러티브가 등장한다. 벤의 경우, 그는 아마도 이전의 경험에서 비롯된, 면밀한 관리와 팀에서 일하는 것에 대해 그가 가진 기본 가정에 대한 질문을 통해 독립적으로 일해야 하는 필요성의 강도를 해결해야 할 것이다. 학습 과제는 그가 새로운 조직의 팀워크 문화를 잠재적으로 가치 있는 것으로 인식하고, 그 정도까지 자신을 위해 이러한 가정 중 일부를 채택하고 그에 때라 관계적 행동을 조정할 수 있는지 확인하는 것이다. 그렇지만 벤의 관리자와 팀은 개인으로서의 벤과 독립적인 작업에 대한 가정에 대해 배울 점이 있다. 팀이 벤을 위해 어느 정도의 독립성을 이해하고 수용할 수 있는 정도는 코칭 개입의 성공 가능성을 상당히 높일 것이다. 이를 위해 팀은 두 가지 측면에서 학습해야 한다. 첫째, 그들은 벤의 개인적인 이야기에 관해 배우고 그의 심리를 더 잘 이해하여 그가 독립적으로 일하는 것을 좋아하는 이유에 대한 부정적인 가정을 받아들이지 않을 필요가 있다. 그리고 둘째, 그들은 독립적인 일에 대한 개념을 고려해야 하고, 회사의 문화에서 그러한 것들이 허용되는 것보다 덜 남아 있더라도 더 건설적인 방식으로 그것을 볼 필요가 있다. 이러한 맥락에서 벤과 그의 팀 모두가 (축을 가로질러) 관계적으로 학습하기 위해 노력할 때만 성공 확률이 최대가 된다.

칸(2014)은 이를 설명하기 위해 다음 다이어그램([그림 28.3])을 제공하여 코칭의 초점이 어떻게 '개인과 조직 모두가 궁극적으로 성공하거나 실패하는 정도에 달려 있는'(p.6) 개인과 조직 사이의 축인 관계적 접점에 존재하는지 보여준다.

이러한 관점에서 코칭 개입은 상호 주관적인 이야기-만들기 과정을 통해 학습을 촉진하는 관계적 다리(축)를 만든다. 이 과정은 공유된 성공 사례를 생성하여 학습을 촉진하기 때문에 가치를 제공한다. '비즈니스에 대한 상호 책임감에 기반을 둔 개인과 조직 사이의 의미 있는 만남에서 나오는 이야기(p.6).' 여기서 전체 조직은 개인만큼 '고객'으로 간주되며, 조직이나 개인의 별도의 독립체로 접근할 수 없다.

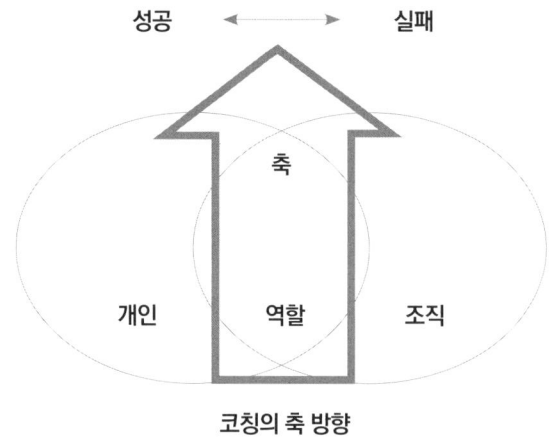

[그림 28.3] 코칭 축
출처: Kahn(2014, p.7)(Brunning에서 발췌, 2006)

궁극적으로, 이것은 코칭의 맥락에서 학습하는 것, 심지어 본질에서 깊은 심리학적인 경우에도 항상 관계에 내재되어 있고, 조직이나 경제환경marketplace의 삶에서 대인 경험의 과정으로 나타난다는 것을 의미한다.

프랙티스-코칭 작업 구축을 위한 모델 세우기

위에서 공유한 성인 학습 이론을 기반으로 코칭에 대한 접근을 상황에 맞게 조정할 때, 다음은 코칭 개입 또는 개별 회기를 구성하는 예로 제공된다. 그러나 모델이 작성될 때마다 항상 매우 근사하고, 구조적이며 깔끔해 보인다는 점을 지적해야 한다. 실제로, 학습 대화는 사실 매우 혼란스러울 수 있고, 우리가 그것을 깔끔한 논리적 과정으로 구성하는 것은 오직 성찰할 때이다. 우리는 이 모델을 가르칠 때 학생들이 모델을 기계적으로 적용하려고 하는 것이 흥미롭다고 생각한다. 그들이 곧 발견하게 되는 것은 그들이 경험적 학습 주기를 따르려고 노력하고 강요할 때, 모델은 사실 장애물이 된다는 것이다. 그들은 '올바르게' 하기 위해 너무 바빠서 고객을 다양한 단계로 밀어 넣으려 하고 결국 자신과 고객을 좌절시킨다. 첫째, 우리는 독자들이 모델을 고정된 단계가 아닌 고객과의 학습 대화로 생각하도록 권장한다. 생각해보면, 당신은 곧 당신이 함께 경험적인 학습 주기를 거쳤다는 것을 알게 될 것이다. 학습 주기는 사실 매우 자연스러운 과정이다. 우리 모두 경험이 있고 그 경험을 다양한 단계로 성찰하는 경향이 있다. 우리는 성찰을 바탕으로, 그것이 우리에게 무엇을 의미하는지에 대한 가설이나 의견을 형성하고, 그것을 바탕으로 행동한다.

둘째, 아래에 요약된 프로세스는 거시적, 미시적 수준에서 발생한다. 이 단계에서는 코칭 개입 프로세스 전체를 다루며, 한 번의 코칭 세션에서 동일한 프로세스를 수행할 수 있다.

1단계: 고객과의 접촉을 형성한다

처음에는 아동과 학교 시스템 작업에 사용되었다가 나중에 코칭에 적용된 레인Lane의 사례 공식화 방법case formulation method(1990, 1998)에서 이 단계는 양측이 탐구하고자 하는 공통 관심사를 정의하려는 것이다. 여기서 코치와 고객은 코칭의 목적, 프로세스, 참여자players 그리고 어떤 이해관계자가 참여해야 하는지 논의하고 합의한다. 목표는 공통 관심사를 기반으로 계약된 작업에 도달하는 것이다. 공통 관심사를 찾는 과정은 개별적인 성찰적 내러티브에서 합의된 관계적 내러티브로 이동하기 시작하는 과정 중 하나이다. 양측이 공통 관심사를 정의하는 것은 중요하다; 공통된 관심사를 정의할 수 없는 경우에는 코치가 상황에서 벗어나는 것이 좋다. 거시적인 차원에서 이는 코칭 개입의 시작이다. 미시적 차원에서 이 단계는 모든 코칭 세션을 시작할 때 수행된다. 칸(2014)은 이러한 정렬을 달성하는 것이 단순히 코칭의 서문preamble이 아니라 그 자체가 코칭 프로세스의 상당 부분을 차지한다고 설명함으로써 코칭 개입 초기에(그리고, 실제로, 수명 주기 내내 지속해서) 이러한 정렬을 만드는 것이 중요하다고 주장한다. 즉 코칭을 받는 개인과 조직(흔히 관리자 또는 HR로 대표되는) 간에 공통의 목적과 목표를 찾는 활동은 주요한 학습 사건이며, 코칭 프로세스의 일부를 형성한다-이 활동은 코칭 축Coaching Axis으로의 진입이다. 앞서 언급한 벤의 사례를 고려할 때, 작업의 초기 계약 측면과 그의 매니저(그리고 아마도 그의 팀 구성원)를 상호 의존성과 의존성의 문제 탐색을 통해 서로로부터 배우는 데 축의 양쪽이 약속하는 계약 대화에 참여시키는 것이 얼마나 중요한지를 고려하라.

2단계: 현재 상황을 제시하고 고객의 구체적인 경험을 탐색한다

여기서 고객은 자신의 인생 이야기를 공유해야 한다. 결정적으로 중요한 것은 제 3자가 전달하거나 이해한 이야기가 아니라 고객의 이야기이다. 이 시점의 자기-공개self-disclosure 계약의 초기 스트레스를 줄여 고객이 개방적으로 문제를 해결할 수 있도록 도와주며, 결과적으로 카타르시스 효과를 가져온다(Egan, 2002). 목표는 고객이 자신의 자원동원성resourcefulness을 바탕으로 구축할 수 있도록 돕는 것이다. 훌륭한 코치들은, 비록 그 사람의 결점을 눈감아 주지는 않지만, 오히려 그 사람의 자원과 자원동원성을 이용한다. 스토리텔링을 통해 코치와 고객이 사용하지 않은 기회를 발견하고 개발할 수 있다. 그렇지만, 고객이 주도한다는 점을 강조해야 한다. 특정 코칭 콘텐츠 내에서 관련이 있다고 느끼는 것이 전부이기 때문에 업무 생활 경험을 공유하는 것이 편하다는 의미일 수 있다. 코치는 고객이 제시하는 한계와 경계를 존중하는 것이 중요하다. 우리의 경험을 통해 우리는 스토리텔링이 고객이 운영하는 문화에 영향을 받는다는 것을 발견했다. 벤의 경우, 이것은 무엇보다도 그가 이전 업무 환경에서 경험한 일련의 실망과 이러한 경험이 현재 맥락에서 그가 행동하는 방식을 어떻게 형성했는지 공유하는 것을 포함한다. 코치는 이러한 어려운 역사적 관계를 관리하는 데 있어 벤의 자원동원성을 인정하고 달성한 학습의 프레임을 모색할 것이다. 이러한 관점에서, 벤의 독립성independence은 긍정적으로 보일 것이고 존경받고 심지어 우러러 보일 것이다. 축에 대한 코칭Coaching on the Axis의 관점에서, 관리자와 팀원들의 이야기도 비슷한 방식으로 살펴볼 필요가 있다. 오늘날 운영 방식을 결정한 과거의 사건은 무엇이었는가? 특히, 팀워크가 역사적으로 성공하는 데 도움이 된 방식을 풀고unpack, 이를 자원동원성으로 인정하는 것은 강력한 학습이 될 것이다. 거시적인 차원에서 코칭 개입이 시작될 때 이야기가 진행된다. 그러나 신뢰 관계가 발전함에 따라 개인 코칭 세션에서 고객의 인생 이야기의 다양한 부분이 확장되거나 더 자세히 탐색 되는 경우는 드물지 않다. 다시 한번 고객이 공유하는 것이 도움이 된다고 느끼는 시점은 고객이 결정한다.

3단계: 코치와 고객이 현재 상황을 더욱 탐색하고 성찰적 관찰과 추상적 개념화로 전환한다

레인Lane(1990)은 이 단계를 원인과 유지에 대한 가설을 탐색하고 검증하는 단계라고 한다. 선택된 모든 문제 및/또는 기회는 가설이다. 그것은 당시에 가장 명백한 레버리지leveraged 문제 및/또는 작업 기회이기 때문에 가설이다. 가설은 시간이 지남에 따라 바뀔 수 있으므로 개방형open-ended 실험이다. 이것은 매우 역동적인 프로세스이다. 잠시 코치로서 첫 번째 세션에서 계약한 시점에서 코칭 개입을 정확히 몇 번이나 종료했는지 생각해보라. 우리는 그렇지 않은 경우가 많다. 그 이유는 첫 번째 계약 작업이 그 시점에서 알려진 것에 기반을 둔 가설일 뿐이기 때문이다. 하지만 코치와 고객이 서로에게 학습하면서 문제에 대한 이해는 시간이 지남에 따라 달라질 것이다. 3단계에서 고객과 코치는 다양한 대안과 가설을 실험한다. 다시 한번 거시적(전체) 그리고 미시적(지금 이 순간) 수준에 적용이 된다. 벤에게, 그것은 이전 단계에서 발견된 내러티브를 만드는 의미를 검증하는 것을 포함한다. 그가 경험을 통해 만들어낸 신념은 얼마나 '고착화되어' 있는가? 그가 과거에 놓쳤거나 회피했던 대안을 만드는 다른 의미가 있는데, 어떤 이유로 그런 일이 일어났는가? 또 지금 이 순간, 이 팀의 맥락에서, 이러한 이해를 바탕으로 다른 사람들과의 관계에 대해 어떤 가설이 떠오르는가?

4단계: 미래로 이동하는 것을 강조한다

고객은 더 나은 미래를 위한 가능성을 설명하도록 권장된다. 이것은 추상적 개념화의 영역이다. 여기서 코치는 고객이 3단계에서 확인된 문제나 탐색 되지 않은 기회에 대한 실질적인 해결책인 현실적이고 도전적인 목표를 선택할 수 있게 돕는다(Egan, 2002). 랜드Land(1990)는 이 단계를 검증할 가설의 공식이라고 언급한다. 통합적 경험 코칭 모델Integrated Experiential Coaching Model은 개인 학습 계약Personal Learning Contract(PLC)을 통해 이 작업을 수행한다. 고객은 자신의 목적, 자신이 성공했는지를 어떻게 알 수 있는지, 목적을 달성하기 위해 구현할 전략을 정의한다. 학습 과정의 역동적 특성을 고려할 때, 초기 학습 계약이 세션마다 바뀌는 것은 드문 일이 아니다. 일부 고객의 경우, 소중한 개인 학습 계약PLC을 가지고 있더라도 거시적 수준의 계약은 소중한 계약과 전혀 관련이 없어 보이는 개별 세션에서 발전한다. 프랙티스에서 이들은 전체 개인 학습 계약PLC을 달성하는데 필수적인 단계가 될 수 있다. 그래서 벤Ben과 그의 팀에게, 이 단계는 축을 가로질러 각각의 이야기들의 실험적 상호작용을 포함한다. 코치는 서로 교차하는 이야기를 고려할 때 팀 전체(물론 벤 포함)가 무엇을 할 수 있는지 물어볼 수 있다. 팀워크의 맥락에서 독립성을 가지고 함께 일할 수 있는 방법을 찾을 수 있다면 팀의 자원동원성이 더 발전할 수 있는가? 마찬가지로 벤의 이전 업무 환경과 다른 현실을 가진 이 새로운 팀의 맥락에서 상호의존성에 대해 다른 관점을 채택하는 것이 가능한가? 그리고 이 모든 것에서, 우리는 이러한 가능성을 시험하는 데 무엇을 실험할 수 있는가?

5단계: 능동적인 실험으로 진행되며, 지정된 계약 기간 동안 여러 가지 학습 대화를 구현하고 진행한다

레인Lane(1990)에 따르면, 이것은 코칭 세션에서 얻은 새로운 이해를 적용하고 실험하는 과정이다. 개인이 완전히 고립된 상태에서 살지 않는 한 개인은 일반적으로 집단의 맥락에서 구체적인 무언가를 경험할 것이다. 그 경험을 이해하기 위해서는 개인이 의도적인 차원을 사용하고, 내부로 이동하며 경험을 성찰해야 한다. 성찰한 후, 개인은 경험에 대한 어떤 이론이나 개념을 발전시키기 시작한다. 그러나 추상적 개념화는 순수하게 개인의 것이 아니다; 그것은 개인이 자신을 발견하는 문화나 시스템에 영향을 받는다. 개인의 개발 상태는 개인의 개인적 경험과 그들이 상호작용하는 사회적 지식의 특정 시스템의 전환에서 비롯된다(Kolb, 1984). 이론이나 가설을 개발한 개인은 확장 차원에서 참여하고 집단 환경 내에서 적극적으로 실험할 필요가 있다. 잘 수행되고 훈련된 방식으로, 경험적 학습은 자동으로 네 개의 사분면을 통해 개인을 움직이고(콜브에 따르면) 인간의 성장과 발전의 전제 조건인 네 가지 학습 능력을 모두 개발할 것이다. 그리고 사람이 더 발전할수록([그림 28.2]와 같이) 경험적 학습 경험은 더 통합되어 개인의 성장, 발달 그리고 의식의 전환을 촉진한다(Chapman, 2010). 이것이 거시적 그리고 미시적 수준에서 발생한다는 것을 다시 한번 강조할 필요가 있다. 그래서 벤과 그의 팀에게, 이것은 일련의 약속, 실행 그리고 행동 재구성이 제안되고 실험을 위해 활성화되는 장소이다. 그리고 코치는 모든 당사자를 만족시키는 새로운 관계가 형성될 때까지 코칭 축 전체에 걸쳐 지속해서 재작업되고 처리된다.

6단계: 마무리closure와 검토 단계이다

여기서 코치, 고객 그리고 흔히 조직의 대표자가 프로세스를 검토하고 계약을 갱신할지 또는 코칭 관계를 종료할지 결정한다.

어떤 코치이에게 가장 유용한가?

이 접근은 분명히 학습에 관한 것이다; 치료가 아니며 코칭에서 고려해야 할 것으로 나타날 수 있는 정신건강 문제를 다루는 데 적합하지 않다. 그것은 기존의 의미 형성 과정과 성찰적 내러티브 사이에서 관계적 내러티브로의 출현 프로세스를 사용하는 것에 관한 것이다. 그것은 어떤 만남에서든 각 주요 참여자player로부터 학습하는 것에 대한 개방성의 정도와 코치이의 이야기에서 인과 관계에 대한 이론적인 가정을 구성하는 것보다 그러한 내러티브가 출현할 수 있도록 하려는 코치의 의지를 필요로 한다.

사례 연구: 코칭 축을 가로지르는 학습

코칭 과정에서 학습이 일어나는 방식에 대한 의미는 무엇인가? 분명히 성인 학습 이론이 코칭 축의 맥락에 놓이면 개인과 조직 사이의 상호 관계가 학습 배경landscape이 된다. 결론적으로, 우리는 설명을 위해, 칸Kahn(2014, pp.85-86)에게 차용한 레이Leigh의 사례를 제시한다.

대형 FMGG 비즈니스 유통 부문에서 일하는 현명한 중간 관리자인 레이Leigh는 그녀의 관리자 마이크Mike에 의해 코칭 의뢰를 받았다. 마이크는 그가 레이에게 지시를 내릴 때마다 그녀는 '짜증이 날 정도로' 그 뒤에 있는 생각에 도전했다고 설명했다. 그는 유통 과정을 이해하거나 개선할 목적이 아니라 "도전하기 위해 도전한다."라고 그녀를 비난했다. 레이는 이 해석을 거부하고 '로봇이 아니라 생각하는 인간'이기 때문에 "무언가를 하기 전에 왜 해야 하는지 알아야 했다."라고 설명했다. 이러한 관계적 역동은 팀의 다른 구성원이 마이크가 말한 모든 것에 도전해야 하는 레이의 니즈가 팀 회의의 효율성을 떨어뜨리고 끊임없이 짜증을 유발한다고 불평할 정도로 악화되었다. 모두가 레이가 기대에 부응하는 영리하고 근면한 관리자라는 점은 인정했다. 그녀는 뻔한 것 너머를 볼 수 있는 사람으로 여겨졌고 통찰력 있는 해결책으로 유통과정의 병목 현상을 여러 번 해결했다. 불행히도 레이의 계속된 도전은 마이크와 팀 모두에게 '그녀의 어려운 도전 행동이 크게 줄어들지 않으면' 그녀를 잃을 준비가 되어 있는 지점에 이르렀다.

레이와 코치의 브리핑 미팅에서 마이크는 레이에게 도전을 받게 되어 기쁘고, 그녀가 정말 좋은 아이디어와 통찰력이 있는 질문을 한다고 말했다. 그렇지만 이 모든 것에 대해 그녀는 충분히 사고thought하지 않은 다섯 개의 의견이나 도전이 있었고, 그녀는 흔히 '알 수 없는 개인적인 이유로 불필요한 소음에 대해 트집 잡거나 소개하는 것'으로 비쳤다. 레이는 그녀의 행동을 약간 인정했지만, 제안된 것보다 훨씬 덜 심각하다고 믿었다. 레이와 그녀의 코치는 그녀의 개인적인 이야기를 탐색하는 데 여러 세션을 소비했다.

그녀가 '항상 모든 것을 아는' 아버지 회사에서 유명한 변호사인 오빠 두 명과 '그들 가운데 한 명을 보여줌으로써 대화에 기여할 수 있을 때' 그녀를 소중히 여기고 인정하는 것처럼 보였던 아버지가 있는 가정에서 성장했다고 설명했을 때 돌파구가 왔다. '그들 가운데 한 명을 보여주는 것'이 무엇을 의미하는지 물었을 때, 그녀는 '그들의 논쟁에서 구멍을 찾는 것'을 의미한다고 설명했다. 레이가 현재 관리자와 함께한 '어려운 도전적인 행동'의 '뿌리'가 이 개인적인 이야기에 있다는 것이 나타났다. 레이는 마이크와의 각 상호작용을 그녀가 가치 있고 인정받는다고 느끼기 위해 '그의 주장에서 구멍을 찾아야' 하는 것으로 읽음으로써 현재를 과거의 관점에서 해석했다.

코칭은 레이의 이야기를 자신과 조직 모두에게 효과가 있는 방식으로 재구성하는 데 초점을 맞추었다. 결국, 그녀는 '어떤 논쟁에서도 구멍을 찾는' 자신의 능력이 자신의 가장 큰 강점이자 가장 큰 약점이라는 것을 알 수 있었다. 그것이 비즈니스를 돕기 위해 적절하게 사용되었을 때는 그녀의 강점이었다. 그녀의 인정에 대한 니즈를 충족시키기 위해 부적절하게 사용되었을 때는 그녀의 약점이었고, 결국 어쨌든 역효과를 냈다.

실제 행동의 변화는 그녀가 말한 것처럼 '자동에서 수동으로 이동할 수 있는' '도전적인 방식'을 사용하는 것을 선택할 수 있을 때와 비즈니스에 도움이 되지만 '그렇지 않을 때는 조용해지는 것'을 선택할 수 있었다. 코칭 축의 반대편에서, 레이의 관리자 마이크는 그녀와의 원활한 대화에서 그녀의 이야기를 학습하게 되었고, 이는 차례로 그가 그녀의 행동을 이해하는 데 도움을 주었으며, 더 중요하게는 레이가 '매뉴얼에 머물도록' 도와주는 대화를 학습하는 데 그들의 관계를 개방하게 했다. 이러한 관계적 일

> 치alignment와 그에 따른 지원이 없었다면 레이의 변화 가능성은 상당히 낮았을 것이다. 그리고 그 과정에서 마이크는 리더로서의 능력이 높아졌기 때문에 학습했다.
>
> 이 사례는 코칭 개입에서 성인 학습이 어떻게 전개되는지 보여준다. 이 과정을 통해 코칭 축 전체에 걸쳐 개인과 조직 사이의 역동 관계가 풀리며, 결과적으로 둘 다 학습하게 된다. 학습 결과 통찰력이 생기고 이를 통해 행동에 대한 새로운 대안이 제공된다-대안을 선택하면 조직에 가치를 제공하고 개인의 성공을 동시에 높일 수 있다.

논의 포인트

1. 고객이 자신의 학습에 대해 성찰할 수 있도록 어떻게 도울 수 있는가?
2. 학습 주기를 이해하는 것이 고객 성찰에 어떤 도움이 되고, 어떤 방해가 되는가?
3. 고객과의 만남에서 어떤 내러티브를 전달하고, 코칭 계약의 목적을 공유하기 위해 고객이 그 내러티브에 도전할 수 있도록 하려면 어떻게 해야 하는가?
4. 개인 학습과 조직 학습 사이의 관계를 어떻게 파악하고 이를 축에서의 코칭에 적용하는가?

추천 읽기

Chapman, L. (2010). *Integrated Experiential Coaching*. London: Karnac Books.
Corrie, S., & Lane, D. A. (2010). *Constructing Stories and Telling Stories*. London: Karnac Books.
Gray, D. E., Burden, R., & Lane, D. A. (2015). An Introduction to Coaching and Mentoring: Thinking Critically about Theory, Practice & Context. London: Sage.
Kahn, M. S. (2014). *Coaching on the Axis: Working with Complexity in Business and Executive Coaching*. London: Karnac Books.

참고 문헌

Barden, S. (2015). *Top leaders' experiences of learning*. DProf thesis, Middlesex University/The Professional Development Foundation.

Brookfield, S. D. (1986). *Understanding and Facilitating Adult Learning*. San Francisco, CA: Jossey-Bass.

Brunning, H. (2006). *Executive Coaching: Systems-Psychodynamic Perspective*. London: Karnac Books.

Cavanagh, M. (2006). Coaching from a systemic perspective: A complex adaptive conversation. In Strober, D. R. & Grant, A. M. (eds.) *Evidence-Based Coaching Handbook*. Hoboken, NJ: John Wiley.

Chapman, L. A. (2010). *Integrated Experiential Coaching: Becoming an Executive Coach*. London: Karnac Books.

Chappel, C., Rhodes, C., Soloman, N., Tennant, M., Yates, L., et al. (2003). *Reconstructing the Life Long Learner: Pedagogy and Identity in Individual, Organisational and Social Change*. London: Routledhe-Falmer.

Corrie, S., & Lane, D. A. (2010). *Constructing Stories Telling Tales a Guide to Formulation in Applied Psychology*. London: Karnac Books.

Daloz, L. A. (1999). *Mentor: Guiding the Journey of Adult Learners*. San Francisco, CA: Jossey-Bass.

De Haan, E. (2008). *Relational Coaching: Journeys towards Mastering One-to-One Learning*. Chichester: Wiley.

Egan, G. (2002). *The Skilled Helper: A Problem-Management and Opportunity-Development Approach to Helping*. Pacific Grove, CA: Brooks/Cole.

Frankl, V. E. (1988). *The Will to Meaning: Foundations and Applications of Logotherapy*. New York, NY: Meridan.

Gray, D. E., Burden, R., & Lane, D. A. (2015). *A Critical Introduction to Coaching and Mentoring*. London: Sage.

Huffington, C. (2006). A contextualised approach to coaching. In Brunning, H. (ed.) *Executive Coaching: Systems-Psychodynamic Perspective*. London: Karnac Books.

Kahn, M. S. (2011). Coaching on the axis: An integrative and systemic approach to business coaching. *International Coaching Psychology Review*, 6 (2): 194-210.

Kahn, M. S. (2014). *Coaching on the Axis: Working with Complexity in Business and Executive Coaching*. London: Karnac Books.

Kemp, T. (2008). Self-management and the coaching relationship: Exploring coaching impact beyond models and methods. *International Coaching Psychology Review*, 3 (1): 32-42.

Kolb, D. A. (1984). *Experiential Learning: Experience as the Source of Learning and Development*. Englewood Cliffs, NJ: Prentice Hall.

Kolb, D. A. (2015). *Experiential Learning: Experience as the Source of Learning and Development*. Second Edition. Upper Saddle River, NJ: Pearson Education. Kindle.

Lane, D. A. (1990). *The Impossible Child*. Stoke on Trent: Trentham.

Lane, D. A. (1998). Context focussed analysis: An experimentally derived model for working with complex problems with children, adolescents and systems. In Bruch, M. & Bond, F. W. (eds.) *Beyond Diagnosis: Case Formulation Approaches in CBT*. Chichester: Wiley.

Lane, D. A., & Corrie, S. (2006). *The Modern Scientist-Practitioner: A Guide to Practice in Psychology*. Hove: Routledge.

Lane, D. A., & Corrie, S. (2009). Does coaching psychology need the concept of formulation? *International Coaching Psychology Review*, 4 (2): 193-206.

Lo Meng-cheng, M. (2006). Professions: Prodigal daughter of modernity. In Adams, J., Clemens, E. S.,

& Orloff, A. S. (eds.) *Remaking Modernity: Politics, Processes and History in Sociology*. Durham, NC: Duke University Press.

McManis, J. T. (1916). *Ella Flagg Young and a Half-Century of the Chicago Public Schools*. Chicago, IL: A.C. McClug & Co.

Merriam, S. B., & Bierema, L. L. (2014). *Adult Learning Theory and Practice*. San Fransisco: Jossey-Bass. Kindle.

Passmore, J. (2007). An integrative model for executive coaching. *Consulting Psychology Journal: Practice and Research*, 59 (1): 68-78.

Schumacher, E. F. (1978). *A Guide for the Perplexed*. New York, NY: Harper and Row.

Smuts, J. C. (1973). *Holism and Evolution*. Westport, CT: Greenwood.

Wilber, K. (1995). *Sex, Ecology, Spirituality: The Spirit of Evolution*. Boston, MA: Shambhala.

Wilber, K. (2001). *No Boundary: Eastern and Western Approaches to Personal Growth*. Boston, MA: Shambhala.

ABCDE# 29장
커리어 코칭

저자: 피터 페나 Peter Fennah[1)]
역자: 김태리

서론

커리어 코칭은 직장에서의 변화를 관리할 수 있는 개인의 의지와 능력의 탐색이다.

사회에서는 고용의 중심성, 이동성, 불안정하고 변화하는 본질 및 개인과 고용의 관계가 흔히 간과된다. 전 세계 인구 72억 명 가운데 약 70%가 일하고 있다. 영국에서는 3,300만 명의 사람들이 정규직과 파트타임 일자리에 공식적으로 고용되어 있다. 이는 모든 사람이 만족한다는 의미는 아니다. 런던 경영 금융 대학 London School of Business and Finance의 2015년 조사에 따르면, 직장인의 약 50%가 더 나은 직장으로 이직을 생각한다. 더 나은 직장을 찾는 것은 단순히 재정적 안정이라는 이유를 넘어선다. 일은 우리의 자기 정체성과 정신적 웰빙을 뒷받침하며(McGregor & Little, 1998), 우리가 구축하는 관계를 통해 우리를 더 넓은 삶과 의미 있게 연결한다.

일의 본질과 속도는 주로 기술로 인하여 변화하고 있다. 지식 기반 경제로의 이동은 1950년 이전의 사회에 비해 직업 선택의 폭과 이동성의 확장으로 이어졌다. 형식적인 조직 구조가 아닌 분산된 관계가 변화를 주도하는 신흥 혁신 경제는 노동계에 영향을 미칠 다음 변화의 물

---

1) **피터 페나** Peter Fennah는 리더십과 커리어 전환 코칭 서비스를 제공하는 국제 컨설팅 회사인 Career Synergy Limited의 이사이다. 그는 커리어 개발 연구소의 전 창립 이사이자 Association of Career Professionals International UK의 공동 의장이다. 그는 전문적인 커리어 코칭을 경영의 전환에 도입하는 데 열정을 쏟고 있다.

결로 예고된다. 윌리엄 깁슨William Gibson의 "미래는 이미 여기에 있다, 단지 불균등하게 분포되어 있을 뿐이다."라는 말은 불만족한 코치이들이 더 나은 미래를 찾을 수 있도록 돕는 우리의 역할을 보여준다.

자신의 과거, 현재 및 미래의 직업에 대한 내러티브를 구성할 수 있도록 도와주면 코치이는 정보에 기반을 둔 다양한 선택지를 탐색하고 결정함으로써 더 의미 있는 직업으로 나아갈 수 있다. 사빅카스Savickas(2005)는 커리어에 대해 다음과 같이 유용하게 설명하고 있다:

> 커리어는 저절로 펼쳐지는 것이 아니다. 커리어는, 개인이 자신의 자기 개념을 표현할 수 있는 선택을 하고 직업 역할의 사회적 현실에서 자신의 목표를 실체화하면서 구성되는 것이다.
>
> (p.43)

커리어코치의 과제는 자신의 역할 안에서 변화를 모색하거나 새로운 일자리, 진로, 또는 새로운 업무 수행 방식을 모색하는 다양한 개인과 조직에 어떻게 도움을 제공할 것인가 하는 것이다. 본 장에서는 개인 코칭에 초점을 맞춘다.

먼저 오늘날 학문적으로 영향을 미치는 커리어 코칭의 발전과 핵심 이론을 살펴본다. 이어서, 이를 프랙티스에 어떻게 적용할지 주요 개념과 사례 연구를 탐색하면서 코치가 어떻게 코치이에게 도움을 제공할 수 있는지에 초점을 맞추도록 하겠다.

커리어 코칭의 발전

학문의 한 분야로서 커리어는 그 역사가 짧다. 커리어 이론은 1970년대에 들어서 주로 마이클 아서Michael Arthur, 에드거 샤인Edgar Schien, 팀 홀Tim Hall, 바바라 로렌스Barbara Lawrence와 같은 학자들의 연구를 통해서 인정받았다. 심리학, 상담학, 사회학, 경제학 등 복합적인 행동과학 분야가 모두 커리어 이론의 정립에 일조했다. 이러한 다학문적 토대를 바탕으로 커리어는 아주 다양성 있는 분야로 구축되었는데, 특히 커리어 조언에 대한 접근 및 코치의 다양한 배경에 영향을 주었다.

커리어 조언에 대한 일반적인 고정관념을 생각해 보면 수년간 엇갈린 평판을 받았다고 해도 무방할 것으로 보인다. 교육 중에 받아 본 적 있는 커리어 조언이 형편없었다거나 너무 단순했다는 식의 이야기는 흔히 들을 수 있다. 이는 사실 업무에서 요구하는 꼭 필요한 기술을 다루는 식으로 지나치게 협소한 부분에 초점이 맞추어졌기 때문이다. 다양한 필요를 모두 충족시키는 것을 우선시하는 접근은 개인의 복잡한 상황, 특히 계속 변화하는 개인적 동기 및 내재적 필요를 무시하는 결과를 낳고 만다. 이와 관련한 또 다른 예는, 진로 상담자가 코치로서보다는 '전문가' 역할을 하여야 하는 흥미 검사 interest inventories를 활용한 '완벽한' 직업 연결 job match을 제공하려는 경우이다. 교육훈련 과정을 향상하게 함으로써 이러한 인식이 이제는 옛날이야기가 될 수 있기를 바란다. 그러나 정보통신IT 애플리케이션 등을 통한 경력 조언의 상업화되면서 어쩌면 이런 식의 무딘 형태의 직업 안내가 다시 돌아올 수 있는 위험이 있다(Watts, 2009).

영국의 한 산업으로서 커리어 코칭은 분절화되어 있는데, 부분적으로 이는 코치들의 다양한 배경뿐만 아니라 코치이 그룹의 필요가 다양하기 때문이다: 예를 들어 청년, 실업자/근로자와 관리자, 그리고 현재 인생 제2의 커리어를 탐색하는 경력 말기late career 단계의 개인 등. 영국에서 커리어 분야는 대체로 규제받지 않은 산업으로 프랙티스와 관련된 제약이 거의 없다. 특정 전문가 그룹을 위한 커리어 코칭 등과 같이 틈새 전문 분야를 위한 다양한 기회가 존재한다. 이는 보통 위기 상황에서 코칭을 찾는 코치이들에게는 문제가 되는데, 전문적, 윤리적 또는 수퍼비전 시스템 밖에서 프랙티스를 제공하는 수많은 독학 프랙티셔너로 인해 서비스 제공의 일관성이나 품질이 보증되지 않기 때문이다. 대부분 커리어 코치는 경력 관리에 대해서뿐만 아니라 다양한 전체 노동 인구에 걸쳐 경력 관리가 결과적으로 어떻게 달라지는지에 대한 구조화된 학문적 교육을 받은 적이 없다.

영국 정부의 지원으로, 커리어 개발 산업은 앞으로는 규제가 강화될 가능성이 큰데, 현재 공식적으로 교육받은 커리어 코치들의 권리를 보호하기 위해 형성된 전문 회원 단체들에 의해 추진되고 있다. 이는 미국과 호주와 마찬가지로 코칭의 전문화와 맞물려 일어나고 있는 현상이다. 커리어 개발 연구소career development institute는 산업 전반에서 활동하는 프랙티셔너들에 대한 전문 인증 및 등록을 위한 기반을 제공함으로써 업계의 결속력 강화하기 위해 2013년에 영국에 있는 네 개의 전문 기관을 통합하여 설립되었다. 이러한 시스템 공고화는 대중과 서비스 제공자 모두에게 명확한 접점을 제공하면서, 더 강력한 교육훈련을 통해 코칭의 품질 보증을 가능하게 해준다.

이론

전통적인 조직 경력organizational career의 쇠퇴는 커리어 코칭의 기반이 된 두 가지 새로운 커리어 이론으로 이어졌다. 첫째, 프로티언 경력protean career(Hall, 1976, 2002)은 직업적 측면에서뿐만 아니라 개인의 인생 전체의 관점에서 성공을 달성하는 것의 중요성을 강조한다. 조직의 가치를 강화하거나 단순히 재정적 안정을 확보하는 것이 아니라 개인적인 직업 가치를 탐구하는 데 초점을 맞춘 이러한 변화는 직업과 관련한 기존의 의사결정 방식이 확대된 것이었다.

둘째, 개인의 경력 이동성 증가에 대한 관심을 아서Arthur(1994)는 새로운 개념의 경계 없는 커리어boundaryless career라고 명명하였다. 이는 기존의 조직 내 승진 경로의 범주를 넘어 다층적으로 책임을 맡는 것을 포함한다. 즉 당신은 한 기업의 임원이면서 동시에 다른 기업, 또는 같은 기업의 실무 담당 팀원으로 자원하여 일할 수도 있다는 말이 된다.

업무 장소와 근무 시간의 유연성 향상 및 그 결과로 나타난 일종의 수평적 기회는 개인의 이익에 크게 부합한다. 잠재적으로 다양한 기업에 걸쳐 이러한 활동에 대한 포트폴리오 구축과 관리를 통해 프로티언 경력 및 경계 없는 커리어를 결합하여 현실화시킬 수 있다.

이러한 두 이론의 영향은 아직 밝혀지지 않은 논의 주제로서 변화, 발전 및 조직/사회에 대한 코치이의 고유한 잠재력이 주목받게 됨에 따라, 커리어 코치의 역할을 엄청나게 강화시켰다.

이 두 이론은 기존의 커리어 모델에 대해 새로운 시각을 제기하였는데, 이는 여전히 코치와 코치이의 뇌리에 깊숙이 자리 잡고 있다. 예를 들어, 다음의 개인-환경 적합성person-environment matching이나 특질 및 요인 모델trait and factor models에 자신이 얼마나 단단히 매여 있는지 한 번 생각해 보자.

기존의 커리어 이론에 도전하다

진로 지도vocational guidance의 아버지(Zunker, 2002)로 알려진 프랭크 파슨스Frank Parsons가 1909년에 개발한 개인-환경person-environment 접근은 여전히 실용적인 면에서 활용 가치가 있으며, 직관적으로 익숙하게 느껴질 수 있다. 파슨스 모델의 핵심은 개인이 자기 지식self-knowledge을 환경에 연관 지어 정보에 입각한 진로 결정을 내리도록 돕는 것이다:

- 첫째, 자기 자신, 적성, 능력, 흥미, 자원, 한계 및 기타 자질에 대한 자신의 명확한 생각을 정리하라.
- 둘째, 다양한 업무의 성공 요건과 조건, 장점과 단점, 보상, 기회 및 전망에 대한 정보를 획득한다.
- 셋째, 위 두 가지 사실을 연계하여 논리적으로 판단한다.

(Parsons, 1909, p.5)

이러한 특질 및 요인 모델, 예를 들어 개인적인 특질(적성, 능력, 자원, 성격)과 직업 요인(급여, 근무 환경 등)을 연계하는 것은 이상적인 진로 결정을 이끌어 내는 아주 주목할 만한 접근법이다.

우리의 성격을 '완벽한' 직업과 연결한다는 개념은 진로 결정의 산업화를 이끈 각기 다른 수많은 검사 도구의 등장을 촉발시켰다. 홀랜드의 직업 흥미 유형 검사(1959)는 여섯 가지 성격 유형을 제시하고, 결과적으로 개인의 성격에 적합한 직업 유형 Holland's occupational interest types(현실형, 사회형, 탐구형, 예술형, 진취형, 관습형)으로 연결시킨다. 여기에 기반을 둔 직업 명칭 사전 dictionary of occupational titles은 사람들이 진로 계획에 초점을 맞추어 자신의 성격에 가장 잘 맞는 다양한 직업 분야를 살펴볼 수 있도록 해준다. 분명한 한계점은 있지만, 특질 및 요인 접근은 오늘날에도 여전히 커리어 코칭에 지침이 되는 가장 영향력 있는 진로 이론으로 남아있다.

그러나 자칫 코치와 코치이 모두 이러한 '구멍 하나에 못 하나'라는 식의 다소 기계적인 이론이 가장 좋은 결과를 도출한다는 가정에 빠지고 마는 우를 범할 수 있다. 진로 결정이 시급한 경우, 특히 코치이와 합의된 목표 및 코칭의 성공을 평가하는 척도가 신속히 취업으로 연결하게 하는 것이라면 이러한 덫에 빠지기 쉽다. 여기서 홀Hall과 아서Arthur의 이론은 이러한 논쟁의 범주를 확대함으로써, 코치이가 당면한 상황을 탐색할 때 더 많은 정보에 입각한 결론을 내릴 수 있게 한다.

개인-환경 및 특질-요인 모델은 부주의한 코치와 코치이를 사로잡는 지나치게 긍정적인 신기루와 같다. 이들 모델은 '그렇게 될 가능성이 큰 것'에 대해 다루기보다 '그렇게 될 수도 있는 것'에 대한 환상을 제공한다. 틴슬리Tinsley(2000)는 이런 접근법의 효용성에 대한 실증적 증거가 부족하다는 사실을 지적하면서, 직업 선택과 직업 만족 사이의 연관성이 낮다는 것을 확인했다.

근본적으로, 개인-환경 접근법은 시간이 지남에 따라 사람과 역할이 변화한다는 개념을 담아내지 못하며, 따라서 직업에서 정체될 수 있는 위험에 대처하지 못한다.

이와는 대조적으로, 경력 관리를 강조하게 되면 직무 자체에서의 발전뿐만 아니라 직무 역할의 변화에 대해서도 대처가 가능하다. 경력 관리는 고용 가능성을 지속시키는 핵심 요소이며(Bridgstock, 2009), 변화에 대한 학습과 적응을 위한 소셜 네트워크의 활용 및 위험 감수로 구성된다. 자기 인식self-awareness의 확립, 직업의 탐색 및 진로 결정의 제고는 모두 토니 와트Tony Watts가 '경력 개발 학습'이라고 칭한 개념의 구성요소로, 코치이가 유의미한 직업 생활을 지속하는 데 도움을 준다. 변화 창출을 위해 어떻게 용기를 낼 것인가 뿐만 아니라 진로 결정의 제고를 위해 어떻게 학습할 것인가에 대해 적극적으로 성찰하면 커리어 코치에게는 유익한 대화거리가 도출된다.

개인 학습에 초점을 맞춘다는 것은, 경력 관리에 대한 책임이 개인으로 하여금 자기 주도적으로 유의미한 직업을 탐색해 가도록 하는 데에 확고히 맞추어져 있다는 것을 의미한다. 이는, 코치이의 다양한 필요로 인해, 더 정교한 형태의 커리어 코칭을 제공할 기회의 창출로 이어진다. 예를 들어, 여전히 많은 사람은 전통적인 조직 구조에서 일하고 싶어 하며, 이 경우 흔히 공식/비공식적 사회적 및 권력 구조에 대한 탐색이 구체적인 직무 역할에 대한 파악보다 훨씬 더 강조될 수 있다. 이들 모두는 커리어 코칭이 합리적인 수준에서 좋은 급여를 지급하는 일을 찾아내고 확보하도록 돕는 것 이상으로 더 복잡한 작업일 수 있음을 의미한다.

또 비즈니스 코칭의 준거 틀frame of reference을 바탕으로 영향을 줄 수 있는 이해관계자를 배정하는 것과 같은 상황적 코칭 이상을 의미한다고 할 수 있다.

진로 이론의 재구성

코치이는 흔히 선택에 의해 압도될 수 있고 복잡함을 직면하며 자신감을 잃을 수도 있다. 커리어 코치는 코치이가 애매한 미래에 발을 들일 수 있게 코치이가 자신에게 새로이 부여된 필요를 충족시킬 수 있는 일련의 원칙을 만들도록 교육하고 독려할 수 있다. 커리어 코치가 깊이 있는 이론적 지식을 갖추고 있다면 타 코치와의 차별화가 가능하다. 예를 들어, 이를 통해 코치이가 더 자신감 있는 자기 개념 및 직업 정체성을 확립하게 도울 수 있다. 코치이가 자신이 참여하는 게임을 이해하고, 굴레에서 벗어나 자신만의 방향성을 세우기 위해 기꺼이 무시할 수도 있는 규칙에 대한 감각을 확립하는 것은 적절하다. 이를 통해 직장에서의 가혹한 현실을 직면할 때 중요한 요소가 되는 용기, 회복탄력성 및 민첩성을 키울 수 있다. 궁극적으로, 이는 막상 현실에 직면했을 때 무너지기 시작하는 특질 및 요인에 기반을 둔 사고의 신기루를 붙잡고 있는 것보다 코치이에게 더 큰 성공을 가져다줄 수 있다. 또는 미첼Mitchell과 크럼볼츠Krumboltz(1996)는 이에 대해 다음과 같이 언급하였다:

> 변화하는 업무 환경에 진화하는 사람을 배치하려는 것은 부메랑으로 나비를 잡으려는 것과 같다.
>
> (p.263)

사회 학습 이론과 같은 직업 이론에 대한 더 깊은 이해는 진로 결정의 중요성을 개인의 성격 특성을 조사하는 것으로부터 해당 업무가 놓여 있는 사회적 맥락에 대해 탐색하는 것으로 이동시킨다. 호드킨슨Hodkinson(2008)에 따르면 개인의 (경제적, 문화적, 사회적) 자원은 의사결정 시 개인의 성격적 선호만큼 중요하다. 예를 들어, 직책과 직위가 부여하는 사회적 이득은 어떤 사람들에게는 그 직업의 실제 내용보다 더 중요할 수 있다. 직무 역할에서 더 높은 지위를 얻고 조직에서 부여하는 사회적 정체성을 확립하는 것(Ashforth & Mael, 1989)은 다른 사회적 요인이 진로 결정에 어떻게 영향을 미치는지 보여주는 예로서, 코칭의 핵심을 '무엇을 잘 하는가?'에서 '자신에게 중요한 것은 무엇인가?' 및 '사회적 환경에서 타인들과 어떻게 관계를 맺을 것인가?'로 이동시킨다.

생애 단계 이론

우리가 삶을 살아가면서 일과 관련되는 다양한 사회적 요인의 맥락에서, 시간의 흐름에 따른 우선순위의 변화를 인식하는 데 도움을 줄 수 있는 많은 이론이 존재한다. 코치이가 현재 어디에 위치하고 있는지와 그들이 의식적으로 고려해야 하는 향후의 문제는 무엇인지를 이해할 수 있게 해주는 일반적인 이론적 틀 가운데 하나가 도널드 수퍼Donald Super(1990)의 생애 단계 또는 무지개 모델이다(저자의 모델을 아래에 그림으로 제시).

자격과 기술(생애 초기/청년 단계에서의 원동력)의 취득은 생애 단계를 거치면서 개인의 선천적 동기 및 가치와의 재연결에 비해 그 중요성이 감소하게 된다. 코치의 경우, 이 모델은 코치이가 어떤 단계를 거쳐왔는지와 어떤 전환 단계를 앞두고 있는지 파악하는 데 도움을 준다. 이러한 모델들은 개인의 문제를 표준화하고 시간의 흐름에 따라 경력과 관련하여 나타날 수 있는 여러 가지 과제에 초점을 맞추어 준다.

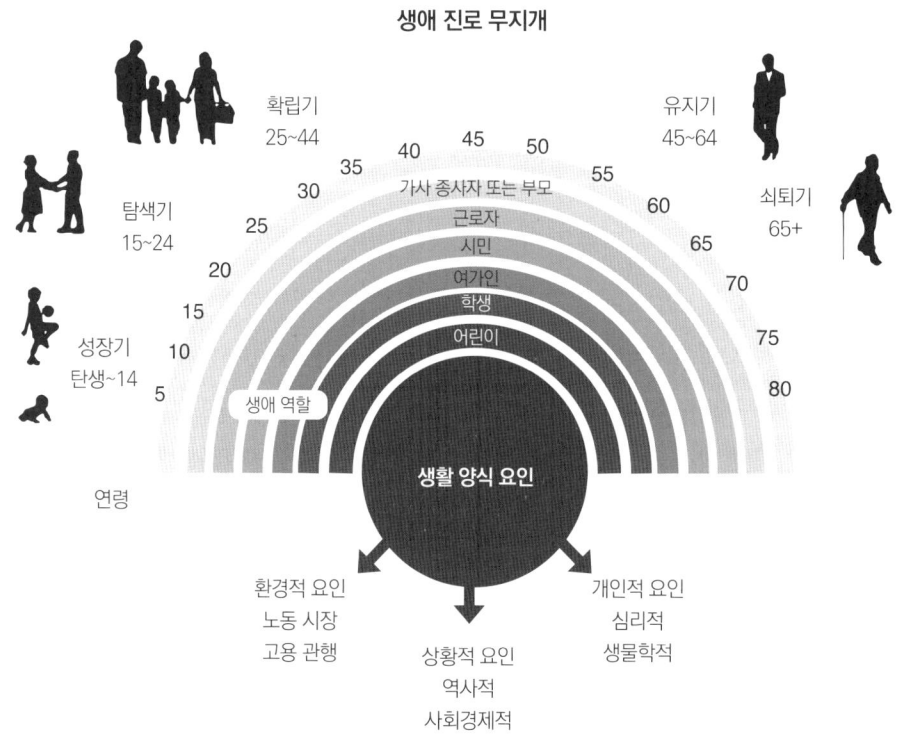

[그림 29.1] 생애 단계 또는 무지개 모델

사람들은 새로운 생애 단계로 다가가면서 일반적으로 삶에서 추구하는 것이 달라진다고 인식한다. 만화경 커리어 모델kaleidoscope career model(Mainiero & Sullivan, 2005)은 도전, 진정성 및 일/삶 균형의 제고에 대한 추구를 제시한다. 개인차와 성별의 차이에 따라 우선순위가 달라질 수도 있지만, 그러한 선택은 코치이에게 불쾌감을 유발할 수도 있다. 서구 경제에서 더 적극적인 여가 생활의 추구가 더 중요시되고 '일하기 위해서 사는' 것이 아닌 '살기 위해 일하는' 것이 더 강조되면서, 기존에 사람들이 추구하던 우선순위가 달라지고 있으며, 생애 단계나 소중하게 여기는 것에 대한 기존 개념과 관계없이 개인적인 일/삶의 균형이 보장되는 직업을 선택하는 일이 증가하고 있다.

일부 코치이는 생애 단계를 이동하는 과정에서 발생하는 긴장을 '중년의 위기'로 언급한다. 위기의 증상은 지금까지 이루어 온 것에 대한 불안감을 동반하는데, 이로 인해 '이것으로 끝인가?'라는 질문에 매달리게 되면서 한동안 우울증에 시달리거나 '좋은 직장'을 그만두는 등과 같이 경솔한 결정을 내리게 될 수 있다. 연구에 따르면, 중년의 위기는 증상이 40대들에게만 국한되는 것이 아니기 때문에 사실상 근거 없는 믿음일 뿐이라고 한다. '나는 우주비행사가 될 거야'라든가 '나는 영원히 죽지 않을 거야'와 같은 어린 시절의 마법 같은 생각이나, 또는 '나는 부모님과 같은 실수를 되풀이하지 않을 거야'라든가 '나는 위대한 소설을 쓸 거야'라는 식의 청년기 탐험 정신이 깨어지는 '오춘기quarter-life crisis'를 겪는 20대들에게도 똑같은 증상이 나타난다. 60대에게도 비슷한 긴장이 발생하는데, 이는 중요한 생애 단계의 전환점과 일치하는 것으로 보인다(Whitbourne, 2012, 2015).

자신감의 중요성

커리어 코칭이 삶의 복잡성을 헤쳐 나갈 때 사람을 온전한 존재로 대한다는 인식에서, 또 다른 중요한 이론적 발전은 1977년 앨버트 반두라Albert Bandura의 자기효능감에 초점을 맞춘 연구를 통해 이루어졌다. 이 연구는 개인이 학습 경험의 내재화를 통해 어떻게 자기효능감을 형성하거나 상실하는지에 대해 조명하는데, 반두라(1997, p.25)는 자기효능감을 '해당 목적을 달성하기 위해 요구되는 일련의 행동을 계획하고 실행하기 위한 자신의 능력에 대한 믿음'이라고 정의하였다(1997, p.25).

이를 바탕으로, 이바라Ibarra(2002, p.10)는 코치이들에게 진화 중인 자신의 직업 정체성에 대한 감각을 탐색하고 개발하도록 해주는 '창조 실험crafting experiments'에 초점을 맞추도록 독려한다. 직업 정체성은 개인이 자신의 직업적 맥락에서 자신을 인식하는 방식이며, 직업 흥미, 동기, 성격 특성, 가치 및 신념이 통합된 개념이다(McArdle et al., 2007). 코치이가 경험을 통해 학습하기로 하고, 새로운 정체성을 형성하기 위해 실험해가며 위험을 감수하고, 변화하고, 사회적 불안에 대응하기 위해 용기를 내는 방식은 모두 직업 정체성에 대한 새로이 제고된 감각을 형성하는 과정이다. 커리어 코치는 이러한 경력 개발 이론의 사회적 모델을 바탕으로 코치이가 이 과정에서 통찰력을 기르도록 도와주는 역할을 할 수 있다.

복잡성과 우연

크럼볼츠Krumboltz는 계획된 우연 학습 이론을 바탕으로 개인-환경 이론에 이의를 제기하였다(Krumboltz, Mitchell, & Jones, 1976; Krumboltz & Nichols, 1990; Krumboltz, 2009). 이 이론이 세상에 나오면서 기존에 직업 선택의 과정을 강조하던 관점이 힘을 잃고, 우리 환경에서 일어나는 계획하지 않은 기회에 대한 활용으로 관심이 이동된다. 생애 초기에 있었던 우연의 역할 및 경력 초기에 우연이 어떤 영향을 미쳤는지 생각해 보자. 16살 때 계획했던 직업을 실제로 가지게 된 사람은 몇 명인가? 카오스 이론chaos theory(Gleick, 1987)에서도 개념화하는 우연한 기회는 우리의 직업적 삶에 현저한 영향을 끼쳐왔다. 크럼볼츠는 완전히 우연한 기회를 잡기 위해서는 다음과 같은 다섯 가지 역량을 갖추어야 한다고 제언한다:

[표 29.1] 다섯 가지 개인 역량

1. 호기심: 획득 가능한 것을 놓치지 않기 위해서는 기회에 더 열려 있어야 한다.
2. 인내심: 축구를 할 때 골문 입구를 맴돌지 않는다면 득점할 가능성이 작아진다.
3. 융통성
4. 낙관성
5. 위험 감수

로버츠Roberts와 도스Daws(1968)는 직업 선택이 개인적인 선택보다는 가까운 자원에 의해 영향받는다는 것을 발견했다. 기회 구조 이론opportunity structure theory에서는 커리어 코치가 성별, 민족 및 사회적 계층 등과 같은 코치이의 기회에 대한 사회적 접근감social proximity에 더 초점을 맞출 수 있다고 제언한다. 이보다 더 최근에 나온 사회적 자본 이론social capital theory 역시 정보, 자원 및 후원에 대한 개인의 네트워크 접근성에 대해 강조한다(Siebert et al., 2001). 예를 들어, 마가렛 대처Margaret Thatcher는 상류층 사람들에게 영향을 주기 위해 그녀의 억양과 말투를 바꾸는 발성 수업을 받았다. 이는 진정성을 자신이 되고자 하는 모습보다는 과거의 자신의 모습에 대한 정적인 개념static concept으로 인식하는 일부 코치이들에게 과도한 요구가 될 수도 있다.

적응력과 회복탄력성

진로 결정을 서두르다 보면 변화에 적응하는 능력이나 커리어 회복탄력성career resilience이라는 개념이 흔히 간과되곤 한다는 것을 알아차려야 한다. 부여된 동기를 유지하고, 좋아하는 일이라 할지라도 업무와 관련된 부정적인 스트레스를 관리하는 능력은 커리어 코칭의 본질적인 요소이다. 구조조정, 합병, 일시적인 성격의 업무 등이 높은 빈도로 발생하는 것은 고용 안정, 직무 숙달, 정체성, 사회적 지위 및 의미감을 추구하는 사람에게는 큰 부담이 될 수 있다.

커리어 회복탄력성은 다음과 관련하여 경력 개발을 재정립함으로써 강화할 수 있다: 학습, 건강 철학의 적용, 적절한 경력 개발에 필요한 업무 내용 및 전략적 업무 역량의 벤치마킹을 위한 정기적인 검토 사항 포함, 미래의 초점future focus 및 자율적 경력관리career self-reliance 프랙티스의 도출(Brown, 1996). 이렇게 볼 때, 커리어 코치가 관심을 기울여야 할 새로운 영역은 코치이가 주요 학습 경험을 능동적으로 통합하여 어떻게 자신에게 유용한 사회적 및 심리적 구성 개념을 형성할 것인가 하는 부분이다(Bassot, 2012).

프랙티스

긴박한 계약 체결

커리어 코칭을 찾는 사람들은 대부분 경력과 관련된 급박한 일(정리해고, 교육과정 수료 및 고용계약 만료 또는 기존 업무에 대한 불만족 심화)로 인해 긴박한 위기에 직면한 개인들이다. 제한된 시간, 높은 모호성 및 선택의 복잡성이 심한 부담감(재정적 안정, 지위 및 정체성)과 합쳐지면서 도움을 요청하도록 만드는 심한 긴박성과 불안감을 형성하게 된다. 코치이는 보통 제일 먼저 도움을 청하게 되는 친구나 가족과 같은 자신의 인맥이 이미 고갈되었을 수도 있다(Hughes & Graton, 2009).

이 시점에서, 특히 마감일이 촉박하고 세션을 몇 번밖에 할 수 없는 때는, 코치이의 기대를 관리하는 것이 코치에게 어려운 일일 수 있다. 이런 경우 우선순위를 정해야 할 필요가 생기는데, 이는 코치이가 원했던 것은 아닐 수 있다. 성공을 보장하기 위해서는 작업 계약에 동의

하는 것이 여기서는 중요하다. 자기 인식의 제고, 자신의 삶에서 반복적으로 나타나는 주제들에 대한 이해, 진로 결정의 지속적 제고 등과 같이 커리어 코칭이 제공할 수 있는 추가적인 전략적 지원은 실제 상황이 발생했을 때 탐색해야 할 영역으로 남겨놓을 수 있다(Bimrose & Barnes, 2006). 코치이는 정말로 내일 당장 완벽한 직장을 구해야 하는가, 만약 직장을 구하게 된다면 업무를 수행할 수 있는 능력을 갖추고 있는가? '구멍 하나에 못 하나' 식으로 지나치게 단순화된 특질 조합식 접근에 대한 환상을 깨는 것도 흔히 계약 체결 과정 중에 이루어질 필요가 있다. 자신이 어떤 진로 결정을 내리려고 하는가와 이를 통해 자신의 맥락과 전략적 목표를 어떻게 충족할 수 있는가에 대한 코치이의 생각을 지지하거나 이에 이의를 제기하는 것도 코칭 내용의 일부로 제공되어야 한다. 강력한 라포의 형성은 탐색 과정에서 신뢰를 구축하는 데 필수적인 안전함과 전문성에 대한 신뢰를 창출하는 데 아주 중요하다.

상호작용과 오리엔테이션

커리어 코치는 생계 및 자기 정체성에 위협을 받을 수 있으므로 많은 고객보다 더 높은 수준의 불안을 느낄 수 있다. 결과적으로, 코치이의 상황과 관련하여 이들이 당면한 문제들을 이해하고, 필요한 경우, 표준화하도록 돕는 것은 모두 코치에게 있어 중요한 첫 단계가 된다.

커리어 코치는 일반적으로 코치이가 새로운 기술을 신속하게 개발할 수 있도록 더 직접적인 조언과 피드백을 제공한다(이력서, 면접, 자기 홍보, 이해관계 관리, 영향력 등). 효과적인 커리어 코치는 이를 정교하게 수행함으로써 고객의 신속한 학습 및 대안의 범위를 이해하도록 돕는다.

코치는 코치이와 어떻게 작업을 할지에 대한 상호 이해를 구축할 필요가 있다. 일반적으로, 이는 어떻게 하면 코치이가 최상의 학습이 가능한지, 그리고 어느 정도의 지원과 도전을 원하는지에 대한 탐색을 포함할 수 있다. 코치는 코치이가 채용 장벽을 넘어설 수 있는 기술 수준을 갖추고 있는지 및 직무에 대해 코치이가 이해하는 수준을 파악함으로써, 더 성찰적인 코칭 방식에 덧붙여 어디에 자원의 투입과 조언이 필요한지 구체화할 수 있다.

[표 29.2]은 커리어 코칭이 개인에게 왜 중요한지 탐색하는 데 도움이 되는 여섯 가지 예시 영역을 요약한 것이다.

[표 29.2] 커리어 코칭을 위한 코치이의 동기 탐색

1. 코치이는 '커리어 개발과 업무 효율성 향상을 위한' 학습을 원하는가, 아니면 '커리어와 업무에 대한 학습'을 원하는가?(Andrews, 2013)
2. 코치이는 커리어를 시작, 개발, 전환, 다양화, 유지 또는 마무리하기를 원하는가?
3. 현재, 단기적 및 장기적 커리어 포부 간에 어느 정도 차이가 나는가?
4. 코치이에게 있어 가장 핵심적인 장애 요인은 무엇인가?(기회 구조이론, 자기효능감 및 기타 사회 학습 이론을 고려할 것) 대개 현안에 대해 이름을 붙여보는 과정 자체를 통해 '가로막힌' 고객에게서 장애물을 제거하고 역량을 강화할 수 있다.
5. 변화의 필요성을 유발하는 요인은 무엇인가? 코치이를 둘러싼 조직 및 가족 맥락, 적절한 새로운 도전 과제, 진정성 및 일-삶 균형의 탐색(만화경 이론) 및 변화가 발생하는 더 넓은 범위에서의 생애 단계를 파악한다.
6. 정서적이고 개념적인 수준에서 일은 코치이의 정체성과 어떻게 관련되어 있는가? '일하는 목적은 무엇인가?' 및 '일은 자신에게 어떤 의미인가?'라는 질문과 함께, 합리적이고 실용적인 측면에서 '어떤 일을 하고 싶은가?' 및 '어떤 일을 필요로 하는가'와 같은 질문을 던지면 코치이는 자신이 원하는 일에 대해 더 명확하게 말할 수 있게 된다.

다른 유형의 계약과 유사하게, 커리어 코칭은 일반적으로 목표, 형식 및 세션 수(마감일이 임박한 경우의 융통성에 대한 부분 포함), 과제, 코치의 코칭 역량이나 커리어 자문 역량을 넘어서는 문제에 대한 지침, 피드백에 대한 개방성, 세션/프로세스 결과에 대한 평가 등에 대한 합의를 포함한다.

다루어질 수 있는 주제의 범위는 매우 다양한데, 코칭의 네 가지 범주를 대략 정리하면 [표 29.3]과 같다.

[표 29.3] 커리어 코칭 카테고리 예

코칭 카테고리	관련 질문 및 개입법
전략적 'X' 요소 역량/자원 파악	• 내가 원래부터 뛰어나고 결과가 잘 나오는 영역은 무엇인가? • 커리어 개발을 위해 네트워킹(사회적 자본 자원)을 활용할 수 있는 방법은 무엇인가? • 내게 중요하면서도 지속적인 안정성을 갖춘 시장에서 가치를 인정하는 역량 중 내가 빠르게 개발하여 활용함으로써 신속히 경력을 성장시킬 수 있는 것은 무엇인가?
진정성	• 내 인생은 어디로 가고 있는가? 나는 길을 잃었고 동기를 상실한 채 당황하고 있다. 이게 전부인가? 나는 진정한 나 자신, 가치와 목적을 잃었다. • 내게 의미, 열의와 정열을 부여하는 것은 무엇일까? • 한 인간, 팀원, 전문가와 리더로서 나는 누가 되어 가고 있는가? • 어떻게 하면 일과 삶의 균형을 되찾거나 이 둘을 효과적으로 통합할 수 있을까? • 나는 어디서, 어떻게, 누구와 함께 일할 때 최고의 모습이 나오는가? • 나를 가장 잘 드러내는 업무/리더십 스타일은 무엇인가? 그리고, 이것을 직장에서 어떻게 활용할 수 있는가?
조언, 계획, 전략 및 결정	• 나는 어떻게 선택지를 찾아내고, 네트워크를 구축하며, 기회를 창출할 것인가? • 나는 소셜 미디어(링크드인 등)를 통해 어떻게 내 브랜드를 구축할 것인가: 취업 의지를 표현한 자기소개서, 이력서, 지원서 등? • 나는 면접, 심리측정 검사, 평가 센터 등과 같이 공식적인 평가를 어떻게 적절히 준비하고 수행할 것인가? • 나는 (계약 체결/만료 시) 급여 및 복리후생 조건을 어떻게 (재)협상할 것인가? • 나는 승진을 하거나 및 새로운 역할에 적응하기 위해 어떻게 다른 이들에게 영향력을 행사하거나 활용하는가? • 미래의 포부에 맞게 준비하려면 어떤 계획과 '디딤돌'이 필요한가? • 찾아낸 미래의 선택지 가운데 나는 어떤 결정을 내릴 것인가?
전환기 코칭	• 익숙한 것을 버리고 불확실한 선택을 하기 위해서 나는 어떻게 자신감을 가지고 용기를 낼 수 있을 것인가? • 승진 실패, 실수, 집단 괴롭힘, 조직적 명예 훼손과 같은 직업적 고난에 어떻게 대처할 것인가 또는 정리해고된 상황을 어떻게 극복할 것인가? • 맡은 역할, 속해 있는 맥락이나 주변 사람들의 요구를 충족시키기 위해 나는 개인적으로 어떻게 변화할 것인가? • 완벽하지만은 않은 현재/미래 상황을 수용하면서 더 나은 미래를 향해 나아가기 위해 나는 어떻게 할 것인가? • 까다로운 관리자와 팀에 어떻게 대처할 것인가?

관련 이론

커리어 이론의 수가 너무 많아서 처음에는 압도되는 느낌을 받을 수도 있지만, 이들 이론은 코치이가 직면한 복잡성을 이해하고 탐색하는 데 도움이 되는 다양한 관점을 제공한다. [표 29.4]는 그 가운데 몇 가지를 정리한 것이다. 어떤 이론이 자신의 접근법에 가장 큰 영향을 주었는가?

[표 29.4] 지침 이론

이론	커리어 코치가 …하도록 지침을 제시한다
역량 연결 trait matching	전문가로 활동, 측정, 진단 및 방법 제시
생애 단계 발달, 커리어 내러티브, 자기효능감, 구성주의, 내러티브 이론 및 이와 유사한 사회 학습 모델	사람들이 세상을 어떻게 해석하는가에 기반을 두고 작업, 안내 과정을 통해 사람들의 관념 구조에 대해 탐구. 직관의 중요성
계획된 우연 및 혼돈 이론	다음 중 하나: 사람들이 사회로부터 기대되는 역할을 하도록 유도하여 사회적 순응을 독려함 또는 사람들이 기존의 역할에서 벗어나 기회를 활용하도록 독려함
커뮤니티 상호작용, 기회구조 및 사회자본	새로운 경험을 제공하는 자원의 촉진 및 조정
진로 학습 및 인지 단계발달	이론에 따라 코치이가 학습 성찰 및 예측 계획을 활용해 보도록 지도하고 동기를 부여함

코칭 프로세스: 실질적 고려 사항

경력 관리

커리어 코치로서, 고객을 대신해 전략적 경력 관리에 대한 분석 정보를 명시하는 것이 중요하다. 미첼Mitchell과 크럼볼츠Krumboltz(1996)는 현대 사회에서 직업을 선택할 때 사람들이 대응해야 하는 네 가지 근본적 경향을 제시하였다([표 29.5] 참조). 커리어 코치로서, 자신의 개입을 통해 어떻게 고객의 고용 가능성을 향상시키고 지속할 수 있을지 생각해 보도록 한다.

[표 29.5] 네 가지 기본적인 고용가능성employability 경향

1. 자신의 역량과 관심사를 확장해야 한다: 개인이 자기 자신에 대해 더 탐구하도록 돕는 것을 통해 기존의/미래의 직업 역할을 개선하기 위한 새로운 기회를 창출할 수 있다.
2. 변화하는 직무 내용에 준비되어 있어야 한다: 변화하는 노동 시장에서 요구되는 새로운 기술을 배운다는 것은 스트레스를 유발하는 일이라고 생각할 수도 있다. 코치이의 필요 및 향후 계획에 맞춘 효과적인 대응 전략을 통해 회복탄력성을 키우는 것이 중요하다. 진로 결정을 내리는 방식에는 성별의 차이가 있다는 점도 고려할 필요가 있다. 여성은 기존에 맡은 역할에 거의 100%를 다 끌어냈다고 느낄 때까지는 그 자리에서 일을 계속한 후에 새로운 기회를 적극적으로 찾게 될 가능성이 크다. 반면에, 남자는 일을 시작한 지 얼마 되지 않았어도 새로운 기회를 찾아 나서는 경우가 자주 있다.
3. 행동으로 옮길 수 있도록 역량 부여empowered가 되어야 한다: 커리어 코칭 프로세스의 하나로 의사결정을 제한하는 요인과 활성화하는 요인을 탐색하는 것은 코치이를 행동으로 이끄는 핵심이다. 코치이의 범주가 다양한 만큼 모든 코치이가 반드시 서구의 개인주의적이고 가끔은 세속적이라고 할 수 있는 사고방식을 가지고 있는 것은 아니다. 예를 들어, 인도 문화의 영향을 받은 경우, 사회적 지위가 높은 직업(의사, 치과의사, 변호사와 엔지니어)을 그만두기에 어려움을 느끼게 만든다. 중동 출신의 사람들은 확장된 가족이 운영하는 사업체에서 일하도록 요구받는 경우가 많은데, 이들 사업체에서는 같은 종교를 가진 사람들만 직원으로 채용한다는 것이 그 이유 중 하나이다. 가족과 친구들이 직업과 관련하여 내린 결정에 어떻게 반응할지도 중요한 요소이기는 하나, 친숙하지 않거나 받아들여지기 어려운 선택에 대해 고민하는 경우에는 결정을 미루자.
4. 커리어 코치는 확장된 역할을 수행해야 한다: 기력의 소진burnout, 강력한 팀이나 동료 관계 구축, 경력 개발의 장애 요소 관리, 역할에 대한 높은 성과 달성 등은 모두 커리어 코치가 개인, 일선 관리자 그리고 인사담당자 등의 기타 기업 담당자를 대상으로 코칭을 제공할 수 있는 문제들이다. 우리는 더 넓은 맥락에서 코칭 대화를 진행할 수 있는 기회를 흔히 간과하곤 한다.

어떤 코치이에게 가장 유용한가?

커리어 코칭을 가장 유용하게 활용할 수 있는 대상은 자신이 무엇을 하고 싶은지 어느 정도 아는 코치이coachee라고 생각된다. 전환기에 초점을 맞춘 코칭은 코치이로 하여금 자신에게 가능한 선택지에 대해 탐색하고, 자신이 직면한 변수에 영향을 주거나 이에 대처할 수 있는 방법을 학습할 수 있도록 돕는다. 이러한 상황에서 코치의 계약된 역할은, 코치이의 경험과 코치가 제공하는 전문성 사이의 파트너십이 상호 동등한 관계를 통해 구축되는 일종의 공동 생

산co-production(Boyle & Mitchell, 2009)이다. 코치이의 경험에 가치를 부여하고, 코치 자신을 권한을 가진 위치에 두지 않도록 하는 것이 가장 좋다.

자기 인식이나 노동 시장에 대한 이해가 낮거나 더 심층적인 필요가 존재하는 경우, 코치이는 일반적으로 역량 코칭이나 직무 전환 코칭보다는 지침, 교육 및 혁신적인 커리어 코칭이 도움이 된다. 이력서를 고치거나 새 직장을 구해야 하는 절박함을 일단 못 본 척 하는 것은 코치이의 기대를 관리할 수 있는 중요한 방법이 될 수 있다. 이를 통해 대화를 심화할 수 있는 삶의 목적, 자아/직업 정체성 및 경력 서사career narratives와 관련된 심리적 문제에 대한 탐색에 더 많은 시간을 투입할 수 있게 된다. 그러나 철저한 자기 성찰이나 상담이 필요하지는 않은데, 이는 코치이에게는 노동 시장을 탐색할 수 있는 상대와 함께 작업하는 것이 중요하기 때문이다.

사례 연구

코치이

존John은 경영학 석사 학위를 받은 후 4개월간 한 중견 기업에서 영업 이사로 일하고 있었다. 이전에 그는 경쟁사에서 4년간 영업 관리자로 근무했다. 고위 관리직은 처음이었고 구조조정을 통해 영업 인력을 관리하던 중 새로운 대표이사가 영입됐다. 불황기 시장에서 기업이 어떻게 자리매김해야 하는지에 대한 비전이 근본적으로 달랐기 때문에 새 대표이사와의 관계는 빠르게 나빠졌다. 존은 입사한 지 7개월도 안 되어 직장을 그만두었다.

코칭

존은 45분간 진행된 사전 회의에서 자신의 상황을 설명했다. 세션의 기밀 보장에 대해 다시 한번 안내하였다. 그가 가장 고민하고 있던 것은 다른 기업들에서 그의 짧은 근무 기간과 부족한 매출 성과를 어떻게 볼 것인가 하는 것에 대한 불안감이었다. 목표를 탐색한 다음 3개월에 걸쳐 6회의 코칭 세션 계획을 서면 제안서에 정리하였다.

코칭 목표

존은 자신의 파란만장한 도입부에 마침표를 찍고 자신감을 되찾는 데 도움을 받기 위해 커리어 코치를 찾았다. 그는 취업 네트워킹을 하거나 새로운 고용주에게 이력서를 제시할 때 새로운 기업에서 자신을 실패한 관리자로 보지 않도록 자신의 경험을 포지셔닝하는데 도움을 받고자 하였다. 그는 중견 기업에서 불황을 견딜 수 있는 대기업으로 도약하기를 원했고, 그의 생각으로는 다른 MBA 동료들과 비교할 때 실패의 꼬리표라고 생각되는 영업 매니저 자리로 다시 이직하고 싶지 않다고 했다. 또한 분석적이고 내성적인 자신의 성격으로 인해 다른 이들이 흔히 차갑고 내성적이며 냉담하게 본다는 것을 알고 있었으므로, 앞으로는 고위 이해관계자와의 관계를 좀 더 효과적으로 관리할 수 있도록 다음 입사를 대비한 조직 적응 교육을 요청했다. 존은 그가 장기적인 목표로 삼고 있는 기업의 임원이나 대표이사가 되려면 이 모든 영역에 관심을 기울일 필요가 있다고 생각했다. 6번의 코칭 세션은 다음과 같이 진행되었다.

종결 및 경력 내러티브

존이 전 직장에서 퇴사한 이야기를 나누면서, 존에게 그의 분석력을 활용하여 그 상황에 대한 사실들을 정리해 보라고 하였다. 그는 그것이 새로운 대표이사의 개인적인 결정이 아니었고, 사실 그에게 퇴사를 요구한 것은 불가피하고 정당한 조치였다는 것을 깨닫게 되었다. 그러나 그가 생각하기에 퇴사 권고가 내려진 방식은 충분한 배려와 공감을 통해 전달되지 않았다. 우리는 전 직장에서의 퇴사가 누구 책임인지, 그리고 그 후로 존이 느끼고 있는 죄책감과 수치심에 관해 이야기했다. 그의 경력사에 이 장이 미치는 부정적인 영향을 없애기 위해 인지행동 기법이 활용되었다. 집에 돌아가서 실천해야 할 과제를 결정했다.

존에게 자신의 경력 서사 인생 곡선을 그리고 구체적인 설명을 적은 후, 곡선을 미래까지 확장하도록 안내하였다. 이 작업을 통해 존은 자신의 상황을 표준화할 수 있었고, 이전에 좌절에 부딪혔을 때 그가 어떤 자원(기회구조 이론/사회적 자본)을 사용했는지에 대한 토론이 가능하였다. 이는 다양성에 대한 탐색 외에도 사람, 장소, 변화 속도 및 사건을 연결시키는 것과 같이 주요한 패턴을 파악하는 데에 도움이 되었다.

임의적인 만남(우연)의 영향에 대한 인식 및 다양성과 빠른 업무 속도에 대한 선호를 바탕으로 존은 자신이 원하는 조건대로 자주 직장을 옮겼다.

우리는 핵심적인 경력 서사는 과거의 맥락에 뿌리를 둔 이야기로 남아있으며, 직장을 떠나는 것은 한 시기의 종결을 의미한다는 점에 주목하며 세션을 종료했다. 존에게 주어진 과제는 실현할 수 있는 글을 써보는 것이었다. 이것은 두 번째 코칭 세션 후에 진행하기로 하였다.

개인적 탐색

우리는 그가 직장에서 최고의 성과를 낼 때 어떤 모습이었는지 긍정적이고 활력적인 요소들에 관해 이야기를 나눴다. 이 과정에서는 강점, 동기 유발 요인, 성격 (최근에 경영대학원에서 받았던 MBTI 및 FIRO B 심리검사, 그리고 그전에 했던 다면 평가와 평가 보고서 활용), 가치(샤인의 커리어 앵커), 핵심 역량과 관심사가 포함되었다. 존에게 있어 의미 있는 일이란 어떤 의미인지에 대한 이해를 제고하고, 그의 경력 서사에 다음으로 이어질 장을 써보도록 하기 위해 추가적인 과제가 주어졌다.

검토 및 외부적 탐색

첫 세션의 정보 패턴을 검토하면서 존은 자신에게 자율성이 중요하다는 것과 함께, 자신의 분석적 강점을 살릴 수 있는 직무로는 컨설턴트가 잘 맞는다는 것을 알게 되었다. 우리는 그의 나이, 배경, 네트워크를 조사했고, 이를 전형적인 경영 컨설팅 회사들 및 그 특성과 비교했다. 존에게 주어진 과제는 기업가로서의 그의 관심사를 탐구하기 위해 다양한 경영 컨설턴트 및 사업주와 이야기를 나누는 것이었다(우연 및 사회적 자본).

우리는 특히 그의 현 탐색 단계에 생산적으로 참여하기 위해 자신감(자기효능감)을 키우는 데 초점을 맞추어, 네트워킹 조력자enablers와 제한 요인에 대해 논의하였다.

브랜드

존이 가능한 선택지에 대한 탐색을 계속해 가면서 동시에 우리는 채용 컨설턴트와 고용주에게 그의 경력담을 명확히 설명하는 방법에 대해 논의했다. 자기 소개서, 맞춤형 이력서 및 링크드인LinkedIn 프로필 작성 경험이 적었으므로 직접적인 안내를 제공하였다. 과제를 결정하였고, 효과를 높이기 위해 상기 언급한 자료들에 대해 피드백을 자주 제공했다.

존은 경제 환경을 고려할 때 다른 영업 이사직으로 이직할 기회가 거의 없고, 영업 이사직 수준의 역할을 수행한 경험이 제한적이어서 경쟁력이 떨어진다는 피드백을 노동 시장으로부터 받았다.

자신의 자원(사회적 자본)을 검토한 후, 존은 자신의 사업을 시작하기로 결심했고, 그의 지인들을 활용하여 영업 인력 전략의 검토에 초점을 둔 프로젝트를 수주했다. 존은 이전에 근무했던 회사의 경쟁 상대였던 대기업과의 면접 기회를 얻었다.

면접 기술

피드백과 발표 교육을 함께 제공하는 모의 면접을 시행하였다. 그 후, 존은 단기 컨설팅 프로젝트를 맡게 되었다. 이 프로젝트는 경제적 보상, 다양성, 자율성에 대한 존의 욕구를 충족시켰다. 또한 그가 국립 경영 컨설턴트 회사에 들어가는 것을 거절한 이유 가운데 하나였던 일/삶의 균형(망원경)을 이룰 수 있게 해주었다.

전환

단기 컨설턴트 역할 완료 후, 존은 컨설턴트 업계의 고위 이해관계자와의 관계를 구축하기 위해 추가 코칭을 신청했다. 우리는 다양성을 인정하고, 좀 더 열린 자세를 갖기 위해 자신감을 키우는 것에 대화의 초점을 맞추었다. 이를 통해 존은 타인과의 상호작용에서 더 인간적인 따뜻함을 발휘할 수 있게 되었다.

각 세션이 끝난 후 존은 코칭 및 학습 과정을 향상하기 위해 자신에게 효과가 있는 것과 효과가 없는 것에 대해 성찰하는 시간을 가졌다. 이후 존은 향후 영업 이사 역할로 이직하고자 하는 목표를 가지고 리더십 개발을 위한 추가 코칭을 신청하였다.

요약

본 사례 연구는, 개인의 성찰과 가용 사회적 자원을 탐색하고 처음에는 고려하지 않았던 고용 형태에 대해 열린 자세를 취하는 것 사이의 균형을 맞추는 것이 중요하다고 강조한다. 자기효능감을 키우고 자신의 브랜드 구축을 위해 강력한 서사를 확립시킨 것은 모두, 특히 짧은 기간의 코칭을 통해, 존의 성공에 일조하였다. 주요 패턴과 주제를 끌어내고 고용 사례를 구축하기 위해서 다른 연습이나 접근법을 활용할 수도 있었다. 첫 3개월 계약은 한 번 이상 연장되었다. 2년 후 존은 영업 이사가 되겠다는 자신의 직업 포부를 달성하였다.

논의 포인트

1. 당신은 어떻게 코치이의 불안에 영향받지 않고 노골적인 코칭 요구를 피하여 계약을 체결하는가?
2. 코치이가 우연에 대해 어떤 가정을 하는지 확인하고 그 우연을 활용할 수 있도록 돕기 위해 당신은 자신의 코칭 프로세스 및 이론적 접근법을 기반으로 어떤 실험을 도출할 수 있겠는가?
3. 우연을 유의미한 기회로 전환할 수 있도록 코치이를 준비시키기 위해 무엇인가를 다르게 시도해 본다면, 그것은 무엇이겠는가?
4. 코치이로 하여금 실천으로 옮기지 못하게 방해하는 것은 무엇인가? 당신은 중요한 타인들에 대한 사회적 관점을 어떻게 이해하고 있는가, 그리고 어떻게 자신의 과제 행동 계획에 자신감(직업 효능감)을 불어 넣는가?
5. 본 장에 제시된 존의 사례는 자신의 접근에 어떻게 부합하는가? 커리어 코치로서 현재 자신이 작업하는 방식과 일맥상통하거나 이와는 다른 시각을 제시하는 점이 있다면 무엇인가?

추천 읽기

Dickmann, M., & Baruch, Y. (2010). *Global careers*. Abingdon, Oxon: Routledge.
Barach, Y. (2004). *Managing careers: Theory and practice*. Harlow, Essex: FT Prentice Hall.
Hoffman, R., & Casnocha, B. (2012). *The start-up of you: Adapt to the future, invest in yourself, and transform your career*. London: Random House Business.
Ibarra, H. (2004). *Working identity: Unconventional strategies for reinventing your career*. Boston, MA: Harvard Business School Press Books.

참고 문헌

Andrews, D. (2013). The future of careers work in schools in England: What are the options? Self published whitepaper.
Arthur, M. (1994). The boundaryless career: a new perspective for organizational inquiry. *Journal of Organizational Behaviour*, 15, pp. 295-306.
Ashforth, B. E., & Mael, F. (1989). Social identity theory and the organization. *Academy of Management Review*, 14(1), pp. 20-39.
Bandura, A. (1997). *Self efficacy: The exercise of control*. New York: W.H. Freeman and Company.
Bassot, B. (2012). Career learning and development: A social constructivist model for the twenty first century. *International Journal for Educational and Vocational Guidance*, 12(1), pp. 31-42.
Bimrose, J., & Barnes, S.-A. (2006). Is career guidance effective? Evidence from a longitudinal study in England. *Australian Journal of Career Development*, 15(2), pp. 19-25, pp. 1038-4162.
Boyle, B., & Mitchell, R. (2009). Knowledge creation measurement methods. *Journal of knowledge management*, 14 (1), pp. 67-82.
Bridgstock, R (2009). The graduate attributes we've overlooked: Enhancing graduate employability through career management skills. *Higher Education Research and Development*, 28(1), pp. 31-44.
Brown, B. L. (1996). Career resilience. *Education Reform Information Centre Digest*, 178, pp. 1-6.
Gleyic, J. (1987). *Chaos: Making a new science*. London: Cardinal. pp. 17.
Hall, D. T. (1976). *Careers in organizations*. Glenview, IL: Scott, Foresman.
Hall, D. T. (2002). *Protean careers in and out of organizations*. Thousand Oaks, CA: Sage Publications.
Hodkinson, P. (2008). Understanding career decision-making and progression: Careers hip revisited. John Killeen Memorial Lecture, 16 October, CRAC/NICEC, London.
Holland, J. L. (1959). A theory of vocational choice. *Journal of Counseling Psychology*, 6(1), 35-45.
Holland, J. (1996). Exploring careers with a typology: What we have learned and some new directions. *American Psychologist*, 51(4), pp. 397-406.
Hughes, D., & Graton, G. (2009). *A Literature review of research on the impact of careers and guidance-related interventions*. Reading: Cabot Education Trust.
Ibarra, H. (2002). How to stay stuck in the wrong career. *Harvard Business Review*, 80(12), pp. 40-48.
Krumboltz, J. D., Mitchell, A. M., & Jones, G. B. (1976). A social learning theory of career selection. *The Counseling Psychologist*, 6(1), pp. 71-81.
Krumboltz, J. D., & Nichols, C. W. (1990). Integrating the social learning theory of career decision making. In W. B. Walsh & S. H. Osipow (Eds.), *Career Counseling: Contemporary Topics in Vocational*

Psychology (pp. 159-192). Hillsdale, NJ, US: Lawrence Erlbaum Associates, Inc.

Krumboltz, J. D. (2009). The happenstance learning theory. *Journal of Career Assessment*, 17, p. 135.

Mainiero, L. A., & Sullivan, S. E. (2005). Kaleidoscope careers: An alternate explanation for the "opt-out" revolution. *The Academy of Management Executive*, 19(1), pp. 106-123.

McArdle, S., Waters, L., Briscoe, J. P., & Hall, D. T. (2007). Employability during unemployment: Adaptability, career identity and human and social capital. *Journal of Vocational Behaviour*, 71(2), pp. 247-264.

McGregor, I., & Little, B. R. (1998). Personal projects, happiness, and meaning: On doing well and being yourself. *Journal of Personality and Social Psychology*, 74(2), pp. 494-512.

Mitchell, L.K., & Krumboltz, J.D. (1996). 'Krumboltz's learning theory of career choice and counseling'. In Brown, D., Brooks, L., & Associates (Eds.), *Career Choice and Development* (3rd ed., pp. 223-280), San Francisco, CA: Jossey Bass.

Parsons, F. (1909). *Choosing a Vocation*. Boston, MAS: Houghton, Mifflin and Company.

Roberts, K. (1968). The entry into employment: An approach towards a general theory. *Sociological Review*, 16(2), pp. 165-184.

Savickas, M. L. (2005). The theory and practice of career construction. In Brown, S. D. & Lent, R. W. (eds.) *Career development and counseling: Putting theory and research to work*. New Jersey: John Wiley, & Sons, pp. 42-70.

Seibert, S. E., Kraimer, M. L., & Liden, R. D. (2001). A social capital theory of career success. *Academy of Management Journal*, 44(2), pp. 219-237.

Super, D. E. (1990). A life-span, life-space, approach to career development. In D. Brown & L. Brooks (Eds.), *Career choice and development*. San Francisco, CA: JosseyBass.

Tinsley, H. E. A. (2000). The congruence myth: An analysis of the efficacy of the personal-environment fit model. *Journal of Vocational Behavior*, 56(2), pp. 147-179.

Watts, A. G. (2009). *Career development learning and employability*. York: The Higher Education Academy.

Whitbourne, S. K. (2012). *The me I know: A study of adult identity*. New York: Springer-Verlag New York Science & Business Media.

Whitbourne, S. K. (2015). Identity centrality and psychosocial functioning: A person-centered approach A Meca, RA Ritchie, W Beyers, SJ Schwartz… - Emerging Adulthood. *Journal of Emerging Adulthood*, 3(5), pp. 327-339.

Zunker, V. G. (2002). *Career counseling: Applied concepts of life planning* (6th ed.). Pacific Grove, CA: Brooks/Cole.

30장
스트레스, 회복탄력성, 건강과 웰빙 코칭

저자: 헬렌 윌리엄스Helen Williams[1], 스티븐 팔머Stephen Palmer[2], 크리스티나 질렌스텐Kristina Gyllensten[3]
역자: 김태리

서론

스트레스, 회복탄력성resilience, 건강과 웰빙 코칭은 코치이가 건강 관련 목표를 달성하도록 돕는 공통의 목표를 가진 코칭의 특수 또는 틈새 영역이라고 소개되곤 한다(Palmer, Tubbs & Whybrow, 2003; Palmer, 2004). 코칭심리학은 이 분야에 중요한 기여를 하는데, 심리학 이론 및 모델을 기존의 건강교육 접근의 근거로 활용함으로써 개인이 원하는 변화의 달성 및 지속 가능성을 제고할 수 있는 것으로 밝혀졌다(Palmer et al., 2003; Wollever et al., 2013).

[1] 헬렌 윌리엄스Helen Williams는 Sten 10 Ltd와 함께 일하는 HCPC와 BPS 공인 직업 심리학자이며 런던 코칭 센터의 부 컨설턴트이다. 평가와 개발 컨설팅을 제공하는 SHL에서 10년을 보낸 후 헬렌은 코칭심리학자 자격을 얻었고, 현재 해결 중심의 인지행동 코칭을 전문으로 한다.

[2] 스티븐 팔머Stephen Palmer 교수는 영국 런던의 Centre for Coaching의 창립 이사이다. 2004년에 British Psychological Society Special Group in Coaching PsychologyBPS SGCP의 초대 의장이 되었으며, 2005년에는 런던 시티 대학(현 런던 대학교)에서 심리학 코칭 유닛을 창설하였다. 2016년에 덴마크 Aalborg 대학교 코칭심리학과의 겸임 교수가 되었고, 2018년 Wales Trinity Saint David 대학의 업무 기반 학습 연구소Institute for Work Based Learning의 실습 교수가 되었다. 현재 브라질 리우데자네이루 연방 대학교의 코칭심리학부의 명예 고문이며, 국제 코칭심리학 협회 국제 코칭 심리 연구센터의 코디네이터이다. 또한 국제 코칭심리학회와 국제 스트레스 관리협회의 명예회장이자 연구원이다. 그는 다양한 주제에 대해 50권 이상의 책을 쓰거나 편집했으며 유럽 응용 긍정심리학 저널을 포함한 그 분야의 많은 저널을 공동 편집했다. 2008년 BPS SGCP로부터 코칭심리학에 기여한 공로를 인정받아 평생 공로상을 받았다.

[3] 크리스티나 질렌스텐Kristina Gyllensten은 스웨덴 예테보리에 있는 Salgrenska 대학 병원의 Occupational Medicine에서 심리학자이자 연구원으로 일하고 있다. 그녀의 특별한 관심사는 직장 스트레스, 스트레스 관리, 인지행동 치료 및 코칭이며, 그녀는 많은 학술지와 챕터를 공동 집필했다.

본 장의 목적은, 주로 해결 중심-인지행동^SF-CB 접근에 초점을 맞추어 해결 중심-인지행동 모델이 이 맥락에서 어떻게 효과적으로 적용되는지 보여주는 사례 연구를 제시함으로써, 스트레스, 회복탄력성, 건강 및 웰빙 코칭에 대한 코칭심리학의 역할을 설명하는 것이다.

스트레스, 회복탄력성, 건강 및 웰빙 코칭의 발전

스트레스는 가정과 직장 모두에서 사람들의 삶/관계의 질 및 수행 능력에 영향을 미친다(Palmer & Cooper, 2013). 코칭은 이러한 맥락에서 코치이가 스트레스를 예방하거나 해결하고, 성과를 향상시킬 수 있도록 도움을 제공하기 위해 개발되었다(예를 들어, Gyllensten & Palmer, 2012).

라이프 스타일과 관련한 질병은 전 세계적으로 의료 시스템에 점점 더 많은 비용을 부담시키고 있으며, 지금의 건강 및 웰빙 코칭의 개발과 제공으로 이어졌다(Palmer, 2004; Palmer, 2012a, 2012b; Wollever et al., 2013; Moore & Jackson, 2014). 육체적 운동, 식사, 체중 및 스트레스 관리의 부족과 관련된 건강하지 못한 행동은 질병, 스트레스 및 만성 질환의 위험을 증가시키고 있다(Moore & Jackson, 2014). 반면, 긍정적인 심리적 행복은 낮은 사망률 및 심혈관 질환과 관련된 사망률 감소에 영향을 미치는 것으로 밝혀졌다(Chida & Stepto, 2008).

코칭이 스트레스 관리 및 회복탄력성뿐만 아니라 더 광범위한 영역의 건강과 웰빙에 도움이 되는 효과적인 개입법이라는 것을 시사하는 증거는 연구와 프랙티스를 통해 점점 증가하고 있다(Palmer et al., 2003; Gyllensten & Palmer, 2005; Butterworth, Linden, McClay & Leo, 2006; Gyllensten & Palmer, 2012, Moore & Jackson, 2014). 이러한 건강 코칭 맥락에서 사용되는 코칭 모델 가운데 다수는 해결 중심-인지행동(Neenan & Palmer, 2012; O'Connell, Palmer & Williams, 2012; Grbcic & Palmer, 2007) 및 동기부여 면담 motivational interviewing(Miller & Rollnick, 2002, 2009, 2012; Palmer, 2012b)과 같은 각각 다른 치료적 접근에서 파생되었다.

이론 및 기본 개념

스트레스와 회복탄력성은 개념으로서뿐만 아니라 코칭 상황에서 제기되는 주제로서 건강과 웰빙처럼 자연스럽게 공존한다.

스트레스

리처드 라자러스Richard Lazarus는 스트레스가 수요와 자원 사이의 지각된 불균형의 결과라고 설명하였다(Lazarus & Folkman, 1984). 이를 인지적으로 간단하게 설명하자면 '스트레스는 지각된 압박감이 자신이 지각하는 대처 능력을 초과할 때 발생한다'라는 뜻이다(Palmer, Cooper & Thomas, 2003: 2). 그렇게 본다면, "우리가 사건에 어떻게 반응하는지를 결정하는 것은 사건 그 자체가 아니라 우리가 그 사건에 부여하는 의미(태도와 신념)이다."(Neenan, 2018: ix) 스트레스 때문에 상담이나 코칭을 찾는 사람들을 저자가 경험한 바에 의하면 균형의 균열은 문제, 고민, 사건 등이 복합적으로 작용할 때 발생하기 쉽다.

회복탄력성

회복탄력성resilience이라는 단어는 '재도약하다' 또는 '다시 튀어 오르다'를 의미하는 라틴어 resolitire에서 유래했다. 회복탄력성에 대해 이미 합의된 보편적 정의는 없다(Palmer & Gyllensten, 2015). 루서Luthar, 치케티Cicchetti와 베커Becker(2000: 543)는 '회복탄력성은 아주 심한 역경 속에서의 긍정적 적응을 포함한 역동적 과정을 의미한다'라고 주장한다. 코칭 맥락에서 니넌Neenan(2018:6)은 회복탄력성이 낮을 때 회복은 시간과 노력이 필요하며, 내적 자원뿐만 아니라 외적 지원을 동시에 활용함으로써 촉진되는 점진적인 과정에 가깝기 때문에 '다시 튀어 오르다bouncing back' 대신 '다시 돌아오다coming back from'라는 표현을 사용해야 한다고 주장한다.

건강과 웰빙

세계보건기구WHO(2001)의 비전은 단순히 질병과 병약함을 없애는 것이 아니라 완전한 최적 상태의 신체적, 정신적, 사회적 웰빙으로서의 건강을 촉진하는 것이다. 세계보건기구는 2004년 보고서에서 완전한 최적 상태를 '개인이 자신의 능력을 깨닫고, 삶의 정상적인 스트레스에 대처할 수 있으며, 생산적이고 효과적으로 일할 수 있고, 지역사회에 기여할 수 있는 웰빙 상태'라고 정의했다(WHO, 2004:12).

2005년 웰빙과 관련된 문헌 고찰 결과는 웰빙이라는 개념이 건강 증진에 기여하는 다양한 요소를 한데 모을 수 있는 엄청난 잠재력을 가지고 있음을 시사하여 준다(de Chavez, Backett-Milburn, Parry & Platt, 2005).

이론적 관점

여기서는 스트레스, 회복탄력성, 건강 및 웰빙 코칭과 관련된 몇몇 이론적 관점을 개략적으로 설명할 것이다. 이론에 대한 더 자세한 설명은 본 핸드북의 관련 장을 참조하면 된다.

범이론적 변화 모델

프로차스카Prochaska와 디클멘테DiClemente(1983, 1998)가 제시한 범[초]이론적 변화모델 transtheoretical model of change은 개인이 1) 계획전단계precontemplation에서 2) 계획단계contemplation, 3) 준비/결정단계planning/decisions, 4) 실행단계actions, 5) 유지단계maintenance 및 어떤 경우에는 6) 재발단계relapse로 이어지는 다양한 변화 주기 단계를 어떻게 이동하거나 그 안에 갇히게 되는지 설명한다. 이 모델은 특히 코치이의 동기부여 상태와 변화에 대한 준비 상태를 파악하는 데에 유용하기 때문에, 동기부여 면담motivational interviewing 접근에 활용이 가능한 정보를 제공하여 준다(자세한 설명은 11장 및 [표 11.1] 참조).

반두라Bandura(1977)의 사회인지 이론은 개인이 설사 방해 요인이 존재한다고 하더라도 자신이 목표를 달성할 수 있다거나 특정한 행동을 수행할 수 있다고 믿는 정도를 의미하는 자기효능감의 중요성을 강조한다. 코치는 코치이의 자기효능감을 높이기 위해 행동 계획의 설정, 달성/관리가 가능한 작은 목표의 실천, 인지적/심상적 대처 기법 및 동기부여 면담 기법을 포함한 많은 전략과 기법을 활용할 수 있다.

아젠Ajzen(1985)이 개발한 계획 행동 이론theory of planned behavior은 건강 및 웰빙 코칭에 유용한데, 사람의 행동은 주로 행동을 수행하고자 하는 그 사람의 의도나 동기에 의해 결정된다고 주장한다. 건강 코치는 자기효능감을 향상하기 위해 동기부여 면담, 달성/관리가 가능한 작은 목표의 실천, 인지적/심상적 대처 기법을 포함한 여러 가지 개입을 활용할 수 있다.

해결 중심 접근

해결 중심solution-focused 접근은 1970년대 후반에 스티브 드쉐이저Steve de Shazer, 인수 킴 버그Insoo Kim Berg와 관련 연구자들에 의해 개발되었으며(de Shazer, 1984), 단기 가족치료에 기원을 두고 있다. 해결 중심 치료 및 코칭은 모든 사람을 숙련된 문제해결사로 인식하며, 사람들이 자신의 자원과 해결책을 활용하면 행동 변화를 이루고 지속할 가능성이 더 커진다는 근본적인 믿음에 기반을 두고 있다(O'Connell et al., 2012). 해결 중심 접근의 핵심은, 문제가 아닌 사람과 작업하고, 문제를 다루는 대화에 참여하고, 초점을 과거에서 미래로 옮기고, 답을 제시하기보다는 질문을 하고, 강점과 자원을 강조하고, 큰 변화를 창출하기 위해 작은 목표를 달성하는 등과 같은 일련의 원칙들이다(O'Connell et al., 2012).

목표 설정, 자기효능감 및 문제해결 프레임워크

목표 설정 이론은 로크Locke(1968) 그리고 로크Locke와 래섬Latham(Locke, Shaw, Saari & Latham, 1981; Locke & Latham, 1984)이 처음 개발하였고, 목표가 구체적이고, 달성할 수 있어야 하며, 적절한 수준의 난이도로 설정되는 것이 중요하다고 강조하였다. 반두라Bandura가 '노력의 배분을 위한 개인의 지각된 역량 및 의도'라고 정의한 자기효능감이라는 개념 역시 목표 수용 및 헌신goal acceptance and commitment의 중요한 결정요인으로서 목표 설정 모델에 통합되었다(Lock & Latham, 1990). 후속 이론인 목표 설정의 2단계 이론은 첫째, 개인은 결과물의 가치와 기대를 바탕으로 자신의 선택이나 의도를 형성하고, 둘째, 개인적/상황적 제약을 바탕으로 현시점에서 행동에 대한 타당성을 검토함으로써 헌신commitment할지를 결정한다고 가정한다(Heckhausen & Kuhl, 1985; Corno & Kanfer, 1993; Gollwitzer, 1990).

PRACTICE(Palmer, 2007, 2011)와 같은 문제해결 및 해결방안 탐색을 위한 프레임워크는 스트레스, 회복탄력성, 건강 및 웰빙 코칭의 목표 설정 단계에서 유용한 틀을 제공한다. PRACTICE 프레임워크를 활용하면 문제 인식, 현실적이고 연관성 있는 목표 설정, 대안 도출, 결과 고려, 가장 가능성 있는 대안 선정, 선택한 대안 실행, 평가로 이어지는 7단계 과정에 기반을 두고 대화를 이끌 수 있다(Palmer, 2007).

합리적 정서-인지행동이론

합리적 정서-인지행동이론은 우리가 생각하는 방식이 주로 우리가 사건에 반응하는 방식을 결정한다고 주장한다. 자주 반복되는 인식, 태도, 규칙은 시간이 흐르면서 몸에 밸 수 있다. 이러한 생각과 신념은 개인이 건강과 관련된 행동 목표를 추구하는 데에 도움이 될 수도 있고, 중립적이거나 도움이 되지 않을 수 있으므로, 그 결과로 스트레스가 유발되고 회복탄력성이 저하되거나 건강한 행동이 억제될 수도 있다(Palmer, 2003; Palmer et al., 2003; Palmer, 2012c, 2012d). 예를 들어, 니난Neenan(2018)은 '내 잘못이 아니다', '나는 패배자다', '나는 절대 극복하지 못할 것이다' 등 회복탄력성을 훼손하는 도움이 되지 않는 몇 가지 태도 및 자기 신뢰, 자기 수용, 타인의 지원을 구하는 것과 같은 대안적인 인지행동 강점을 제시하였다. 인지행동-합리적 정서 코칭은 코치이가 스트레스 요인을 파악하고 지속적인 변화를 위한 전략을 개발하는 데 도움이 될 수 있다(Gyllensten & Palmer, 2012; Palmer & Gyllensten, 2008).

리처드 라자루스Richard Lazarus는 '스트레스의 상호교류 이론transactional theory of stress'(Lazarus & Folkman, 1984)을 개발했는데, 이 이론은 개인, 개인의 환경 그리고 이에 대한 개인의 인지, 정서 및 행동 반응 사이의 상호작용에 초점을 맞추고 있다. 스트레스 반응은 개인이 스트레스 요인 및 스트레스 요인에 대처하기 위한 개인의 자원(심리적, 사회적 또는 문화적)에 대한 평가에 따라 결정된다(Montaço & Kasprzyk, 2008). 콕스Cox(1978)는 직업 스트레스에 대한 5단계 상호교류모델을 개발했고, 팔머Palmer와 드라이덴Dryden(1994)은 BASIC ID 프레임워크를 통합하여 다중양식 접근의 근거 이론인 스트레스의 다중양식 상호교류 이론multimodal transactional theory을 개발했다(아래 참조).

루터Rutter(1985)는 개인의 자질, 인지적으로 상황을 평가하는 방식 및 타인과 상호작용하는 방식 등 역경에 직면했을 때 개인에게 회복탄력성을 부여하는 '보호 요인'을 제시했다. 예를 들어, 옹Ong, 베르그만Bergeman, 비스콘티Bisconti, 그리고 월리스Wallace(2006)는 일상의 긍정 정서는 스트레스에 대한 개인의 반응을 조절하고 회복 과정에 영향을 미친다는 것을 밝혔다. 마찬가지로, 획일적인 사고에 비해 유연한 사고를 하게 되면 적응력이 높아진다(Neenan, 2018). 심리적 회복탄력성에 관한 33개의 연구를 최근 메타분석 한 결과, 리Lee 외(2013)는 위험 요인과 인구 통계적 요인과 비교할 때 보호 요인이 회복탄력성에 가장 큰 영향을 미친다는 사실을 발견했다.

ABCDE 모델(Ellis, Gordan, Neenan & Palmer, 1997)은 합리적 정서-인지행동 접근의 토대로서, 코치이가 선행사건Activating event, 신념Beliefs 및 결과Consequence를 먼저 파악한 후에 자신의 신념에 대한 논의나 논박Discuss or Dispute을 통해 효과적인Effective 새로운 접근방식을 도출할 수 있도록 지원한다. 마지막으로, 포커스Focus는 이 과정에서 학습된 것에 초점을 맞춘다(Palmer & Cooper, 2013). 건강 코칭의 ABC는 신념beliefs 대신 행동behaviour에 초점을 맞출 수도 있으므로 이때의 'B'는 '행동Behaviour'이 된다(Mitchie et al., 2008). 그 외 인지행동 코칭 모델로는 SPACE 모델(Edgerton & Palmer, 2005; 9장 참조)이 있는데, SPACE는 사회적 맥락Social context, 신체적 반응Physical reaction, 행동 또는 비행동Action or inaction, 인지Cognitions 및 정서Emotions를 의미한다.

다중양식 치료(Lazarus, 1973; 1989) 및 코칭(Palmer, 2008b) 모델은 사회 인지 학습 이론(Bandura, 1977, 1986)과 스트레스의 다중양식 상호교류 이론(Palmer & Dryden, 1994)에 근거를 둔다. 건강 코칭 대화에서는 다음의 일곱 가지 양식에 초점을 맞춘다: 행동Behavior, 정서Affect, 감각Sensation, 심상Imagery, 인지Cognition, 대인관계Interpersonal, 약물/생물학Drugs/biology 등 약자로 BASIC ID라고 칭한다(Lazarus, 1973; Palmer, 2008b, 2012a; Palmer, Cooper & Thomas, 2013). 예를 들어, 식단을 바꾸려는 사람은 피로와 부정적인 영향/감정 및 자신의 변화 능력에 대한 믿음의 부족 등이 자신의 노력을 방해한다는 것을 알게 될 수 있다. 인지적 요인뿐만 아니라 감정적, 행동적, 심상적, 대인관계 및 생리학적 요인을 파악함으로써 개인은 성과의 제고, 웰빙 향상 및 스트레스 예방을 위한 몇 가지 누적된 변화를 일으키는 데에 도움을 받을 수 있다(Palmer, 2008b).

CLARITY 코칭 모델(Williams & Palmer, 2010)은 폭넓게 인지/활용되고 있는 다른 합

리적 정서-인지행동 모델(Ellis et al., 1997; Edgerton & Palmer, 2005)을 응용한 것이다. 각 글자는 맥락Context, 생애 사건Life event, 행동/비행동Action/inaction, (생리학적 및 정서적) 반응Reaction, 이미지/정체성Imagery/Identity, 사고Thoughts 및 미래 선택Your future choices과 같은 서로 다른 탐색 영역을 나타낸다. 토론의 첫 번째 단계에서 코치와 코치이는 현재 일어나고 있는 일을 탐색하며, 유용한/덜 유용한 인지를 파악하고, 무엇이 가장 큰 어려움이나 고민을 야기시키는지 확인하고, 관련된 감정 상태의 강도를 평가한다. 토론의 두 번째 단계에서 코치는 덜 유용한 생각, 이미지 및 행동 문제를 제기하고 대안을 만들기 위해 소크라테스식 질문과 기타 해결 중심-인지행동 코칭 기법을 활용한다. 코치이에게는 코칭 면담을 통해 관찰한 내용을 기록할 수 있도록 CLARITY 코칭 모델 템플릿을 제공할 수 있다.

긍정심리학

마틴 셀리그먼Martin Seligman(1999)의 연구를 시작으로 본격화된 긍정심리학은 최적의 인간 기능에 대한 연구라고 할 수 있으며, 행복, 지혜, 창의성, 인간의 강점과 같은 주제를 다룬다(Linley & Harrington, 2007). 이러한 측면에서 긍정심리학의 이론과 개념은 스트레스, 회복탄력성, 건강 및 웰빙 코칭에 매우 중요하다. 긍정심리학은 개인을 온전한 인격체로 보는 것을 강조하며, 강점, 긍정 행동 및 목적에 초점을 둔다(Boniwell, Kauff-man & Silberman, 2014).

생태 심리학

인간 사회와 자연 세계 사이의 단절이 건강과 복지에 부정적인 영향을 미친다는 우려가 증가하고 있다(Berger & McLeod, 2006). 이와 유사하게, 다수의 문헌에서는 도시의 공원을 걷는다거나 시골에서 시간을 보내거나(Brown, Barton & Gladwell, 2013; Crust, Henderson & Middleton, 2013; Marselle, Irvine & Warber, 2014; O'Donovan, 2015), 자연경관을 찍은 사진을 본다거나(Brown, Barton, Pretty & Gladwell, 2012), 정원을 가꾼다거나(Van den Berg & Custers, 2011), 운동을 하는(Gladwell, Brown, Wood, Sandercock & Barton, 2013; Duncan et al., 2014) 등 자연을 접하는 것이 스트레스 수준을 낮추고 자존감, 건강 및 웰빙을 향상시킬 수 있다고 제언한다. 또 직장에서 옥외 환경으로 출입이 가능

한 경우, 직장 생활에서 지각된 웰빙이 향상되고 스트레스 수준이 감소하는 것으로 밝혀졌다(Lottrup, Grahn & Stigsdotter, 2013).

건강과 웰빙 교육에서 자연의 중요성과 그 역할에 대한 인식이 높아지면서, 생태 심리학 연구와 프랙티스는 상담 및 긍정, 코칭심리학의 한 분야로 자리 잡고 있다(Palmer, 2015; Totton, 2003; Berger & McLeod, 2006). 다중양식 건강 코칭 모델은 코치이가 건강과 관련된 목표를 달성하기 위해 자연을 어떻게 유용하게 활용할 수 있는가를 논의하는 데 도움을 준다(Palmer, 2008b). 버거Berger와 맥레오드McLeod(2006)는 치료에 자연을 활용함으로써 얻게 되는 장점을 제시하면서, 치료사가 '문을 열고' 자연 속에서 치료를 진행하도록 독려한다(Berger & McLeod, 2006:1). 이를 바탕으로, 코치는 자연경관을 찍은 사진을 코칭룸에 둔다든가 코칭을 하면서 산책한다든가 하는 식으로 자연을 코칭 세션에 활용하는 방법에 대해 생각해 볼 수도 있다.

프랙티스

스트레스, 회복탄력성, 건강 및 웰빙 코칭은 '개인 생활과 업무 영역에서 웰빙 및 성과의 향상'이라는 기본적인 코칭심리학의 목표를 기반으로 둔다(Adapted Grant & Palmer, 2002). 건강교육의 관점에서, 코칭의 목적은 심리학 모델을 활용하여 교육적 접근법을 보완하고 심화시키는 것이다. 예를 들어, 목표 설정 단계에서 코칭을 활용하면, 지시적 접근방식이 아닌 촉진적 접근방식을 통해 코치이가 자신의 최우선 목표를 파악하여 결정하고, 이를 바탕으로 실천 및 행동 변화에 대한 의지를 최대한으로 끌어올릴 수 있도록 도움을 제공한다(Simmons & Wolver, 2013).

전략

스트레스, 회복탄력성, 건강 또는 웰빙 코칭 세션에서 가장 중요한 전략은 아마 개인의 동기부여 상태, 현안이나 목표에 대한 태도, 변화에 대한 준비 태세를 측정하는 것으로, 이는 코칭 개입의 가장 적절한 시작점이 될 것이다(Gale, 2012). 코치이가 변화 모델의 계획전precontemplation 또는 계획contemplation 단계에 있다면(Prochaska & DiCle-mente, 1983; DiClemente & Prochaska, 1998), 동기부여 면담 기법이 변화에 대한 준비 태세를 강화시키는 데 유용할 수 있다. 준비나 실행 단계에 있는 코치이는 해결 중심적 목표를 설정할 준비가 되어 있을 수 있다. 목표 확신goal confidence은 변화에 대한 준비도 척도를 활용하여 평가할 수 있는데, '변화에 전혀 관심이 없다'를 의미하는 0에서 '이미 변화하였다'를 의미하는 10 사이의 점수를 매기게 된다(Palmer, 2012c). 행동 변화에 대한 행동적, 인지적 또는 정서적 장벽이 존재한다는 것이 확인되는 경우, 인지행동기법을 활용하여 도움이 안 되는unhelpful 생각과 행동에 문제를 제기하고 대안을 만들 수 있다.

코칭에 대한 다중양식 접근법은 인지적, 행동적, 정서적 및 생리학적 증상과 스트레스 및 건강 문제에 대한 반응을 별도로 고려한다. 다양한 실천 방안을 설정하는 것 역시 행동 변화나 심리적 변화를 지속할 가능성을 극대화하는 데 도움이 될 수 있다. 코치이가 변화를 지속하는 데 도움이 되는 그 외의 전략으로는 코칭 모델, 도구 및 기법에 대한 정확한 공유를 통한 지식의 전수가 있는데, 이를 통해 코치이는 전수 받은 통찰력을 내재화함으로써 효과적으로 자기 자신을 위한 코치가 될 수 있다.

일반적인 프로세스

팔머Palmer(2012b: 36)는 건강 관련 코칭 세션의 단계는 보통 다음과 같다고 제시한다:

1. 코치이와 연락을 통해 코치이의 상태를 확인한다.
2. 세션의 의제를 코치이와 함께 설정한다(예를 들어, 건강 관련 목표 및 실행 계획 구축).
3. 이전 세션에 대한 피드백과 연결점을 제시하고, 진행 상황과 과제를 검토한다.
4. 의제로 정리한 항목들에 관해 대화를 나눈다.
5. 코칭 목표와 관련된 세션 간in-between session 과제를 코치이와 함께 결정한다(예를 들어, 운동센터 가입하기, 매일 5천 보 걷기 등)
6. 세션에 대한 피드백을 들어보면서 세션을 마무리한다.

대개 6개월에서 12개월 동안 6개 정도의 세션을 진행한다. 물론, 제시된 문제 및/또는 합의된 목표 수에 따라 기간은 달라질 수 있다.

기법

다음으로는 스트레스, 탄력성, 건강 및 웰빙 코칭의 맥락에 유용하게 활용될 수 있는 이론적 관점 및 모델을 기반으로 개발된 몇 가지 기법에 대해 설명한다. 각 기법과 적용 방법에 대한 자세한 내용은 참고 문헌을 참조하면 된다.

측정 도구

스트레스, 회복력, 건강 및 웰빙의 평가에 활용할 수 있는 측정 도구 및 심리교육 도구는 아주 다양하다. 팔머Palmer와 쿠퍼Cooper(2013)는 그들이 저술한 셀프 코칭 책『How to deal with stress』에서 다양한 심리교육 질문지를 제공하는데, 모두 건강과 웰빙 코칭에 활용할 수 있다. 스트레스 측정 도구에는 우울증, 불안 및 스트레스 척도depression, anxiety and stress scale(DASS)(Lovibond & Lovibond, 1995)와 조직 내 스트레스 판별 도구organisational stress screening tool(ASSET)(Cartwright & Cooper, 2002)가 있다. 스트레스 매핑stress mapping과 같은 시각적 기법은 1에서 10까지의 척도를 통해 개인, 팀 또는 가족의 주관적인 스트레스 수준을 평가하는 데 활용될 수 있다(Palmer, 1990). 온라인 회복탄력성 검사iResilience는 자신감, 적응성, 목적의식 및 사회적 지원의 필요성에 초점을 맞추고 있으며, 온라인에서 자유롭게 이용할 수 있다(www.robertsoncooper.com/iresilience/ 참조). 주관적 웰빙 척도에는 삶의 만족 척도satisfaction with life scale(Diener, Emmons, Larsen, & Griffin, 1985)가 있다. 샤를마뉴-바달Charlemagne-Badal, 리Lee, 버틀러Butler, 그리고 프레이저Fraser(2015)는 웰빙 도구에 대한 유용한 문헌을 고찰한다.

마음챙김

마음챙김은 현재에 주의를 집중하고, 알아차림을 제고하고, 지금-여기를 수용하는 것을 의미한다(Kabat-Zinn, 1994). 마음챙김의 기본 원칙에는 의도적 관심purposeful attention, 그 순간에 존재하기, 비판단적 자기 관찰, 지금-여기에 대한 감사 및 마음챙김 행동 등이 있다(Kabat-

Zinn, 1994). 스트레스 감소를 위한 마음챙김 명상mindfulness-based stress reduction 프로그램은 스트레스를 줄이고 삶의 질을 향상시키며(Grossman, Niemann, Schmidt & Walach, 2004), 자기 수용과 웰빙을 증가시키는 것으로 밝혀졌다(Ivzan, Gardner & Smailova, 2011).

해결 중심-인지행동 코칭을 받기 전에 마음챙김 훈련을 하는 것도 건강 목표 달성을 촉진하는 것으로 확인되었다(Spence, Cavanah & Grant, 2008). 아울러, 코치는 마음챙김 훈련을 통해 코치로서 자신의 성과를 어떻게 향상시킬 수 있을지 생각해 볼 수 있다(Passmore & Marianetti, 2013).

건강과 관련된 목표에 주의를 집중시키는 데 도움이 되는 마음챙김 기법에는 호흡 운동(Kabat-Zinn, 1994), 비판단적 자기 관찰, 마음챙김 주의mindful attention 연습, 새로움의 여부 판단detection of novelty(Langer, 2009) 및 요가나 걷기와 같은 신체 활동(O'Connell et al., 2012) 등이 있다. 그리고, 『mindfulness for health』(Burch & Penman, 2013)와 『mindful walking』(O'Donovan, 2015) 등 마음챙김에 대해 가르쳐주는 유용한 책들도 다양하게 존재한다.

동기부여 면담 기법

밀러Miller와 롤닉Rollnick(2009:137)은 동기부여 면담을 '변화를 위한 동기를 이끌어내고 강화시키는 협력적이고 인간 중심적인 지도 방식'이라고 설명한다. 동기부여 면담의 네 가지 일반 원칙, 즉 공감 표현express empathy, 불일치 조성develop discrepancy, 저항과 함께 구르기roll with resistance 및 자기효능감 지지support self-efficacy는 건강 행동의 촉진이라는 목적에 잘 부합한다. 동기부여 면담에서 코치는 '변화 대화change talk'에 귀를 기울이고 OARS(열린 질문open-ended questions, 인정해 주기affirmations, 반영적 경청reflective listening 및 요약summaries) 활용에 초점을 맞춘다(Palmer, 2012a).

건강 관련 목표의 경우 요구되는 행동 변화에 대해 양가감정이 생기는 일이 흔하므로 동기는 건강 및 웰빙 코칭에 특히 더 중요할 수 있는데, 이 경우 행동 목표 및 계획을 세우기 전에 동기를 이끌어 내기 위해 동기부여 면담을 활용할 수 있다. 동기부여 면담 코치의 역할은 '고객이 자신을 설득하여 변화할 수 있도록 [지원]하는 것'이다(Palmer, 2012a: 33). 동기부여 면담은 다이어트나 운동과 같은 건강 행동의 교정에 효과적인 개입 방식인 것으로 확인되었다. 동기부여 면담은 또한 건강 코칭에 대한 해결 중심-인지행동 접근법 가운데 하나(Gale, 2012)인 동시에, 통합적 건강 코칭 접근법 가운데 하나로서 효과성이 입증되었다(Simmons

& Wolever, 2013). (동기부여 면담에 대한 더 심층적인 설명은 11장 참조)

해결 중심 접근

건강 코칭의 맥락에서 몇 가지 해결 중심 기법을 활용하면 효과적일 수 있는데, 과거의 성공에 주의를 집중하기, 강점 강조하기, 변화 알아차리기 및 소소한 다음 목표 설정하기 등이 이에 포함된다(Palmer, 2012c; O'Connell et al., 2012). 다음과 같은 해결 중심 코칭의 핵심원칙은 건강 코칭 맥락에서 아주 적절히 활용 가능하다: 코칭을 가능한 한 단순화하라, 색다른 것을 시도하라, 효과가 없다면 중단하라, 효과가 있다면 계속하라, 효과가 나고 있다면 교정하지 말고 그대로 두어라(O'Connell, 2001). 기적 질문(de Shazer, 1988)도 해결 중심 코칭에 도움이 될 수 있는데, "어느 날 밤 당신이 잠든 사이에 기적이 일어나서 지금까지 함께 이야기를 나눴던 문제들이 전부 사라진다고 상상해 보세요. 당신은 잠들어 있었기 때문에 기적이 일어난 것을 아직 모르고 있어요. 아침에 눈을 떴을 때 기적이 일어났다는 것을 당신이 눈치채게 되는 첫 번째 징조는 무엇인가요?"라는 식으로 질문하는 방식이다(de Shazer, 1988; O'Connell et al., 2012).

인지행동 접근

인지행동 건강코칭에서 코치이는 스트레스 유발 사고 stress inducing thoughts(SITS) 및 스트레스 완화 사고 stress alleviating thoughts(SATS)(Palmer, 2003), 회복탄력성 저하 사고 resilience undermining thoughts(RUTS) 및 회복탄력성 증진 사고 resilience enhancing thoughts(RETS)(Palmer, 2013), 또는 건강 저하 사고 health inhibiting thoughts(HITS) 및 건강 증진 사고 health enhancing thoughts(HETS)(Palmer, Tubbs & Whybrow, 2003; Palmer, 2012c)을 기록하도록 권장된다.

건강 저하 사고의 사례 및 논의를 통해 교정 후 도출된 건강 증진 사고가 아래에 정리되어 있다(Palmer et al., 2003: 92):

건강 저하 사고HIT: 운동을 하면 땀이 나기 때문에 나한테 좋을 리가 없다.
건강 증진 사고HET: 땀이 나면 찝찝하기는 하지만, 땀은 몸에서 모든 노폐물을 배출해서

에너지가 더 잘 흐르게 해주기 때문에 땀을 흘리는 것은 나한테 유익한 일이다.

건강 저하 사고: 너무 속상해서 뭐를 좀 먹어야겠다.

건강 증진 사고: 속이 상할 수도 있긴 한데, 무엇이 나를 이렇게 속상하게 만드는 것일까? 폭식하지 않고도 나는 이 일을 완수할 수 있다.

건강 저하 사고: 이 통증을 도저히 견딜 수가 없다. 약을 더 먹어야겠다.

건강 증진 사고: 가끔 통증이 심할 때도 있지만, 참을 수 있다. 내가 통증을 견딜 수 있다는 것이 바로 살아있는 증거다. 호흡을 깊게 하거나 운동을 하면 통증은 줄어든다.

건강 저하 사고: 나갈 때 처방전을 받아 가야 한다. 그렇지 않으면 내 말이 다 거짓이라고 생각할 것이다.

건강 증진 사고: 나는 의사가 내 사고방식에 진정성이 있다고 인정해 주길 바란다.

다른 방법으로는, 코치이가 자신의 건강 저하 행동 및 기존의/잠재적인 건강 증진 행동을 탐색해 보도록 권장할 수 있다(Palmer, 2012d).

이미지 탐색은 건강 코칭에서 추가로 유용하게 활용될 수 있는 인지행동 코칭 방법으로서, 코치이가 스스로에게 도움이 되지 않는 이미지를 찾아내고, 더 건설적인 이미지를 도출할 수 있도록 돕는다. 이미지 기법에는 회복탄력성 강화 이미지(Palmer, 2013)뿐만 아니라 최종 목표 이미지, 탁월성 이미지, 예행연습 이미지 및 문제해결 이미지(Palmer, 2008a) 등이 포함된다.

다중양식 접근

BASIC ID 다중양식 프레임워크는 특히 건강 관련 목표에 대한 코칭에 적합하며, 인지적, 정서적 및 행동적 접근법뿐만 아니라 호흡, 이완 운동 및 식생활의 변화와 같은 생리학적 개입법을 탐색할 기회를 제공한다.

코치와 코치이는 공동 작업을 통해 BASIC ID 양식의 관련 항목이나 문제를 미리 기재하여 준비해 둔 3열로 나누어진 빈 워드 문서를 출력한 종이에 양식 프로파일modality profile을 작성하고, 동일한 양식modality으로부터 적용 가능한 접근을 도출한다(Palmer et al., 2013: 38):

| 행동 | 담배는 식사할 때만 핀다. | 담배, 재떨이, 라이터를 방에서 치운다. |
| 정서 | 담배를 피지 않으면 쉽게 짜증이 나고 금방 화가 난다. | 스트레스를 받으면 천천히 호흡한다. |

코칭 프로세스 중에 다중양식 셀프 코칭을 다룬 책(예: Palmer et al., 2003)을 활용하면 도움이 될 수 있다.

어떤 코치이에게 가장 유용한가?

스트레스, 회복탄력성, 건강 및 웰빙 코칭 개입법은 개인과 그룹 수준 모두에서 효과적이고, 그 효과성이 확인되었으며(Wolfe, Parker & Napier, 1994; Parks & Steelman, 2008; Schmitt, 2008; van Daele, Hermans, van Audenhove & van den Bergh, 2012), 서면 정보를 제공하는 셀프 코칭 안내 책자 등과 같은 지식공유 도구를 통해 더욱 광범위한 조직으로 확산될 수 있다(Grbcic & Palmer, 2007). 청소년의 경우, 동기부여 면담(Martins & McNeil, 2009; Flatum, Friend, Neumark-Sztainer & Story, 2009) 및 해결 중심 코칭(Green, Grant & Rynsaardt, 2007) 접근법이 효과적인 것으로 밝혀졌다. 건강 코칭은 직장 및 더 범위가 확장된 라이프 코칭 맥락 모두에서 성인을 대상으로 시행되었다(Palmer et al., 2003; Butterworth et al., 2006, Olsen & Nesbitt, 2010).

사례 연구

다음 사례 연구(Williams & Palmer, 2018에서 차용)는 코치이가 스트레스와 불안을 관리하고 전반적인 웰빙을 향상하게 돕는 해결 중심-인지행동 코칭을 어떻게 활용할 수 있는지 보여준다.

코치이

미팅 당시, 코치이는 대규모 기업 청중을 대상으로 발표 예정인 프레젠테이션을 앞두고 걱정이 많았다. 그녀는 이런 프레젠테이션에서 믿음직스러운 모습을 보이고 싶어 했고, 반드시 그렇게 해내야 한다는 생각에 온통 사로잡혀, 밤에 잠도 이루지 못하고 점점 더 두려움에 휩싸였다. 코치는 동기부여 상태를 측정하여 그녀가 변화의 준비 및 행동 단계에 있다는 것이 확인하였다.

코칭

코치이는 공식적인 프레젠테이션에 대한 자신감을 향상하고, 좀 더 긍정적인 마음가짐을 갖추며, 생리적/정서적 반응을 관리하는 것을 목표로 설정하였다. 코치는 CLARITY 모델 템플릿을 건네주고(Williams & Palmer, 2010), 대화를 위한 틀로 활용하였다:

코　치: 다가오는 프레젠테이션에 대해 좀 더 말해줄 수 있나요?

코치이: 많은 외부 청중을 대상으로 하는 아주 공식적인 자리예요. 엄청난 자리라 너무 힘들어요. 지금도 가슴이 두근거려요!

코　치: 지금 하신 말씀을 한번 적어볼까요? 속이 안 좋고 가슴이 두근거리는 것은 '생리적 반응' 항목에 적으시면 돼요. 엄청난 자리라고 말씀하셨는데, 얼마나 엄청난가요?

코치이: 막상 단어를 그대로 되돌려 들으니, 엄청나지는 않은 것 같아요. 실은 10분 정도의 비교적 짧은 발표이고, 제 상사도 그 자리에 있을 거예요. 내용상에도 논란이 없어서 어려운 질문이 나오지도 않을 거고요.

코　치: 아주 좋은 포인트를 지적하셨어요. 지금 말씀하신 대안적 시각을 그다음 칸에 적어보세요.

그다음으로는 코치이의 스트레스 반응을 촉발시키는 핵심성과 방해 사고와 부정적 이미

지에 대해서 살펴보았다:

코　　치: 프레젠테이션에 대해 생각하면 또 어떤 일이 일어나나요? 지금 한번 그 순간으로 들어가 볼까요?

코치이: 무대를 바라보고 있는 제 자리에서 일어난다고 생각하고 있어요. 무대에 올라서서 청중을 바라보기 위해 돌아서요. 그리고… 으… 맙소사….

코　　치: 좋아요. 그걸 적어봅시다. 그래서, 방금 숨을 깊게 들이마신 거군요.

코치이: 네, 너무 겁이 났어요.

코　　치: 그러고 나서 그 순간에 또 무슨 일이 일어나고 있죠?

코치이: 입이 마르고, 손에 땀이 조금 나고, 떨려요. 말을 해야 하는데 긴장해서 제대로 말을 하는 게 너무 힘들어요. 그러고는 다른 사람들이 제가 긴장하고 있다는 사실을 눈치챌까 봐 더 불안해져요. 아마 저는 망했다고 생각할 거고, 거기 있는 사람들 전부 제가 일을 아주 형편없게 하는 사람이라고 생각할 거예요.

코　　치: 그 생각들과 이미지도 적어보세요.

코치이: 저는 무언가에 실패하는 것이 두려워요. 이게 제 인생에 큰 방해물이고요. 저는 제가 정말 잘할 수 있는 일만 하고 싶어요. 실패할 것 같으면 시도조차 하고 싶지 않아요. 그게 자연스러운 제 반응이에요. 항상 모든 것을 제대로, 완벽하게, 최고로 잘하고 싶어요.

코치와 코치이는 완벽주의와 그 원인, 장단점에 대해 함께 이야기를 나눴다. 코치이는 어린 시절부터 완벽주의 성향이 있었고, 가끔은 완벽주의가 그녀의 전반적인 행복에 부정적인 영향을 끼쳤다고 말했다. 코치는 유연한 사고와 "충분히 잘했다."라는 개념에 관해 설명해 주었고, 코치이는 처음의 저항감을 극복하기 위해 이 개념들을 활용하여 다가올 프레젠테이션에 대한 불안감과 기대감을 관리하였다.

상황의 모든 측면을 살펴본 후, 코치와 코치이는 한 걸음 물러서서 무엇이 가장 큰 어려움과 혼란을 일으키는지 파악해가며 의문을 제기하였다:

코치이: 가끔씩 정말 긴장하면 호흡에 문제가 생기고, 그러면 침 삼키는 것이 걱정되면서 목소리에도 문제가 생겨요. 사실 이게 제일 큰 걱정이에요. 제 목소리를 들으면 사람들은 제가 긴장하고 있다는 걸 알게 될 거예요. 회복이 불가능해요. 목소리가 떨리는 것 때문에 불안해지거나 아니면 박자가 안 맞는 타이밍에 침을 삼킬까 봐 아니면 다 티가 날까 봐 걱정하게 되는 상황까지 가게 되면, 그때는 다 끝장이에요. 그 생각을 하게 되면, 발표하는 동안은 회복이 안 돼요.

코 치: 그렇군요, 목소리가 잘못되면, 모든 것이 끝나는 거네. 회복은 불가능할 거고요. [온화한 미소] 그 생각에 한번 문제를 제기해보는 것도 좋겠군요.

코치이: 맞아요!

코 치: 목소리가 갈라졌다고 한 번 생각해 보죠. 그런 일이 생기면 다 끝장이라는 믿음이 사실이 아니라면, 그 대신 어떤 일이 일어날까요?

코치이: 제일 좋은 거는 그냥 잊어버리고 심호흡을 한 다음 다시 발표로 돌아가서 잘 마무리하는 거죠. 좀 더 여유롭게. 아마 숨을 좀 더 평상시처럼 쉬면서, 일부러 더 자신감 있게 긍정적으로 말을 할 거예요. 그러다 보면 제가 흥미로운 말을 하고 있는 것처럼 생각하게 되고요. 왜냐하면, 이 모든 것을 하는 게 더 쉬워지고, 실제로 제가 하고자 하는 말을 사람들이 듣고 싶어 한다고 믿게 되니까요.

코 치: 아주 좋아요. 대안적 반응이 어떨 것 같은지 생각하시는 과정에서 이 모든 것을 알아차리신 건가요?

코치이: 그런 것 같아요. 단어를 찾아서 입으로 내어 보고, 손동작과 억양을 사용하고, 청중을 바라보고, 무엇인가가 그냥 일어나게 두기보다 제 생각을 투영하기 위해 노력했어요.

코치와 코치이는 과거의 예외적인 사건을 탐색해 보는 해결 중심 기법을 활용해서 추가적인 성과 향상 사고performance inhibiting thoughts(PITs)를 도출하였다:

코 치: 자신감 있었다고 말씀하신 이전 발표는 무엇이 달랐을까요?

코치이: 사실 그건 제가 잘 알아요. 그 발표는 모든 청중이 큰 관심을 가지고 있던 주제였

고, 질문도 아주 많이 받았죠. '내가 얼마나 많이 준비했는지 다 보여주고 싶다', 그리고 '자신감을 느끼게 해주고 싶다' 뭐 이런 생각이 들었고, 뭐랄까 열정을 느끼면서 청중들께 저희들이 모든 일을 잘 처리하고 있다는 안도감을 주고 싶었어요.

코　치: 그 말씀도 적어두는 것이 좋겠어요.

코치이: 네…. 자신이 하는 일에 대해 열정을 느끼고 그것을 다른 사람들과 공유하고 싶은 것이죠.

코치이는 마라톤 완주를 위해 탁월성 이미지를 사용한 적이 있다고 말했다. 코치는 이 기술이 코치이가 프레젠테이션에 적용할 수 있는 강점이라고 강조하면서, 코치이의 시각화 기술을 활용하여 새로운 문제해결 이미지를 도출하였다:

코　치: 문제해결 이미지는 어떤 모습을 하고 있는지에 대해 함께 이야기해 보는 것이 의미가 있을까요?

코치이: 네. 제일 큰 불안은 뒤를 돌아보는 거예요. 완전히 얼어버리는 거요. 말을 하려고 애를 쓰기는 하는데… 예전에는 한 번도 그런 적이 없긴 하지만, 목소리가 떨리고 손에 땀이 날까 봐 걱정돼서 정말로 불안할 거고 청중들은 저를 쳐다보겠죠. 그런 상황에서 관심의 중심에 서게 되는 것을 저는 특별히 좋아하지 않아요.

코　치: 그래서 어떻게 할 수 있을까요? 돌아서서 처음 말을 할 때 한동안 목소리가 조금 더 떨린다고 가정해 봅시다. 그 상황에 대처하고 다음으로 나아가기 위해서 본인은 어떻게 하고 있나요?

코치이: 그날 발표할 내용에 대해 아주 편안함을 느끼고 있는 제 모습이 상상돼요. 목소리가 조금 떨린다고 해도 그다음에 무슨 말을 해야 하는지 잘 알고 있으므로 바로 발표를 시작해요.

이 대화를 통해 코치이는 운동이 그녀의 건강과 웰빙에 도움이 된다는 사실을 상기하게 되었고, 다시 달리기를 시작하기로 했다. [표 30.1]은 코치이가 두 번의 코칭 세션을 통해 관찰한 내용 및 대안적 사고, 이미지와 행동을 요약한 것이다.

[표 30.1] CLARITY 코칭 모델 사례 연구

	세션 1: 상황 파악	세션 2: 대안 도출
C: 맥락context	승진에 대한 불확실성, 프레젠테이션을 승진 심사의 일부라고 생각	이것을 기회로 삼자.
L: 생애 사건 life experience	많은 외부 청중, 아주 공식적 행사. 엄청난 자리	비교적 짧고, 논란의 여지가 없음. 소요 시간 10분. 상사가 공동발표자로 함께 참석. 발표 대본을 미리 작성하고 리허설도 할 예정
A: 행동/비행동 action/inaction	잊어버리거나 틀린 말을 할까 봐 걱정됨	프레젠테이션의 표현과 연습에 집중 속도 조절, 눈 마주침, 몸동작, 적극적으로 목소리를 높임 확신에 차고 권위 있는 말투
R: (생리학적 및 정서적) 반응reaction	불안하고, 두렵고, 초조함 반응 순서: 1) 속이 안 좋음, 2) 두근거림, 3) 입 마름/침 삼킴, 4) 땀이 남 목소리가 떨림(최악은 이것을 다른 사람들이 눈치채는 것)	불안하다고 말하면 다른 신체 반응이 나타나기 때문에, 불안하다 대신 '초조하다'라고 표현하기 감정과 신체 반응을 관찰하고 조기 경보를 알아차릴 것 열정적으로, 열심히
I: 이미지/정체성 imagery/identity	말하려 해도 할 수 없음. 목소리 떨림 일어서서, 돌아보고, 청중을 마주하는 이미지 – 숨을 들이마시고, 맙소사! 떨리는 목소리, 손바닥에 땀이 참. 얼어붙고, 잊어버림. 준비과정 이미지, 그저 기다림, 주저함	준비과정부터 발표까지의 새로운 문제해결 이미지: 준비하고 발표하는 내 모습 보기 심호흡하고 발표를 계속하는 이미지. 숨쉬기. 잘 헤쳐나가는 것으로 충분해. 충분히 잘했어, 충분히 잘했다는 것
T: 사고thoughts	발표를 잘하지 못해 다른 사람들을 걱정시킴 자신이 없다는 것을 알게 될 것. 실패할까 봐 걱정됨. '내가 일을 잘 못한다'고 생각 다른 사람들이 어떻게 생각할까 걱정됨, 내가 긴장하고 있고 일을 해내지 못하고 있으며 쓸모없다고 생각한다는 것을 눈치챌 것. 만약 목소리가 떨린다면, 그것으로 끝장임 – 극복은 불가능 완벽하고, 최고가 되고 싶음. 제대로 해내고 싶음 재미없다고 생각; 지루함. 청중들이 재미없다고 생각. 판단할 것임 끝까지 해내기야 하겠지만 잘하지는 못할 것임 '불안하고, 목소리가 떨릴 것 같다'고 생각함	나는 이 발표를 하고 싶음. 나는 당신과 공유하고 싶은 정보를 가지고 있음. 나는 당신이 자신감을 갖게 해주고 싶음. 나는 할 말을 알고 있음. 난 내가 하는 일에 대해 잘 알고 있음 청중들이 흥미로워함, 청중들이 듣고 싶어 하는 내용임 충분히 잘할 것임 최악의 경우 목소리가 떨리더라도 끔찍하진 않을 것임 그게 세상의 끝은 아닐 것임
Y: 미래 선택 your future choices	1) 도움이 되는 이미지와 도움이 되지 않는 이미지를 모니터링하고, 준비 시간 및 프레젠테이션에 대한 새로운 문제해결 이미지를 도출한다. 2) 표현을 연습한다. 3) 어떤 방식으로 상사와 공동 발표를 할지 계획한다.	

출처: (Williams & Palmer, 2018). 허락하에 재배포.

> 코치이는 변화 과정, 프레젠테이션 역량 훈련, 성과 향상 사고 및 문제해결 이미지 연습, 반응 상태 관찰, 운동의 재시작 및 호흡 연습 활용에 매우 몰입되어 있고 최선을 다하였다. 코치이는 프레젠테이션 전과 프레젠테이션 중 스트레스 및 불안감이 크게 감소하였고, 규모가 크고 공식적인 프레젠테이션이 더는 걱정되지 않는다고 전하였다.

논의 포인트

1. 스트레스, 회복탄력성, 건강 및 웰빙 코칭에서 코칭심리학을 연구 및/또는 적용하기 위한 다음 단계는 무엇인가?
2. 고객이 건강 관련 목표를 달성하도록 돕기 위해 코칭심리학은 교육적 접근법을 어떻게 활용하는가?
3. 스트레스, 회복탄력성, 건강 및 웰빙 코칭의 통합 코칭심리학 모델은 어떤 모습인가?
4. 당신의 건강 및 웰빙 코칭 프랙티스에 환경심리학 연구를 어떻게 적용하겠는가?

추천 읽기

Arloski, M. (2014). *Wellness coaching for lasting lifestyle change*, 2nd edition. Duluth, MN: Whole Person Associates.
Neenan, M. (2018). *Developing resilience: A cognitive-behavioural approach*, 2nd edition. London: Routledge.
Palmer, S., & Cooper, C. (2013). *How to deal with stress*, 3rd edition. London: Kogan Page.
Rogers, J., & Mani, A. (2016). *Coaching for health: Why it works and how to do it*. Maidenhead: Open University Press

참고 문헌

Ajzen, I. (1985). From intentions to actions: A theory of planned behavior. In *Action control* (pp. 11–39). Berlin, Heidelberg: Springer.

Bandura, A. (1977). *Social learning theory*. Englewood Cliffs, NJ: Prentice-Hall.
Bandura, A. (1986). *Social foundations of thought and action: A social cognitive theory*. Englewood Cliffs, NJ: Prentice-Hall.
Berger, R., & McLeod, J. (2006). Incorporating nature into therapy: A framework for practice. *Journal of Systemic Therapies*, 25 (2), 80-94.
Boniwell, I., Kauffman, C., & Silberman, J. (2014). The positive psychology approach to coaching. In E. Cox, T. Bach- kirova & D. Clutterbuck (Eds.), *The complete handbook of coaching* (pp. 157-169). London: Sage Publications.
Brown, D. K., Barton, J. L., & Gladwell, V. F. (2013). Viewing nature scenes positively affects recovery of autonomic function following acutemental stress. *Environmental Science & Technology*, 47 (11), 5562-5569.
Brown, D. K., Barton, J. L., Pretty, J., & Gladwell, V. F. (2012). Walks4work: Rationale and study design to investigate walking at lunchtime in the workplace setting. *BMC Public Health*, 12 (1), 550.
Burch, V., & Penman, D. (2013). *Mindfulness for health: A practical guide to relieving pain, reducing stress and restoring wellbeing*. London: Piatkus.
Butterworth, S., Linden, A., McClay, W., & Leo, M. C. (2006). Effect of motivational interviewing-based health coaching on employees' physical and mental health status. *Journal of Occupational Health Psychology*, 11 (4), 358-365.
Cartwright, S., & Cooper, C. L. (2002). *ASSET: Management guide*. Manchester: Robertson Cooper.
Charlemagne-Badal, S. J., Lee, J. W., Butler, T. L., & Fraser, G. E. (2015). Conceptual domains included in wellbeing and life satisfaction instruments: A review. *Applied Research in Quality of Life*, 10 (2), 305-328.
Chida, Y., & Steptoe, A. (2008). Positive psychological wellbeing and mortality: A quantitative review of prospective observational studies. *Psychosomatic Medicine*, 70, 741-756.
Corno, L., & Kanfer, R. (1993). The role of volition in learning and performance. *Review of Research in Education*, 19, 301-341.
Cox, T. (1978). *Stress*. London: Macmillan.
Crust, L., Henderson, H., & Middleton, G. (2013). The acute effects of urban green and countryside walking on psychological health: A field-based study of green exercise. *International Journal of Sport Psychology*, 44 (2), 160-177.
de Chavez, A. C., Backett-Milburn, K., Parry, O., & Platt, S. (2005). Understanding and researching wellbeing: Its usage in different disciplines and potential for health research and health promotion. *Health Education Journal*, 64(1), 70-87.
de Shazer, S. (1984). The death of resistance. *Family Process*, 23 (1), 11-17.
de Shazer, S. (1995; 1988). *Keys to solutions in brief therapy*. New York, NY: W. W. Norton.
DiClemente, C. C., & Prochaska, J. O. (1998). Towards a comprehensive transtheoretical model of change: Stage of change and addictive behaviors. In W. R. Miller & N. Heather (Eds.), *Treating addictive behaviors* (2nd edition, pp. 3-24). New York, NY: Plenum.
Diener, E., Emmons, R. A., Larsen, R. J., & Griffin, S. (1985). The satisfaction with life scale. *Journal of Personality Assessment*, 49 (1), 71-75.
Duncan, M. J., Clarke, N., Birch, S., Wilson, L., Tallis, J., Hankey, J., Bryant, E., & Eyre, E. (2014). The effect of 'green exercise' on post exercise hypotension in children. *An Exploratory Study: Appetite*, 76, 199.
Edgerton, N., & Palmer, S. (2005). SPACE: A psychological model for use within cognitive behavioural coaching, therapy and stress management. *The Coaching Psychologist*, 1 (2), 25-31.
Ellis, A., Gordan, J., Neenan, M., & Palmer, S. (1997; 2003). *Stress counselling: A rational emotive behaviour approach*. London: Cassell/Sage.
Flattum, C., Friend, S., Neumark-Sztainer, D., & Story, M. (2009). Motivational interviewing as a

component of a school-based obesity prevention program for adolescent girls. *Journal of the American Dietetic Association*, 109(1), 91-94.

Gale, J. (2012). *A Practical Guide to Health Behaviour Change Using the HCA Approach*. Health Change Australia.

Gladwell, V. F., Brown, D. K., Wood, C., Sandercock, G. R., & Barton, J. L. (2013). The great outdoors: How a green exercise environment can benefit all. *Extreme Physiology & Medicine*, 2(1), 1-7.

Gollwitzer, P. M. (1990). Action phases and mind-sets. In *Handbook of motivation and cognition: Foundations of social behavior* (Vol. 2, pp. 53-92). New York, NY: Guilford Press.

Grant, A. M., & Palmer, S. (2002). Coaching psychology. Meeting held at *The Annual Conference of the Division of Counselling Psychology, British Psychological Society, Torquay, 18th May*.

Grbcic, S., & Palmer, S. (2007). A cognitive-behavioural self-help approach to stress management and prevention at work: A randomised controlled trial. *The Rational Emotive Behaviour Therapist*, 12(1), 41-43.

Green, L. S., Grant, A., & Rynsaardt, J. (2007). Evidence-based life coaching for senior high school students: Building hardiness and hope. *International Coaching Psychology Review*, 2(1), 24-32.

Grossman, P., Niemann, L., Schmidt, S., & Walach, H. (2004). Mindfulness-based stress reduction and health benefits: A meta-analysis. *Journal of Psychosomatic Research*, 57(1), 35-43.

Gyllensten, K., & Palmer, S. (2005). Can coaching reduce work-place stress? *The Coaching Psychologist*, 1, 15-17.

Gyllensten, K., & Palmer, S. (2012). Stress and performance coaching. In M. Neenan & S. Palmer (Eds.), *Cognitive behavioural coaching in practice: An evidence based approach* (pp. 153-177). New York, NY: Routledge.

Heckhausen, H., & Kuhl, J. (1985). From wishes to action: The dead ends and short cuts on the long way to action. In M. Frese & J. Sabini (Eds.), *Goal directed behavior: The concept of action in psychology* (pp. 134-160). Hillsdale, NJ: Erlbaum.

Ivtzan, I., Gardner, H. E., & Smailova, Z. (2011). Mindfulness meditation and curiosity: The contributing factors to wellbeing and the process of closing the self-discrepancy gap. *International Journal of Wellbeing*, 1, 316-327.

Kabat-Zinn, J. (1994). *Wherever you go, there you are: Mindfulness meditation for everyday life*. London: Piatkus.

Langer, E. J. (2009). Mindlessness-mindfulness. In R. J. Corsini (Ed.), *Encyclopaedia of psychology*. New York, NY: John Wiley & Sons.

Lazarus, A. A. (1973). Multimodal behavior therapy: Treating the "BASIC ID." *Journal of Nervous and Mental Disease*.

Lazarus, A. A. (1989). *The practice of multimodal therapy: Systematic, comprehensive and Effective psychotherapy*. Baltimore, MA: Johns Hopkins University Press.

Lazarus, R. S., & Folkman, S. (1984). *Stress, appraisal, and coping*. New York, NY: Springer Publishing Co.

Lee, J. H., Nam, S. K., Kim, A. R., Kim, B., Lee, M., & Lee, S. M. (2013). Resilience: A meta-analytic approach. *Journal of Counselling and Development*, 91, 269-279.

Linley, A., & Harrington, S. (2007). Integrating positive psychology and coaching psychology. In S. Palmer & A. Whybrow (Eds.), *Handbook of coaching psychology* (pp. 40-56). East Sussex: Routledge.

Locke, E. A. (1968). Toward a theory of task motivation and incentives. *Organizational Behavior and Human Performance*, 3(2), 157-189.

Locke, E. A., & Latham, G. P. (1984). *Goal setting: A motivational technique that Works!* Englewood Cliffs, NJ: Prentice-Hall.

Locke, E. A., & Latham, G. P. (1990). *A theory of goal setting & task performance*. Englewood Cliffs, NJ: Prentice-Hall, Inc.

Locke, E. A., Shaw, K. N., Saari, L. M., & Latham, G. P. (1981). Goal setting and task performance: 1969-1980. *Psychological Bulletin*, 90 (1), 125.

Lottrup, L., Grahn, P., & Stigsdotter, U. K. (2013). Workplace greenery and perceived level of stress: Benefits of access to a green outdoor environment at the workplace. *Landscape and Urban Planning*, 110, 5-11.

Lovibond, S. H., & Lovibond, P. F. (1995). *Manual for the depression anxiety and stress scales*. Sydney: Psychology Foundation Monograph.

Luthar, S. S., Cicchetti, D., & Becker, B. (2000). The construct of resilience: A critical evaluation and guidelines for future work. *Child Development*, 71 (3), 543-562.

Marselle, M. R., Irvine, K. N., & Warber, S. L. (2014). Examining group walks in nature and multiple aspects of well- being: A large-scale study. *Ecopsychology*, 6 (3), September, 134-148.

Martins, R. K., & McNeil, D. W. (2009). Review of motivational interviewing in promoting health behaviors. *Clinical Psychology Review*, 29, 283-293.

Miller, W.R., & Rollnick, S. (2002). *Motivational interviewing: Preparing people for change* (2nd ed.). New York, NY: Guilford Press.

Miller, W. R., & Rollnick, S. (2009). Ten things that motivational interviewing is not. *Behavioural and Cognitive Psycho- therapy*, 37, 129-140.

Miller, W. R., & Rollnick, S. (2012). *Motivational interviewing: Helping people change*. New York, NY: Guilford press. Mitchie, S., Rumsey, N., Fussell, A., Hardeman, W., Johnston, M., Newman, S., & Yardley, L. (2008). *Improving health: Changing behavior: NHS health trainer handbook*. London: Dept of Health.

Montaño, D. E., & Kasprzyk, D. (2008). Theory of reasoned action, theory of planned behavior, and the integrated behavioral model. In K. Glanz, B. K. Rimer, & K. Viswanath (Eds.), *Health behavior and health education: Theory, research, and practice* (pp. 67-96). San Francisco, CA: Jossey-Bass.

Moore, M., & Jackson, E. (2014). Health and wellness coaching. In E. Cox, T. Bachkirova & D. Clutterbuck (Eds.), *The complete handbook of coaching* (2nd edition, pp. 313-328). London: Sage.

Neenan, M. (2018). *Developing resilience: A cognitive-behavioural approach*, 2nd edition. New York, NY: Routledge.

Neenan, M., & Palmer, S. (2012). *Cognitive behavioural coaching in practice: An evidence based approach*. Hove: Routledge.

O'Connell, B. (2001). *Solution-focused stress counselling*. London: Sage Publications.

O'Connell, B., Palmer, S., & Williams, H. (2012). *Solution focused coaching in practice*. Hove: Routledge.

O'Donovan, H. (2015). *Mindful walking: Walk your way to mental and physical well-being*. Dublin, Ireland: Hachette Books.

Olsen, J. M., & Nesbitt, B. J. (2010). Health coaching to improve healthy lifestyle behaviors: An integrative review. *American Journal of Health Promotion*, 25 (1), e1-e12.

Ong, A. D., Bergeman, C. S., Bisconti, T. L., & Wallace, K. A. (2006). Psychological resilience, positive emotions, and successful adaptation to stress in later life. *Journal of Personality and Social Psychology*, 91 (4), 730-749.

Palmer, S. (1990). Stress mapping: A visual technique to aid counselling or training. *Employee Counselling Today*, 2, 9-12.

Palmer, S. (2003). Whistle-stop tour of the theory and practice of stress management and prevention: It's possible role in postgraduate health promotion. *Health Education Journal*, 62(2), 133-142.

Palmer, S. (2004). Health coaching: A developing field within health education. *Health Education Journal*, 63(2), 189-191.

Palmer, S. (2007). PRACTICE: A model suitable for coaching, counselling, psychotherapy and stress management. *The Coaching Psychologist*, 3 : 71-77.

Palmer, S. (2008a). Coping imagery. *The Coaching Psychologist*, 4 (1), 39-40.

Palmer, S. (2008b). Multimodal coaching and its application to workplace, life and health coaching. *The Coaching Psychologist*, 4 , 21-29.

Palmer, S. (2011). Revisiting the P in the PRACTICE coaching model. *The Coaching Psychologist*, 7 (2), 156-158.

Palmer, S. (2012a). Health coaching toolkit Part 1. *Coaching at Work*, 7 (3), 36-38.

Palmer, S. (2012b). Health coaching toolkit Part 2. *Coaching at Work*, 7 (4), 32-34.

Palmer, S. (2012c). Health coaching toolkit Part 3. *Coaching at Work*, 7 (5), 36-37.

Palmer, S. (2012d). Health coaching toolkit Part 4. *Coaching at Work*, 7 (6), 38-39.

Palmer, S. (2013). Resilience enhancing imagery: A cognitive behavioural technique which includes resilience under- mining thinking and resilience enhancing thinking. *The Coaching Psychologist*, 9, 48-50.

Palmer, S. (2015). Can ecopsychology research inform coaching and positive psychology practice? *Coaching Psychology International*, 8 (1), 11-15.

Palmer, S., & Cooper, C. (2013). *How to deal with stress*, 3rd edition. London: Kogan Page.

Palmer, S., Cooper, C., & Thomas, K. (2003). *Creating a balance: Managing stress*. London: British Library.

Palmer, S., Cooper, C., & Thomas, K. (2013). Health coaching toolkit Part 5. *Coaching at Work*, 8(7), 37-39.

Palmer, S., & Dryden, W. (1994). *Counselling for stress problems (therapy in practice)*. London: Sage Publications.

Palmer, S., & Gyllensten, K. (2008). How cognitive behavioural, rational emotive behavioural or multimodal coaching could prevent mental health problems, enhance performance and reduce work related stress. *Journal of Rational-Emotive & Cognitive-Behavior Therapy*, 26 (1), 38-52.

Palmer, S., & Gyllensten, K. (2015). Introduction: The history and development of theories: Resilience and wellbeing. In S. Palmer & K. Gyllensten (Eds.), *Psychological resilience and wellbeing* (Vol. 1). London: Sage Publications.

Palmer, S., Tubbs, I., & Whybrow, A. (2003). Health coaching to facilitate the promotion of healthy behaviour and achievement of health-related goals. *International Journal of Health Promotion & Education*, 41 (3), 91-93.

Parks, K. M., & Steelman, L. A. (2008). Organizational wellness programs: A meta-analysis. *Journal of Occupational Health Psychology*, 13, 58-68.

Passmore, J., & Marianetti, O. (2013). The role of mindfulness in coaching. *The Coaching Psychologist*, 3 (3), 131-138.

Prochaska, J. O., & DiClemente, C. C. (1983). Stages and processes of self-change of smoking: Toward an integrative model of change. *Journal of Consulting and Clinical Psychology*, 51 (3), 390-395.

Rutter, M. (1985). Resilience in the face of adversity: Protective factors and resistance to psychiatric disorder. *The British Journal of Psychiatry*, 147 (6), 598-611.

Schmitt, L. (2008). OHP interventions: Wellness programs. Society for Occupational Health Psychology, 2, January, 6-7. Seligman, M. E. P. (1999). The president's address. *American Psychologist*, 54, 559-562.

Simmons, L. A., & Wolever, R. Q. (2013). Integrative health coaching and motivational interviewing: Synergistic approaches to behavior change in healthcare. *Global Advances in Health and Medicine*, 2 (4), 28-35.

Spence, G. B., Cavanagh, M. J., & Grant, A. M. (2008). The integration of mindfulness training and health coaching: An exploratory study. *Coaching: An International Journal of Theory, Research and Practice*, 1 (2), 145-163.

Totton, N. (2003). The ecological self: Introducing eco-psychology. *Counseling and Psychotherapy Journal*, 14(9), 14-17.

Van Daele, T., Hermans, D., Van Audenhove, C., & Van den Bergh, O. (2012). Stress reduction through psychoeducation: A meta-analytic review. *Health Education Behaviour*, 39, 474-485.

Van Den Berg, A. E., & Custers, M. H. (2011). Gardening promotes neuroendocrine and affective restoration from stress. *Journal of Health Psychology*, 16 (1), 3-11.

WHO(2001). *Basic documents*, 43rd edition. Geneva: World Health Organization.

WHO(2004). *Promoting mental health: Concepts, emerging evidence, practice (Summary report)*. Geneva: World Health Organization.

Williams, H., & Palmer, S. (2010). CLARITY: A cognitive behavioural coaching model, *Cognitive Psychology International*, 3 (2), 5-7.

Williams, H., & Palmer, S. (2018). CLARITY: A case study application. *European Journal of Applied Positive Psychology*, 2(6), 1-12. Retrieved from: http://www.nationalwellbeingservice.org/volumes/volume-2-2018/volume-2-article-6/.

Wolever, R. Q., Simmons, L. A., Sforzo, G. A., Dill, D., Kaye, M., Bechard, E. M., Southard, M. E., Kennedy, M., Vosloo, J., & Yang, N. (2013). A systematic review of the literature on health and wellness coaching: Defining a key behavioral intervention in healthcare. *Global Advances in Health and Medicine*, 2 (4), 38-57.

Wolfe, R., Parker, D., & Napier, N. (1994). Employee health management and organizational performance. *Journal of Applied Behavioral Science*, 30, 22-42.

Section 2

코칭, 복잡성과 시스템 차원 개입

31장
혼돈의 가장자리에서 코칭
: 코칭심리학에 대한 복잡성 기반 접근

저자: 레슬리 쿤Lesley Kuhn[1], 앨리슨 와이브로우Alison Whybrow[2]
역자: 강준호

서론

이 장의 목표는 복잡성 과학(이하 복잡성이라고 함) 관점에서 코칭을 보는 방식을 설정하고, 복잡성 기반 접근이 코칭심리학의 지식 기반을 어떻게 확장할 수 있는지 설명하는 것이다. 주요 원리로서 복잡성과 관련된 개념들이 소개되고 복잡성을 실제 사용하기 위한 제언들이 제시된다.

'코칭심리학이 고객, 과학, 전문가 서비스 측면에서 엄격함과 혼란을 함께 수용할 수 있는 새로운 분야일 수 있다'(Cavanagh & Lane, 2012, p.75)는 카바나Cavanagh와 레인Lane의 관찰은 코칭심리학이 복잡성의 잠재력 탐구에 관심이 있음을 예고한다. 특히 복잡한complex(또는 혼란스러운chaotic) 현상(Kuhn, 2002; Lewin, 1999; Morin, 2008)에 대한 엄격한 이해와 관련된 탐구 패러다임을 제공하는 복잡성에 대해 와이브로우Whybrow, 그랜트Grant, 팔머Palmer, 켐프Kemp(2012) 및 카바나Cavanagh와 레인Lane(2012)은 복잡성 관점complexity perspective이 코칭심리학 지

---

[1] 레슬리 쿤Lesley Kuhn PhD는 교육, 음악 환경 과학과 철학 학위를 보유하고 있고, Western Sydney University 경영대학원에서 철학과 사회학 탐구 교수로 복잡성 사고와 관련된 작업을 하고 있다. 광범위한 출판과 함께 레슬리는 정부, 기업과 대학을 위한 연구 프로젝트를 주도해 왔다. 마음과 영혼의 자유와 유연성을 보호하려는 그녀의 열정은 모든 작업에 정보를 제공한다.

[2] 앨리슨 와이브로우Alison Whybrow는 2000년대 초반 코칭심리학 개발에 앞장 섰으며, i-coach 아카데미의 코칭 프랙티스에서 공인 프로그램일 지휘했다. 국제 코칭심리학 협회와 유럽 전역의 대학 프로그램에 기여하고 있고 영국 런던에서 코치, 컨설턴트, 코칭 수퍼바이저로 코칭 프랙티스 분야를 개발하고 있다. 앨리슨은 우리의 인간-지구earth 관계를 변화시킬 수 있는 가능성에 대해 깊은 열정을 가지고 있다.

식 기반 확장에 유용하다는 점을 시사했다.

패러다임으로서 복잡성은 상호 간에 작용 및 영향을 주며, 시간 경과에 따라 진화할 수 있는, 많은 변수가 있는 복잡한 관계 상태 및 역동dynamics 연구를 말한다(Coveney & Highfield, 1995; Gleick, 1998; Kuhn, 2009; Lewin, 1999; Wolfram, 2002).

복잡성에서는 살아있는 현상(사람, 조직과 같은)이 선형적(일방향)이 아니라 재귀적(피드백) 방식이라는 점에 주목한다. 즉 반응과 결과는 이전에 발생한 것에 따라 달라진다.

코칭 프랙티스에는 많은 변수와 행위자agents가 있고, 오직 참여자들의 상상력imagination에 의해서만 제한받는다는 측면에서 복잡성 관점의 관계 상태 및 역동 연구는 코칭심리학 이론과 프랙티스에 적절하고 유용한 것으로 보인다.

또 코칭이 무엇인가를 규정하는 공통된 맥락은 알아차림을 높이거나 학습을 향상하게 하여, 생각과 행동에 대해 더 많은 선택을 할 수 있도록 하는 것과 관련된다. 코칭심리학은 다음을 강조한다:

- 주어진 맥락과 본인의 상호작용이 지닌 창발적 특성emergent nature
- 특정 시점에 알고 있던 것이 지속해서 움직이고 변화한다는 점
- 어느 것도 충분히 알 수 없다는 점

이런 관점에서 '복잡성 관점'은 코칭에 적합하다. 코칭심리학 프랙티셔너로서 복잡성 관점은 코치이가 변덕스럽고 모호하며 끊임없이 변화하는 세상에서 번영하는 필수 스킬 개발을 지원한다.

복잡성 개념은 일상적 관계 교류에서 발생하는 상황들의 불확실성, 예측 불가능성, 역설적 특성을 이해 및 대처하는 강력한 방법을 제공한다. 이를 확장하여, 복잡성 개념으로 코칭을 지원할 수 있다:

> … 과도하게 단순화하거나 현재의 역동dynamics과 상황trajectory이 과거에 경험한 도전과 동일하다고 가정하여 과거 해결책이나 표준 모델을 통해 통제하려 하지 않고, 예측할 수 없고 모호한 문제들을 이해할 수 있도록 고객을 지원하는 프랙티스 모델을 지속 개발한다.
>
> (Cavanagh & Lane, 2012, p.83)

철학적으로 복잡성은 세계의 본질과 그것이 조직화되는 것에 대한 기본 가정을 수립하고, 이를 이해하기 위한 은유적 이미지를 제공하는 패러다임 프레임워크로 다루어졌다(Kuhn, 2007). 이번 장에서 복잡성 접근을 탐구함으로써, 자연 과학에서 유래한 복잡성 아이디어를 코칭과 관련해 해석한다.

복잡성의 주요 중심 개념과 이론적 토대

복잡성은 구성 요소 사이의 관계가 어떻게 집단적 행동과 창발적인 현상을 일으키는지에 초점을 맞추는 철저한 관계적 관점을 취한다. 이 관점에서는 사람과 조직을 '관계 방식mode of relating'에서 생겨난 '우발적 집합contingent assemblages'으로 볼 수 있다(Dillon, 2000, p.9). 모린Morin(1992)은 이것을 '환경-자동적-인과 관계eco-auto-causality' 또는 재귀적 인과 관계recursive causality 과정으로 설명하며, 이 조직화 과정organising process을 통해 제품products, 실행actions, 효과effects가 정교하게 된다. 따라서 복잡성 관점에서는 예측이 불가능하고 불확실성이 불가피하다. 이 견해는 우리의 행동, 생각이 우리 관계 장relational field과 무관하다는 생각과 반대되며, '영웅적' 지도자heroic leader(Wilson, 2013)가 점점 더 복잡하고 어려운 도전 결과를 '통제, 지시'하는 데 카리스마 있게 책임을 질 수 있다는 관념과도 모순된다. 복잡성 관점을 통해 어떤 상황에서 앞으로 나아가는 방법에 대해 많은 유용한 가능성이 있음을 인식하고, 실행된 조치로 인해 관계 장relational field이 새롭게 구성되면서 새로운 선택사항이 고려 및 결정될 수 있다는 것을 이해하는 데 도움을 준다.

복잡성 관점은 존재론적ontological, 인식론적epistemological 함의를 갖는다. 존재론적으로 복잡성은 '현실'을 자기 조직적, 역동적, 창발적인 것으로 이해한다(Lewin, 1999; Morin, 2008). 유사하게, 인식론적으로도 복잡성은 인식과 감각을 자기 조직적, 역동적, 창발적인 것으로 이해한다(Kuhn, 2009; Morin, 2008). 이러한 관점에서는 존재being와 앎knowing 사이의 계속되는 춤(움직임)이 코칭과 코칭심리학 프랙티스의 핵심이라고 할 수 있다.

자기 조직화, 역동성, 창발성은 복잡성의 세 가지 일반적, 기본적 조직화 원리로 설명될 수 있다(복잡성에 대한 자세한 설명은 Coveney & Highfield, 1995; Johnson, 2001; Lewin, 1999; Kauffman, 1995; Waldrop, 1992).

자기 조직화self-organisation는 내부의 진화하는 구조structures, 원칙principles에 맞추어 진화하게 되는 생명체(개인, 부서, 조직 등)의 능력을 설명한다(Kauffman, 1995; Kuhn & Woog, 2007; Kuhn, 2009). 자기 조직화는 단순히 국소적 상호작용local interactions을 통해 '계획, 프로그램, 청사진 없이 전체적 질서global order가 창발된다emerges'는 것을 의미한다(Stacey, 2012, p.94). 이러한 적응적 자기 조직화 과정adaptive self-organising process은 마찬가지로 자기 조직화하는 외부 환경 내에서 부분적으로 외부 환경에 대해 반응을 구성함으로써 자기-환경-조직화self-eco-organising(Morin, 2008)하는 것으로 설명된다.

역동성dynamism은 타인들과 그들의 환경(심리, 사회, 신체 등)에 대해 반응하고 영향을 미치는 생명체의 능력을 설명한다. 역동성은 단순히 반응하는 것 이상을 의미한다. 우리는 경험을 통해 자기 조직화 반응을 변화시키는 것을 배울 수 있다. 예를 들어, 세포 수준cellular level에서 우리 뇌세포는 '항상 전자적으로 상호 소통하고, 매 순간 새로운 연결을 형성하고 재형성한다'(Doidge, 2015 p.xvii). 의식 수준conscious level에서 우리는 타인들의 긍정적 반응을 얻도록 우리의 행동 변화를 선택할 수 있다.

최적 상태 형태의 안정성 또는 기존 환경 내 과정을 강조하는 고전 과학classical science과는 달리, 복잡성은 지속적 적응ongoing adaptability을 기대한다(Allen, 1998). 적응적 자기-환경-조직화adaptive self-eco-organization와 역동성dynamism은 모든 맥락context, 상황circumstances이 지속해서 변화하여 외부 환경으로서 사회 시스템들과 자기로서의 개인들 각각의 자기 조직화가 동시 발생하는 것을 말한다. 예를 들어, 어떤 역사적 시대의 본인 경험은 '시대의 사회적 관계social relations에 의해 형성되므로, 그 시대의 대화, 텍스트를 통해 나타나는 자기는 사회적 맥락의 표현'으로 이해된다(Burkitt, 1994 p.252), 그리고 이 또한 자기에 대한 인식perceptions of self 변화에 따라 바뀐다.

창발성emergence은 이전에 관찰된 바 없는, 예상치 못한 새로운 특질, 행동을 나타내는 생명체의 능력을 설명한다. 창발성 원리에 주의를 기울인다는 것은 '상향식bottom up' 과정으로 생성되는 유기적 현상organic phenomena을 보는 것을 의미하는데, 미시적 현상micro phenomena(개인 사이의 국소적 상호작용 등)은 거시적 현상macro phenomena을 일으키지만, 거시적 현상에서 관찰된 특성들은 미시적 현상으로 환원reducible될 수 없다. 창발성에 대한 이해는 상호작용 과정으로 새로운 패턴들의 자발적 생성이 강조되는 것을 의미한다. 이것은 '통제control를 포기하고, 되도록 자신을 시스템이 관리govern itself하고, 그 결과footprints로부터 학습하게 하는 것'을 의미한다(Johnson, 2001, p.234).

복잡성 기반 이미지 complexity-based images

코칭심리학에서 활용 가능성이 있는 일곱 개의 복잡성 기반 이미지가 아래에 정리되어 있다. 코칭심리학에 관한 생각과 프랙티스에 대한 시사점 탐구는 각 이미지별로 제공된다. 관심 있는 독자는 이 장의 끝부분에 있는 더 읽을거리를 통해 추가 정보, 이미지, 은유를 찾을 수 있다.

위상 공간 – 구문 공간 phase space-phrase space

위상 공간 phase space은 시간 흐름에 따라 복잡한 개체 complex entity가 나타낼 수 있는 가능한 모든 상태를 다차원으로 표시한 것을 말한다(Nolte, 2010). 예를 들어, H_2O의 위상 공간 투영 phase space portrait은 H_2O가 얼음, 물, 증기/공기로 존재하는 것을 보여준다. 위상 공간을 통해 많은 가능성이 있음에도 일반적으로 복잡한 개체는 가능한 위상 공간 중 극히 일부만을 차지한다는 것을 보여준다.

구문 공간 phrase space은 사람들의 생각/존재 습관이 언어로 매개되는 방식을 위상 공간 개념을 빌려 발전시켰다(Kuhn & Woog, 2007). 사람들은 사회적 그리고 문화적 환경 settings에 의해 형성된 가능성의 제한된 범위 내에서 살고 있다고 생각할 수 있는데(Heidegger, 1966; Witt-genstein, 1988), 구문 공간 묘사 phrase space portrait이 이것을 밝히는 데 유용하다. 위상 공간이 상태 states를 설명하는 것과 같이 구문 공간에 주의를 기울임으로써 대안적 설명과 상태를 만들어낼 수 있다.

코치는 위상 공간/구문 공간 phase space/phrase space이 코치이 coachee를 도와 삶의 단계 states of life, 경력개발, 선입견 또는 존재, 행동, 사고의 습관적 방식 habitual ways을 인식/성찰하는 동시에, 대안적 가능성을 생각하는 데 유용함을 알 수 있다. 우리가 자신의 모습이 그려진 초상화를 보며 우리 모습을 감상하듯이, 구문 공간 묘사 phrase space portraits는 존재의 패턴 patterns of being에 대한 시각적 지도 visual map를 제공한다(내러티브, 신념, 스토리, 가치, 경험, 가능성, 미래의 꿈, 대안에 대한 통찰). 따라서 구문 공간 묘사는 개별 코치이의 질적 주제 qualitative themes에 대한 통찰뿐만 아니라, 아직 생각지 못했던 가능성과 대안의 폭에 대한 통찰 또한 제공한다. 코치이가 가능성을 생각하고, 스스로 지은 한계 self-imposed limits와 의식적, 무의식적으로 만든 '선택'을 알아차리는 데 도움이 될 수 있다. 특히 위상 공간과 같이 구문 공간 묘사는 코치이가 선택 가능성이 있음에도 스스로 구문 공간을 제한하고 있음을 보여준다. 구문 공간 묘사를 만듦으로써, 선택 가능성을 더 깊이 탐구하는 거의 무한한 방법들이 존재하게 된다.

마찬가지로, 위상 공간/구문 공간 묘사는 코치가 조직/부문의 특성, 선입견을 인식하고 성찰하는 데 활용될 수 있다.

의사소통적 연결성communicative connectedness

복잡성은 사람들 사이의 상호작용에 따라 인간 활동 시스템human activity systems이 생성, 유지, 변경되는 방식을 강조한다. 의사소통적 연결성(Woog, 2004)은 사람들 사이의 상호연결의 질quality of interconnectedness을 설명하는데, 이를 통해 사람들은 공동 행동joint action을 하고, 공유된 가정shared assumptions과 미래 프랙티스future practice를 형성하며, 주어진 상황적 특성에 대처하는 것coping with으로 이해할 수 있다.

대화conversations는 의사소통적 상호작용의 주요 수단으로 성격, 과거 경험, 문화적 규범, 윤리적 선호, 주어진 맥락presenting context, 대화 참여자들의 해석 범위range of interpretations 같은 많은 요인의 영향을 받는다.

코치로서 코치이와의 의사소통적 연결성을 확립하여 개인 측면 이외 대인관계적, 시스템적 통찰을 생성할 수 있다. 이것은 타인과 상호작용 방식에서 더 많은 선택사항을 고려하는 알아차림으로 이어진다. 거시적 현상의 발생이 미시적 상호작용에서 기인한다는 인식으로 인해 언어language가 구성되고 오해가 생기는 바로 그 방식, 그 작은 말들small asides에 주의를 기울이게 된다. 따라서 코치는 사용되고 있으며, 상호작용을 형성하고, 갑자기 나타나는 바로 그 단어들을 '포착'하고 주의를 기울여야 한다.

어트랙터/끌개attractors

어트랙터/끌개는 조직화의 원리organising principle로 기능한다(Lewin, 1999). 예를 들어, 자석은 철제 더미가 붙게 되는 상태를 '구성organising'함으로써 어트랙터 역할을 한다. 사회적 영역에서 어트랙터는 행동에 동기를 부여하고 사회 진화를 가이드 하는 조직화의 원리로 생각할 수 있다. 가장 혼란스러운 상황chaotic situations에서도 주의 깊은 조사를 통해 복잡한 개체complex entity(개인, 부족, 부서, 사회 등)의 진화를 이끄는 요소를 보여주는 조직화의 원리들을 확인할 수 있다.

사람들의 삶은 시간에 따라 진화하는 어트랙터/끌개에 의해 지배되는 것으로 이해될 수 있다. 특정 어트랙터/끌개 또는 어트랙터/끌개 세트는 점진적으로 또는 갑작스럽게 변화하면서 장기간에 걸쳐 영향을 미칠 수 있다.

개인의 핵심 가치, 신념, 니즈, 내러티브가 본인의 선택 및 가능성을 안내하는 어트랙터로 생각할 수 있다. 앞서 설명된 구문 공간 묘사는 사람, 사회 집단을 안내하는 어트랙터에 대한 알아차림을 생성하는 데 사용될 수 있으며, 이에 따라 개인과 시스템에 대한 선택을 안내하는 패턴에 대한 더 많은 알아차림이 향상될 수 있다.

적합도 지형fitness landscape

적합도 지형의 개념은 개체와 환경 사이의 적합성을 시각적으로 표현visual representation하기 위해 지형 이미지imagery of a landscape를 사용한다(Lewin, 1999). 적합도 지형은 개체가 환경과 잘 어울리고 생존 가능성이 큰 '산봉우리들mountain peaks' 및 개체가 환경과 잘 어울리지 않아 생존 가능성이 낮은 계곡들valleys을 보여준다. 복잡한 개체에서는 작은 공진화적 일치co-evolutionary matches가 적합도를 결정한다. 복잡한 개체(예: 개인, 조직)가 생존, 번성하려면 개체의 자기 조직적 창발self-organising emergence과 지형(또는 더 넓은 환경) 사이에 지속적 일관성continuing coherence이 있어야 한다.

이러한 이미지를 코칭에 적용하면, 조직화의 원리(개인의 핵심 가치, 신념 등)를 고려하여 개인과 환경의 일관성 수준을 살펴보며 삶의 주요 사건을 기록하는 인생 곡선life-line이 많은 통찰과 알아차림을 주는 적합도 지형 다이어그램을 만들 수 있음을 쉽게 알 수 있다.

초기 조건에 민감성에 대한 의존

흔히 나비 효과butterfly effect라고 불리는, 초기 조건에 민감성은 복잡계의 창발성emergence을 형성하는 초기 조건initial conditions과 작은 섭동small perturbations의 극적인 불균형적 영향disproportionate influence을 말한다(Gleick, 1998).

초기 조건 개념은 이야기story의 시작 부분을 탐구하는 수단을 제공한다. 여러 요소는 어떻게 설정되어 있는가? 이 이야기의 시작 부분에서 중요한 것은 무엇인가? 어떤 조건에서 이 개체(개인, 부서, 조직 등)는 번창할 수 있었는가? 이 복잡한 개체의 생존에 대한 첫 번째 도전의 속성은 무엇인가? 가격에 초점을 맞춰 모든 비용 측면의 경쟁을 약화하여 초기 존재early existence가 결정된 조직을 상상해보라. 이것은 조직의 존재 방식이자 조직 시스템, 선택, 가능성을 이해하는 렌즈가 될 것이다. 또 다른 예로 과거의 일하는 방식을 창의적으로 뒤집는 능력에 의해 초기 존재가 결정된 매우 다른 조직을 상상해보라. 이것은 다시 부분적으로 조직의 존재 방식이 되고, 조직이 존재함에 따라 만들어지는 결정, 선택들에 영향을 미치게 된다.

개인 수준에서는 과거 또는 초기 생애에 대한 코칭 대화를 꺼리듯, 개인의 초기 조건을 작업한다고 해서 코치가 상담사 또는 심리치료사가 되는 것은 아니다. 그러나 과거를 적절히 활용할 수 있는 방법들이 있다. 두 살 때 그녀의 부모가 매우 좋지 않게 이혼했다고 얘기하는 코치이 예를 생각해 보라. 생존이 걸려있는 것처럼 느꼈던 그 사건에 대한 성찰은 코치이가 '충분히 좋은' 것임에도 현재 느끼는 불안 수준 및 이것이 그들의 견해와 행동을 어떻게 형성했는지에 대한 이해와 통찰력을 얻는 데 도움이 될 수 있다. 또 이 매우 중요한 초기 경험early experience에 주목하는 것은 왜 '불안'이 그들의 이야기의 지속되는 부분이었고, 왜 변하는 것이 '불가능'하다고 느꼈는지에 대해 코치이에게 약간의 위안과 수용을 제공할 수 있다.

혼돈의 가장자리 – 혼란스러운 가장자리

혼돈의 가장자리edge of chaos는 질서와 혼돈 사이의 영역을 설명한다(Lewin, 1999). 복잡성 관점에서 볼 때 혼돈의 가장자리는 적응과 개발 가능성이 가장 큰 위치로 복잡한 개체complex entity가 가장 최상으로 자리 잡는 장소이다.

그러나 사람들은 자신이 혼돈의 가장자리에 있다고 인식할 때 흔히 두려움을 느끼는데, 이곳을 불확실성과 위협의 장소로 여기기 때문이다. 이 반응은 혼란스러운 가장자리chaotic edge 사고방식으로 설명되어 왔다(Kuhn, 2009). 사회적 영역에서 사람들이 상황에 대해 어떻게 느끼고 생각하는지가 그들의 반응을 결정한다. 혼돈의 가장자리 사고방식은 실험 의지가 특징이며, 변화를 다루는 자원이 풍부하고 효과적인 방법들을 촉진한다. 반면에, 혼란스러운 가장자리 사고방식은 혼란을 최소화하도록 설계된 규칙 기반rule-based의 엄격하게 규정된 행동으로 이어진다.

복잡성 사고 습관complexity habits of thought은 코칭심리학자들이 혼돈의 가장자리라는 모호한 공간에서 효과적으로 기능할 수 있도록 한다. 혼돈의 가장자리에서의 이야기에 대한 마음챙김 탐구mindful exploration는 성찰적 반응을 지원할 수 있으며, 혼란스러운 가장자리 사고방식으로 인한 반응 완화에 도움이 될 수 있다. 실제로 혼돈의 가장자리는 코치이마다 다른 위치에 있다. 코치로서 코칭 회기가 끝난 후에도 코치이가 지속 성장을 유지할 수 있는 사고 습관을 개발하여 혼돈의 가장자리에서 효과적인 능력을 키우도록 어떻게 지원할 수 있는가?

프랙탈 성질 fractality

프랙탈fractal이라는 용어는 강, 나무, 신체의 순환계, 림프계, 호흡계의 반복되는 말단 기관 모습에서와 같이 여러 참조 척도multiple scales of reference(Mandelbrot, 1977)에서 동시에 명백한 유사한 모습의 모양, 특성을 가진 개체를 설명하는 데 사용된다. 프랙탈 성질을 은유적으로 다루는 것은 개인, 부서, 조직, 부문에 걸쳐 존재하는 널리 퍼져 있는 질적 주제에 대한 알아차림을 개발하는 데 도움이 될 수 있다.

코치로서 이러한 이미지로 작업하려면 코칭 관계에서 일어나는 일, 코치이가 코치에게 어떻게 보여지는지, 역동이 어떻게 펼쳐지는지에 대해 주의 깊게 주의를 기울여야 한다. 일반적으로 코치와 고객의 역동에 대한 통찰을 제공하고, 다른 모든 관계에서 어떻게 보여지고 상호작용하는지에 대한 기초가 될 수 있는 것은 바로 이 정보이다.

코칭 프랙티스에서의 복잡성

복잡성 관점에서 코치로 일하려면 (1) 코칭 개입과 코칭 대화에 내재된 가능성들을 인식하기, 생각하기에 대한 새로운 방법과 (2) 코칭 프랙티스의 기존 측면을 강조하는 것이 모두 필요하다. 스테이시Stacey(2012)에 따르면 복잡성 기반 코칭 접근complexity-informed coaching approach은 '코치가 숙련된 프랙티셔너의 특징인 실무적 판단practical juedgment을 유지와 개발하기 위해 작업할 수 있는 가장 유용한 방법'(2012, p.95)인 성찰적 탐구를 촉진한다. 끊임없이 변화하는 세상에서 코치로서 코치이와 작업하며: (1) 그들이 무엇을 하고doing 있는지 또는 그들이 어떻게 지내는지operating 잠시 멈추고 생각하도록 도와주고, (2) 그들의 의사결정 과정 분석을 지원하고, (3) 그러한 평가 중에 얻은 통찰로부터, 행동해 나가면서 새로운 아이디어, 지식, 관점을 생성할 수 있도록 한다.

기본적인 조직화 원리와 이미지로부터, 복잡성 접근 방식이 우리가 사회적 상호작용social interactions과 제도institutions를 생각하는 방식에 대한 시사점을 가지고 있다는 것을 알 수 있다. 복잡성 접근 방식은 코치로서 우리의 존재 방식이 코칭에서 드러나는 것what emerges에 어떻게 영향을 미치는지에 초점을 맞추도록 한다. 복잡성 접근은 세상은 구분되지 않으며undifferentiated, 사람들이 그들의 가정assumptions, 관점perspectives에 따라 주관적으로 분열divisions과 이분법dichotomies을 만들어낸다는 것을 상기시킨다. 코치 역시 이러한 주관적 분류 과정process of subjective categorization에 참여한다. 복잡성 관점을 코칭에 더욱 충분히 도입하는 방법을 생각할 때, 가장 주목할 가치가 있는 것은 '당연한 것으로 여기는' 가정과 분류에 주의를 기울이는 것이다.

아래에서는 복잡성 관점에서 이해한 코칭 프랙티스의 세 가지 측면을 설명한다. 각 측면을 설명하는 동안, 우리는 각각의 측면이 다른 측면들과 완전히 관련되어 있다는 것을 보게 된다.

함께 만드는 코칭 프랙티스

복잡성은 반응하는 생명체를 행동, 효과, 맥락을 정교화하는 반복적 인과 관계recursive causality의 과정에서 계속해서 자기 조직화, 학습, 상호 반응하는 것으로 설명한다. 따라서 복잡성 관점에서 코칭 프랙티스는 공동 창조한 것co-created으로 이해된다. 코칭은 생각하기thinking와 비판적 성찰critical reflection에 대한 주의 집중의 공간space for attention이 필연적으로 공동 창조되는 창발적 과정emergent process으로 인식된다.

코칭 역동이 어떻게 공동으로 만들어지고 있는지에 대해 세심한 주의를 기울이면 훨씬 더 유용하게 코칭 공간이 창조될 수 있다. 이에 대한 간단한 예로, 사람들에게 코칭 프랙티셔너가 되는 방법과 전문 코치로서 자신의 스킬을 개발하는 방법을 가르칠 때, 일반적으로 누가 무엇을 하는지와 역할 정의를 다루게 된다. 코치를 흔히 '코칭 프로세스 전문가expert in the coaching process'로 설명하고, 반면 코치이를 '자기 자신과 자신의 맥락에서의 전문가expert in themselves and their context'로 설명한다. 이러한 초기 가이드는 코치와 코치이의 역할 이해에 유용한 도움을 주지만 동시에 강요된 이분법imposed dichotomy을 만든다.

복잡성 관점을 활용하면, 코치가 코치이와 코치 사이의 명백한 형성shaping을 위한 코칭 프로세스를 제공할 것으로 기대할 수 있다. 이에 대한 몇 가지 예는 코치가 다음과 같은 질문을 할 수 있다: 자기 자신에게 어떤 질문을 할 수 있는가? 이번 세션의 다음 부분은 어떻게 활용하고 싶은가? 오늘 우리는 당신이 가고 싶은 곳에 도달하기 위해 어떻게 함께 작업할 수 있는가? 마찬가지로, 우리는 코치가 통찰을 제공하고, 코치이가 자기 자신을 더 완전히 알아차릴 수 있도록 돕는 것을 기대할 수 있다. 코치와 코치이는 맥락 속에서 서로를 배우고 반응하는데, 많은 코치이에게 여전히 코칭은 새로운 유형의 개입 방법이라는 것을 기억할 가치가 있다. 결과적으로, 코치 역할의 핵심은 코치이가 코칭 기회를 잘 활용하는 방법과 코칭 공간의 공동 창조하는 데에 좀 더 사려 깊게 본인 역할에 주인 의식ownership을 가지는 법을 배우도록 돕는 것이다. 이전에 코칭을 경험한 개인과 그룹도 자신의 고유한 접근unique approach을 명확히 표현하고, 실용적 모델링pragmatic modelling을 통해 그것이 실제 의미하는 바를 명확화하는 데 세심한 주의를 기울이면 더 의식적으로 공동 창조된 공간이 나타날 가능성이 크다.

내러티브 내에 위치한 코칭 프랙티스

앞서 언급했듯이, 국소적 연결 또는 관계local connections or relationships는 개체 환경에 밀접하게 영향을 미치는 요인을 구성하므로 자기 조직화 과정에 중요한 것으로 인식된다. 사람들에게 국소적 연결은 내러티브 기반 상호작용narrative-based interactions을 통해 기능을 하게 된다. 이를 염두에 두고 복잡성 관점에서 작업하는 코치는 무엇과 연결된 것을 탐색하고, 형성되기 시작하는 새로운 연결을 이해하는 수단으로 명시적 그리고 암묵적으로 스토리를 사용할 가능성이 더 크다. 마찬가지로, 자기 이야기self-story에 대한 관심은 통찰과 자기 이해를 증가시켜, 더 큰 알아차림과 학습을 생성하는 플랫폼을 만들 수 있다. 예를 들어, 이러한 통찰은 실용적 관점pragmatic perspective에서 더는 유익하지 않은 사고 패턴이나, 더는 유의미하지 않은 아이디어를 보여줄 수 있다(Drake, 2015).

앞서 설명된 일곱 개의 복잡성 기반 이미지complexity-based image는 우리가 진실이라고 생각하는 측면을 좀 더 조사하고 질문하기 위해 내러티브 탐구 방법을 제공한다. 이미지는 특정 측면을 강화하는 내러티브로 탐구를 집중하여 무엇이 나타나고emerging 있는지 식별 방법way of discerning을 제공함으로써 그것들이 보여지고 주목받게 한다. 이러한 다양한 이미지들을 고려할 때, 코칭 프랙티스에는 가치와 윤리적 고려 사항이 담겨 있음을 기억하는 것이 유용하다. 복잡성은 그 속성이 설명적이어서 이런 측면에 제한되지 않는다. 따라서 복잡성 이미지의 적용 여부와 방법은 각 코치의 의미부여 선호도sense making preferences와 전문적, 개인적 윤리에 따라 달라진다.

성찰적이고 창발적인 코칭 프랙티스coaching practice as reflective and emergent

성찰적 탐구reflective exploration가 '코치의 실무적 판단 능력을 유지, 개발하기 위한 가장 유용한 방법'이라는 스테이시Stacey의 주장을 고려한다면(2012, p.95), 코치와 코치이가 함께 본인들의 사고방식, 실제 경험에 미친 영향을 생각하도록 촉진하는 대화를 더 자주 할 수 있다. 역동성의 원리^{principle of dynamism}는 현재를 과거의 연장선으로 보지 않고, 전개되는 사건과 그 영향에 대한 반응/적응을 알아차리도록 잠시 멈추는 방식을 요구한다. 행동 성찰 기술^{reflection-in-action}을 쌓고 코칭에서 성찰 활동을 위한 공간을 만드는 것은 복잡성 접근에서 중요한 것으로 보인다. 카바나^{Cavanagh}와 레인^{Lane}(2012)에 따르면 이런 접근은 창의성, 다양성에 대한 개방성, 연결성, 적응적 체계의 특징이 있다.

이 관점에 대해 코치가 알아야 할 첫 번째 요점은 어떠한 공식적 코칭 개입, 모델 또는 분석이라도 유연하게 생각하고, 실제 도움이 되지 않으면 쉽게 폐기해야 한다는 것이다. 또 새롭게 드러나는 것을 탐구하는 특정 기술, 접근의 선택은 코치와 코치이가 공동으로 노력해야 한다.

두 번째 요점은 재귀적 특성^{reflectivity} 및 창발성^{emergence}에 관한 것이다. 코칭 과제 수립 시, 대개 과제가 시작되며 개입 활동의 목표와 결과를 생각, 구체화할 것을 요청받는다. 코치로서 실제 할 수 있는 것과 코칭의 여러 이해관계자가 원하는 확실성 사이에는 차이가 존재한다. 마지막으로 원칙적인 결과^{outcomes}를 설정하는 것 이외, 회기 중 필연적으로 발생하는 창발성, 역동성, 자기 조직화를 고려한 코칭 계약방식에 대한 의문이 존재한다. 갑자기 새로 나타나는 것을 시스템이 알아차리고, 그러한 창발의 실용적 유용성을 설명할 수 있도록 재귀적 특성이 계약에 어떻게 포함되어 있는가?

이 세 가지 측면은 복잡성 기반 코칭의 명시적 특성을 설명하고, 코칭 및 코칭심리학 프랙티스에 복잡성 관점이 의식적으로 통합되는 수단이다. 그것은 매우 실용적, 맥락 주의적 관점이다. 앳킨스^{Atkins}는 맥락 주의적 접근을 지지한다: "행동을 이해하려면 맥락 주의자 관점^{contextualist standpoint}에서, 역사적 그리고 현 시스템적 영향들을 포함해 그 맥락을 이해해야 한다."(Atkins, 2012, p.102) 이러한 접근은 코치의 다음 질문으로 이어진다: 이러한 맥락 아래에서 과거의 어떤 행동이 우리가 가치를 두는 쪽으로 우리를 움직였나? 이 같은 질문들은 실용적인 영향의 핵심에 바로 도달하고, 맥락상 실행 가능성에 대한 통찰을 제공한다.

복잡성 관점의 코칭은 다음을 포함하는 재귀적^{recursive} 프로세스로 개념화될 수 있다:

1. 사회적 현상들은 자기 조직적^{self-organising}, 적응적^{adaptive}, 창발적^{emergent}이라는 것을 코치이에게 분명히 하기(세상의 끊임없이 변화하는 본질에 대해 알아차림 지원).
2. 성찰적 참여(코치이가 자신이 하는 일과 삶의 방식에 대해 잠시 멈추고 생각하도록 지원)

3. 대안 알아차림(코치이가 본인의 의사결정 과정 분석하는 것을 지원)
4. 정보에 입각한 선택(코치이가 행동을 취할 때 새로운 아이디어, 지식, 관점에 기반)

어떤 코치이에게 가장 유용한가?

코칭에 대한 복잡성 접근은 코칭 프로세스에서 우리 존재의 불확실성, 모호성을 인정한다. 모호함을 더 많이 받아들이고, 주관적이지만 오히려 구체적 실체로서 자기 자신 및 세계와 함께 일하는 기존 스킬을 가진 코치이들은 세계를 매력적이고 유용하게 해석하는 복잡성 방식들을 발견할 수 있다. 코치이들의 기존 스킬/관점이 성찰, 알아차림, 개인 그리고 상황적 내러티브 도출, 공동 창조의 기술들이 가정되기보다는 구축되어야 함을 의미할 수 있음에도 불구하고, 코칭에서 복잡성 접근은 가치를 더할 수 있다. 코칭과 코칭심리학의 목적과 복잡성에 관한 생각을 고려할 때, 복잡성 관련 이름을 붙이거나 인식하지 않을 수 있지만, 어떤 식으로든 본인 작업에 복잡성 관점을 취하지 않는 코치를 생각하는 것은 어렵다.

어린이 및 청소년과 함께 일할 때 좀 더 구체적인 생각하기concrete thinking의 경향이 있을 가능성이 훨씬 더 크다. 이 점을 고려할 때, 개인이 생각하는 방식(생각에 대한 생각) 및 그 생각을 자신의 열망과 목표를 위해 어떻게 적용하는지를 명확하게 통찰할 수 있도록 코칭 프로그램에 공간을 만드는 것이 더 중요하다.

조직 및 코칭 구매자와 함께 작업하거나, 코칭 문화 확산 방향에 따라 리더들을 코치로 양성할 때, 복잡성 접근 방식을 적용하는 것이 훨씬 더 중요해 보인다. 유동적인 부분이 너무 많아서 어떠한 신념 기반의 경직성belief-based rigidity을 포함하는 것은 도움이 되지 않을 것이다. 우리가 무엇을 단단히 붙들기 시작할 때, 우리 앞에 펼쳐지고 있는 것what is unfolding에서 멀어지고, 새롭게 나타나는 것what is emerging에 충분히 주의를 기울이지 않는다. 일대일 코칭과 마찬가지로 조직 이해관계자들의 복잡성 스킬complexity skills 및 창발성emergence 촉진과 결과outcomes 제공 사이의 긴장 유지 능력이 더 도전 과제일 것이다.

사례 연구

다음 코칭 사례 연구는 코치 관점에서 복잡성 사고방식complexity mindset 적용을 강조한다. 이 사례 연구는 대인관계가 특히 중요하고, 독특한 특징으로 보이는 개인들과 함께 일한 경험이 바탕이 되었다. 이 경우 코칭 목적은 리더로서 개발 촉진, 존재감/영향력 향상 및 자신감 향상이었다.

코칭 니즈 확인, 코치의 작업방식 탐색, 코칭 프로그램의 실제 운영방식 설명을 위해 초기 전화 면접initial phone call을 함으로써, 코치는 연결을 중심으로 드러나는 패턴을 파악했다.

세션 1 시작 시, 코치(AW)는 그녀가 인사하려고 잠시 멈추지 않고 마치 진행 중인 대화처럼 보이도록 한다는 것을 알아차렸다. 이러한 연결의 특징feature of connectivity에 대해 즉시 궁금해지자, 코치는 고객의 대인관계 레퍼토리의 이러한 측면에 고객이 주의를 돌릴 만큼 용감해질 수 있을지 궁금했다. 이번에는 그녀가 그렇다는 것이 밝혀졌다.

AW: 당신과 나누고 싶었던 내 호기심 중 하나는 제가 도착했을 때 당신이 저를 맞이하는 방식이었습니다. 나는 당신이 인사하기 위해 잠시 멈추지 않고, 마치 오늘 아침부터 우리가 이미 함께 일하고 있던 것처럼 내가 걸어 들어가면서 당신이 계속 얘기했는데요, 우리가 여기에 무엇을 위해 왔는지 알고 있었지만, 그래도 우리는 조금 전에 만났습니다.

MT: (잠시 멈춰서 생각에 잠긴 듯 보였다.) 약 30초 후 그녀는 "예, 제가 그렇게 했네요, 그렇지 않나요? 흠."이라고 말했다.

AW: 저는 그것이 어떤 것인지 궁금합니다만?

MT: 흠…. 저는 사람들과 그렇게 합니다. 저는 사람들이 제 내부 사람들 그룹의 일부가 아니라고 느끼는 것을 원하지 않습니다. 저는 그들이 우리가 상호작용을 시작하는 순간부터 즉시 받아들여지는 느낌을 갖고 형식적인 부담을 느끼지 않기를 바랍니다.

AW : 그러한 접근의 영향impact이 무엇인지 궁금합니다.

MT: 저는 사람들이 환영받는 느낌을 가지기를 바랍니다.

AW: 그러나 저는 방향감각 상실과 약간의 혼란을 경험했고 - 제가 여기에 있는 이유가 궁금해졌습니다.

세션 2에서 코치이는 코치와 악수하고 따뜻하게 맞이하며 여정이 어땠는지 묻고 세션에 필요한 사항을 논의했다. 그녀는 회의 시작 전에 잠시 멈추고 사람들과 연결connecting with people하는 연습을 해왔으며, 그것이 긍정적인 영향을 미쳤다고 자랑스럽게 알렸다. 그녀는 회의를 잡고 회의에서 다른 역할들을 하기 위해 더 많은 공간과 명확성을 알아차렸다.

이 세션에서 코치는 다양한 대인관계 상황에서 코치이를 관찰할 기회를 가졌다. 그중 하나는 코치이의 시니어 팀과의 회의였다.

회의 전반부에 코치는 한 팀원과 코치이 사이에 약간의 긴장을 알아차렸다. 코치가 코치이와 이에 대해 논의하는 동안 편안한 휴식을 위해 잠깐의 멈춤이 있었다.

MT: 회의가 어떻게 진행될 것 같나요? 저에 대한 피드백이 있나요?

AW: 나는 BC가 긴장된 것처럼 보였고 그의 공헌이 매우 강력하다는 것을 알았습니다.

MT: 네, 제 행동이나 말에 대한 생각이 어떤지 궁금했어요.

AW: 당신이 어떻게 앉아 있는지 보세요. 당신의 몸 위치는 대화에서 BC를 약간 제외하고 있습니다. 당신은 RE, MM 그리고 나를 향해 앉아 있습니다 – 테이블의 이쪽에 더 개방되어 있습니다.

MT: 저는 깨닫지 못했어요. 이렇게 앉으면(의자와 몸의 자세를 움직인다), 이제 탁자 양쪽이 열려 있죠.

AW: 좋습니다.

회의의 후반부는 대인관계 상호작용 측면에서 훨씬 부드러웠다. BC와 코치이 사이의 긴장이 분산되었고 코치이는 신체적 접근physical approach을 방에 있는 모두를 포함하도록 했다.

코치이와 코치가 그날 마지막에 검토하면서 다음 사항이 언급되었다:

MT: 저는 그 회의를 통해 제가 BC와 상호작용하는 일반적 방식에 대해 성찰했어요. 저는 그를 제외하고 그와 말할 때 그에게 개방적이지 않았을 가능성이 더 큽니다. 그 이유를 잘 모르겠어요. 아마 저는 그의 역할이 본질에서 더 도전적이라는 것을 알게 되었어요.

AW: 당신의 포지션이 변경된 후에는 어땠나요? 그게 어떤 영향을 미쳤나요?

> MT: 아주 조금 변경했는데 훨씬 편안했어요. 저는 이 주제에 대해 작업할 필요가 있어요.
>
> 이 두 코칭 세션에서 의사소통적 연결성communicative connectedness이 전면에 나타나고, 실험이 고안되고 새로 탐구한 프랙티스들을 적용해 질적으로 다른 결과를 얻었다. 팀 회의에서 코치이의 신체적 위치body position 역시 초기 조건에 대한 민감성의 원리principle of sensitivity to initial conditions를 가볍게 강조했다. 회의 전반부에 경험한 긴장은 실제로 그 관계에서 적어도 부분적으로는 연결성에 대한 초기 조건 때문이었다. 코치의 강렬하고 조율된 초점은 피드백 루프를 완화하거나 향상하게 하는 행동에 주의를 끌고 선택할 수 있다.

논의 포인트

1. 복잡성 원리와 이미지를 되돌아볼 때, 복잡성 접근 방식은 당신의 코칭 프랙티스에 어느 정도까지 부합하는가?
2. 당신의 프랙티스 개발에 도움이 되는 코칭심리학의 복잡성 접근 방식 측면들이 있는가?
3. 상황과 사건에 유연하게 대응할 수 있는 코치이의 능력을 극대화하도록 지원하기 위하여 복잡성 접근을 어떻게 보는가?
4. 강조된 코칭 프랙티스의 세 가지 측면(공동 창조되고, 내러티브 내에 위치하며, 성찰 그리고 창발적 코칭 프랙티스)을 돌아볼 때, 복잡성 접근 방식을 통해 당신의 코칭 토대, 지식 기반에 추가되는 것은 무엇인가?

추천 읽기

Kuhn, L. (2009). *Adventures in Complexity for Organisations Near the Edge of Chaos*. Axminster: Triarchy Press. This short book provides an excellent, well informed introduction to complexity habits of thought, images and concepts.

Kuhn, L., & Woog, R. (2007). 'From complexity concepts to creative applications' in *World Futures*,

The Journal of General Evolution 63(3–4) April–June: 176–193. This paper critically reflects on issues implicated in utilizing complexity in the social domain and sets out complexity-based methods and techniques for undertaking social inquiry.

Schon, D. A. (1984). *The Reflective Practitioner: How professionals think in action*. Farnham: Ashgate Publishing Group. This book provides solid foundations and practical tips for thoughtfully building a reflective practice.

Whybrow, A., Grant, A. M., Palmer, S., & Kemp, T. (2012). 'Editorial: Coaching Psychology Coming of Age' in *International Coaching Psychology Review* 7(1) March 2012: 72–74. This edition of ICPR includes a useful more in-depth discussion about complexity approaches and thinking as applied to Coaching Psychology practice.

참고 문헌

Allen, P. M. (1998). 'Evolving Complexity in Social Science'. In G. Altmann & W. A. Koch (eds.), *Systems: New Paradigms for the Human Sciences* (pp. 3–38). New York: Walter de Gruyter.

Atkins, P. W. B. (2012). 'Elemental Realism and Pragmatism in Coaching Psychology: Making Our Assumptions Clear' in *International Coaching Psychology Review* 7(1) March: 101–105.

Burkitt, I. (1994). 'The Shifting Concept of the Self' in *History of the Human Sciences* 7(2): 7–28.

Cavanagh, M., & Lane, D. (2012). 'Coaching Psychology Coming of Age: The Challenges We Face in the Messy World of Complexity' in *International Coaching Psychology Review* 7(1) March: 75–90.

Coveney, P., & Highfield, R. (1995). *Frontiers of Complexity*. New York: Ballantine Books.

Dillon, M. (2000). 'Poststructuralism, Complexity and Poetics' in *Theory, Culture & Society* 17(5): 1–26.

Doidge, N. (2015). *The Brain's Way of Healing*. Victoria: Scribe.

Drake, D. (2015). *Narrative Coaching: Principles and Practices for Bringing New Stories to Life*. Petaluma, CA: CNC Press.

Gleick, J. (1998). *Chaos: The Amazing Science of the Unpredictable*. London: Vintage Books.

Heidegger, M. (1966). *Discourse on Thinking* (Trans. J. Anderson & E. Freund). New York: Harper and Row.

Johnson, S. (2001). *Emergence*. London: Allen Lane: The Penguin Press.

Kauffman, S. (1995). *At Home in the Universe: The Search for the Laws of Self-Organisation and Complexity*. Oxford: Oxford University Press.

Kuhn, L. (2002). 'Complexity, Cybernetics and Human Knowing' in *Journal of Cybernetics and Human Knowing* 9(1): 39–50.

Kuhn, L. (2007). 'The daily things we do: Towards global citizenship'. In *Trois religions, un seul homme* (pp. 305–316). Lebanon: Annales de Philosophie & des Sciences Humaines, Universite Saint-Esprit de Kaslik.

Kuhn, L. (2009). *Adventures in Complexity for Organisations Near the Edge of Chaos*. Axminster: Triarchy Press.

Kuhn, L., & Woog, R. (2007). 'From Complexity Concepts to Creative Applications' in *World Futures, the Journal of General Evolution* 63(3–4) April–June: 176–193.

Lewin, R. (1999). *Complexity: Life at the Edge of Chaos*. Chicago: University of Chicago Press.

Mandelbrot, B. (1977). *The Fractal Geometry of Nature*. New York: Freeman.

Morin, E. (1992). 'From the Concept of System to the Paradigm of Complexity' (Trans. S. Kelly) in *Journal of Social and Evolutionary Systems* 15(4): 371–384.

Morin, E. (2008). *On Complexity* (Trans. R. Postel & S. M. Kelly). Chesskill, NJ: Hampton Press.

Schon, D. A. (1984). *The Reflective Practitioner: How Professionals Think in Action*. New York: Basic Books Inc.

Stacey, R. (2012). 'Comment on Debate Article: Coaching Psychology Coming of Age: The Challenges We Face in the Messy World of Complexity' in *International Coaching Psychology Review* 7(1) March: 91–95.

Waldrop, M. (1992). *Complexity*. New York: Simon & Schuster.

Whybrow, A., Grant, A. M., Palmer, S., & Kemp, T. (2012). 'Editorial: Coaching Psychology Coming of Age' in *International Coaching Psychology Review* 7(1) March: 72–74.

Wilson, R. (2013). *Anti-Hero: The Hidden Revolution in Leadership and Change*. London: OSCA.

Wittgenstein, L. (1988). *Tractatus Logico-Philosophicus* (Trans. D. F. Pears & B. F. McGuiness). London: Routledge and Humanities Press International.

Wolfram, S. (2002). *A New Kind of Science*. Champaign, IL: Wolfram Media.

Woog, R. (2004). *The knowing of knowledge*. Working and Learning in Vocational Education and Training in the Knowledge Era, Australian National Training Authority.

32장
조직 내 코칭 개발: 코칭 문화로 이동

저자: 앨리슨 와이브로우 Alison Whybrow[1], 에드 노팅엄 Ed Nottingham[2]
역자: 강준호

서론

코칭이 개인과 조직 수준의 결과에 모두 유용한 영향을 미칠 수 있다는 믿음에서 많은 조직은 코칭을 핵심적 또는 비교적 안정적 프랙티스로 적용하고 있다.

미국 상위 100대 기업의 약 90%가 코칭을 사용한다(Bono, Purvanova, Towler & Peterson, 2009). 영국에서도 비슷한 수준으로 나타났다(Jarvis, Lane & Fillery-Travis, 2005). 글로벌 금융 위기 이후에도 코칭은 단 10% 감소한 것으로 보고되었다(CIPD, 2011). 호주에서는 많은 비즈니스 리더가 코치를 활용하며(Leadership Management Australia, 2006) 코칭에 참여하고 있다(McCarthy & Ahrens, 2012). 사내 코칭 역량과 팀 코칭(예: Mann, 2013, 2016)이 강조되는 형태로 환경은 다소 변화하고 있지만, 코칭은 여전히 강력한 육성 개입 활동으로 여겨진다.

---

[1] **앨리슨 와이브로우** Alison Whybrow는 2000년대 초반 코칭심리학 개발에 앞장 섰으며, i-coach 아카데미의 코칭 프랙티스에서 공인 프로그램일 지휘했다. 국제 코칭심리학 협회와 유럽 전역의 대학 프로그램에 기여하고 있고 영국 런던에서 코치, 컨설턴트, 코칭 수퍼바이저로 코칭 프랙티스 분야를 개발하고 있다. 앨리슨은 우리의 인간-지구earth 관계를 변화시킬 수 있는 가능성에 대해 깊은 열정을 가지고 있다.

[2] **에드 노팅엄** Ed Nottingham PhD은 조직과 비즈니스 컨설팅 심리학, 행동 및 인지 심리학, 그리고 임상심리학에 대해 American Board of Professional Psychology(ABPP)의 이사회 인증을 받았다. 그는 또한 국제 코칭 연맹International Coaching Federation(ICF)으로부터 전문 인증 코치PCC로 인증받았고, 이사회 인증 코치board certified coach(BCC)이다.

조직 내 코칭이 활용된다는 것이 코칭 문화가 확립되었다는 것을 의미하지는 않지만 '… 다중 피드백 루프multiple feedback loops, 행동, 반응의 집합적 영향으로부터 이것이 함께 모여 특정 결과를 달성하기 위해 상호작용하고 체화된 방식으로 이어지는'(Whybrow & O'Riordan, 2012, p.209) 코칭 문화가 발현되는 움직임일 수 있다. 코칭 문화는 목적 있는 대화purposeful conversations, 적극성proactivity, 더 큰 대화형 질문greater dialogic enquiry, 호기심curiosity, 성찰적 경청reflective listening, 지속적 피드백ongoing feedback, 뚜렷한 에너지palpable energy를 통해 인지할 수 있다.

이 장에서는 세 가지 영역을 다룬다:

- 코칭을 지원하는 더 넓은 환경에 대한 논의
- 조직 내 코칭 발전을 위한 심리적 근원
- 조직 내 코칭 프랙티스 구축 및 발전시키기

그리고 두 가지 짧은 사례 연구로 끝마칠 것이다.

조직 내 코칭 개입 활동 및 코칭 문화 발전

조직은 급변하는 상황에 유연하게 대응하고 창의적으로 문제를 해결하며 위험과 불확실성을 탐색해야 한다(예: Caldwell, 2006). 과거는 미래의 청사진을 제공하지 않으며, 흔히 실험과 학습의 과정이 필요하다. 이에 따라 사전에 설정된 해결책을 준수하는 것이 불필요한 일이 되었다. 선도하려면 비전을 명확히 하고 독립적인 구성원들이 그러한 방향으로 일하도록 더 많은 권한을 부여해야 한다(Griffin, Parker & Mason, 2010). 미래를 예측해보면 사람들은 계층이 아닌 역할 기반 구조 내에서 일하게 될 것이다.

이런 맥락에서 코칭은 지역/글로벌 복잡성 탐색에 도움이 되는 적응적 방법론을 제공한다. 코칭은 공동 창조co-creation, 대화dialogue, 의미 만들기meaning making, 학습learning을 통해 새로운 생각하기와 행동의 기회를 창출한다(예: Sonesh, Coultas, Lacernza, Marlow, Benishek & Sales, 2015; Whitmore, 2009; Blakey & Day, 2012; Diminovitch, 2013). 변혁하는 데

있어 코칭이 가진 실행 가능성에 대한 믿음은 다음에 뿌리를 두고 있다:

- 시스템의 창발적 복잡성emergent complexity과 인간 상호작용의 자기 조직화 성향self-organizing nature에 코칭이 '적합'하다(Cavanagh, 2006). 대화에 집중하고, 마음에 내재한 가정들에 대한 고착을 완화하고, 다양한 가능성, 학습을 상상할 수 있는 공간을 제공하고, 관계를 강화한다 - 코칭은 조직의 신경망neural network을 최적화하는 실용적 방법이다(Hawkins, 2012). 따라서 코칭을 통해 세상the world을 유지하고 반응할 수 있다.
- 다음과 같은 맥락 내에서 개인을 지원하는 코칭의 능력 :
  - 개인이 지닌 풍부한 자원resourcefulness 및 회복탄력성resilience을 구축하고, 더 많은 선택과 행동을 가능하게 하는 자기 통찰력self-insight을 향상함(예: 섹션 2).
  - 리더가 자신의 강점을 발휘하기 위해 육성해야 할 바람직한 특성으로서 진정성 리더십authentic leadership을 개발함(예: Kinsler, 2014; Williams & Whybrow, 2013)
  - 정서적으로 지적이고 성숙한 리더의 개발을 위한 수직적 개발vertical development을 지원함(Kegan, 1982; Backhirova, 2011; Hawkins, 2012)
- 하위 조직의 성공은 집단에 달려 있다는 생각을 강조하는 팀과 그룹 코칭 작업. 여기에서 코칭은 목적purpose, 관계역동relationship dynamics, 그룹 프로세스group process, 대화dialogue, 작업 관계 강화strengthening of working relationships에 더 초점을 맞출 가능성이 있다(Hawkins, 2011; Clutterbuck, 2007; Schein, 1998).
- 학습 조직(예: Senge, 1994)에 대한 아이디어. 이 아이디어는 조직이 구성원 역할과 시스템 구조 그 자체에 학습을 통합하도록 촉진했다. 이제는 직원들이 본인의 발전을 위해 일정 수준의 책임을 지는 것을 기대한다(St John-Brooks, 2014).

코칭 활동과 방법론은 전체 조직 시스템에 걸쳐 결합할 수 있으며, 공유된 결과shared outcome를 위한 가이드를 위해 통합 프레임워크를 제공한다. 가장 단순한 형태의 코칭조차도 시스템의 성과에 영향을 미칠 수 있는 잠재력이 있다.

이론 및 기본 개념

개인 수준의 코칭 영향력 연구는 계속 진행되고 있다. 코칭은 번영thriving(Spreitzer & Porath, 2014), 회복탄력성, 책임감, 사고 확장, 문제해결 능력, 목표 달성(Law & Aquilina, 2013); 스킬 향상(De Meuse, Dai, & Lee, 2009); 더 큰 자기 이해greater self-understanding, 대처 능력, 목표지향적 자기 규제goal-directed self-regulation, 태도, 웰빙(Theeboom, Beersma & van Vianen, 2013); 지속 가능한 학습(Wasylyshyn, Gronsky & Haas, 2006; Kombarakaran, Yang, Baker & Fernandes, 2008)과 관련이 있다.

개인 코칭은 자기와 타인 관계에서의 자기에 대한 알아차림awareness과 우리 내적 내러티브와와 그것이 생리적/심리적으로 무의식적 영향을 주는 심층 심리 패턴에 대한 영향력/명확성에 대한 통찰insight을 향상시킨다. 이러한 알아차림을 통해 개인은 더 효과적인 선택을 하고, 새로운 관계 방식을 찾고, 현재 및 상상한 미래 상황에서 바람직한 결과 달성에 좀 더 효과적인 조치를 할 수 있는 새로운 이야기/맥락을 규명할 수 있다.

이러한 늘어나고 있는 증거만으로도 조직이 코칭을 채택하도록 이끌기에 충분하다. 시스템 수준에서도 코칭 효과 이해에 활용할 수 있는 이론적 토대가 더 있다.

직무 및 업무 설계job and work design

1990년대 초에 조직은 경쟁우위 확보를 위해 역동적 반응dynamic responsiveness을 촉진하는 방법을 이해하기를 원했다(예: Parker, Wall & Jackson, 1997); 그러나 변화하는 직원의 태도는 비판적인 것으로 확인되었다(Turn-bull, 1986; Taira, 1996). 연구원들은 직원들이 자율성autonomy, 역량competence, 관련성relatedness에 대한 기본적인 인간 니즈를 충족함으로써 더 내재적으로 동기부여되고, 더 적극적이고 전략적인 접근을 취할 수 있도록 역할이 명시적으로 설계될 수 있다는 것을 보여주었다(예: Gagne & Panaccio, 2014). 카라섹Karasek과 테오렐Theorell(1990)의 초기 작업은 직원들이 특정 작업과 결과 수행 시, 어떤 스킬을 사용할지 결정할 수 있을 경우 직원들이 더욱 가치를 느낌으로써, 더 큰 자율성이 더 큰 몰입engagement과 동기부여motivation로 이어진다는 것을 보여주었다. 더 큰 자율성은 또한 학습과 지식 생성을 통해 역량을 구축하고 시스템 성과를 향상시킨다(Wall, Jackson & Davids, 1992). 전략적 통찰과 함께 자율성은 업무수행에 대한 더 큰 오너십ownership과 책임감으로 이어지며 조직의 효과성(Parker, Wall & Jackson, 1997), 개인 직무성과, 커리어 성공, 혁신, 삶의 만족도에 긍정적인 영향을 미친다(Strauss & Parker, 2014).

필요한 모든 것을 예상하고 미리 지정할 수 없는 역동적이고 불확실한 환경에서 직원들은 자신의 과제를 수행하고 자기 주도적 조치를 취해야 한다(Griffin, Neal & Parker, 2007). 개인은 최종적인 실행 모니터링 및 조정 필요사항에 대한 피드백 수집 전에 목표 개발, 정보 수집, 미래 예측, 계획 수립, 실행해야 한다(Frese & Fay, 2001). 적극성proactivity은 직무 충실화job enrichment, 특히 직무의 자율성, 복잡성을 높이고(Parker & Wang, 2015) 실험을 지원함으로써(Bindl, Parker, Totterdell & Hagger-Johnson, 2012) 촉진할 수 있다.

카라섹Karasek과 테오렐Theorell(1990)은 또한 긍정적 업무 관계가 직원의 정신적, 신체적 건강을 개선하는 데 중요하다는 사실을 발견했다. 이러한 관계의 측면에는 공감적인 라인 관리자, 응집력 있는 작업 그룹, 신뢰 및 '집단 목표에 대한 개인 기여에 대해 사회적으로 확인된 가치에 기반을 둔 긍정적 정체성'(p.70)이 포함된다. 마찬가지로 파커Parker와 왕Wang은 새롭거나 불분명한 일을 할 때, 실패 위험이 있고 결과가 모호한 곳에서 개인이 심리적으로 안전하다고 느낄 필요가 있음을 발견했다(2015).

업무 설계work design 이론과 연구는 지원, 도전, 자율성, 학습 원칙을 포함하는 코치로서 리더leader as coach 프로그램과 같은 코칭 활동의 조직화에 대한 가치를 더욱 뒷받침한다.

모호함과 복잡성 속에서 작업working in ambiguity and complexity

조직은 흔히 복잡한 적응 시스템complex adaptive systems과 동일시되었다(Stacey, 2012). 그러한 시스템에서는 변화가 창발적이고 예측할 수 없다. 더욱이, 맥칸McCann과 셀스키Selsky가 '환경의 요구가 최종적으로 환경을 공유하는 요소들의 총체적 적응 능력collective adaptive capacities을 초과할 때'(1984, p.460)라고 정의한 초난기류hyper turbulence에서 메이어Meyer, 고스Goes 그리고 브룩스Brooks가 "관리자들은… 전통, 선례, 과거 관행의 유대를 벗어난 방법을 발명해야 한다."(1995, p.99)라고 설명한 바와 같이 완전히 새로운 전략이 필요하다. 일이 항상 수행되는 방식은 특정 산업 환경 및 관련된 사고라는 집합의 산물이다. 급속하고 급격한 변화로 인해 낡은 가정outdated assumptions을 가진 리더들이 자신이 모른다는 사실을 모르기 때문에 그러한 신념 자체가 생존에 위협이 될 수 있다. 그러나 알려지지 않았다고 해서 알 수 없는 것은 아니다. 단지 그것이 기존의 틀을 넘어서 있다는 것이다(예: Sternberg, 1990). 틀을 확대하는 것은 호기심과 겸손, 현재/미래 요구사항에 더는 대응하지 못하는 오랜 습관을 잊고 놓아주는 것에 달려 있다(예: Senge, Scharmer, Jaworski & Flowers, 2005).

전통의 유대를 허물려면 시기적절한 실행이 필요하고, 변경하기 전에 기존 접근 방식을 최대한 활용해야 하지만, 변화된 산업에 직면하여 리더와 조직 전체가 낡은 접근 방식의 옹호자가 되지 않도록 일찍 변경해야 한다. 조직 내 사람들이 창발과 함께 일할 수 있도록 준비시키는 방법에 대한 다양한 아이디어가 있다. 지혜는 관용, 열린 마음, 주어진 상황에서 다양한 원인과 해결책 인식, 역설과 모순 인식, 불확실성, 불일치, 불완전성 및 타협에 대처할 수 있는 능력(Staudinger, 2008); 모호함에 대한 편안함(당신이 모른다는 사실을 알고 있음), 더 큰 그림과 다양한 결과의 시사점에 대한 견해를 유지하는 것과 관련이 있다(Sternberg, 1998). 복잡성 사고 습관complexity havbits of thought을 개발하는 것(Kuhn, 2012)은 개방성을 촉진하고 어떤 것이 '반드시 그러해야 한다는should be' 방식에 대한 엄격한 집착을 줄이고, 더 큰 지혜를 가능하게 하는 프레임워크를 제공한다.

코칭은 새로운 가능성에 관한 대화 탐구dialogic enquiry 촉진을 위해 고안된 방법으로서, 성찰, 피드백 주고받기, 경험적 학습을 위한 공간을 제공하고 잠재적으로 지혜의 성장과 복잡성 사고 습관을 지원할 수 있다.

리더십

리더십leadership은 직원들이 더 복잡하고 빠르게 진행되는 상황에서 효과적으로 일할 수 있도록 강력하고 신뢰할 수 있는 업무 관계 구축에 중점을 두며, 대인관계 및 관계적 렌즈를 통해 더 많이 인식할 수 있다(예: Goleman, 2011; Hawkins, 2012). 분산형 리더십distributed leadership(Bolden, 2007), 포지션이 아닌 그룹 프로세스 기능 리더십(Lawrence, 2015) 및 전문 감독자expert directors로서의 리더에서 촉진자facilitators로의 전환은 코칭이 늘어나고 있음을 반영한다(Tamkin, Hirsh & Tyers, 2003). 실제로 리더십은 집단의 목표 달성에 대한 기여를 향상하기 위해 다른 사람들에게 영향을 미치는 과정으로 설명된다(Platow, Haslam, Reicher & Steffens, 2015).

변혁적 리더십transformational leadership과 진성 리더십authentic leadership – 두 가지 리더십 스타일은 정렬alignment 및 목표 달성에 대한 긍정적 영향과 강한 관련이 있다: 변혁적 리더십은 "리더가 직원의 이익을 확대 및 향상시킬 때, 그룹의 목적과 사명에 대한 인식, 수용이 생길 때, 그리고 직원들이 그룹의 이익을 위해 자신의 이익 너머를 바라보도록 자극할 때 발생한다."(Bass, 1990, p.21). 변혁적 리더십이 경험된 곳에서 팔로워들은 더 큰 몰입을 느끼고, 더 큰 자발적 노력을 하여 더 나은 사업 결과를 가져온다(Avolio, 2011). 변혁적 리더십은 자기 신념self-belief을 키우고, 더 넓은 그룹 목적과의 연결을 강화하며, 집단적 가치를 개발하고 개인의 기여도를 높이기 위해 제안된다(Strauss, Griffin & Rafferty, 2009). 적어도 직장 내 코칭의 목적 중 하나는 코치이들이 그들 주위에 좀 더 변혁적 영향력을 가지도록 행동을 바꾸는 것이다(Platow, Haslam, Reicher & Steffens, 2015).

진성 리더십authentic leadership은 '개인이 자신이 누구인지, 자신이 생각하는 바를 알고, 본인의 가치와 도덕적 관점, 지식, 강점을 인식하고 있다고 타인들에게 인식되는' 것이다(Avolio, Luthans, & Walumbwa, 2004, p.4). 이것은 '더 큰 자기 인식, 내재화한 도덕적 관점, 균형 잡힌 정보처리, 관계 투명성을 나타내는 리더의 행동 패턴'이다(Walumbwa, Avolio, Gardener, Wernsing & Peterson, 2008). 진성 리더십을 통해 신뢰가 구축된다고 한다.

마지막 측면은 시스템 리더십systems leadership이다. 리더의 행동은 행동에 대한 인식/사고가 바뀌지 않는 한 더 효과적이지 않을 것이다. '거기에서' 무언가를 바꿀 수 있으려면 먼저 '여기'에서 무언가를 바꿔야 한다. 이를 위해서는 변화가 나타나기 위한 성찰 및 공간이 필요하며, 학습은 실행이 요구된다는 것에 대한 이해가 필요하다(Senge, Hamilton & Kania, 2015).

리더십 코칭 프로그램은 리더가 더 복잡하고 불확실하며 모호한 환경에서 더 큰 자율성을 가지고 이끄는 것에 더욱 숙달될 수 있도록 자기 인식, 자기 관리, 대인관계 스킬을 개발하는 방법이다. 이 프로그램의 의도는 대화의 질 및 리더가 이끄는 사람들의 능력개발 역량을 향상시키는 것이다(Lawrence, 2015). 또한 이러한 프로그램은 더 큰 그림을 참조하여 경청하고, 피드백을 제공하고, 문제의 프레임화를 좀 더 잘할 수 있는 성찰적 리더의 육성을 촉진할 수 있다(Lawrence, 2015).

이러한 토대를 보면 코칭의 확대 및 코칭 문화를 위한 노력이 놀라운 일은 아니다.

프랙티스

코칭 문화를 개발하는 것은 야심찬 작업이다. 전략은 유동적이고 유연해야 하며, 자주 재검토하고 필요한 경우 맞춤화 되어야 한다(Power, 2015).

시넥_{Sinek}(2009)의 프레임워크는 코칭 문화를 개발할 때 유용하며, 시스템 전반에 걸쳐 정렬_{alignment}을 구축하는 핵심 요소를 알려주고 있다.

- 왜_{why}: 코칭의 목적은 무엇이며, 코칭 활동은 더 큰 목적에 어떻게 정렬되어 있는가?
- 어떻게_{how}: 코칭 활동이 새로운 문화를 지원할 수 있는 조건을 의도적으로 설계하기 위해 고객이 고려해야 하는 원칙은 무엇인가?
- 무엇을_{what}: 코칭이 활성화되도록 시스템의 완전성_{integrity}을 위해 필요한 코칭 활동은 무엇인가?

이러한 수준의 정렬은 영역 자체가 새롭고 모호할 때, 명확성, 신뢰, 가이드 프레임워크가 될 수 있다.

왜_{why}

고객이 코칭을 통해 달성하고자 하는 것은 무엇인가? 고객 조직이 세상 속에서 창출하는 차이점은 무엇이며, 코칭 원칙을 포괄하는 문화가 어떻게 이를 가능하게 하는가? 코칭 문화의 개발은 사업 전략과 밀접하게 연관될 때 더 가능성이 크고 강력하다. '왜 코칭이 필요한가_{why coaching}' 체크리스트(LaMarsh & Associates, 2005)(아래 [Box 32.1] 참조)는 코칭 문화를 구축하는 데 필요한 전략적 기반을 구축하기 시작한다(Hawkins, 2012).

이러한 초점이 없으면 코칭이 일부 영역에서 긍정적 영향을 미칠 수는 있지만, 더 넓은 체계적 변화는 불확실하다(Evans, 2011). 이 체크리스트에 대한 답변은 타 조직에 적용될 수 없다. 한 조직에서 잘 작동하는 것이 다른 조직 문화에서는 직접적으로 맞지 않는다(예: Whybrow & O'Riordan, 2012; St John-Brooks, 2014).

> **[상자 32.1] '왜 코칭이 필요한가why coaching' 질문 체크리스트**
>
> - 코칭이 제공할 비즈니스 목적은 무엇인가?
> - 당신이 이러한 코칭 여정을 시작하는 이유는 무엇인가?
> - 당신은 무엇을 성취하려고 하는가?
> - 코칭을 성공적으로 도입하지 않으면 어떻게 되는가?
> - 코칭을 사업 관행에 통합하려는 욕구를 일으키는 (내/외부) 요인들은 무엇인가?
> - 왜 더 일찍 행동을 취하지 않았는가?
> - 이를 하지 않으면 조직에 부정적 영향을 끼치기까지 얼마나 시간이 남아있는가?
>
> 2005년 LaMarsh & Associates에서 인용

공유된 명시적인 전략과 목적의 중요성은 강조할 가치가 있다. 떠오르는 사고와 대화의 명확성은 다른 사람들이 쉽게 참여를 선택할 수 있는 이야기와 경로를 형성할 수 있다.

코칭 비전을 더욱 정교화하려면 해결 중심 코칭solution-focused coaching 방법론을 활용하여 고객 조직 세부 사항과 함께 풍부한 그림을 만드는 것이 유용하다.

- 코칭에 대한 당신의 비전은 무엇인가?
- 지금 당신은 어디에 있는가?

이것은 앞으로의 여정에 대한 유용한 범위scoping를 제공한다. 비전은 이를 현실로 만드는 데 필요한 구조structures, 프로세스, 사람, 문화를 탐색함으로써 더 탄탄해질 수 있다([그림 32.1] 참조).

범위scoping를 정할 때 "문화는 조직 내부에 있을 뿐만 아니라, 더 중요하게도 모든 주요 이해관계자들(살아있는 브랜드) 사이의 관계 패턴들에 존재한다."(Hawkins, 2012, p.36)라는 것을 기억하는 것이 중요하다. 당신이 목표로 삼는 이러한 차원의 마지막과 현재 상태는 하나의 잠재적인 경로를 제공한다.

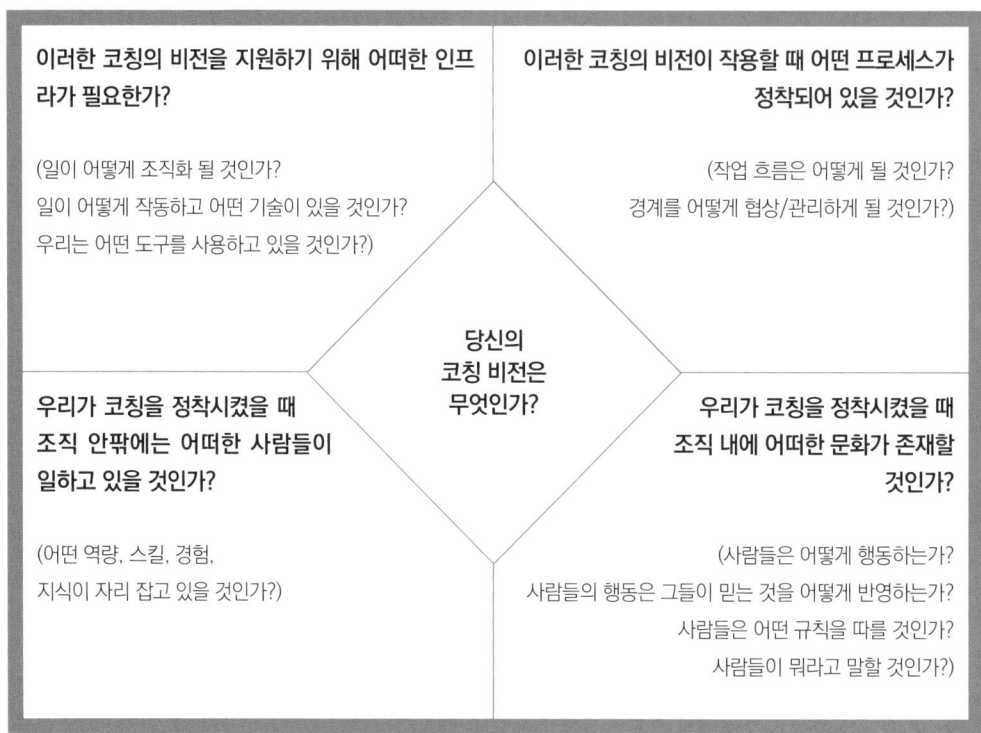

[그림 32.1] 코칭 비전 매핑을 위한 프레임워크

어떻게 how

코칭 문화가 생겨나고 번성하며 원래 목적을 달성할 수 있도록 고객이 적용 및 내재화해야 하는 원칙은 무엇인가? 코칭을 내재화하는 프랙티스는 직무/업무 설계, 복잡성 complexity과 모호성 ambiguity, 리더십 분야들의 연구를 기반으로 코칭 자체의 원칙을 유용하게 반영한다.

조직 구조와 프로세스 structure and process
메타 이론적 관점에서 볼 때 사일로 silos보다는 자율성 autonomy, 선택 choice 및 '전체성 wholes'를 촉진하는 조직 구조가 코칭 철학과 잘 어울린다.

동맹, 스폰서십 구축 building the alliance, sponsorship

고위 경영진 senior level의 스폰서십은 조직 시스템에 코칭을 내재화하고, 예산을 편성 받는 데 필수적이다. 그러나 반드시 과제 형태로 시작할 필요는 없다(Whybrow & O'Riordan, 2012). 영웅적 리더 시대 이후 좀 더 시스템 리더십 접근 systems leadership approach을 사용하면서, 경영진 senior 스폰서십에 집중하는 것이 덜 중요해지고, 여러 상위 관리자 local 스폰서에게 더 집중할 수 있다. 상위 관리자 행동 local action은 행동 변화와 관련하여 코칭에 대한 전체 조직의 신념보다 더 영향력이 있다: "그의 상위 관리자로부터 코칭 받을 특권을 가진 관리자는 접근 방식을 모방할 가능성이 가장 크고, 계속해서 그의 산하 구성원에게 코칭을 제공한다." (BlessingWhite, 2016, p.8).

풀 vs. 푸쉬 pull vs push

대부분 조직에서 코칭은 명확히 비지시적 접근 non-directive approach이다(Mann, 2016). 이에 따라, 사업을 통해 코칭을 끌어들여 pulling, 점화하고 에너지가 생기도록 하면서 조직 내 코칭 문화를 시작하는 것이 신뢰할 수 있는 방법이다(Whybrow & O'Riordan, 2012). 모멘텀이 형성되고, 코칭 과제가 큰 영향을 줄 수 있는 주요 지점 tipping point을 향함에 따라, 코칭이 확대될 수 있는 상황이 형성되고 속도가 붙기 시작한다. 더 강력하며 조정된 추진 push은 그때 긍정적인 영향을 미칠 수 있으며, 코칭의 가치에 대한 인식과 욕구가 나타날 때 필요할 수도 있다. 유연한 대응이 불가피하다.

계약하기 contracting

어떠한 코칭 개입이든지 모든 형태의 계약은 중요하다. 조직 시스템에서는 다음을 명확히 하는 것이 중요하다.

- 사용 가능한 코칭 자원, 협상 불가능한 것, 학습 과정이 수집되고 통합되는 방식
- 인재 육성 learning and development(L&D), 인사 human resources(HR) 조직이 관여하는 시기와 방법
- 코칭 담당자 선정
- 사내 코치 internal coach로서 경계 boundaries를 탐색하는 방법
- 사내 코치들을 활용할 수 있는 방법

- 신뢰와 투명성을 촉진하기 위해 존재하는 비밀 엄수confidentiality 범위

모든 코칭 관계와 마찬가지로, 계약하기는 역동적인 프로세스dynamic process이므로 주기적 재검토가 필요하다.

공동 창조 및 협업co-create and collaborate

코칭은 공동 창조 활동이다. 코칭 기술과 접근 방식의 철학적 뿌리는 참여적, 대화적, 창발적이며 학습을 촉진한다. 이러한 측면을 반영할 때, 더 넓은 과제를 공동 창조하고, 창발을 허용하는 것은 코칭 문화의 발전과 관련하여 중요해 보인다.

학습 인프라 구축하기creating a learning infrastructure

코칭은 학습 개입learning intervention이다(예: Wang, 2013). 시스템 수준에서 학습 인프라(예: 수퍼비전 구조, 동료 학습, 내재화된 피드백 루프를 통해 내부 코치 지원하기)를 만드는 것은 코칭 구조에 실험적 사고방식을 내재화하고, 조직에 대한 통찰을 의도적으로 수집하는 것을 허용한다.

영향도 참고하기note the impact

조직 내 코칭이 사업을 위해 사업부서에 의해 주도됨에 따라, 지속적인 관심과 투자를 촉진하는 코칭 영향도impact of coaching에 대한 관심이 필요하다. 코칭 측정지표measures of coaching에는 목표 달성, 코칭 프로세스에 대한 코치이 후기testimonials 및 코치이 만족도가 포함될 수 있다. 매우 주관적이지만 코치이 만족도는 코칭 결과에 영향을 미친다(Boyce, Jackson & Neal, 2010). 더 공식적으로 계약된 코칭 방식과 달리, 일부 동료 간 코칭 또는 코치 과제를 수행하는 리더와 같은 비공식적 방식의 영향도는 파악되지 않는다. 일부 조직에서는 더 시스템 수준의 측정지표(예: 몰입 지표)를 사용한다. 투자 수익률Return on Investment(RoI) 측정은 도전이지만 흔히 관심거리가 된다. 단순한 측정지표는 존재하지 않는다(Hofmans, 2017). 코칭이 잘 발달한 조직들은 재무적 ROI에 관한 관심보다는 코칭 여정journey을 시작하는 데에 더 관심이 있다(Mann, 2016).

전문가 리드 an expert lead

코칭 개입의 성공 가능성을 최적화하기 위해서는 코칭 전문성이 필요하다. 전체 시스템 접근 whole-systems approach 으로 작업하는 숙련된 프랙티셔너들이 배운 많은 교훈이 있다. 외부에서 도입하든 내부에서 개발하든 코칭을 교육을 위한 또 다른 스킬 셋으로 생각하거나, 단순히 학습과 성장을 위한 개입 방법으로만 생각한다면 그 가치가 제한된다.

무엇을 what

원하는 결과 성취를 위한 코칭을 가능하게 하려면 무엇이 필요한가? 와이브로우Whybrow와 오리어던O'Riordan(2012)은 조직 내에서의 광범위한 코칭 활동 분류 결과를 제공한다.

- **오퍼링**offering**으로서의 코칭**: 공식적 일대일 또는 팀 코칭 관계는 사내외 코치에 의해 설정
- **스타일**style**로서의 코칭**: 코칭 원칙들이 조직의 행동과 상호작용 방식에 통합
- **코칭 인프라**infrastructure: 조직 구조에 내재화(예: 코칭 슈퍼비전, 보상/인정 방안 변화)

주요 활동 중 일부를 설명하면 다음과 같다:

코칭 오퍼링 coahing offereings

- **사내 코치**internal coahes는 코칭 문화의 발전에 크게 기여한다(Mann, 2016). 코칭에서 급속히 확대된 영역으로, 일반적으로 '개인의 전문적 성장을 위한 프로그램을 수립 그리고 제공하기 위해, 조직에서 신뢰받는 관리자급 동료 직원이 제공하는 일대일 육성 프로그램'으로 설계되었다(Frisch, 2001, p.242). 사내 코치는 자신이 코칭하는 사람과 동일한 관리 부서 '소속이어서는 안 되며'(Frisch, 2001), 잠재적으로 고객과는 조직 내에 같은 파트에서 일해서는 안 된다(St John-Brooks, 2014). 추가 이점은 '승수 효과multiplier effect'(St John-Brooks, 2014)로 알려진 바와 같이 코치가 코치이와 함께 학습한다는 것이다(Mukherjee, 2012).
- **외부 코치**external coaches는 다양한 상황을 경험한 사람들이다. 그들은 리더가 소속되어 일하

고 있는 조직 프레임의 한계에 얽매이지 않는다. 시니어 리더들은 본인과 사업에 대한 기밀 정보를 조직 시스템 외부 누군가와 공유하여 더 정직하고 '깨끗한clean' 업무 관계를 조성할 가능성이 더 크다고 가정한다. 코칭 기술 측면에서는 전문 사내 및 외부 코치를 구별할 수는 없다. 어떤 유형의 코치가 적합한지에 대한 선택을 흔히 지시하는 것은 조직 시스템과 관련된 그들의 입장이다.

- **팀과 그룹 코칭**team and group coaching은 조직 내에서 제공되는 코칭의 약 10% 및 5%를 각각 차지한다. 대부분은 이러한 수치, 특히 팀 코칭이 증가할 것으로 예상한다(Mann, 2016). 일반적으로 팀 코칭은 공유되고 통합된 목적으로 함께 업무를 수행하는 그룹을 위한 집단적 개입collective intervention이다. 그룹 코칭은 개인이 꼭 알거나, 함께 일하지 않는 사람들과 코칭을 받는 곳이다. 이것은 더 풍부하고 다각적인 학습 경험을 제공할 수 있다.

스타일로서의 코칭 coaching as a style

코칭 스킬은 직원의 대인관계 레퍼토리interpersonal repertoire에 통합되어 여러 상호작용에서 선택하는 스타일이 된다. 리더/관리자가 자신들의 팀을 코칭하도록 훈련하는 코치로서 리더leader as coach 프로그램을 통해 리더는 조직 문화에 영향을 미치는 주요 방법을 체득한다(Anderson & Anderson, 2004). 이러한 프로그램은 대인관계 스킬 개발 영역(예: 라포 구축, 피드백 스킬, 경청하기, 의사소통)을 리더와 관리자를 위한 성과 관련 대화 스킬(예: 목표 설정, 아이디어 생성, 알아차림, 책임) 개발과 연계된 구조적, 체계적 활동 패턴으로 통합된다. 리더가 효과적인 리더 코치가 되려면 코칭 관계를 구축하는 데 매우 민감하고 공감해야 하며, 권력관계를 인식하고 역할 경계를 명확히 해야 한다(Spaten & Flensborg, 2013, p.20). 리더-코치leader-coaches는 주제가 자유롭지는 않다. 왜냐하면 그들의 주제는 그들이 이끄는 사람들의 효과적인 성과와 목표 달성이기 때문이다. 산하 구성원들과 일하면서, 리더-코치는 외부 또는 사내 코치와 다른 역할을 한다.

코칭 인프라 coaching infrastructure

그룹 수퍼비전, 일대일 수퍼비전, 학습 커뮤니티, 프랙티스 커뮤니티와 관계없이, 코칭 수퍼비전은 코치 및 시스템 개발과 학습 측면에서 매우 중요하다.

코칭에 초점을 맞춘 구조와 프로세스를 구축하면 코칭 스킬과 습관이 강화되어 더욱 깊숙이 내재화된 기반이 구축된다. 예를 들어, 조직은 이제 사람들이 상호작용하는 '방법'을 통해 평가된 모든 성과 측정지표의 상당 부분을 성과 리뷰performance review 주안점에 행동 측정지표behavioural metrics로 포함할 가능성이 더 크다.

코칭 관련 활동을 도입하는 것이 코칭 문화를 갖는 것과 같지 않다는 점을 강조하는 것이 중요하다. 코칭 문화를 구축하는 것은 끝없는 여정이다; 성공 여부를 묻는 것보다 "조직이 현재의 도전 과제를 해결하는 동안 문화와 전략이 정렬된 상태를 유지할 수 있도록 적절한 대화 프로세스를 갖추고 있는가?"라고 질문하라(Lawrence, 2015, p.59).

어떤 코치이에게 가장 유용한가?

모든 조직은 어떠한 코칭 활동에서 혜택을 얻을 수 있다. 그러나 모든 것을 다룰 수 있는 한 가지 방법은 없다. 코칭은 조직의 더 넓은 학습 구조의 한 부분일 뿐이며, 가장 큰 영향을 미치려면 블렌디드[혼합]blended 학습 방식이 통합되어야 한다. 코칭 문화의 발전이 반드시 모든 조직의 방향은 아니다. 코칭 활동의 정교함과 깊이는 규모, 시장 특성, 조직 활동이 모호성, 불확실성, 복잡성, 변동성을 포함하는 정도에 따라 결정될 수 있다.

사례 연구

두 개의 짧은 사례 연구가 공유되는데, 각 사례는 조직 내 코칭 적용에 대한 서로 다른 여정과 상황을 보여준다.

사례 연구 1: KPMG사의 코칭

이 사례는 영국 및 글로벌 네트워크 일부에 기반을 둔 4대 회계기업 중 한 조직에 코칭을 매우 실용적이고 체계적으로 통합한 것에 대한 통찰을 제공한다. 사례는 영국 Coaching

Center of Expertise(CoE)에서 공유되었다.

20년 역사를 가진 KPMG에서 코칭은 지속해서 부상하고 있다. "People 커뮤니티의 열정적인 코칭 후원자는 각 사업부에서 사업부 '주도pull 전략'을 사용했다. 이것이 당신에게 중요한가? 잘 작동할 것 같은가? 원하는 수준으로 투자하라." 코칭은 실제 사업 책임자의 혜택과 절대적으로 사업 어젠다에 포함되어 진행되었다. 그러나 이러한 사업부 주도의 접근은 때때로 영국 회사 전체에서 일관된 방식으로 코칭을 사용할 수 없음을 의미했다. "2016년 11월에 우리는 단일한 영국 내 교육 조직 산하에 단일팀으로 CoE가 되었어요. 이제 우리는 광범위한 학습과 인재 전략에 맞춰 일관된 코칭 프로그램을 통해 모든 사업부에 동일한 수준의 서비스를 제공한다는 사실을 확실히 알 수 있어요."

Coaching CoE는 주변 환경과 함께 움직이며 지속해서 발전한다. "… 우리는 코칭에 대한 단일한 정의를 하고 있지 않아요. (코치를 제외한) 대부분 사람은 당신이 하는 일이 도움이 되는 한 어떤 이름으로 불리는지 별로 신경 쓰지 않아요." 그러나 우리는 코칭 스타일 대화에서 전문적/심리적 기반 코칭에 이르기까지 다양한 유형의 코칭 역할 이해를 위한 프레임워크를 개발했다. 이는 구성원, 전문가, 직책자 주도의 코칭이 가장 적합한 상황을 결정하는 데 도움이 된다. 이 프레임워크는 고객이나 경영진보다 코치들이 더 많이 활용한다.

코칭이 KPMG에게 중요한 이유는 무엇인가?

"우리는 불안정volatile하고 불확실uncertain하며 복잡complex하고 모호ambiguous한(VUCA) 세상에 살고 있어요. 따라서 모호성, 복잡성 관리가 구성원들의 핵심 스킬입니다. 우리가 좀 더 호기심 기반의 성찰적 대화로 이동할 수 있고, 어떻게 경청하고 효과적으로 도전할 수 있는지 알게 된다면 - 그들은 더 나은 리더가 될 것이며, 고객과 함께 일하며 더 강력한 조언자가 될 거예요. [파트너와 구성원들이 나누는] 대화를 바꾸면 문화도 변해요."

"우리는 전문 서비스 회사에 '코칭 문화'가 중요하다고 생각해요. [코칭 스킬은] 비즈니스 수행 방식의 일부에요. 파트너십에서 신뢰가 전부이니까요. [코칭]은 내부적으로 그리고 고객과의 신뢰를 구축하는 일련의 대화와 분위기를 조성하는 방법으로, 우리가 지속적인 학습 모드에 있도록 해요."

"갈수록 파트너들은 코칭이 고객과 함께할 때 필요한 스킬임을 인식하고 있어요… 규제

당국은 사람들이 더 정직하고 투명해질 수 있는 문화 때문에 코칭 지향 문화를 중요하게 생각해요. 그러나 팀으로서 우리는 코칭 문화 자체를 별도 개발하려는 게 아니에요. 우리의 핵심 질문은 '**코칭 스킬 및 코칭 서비스가 회사에서 추구하는 문화를 구축하는 데, 어떤 방법으로 도움이 될 수 있는가?**'예요."

어떤 역할이 있는가?

- 사내 전문 임원코치들이 대부분 코칭을 수행하며 육성development, 직무 전환transition, 생각 파트너 작업thinking partnership, 체계적 팀 코칭systemic team coaching을 위해 파트너와 시니어에게 일대일 코칭을 제공한다. 또 코칭에 참여하는 사업부 인력을 위해 일관성/공동체 감각, 코칭 능력을 함양하고, 다른 사람들의 코칭 스킬을 개발에 관여한다.
- 외부 코치는 일대일 코칭에 적절할 때와 팀 코칭 시 사내 전문 코치와 협력하여 활용된다.
- 일반 코치들은 한 달에 최대 2일 동안 사람들을 코칭하는 직원으로서 부모 코칭, 신임 이사 채용, 이사 직무 전환 지원, 육성 프로그램 후속 코칭 같은 분야를 전문으로 한다.
- 비즈니스 개발 코치들은 사업개발의 핵심 스킬을 가진 사람들로서 다른 사람들에게 베스트 프랙티스 및 교육 프로그램 후 내재화된 학습 및 행동 변화에 대해 코칭한다.

모든 공식 코칭 역할은 니즈에 따라 설계된 다양한 수준의 일대일 및 그룹 슈퍼비전 또는 학습 구조에 의해 지원된다.

운영적인 부분에서 전략적인 부분에 이르기까지 **코칭 시각**coaching lens은 비즈니스 촉진 도구로서 가치가 있는 것으로 보인다. Coaching CoE는 코칭 활동을 알리고 변화에 대한 전략적 개발에 참여하면서 사업부서와 협업을 많이 한다.

중대한 사건critical incidents

코칭을 활용하면서 예상치 못한 유익한 점이 있었다. '좋은 것을 위대하게' 하기 위해 코칭을 활용하기로 한 결정은 코칭이 리더들을 이사 그리고 파트너로 전환하는 데 도움이 되는 핵심 활동이 되었다. "이렇게 하면 사업 내 고위 이해관계자들이 작업을 매우 빠르게 볼 수 있어요…. 코칭 수요가 증가하고 우리의 인재 관리 목표를 지원하기 위해 다양한 프로세스로 통합되었어요. 우리가 지원해드린 시니어 역할, 파트너 인력들이 이제 코칭 옹호자들coaching advocate이에요."

사내 코칭 오퍼를 명시하고, 명확한 예산 승인 프로세스 도입하여 외부 코칭 업체를 통합 활용한 것이 KPMG 코칭 발전의 또 다른 핵심 단계였다. "우리는 재무부서와 긴밀한 관계를 구축하여 사업부서 내 코칭과 관련하여 실제 일어나고 있는 일에 대한 투명성을 제공할 수 있었어요."

코칭 영향도coaching impact 코칭은 인재, 유지, 성과에 여러 가지 영향을 미친다. "우리는 사업에 소중한 사람들을 유지해 왔다는 것을 알고 있어요. 우리는 개인이 새로운 역할을 더 빨리 수행하고 성공할 수 있도록 지원했어요. 우리가 하는 일의 큰 부분은 고객이 사물을 더 체계적으로 볼 수 있도록 도와 전체를 이해하도록 연결하고 지원하는 것이에요. 지금처럼 사업조직 전반에 걸쳐 일하며 우리는 소수의 사람만 가질 수 있는 시각을 보유하게 되었어요. 우리는 무슨 일이 일어나고 있는지, 전략적 어젠다 및 계획된 변경 사항들을 알고 있으며, 현장에서 일어나는 일과 사람들이 느끼는 감정을 알고 있어요."

코칭 영향도coaching impact는 KPMG 코치가 개인 또는 팀 클라이언트와 함께하는 일뿐만 아니라 그들이 공유하는 것에도 있다.

"현장의 대부분 사람과 마찬가지로 우리는 결과를 평가하고 측정하는 동안 계속 검토하고 개선해야 합니다. 사업부서에서 혜택을 직접 보고 '얻기' 때문에, 우리는 코칭이 발생하는 상황, 우리의 코칭 프랙티스를 가장 잘 발전시키고, 우리 주변의 시스템에 정보를 제공하는 방법을 이해하는 데 집중하고 있습니다. 우리의 학습 및 통찰력은 주요 이해관계자/리더와 공유됩니다. 이런 무형의 가치를 정말 인정받고 있습니다."

사례 연구 2: VMware사의 코칭

이 사례 연구에서는 미국에 본사를 둔 분기 별 리포팅을 하는 20년 된 글로벌 기술 판매 비즈니스에 적용된 코칭을 소개한다. VMware사의 코칭 스토리는 EMEA 글로벌 인재 개발 부서의 Luca Stigliano가 공유했다.

글로벌 규모의 비즈니스로 이어지는 매우 긍정적인 성장 기간 이후, 시장은 비즈니스 성장과 인재 유지 모두에서 점점 더 경쟁이 치열해졌다. 코칭은 2015년 EMEA에서 리더/관리자 코칭 스킬을 개발하여 제품 중심에서 솔루션 판매로의 광범위한 사업 변혁과 이에 수반되는 경영진의 전문화professionalisation를 지원하기 위해 도입되었다.

사업 변화로 인해 직원들은 고객과 파트너 관계를 맺을 수 있는 자율성을 더 높이고 내부 기능부서 간, 사업 분야 간 협업하고 복잡성에 대처하는 스킬을 개발해야 했다. 이를 위해 권한을 부여하는 관리 스타일이 필요했다.

우리는 훌륭한 개인들individual contributors이 있었지만, 사람들을 관리하고 사람들에게 무엇을 해야 하는지 말할 때도 여전히 개인처럼 활동하고 있었다. 우리는 그들에게 권한을 주고, 팀의 창의력과 지성을 활용하고 직원 육성 및 영업 과제들을 관리할 수 있는 훌륭한 인력 관리자로 변모시켜야 했다. 말로 관리할 수는 없다. 전문적인 관리는 그냥 일어나는 일이 아니다.

사업 및 HR 부서의 고위급 지원을 통해 글로벌 육성팀은 관리자 코칭 스킬 교육을 제공하는 매우 실리적이고 실용적인 경험 기반 코칭 프로그램을 만들었다. 처음에는 EMEA 지역에 중점을 두었지만, 이제는 아시아 태평양 지역과 미국에 확대 적용되고 있다.

HR 비즈니스 파트너들과 협력하여, 그들에게 코칭 툴을 제공하고 그들 스스로 리더들과 협력하도록 했다. 코칭적 요소들은 솔루션 판매, 세일즈 접근 방식, 세일즈 스타일로 도입되었다.

250명의 관리자가 공식적인 성과를 위한 코칭 프로그램(EMEA 관리자 인력의 50%)을 시작했으며 43명의 관리자가 완료했다. 11명은 추가적인 코칭 프로그램 완료하여 산하 팀 이외의 직원들을 코칭하도록 함으로써 더 나은 리더 코치가 되게 하였다.

우리는 사내 코칭에 관심을 기울였다. 우리는 가능한 한 언제든 코칭을 활용하고, 핵심 프레임워크에서 일관성을 유지하고 있다. 예를 들어, GROW 프레임워크는 멘토링 및 코칭 프로그램 전반에 걸쳐 기반으로 일관성 있게 적용되고 있다.

2016년 초에 중대한 순간이 발생했다. 우리는 개인성과 평가에 등급 사용을 중단했으며, 연중 진행되는 대화의 질quality of conversations에 훨씬 더 의존하고 있다. 시스템 내 다른 진단과 마찬가지로 그것의 영향도는 VMware 결과에 대한 구성원 의견으로 나타난다.

외부 코칭 사례는 거의 없으며 총 5명만이 외부 코칭을 받고 있다. 외부 전문가에 의한 코칭은 아마도 역할을 바꾸거나, 실제 어려움에 직면했을 전체 경영진의 1~2%를 위한 것이다. 우리의 초점은 관리자/리더가 팀을 잘 관리할 수 있도록 하는 것이다. 우리는 외부 코치를 필요로 하거나, 전문 코치로 구성된 내부 팀을 육성하는 것을 원하지 않는다.

여기에서 관리자는 회사에서 일하는 직원들을 돌보고, 의미를 찾도록 돕고, 중요하고 의미 있는 일에 참여하게 하는 책임을 가지고 직원들의 삶에 광범위하게 영향을 미치는 인력들로 본다. 단지 좀 더 생산성을 향상하기 위한 드라이브가 아니다.

우리의 여정을 통해 현재 약 40% 수준에 도달했다. 시스템과 툴에 대해 할 일이 상당히 많다; 우리는 데이터 분석과 측정 측면에서 여전히 초기 단계에 있다. 일반적으로 측정지표 및 영향도 측정에 관한 관심이 증가하고 있으며, 이에 주의를 기울여야 한다.

한 가지 도전은 어떻게 새로운 습관들을 유지하고, 새롭게 하고, 지속하여 오래된 습관으로 돌아가지 않을 것인가이다.

논의 포인트

1. 당신의 조직 내에서 어떠한 코칭 활동이 진행되고 있나? 이 장에서 주의를 기울일 만한 사항은 무엇인가?
2. 코칭 원칙들에 통합되는 문화를 고려하는 이유는 무엇인가? 운영 방식, 할 수 있는 것, 달성할 수 있는 것에 어떤 차이가 있나? 코칭 문화를 보유하는 것의 비즈니스에 영향도는 무엇인가? 어떻게 측정하겠나?
3. 스펙트럼의 한쪽 끝에 코칭 활동이 없는 것부터 다른 쪽 끝에는 알아볼 수 있는 코칭 문화가 있는 차원 중에서 당신 조직은 어디에 있는가?
4. 당신과 당신의 조직이 코칭을 최대한 활용하는 데 잠재적 난제는 무엇인가?

추천 읽기

Hawkins, P. (2012). *Creating a coaching culture: Developing a coaching strategy for your organisation*. Maidenhead, UK: Open University Press.
Whitmore, J. (2009). *Coaching for performance: Growing human potential and purpose: The principles and practices of coaching and leadership* (4th Edition). London: Nicholas Brealey Publishing.
St John-Brooks, K. (2014). *Internal coaching: The insight story*. London: Karnac Books.
Potts, R., & LaMarsh, J. (2004). *Master change, maximize success: Effective strategies for realizing your goals*. Vancouver: Duncan Baird Publishing.

참고 문헌

Anderson, D. L., & Anderson, M. C. (2004). *Coaching that counts: Harnessing the power of leadership coaching to deliver strategic value*. Oxford, UK: Elsevier Butterworth-Heinemann.
Avolio, B. J. (2011). *Full range leadership development* (2nd Edition). London: Sage.
Avolio, B. J., Luthans, F., & Walumbwa, F. O. (2004). *Authentic leadership: Theory building for veritable and sustained performance*. Lincoln, NE: Gallup Leadership Institute.
Backhirova, T. (2011). *Developmental coaching: Working with the self*. Berkshire, UK: Open University Press.
Bass, B. M. (1990). From transactional to transformational leadership: Learning to share the vision. *Organizational Dynamics*, 18 (3), 19–31.
Bindl, U. K., Parker, S. K., Totterdell, P., & Hagger-Johnson, G. (2012). Fuel of the self-starter: How mood relates to proactive goal regulation. *Journal of Applied Psychology*, 97, 134–150.
Blakey, J., & Day, I. (2012). *Challenging coaching: Going beyond traditional coaching to face the facts*. London: Nicholas Brealey Publishing.
BlessingWhite. (2016). *The coaching conundrum: Coaching in the post-performance-assessment era*. Hamilton, NJ: Blessing-White Consulting.
Bolden, R. (2007). Trends and perpsectives in managemenet and leadership development. *Business Leadership Review*, 4, 1–13.
Bono, J. E., Purvanova, R. K., Towler, A. J., & Peterson, D. B. (2009). A survey of executive coaching practices. *Personnel Psychology*, 62 (2), 361–404.
Boyce, L.A., Jackson, R.J. & Neal, L.J. (2010). Building successful leadership coaching relationships: Examining impact of matching criteria in a leadership coaching programme. *Journal of Management Development*, 29 (10), 914–931.
Caldwell, R. (2006). *Agency and Change*. Hove, UK: Routledge.
Cavanagh, M. (2006). Coaching from a systemic perspective: A complex adaptive conversation. In D. R. Stober, & A. M. Grant (eds.), *Evidence based coaching handbook* (pp. 313–354). Hoboken, NJ: John Wiley & Sons.
CIPD. (2011). *The coaching climate*. London: Chartered Institute of Personnel Development.
Clutterbuck, D. (2007). *Coaching the team at work*. London: Nicholas Brealey International.
De Meuse, K., Dai, G., & Lee, T. (2009). Evaluating the effectiveness of executive coaching: Beyond ROI. *Coaching: An International Journal of Theory, Research and Practice*, 2 (2), 117–134.
Diminovitch, D. (2013, February 22nd). *Edie Seashore: On Coaching*. Retrieved May 24th, 2016, from

Library of Professional Coaching: http://libraryofprofessionalcoaching.com/applicationsuses/organization-development/edie-seashore-on-coaching/

Evans, N. J. (2011). The argument against coaching cultures. *International Jounal of Coaching in Organizations*, 8 (2), 35–48.

Frese, M., & Fay, D. (2001). Personal initiative: An active perforamnce concept for work in teh 21st century. *Research in Organizational Behavior*, 23 , 133–187.

Frisch, M. (2001). The emerging role of the internal coach. *Consulting Psychology Journal: Practice and Research*, 53, 240–250.

Gagne, M., & Panaccio, A. (2014). The motivational power of job design. In M. Gagne (ed.), *The Oxford handbook of workengagement, motivation and self-determination theory* (pp. 165–180). New York: Oxford University Press.

Goleman, D. (2011). *Leadership: The power of emotional intelligence*. Northampton, MA: More Than Sound.

Griffin, M. A., Neal, A., & Parker, S. K. (2007). A new model of work role perforance: Positive behavior in uncertain and interdependent contexts. *Academy of Management Journal*, 50 (2), 327–347.

Griffin, M. A., Parker, S. K., & Mason, C. M. (2010). Leader vision and the development of adaptive and proactive performance: A longitudinal study. *Journal of Applied Psychology*, 95 (1), 174–182.

Hawkins, P. (2011). *Leadership team coaching: Developing collective transformational leadership*. London: Kogan Page.

Hawkins, P. (2012). *Creating a coaching culture: Developing a coaching strategy for your organisation*. Maidenhead, UK: Open University Press.

Hofmans, W.J. (2017). ROI: A waste of our time? *Coaching at Work*, 12, 42–45.

Jarvis, J., Lane, D., & Fillery-Travis, A. (2005). *Making the case for coaching: Does it work*. London: Chartered Institute of Personnel and Development.

Karasek, R., & Theorell, T. (1990). *Healthy work: Stress, productivity and the reconstruction of working life*. New York, NY: Basic Books.

Kegan, R. (1982). *The evolving self: Problem and process in human development*. Cambridge, MA: Harvard University Press.

Kinsler, L. (2014). Born to be me ... who am I again? The development of authentic leadereship using evidence-based leadership coaching and mindfulness and. *International Coaching Psychology Review*, 9 (1), 92–105.

Kochanowski, S., Seifert, C. F., & Yukl, G. (2010). Using coaching to enhance the effectiveness of behavioural feedback to managers. *Journal of Leadership and Organisational Studies*, 17 (4), 363–369.

Kombarakaran, F. A., Yang, J. A., Baker, M. N., & Fernandes, P. B. (2008). Executive coaching: It works!. *Consulting Psychology Journal: Practice and Research*, 61 , 78–90.

Kuhn, L. (2012). Epistemological reflections on the complexity sciences and how they may inform coaching psychology. *International Coaching Psychology Review*, 7 (1), 114–118.

La arsh & Associates. (2005). *Master of managed change TM*. Chicago, IL: LaMarsh & Associates.

Law, H., & Aquilina, R. (2013). Developing a healthcare leadership coaching model using action research and systems approaches: A case study: Implementing executive coaching to support nurse managers achieve organisational objectives in Malta. *International Coaching Psychology Review*, 8 (1), 54–71.

Lawrence, P. (2015). Building a coaching culture in a small Australian multinational organisation. *Coaching: An International Journal of Theory, Research and Practice*, 8 (1), 53–60.

Leadership Management Australia. (2006). *The L.E.A.D. survey 2005/6*. Melbourne: Leadership Management Australia.

Mann, C. (2013). *The 5th Ridler Report: Trends in the use of executive coaching*. London: Ridler & Co.

Mann, C. (2016). *The 6th Ridler Report: Strategic trends in the use of coaching*. London: Ridler & Co.

McCann, J. E., & Selsky, J. (1984). Hyperturbulence and the emergence of type 5 environments. *Academy *of Management Review*, 9, 460-470.

McCarthy, G., & Ahrens, J. (2012). How and why do managers use coaching skills? In G. Heaslip, & R. Galavan (eds.), *Proceedings of the Irish academy of management conference 2012*. Maynooth, Ireland: Irish Academy of Management.

Meyer, A. D., Goes, J. B., & Brooks, G. R. (1995). Organizations reacting to Hyperturbulence. In G. P. Huber, & W. H. Glick (eds.), *Organizational change and redesign: Ideas and insights for improving perforamnce* (pp. 66-111). New York: Oxford University Press.

Mukherjee, S. (2012). Does coaching transform coaches? A case study of internal coaching. *International Journal of Evidence Based Coaching and Mentoring*, 10 , 76-87.

Parker, S. K., Wall, T. D., & Jackson, P. R. (1997). 'That's not my job': Developing flexible employee work orientation. *The Academy of Management Journal*, 40 (4), 899-929.

Parker, S. K., & Wang, Y. (2015). Helping people to 'make things happen': A framework for proactivity at work. *International Coaching Psychology Review*, 10 (1), 62-75.

Platow, M. J., Haslam, S. A., Reicher, S. D., & Steffens, N. K. (2015). There is no leaderesihp if no-one follows: Why leadership is necessarily a group process. *Internaional Coaching Psychology Review*, 10 (1), 20-37.

Power, F. (2015, December). Creating a coaching culture: Can training managers to coach their teams result in a coaching culture that will increase employee engagement. Cork.

Schein, E. H. (1998). *Process consultation revisited: Building the helping relationship*. Boston, MA: Addison Wesley Longman.

Senge, P. M. (1994). *The fifth discipline: The art and practice of the learning organization*. New York: Doubleday/Currency.

Senge, P. M., Hamilton, H., & Kania, J. (2015, Winter). The dawn of systems leadership. *Stanford Social Innovation Review*, 29.

Senge, P. M., Scharmer, C. O., Jaworski, J., & Flowers, B. S. (2005). *Presence: Exploring profound change in people, organizations and society*. London: Nicholas Brealey Publishing.

Sinek, S. (2009). *Start with why: How great leaders inspire everyone to take action*. London: Penguin.

Sonesh, S., Coultas, C. W., Lacernza, C. N., Marlow, S. L., Benishek, L. E., & Sales, E. (2015). The power of coaching: A meta-analytic investigation. *Coaching: An International Journal of Theory, Research and Practice*, 8 (2), 73-95.

Spaten, O. M., & Flensborg, W. (2013). When middle manageres are doing employee caoching. *International Coaching Psychology Review*, 8 (2), 18-39.

Spreitzer, G. M., & Porath, C. (2014). Self-deterination as a nutriment for thriving: Building an integrative model of human growth at work. In M. Gagne (ed.), *The Oxford handbook of work engagement, motivation and self-determination theory* (pp. 245-258). New York: Oxford University Press.

Stacey, R. (2012). *Tools and techniques of leadership and management: Meeting the challenge of complexity*. London: Routledge.

Staudinger, U. (2008). A psychology of wisdom: History and recent developments. *Research in Human Development*, 5(2), 107-208.

Sternberg, R. J. (1990). *Wisdom: Its nature, origin and development*. New York: Cambridge University Press.

Sternberg, R. J. (1998). A balance theory of wisdom. *Review of General Psychology*, 2 , 347-365.

St John-Brooks, K. (2014). *Internal coaching: The insight story*. London: Karnac Books.

Strauss, K., Griffin, M. A., & Rafferty, A. E. (2009). Proactivity directed toward the team and organisation: The role of leaderesihp, commitment and confidence. *British Journal of Management*, 20 , 279-291.

Strauss, K., & Parker, S. K. (2014). Sustainable proactivity in the workplace. In M. Gagne (ed.), *The Oxford Handbook of work engagement, motivation, and self-determination theory* (pp. 50-71). New York: Oxford University Press.

Taira, K. (1996). Compatibility of human resource management, industrial relations and engineering under mass production and lean production: An exploration. *Applied Psychology*, 45 (2), 97-117.

Tamkin, P., Hirsh, W., & Tyers, C. (2003). *Chore to champions: The making of better people managers*. Brighton: The Institute for Employment Studies.

Wall, T. D., Jackson, P. R., & Davids, K. (1992). Operator work design and robotics system performance. *Journal of Applied Psychology*, 77, 353-362.

Walumbwa, F. O., Avolio, B. J., Gardener, W. L., Wernsing, T. S., & Peterson, S. J. (2008). Authentic leadership: Development and validation of a theory based measure? *Journal of Management*, 34-89.

Wang, Q. (2013). Towards a systems model of coaching for learning: Empirical lessons from the secondary classroom context. *International Coaching Psychology Review*, 8 (1), 35-53.

Wasylyshyn, K. M., Gronsky, B., & Haas, W. (2006). Tigers, stripes and behaviour change: Survey results of a commissioned coaching programme. *Consulting Psychology Journal: Practice and Research*, 58, 65-81.

Whitmore, J. (2009). *Coaching for performance: Growing human potential and purpose: The principles and practices of coaching and leadership* (4th Edition). London: Nicholas Brealey Publishing.

Whybrow, A., & O'Riordan, S. (2012). Developing a coaching culture at work. In M. Neenan, & S. Palmer (eds.), *Cognitive behavioural coaching in practice* (pp. 203-236). London: Routledge.

Williams, A., & Whybrow, A. (2013). *The 31 practices: Release the power of your organisations values every day*. London: LID.

33장
리더십 및 임원코칭

저자: 비키 엘람-다이슨Vicky Ellam-Dyson[1], 다샤 그레이포너Dasha Grajfoner[2],
엘리슨 와이브로우Alison Whybrow[3], 스티븐 팔머Stephen Palmer[4]
역자: 강준호

서론

리더십 코칭leadership coaching과 임원코칭excutive coaching이라는 용어는 자주 같은 의미로 사용된다. 둘 다 리더 직책의 사람과 함께 일하는 것을 포함하지만, 임원코칭은 흔히 더 고위 직책을 맡은 리더의 코칭을 말할 때 사용된다. 본 장에서는 리더십 및 경영진 코칭이라는 포괄적 용어

---

1) **비키 엘람-다이슨**Vicky Ellam-Dyson PhD은 공인된 심리학자이자 British Psychological Society에 등록된 코칭심리학자이다. 그녀는 Special Group in Coaching Psychology의 전 회장이자 International Society of Coaching Psychology의 창립 고문이다. 리더십과 코칭심리학에 대한 그녀의 박사학위 연구는 내장된 핵심 신념이 리더십 스타일에 어떻게 영향을 미칠 수 있는지에 관한 탐구이다.
2) **다샤 그레이포너**Dasha Grajfoner PhD는 공인 및 신임있는 코칭심리학자이다. 에든버러 Heriot Watt 대학교의 비즈니스 및 코칭심리학 센터의 센터장이나 비즈니스 및 코칭심리학의 대학원 교육 프로그램 책임자이며, 코칭, 리더십 개발 그리고 동물 지원 개입 분야에서 교육자와 프랙티셔너로 동시에 일하고 있다. Email: d@grajfoner.com
3) **앨리슨 와이브로우**Alison Whybrow는 2000년대 초반 코칭심리학 개발에 앞장 섰으며, i-coach 아카데미의 코칭 프랙티스에서 공인 프로그램일 지휘했다. 국제 코칭심리학 협회와 유럽 전역의 대학 프로그램에 기여하고 있고 영국 런던에서 코치, 컨설턴트, 코칭 수퍼바이저로 코칭 프랙티스 분야를 개발하고 있다. 앨리슨은 우리의 인간-지구earth 관계를 변화시킬 수 있는 가능성에 대해 깊은 열정을 가지고 있다.
4) **스티븐 팔머**Stephen Palmer 교수는 영국 런던의 Centre for Coaching의 창립 이사이다. 2004년에 British Psychological Society Special Group in Coaching PsychologyBPS SGCP의 초대 의장이 되었으며, 2005년에는 런던 시티 대학(현 런던 대학교)에서 심리학 코칭 유닛을 창설하였다. 2016년에 덴마크 Aalborg 대학교 코칭심리학과의 겸임 교수가 되었고, 2018년 Wales Trinity Saint David 대학의 업무 기반 학습 연구소Institute for Work Based Learning의 실습 교수가 되었다. 현재 브라질 리우데자네이루 연방 대학교의 코칭심리학부의 명예 고문이며, 국제 코칭심리학 협회 국제 코칭 심리 연구센터의 코디네이터이다. 또한 국제 코칭심리학회와 국제 스트레스 관리협회의 명예회장이자 연구원이다. 그는 다양한 주제에 대해 50권 이상의 책을 쓰거나 편집했으며 유럽 응용 긍정심리학 저널을 포함한 그 분야의 많은 저널을 공동 편집했다. 2008년 BPS SGCP로부터 코칭심리학에 기여한 공로를 인정받아 평생 공로상을 받았다.

로 설명하고 약어 LEC$^{\text{Leadership and Executive Coaching}}$로 표기한다. 다른 유형의 코칭과 유사점이 있지만(예: 상호 신뢰와 존중에 기반을 둔 관계, 새로운 사고 및 행동 방식 탐색) LEC는 몇 가지 주요 차이점이 있다. 예를 들어 커리어 코칭, 개인발달 코칭과 비교 시, LEC의 목적과 결과는 훨씬 멀리 나아갈 것을 기대한다. 즉 리더와 함께하는 코칭 목적은 본인만이 아니라 전체 시스템(예: 조직, 직원, 공급망, 고객, 기타 이해관계자)에 적절하게 영향을 미치는 생각과 행동 방식의 개발이기 때문이다.

본 장에서는 리더십 개발에서 LEC의 역할과 LEC에서 심리학의 역할에 대해 논의하며, 연구자만 아니라 프랙티셔너가 관심 있는 심리 이론과 이의 실질적 적용을 함께 다룬다. 오늘날 리더를 개발할 때 핵심 고려사항, 심리학 기반, 프랙티스 적용 시사점으로 넘어가기 전에 이러한 통합과 새로운 도전들을 해결하기 위해 코칭심리학이 어떻게 진화했는지에 대한 개요를 살펴본다. 그리고 예시 사례 연구로 마무리한다. 제한된 지면으로 인해 철저한 검토보다는 핵심 요소를 위주로 설명했다. 마지막으로 리더십의 심리학에 대한 추천 읽기를 제시하여 추가 읽기를 위한 자원을 제공한다(Haslam, Reicher & Platow, 2011).

리더십 코칭과 임원코칭의 발달

LEC는 심리학자들이 개인 성과 향상을 위해 기업에서 일했던 1940년대로 거슬러 간다(Flory, 1965; Kilburg, 1996). 코칭이라는 단어는 컨설팅, 상담보다 덜 위협적으로 인식되었다(Kilburg, 2000). 리더십 코칭은 1990년대에 상당한 추진력을 얻었고, 그 이후로 빠르게 성장했다. 예를 들어, 리더십 및 경영 연구소$^{\text{Institute of Leadership and Management}}$(ILM, 2011) 설문 조사에서 직원 2,000명 이상인 조직의 91%가 직원 개발 방법으로 코칭을 사용했고, 중간 관리자 이상과 이사급 코칭 비율이 85%로 나타났다. 최근 리들러^{Ridler} 보고서는 LEC가 지속해서 강화되고 발전해 왔음을 보여준다(Mann, 2016).

이러한 초기 시작 이후 LEC는 크게 발전했다. 비즈니스 환경이 발전하고 리더의 역할이 더욱 복잡해짐에 따라(예: Seijts, Billou & Crossan, 2010), 리더와의 코칭은 과거 목표 달성 주제에서 복잡성, 불확실성 하에서의 일하는 방식으로 코칭 주제의 초점을 변화해야 했다. 코칭 주제는 개인과 자기 계발, 타인 육성 및 다음의 내용을 리더가 이해하도록 격려, 지원하는

것이 포함된다:

- 조직에 영향을 미치고, 조직을 형성하는 상호 관계 및 연결
- 리더의 주변 시스템과 리더가 이끄는 사람들(추종자)에 영향을 미치는 리더의 역할
- 시스템과 주변 사람들로부터 리더가 어떻게 영향을 받는지

이렇게 더 복잡하고 불확실한 상황에서는 리더에게 필요한 것이 무엇인지, 효과적이거나 실제 효과적이지 않은 리더십을 구성하는 것은 무엇인지, 리더가 직면한 도전에 대한 개입과 대처는 어떠해야 하는지를 이해하는 것이 중요하다.

이론 및 기본 개념

'좋은good' 리더십에 대한 변천사

100년이 넘는 기간 동안 리더십 연구는 좋은 리더십의 비결을 밝히기 위해 노력해 왔다. 19세기 후반부터 20세기 중반까지 리더십 연구는 특성 이론가들이 주도했다(예: Cowley, 1931). 그들은 리더는 타고나며 개인 특성이 효과적 리더십의 핵심 예측지표라고 믿었다. 특성 기반 연구에서 발견된 결과는 매우 일관성이 없었고, 성격만으로 효과성 예측이 가능하다는 생각도 도전받았다(Colbert, Judge, Choi & Wang, 2012). 1950년대에 연구자들이 강한 리더십에 필요한 특정 행동을 파악하려고 노력하면서 새로운 관심이 등장했다. 행동은 두 가지 주요 범주로 구분되었다. 관계 지향(팔로어와의 관계에 영향을 미치는 행동) 및 작업 지향(팔로어의 작업 완료 및 목표 달성 촉진 행동)(Vroom & Jago, 2007). 이러한 범주는 변혁적transformational(관계 지향) 스타일과 전환적transactional(작업 지향) 스타일을 통합한 베이스Bass와 아볼리오Avolio(1995)의 꾸준히 인기 있는 전 범위 리더십 모델full range leadership model을 포함해 많은 후속 행동모델의 기초가 되었다. 일부 연구자들은 리더십의 성격과 행동에 초점을 맞추었지만, 다른 연구자들(예: Fiedler, 1967; Lowin & Craig, 1968; Perrow, 1970)은 효과적 리더십이 자신이 이끄는 상황 조건에 달려 있다고 제안했다. 상황별 리더십 이론에 따

르면 리더는 효과성 발휘를 위해 다양한 상황에 맞게 특성과 행동을 조절해야 한다(Hersey & Blanchard, 1982). 리더십에서 상황의 중요성을 인정하는 다른 이론으로는 상황 이론 contingency theory(Fiedler, 1972), 경로-목표 이론(Evans, 1970; House, 1971), 사회심리학 이론(Haslam, Reicher, & Platow, 2011)이 있다.

기술 발전, 산업 시대에서 지식 시대로의 전환 및 세계화로 인해 새로운 조직 환경이 형성되고 리더십 요구 사항이 더욱 변경되었다(Uhl-Bien, Marion & McKelvey, 2007). 효과적 리더십에 대한 개념은 개인 특성과 상황에 초점을 맞추는 것을 넘어 리더가 교훈적, 공유적, 관계적, 전략적, 글로벌하고, 끊임없이 변화하는 직장 특성에 어떻게 적응할 수 있는지 이해하는 방향으로 이동해야 했다(Avolio, Walumbwa & Weber, 2009). 이러한 발전에 따라 더 복잡하고 변동성 높고 불확실하고 모호한 상황의 요구를 충족하기 위해 더 전체적, 역동적 리더십 접근 방식을 장려하는 새로운 이론과 모델이 등장했다. 여기에는 적응적 리더십(Salicru, In press; Heifetz, Linsky & Grashow, 2009), 서번트servant 리더십(Spears, Lawrence & Blanchard, 2001), 진정성 리더십(George, 2003), 팀 리더십(Hallam & Campbell, 1992), 복잡성 리더십(Uhl-Bien & Marion, 2008), 윤리적 리더십(Brown, Treviño & Harrison, 2005) 및 다문화, 글로벌 리더십(House, Javidan, Hanges & Dorfman, 2002 참조)이 포함된다. 이런 변화하는 환경에서 효과적 리더십의 핵심 요소는 정서지능(Goleman, 1996)과 그 안에서 확장된 레퍼토리와 선택적 대응을 통해 적응적 작업 관계를 개발, 유지할 수 있는 능력이다.

현재 리더에게 더 기대하는 것은 무엇인가?

관계 스킬
리더십에 대한 아이디어, 정의가 기하급수적으로 증가함에 따라 일반적으로 수용되는 내용을 살펴보는 것이 유용해 보인다(예: Northouse, 1997). 브룸Vroom과 자고Jago(2007)는 거의 모든 정의가 리더십에 영향을 미치는 과정을 포함하는 의견이라고 설명했다. 호건Hogan, 커피Curphy와 호건Hogan(1994)은 고성과를 내는 팀 구성을 위해 리더의 영향력 사용 필요성을 강조했고, 그 특징을 응집력, 참여, 권한위임, 신뢰, 존중, 혁신적 사고, 공유 비전으로 파악했다. 리더가 이를 수행할 수 없으면, 본인과 조직이 탈선 위험에 처한다(Hogan, Hogan & Kaiser,

2010). 리더는 자원과 예산을 협상하고, 새로운 프로젝트에 대한 동의를 얻고, 서로 다른 의견과 아이디어에 도전하고, 타인이 일을 다른 방식으로 하도록 설득하고, 방향성을 합의하기 위해 자신이 이끄는 사람만이 아니라 비즈니스의 수평적·수직적 이해관계자에게 영향을 주어야 한다. 당연히 리더의 효과성, 평판, 성공의 핵심으로서(Brent & Dent, 2010), 업무 관계를 구축, 탐색하는 능력은 타인들에게 영향을 미치기 위한 실마리이며, 미흡한 관계 스킬은 탈선에 영향을 미치는 것으로 여겨진다(Van Velsor & Leslie, 1995).

변화 스킬

조직의 역동적 특성으로 인해 리더는 새롭고 더 나은 업무 방식을 모색하고, 새로운 과제를 추진하는 변화 전파자일 뿐만 아니라 마음 깊은 선동자가 될 필요가 있다(De Smet, Lavoie & Hioe, 2012). 새로운 접근 방식 개발 시, 고객 요구, 경쟁, 규제 같은 외부 조건을 의식하면서 혁신을 지원하고 위험을 감수할 수 있어야 한다(Farson & Keyes, 2002)(Yukl, 2006). 또한 내부 조건을 고려하고 변화가 조직의 여러 부분에 미치는 영향을 이해해야 한다(Yukl, 2006). 본질에서 리더가 시스템 사고 접근을 취하여 조직 시스템(예: 외부/내부 조건, 사람, 프로세스)이 상호작용하고 영향을 미치며, 각각이 특정 이슈들에 어떻게 기여 하는지 관찰하는 것이 유용할 수 있다(Senge, 2006). 시스템 사고의 세 가지 핵심 측면은 학습에 대한 지속적 헌신, 문제해결 시 본인의 멘탈 모델에 도전할 수 있는 준비도, 집단 지성을 통해 이슈를 볼 때 여러 개의 다양한 관점들을 한데 모을 수 있는 준비를 포함한다(Senge, 2006).

다양성 스킬

다양성을 기반으로 일하고 이를 활용할 경우 더욱 복잡해진다. 글로벌 마인드를 갖춘 리더의 육성은 향후 10년간 주요 도전과제로 생각된다(Griffith, 2015). 리더들은 모든 직원이 업무를 잘 수행하고, 복잡하고 끊임없이 변화하는 환경 탐색을 더 잘 지원할 수 있도록 주변 사람들의 다양한 문화적 가치와 신념을 인정하고 존중하며 함께 일하는 법을 배움으로써 이익을 얻는다(Porath, 2014). 앞서 언급했듯 다양성 활용은 더 나아가 다양한 기여, 생각하기와 접근을 가져올 수 있는 능력을 포함한다. 다양한 환경에서 자기 인식 및 자기 관리, 자신의 감정과 타인의 감정을 인식하고 관리하는 능력은 리더가 직원의 신뢰를 얻고 더 큰 기술로 협력하고 공동 창조할 수 있게 한다(Goleman, 2001). 대인관계 형성에 어려움으로 이어지는 타인에 대한 무감각, 변덕스러움, 거만함 사이에 명확한 연관성이 발견되었다(Dotlich & Cairo, 2003; Van Velsor & Leslie, 1995). 자기 인식 부족은 리더의 탈선에 관한 문헌 전반에 걸쳐 공통된 주제이다(Shipper & Dillard, 2000).

특정 특성이 존재하거나 특정 행동이 발현되었는지 확인한다고 해서 효과적인 리더십이 결정될 수 없다는 것을 우리는 안다. 성공에는 더 동적이고 적응적인 대응 능력이 필요하다. 연구는 리더와 조직의 성공을 위한 관계, 영향, 시스템 사고, 혁신, 문화적 알아차림, 인지 복잡성과 정서지능의 중요성을 강조한다. LEC가 리더십 개발 환경의 중요한 부분이 되었다는 것은 놀라운 일이 아니다. 코치는 효과적 리더십 스킬 개발이 가능한 높은 잠재력의 성과자를 촉진하기 위해 참여한다(Peltier, 2010).

리더십 개발과 심리적 모델 및 접근의 적용에서 코칭의 역할

전통적인 리더십 개발 프로그램은 주로 행동 역량 모델(Bolden & Gosling, 2006)에 기반을 두고 있으며, 아마 인식력 향상, 행동 스킬과 인지 능력 개발을 위한 롤 플레잉을 포함할 것이다(Kark, 2011). 이러한 학습 환경에서는 직장 내 문화적 복잡성과 독특한 개별 경험을 설명하기 어렵다. 더욱이 교육 프로그램 내 연습으로는 개인에게 내재된 생각하기와 행동 습관을 개발하기에 충분하지 않다. 습관 형성 및 학습 내재화가 되려면 주요 작업에 실질적으로, 성찰 반영하며 반복적으로 적용해야 한다(Ellington & McFadden, 2013); 동시에, 오래된 습관들은 탈학습unlearned할 필요가 있다. 리더십 개발 프로그램에서 회사 실무로의 학습 전이가 미흡할 수 있다(Waller, 2011). 리더가 실제 상황과 관련된 방식으로 스킬을 개발할 가능성을 최대화하려면 직무상 학습on-the-job learning을 통해 지원받아야 한다(McCall & Hollenbeck, 2007). 실제 경험 학습real-life experiential learning 기반 개입으로서 LEC는 이러한 니즈를 해결하는 데 매우 중요한 도구 중 하나이다.

무엇에 초점을 맞추고, 무엇을 무시하고, 무엇이 가능한지에 비해 무엇이 되어야 하는지에 대해 순간적으로 선택하는 고위 경영진 및 임원직의 현실에서 LEC는 필요한 심리적, 행동적, 관계적 유연성의 개발과 같은 실질적 지원 방법을 제공할 수 있다.

개인 성찰을 통해 자기-알아차림을 높이고, 과거 경험을 성찰하면 리더는 자신의 강, 약점을 더 잘 인식하고 자신, 타인, 시스템에 미치는 현재 스타일의 영향을 더 잘 인식할 수 있다

(Athanasopoulou & Dopson, 2015). 코치는 리더의 멘탈 모델mental model, 참여 방식에 도전하고, 더 효과적 접근을 고려하도록 지원하고, 주변에서 일어나는 일에 대응하여 특정 특성과 강점을 증가 또는 완화하는 것과 같은 영향을 실험하고 반영할 기회를 파악할 수 있다(Linley, Woolston & Biswas-Deiner, 2009).

LEC 연구는 다음과 같은 결과를 발견했다. 자신감 증가, 자기 주장, 자기 인식, 관계 개선, 네트워킹 강화, 대인관계 기술 강화 (예: Wales, 2003); 더 높은 수준의 동기부여(예: Sonesh, Coultas, Lacerenza, Marlow, Benishek & Salas, 2015); 더 효과적으로 변화에 적응하고, 더 명확한 목표를 설정하고(예: Smither, London, Flautt, Vargas & Kucine, 2003), 더 혁신적이고 창의적이다(예: Styhre, 2008). 이 책의 많은 장 - 특히 6장, 7장에서 코칭의 영향을 언급한다.

심리학 분야는 인지, 행동, 대인관계 변화 과정에서 이끌어 낼 수 있는 많은 이론, 모델, 접근 방식을 통해 리더 코칭에 중요한 기여를 한다. 실제 LEC 분야 연구자와 프랙티셔너는 이러한 코칭 영역에서 심리학의 중요성에 주목했다(Bennis, 2007; Berglas, 2002; Kilburg, 2000). 또한 브루커트Bluckert(2005)는 코칭에서 일반적으로 발생하는 광범위한 이슈 대처를 위해 코치는 발전하는 심리적 스킬의 혜택을 받을 수 있다고 제안한다. 여기서 우리는 LEC가 다룰 수 있는 자기와의 관계, 대인관계, 시스템 영역 전반에 걸친 변화를 함께 지원하는 많은 토대가 되는 심리학 이론과 접근 중 일부를 살펴본다. [그림 33.1]은 LEC 영역의 개요를 제공한다.

LEC 영역 매핑하기

다이어그램은 LEC 영역을 간단히 표현한 것으로 코칭 프로그램 및 코칭 대화 내에 여러 측면이 포함되어 있어, 어느 관점이든 코칭에 집중하도록 선택할 수 있다. 우리는 자기와의 관계, 대인관계, 시스템 영역을 차례로 살펴보고, 가능한 심리적 프레임워크와 그것들이 각각에 어떻게 적용될 수 있는지 탐구한다.

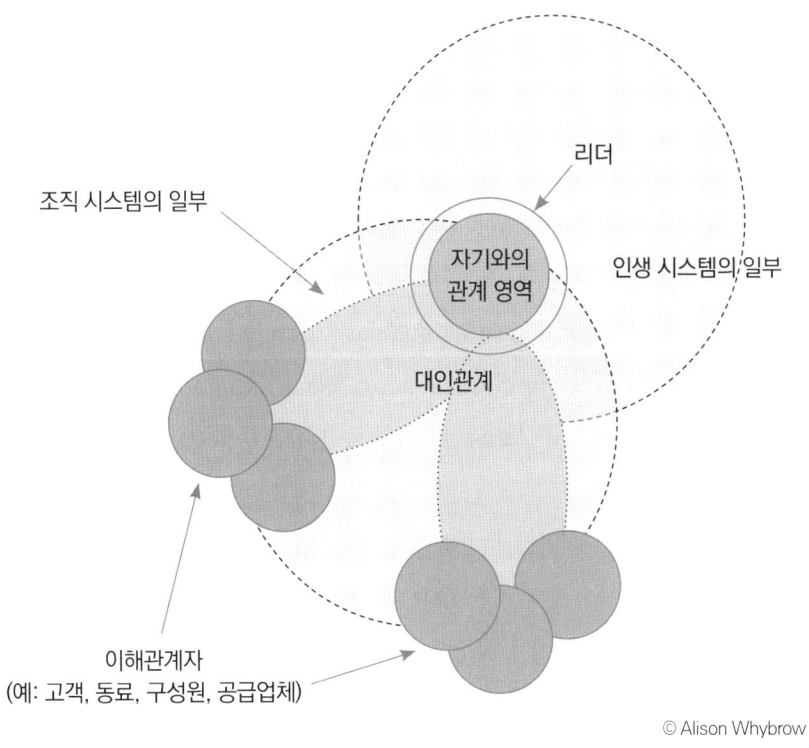

[그림 33.1] LEC 영역 매핑하기

자기 자신과 관계intrapersonal

이 영역은 리더가 세계에 대해 가진 신념, 관점, 이야기 및 구성에 초점을 맞춘다. 신념 체계가 자신을 발견하는 맥락과 관련하여 고객이 '최고의 자기'가 되는 것을 방해하거나 무력화시키는 경우, 자기 자신과의 작업이 필요할 수 있다.

여기서는 심리적 접근의 예와 자기 자신과 관계와 관련된 잠재적인 초점에 대해 논의한다. 마음챙김(15장)은 가치, 신념, 삶의 목표 등을 탐구하고, 리더가 성장을 향해 노력하고 움직이도록 동기를 부여하기 위해 특정 행동을 유도하는 요소에 대한 인식을 높이는 데 유용할 수 있다. 동기가 낮은 곳에서는 범(초)이론적 변화 모델transtheoretical model of change(Prochaska & Diclemente, 1983) 및 동기 강화 면담motivational interviewing(MI)(11장)이 현재 일어나고 있는 일과 앞으로 나아가는 방법에 대한 통찰력을 제공할 수 있다. 존재론적ontological 접근(17장)은 리더들이 자신의 견해를 형성하고 그들이 관찰하고 세상에서 존재하는 방식을 유지하는 의식적이고 잠재 의식적인 내러티브narratives를 탐구하는 것을 포함할 수 있다. LEC에서 존재론적 탐구를 사용하여 코치는 리더가 새로운 해석으로 작업하도록 도울 수 있다. 교류 분석transactional analysis(TA)(23장)은 특히 제한적 신념 및 억제하는 신념 시스템에서 해방되는 방법과 관련하여 내면세계를 탐색하는 수단을 제공한다. 마찬가지로 인지행동 코칭CBC(9장)은 더 현실적이고 동기를 부여하는 사고 및 행동 패턴의 개발을 촉진하는 통찰력과 적응적 멘탈 모델을 촉진하여 리더가 새로운 관점을 취하도록 지원한다. 긍정심리학 접근(5장)은 리더가 자신의 강점을 인식하고 효과적으로 적용할 수 있는 시기와 방법을 인식하도록 지원하고 언제 이것을 강화 또는 완화해야 할 필요가 있는지 인정하게 한다.

이 접근의 이점에는 더 강력한 역량을 보유하고 있다는 느낌과 스트레스 감소가 포함된다. 이러한 접근은 내부 환경에 개입하는 다양한 방법을 제공하여 우리가 우리의 이야기라는 생각에 도전한다. 그것들은 우리 자신을 벗어나 세상에 대한 우리의 신념과 생각에 푹 빠지지 않고 관찰할 수 있는 수단과 우리의 이야기, 신념 및 아이디어를 검토하고 이를 강력하게 도전하고 테스트하고 변형시키는 수단을 제공한다.

대인관계interpersonal

이 영역은 개인이 자신의 영향력을 관리하고 직장과 더 넓은 세상에서 대인관계를 조정 및 개발하는 방식에 초점을 맞춘다. 관계의 중요성은 앞서 언급되었다. 신념, 가치 및 개인 구성개념personal constructs은 우리가 다른 사람과 소통하고 상호작용하는 방식에 영향을 주기 때문에 자기 자신과의 관계 작업이 대인관계에서 일어나는 일에 영향을 미칠 것이다. 그러나 이 통찰만으로는 리더십 레퍼토리를 넓히는 방법에 대한 전략을 제공하지 못할 수 있다.

다양한 존재 방식에 대한 통찰력을 제공하는 프레임워크를 사용하여 전략, 실험 및 새로운 행동을 개발할 수 있다. 예를 들어 심리검사psychometrics(38장)는 리더의 관계 스타일이 팔로워 및 기타 이해관계자에게 미치는 영향을 측정하는 데 도움이 된다. 여기에는 코칭 대화에 유용한 정보를 제공할 수 있는 증거를 수집하기 위해 360도 설문 조사를 사용하는 것이 포함될 수 있다. 정서지능emotional intelligence(EI) 도구는 공감 및 주의해야 할 사회적 기술 측면들을 강조할 수 있다. 교류 분석(23장)은 리더가 서로 다른 관계에서 자신의 행동을 인정하고 이해하도록 지원하고 더 긍정적인 관계를 만들고 영향력을 향상하기 위해 더 나은 선택을 하도록 도와준다. 마음챙김 접근(15장)에는 타인과 더 잘 소통하고 커뮤니케이션 스타일을 개선하기 위한 관련성에 중점을 둔다. 게슈탈트(14장) 접근은 타인과의 관계에서 자신에 대한 인식을 제공하여 사람들이 연결, 단절, 지각과 '현실reality' 사이의 차이를 진정으로 이해하도록 지원한다.

보시다시피, 사용할 수 있는 심리적 프레임워크는 코칭 작업에 초점을 맞추는 자기 자신과의 관계 및 대인관계 영역에 걸쳐 있다.

시스템systems

앞서 이야기했듯이 조직 환경은 더욱 복잡해지고 지속해서 변경될 수 있다. 전 세계는 의존성과 상호 의존성의 시스템이며 항상 그랬다. 시스템은 항상 존재하지만 이름을 붙이게 되면 다른 방식으로 인식할 수 있다. 리더십 및 경영진 코칭 활동은 시스템 관점을 통해 이점을 누릴 수 있다. 시스템 관점을 보강하거나 작업하는 데 여러 가지의 특정한 접근 방식이 유용하다.

정신역동과 시스템-정신역동 코칭psychodynamic and systems psychodynamics coaching(25장)은 실용적이고 시스템을 고도로 인식하는 관점과 작업 방식을 제공한다. 복잡성 기반 접근complexity-based approaches(31장)은 리더가 새롭게 떠오르는 작업에 대한 통찰력과 스킬을 습득할 수 있도록 지원하고, 리더가 과거의 도전과제를 해결할 때 사용한 과거 해결방식에 의해 제약받지 않도록 지원한다. 시스템 컨스텔레이션systemic constellations(24장)은 리더가 자신이 속한 시스템의 역동을 탐구할 수 있는 수단을 제공하고, 숨겨진 통찰력 있는 행동과 접근을 가능하게 하는 방식으로 일어나는 일에 대한 관점을 제공한다. 이는 리더가 시스템 자체 변경을 제어할 수 없는 경우에도 한계와 기회를 인식하는 데 특히 유용하다. 게슈탈트 접근(14장)은 전체론과 장場 이론을 강조하면서 분할보다는 통합하는 방법을 제공하는 관점과 대화식 접근 방식을 제공한다. 따라서 개인은 사물 사이의 패턴을 알아차리고, '우리'라는 감각으로 말하고, 판단을 보류하고, 있는 그대로 나타나는 것을 허용하도록 장려된다.

이러한 접근은 함께 시스템 영역과 해당 관점에서 다양한 운영 방식에 대한 통찰력을 제공한다.

프랙티스

리더십 및 임원 코치 또는 심리학자로 코칭 프랙티스를 수행할 때 주요 고려사항들은 무엇일까? 우리는 다음에 제시한 네 가지 측면들에 초점을 맞추고 있는데, 이는 모든 코칭에도 해당되지만 LEC와 관련해서 활용할 가치가 있다고 느끼는 특별한 의미가 있다.

다원적 또는 통합적 접근 a pluralistic or integrated approach

전체적으로 작업하면서 코치는 세 가지 영역(자기 자신과의 관계, 대인관계 및 시스템) 모두에서 스킬과 경험을 활용하는데, 이 세 영역에 동시에 관여한다. 여기에는 관련 리더십 및 비즈니스 프레임워크에 대한 이해와 실제 경험뿐만 아니라 관련 심리적 프레임워크에 대한 이론적, 기술적 통찰력을 가진 코치 또는 코칭심리학자가 필요하다. 또 코치는 특정 코칭 과제를 고려할 때 이 개인을 위한 심리적, 리더십 및 비즈니스 프레임워크로 작업하는 방법에 대한 인식이 필요하며, 코치 또는 코칭심리학자로서 비판적 관점에서 그들이 코칭 시스템에 미치는 것이 무엇이며, 자기 조정 self-adjustments의 영향도를 이해하는 인식이 필요하다.

 다원적 접근을 취하는 코치 또는 코칭심리학자는 리더 문제의 복잡성에 대한 효과적인 탐색과 심층적 이해를 돕기 위해 여러 접근 방식을 결합할 가능성이 크다. 또 다원적 접근 방식은 특정 시점에 사용할 개입을 리더가 결정하는 메타 코칭 커뮤니케이션이라는 과정을 포함한다(Utry, Palmer, McLeod & Cooper, 2015). 이것은 리더의 셀프코칭과 타인 코칭 능력을 구축할 수 있다.

 프랙티셔너들이 자신의 기술을 마스터하고 시작한다고 기대하는 것은 비현실적이지만, 이 영역에서 코칭의 복잡성 수준에 적합하고 코치이를 코칭 작업 설계에 공동 창조하는 파트너로 포함하는 복합 이론적 관점으로 시작하는 것은 유용하다.

강력한 작업 동맹 a robust working alliance

효과적인 작업 관계 구축은 이 장 전체에서 핵심으로 제시되었다. 작업 동맹이 LEC 코칭 성공의 중심으로 간주된다는 것은 놀라운 일이 아니다(De Haan, Culpin & Curd, 2011; De Haan, Duckworth, Birch & Jones, 2013). 라포가 당연히 필요한 것으로 가정되는데, 코치의 신뢰와 상호 신뢰(예: Bush, 2004)는 특히 중요하지만 당연하게 형성되는 것은 아니다. 신뢰도를 높이기 위해 코치는 리더가 현재 경험을 처리하기 위해 보유하고 지원할 수 있음을 입증해야 할 뿐만 아니라 신뢰를 구축하기 위해 자신의 사고방식과 존재 방식에 도전할 수 있어야 한다(예: Blakey & Day, 2012). 신뢰는 리더가 우려 사항, 취약성 및 아이디어를 공유하도록 장려하고 위험 감수를 촉진한다(Gyllensten & Palmer, 2007; Kampa-Kokesch & Anderson, 2001). 이는 함께 실험을 촉진하여 리더가 기존의 존재 또는 운영 방식에서 벗어날 수 있도록 한다. 신뢰가 클수록 개방성, 정직성 및 도전에 대한 더 큰 기회가 있는데, 이는 리더가 조직 내에서 한 단계 더 승진할 때마다 부족해질 수 있는 것들이다. 강력한 협력 관계를 맺기 위해서는 2~3명의 잠재적인 코치 중에서 리더가 코치를 선택하는 것이 중요하다. 코칭 관계에 대한 더 심층적인 분석과 논의는 35장에서 찾을 수 있다.

체계적인 계약 및 경계 관리 systemic contracting and boundary management

이것은 LEC와 관련하여 무엇을 의미할까? 한 가지 관점은 리더십 요건이 개인의 스킬과 관련이 있지만 또한, 리더에게 필요한 공간 space과도 관련이 있다는 것이다(예: Hawkins, 2011). 이러한 관점에서 시스템 요구 사항에 초점을 맞추지 않고 LEC를 하는 것은 의미가 없다. 따라서 계약은 개인 육성 어젠다에 대한 관심뿐만 아니라 더 넓은 시스템에 영향을 미치기 위한 코칭의 목적을 필요로 한다. 시스템을 고려하지 않고서는 어떠한 코칭 개입의 성격이든지 최선을 다해도 제한적이거나 오히려 역효과를 낼 수 있다. 계약 주안점은 LEC의 영향 프레임을 정의하고 작업의 사고 환경을 정의한다.

 코칭 개입의 초점은 계약의 일부이다. 이러한 목적을 달성하는 데 동의하는 방법은 공동 경계를 함께 운영하고 관리하는 방법에 따라 달라진다. 조직에 대한 투명성 수준(누가 무엇을 알거나 무엇을 얘기하는지), 코칭 공간의 특성(예: 도전 수준, 청취 수준), 코칭 과정과 프로그램 및 성공의 초기 지표 등이 이에 해당된다. 특히 더 많은 시니어 리더의 경우 그들을 둘러싼 조직 내 환경이 계속 변하기 때문에 **계약하기**가 해당 코칭의 실질적 특징이 된다. 목적에 충실하면서 코칭 작업이 수행되는 방식을 검토하는 스킬이 있다. 함께 일할 코치를 정한 후에는 1명 이상의 조직 이해관계자와 만나 코칭 주안점을 형성하고 계약 및 효과성을 검토하는 것이 좋다(Clutterbuck, 2015; Hay, 1995).

유연한 형식 및 미디어 a flexible format and media

일반적으로 LEC는 시장에서 정립된 형태를 가지고 있다. 일반적 패키지는 다음과 같다. 4주마다 최대 2시간의 6~8회 코칭 세션. 리더십 전환 또는 어떤 형태의 전환과 같은 개발 여정이 개입의 주제인 경우, 이 형태는 도움이 되는 추진력, 통찰을 제공한다. 생각 파트너가 필요한 경우, 특정 개인 어젠다나 개발 변화보다는 리더의 세계에서 일어나는 일에 훨씬 더 의존하는 다른 구조 또는 프로그램이 필요할 수 있다. 여기에서 코치는 고객을 분기에 1번 또는 일주일에 1번 자주 볼 수 있다. LEC 프레임 상에서 코칭의 형식은 과제 성격에 따라 달라진다.

개입 설계에 초점을 맞추는 것과 함께 해당 프로그램 실행의 유연성에 대한 요구 사항에 주의를 기울이는 것이 중요하다. 여기에는 대응력과 도전이 모두 필요합니다. 잦은 코칭 세션 취소가 있다면 해결이 필요한 더 광범위하거나 더 근본적인 습관이 있음을 나타낼 수 있다.

유연성의 또 다른 영역은 코칭 매체 coaching media이다. 최근 설문 조사에 따르면 2006년 처음 설문에 참여한 이후 매우 변화 없는 수준으로 많은 직접 대면 코칭이 수행되었다고 했다(Sherpa, 2016). 또한 이 설문은 전화 코칭 비율이 2006년 이후 감소했지만, 웹 기반 및 고화질 비디오를 통한 코칭이 증가한 것으로 나타났다.

어떤 코치이에게 가장 유용한가?

리더십과 코칭심리학을 결합한 LEC는 자기-알아차림, 타인과 자신이 일하는 조직에 대한 알아차림을 높이고자 하는 리더, 관리자, 임원에게 유용하다(Ely, Boyce, Nelson, Zaccaro, Hernez-Broome & Whyman, 2010). LEC는 관계를 개선하고 이동하며 리더십 스킬/역량 향상, 리더십 스타일 및 성과에 대한 작업, 변화 및 전환기, 다양성 관리와 같은 특정 이슈들을 다룰 수 있다(Wilkes, Cross, Jackson & Daly, 2015).

파악된 각각의 니즈 외에도 리더의 레벨과 역할과 관련된 LEC의 요구 사항이 다를 수 있다(예: Charan, Drotter & Noel, 2011). 예를 들어, 중간, 시니어 리더는 네트워킹, 동맹구축, 타인 육성에 집중할 가능성이 주니어 리더들보다 크다(Graj-foner, Rojon & Eshraghian, 2017).

LEC는 모든 사람에게 잠재적으로 유익하지만 별도 공간에서 다른 사람과 함께 작업하는 것을 더 선호하거나, 더 자립적인 개발 방식으로 어려움을 겪거나, 중요한 전환기 및 변혁의 시점에 있는 리더에게는 더 쉬운 선택이 될 것이다. LEC는 개별 리더뿐만 아니라 조직의 발전과 문화에도 엄청난 영향을 미칠 수 있다.

마지막으로, LEC 니즈는 사내 코칭의 발달로 과거는 조직 외부 코치의 영역이었으나, 이제는 사내 코치에 의해 점점 더 많이 수행된다. LEC는 개입으로 유연할 수 있으며, 광범위한 프로그램에 통합되거나 단독으로 사용할 수 있다.

사례 연구

코치이 coachee

자신이 10년 전에 설립한 회계 법인 CEO 폴Paul은 극도의 스트레스를 겪고 있으며 번아웃 시점에 있다. 그는 27명의 직원과 정서적으로 폭발하는 분출과 원활하지 않은 의사소통을 경험하고 있다. 그는 많은 직원이 지원 때문에 그에게 너무 많이 의존하고, 주도권이 부족하고, 의사결정 능력이 부족하고, 용납할 수 없는 수준의 오류를 범한다고 느끼기 때문에 좌절감을 느낀다. 또 직원에 대한 신뢰 부족으로 직원에게 위임하기를 피하고 직원의 작업을 고객에게 제출하기 전에 확인하게 되었다. 결과적으로 그의 작업량이 증가하고 관리할 수 없을 지경이 되었다.

사무실에서의 에너지와 동기가 떨어졌고 결근이 증가했다. 부정적 분위기와 끊임없는 업무 중지로 인해 폴은 재택근무를 더 많이 해야 했다. 그는 자신의 부재에 대해 죄책감을 느끼고 업무의 품질을 통제하기 위해 일하지 않는 것에 대해 걱정한다.

회사는 공식적인 구조가 없으며 모든 직원이 폴에게 직접 보고하므로, 직원 관리로 인해 그가 좋아하는 일을 못 하거나, 사업을 성장시키지 못해 좌절감이 더해진다. 그는 자신이 타고난 리더가 아니라고 느끼고, 재미있지 않다고 느끼지만, 사업이 번창하려면 한 단계 더 나아가야 한다는 것을 깨닫는다. 그는 사람들이 직장에 오는 것을 좋아하고 지원받고, 감사하고 동기부여를 느끼는 환경을 만들고 싶다고 설명했다. 그는 다시 활력과 열정을 느끼고 사업에 대한 원래 목적으로 다시 돌아오기를 원한다.

폴은 코칭을 통해 a) 스트레스를 줄이기 위한 대처 메커니즘을 개발하고, b) 직원을 참여시키고 권한을 부여하는 리더십 기술을 개발하고, c) 사업을 성장시키고 그의 타고난 스킬 셋을 활용하는 프로젝트에 참여할 수 있도록 자신의 업무량을 줄이고, d) 리더를 추가로 육성하여 사업을 위한 새로운 조직 구조를 개발하기를 바란다. 목표는 자기 자신과 관계, 대인관계 및 시스템 작업의 세 가지 영역을 모두 아우르는 동시에 구조 조정 측면에서 사업 및 리더십 아이디어가 필요하다.

코치는 코칭, 심리학 및 리더십의 여러 이론, 모델 및 기술을 사용하여 다원적 접근을 사용했다. 여러 개입이 아래에 강조 표시되어 있다.

시작하기

폴의 현재 상황을 이해하고, 코칭 작업의 범위를 정하고 당면해 있는 관점과 내러티브 일부를 전환하기 위해 폴을 지원하는데 여러 측정 방법과 모델이 사용되었다. 폴이 자신이 어떤 리더가 되어야 하는지 이해하는 데 도움을 주기 위해 다양한 리더십 스타일에 대해 논의했다. 폴은 더 혁신적인 접근 방식을 모색하고 싶어 했다. 또 Brief COPE 설문지(Carver, 1997)는 폴에게 현재 대처 전략에 대한 통찰력을 제공하고 스트레스를 줄이는 데 어느 정도 도움이 되는지를 탐색하는 데 사용되었다. 강점 발견 접근은 폴이 더 높은 자아 가치관을 개발하고 긍정적인 마음의 틀을 만드는 활동을 파악하는 데 도움이 되었다. 자기와의 관계 영역에 밀접한 주의를 기울였는데, 특히 인지행동 코칭cognitive behavioral coaching(CBC)을 사용하여 폴이 위임에 대한 통제, 미세 관리 및 혐오에 기여하는 도움이 되지 않는 사고 패턴을 탐색하도록 도왔다. 다음은 인지행동 코칭 적용을 간략하게 보여준다:

코치는 폴이 세부 사항을 관리하고 위임을 피하게 한 주요 생각을 발견하도록 도왔다:

폴: 오류와 함께 무언가가 나오면 그것은 재앙이며 회사와 저의 명성을 망칠 것입니다.

그들은 이러한 사고방식의 정서적, 행동적 결과에 대해 논의했다:

폴: 고객에게 보내기 전에 모든 것을 확인합니다. 나는 너무 바빠서 사업을 구축하는 데 집중할 수 없어 화가 납니다. 스트레스로 잠을 자지 못합니다. 나는 너무 피곤하고 번아웃이라고 느낍니다.

코치는 폴에게 예측하고 부정적 결과에 집중하는 경향을 인정하고, 현재 사고방식의 논리와 합리성에 도전할 수 있도록 격려했다. 폴은 상황에 대한 대안적 사고방식을 고려했다:

폴: 리더가 된다는 것이 모든 사람을 통제하는 것을 의미하지는 않는다고 생각합니다. 나는 내려놓고 더 협력적이고 신뢰해야 합니다. 제가 직접 일을 하면 단기적으로는 더 빠를 수 있지만 장기적으로는 변화가 없습니다.

코치는 폴이 압박을 줄일 수 있는 새로운 사고방식과 행동 방식을 찾아 실험하도록 도와주었다:

폴: 나는 더 많은 것을 위임하고, 직원들에게 말하기보다 무엇을 할 계획인지, 필요한 지원 사항이 무엇인지 물어볼 것입니다. 불편할 수 있지만 이렇게 하는 것의 이점을 생각하겠습니다.

그들은 폴이 앞으로 이 접근 방식에 계속 집중하고 지속하는 데 도움이 되는 것에 대해 논의했다:

폴: 나는 이것이 시간과 연습이 필요하다는 것을 깨달았으며, 내 직원과 그에 따른 사업의 성장을 가능하게 하기 위해 안전지대 comfort zone를 벗어나야 합니다. 저는 그렇게 하기 위해 최선을 다하고 있으며 장기적으로 집중력을 유지하고 지원을 받을 수 있도록 멘토와 협력할 것입니다.

폴은 직원이 더 참여하고 감사하며 지원받기를 원했다. 인지행동 코칭 접근은 폴이 신뢰를 보여주고, 더 효과적으로 위임하고, 다른 사람을 의사결정에 참여시키고, 피드백을 제공하고, 성공을 축하하는 방법을 파악하고 검증하는 데 도움이 되었다. 원하는 변혁적 리더십 스타일에 따라 폴은 직원들이 각자의 다양한 니즈를 지원하기 위해 개별화되거나 맞춤형 접근을 취하는 방법을 이해하는 데 도움을 받았다.

강점 발견 도구는 폴의 직원에게 적용되어 강점에 대한 통찰력을 제공하고, 맞춤형 접근을 지원했다. 그의 팀 니즈에 대한 초점을 개선하는 것은 결근, 분위기, 그리고 실제로 폴에게 긍정적인 영향을 미칠 것으로 예상되었다.

대인관계 목표를 달성하기 위해 교류 분석TA 접근을 사용하여 커뮤니케이션을 탐색하고 개입했다. 코치는 자아의 원칙에서 시작했다.

코치: 논의된 자아 상태 중 직원과의 상호작용에서 어떠한 것을 채택했는지 인식하고 있습니까? 예를 들어 업무를 부여할 때는 어떤가요?

폴 : 저는 그들에게 꽤 지시적인 경향이 있습니다. 저는 그들에게 내가 원하는 것이 무엇인지, 어떻게 해야 한다고 생각하는지, 그리고 그것이 늦거나 부정확할 경우 어떤 일이 일어날지 정확히 말해줍니다.

코치: 지시를 전달할 때 어떤 목소리 톤을 사용합니까?

폴 : 대부분 매우 까다롭고, 요구를 하고, 갑작스러운 톤입니다. 어떤 영향을 미칠지 의심할 여지가 없습니다.

코치: 그리고 그 교류 중에 어떤 역할을 맡을지 얘기해줄 수 있을까요?

폴 : 부모라고 생각합니다. 나는 그들을 지원하고 그들이 배우도록 도우며 그 역할을 합니다. 어떤 의미에서 나는 그들이 육아가 필요하다고 느낍니다. 나는 그들에게 길을 보여줄 필요가 있습니다.

코치: 양육하는 부모입니까? 아니면 비판적인 (통제하는) 부모입니까?

폴 : 글쎄요, 저는 그들을 양육하고 가르치고 있다고 생각했지만, 우리가 논의한 것을 고려할 때 저는 비판적인 부모라고 생각합니다.

코치: 그들에게 미치는 영향은 무엇입니까? 그들은 어떻게 반응합니까?

폴 : 글쎄, 그들은 그것을 따르는 경향이 있습니다!

코치: 그들이 당신과 어떻게 상호작용하는지에 대해 무엇을 알 수 있습니까?

폴 : 누군지에 따라 다릅니다. 예를 들어, 데이비드David는 일반적으로 내가 묻는 것을 질

문 없이 수행합니다. 그는 지시 사항을 준수하지만, 그가 하는 모든 일을 확인하기 위해 끊임없는 재확인이 필요합니다. 그는 자신의 판단에 대한 주도권과 자신감이 부족합니다. 시간이 없어 정말 답답합니다. 반면에 수잔Susan은 흔히 뒤로 물러나서 무엇을 해야 하는지 듣는 것을 좋아하지 않는 것 같습니다. 그녀는 매우 논쟁적일 수 있으며, 일을 다르게 하도록 추진할 수 있습니다. 그녀는 좋은 결과를 얻지만 태도가 좋지 않습니다. 그녀의 반응은 추측하기 어렵습니다.

추가 대화를 통해 데이비드와 수잔은 비판적 부모로서의 폴의 역할에 대한 반응으로 각각 아동(적응/반항적) 역할에 참여하고 있음을 인정했다. 폴이 데이비드, 수잔, 그리고 실제로 그의 다른 직원들로부터 최고the best를 얻는 데 가장 적합한 역할을 탐색했다. 폴이 직원들로부터 더 성인다운 반응 촉진을 위해 그가 성인 역할을 할 때, 더 합리적이고 차분하며 협력적 접근을 취하는 것이 포함되어야 한다는 것을 알게 되었다. 그런 다음 그것이 어떠한 모습일지, 가능한 이점, 그것이 가장 적절할 때, 그리고 폴이 그 역할을 완수하기 위해 무엇을 할 수 있는지 탐구했다. 폴에게 대체 역할이 적합한 시기에 초점을 맞춘 추가 탐색을 했다 – 예를 들어, 가이드가 필요한 직원에 대해 양육하는 부모, 즐거움, 호기심, 밝은 심정을 표현하고 사무실의 분위기를 변화하는 데 도움이 되는 아이 역할(자연적 아이 또는 어린 교수) 등이다.

조직 구조에 주의를 기울이지 않으면 변화를 위한 폴의 조치들은 실패할 것이다. 코치는 폴과 협력하여 어떤 구조가 작동될지, 그리고 이를 실현하는 데 필요한 변화 관리 지원이 무엇인지 탐색했다. 폴에게는 체계적 접근을 취하고 새로운 조직 구조와 새로운 프로세스가 사업과 그 내부의 사람들에게 미치는 영향을 고려하도록 권장되었다.

코칭의 영향을 검토하며 폴은 리더로서의 자신감과 웰빙 감각이 향상되었다고 보고했다. 그는 다른 사람을 신뢰하는 법을 배우는 것이 어떻게 그들의 성과에 긍정적 영향을 미치고 조직의 미래에 대한 그의 마음과 희망을 개선했는지 관찰했다. 폴은 코칭의 심리 교육적 특성이 특히 중요하다는 것을 알았다. 코칭에 사용되는 모델에 대한 명시적인 지식을 보유한 덕분에 그가 잘못되었던 것이 무엇인지, 그리고 미래의 변화에 영향을 미치는 방법을 더 깊이 이해할 수 있었다.

논의 포인트

1. 우리는 효과적인 리더가 되기 위한 육성에 필요하다고 생각하는 스킬 개발의 세 가지 영역으로 관계, 변화, 다양성 스킬을 제시했다. LEC 코칭 작업 중 이 세 가지 스킬 영역을 개발하는 데 얼마나 집중하고 있는가? 오늘날의 리더들을 위해 필요한 메타 기술의 다른 영역은 무엇인가?
2. LEC 작업에 대한 세 가지 주안점 영역(자기 자신과의 관계, 대인관계 및 시스템)을 반영할 때, 당신이 작업하기 가장 어려운 영역은 무엇인가? 당신이 더 개발할 필요가 있는 프랙티스 측면은 무엇인가? 당신은 그것을 어떻게 할 수 있는가?
3. LEC 코치를 위한 네 가지 실천 원칙을 나열했다. 이러한 원칙 가운데 하나를 선택해서 이것을 당신의 프랙티스에 어떻게 적용할지 방법을 고려해 보라. 강점 영역은 무엇인가?
4. 위의 사례 연구를 살펴보면 당신이라면 이 사례를 어떻게 접근했을까? 무엇을 다르게 할 수 있었으며, 그 이유는 무엇인가?

추천 읽기

Athanasopoulou, A., & Dopson, S. (2015). *Developing leaders by executive coaching: Practice and evidence*. Oxford: Oxford University Press.

Haslam, S. A., Reicher, S., & Platow, M. J. (2011). *The new psychology of leadership: Identity, influence and power*. Hove: Church Press.

Salicru, S. (2017). *Leadership results: How to create adaptive leaders and high performing organisations for an uncertain world*. San Francisco: Wiley.

Whitmore, J. (2009). *Coaching for performance: The principles and practices of coaching and leadership (people skills for professionals)*. London: Nicholas Brealey Publishing.

참고 문헌

Athanasopoulou, A., & Dopson, S. (2015). *Developing leaders by executive coaching: Practice and evidence*. Oxford: Oxford University Press.

Avolio, B. J., Walumbwa, F. O., & Weber, T. J. (2009). Leadership: Current theories, research, and future directions. *Annual Review of Psychology*, 60, 421-449.

Bass, B., & Avolio, B. (1995). *MLQ multifactor leadership questionnaire*. Redwood City, CA: Mind Garden.

Bennis, W. (2007). The challenges of leadership in the modern world. *American Psychologist*, 62 (1), 2-5.

Berglas, S. (2002). The very real dangers of executive coaching. *Harvard Business Review*, June, 3-8.

Blakey, J., & Day, I. (2012). *Challenging coaching: Going beyond traditional coaching to face the facts*. London: Nicholas Brealey Publishing.

Bluckert, P. (2005). The similarities and differences between coaching and therapy. *Industrial and Commercial Training*, 37 (2/3), 91-96.

Bolden, R., & Gosling, J. (2006). Leadership competencies: Time to change the tune? *Leadership*, 2, 147-163.

Brent, M., & Dent, F. (2010). *A leader's guide to influence, how to use soft skills to get hard results*. London: FT Prentice Hall.

Brown, M. E., Treviño, L. K., & Harrison, D. (2005). Ethical leadership: A social learning perspective for construct development and testing. *Organizational Behavior and Human Decision Processes*, 97, 117-134.

Bush, M. W. (2004). *Client perceptions of effectiveness in executive coaching*. Unpublished doctoral dissertation, Pepperdine University, Malibu, CA.

Carver, C. S. (1997). You want to measure coping but your protocol's too long: Consider the Brief COPE. *International Journal of Behavioral Medicine*, 4, 92-100.

Charan, R., Drotter, S., & Noel, J. (2011). *The leadership pipeline: How to build the leadership powered company* (2nd ed.). San Francisco: Wiley.

Clutterbuck, D. (2015). *Managing the three way contract in executive coaching and mentoring*. Retrieved from www.linkedin. com/pulse/managing-three-way-contract-executive-coaching-david-clutterbuck

Colbert, A. E., Judge, T. A., Choi, D., & Wang, G. (2012). Assessing the trait theory of leadership using self and observer ratings of personality: The mediating role of contributions to group success. *The Leadership Quarterly*, 23 (4), 670-685.

Cowley, W. H. (1931). The traits of face-to-face leaders. *The Journal of Abnormal and Social Psychology*, 26 (3), 304-313.

de Haan, E., Culpin, V., & Curd, J. (2011). Executive coaching in practice: What determines helpfulness for clients of coaching? *Personnel Review*, 40 (1), 24-44.

de Haan, E., Duckworth, A., Birch, D., & Jones, C. (2013). Executive coaching outcome research: The predictive value of common factors such as relationship, personality match and self-efficacy. *Consulting Psychology Journal: Practice and Research*, 65 (1), 40-57.

De Smet, A., Lavoie, J., & Hioe, E. S. (2012, April). Developing better change leaders. *The McKinsey Quarterly*. Retrieved December 1, 2016, from www.mckinsey.com/business-functions/organization/our-insights/developing-better-change-leaders

Dotlich, D. L., & Cairo, P. C. (2003). *Why CEOs fail: The 11 behaviors that can derail your climb to the top: And how to manage them*. San Francisco: Wiley.

Ellington, L., & McFadden, P. (2013). *The neuroscience of leading change by creating new habits*. Retrieved from www.neu-roleader.us/2013/07/02/how-to-lead-change-by-creating-new-habits

Ely, K., Boyce, L. A., Nelson, J. K., Zaccaro, S. J., Hernez-Broome, G., & Whyman, W. (2010). Evaluating leadership coach-ing: A review and integrated framework. *The Leadership Quarterly*, 21, 585-599. doi: 10.1016/j.leaqua.2010.06.003.

Evans, M. G. (1970). The effects of supervisory behavior on the path: Goal relationship. *Organizational Behavior and Human Performance*, 55, 277-298.

Farson, R., & Keyes, R. (2002). The failure tolerant leader. *Harvard Business Review*, 80, 64-76.

Fiedler, F. E. (1967). *A theory of leadership effectiveness*. New York: McGraw-Hill.

Fiedler, F. E. (1972). How do you make leaders more effective? New answers to an old puzzle. *Organizational Dynamics*, 1 (2), 3-18.

Flory, D. (1965). *Managers for tomorrow*. New York: New American Library.

George, B. (2003). *Authentic leadership: Rediscovering the secrets to creating lasting value*. San Francisco: Jossey-Bass.

Goleman, D. (1996). *Emotional intelligence: Why it can matter more than IQ*. London: Bloomsbury.

Goleman, D. (2001). Emotional intelligence: Issues in paradigm building. In C. Cherniss & D. Goleman (Eds.), *The emotionally intelligent workplace* (pp. 13–26). San Francisco: Jossey-Bass.

Grajfoner, D., Rojon, C., & Eshraghian, F. (2017, in press/under review). Academic leaders: In-role perceptions and developmental approaches. *Higher Education*, In press/under review.

Griffith, R. (2015, January). How does the world work? *The internationalisation of organisational psychology*. Keynote pre-sentation at DOP Conference, Glasgow, Scotland, UK.

Gyllensten, K., & Palmer, S. (2007). The coaching relationship: An interpretative phenomenological analysis. *International Coaching Psychology Review*, 2 (2), 168–177.

Hallam, G. L., & Campbell, D. P. (1992, May). Selecting team members? Start with a theory of team effectiveness . *Paper pre-sented at the 7th Annual Meeting of the Society of Industrial and Organizational Psychology*, Montreal, Quebec, Canada.

Haslam, S. A., Reicher, S., & Platow, M. J. (2011). *The new psychology of leadership: Identity, influence and power*. Hove: Church Press.

Hawkins, P. (2011). *Leadership team coaching: Developing collective transformational leadership*. London: Kogan Page.

Hay, J. (1995). *Transformational mentoring*. London, UK: Sherwood Publishing.

Heifetz, R. A., Linsky, M., & Grashow, A. (2009). *The practice of adaptive leadership: Tools and tactics for changing your organization and the world*. Cambridge, MA: Harvard Business Press.

Hersey, P., & Blanchard, K. (1982). *Management of organizational behavior: Utilizing human resources* (4th ed., pp. 321–328). Englewood Cliffs, NJ: Prentice Hall.

Hogan, J., Hogan, R., & Kaiser, R. B. (2010). Management derailment: Personality assessment and mitigation. In S. Zedeck (Ed.), *American Psychological Association handbook of industrial and organizational psychology* (Vol. 3, pp. 555– 575). Washington, DC: American Psychological Association.

Hogan, R., Curphy, G. J., & Hogan, J. (1994). What we know about leadership. *American Psychologist*, 49, 493–504.

House, R. J. (1971). A path-goal theory of leader effectiveness. *Administrative Science Quarterly*, 16, 321–339.

House, R. J., Javidan, M., Hanges, P., & Dorfman, P. (2002). Understanding cultures and implicit leadership theories across the globe: An introduction to project GLOBE. *Journal of World Business*, 37 (1), 3–10.

ILM (2011). Creating a coaching culture. *Institute of Leadership and Management* [Online]. Retrieved from www.i-l-m. com/About-ILM/Research-programme/Research-reports/Coaching-culture

Kampa-Kokesch, S., & Anderson, M. Z. (2001). Executive coaching: A comprehensive review of the literature. *Consulting Psychology Journal: Practice & Research*, 53 (4), 205–228.

Kark, R. (2011). Games managers play: Play as a form of leadership development. *Academy of Management. Learning and Education*, 10, 507–527.

Kilburg, R. R. (1996). Towards a conceptual understanding and definition of executive coaching. *Consulting Psychology Journal*, 48 (2), 134–144.

Kilburg, R. R. (2000). *Executive coaching: Developing managerial wisdom in a world of chaos*. Washington, DC: American Psychological Association.

Linley, P., Woolston, L., & Biswas-Diener, R. (2009). Strengths coaching with leaders. *International Coaching Psychology Review*, 4 (1), 37–48.

Lowin, A., & Craig, J. R. (1968). The influence of level of performance on managerial style: An experimental object lesson on the ambiguity of co-relational data. *Organizational Behavior and Human Performance*, 3, 440–458.

Mann, C. (2016). *The 6th Ridler Report: Strategic trends in the use of coaching*. London: Ridler & Co.

McCall, M. W., Jr., & Hollenbeck, G. P. (2007). Getting leader development right: Competence not competencies. In J. Conger & R. Riggio (Eds.), *The practice of leadership*. San Francisco: Jossey-Bass.

Northouse, P. G. (1997). *Leadership: Theory and practice*. Thousand Oaks, CA: Sage.

Peltier, B. (2010). *The psychology of executive coaching: Theory and application* (2nd ed.). New York: Routledge.

Perrow, C. (1970). *Organization analysis: A sociological view*. Belmont, CA: Wadsworth.

Porath, C. (2014). Half of employees don't feel respected by their bosses. *Harvard Business Review* [Online]. Retrieved from https://hbr.org/2014/11/half-of-employees-dont-feel-respected-by-their-bosses

Prochaska, J. & DiClemente, C. (1983) Stages and processes of self-change in smoking: Toward an integrative model of change. *Journal of Consulting and Clinical Psychology*, 5, 390–395.

Salicru, S. (2017). *Leadership results: How to create adaptive leaders and high performing organisations*. San Francisco, CA: Wiley.

Seijts, G., Billou, N., & Crossan, M. (2010, May). Coping with complexity. *Ivey Business Journal*. Retrieved from http://iveybusinessjournal.com/publication/coping-with-complexity/

Senge, P. (2006). *The fifth discipline: The art and practice of the learning organization* (2nd ed.). London: Century.

Sherpa Coaching LLC (2016). *The 2016 Sherpa executive coaching survey*. Retrieved from the Sherpa executive coaching website: www.sherpacoaching.com/wp-content/uploads/Choice-July-2016-Sherpa-Survey.pdf

Shipper, F., & Dillard, J. (2000). A study of impending derailment and recovery of middle managers across career stages. *Human Resource Management*, 39, 331–347.

Smither, J., London, M., Flautt, R., Vargas, Y., & Kucine, I. (2003). Can working with an executive coach improve mul-tisource feedback ratings over time? A quasi-experimental field study. *Personnel Psychology*, 56, 23–44.

Sonesh, S. C., Coultas, C. W., Lacerenza, C. N., Marlow, S. L., Benishek, L. E., & Salas, E. (2015). The power of coach-ing: A meta-analytic investigation. *Coaching: An International Journal of Theory, Research and Practice*. 8 (2), 73–95.

Spears, L. C., Lawrence, M., & Blanchard, K. (Eds.) (2001). *Focus on leadership: Servant leadership for the 21st century* (3rd ed.). New York: Wiley.

Styhre, A. (2008). Coaching as second-order observations: Learning from site managers in the construction industry. *Leadership & Organization Developement Journal*, 29 (3), 275–290.

Torbert, B. (2004). *Action inquiry: The secret of timely and transforming leadership*. San Francisco: Berrett-Koehler.

Uhl-Bien, M., & Marion, R. (2008). *Complexity leadership part 1: Conceptual foundations*. Charlotte, NC: Information Age Publishing.

Uhl-Bien, M., Marion, M., & McKelvey, B. (2007). Complexity leadership theory: Shifting leadership from the indus-trial age to the knowledge era. *The Leadership Quarterly*, 18 (4), 298–318.

Utry, Z. A., Palmer, S., McLeod, J., & Cooper, M. (2015). A pluralistic approach to coaching. *The Coaching Psychologist*, 11 (1), 46–52.

Van Velsor, E., & Leslie, J. B. (1995). Why executives derail: Perspectives across time and cultures. *Academy of Management Review*, 9, 62–72.

Vroom, V. H., & Jago, A. G. (2007). The role of situation in leadership. *American Psychologist*, 62, 17–24.

Wales, S. (2003). Why coaching? *Journal of Change Management*, 3, 275–282.

Waller, L. (2011). Ensuring learning transfers to the workplace: Where does the buck stop? *HR most influential*, 16 November.

Wilkes, L., Cross, W., Jackson, D., & Daly, J. (2015). A repertoire of leadership attributes: An international study of deans of nursing. *Journal of Nursing Management*, 23 (3), 279–286. doi: 10.1111/jonm.12144.

Yukl, G. (2006). *Leadership in organizations* (6th ed.). Upper Saddle River, NJ: Prentice Hall.

34장
팀 코칭

저자: 샌디 고든Sandy Gordon[1], 더그 매키Doug MacKie[2]
역자: 강준호

서론

스포츠에서는 잘 확립된 개념이지만, 그 외 성과 창출 환경이나 회사에서 팀 코칭은 상대적으로 새롭고, 프랙티스와 정의 측면에서도 모두 팀 코칭에 대한 증거 기반 문헌은 파편화되고 일관성이 없어 보인다(Clutterbuck, 2014; Guenzi & Ruta, 2013). 많은 조직에서 코칭이 적용된 경우 그 이점을 보았지만, '코칭 문화'(코칭이 관리의 주요 방법임)라는 아이디어는 현실에서는 여전히 열망으로만 남아 있다(Clutterbuck & Megginson, 2006; Hawkins, 2012). 이 장의 목적은 팀 코칭과 관련해 받아들여진 최신 이론과 프랙티스를 명확히 하고 팀 코칭 및 코칭 문화 조성에 대해 강점 기반 접근을 소개하는 것이다.

팀과 그룹 코칭 발달

조직 내 팀 코칭은 조직 개발, 그룹 프로세스, 프로세스 촉진, 시스템 사고, 발달 코칭을 포

---

[1] 샌디 고든Sandy Gordon PhD는 UWA의 스포츠 및 운동 심리학 교수이자 등록 스포츠 심리학자PsyBA이며 호주 심리학회(APS)의 동료 회원이다. 그는 10개국에서 30년 넘게 스포츠와 성과 심리학에 대해 자문해왔다. 그의 지속적인 참여는 공공 및 민간 부문의 프로 스포츠팀과 높은 성과를 내는 그룹이 포함된다.

[2] 더그 맥키Doug MacKie는 비즈니스 심리학자이자 CSA Consulting의 경영 코치 겸 이사이다. 그는 호주, 아시아, 영국의 최고 기업에서 25년 이상 경영진, 리더십과 팀 역량을 평가하고 개발한 경험이 있으며, 조직과 함께 혁신적인 리더를 개발하기 위한 역량 기반 접근을 개발하는 데 선구적인 역할을 해왔다. Email: doug@csaconsulting.biz

함한 여러 탐구 분야에서 등장했다(검토를 위해 Peters & Carr, 2013 참조). 팀 코칭 모델들은 팀 코치에게 정보를 제공하기 위해 존재하고(예: Clutterbuck, 2007; Hackman & Wageman, 2005; Hawkins, 2011; Moral, 2009), 특별히 설계되었다. 그러나 개입 도구로써 팀 코칭을 평가한 학술 연구는 거의 없다. 문헌 대부분은 프랙티셔너가 작성한 것으로 주로 팀 성과에 초점을 맞추고 있으며, 발표된 대부분 사례 연구들은 프랙티셔너와 참가자들 사이의 대인관계에 초점을 맞추고 있다.

최근 우리 삶에 일이 중심이기 때문에(Office for National Statistics, 2011), 긍정 조직 행동론positive organizational behaviour(POB)(Luthans, 2002) 긍정 조직학positive organizational scholarship(POS) (Cameron et al., 2003)과 같은 부상하는 긍정심리학 패러다임으로 웰빙에 대한 일의 영향도를 검토하는 것이 중요해졌다. 긍정 조직 행동론과 긍정 조직학 사이에는 상당한 중복이 있지만 전자는 '조직 중심'이고 후자는 '직원 중심'으로 간주한다(Bakker & Schaufeli, 2008). 그러나 직원들을 돌보는 조직이 번영할 가능성이 더 크기 때문에 반드시 반대되는 것은 아니다(Zwetsloot & Pot, 2004).

긍정 조직학은 '조직 내에서 긍정적이고 번성하며 생명을 주는 것에 관한 연구, 즉 직원들의 번영을 돕는 조직의 측면'(Cameron & Caza, 2004, p.731)에 대한 것이다. 그룹과 팀 코칭에 강점 기반 접근 방식을 사용하는 긍정 조직학 기반 응용 방식의 예는 긍정적 강점 기반 조직 개발 코칭appreciative inquiry coaching(AIC)(Orem et al., 2007; Sloan & Canine, 2007)이며, 이 장의 뒷부분에서 자세히 설명한다. 또 우리가 제시하는 사례 연구는 Realise2(www.realise2.com) 온라인 강점 진단 도구를 사용하여 팀 내 개인의 강점을 식별(발견)한 다음 팀워크에 적용하는 방법을 보여준다.

이론 및 기본 개념

팀과 그룹 코칭은 일부는 팀에서 상당한 양의 조직 의사결정이 발생한다는 인식이 증가한 것으로 인해, 일부는 개인 코칭 대비 집단 코칭의 경제적 이점으로 인해 최근 인기를 얻고 있다. 팀 개발 및 코칭 이론도 발전했는데 효과적인 팀 코칭을 위한 필수 기반에 관한 세 가지 다른 관점을 제공한다. 첫째, 고성과 팀의 필요 조건neccessary conditions이 확인되었으며(Hackman &

Wageman, 2005) 이러한 조건이 효과적인 팀 코칭의 전제 조건이라는 주장이다. 둘째, 팀이 구조화되지 않은 집단unstructured group에서 고성과 팀high-performing teams으로 발전해가는 일반적 이동의 발전 단계를 분류하려는 시도가 있었다(Moral, 2009). 마지막으로 잘 구조화되고 개발된 팀이라 하더라도 비효과적 리더십으로 인해 제대로 작동되지 않을 수 있다는 인식하에 팀의 리더십 요구사항이 제안되었다(Zaccaro, Heinen & Shuffler, 2009). 이러한 모든 접근은 팀 기반 코칭 개입에 대한 통찰력과 기회를 제공한다.

팀 코칭에 대한 필요 구조

필요 구조 접근necessary struture apporach은 웨이먼Wageman 등이 가장 명확하게 설명했다(2008). 그들은 효과적인 팀을 위해 세 가지 필요 조건과 세 가지 촉진 조건을 주장하는, 경험적으로 도출된 팀 효과성 모델을 제안한다. 미국 국가정보국US intelligence community과 작업(Hackman & O'Connor, 2004)으로 효과적인 팀의 핵심은 올바른 사람들right people로 구성되어 있으며, 강력한 방향compelling direction에 집단이 맞춰져 있는 진정한 팀real team이라고 제안했다. 진정한 팀real team은 어느 정도의 상호 의존성이 있지만, 역할이 충분히 차별화되고 시간이 지나도 구성원들이 바뀌지 않는 팀이었다. 올바른 사람right people은 진실성integrity 같은 성격 측면 뿐만 아니라 필수 기술과 역량 및 사람과 상황에 대해 복잡한 판단을 내리는 개념화 능력이 필요했다. 마지막 핵심은 팀을 공동의 목적으로 묶는 사명을 명확하게 설명하는 강력한 방향compelling direction이었다.

촉진 조건enabling conditions은 조직 자원에 의해 지원되고, 정기적 팀 코칭에 의해 개발된 촉진 구조facilitating strueture를 보유하는 것의 중요성을 강조했다. 이 모델에서 촉진 구조는 팀 과업의 매력도, 팀 행동 규범, 팀 규모를 촉진의 핵심 요인으로 특별히 강조했다. 팀 규범team norm은 자연스럽게 발전하거나 명시적으로 채택될 수 있고, 소속 구성원들이 일하기를 원하는 문화 유형을 포함할 수 있다. 그러나 투명성, 진실성과 같은 일부 규범은 다른 규범보다 더 생성적이기 때문에 자생적 과정으로 나타나기보다 규정될 가능성이 더 크다. 효과적인 팀 코치는 관찰을 통해 팀 규범을 빠르게 직감할 것이다. 이러한 규범을 명시적으로 만드는 것은 강력한 팀 코칭 개입이다. 지원적인 조직 맥락에는 팀의 업무를 지원하는 물질적 자원뿐만 아니라 보상, 교육에 대한 정보 활용이 포함된다.

팀 효과성에 대한 필요 조건 접근necessary conditions approach은 팀 코치에게 여러 기회를 제공한다. 팀 구성은 일반적으로 코치가 참여하기 전에 결정되었기 때문에 주요 기회들은 팀 규범과 문화를 드러내고 도전하는 것, 팀 목적 및 개인 기여도를 명확히 하는 것이다. 필요 구조 접근은 또한 이러한 조건들을 측정하기 위한 심리측정 방법을 제공한다(팀 진단 설문; Wageman et al., 2005). 그러나 이러한 심리측정은 온전한 팀intact team 내에서 사용하도록 설계되었으며 360도 피드백과 같은 여러 이해관계자의 관점을 제공하지 않는다.

팀 단계 및 팀 코칭

단계 모델stage model은 또한 구조화되지 않은 그룹에서 고성과와 상호의존적인 팀으로의 팀 발달 과정을 설명하고 궁극적으로는 예측하기 위한 시도로 알려져 있다. 터크먼Tuckman(1965)은 개인(예: 내가 이 팀에 어떻게 맞출 수 있을까?)에서 그룹(예: 이 그룹이 얼마나 효과적일 수 있는가?), 업무(예: 주요 과업 및 활동의 계획과 실행)에 이르기까지 팀의 다양한 요구사항을 차트로 나타낸 4단계 팀 발달 모델을 제공했다. 터크먼의 주장은 팀이 과업을 수행하기 전에 개인 및 그룹의 니즈들이 해결되어야 한다는 것이다. 그렇지 않으면 니즈와 관련된 해결되지 않은 이슈들이 계속 발생하여 과업 완료를 방해한다. 단계 접근은 최근 성인 발달 문헌들의 간접 지지를 받았는데, 그 내용은 성인은 일생동안 여러 단계의 인지 발달을 거치게 되는데 각 단계는 더 높은 수준의 복잡성과 관점 수용이 제공된다는 것이다(Kegan & Lahey, 2009). 그러나 팀 성숙도 모델은 구성원이 이탈하고 과업이 변경되는 특성으로 인해 개인 모델 대비 덜 안정적인 것으로 보인다. 즉 대인관계는 역동적이기 때문이다(Moral, 2009). 이러한 유동성이 있지만, 신설 팀들은 더 많은 동기부여 개입을 할 때 혜택을 받을 수 있는 반면, 잘 운영되는 기존 팀들은 더 많은 상담적, 교육적 노력이 필요하다는 의견이 있다(Hackman & Wageman, 2005).

구조 및 단계 모델은 모두 팀 효과성 향상을 위한 코칭 관점과 기회를 제공한다. 두 가지 접근법은 배타적이지 않으며 실제로 성공적으로 결합되어 단계 기반 필수 조건 모델stage-based necessary conditions model을 제공했다(Hawkins, 2012). 호킨스Hawkins에 따르면 첫째, 팀은 목적을 명확히 해야 한다. 이 팀을 요구한 사람은 누구이며, 무엇을 제공해야 하는가? 이것이 명확해지면, 둘째, 팀은 성공 비전 형성을 위한 목표, 역할, 과제를 내부적으로 명확히 해야 한다. 셋째, 팀은 문화와 대인관계 역동 구도에 주의를 기울여 이것이 지원되도록 하는 동시에 목적이 저해되지 않도록 해야 한다. 마지막으로, 팀은 주요 이해관계자와 소통, 연결해서 팀 성과를 위해 진행 중인 과업에 대해 외부 검증을 받아야 한다. 이렇게 결합한 모델이 앞서 설명된 해크만Hackman 모델(예: 강력한 목적compelling purpose)의 필요 조건과 어떻게 결합하는지에 유의하고, 그러면서도 목적이 역할에 선행하고, 역할이 팀 문화에 선행하도록 순서 또는 단계에 맞게 팀을 어떻게 구조화하는지 방식에 유의해야 한다.

팀 리더십 및 팀 코칭

리더십 개발 및 팀 역동에 관한 많은 문헌을 고려할 때, 팀 내 리더십에 대해 쓰인 문헌이 상대적으로 적다는 것은 놀라운 일이다(Zaccaro, Heinen & Shuffler (2009). 그러나 리더와 구성원 관계에 초점을 맞춘 많은 리더십 문헌(예: 변혁적 리더십)도 여전히 팀 효과성 향상과 관련이 있지만, 팀 리더십에서 발견되는 상호 연결성, 통합, 일관성에 대한 추가적인 초점을 놓칠 수 있다(Marks et al., 2000). 팀 리더와 리더십은 전통적인 리더십 토대 위에 구축되지만, 거기에 더해 개인 목표들을 정렬하고, 추가 시너지들이 발생하는 공유된 사회적 정체성을 촉진한다(이전 인용). 팀 리더십의 많은 문헌은 특정 리더십 행동을 규정하는 것을 의도적으로 거부하는 접근이지만, 그 대신 그들이 수행해야 하는 기능을 강조하여 개인의 유연성, 적응성을 위한 상당한 여지를 남겨두고 있다(Hackman & Wageman, 2005). 그러나 방향 설정, 운영 관리, 팀 리더십 역량 개발을 포함한 주요 리더십 기능은 팀 효과성의 구조적 모델과 분명하게 중복된다(Wageman et al., 2008). 따라서 팀 리더십은 성과가 높은 팀의 구조 및 프로세스 요소를 촉진하는 대인관계 역동interpersonal dynamics 구조에 대한 본보기를 제공한다.

팀 발달의 구조 및 단계 모델에 리더십 관점을 추가하면 팀 코치가 참여할 수 있는 제3의 방법이 제공된다. 팀은 잘 구성되고 지원될 수 있더라도 효과적 리더십이 없으면 아무 곳으로도 갈 수 없다. 또 팀 리더십은 단계 모델과 통합되어 각 발달 단계에 가장 잘 맞는 리더십 스타일의 유형을 제안할 수 있다(Sosik & Jung, 2010). 변혁적 리더십 모델transformational leadershop model(Avolio, 1999)에서는 팀이 덜 기능적이고 수동적인 리더십 요소(예: 자유 박람회)에서 거래적 요소(예: 우발적 보상)를 거쳐 뛰어난 성과를 매개하는 팀 헌신, 열정, 자신감을 포함한 변혁적 행동을 보여주는 고성과 팀으로서 마침내 변화될 수 있다는 것을 제안한다. 팀 코칭에 대한 여섯 개의 발표된 연구에 대한 최근 리뷰에 따르면, 개입은 팀 설계 및 발달 단계뿐 아니라 개인 리더십 개발에 초점을 맞춰야 한다고 제안했다(Peters & Carr, 2013).

일반적으로 리더십 개발은 많은 리더십 개발 개입의 전통적인 결핍 지향deficit orientation 접근에서 벗어나 점점 더 긍정 지향positivity 접근으로 변화하고 있다(Walumbwa et al., 2008). 긍정성은 전통적으로 개인 차원에서 분석되었지만, 이제는 이러한 접근을 팀에 적용하는 데 관심이 커지고 있다(West et al., 2009). 이러한 개발은 팀 코치가 팀 개발 프로세스에 적용할 수 있는 추가적인 혁신 자원을 제공한다. 특히 강점 기반 접근은 개별 리더십 코칭에서 점점 더 많은 관심을 받고 있으며, 효과에 대한 증거가 늘어나고 있다(MacKie, 2014). 다음 섹션에서 우리는 팀 개발에 대한 강점 기반 접근의 적용을 설명하기 위한 배경과 실제 사례 연구를 제시한다.

프랙티스

강점 기반 팀 코칭strength-based team coaching의 목적은 개인과 팀의 강점을 파악하고 활용하는 것이다(Biswas-Diener, 2010; Driver, 2011; Linley, 2008; Linley & Joseph, 2004). 린리Linley와 동료들(2010)에 따르면, 강점의 두 가지 핵심 요소는 '높은 수준의 성과를 창출하고, 그것을 할 때 에너지 감각을 경험하는 것'이다(p.67). 즉 강점은 팀원들이 일을 잘할 뿐만 아니라 그것을 하는 것에 열정도 있다는 것이다. 강점 기반 코칭에서는 이미 효과가 있는 것에 초점을 맞추는데, 강점은 기본적인 인간 본성의 일부이므로 모든 사람은 강점을 가지고 있으며, 이를 보유한 것에 대해 존중받을 자격이 있다. 우리가 가장 큰 잠재력을 가진 영역은 가장 큰 강점 영역에 있다. 린리와 동료들은 당신이 약점에 대한 작업을 통해 발전할 수 있다는 것을 인정하지만, 변화와 개선은 자신의 강점에 대해서까지도 작업할 때만 가능하다. 그들은 강점 파악하기strength spotting(Linley & Burns, 2010)와 강점 기반 코칭이 코칭에 대한 접근(즉, 강점은 목표 달성에 더 효과적으로 사용)과 코칭의 부가가치 결과(즉, 코칭은 개인과 팀의 강점을 실현하고 발전시키는 데 사용) 둘 다로 볼 수 있다고 주장한다(Linley & Harrington, 2006; Linley et al., 2009).

긍정 탐구appreciative inquiry(AI)(Cooperrider & Srivastva, 1987; Cooperrider et al., 2008)는 팀과 함께 일하는 코칭 프랙티셔너들에게 가장 적합한 것을 보여지는 변화, 학습, 개발에 대

한 긍정적이면서 강점에 기반을 둔 운영적 접근으로 간주된다(Gordon, 2008; Orem et al., 2007). 긍정 탐구는 이론구축 과정으로 시작되었지만, 철학, 변혁의 힘revolutionary force, 변혁적 변화 프로세스transformational hange process, 생명을 주는 이론과 프랙티스, 심지어는 새로운 세계관이라고도 불린다. 긍정 탐구를 적용하기 위한 몇 가지 접근이 있지만 가장 널리 사용되는 모델은 짐바브웨 하라레에 있는 국제 경영 탁월성 이니셔티브Global Excellence in Management Initiave(GEM)의 구성원이 개발했다(Mann, 1997). 4-D 사이클 모델이라고 불리는 이 모델에는 쿠페리더Cooperrider와 위트니Whitney(2005)가 설명한 대로 다음과 같은 네 가지 주요 프로세스가 포함된다:

1. **발견**Discovery : '지금까지 최고였거나 또는 현재 최고가 무엇인지' 파악하기
2. **꿈**Dream : 발견된 잠재력과 관련하여 명확한 결과 지향적 비전 창조 '세계가 우리에게 되기를 요청하는 것은 무엇인가?'
3. **디자인**Design : 새롭게 표현된 꿈을 실현하기 위해 사람들이 그림을 그리고 확대할 수 있다고 느끼는 가능성 제안possibility propositions 만들기
4. **운명**Destiny : 지속적인 긍정적 변화와 높은 성과를 위해 희망을 구축하고 추진력을 유지할 수 있는 긍정 역량affirmative capability을 강화하기

긍정 탐구가 적용된 활용 사례는 상당한 관심을 끌었으며, 가장 최근의 개발된 것 중 하나는 코칭에 대한 긍정 접근appreciative approach이다. 슬론Sloan과 카닌Canine(2007)은 긍정 탐구 코칭Appreciative Inquiry Coaching(AIC)을 훈련된 코치가 상담사, 자문advisor으로서 사람 또는 팀으로 참여하는 프로세스에 핵심 긍정 탐구 원칙을 실질적으로 적용하는 것으로 설명한다. 팀 코칭 프로세스의 일반적인 질문과 특성을 설명하기 위해 긍정 탐구 코칭의 몇 가지 요소가 다음 시나리오에 나와 있다. 이 사례는 팀이 직장 내 스트레스를 다룰 수 없다고 인식한 무능력pecieved inability과 관련된 것이다. 4-D 사이클의 각 단계에서 코치의 초점은 오렘Orem과 동료들(2007)에 의해 다음과 같이 설명된다.

발견

- 당신은 직장 내 스트레스에 대해 논의하고 싶어 한다. 당신이 의미하는 바를 설명하고, 정

의, 구문 또는 인용문을 통해 설명하고 사례를 제시할 수 있는가?
- 최근에 팀이 직장 내 스트레스에 대처할 수 있는 능력을 보여준 것은 언제였나? 대처 행동이 필요한 상황은 무엇이었는가?
- 당시 팀은 어떤 태도를 취했는가? 당신의 생각은 무엇이었는가?
- 스트레스에 대처하는 동안 당신의 감정들을 설명하라.
- 당신은 어떻게 반응했는가? 당신은 무엇을 하였는가?

이 단계에서 코치의 초점:

- 코치와 고객들 사이에 긍정적인 연결 구축
- 더 힘을 주는 관점 empowering perspective 으로 팀을 이끌기
- 가능성의 감각 확인하기
- 긍정적인 미래에 대한 팀의 신념을 기르고 지원하기

(Orem et al., 2007, p.109)

꿈

- 당신이 잠든 어느 날 밤 기적이 일어났고, 당신이 깨어났을 때 당신이 묘사한 대로 모든 스트레스 상황에서 팀의 대처 행동이 일어났다고 상상해보라. 당신이 스트레스를 잘 다루고 있는지 어떻게 알 수 있는가?
- 무엇이 다를까?
- 당신의 습관에서 무엇이 바뀌었는가?
- 이러한 변화들을 가장 먼저 알게 되는 사람은 누구인가?
- 그들은 무엇을 말하거나 무엇을 할 것이며, 당신은 어떻게 반응할 것인가?

이 단계에서 코치의 초점:

- 팀이 가능성에 대한 이미지를 만들도록 독려하기

- 선호하는 미래에 대한 의견을 내도록 팀을 초대하기
- 팀의 꿈을 확인하기

(Orem et al., 2007, p.135)

디자인

- 위의 작업을 수행하기 위해 당신은 어떻게 다르게 행동할까?
- 당신은 스트레스를 다루는 능력을 어떻게 가장 잘 개발할 수 있는가?
- 스트레스를 다루는 당신의 능력을 개발하는 데 결정적인 역할을 한다고 느끼는, 팀 내 '중요한 사람들'이 있는가?
- 이 사람들이 도움을 주기 위해 무엇을 한다고 생각하는가? 그들이 하지 않는 것은 무엇인가?

이 단계에서 코치의 초점:

- 팀이 꿈에 초점을 맞추도록 지원하기
- 팀의 강점을 바탕으로 꿈의 현실을 확인하기
- 신중한 선택들과 행동들을 지원하기

(Orem et al., 2007, p.151)

운명

- 스트레스에 대처하는 것과 관련하여 당신이 진정으로 원하는 것이 무엇인지, 현재 팀이 어디에 있는지 돌이켜 볼 때, 팀으로서 원하는 것을 얻는 데 도움이 될 수 있는 가장 중요한 변화는 무엇이라고 생각하는가?
- 아무리 작은 것이라도 팀이 스트레스 처리 능력을 향상시킬 수 있는 지금 당장 할 수 있는 하나의 작은 변화는 무엇인가? 변화는 물리적인 행동일 필요는 없다. 사고나 태도의 변화일 수 있다.
- 그저 시도해 보라. 당신이 원하는 방향으로 당신을 움직일 이 작은 변화를 오늘 수행하라.

편안함을 느끼거나 습관이 되면, 동일한 작은 단계들을 사용하여 또 다른 작은 변화를 만드는 것을 고려하라.

이 단계에서 코치의 초점:

- 팀이 지금 여기에서 그들의 꿈을 인식하도록 도와주기
- 팀이 꿈을 창조하기 위해 역량을 확장할 수 있도록 촉진하기
- 힘들어질 때 믿음을 유지하도록 팀을 지원하기

(Orem et al., 2007. p.171)

위의 프로세스는 팀이 목표를 추구하는 데 중요하다고 파악한 모든 속성을 탐색하는 데 사용할 수 있다. 오렘Orem과 동료들(2007)은 코치가 긍정 탐구 코칭을 코칭 프랙티스 내에서 기본 코칭 모델이나 접근 또는 추가적인 도구로 채택하는 것으로 수용할 수 있다고 제안했다. 그들은 또한 긍정 탐구 코칭의 기본 이론, 원칙, 단계가 강점 기반 코칭 문화를 만들고 내재화시키기 위해 교육 또는 훈련 맥락에서 관리자와 감독자를 훈련하는 데 사용될 수 있다고 제안했다. 사례 연구에서 설명된 것처럼 긍정 탐구 코칭 팀 코칭 프로세스에 특정 온라인 강점 평가 도구를 포함했다.

강점 기반 팀 코칭에서 가장 많은 이익을 얻는 코치이는 누구인가?

우리는 성과 환경에서 모든 코치이coachee가 강점 기반 팀과 개인 코칭의 혜택을 받을 것이라고 믿는다. 연구에 따르면 자신감과 더 높은 수준의 에너지, 활력을 가지고(Govindji & Linley, 2007) 목표를 달성할 가능성이 더 큰(Linley et al., 2010) 것 외에도, 자신의 강점을 사용하는 개인들이 그렇지 않은 개인보다 자신을 개발하고 개인으로 성장하는 것에 더 효과적이다 (Sheldon et al., 2002). 린리Linley와 동료들(2010)은 또한 자신의 강점을 더 많이 사용하는 사람들이 더 행복하고, 더 자존감이 높으며, 스트레스를 덜 경험하고, 더 회복 탄력적이며, 회사에서 업무를 더 잘하고, 더 몰입한다는 것을 보여주었다.

또한 투굿Toogood(2012)은 강점 접근을 채택한 임원 코칭에 관한 연구에서 강점에 집중할 때의 이점에 대한 인식조사 결과 다음과 같은 바람직한 코칭 결과가 분명했다고 설명했다: 더 쉽고 더 즐거운 목표 성취; 개선된 팀 성과 및 더 빠르고 더 나은 결과; 팀에서 고객들이 원하는 일을 하는 데 더 많은 에너지; 선택에 대한 더 넓은 관점과 명확성; 높아진 자신감, 자기 믿음, 정체성에 대한 더 강한 감각과 더 많은 만족도, 충만감, 몰입도.

사례 연구

최근, 제1 저자 샌디 고든Sandy Gordon은 새로운 위험관리 프로그램Risk Advantage Program(RAP)의 책임자로 임명된 은행 경영진 그룹Executive Management Group(EMG)의 신규 멤버를 코칭하기 위해 은행의 소매금융 대표와 부대표(소매 위험 부문 리더)와 계약했다. 새로운 경영진 멤버인 에드Ed는 초기에 9명의 직원과 신용 리스크, 수금 및 회수, 사기 및 운영 리스크 부서 리더들(총 14명)로 구성된 팀을 이끌었다. 저자와 개인 코칭을 하는 동안 에드는 자신의 이익과 개발을 위한 강점 기반 접근 방식을 소개받았다. 그가 자신의 팀에 긍정 탐구의 강점 기반 원칙, 도구, 관행을 동일하게 손쉽게 적용할 수 있다는 사실을 알게 되자 그는 CEO에게 그렇게 할 것을 공식적으로 요청했다. 다음은 2개월 동안 진행된 4세션의 팀 코칭 프로세스에 대한 설명이다.

자신의 코칭 개발 계획을 세우는 과정에서 에드는 먼저 Realise2라는 강점-찾기 도구를 완료하도록 요청받았다. 이 도구는 5개 강점군에서 성과, 에너지 및 사용 전반에 걸쳐 60개의 강점을 측정한다. 5개 강점군은 존재(세상에서 존재하는 방식), 의사소통(정보를 주고 받는 방식), 동기부여(행동을 유도하는 요소), 관계(다른 사람과의 관계) 및 사고(주의를 기울이는 것과 상황에 접근하는 방식)이다. Realise2 모델은 우리가 정기적으로 사용하고, 우리가 잘하고 우리에게 활력을 주는 실현된 강점Realized Strengths(RS), 사용할 기회가 많지 않지만, 개발 대상으로 가장 큰 영역인 실현되지 않은 강점Unrealized Strengths(US)으로 강점을 파악한다. 반면, 학습된 행동Learned Behaviours(LB)은 우리가 잘하는 활동이지만, 우리 에너지를 고갈시키는 것으로 특히 구성원을 몰입시키는 것과 관련이 있다. 왜냐하면 활동에 에너지가 없는데 반복 수행할 경우, 권한이 없다는 느낌이 커지고 심지어는 소진된다고 느끼기 때문이다.

마지막으로 약점Weakness(W)은 우리가 잘하지도 않으면서도 우리를 소모하게 하는 것들이다. 결과적으로 [그림 34.1]에 설명된 모델에서 가장 좋은 조언은 강점을 다른 방식으로 사용하여 최상의 효과를 얻도록 실현된 강점을 결집하라는 것이다.

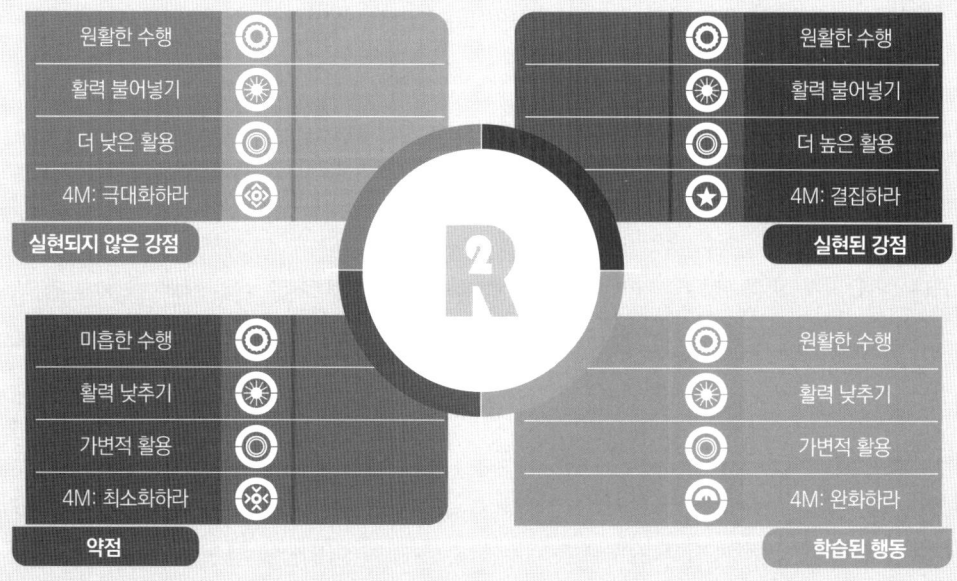

[그림 34.1] CAPP Realise2 4M 모델

너무 많이 사용하지 않도록 **학습된 행동을 완화하라**; 약점에 전혀 집중하지 않아도 되는 방법을 찾아 약점은 최소화하고, 더 많이 사용할 기회를 찾아 실현되지 않은 강점은 극대화하라.

약점을 모두 무시하는 다른 강점 찾기 접근과 달리(Roarty & Toogood, 2014년 리뷰 참조) 약점이 성과에 중요하여 무시할 수 없는 경우, Realise2 모델은 성과에 대한 관련성과 영향을 최소화하는 방법에 대한 몇 가지 전략과 아이디어를 제공한다. **정직하게 말하기**: "관련이 있을 때 다른 사람에게 자신의 약점을 말하라. 누구나 모든 것을 잘할 수 없다. 약점을 공유하면 더 열린 관계가 형성되어 다른 사람들이 자신의 강점을 제공할 수 있다." **역할 재편성하기**: "약점을 적게 사용하거나 전혀 사용하지 않도록 당신이 하는 일을 재편성하라. 다른 사람들에게 위임하거나 작업이 수행되는 방식을 재조정하라." **강점들을 사용하여 보완하기**: "하나 이상의 강점들을 사용하여 약점을 보완하라. 프로세스보다는 결과에 집중하라. 당신이 약점 대신 어떤 강점들을 활용할지 확인하라." **보완 파트너 찾기**: "당신의 약점이 있는 부분을 강점을 가진 사람의 강점과 바꾸라. 당신의 강점 중 하나를 사용하여 작업을 완료함으로써 다른 사람들을 소진시키는 무언가를 보완하라." **강점 기반 팀 되기**: "'팀 강점 접근'을 사용하여 작업 방식을 다시 할당하라. 역할 뿐만 아니라 사람들의 강점들에 따른 작업, 목표 및 책임을 고려하라." **몇 가지 개발 시도하기**: "필요하다면 약점을 능숙한 수준으로 수행하여 영향을 최소화하는 방법을 배우라. 약점이 당신의 성과를 훼손하지 않도록 좋은 것에 충분히 집중하라."

에드가 Realise2를 사용하여 전체 팀을 프로파일링하도록 요청했을 때, 필요한 것은 각 팀원이 온라인 인벤토리를 각자 완료하는 것뿐이었다. 이후 팀 이메일 주소를 사용하여 긍정심리학 센터 Center of Positive Psychology(CAPP) 관리자는 데이터를 모으고 [그림 34.1]과 유사한 프로필을 생성하여 우선순위로 나열된 팀의 강점들을 보여준다. 그러나 팀 프로필에는 RS, LB, W 및 US 사분면의 각 강점에 대해 전체 14명의 팀 구성원이 나열되어 있다. 요청 시 팀 보고서 세부 정보들을 익명화할 수 있다. 그러나 이 경우 모든 팀원은 프로필에서 식별되는 데 동의했다.

일반적으로 팀 프로필 설명을 시작할 때 팀 구성원이 데이터에 나오는 일치된 결과 및 의외의 결과에 대해 공개 토론하는 시간이 있다. 그러나 이 기회에 팀의 주요 약점이 즉시 드러났고 전체 세션의 주요 대화 주제가 되었다. 약점 사분면에서 두 가지 성과/사업 핵심 약점들이 분명했다. 구체적으로는 14명 팀 구성원 중에서 13명이 준수adherence에 대한 약점이 있었고, 14명 가운데 12명은 세부 사항detail에 대한 약점이 있었다. 방은 조용해졌고 모든 참석자는 불신과 충격의 여러 다른 단계에 있었는데, 먼저 필자와 에드에게 답을 구했다. 두 가지 약점을 모두 가지고 있음을 인정한 에드는 결국 해결책을 발표함으로써 팀에 대한 자신감을 회복했다: "우리는 더 많은 사람을 고용해야 합니다." 이전의 긍정 탐구 코칭과 개인 및 팀 개발에 대한 강점 접근에 대한 지식 덕분에 에드는 직무 개발job crafting하거나 역할 또는 훈련을 재구성하더라도 현재 팀의 어느 누구도 소매금융 위험에서 비즈니스 기업 폐쇄에 핵심적으로 관련된 준수 또는 세부 사항에 대한 열정이 없다는 것을 깨달았다. 그

후 에드는 소매금융 CEO로부터 추가로 직원 2명을 구인하는 것에 대한 승인을 얻었으며, 6주 후에 팀이 R2 도구를 사용하여 필요한 자질 심사를 포함하는 일반적인 HR 절차에 따라 채용했다. 8개월 후 에드의 팀은 10명의 직원으로 구성되었으며 (은행의 관련 없는 직원 변경으로 인해) 최근에 이 팀이 "현재 전국적으로 경쟁하는 주요 은행 가운데 대다수의 다른 리스크 관리팀들을 능가하고 있습니다."라고 보고했다.

위에서 설명한 첫 번째 팀 코칭 세션은 [표 34.1]에 설명된 5단계 프로세스를 사용하는 3개의 세션이 이어졌으며, 특정 팀 프로젝트에 적용할 때 R2 데이터를 사용 방법에 대한 아이디어를 제시하는 하위 팀들이 참여했다. 각 프로젝트를 논의할 때 팀원들은 AIC 4-D 주기 프로세스를 특성화하는 질문들에 적응하도록 촉진되었고 조정하고 향후 몇 주 내에 제공해야 할 프로젝트를 제시하는 것 외에도 에드는 직원에게 각 프로젝트에 대해 달성해야 하는 활동들의 범위를 파악하도록 요청했다. R2 팀 프로필에서 확인된 팀 구성원의 강점을 기반으로 에드는 직원에게 각 활동이 특정 팀 구성원과 일치되도록 했습니다. 팀 코칭 프로세스([표 34.1])의 네 번째 및 다섯 번째 단계, 특히 '피하고 싶은 활동no-taker activities'과 팀 역할 재편하기는 아직 적용되지 않았다. 에드는 최근에 "지금까지 전략 회의에서 공개적으로 논의한 우리 팀 강점들의 보완 덕분에 우리는 모든 팀원에게 공평하게 우리 모든 프로젝트 수행에 필요한 전체 활동들을 연계와 배분할 수 있었던 것으로 보입니다."

마지막으로, 팀 코칭에 대한 강점 기반 접근을 따르고 은행의 코칭 문화를 더욱 촉진하기 위해, 먼저 필자는 최근 로티Roarty와 투굿Toogood(2014)이 고성과 팀 구축(및 평가)을 위해 제안한 프레임워크를 에드에게 소개했다. [표 34.2]에 설명된 대로 이 6단계 모델은 팀들이 각 단계 및 팀 활동에 대한 강점들을 파악하는 데 도움이 된다. 에드는 6단계를 광범위하게 따르며, 특히 RAP 프로그램의 팀원과 기능에 예상되는 변경 상황이 발생할 때 이를 따를 것으로 기대한다고 말했다.

[표 34.1] 강점 기반 팀 코칭 단계

팀 코칭 단계	강점 기반 토론 및 활동
1. 팀과 목표 정렬하기	우리는 누구이며 이 팀은 무엇을 성취하기 위해 모였나? 팀워크의 예상 목적/결과는 무엇인가?
2. 성공을 위한 팀 활동 도출하기	이 팀이 성공하기 위해 수행해야 하는 핵심/특정 활동들은 무엇인가? 해당 활동들을 구분하여, 결과를 담당할 팀 구성원별로 할당 가능한가?
3. 강점을 팀 활동에 연계하기	어떠한 강점이 어떠한 활동을 가장 잘 수행할 수 있는지 파악한 다음, 해당 강점을 보유한 팀 구성원에게 해당 활동 부여/연계한다. 필요한 사람들이 자신들의 약점weaknesses이나 지속 학습된 행동learned behaviours처럼 일하지 않도록 상호 보완적 파트너 관계, 상호업무 교체swaps 및 트레이드 오프("당신이 그것을 나를 위해 해준다면, 나도 이것을 당신을 위해 하겠다.")를 사용하라.
4. '피하고 싶은' 활동 다루기	아무도 하고 싶지 않지만 수행해야 하는 활동들이 있다. 이러한 패턴은 학습된 행동이므로, 먼저 한 팀원을 정해 해당 활동을 부여한다. 그가 그것을 잘하더라도 계속하기가 힘들 수 있으므로, 여러 사람이 번갈아 가며 그 해당 활동을 수행하도록 한다. 또는 그 활동을 하는 사람에게 특별한 인정을 제공해 불만 완화를 할 수 있다. 그 외, 사람들이 강점을 활용하는 활동에 해당 업무를 포함하여 힘든 업무 수행 중간중간에 재충전, 재활성화될 수 있도록 하는 방식을 적용한다.
5. 주기적으로 재평가하기	영원한 것은 없다. 팀 결과물은 변하고 사람들의 열망도 변하고 업무 관계가 변화한다. 팀 내 에너지를 계속 확인하고 책임을 재할당, 재조정하여 사람들을 신선하고 활력이 넘치며 몰입하게 한다. 자신을 소진시키고 그들이 결코 잘 수행하지 못할 일들(즉, 약점들)을 마스터하는 데 모든 시간을 소비하는 것이 아니라면, 다양성은 삶의 활력소가 될 수 있다.

[표 34.2] 6단계 강점-기반 팀 빌딩 모델(Roarty & Toogood, 2014)

단계	1. 목적 purpose 왜 우리는 여기에 있나?	2. 사람 people 우리는 누구인가?	3. 우선순위 priorities 우리의 목표는 무엇인가?	4. 계획 plan 무엇을, 언제, 누가 하는가?	5. 실행 performing 우리는 어떻게 위대한 팀워크를 발휘하는가?	6. 성과 향상 performance Plus 우리는 어떻게 그것을 했나? 다음에 우리는 무엇을 하는가?
활동	고성과 팀의 특징은 팀원들이 팀의 목표나 목적에 매우 명확하고 매우 헌신적이라는 것이다. 팀 초기에는 이 지점에 도달하는 데 시간과 에너지를 투자해야 한다. 정기적으로 재검토해야 한다.	사람들이 함께 일하기 위해서는 서로의 강점, 가치, 동기를 아는 것이 중요하다. 팀은 이 탐색을 수행할 시간을 가져야 한다.	팀 목적 달성을 위해 미래의 특정 시점에 팀 목적의 성공이 어떤 모습일지 명확히 해야 한다. 결과물은 무엇인가? 우리의 성공을 어떻게 측정할 수 있는가? 또한 팀은 개인들의 목표가 무엇인지, 팀 구성원으로서 얻고 싶은 것이 무엇인지 아는 것도 도움이 될 것이다.	이 단계에서 팀원들이 가진 개인 강점은 팀 목표 달성을 위한 수행 역할과 일치한다. 명확한 행동 계획이 수립된다. 개인은 팀이 성공하기 위해 무엇을 기여해야 하는지 안다. 팀원들은 서로에 대한 기대 수준을 공유할 수 있다.	팀의 성공을 위해 팀 내 갖춰야 할 프로세스, 시스템 및 행동들을 명확히 한다. 여기에는 의사소통, 정보 공유, 의사결정, 갈등 관리 등이 포함된다. 팀이 이해관계자들과 효과적으로 업무하는 방법도 고려된다.	팀은 정기적으로 성취를 검토하고, 성공 달성 방법과 다음 단계 계획 측면에서 배울 점을 축하/반영하는 프로세스를 마련할 것이다. 또한 치명적 약점이나 실패와, 큰 성공을 위해 무엇을 배울지를 다룰 것이다.
강점 초점	우리의 목적은 이상적으로 우리가 우리의 강점을 발휘할 수 있도록 하는 것이다. 우리의 강점들은 우리의 목적에 맞아야 한다.	서로의 강점(및 약점)을 파악하는 것은 팀에 누가 있고, 그들이 팀에 무엇을 기여할 지를 아는 데 중요하다. 팀이 각 구성원 데이터를 통합해 전체 강점과 주요 약점을 전반적으로 파악하는 것도 유용하다.	목표는 팀의 강점들(및 약점들)을 고려해야 한다.	팀은 개인 강점과 역할이 팀 강점에 기여하는 방식으로 일치되는지 확인하는데 시간을 사용한다. 개인별 실행 계획은 이상적으로는 본인 장점을 발휘하도록 한다. 개인 강점에 대한 팀 지식 기반으로 필요시, 보완 역할 공유를 계획한다.	의사소통 프로세스 - 예를 들어, 팀 회의 및 일대일 리뷰는 문제/약점에 초점 맞추기보다는 개인과 팀 강점 구축에 중점을 두어야 한다.	이 프로세스는 팀 성공을 구축 및 향상을 위해 강점 및 성취에 초점을 맞추도록 한다. 이것은 분명히 치명적 약점, 실패로부터 교훈을 얻어야 할 필요성과 균형을 이룰 것이다. 약점은 강점 중심의 관점에서 관리된다.

결론

팀 코칭은 조직에서 주목받고 있으며 팀 코치의 노력을 지원하기 위해 사용할 수 있는 다양한 모델과 방법이 있다. 특히 강점 기반 접근은 팀 코칭 경험이 적은 프랙티셔너에게 일반적인 단점 보완 접근 방식이 아닌 긍정적이고 에너지 넘치는 대안을 제공한다. 팀 코칭의 경험적 기반 개발을 위해 모델과 방법의 일관성, 결과 기준의 명확화와 표준화, 자기 보고 수준 이상의 결과 평가를 활용함으로써 그룹 그리고 팀 잠재력을 드러내는 이러한 접근의 개발, 발달에 필요한 경험적 지원을 총체적으로 확보할 수 있을 것이다.

논의 포인트

1. 당신은 팀 코칭에 어떤 이론적 토대를 사용하는가? 단계 또는 필요 조건 모델이 당신의 작업을 어떻게 도울 수 있는가?
2. 당신은 팀 및 각 구성원의 강점들을 어떻게 진단할 수 있는가? 이러한 강점들이 팀의 목적 purpose과 일치하는가?
3. 당신은 팀의 강점들을 어떻게 개발할 수 있는가? 남용의 위험이 있는가? 그렇다면, 어떻게 관리하겠는가? 약점은 어떠한가?
4. 당신의 팀 코칭 결과를 어떻게 평가하는가? 이해관계자의 관점 및 성과 기준은 무엇인가?

추천 읽기

Clutterbuck, D. (2007). *Coaching the team at work*. London: Good News Press.
Hackman, J. R. (2002.) *Leading teams: Setting the stage for great performances*. Boston: Harvard Business School.
Hawkins, P. (2011). *Leadership team coaching: Developing collective transformational leadership*. Philadelphia, PA: Kogan Page Publishers.
Whitney, D., Trosten-Bloom, A., & Radar, K. (2010). *Appreciative leadership: Focus on what works to drive winning performance and build a thriving organization*. Sydney: McGraw-Hill.

참고 문헌

Avolio, B. J. (1999). *Full leadership development: Building the vital forces inorganizations*. London: Sage.

Bakker, A. B., & Schaufeli, W. B. (2008). Positive organizational behaviour: Engaged employees in flourishing organizations. *Journal of Organizational Behaviour*, 29(2), 147-154.

Biswas-Diener, R. (2010). *Practicing positive psychology coaching*. Hoboken, NJ: John Wiley & Sons.

Cameron, K. S., & Caza, A. (2004). Contributions to the discipline of positive organizational scholarship. *American Behavioural Scientist*, 47(6), 731-739.

Cameron, K. S., Dutton, J. E., & Quinn, R. E. (2003). Foundations of positive organizational scholarship. In K. S. Cameron, J. E. Dutton & R. E. Quinn (Eds.) *Positive organisational scholarship: Foundations of a new discipline* (pp. 3-13). San Francisco, CA: Berrett-Koehler.

Clutterbuck, D. (2007). *Coaching the team at work*. London: Good News Press.

Clutterbuck, D. (2014). Team coaching. In E. Cox, T. Bachkirova & D. Clutterbuck (Eds.) *The complete handbook of coaching* (2nd ed., pp. 271-284). London: Sage.

Clutterbuck, D., & Megginson, D. (2006). *Making coaching work: Creating a coaching culture*. London: CIPD.

Cooperrider, D. L., & Srivastva, S. (1987). Appreciative inquiry in organizational life. In W. A. Pasmore & R. W. Woodman (Eds.) *Research in organizational change and development* (Vol. 1). Greenwich, CT: JAI Press.

Cooperrider, D. L., & Whitney, D. (2005). *Appreciative inquiry: A positive revolution in change*. San Francisco, CA: Berrett-Koehler.

Cooperrider, D. L., Whitney, D., & Stavros, J. M. (2008). *Appreciative inquiry handbook* (2nd ed.). Brunswick, OH: Crown Custom.

Driver, M. (2011). *Coaching positively: Lessons for coaches from positive psychology*. Maidenhead, UK: Open University Press.

Gordon, S. (2008). Appreciative inquiry coaching. *International Coaching Psychology Review*. 3(1), 17-29.

Govindji, R., & Linley, P. A. (2007). Strengths use, self-concordance and well-being: Implications for strengths coaching and coaching psychologists. *International Coaching Psychology Review*, 2, 143-153.

Guenzi, P., & Ruta, D. (2013). *Leading teams: Tools and techniques for successful team leadership from the sports world*. San Francisco: Jossey-Bass.

Hackman, J. R. (2002). *Leading teams: Setting the stage for great performances*. Boston: Harvard Business School.

Hackman, J. R., & O'Connor, M. (2004). What makes for a great analytic team? Individual vs. Team approaches to intelligence analysis. Washington, DC: Intelligence Science Board, Office of the Director of Central Intelligence.

Hackman, J. R., & Wageman, R. (2005). A theory of team coaching. *Academy of Management Review*, 30(2), 269-287.

Hawkins, P. (2011). *Leadership team coaching: Developing collective transformational leadership*. Philadelphia, PA: Kogan Page Publishers.

Hawkins, P. (2012). *Creating a coaching culture*. Maidenhead, UK: Open University Press.

Kegan, R., & Lahey, L. L. (2009). *Immunity to change: How to overcome it and unlock potential in yourself and your organization*. Cambridge: Harvard Business Press.

Linley, P. A. (2008). *Average to A+: Realizing strengths in yourself and others*. Coventry, UK: CAPP.

Linley, P. A., & Burns, G. W. (2010). Strengths spotting. In G. W. Burns (Ed.) *Happiness, healing, enhancement: Your casebook collection for applying positive psychology in therapy* (pp. 3-14). Hoboken, NJ: John Wiley & Sons.

Linley, P. A., & Harrington, S. (2006). Strengths coaching: A potential-guided approach to coaching psychology. *International Coaching Psychology Review*, 1, 37-46.

Linley, P. A., & Joseph, S. (Eds.) (2004). *Positive psychology in practice*. Hoboken, NJ: John Wiley & Sons.

Linley, P. A., Nielsen, K. M., Wood, A. M., Gillett, R., & Biswas-Diener, R. (2010). Using signature strengths in pursuit of goals: Effects on goal progress, need satisfaction, and well-being, and implications for coaching psychologists. *International Coaching Psychology Review*, 5, 8-17.

Linley, P. A., Willars, J., & Biswas-Diener, R. (2010). *The strengths book: Be confident, be successful, and enjoy better relationships by realising the best of you*. Coventry, UK: CAPP.

Linley, P. A., Woolston, L., & Biswas-Diener, R. (2009). Strengths coaching with leaders. *International Coaching Psychology Review*, 4, 37-48.

Luthans, F. (2002). The need for and meaning of positive organizational behaviour. *Journal of Organizational Behaviour*, 23(6), 695-706.

MacKie, D. (2014). The effectiveness of strength-based executive coaching in enhancing full range leadership development: A controlled study. *Consulting Psychology Journal: Practice and Research*, 66(2), 118-137.

Mann, A. J. (1997, Summer). An appreciative inquiry model for building partnerships. *Global Social Innovations*, 1(2).

Marks, M. A., Zaccaro, S. J., & Mathieu, J. E. (2000). Performance implications of leader briefings and team-interaction training for team adaptation to novel environments. *Journal of Applied Psychology*, 85(6), 971.

Moral, M. (2009). Executive team coaching in multinational companies. In M. Moral, & G. Abbott (Eds.) *The Routledge companion to international business coaching*. London: Routledge.

Office for National Statistics (ONS) (2011). *Hours worked in the labour market*, 2011. London: Office for National Statistics.

Orem, S. L., Binkert, J., & Clancy, A. l. (2007). *Appreciative coaching: A positive process for change*. San Francisco: John Wiley.

Peters, J., & Carr, C. (2013). Team effectiveness and team coaching literature review. *Coaching: An International Journal of Theory, Research and Practice*, 6(2), 116-136.

Roarty, M., & Toogood, K. (2014). *The strengths-focused guide to leadership: Identify your talents and get the most from your people*. Sydney: Pearson.

Sheldon, K. M., Kasser, T., Smith, K., & Share, T. (2002). Personal goals and psychological growth: Testing an intervention to enhance goal-attainment and personality integration. *Journal of Personality*, 70, 5-31.

Sloan, B., & Canine, T. (2007, May). Appreciative inquiry in coaching: Exploration and learnings. *AI Practitioner: The International Journal of AI best practice*, 1-5.

Sosik, J. J., & Jung, D. D. (2010). *Full range leadership development: Pathways for people, profit and planet*. London: Taylor & Francis.

Toogood, K. (2012). Strengthening coaching: An exploration of the mindset of executive coaches using strengths-based coaching. *International Journal of Evidence Based Coaching and Mentoring* (Special Issue No. 6), 72-87.

Tuckman, B. W. (1965). Developmental sequence in small groups. *Psychological Bulletin*, 63(6), 384.

Wageman, R., Hackman, J. R., & Lehman, E. (2005). Team diagnostic survey development of an instrument. *The Journal of Applied Behavioral Science*, 41(4), 373-398.

Wageman, R., Nunes, D. A., Burruss, J. A., & Hackman, J. R. (2008). *Senior leadership teams: What it takes to make them great*. Boston, MA: Harvard Business School Press.

Walumbwa, F. O., Avolio, B. J., Gardner, W. L., Wernsing, T. S., & Peterson, S. J. (2008). Authentic leadership: Develop-ment and validation of a theory-based measure. *Journal of Management*, 34(1), 89-126.

West, B. J., Patera, J. L., & Carsten, M. K. (2009). Team level positivity: Investigating positive psychological capacities and team level outcomes. *Journal of Organizational Behavior*, 30(2), 249-267.

Whitney, D., Trosten-Bloom, A., & Radar, K. (2010). *Appreciative leadership: Focus on what works to drive winning performance and build a thriving organization*. Sydney: McGraw-Hill.

Zaccaro, S. J., Heinen, B., & Shuffler, M. (2009). Team leadership and team effectiveness. In E. Salas, G. F. Goodwin, & C. S. Burke (Eds.), *Team effectiveness in complex organizations: Cross disciplinary perspectives and approaches*. New York: Routledge.

Zwetsloot, G., & Pot, F. (2004). The business value of health management. *Journal of Business Ethics*, 55(2), 115-124.

Part 4

코칭심리학의 전문성과 윤리적 프랙티스

서론

역자: 김현화

제4부는 코칭심리학의 직업 및 윤리적인 프랙티스에 초점을 맞춘 다양한 측면을 다룬다. 이 파트는 특별히 코칭 분야에 입문하는 초보 프랙티셔너로서 고려해야 할 코칭 관계와 코칭 훈련의 측면에 초점을 맞춰 시작한다. 심리학적, 체계적 토대에 더하여, 실무에 통합할 수 있는 다른 요소들은 무엇이며, 어떻게 윤리적으로 그리고 잘 수행할 수 있을까? 알아야 할 다른 발달적 그리고 건강 프레임워크는 무엇인가? 마지막으로, 이 파트는 직업적 발달과 현재 진행 중인 윤리적 프랙티스를 살펴보는 것으로 마무리한다.

이 파트의 첫 장인 '코칭 관계the coaching realationship: 코칭 과정과 결과의 핵심적인 역할'(35장)은 알라나 오브로인Alanna O'Broin과 스티븐 팔머Stephen Palmer가 제공한다. 그들은 코칭 관계가 연구와 프랙티스를 통해 코칭과 코칭심리학 프랙티스의 기본임을 보여준다는 점에 주목한다. 다수에게 이것은 근본적 요인이다. 물론, 코치와 코치이 사이의 효과적인 업무 관계의 중요성은 코칭의 전제 조건이다. 코칭 관계에 관한 관심은 연구와 관심이 "코칭이 효과가 있는가?"에서 "코칭이 어떻게 효과가 있는가?"로 이동함에 따라 더 커졌다. 다음으로 경계 문제, 특히 코칭과 코칭심리학 프랙티스가 등장하면서 일찍부터 관심을 받았던 코칭과 상담의 경계에 대해 다룬다. 타티아나 바흐키로바Tatiana Bachkirova와 사라 베이커Sarah Baker는 36장 '코칭과 상담 사이의 경계 문제에 대한 재논의revisiting the issue of boundaries between coaching and counselling'에서 경계를 다시 살펴본다. 코칭의 지식과 프랙티스 분야가 크게 변화하면서 코칭과 상담의 차별화 문제에 관한 관심이 줄어들고 있다. 그러나 많은 의문점이 여전히 남아 있으며, 노련한 프랙티셔너들은 경계에 대한 그들의 작업 방식을 찾았지만, 코칭 영역에 새롭게 입문한 사람들과 잠재적 클라이언트들에게는 혼란을 줄 가능성이 있다. 이 장에서는 코칭과 상담/치료 사이의 경계 문제에 대한 인식의 변화 상태, 그리고 이러한 경계 문제가 실무에서 어떻게 처리될 수 있는지에 대해 공유한다.

헬렌 바론Helen Baron과 한나 아지졸라Hannah Azizollah는 '코칭과 다양성coaching and diversity'(37장)에서 코칭의 필수적 구성 요소인 다양성을 제시한다. 다양성에 대한 명시적 언급이 없다해도, 다양성을 근거로 한 사고와 개념을 코칭에 도입하는 것은 임상의 핵심 부분이다. 사실, 훌륭한 코치가 되기 위해 다양성의 관점에서 일할 필요가 있다. 매우 단순하게, 두 사람이라 해도 어떠한 방식으로든 서로 다르고, 작은 차이라도 세상을 인식하고 반응하는 방식과 그것에 대해 어떻게 느끼는지에 영향을 미친다. 다양성은 이러한 차이점들과 그것들이 인간의 존재 방식과 상호작용에 어떻게 영향을 미치는가를 고려한다. 우리는 다양성에서 개인의 성격, 능력, 가치 또는 관심사를 정량화하는 방법인 심리측정법으로 이동한다. 흥미롭게도, 부분적으로 심리측정법은 강력한 증거를 사용하여 지나치게 근본적인 편향과 편견에 기초한 선택과 발달 결정에서 벗어날 수 있도록 설계되었다.

앨런 본Alan Bourne과 앨리슨 와이브로우Alison Whybrow는 38장에서 '코칭에서 심리측정 사용하기 using psychometrics in coaching'를 탐구한다. 코칭 프랙티스에서 심리측정은 다양한 양상으로 사용되고 있다. 심리측정을 일상적으로 사용하는 코치가 있는가 하면, 또 다른 코치는 덜 빈번하게 사용하며, 전혀 사용하지 않는 코치도 있다. 코칭 맥락에서 심리측정 평가를 사용하는 근거는 관련된 심리적 특성을 정확하고 유효하게 측정하고, 이를 통해 다른 행동 및 작용에 대한 통찰뿐만 아니라 스스로에 대한 더 큰 통찰을 개발하는 데 도움이 되는 객관적 정보를 제공하는 것이다. 이러한 통찰은 코치이가 자신의 행동과 전환, 변화할 필요가 있는 것, 또는 단순히 직장의 역동, 도전 또는 경험의 아래에 있는 것이 무엇인지 이해하는 데 도움이 되도록 설계되었다. 여기에서는 코칭 과정 내에서 심리측정의 역할과 이론적 배경, 사용에 적절한 측정을 선택하는 방법 그리고 결과를 코치이에게 피드백하는 방법을 다룬다.

알렉스 파스칼Alex Pascal, 브로디 리오단Brodie Riordan 그리고 매기 사스Maggie Sass가 '코칭에서 기술의 역할the role of technology in coaching'(39장)을 탐구한다. 흥미롭게도 기술은 심리측정 검사 산업의 측면을 변화시키는 데 중요한 역할을 했으며, 코칭은 기술 기반 혁신에 적지 않게 취약하다.

코칭은 독특한 인적 프랙티스라 알려져 있다. 즉 대부분 한 사람의 진정성 있는 존재로서 빈번하게 직접 만난다는 것이다. 그러나 이러한 가정은 시험을 거치고 있다. 이미 전 세계적으로 다양한 형태의 기술이 코칭 연습에 활용되고 있으며, 다섯 가지(코치 선택, 비즈니스 관리, 대면 코칭에 대한 보완, 대면 코칭 대체 및 코칭 평가) 광범위한 방법으로 코칭을 강화하고 있다.

코칭 직업과 윤리적 프랙티스에 대한 어떠한 논의라도 코칭에서 정신건강에 관한 관심 없이는 완전하지 않을 것이다. 카시아 시만스카Kasia Szymanska는 '코치이의 정신건강coachee mental health: 코칭심리학자를 위한 실천적 함의'(40장)를 탐구한다. 코치와 코칭심리학자의 다양한 배경과 폭넓은 프랙티스는 코치이의 정신건강 문제와 정신 질환의 징후에 대한 통찰력과 이해를 모르는 척할 수 없음을 의미한다. 마찬가지로 영국의 경우만 보아도 정신건강 발병률이 높다는 것은 코치 대부분이 현재 정신건강 문제에 대처하는 코치이들과 한 번 또는 그 이상 함께 작업할 수 있음을 의미한다. 이 장에서는 해당 영역에 대한 광범위한 개요, 정신건강 문제를 밝히는 데 사용할 수 있는 몇 가지 질문 및 적용할 수 있는 몇 가지 더 광범위한 전략을 제공한다.

마지막 세 개의 장에서는 좀 더 신중하게 코치의 발달로 넘어가서 코칭 프랙티스를 촉진하고 활성화하는 핵심 도구인 코치에 초점을 맞춘다. 이 마지막 세 개의 장 가운데 첫 번째 장은 타티아나 바흐키로바Tatiana Bachkirova와 일레인 콕스Elaine Cox의 '코치 발달을 위한 인지 발달적 접근'(41장)이다. 이는 코치 발달에 대한 타티아나 바흐키로바Tatiana Bachkirova의 독창적인 작업에서 이루어졌다. 코치가 되는 과정에서 코치의 심리적 발달이 가장 중요하다는 것은 널리 받아들여지고 있다. 그러나 코치와 코칭심리학자의 발달적 기준에 대해 글을 쓰는 저자는 거의 없다. 이 장에서는 기존의 개인 발달 이론을 고려하고 이러한 이론을 바탕으로 코치 교육 및 훈련의 맥락에서 사용할 수 있는 코치의 발달 프레임워크를 제안한다.

그다음 장은 마이클 캐롤Michael Carroll의 '코칭심리학 수퍼비전a cognitive-developmental approach for coach development'(42장)이다. 이 핸드북의 제1판과 제2판이 나오기까지의 10년 동안 코칭 수퍼비전에 관한 관심이 폭발적으로 증가했다. 여기에는 코칭 수퍼비전에 대한 문헌의 기여와 전 세계 코칭 수퍼비전에 대한 공식 교육 프로그램이 포함된다. 주변부에 있었던 수퍼비전은 라이프 코칭에서 업무 코칭에 이르는 코칭 스펙트럼 전반에 걸쳐 핵심적이고 필수적인 요소가 되었다. 이 장에서는 수퍼비전의 구조와 과정의 매우 실용적인 측면으로 이동하기에 앞서 수퍼비전의 역사적 발전과 이론적 토대를 포함하여 수퍼비전에 대한 개요를 제공한다.

이 파트의 마지막 장은 시오베인 오리어던Siobhain O'Riordan과 스티븐 팔머Stephen Palmer의 '코칭심리학 교육 및 프랙티스의 글로벌 활동global activity in the education and practice of coaching psychology'(43장)이다. 코칭심리학의 전반적 프로필은 지난 10년 동안 계속해서 크게 성장했다. 2006년 구글 스칼라Google Scholar를 사용하여 '코칭심리학'을 검색하면 123개의 항목이 제공되었다. 2018년 9월에 똑같이 검색한 결과, 약 5,180개의 항목이 제공되었다. 관심은 계속 증가하고 있으며, 이러한 배경에서 심리학자 코칭의 교육과 프랙티스를 현재의 맥락과 함께 탐구한다.

35장
코칭 관계: 코칭 과정과 결과의 핵심적인 역할

저자: 알라나 오브로인Alanna O'Broin[1], 스티븐 팔머Stephen Palmer[2]
역자: 김현화

서론

코칭 관계는 코칭의 근본이며 일부에게는 기본적인 요소이기도 하다. 다양한 개념의 코칭 접근마다 코칭 관계의 성격과 역할을 다르게 해석하지만, 코치와 코치이 사이에서 효과적으로 작동하는 관계의 중요성은 코칭의 전제 조건이다. 효과적인 대인관계 변화 과정으로서의 증거 또는 코칭이 증가하고 있으며, '코칭은 효과가 있는가?'라는 이전의 질문에서 '코칭은 어떻게 작용하는가?'라는 질문으로 강조가 눈에 띄게 바뀌고 있다. 이러한 변화를 부분적으로 반영하듯, 코칭 관계는 지난 10년 동안 더 많은 흥미와 연구 관심을 끌었다.

---

1) **알라나 오브로인**Alanna O'Broin PhD은 3i Group에서 펀드 관리 경력을 쌓은 공인된 심리학자이자 코칭심리학자이다. 그녀의 연구와 프랙티스는 코칭 관계의 이점과 코칭 프로세스와 결과에 미치는 영향에 대한 특별히 중점을 둔다. 알라나는 『Coaching: An International Journal of Theory, Research and Practice』의 공동 편집자였다.

2) **스티븐 팔머**Stephen Palmer 교수는 영국 런던의 Centre for Coaching의 창립 이사이다. 2004년에 British Psychological Society Special Group in Coaching PsychologyBPS SGCP의 초대 의장이 되었으며, 2005년에는 런던 시티 대학(현 런던 대학교)에서 심리학 코칭 유닛을 창설하였다. 2016년에 덴마크 Aalborg 대학교 코칭심리학과의 겸임 교수가 되었고, 2018년 Wales Trinity Saint David 대학의 업무 기반 학습 연구소Institute for Work Based Learning의 실습 교수가 되었다. 현재 브라질 리우데자네이루 연방 대학교의 코칭심리학부의 명예 고문이며, 국제 코칭심리학 협회 국제 코칭 심리 연구센터의 코디네이터이다. 또한 국제 코칭심리학회와 국제 스트레스 관리협회의 명예회장이자 연구원이다. 그는 다양한 주제에 대해 50권 이상의 책을 쓰거나 편집했으며 유럽 응용 긍정심리학 저널을 포함한 그 분야의 많은 저널을 공동 편집했다. 2008년 BPS SGCP로부터 코칭심리학에 기여한 공로를 인정받아 평생 공로상을 받았다.

따라서 말로는 코칭 관계에 매우 익숙할 수 있지만, 코칭 지식 기반은 코칭 관계와 코칭 성공에서의 역할에 대해 무엇을 말하는가? 이 장에서는 광범위한 코칭 연구 맥락에서 고려되고, 늘어나는 코칭 관계 연구 문헌 검토를 통해 이러한 질문에 대해 더 탐구한다. 또한 코칭 및 코칭심리학에 대한 증거 기반 접근의 일부로 동맹하는 직업군 및 지식 기반 활용이 이 주제에 대한 정보제공에 중요한 기여 요인이었음을 강조한다.

코칭 관계 문헌

변화를 위한 도구

코치이-코치 관계는 오랫동안 성장(Stober & Grant, 2006)과 변화에 영향을 미치는 중요한 도구로 여겨져 왔다. 예를 들어, 맥거번McGovern와 그의 동료들(2001)은 코치이 참가자의 84%가 코칭 관계의 질이 코칭 성공에 중요하다고 인식했음을 발견했다. 두 조직의 코치이를 대상으로 한 연구(Gyllensten & Palmer, 2007)에서 기술과 목표에 초점을 두는 것의 필요성도 강조되었지만, 코칭 관계 또한, 가치 있고 코칭 과정의 첫 번째 발달 중 하나로 간주하였다. 또한 코칭의 유용한 측면을 탐구하는 연구에서 드 한De Haan과 동료들(2011)은 임원 코치이는 특정한 코치의 개입보다 코칭 관계와 경청, 이해, 격려와 같은 코치의 자질을 중요시함을 발견했다.

코칭 관계 연구에 대한 초기 영향

지난 10년 동안의 이 분야에 대한 연구조사가 시작되기 이전에 코칭 관계에 관한 초기 연구는 광범위하게 코칭을 탐구하는 연구의 일부로서 이루어졌다(예: Judge & Cowell, 1997; Wasylyshyn, 2003). 1990년대부터 이루어진 광범위한 코칭 연구 문헌의 발전은 새롭게 부상하는 코칭 관계 연구 기반에 영향을 미쳤다. 첫째, 연구는 개인 간 및 개인 내 코칭 변화 과정에서 심리적 과정을 조사하였다(Taylor, 1997; Wageman, 1997). 둘째, 코칭 문헌들은 흔히 코칭과 치료 관계 비교를 포함하여 코칭과 치료를 비교하고 주로 구분하고자 하였다(예: Hart et al., 2001). 셋째, 연구 논문은 코칭에서 코치의 역할을 강조하면서 코치에 대한 자격 증명과 표준을 점점 더 요구하고 있다(Brotman et al., 1998). 넷째, 토론 문헌들은 각각 코칭 관계에 대한 명시적 또는 암시적 설명과 역할을 포함하는 다양한 이론적 코칭 프레임워크를 설명했다(Anderson, 2002; Kilburg, 1996). 마지막으로, 코칭의 정의(Kilburg, 1996)는, 그리고 실제로 여전히(Grant, 2012) 코칭 문헌에서 뜨겁게 논의되는 주제이다. 코칭에 대한 다양한 정의는 잠재적으로 코칭 관계의 다른 정의 또는 개념화를 수반한다.

지난 10년간의 연구

코칭의 활성 요소로서의 코칭 관계

코칭 효과에 관한 연구 증거가 축적됨에 따라(Grant et al., 2010; Jones et al., 2016; Lai & McDowall, 2014; Sonesh et al., 2015; Theeboom et al., 2014 참조), 코칭이 '효과적'이라는 가정에 대한 신뢰가 증가하였다. 코칭은 상담 및 심리치료라는 동맹 직업의 효과성을 확립하고자 하는 사람들이 수십 년 동안 밟아온 유사한 경로에서 도출할 수 있다(McKenna & Davis, 2009)는 가정과 연결된 이러한 발전은 코칭의 '활성 요소active ingredients'를 규명하려는 조사연구에 관한 주장과 강조를 촉발했다(Smither, 2011). 코칭 관계는 그러한 연구 초점에 대한 명백한 주제였다(De Haan et al., 2013, 2016).

코칭 관계와 코칭 결과 사이의 연관성

수십 년에 걸쳐 이론적 접근 전반에 걸쳐 치료 관계와 치료 결과 사이의 강력한 연관성이 발견되었지만(Horvath et al., 2011) 이러한 일관된 동맹-결과 관계에 대한 잠재적 중재자 또는 중재자의 효과에 대한 근거는 거의 없다(Flückiger et al., 2012).

한편, 최근 코칭 관계와 코칭 결과 사이의 연관성을 조사한 연구도 유사하게 진행되고 있다. 이러한 연구는 코치이의 작업 동맹 평가와 코칭 결과(Baron & Morin, 2009; De Haan et al., 2013, 2016) 그리고 코치의 작업 동맹 평가와 코칭 결과 모두에서 의미 있는 상관관계를 발견했다(De Haan et al., 2016; Gessnitzer & Kauffeld, 2015).

관계의 측면과 과정도 코칭 결과를 예측하는 것으로 밝혀졌다. 코칭 관계의 세 가지 주요 측면(자율성 지원, '이상적인' 관계에 대한 근접성 및 '목표에 초점을 둔' 관계)은 코칭 결과(즉, 목표 달성 점수)를 예측하는 것으로 밝혀졌으며, 코칭 관계에 대한 만족도라는 네 번째 측면은 코칭의 성공을 예측하지 못했다(Grant, 2013). 전반적 코칭 관계 과정(라포, 신뢰 및 헌신)에 대한 코치이의 평가는 전반적인 코칭 결과(만족도, 리더십 성과 및 코칭 프로그램)를 예측했다(Boyce et al., 2010).

예를 들어, 바론Baron과 모린Morin(2009) 또한, 코칭 관계가 받은 코칭 횟수와 결과(코치이 자기효능감) 사이에서 매개 역할을 한다는 것을 발견했다. 보이스Boyce와 동료들(2010)의 연구는 관계 프로세스가 코치와 코치이 사이의 적합도와 코칭 결과(만족도) 및 신뢰성과 코칭 결과 모두를 매개하는 것을 밝혔다. 그랜트Grant(2013)의 부분 상관 분석은 '목표에 초점을 둔' 코칭 관계 유형과 자율성 지원 유형 모두가 중요하게 간주되나, 전자가 코칭 성공에 훨씬 더 큰 영향을 미친다고 제안했다. 게스니처Gessnitzer와 카우펠트Kauffeld(2015)의 연구에서도 작업 동맹의 목표/과제에 대한 코치이 동의는 코칭 결과에 대해 정적 관계가 있으나, 코치 동의는 부적 관계가 있음을 발견했다. 더 나아가, 코치 또는 코치이 참여자 모두의 유대 행동과 코칭 결과 사이에 유의미한 상관관계가 없었고, 작업 동맹 설문 점수와 두 사람의 코칭 세션에 대한 비디오 녹화 테이프를 코딩하여 드러난 작업 동맹 행동 사이 역시 상관관계가 없었다.

요약하면, 코칭에서의 동맹-코칭과 결과 사이의 관련 가능성에 관한 확인을 넘어, 코칭 결과에 대한 코칭 관계의 매개 효과를 나타내는 추가 발견은 더욱 복잡한 연관성에 대한 그림을 가리킬 가능성이 있다. 코칭에서 코칭 관계의 직간접적 역할을 더 잘 이해할 수 있도록 추가 연구가 필요하다.

코칭 관계에 관한 용어 및 사용

코칭의 정의는 풍부하고(Grant, 2012), 따라서 코칭 관계에 대한 합의된 정의는 없다. 코칭 관계의 다양한 측면을 강조하면서, 정의는 코치와 코치이의 화학적 그리고 개인적 특성(Alvey & Barclay, 2007), 두 사람 사이의 상호 영향(Kemp, 2008), 대인관계적 코치와 코치이 관계에서의 도전과 지원에서부터 복잡한 적응 시스템으로서의 코칭 관계의 특성(Cavanagh,

2006)에 이르기까지 다양하다. 이 장에서 채택한 작업 관계 또는 코칭 동맹의 조작적 정의는 다음과 같다:

> 코칭 동맹은 코칭 관계 내에서의 협업적, 목적적 작업에서의 [코치이] 그리고 코치의 참여라는 특질을 반영하며, 이는 시간이 지남에 따라 코칭 과정 전반에 걸쳐 공동으로 협상과 재협상이 이루어진다.
>
> (O'Broin and Palmer, 2007, p.305)

이러한 다양한 정의와 병행하여, '코칭 관계'라는 용어에 대해 넓은 범위에서 구체적인 것까지 여러 가지 참조를 사용한다. 이러한 사용의 예는 다음을 포함한다:

- 전체 코칭 과정을 대표함
- 코칭의 일반적인 요소 또는 '공통 요소'(기술과 같은 특정 요소와 구별됨)
- 코칭 관계의 구성요소(예: 작업 동맹)
- 코칭에 대한 특정 개념적 접근으로 의미가 결정되는 '포괄적인' 용어(예: 인간 중심)
- 라포 또는 기타 코칭 관계를 특정하여 지칭한 상호 특성에 대한 설명
- 위의 두 가지 이상의 조합

이 상황은 최근까지 '관계'라는 용어에 대한 일치된 정의가 부족하여 더욱 복잡하다(Reis et al., 2000 참고). 연구자들은 이제 관계(특히 가까운 관계)의 본질은 파트너 사이의 상호작용이며 상호 영향이 이러한 상호작용의 독특한 표시라는 데 동의한다(Reis, 2007).

근거에서 제공된 코칭 관계

근거에 기반을 둔 질문과 '과학자-프랙티셔너'가 되는 것의 의미에 대한 다양한 방법과 접근은 지지되어 왔으며(Lane & Corrie, 2006; Briner, 2012), 코치와 코칭심리학자들이 이러한 토론에서 발언했다(Cavanagh & Grant, 2006; Stober & Grant, 2006; Stober et al., 2006). 이러한 후반의 해설자들은 프랙티스에 정보를 제공하기 위해 최상의 현재 지식best current knowledge을 언급하는 코칭에 대한 근거 기반 접근을 제안한다. 이는 코칭을 포함한 다양한 지식 기반의 원천, 즉 특정 연구, 코치 자신의 전문 지식, 클라이언트 선호도, 그리고 흔히 심리학 연구의 전체 스펙트럼에서 동맹 영역에서 적용되고 맥락화된 이론과 기술을 활용하는 코치와 코칭심리학자를 의미한다.

이러한 근거 정보를 바탕으로 한 실천이라는 광범위한 주문을 유지하면서, 이 장에서는 코칭 및 코칭 관계 문헌뿐만 아니라 상담 및 심리치료와 스포츠 심리학이라는 동맹 영역에서 얻은 지식의 원천을 활용하여 코칭 관계에 관한 대화를 진행하고 코칭 관계에 대한 추가 연구를 위한 영역을 강조한다.

동맹 분야로부터의 도출

상담과 심리치료

지난 10년 동안 코칭에 관한 연구와 토론은 심리치료와 구별되고 효과적으로 특정한 의미를 갖게 하려는 노력으로부터 코칭과 기능적으로 유사한 상담 및 심리치료에 대한 지식과 연구에서의 도출을 유익하게 보는 것으로 전환됨을 예고하였다(Kilburg, 2004; O'Broin & Palmer, 2007; McKenna & Davis, 2009; Smither, 2011). 이러한 전환의 일부는 심리치료 결과에 있어서 (i) 내담자/치료 외 요인(40%); (ii) 치료적 관계(30%); (iii) 기대, 희망 및 위약 효과(15%); (iv) 이론과 기술(15%)이 체계적 변화의 대부분을 설명하는 네 가지 요인임을 나타낸다. 이는 심리치료에서의 연구와 유사하게 코칭을 '활성화하는 요소'를 찾는 데 중점을 두면서 발생했다(Lambert & Balley, 2001). 그렇지만 이러한 요청은 보편적으로 받아들여지지 않으며, 일부는 유사성보다는 심리치료와 코칭(Hollenbeck, 2009), 그리고 치료와 코칭 관계(Grant, 2013)의 차이점을 강조하였다. 중요한 것은 코칭의 활성 요소가 심리치료와 유사한 것으로 밝혀진다면 코칭 관계는 연구 가치가 있는 중요한 요소로 남는다는 점이다.

코칭과 치료 사이의 기능적 유사성과 협력 관계의 촉진을 통해 두 가지가 작동하는 방식을 강조하면서, 맥케나McKenna와 데이비스Davis(2009)는 코칭을 작동시키는 요인을 이해하기 위해 시너지 효과에 대해 더 탐구한 코칭 사례에 대해 다음과 같이 논하였다.

- 코치이의 참여(코치의 적극적인 참여를 촉진하고 유지함으로써 처음부터 코치와 작업 동맹을 구축)
- 코치이에게 최적화된 동맹관계 조율(코치는 코치이의 개별적 선호에 맞추어 접근)

이들은 심리치료 문헌의 결과에 기초하여 코치 실천의 광범위한 원칙을 추가로 제안했다.

코칭에 대한 함의

이전에 상담 및 심리치료 결과에서 추구했던 방법을 탐구한 결과, 코칭 관계와 코칭 결과 사이의 연관성과 같은 유사점을 도출하고 코치가 코치이와의 효과적인 코칭 관계를 형성할 수 있게 지원하는 몇 가지 광범위한 원칙을 제시한다. 더 세부적인 수준에서는 더 혼재된 그림이 나타날 수 있으므로, 코칭 관계 및 코칭에서 가능한 역할에 대한 더 구체적이고 상세한 연구를 제안한다.

스포츠 심리학

코칭은 스포츠와 육상(Gallwey, 1974; Griffith, 1926)과 많은 뿌리를 공유하며, 주제들은 운동 코칭 분야(Joo, 2005; Jowett et al., 2010; O'Broin & Palmer, 2006; Peltier, 2001)에서 임원 코칭으로 옮겨지는 것으로 제안되었다. 코치-운동선수의 관계는 또한 스포츠 성과와 같은 결과와 직간접적으로 연결되어 있다(Gillet et al., 2010).

몇몇 코치-운동선수 관계 모델이 과거 십 년 동안 개발되어 오고 있다(Jowett & Cockerill, 2002; Mageau & Vallerand, 2003; Poczawardowski et al., 2002; Wylleman, 2000). 임원 코칭 맥락에서 적용되는 이러한 모델의 예로는 3+1C 2인 관계 모델3+1Cs Model of Two-Person Relationships이 있다(Jowett, 2007; Jowett et al., 2012). 상호의존성 이론(Kelley & Thibault, 1978)에 근거하여 3+1C 모델은 코치이와 코치의 감정, 생각, 행동이 인과적으로 그리고 상호의존적이며, 3C, 즉 친밀감Closeness, 헌신Commitment, 상보성Complementarity의 구성을 통해 작동된다고 제안한다.

조웨트Jowett와 동료들(2012)은 영국 임원 코치이-코치 2자 표본에서 코칭 관계의 긍정적인 측면에 대한 내용 분석에 따라 친밀감(특히 상호 신뢰와 존중), 헌신(친밀하고 지속적인 파트너십 개발, 의지와 동기부여 유지) 그리고 상보성(코치이와 코치가 각각 수행하는 역할을 이해하면서 함께 잘 작동하는 것)의 중요성을 발견했다. 공동의 방향co-orientation은 모든 참가자에 의해 확인되었고 공유된 지식과 공유된 이해를 포함했다. 저자들은 그들의 상호의존성을 강조하면서 3+1C 구조 사이의 많은 연관성을 확인했다.

코칭에 대한 함의
조웨트Jowett와 동료들의 모델(2012)은 코치이-코치 관계에 대하여 다음과 같은 논의를 보고한다.

- 코치이-코치 관계의 질에 대한 핵심 차원을 평가하는 수단 제공
- 관계의 질이 코치이와 코치가 함께 일하는 방식과 관련이 있다는 가정
- 코치이와 코치의 감정, 생각, 행동이 시간이 지남에 따라 상호작용하고 영향을 준다는 점에서 코칭 관계의 시간적 측면 강조
- 코칭 관계의 강점과 약점을 규명하며, 모델은 잠재적으로 관계 강화 전략에 대한 지표를 제공할 수 있음

새롭게 떠오른 코칭 관계 모델

각각의 개념적 또는 이론적 코칭 접근 방식을 설명하는 앞의 각 장에는 코치-코치이 관계에 대한 설명이 포함되어 있다. 코칭 관계를 그들의 프랙티스에 통합하는 광범위한 코칭 모델도 존재한다(Greif, 2010; Stober & Grant, 2006). 초기 연구 단계 성찰 부분에서 코칭 관계에 대한 이론적 모델과 제안이 부족하다. 그와 같은 모델은 코칭 관계에 내재 된 심리적 과정에 대한 지도를 작성하기 시작할 때 유용하다.

임원 코칭 관계의 유형학typology of executive coaching relationships(Collins, 2012)은 두 가지 차원, 속도pace(높거나 낮은 에너지 수준 또는 둘 사이의 역동성)와 파트너십partnrtship(높거나 낮은 평등 수준 또는 협업)을 제안하는데, 이는 인터뷰를 하고 성찰적 일기를 작성한 14사례의 코칭 양자 관계(코치이, 코치)에 대한 연구에서 가장 영향력 있는 구성이었다. 네 개의 사분면은 다음과 같은 네 가지 유형의 코칭 관계를 생성했다. (1) 견고한 동맹(느린 속도/높은 파트너십); (2)

편안한 지대(느린 속도/낮은 파트너십); (3) 지시에 따름(높은 속도/낮은 파트너십) 및 (4) 분주함(높은 속도/높은 파트너십). 각 사분면의 양상은 긍정적 그리고 부정적인 속성 모두에 해당하기에 각 코칭 관계의 효율성을 나타내지 않았다. 변화하는 역동도 시간이 지남에 따라 경험되었다. 코칭 관계의 효과성에 대한 인식의 관점에서, 코치이의 욕구 충족이 중요한 요소였다. 이 모델은 코치가 코치이 유형을 인식하고 코치이에게 적절하게 적응할 수 있도록 잠재적으로 코치를 지원할 수 있다.

협력적 기여

보르딘Bordin의 코칭 작업 동맹

심리치료의 '공통 요인' 또는 '활성 요소'에 대한 인식이 증가함에 따라, 모든 도움 관계의 기본 요소를 구성하기 위해 더 광범위한 범이론적 작업 동맹 공식(Bordin, 1979)이 제안되었다(Horvath, 2001). 동맹은 클라이언트와 실무자 사이의 협력 관계의 질과 강도를 나타내는 기준으로도 자주 사용된다.

작업 동맹에 대한 보르딘Bordin(1979, 1994) 이론의 바탕에는 두 가지 가정이 있다: 작업 동맹은 두 사람의 목적적이고 협력적인 작업에 참여하는 정도를 측정하고, 동맹은 상호 교환하는 상호 관계로 존재한다.

보르딘이 코칭 맥락으로 번역한 목적적 협업 작업과 연관시키는 세 가지 특징은 다음과 같다:

- **목표**goals – 코칭 목표에 대한 합의 및 약속
- **과제**tasks – 코칭 작업과 관련된 행동 및 인지적 측면
- **유대**bonds – 코치이와 코치 사이의 호감, 신뢰, 존경 또는 연결

보르딘의 범이론적 틀은 코치의 개념적 접근 방식과 관계없이 각 코치이에게 최적으로 진행되는 코칭 작업의 협력과 목적성의 정도, 수준 및 종류를 평가할 수 있을 만큼 충분히 광범위하다.

코칭에 대한 함의

맥락 모델contextual model과 같이 근거에 입각한 코칭 접근이 대단히 중요하고 범이론적인 공통점에 초점을 맞추고 있기에, 작업 동맹은 메타 접근과 시너지 효과를 낼 수 있을 만큼 유연하다.

코칭에서 작업 동맹은 작업 관계에 대한 논의가 증가하고 있으며, 코칭 연구조사에서 작업 관계의 척도로 활용되고 있다(Dryden, 2017 참조). 연구조사 결과, 작업 동맹이 코칭 과정 및 결과에서 고려해야 할 중요한 변수임을 강하게 시사한다. 코칭 동맹이 다른 변수를 통해 결과에 미치는 매개 효과는 작업(또는 코칭) 동맹의 구체적인 효과의 전모가 아직 완전히 이해되지 않았음을 보여준다.

상호적 발견

신뢰

신뢰는 코치이와 코치 모두의 관점에서 효과적인 코칭 관계를 위해 가장 자주 중요한 측면으로 언급될 만하다(Gregory & Levy, 2011; Gyllensten & Palmer, 2007; O'Broin & Palmer, 2010a; Passmore, 2010). 코치이의 신뢰에 대한 즉각적인 인상이 있을 수 있지만, Alvey & Barclay(2007)는 코칭 관계의 특성, 코칭 상황과 행동의 특성, 코치의 특성이 시간이 지남에 따라 신뢰의 발달에 영향을 미친다는 것을 확인했다. 신뢰에 영향을 미치는 요소의 연대기적인 순서도 핵심이었다. 따라서 관계, 상황 및 행동 요인의 복잡한 상호작용은 코칭 관계의 신뢰 발달에 존재하는 것으로 보인다. 코치이가 코치를 혼자만 신뢰하는 것이 아니라 상호 신뢰의 존재와 유지가 항상 필요한지는 여전히 불분명하다.

추가적인 상호적 측면

연구조사에서 존중(Alvey & Barclay, 2007; O'Broin, 2013); 협업(Boyce et al., 2010; O'Broin & Palmer, 2010a) 및 코치이-코치 상호 사이의 친밀 패턴(Ianiro et al., 2014)을 포함한 코칭 관계의 여러 가지 추가적인 상호적 측면이 강조됐다.

다양성과 매칭 요인들

코치와 코치이 매칭은 조직적, 기술적, 대인관계 맥락에서 수많은 요인과 관련해 수행되어 왔으며(Law et al., 2007, p.205), 코치와 코치이의 잘못된 매칭은 성공하지 못한 코칭 결과의 요인임이 시사되었다(Marshall, 2007). 그러나 성별, 문화 및 연령과 같은 단일한, 표면적 다양성 요소의 코치-코치이 매칭은 엇갈리는 결과를 보여주었다.

지배적 행동과 동맹 행동의 대인관계 차원에서 코치와 코치이의 유사성은 코칭 관계의 질과 코치이의 목표 달성에 대한 코치이의 평가를 예측한다는 이아니로Ianiro와 동료들(2013)의 발견과 함께, 두 사람 사이의 유사성 또는 상보성의 이점에 관한 다양한 연구 결과가 있었다. 반대로, 보이스Boyce와 동료들(2010)은 코치의 관리 유형과 코치이의 학습 유형의 상보성이 더 긍정적인 결과와 관련된 더 효과적인 코칭 관계를 촉진함을 발견했다.

혼합된 결과는 성격의 더 깊은 수준의 다양성 요인도 입증되었다. 스쿨라Scoular와 린리Linley(2006)는 코치이와 코치의 기질 차이의 경우, 결과 점수가 유의하게 더 높았으나, 드 한De Haan과 동료들(2013, 2016)은 코칭 결과와 관련된 코치-코치이의 (부분적 MBTI 프로필을 통한 평가에 따른) 비유사성의 증거는 찾지 못했다.

교차 문화적 이해

문화적 차이가 사람들이 세상을 다른 관점에서 바라보게 한다는 가정을 바탕으로 한다면 문화는 중요하다(Rosinski & Abbott, 2006). 따라서 문화는 모든 코칭 관계에서 중요한 고려사항이다. 그러나 이에 앞서 문화에 대한 고정관념이나 과잉 일반화에 대한 주의가 필요하다(Law, 2008).

교차 문화 코칭 영역에 관한 연구가 거의 없기에 두 가지 모델이 다양한 문화적 배경을 가진 코치이를 위한 프레임워크 제공에 도움이 될 수 있다. 로신스키Rosinski와 애보트Abbott(2006)의 『문화 지향 프레임워크cultural orientations framework』는 가치관이 문화 전반에 걸쳐 어떻게 다르고 유사한지 조사하며, 사람들이 직면한 보편적인 도전에 대처하는 방식의 관점에서 가치를 개념화한다. 이 저자들은 이러한 도전에 대해 문화적으로 다른 방향을 규명하고, 성공적인 코칭 과정은 가장 중요한 것으로 고려되는 강하고 신뢰할 수 있는 코치이-코치 관계를 구축하고 발전시키는 이상적인 기반이라고 주장한다.

두 번째 연구 기반 모델은 코칭에 대한 델타delta 접근이다(Coultas et al., 2011). 가치에 민감하고 동기부여적이며 문화적으로 민감한 이 모델은 코치가 코치이의 동기부여 및 문화적 요구와 개인 차이에 따른 기술 적응을 강조한다. 그러나 코치가 이러한 결과를 촉진하도록 **어떻게** 돕는가는 코치와 코치 사이의 신뢰 관계를 활용하는 데 크게 좌우된다.

참여자들의 개별적 기여

코치이가 가져오는 것들

임원 코칭 이론적 틀에서 코치이의 태도와 특성은 코칭 결과에 영향을 미침을 암시한다(Kilburg, 2001; Joo, 2005). 코치이의 태도와 특성에 관한 연구조사는 코치에 관한 연구보다 드물지만 두 가지 주요 영역에서 수행된 결과가 있다.

동기와 변화에 대한 준비도

심리치료에서 내담자 동기가 치료 결과에 영향을 미치는 것으로 나타난 것(Castonguay & Beutler, 2006)과 같이 코칭에서도 코치이의 동기와 변화 준비도가 코칭 결과와의 관련성을 나타낸다. 코칭에 대한 코치이의 개방성openness(Marshall, 2007; O'Broin & Palmer, 2010a), 헌신commitment(Bouwer & Van Egmond, 2012), 준비도readiness(Machin, 2010) 및 동기motivation(Kappenberg, 2008)를 중심으로 구성된 코치이 특성이 코칭 과정 및 결과에 유익한 것으로 확인되었다. 코치이와 코치 사이의 대인관계 역동의 미시적 과정에 초점을 맞춘 특별히 흥미로운 연구는 코치가 지배적-우호적 행동(단호하고 자신감 있게 행동)이 지배적인 코치이 행동을 촉발하고, 후자는 코치이 목표 달성과 관련이 있다는 것을 발견했다(Ianiro et al., 2014).

변화의 초이론적 모델transtheoretical model of change(TTM)(Prochaska & DiClemente, 1984)은 변화에 대한 코치이의 준비를 평가하고 작업하기 위해 경영 코칭 맥락에서 적용되어 온 순환적

6단계 변화 모델이다(Grant, 2006). 숙고 전, 숙고, 준비, 실행, 유지 및 종료의 6단계로 구성되며 각 변화 단계에는 서로 다른 최적의 변화 과정이 필요할 수 있다. 시간이 지남에 따라 결과를 향상하기 위해서는 각 변화 단계와 관계가 서로 어울리도록 할 필요가 있다. 그랜트Grant(2006)는 TTM이 변화 주기 내에서 코치가 사용할 여러 단계별 코칭 전략을 제공한다고 제안하며, 코치는 코치이가 보여야 할 행동 단계에 대한 가정을 유지하기보다는 코치이의 동기 또는 변화 준비 수준을 평가해야 한다고 언급한다.

성격

연구조사에 따르면 코칭의 개인별 차이에 대한 결과 연구에서 엇갈리는 결과들이 나타나고 있다. 예를 들어, 스튜어트Stewart와 동료들(2008)은 코칭으로의 이동 결과와 성격 5 요인 모델에 대한 코치이의 일부 하위 척도 점수 사이에 상당한 연관성이 있음을 발견했다. 저자들은 일부 코치이의 경우 코칭에서 학습으로의 이동을 위한 도움이 필요한 개인을 구별하는 데 유용할 수 있지만, 성격에 기초한 코칭 적합성에 대한 광범위한 선택에는 도움이 되지 않는다고 결론지었다. 한편, 존스Jones, 우즈Woods와 허친슨Hutchinson(2014)의 연구는 다른 성격 변수들과 임원 코칭 효과성 사이의 유의미한 연관성은 없었지만, 코치이의 외향성과 인지된 코칭 효과 사이의 정적 상관 관계를 발견했다.

코칭에 대한 함의
코칭의 활성 요소로 코치이 요인이 심리치료 결과에서 그러한 요인과 유사하게 드러나고 있다면, 코칭 관계 자체보다 코치이 요인이 잠재적으로 결과에 더 많은 변화를 보인다는 주장이 있지만 코칭 관계와 코칭 결과에 대한 코치이의 기여에 관한 조사연구는 여전히 희귀하다. 엇갈린 결과가 발견된 경우는 더 많은 연구가 필요하다. 특히 코치이의 관점이 코치의 관점과 다를 수 있기에 코치의 역할과 코칭 및 코칭 관계에 대한 관점을 탐구하는 더 많은 과정 연구가 필요하다.

코치가 가져오는 것

코칭 연구조사는 주로 코칭 관계 및 코칭 과정에서 코치와 코치의 역할에 초점을 맞추었다. 보르딘Bordin의 작업 동맹 모델은 상호성을 강조하며, 코칭 관계의 특정한 역할별 차이에 관한 주장도 제기될 수 있다.

코치의 태도와 특성

치료사의 개인적 차이가 동맹(Horvath & Bedi, 2002)과 심리치료 결과(Wampold, 2001)의 차이의 상당한 부분을 설명한 것으로 밝혀진 심리치료와 같이, 코칭 연구는 코치와 코치이, 코칭의 성공에 의해 코칭과 코칭 관계의 질에 대한 인식 및 코칭 성공과 긍정적 상관관계 있는 많은 코치 태도를 발견했다.

강한 관계 형성하기

코치이의 자기 보고에 관한 연구는 코치이와의 상호작용과 연대에 대한 코치의 능력을 코치이가 어떻게 평가하는지를 보여주었다. 와실리신Wasylyshyn(2003)의 연구에 따르면 코치이의 86%가 코치이와 강력한 관계를 형성하는 코치의 능력을 효과적 임원 코치의 가장 큰 개인적 특성으로 평가했으며, 드 한De Haan과 동료들(2011)의 연구는 코치이가 특정 코치 개입이나 기법보다 코치와의 관계와 자질을 중시한다는 결과를 보여주고 있다.

개인적인 코치의 태도와 특성들

코치의 신뢰성(Alvey & Barclay, 2007; Dagley, 2010; Jones & Spooner, 2006), 공감과 존중, 어려움 속에서도 효과적으로 작업을 계속할 수 있는 능력(Dagley, 2010), 수용하는 접근(Gyllensten et al., 2010) 그리고 판단하지 않는 태도(Passmore, 2010)를 포함하여 코칭 관계 문헌에서 더 많은 개인적인 코치의 태도와 특성이 중요한 것으로 확인되었다.

집합적인 코치의 태도와 특성들

연구자들은 또한 코치의 속성을 좀 더 집합적으로 탐구하고자 했는데(Boyce et al., 2010;

Greif, 2010; Lai & McDowall, 2014), 보이스Boyce와 동료들(2010)은 전반적인 관계 과정(라포, 신뢰와 헌신의 결합)이 코칭 결과에 대한 코치이와 코치의 평가를 모두 긍정적으로 예측하고, 반응, 결과 및 행동이라는 세 가지 코칭 결과 모두와의 신뢰도 일치 기준을 매개함을 발견했다. 저자들은 자신들의 발견이 코칭 결과에 대한 코치 신뢰도가 매개하는 역할을 하고 있다는 것을 지지한다고 주장하였다.

심리치료의 범이론적 일반이론에서 채택한 코칭의 과정-이론 모델(Grawe, 2006)에서, 그리프Greif(2010)는 코칭의 핵심 개념을 코치이의 결과 지향적 자기 성찰, 자기 변화 및 자기 계발을 위한 코치의 촉진facilitation이라고 설명한다. 그리프Greif의(2010)의 이론(Greif et al., 2010 참조)은 코칭에서 관찰 가능한 일반적인 성공 요인 일곱 가지를 다음과 같이 결정하였다:

- 코치는 언어적, 비언어적 존중과 정서적 지원을 보여준다.
- 코치는 결과 지향적 문제 성찰을 활성화한다.
- 코치가 코치이의 자기 성찰을 촉진한다.
- 코치는 코치이가 적절한 상황에서 정서를 활성화, 재경험 및 변화하도록 돕는다.
- 코치는 코치이가 스스로 목표를 구체적으로 정의하고 설명하도록 장려한다.
- 코치는 성공을 위해 코치이 고유의 자원을 사용하는 방식으로 코치아를 지원한다.
- 코치는 의도하는 변화를 단기적으로 결과 지향적 실천으로 옮기는 과정에서 코치이를 적극적으로 지원한다.

코칭심리학 근거에 대한 체계적 검토를 통해, 라이Lai와 맥도월McDowall(2014)이 코칭 연구 및 실행의 핵심 초점으로 코칭 관계를 확인했으며, 코치 속성이 코칭 과정 및 코칭 결과의 효과에 중요한 역할을 하고 있음을 발견했다. 주로 코치 속성과 특성을 반영하는 코칭 관계 강화를 위한 다섯 가지 핵심 요소가 구별되었다:

- 신뢰 구축
- 코치이의 정서적 어려움에 대한 이해 및 관리
- 양방향 의사소통 장려
- 코치이의 학습 및 발전을 촉진 및 지원

- 명확한 계약과 투명한 절차 마련

이아니로Ianiro & 카우펠트Kauffeld(2014)는 실제 코칭 세션에서 일어나는 코치이-코치 상호작용을 비디오로 녹화한 자료를 분석하여 시간의 경과over time에 따른 코치이와 코치 상호작용에 대한 코칭 관계 연구를 진행하였다. 이 연구는 친화를 우선으로 하는dominant-friendly 코치의 대인관계 행동 패턴이 첫 세션 후와 코칭을 종결한 후 코치이의 작업 동맹 정도에 정적 상관 관계가 있음을 발견했다. 저자는 코치 자신의 정서적 상태와 대인관계 행동에 대한 자기 인식이 효과적인 협력 관계 구축에 도움이 될 수 있다고 제안했다.

감정 그리고 결정적 순간들

코칭 관계에서 감정과 중요한 순간을 사용하고 작업하는 방법에 관한 많은 연구가 수행되었다. 코치들은 코칭 관계 내에서 감정 표현 및 처리를 피하는 것부터 코치이와 함께 상황을 적극적으로 탐색하는 것에 이르기까지 코칭 관계 내에서 감정을 다루는 방법과 작업의 깊이에 다양한 접근 방식을 보이는 것 같다(Cox & Bachkirova 2007; Cremona, 2010). 콕스Cox와 바흐키로바Bachkirova(2007)는 코치이의 발전이 감정, 그리고 그들 자신의 편견과 반응에 따라 어떻게 도움을 받거나 방해될 수 있는지를 알아차리는 것이 핵심이라고 제안하였다. 또한 콕스Cox와 바흐키로바Bachkirova(2007)와 크레모나Cremona(2010)는 코치 훈련에 개인의 변화에서 감정의 본질과 기능에 대한 작업을 포함하는 것이 유용할 것이라고 주장하였다.

감정이라는 주제를 더 탐구하면서 코칭 관계의 결정적 순간에 관해 여러 연구가 수행되었다. 데이Day와 동료들(2008)은 경험 많은 코치의 결정적 순간의 경험과 그들이 어떻게 대처했는지를 연구하였는데, 이러한 결정적 사례에 관한 연구 결과, 코치가 결정적 순간에 예상치 못한 강렬한 감정과 불안을 드러냈음을 발견했다. 이러한 결정적인 순간은 코칭의 전환점이 되었고, 코치이와 함께 통찰을 일으키거나 거리를 두게 하거나 심지어는 헤어지는 결과로 이어지는 경향이 있었다. 코치이의 반응, 그들 고유의 감정을 코치가 알아차리고, 동시에 이러한 경험을 코치이가 알아차릴 수 있도록 반영하면서 펼쳐진 그 결정적 순간과 이러한 인식을 연결하는 능력이 결정적 순간의 결과에 대한 핵심이었다. 거리두기는 두 구성원 모두의 공격적이거나 회피적인 반응과 관련이 있다.

이 작업을 바탕으로 드 한De Haan과 동료들(2010)은 코칭 세션 직후에 코치이와 경험 많은 코치 모두가 보고한 핵심적 순간에 대한 결정적 순간을 직접 비교하여 연구하였다. 연구 결과, 이전의 발견과는 대조적으로 코치와 코치이가 선택한 결정적 사건의 특성이나 강조에 있어서 크거나 일관된 차이가 없음을 발견했다. 조사 결과 저자들은 또한 두 가지 유형의 결정적 순간이 있었음을 밝혔다. 하나는 코치이와 코치가 폭넓게 합의하는 일상적 코칭에서 '지극히 평범한 순간'이며, 또 다른 하나는 더 극단적이고 드문 '특별한 사건', 즉 작업 동맹의 변화, 저항 또는 결렬의 순간이었다. 이 두 가지 유형 모두는 코칭 실천의 일부이다.

코치이의 필요에 최적화하기

코칭 관계에 관한 연구조사는 코치이에게 유용하도록 최적화하는 특정 사례를 강조하는 경향이 있다. 존스Jones와 스포너Sponer(2006)는 높은 성취도를 가진 코치이와 작업할 때 코치가 유연하고 빠른 변화에 대응할 필요가 있다고 언급했고, 낭갈리아Nangalia & Nangalia(2010)도 비슷하게 아시아계 코치 및 코치와 코치이들 대상으로 한 코치의 역할과 지위, 코칭에 대한 코치이와 코치의 기대에 관한 연구에서 모든 코치가 아시아 문화에서 현지 클라이언트들과 일할 때 자신들의 과정과 스타일을 조절했다고 보고했다.

다른 저자들은 코치이에 적응하는 것의 추가적인 이점, 예를 들어 신뢰감 발전에서 코치의 일치성과 시작에서의 코치이에 대한 적합성이 필요함을 제안한다(Machin, 2010). 그러나 다른 이들은 코치이에 대한 보편적인 적응을 주장한다. 그레고리Gregory와 레비Levy(2011)는 직원 코칭 관계에 관한 연구에서 부하직원의 필요에 따라 자신의 행동을 조정하는 관리자들은 높은 성과를 위한 코칭이 더 효과적이라고 지적하였으나, 오브로인O'Broin과 팔머Palmer(2010a), 오브로인(2013)은 코치이에 적응하는 것이 알려진 것보다 보편적으로 더 적절할 수 있다고 제안하였다. 각각의 코치이에 대해 코치는 자신의 스타일을 적응시키고 코치이들의 고유한 특성을 인식하는 것이 특히 적절할 수 있다.

코칭에 대한 함의
코칭 관계와 코칭 결과에 영향을 미치는 단일 코치 속성에 관한 초기 연구의 발견은 코치이와 코치 사이의 대인관계 의사소통을 강화하는 코치 태도와 특성 클러스터를 탐구하려는 최근의 시도와 과정 연구로 발전했다. 초기 연구의 징후들은 이러한 연구 발달 단계에서 특정한 코치의 역할 책임에 대한 더 많은 증거와 함께 코칭의 각 구성원인 둘에 대한 상호 책임뿐만 아니라 특정 역할의 존재를 뒷받침하는 것으로 보인다.

맥락

대인관계적 변수

대인관계적 코칭 관계 관점은 특정 코치이가 속한 맥락을 이해할 필요가 있다고 주장한다(O'Broin & Palmer, 2010b 참조). 개인 관점에서 틀림없이 맥락상 초점의 특징이 되는 대인관계 요인(Reis et al., 2000)으로 작업 동맹 및 코칭 결과와 관련된 상호작용 분석을 검토하는 연구들이 수행되었다(Ianiro & Kauffeld, 2014; Ianiro et al., 2014; Gessnitzer & Kauffeld, 2015). 이아니로Ianiro와 동료들(2014)은 동맹 및 지배 차원을 기반으로 코치이와 코치의 대인관계 역동을 조사한 결과, 상호 친밀감 패턴이 작업 동맹 점수와 정적인 연관이 있음을 발견했다. 상호 친밀-지배적인 코치-코치이 행동은 코치이의 전반적인 목표 달성과 정적으로 유의한 관련이 있었다. 저자들은 자신들이 발견한 것이 대인관계 지배에서 비롯되는 비슷한 그리고 비슷하지 않은 행동 결과 모두를 주장하는 이론들에 관한 지지를 제공하며, 지배적인 상호작용 패턴은 상황, 관계 및 특정 역할이라고 논평한다. 이러한 연구는 코칭 관계 및 코칭 결과에서 대인관계 행동의 잠재적 중요성을 강조하고 둘로 이루어진 구성원 간에 일어나는 상호작용의 복잡성을 표면화하기 시작하였다. 그러나 이러한 발견을 기반으로 코치이-코치 대인관계 역동의 미세한 과정에 관한 추가연구가 필요하다.

　대인관계 요인에 대해 초점을 맞추는 것 외에도 맥락은 두 사람이 상호작용하는 사회적, 물리적 환경과 이러한 모든 요인이 상호작용하는 방식에 의해 더 광범위하게 결정된다. 코칭의 활성 요소 추구에 있어 맥락에 관한 연구는 거의 이루어지지 않았고, 시급히 주목받아야 할 부분이 있음을 알 수 있다. 이러한 폭넓은 관점에서 맥락의 두 가지 중요한 측면은 코칭 계약과 코칭 경계이다.

코칭 계약

코칭이 진행될 틀이나 환경을 제공하는 코치의 책임은 계약contract 과정에서 발생한다. 코치이와 코치 그리고 비용을 지급하는 경우 조직의 후원자가 서면 계약에 서명함으로써 연결되며, 서면 계약은 다음 기능을 수행한다:

- 코칭의 목표 설정
- 양 당사자 또는 모든 당사자 자신들의 책임에 대한 이해
- 기밀 유지의 경계와 양 당사자의 기대는 물론 연락처, 코칭 이용 가능성 및 세션 간 과제와 같은 실질적인 문제에 대한 명료화

심리적 계약

서면 계약의 여부와 상관없이 코치이와 코치 사이에는 심리적 계약psychological contract이 존재한다. 심리적인 계약은 각자의 관점에서 상호 호혜적 의무mutual reciprocal obligations에 관한 것이다.

> '심리적 계약의 주요 특징은 합의가 상호적이라는 개인의 믿음이다. 즉 관련된 당사자들을 특정 행동 방침에 따르도록 서로를 묶어주는 공통된 이해가 존재한다.'
>
> (Russeau, 2001, p. 512)

신뢰 생성 및 발전에 있어, 특히 조직에 정보를 제공해야 하는 삼자 사이의 계약이 존재하는 경우 비밀보장은 계약 과정의 중요한 측면이다(Alvey & Barclay, 2007). 코치의 명확한 계약과 투명성은 코치이가 과정이 어떻게 수행될지를 이해하고 믿을 수 있도록 보장하며 코칭 세션에서 논의된 정보의 비밀보장과 경계를 협상하는 데 매우 중요하다.

경계

코칭 경계는 연구 문헌에서 오랫동안 논의된 문제이다. 코칭과 심리치료의 경계가 가장 빈번하게 다루어졌다. 특별히 코치이에 대한 의뢰와 정신건강에 대한 문제가 강조되고 있다. 그러

나 경계의 원칙은 또한 코칭 관계의 생성, 유지 그리고 종결에도 적용된다.

각 개별적 코치이에 대한 가장 최적화된 코칭 동맹의 정도, 수준, 종류가 고려된다. 자기 개방과 헌신과 같이 밀접한 관계의 특성이 코칭 관계에서 드러나지만, 코치이와 코치는 서로 친구가 아니다. 전문적인 관계 유지를 위해 코치는 적합한 깊이와 친밀함의 경계를 관리하면서 동시에 코치이와 효과적인 작업 관계를 적극적으로 육성하도록 도울 책임이 있다.

결론

핸드북 초판의 이전 장에서 코칭에 대한 코칭 관계의 중요성에 대한 가정이 존재함에도 이를 다룬 연구가 부족하다는 역설을 언급한 지 10년이 지났다. 그 이후로 이번 장(O'Broin, 2016 참조)에 기록한 바와 같이, 코칭 관계와 결과의 연결, 코칭 변수와 결과 사이의 잠재적 매개 역할 제시, 코칭 관계의 상호적 그리고 특정 역할 측면을 탐구한 연구들뿐만 아니라 코치이-코치 행동 패턴에 대한 믿을 만한 자료를 제공하는 특정한 상호작용 연구가 이루어졌다. 이러한 연구들은 앞서 언급한 역설을 해결하는 데 도움이 되는 증거 제공하였다. 주목할 것은 공통 요소 또는 '활성 요소'에 대한 접근이 이러한 연구의 많은 부분을 지지한다는 것이다. 동맹 영역에서 도출한 이러한 주제를 이어가며, 우리는 코칭 맥락 내에서 개발된 초기 코칭 관계 모델이 그러하듯, 작업 동맹 및 3+1C 모델이 코칭 관계 발전에 관한 연구 및 실천 가능성을 제공하는 유용한 틀임을 제안한다.

코칭 관계에 대한 이해는 진전되었지만, 연구 기반은 아직 초기 단계에 머물러 있다. 코칭은 필연적으로 관계 내에서 이루어지지만, 개인, 두 사람, 집단, 문화, 코칭 유형, 코칭 접근 방식, 맥락 및 시간에 걸친 코칭 관계의 본질을 이해하는 데 어느 정도 거리가 있다. 이 장에서는 현재까지의 연구 결과를 확장하고 통합하는 추가연구가 절박하게 필요하다는 전임자의 메시지를 반복한다(Spaten et al., 2016 참조). 기존 연구에서 코칭 관계의 중요성을 확인할 경우, 우리의 과제는 그 효과의 범위에 대한 더 나은 이해, 즉 코칭 결과, 코칭 역량 및 개발 및 코치 훈련에 대한 중요한 함의를 이해하는 것이다.

논의 포인트

1. 당신은 '코칭 관계'라는 용어를 어떻게 정의하고 사용하며, 이것이 코칭 실천에 어떤 영향을 미치는가?
2. 각각의 개별적인 코치이들과의 효과적인 작업 동맹은 어떻게 다를 수 있는가?
3. 당신이 코치이와 작업 동맹이 좋지 않다는 것을 어떻게 알 수 있으며, 그것을 개선하기 위해 무엇을 할 것인가?
4. 코치이의 신뢰를 얻기 위해 어떤 방식으로 일할 수 있는가? 코칭 관계에서 더 도전적인 지점을 통과하며 어떻게 신뢰를 유지할 수 있겠는가?

추천 읽기

De Haan, E., & Sills, C. (2012). *Coaching relationships: The relational coaching field book*. Oxfordshire: Libri.
Dryden, W. (2017). *The Coaching Alliance: Theory and guidelines for practice*. Abingdon, Oxon: Routledge.
O'Broin, A., & Palmer, S. (2012). Enhancing the coaching alliance and relationship. In S. Palmer & M. Neenan (Eds.), *Cognitive behavioural coaching in practice*. London: Routledge.
Palmer, S., & McDowall, A. (2010). *The coaching relationship: Putting people first*. London: Routledge.
Pelham, G. (2016). *The coaching relationship in practice*. London: Sage.

참고 문헌

Alvey, S., & Barclay, K. (2007). The characteristics of dyadic trust in executive coaching. *Journal of Leadership Studies*, 1(1), 18-27.
Anderson, J. P. (2002). Executive coaching and REBT: Some comments from the field. *Journal of Rational-Emotive & Cognitive Behavior Therapy*, 20(3), 223-233.
Baron, L., & Morin, L. (2009). The coach-coachee relationship in executive coaching: A field study. *Human Resource Development Quarterly*, 20(1), 85-106.
Bordin, E. S. (1979). The generalizability of the psychoanalytic concept of the working alliance. *Psychotherapy: Theory, Research and Practice*, 16, 252-260.
Bordin, E. S. (1994). Theory and research on the therapeutic working alliance: New directions. In A. O. Horvath and L. S. Greenberg (Eds.), *The working alliance: Theory, research and practice*. New York: Wiley.

Bouwer, J., & van Egmond, J. (2012). Moderating factors of the Van Egmond Coaching Model (VCEM). *International Coaching Psychology Review*, 7(1), 55–63.

Boyce, L. A., Jackson, J. R., & Neal, L. J. (2010). Building successful leadership coaching relationships. *Journal of Management Development*, 29(10), 914–931.

Briner, R. (2012). Does coaching work and does anyone really care? *OP Matters*, 16, 4–11.

Brotman, L. E., Libri, W. P. and Wasylyshyn, K. M. (1998). Executive coaching: The need for standards of competence. *Consulting Psychology Journal: Practice and Research*, 50(1), 40–46.

Castonguay, L. G., & Beutler, L. E. (2006). Common and unique principles of therapeutic change: What do we know and what do we need to know? In L. G. Castonguay & L. E. Beutler (Eds.), *Principles of therapeutic change that work*. Oxford: Oxford University Press.

Cavanagh, M. (2006). Coaching from a systemic perspective: A complex adaptive conversation. In D. R. Stober and A. M. Grant (Eds.), *Evidence-based coaching handbook: Putting best practices to work for your clients*. Hoboken, NJ: Wiley.

Cavanagh, M. J., & Grant, A. M. (2006). In D. Lane and S. Corrie (Eds.), *The modern scientist-practitioner: A guide to practice in psychology*. London: Routledge.

Collins, C. E. (2012). *Exploring executive coaching: Its role in leadership development*. Unpublished PhD thesis. Warwick, University of Warwick. Webcat.warwick.ac.uk/record=b2603077~S1

Coultas, C. W., Bedwell, W. L., Shawn Burke, C., & Salas, E. (2011). Values sensitive coaching: The delta approach to coaching culturally diverse executives. *Consulting Psychology Journal: Practice and Research*, 63(3), 149–161.

Cox, E., & Bachkirova, T. (2007). Coaching with emotion: How coaches deal with difficult emotional situations. *International Coaching Psychology Review*, 2(2), 178–189.

Cremona, K. (2010). Coaching and emotions: An exploration of how coaches engage and think about emotion. *Coaching: An International Journal of Theory, Research and Practice*, 3(1), 46–59.

Dagley, G. R. (2010). Exceptional executive coaches: Practices and attributes. *International Coaching Psychology Review*, 5(1), 63–80.

Day, A., De Haan, E., Sills, C., Bertie, C., & Blass, E. (2008). Coaches' experiences of critical moments in the coaching. *International Coaching Psychology Review*, 3(3), 207–218.

De Haan, E., Bertie, C., Day, A., & Sills, C. (2010). Critical moments of clients and coaches: A direct-comparison study. *International Coaching Psychology Review*, 5(2), 109–128.

De Haan, E., Culpin, V., & Curd, J. (2011). Executive coaching in practice: What determines helpfulness for clients of coaching? *Personnel Review*, 40(1), 24–44.

De Haan, E., Duckworth, A., Birch, D., & Jones, C. (2013). Executive coaching outcome research: The contribution of common factors such as relationship, personality match and self-efficacy. *Consulting Psychology Journal: Practice and Research*, 48(2), 61–66.

De Haan, E., Grant, A. M., Burger, Y., & Eriksson, P.-O. (2016). A large-scale study of executive and workplace coaching: The relative contributions of relationship, personality match and self-efficacy. *Consulting Psychology Journal: Practice and Research*, 68(3), 189–207.

Dryden, W. (2017). *The coaching alliance: Theory and guidelines for practice*. Abingdon, Oxon: Routledge.

Flückiger, C., Del Re, A. C., Wampold, B., Symonds, D., & Horvath, A. O. (2012). How central is the alliance in psychotherapy? A multilevel longitudinal meta-analysis. *Journal of Counseling Psychology*, 59(1), 10–17.

Gallwey, W. T. (1974). *The inner game of tennis*. New York: Random House.

Gessnitzer, S., & Kauffeld, S. (2015). The working alliance in coaching: Why behaviour is the key to success. *The Journal of Applied Behavioural Science*, 51(2), 177–197.

Gillet, N., Vallerand, R. J., Amoura, S., & Baldes, B. (2010). Influence of coaches' autonomy support on athletes' motivation and sport performance: A test of the hierarchical model of intrinsic and extrinsic motivation. Psychology of Sport and Exercise, 11, 155–161.

Grant, A. M. (2006). An integrative goal-focused approach to executive coaching. In D. R. Stober & A. M. Grant (Eds.), *Evidence based coaching handbook: Putting best practices to work for your clients*. Hoboken, NJ: Wiley.

Grant, A. M. (2012). An integrated model of goal-focused coaching: An evidence-based framework for teaching and practice. *International Coaching Psychology Review*, 7(2), 146-165.

Grant, A. M. (2013). Autonomy support, relationship satisfaction and goal focus in the coach-coachee relationship: Which best predicts coaching success? *Coaching: An International Journal of Theory, Research and Practice*, 7(1), 18-38.

Grant, A. M., Passmore, J., Cavanagh, M., & Parker, H. (2010). The state of play in coaching. *International Review of Industrial & Organizational Psychology*, 25, 125-168.

Grawe, K. (2006). *Neuropsychotherapy: How the neurosciences inform effective psychotherapy*. Hillsdale, NJ: Erlbaum.

Gregory, J. B., & Levy, P. E. (2011). It's not me, it's you: A multilevel examination of variables that impact employee coaching relationships. *Consulting Psychology Journal: Practice and Research*, 63(2), 67-88.

Greif, S. (2010). A new frontier of research and practice: Observation of coaching behaviour. *The Coaching Psychologist*, 6(2), 97-105.

Greif, S., Schmidt, F., & Thamm, A. (2010). *Rating of coaching success-factors: Observation manual*. Work and Organisational Psychology Unit, University of Osnabrück, German. (Unpublished Paper). Retreived from www.home.uni-osnabrueck.de/sgreif/veroeffentilchungen.html

Griffith, C. R. (1926). *Psychology of coaching: A study of coaching methods from the point of view of psychology*. New York: Charles Scribner's Sons.

Gyllensten, K., & Palmer, S. (2007). The coaching relationship: An interpretative phenomenological analysis. *International Coaching Psychology Review*, 5(2), 98-107.

Gyllensten, K., Palmer, S., Nilsson, E., Regnér, A. M., & Frodi, A. (2010). Experiences of cognitive coaching: A qualitative study. *International Coaching Psychology Review*. 5(2), 98-107.

Hart, V., Blattner, J., & Leipsic, S. (2001). Coaching versus therapy: A perspective. *Consulting Psychology Journal: Practice and Research*, 53(4), 229-237.

Hawkins, P., & Schwenk, G. (2010). The interpersonal relationship in the training and supervision of coaches. In S. Palmer & A. McDowall (Eds.), *The coaching relationship: Putting people first*. London: Routledge.

Hollenbeck, G. P. (2009). The necessary and sufficient conditions … *Industrial and Organizational Psychology*, 2, 266-267.

Horvath, A. O. (2001). The alliance. *Psychotherapy: Theory, Research, Practice, Training*, 38(4), 365-372.

Horvath, A. O., & Bedi, R. P. (2002). The alliance. In J. C. Norcross (Ed.), *Psychotherapy relationships that work: Therapist contributions and responsiveness to patient needs*. London: Oxford.

Horvath, A., Del Re, A. C., Flückiger, C., & Symonds, D. (2011). Alliance in individual psychotherapy. *Psychotherapy*, 48, 9-16.

Ianiro, P. M., & Kauffeld, S. (2014). Take care what you bring with you: How coaches' mood and interpersonal behaviour affect coaching success. *Consulting Psychology Journal: Practice and Research*, 66, 231-257.

Ianiro, P. M., Lehmann-Willenbrock, N., & Kauffeld, S. (2014). Coaches and clients in action: A sequential analysis of interpersonal coach and client behaviour. *Journal of Business and Psychology*, July.

Ianiro, P. M., Schermuly, C. C., & Kauffeld, S. (2013). Why interpersonal dominance and affiliation matter: An interaction analysis of the coach-client relationship. *Coaching: An International Journal of Theory, Research and Practice*, 6(1), 25-46.

Jones, G., & Spooner, K. (2006). Coaching high achievers. *Consulting Psychology Journal: Practice and Research*, 58(1), 40-50.

Jones, R. J., Woods, S. A., & Hutchinson, E. (2014). The influence of the Five Factor Model of personality on the perceived effectiveness of executive coaching. *International Journal of Evidence Based Coaching and Mentoring*, 12(2), 109–118.

Jones, R. J., Woods, S. A., & Guillaume, Y. R. E. (2016). The effectiveness of workplace coaching: A meta-analysis of learning and performance outcomes from coaching. *Journal of Occupational and Organizational Psychology*, 89(2), 249–277.

Joo, B. K. (2005). Executive coaching: A conceptual framework from an integrative review of practice and research. *Human Resource Development Review*, 4(4), 462–488.

Jowett, S., & Cockerill, I. M. (2002). Incompatability in the coach-athlete relationship. In I. M. Cockerill (Ed.), *Solutions in sport psychology* (pp. 16–31). London: Thomson Learning.

Jowett, S., Kanakoglou, K., & Passmore, J. (2012). The application of the 3+1Cs relationship model in executive coaching. *Consulting Psychology Journal: Practice and Research*, 64(3), 183–197.

Jowett, S., O'Broin, A., & Palmer, S. (2010). On understanding the role and significance of a key two-person relationship in sport and executive coaching. *Sport & Exercise Psychology Review*, 6(2), 19–30.

Judge, W. Q., & Cowell, J. (1997). The brave new world of executive coaching. *Business Horizons*, 40(4), 71–77.

Kappenberg, E. S. (2008). A model of executive coaching: Key factors in coaching success. *Dissertation Abstracts International: Section B: The Sciences and Engineering*, 69(30B), 1994.

Kelley, H. H., & Thibaut, J. W. (1978). *Interpersonal Relations: A Theory of Interdependence*. NY: John Wiley.

Kemp, T. (2008). Self-determination and the coaching relationship: Exploring coaching impact beyond models and methods. *International Coaching Psychology Review*, 3(1), 32–42.

Kilburg, R. R. (1996). Toward a conceptual understanding and definition of executive coaching. *Consulting Psychology Journal: Practice and Research*, 48(2), 134–144.

Kilburg, R. R. (2001). Facilitating intervention adherence in executive coaching: A model and methods. *Consulting Psychology Journal: Practice and Research*, 53(4), 251–267.

Kilburg, R. R. (2004). Trudging towards Dodoville: Conceptual approaches and case studies in executive coaching. *Consulting Psychology Journal: Practice and Research*, 56(4), 203–213.

Lai, Y., & McDowall, A. (2014). A systematic review (SR) of coaching psychology: Focusing on the attributes of effective coaching psychologists. *International Coaching Psychology Review*, 9(2), 118.

Lambert, M. J., & Barley, D. E. (2001). Research summary on the therapeutic relationship and psychotherapy outcome. *Psychotherapy: Theory, Research, Practice, Training*, 38(4), 357–361.

Lane, D., & Corrie, S. (2006). *The modern scientist-practitioner: A guide to practice in psychology*. London: Routledge.

Law, H. L. (2008). Diversity coaching. *People and Organisations @ Work*, 6–7.

Law, H. L., Ireland, S., & Hussain, Z. (2007). Conclusion, discussion and future work. In H. Law, S. Ireland & Z. Hussain (Eds.), *The psychology of coaching, mentoring and learning*. Chichester: John Wiley.

Machin, S. (2010). The nature of the internal coaching relationship. *International Journal of Evidence Based Coaching and Mentoring*, Special Issue 4, 37–52.

Mageau, G. A., & Vallerand, R. J. (2003). The coach-athlete relationship: A motivational model. *Journal of Sport Sciences*, 21, 883–904.

Marshall, M. K. (2007). The critical factors of coaching practice leading to successful coaching outcomes. *Dissertation Abstracts International: Section B: The Sciences and Engineering*, 67, 4092.

McGovern, J., Lindemann, M., Vergara, M., Murphy, S., Barker, L., & Warrenfeltz, R. (2001). Maximising the impact of executive coaching: Behavioral change, organizational outcomes and return on investment. *The Manchester Review*, 6(1), 1–9.

McKenna, D. D., & Davis, S. L. (2009). Hidden in plain sight: The active ingredients of executive coaching. *Industrial and Organizational Psychology*, 2, 244–260.

Nangalia, L., & Nangalia, A. (2010). The coach in Asian society: Impact of social hierarchy on the coaching relationship. *International Journal of Evidence Based Coaching and Mentoring*, 8(1), 51-66.

O'Broin, A. (2013). *Whither the coaching relationship?: A mixed methods study exploring key aspects, and examining boundaries, in its formation*. Unpublished PhD thesis. City, University of London.

O'Broin, A. (2016). Where we have been, where we are now, and where we might be heading: Where next for the coaching relationship? In O. M. Spaten and A. O'Broin (Eds.), The coaching relationship: And beyond. *The Danish Journal of Coaching Psychology*, 5(1), 57-74.

O'Broin, A., & Palmer, S. (2006). Win-win situation? Learning from parallels and differences between coaching psychology and sport psychology. *The Coaching Psychologist*, 2(3), 17-23.

O'Broin, A., & Palmer, S. (2007). Reappraising the coach-client relationship: The unassuming change agent in coaching. In S. Palmer & A. Whybrow (Eds.), *Handbook of coaching psychology: A guide for practitioners*. Hove: Routledge.

O'Broin, A., & Palmer, S. (2010a). Exploring key aspects in the formation of the coaching relationship: Initial indicators from the perspective of the coachee and the coach. *Coaching: An International Journal of Theory, Research and Practice*, 3(2), 124-143.

O'Broin, A., & Palmer, S. (2010b). Introducing an interpersonal perspective on the coaching relationship. In S. Palmer & A. McDowall (Eds.), *The coaching relationship: Putting people first*. Hove: Routledge.

O'Broin, A., Spaten, O. M., & Løkken, L. O. (2016). The quest for research in the coaching relationship. In O. M. Spaten & A. O'Broin (Eds.), *The coaching relationship: And beyond*. Aalborg: Aalborg University Library.

Passmore, J. (2010). A grounded theory study of the coachee experience: The implications for training and practice in coaching psychology. *International Coaching Psychology Review*, 5(1), 48-62.

Peltier, B. (2001). *The psychology of executive coaching: Theory and application*. New York: Brunner-Routledge.

Poczwardowski, A., Barott, J. E., & Peregoy, J. J. (2002). The athlete and coach: Their relationship and its meaning: Methodological concerns and research process. *International Journal of Sport Psychology*, 33(1), 98-115.

Prochaska, J. O., & DiClemente, C. C. (1984). Toward a comprehensive model of change. In J. O. Prochaska & C.C. DiClemente (Eds.), *The transtheoretical approach: Crossing the traditional boundaries of therapy*. Homewood, IL: Dow-Jones.

Reis, H. T. (2007). Steps toward the ripening of relationship science. *Personal Relationships*, 14, 1-23.

Reis, H. T., Collins, W. A., & Berscheid, E. (2000). The relationship context of human behavior and development. *Psychological Bulletin*, 126, 844-872.

Rosinski, P., & Abbott, G. N. (2006). Coaching from a cultural perspective. In D. R. Stober & A. M. Grant (Eds.), *Evidence-based coaching handbook: Putting best practices to work for your clients*. Hoboken, NJ: Wiley.

Rousseau, D. M. (2001). Schema, promise and mutuality: The building blocks of the psychological contract. *Journal for the Theory of Social Behaviour*, 37, 167-181.

Scoular, A., & Linley, P. A. (2006). Coaching, goal-setting and personality type: What matters? *The Coaching Psychologist*, 2, 9-11.

Smither, J. (2011). Can psychotherapy research serve as a guide for research about executive coaching? An agenda for the next decade. *Journal of Business Psychology*, 26, 135-145.

Sonesh, S. C., Coultas, C. W., Lacerenza, C. N., Marlow, S. L., Benishek, L. E., & Salas, E. (2015). The power of coaching a meta-analytic investigation. *Coaching: An International Journal of Theory, Research and Practice*, 8(2), 73-95.

Spaten, O. M., O'Broin, A., & Løkken, L. O. (2016). The quest for research in the coaching relationship. In O. M. Spaten & A. O'Broin (Eds.), The coaching relationship: And beyond. *The Danish Journal of Coaching Psychology*, 5(1), 9-16.

Stewart, L. J., Palmer, S., Wilkin, H., & Kerrin, M. (2008). The influence of character: Does personality impact coaching success? *International Journal of Evidence Based Coaching and Mentoring*, 6(1), 32–42.

Stober, D. R., & Grant, A. M. (2006). *Evidence-based coaching handbook: Putting best practices to work for your clients*. Hoboken, NJ: Wiley.

Stober, D. R., Wildflower, L., & Drake, D. (2006). Evidence-based practice: A potential approach for effective coaching. In D. R Stober & A. M. Grant (Eds.), *Evidence-based coaching handbook: Putting best practices to work for your clients*. Hoboken, NJ: Wiley.

Taylor, L. M. (1997). *The relation between resilience, coaching, coping skills training and perceived stress during a career-threatening milestone*. DAI-B 58/05, p.2738, November.

Theeboom, T., Beersma, B., & van Vianen, A. E. M. (2014). Does coaching work? A meta-analysis on the effects of coaching on individual level outcomes in an organizational context. *The Journal of Positive Psychology*, 9(1), 1–18.

Wageman, R. (1997). Critical success factors for creating superb self-managing teams. *Organizational Dynamics*, 26(1), 49–61.

Wampold, B. E. (2001). *The great psychotherapy debate: Models, methods and findings*. Mahwah, NJ: Lawrence Erlbaum.

Wasylyshyn, K. M. (2003). Executive coaching: An outcome study. *Consulting Psychology Journal: Practice and Research*, 55, 94–106.

Wylleman, P. (2000). Interpersonal relationships in sport: Unchartered territory in sport psychology research. *International Journal of Sport Psychology*, 31, 555–572.

36장
코칭과 상담의 경계 문제에 대해 다시 돌아보기

저자: 타티아나 바흐키로바Tatiana Bachkirova[1], 사라 베이커Sarah Baker[2]
역자: 김현화

서론

학문과 실천이라는 분야로서의 코칭은 최근 뚜렷한 변화가 있었다. 이 핸드북의 초판이 출간된 이래로, 연구에서 어떠한 논의와 주제는 중요성이 작아졌지만, 또 다른 논의와 주제는 좀 더 두드러지게 되었다. 심리치료/상담과 코칭 사이의 구별에 대한 문제는 지난 십 년간 중요하게 주목되어 왔으나(Simons, 2006; Bachkirova, 2007; Griffiths & Campbell, 2008; Spinelli, 2008; Maxwell, 2009; Price, 2009; Baker, 2013), 최근 들어 이 주제에 대한 흥미가 감소하는 경향이 나타나고 있다. 누군가는 이 상황에서 이 문제가 완전히 해결되었다고 가정할 수도 있다. 그러나 위 간행물들의 결론은 코칭 분야의 발전에 관심이 있는 다양한 당사자들에게 많은 질문이 답하지 않은 채로 남아있음을 지적하고 있다. 이는 심리치료/상담과 코칭의 구별이라는 주제에 대해 다시 돌아보고 재구성하는 것이 유용할 것임을 시사한다.

---

1) **타티아나 바흐키로바**Tatiana Bachkirova MEd, MSc, PhD, CPsychol, AFBPsS는 Oxford Brookes 대학의 International Centre for Coaching and Mentoring Studies의 코칭심리학 교수이자 이사이다. 그녀의 전문 분야는 발달 코칭 및 코칭 수퍼비전이다. 그녀는 저명한 저자, 국제 연사, 컨비너 및 International Conference on Coaching Supervision의 의장이다.
2) **사라 베이커**Sarah Baker PhD는 공인된 심리학자이자 코칭 프랙티셔너이다. 그녀는 Bedfordshire 대학에서 학부생들에게 코칭심리학을 가르치는 학자로 일하고 있다. 그녀의 박사 연구는 코칭과 상담 프랙티셔너들이 실제로 경계를 관리하는 경험을 조사했다.

이 문제에 대한 문헌의 초기 단계에서 몇몇 목소리들은 코칭과 상담 사이의 명확한 경계 설정의 복잡성이 이미 명백하다고 말했다(Bachkirova & Cox, 2004; Simons, 2006; Bachkirova, 2007). 최근 지난 10년 동안의 연구는 프랙티셔너practitioner들의 견해를 탐구함으로써 이 지점에 더 많은 내용을 추가하였다. 잠재적 고객, 코칭 후원자 및 프랙티셔너가 이 문제를 실용적인 방식으로 다룬다는 증거가 있지만(Maxwell, 2009; Baker, 2015), 코칭, 상담 및 코칭심리학 분야의 많은 코치와 특히 초보 코치들은 여전히 혼란에 빠져 있다. (우리는 개별적인 코칭 고객client을 언급할 때는 '코치이'라는 용어를 사용하고 코칭과 상담이라는 두 가지 실천과 관련이 있을 때는 '고객client'라는 용어를 사용할 것이다.) 이 장에서는 코칭과 상담/치료 사이의 경계 문제에 대한 학문의 변화된 상황에 대해 살펴보고 이러한 혼란의 본질과 실제 대처 방법을 강조할 것이다. 그런 다음 이러한 혼란의 잠재적 원인에 관해서는 연구와 실천의 현재 상황에 대한 함의와 함께 논의될 것이다.

코칭과 상담의 경계에 대한 현재의 이해

이 주제에 대한 현행 문헌의 주제는 두 그룹으로 나눌 수 있다. 일부 논문은 실제로 이러한 경계와 관련하여 코칭과 상담이 실제로 어떻게 존재하는지에 대한 이해에 주로 중점을 둔다(예: Maxwell, 2009). 그들은 프랙티셔너가 적응한 것으로 보이는 현 상황과 실용적 해결책이라는 결과 문제들을 강조한다. 실용적인 해결책에 더하여 또 다른 논문은 개념적 해결책을 찾으려는 의도로 경계 문제를 다루는 경향이 있다(예: Bachkirova, 2007). 물론 현실을 설명하고 개념적 제안을 하는 두 가지 모두를 목표로 하는 일부 논문도 있다(예: Price, 2009; Crowe, 2017). 우리는 이러한 주제의 그룹에 대한 간략한 설명으로 시작하고 문헌에서 논의되는 더 구체적인 문제에 대한 논의를 이어갈 것이다.

첫 번째 주제 그룹은 다음 상황을 인정한다. 전문적 안내의 제안에 따르면 전통적으로 고객이 코치나 상담자의 추가적 지원으로 이익을 얻을 수 있다고 판단되면, 고객에게 조언하고 적절한 전문가에게 의뢰해야 한다(Summerfield, 2002). 코치는 코칭과 상담 사이에 분명한 차이가 있다고 믿는 것처럼 보이지만 실제로는 구체적으로 경계가 어디에 있는지 설명하는 데 어려움이 있다(Price, 2009). 최근 문헌과 연구에서는 코칭과 상담 사이의 명확한 구분을 확인하기보다는 코칭과 상담 사이의 경계가 모호하거나 흐릿해지는 경우가 많다는 사실을 널리 인정하고 있다(Jopling, 2007; Maxwell, 2009; Jinks, 2010). 경계가 흐릿하게 느껴질 때 일부 코치는 코칭에서 다루지 말아야 할 문제임을 직감하거나 직관으로 알게 된다는 의미이다(Hart, Blattner & Leipsic, 2001). 또는, 경계는 이론적으로 정의된 매개변수가 아니라 코치와 코치이가 논의에 적절한 것에 대해 협상하여 정의되는 경향이 있다(Maxwell, 2009). 따라서 많은 프랙티셔너는 제안된 경계가 실제로 존재하지 않는 것처럼 행동하나 그들의 전문직 또는 사회적 그룹 내의 다른 사람들은 그 경계를 학문 분야에 제공된 매개변수로 받아들인다고 믿는 것처럼 보일 수 있다. 결과적으로 프랙티셔너들은 자신의 능력과 신념에 따라 경계를 스스로 확인하려고 하여 이 개념을 지지하는 것으로 보일 수 있다(Baker, 2015).

경계 문제의 개념화에 초점을 두는 주제는 미래에 대한 의도를 강조한다. 코칭 및 상담 공동체의 일부는 경계를 강화하고 실천을 기술해야 할 필요성에 대해 단호하게 유지하는 반면(예: Grant, 2007), 다른 이들은 신뢰와 이해를 기반으로 하는 관계에서, 경계에 대한 정의는 상황에 따라 그리고 당면 문제에 대해 코치이를 도울 수 있는 코치의 지식과 능력에 기초할 수 있다고 주장한다(예: Cavanagh, 2009). 후자에 따르면, 그러므로 프랙티셔너들은 코치이에게 유리하도록 자신들의 모든 기술을 활용할 수 있어야 한다. 실제로, 사물을 두 가지/둘 중 하나로 보기보다는 하나가 다른 하나에게 정보를 제공하는 복잡한 방식으로 상호 연결된 것으로 보는 것이 더 신중할 수 있다고 주장되어 왔다(Mumby, 2011). 따라서 코칭 및 상담 프랙티셔너는 두 가지 접근 방식 모두 고객을 돕기 위해 협력하거나(Popovic & Boniwell, 2007; Popovic & Jinks, 2013) 고객의 요구를 충족시키기 위해 유연하게 계약을 맺을 수 있다(Baker, 2013; Crowe, 2017).

경계 문제를 복잡하게 만드는 것은 무엇인가?

코칭과 상담의 경계에 대한 논쟁은 정신건강 문제가 관련될 때 더욱 냉철해진다. 예를 들어, 그리피스Griffiths와 캠벨Campbell(2008)은 정신건강이 연속선상에 있다고 주장했다. 그들의 연구 결과에 따르면 고객client은 코칭이나 상담 그 어디에도 있지 않고 두 접근 사이의 연속선상을 오갔다. 실제로 일부 심리치료사/코치는 코칭 고객이 치료 고객만큼 정서적으로 취약할 수 있지만 이를 숨길 수 있다고 믿었다(Maxwell, 2009). 맥스웰Maxwell(2009)의 연구 참여자들은 조직 환경에서 작업하더라도, 코칭 세션에 온전한 인간으로서 어떻게 존재하는지를 논의하였다. 따라서 코칭을 찾는 이유 중 일부는 업무 맥락 밖의 개인적인 문제에 있을 수 있기에 업무에 관련된 문제에만 초점을 맞추지 않는다. 결과적으로 코치가 해결하기로 계약한 문제는 흔히 근본적인 개인 문제의 영향이었다(Maxwell, 2009).

모든 코치가 코칭 실천에서 심리적 문제를 기꺼이 해결하고 '상황을 복잡하게 만들기'를 원하는 것은 아니지만, 코칭 세션에서 코치이의 개인적 문제와 심리적 문제가 일반적으로 발생한다는 것을 부정하기 어렵다(Maxwell, 2009). 예를 들어, 코치는 고뇌에 지친 코치이와 함께 일할 때 불편함을 느낄 수 있는데, 이는 그들을 지원할 적절한 기술과 능력이 없을 수 있기 때문이다. 정신건강 문제를 인식하고 효과적으로 관리하는 코치이의 능력과 연관된 관심은 다양한 연구에서 표현되었다(Hart, Blattner & Leipsic, 2001; Grant & Zackon, 2004; Turner, 2010; Jinks, 2010).

경계 인식에 혼란과 불일치가 있지만, 경험 많은 프랙티셔너들은 문제가 코칭보다 상담에 더 적합한 시기를 식별하는 능력에 관해 자신이 있다고 주장한다. 베이커Baker(2015)의 연구에서 대다수는 실제로 발생할 수 있는 문제에 대해 고객을 도울 수 있는 적절한 능력이 있다고 주장했다. 그러나 숙련된 프랙티셔너의 능력에 대한 인식에서 일부 이상 징후도 확인되었다(Baker, 2015).

코치는 코치이를 돕는 능력에 대해 광범위하게 긍정적인 자기 평가를 표시했지만, 그들이 보고한 교육과 자격증은 프랙티셔너들이 제시된 문제를 관리하기 위해 어떤 지식과 능력을 활용하는지 조화시키기 어렵게 만들었다. 코치가 이전 직업과 전문적 배경에서 암묵적인 지식을 습득할 수 있다는 점은 인정해야 하지만, 어려움을 겪는 코치이를 돕는 것에 대한 믿음이 자기 평가에만 기반을 둔 것처럼 보이기에 자신의 능력을 과대평가하는 경향이 있을 수 있다. 프라이스Price(2009)의 연구 결과도 비슷한 우려를 보였다.

조플링Jopling(2007)은 발달을 방해할 수 있는 장애물을 식별하기 위해서는 심리학과 상담 이론에 대한 충분한 이해가 필요하다고 제안한다. 그녀의 연구 프랙티셔너들은 코치가 전문성을 유지하기 위해서는 코치이의 최고 관심사에서 일하고 자신이 할 수 있는 역량 내에서 일하는 것을 인식할 필요가 있다고 믿었다. 일부는 잠재적인 고객들에게 신뢰를 심어주고 제공되는 서비스의 명확성을 부여하기 위해 규제가 필요하다고 생각하였으며, 이에 대해 다른 연구자들이 지지하였다(Hart, Blattner & Leipsic, 2001; Maxwell, 2009; Price, 2009; Jinks, 2010).

요약하자면, 대부분 문헌과 연구는 경계가 명확하지 않고 프랙티셔너들이 여러 가지 방법으로 그것들을 다루고 있음을 보여준다. 그러나 다양한 이해 당사자들은 경계의 중요성과 명확한 지침 및 코치들에 대한 더 광범위한 훈련의 필요성을 주장한다.

코칭과 상담의 명백한 융합amalgamation 증거

동시에 위와 다른 비교적 새로운 경향이 있다. 경계 없이 고객과 작업하는 것을 명시적으로 옹호하는 문헌이다. 그러나 이 문헌의 아이디어는 오직 치료적 배경과 경험이 있는 코치에게 해당한다. 그들만이 두 가지 실천의 통합에서 유익을 얻을 수 있다.

상담이나 치료 훈련을 받은 코치는 모호함 속에서 작업하면서, 고객이 삶의 의미와 목적을 이해하도록 돕기 위해 전인적으로 협력할 수 있다(Jopling, 2007). 일부 코치와 상담자는 코칭과 상담 접근 방식을 모두 사용하여 작업했다고 밝혔다(Jinks, 2010). 코치는 필요할 때 위탁하는 대신 고객을 돕는 대안적 방식을 택했다. 예를 들어 초이Choi와 파크Pak(2006)는 경계를 넘는 작업이 연속선상으로 보일 수 있다고 제안한다. 프랙티셔너는 다학제 접근multidisciplinary approach(Spence, 2012)을 택하고 고객을 지원하기 위해 코칭과 상담 프랙티스 사이에서 재계약을 선택할 수 있다. 흥미롭게도 이 접근 방식이 적절하게 구별된다면 접근 방식이 분리되고 경계가 손상되지 않은 상태로 유지되도록 한다. 실제로 연구에 따르면 코치로서 작업할 때 설문에 응한 코치의 41%가 재계약을 제안하고 상담 서비스를 제공할 의향이 있음을 느꼈다(Baker, 2015).

코치는 더 나아가 연속선상을 가로질러 접근 방식을 통합하고 자신을 치료사-코치 그리고 코치-치료사로서의 정체성을 가질 수 있다. 이러한 정체성은 같은 고객과 경계를 넘어 작업하기로 선택한 프랙티셔너들이 채택한다(Jinks, 2010; Baker, 2015). 이렇게 하면 경계를 구별할 필요가 없다. 전문 분야를 병합함으로써 프랙티셔너들은 코칭이나 치료를 택해야 할 필요성과 구별이 분명한 각각의 정체성 강화를 해야 하는 힘 사이의 균형을 설정할 수 있다(Brewer, 1991).

프랙티스에서 코칭과 상담의 통합을 선호하는 경험이 풍부한 프랙티셔너의 수는 상대적으로 낮을 것으로 추정할 수 있다. 그러나 베이커Baker(2015)의 연구에 따르면 응답자의 절반 이상(53%)은 코칭과 상담을 분리해야 한다고 생각했지만, 거의 3분의 1은 경계를 구분하는 방법을 추구하기보다는 도움을 주는 접근이 통합돼야 한다고 지적했다. 이러한 결과는 상당수의 프랙티셔너가 경계를 유연한 것으로 간주하고 프랙티스에서 여러 분야를 넘나들며 기꺼이 작업했음을 강력하게 시사한다. 같은 연구의 많은 참여자가 같은 접근으로 코칭과 상담의 요소를 통합하는 것에 도움이 되는 다양한 창의적인 방법을 보여 주었다.

이 문헌은 프랙티스에서 코칭과 상담의 요소를 결합할 수 있는 위치에 있는 사람들을 위한 프랙티스의 개념화에 대한 아이디어를 제공한다. 또한 코칭 분야의 발전을 위한 잠재적인 방향을 나타낼 수 있다. 그러나 이 접근 방식이 생성하는 문제, 예를 들어 고객, 조직의 후원자와 초보 프랙티셔너, 특히 규정이 명확성과 실천의 차별화를 요구하는 분야에 대해서는 거의 논의되지 않고 있다.

코치, 특히 초보 코치에게 풀리지 않은 문제들

개념적 문제는 여전히 논쟁의 대상이지만 프랙티셔너, 특히 훈련만 받고 현장에 새로 온 코치들을 위해 해결이 필요한 당면 문제가 있다. 코칭과 상담의 경계와 관련하여 그들이 경험하는 혼란은 놀라운 일이 아니다. 왜냐하면 코칭 문헌과 전문적 담론에 코치를 다른 방향으로 끌어들이는 두 가지 경향이 더 있기 때문이다.

개념에 대한 문헌은 코칭에서의 심도 있는 작업 필요성을 강조하는 경향이 있다. 예를 들어, 심리적 장애물과 감정을 다루는 것은 장기적 변화에 필수적이라고 주장되어왔다(Bachkirova & Cox, 2004; Crowe, 2017). 스피넬리Spinelli(2008)는 코칭 관계에서 '행위'가 아닌 '존재'를 강조한다. 고객이 더 큰 자기 인식을 얻도록 돕기 위해 코칭은 더 느린 속도를 택하도록 제안되었다(Bluckert, 2006). 브루커트Bluckert는 또한 자신, 타인 및 타인과의 관계를 성찰하는 개인의 능력을 반영하는 심리적 알아차림 개념을 도입하여 코치가 고객의 상황과 자아에 대한 더 깊은 심리적 내용을 다룰 수 있는 능력을 향상한다.

이와 동시에 코치들이 주의를 기울이고 자신들의 한계를 인식해야 하는 지침, 윤리 규정 및 훈련 매뉴얼이 강조되고 있다. 이러한 관심은 특히 상담과 심리치료 배경을 가진 코치들에 의해 표현되며, 숙련되지 못한 상태에서 더 깊은 감정을 탐구하려는 개입이 일으킬 수 있는 해악의 가능성에 대해 경고한다. 이 문제는 모든 코치에 대하여 더 많은 지침이 필요한 정신건강 문제를 포함하는 사례를 구별하고 결정할 필요가 있을 때 훨씬 더 심각해진다(Cavanagh

& Buckley, 2014). 경험이 많은 프랙티셔너들은 코치이의 고조된 감정 상태에 대한 인식 또는 주의 부족에 의해 잠재적 피해가 야기될 수 있다고 주장한다. 이 경고는 모든 사람에게, 특히 탐색 과정이 어려울 수 있는 신입 또는 초보 코치에게 해당한다.

이러한 두 가지 경향은 초보 코치에게 내적 갈등을 일으킬 수 있다. 비록 그들이 깊은 심리적 가치를 지닌 서비스를 제공하기 위해 영감을 받았다고 느낄지라도, 또한 이 일을 안전하게 만드는 것이 도전이다. 다면적 산업에서 개별적 프랙티스 영역을 구별하는 것은 프랙티스 경험이 제한된 초보 코치에게 큰 영향을 미친다. 전문 기술이나 상황에 맞는 지식이 없다면 초보 및 신입 코치가 자신의 역량 내에서 일하고 고객에게 잠재적으로 해를 끼칠 수도 있음을 인식하는 것이 중요하다.

비록 초보 코치들이 프랙티스에 이전 경험을 가져오지만, 그들의 암묵적인 지식은 새로운 전문직 사회의 역량을 반영하지 못할 수도 있다. 따라서 새로운 역할 내에서 학습은 재조정과 재배치 과정을 따를 수 있다(Wenger, 2010). 초보 코치들은 제공된 정보에서 개념을 형성함으로써 배우고 훈련이 완료되면 실제 삶의 상황을 이해하기 위해 자신의 인식을 사용할 수밖에 없다(Daley, 1999). 연구에 따르면 초보자들은 최근 배운 지식을 자율적 프랙티스에 적용하는 데 자신감이 부족할 수 있으며, 흔히 취한 조치가 상황에 적합한지에 대한 확신 또는 확인을 추구한다(Daley, 1999). 또 그들은 코치이로부터 인지된 기대와 씨름할 수 있으며, 따라서 학습된 틀이나 기술에 기반을 둔 해결책을 서둘러 제공할지도 모른다(Bransford, Brown & Cocking, 2000).

인지된 압력과 기대는 코칭의 경계에서 작업할 때 혼란을 유발할 수 있다. 초보 코치는 두 가지 도움 방식 사이에 차이와 경계가 있다고 생각하지만 실제로는 경계가 쉽게 넘을 수 있는 미세한 선임을 알게 된다(Baker, 2015). 이론적 문헌(Bachkirova, 2007)에 설명된 경계의 모호함과 불일치로 인해 초보 코치는 프랙티스가 코칭에서 상담으로 전환되는 시기를 구별하기 위해 직관의 사용을 시도할 수 있다. 그러나 직관은 규칙적 또는 일상적 행동을 경험하며 개발되기에(Myers, 2002), 초보자와 새로 훈련받은 코치가 프랙티스에서 일관되게 효과적인 결정을 내릴 가능성은 거의 없다.

이러한 다양한 기준으로는 초보자와 새로 훈련받은 코치가 상담에서 더 적절하게 다루어질 필요가 있는 '코치이를 일관되게 구별할 수 있는 능력'을 갖는다는 것을 확신하기 어렵다. 문제를 더 넓은 맥락에서 보고 인식할 수 있는 능력은 초보 코치의 자신감과 역량 개발에 필수적일 수 있다. 해당 분야 내에서의 역량 습득은 고객이 제시하는 행동 패턴이나 정보를 인식하는 능력 획득과 수반한다고 주장되어왔다(Bransford, Brown & Cocking, 2000). 따라서 자율적 프랙티스의 초기 단계에 있는 초보 코치들에게 있어서 자신들의 지식과 능력의 한계를 자각하고 염두에 두는 것이 중요할 수 있다.

요약하자면, 코칭과 상담의 경계에 대한 교육 및 개발 프로그램에 현재 존재하는 지침은 불충분해 보인다. 초보 코치는 자신의 실수에서 실험하고 배움으로써 자신감을 키울 수 있는 위치에 있게 된다. 이를 통해 미지의 상황에 대처하는 능력에 의지하여 자신의 부족한 이해를 보완할 수 있는 경험 많은 코치의 단계에 도달할 수 있다.

자신감과 역량을 고의로 초과함

자신의 능력에 대한 자신감과 믿음은 동시에 양날의 칼이 될 수 있다. 초보 코치는 조력을 위한 접근들 사이의 경계를 안다고 주장하지만, 초보 코치가 심리적 문제가 있는 코치이를 돕기 위해 기꺼이 자신의 역량을 넘어 감당할 것임을 시사한 최근 연구에서 혼란과 불일치가 명백히 드러났다(Baker, 2015). 이러한 결과는 무의식적인 무능력, 그리고 능력의 한계를 구별할 수 없기에 '모른다는 것을 모르는' 초보 코치로 해석될 수 있다.

그러나 경험 많은 코치에게도 같은 경향이 나타난다. 베이커Baker(2015)의 연구 결과를 조직 코치의 경계 관리 경험을 조사한 이전 연구(예: Price, 2009) 결과와 비교하면 결과에서 현저한 유사성을 보인다. 초보 코치와 경험 많은 코치 모두 자신의 능력 이상으로 일할 의향이 있는 것 같다. 이런 상황은 분명히 우려할 만하다. 정신건강 문제를 경험하는 사람들과 함께 작업하는 것은 상담에 대한 배경 지식이 있는 코치에게 적합할 수 있다. 코칭은 정신건강 전문가의 지원과 동시에 제공될 수 있다. 그러나 이러한 지원이나 배경이 없는 초보 코치와 코치는 자신의 능력의 한계를 구별하기 어려울 수 있다. 결과적으로, 그들은 정서적 반응과 자신의 개인적인 경계를 관리하는 방법에 대한 자신감이나 이해가 부족하여 어려운 상황을 겪게 될 수 있으며, 이는 코치이뿐만 아니라 그들 자신의 평판에도 부정적인 결과를 초래할 수 있다. 코치가 감정적 또는 심리적 문제를 다루는 일에 대해 '까다로워서는' 안 된다고 제안하는 것(Rogers, 2011)은 이러한 관점에서 근시안적인 것 같다.

동시에, 능력 이상의 작업을 하고자 하는 코치의 의지에 관한 연구 결과를 해석할 수 있는 다양한 방법이 있다. 이러한 위험과 관련된 다양한 우려가 있지만, 코치는 자신의 능력을 과대평가하고 코칭과 상담 개입을 병행하는 위험을 의식적으로 감수할 수 있다. 또 다른 설명은 코칭과 상담이 너무 유사해서 명확한 경계를 설정하려는 다양한 시도가 계속하여 실패하고 코치가 실용적인 방식으로 새로운 상황에 대응하도록 둔다는 것이다. 새로운 상황에 대처하고 능력이 확장되어 경험이 축적됨에 따라, 코치가 이러한 능력을 넘어 일하려는 의지가 그들이 직면한 상황에 대한 인식의 표시 그리고 그에 대한 실용적인 대응일 경우가 있다.

현재 상황에 대한 원인 탐색

코칭과 상담 사이의 경계 문제를 해결하기 위한 많은 동기가 있다. 가장 분명한 것은 코칭과 상담을 연결하기보다는 각각의 개별 영역을 정의하고 경계를 강화할 필요가 있다고 단호히 주장하는 코치들로부터 나온다(Wenger, 2010). 그들은 코칭 세션의 내용과 과정을 지정하고 코치가 기대치를 설정하고 명확한 한계를 구별할 수 있도록 하는 명확한 계약 수립을 원한다. 또 코칭과 상담의 명확한 구분이 코치의 전문적 지위 획득에 도움이 될 것이라고 주장하는 것도 합리적으로 보인다. 현재 코칭은 전문직으로 인정받기 위한 기준을 충족하지 못하고 있다. 전문직은 일반적으로 다음을 포함하는 특정 기준에 의해 정의된다: 숙련도를 입증하기 위한 최소 교육 기간; 확고한 지식 기반; 윤리 강령; 공식 조직; 증명 및 규제 그리고 명백한 전문직으로서의 사회적 인정(Fillery-Travis & Collins, 2017; Lane, Stelter & Stout-Rostron, 2014).

코칭과 상담을 명확히 구분하여 얻을 수 있는 잠재적 이점이 있지만 이를 방해하는 요소도 있다. 어떤 사람들은 코칭을 직업으로 간주하기 위해 관습적 기준을 달성해야 한다고 느낄 수 있지만, 또 다른 사람들은 한정된 기준 준수가 권력과 규제를 행사하는 수단으로 볼 수 있다고 믿었다(Lane, Stelter & Stout-Rostron, 2014). 게다가 일부 저자는 코칭이 개별적인 실천 영역임을 입증하는 것이 문제가 있고 제한적일 것이라고 믿었다(Cavanagh, 2009). 코칭은 상담과 많은 공통점을 공유할 뿐만 아니라 다양한 다른 직업들도 제공하는 서비스의 일부로 코칭 전략을 구현한다. 여기에 코칭의 정체성은 해결되지 않은 문제이기에 다른 실천 영역을 침범하지 않으며 구체적인 코칭 정체성을 정의하는 것이 원칙적으로 어렵다는 점을 덧붙이고 싶다.

코칭의 정의에 대한 합의가 이루어지지 않은 상황에서 현장이 지금 왜 그러한가에 대한 탐구가 유용할 것이다. 이를 탐구할 때 우리는 실천의 좋은 정의가 수반하는 것이 무엇인지에 대한 고려에서 시작한다. 2009년 바흐키로바Bachkirova와 카우프만Kauffman(2009)은 코칭이 실천의 정의에서 중요한 '보편성'과 '독창성'이라는 두 가지 주요 기준을 어떻게 충족할 수 있는지 논의하였다. "보편성이란 코칭에 대한 충분한 정의가 코칭의 모든 다른 유형, 장르 및 접근 방식에 존재하는 요소(특징)를 나타내야 함을 의미한다. 이러한 정의는 모든 유형의 코칭에 적용되어야 한다. 독창성은 코칭에 대한 충분한 정의가 예를 들어, 훈련, 컨설팅, 상담과 같은 다른 전문 활동과 코칭을 명확하게 구별할 수 있는 요소를 포함해야 함을 뜻한다."(p.98) 다시 말해, 좋은 정의는 모든 전문 코치의 공감을 불러일으키고, 코칭으로 간주하지 않는 실천과 코칭을 구별해야 한다. 바흐키로바Bachkirova와 카우프만Kauffman(2009)은 코칭을 전문적 실천으로 정의하기 위한 다양한 시도에 보편성과 독특성의 적용 기준을 사용하여 다음 측면에 기반을 둔 네 가지 유형의 정의를 분석하였다: 무엇을 위해 코칭을 하는가(목적); 무엇이 관련되는가(과정); 어디에서 행해지는가(맥락), 그리고 이를 제공하는 대상(고객). 그들은 위의 각 측면과 관련하여 다양한 코칭 실천 사이의 차이가 너무 넓어서 충분한 유사성을 찾지 못하여 보편성에 의문을 제기한다고 결론지었다. 마찬가지로 코칭을 정의하려는 시도는 다른 비-코칭 실천들과 충분한 차이를 보이지 않았으며, 이의를 제기할 수 없었으므로 코칭의 고유성에 의문을 제기하였다(Bachkirova & Kauffman, 2009).

실천의 정의와 관련된 문제 외에도 코칭 분야에서는 코칭 개념화에 대한 확실성과 정확성에 대한 태도 변화를 나타내는 다른 경향이 있는 듯하다. 예를 들어, 발달적으로 더 집중된 코칭이 맥락적 경계를 초월하여 개입의 맥락에서 상담에 가까워진다는 주장이 제기되어 왔다(Bachkirova, 2007, 2016). 코칭 분야가 커짐에 따라, 초창기에는 성과 코칭에 중점을 두었지만, 최근에는 발달 코칭에 대한 관심과 수용이 증가하는 경향을 보인다. 코칭 실천이 더욱 발전함에 따라 일부 프랙티셔너는 코칭에 대한 전체적 접근에 더 관심을 가질 가능성이 있다. 그들은 코치이의 삶에 좀 더 심오한 방식으로 영향을 미치기를 원하며, 따라서 코칭이 원래 어떻게 고안되었는지에 대한 경계를 넓히기를 원한다.

코칭 공동체의 일부 목소리는 '명확한clear-cut' 경계를 목표로 하기보다 코칭의 유연성을 인정할 필요가 있다고 주장한다(예: Cavanagh, 2009). 이는 코칭 과제와 관련된 복잡성과 코칭의 다학제적 성격multidisciplinary nature으로 설명할 수 있는 코칭 과정을 단순하게 개념화하기 어려움에 대한 인식의 확장으로 촉진되었다. 복잡성 이론들을 잘 인지하게 되었고 코칭 참여는 복잡성 적응 시스템complex adaptive system(CAS)으로 여겨진다(Stacey, 2003, 2012; Cavanagh & Lane, 2012; Bachkirova & Lawton Smith, 2015). 다른 지식 분야와의 상대적 근접성은 또한 프랙티셔너들이 다른 분야들이 겪었거나 겪고 있는 유사한 문제들을 보고 그것들로부터 배울 수 있도록 돕는다. 따라서 코칭이 다른 실천과 유사하다는 것은 코칭의 정체성에 대한 위협이 아니라 유익으로도 볼 수 있다.

게다가 모더니스트와 포스트 모더니스트 세계관에서 코칭 분야에 미치는 훨씬 더 넓은 영향은 우리가 우리의 실천을 보는 방식에 영향을 미치고 태도의 변화를 초래할 수 있다. 정책의 확실성과 확고한 기초를 추구하는 모더니스트 성향은 코칭 산업 초기에 상당히 명백했으며 코칭 연구, 인증 시스템에 대한 투자 및 코칭의 엄격한 규제와 전문화에 대한 실증주의적 선호를 반영했다는 것은 분명하다. 이러한 경향은 여전히 강력하지만, 포스트모던 및 실용주의 담론이 고정된 규칙 및 규정에 대한 책임을 비판하며 코칭 유형의 다양성에 대한 인식, 코칭 과제의 복잡성 및 맥락적 영향에 대한 인식을 옹호하기 시작했다는 점은 주목할만하다(Garvey, 2011; Western, 2012; Bachkirova, 2011, 2016).

코칭과 상담의 차별화에 필요한 실천의 확정된 정의라는 문제와 관련하여, 포스트모더니즘과 포스트 구조주의 이론은 심각한 도전을 가져온다. 이 이론들에 따르면, "일관성으로서의 진리는 변이성으로서의 진리보다 덜 중요하다." 왜냐하면 "불변성은 항상 더 깊은 진리라기보다는 필요한 관습이나 환상이다."(Williams, 2005) 이는 코칭을 한 번에 정의하지 못하는 것이 상당히 타당하다는 의미일 수 있으며, 이러한 실천의 변화하는 요구에 대응하고 끊임없이 변화하는 사회적 조건과 조화를 이루며 이 분야가 자유롭게 발전하는 것을 방해할 수 있는 고정적이고 구분하는 생각에 대한 우려의 표시로 보일 수 있다. 이러한 코칭의 명확성 결여가 문제가 아니라면, 치료의 주변에 있다 해도 코칭의 변형에 대한 염려보다는 관심으로 접근할 수 있다.

동시에 이러한 포스트 모던적 태도는 코칭 과정을 이해하고 실천과 복잡한 상황에서 얼마나 중요한 결정을 내릴 수 있는지 그리고 접근 방식의 차이를 협상하는 것을 방해하지 않는다. "특정 핵심과 같은 절대적인 것에 대한 부인은 우리가 행동할 수 있는 중요한 차이에 대한 부인이 아니다."(Williams, 2005) 실제로 코칭/상담 경계에서 제공될 수 있는 유용한 렌즈 가운데 하나는 전문가로서의 프랙티셔너라는 지위일 수 있다.

코칭 관계는 일반적으로 컨설팅, 멘토링, 사회사업 및 치료와 같은 다른 도움 실천에서 일반적으로 가정되는 것보다 더 평등하고, 힘의 측면에서 더 균형 잡힌 것으로 간주한다. 치료사들이 고객들과 동등한 파트너십을 구축하려고 노력하는 만큼(그리고 치료의 일부 분야는 중요한 원리로 이것을 포함한다. 예: 실존주의), 치료사들은 치료 과정과 고객이 관심을 두는 내용의 전문가로 여겨진다. 그러나 코칭에서는 세션의 과정과 내용에 대한 소유권이 현재 일어나고 있는 일에 대한 공동의 책임이 있는 코치이에게 속한다고 주장한다.

이러한 특징이 다양한 전통의 코치를 통합할 수 있다는 새로운 증거가 있으며, 따라서 이전에 논란이 되었던 보편성의 기준을 충족한다는 것이 흥미롭다(Bachkirova & Kauffman, 2009). 바흐키로바Bachkirova, 시블리Sibley와 마이어스Myers(2015)의 최근 연구에서 서로 다른 지향의 41명의 코치가 가상의 전형적 코칭 세션을 설명하기 위해 개발된 도구를 적용했다. 연구 결과는 코칭 세션이 설명되는 방식에서 공유된 관점을 보여 주었다. 그 설명의 한 요소는 코치의 역할이 '정보에 입각한 전문가'가 아닌 '협동적인 탐구자'로 가장 잘 개념화될 수 있다는 것이었다. 이 요소는 참여 코치들 사이에서 그들이 제안했을지 모르는 다양한 코치 전통보다 놀라울 정도로 더 강력한 일치를 보였다(Bachkirova, Sibley & Myers, 2015).

요약하자면, 먼저 우리는 현재 발전 단계에 있는 코칭 분야가 실천과 연구의 엄격함을 최소화하지 않으면서, 코칭 정의에 대한 더 포괄적이고 편안한 태도를 지님으로써 혜택을 받을 수 있다고 주장한다. 이러한 태도는 응용된 학제들에 대한 포스트모던적이고 실용주의적인 세계관과 더 일치하지만, 때때로 포스트모더니즘에 기인한다고 여겨지는 '무엇이든지 허용'하는 요소의 출현은 없다. 동시에, 우리는 코칭이 상담 및 다른 실천과의 차별화를 나타내는 한 가지 특별한 요인, 즉 프랙티셔너의 강력한 협업 역할을 제안한다. 이 요소는 또한 앞서 언급한 철학과 세계관을 뒷받침하는 것과 일맥상통한다.

제안된 차이의 개념화에 대한 함의

이러한 제안에 대한 고려를 통해 도움을 받는 코칭 이해 당사자는 프랙티셔너practitioner, 고객client, 코칭 교육자 및 코칭 수퍼바이저 등 다양하다. 이러한 그룹에 대한 함의를 설명하기 전에, 일부 코칭심리학자는 위의 차별화 측면이 자신들에게 유리하지 않음을 발견할 수 있다는 점을 인정해야 한다. '정보에 입각한 전문가'라는 지위는 많은 장점이 있으며, 코칭심리학자들은 광범위한 교육과 추가 훈련의 성격으로 이를 성취하기 위해 열심히 노력한다. 그들의 포트폴리오에는 전문가 지위와 이를 뒷받침하는 지식을 요구하는 다양한 활동들이 담겨있다. 이는 이러한 프랙티셔너 그룹을 만족시키기 위한 차별화된 정체성 추구 가능성을 의미할 수 있다. 또는 이러한 특징을 수용하고 코칭 작업에서 충분히 유연하고 창의적인 상태로 남기를 원할 수 있다.

프랙티셔너에 대한 함의

위의 논의에 따라 우리가 다루고자 하는 프랙티셔너에 대한 두 가지 중요한 함의가 있다. 하나는 코치에게 가장 까다로운 문제로서 정신건강 문제 구별과 같이 코칭과 치료 사이의 경계라는 주제에서의 혼동에 관한 것이다. 두 번째 함의는 코칭에서 계약에 관한 것이다.

첫 번째 함의와 관련하여 정신건강 문제 구별이 코칭과 치료 사이의 경계와 특별히 관련이 없음을 인식하는 것이 중요하다. 정신건강 진단 작업을 코치보다 치료사, 상담사와 심리학자가 훨씬 더 쉽게 하는 것은 아니다. 이러한 심리학적으로 훈련된 프랙티셔너의 대다수는 그러한 기술에 대한 확신을 주장하지 않을 것이다. 동시에 이는 중요한 주제이다. 호주에서의 연구에 따르면 인구의 45%가 일생에서 정신건강 문제를 경험할 가능성이 있다. 또 영국인 4명 가운데 1명은 정신건강 문제를 경험할 가능성이 크다(Australian Bureau of Statistics, 2008; Layard et al., 2006). 정신건강 문제로 고통받는 많은 사람은 의사나 정신건강 전문가의 도움을 구하지 않는다. 그 결과 진단되지 않은 정신건강 문제가 지역 사회와 직장 전체에 만연해 있다(Layard et al., 2006). 따라서 많은 사람이 정신건강 문제를 겪으면서도 계속 일하고 있음을 알 수 있다. 병가를 내어야 함에도 일하는 것을 '프리젠티즘presenteeism'이라 한다. 프리젠티즘은 조직 또는 경영 코칭 기반의 고객을 고려할 때, 경영진과 관리자급에서 더 많이 나타날 가능성이 매우 크다(SCMH, 2007).

코치는 코치이를 돌볼 의무가 있지만, 주요 임무는 코치이에게 있을 수 있는 정신건강 문제를 반드시 진단해야 하는 것이 아니라 코치 스스로 이 문제가 드러낼 수 있는 복잡성의 수준으로 작업할 능력이 있는지 판단하는 것이다. 카바나Cavanagh와 버클리Buckley(2014)는 많은 요인이 코칭과 다른 '말로써 돕는' 접근 사이의 경계에 대한 인식에 영향을 미친다는 점을 강조하였다. 코칭은 심리적 어려움을 겪을 때 사회적으로 더 수용 가능한 지원 또는 도움의 형태로 볼 수 있다.

코칭에 정보를 제공하는 기술과 경험의 다양성으로 인해 각 코치의 숙련도와 능력은 크게 다르다. 코칭 상황에서 코치가 정신건강 문제를 진단하는 것은 적절하지 않을 수 있다. 오히려 코치는 자신의 능력을 초과하는 계약상의 그리고 윤리적, 법적 의미를 염두에 둬야 한다.

두 번째 함의는 코칭 활동의 더 일반적인 주제인 코칭 계약과 관련된 것이며, 코칭이 치료와 분리되는 코칭 요소의 중요성과 밀접한 관련이 있다. 코칭 관계가 치료보다 더 평등하고 균형 잡힌 것이라는 생각은 새롭지 않다. 코칭에서 코치이는 일반적으로 코치를 동등한 사람으로 여기나, 상담 고객은 상담사를 전문가로 볼 수 있다(Hart, Blattner & Leipsic, 2001). 여기서 우리가 강조할 수 있는 것은 이러한 평등주의 관계를 다른 실천들보다 더 중요한 것으로 설정하기 위해 명시적 설명이 필요할 수도 있는 코칭에서의 광범위한 계약의 본질이다.

예를 들어, 조플링Jopling(2007)의 연구에서 코칭 계약은 실천을 위한 틀을 제공하였다. 상담 계약과 비교하여, 코치는 코칭 과정 내에서 작업 방식과 코치이의 역할에 대한 기대를 명확하게 정의하였다. 코칭 계약은 공식적이며 특정 기간에 제약받으며 코치이의 기대에 초점을 맞추는 것으로 나타났다. 이에 비해 상담 계약은 융통성 있는 것으로 생각되고 상담 시간, 지불 조건 및 취소 조건과 같은 상세한 계획에 더 중점을 두었다(Griffiths & Campbell, 2008; Baker, 2015). 실제로 계약은 작업 방법을 명확히 하고 코칭이 코치이의 기대를 수용하도록 하는 수단으로써 코칭에서 중요하다고 여러 연구에서 강조되었다(Jopling, 2007; Griffiths & Campbell, 2008; Maxwell, 2009). 동시에 많은 사람이 계약이 중요하다고 생각하나 일부 프랙티셔너는 초기 계약이 코칭 세션에서 발생하는 문제를 수용할 수 없다고 제안한다. 따라서 계약은 코치와 코치이 모두에게 유익하도록 조절 가능한 잠정적 틀로 생각된다(Maxwell, 2009; Baker, 2015).

최근 연구에서 맥스웰Maxwell(2009)은 코칭이 전문적인 문제만을 다룬다는 가정이 근거가 없음을 발견하였다. 특히 발달 문제를 해결하기 위해 코칭이 필요한 경우 코칭과 상담을 구분하기가 점점 더 어려워진다(Bachkirova, 2007). 코치들은 직업적 문제와 개인적 문제가 명확하게 분리되는 것이 아니라 밀접하게 얽혀 있다고 보고한다. 코치는 코치이의 성과 목표뿐만 아니라, 그들의 감정과 과거를 포함하여 '완전히 혼란에 빠진 사람'(Maxwell, 2009)과 함께 일할 수 있도록 갖추어야 한다. 초보 코치와 심리학적 배경이 없는 사람들은 자신을 알고 자신의 능력과 한계를 이해하는 것이 중요하다(Bachkirova, 2016). 실제로 경험이나 지식이 부족한 사람들은 자신의 역량 내에서 일해야 한다는 것을 인식해야 한다(Baker, 2015).

위에서 설명한 바와 같이 코칭과 치료의 계약상 차이는 이미 이러한 실천을 구별하고 있다. 그러나 코치가 수행할 수 있는 다른 역할에 대한 초점은 코치이와 동등한 관계를 만들기 위해 계약은 상호 책임 그리고 협력에서 일어날 수 있는 잠재적 장애물에 관한 논의를 포함해야 함을 강조한다.

코치이에 대한 함의

잠재적으로 코치는 코칭 과정이 지니는 협력적 성격과 자신들의 책임에 대한 인식이 중요하다. 이는 계약 단계에서 수행될 수 있으며, 논의 내용, 작업 속도 및 방향 변경에 대한 다양한 결정이 함께 이루어져야 한다는 것을 코칭 과정 전반에 걸쳐 분명히 할 수 있다.

체계적 구조와 예상되는 기대는 코치이가 추구하는 도움에 영향을 미칠 수 있다. 많은 사람이 정신건강 문제를 가진 채로 계속 일할 가능성을 고려할 때 직원들은 감정 또는 심리적 고통을 드러내면 '약한' 것으로 보일 수 있다(Baker, 2015). 따라서 코치이는 실제로는 상담 지원이 필요한 스트레스를 경험할 때, 스트레스가 열심히 일하는 것과도 관련될 수 있으므로 스트레스에 대한 코칭을 찾을 수 있다. 많은 대규모 조직에서 정신건강 지원을 적극적으로 도입하고 있지만(BITC, 2015), 연구에 따르면 일부 조직에서는 직원의 상담 서비스를 공개적으로 지원하지 않음이 드러났다(Baker, 2015). 결과적으로, 더 깊은 심리적 문제를 나타내는 코치이는 심리치료적 배경이 있는 코치를 선택한 가능성이 있다. 실제로 대중은 코칭을 수용 가능한 치료 형태로 인식할 가능성이 있다고 할 수 있다(Williams, 2003).

고객이 선택한 지원 서비스와 그들이 공유하기로 선택한 내용은 실제로 경계에 지대한 영향을 미칠 수 있다. 고객은 경계의 공동 생성에서 적극적인 역할을 하는 것으로 보인다. 고객의 경계는 도움 관계의 맥락에서 고정되기보다는 유연해질 수 있다. 고객은 프랙티셔너가 제공하는 지원으로부터 비롯된 신뢰와 안정감의 발달에 따라 취약해 보일 위험이 있다. 도움 관계로 만들어진 지지 공간 안에서, 그들은 의식적 또는 무의식적으로 그들의 개인적 경계를 재협상할 수 있다. 실제로, 이론적인 경계보다는 프랙티셔너와 고객의 개인적 경계 사이의 역동적 상호작용이 실천의 매개변수를 생성한다고 주장할 수 있다. 따라서 코치가 경계 전환을 관리할 수 있는 적절한 기술과 자각을 갖추는 것이 긴요해 보인다.

코칭은 성과 지향적이기보다는 발달적일 수 있기에, 구체적이고 중요한 변화에 대한 코치이의 기대에 따라 코치는 변화 과정과 관련된 문제의 규모가 어느 정도인지 그리고 코치이가 기대하는 특정 결과 도달에 대한 예측이 어느 정도 불가능한지를 코치이에게 알릴 책임이 있다. 코치는 결과에 영향을 미칠 수 있는 코칭 과정의 성격 변화에 대한 의사결정 과정에 확실히 참여해야 한다. 이는 코칭 과정의 결과와 관련하여 코치와 코치이가 동등한 책임을 진다는 가정에 의해 결정된다.

코칭 교육자에 대한 함의

치료와 코칭의 경계를 명확히 하는 문제와 관련하여 가장 어려운 과제는 코칭 교육자에게 향하는 것으로 보인다. 그들은 최전방에서 초보 코치가 얻고자 애쓰는 확신을 제공할 것이라는 기대를 받기 때문이다. 프랙티스에서 코치들은 코치 훈련이 상담 훈련보다 덜 엄격할 수 있다고 주장하는 반면(Turner, 2010), 많은 이가 심리학적 지식과 정신건강 문제에 대한 인식이 훈련 프로그램의 핵심 측면이어야 한다고 주장해왔다(Cavanagh, 2005; Maxwell, 2009). 그러나 이는 우리가 이 장에서 논의한 이유로 그 가능한 정도가 제한적이다. 정신건강 문제와 관련된 사례를 구별하고 의사결정을 위해 모든 코치에게 더 많은 지침이 필요하고(Cavanagh & Buckley, 2014) 일반인에게도 유용할 수 있지만, 교육자에게 더 솔직한 방식은 그들의 훈련과 교육이 이런 점에서 초보자들에게 확신을 줄 수 없다는 것을 인정하는 것이다.

이 문제의 본질은 인식하지 못한 정신건강 문제가 있는 상태에서의 작업에 관한 가장 심각한 경고와 관련하여, 지침은 다소 일반적일 수밖에 없다는 것이다(Cavanagh, 2005). 설령 교육자가 정신건강 진단에 관한 문제를 무시하고 몇 가지 지침을 주고 싶어도, 실제로 그러한 정보를 전달할 수 있는 시간이 충분하지 않다. 정신건강 문제는 식별하기 어려울 수 있다.

예를 들어, 스트레스와 우울증의 증상 사이에는 많은 유사점이 있다. 코칭 교육자들은 정신건강 문제에 대한 전문가가 아니며, 정신장애에 대한 설명문을 아주 피상적으로 훑어볼 수 있을 뿐인데, 그러한 설명문은 정신장애 여부를 판단할 자격이 없는 사람들이 제한적으로 사용할 것이다.

그러나 이 장에서 논의한 바와 같이 치료와 코칭 사이의 구별되는 특징을 고려한다면, 코치는 특히 정신건강 문제에서 전문가로 자신을 내세울 필요가 없다. 그들은 자신의 역할과 역량에 대해 열린 자세를 가져야 하며, 필요할 때 코칭을 계속할지 아니면 다른 전문가의 도움을 받을지를 결정할 책임을 코치이와 공유해야 한다. 각각 특정한 경우에 다양한 작업 모드를 고려할 수 있다.

교육자들이 코치의 개인적, 전문적 발전에 초점을 맞춘다면 동시에 도움이 될 것이다. 코치는 코칭의 이론과 실천에 대해 최대한 많이 배워야 하지만, 공동의 의미형성 과정을 촉진할 수 있는 공동 탐험가 관점에서 코칭 참여에 접근해야 한다. 이러한 코칭 방식은 자신을 전문가로 내세우는 것에 비해 보기보다 쉽지 않다. 전문가의 역할은 포기하기 어려운 특정한 안전과 매력적 지위를 제공한다. 그러나 올바른 교육을 통해 코치는 자신이 한 사람으로서 누구인지, 자신이 제공할 수 있는 관심의 질과 힘의 측면에서 균형 잡힌 관계를 형성하는 자신의 기술에 의존하는 법을 배울 수 있다.

코칭 수퍼비전에 대한 함의

이 장에서 제시한 방식으로 치료와 코칭의 경계를 정의한다면 수퍼비전은 코칭 실천의 가장 중요한 요소 중 하나가 된다(Bachkirova, Jackson & Clutterbuck, 2011; Grant, 2012; DeFilippo, 2013; Hodge, 2016). 전문가 역할을 하지 않으며 코치이의 문제 이해에 수반된 맥락과 복잡성을 고려하여 각 업무에 접근하다 보면 경험 많은 수퍼바이저와 함께 이러한 복잡성을 탐구하고 성찰할 필요가 있음이 드러난다. 이는 코치가 규정된 그리고 관례화된 접근에 의존하지 않기에 필수적이다. 또 그들은 동등한 기준으로 참여하여 예상치 않은 결과를 초래할 수 있다. 코칭 과정에서 발생할 수 있는 문제는 코치의 역량을 불편한 수준으로 시험하는 것일 수 있다. 그들은 다른 실천 분야와의 가상의 경계와 관련하여 중요한 결정을 내리거나 다른 실천들 사이의 모호한 공간에서 창의력을 발휘하거나 작업해야 할 수 있다. 수퍼바이저는 이러한 복잡한 상황을 탐색하는 데 도움을 줄 수 있으며 코치에게 협력적 탐색자로 일하는 방식을 모델이 되어 보여 줄 수 있다.

논의 포인트

1. 코칭과 상담의 명확한 경계를 믿는 코치와 그렇지 않은 코치의 차이점은 무엇인가?
2. 통합적 실천의 더 넓은 확산을 가로막는 장애물은 무엇인가?
3. 코칭과 상담의 경계를 초월하는 발달적 코칭의 특징은 무엇인가?
4. 전문가로서의 코치에서 협업 과정으로서의 코칭으로 초점을 전환하는 데 방해가 될 수 있는 장애물은 무엇인가?

추천 읽기

Bachkirova, T., & Cox, E. (2004). A bridge over troubled water: Bringing together coaching and counselling. *International Journal of Coaching and Mentoring*, 2 (2), June, also in Counselling at Work (48), Spring 2005, 2-9

Baker, S. (2015). *Practitioners' perceptions of the boundaries between coaching and counselling.* Unpublished PhD Thesis. University of Bedfordshire.

Cavanagh, M., & Buckley, A. (2014). Coaching and mental health, in E. Cox, T. Bachkirova & D. Clutterbuck (Eds.), *The complete handbook of coaching* (2 Ed.), London: Sage, pp. 405-417.

Maxwell, A. (2009). How do business coaches experience the boundary between coaching and therapy/counselling? *Coaching: An International Journal of Theory, Research and Practice*, 2 (2), 149-162.

참고 문헌

Australian Bureau of Statistic (2008). National Health Survey: Summary of the results, 2007-2008 (Reissue). Retreived September 22, 2009, from http://www.abs.gov.au/ausstats/abs@.nsf/mf/4364.0.

Bachkirova, T. (2007). Role of coaching psychology in defining boundaries between counselling and coaching, chapter 18 in S. Palmer & A. Whybrow (Eds.), *Handbook of coaching psychology*, London: Routledge, pp. 325-350.

Bachkirova, T. (2011). *Developmental coaching: Working with the self*, Maidenhead: Open University Press.

Bachkirova, T. (2016). Developing a knowledge base of coaching: Questions to explore, in T. Bachkirova, G. Spence & D. Drake (Eds.), *The Sage handbook of coaching*, London: Sage.

Bachkirova, T., & Cox, E. (2004). A bridge over troubled water: Bringing together coaching and counselling, *International Journal of Coaching and Mentoring*, 2 (2), June, also in Counselling at Work (48), Spring 2005, 2-9.

Bachkirova, T., Jackson, P., & Clutterbuck, D. (Eds.). (2011). *Supervision in coaching and mentoring:*

Theory and practice, Maidenhead: Open University Press.

Bachkirova, T., & Kauffman, C. (2009). The blind men and the elephant: Using criteria of universality and uniqueness in evaluating our attempts to define coaching, *Coaching: An International Journal of Theory, Research and Practice*, 2 (2), 95–105.

Bachkirova, T., & Lawton Smith, C. (2015). From competencies to capabilities in the assessment and accreditation of coaches. *International Journal of Evidence Based Coaching and Mentoring*, 13 (2), 123–140.

Bachkirova, T., Sibley, J., & Myers, A. (2015). Developing and applying a new instrument for microanalysis of the coaching process: The coaching process Q-Set. *Human Resource Development Quarterly*, 26 (4), 431–462.

Baker, S. (2013). Listening to the practitioners about integration, in N. Popovic & D. Jinks (Eds.), *Personal consultancy*, Hove: Routledge, pp. 185–193.

Baker, S. (2015). *Practitioners' perceptions of the boundaries between coaching and counselling*. Unpublished PhD Thesis. University of Bedfordshire.

Bluckert, P. (2006). *Psychological dimensions to executive coaching*, Hove: Routledge.

Bransford, J. D., Brown, A. L., & Cocking, R. R. (2000). *How people learn: Brain, mind, experience and school*, Washington, DC: The National Academies Press.

Brewer, M. B. (1991). The social self: On being the same and different at the same time. *Personality and Social Psychology Bulletin*, 17, 475–482.

Business in the Community (BITC). (2015). *Mental health: We're ready to talk: One year on: 2014-2015*. London: Business in the Community. Retrieved August 8, 2015, from www.bitc.org.uk/sites/default/files/bitc_oneyearon_final.pdf

Cavanagh, M. (2005). Mental-health issues and challenging clients in executive coaching. In M. Cavanagh, A. M. Grant & T. Kemp (Eds.), *Evidence-based coaching, Vol. 1: Theory, research and practice from the behavioural science*. Australia: Australian Academic Press, pp. 21–36.

Cavanagh, M. (2009). Coaching as a method for joining up the dots: An interview by T. Bachkirova & C. Kauffman, *Coaching: An International Journal of Theory, Research and Practice*, 2 (2), 106–116.

Cavanagh, M., & Lane, D. (2012). Coaching Psychology Coming of Age: The challenges we face in the messy world of complexity? *International Coaching Psychology Review*, 7 (1), 75–90.

Cavanagh, M., & Buckley, A. (2014). Coaching and mental health, in E. Cox, T. Bachkirova & D. Clutterbuck (Eds.), *The complete handbook of coaching* (2 Ed.) London: Sage, pp. 405–417.

Choi, B. C. K., & Pak, A. W. P. (2006). Multidisciplinarity, interdisciplinarity and transdisciplinarity in health research, services, education and policy: 1: Definitions, objectives, and evidence of effectiveness. *Clinical & Investigative Medicine*, 29 (6), 351–364.

Crowe, T. (2017). Coaching and psychotherapy. In T. Bachkirova, G. Spence & D. Drake (Eds.), *The SAGE handbook of coaching* (pp. 85–101). London: Sage.

Daley, B. J. (1999). Novice to expert: An exploration of how professionals learn. *Adult Education Quarterly*, 49 (4), 133–147.

DeFilippo, D. (2013). *Executive coach supervision: The dynamics and effects*. Philadelphia: University of Pennsylvania.

Fillery-Travis, A., & Collins, R. (2017). Discipline, profession and industry: How our choices shape our future. In T. Bachkirova, G. Spence & D. Drake (Eds.), *The SAGE handbook of coaching*. London: Sage, pp. 729–744.

Garvey, B. (2011). *A very short, fairly interesting and reasonably cheap book about coaching and mentoring*. London: Sage.

Grant, A. M., & Zackon, R. (2004). Executive, workplace and life coaching: Findings from a large-scale survey of International Coach Federation members. *International Journal of Evidence-Based Coaching and Mentoring*, 2 (2), 1-16.

Grant, A. M. (2007). A languishing-flourishing model of goal striving and mental heath for coaching population. *International Coaching Psychology Reivew*, 2 (3), 250-264.

Grant, A. (2012). Australian Coaches' views on coaching supervsion: A study with implications for Australian Coach education, training and practice. *International Journal of Evidence Based Coaching and Mentoring*, 10 (2), 17-33.

Griffiths, K., & Campbell, M. A. (2008). Semantics or substance? Preliminary evidence in the debate between life coaching and counselling. *Coaching: An International Journal of Theory, Research and Practice*, 1 (2), 164-173.

Hart, V., Blattner, J., & Leipsic, S. (2001). Coaching versus therapy: A perspective. *Consulting Psychology Journal: Practice and Research*, 53 (4), 229-237.

Hodge, A. (2016). The value of coaching supervision as a development process: Contribution to continued professional and personal wellbeing for executive coaches. *International Journal of Evidence Based Coaching and Mentoring*, 14 (2), 87-106.

Jinks, D. (2010). *An exploration into the thoughts and perceptions of four coaches around the concept of personal consultancy*. Unpublished MSc Dissertation, Hull, UK: University of Hull.

Jopling, A. (2007). *The fuzzy space: Exploring the experience of the space between psychotherapy and executive coaching*. Unpublished MSc Dissertation, New School of Psychotherapy and Counselling, London, UK.

Kruger, J., & Dunning, D. (1999). Unskilled and unaware of it: How difficulties in recognizing one's own incompetence lead to inflated self-assessments. *Journal of Personality and Social Psychology*, 77 (6), 1121-1134.

Lane, D. A., Stelter, R., & Stout-Rostron, S. (2014). The future of coaching as a profession, in E. Cox, T. Bachkirova & D. Clutterbuck (Eds.), *The complete handbook of coaching*, London: Sage, pp. 377-390.

Layard, R., Clark, D., Bell, S., Knapp, M., Meacher, B., Priebe, S., Turnberg, L., Thornicroft, G., & Wright, B. (2006). The depression report: A new deal for depression and anxiety disorders, in *The centre for economic performance's mental health policy group*. London: LSE.

Maxwell, A. (2009). How do business coaches experience the boundary between coaching and therapy/ counselling? *Coaching: An International Journal of Theory, Research and Practice*, 2 (2), 149-162.

Mumby, C. (2011). Working at the boundary. *Counselling Children & Young People*, December, 14-19.

Myers, D. (2002). *Intuition*. New Haven: Yale University Press.

Popovic, N., & Boniwell, I. (2007). Personal consultancy: An integrative approach to one-to-one talking practices. *International Journal of Evidence Based Coaching and Mentoring*, Special Issue 1, 24-29.

Popovic, N., & Jinks, D. (2013). *Personal consultancy*. Hove: Routledge.

Price, J. (2009). The coaching/therapy boundary in organisational coaching. *Coaching: An International Journal of Theory, Research and Practice*, 2 (2), 135-148.

Rogers, J. (2011). Taking the plunge. *Coaching at Work*, 6 (4), 42-44.

SCMH (2007). Policy Paper 8: Mental Health at Work: Developing the Business Case. London: The Sainsbury Centre for Mental Health.

Simons, C. (2006). Should there be a counselling element within coaching? *The Coaching Psychologist*, 2 (2), September, 22-25.

Spence, G. B. (2012). Coaching and cross disciplinary collaboration: More complexity and chaos? *International Coaching Psychology Review*, 7 (1), 122-126.

Spinelli, E. (2008). Coaching and therapy: Similarities and divergences. *International Coaching Psychology Review*, 3 (3), 241-249.

Stacey, R. D. (2003). *Strategic management and organisational dynamics: The challenge of complexity*. Harlow: Prentice-Hall.

Stacey, R. D. (2012). Comment on debate article: Coaching psychology coming of age: The challenges we face in the messy world of complexity. *International Coaching Psychology Review*, 7 (1), 91–95.

Summerfield, J. (2002). Walking the thin line: Coaching or counselling. *Training Journal*, November, 36–39.

Turner, E. (2010). Coaches' views on the relevance of unconscious dynamics to executive coaching. *Coaching: An International Journal of Theory, Research and Practice*, 3 (1), 12–29.

Wenger, E. (2010). Communities of practice and social learning systems: The career of a concept. *Social Learning Systems and Communities of Practice*, 3, 179–198.

Western, S. (2012). *Coaching and mentoring: A critical text*. London: Sage.

Williams, J. (2005). *Understanding poststructuralism*. Chesham: Acumen.

Williams, P. (2003). The potential perils of personal issues in coaching: The continuing debate: Therapy of coaching? What every coach should know. *International Journal of Coaching in Organizations*, 2 (2), 21–30.

# 37장
코칭과 다양성

저자: 헬렌 바론 Helen Baron[1], 한나 아지졸라 Hannah Azizollah[2]
역자: 김현화

서론

다양성은 코칭의 필수 구성요소이다. 좋은 코치가 되기 위해 다양성의 '다' 자가 언급되지 않아도 다양한 관점에서 일할 필요가 있다. 두 사람이라도 어떤 면에서는 서로 다를 수밖에 없다; 이는 그들이 세상을 인식하고 세상에 반응하는 방식, 그들이 그것을 어떻게 느끼는지에 영향을 준다. 다양성은 이러한 다름, 이 다름이 개인의 존재 방식과 그들의 상호작용에 어떻게 영향을 미치는지 고려하는 것이다. 칸돌라 Kandola와 풀러턴 Fullerton(1998)에 의하면, 다양성은 조직 내에서 각 개인의 잠재력을 최대로 끌어내는 데 초점을 맞춘다. 칸돌라 Kandola(2009)는 이것을 모든 사람이 인정받고 가치 있다고 느끼는 포용을 향하는 과정으로 설명한다.

우리는 이 장에서 편견, 공평한 기회, 다양성에 대한 기본적 개념을 다루고, 이것이 어떻게 코칭에 적용될 수 있을지 생각해볼 것이다. 그리고 코치로서 이러한 다양성과 함께 일하는 데 필요한 능력에 대한 논의를 이어갈 것이다. 또 다양성 요소를 보여주는 많은 사례를 제시할 것이다.

---

[1] **헬렌 바론** Helen Baron은 공인된 심리학자이다. 그녀는 동등한 기회 정책을 수립하고 직원 평가와 선발의 공정성을 촉진하는 데 있어 조직에 교육과 자문을 제공한 30년 이상의 경험을 가지고 있다. 또한 그녀는 평가 도구를 설계하고 개발한다. Email: helen@hbaron.co.uk
[2] **한나 아지졸라** Hannah Azizollah는 공인된 직업 심리학자이며 수년간 평가, 개발, OD 및 변화 분야에서 일해 왔다. 그녀의 현재 업무의 대부분은 광범위한 변화나 전환을 통해 개인과 팀을 코칭하는 것이다.

다양성에 관한 장이 이 핸드북에 포함되도록 해 단순히 정치적 올바름의 필요성을 충족시키는 것보다, 우리는 이 장을 통해 다양성 문제에 접근하는 방법을 고려하도록 여러분을 초대할 것이다. 우리는 여러분이 검토하고 반영해볼 수 있도록 다양성 이슈가 코칭에서 어떻게 발생하는지를 묘사한 예시를 포함하였다. 이 예시들은 이론적 논의를 넘어 실제적 함의를 설명하는 데 도움이 될 것이며, 코칭 실천에서 다양성과 관련된 여러분만의 생각을 발전시키는 기회를 제공할 것이다.

편견, 차별, 그리고 고정관념

성차별적 또는 인종차별적 태도들을 이제는 지나간 것이라고 가정하는 것은 순진한 생각이다. 편견은 비난이나 따돌림과 같이 눈에 보이는 모욕적 행동으로 여전히 남아있고 타인에 대한 사람들의 태도나 기대에 내재하며 좀 더 미묘한 형태로 여전히 존재하고 있음을 연구는 보여준다. 이를 나타내는 표식은 타인에 대해 어떤 인식을 가지느냐에 따라서 똑같은 행동이라도 다른 해석을 하는 것인데(그녀는 보복했다, 그는 반응했다), 이른바, 사무실 '농담'이 실제로는 상당히 공격적이거나 '타자'라고 여겨지는 사람들에 대한 사회적 통합의 결핍일 수 있다(예: Sheridan & O'Sullivan, 2003). 찬Chan(2017)은 브리핑받으며 여성 변호사들이 겪는 차별에 관해 설명한다. 조직 내에서 여성들은 남성들이 간과하는 미묘하거나 그렇게 미묘하지 않은 성차별을 자주 인식할 것이다(Wahl & Holgersson, 2003).

선의가 있는 백인 여성 관리자는 흑인 남성 직원과 좋은 관계 형성에 실패할 수 있고 그의 성과 문제를 해결하지 못할 수 있는데, 이는 혹여 그의 앞에서 실수로 불쾌감을 주는 말을 하지 않을까를 걱정하기 때문이다. 흑인 남성 직원은 이에 대해 백인 여성 관리자가 자신의 개인적, 그리고 전문가로서의 성장을 위한 지원을 하지 않는다고 느낄 수 있고, 그가 이를 인종차별이라고 느끼는 것에 대해 코치는 불만이나 과도하게 민감한 반응으로 오해할 수 있다. 코치는 반드시 관리자의 방어적인 접근을 피하는 것뿐만 아니라, 흑인 직원에게 지금 무슨 일이 일어나고 있는지에 대한 통찰을 얻고, 이 상황에 효과적으로 대처할 수 있는 전략을 개발하여 다른 사람들과의 관계 또는 경력상의 목표에 어떤 것도 부정적인 영향을 끼치지 않도록 해야 한다. 어떤 성전환자는 직장에서의 커밍아웃에 대해 고민하고 있을 수 있다. 이때 코치는 이 문제를 논의하고 딜레마를 해결하는 데 도움을 줄 수 있을 만큼 성전환, 그리고 아마도 그 자신의 성적 정체성에 대해 충분히 편안할 수 있어야 한다.

눈에 띄는 편견 있는 태도나 차별 행동들은 어쩌면 몇 사람에게만 해당한다고 생각할 수 있지만, 그들의 이런 행동은 흔히 어떤 행동이 적절한지에 대한 사람들의 공통된 합의를 반영하고 있다. 만약 편견과 차별적 행동들이 매우 빈번하게 일어나며, 다수에 의해 용인되고 공개적으로 비판받지 않거나 심지어 힘 있는 몇몇 사람들에 의해 고무된다면, 이 상황은 단순히 한 개인의 편견이 아니라 조직 전체의 차별이라 볼 수 있다. 조직이나 조직 내의 많은 개인이 반드시 조직 차원의 차별이 일어나기를 원하거나 그런 의도가 있을 필요는 없다. 그들은 어쩌면 그들의 행동으로 다른 사람들이 고통받는다는 것을 알지 못할 수 있다. 조직은 그들이 행하는 '평범한' 업무들이 어떤 사람들에게는 불이익을 끼칠 수 있다는 것을 흔히 인식하지 못한다. 예를 들어, 업무 후 가볍게 가진 술자리에서 나눈 비공식적 논의에 참여했던 사람들에게만 중요한 프로젝트를 할당했다면, 여기에 참여하지 않았던 사람들은 불이익을 받은 것이다. 이는 아이를 돌보러 집에 가야 했던 여성들, 또는 사회적 또는 종교적 이유로 술자리에 참여하지 않았던 사람들을 포함한다. 훌륭한 코치는 이러한 종류의 차별을 받는 사람이나 이를 자행하는 사람과 함께 일할 때 이러한 종류의 규범과 절차의 위험성을 인식할 필요가 있다.

> 제니퍼의 유대인 코치는 제니퍼가 일하는 조직이 상당히 반유대인 조직이라는 것을 알았지만, 그것이 코칭과는 관련이 없다고 생각하여 이에 대해 논의하지 않았다. 몇 달 후, 제니퍼는 코치에게 자신이 유대인이며 조직에서 이를 항상 숨겨왔다고 말하였다. 이제 그녀는 상사에게는 비밀을 유지하지만, 자신의 팀원들에게 자신이 유대인임을 '밝히고자' 한다.

- 이 시나리오에서 코치가 유대인이라는 것은 어떤 관련성이 있는가?
- 제니퍼의 목표를 촉진하기 위해 당신은 무엇을 할 것인가?

공평한 기회

공평한 기회는 다양성의 한 측면이다. 이는 특정 집단의 구성원들이 마주하는 장벽과 불평등 극복에 초점을 두며, 특별히 공정하지 못한 차별이나 인종차별주의 또는 성차별주의와 같은 부정적 태도의 결과가 미치는 영향을 다룬다. 성별과 인종은 공평한 기회를 떠올릴 때 가장 핵심적인 주제이지만, 코치는 이외에도 불평등이 일어날 수 있는 잠재적 영역이 있음을 인식해야 한다. 영국의 기회균등 조치UK equal opportunity legislation는 성별과 인종뿐 아니라 신체적 장애, 성적 취향, 종교, 나이에 대한 차별을 없애고 다루고 있다. 이는 코치가 어느 정도 이해하고 있어야 하는 영역들이다. 조직 내에서 개인 사이의 그리고 집단 사이의 또 다른 차이들(예를 들어, 사회적 지위, 교육 배경, 지역주의)은 다른 사람과 함께 일하고, 견고한 관계를 형성하는 개인의 능력을 저하하는 장벽이 될 수 있고, 이는 기회의 불평등한 결과로 이어진다.

공평한 기회 모델은 공정을 다른 집단의 구성원들에 대한 장벽이 존재하지 않음을 나타내는 것이라고 본다. 이것은 법률에 포함된 접근 방식이다. 코칭 서비스와 관련하여 공평한 기회란, 코치가 다른 집단의 사람들도 자신의 서비스를 받을 수 있음을 보장하는 것이고, 그 서비스가 그들에게도 공평하게 효과적이어야 한다는 것이다. 젊은 여성과의 작업에서 불편을 느끼는 남성 코치는 그녀와 좋은 코칭 관계를 형성하기 어려운데, 특별히 이 남성 코치가 젊은 여성에 대한 직장 남성 동료들의 조크나 이중 메시지를 흔히 있는 '가벼운 농담'이라고 본다면 더욱 그렇다. 그는 이러한 성차별적 발언의 끊임없는 흐름을 어떻게 그녀가 느끼는지, 또는 그녀가 효과적으로 남성팀의 일원이 되는 데 진정한 장벽이 무엇인지에 대한 통찰을 거의 얻지 못할 것이다. 그는 그녀가 성차별적인 환경에서 여성으로 존재하며 겪는 어려움과 그 경험을 타당한 것으로 여기기보다는 그녀 자신이 문제의 근원이라는 느낌으로 남겨둘지도 모른다.

> 코린Corrine은 5년의 공백 이후 업무에 복귀하기를 원한다. 이전에 그녀는 매우 성공한 IT 컨설턴트였으며, 수많은 고객을 위해 일했었다. 그녀는 구직의 어려움으로 코치를 찾아왔다. 그녀는 청각에 문제가 있었고, 이것은 말하는 데에도 영향을 주었다. 그렇지만 과거에 일할 땐 이것이 전혀 문제가 되지 않았다. 그녀는 이것이 현재 그녀가 겪는 어려움의 원인이 될 수 없다고 느끼고 있다.
>
> - 코치는 이를 어떻게 접근할 것인가?
> - 현재의 어려움은 코린의 성별, 신체적 장애, 공백 기간, 또는 그녀가 그녀 자신을 마케팅하는 방식과 관련이 되는가?

다양성

공평한 기회의 접근과는 반대로, 다양성은 모든 사람을 포함하는 것과 개인의 특성에 큰 초점을 둔다(Kandola & Fullerton, 1998). 여성이 주로 직면하게 되는 양육 문제를 언급하는 대신, 다양성은 모든 개인의 필요를 채워줄 수 있는 것이 무엇인가를 찾는다. 따라서 유연 근무제도는 어린 자녀를 가진 여성들에게 도움이 될 수 있지만, 아이를 양육해야 하는 남성들, 또는 노부모를 돌보아야 하는 누군가 역시 비슷하게 필요성을 느끼고 도움을 얻게 될 것이다. 유연 근무제도는 종교 예식에 참여하기를 원하거나 소설을 쓰고 싶어 하는 사람들에게도 도움이 될 것이다. 다양성은 또한 다양한 배경을 가진 사람들이 어떻게 함께 일할 수 있는지에 관심이 있다. 어떻게 이질적인 집단의 역동이 비슷한 배경을 가지거나 세상에 대한 가정을 공유하는 사람들로 이루어진 집단과 다를 것인가? 다양성은 모든 사람의 기여를 가치 있게 여기며, 개인과 집단, 또는 조직 전체의 이익을 위해 그들의 참여를 최대화하기 위해서 모든 사람에게 많은 기회를 제공하려고 시도한다.

오늘날 사회가 점점 더 이질화되면서 개인과 조직은 다양성의 영향을 무시할 수 없게 되었다. 회사는 소비자를, 대학은 학생을, 공공조직은 고객을 기반으로 하게 되었다. 다양성을 잘 다루고자 하지 않는 조직은 그 결과로 큰 손실을 볼 가능성이 크다. 반대로 잘 다루고자 하는 조직은 많은 이익을 얻을 것이다. 조직의 수행에 관한 연구에서 다양한 노동력은 창의성과 개혁을 증진하지만, 동시에 갈등, 배척과 같은 부정적 결과들을 막기 위한 더욱 개선된 경영을 요구하기도 한다(Simons, Pelled & Smith, 1999; Ely & Thomas, 2001).

코칭과 다양성

때때로 조직은 다양성 이슈를 다루기 위해 코칭 프로그램을 시작할 때가 있다. 이때 프로그램의 목적은 여성의 리더십 장려와 같이 분명할 때도 있지만, 대개는 암시적이다. 프로그램의 시작 이유는 어쩌면 다양성과는 전혀 관련이 없을 수도 있지만(예: 관리자들 사이의 의사소통 증진 프로그램), 실제 그 이면에는 역시 다양성에 대한 문제가 있을 수 있다. 즉 서로 다른 집단에서 온 사람들이 함께 일을 잘하지 못하는 경우이다.

다름이 있는 사람이 '문제'로 인식되고 코칭이 필요하다고 여겨지는 것은 그다지 낯설지 않다. 실제로 문제가 되는 것은 그 사람에 대한 다른 사람들의 반응으로 인한 것이다. 기존의 방식에 만족하는 팀에 다른 누군가가 새롭게 그 팀에 영입되었을 때, 균형상태는 깨어지게 될 것이다. 이때 팀은 자신들의 부족한 유연성이나 자신들과 다른 사람과 일하기를 꺼리는 것을 검토하기보다는 새로 온 사람을 비난한다. 문제의 근본 위치를 규명하는 것은 언제나 코칭에서 중요하며, 처음 생각보다 훨씬 더 다양성의 요소가 나타남을 깨닫는 것은 매우 중대하다.

코치는 고객의 문제에 이바지하는 상황적 요소뿐 아니라 행동, 태도, 접근에 대한 변화의 잠재성에 민감해야 한다. 편견이 있는 환경에서 지내기가 얼마나 어려운 일인지에 대한 인정은 매우 중요하다. 코칭은 코치이가 자신의 정체성을 찾도록 돕고 그들에게 적합한 해결책을 찾는 것이지, 주류의 관습과 의례적으로 해오던 방식에 그들을 적응시키는 것이 아니다.

흑인 여성 관리자가 가장 높은 임원으로 승진하는 것을 가로막는 유리천장이 있는 기업을 생각해보자. 이 기업은 흑인 여성들에게 잠재력을 최대한 끌어올릴 수 있도록 돕는 것이라며 코칭 프로그램에 참여하기를 제안할 수 있다. 이는 한편으로 그녀들이 관리자로서 성공하는 데 필요한 기술을 발달시키도록 도움으로써 승진하도록 하는 배려라고 볼 수 있다. 하지만 또 한편으로는 그 이면에 흑인 여성들이 성공하기 위해 현재 충분히 기능하고 있지 못하고 있다는, 즉 그녀들이 문제라는 가정이 있으며, 그녀들을 변화시키는 것이 문제의 해결이라 생각할 수 있다. 그러나 그녀들의 능력과 헌신을 소중히 여기고 그녀들이 마주한 장벽을 제거하고 변화되어야 하는 것은 조직이다. 어쩌면 그녀들은 자신의 능력을 입증하고 기술을 개발시킬 수 있는 도전적인 프로젝트를 그동안 할당받지 못했던 것일 수 있다.

코치는 그와 같은 코칭 프로그램을 맡으며 불공정한 차별적 조직과 은밀히 결탁해서 발생하는 결과에 주의해야 한다. 물론 코칭 프로그램이 특정 집단을 대상으로 하는 것이 도움이 될 수 있다. 그렇지만 공식적 코칭 프로그램은 다른 집단의 구성원들이 더 잘 수행할 수 있도록 돕는 비공식적인 지지 네트워크(예: 선배 네트워크)로 대체될 될 수 있다. 이러한 맥락에서 클러터벅Clutterbuck(2003)은 멘토 프로그램을 사용하였고, 스피어Spear(2001)는 경영 코칭에 대해 논하였다. 이 둘은 모두 다름의 이슈에 대한 이해와 작업의 필요성 그리고 조직 내에서의 은밀한 편견에 대한 인식뿐만 아니라 구조화가 잘되고 잘 갖추어진 프로그램을 강조하였다.

다양한 맥락 안에서의 코칭 능력

코칭은 다양한 지식과 기술을 요구하며, 사실 앞의 장들은 코칭 상황과 관련된 지식과 기술의 중요성을 강조하였다. 여기서는 특별히 코치와 다른 배경을 가진 이질적인 코치이와 작업할 때 필요한 능력들에 초점을 맞출 것이다. 이 영역에서 대부분 연구는 상담 관점에서 진행되었지만, 코칭 관계에서 코치이들을 이해하고 그들과 효율적으로 작업하는 것이 중요하기 때문에 여기서 강조되는 능력들은 동등하게, 또는 어쩌면 더 많이 코칭 관계와 관련이 있을 것이다. 상담은 대체로 좀 더 행동-중심적인 코칭 과정에서는 생략될 수 있는 개인에게 드러난 이슈를 깊이 다룬다.

피더슨Pederson과 레비Levy(1993)는 다문화적 맥락에서 작업하기 위해 첨가된 기술을 보여주는 사례를 제시하며, 엔스Enns(2000)는 상담 관계 안에서 젠더 이슈를 다루는 기술과 관련된 묘사를 하였다. 슈Sue & Sue(1990)의 연구는 특별히 영향력 있다. 그들은 교차-문화 상담을 위한 다양한 능력들을 논하는데, 특히 자기-알아차림self-awareness, 지식knowledge, 기술skill이라는 세 가지 주요 영역을 제시한다. 우리는 이러한 세 가지 영역에 대해 각각 논의할 것이다.

자기-알아차림

자기-알아차림self-awareness은 변화를 목표로 하는 모든 관계에서 중요하다. 이러한 맥락에서 이는 코치로서 자신의 문화적 가정, 편견, 고정관념에 대해 인식하는 것에 관한 것이다. 모든 문화는 다른 문화와 구별 짓는 가정들을 만들고 공통의 가치와 태도들을 취한다. 주류 문화의 구성원이 되면 자신의 문화적 가정과 태도가 실제보다 더 보편적이라고 가정하기 쉽다. 예를 들어 코치는 대개 자율적 개체로서의 자기self라는 서구의 가치를 지지한다. 코치는 개인이 조직 맥락 안에서 독립적 주체로서 기능하는 방법을 향상하도록 작업할 것이다. 하지만 개인의 자율성에 대한 이러한 편견은 모든 문화에서 공유되지 않는다. 개인의 정체성이 집단의 구성원(예: 가족, 직장)에 따라 강하게 정의되는 집단주의 문화에서 성장한 개인에게 코치의 자기 중심적 접근에 대한 강조는 받아들이기 어려울 가능성이 크다.

'인종차별에 대한 무시', '성차별에 대한 무시', 또는 '장애에 대한 무시'는 선택사항이 아니다. 첫째, 적절한 코칭 관계를 맺으며 고객client의 이러한 기초적 사실을 모른다는 것은 사실 불가능하다. 둘째, 고객의 핵심적 사실을 무시함으로써 코치는 그의 정체성의 핵심을 부인하게 된다. 셋째, 고객의 이러한 또는 다른 측면들을 무시함으로써 관계에 영향을 주고, 코치는 확신 있게 고객의 관점에서 세상을 이해할 수 없게 된다. 이는 변화를 추구하는 사람과 작업하는 데 가장 필요한 단계이다. 코치가 자신의 문화적 가정이 어떠한지를 인식하지 못할 때,

다른 가정을 가진 코치이는 코칭 과정에서 코치와 진실한 관계를 맺는데 필요한 신뢰를 발전시키지 못할 것이다. 부르크하르트Burkhard와 녹스Knox(2004), 구슈Gushue(2004)는 '인종차별에 대한 무시'의 관점을 지닌 사람들은 코치이의 이슈를 평가하고 공감하는 데 덜 효과적이라고 제안한다. 패스모어Passmore와 로Law(2009)는 코치가 문화 사이의 경계를 중재할 수 있는 능력이 있어야 한다고 주장한다.

코칭 관계가 더 효율적으로 되기 위해서, 코치는 반드시 계속하여 그 자신의 문화적 가정과 편향을 성찰하고, 그것이 어떻게 그의 관점 그리고 코치이와 작업하는 방식을 왜곡할 수 있는지 살펴야 한다.

> 한 남성 코치는 고객client과 매우 친밀한 코칭 관계를 형성하였고, 그를 매우 좋아했으며, 그의 통찰과 민감함에 깊은 인상을 받았다. 이 고객은 후에 자신이 동성애자임을 드러냈고, 이것이 코칭 작업에 어떤 영향을 미치는지 탐색하기를 원했다. 코치는 예상하지 못한 이야기에 매우 놀랐고 불편함을 느꼈다. 그는 자신이 가지고 있었던 편견들을 인식하지 못하고 있었고, 고객과 계속하여 효과적으로 작업할 수 있다고 느끼기 위해서는 수퍼바이저와 이 이슈를 논의할 필요가 있었다.

- 코칭 과정에서 코치는 어떻게 고객의 동성애에 대한 자신의 반응을 건설적으로 사용할 수 있을까?
- 이것이 고객, 그리고 코치에게 어떤 영향을 끼치게 될까?

지식

누군가 다른 사람과 성공적으로 함께 작업하기 위해 다른 사람의 세상 경험에 대한 통찰, 어떻게 그 사람의 문화적 '규범'을 위반하지 않게 행동할지 확실히 아는 것이 중요하다. 이것은 다른 문화 또는 종교 집단을 이해하고, 어떻게 반대 성별의 사람이 세계를 경험하는지, 또는 신체적 장애가 있는 사람이 무엇을 필요로 하는지 이해하는 것을 의미하는 것일 수도 있다. 예를 들어, 음주를 금하는 종교적 믿음을 가진 이슬람교도가 왜 일이 끝난 후 다른 팀원들과 함께 술자리에 참여할 수 없는지를 이해하는 것이 중요할 것이다.

신뢰와 공감의 발달은 적절한 행동 방식, 의사소통, 그리고 상호작용의 적용에 달려 있지만, 고객은 자신의 배경에 대한 기본적인 지식조차 없는 코치를 신뢰하기 어려울 것이다. 자신의 종교적 또는 문화적 배경과는 명백히 다름을 표현하는 코치의 행동을 보면서 당신은 얼마나 그 코치를 신뢰할 수 있겠는지 생각해보라.

물론 다른 문화와 집단에 대한 지식이 중요하지만, 코치는 고정관념의 위험성 또한 인식해야 한다. 어떤 태도나 행동이 특정 집단의 전형적인 모습이라 할지라도, 당신이 코칭하고 있는 집단의 개인 역시 그러함을 의미하지 않는다. 여성이 덜 경쟁적이고 더 관계적이며, 나이 많은 사람이 경력상의 성공을 덜 추구할 것이라거나 경제적으로 열악한 배경을 가진 사람이 자신감이 없을 것이라고 가정하는 것은 옳지 않다.

긍정적 코칭 관계의 출발을 위해 기본적 지식 습득의 필요를 넘어 코치는 그들에 대한 자기 생각과 고객과의 코칭 관계에 대해 계속 도전해야만 한다. 이러한 탐색을 할 때 중요한 그리고 거의 끝없는 목록들은 다음과 같다.

- 상대방이 모욕적이라고 느낄 수 있는 특정 행동 또는 언어를 사용하는가?
- 다른 문화 집단에서 온 사람의 보디랭귀지를 올바르게 해석하는가?
- 청력에 어려움이 있는 사람과 의사소통의 어려움 때문에 당신의 반응이 너무 단순화되고 있지 않은가?
- 남성과 여성의 경쟁력에 대한 가치를 다르게 평가하는가?

문화적 차이에 대한 통찰 향상에 좋은 방법은 연구뿐만 아니라, 다른 집단의 사람들과 만나고 그들의 경험에 관해 이야기하는 것이다. 또 다른 배경을 가진 사람들에 대한 전기, 문학 소설, 영화, 그리고 TV는 여러분의 지식과 관점을 넓혀줄 좋은 원천이다.[1] 아는 지식과 실제 사이에 있을 수 있는 격차가 어디에 있으며, 이에 대처하는 방법을 아는 것은 여러분의 저장고에 특정 정보를 추가하는 것만큼 중요하다. 코치는 논의하는 과정에서 상호 이해가 잘 되었는지, 코치나 고객이 상대방에게 말하고자 하는 바를 오해하는지에 대한 여부를 계속하여 확인해야 한다.

차이의 측면에 대한 몇 학술 보고가 있다. 예를 들어, 호프스테더Hofstede(1991) 그리고 트롬페나스Trompenaars와 햄프턴 터너Hampden-Turner(1997)는 문화적 차이에 대한 접근 가능한 소개를 제공한다. 그들은 관계에서의 위계(힘의 거리) 또는 시간에 대한 태도 등과 같은 차이의 차원을 논한다. 로크Locke(1992)는 다문화 상담 맥락에서 문화 집단을 검토하는 데 사용하는 모델

---

[1] 몇 가지 읽기에 대한 제안을 장의 끝에 제공하였다.

을 개발했다. 개별 문화의 세부 사항에 대한 이해뿐만 아니라, 문화들이 다를 수 있다는 차원에 대한 이해는 통찰력을 준다. 이는 코칭 내용이나 관계가 관점에서의 문화적 차이와 관련된 문제일 경우 코치가 구별할 수 있도록 도움을 준다.

이러한 모든 연구와 함께, 특정 집단 내에서조차 그 모든 사람의 경험과 태도가 다를 것임을 기억하는 것이 중요하다. 영국에서 자랐지만 다른 문화 배경을 가진 사람들은 일련의 문화적 가정들 또는 그들 나름의 두 문화 통합을 택하거나, '영국인 자기British self'와 '본국의 자기home self' 사이에서 갈등을 경험할 수 있다(아래의 문화적 정체성에 대한 논의 참조). 장애는 개인 정체성의 중심일 수도, 그렇지 않을 수도 있다.

코치는 고객이 속한 그룹에 대한 지식뿐 아니라, (미묘하든 현저하든, 개인적이든 조직적이든) 편견이 개인과 그 개인이 효율적으로 기능하는 능력에 어떻게 영향을 미치는지 이해해야 한다. 개인들의 의도된 인종차별적 및 성차별적 행동 그리고 사회 및 제도의 요소에 의한 좀 더 은밀한 결과 모두에 해당하는 차별의 빈도 또는 그 영향을 경시하지 않는 것이 중요하다. 대개 주류 사회로부터 소외되었다는 느낌이 가장 큰 영향을 미친다. 따가운 시선, 배제, 또는 자신에 대한 근본적 사실 은폐는 자신에 대해 느끼고 세상을 보는 방식에 대해 대가를 치르게 한다. 권력은 전형적으로 주류 집단을 대변하며, 여기에 속하지 않는 사람들은 그들이 이해하지 못하거나 그들을 배제하는 조직의 구조 또는 행동들을 마주할 때 무능함과 무기력함을 느낀다. 이러한 과정은 개인의 자존감, 자신감, 그리고 일상생활에서의 스트레스와 긴장에 대한 회복탄력성을 해칠 수 있다.

이러한 종류의 통찰이 있어야, 코치는 적대적 환경을 다루기 위한 효과적인 전략을 구하는 사람과 부적절한 행동으로 다른 사람들에게 적대적 반응을 일으키는 사람을 구별할 수 있을 것이다. 다양성 영역에서 경험이 많은 코치로부터 수퍼비전을 받거나, 또는 이 영역에서 일하는 다른 코치들과 교류하는 것은 이러한 과정을 인식하는 데 도움이 될 것이다.

코치는 어떻게 문화적 정체성이 발달하는지, 그리고 한 개인이 다른 사람들로부터 어떻게 다름을 발달시키는지에 대한 통찰이 있어야 한다. 어떤 이들은 다름을 하나의 주장(예: 흑인은 아름답다, 자랑스러운 게이)으로서 자랑스러워하고, 그들의 문화적 정체성을 자신 있게 받아들이고 있을 수 있다. 또 다른 이들은 그것을 수치심의 원천이나 더 큰 노력을 통해 감추거나 보상받아야 할 어떤 것으로 경험할 수도 있다. 많은 이론가는 이러한 요인들이 어떻게 개인의 정체성에 영향을 미치는지에 대한 모델을 제안했고, 어떤 이론가들은 사람들이 자신의 집단을 이상화하여 다수처럼 되기를 열망하는 것에서부터 자신의 집단과 지배적인 문화 모두에 대한 통합적인 접근에 이르기까지 많은 단계를 거칠 수 있다고 제안했다. 폰테로토Ponterotto, 푸에르테스Fuertes와 첸Chen(2000)은 이러한 일부 모델과 이들의 상담 과정에 대한 영향에 대해 논의했다. 어떤 개인들에게는 정체성 갈등을 다루는 것이 성공적 코칭 결과 달성에 중요하다.

마지막으로, 그 누구도 다른 사람의 관점에서 사물을 이해하거나 알 수 없다는 것이다. 코치는 자신들의 고객이 느끼는 기분을 안다고 가정하지 않는다. 코치가 바랄 수 있는 모든 것은 통찰력뿐이다. 앞서 설명했듯, 많든 적든 적절할 수 있는 통찰은 코치가 가진 지식에 달려 있다. 건실한 지식 기반은 코치가 더 빈번하고 더 정확한 통찰력 획득에 도움이 될 수 있다.

> 앤드류Andrew는 자격증이 거의 없이 학교를 그만두고, 틈새시장을 노려 작지만, 성공적인 소프트웨어 회사를 운영하기 시작했다. 회사는 60명의 직원을 고용할 수 있을 만큼 성장했고, 1년 사이 앤드류는 그와 회사의 성장을 도울 경영진을 영입했다. 세일즈, 마케팅, 경영, 회계, 그리고 인사에 적격한 사람들을 선택했다. 그는 현재 경영진을 잘 관리하기 위한 코칭을 받고 있다. 그는 무언가 막혔다는 느낌이다. 그는 경영진들의 자질과 교육 배경을 가치 있게 생각하지만, 그들을 신뢰할 수 없고, 그들이 자신과 매우 다르기에 그들에게 위협을 느낀다.

- 앤드류는 어떻게 신뢰하지 않는 사람들에게 권력을 양도할 수 있을 것인가. 그들이 실행할 수 있는 권위를 부여하지 않으면 어떻게 그들의 기술에서 이익을 얻을 것인가?
- 앤드류는 어떻게 협박의 느낌에 대한 통찰을 얻을 수 있을 것인가?
- 앤드류를 돕기 위해 당신은 어떤 전략을 고안할 것인가?

기술

다양한 환경에서 효율적인 코치에게는 서로 다른 사람들에게 차별성 있게 적용되는 광범위한 전략과 접근이 있을 것이다. 단 하나의 접근이 모든 고객에게 적용될 가능성은 거의 없으며, 사용된 접근방법은 개인 그리고 그/그녀의 문화적 관점에 부합해야 한다. 정서적 반응 이해에 가치를 두는 개인은 좀 더 자기 분석적 접근으로 더 도움을 받을 것이며, 그러한 활동을 자기 방종으로 간주하는 문화에서 온 사람은 적극적인 문제해결 접근 방식으로 더 잘 발전할 것이다.

다양성 이슈는 경력 코칭에서, 코치와 고객 사이의 일대일 코칭 관계를 벗어나 한 사람, 두 사람, 또는 세 사람 이상의 다른 개인들 사이의 경계를 잘 운영해나갈 필요성에 초점을 둔다.

행동 지향 접근은 고객의 환경에 있는 편견 극복에 필수적일 수 있다. 코칭을 받는 사람이 바른 행동을 하여도 그 주변의 사람들이 이를 보지 못하거나 반응하지 않을 때 더욱 적극적인 개입이 없는 코칭은 도움이 되지 않을 것이다. 코치는 개인이 편견에 도전하고 이를 다루기 위한 전략들을 개발하도록 도울 수 있고, 이를 실행하도록 지지할 수 있다. 더 극단적인 상황, 즉 고객이 노력하지만 효과적이지 않을 때, 코치는 고객이 직면한 차별에 대해 조직의 적절한 대표자들과 만나는 것을 고려하고 그들이 문제를 적절하게 해결하도록 도와야 한다.

이러한 접근이 코칭 관계와는 상반되는 것처럼 보일지 모른다. 그러나 코칭의 양자 관계 안에서 이러한 상황을 다루려는 시도는 상황에 대한 책임이 고객에게 있고, 비난의 감정들과 객관적으로 적대적인 환경에 대한 대처의 어려움이라는 두 가지 모두가 고객과 코치 사이의 신뢰를 해칠 가능성이 있음을 코치가 믿는다는 것을 암시한다. 먼저 코칭 내에서 문제를 제기하고 다루어야 한다. 어떤 행동이라도 하기 전에 고객의 동의를 얻어야 한다. 마찬가지로 만약 코치가 고객의 다른 사람에 대한 차별적 행동을 알게 된다면, 고객이 자신의 행동에 완벽히 만족하고 다른 문제를 코칭의 중심에 두고 싶어 하더라도, 이를 코칭 이슈로 끌어내어 논의해야 한다.

코치는 또한 잘 개발된 의사소통 기술 그리고 다양한 스타일 사용의 숙달이 필요하다. 코칭 받는 사람의 의사소통 스타일(예: 보디랭귀지, 감정 표현력)에 부합할 수 있다는 것은 전체적인 의사소통의 효율을 높인다. 어떤 문화는 더 많은 감정 표현을 허용하는 의사소통을 가치 있게 생각하지만, 다른 문화는 냉철한 접근을 더 선호한다. 어떤 사람은 생각을 표현하는데 감정을 배제하는 서구적 표현 방식이 지루하며 확신이 부족하다고 여기지만, 또 다른 누군가는 감정이 풍부한 스타일을 비합리적이고, 혼란스럽게 여기며, 오직 사실에만 주의를 집중하려고 할 가능성이 있다. 언어적 그리고 비언어적 소통은 문화마다 다를 수 있다. 예를 들어 언제 눈을 맞추고 피해야 하는지에 대한 다양한 관습은 고객에게 공격적이거나 또는 자신 없다는 잘못된 오해로 이끌 수 있다.

고객 의뢰

코치는 폭넓은 배경을 가진 사람들과 함께 작업할 수 있다. 그렇지만 코칭의 목표가 정체성, 차별, 그리고 그룹 멤버십 이슈를 강조하는 경우, 코치는 자신이 충분히 이를 다룰 수 없다고 느껴지면 더 기꺼이 다룰 준비가 되어있는 다른 사람에게 고객을 의뢰해야 한다. 코칭은 코치와 고객 사이의 좋은 관계를 예상하며, 만약 이 관계에 문제가 있다면, 항상 다른 코치에게 의뢰할 가능성을 고려해야 한다. 다루어야 할 추가적인 또 다른 다양성 차원이 있다면 이를 반드시 알려야 한다. 항상 요구되는 것은 아니지만, 어떤 상황에서는 비슷한 집단에서 온 코치와 함께 작업하는 것이 더 도움이 될 때가 있다. 앞서 논의한 바와 같이, 누군가 소수집단에서 온 사람이 있다면, 코칭 과정에서 그의 정체성이 중심 주제가 될 수 있다. 이것이 성별, 인종, 성, 출신 지역, 사회계층, 교육 배경, 또는 이외의 다른 영역과 묶여 있든 아니든 말이다. 이 경우, 개인들이 직면한 세계관과 문제에 대한 통찰을 더 쉽게 얻을 수 있고 고객들이 신뢰 관계를 더 쉽게 발전시킬 수 있는 그들과 유사한 집단 출신의 적절한 코치를 찾는 것이 고려되어야 한다.

사례 연구

다음의 사례들은 어떻게 다양성 이슈가 코칭 과정에 핵심적일 수 있는지 보여준다. 이 사례들은 실제 코칭 경험을 기반으로 하지만 실제 인물들을 언급하지 않기 위해 세부 내용은 변형 또는 병합하였다. 각 사례 뒤에는 다양성의 관점에서 본 코칭 이슈에 대한 분석이 따른다. 사례에 대한 분석을 읽기 전, 각 사례에서 어떠한 다양성의 측면이 부각 되었고, 어떠한 상황적 역동, 그리고 코치로서 당신은 어떻게 이를 다룰지 생각해 보라.

사례 연구 1: 그저 여러 남자 녀석 가운데 하나

개요

산드라Sandra는 앞서가는 IT 엔지니어 회사의 중간 관리자이다. 그녀는 다른 관리자들과는 매우 다르다. 그녀는 매우 능력 있고, 젊은 나이로 현재의 직책을 맡는다는 것은 평범하지 않다. 그녀는 남성이 지배적인 환경에서 유일한 여성이지만, 남성 동료들과 아주 잘 지낸다. 그녀는 승진 준비를 위한 코칭을 받고 있으며, 이는 그녀가 조직 내에서 어떻게 여겨지는지를 보여준다. 코칭의 초점은 어떻게 더욱 효과적으로 그녀의 영향력을 발휘할 수 있는가이다.

몇 세션 이후, 그녀는 코치에게 임신했으며, 하지만 승진하기 전까지 이 사실을 비밀로 하기 원한다고 했다. 몇 달 뒤, 그녀는 승진하였지만, 여전히 상사에게 자신의 임신 사실을 숨기고 있다고 코치에게 말했다. 그녀의 임신이 상당히 명백해졌는데도 그녀는 아무도 자신이 임신한 사실을 알아채지 못했다고 믿고 있다. '그들은 나를 남자 녀석으로 보니까 알아채지 못했을 거예요.' 코치는 산드라의 임신이 분명해졌는데도 동료들이 이 사실을 눈치채지 못한다는 사실에 굉장히 충격을 받은 것으로 보였다.

지금까지 산드라는 직장에서 미묘한 방식으로 영향력을 끼쳐왔으며, 코칭의 초점은 어떻게 더 선명하고 직접적인 방식으로 영향력을 행사할 것인 거였다. 그녀는 동료들이 자신을 똑똑하고, 통찰력 있고, 다른 각도에서 바라볼 줄 아는 것을 높이 평가하기를 원했고, 조직이 자신을 승진시키고 자신의 기술을 더 잘 활용할 수 있기를 원했다.

산드라는 그녀의 동료들과 많은 방면(나이, 성별, 능력, 통찰력)에서 달랐고, 그래서 어떤 사람들은 그녀가 팀 내에서 동료들과 지내는 것이 어려울 것이라고 예상했을지도 모른다. 그렇지만 조직에서 그녀는 관계에 잘 대처하였기에 다른 사람들은 그녀를 괜찮은 '녀석'으로 보게 되었다. 이는 그들과 그녀에게 잘 들어맞았다. 이는 마치 그들이 그녀가 자신들과 다르다는 것을 받아들일 수 없는 것처럼 보였고, 그녀에게 직장 남성 선배에게 구하는 능력을 기대했다. 그들은 그녀를 거의 남성 선배로 여겼다. 이것은, 변화를 위해 그녀가 원하고 필요로 하는 이슈는 아니었다. 비록 그녀가 성차별적 언어나 행동을 무시해야만 했고, 자신의 여성성을 감춰야 하는 부분이 있었지만, 이러한 그들의 시선은 그녀를 그들에게 더욱 쉽게 수용될 수 있게 했다.

산드라는 임신을 비밀로 하는 것에 대해 특별히 고민하지 않는 듯 보였다. 하지만 그녀는 이를 밝히는 것을 계속 미루었고, 이제는 아무도 그녀의 임신 사실을 깨닫지 못하고 있다는 사실을 믿을 수 없을 정도이다. 그녀의 임신을 알아채지 못하는 동료들의 무능함은 아마도 그녀를 '여러 남자 녀석 중 하나'로 인식한 결과일 것이다. 하지만 그녀가 정말 여성이 아니라면 어떻게 임신할 수 있겠는가? 그리고 임신 사실을 그들에게 직면시킨다면 그녀는 여전히 자신을 위해 잘 기능해온 남성 페르소나를 유지할 수 있을 것인가? 이것은 코칭 세션에서 논의될 필요가 있는 중요한 딜레마였다. 산드라는 자신의 관계 유지 방식을 인식해야 할 필요가 있었다. 산드라의 상황에 대하여 코치의 페미니스트적인 반응을 그녀에게 주입하는 것은 적절하지 못하지만, 산드라가 조직에서 다른 사람들과의 관계 역동을 이해하는 것은 유용할 것이다.

조직의 관점에서, 산드라는 확실히 더 유능한 진짜 인재이다. 그렇지만 그녀는 조직에 어울리기 위해 자신의 다름을 위장해야만 했다. 그녀는 아기가 태어나도 기꺼이 이런 속임수를 쓰려고 할 것인가? 아니면 과연 속임수가 가능할까? 여러 남자 가운데 한 사람으로 행동하는 대신, 젊은 여성으로서 효과적으로 일하는 것이 그녀에게 가능했을까? 이것이 가능하기 위해서 조직은 다름이 있는 사람과 일하는 것을 배우도 변화해야 한다. 지금까지 산드라는 자신이 할 수 있는 모든 것을 맞춰 왔다. 하지만 조직, 특별히 산드라의 상사에게 그녀의 동의 없이 이러한 이야기를 꺼내는 것은 코치에게 불가능했으며, 그녀는 이것에 동의하지 않았다.

이 이슈가 해결되기 전, 산드라가 출산휴가로 직장을 떠났을 때 코칭이 마무리되었다. 처음부터 의도했던 일이지만, 새롭게 승진했음에도 출산 이후 다시 직장에 복귀하지 않았고, 조직은 가장 훌륭한 관리자를 잃었다. 아마도 산드라는 여성이자 어머니로서 팀원들과 새로운 관계를 발전시키는 것을 직면할 수 없었거나, 조직 외부에 있으면서 그녀에게 그러한 성차별적 분위기에서 일하기 위해 얼마나 많은 희생을 감수해야 했는지를 볼 수 있는 관점을 얻었을 것이다.

사례 연구 2: 부적합

개요

줄리안Julian은 규모가 큰 IT 기업에서 영업 관리자 부서를 관리하고 있다. 그는 컨설팅 중, 도움이 필요한 여러 영역에 관해 이야기하였다:

- 부서의 성장
- 리더십 기술 향상
- 부서 구성원 일부를 위한 개인 코칭 제공

줄리안은 특별히 부서 내에서 가장 취약하다고 여기는 워렌Warren을 우려하고 있었다. 그는 워렌의 업무에 필요한 능력 부족을 걱정했다. 줄리안은 그를 약하고, 부서에 맞지 않으며, 그리고 고객들과 적절한 관계를 맺지 못하는 사람으로 묘사했다. 워렌의 무능력함을 나타내는 어떤 자료도 찾을 수 없었지만, 줄리안은 더는 그와 함께 일할 수 없다고 느끼기 시작했다. 다른 영업 관리자들은 모두 좋은 대학을 나온 중산계층 배경이 있었던 반면, 워렌은 16세에 학교를 중퇴했고, 가난한 공공주택단지 출신이었다. 비록 워렌의 업무수행 능력 향상을 기대하지 않았지만, 줄리안은 워렌이 개인 코칭을 받도록 하였다.

코칭을 하면서 워렌은 자신의 업무수행 능력을 줄리안이 낮게 평가하고 있음을 전혀 알지 못하고 있다는 것이 분명해졌다. 그는 관리자 공동체에서 줄리안이 승진할 수 있도록 최선의 도움을 주고 있다고 느꼈으며, 스카우트 제의가 왔지만, 줄리안을 신뢰하기에 그를 위해, 그리고 더 익숙한 현재 부서에 남기로 했다고 코치에게 말했다.

부서 발전 활동을 하는 날, 컨설턴트-코치는 워렌이 다른 두 명의 팀원에 의해 희생양이 되고 있음을 감지했다. 또 컨설턴트-코치는 부서 발전 활동과 개인 코칭 작업에서 드러난 줄리안의 교활함을 보면서 그에게 혐오를 느꼈다. 줄리안과의 개인적 작업은 끝났지만, 워렌과의 코칭은 계속되었다.

이 사례에서 다양성 이슈는 워렌의 업무수행 능력에 대한 줄리안의 언급 이면에 드러나는 워렌과 다른 나머지 팀원들, 특별히 줄리안과 다른 배경의 차이로 확대된다. 워렌 역시 백인 남성들로 구성된 직업 환경에서 일하는 백인 남성이었으나, 여전히 이질적인 사람, 이 조직에 부적합한 사람으로 여겨졌다. 대부분 다양성 이슈에서, 권력은 부서 관리자 줄리안과 워렌의 삶을 힘들게 만드는 다른 팀원들이라는 두 가지 모두의 주류 집단에 있다.

흔치 않게, 코치는 코칭 관계를 벗어나 부서 활동에 참여함으로써 어떻게 줄리안과 나머지 다른 팀원들이 워렌에게 반응하는지에 대한 객관적 증거를 얻을 수 있었다. 코치는 코칭을 받아야 하는 관리자로서 느끼는 줄리안의 감정에 대한 예리한 통찰이 있었고, 또한 그와의 개인 작업과 부서 전체와의 작업에서도 통찰을 얻을 수 있었다. 직관적으로 그녀는 자신이 워렌이 불공정한 대우를 받는 것 대하여 안타까움을 느끼고 있음을 알았다. 그녀는 건강하지 못한 권력관계를 우려하였고, 자신이 워렌을 조직에서 내보내기 위한 줄리안의 의도에 이용될 것을 걱정했다. 동시에 그녀는 워렌이 코칭을 통해 무슨 일이 일어나고 있고, 다음에는 어떻게 이러한 권력관계를 다르게 조정해 나갈지에 대한 인식을 얻을 수 있도록 도울 기회로 보았다.

코치로서 여기에는 많은 윤리적 딜레마가 놓여있다. 줄리안과의 사적이고 개인적인 작업에서 얻은 통찰을 워렌과의 작업에 어느 정도까지 사용할 수 있을 것인가? 어떻게 그녀는 줄리안과 공모하는 권력관계 일부가 되지 않을 수 있을까? 그녀가 줄리안을 싫어하고 워렌을 좋아하는 것이 이 상황에 대한 자신의 견해에 영향을 미쳤을까? 만약 그녀가 워렌이 직장을 떠나도록 만든다면, 워렌의 코치로서 자신을 고용한 조직에 대한 책임을 다하지 못하는 것인가?

그녀는 코칭 세션 내에서 워렌이 나머지 팀원 및 줄리안과의 관계를 어떻게 인식하고 있는지에 대한 이슈를 제기하기로 했다. 그녀는 줄리안과의 사적인 대화로부터 정보를 얻었다는 언급은 피했지만, 줄리안에 대한 자신의 개인적 느낌에 대해서는 솔직하였다. 워렌은 이전에는 자신에 대한 줄리안의 태도에 대해 전혀 모르고 있는 것으로 보였지만, 코치의 견해를 들은 후 상당한 안도감을 나타냈다. 분명 그가 직면한 차별에 대한 부인을 지속하는데 상당한 에너지를 쏟고 있었고, 진실을 시인함으로써 그 자신을 놓아줄 수 있었다. 이것은 또한 그의 지위에 대하여, 그리고 스카우트 제안에 대해 더 객관적으로 고려하도록 만들었다. 비록 그는 새로운 직업을 얻는 대신 현 직장에 남기로 했지만, 이는 그가 자신의 위치에 관해 더 자각하며 내린 결정이다.

사례 연구 3: 내가 흑인이기 때문인가요?

폴Paul은 대단위 공익기업의 트레이닝 매니저이다. 그는 아프리카계 카리브해 출신이었고, 이번에 처음으로 경영 직책을 맡았다. 그러나 그의 업무수행 능력에 대한 우려로 코칭이 시작되었다. 만약 그가 자신의 능력을 향상하지 못한다면, 강등될 가능성이 있었다. 그의 업무수행 능력의 부족에 대한 증거는 의사소통 스타일(광범위한 이슈에 초점을 맞추고 세부적인 사항에 집중이 약함)에 대한 약간의 불만으로, 상당히 모호했다. 그가 진행하는 프로젝트에서 기대하는 결과를 달성할 수 있을지에 대한 약간의 우려도 있었다. 하지만 또 한편으로, 그에게 이 역할은 상대적으로 처음이었고, 지금까지 그의 노력을 보여줄 구체적 결과(좋든 나쁘든)들이 거의 없었다.

코칭 첫 회기에서 폴은 낙관적이고, 감당할 능력이 있으며, 모든 것이 다 잘될 것이라 느끼고 있었다. 그는 자신의 수행 능력이나 거론된 이슈들에 대해 크게 걱정하지 않았다. 코치(백인 남성)는 폴의 긍정적이고 막힘없는, 하지만 때때로 부정확하고 모호한 의사소통 방식을 발견했다. 거기에는 분명하게 정의를 내리는 데 약간의 어려움이 있었다.

이 사례에서 폴의 업무수행 능력에 대한 객관적인 증거는 부족했다. 폴은 자신이 잘하고 있다고 생각했지만, 그의 매니저는 그렇지 못하다고 걱정했다. 이 조직과 폴의 아프리카계 카리브해 배경 사이의 문화 차이가 이러한 차이의 한 원인일 수 있다. 문화적 차이는 흔히 의사소통 방식에 반영되는데, 이것이 폴이 부족한 부분으로 보이는 부분이다. 폴의 의사소통 과정에 대한 문화적 가정이 이 조직에서 대다수의 [백인] 매니저들의 가정과 다르기 때문이었을까?

영국 문화는 공식적 의사소통에서 감정 표현을 피한다. 직장에서는 사고의 전달이 중요하며, 정서는 합리적 사고를 방해하는 것으로 여긴다. 아프리카계 카리브해 사람들의 문화(그리고 다른 문화들)에서는 감정 표현을 매우 높게 평가하고, 감정 없는 논리는 논의 주제에 무심하거나 흥미 또는 참여할 마음이 부족함을 의미한다. 이러한 접근의 차이는 서로 간의 오해를 일으킬 수 있다.

폴이 감당할 수 있는 것보다 더 많은 일을 하려는 경향은 잘못된 의사소통의 결과일 수 있다. 그는 조직이 자신에게 원하는 것을 감정적으로 받아들일 준비가 되어있고 그의 능력 내에서 일하도록 요청받기를 기대하므로, 만약 어떤 일을 요청받는다면, 아마도 그는 동의할 것이다. 그가 어떠한 업무를 감당할 수 없다는 감정이 배제된 이성적 제안을 듣게 될 경우, 그는 자신의 헌신이 도전받는다고 느끼고 그것을 받아들일 준비가 되어있다고 다시 주장한다. 그 업무를 맡고자 하는 그의 바람이 이렇게 되풀이되면서 그에게 맡겨진다. 폴은 그 업무에 대한 미온적 반응과 그들의 마지못해 허락한 업무 할당을 다른 사람들이 자신을 수용하지 못한다는 표시로 인식할 수 있다. 그가 이를 인종차별이라고 느끼는 것은 놀랄 일이 아니다.

코치도 폴의 직장 동료들과 비슷한 방식으로 그에게 반응한 것으로 보인다. 한편으로, 코칭 관계를 고객이 다른 사람들과 어떻게 관계를 맺는지에 대한 증거로 활용하는 것이 도움이 될 때가 흔히 있지만, 다른 한편으로는, 코치는 다른 문화 방식으로부터 야기된 잠재적인 의사소통 이슈에 대하여 효과적으로 작업하기 위해 아프리카계 카리브해 사람들의 문화에 대한 충분한 이해가 있는가를 고려할 필요가 있다. 만약 코치가 폴이 인식하는 방식으로 이어지게 할 수 있는 근원적 역동을 이해하지 못한다면, 코치 역시 조직과 마찬가지로 인종차별주의자로 비칠 위험이 있다. 아마도 폴은 이러한 이슈에 대해 경험이 풍부한 다른 누군가에게 의뢰되어야 하고, 그와 같은 배경을 지닌 사람과 함께 작업함으로써 더 많은 도움을 얻을 가능성이 있다.

이 모든 것은 폴이 역할의 요구 사항을 효과적으로 충족할 수 있는지에 대한 여부와 그가 코칭 과정에서 반드시 다루어야 할 성과 향상 방법에 대한 고려와 무관하다. 그렇지만 이에 앞서, 폴이 그와 다른 매니저들과 어떻게 서로 잘못 의사소통하고 있는지 이해하는 것은 매우 중요하다.

요약

코칭은 일대일 활동이다. 각 개인과의 협업을 통해 직장이나 개인 생활에서 더 효과적일 수 있도록 하는 것이다. 코칭 작업은 구조가 있고, 고객client이 무엇에 주의를 기울여야 하는지에 대해 체계적인 방식으로 탐색하도록 도우며, 이로써 직장과 삶의 영역에서 적절한 변화를 이끈다. 거의 정의상 그 과정은 차이와 관련하여 자기self 성찰 과정을 포함한다는 것이다. 즉 어떻게 한 개인이 다른 사람들과 또는 이상적 자기와 다른가? 고객은 이러한 차이에 만족하는가? 이러한 차이를 가치 있게 여기는가? 그들은 그것들을 최대한 활용하고 있는가? 만약 우리가 개인으로서 다르지 않다면, 우리는 모두 같은 행동을 하고, 모든 것을 같은 방식으로 바라볼 것이다.

코치는 다양성과 관련하여 다음의 두 가지를 해야 한다:

- 그녀 또는 그의 다름을 가치 있게 여기도록 돕고, 이를 효과적으로 활용할 수 있도록 한다. 즉 이는 정체성을 확인하고, 긍정적인 신체적 특징을 활용하는 것을 포함한다.
  예를 들어, 남성들만 있는 팀 내에서 여성은 더 민감할 수 있고, 감정적이고 까다롭다는 낙인이 찍힐 수 있다. 여성의 이러한 민감성을 개발할 수 있고, 더 이른 단계에서 이슈를 정확하게 규정함으로써 영향력을 미칠 수 있도록 활용할 수 있다.
- 부정적인 다양성 이슈, 즉 고객의 마음과 환경에 있는 이슈들을 확인하고 작업한다. 이는 결함이 있는 체계 안에 개인이 적응하도록 돕는 것, 즉 아마도 환경에 반응하는 그들의 방식을 바꿈으로써 현재 상태에서 최선을 얻는 것과 고객이 현재 상황에 도전하고 환경을 변화시키도록 촉진하는 것 사이의 균형을 찾기를 요구한다.

논의 포인트

1. 당신은 당신과 너무도 다른 누군가와 함께 일해 본 경험이 있는가? 이것이 어떻게 관계에 영향을 주었는가? 좋았는가, 아니면 나빴는가? 상호작용으로부터 당신은 무엇을 배웠는가?
2. 당신의 배경(종교, 문화, 사회, 성별, 성적 취향 등)이 다른 사람과의 상호작용 방식, 그리고 코치로서 일하는데 어떻게 영향을 주었는가?
3. 만약 누군가 다른 사람에게 차별적 행동을 하는 것을 본다면 당신은 어떻게 하겠는가?
4. 당신은 함께 일했던 다른 사람들과 어떤 방식으로 다른 상황에 있어 본 적이 있는가? 이것이 그 집단과의 관계에 어떤 영향을 주었는가? 당신은 어떤 기분을 느꼈는가?
5. 다양성의 어떤 측면을 다루는 것이 편안하고, 어떤 측면을 다루는 것이 불편한가?

추천 읽기

Barreto, M., Ryan, M.K., & Schmitt, M. (2009). *The glass ceiling in the 21st century: Understanding barriers to gender equality*. Washington: APA Books.

Brown, C. (1990). *My left foot*. London: Random House.

Clutterbuck, D. (2003). Diversity issues in the mentoring relationship. In: M. J. Davidson and S. L. Fielden (Eds.), *Individual diversity and psychology in organizations*. Chichester: Wiley.

Kandola, R. (2018). *Racism at work: The danger of indifference*. Oxford: Pearn Kandola Publishing.

Pearson, A. (2003). *I don't know how she does it*. London: Vintage.

Sacks, O. (1992). *Seeing voices*. Berkeley, CA: University of California Press.

참고 문헌

Burkhard, A. W., & Knox, S. (2004). Effect of therapist color-blindness on empathy and attributions in cross-cultural counselling. *Journal of Counseling Psychology*, 51, 387–397.

Chan. R. (2017). Sexism at the bar and the equitable briefing policy: A well-meaning but misguided response to gendered briefing practices. *Bond Law Review*, 29 (2).

Clutterbuck, D. (2003). Diversity issues in the mentoring relationship. In: M. J. Davidson, & S. L. Fielden (Eds.), *Individual diversity and psychology in organizations*. Chichester: Wiley.

Ely, R. J., & Thomas, D. A. (2001). Cultural diversity at work: The effects of diversity perspectives on work group processes and outcomes. *Administrative Science Quarterly*, 46, 229–273.

Enns, C. Z. (2000). Gender issues in counselling. In: S. D. Brown, & R. W. Lent (Eds.), *Handbook of counselling psychology*. 3rd Edition. New York: Wiley.

Gushue, G. V. (2004). Race, color-blind racial attitudes and judgements about mental health: A shifting standards perspective. *Journal of Counseling Psychology*, 51, 398–407.

Hofstede, G. (1991). *Culture and organisations: Intercultural cooperation and its importance of survival*. London: Harper Collins Business.

Kandola, R., & Fullerton, J. (1998). *Diversity in action: Managing the Mosaic*. 2nd Edition. London: CIPD.

Kandola, R. (2009). *The Value of difference: Eliminating bias in organisations*. Oxford: Pearn Kandola Publishing.

Locke, D. C. (1992). *Increasing multicultural understanding: A comprehensive model*. Newbury Park: Sage.

Passmore, J., & Law, H. (2009) Cross cultural and diversity coaching. In: J Passmore (Ed.), *Diversity in coaching*. London: Kogan Page.

Pedersen, P. R., & Levy, A. (1993). *Culture centred counseling and interview skills: A practical guide*. Westport, CT: Praeger.

Ponterotto, J. G., Fuertes, J. N., & Chen, E. C. (2000). Models of multicultural counselling. In S. D. Brown, & R. W. Lent (Eds.), *Handbook of counselling psychology*. 3rd Edition. New York: Wiley.

Sheridan, A., & O'Sullivan, J. (2003). What you see is what you get: Popular culture, gender and workplace diversity. In: M. J. Davidson, & S. L. Fielden (Eds.), *Individual diversity and psychology in organizations*. Chichester: Wiley.

Simons, T., Pelled, L. H., & Smith, K. A. (1999). Making use of differences: Diversity, debate and decisions comprehensiveness in top management teams. *Academy of Management Journal*, 47, 662–673.

Spears, K. (2001). *Executive coaching for women and minorities: Special challenges*. The White Paper Series. Durango, CO: Lore International Institute, Inc.

Sue, D. W., & Sue, D. (1990). *Counselling the culturally diverse: Theory and practice*. 2nd Edition. New York: Wiley.

Trompenaars, F., & Hampden Turner, C. (1997). Riding the waves of culture. In: *Cultural diversity in

business. 2nd Edition. London: Nicholas Brealey Publishing.
Wahl, A., & Holgersson, C. (2003). Male manager's reactions to gender diversity activities in organizations. In: M. J. Davidson, & S. L. Fielden (Eds.), *Individual diversity and psychology in organizations*. Chichester: Wiley.

38장
코칭에서 심리측정 사용하기

저자: 앨런 본Alan Bourne[1], 앨리슨 와이브로우Alison Whybrow[2]
역자: 강준호

서론

심리측정은 성격, 능력, 가치, 흥미 같은 심리적 속성의 진단과 관련된다. 일반적으로 설문지, 검사 같은 측정 방법을 사용하고, 수치/범주 척도 측면에서 정량화된 결과를 산출한다. 코칭에서 심리검사 사용 이유는 관련된 심리적 특성에 대한 정확하고 유효한 측정 결과를 제공하고, 이를 통해 더 큰 자기 통찰력 개발을 돕는 객관적 정보를 제공하는 것이다. 예를 들어, 코치이는 본인 행동에 대한 통찰력을 얻어 타인과의 의사소통 어려움을 극복하고, 본인 일을 더 효과적으로 관리하거나, 압박감에 함께 대처하는 것과 같은 문제를 해결하는 데 도움을 받을 수 있다.

일반적으로 심리검사는 특정 이슈 해결에 사용될 수 있으며, 코칭에서도 많이 활용 가능한 스킬이다. 심리검사가 코칭에 유용한 도구가 되려면 당면한 특정 문제에 대한 정확한 통찰을

---

[1] **앨런 본**Alan Bourne PhD는 경험이 풍부한 공인된 심리학자이다. 그는 혁신적인 평가, 개발과 고객 중심 변화 관리 해결을 전문적으로 하고 있다. 이전에는 심리 컨설팅 회사에서 컨설턴트로 일했으며, Royal Mail Group의 내부 컨설턴트 팀의 일원으로 일했다. 그는 SOVA Assessment의 CEO이자 설립자이다. Email: alan.bourne@sovaassessment.com

[2] **앨리슨 와이브로우**Alison Whybrow는 2000년대 초반 코칭심리학 개발에 앞장 섰으며, i-coach 아카데미의 코칭 프랙티스에서 공인 프로그램을 지휘했다. 국제 코칭심리학 협회와 유럽 전역의 대학 프로그램에 기여하고 있고 영국 런던에서 코치, 컨설턴트, 코칭 수퍼바이저로 코칭 프랙티스 분야를 개발하고 있다. 앨리슨 와이브로우는 우리의 인간-지구earth 관계를 변화시킬 수 있는 가능성에 대해 깊은 열정을 가지고 있다.

제공하고, 코치이에게 피드백이 수용되고, 통찰이 도움 되는 방식으로 전달되고, 코치이의 목표에 연계하여 긍정적 행동 변화로 이어지는 데 도움을 주는 것이 중요하다.

이 장에서는 심리검사 관련 이론, 적절한 측정 도구 선택 방법, 코치이에게 결과 피드백하는 방법을 포함해 코칭 프로세스 내에서 심리검사의 역할을 탐색한다.

심리측정의 발전

지난 50년간 심리검사는 사람을 평가, 개발하는 데 유용한 방법으로 널리 받아들여졌다. 많은 진단 도구는 원래 임상용clinical use으로 설계되었다. 그러나 회사의 요구에 맞게 조정된 도구와 비임상non-clinical 환경에서 더 광범위하게 적용할 수 있는 도구에 대한 수요가 증가하고 있다. 임상적 해석에 기반을 둔 정신분석적 접근과 같은 이론과 달리, 심리측정 접근은 통계 분석을 기반으로 하며 과학적 엄격함을 강조한다. 심리측정 연구는 적성과 지능(Guilford, 1967; Sternberg, 1985), 성격(Cattell, 1965; Costa & McCrae, 1992), 가치(Schein, 1990), 강점(Peterson & Seligman, 2004), 흥미(Holland, 1973)와 같은, 코칭에서 코치이 이해에 유용한 다양한 심리적 속성들의 본질을 탐구했다.

대체로 심리측정 접근은 명확한 이론 모델 기반으로 진단/표준화되고, 정확하며 유효한지 검증하기 위해 통계 분석을 사용한 많은 검증과 개발 과정을 거쳤기 때문에 엄격한 측정 도구 사용에 중점을 둔다.

심리측정 사용하기: 주요 개념

대개 심리검사는 개인이 특정 심리적 속성들을 보유한 정도를 측정하고, 다수의 인력분포 내에서 정량적 위치를 비교하는 데 중점을 둔다. 이 섹션에서는 코칭에서 심리검사의 다양한 활용을 설명하고, 적절한 검사 선택 시 고려할 주요 이슈를 설명한다. 코칭에서는 심리검사가 개인이 타인과 관련해 본인을 더 잘 이해하고, 이러한 통찰을 통해 목표 달성에 대한 장벽을 극복하는 데 어떻게 도움이 되는지 고려하는 것이 중요하다.

심리측정 분야를 뒷받침하는 여러 기본 가정이 있다. 심리측정학(예: Spearman, 1904)의 초기 연구에서 입증된 가장 근본적 가정은 사람들이 심리적 특성 측면에서 분명한 변동성을 보인다는 것이다. 일반적으로 이는 정규분포를 따른다. 심리측정학은 개인 차이를 이해하고, 이로부터 많은 사람의 '표준norm'과 대비해 개인 검사 결과의 의미를 파악한다.

둘째, 측정된 속성들의 상대적 안정성을 이해하는 것이 중요하다. 예를 들어, 성격 선호도는 시간이 지남에 따라 변하지만 장기간에 걸쳐 상당히 안정적이다(Costa & McCrae, 2006). 이 때문에 이러한 특성들은 행동에 지속적인 영향을 미치며 개인이 활용할 수 있는 강점들을 파악하고 개발하거나 변화시키고자 하는 영역을 이해하는 데 특히 유용하다.

심리측정 도구가 개발되어 코칭에 실제 적용되는 주요 영역들이 아래에 설명되어 있다.

성격personality

성격은 사람들이 일상적 상황에서 어떻게 행동할지를 예측하는 개인의 선호 행동, 사고, 감정 방식과 관련이 있다(Cattell, 1965). 대부분 사람은 타인 및 상황과 관계 맺고, 일을 수행하고, 자신의 생각, 감정을 관리할 때 선호 방식에서 비교적 안정적 차이가 있다(Costa & McCrae, 2006). 성격 특성은 상당히 안정적이며 사람들이 즐기는 일과 그 결과로 스킬 개발에 중요한 영향을 미치기 때문에, 특히 코칭에서 코치이 이해에 도움이 된다. 개인의 선호 행동 방식 이해, 의사소통, 문제해결, 타인과의 갈등과 관련된 문제를 더 잘 이해하는 데 유용하다.

동기부여motivation

이것은 사람들이 그들의 니즈, 열망, 목표 측면에서 특정 방식으로 행동하도록 유도하는 것과 관련이 있다(Maslow, 1943; McClelland, 1961). 동기부여는 사람들의 에너지 방향을 정하고 노력을 지속하는 방법과 관련이 있다. 동기부여는 단기적, 일시적일 수도 또는 상당한 기간 동안 지속될 수 있지만 동기부여의 기본 동인은 개인의 가치(아래 참조)와 이것이 행동을 안내하는 방법(Latham, 2007)을 이해하는 것과 밀접히 연결되어 있다. 개인 동기부여 원천을 이해하는 것은 목표를 지속 추구하는 데 필요한 초점을 생성하는 코칭에서 매우 유용할 수 있다.

가치와 강점 values and strengths

개인의 가치는 사람들이 특정 상황에서 행동하는 가장 좋은 방법을 결정할 때 사용하는 내적 지침, 규칙과 관련이 있다. 이것은 의사결정의 핵심이다(Barrett, 2012). 가치는 문화적 가치 또는 특정 조직/직업 가치와 같이 개인과 그룹 수준 모두에서 개인적인 것이다(Williams & Whybrow, 2013). 가치는 주로 특정 그룹 내의 행동 규범을 공유하는 사회화를 통해 개발된다. 가치는 개인 내에서 잘 발달되고, 정체성 감각과 밀접하게 연결되는 경향이 있다. 따라서 그것은 코치이 본인의 행동, 결정, 직업 선택 이해에 도움이 되는 상당한 통찰의 원천이 될 수 있다(Schein, 1990). 가치 작업은 사람들이 '행동'에서 '존재'로 전환할 수 있게 하며, 통찰력과 개발 잠재력의 풍부한 보고를 제공하는 코칭에서 인기가 높아졌다(Kauffman, Silberman & Sharpley, 2012). 긍정적 가치와 강점은 밀접하게 연관되어 있으며(Peterson & Seligman, 2004) 개발 목표 달성에 유용한 것으로 생각된다(Linley, Nielsen, Gillett & Biswas-Diener, 2010).

신념 beliefs

가치관과 밀접한 관련이 있는 신념은 개인이 참 또는 거짓으로 생각하는 기본 가정과 관련이 있다. 신념은 행동 결정에 기본이 되며, 가치와 마찬가지로 사람들이 상황 및 타인과의 관계를 해석하는 방법에 영향을 준다. 예를 들어, 모든 사람이 동등한 존중과 공정함으로 대우받아야 한다고 믿는다면, 이것에 따라 타인과 관련된 행동을 할 가능성이 크다. 가치와 밀접하게 연결되어 있지만 일반적으로 심리측정 방식을 통해서 평가되지 않는다.

태도 attitudes

환경의 특정 측면에 대한 개인의 생각, 감정이 태도의 기초이다. 예를 들어, 조직에 대한 헌신(Meyer & Allen, 1991) 또는 특정 직업에 대한 만족도(Locke, 1976)는 개인이 본인 업무에 대해 느끼는 방식과 노력에 집중하는 방식에 중요한 영향을 미칠 수 있다.

흥미 interests

커리어 가이드와 관련해 사용되는 흥미는 사람들이 가장 하고 싶은 일, 즉 진로 또는 그들을 자극한다고 여기는 일의 종류와 관련이 있다. 관심사를 측정하는 한 가지 방법은 직업적 관심사에 대한 홀랜드Holland(1973) 모델과 같은 측정 목록이다. 예를 들어, 사람들은 질병에서 회복하는 것을 돕거나, 악기를 연주하거나, 새 건물을 설계하는 데 어느 정도 관심이 있을 수 있다. 이는 그들이 맡고자 하는 역할에 대한 분명한 시사점이 있다.

능력과 기술 abilities and skills

능력과 기술은 서면 정보의 해석 및 이를 가지고 작업하는 것과 밀접한 관련이 있는 구두 추론과 같은 특정 작업에 대한 잠재력 또는 수행 능력을 이해하는 것과 관련이 있다(Guilford, 1967). 인지 능력 테스트cognitive ability tests는 대개 수리, 언어, 개념적 문제해결 능력과 같은 지적 기능 측면을 평가한다(Allworth & Passmore, 2012). 이러한 속성들은 개인의 인지적 강점이 어디에 있는지 이해하거나 명확히 하는 데 유용하며, 예를 들어 코치가 서로 다른 커리어 경로 중에서 선택하는 데 도움이 된다.

사용할 측정 도구 선택하기

코칭에서 심리측정 도구 사용 시 효과성의 핵심은 이론적 엄격함과 실용성의 적절한 조합을 담보하는 것이다. 심리측정 평가가 코치에게 도움이 될 수 있는 다양한 시나리오가 있으며, 이는 코치가 가질 수 있는 목표의 다양성만큼이나 광범위하다. 예를 들어, 대인관계 스킬 개발 방법과 타인과 함께 일하는 방법을 더 완전히 이해하려는 사람에게는 성격이나 가치 평가가 특히 적절할 수 있다. 마찬가지로, 새로운 커리어 경로를 탐색하는 사람은 본인 기술, 능력, 흥미를 검토하는 것이 도움이 될 수 있다.

검사 사용 결정 전에 검사활용 이유와 코치이 이점을 명확히 해야 한다. 영국 심리 협회British Psychological Society(BPS)의 심리검사 센터Psychological Testing Center 및 미국 심리 협회American Psychological

Association(APA)의 PsycTESTS 데이터베이스와 같은 전문 심리기관은 다양한 도구 및 사용할 수 있는 도구에 대한 좋은 자료와 정보를 제공한다. 모든 양질의 심리측정 검사 제작 및 유통 주체들은 검사 정보와 정확성과 유효성을 뒷받침하는 증거를 제공한다.

코칭에 대한 지원을 위해 심리측정 검사 및 심리 도구 사용을 고려 시 다음 사항을 생각할 수 있다. 인증 자격 요건, 진단 범위, 표준화, 신뢰도, 타당도, 통찰력 제공, 수용도, 편향 제거, 실용성 등이 이에 해당하며, 이러한 요소들 각각을 아래에서 설명하고 있다.

인증 자격 요건accreditation requirements

전 세계의 심리 전문 기관은 심리검사 사용자들이 책임감 있고 윤리적으로 검사를 사용하기 위해 관리, 해석, 피드백에 필요한 지식과 실질적 기술을 갖출 수 있도록 적절한 표준에 맞게 훈련받아야 한다는 관점을 가지고 있다. 여기에는 적절한 선택, 해석, 피드백 스킬 개발을 위한 해당 도구 및 측정 방법에 대한 전문 교육과 함께 기초 수준(예: 검사 관리)을 포함한 여러 수준의 교육이 포함될 수 있다. 최근 몇 년간 심리측정 검사 제작 및 유통 주체들은 다른 도구 인증을 받은 코치에게는 더 쉬운 전환 요건을 제시하는 등 교육과 관련해 점점 실용적으로 되고 있다.

때로는 코치 본인이 아닌 검사 인증을 받은 제삼자를 활용하는 것이 비용적으로 효과가 더 좋다. 심리측정 검사에 제삼자 활용 시 고려할 몇 가지 실용적 지침 및 내용은 다음 절에서 자세히 설명한다.

진단 범위scope

진단 방법들은 그 초점이 매우 폭넓거나 또는 매우 구체적일 수 있다. 예를 들어, 성격 질문지는 성격 특성에 대한 광범위한 관점을 취하거나 리더십 맥락 내에서 잠재적 '탈선 요인derailers'과 같은 특정 문제에 초점을 맞출 수 있다. 적절한 측정 방법을 선택할 때, 해당 도구가 특정 코치이 및 더 광범위한 조직 고객 니즈를 해결하고 코치이가 앞으로 나아갈 수 있도록 유용한 통찰과 전략들을 생성할 수 있는지를 고려하는 것이 중요하다.

표준화 standardisation

검사 제작 및 유통 주체들이 제공하는 규준 그룹 norm groups 정보는 개인 진단 방법에 대한 기초를 제공한다. 대부분 심리측정 방법이 가치가 있으려면 일반적으로 개인 결과를 많은 유사한 사람들과 비교 이해하는 것이 중요하다. 예를 들어, 코치이가 직장에서 본인 행동을 촉진하는 가치 측면에서 다른 관리자와 구성원들과 비교하여 어떠한 수준인가? 특정 검사의 규준 norms 을 이해하는 것이 중요하다. 검사 제작과 유통 주체들은 요청 시 이러한 질문에 답하는 데 도움이 되는 정보를 제공할 수 있어야 한다.

신뢰도 reliability

도구는 측정 항목을 얼마나 정확하게 측정하는가? 시간이 지남에 따라 측정값이 얼마나 일관성이 있는가(테스트-재테스트 신뢰성 reliability)? 측정 내에 어떤 무결성이 있는가(내부 일관성)? 몰랐을 수 있지만 간단한 웹 검색으로 많은 도구를 찾을 수 있다. 이것이 매력적으로 들릴 수 있지만 그러한 도구들은 실제로 정확하고 신뢰할 수 있는지 입증하기 위한 검증 작업이 수행되지 않은 경우들이 많다. 심리학자들은 0에서 1까지의 척도로 신뢰도를 측정하는데, 숫자가 높을수록 신뢰도가 더 높다. 일반적으로 심리측정 도구가 수용가능 하려면 약 0.7 이상의 신뢰도를 가져야 한다.

  도구가 신뢰할 수 없는 경우, 매우 부정확할 수 있고 잘못된 결과를 초래해 코치이에게 오해를 불러일으킬 수 있으며, 심지어 상처를 줄 수도 있다. 검사 제작 및 배포 주체들이 제공한 신뢰도의 증거가 없을 경우, 간단한 대답은 해당 도구를 사용하지 않는 것이다.

타당도 validity

이것은 진단도구가 실제로 측정하고자 하는 것을 측정하는지와 관련이 있다. 도구의 측정 방법이 우리가 진단하려는 것(구성 타당도 construct validity)과 관련 있는가? 또한 결과와 실제 행동 또는 성과 사이의 관계가 실제로 존재하는지(기준 관련 타당도 criterion-related validity) 보여주는 데이터가 도구에 있는지를 알고 싶을 것이다. 이는 일반적으로 측정값을 더 나은 성과, 만족도와 웰빙과 같은 관련 결과 변수와 연결하는 연구에서 유의한 상관관계가 있음을 보여주는 증거로 표현된다.

통찰력 제공 creating insight

코칭에서 심리측정 도구의 사용 목적은 도구를 사용하지 않으면 접근할 수 없거나 개발하는 데 오랜 시간이 걸리는 통찰을 생성하는 데 도움이 된다. 결과적으로 코치이는 자신과 그들의 목표를 달성하는 방법을 더 잘 이해할 수 있다. 상대적인 객관성, 기본 타당도, 신뢰도 및 관련 규준 집단 norm groups과의 비교로 인해, 심리측정은 코치이의 현재 사고를 차단하고 어려운 이슈들에 대한 새로운 관점 제공에 도움이 되는 새로운 신뢰할 수 있는 정보를 소개하는 데 도움이 될 수 있다. 새로운 통찰을 생성하는 능력은 아마도 심리측정 접근법과 도구를 선택할 때 고려해야 할 가장 중요한 요소일 것이다.

수용도 acceptability

사용 중인 진단 프로세스/방법의 유형이 코치이에게 수용되는가? 일반적으로 진단 방법과 고민 중인 목표 사이의 연계성이 높을수록 코치이에게 방법이 더 잘 수용될 것이다. 코치이 수용도가 높을수록 경험을 통해 배우고 진단 결과를 자기 것으로 받아들일 가능성이 커진다.

편향 제거 freedom from bias

모든 진단 방법은 편향에 민감하며, 이는 서로 다른 그룹 사이의 실제 차이를 반영할 수 있다 (예: 성별, 민족성 또는 연령). (가능한 한) 내재된 편견을 이해하면 해석에 정보를 제공하고 이것이 특정 코치이에게 적합한지 확인하는 데 도움이 된다. 검사 제작 및 유통 주체들에게서 다양한 그룹 간 측정 결과 차이를 확인할 수 있다.

실용성 practicality

진단이 관심 있는 속성들을 정확히 측정하고, 코칭 과정에서 의미 있는 통찰을 얻을 수 있다는 것을 먼저 확인한 후, 적절한 심리측정 도구 선택 시 고려할 중요한 요소는 다음과 같다.

- 얼마나 많은 관리가 필요하며, 어떤 장비(예: PC)가 필요한가?
- 코치이가 진단을 완료하는 데 걸리는 시간이 얼마나 걸리는가?
- 교육 필요 사항은 무엇이며, 코치이 당 비용은 얼마인가?
- 결과물은 얼마나 사용자 친화적인가?

전부는 아니더라도 대부분 진단은 온라인으로 제공되지만, 특정 상황에서는 종이로 된 paper-based 검사가 필요할 수 있다.

요약하면 사용 도구 선택 시, 이 모든 요소를 고려해야 한다. 다루는 내용이 해결하려는 요구에 부합하는가? 결과가 더 나은 성과와 같은 주요 관심 변수들과 연결되어 있다는 과학적 증거가 있는가? 진단 도구는 과학적 지원이 있는 명확히 수립된 이론 기반인가? 도구가 고유한 통찰을 제공하는가? 수용 가능하고 실용적인가? 논의된 각 이슈는 전문 심리기관에서 인증한 많은 교육 과정의 핵심이다.

코칭 프랙티스에서 심리측정 사용하기

이 섹션에서는 관리, 해석, 피드백의 모범 사례를 간략히 설명한다. 마지막으로 성공적 피드백 세션을 실행하는 방법에 대한 지침이 설명되어 있다.

검사 관리 administration

모든 심리측정 도구와 함께 관리가 체계적이고 명확한 방식으로 전달되어 코치이 진단 목적, 예상되는 사항, 결과 활용 방식을 이해하도록 하는 것이 중요하다. 데이터의 사용과 저장 방법에 대한 정보를 포함하여 심리측정을 하도록 코치이에게 요청 전에 데이터의 비밀 보장에 대해 보증해야 한다. 진단 결과가 코치이가 동의한 목적 이외의 목적으로 사용되지 않도록 하는 것은 코치의 책임이다. 진단 관리는 이메일이든 대면이든 관계없이 정직하고 개방적인 접근 방식을 채택하도록 장려하고, 결과가 유효한지 확인하기 위해 코치이와의 관계를 확립하는 데 주의를 기울이는 것이 중요하다. 개인 데이터의 가치가 인정되고, 최근 데이터 보호법이 제정되면서 고려할 특별한 점이 나타났다. 데이터 처리를 위해 전 세계 지역으로 데이터를 전송하는 심리측정 도구는 데이터 소유권 문제로 인해 특별한 동의가 필요할 수 있다.

검사 해석 interpretation

사용하기로 선택한 도구의 기본 모델과 척도를 잘 이해하는 것이 중요하다(예: 측정된 성격 속성들). 특정 도구에 대한 경험이 많을수록 이를 삶에 연계하고 통찰을 얻을 수 있다. 또한 결과 평가 시 사용되는 비교 또는 규준 집단 norm groups을 명확히 하여 코치이가 이를 실제 이해할 수 있도록 하는 것도 중요하다. 예를 들어 코치이 결과가 적절한 벤치마크(비교집단)와 비교되었는가? 고위 경영진 또는 이사회 구성원 진단 시, 그들의 성과를 다른 고위 경영진들의 성과와 비교할 수 있는가?

예를 들어, 더 효과적 리더십 기술 개발 방법과 같은 특정 개발 요구사항 고려 시, 모든 진단 결과는 특정 작업의 맥락 및 요구사항과 연계하여 검토해야 한다. 예를 들어, 어떤 진단 대상자가 다른 사람에게 영향을 미치고 주도하는 것을 선호하지만, 그들은 어떤 행동을 취하기 전에 타인들과 공개 논의를 할 의지는 매우 낮을 수 있다. 또한 그들은 참여/전달 촉진에 어려움이 있음을 나타낼 수도 있다. 그렇지만 코치이가 개발 노력에 집중할 수 있도록 특별한 통찰을 얻을 수 있다. 이 경우 코치는 원하는 결과 달성을 위해 동료들을 의사결정에 참여시키는 새로운 방법을 모색하여 다른 사람에게 영향을 미치고 이끌 수 있는 능력을 향상하기 위한 전략을 개발하도록 코치이를 지원할 수 있다.

피드백 feedback

피드백 프로세스의 품질은 코치이가 책임감을 느끼고 의미 있는 변화를 촉진하기 위해 가장 중요하다. 피드백은 다음 표준을 준수해야 한다.

- **정확성**accuracy: 피드백은 기술적으로 정확해야 하며, 이해를 보장하기 위해 최대한 명확하고 전문 용어가 없는 방식으로 전달되어야 한다. 의미 있는 변화에 영향을 주려면 코치이가 이해할 수 있는 정확하고 유효한 정보 혜택을 받도록 하는 것이 핵심이다. 측정 자체가 100% 정확하지는 않다. 이를 염두에 두고 코치로서 도구를 '진실'이 아닌 대화의 틀로 보는 것이 특히 도움이 된다. 이를 통해 코치이는 탐색과 대화에서 의미를 창출할 수 있다.
- **라포**rapport: 피드백이 비판단적이고 객관적 스타일로 제공되고, 과정이 객관적이고 도움이 되게 보이도록 코치이와 좋은 관계를 형성하는 것이 중요하다. 피드백 프로세스는 코치이가 유용한 통찰력을 개발하도록 돕는 것이며, 모든 코칭과 마찬가지로 이것은 신뢰와 개방성의 분위기에 의해 지원된다.
- **책임감**ownership: 코치이는 개발에 대한 시사점 수용을 위해 자신의 결과를 논의하고, 책임감을 가질 기회를 가져야 한다. 또한 개발 영역이 있을 수 있지만 코치이는 상황에 따라 모든 또는 심지어 어떤 개발 가이드도 받아들이지 않을 수 있다. 코치로서 코치이의 선택에 열려 있는 것이 그들이 책임감을 가질 수 있도록 하는 데 중요하다.
- **유용성**utility: 더 큰 자기 통찰과 성공적 행동 변화 목표를 달성하려면 심리측정 진단 결과를 코치이의 실질적인 실제 상황의 맥락에 적용하는 것이 핵심이다. 구조화된 피드백은 실질적인 의미, 코치이가 피드백에서 배운 내용 및 이후에 고려할 수 있는 조치에 대한 토론을 가능하게 해야 한다.

심리측정 진단 피드백 시, 큰 위험 중 하나는 '매분 어리버리한 사람이 태어납니다!'라는 캐치프레이즈를 가진 연예인 P.T. 바넘Barnum의 이름을 따서 명명된 '바넘 효과Barnum effect'이다.

성격 선호도에 대한 정보 피드백 시, 모호하거나 오해의 소지가 있는 피드백을 제공하는 것을 인지하고 피하려고 노력하는 것이 특히 중요하다. 예를 들면:

> 당신은 대체로 다른 사람들과 일하는 것을 좋아하지만, 때때로 당신은 혼자 일하는 것을 선호한다. 적어도 가끔 당신 주변 사람들보다 당신은 더 긍정적이다.

이러한 설명은 모호하며 코치이가 다른 사람과 어떻게 비교되는지에 대해 구체적인 내용은 거의 없다. 그러나 사람들이 모호한 피드백을 쉽게 받아들일 수 있다는 것은 경험적 연구를 통해 입증되었다. 스태그너Stagner(1958)는 인사 관리자 표본 집단에 성격 검사 실시 후, 모두 동일한 피드백을 제공했다. 약 절반은 보고서가 매우 정확하다고 믿었고, 나머지 중 상당수는 큰 차이가 나지 않는다고 생각했다! 코치이가 심리측정 진단을 통해 자신을 더 잘 이해할 수 있도록 피드백 제공 시, 이 문제를 방지하기 위해 결과를 설명할 때 항상 구체적이어야 한다.

심리측정 진단을 수행할 제삼자 소개

윤리적 관점에서 도구 사용에 대해 적절한 교육과 인증을 받지 않고 도구를 사용하는 것은 분명히 적절하지 않다(International Testing Commission Guidelines on Test Use, 2001).

> 능력을 갖춘 검사 사용자는 검사 프로세스에 관련된 사람들의 니즈와 권리, 검사 이유 및 검사가 수행되는 광범위한 상황을 적절히 고려해 검사를 적절하고 전문적이고 윤리적인 방식으로 사용한다.
> 이러한 결과는 검사 사용자가 검사 프로세스를 수행하는 데 필요한 역량과 이 프로세스를 알리고 뒷받침하는 검사와 검사 사용에 대한 지식과 이해를 갖추고 있는지 확인함으로써 달성된다.

코치의 관점에서 볼 때 가장 중요한 실질적 문제 중 하나는 교육을 받는 데 드는 시간과 비용일 수 있다. 도구 사용 교육이 다양한 코치이에게 도움이 될 가능성이 있는 경우, 이는 적절한 투자가 될 수 있으므로 코치는 별도의 제삼자 활용 없이 심리측정 진단을 본인 접근 방식에 통합할 수 있다.

그러나 코칭 프로세스 내에서 심리측정 도구를 사용하여 분명한 이점이 있는 것으로 보이지만 관련 교육을 받지 않은 경우, 코칭 프로세스 지원을 위해 해당 도구의 전문 지식을 갖춘 적합하게 훈련된 제삼자를 활용하는 것이 바람직할 수 있다. 해당 인력은 적절한 인증을 받아야 하며 이상적으로는 도구 사용에 대한 상당한 경험이 있어야 한다.

제삼자 활용 시 코칭 관계가 약간 복잡할 수 있다. 이를 위해 진단 피드백 프로세스의 전달 주체와 관련해 코치이, 코치, 제삼자 사이의 신중한 계약이 필요하다. 코치는 삼자 대면 회의,

코치이에게 피드백 보고서 받기 또는 코치이를 위한 전화나 Skype 피드백 세션을 고려할 수 있다. 제삼자를 활용 시 코치가 진단, 피드백 프로세스에서 독립성을 유지하는 데 도움이 될 수 있다.

효과적인 피드백 세션을 수행하는 방법

심리측정 도구가 신뢰할 수 있고 타당하며 필요에 적합하다면, 코칭에서 심리측정 진단의 영향은 전적으로 피드백 세션 품질에 달려 있다. 코치이가 목표를 달성할 수 있도록 하는 결과의 영향은 코치이가 의미를 이해하고, 새로운 행동 방식에 대한 기회를 식별하고, 진단 결과와 실제 세상의 관심사를 연결하는 데 얼마나 도움이 되는지에 달려 있다.

여기의 예는 성격 진단 결과 피드백 제공과 관련이 있다. 이들은 코칭에서 널리 사용되는 심리측정 방법이지만 지침은 모든 심리측정 방법에 적용된다.

피드백 세션은 항상 다음 단계를 포함해야 한다.

- 명확한 절차 소개
- 실무적 내용들 명확화하기(예: 가용한 시간, 비밀 유지)
- 코치이의 관점에서 피드백 세션의 맥락을 명확화하기
- 설문지 및 측정 내용 소개하기
- 적극적 경청을 사용하여 개방적인 피드백 스타일 구축하기
- 설문 구조 설명하기
- 각 척도와 점수를 설명하고 주어진 맥락 내에서 의미를 탐구하기
- 피드백된 각 결과에 대해 코치이가 질문하고 이해할 기회 제공하기
- 여러 척도 간 연결성을 만들어, 패턴을 파악하고, 코치이와 특정 관련 내용들을 활용하여 프로필을 깊이 이해하기
- 코치이가 자신의 이해와 행동에 대한 의미를 먼저 요약하고 명확히 하도록 촉진하기. 그런 다음 아직 듣지 않은 중요한 것이 있으면 여기에 추가할 수 있다.

다음은 코치이가 피드백에서 유용한 통찰을 도출하고 이 학습에 적절한 환경을 제공하는 데 도움이 되는 맥락을 설정하기 위해 이러한 각 작업을 가능한 한 효과적으로 수행할 수 있도록 하는 지침과 팁이다.

소개 introduction

피드백 세션 소개 시, 당신이 이해하는 내용으로 세션 목적을 명확히 하고, 도구에 대한 인상, 응답 스타일, 결과에 영향을 미칠 수 있는 기타 외부 문제 이해를 위해 코치이의 평가 방법을 확인하는 것이 중요하다. 그들이 고려한 특정 맥락이나 벤치마크가 있는지 이해하는 것이 도움이 될 수 있다.

비밀 유지 confidentiality

피드백은 대면으로 하든 원격으로 진행하든 항상 비공개의 통제된 환경에서 전달되어야 한다. 결과에 접근 가능한 인력을 항상 명확히 하라. 예를 들어 코치이의 고용주가 코칭을 후원하는 경우, 코치이의 HR 부서 또는 라인 매니저가 데이터를 사용할 수 있는가? 아니면 당신과 코치이 간에 비공개로 유지되는가?

맥락 context

코치이 관점에서 맥락을 이해하는 것이 중요하다. 여기에는 코치이의 현재 역할 또는 해결해야 할 이슈, 포부, 지금까지의 경력, 세션에서 얻고자 하는 구체적인 목표와 기대사항이 포함될 수 있다. 피드백이 지속적 코칭 관계의 일부가 되므로, 이 정보의 대부분은 이미 논의되었을 수 있다. 명확한 초점이 코치이가 자료를 다르게 들을 수 있도록 하므로, 피드백 세션 중에 이러한 포인트들을 끌어내는 것이 일반적으로 필요하고 좋은 프랙티스이다.

심리측정 진단 설명하기

이것은 실용적으로 다루어야 한다.

- 도구 및 측정 항목들
- 결과의 오류 가능성(코치이가 응답한 답변만큼 품질이 좋아짐)
- 실용적인 언어로 된 모델의 기본 구조(예: 주요 영역 및 척도들)
- 적용된 비교집단과 이것의 중요성과 가치
- 코치이의 목표와 관련된 피드백의 가치

피드백 스타일 feedback style

토론이 양방향 프로세스가 되도록 하고, 코치이가 자신의 생각, 감정을 탐색할 수 있는 안전한 환경을 만드는 것이 중요하다. 이를 위해 아래에 설명된 효과적인 피드백 스타일을 보장하는 여러 요소가 있다.

라포 형성 및 적극적인 경청 building rapport and active listening

먼저 코치이를 편안하게 하고 개방적이고 전문적인 라포(관계)를 형성한다. 코치이가 자신의 결과에 대해 말하는 것을 듣고 당신이 이해했는지 확인하기 위해 그들이 말한 것을 인정하고, 말을 따라 해 주고, 반영해줌으로써 이러한 경청을 적극적으로 전달하라. 비언어적 신체 언어는 적극적으로 경청하는 것과 일치해야 한다. 예를 들어, 코치는 개방적이고, 코치이에게 초점을 맞추고, 긴장을 풀고 고개를 끄덕이거나 '아하'가 주의를 산만하게 하지 않도록 비언어적 인정을 할 준비가 되어 있어야 한다.

개방적 질문하기 및 확인하기 open questioning and probing

논의를 진전시키지 않는 닫힌 예/아니오 질문보다는 코치이의 결과에 대한 의미를 탐색할 때 개방적 질문(예: 당신에게 주는 의미가 무엇이라고 생각하는가? 당신은 결과에 대해 어떻게 생각하는가?)을 사용하라.

판단하지 않는 스타일 non-judgmental style

가치 판단을 피하는 것이 피드백에서 중요하다. 그 대신 결과를 피드백하는 데 객관적이어야 하며, 코치이 의견을 말하도록 요청해야 한다. 탐구해야 할 의미와 영향도가 있지만 옳거나 틀린 성격 프로필은 없음을 기억하라.

적절한 도전 challenge appropriately

도전을 대립적으로 해서는 안 되지만, 코치이가 피드백에 동의하지 않는 영역들을 탐색하기 위해 더 깊이 조사할 준비가 되어 있어야 한다.

모델, 척도와 점수에 대한 논의하기 및 탐색하기

결과를 피드백할 때 확증적이든 그렇지 않든, 결과와 관련된 사례를 찾고 상황의 일관성을 조사하는 것이 중요하다(어떤 상황에서 코치이가 행동을 다르게 하는가? 그렇다면 이유는?). 이 과정을 통해 코치이는 자신의 도전과 니즈와 관련하여 점수의 의미를 이해할 수 있다.

연결하기 making links

피드백 논의의 가장 핵심 요소 중 하나는 주어진 사례들 사이와 척도 간에 연관성을 만드는 것이다. 이것은 코치이가 결과의 실질적인 의미를 이해하도록 돕는 데 중요하다. 주요 연관성 유형 및 연관성을 만드는 방법은 여기에 설명되어 있다.

척도들 간을 연결하기

점수 조합의 가능한 의미를 파악한다. 예를 들어, 지지하는 것에 대한 선호도가 높지만 다른 사람의 말을 듣고 상담하는 데는 상대적으로 낮은 선호도가 있다. 도구를 활용하면서 이미 다룬 척도 간에 점점 더 연관성을 확대할 수 있다. 특정 도구에 대한 경험이 증가함에 따라 잠재적인 연관성이 훨씬 더 명확하게 파악된다.

점수와 배경을 연결하기

코치이가 제공하는 배경 정보는 성격 프로필의 본질, 특히 그들의 발달을 형성했을 수 있는 경험, 가치 및 학습된 행동들에 대한 통찰을 제공할 수 있다. 이러한 연관성들을 '강제 맞춤'이 되지 않고 솔직하게 이끌어 내면 코치이가 피드백의 유효성을 확인할 수 있다.

점수와 행동 사례를 연결하기

피드백 세션을 진행하고 코치이가 제공하는 다양한 사례들이 펼쳐지며, 강조되고 논의되어야 할 일관된 주제들이 있을 수 있으며, 때로는 해결해야 할 여러 상황에서 행동의 불일치가 있을 수 있다. 이는 일관된 행동 패턴에 대한 통찰 개발에 도움이 되도록 제기되고 논의되어야 하며, 이것이 구축할 강점들이거나 잠재적으로 자기가 제한하는 것들일 수 있다.

요약하기와 되돌아보기

피드백 프로세스 전반에 걸쳐 코치이에게 직접 요약, 반영을 요청하거나, 코치가 지금까지 파악된 내용을 요약하고 반영하는 것이 도움이 된다. 이것은 반복되지 않고 진행되어야 한다. 이것은 일반적으로 작업하거나 추가 고려할 주요 개발 활동에 대한 코치이의 생각에 초점을 맞춘다. 세션의 끝은 항상 논의에서 양 당사자가 합의한 핵심 사항 요약으로 마무리해야 한다.

어떤 코치이에게 가장 유용한가?

심리측정 도구는 광범위한 코치이에게 도움이 될 수 있다. 특히 리더십 스킬과 사람들이 함께 일하는 방법 이해에 초점을 맞춘 업무 관련 적용에 가장 광범위한 심리측정 도구를 사용할 수 있다. 일반적인 다른 도구들은 비업무 환경에서 이슈를 파악하는 데 똑같이 유용할 수 있다. 심리측정 도구에서 가장 큰 이점을 얻는 코치이는 설문 응답 시 열린 마음으로 자신을 더 잘 이해하고 싶어 하며 피드백에 대해 방어적 태도를 취하지 않는 사람일 가능성이 크다. 개인의 인지 발달 수준에 따라 코치이는 타인에 대한 잠재적 영향을 보는데 어느 정도 숙련될 수 있다. 이점이 코치이가 심리측정에서 가장 많은 것을 얻도록 주의를 기울이는 데 유용할 것이다.

특히 청소년에게 심리측정 도구를 사용할 때는 주의를 기울여야 한다. 상대적으로 발달 초기 단계에 있을 수 있으며 앞으로 몇 년 동안 많은 속성이 여전히 크게 변경될 수 있다.

미래 발전

최근 몇 년 동안 소프트웨어, 하드웨어의 기술적 발전과 병행하여 심리측정 도구에 접근하는 방법에 상당한 변화가 있었다는 점은 주목할 가치가 있다. 이러한 발전의 대부분은 검사의 관리 부담을 줄이고 더 정교한 보고를 가능하게 했다. 최근 가상 현실을 개발 시나리오로 적용하고 있다. 대부분 심리측정 도구 개발자는 아직 빅 데이터 분석 및 정교한 알고리즘의 잠재력 활용을 시작하지 않았다. 우리에게 다가오는 이러한 양상은 이곳에 있다(Kosinski, Wang, Lakkaraju, & Leskovec, 2016); 그러나 이는 크립스Cripps(2017)의 최근 저서에서 논의된 실질적, 윤리적 문제를 모두 제기한다. 그런데도 이 장에서 제기된 핵심 측면은 코칭 프랙티스에서 심리측정 도구를 사용할 때 여전히 관련이 있다.

사례 연구

다음 사례 연구는 성격 설문지를 사용해 코치이에게 본인 행동에 대한 더 큰 통찰을 제공하고 행동이 원하는 목표를 달성하는 데 미치는 영향을 보여준다.

코치이

글로벌 통신 비즈니스의 선임 프로젝트 관리자 데이비드David는 사업 내에서 대규모 인프라 프로젝트 구축을 관리하고 있었다. 엔지니어로 회사를 시작한 그는 주니어 운영 관리자 역할로 승진했으며, 그 뒤를 이어 여러 번 연속으로 프로젝트 관리자 역할을 맡았다.

비즈니스에서 '일을 완수하는' 사람으로 명성을 얻은 데이비드는 이사급 포지션으로 승진 열망과 함께 사업부 책임자로서 운영 책임이 더 넓은 역할을 추구하고 있었다.

데이비드는 본인이 일반 관리자 역할을 수행할 가능성보다는 기술 프로젝트 관리 전문가로서 승진에 후순위로 여겨지고 있다고 느꼈다. 그는 '사람들'에 더 많은 시간을 할애하는, 경험이 부족한 다른 관리자들이 더 나은 기회를 얻는 것 같다고 느꼈다. 사업(그리고 그의 관리자)은 그가 잘하는 일을 계속하기를 바라는 것 같았다.

데이비드는 코칭을 사용하여 성장이 없는 익숙한 기술 분야에서 계속 일하기보다 커리어 성장을 위한 조치를 취할 방법을 탐색하는 데 도움을 받고 싶었다. 성격 설문지는 그의 업무 스타일을 탐구하는 유용한 방법으로 제안되었다. 이것은 그의 강점과 그를 방해할 수 있는 잠재적 개발 영역을 보여주는 데 도움이 되었다. 심리측정 접근으로 측정된 객관적 성격은 그에게 영향이 있었다. 그는 정확하고 유용한 결과를 얻고 자신이 다른 관리자와 어떻게 비교되는지에 대한 명확한 견해를 원했다.

프로세스

이 목표 달성을 위해 업무 기반 성격 설문지가 선택되었다. 일반적으로 공인된 교육이 필요한 다양한 도구를 사용할 수 있다. Dimensions 성격 설문지(Holdsworth, 2006)가 선택되었다. 여기에는 세 가지 주요 도메인이 포함된다.

1. 응답자가 다른 사람들과 함께 일하는 방식
2. 작업 및 프로젝트에 대한 접근 방식
3. 본인의 동인과 정서

결과 보고서는 데이비드의 15가지 성격 특성을 다루었고 데이비드에게 피드백되었다. 다음은 피드백, 학습 포인트 및 데이비드가 경험에서 취한 후속 조치에서 얻은 몇 가지 주요 통찰을 요약한다.

데이비드가 타인들과 함께 일하는 것을 좋아하는 방식과 관련해 흥미롭고 다소 모순적 결과가 나왔다. 예상 결과를 설명하며 그는 자신이 외향적인 사람이라고 얘기했으며, 항상 다른 사람을 참여시키고 앞으로 나아가려고 노력했다. 그의 프로필은 대부분 관리자에 비해 다른 사람에게 영향을 미치는 것에 대해 상당히 강한 선호를 나타냈지만, 사회적 상황에서 그의 자신감 수준은 규준[norm] 대비 일반적이었다. 더 자세히 살펴보면, 그가 흔히 주도권을 잡고 타인들을 설득하려 한다는 것이 분명했다. 그러나 더 탐색하자 그가 때때로 당황한 느낌을 받고 설득이 어려운 사업 내 최소 두 명의 고위 또는 강력한 이해관계자들이 있었다. 최근 데이비드가 주도한 프로젝트의 축소는 스폰서가 이 프로젝트를 완료하는 데 관심을 잃는 것처럼 보였던 한 결과였다.

위와 관련하여 데이비드에게 놀라운 것은 네트워킹과 의사소통 선호도가 대부분 관리자보다 약간 낮다는 것이다. 데이비드는 자신이 작업한 프로젝트에 대해 동료들과 친밀하고 항상 스폰서십 유지에 초점을 맞추고 있다고 느꼈지만, 좀 더 적극적으로 네트워크를 구축하고 다른 사람들과 시간을 보내야 한다는 것이 분명했다. 요컨대, 그는 사물에 영향을 미치려는 측면에서 외향적이지만, 그는 믿거나 유용할 수 있는 것보다는 다소 덜 사교적이었다.

데이비드의 결과는 타인을 지원하고 동료와의 조화 유지를 선호하는 것으로 나타났다. 그는 '일을 완수'하는 데 방해가 될 때 타인들과 상의하는 데 덜 관심이 있는 것처럼 보였으며, 관계보다 일을 선호하는 것으로 나타났다.

전반적으로 결과는 다음 두 가지 핵심 사항을 강화하는 데 도움이 되었다:

- 그는 산하 프로젝트, 팀에 매우 집중했기 때문에 비즈니스 전반에 걸쳐 더 광범위한 관계를 구축하는 것을 피했다. 그는 조직의 많은 동료가 프로젝트를 수행한 것에 대한 그의 평판은 인식했지만, 그를 개인적으로는 알지 못한다는 것을 알게 되었다. 네트워크를 개발하지 않아 그는 기회를 제한할 수 있다.
- 그는 주도권을 갖고 싶은 강한 열망이 있었지만, 타인들을 어떻게 참여시켰는지, 때로는 동료들에게 몰두하거나 고위 이해관계자들 앞에서 자신감이 부족한 것으로 보였는지에 대한 성찰로부터 얻는 것이 있었다.

데이비드의 업무와 프로젝트 관리 방법과 관련된 결과는 그가 결정을 뒷받침하는 강력한 분석 접근을 사용하여 매우 체계적이고 성실하다는 것을 나타낸다. 그는 대부분 다른 관리자와 마찬가지로 개념적이고 창의적인 것처럼 보였다. 이것이 의미하는 바가 무엇인지 물었을 때, 그는 이것이 '좋은 프로젝트 관리자'의 프로필일 것이라고 인정했다.

그가 추구하는 역할에서 가장 중요한 자질이 논의되었다. 데이비드는 이전에 자신이 때때로 세부 사항에 너무 관여할 수 있는데, 더 광범위하고 전략적 관점을 취하는 것이 도움이 될 수 있다는 피드백을 받았음을 확인했다. 이는 핵심 문제에 대한 간략한 요약을 보고 싶어 했고, 직접 참여가 어려웠던 그의 최근 프로젝트 스폰서의 사례와 관련이 있었다. 데이비드는 당시 스폰서가 정말로 지원적이지도 관심이 있지도 않다고 생각했다. 그러나 이것이 성격 스타일의 차이일지도 모른다는 얘기를 들었을 때, 그는 접근 방식이 상위 수준인 인력들과 더 효과적 의사소통 방법에 대해 생각함으로써 얻을 것이 있을 수 있다는 데 동의했다.

데이비드의 동인과 정서를 살펴보면, 설문 결과는 그가 일을 완수하려는 상당한 동인이 있음을 분명하게 보여주었지만, 전반적 삶의 질에 대한 업무의 영향을 관리하는 데 상당히 균형이 잡혔다. 데이비드는 자신을 매우 활동적이고 야심 찬 사람으로 묘사했으므로 처음에는 결과의 정확성에 대해 약간 확신하지 못했다. 그러나 지난 몇 년 동안 프로젝트 중심의 역할에 만족한 그는 다른 모든 것 위에 커리어를 두지는 않았다. 그는 자신의 깊이 있는 지식과 경험과 커리어 승진의 부족 후 더욱 좌절했다.

데이비드의 프로필은 그가 압력을 받으면 상당히 쉽게 좌절할 수 있지만, 다른 사람들에 비해 상당히 높은 수준의 탄력성을 가지고 있으며, 주변의 변화가 발생할 때 적응하는 매우 유연한 접근 방식을 가지고 있음을 보여주었다. 더 탐색해보면 데이비드는 정서적 수준에서 조직이 최근에 그가 원하는 만큼 그를 지원하지 않는다고 느꼈다는 것이 분명해졌다. 그는 이것이 자신의 직속 상사에 의해 인식되거나 고려되지 않았다고 느꼈다. 코치는 데이비드에게 가설을 제시했는데 그가 행동할 수 있는 능력이 높고 압박 상황에서 탄력적이기 때문에 이러한 우려 사항들이 다른 사람들에게 쉽게 눈에 띄지 않을 수 있다는 것이었다.

데이비드는 세션에서 가장 유용한 학습 포인트가 무엇인지, 그리고 후속 조처하기 위해 무엇을 할 수 있는지 물었다. 다른 사람과 함께 일하는 방식과 관련하여 그는 자신이 예상만큼 외향적이지 않을 수 있으며, 자신의 네트워크를 강화하고 자신의 평판을 관리하기 위해 자신의 가까운 영역 외부의 동료와 관리자를 알게 됨으로써 얻을 수 있는 이점이 분명히 있음을 인정했다. 더 넓게는 데이비드가 특정 인력들에 대해 자신의 커뮤니케이션 스타일을 조정할 수 있다고 생각하는 영역이 많았으며, 중요한 것은 압력이 쌓이도록 두기보다 상사에게 더 일찍 우려 사항을 제기해야 한다는 점이다. 왜냐하면 이것이 주변 사람들에게 '갑자기' 좌절감을 느끼도록 하기 때문이다.

> 성격 설문지 사용은 데이비드가 자신의 행동에 대한 객관적 관점을 제공함으로써 앞으로 나아가도록 도왔으며, 효과적으로 자신의 일하는 방식을 들여다보고 안전한 환경에서 반성할 수 있도록 했다. 그는 늘 도전에 익숙하지 않았지만, 진단을 통해 자신의 상황에서 벗어날 수 있었고 적절한 이슈들을 파악하여 추가적인 코칭 및 개발에 주안점을 제시하였다.

논의 포인트

1. 심리측정 도구의 피드백이 도움이 되려면 먼저 관련성이 있고 정확한 것이 중요하다. 이와 관련하여 목적에 적합한지 확인하기 위해 당신은 심리측정 진단에서 어떤 주요 특징들을 찾고 있는가?
2. 심리측정 진단은 코치이를 위한 유용한 통찰력을 개발에 도움이 될 수 있지만, 피드백 프로세스를 통해 결과를 의미 있는 학습으로 변환하는 프로세스가 중요하다. 이것이 발생하도록 피드백 중에 수행해야 하는 가장 중요한 조치는 무엇이라고 생각하는가?
3. 코칭에서 코치이를 돕기 위한 접근 방식으로 심리측정 진단을 사용 시, 주요 이점과 한계는 무엇인가?
4. 심리측정 진단을 사용할 때 코치이가 결과를 자기 것으로 받아들이는 것이 중요한 이유는 무엇인가? 수용하지 않으면 코칭 과정에 어떤 위험이 있는가?

추천 읽기

Passmore, J. (Ed.). (2012). *Psychometrics in coaching: Using psychological and psychometric tools for development*, 2nd Edition. London: Kogan Page.
Costa, P. T., Jr., & McCrae, R. R. (2002). *Personality in adulthood: A five-factor theory perspective*, 2nd Edition. New York: Guilford Press.
Cripps, B. (Ed.). (2017). *Psychometric testing: Critical perspectives*. Chichester: John Wiley & Sons.
Peterson, C., & Seligman, M. E. (2004). *Character strengths and virtues*. Washington, DC: American Psychological Association.

참고 문헌

Allworth, E., & Passmore, J. (2012). Using Psychometrics and psychological tools in coaching. In J. Passmore (Ed.), *Psychometrics in coaching: Using psychological and psychometric tools for development*, 2nd Edition (pp. 325–344). London: Kogan Page.

Barrett, R. (2012). Coaching for cultural transformation. In J. Passmore (Ed.), *Psychometrics in coaching: Using psychological and psychometric tools for development*, 2nd Edition (pp. 325–344). London: Kogan Page.

Cattell, R. B. (1965). *The scientific analysis of personality*. Harmondsworth: Penguin Books.

Costa, P. T., Jr., & McCrae, R. R. (1992). Four ways five factors are basic. *Personality and Individual Differences*, 13, 653–665. *Psychological Bulletin*, 132, 28–30.

Costa, P. T., Jr., & McCrae, R. R. (2006). Age changes in personality and their origins: Comment on Roberts, Walton, and Viechtbauer (2006). *Psychological Bulletin*, 132, 28–30.

Cripps, B. (Ed.). (2017). *Psychometric testing: Critical perspectives*. Chichester: John Wiley & Sons.

Guilford, J. P. (1967). *The nature of human intelligence*. New York, NY: McGraw-Hill.

Holdsworth, R. F. (2006). *Dimensions personality questionnaire*. Jersey: Talent Q Group.

Holland, J. L. (1973). *Making vocational choices: A theory of careers*. Englewood Cliffs, NJ: Prentice-Hall.

International Test Commission. (2001). International guidelines for test use. *International Journal of Testing*, 1, 93–114.

Kauffman, C., Silberman, J., & Sharpley, D. (2012). Coaching for strengths using VIA. In J. Passmore (Ed.), *Psychometrics in coaching: Using psychological and psychometric tools for development*, 2nd Edition (pp. 291–304). London: Kogan Page.

Kosinski, M., Wang, Y., Lakkaraju, H., & Leskovec, J. (2016). Mining big data to extract patterns and predict real-life outcomes. *Psychological Methods*, 21 (4), 493–506.

Latham, G. P. (2007). *Work motivation: History, theory, research and practice*. Thousand Oaks, CA: Sage.

Linley, P. A., Nielsen, K. M., Gillett, R., & Biswas-Diener, R. (2010). Using signature strengths in pursuit of goals: Effect on goal progress, need satisfaction, and well-being, and implications for coaching psychologists. *International Coaching Psychology Review*, 5 (1), 6–15.

Locke, E. A. (1976). The nature and causes of job satisfaction. In M. D. Dunnette (Ed.), *Handbook of industrial and organizational psychology* (pp. 1297–1349). Chicago, IL: Rand McNally.

Maslow, A. H. (1943). A Theory of Human Motivation. *Psychological Review*, 50, 370–396.

McClelland, D. C. (1961). *The achieving society*. Princeton, NJ: Van Nostrand.

Meyer, J. P., & Allen, N. J. (1991). A three-component conceptualization of organizational commitment: Some methodological considerations. *Human Resources Management Review*, 1, 61–89.

Peterson, C., & Seligman, M. E. (2004). *Character strengths and virtues*. Washington, DC: American Psychological Association.

Schein, E. H. (1990). *Career anchors: Discovering your real values*. San Diego, CA: Pfeiffer.

Spearman, C. E. (1904). General intelligence, objectively determined and measured. *American Journal of Psychology*, 15, 201–293.

Stagner, R. (1958). The gullibility of personnel managers. *Personnel Psychology*, 11, 347–352.

Sternberg, R. J. (1985). *Beyond IQ: A triarchic theory of human intelligence*. New York, NY: Cambridge University Press.

Williams, A., & Whybrow, A. (2013). *The 31 practices: Release the power of your organisation values every day*. London: LiD.

39장
코칭에서 기술technology의 역할

저자: 알렉스 파스칼Alex Pascal[1], 브로디 그레고리 리오던Brodie Gregory Riordan[2], 매기 사스Maggie Sass[3]
역자: 강준호

서론

코칭은 고유한 인본주의 프랙티스로 알려져 있다. 대다수 사람은 코칭을 훈련된 전문 코치와 비즈니스 리더 사이의 일대일 도움 관계로 설명하는데 자주 직접 만나는 것이 특징이다. 그러나 다른 많은 인사HR와 사업 프랙티스들과 마찬가지로 코칭은 기술에 지속해서 영향을 받고 강화되고 있다. 이 장에서는 하드웨어(예: 모바일 기기, 컴퓨터, 웹캠, 웨어러블 기술) 및 소프트웨어(예: 모바일 앱, 컴퓨터 프로그램, 클라우드/웹 기반 프로그램)를 모두 포괄하는 용어로서 기술technology이라는 단어를 사용한다. 많은 형태의 기술들이 이미 전 세계 코칭에서 활용되고 있으며, 이 장에서 탐색할 다섯 가지 광범위한 방식으로 코칭을 강화하고 있다: 코치 선정,

---

1) **알렉스 파스칼**Alex Pascal은 CoachLogix의 창립자이자 CEO이다. 이 직책을 맡기 전에는 Center for Creative Leadership(CCL)에서 코칭 및 평가의 제품 마케팅 관리자로 재직했다. 그는 또한 CCL의 겸임 임원 코치이기도 하다. Email: alex.pascal@coachlogix.com
2) **브로디 그레고리 리오던**Brodie Gregory Riordan(이전의 Jane Brodie Gregory)은 I/O 심리학자, ICF 인증 코치 및 피드백 열성가로 CEB(Corporate Executive Board)의 인재 컨설팅 및 Procter & Gamble의 글로벌 리더십 개발 경력이 있다. 그녀는 코칭, 피드백 및 리더십 개발 주제에 대한 24개 이상의 논문, 서적과 챕터를 출판했다. Email: brodie.gregory@gmail.com
3) **매기 사스**Maggie Sass PhD(컨설팅 심리학)는 리더십, 코칭 및 평가 전문 지식을 갖춘 ICF 인증 임원 코치이자 진행자이다. 매기는 10년 이상의 연구 경험을 가지고 있으며, 현재 전문 프랙티스에서의 윤리와 코칭에서 기술의 역할에 중점을 두고 있다. 그녀는 현재 샌디에고에 있는 Center for Creative Leadership의 수석 교수진이자 글로벌 포트폴리오 관리자이다. Email: sassmaggie@gmail.com

운영 관리, 대면 코칭 보완역할, 대면 코칭 대체 역할, 코칭 평가가 그것이다.

인적자본 및 육성 프로세스에서의 기술

최근 연구에 따르면 평균적 사람들은 이제 수면보다 노트북, 휴대전화에 매일 더 많은 시간을 보낸다(각각 하루 8시간 41분, 하루 8시간 21분: Ofcom, 2015). 기술은 사람들의 상호 소통 방식을 포함해 이미 직장의 인적자본 프로세스를 극적으로 변화시켰다(예: 79% 작업자가 가상 팀에서 작업(Unify, 2014)). 즉 대면 상호작용 감소, 더 많은 이메일, 인스턴트 메시징, 문자 메시지, 가상회의), 조직의 인재 모집 및 선정 방법(예: 온라인 채용 사이트, 소셜 미디어를 통한 채용, 온라인 선발 진단과 검증 프로세스, 가상 인터뷰 사용), 사람들의 직장 내 학습, 육성 방법(예: 학습관리 시스템, 웹 기반 및 가상 교육, 행동변화 앱), 조직의 고성과 관리와 촉진 방법(예: 클라우드 기반 인재 관리 및 성과관리 시스템, 피드백 및 목표 설정 앱) 등이 해당된다. 그러나 실제 사례에서 보이는 모습과 코칭 효과성과 영향에 대한 통찰을 제공하는 리서치 개발지원 방법 등 코칭에서 기술의 역할에 대한 명확성이 부족하다. 본 장에서는 고품질 코칭 경험이 감소하는 것이 아니라 오히려 향상되는 코칭에서 기술의 가장 효과적 사용 방법에 대한 모델을 제시한다.

코칭 회기 간 의사소통, 조정, 가상 세션, 보완적 상호작용과 같은 다양한 방식으로 기술은 이미 코칭에 활용되고 있다. 코치와 코치이는 모바일 기술, 이메일, 비디오 애플리케이션을 사용하여 회의를 예약하고 코칭 대화를 하고 회의 간에 상호작용을 한다. 2010년 설문 조사에 응답한 코치 절반 이상이 본인 프랙티스에 정기적으로 전화 코칭을 사용한다고 보고했다(Clutterbuck & Hussain, 2010). 미국 경영 협회American Management Association(2008) 연구에 따르면 코칭의 58%는 직접 대면하는 반면 37%는 대면, 가상, 전화 코칭 조합을 사용한다. 코칭에서 이메일, 문자 메시지, 인스턴트 메시징을 사용하면 코치와 코치이가 쉽게 상호작용할 수 있을 뿐만 아니라; 이러한 온라인 도구는 코칭 참여 과정을 검토할 수 있는 기록이 축적되어 경향성과 테마를 파악할 수도 있다(Rossett & Marino, 2005). 또 연구에 따르면 원거리 코칭, 멘토링은 대면 코칭, 멘토링과 동일하게 효과적이다(Berry, Ashby, Gnilka & Matheny, 2011). 기술 기반 코칭은 또한 지리적 제약을 제거하여 코치와 코치이 모두에게 혜택을 준다.

2013년 백서(Moreme, 2013)에 따르면 지리적 제약이 없어져 코치이가 본인 요구에 가장 잘 맞는 코치를 찾을 가능성이 커진다. 예를 들어, 회사 경영진 개발을 원하는 인도 고객은 인스턴트 스트리밍 비디오 소프트웨어를 사용해 미국 보스턴의 전문 코치와 협력할 수 있다. 기술 지원 코칭은 또한 편리하고 유연하며 시간과 비용에 효과적이어서, 많은 HR 비즈니스 파트너들이 회사에서 코칭 활용을 확대하는 데 필요했던 방식이 가능하다. 이렇게 상황이 고무적이지만 코칭에서 기술의 역할은 완전히 자연발생적, 상향식이었다. 부족한 측면은 코칭의 더욱 효과적 수행을 위한 기술 활용 방법의 공식 전략이다. 현재 코칭에서 기술 영향에 대해 제한된 데이터와 연구만 있으므로 앞으로 이 영역은 코칭에 중요한 영향을 미칠 수 있는 연구를 위한 비옥한 기반이 될 것이다.

코칭에 적합한 기술 방식

기술은 코칭의 다섯 가지 특정 측면에 영향을 미친다: 코치 선정, 운영 관리, 대면 코칭 보완, 대면 코칭 대체, 코칭 평가이다(Pascal, Sass & Gregory, 2015). [그림 39.1]은 이러한 다섯 가지 측면이 코칭 라이프 사이클에 어떻게 부합하는지 보여준다.

코치 선정 coach selection

모든 코칭에서 가장 중요하고 도전적 단계 중 하나는 코치이의 니즈와 선호도를 충족시킬 올바른 코치를 찾는 것이다. 이전의 코칭 결과 연구는 코칭 관계의 인지된 품질(de Haan, Duckworth, Birch & Jones, 2013)이 코칭 결과에 대한 코치이 인식에 중요한 역할을 한다는 것을 보여주었다. 대중적 믿음과는 달리, 성격 특성 및 인구 통계에 기반을 둔 코치 매칭은 코칭 성공에 대한 코치이 인식과 상관관계가 없는 것으로 밝혀졌다(de Haan, Duckworth, Birch & Jones, 2013). 드 한 De Haan, 덕워스 Duckworth, 버치 Birch, 그리고 존스 Jones(2013)는 예비와 시범 코칭 세션에서 코치이가 경험한 첫인상이 성격, 인구통계 기반 매칭보다 코칭 성공을 더 잘 예측한다는 것을 암시하는 간접 경험적 증거를 발견했다.

기술은 선택할 수 있는 더 많은 코치 인력 풀 manageable pool을 제공할 수 있어, 더 나은 코치 선정을 가능하게 한다. 기술은 조직과 개인이 많은 코치를 살펴보거나 필터, 검색 기준을 사용해 원하는 코치 목록을 좁히는 중요한 도구이자 조직화 메커니즘이다(예: 만약, 코치이가 링크드인LinkedIn, ICF 코치 파인더finder, 누미닷컴Noomii.com 등의 사이트를 찾아보고 있다면).

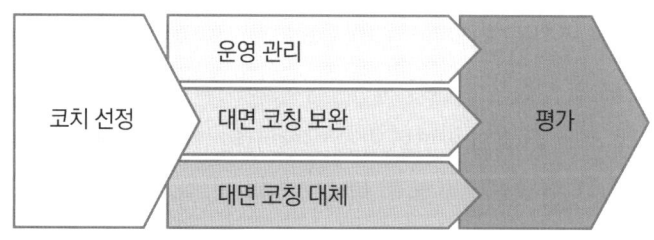

[그림 39.1] 기술의 영향을 받는 코칭의 측면

이를 통해 코치이는 잠재 코치 목록을 추려, 원하는 특성(예: 이전 업계 경험, 나이, 코칭 경력, 관심사/전문성, 리더 경험, 출신 국가, ICF 및 기타 인증 등)을 기반으로 잘 어울리는 것으로 보이는 코치와 초기 '적합성 판단' 대화를 나눌 기회를 제공한다. 잠재적 코치이는 이력 검토, 코치 경험/철학 파악 및 첫 번째 전화 통화 진행 전에 초기 적합성 진단을 할 수 있다. 이는 코치이뿐만 아니라 코치에게도 도움이 된다. 코치이가 스스로 '사전 선별'할 수 있어, 코치는 실제 고객으로 전환될 수 있는 사람들과 초기 통화를 할 가능성이 더 커진다. 많은 코치 풀의 잠재적 단점은 이들을 소수로 선별하는 과정이다. 따라서 필터링 기능 또는 선택 기준(예: 위에 나열된 것 - 업계 경험, 나이, 코칭 경력 등)은 코치 선택을 관리할 수 있는 인력 풀 수준으로 큐레이팅하는 데 중요한 역할을 한다.

운영 관리business management

코칭 과제 관리는 코칭 대상자 규모 증가에 따라 복잡할 수 있다. 코칭 프로세스에는 다양한 관계자들, 코칭 프로세스에서의 역할, 요구사항, 기대치 등이 모두 포함된다. 한편으로는 많은 경우 사내 코치 활용 이외, 외부 코치 및 코칭 회사와 코칭 서비스 계약을 하는 조직들이 있다. 이러한 조직들은 주로 코칭의 가치와 영향에 대한 명확한 이해를 위해 코칭을 추적, 모니터링하는 데 관심이 있다. 또한 코칭에 대한 무의미한 비용지출을 방지하기 위해 일련의 공급

업체 관리 프로세스를 시행해야 한다. 경영진 코칭을 관리할 중앙집중식 플랫폼이 없으면, 인재 관리 부서는 조직 내 코칭 활용 표준화 및 코칭 전반에 걸친 일관성, 품질 보장에 어려움을 겪을 수 있다. 반면, 외부 코치와 코칭 회사는 비즈니스를 운영하고 지속해서 증가하는 고객 조직의 리포팅 요구사항 준수를 위해 코칭을 추적, 모니터링 해야 한다. 또한 조직에 따라 코치이는 정규 코칭 세션 이외의 코칭 프로세스에 다양한 정도의 참여를 하게 된다. 특히 코치이는 코치 매칭 프로세스에서 적극적 역할 수행을 하고, 세션을 적극적으로 예약하고, 목표를 추적하고, 개발 계획을 주요 이해관계자와 공유할 수도 있다.

　기술 플랫폼을 활용해 코칭을 실행하는 이점은 조직에서 코칭 프랙티스를 중앙 집중화한다는 것이다. 2000년대 초에 인재 관리 부서의 출현과 오늘날 조직 개발 도구로서 코칭의 공식화와 함께 조직 내 코칭 프랙티스를 중앙 집중화할 필요가 있다. 조직의 중앙집중식 코칭 프랙티스는 경영진과 함께 배치할 수 있는 코치를 승인하고, 코칭에 대한 일관된 접근 방식을 설정하고, 코칭 결과에 대한 명확한 기대치를 설정하는 명확한 프로세스를 수반한다. 이는 조직 내 많은 코칭이 사업부 수준에서 계약되기 때문에 중요한데, 이는 인재 관리 부서가 기술 플랫폼 없이는 조직 내 모든 코칭을 관리하기가 어렵기 때문이다.

대면 코칭 보완 supplement face-to-face coaching

기술은 특히 기술 기반 개인화된 학습 또는 코칭 '과제 homework'를 통해 행동 변화하는 방식으로 코칭 경험을 활용하는 데 도움이 될 수 있다. 많은 조직에서 비디오, 기사, 팟 캐스트, 다른 온라인 사용자와의 채팅, 온라인 서면 성찰 등 여러 학습방식을 통해 사용자가 자가 학습에 참여할 수 있는 e-러닝 제품을 제공하기 시작했다. 코치는 학습과 행동 변화를 촉진하고 유지하기 위해 세션 사이에 고객들에게 과제를 부여할 수 있다. 예를 들어 코치이가 자신의 회복탄력성 개발을 위해 노력하는 경우, 코치는 특히 회복탄력성 개발에 중점을 둔 학습 활동을 부여할 수 있다. 코치이는 클라우드 기반 애플리케이션을 사용해 회복탄력성이 무엇인지, 왜 중요한지, 어떤 행동이 회복탄력성을 촉진하는지에 대한 팁과 지침을 얻을 수 있다. 그 후, 일상 업무에서 적용하고, 주기적 성찰을 위해 온라인 애플리케이션에 접속한다. 많은 코치는 고객 니즈와 목표와 관련된 앱을 세션 간 작업에 통합하여 활용한다. 예를 들어, 마음챙김에 대해 작업하는 고객은 실시간 명상 가이드를 제공하는 앱의 혜택을 받을 것이다. 구성 및 계획에 대해 작업하는 고객은 매끄러운 체크리스트와 시간 관리 도구를 제공하는 앱을 활용할 수 있다. 모바일 앱의 배열과 손쉬운 접근성은 고객의 일상적인 개발 작업과 코칭 세션 사이의 행동 변화를 극적으로 향상시킬 수 있으며, 이러한 앱 중 다수는 실제로 행동 과학의 기초를 가지고 있다. 소원wish, 결과outcome, 장애물obstacle, 계획plan을 의미하는 WOOP와 같은 애플리케이션은 가브리엘레 외팅겐Gabriele Oettingen이 디자인한 Android 및 iOS 앱이다. 뉴욕대NYU와 함부르크 대학의 심리학 교수인 그는 사람들이 미래의 상태와 목표를 추구하는 의도, 준비도에 대해 어떻게 생각하는지, 그리고 그것이 감정과 행동 변화에 미치는 영향을 주로 연구한다(WOOP, 2016). 20년 이상의 목표 설정과 달성에 관한 연구를 기반으로 한 이 앱을 통해 사용자는 목표와 목표 달성 장애물을 동시에 생각하여 도전 사항들을 극복하고, 동기부여 상태를 유지하며 실제로 목표를 실행할 수 있다.

이러한 방식으로 기술을 사용하는 것은 회복 요법recovery therapy과 유사하다. 이러한 기술 대부분은 핑ping 기반 또는 센서 기반 메커니즘을 통해 사용자와 연결된다. 핑 기반 기술을 사용하면 코치 또는 코치이가 애플리케이션을 사용해 코치이에게 특정 행동을 상기시킬 수 있다. 예를 들어, 어떤 부사장 코치이가 경영진 회의에서 더 효과적으로 의사소통하는 것에 대해 작업하고 있다면, 코치는 회의 20분 전에 이메일/문자를 보내 새로운 행동을 시도하도록 상기시켜 줄 수 있다. 마찬가지로 고객 스스로 매회 세션 전에 시작하도록 설정된 애플리케이션을 사용하여 2분 동안 자신 내면에 집중하고, 마음챙김을 연습하고, 코치가 제안한 호흡법을 시행하도록 상기시킬 수 있다. 핏빗FitBit 또는 나이키 퓨얼Nike Fuel과 같은 센서 기반 기술은 행동 관리에도 유용할 수 있는 신체 측정 결과를 추적하는 데 사용할 수 있다. 심장 박동과 맥박은 일반적으로 누군가가 감정적 각성을 인식하기 전에도 증가한다. 추적 장치를 사용하여 이러한 상황을 인식하면 부적절한 직장 내 행동을 유발하는 촉발 요인을 식별하는 데 도움이 된다. 예를 들어, 예산 회의 중에 HILF(고강도 저주파)가 증폭되는 고객이 스트레스를 유발하는 상호작용 도중에, 센서를 확인하면 생리적 변화를 의도하지 않은 행동과 연결하는 데 도움이 될 수 있으며, 이러한 상황에서 행동변화를 도울 수 있다.

게이밍gaming, 즉 종합적 환경을 통해 사용자는 특정 요소를 추상화할 수 있다. 이것은 코칭이 하는 일과 직접적으로 유사하다. 코치이는 큰 환경적 맥락 하에서 행동의 작은 부분 집합에 집중할 수 있다. 코치이는 모든 생애사, 두려움, 목표 등을 공유할 수 없기 때문에, 본인이 달성할 수 있는 적은 수에 집중할 수 있게 되며 결과적으로 덜 압도된다. 외팅겐Oettingen(2012)

은 목표 달성에서 핵심적인 부분은 먼저 몇 가지 잠재적 결과에서 미래의 상태와 결과를 상상하는 것이라고 제안한다. 코칭은 당신이 무엇을 할지, 하지 않을지를 결정할 수 있게 해준다. 이 기술은 애플Apple의 책임자인 스티브 잡스Steve Jobs의 전략과 유사하다. i 제품(iPod, iPad 및 iPhone)은 다른 방식으로 기술을 구상했다. 그들은 사용자가 제품 사용 시 산만하지 않고 정말로 하고 싶은 것에 집중하도록 제품을 단순화했다. 코칭에서 살아남을 제품과 서비스는 새로운 사고방식과 행동 방식을 창출하는 동시에 사용하기 쉬운 경험이 될 것이다.

대면 코칭 대체

기술 회사는 전통적 대면 코칭 대신 이를 완전한 디지털 코칭 플랫폼으로 대체해 코칭 공간을 활용하기 시작했다. 전화 코칭은 수십 년 동안 일반적으로 사용되어 왔으며(Clutterbuck & Hussain, 2010; Moreme, 2013; Rossett & Marino, 2005) 대면 코칭만큼 효과적일 수 있다는 증거가 있다(Berry, Ashby, Gnilka & Matheny, 2011). 화상회의 프로그램이 더욱 보편화되고 접근 가능해짐에 따라 더 많은 코치이가 이를 프랙티스에 활용하고 있다. 인터뷰 한 코치는 비디오를 통해 고객의 생각/감정에 대한 중요한 통찰을 제공할 수 있는 코치이의 얼굴 표정, 신체언어를 볼 수 있기 때문에 전화 코칭보다 화상회의(Facetime, Google Hangouts, Google Chat, Skype, VSee 같은 앱 사용)를 선호한다고 설명했다. 또 프레즌스(함께 참여)와 관련해서 상호책임 수준을 향상시킨다.- 고객이 비디오를 볼 때 이메일 확인과 같은 다른 작업을 할 가능성이 작다. 일부 조직에서는 직원에게 '주문형on-demand' 코칭을 제공하여 가상 코칭 사용의 속도, 용이성을 활용했다. 한 조직에서 관리자, 직원이 특정 순간에 코칭 필요시 (예: 큰 회의, 어려운 대화를 준비하거나 예기치 않게 활용할 수 있는 시간이 생겼을 때) 회사 앱을 사용하여 요구사항을 구체화하고 선호 코치를 선택하고 원하는 세션 시간을 입력한다. 조직 내 코치는 사전에 시간 스케줄을 제출하고 (근무 시간과 유사) 앱에서 자신을 '가능' 또는 '오프라인'으로 표시하는데, 코칭 세션이 무료인지에 따라 달라진다.

대면 코칭의 대체는 도전과 기회를 모두 제공한다. 한편으로는 접근성을 높이고, 시간을 절약하며 이동할 필요가 없다. 반면에, 그것은 코칭과 비슷하지만, 흔히 전통적인 대면 코칭의 엄격함이 부족한 일부 '어중간한 영역'을 만들기도 한다. 예를 들어, 몇몇 기술 회사는 100% 온라인 코칭을 표방하고 이를 제공함으로써 코칭의 주류 인기를 활용하고 있다. 이러한 회사 중 하나는 사용자가 목표를 추적하고, 미리 알림을 예약하고, 온라인 대시보드에서 진행 상황을 볼 수 있는 앱을 제공한다. 또한 유사한 목표를 시도하는 다른 사용자와의 커뮤니티를 제공한다. 또 다른 온라인 '코칭' 서비스는 사용자가 작업 중인 과제와 문제에 대해 미리 준비된 질문과 응답(예: 성찰, 후속 질문)을 사용하여 사용자를 코칭 한다. 그러나 실제로 사람 코치는 관여하지 않는다. 이러한 도구는 사용자에게 많은 이점을 제공하지만 이를 '코칭'이라고 부르는 것은 부정확하고 오해의 소지가 있다. 코칭 분야가 발전함에 따라 코칭이 무엇인지 그리고 기술 기반 코칭 세계와 사람 간 코칭 세계에 차이가 있는지를 탐구하고 이해하는 것이 중요하다.

동시에, 기술 기반 프로세스에 코칭 원칙을 적용하면 비용, 시간 또는 기타 제한으로 인해 전통적인 코칭이 선택 사항이 아닌 집단으로 코칭의 영향이 확대될 수 있다. 예를 들어 Cognician은 비용을 최소화하고 대규모 조직에서 코칭 접근 방식을 확장할 수 있는 완전한 기술 기반 셀프 코칭을 제공한다(Cognician, 2016). 그들은 전통적 일대일 코칭의 인간적 접촉high-touch 접근이 부족하지만, 전통적 코칭의 두 가지 공통된 결과인 자기 성찰과 행동 변화를 가능하게 할 가능성을 보여준다. 우리는 이러한 솔루션이 전통적 코칭을 명확히 대체하지는 않지만, 전통적 코칭을 선택할 수 없는 사람들에게는 장점이 있다고 생각한다. 기술은 시장 효율성을 주류로 가져올 수 있는 것이다.

평가evaluation

코칭 평가는 코치가 본인 업무 방식을 피드백 받고, 코치이가 피드백을 제공하고, 코치이 조직이 비즈니스에서 코칭의 영향, 가치, 효과를 추적할 수 있는 중요한 방법이다. 대부분 코치 평가 방법은 코치이 행동 변화에 대한 영향/인식보다 프로세스와 만족도에 초점을 맞추는 경향이 있다(Grant, 2014; Low man, 2005). 일반적인 코칭 평가는 고객이 응답하는 자기 보고 척도로 구성되며, 코치 역량 및 코칭의 전반적 유용성에 대한 질문(예: '코칭에 대한 만족도 평가' 및 '당신이 조직의 다른 직원에게 코치를 추천할 가능성을 나타냄')으로 구성된다. 커크패트릭Kirkpatrick(1994)에 따르면 이것이 첫 번째 평가 수준인 반응reaction 평가이다.

커크패트릭Kirkpatrick(1994)에 의해 설명된 학습learning, 행동behaviors, 결과results와 같은 더 높은 수준의 평가를 얻기 위해 내부 코칭 프로그램만 아니라 코칭과 컨설팅 조직은 경영진 코칭의 영향을 측정하기 시작했다. 이 측정은 학습 및 행동변화 측면에서 개인 이외에도 병가 사용일 수, 생산성, 판매 등과 같은 비즈니스 관련 결과 측면에서 조직에 대한 것이기도 하다. 예를 들어, 한 회사는 목표 진척 경과, 관찰 가능한 행동 변화, 개인과 조직에 대한 행동 변화의 영향과 같은 코칭으로 인한 변화를 사용자가 진단할 수 있는 웹 기반 사용자 맞춤형 도구를 가지고 있다. 이 진단은 코치, 리더, 기타 주요 이해관계자/관찰자의 의견을 바탕으로 하는데, 이는 코칭에 대한 360도 평가와 매우 유사하다. 이 진단이 전통적 평가 방법과 다른 점은 코칭 결과로서 행동 변화를 구체적으로 목표로 삼고 측정할 수 있다는 것이다. 그러나 이 진단은 또한 조직이 종합된 결과를 사용해 여러 코치, 코칭 간 비교할 수 있을 만큼 충분히 표준화되어 있다. 이러한 도구는 궁극적으로 연구자들과 프랙티셔너들이 코치의 교육 배경, 관련 업계 경험, 적정 코칭 시간, 기술 기반 세션 대비 대면 세션의 중요성과 같은 코칭의 영향에 실제로 영향을 미치는 코칭 변수를 이해할 수 있도록 한다.

코칭의 미래

코칭 기술의 미래는 연구자, 코칭 프랙티셔너, 코칭 소비자(개인 그리고 조직) 모두에게 흥미로운 가능성을 제시한다. 기술 회사들은 모델에 설명된 다섯 가지 요소를 통합하는 통합 플랫폼을 개발하고 있다. 혁신적인 스타트업들(예: Uber, Airbnb)은 주로 사용하기 쉽고 효율적인 애플리케이션을 만들어 안정적이었던 기존 산업(예: 택시, 호텔)을 점점 더 혼란스럽게 만들고 있다. 이들 기업은 각자의 시장에서 엄청난 효율성을 창출했지만, 기존 정부 정책 (또는 그 결여)뿐만 아니라 기존 기업과도 싸워야 했다. 코칭 시장에서 시장 효율성을 창출하면 잠재적으로 모든 수준의 조직 계층에서 전통적 일대일 코칭에 더 쉽게 접근할 수 있다. 그러나 코칭 소비자를 보호하고 모범 사례가 일관되게 활용될 수 있기 위해 표준에 중점을 두어야 한다. 우리는 코칭의 품질을 관리 방법으로 시장의 힘(예: 리뷰, 보증)을 사용하는 것이 코칭 직업에 엄청난 기회를 의미한다고 믿는다. 이것은 우리가 심리학에서 하는 정도까지 코칭을 규제할 필요성을 줄일 수 있다. 결국 코치는 일반적으로 전통적인 심리적 프랙티스와는 달리 비치료적 관점에서 사람들을 다룬다.

기술 및 코칭 윤리

윤리, 개인 정보보호, 기밀 유지는 코칭에서 기술의 역할에 대한 모호성과 우려의 가장 큰 영역을 나타낸다. 현재 플랫폼 또는 연결의 보안, 데이터 개인 정보보호, 지방정부 규칙 내에서 업무를 수행하는 것을 포함할 수 있는 기술의 잠재적 문제를 직접적으로 해결하는 윤리 강령, 심리적 또는 코칭 관련 규정은 없다. 심리학(DeAngelis, 2012) 교육을 받았거나 심리학 면허를 보유한 코치는 규제 기관 또는 전문 협회의 엄격한 요구사항을 준수해야 한다. 하지만 현재 여러 국가 및 글로벌 프랙티스를 보유한 심리학자를 위해 기술적 이동성 향상을 위한 작업이 진행되고 있다(Pascal, Sass & Gregory, 2015). 그러나 다양한 배경과 코치 훈련을 고려할 때(예: 심리학자는 코치의 일부) 윤리적 및 개인 정보보호 지침을 제공하는 가장 논리적인 주체는 심리학자와 비전문가의 이익에 봉사하는 코칭 기관인 것 같다.

어떤 코치이에게 가장 유용한가?

모든 코칭에서 기술의 역할을 결정하는 가장 중요한 요소는 코치와 코치이가 기술에 대해 갖는 편안함의 수준이다. 선택한 기술에 대한 기본 수준의 숙련도와 기술 활용에 대한 동기, 열망은 기술 기반 코칭을 적용하는 데 필수적이다. 프랙티스의 다양한 단계에서 기술을 사용하기로 선택한 코치는 새로운 코치이와 기술 활용에 대한 편안함의 수준과 개방성에 대해 솔직한 대화를 나눌 필요가 있다. 일부 코치이에게는 코칭에 새로운 플랫폼을 사용하는 것이 학습과 실험에 위험이 적은 기회가 될 수 있다. 예를 들어, 코치이가 온라인 툴(예: Facetime, Google Hangouts, Skype 또는 VSee)이지만 직장에서 도움을 요청하는 것을 주저하거나 집에서 사용 기회가 제한적인 경우, 숙련된 코치와 함께 이 플랫폼을 실험하는 것은 기술에 더 익숙해질 좋은 기회가 될 수 있다.

궁극적으로 완전히 기술 기반 프랙티스(예: 대면 미팅 없음)로 이동하려는 코치는 고유한 틈새시장을 갖지만 선택할 수 있는 고객 풀이 제한될 수 있다. 완전 기술 기반의 프랙티스는 비용 절감(이동 비용 없음), 전 세계 고객에 대한 접근성, 더 많은 일정 유연성(고객과 만나는 이동시간 예약 없음)과 같은 많은 이점을 제공한다. 사람들이 점점 더 기술에 정통하고 의존적으로 됨에 따라 코치는 온라인 미팅만을 선호하는 잠재적 고객 규모가 증가하는 것을 발견할 수 있다. 밀레니얼 세대, 젊은 세대의 기술을 활용하는 관계에 대한 일반적 고정 관념이 있는데(Thompson & Gregory, 2012), 20대가 문자로만 소통하고 전화, 대면 상호작용의 기본 능력이 부족하다는 잦은 불평 등과 같은 것들이다. 고정 관념이 사실이라면 코치는 온라인 코칭 미팅을 수용하고, 선호하는 젊은 리더와 고객의 전체 세대를 예상할 수 있을 것이다.

사례 연구

우리는 다양한 코치이와 인터뷰를 통해 기술을 코칭에 통합하는 방법에 대한 의견을 얻었다. 다음은 코치가 현재 기술을 코칭에 통합하는 방법을 보여주는 세 가지 구체적인 사례이다.

사례 1 - 루크Luke[1]

루크는 그가 기술에 능통하지 않다는 것을 인정하지만, 그는 정기적으로 노트북, 스마트 폰과 같은 일반적 기술을 사용한다. 루크의 모든 코칭 세션은 대면으로 진행되지만 (그는 로컬 Fortune 500 조직에서 매우 강력한 파이프라인인 로컬 고객 기반이 있음) 기술을 활용하여 코칭 관리(예: 이메일, 일정 관리, 계산서 발행) 및 코칭 종료 평가를 수행한다. 루크의 주요 고객 조직은 그에게 웹 사이트와 링크드인LinkedIn 페이지를 설정해 잠재 고객들이 미리 코칭 범위를 파악하고, 그를 만날지 결정할 수 있도록 권장했다. 회사의 루크 담당자는 그들이 협업하는 다른 모든 외부 코치가 상세한 웹 사이트, 링크드인 프로필을 가지고 있으므로 루크가 경쟁력을 갖는데 필요하다고 말했다. 즉 기술이 루크에 대해 코치 선정 프로세스에서 역할을 수행하는 것이다.

루크는 고객들과의 대면 회의를 엄격하게 고수하지만, 온라인 일정 도구를 사용하고 각 고객 및 조직과 이메일을 통해 연락하면 인생이 훨씬 편해진다는 것을 발견했다. 그는 전화로 대응하거나 음성 메일을 확인하거나 회신 전화를 하는 것을 잘하지는 않지만, 이메일로 코치이에게 다시 연락하는 것은 루크에게 적합하다. 루크는 약 1년 전에 온라인 일정 도구에 대해 배웠으며, 이 도구 채택 후 코칭 세션 예약에 사용하는 수십 시간을 절약했다.

마지막으로 루크는 간단한 온라인 설문 조사 도구를 사용해 코치이와 고객 조직에 대한 코칭 종료 설문 조사를 수행한다. 루크는 코치이에게 피드백 받는 것을 좋아하고 코칭 전반에 걸친 응답의 경향과 패턴을 보는 것을 즐겼다. 이것은 온라인 설문 조사 도구로 쉽게 할 수 있는 일이다.

사례 2 - 레이아Leia

레이아는 자칭 기술광이다. 그녀는 새로운 애플Apple 기기를 구입한 최초의 사람이며, 특히 코칭에서 기술로 그녀 자신의 삶을 간소화하고 단순화할 방법을 항상 찾고 있다. 레이아는 4개 대륙의 고객을 코칭하는 등 많은 글로벌 업무를 수행한다. 몇 년 전, 그녀는 이러한 프랙티스가 상대적으로 낯설었기 때문에 이로 인해, 비행기에서 많은 시간을 보내며 개인 삶에서 큰 희생을 초래했다. 그러나 새로운 코치이와 함께 레이아는 코칭에 화상회의를 도입했다. 레이아는 잠재 고객이 접근 방식에 어떻게 반응할지 확신하지 못했지만, 고객이 수만 달러의 출장비 절약을 위해 대면 미팅을 대체할 의사가 있다는 사실을 압도적으로 발견했다. 실제 레이아의 고객 기반은 가상 세션을 추진하기 시작한 이후 크게 성장했다.

이러한 환경은 레이아에게 좋은 신호였다. 그녀의 홈오피스는 초고속 인터넷을 갖추고 있으며, 그녀는 각 코치이 선호에 따라 고해상도 HD 카메라가 장착된 노트북이나 iPad를 사용하여 스카이프Skype 또는 페이스타임FaceTime 세션을 진행한다. 그녀의 기존 코치이 중 일부는 기술 활용이 느려 그녀는 계속 직접 대면 미팅을 위해 이동한다. 그러나 그녀의 비즈니스 전략은 이 계약 종료 후에는 시카고에 있는 그녀의 집에서 반경 25마일 내에서만 대면 미팅을 진행하는 것이다.

당연히 레이아는 코치이와 연락하고 일정을 잡기 위해 기술을 사용한다. 그녀는 또한 최근에 새로운 클라우드 기반 코칭 관리 애플리케이션을 채택하여 코칭에서 가장 선호하지 않는 부분인 청구를 포함하여 코칭을 추적 및 관리한다. 그녀는 또한 일반적으로 아렌드Ahrend, 다이아몬드Diamond와 웨버Webber(2010)가 '효력이 없는 기간void period'이라고 부르는 기간 또는 코치가 일할 때 시작과 평가 사이, 즉 코치이가 목표와 행동 변화에 대해 작업을 하는 일부 기간 도움이 되는 앱 기반 알림 및 목표 설정 도구를 사용할 것을 제안한다.

사례 3 – 한Han

세 번째 코치 한은 코칭에 다양한 미팅 방법을 사용한다. 그의 코치이 중 일부는 현지인이며 직접 만나는 것을 선호하는 반면, 다른 코치이는 미국 반대편에 있으며 전화 코칭에만 의존한다. 한은 실제 미팅에서 기술이 수행하는 역할에 만족한다. 전화 코칭은 잠재 고객 풀을 확장하고, 한과 그의 코치이가 어디에서나 쉽게 연결할 수 있도록 한다.

한은 주로 코치이와의 미팅과 미팅 사이를 강화하기 위해 기술을 활용한다. 그는 다양한 진단에서 인증을 받았으며, 코치이 니즈에 따라 진단 제공업체의 온라인 계정을 통해 이를 배포한다. 그는 또한 코치이에게 개발 목표 및 관심사와 관련된 TED 강연 영상, 온라인 기사, 팟캐스트를 자주 보낸다. 또한 한의 코치이는 온라인 개발 계획, 360도 진단, 경험 학습 도구와 같은 조직 내부 도구를 활용해 달라고 자주 요청한다. 한은 다양한 회사에서 사용하고 있는 도구를 활용하는 기회를 좋아하고 이러한 도구가 고객의 학습과 성장에 어떤 영향을 미치는지 이해하고 있다.

한은 또한 코칭 세계의 통찰력 있는 리더라는 자부심이 있어 정기적으로 블로그와 게시판에 자신의 연구 및 아이디어를 전파한다. 그는 1,200명의 팔로워를 자랑하는 링크드인, 페이스북, 트위터 사이트에서 이러한 게시물을 홍보한다. 한은 코치로서 두 번째 경력을 쌓기 전에 30년 동안 다니던 회사에서 은퇴했으며, 코칭을 통해 새로운 기술을 배우고 활용하는 기회가 얼마나 많은지 기뻐했다. 처음 그는 대면 미팅과 기껏해야 몇 번의 전화 통화와 이메일이 그 대부분을 차지할 것으로 생각했기 때문이다.

결론

많은 의문이 남아있지만 코칭에서 기술의 역할에 대해 한 가지 확실한 점은 세상에서 기술 사용이 줄어들거나, 기술에 익숙지 않은 사람이 늘어나거나, 기술 의존도가 낮아지지는 않을 것이라는 점이다. 기술은 계속해서 우리 삶의 모든 면에 스며들 것이며 코칭도 예외는 아니다. 코치들은 프랙티스에 기술을 활용하는 방법에 대한 개인 철학과 전략을 수립함으로써 도움을 얻을 것이다. 위에서 설명했듯 코칭에서 고려해야 할 다섯 가지 주요 기술 프로그램은 코치 선정, 운영 관리, 대면 코칭 보완, 대면 코칭 대체 및 코칭 평가이다. 또 조직의 코칭 또는 인재 부문 리더는 외부 코치가 조직 내에서 코치이와 함께 기술을 사용하는 방법을 고려해야 하며, 특히 보안과 네트워크 문제에 주의를 기울여야 한다. 코치이는 또한 코칭 시 기술 사용에 대한 옵션, 이점 및 잠재적 단점에 대해 완전히 숙지해야 한다. 우리는 기술을 활용한 코칭 효과성의 주요 요인은 단순히 개인 선호도, 편안하게 여기는 수준, 선택한 기술에 대한 친숙함이라고 생각한다.

[표 39.1] 코칭 활동에 연계된 기술들

코치 선정	• Chronus • CoachLogix
운영 관리	• Blanchard 코칭 관리 시스템 • CoachLogix
대면 코칭 보완	• CEB의 Development Coach(경험적 육성 및 직장에서의 행동 변화) • Cognician • HeadSpace(마음챙김 명상) • Trello(개인 생산성과 조직 개선) • WOOP(목표 설정 및 달성)

대면 코칭 대체	• 실시간 스트리밍 비디오 프로그램 :
	  o Skype
	  o FaceTime
	  o G-Chat 및 Google Meet
	  o HDVC(고화질 화상회의) 도구(예: PolyCom)

코칭 평가	• 중요한 지표들 • Survey Monkey ZipSurvey 같은 직접 문항을 만드는 설문 조사

코칭에서 기술의 역할은 연구자들에게 대체로 새로운 분야이다. 지난 10년 동안 기술이 어떻게 코칭을 돕거나 저해하는지에 대한 통찰을 얻었지만 이러한 발견 가운데 일부는 대답만큼 많은 의문을 제기한다.

기술 변화 속도가 너무 빨라서 이 장을 작성할 때 고려했던 기술이 변경되었거나 이 장을 읽을 때 이미 새로운 기술들이 앞서 있을 것이다. [표 39.1]에는 코칭 실습에서 본 다섯 개 부분 모델에 연계된 도구 및 소프트웨어 프로그램의 몇 가지 예가 요약되어 있다. 이 목록에 어떤 새로운 기술을 추가하고 싶은가?

논의 포인트

1. 기술 기반 코칭(예: 전화, Skype, 채팅, 가상 세계 등)이 대면 코칭만큼 효과적이고 영향력 있는가? 무엇이 빠져 있는가?
2. 기술이 코칭에 어떻게 도움이 되나? 어떤 면에서 그것이 당신의 프랙티스에 방해가 되는가? 신뢰와 관계 구축, 이해관계자와의 의사소통 등을 고려하라.
3. 코칭이 완전히 디지털화될 수 있나? 코칭심리학 분야에 대해서 디지털화의 장점과 단점은 무엇인가?
4. 기술이 어떻게 더 많은 (그리고 더 다양한) 개인들이 코칭에 접근할 수 있게 하는가? 이 더 넓은 범위가 조직과 사회에 어떻게 도움이 될 수 있는가?

참조

1. 모든 코치의 이름은 개인 정보 보호를 위해 변경되었다.

추천 읽기

Batista, E. (2015). *Tips for Coaching Someone Remotely*. Harvard Business Review blog, published March 18, 2015 https:// hbr.org/2015/03/tips-for-coaching-someone-remotely.

Clutterbuck, D., & Hussain, Z. (2010). *Virtual coach, virtual mentor*. Charlotte, NC, USA: Information Age Publishing.

Hoefling. T. (2017). *Working virtually: Transforming the mobile workplace*. Sterling, Virginia: Stylus Publishing.

Van Dyke, P. R. (2014). Virtual group coaching: A curriculum for coaches and educators. *Journal of Psychological Issues in Organizational Culture*, 5(2), 72–86.

참고 문헌

Ahrend, G., Diamond, F., & Webber, P. G. (2010). *Virtual Coaching: Using Technology to Boost Performance*. Chief Learning Officer, 9, 44-47.

American Management Association (2008). *Coaching: A Global Study of Successful Practices*. www.amanet.org.

Berry, R. M., Ashby, J. S., Gnilka, P. B., & Matheny, K. B. (2011). A comparison of face-to-face and distance coaching practices: Coaches' perceptions of the role of working alliance in problem resolution. *Consulting Psychology Journal: Practice and Research*, 63, 243–253. http://dx.doi.org/10.1037/a0026735

Clutterbuck, D., & Hussain, Z. (2010). *Virtual coach, virtual mentor*. Charlotte, NC: Information Age Publishing.

Cognician. (2016). www.cognician.com

DeAngelis, T. (2012). Practicing distance therapy legally, and ethically. *APA Monitor on Psychology*, 43, 52.

de Haan, E., Duckworth, A., Birch, D., & Jones, C. (2013). Executive coaching outcome research: The contribution of common factors such as relationship, personality match and self-efficacy. *Consulting Psychology Journal: Practice and Research*, 65, 40–57. http://dx.doi.org/10.1037/a0031635

Grant, A. M. (2014). The efficacy of executive coaching in times of organizational change. *Journal of Change Management*, 14, 258–280. http://dx.doi.org/10.1080/14697017.2013.805159

Kirkpatrick, D.L. (1994). *Evaluating training programs: The four levels*. San Francisco, CA: Berrett-Koehler Publishers Group.

Lowman, R. L. (2005). Executive coaching: The road to dodoville needs paving with more than good assumptions. *Consulting Psychology Journal: Practice and Research*, 57, 90–96. http://dx.doi.org/10.1037/1065-9293.57.1.90

Moreme. (2013). *White paper on virtual coaching and mentoring: The value of coaching and mentoring over distance*. Copenhagen, Denmark: Author.

Ofcom. (2015). *The Communications Market* (August 2015). http://stakeholders.ofcom.org.uk/market-data-research/market-data/communications-market-reports/cmr15/

Pascal, A., Sass, M., & Gregory, J. B. (2015). I'm only human: Using technology in coaching. *Consulting Psychology Journal: Practice and Research*, 67, 100–109.

Rossett, A., & Marino, G. (2005). If coaching is good, then e-coaching is …. *Training & Development*, 59, 46–49.

Thompson, C., & Gregory, J. B. (2012). Managing Millennials: A framework for improving attraction, motivation, and retention. *The Psychologist Manager*, 15, 237–246.

Unify. (2014). *A New Way to Work*. www.unify.com/tr/~/media/internet-2012/documents/nw2w/a_new_way_to_work_part_2_rules_of_engagement_for_a_virtual_world.pdf

WOOP. (2016). www.woopmylife.org/

40장
코치이의 정신건강: 코칭심리학자를 위한 실천적 함의

저자: 카시아 시만스카 Kasia Szymanska[1]
역자: 김태리

서론

심리학자는 다양한 응용 분야의 배경을 가지고 코칭심리학 분야에 진출한다. 기존의 교육적 배경이 무엇이었든, 코칭심리학자 대부분은 언젠가 한 번은 정신건강 문제가 있는 코치이와 코칭에서 만나게 된다. 몇몇 연구는 이미 코칭 인구 가운데 일부는 정신건강 문제를 가지고 있다는 증거를 제시한 바 있다. 2005년 그린S. Green 등(2005)은 라이프 코칭 프로그램에 참여한 84명 가운데 25%가 정신건강 문제를 경험한 적이 있음을 확인했다. 1년 후 국제 코칭심리학 리뷰international coaching psychology review에 발표된 또 다른 연구에서는 프랙티셔너들이 자주 자기 가치, 상실의 고통 및 사회적 고립 문제를 가진 사람들과 코칭 작업을 한다는 것을 발견했다(Spence, Cavanah & Grant, 2006). 이는 매년 4명 가운데 1명이 정신건강 문제를 경험하게 된다고 제시한 영국의 정신건강 재단Mental Health Foundation(2015)의 자료에 비추어 보면 놀라운 일이 아니다. 또 2016/2017년 영국 보건안전청Health and Safety Executive 통계에 따르면(HSE, 2017), 스트레스, 우울증 및 불안으로 인한 근로 손실일수가 1,250만 일을 기록했다. 독일의 경우, 닌크Nink가 2016년에 발표한 갤럽 조사 결과에 따르면 우울증, 불안, 스트레스를 경험

---

[1] 카시아 시만스카Kasia Szymanska는 공인된 심리학자이자 심리치료사이며 국제코칭심리학회의 부연구원이다. 그는 국제 전문 개발 아카데미International Academy of Professional Development의 이사이자 이전 코칭심리학의 편집자이다. 인지행동 코칭의 다양한 측면에 대한 챕터와 기사를 집필 및 공동 집필하였다. Email: info@kszymanska.com

한 사람들은 정신건강 문제로 인해 연간 15.8일을 결근했다. 호주에서 2015년에 실시된 스트레스와 웰빙에 대한 전국 설문조사에서는 26%의 사람들이 불안과 우울증을 경험하고 35%가 높은 수준의 스트레스를 경험했다는 것이 밝혀졌다(APA, 2015). 스트레스의 원인에는 재정적 문제, 건강, 관계, 직장 문제가 포함되었다.

위에서 수치 및 정신건강 문제를 가진 코치이와 코칭 작업 시 프랙티셔너의 역할을 분석한 코리Corrie(2017)의 최근 연구 결과를 고려할 때, 다음 사항들이 코칭심리학자에게 도움이 될 것이다:

- 코칭 과정에서 코치이가 드러내거나 코치이에게 발생할 수 있는 몇 가지 주요한 심리적 장애 및 일련의 증상에 대해 전반적으로 파악하고 있는 것
- 정신건강 문제를 알아보기 위해 코치이가 물을 수 있는 질문에 익숙해져 있는 것
- 코치이를 지원하는 데 활용할 수 있는 일반적인 증거 기반 전략에 대한 지식을 갖추고 있는 것
- 코칭 작업에 대한 철저한 평가와 정기적인 수퍼비전의 활용을 통해 도움을 받는 것

따라서 이번 장의 다음 섹션에서는 불안과 우울증 같은 더 일반적인 정신건강 장애 가운데 몇 가지를, 코치이에게 나타날 수 있는 문제의 유형을 잘 드러낸 사례와 함께 제시하고자 한다. 마지막에는 오랫동안 성격 문제를 가지고 살아 온 코치이와의 작업에 초점을 맞추면서 섹션을 마무리할 것이다.

더 일반적인 정신건강 장애

이 섹션에서는 코칭 세션에서 드러날 수 있는 더 일반적인 장애에 대해 하나씩 살펴본다. 우울증과 다양한 유형의 불안 장애에 대한 설명 외에도 짧은 사례를 함께 제시한다. 마지막으로 성격 장애에 대한 개요와 코칭심리학자에게 이것이 어떻게 드러날 수 있는지 살펴본다.

우울증 개요

우울증을 겪게 되면 보통 사람들은 쇠약해지고 고립되며 정신적 고통을 느끼게 된다. 우울증은 다양한 형태로 나타나는데, 일반적인 우울증, 기분부전장애 및 전에는 조울증으로 알려져 있던 양극성 장애 등이 있다. 심각도는 다양하며, 원인은 대게 다면적이다. 흔히 '블랙홀'이라고 불리는 우울증의 전조 증상은 불안과 조합된 스트레스일 수 있다. 직장에서 우울증은 조직의 변화 때문에 발생할 수 있는데, 이는 탄력적인 태도를 유지하는 개인의 능력에 한동안 부정적인 영향을 미친다. 어떤 사람들은 직장 문제만으로도 우울증이 유발되는 반면, 어떤 이들은 직장 문제와 이혼, 문제가 많은 장기간에 걸친 이사 또는 사별과 같은 개인적인 요소와 결합하면서 우울증을 일으킨다. 마지막으로, 우울증의 가족력 또한 병에 대한 민감성을 가중시킬 수 있으며, 우울증이 있는 사람들 대부분은 범불안장애나 강박장애와 같은 다른 장애의 증상이 동반되는 경험을 한다.

우울증의 주요 특징
만성적인 부정적 사고, 특히 자기 비판적인 사고는 우울증의 기본적인 특징이다. 이런 사고방식의 예는 다음과 같다:

- 나는 실패자다.
- 나는 불충분하다.
- 나는 제대로 할 줄 아는 게 아무것도 없다.
- 다른 사람들이 나보다 일을 더 빨리 끝낼 것이다.
- 내 인생은 가치 없다.
- 상황이 나아지지 않을 것이다.
- 무슨 일이 일어나든 관심 없다.

그 이외의 특징은 다음과 같다.

- 전에는 자주 즐겼던 활동의 감소. 이는 다시 우울한 기분과 비관적인 생각을 강화시킨다.

- 동기의 부족과 일반적인 무관심. 이는 직장에서, 업무에 관한 관심 부족이나 자부심 부족, 집중력 부족, 마감 시한 미준수, 의사소통의 감소, 의사결정 불능, 처벌, 업무 성과 부족과 업무 완수도 저하에 대한 걱정 등으로 나타날 수 있다.
- 업무와 개인 생활 모두에 대한 자신감 부족 및/또는 낮은 자존감. 세션에서 코치이는 자신이 유능하다는 생각을 뒷받침하는 증거를 무시하고, 오히려 자신이 인식한 약점에 초점을 맞춘다.
- 생명 및/또는 에너지에 대한 전반적인 관심 부족
- 체중 증가 또는 감소
- 수면 패턴의 변화, 예를 들어 과도한 반추(생각을 곱씹게 되는 것)로 인한 수면 문제 또는 일찍 일어나게 되는 것과 같은 문제는 흔히 다음 날에 대한 두려움과 관련이 있다.
- 자살에 대한 생각(코치이가 자발적으로 자살에 관해 이야기할 가능성은 거의 없다)

우울증인지 판단하기 위한 질문

베크Beck 등(1979)은 우울증에 관한 초기 논문에서 우울증의 판별을 위한 세 가지 질문, 즉 '인지삼제cognitive triad'의 사용에 대해 언급했다. 코칭심리학자는 우울 인지depressive cognitions을 도출하기 위해 코치이에게 다음과 같은 질문을 할 수 있다:

- 당신은 자신에 대해 어떻게 생각하는가? 코치이는 '나는 결함이 있다' 또는 '나는 실패자다'라고 대답할 수 있다.
- 당신의 미래를 어떻게 보는가? 코치는 '나는 이 회사에서 절대 아무 일도 해내지 못할 것이다'라고 대답할 수 있다.
- 당신은 이 세상이 어떤 곳이라고 생각하는가? 코치는 '세상은 고난과 부당함으로 가득 차 있다'라고 대답할 수 있다.

삽화

마이크Mike는 프로젝트팀이 잘 돌아가게 하는 것에 초점을 두고 코칭을 시작했다. 부사장으로서 마이크는 주목이 집중된 세 개의 프로젝트를 책임지고 있다고 이야기했다. 자신이 프로젝트의 성공에 중대한 역할을 한다는 사실을 인정하기보다, 마이크는 자신의 역할을 최소화하고 평가절하하면서, 자신의 역할은 중요하지 않다고 강하게 피력했다. 이러한 경직된 자세를 보면서 코칭심리학자는 마이크에게 평소 기분에 대해 많은 질문을 했다. 코칭심리학자는 전반적인 상태를 평가하기 위해 위에 제시된 질문들을 사용했다. 마이크의 반응을 바탕으로, 코칭심리학자는 마이크가 약간 우울해 보인다는 의견을 내었다. 이를 통해 마이크의 상황에 대한 솔직한 논의가 이어졌다. 마이크는 한동안 기분이 좋지 않았다며, 얼마 전에 자신의 주치의가 제안했던 정신과 치료 대신 코칭을 택했다고 답했다. 마이크는 치료받는 것이 '불편하다'라고 느꼈고, 그 대신 코칭을 선택했는데, 해결책에 더 초점을 맞추어 선택한 것이라고 말했다. 마이크는 코칭이 우울증에 긍정적인 영향을 미칠 것이라고 기대했다. 이를 바탕으로, 매 코칭 세션이 시작될 때 마이크가 '체크인'을 하기로 코칭심리학자와 합의했다. 이 '체크인'은 마이크가 자신의 우울증을 0-10의 척도로 평가하는 것을 의미한다. 만약 코칭 세션을 연달아 2회를 진행한 후에도 마이크의 점수가 6점 이상이면 코칭을 일단 중단하고, 코칭을 다시 시작하기 전에 심리치료사를 만나기로 했다. 마이크와 코칭심리학자는 마이크가 자기 비하를 하게 만드는 부정적인 신념을 가지고 작업해 보기로 동의했다.

불안 개요

불안은 미국 정신의학협회가 발간한 DSM-5(정신질환 진단 및 통계 매뉴얼)에 자세히 설명된 여러 가지 장애를 포괄하는 총칭이다. 이 포괄적 용어에 해당하는 가장 흔한 장애는 사회불안장애, 공황장애, 특정 공포증, 강박장애 및 범불안장애이다.

사회불안의 주요 특징

사회불안 장애가 있는 사람들은 부정적인 평가를 받을 것이라고 생각하는 상황을 두려워하는 경향이 있다. 이러한 자의식 과잉 경향은 보통 다른 사람들 앞에서 잘못된 말을 하는 것에 대한 걱정이나 당황스러움에 대한 두려움과 관련이 있으며, 흔히 가슴이 울렁거리고, 얼굴이 붉어지고 땀이 나는 것과 같은 생리적 증상과 결합하면서 증상이 유발될 수 있는 상황을 회피하게 만든다. 사회불안 장애에 관한 연구에 따르면, 사회적으로 불안감을 가진 사람들은 타인의 관점, 또는 자신의 부정적인 증상을 지속시키는 '관찰자 관점'에서 과거의 사건을 회상하는 경향이 있다고 한다(Wells, 1997). 또한 안전 행동, 즉 사회적 불안을 최소화하기 위해 하는 행동도 나타나는데, 예를 들어 회의에서 눈이 마주치는 것을 피하거나, 잘못된 말을 할 경우를 대비해 대화에 완전히 참여하지 않거나, 대화나 회의에서 말하려고 하는 것에 대한 반복적인 사전 리허설 등이다. 영국의 건강증진과 질병 예방 및 치료에 대한 지침서(NICE 지침서, 2013)에서는 일반 인구에서 최대 12%의 유병률이 나타나고 있으며, 우울증, 외상 후 스트레스 장애PTSD 및 범불안장애GAD가 공존하고 있다고 언급하였다.

삽화

피터Peter는 리더십 역량의 향상을 위해 코칭을 받고 있었다. 과정 중 피터는 이해가 잘되지 않는 걱정거리에 관해 이야기했다. 그는 지난 두 달 동안 타 부서장들이 참석하는 주간 회의에서 이야기할 때 불편함을 느끼기 시작했다는 것을 알게 되었다. 직접적인 질문에 대답할 때, 답변의 내용이 걱정됐고, 답이 '충분했는지' 의심이 들었다. 동시에 심장이 빨리 뛴다는 것을 알게 됐고, 얼굴이 빨개지고 손도 떨리기 시작하는 것 같았다. 그는 회의의 다른 사람들이 자신의 대답에 대해 어떻게 생각했을지 하나하나 들여다보기 시작했다. 손님 접대를 위해 저녁 식사를 하러 나가는 것도 두려워지기 시작했다. 식당에 앉아 있는 것은 불안감을 자극했고, 혹여 떨기 시작해서 물을 들거나 나이프와 포크를 잡을 수 없을까 봐 두려워했다. 피터는 증상을 관리하기 위해 아침마다 마시던 커피를 끊었다. 그러나 증상은 수그러들지 않았고, 떨리는 손을 진정시키기 위해 메모장을 든 채로 재빨리 간략하게 대답하고 있는 자신의 모습을 보게 되었다. 그는 아침 회의를 두려워하기 시작했고, 또한 미팅 전날 밤에는 잠을 잘 이루지 못한다는 것을 알게 되었다. 그는 계속 잠에서 깨서는 다음 날 회의에 대한 생각을 멈추려고 애썼다.

공황장애의 주요 특징

공황 발작은 불안의 일반적인 특징이다. 그러나 불안감과 별도로 밤낮에 모두 일어날 수 있다. 보통 갑자기 시작되는 경우가 많다. 주요 증상으로는 심장 박동 수의 증가, 가슴 두근거림, 호흡 곤란, 흉부 불쾌감이나 통증, 발한, 메스꺼움, 어지러움이나 멍한 느낌 또는 현기증, 감각이 둔해지거나 따끔거리는 느낌, 죽거나 통제를 잃거나 미칠 것 같다는 두려움, 그리고 비현실감이나 이인증(나에게서 분리된 느낌) 등이 있다.

공황 발작의 원인은 다양하지만, 인생의 주요 사건, 직장에서의 압박감 증가, 약물 오남용 등이 포함된다. 공황 발작은 예상치 못한 당황스러운 신체 감각을 파국적 상황으로 잘못 해석하는 것 때문에 발생한다.

삽화

제레미Jeremy는 코칭을 받는 동안 가슴 두근거림, 메스꺼움, 어지러움을 느끼기 시작했고, 코칭 세션에서 자신의 증상에 대해 이야기했다. 코칭심리학자는 그런 생리적인 증상을 경험했던 구체적인 상황이 있는지, 그리고 그런 증상을 가진 것에 대해 어떻게 생각하느냐고 묻자, 제레미는 지하철을 타고 가는 도중에 증상이 시작되었고, 그로 인해 심장마비가 일어났다고 대답했다. 제레미가 개인 생활에서 받는 엄청난 압박 때문에, 코칭심리학자는 제레미가 공황 증상을 겪고 있다고 생각했다. 하지만, 공황 증상은 흔히 의학적 증상과 유사하게 나타나기 때문에, 코칭심리학자는 제레미에게 병원에 가서 진단받아보라고 조언하였다.

진단받은 후에, 코칭심리학자와 제레미는 공황 발작이 더 심해질 경우를 대비해 치료받아야 한다는 데 동의했다. 코칭은 치료가 끝난 다음에 재개하기로 했다.

특정 또는 단순 공포증phobias

공포증이라는 용어는 '도피flight' 또는 '공포terror'를 의미하는 그리스어에서 유래했다. 공포증은 생리적 증상, 부정적 사고, 완전 또는 부분 회피와 같은 하위 요소로 구성된 예기불안으로 특징지어진다. 코치이가 공포증 해결을 위해 코칭을 하게 될 가능성은 작지만, 상황의 변화 때문에 공포증이 표면화될 수는 있다.

삽화

스텔라Stella는 중동에서 새로운 보직을 맡게 되는 승진 제안을 막 수락하였다. 그녀는 새로운 역할에 대한 기대로 들떴지만, 발령일을 결정하는 것이 꺼려졌다. 변화에 대한 스텔라의 내적 저항에 대해 신중하게 질문을 하면서, 코칭심리학자와 스텔라는 그녀를 움직이지 못하게 하는 두려움 - 거미 공포증에 대해 이야기하였다. 이것을 해결하기 위해 코치이는 일단 인지행동 심리치료사에게 도움을 구하라는 조언을 받았다.

또 한 명의 코치이인 알리스테어Alistair는 정기적인 장거리 비행을 해야 하는 새로운 역할을 맡게 되면서 비행에 대한 두려움이 표면화되었다. 그는 다음에 타는 비행기가 '충돌하게 될 것'이라고 생각했다. 비행하기 며칠 전에 그는 자신이 이런 믿음을 가지고 있음을 알게 되었고, 공항에 있는 동안 그의 예기불안은 도저히 '참을 수 없는' 지경에 이르고 말았다. 예전에는, 추락 사례가 아주 적은 '그가 보기에' 양질의 항공사를 선택하는 등과 같이 엄격한 안전 행동을 취했었다. 그는 출구 옆에 있는 좌석을 골랐고, 항공사 직원에게 날씨와 항로의 난기류 가능성에 대해 계속 질문했다. 그렇지만 이제는 업무로 비행기를 타는 것이기 때문에 항공사나 좌석을 선택할 수 없었고, 회사를 대표하는 사람이 비행기에서 그런 질문을 하면 바보처럼 보일 것 같다고 우려했다. 또 이런 행동이 매니저와 동료들에게 알려지게 되면 결과적으로는 자신을 부정적인 시각으로 보게 될 거라고 걱정했다. 스텔라는 치료를 권했지만, 알리스테어는 코칭 세션을 통해 비행에 대한 두려움을 해결하고 싶어 했다. 코칭심리학자는 예전의 비행공포증에 대해 작업을 해본 경험이 있었기 때문에, 세션 중 일부를 알리스테어의 공포를 해결하는 데 사용하기로 하였다. 코칭심리학자는, 알리스테어가 처음부터 끝까지 스스로 여정을 수행할 수 있도록 돕기 위해, 비행기 추락사고와 관련된 통계를 함께 살펴보고, 비행 전과 비행 중에 활용할 수 있는 이완 방법을 알려주었으며, 그의 부정적인 사고가 합당한지 검토하면서, 심상적 노출법(특히 대처 심상coping imagery)에 대해 의논하였다(Bor et al., 2000; Szymanska, 2003).

강박장애 개요

NICE 지침서에 따르면, 인구의 1~2%가 강박장애를 가지고 있다(NICE, 2005). 강박장애는 강박적 사고 및/또는 강박 행동이 있는 것으로 정의된다. 강박적 사고나 원치 않는 생각에는 타해에 대한 공포, 자신의 행동에 대한 의심(예를 들어, 현관문을 닫았는지와 같은), 가전제품의 전원을 껐는지, 운전하다가 타인을 치는 것에 대한 공포 등이 포함된다. 강박 행동에는 확인하기, 지나친 손 씻기, 물건 정리하기 등이 포함된다.

강박장애를 가진 사람들은 전문적인 진단과 치료가 필요하지만, 코칭심리학자는 강박장애의 징후를 발견하는 데 도움을 줄 수 있다.

삽화

스트레스 문제에 대해 코칭을 받고 있던 한 코치이는 발송을 누르기 전에 적어도 세 번 이상 자신이 쓴 모든 이메일에 오류가 있는지 확인해야 한다고 말했다. 코칭심리학자가 다른 경우에도 확인의 필요성을 느끼는지 묻자 코치이는 퇴근 전 적어도 두어 번은 컴퓨터가 꺼져 있는지, 밤사이에 책상 위에 놓아둔 물건이 특정 순서로 정리되어 있는지 확인해야 한다고 털어놓았다. 이 정도로 확인해야 하는 강박으로 인해, 그가 처음에 코칭을 하게 됐던 이유인 시간 관리 문제로 이미 겪고 있던 스트레스 수준이 더 높아졌다.

코칭심리학자가 염두에 둘 강박장애에서 흔히 볼 수 있는 또 하나의 인지 과정은 '사고-행동 융합', 즉 어떤 것에 대해 생각하면 그것이 실제로 일어날 가능성이 커진다는 신념이다. 업무 목표에 집중하지 못하는 문제를 고민하는 한 코치이는 자신의 '생각'이 집중력 부족의 원인이라고 말했다. 코칭심리학자는 '자신에게 있어 비합리적이거나 이질적으로 느껴지는 생각을 해본 적이 있는가? 마음에 불현듯 떠올라 불안을 일으키는 생각은?'이라고 질문했다. 업무와 관련한 문제 외에도, 코치이는 가까이서 함께 일하는 매력적인 기혼 동료에 대해 해서는 안 되는 생각을 하고 있었다는 것을 털어놓았다. 그는 그 동료와 연인 관계를 시작하게 될까 봐 걱정되기 시작했고, 그녀를 좋아한다는 사실을 들킬 만한 말이나 행동했을까 봐 그녀와 한 방에 있었던 시간 전부를 지나치게 걱정했다. 그는 자신의 사고 과정에 대한 믿음을 잃기 시작했다.

범불안장애 GAD 개요

범불안장애의 주요 특징은 과거, 현재, 미래의 사건에 대한 지나친 걱정이나 반추이다. 또 집중력이 떨어지고 안절부절못하거나 짜증이 날 수 있다. 정신이 혼미해져 잠드는 데 어려움을 겪을 수 있고, 보통 수면의 질이 나쁘다고 불평한다. 미래의 위협에 대해 과대평가할 수 있으며 이러한 위협과 현재의 문제를 관리하는 자신의 능력은 과소평가하는 경향이 있다. 마찬가지로, 삶의 불확실성을 받아들이는 것은 범불안장애가 있는 사람들에게 어려울 수 있다. 임상 진단을 받으려면 이러한 증상을 6개월 또는 그 이상 경험해야 한다.

낮은 수준의 걱정을 해결하면 자신감과 자기 효율이 향상될 수 있다. 본 장 마지막에 있는 사례 연구에서 걱정을 해결하기 위한 작업에 활용할 수 있는 몇 가지 전략을 제시하였다.

성격 장애에 대한 개요 및 코칭 관계에서 성격 장애가 나타나는 방식

코칭심리학자로서, 코치이에게 설명할 수 없이 화가 나거나 짜증이 난 적이 있는가? 정말 혼란스러웠는가? 무능하다고 느꼈는가? 코치이에게 전략을 거부당한 적 있는가? 자신을 방어해야겠다고 느낀 적이 있는가? 코치이가 세션에 대한 비용 전액을 지불하는 것을 거부한 적이 있는가? 아니면 코치-코치이 동맹에서 무언가가 잘 돌아가고 있지 않지만, 무엇이 잘못되었는지 확실히 알 수 없는 '감각 느낌felt sense'을 느낀 적이 있는가?

코치이가 동기부여가 제대로 안 되거나 목표를 세우지 못하였는가? 코칭에 진전이 없었는가? 아니면 코치이가 아무 설명 없이 코칭을 그만두었는가? (Beck 등 1990에서 차용)

만약 그렇다면, 근본적인 성격 장애가 있는 코치이를 만났을 가능성이 있다. 치료 환경에서, 고객들은 대개 성격 장애나 막연한 증상을 제외한 다른 문제들을 제시하는데, 이는 코칭에서도 마찬가지이다. 예를 들어, 어떤 사람들은 동료들과의 관계에서 드러나는 심각한 대인관계 문제 때문에 어쩔 수 없이 코칭을 받게 될 수도 있고, 어떤 사람들은 자신들의 개인적인 또는 직업적인 삶에서 무엇인가가 제대로 돌아가고 있지 않다는 통찰을 하고 있으면서도 지속적인 변화를 만들어 낼 만한 더 심층적인 이해와 기술이 부족할 수도 있다.

DSM-5(APA, 2013)에 따르면, 성격 장애는 크게 세 가지로 나뉜다: A군은 편집증적 성격 및 정신 분열적 성격과 같은 의심스러운 장애를, B군은 경계선 성격 및 자기애적 성격과 같은 감정적이고 극적인 성격을, C군은 강박적 인격장애나 회피성 인격장애와 같은 불안성 성격 장애를 포함한다.

인격장애가 어떻게 발생하고 기능에 영향을 미치는지 이해할 수 있는 또 다른 방법은 영Young 등(2003:7)이 스키마 치료 모델을 통해 제안하였다. 이 연구에서는 18개의 초기 부적응 스키마를 확인하고, 이것을 인간의 발달 초기에 만들어져 인생 전반을 통해 반복되는 자기-패배적인 감정과 사고의 패턴이라고 정의하였다. 광범위한 주제인 스키마는 한 개인이 성인이 되었을 때 어떻게 타인과 상호작용하고, 행동하고, 생각하고, 느끼는지에 영향을 미친다. 스키마에는 엄격한 기준, 결함, 복종, 승인 추구, 부정성과 비관주의, 처벌 등이 있다. 실제로, 밑바탕에 복종 스키마가 있는 코치이는 직장에서 자신을 진지하게 생각하지 않는다던가, 상사가 진급에서 자신을 몇 번이나 누락시켰다고 이야기할 수 있다. 코칭심리학자가 제시하는 다른 여러 상황이나 과거의 경험에 대한 신중한 질문을 통해, 코치이는 자신의 욕구를 주장하는 것에 어려움을 느끼고, 올라오는 감정을 경시하며, 진급에서 누락된 것이 정말로 짜증스러운데도 지나치게 순종적이라거나, 소극적이면서도 공격적인 태도로 행동함으로써 상황에 대처하는 모습을 보일 수도 있다. 아주 높은 기준을 가진 또 다른 코치이는 자신에게도 팀에게도 실패는 용납할 수 없다면서, 110%의 성취를 목표로 한다고 말했다. 또 목표 달성에 실패하게 될 때는, 자기 자신과 팀 모두에게 아주 비판적인 태도를 취하였다. 이 코치이의 행동 아래에는 가혹한 기준과 체벌의 스키마가 자리 잡고 있었다.

성격 장애에 대한 평가와 치료는 정신과 의사 및 임상 전문가의 권한 내에서만 이루어지지만, 코칭심리학자의 경우, 코칭 작업 중에 코치이가 코칭 과정에 영향을 미치는 성격 특성을 가지고 있다는 것을 알게 될 수도 있다. 이러한 부류의 코치이에 대해서 코칭심리학자가 어떻게 대응해야 하는지 구체적으로 다루는 것은 본 장의 범주를 넘어서는 일이지만, 중점을 두어야 할 두 가지 영역은 코칭 관계 내에서의 상호 관계 및 필요한 경우, 역량 습득과 프랙티스이다. 저자가 이해하고 있는 한에서는, 캄포네Campone(2014)의 연구 단 한 편만이 인격장애, 이 논문의 경우는 해리성 정체성 장애가 있는 고객이 참여하는 작업 과정 및 프랙티스에 대해 분석하였다.

요약하자면, 코칭 작업 과정에서 발생할 수 있는 정신건강 문제에는 여러 가지가 있다. 여기서 설명한 세부 사항은 축적된 연구의 표면을 건드린 정도에 지나지 않는다. 코칭심리학자가 특정한 정신건강 문제의 진단이나 이에 대한 해결방안에 대한 특별한 전문 지식을 보유해야 하는 것은 아니다. 그런데도 정신건강 장애가 있는 누군가와 코칭 작업을 하면서 경험하고, 듣고, 느끼게 될 수도 있는 것들에 대한 통찰력은 자신의 전문성 개발과 코치이의 웰빙에 대단히 유용할 것이다.

프랙티스

이 섹션에서는 코칭 관계에 적용할 수 있는 인지행동 접근으로부터 도출된 기법을 시작으로 코칭 프랙티스의 핵심 문제를 다룬다. 이어서, 평가 프로세스 중에 정신건강 문제를 판단하기 위해 프랙티셔너가 할 수 있는 질문을 살펴본 후 수퍼비전을 통해 얻을 수 있는 이점을 검토해 본다. 마지막으로, 사례 연구는 범불안장애 증상을 가진 코치이와의 작업을 제시한다.

가벼운 정신건강 문제를 보이는 코치이에 대한 코칭 전략

사회지원체계 파악 및 연결

사회적 지원의 효과성과 이것이 정신건강 및 회복력에 미치는 긍정적인 영향에 대한 연구는 관련 증거가 잘 구축되어 있다(예: Ozbay et al., 2007). 정신건강 문제는 자기반성과 고독감의 증가로 이어질 수 있기 때문에, 코칭심리학자는 코치이가 누구를 찾아가 자신의 정신건강 문제를 상의해야 할지 결정할 수 있도록 도움을 제공할 수 있다.

부정적인 사고 유형의 재평가

부정적인 사고 유형은 정신건강 문제의 본질적 특징이다. 소크라테스식 질문 및 ABCDEF 코칭 모델은 부정적인 생각의 오류에 대한 식별 등과 같은 인지행동적 개입을 활용하여 심리적 안녕과 회복력을 향상시킬 수 있다(Palmer & Szymanska, 2007). 특히, 스트레스 유발 사고 stress inducing thoughts를 식별하는 작업을 통해 균형 잡힌 사고를 촉진하고, 이를 통해 기분 전환 및 전반적인 성과 향상에 도움을 줄 수 있다.

심리교육

자신의 정신건강 문제에 대해 더 알고 싶어 하는 코치이의 경우에는, 코칭과 병행할 수 있는 증거 기반의 자기 주도형 인터넷 강좌를 수강하면, 경험의 정상화, 지식의 제고, 체계적인 지원으로의 연계 및 대응 방식의 향상에 도움을 받을 수 있다(Lucens & McFarane, 2004). 예를 들어, 노섬벌랜드 타인위어 국민보건서비스 신탁 재단 Northumberland Tyne and Wear NHS Trust(2016)은 우울증, 불안, 수면장애, 공황, 외상 후 스트레스 장애와 같은 다양한 문제에 대한 여러 소책자를 발행한다. 이 소책자는 증상 및 증상 관리법에 대한 정보를 함께 제공한다. 서호주의 임상 치료 센터 Centre for Clinical Interventions(2008)는 코치이가 온라인으로 할 수 있는 '인포팩스 Infopaxs'라는 온라인 워크북을 개발했다. 이 워크북에서는 완벽주의나 자존감에서부터 섭식장애에 이르기까지 많은 문제를 다루고 있다.

코칭심리학인가 치료인가?

코칭심리학자는 최초 평가와 중간 평가 모두를 통해 코치이가 코칭과 임상 치료 두 가지 중 어디에서 도움을 받을 수 있는지 판단할 수 있다. 카바나Cavanagh(2005)는 코칭심리학자가 코치이와의 작업 중에 물어볼 수 있는 다섯 가지 질문을 제안하였는데, 이는 상기 판단에 도움이 되는 유용한 데이터를 제공할 수 있다:

1. 코치이는 얼마나 오랫동안, 이 증상을 경험하고 있는가? 일반적으로, 증상이 장기적으로 지속된 경우에는 임상 치료가 가장 우선되어야 한다.
2. 이 증상은 얼마나 만연해 있는가? 예를 들어, 증상이 사생활에만 영향을 미치는가, 아니면 직장생활과 사생활 모두에 영향을 미치는가?
3. 코치이의 반응은 얼마나 극단적인가? 힘든 상황에서 주변인들과 동일한 방식으로 반응하는가, 아니면 과도하다고 해석할 수 있는 반응을 보이는가?
4. 코치이는 지나치게 방어적인가? 코치나 세션에서 언급된 다른 사람들의 피드백에 대해 어떻게 반응하는가?
5. 코치가 변화를 거부하고 있는가? 사고와 행동의 패턴이 고착된 사람들의 경우, 자신의 상황을 더는 견딜 수 없다고 이야기하면서도 변화하는 것을 힘들어한다.

다른 징후로는, 행동, 사고방식, 외모 및 말투의 변화를 들 수 있는데, 예를 들어 빠르게 또는 낮은 톤으로 이야기하거나 감정을 특이하게 드러내는 것 등이다.

사람들이 자신의 정신건강 문제를 해결하기 위해 코칭을 선택하는 이유는, 치료에 대해 거부감이 있거나, 코칭이 무료로 제공된다거나, 심지어는 심리치료를 어떻게 알아봐야 하는지 모른다는 것 때문일 수 있다. 어떤 경우에는 코칭 작업 도중에 정신건강 문제가 발생하기도 한다. 고든Gordon 외(2006)가 지적한 바와 같이, 코치는 코칭을 받는 코치이를 돌봐야 할 의무가 있으며, 코칭심리학자에게도 동일한 의무가 있다. 우리가 가진 역량의 범위 내에서 코칭을 제공하는 것은 코치이에 대한 우리의 의무로, 그렇지 않으면 비윤리적인 행위의 영역으로 빠져들 수 있다. 자기 성찰적인 프랙티셔너로서, 코칭심리학자는 열려있는 대화를 통해 코치이에게 어떤 지원이 가장 적절한지를 결정할 수 있도록 충분한 정보를 제공하고 스스로 선택할 수 있도록 도움을 주어야 한다.

수퍼비전

임상적 문제가 있는 코치이에게 코칭을 제공하는 코칭심리학자는 임상 치료와 관련한 배경을 가진 코칭심리학자나 임상 치료에 대한 교육훈련을 받은 프랙티셔너에게 수퍼비전을 받으면 도움이 된다. 상기 제시된 문제들과 관련하여 수퍼비전은 다음과 같은 경우에 도움이 될 수 있다:

- 코치이가 '임상적 문제'가 있는 것이 코칭 목표에 어떤 영향을 미치는지, 특히 정신건강 문제와 코칭 목표 사이의 상호작용에 대해 이해하기 위해
- 임상적으로 입증된 증거 기반 전략을 코칭 관계에 적용하고 활용할 수 있는지를 확인하기 위해
- 상기 전략을 적용하는 연습을 해보기 위해
- 코칭과 치료 사이의 경계를 확인하기 위해
- 필요한 경우 임상 전문가에게 의뢰하는 프로세스에 대해 논의하기 위해, 즉 코칭 중에 이 문제에 대해 어떻게 언급할지 및 코치이를 어디로 의뢰할지 등
- 임상적 문제가 있는 코치이와의 코칭 작업에 대한 코칭심리학자의 관점 및 우려에 대해 상의하기 위해
- 필요한 경우 정신건강 문제에 대한 추가적인 교육훈련에 대해 상의하기 위해

사례 연구

피터Peter는 투자 은행에서 분석가로 일했다. 회사에서 5년 동안 일하면서 자신의 일이 흥미 진진하다고 느꼈고, 최근까지만 해도 긴 근무 시간이라는 환경과 '압박 속에서 더 성과가 났다'라고 말했다. 그 후 연이어, 피터는 결혼하고 이사를 했고, 그러고 나서 8개월 전에 첫

아이가 태어났다. 지금 그는 실패가 예상되는 프로젝트에 5개월째 몰두하고 있다. 그의 팀은 추진력이 부족했고, 가끔 피터가 가족과 시간을 보내려고 일찍 퇴근할 때면 일부 초급 분석가 사이에서 불평이 나왔다. 피터는 프로젝트가 제때 마무리되지 않으면 회사 내에서 자신의 평판이 떨어질 거라고 걱정했다.

피터는 팀 내 문제 관리에 도움을 받기 위해 회수가 정해진 코칭을 시작했다. 코칭이 진행되면서, 코칭심리학자는 피터가 아주 지쳐 보인다고 그에게 피드백해주었다. 피터는 밤에 잠이 잘 안 온다고 말했다. 왜냐하면 침대에 누운 상태에서 하루 일을 분석했기 때문이다. 낮에는 정신이 딴 데 팔려 딸을 생각하거나 업무 상황을 과도하게 분석했다.

피터의 증상에 대해 솔직하게 이야기를 마치고 난 후 코칭심리학자는 아마도 피터에게 범불안장애와 관련된 증상이 생긴 것 같다고 생각했다. 피터가 범불안장애에 해당되는 모든 기준을 충족시켰기 때문에, 과잉 분석이나 수면 문제는 코칭 프로세스 중에 다루기로 합의했다. 그래서 나머지 세션 중 일부는 인지행동치료에서 가져온 방법을 활용하여 문제를 해결하는 데 힘썼다.

처음에 피터는 과잉 분석이 자신이 업무에서 이미 활용하는 일종의 문제해결과 비슷한 유익한 전략으로 인식했다. 피터는 '관련된 모든 문제를 더 잘 처리하기 위해 업무 상황을 과도하게 분석하고', '프로젝트가 실패해서 직장에서 해고되면 어떻게 대처할 것인가'라는 최악의 결과에 대비하고 있다고 말했다.

코칭 과정의 효과를 확인하기 위해, 2주간 코칭심리학자는 피터에게 '과잉 분석'이 자신의 기분이나 생리에 어떤 결과를 미치는지 기록하라고 했다. 자신의 대답을 되새겨보면서, 피터는 '과잉 분석'의 과정이 최악의 상황을 가정하게 되는 경향으로 인해 긴장감과 두통, 짜증과 불안으로 이어지게 만드는 부정적인 영향을 미친다는 것을 알게 되었다. 이는 다시 집중력을 약화시키고 잠드는 것을 어렵게 만들었다. 이런 과잉 분석의 부정적인 영향(피터가 매일 업무에 활용하는 '유용한 분석'과 반대로)에 대해 더 확신하도록 하기 위해, 코칭심리학자는 피터에게 과잉 분석이 왜 쓸모가 없는지 그 이유를 나열해 보게 하였다. 그 이유로는 '과잉 분석은 내가 정신을 차리지 못하도록 만들고, 동기를 부여하는 것이 아니라 동기를 저하시키며, 진취성에 방해가 된다'는 것이 포함되었다. 추가로, 소크라테스식 질문법을 활용하여 극단적인 상황을 생각하는 그의 습관을 교정하였고, 수면을 향상시킬 방법을 상의하였다.

결론

본 장에서는 코치이가 드러낼 수 있는 몇몇 주요한 정신건강 문제와 이에 적용이 가능한 개입 방법, 그리고 포괄적인 평가 및 수퍼비전을 어떻게 활용하면 코칭 프로세스에 도움이 되게 할 수 있는지 다루었다.

    코칭심리학이 승승장구를 거듭하고, 정신건강의 안녕이 미디어 캠페인에서 가장 중요한 주제로 주목받는 지금이야말로, 임상적 증상과 비임상적 문제가 복합적으로 있는 코치이에게 코칭을 제공한다는 것의 함의에 대한 담론을 형성하고, 이러한 코치이들의 필요가 충족되도록 보장하는 프랙티스 권고안을 개발할 적기이다. 이를 위해, 코칭심리학 프로그램에 정신건강 모듈을 포함시키는 것을 고려할 필요가 있다. 또한 정신건강에 전문성을 가진 코칭심리학자가 제공하는 수퍼비전의 유용성이 강조될 필요가 있으며, 프랙티셔너의 자기 관리, 대상 개입 방식의 적절한 활용, 윤리적 딜레마의 관리 및 의뢰 과정의 논의와 같은 주제를 다루는 평생교육 세미나나 워크숍에 관해서는 추가 연구가 필요하다.

논의 포인트

1. 정신건강 문제가 있는 코치와 함께 작업을 해본 적이 있는가? 기분이 어땠는가? 어떤 반응을 보였는가? 정신건강 문제가 코칭 프로세스에 영향을 미쳤는가?
2. 정신건강 문제를 경험해 본 적이 있는가? 만약 그렇다면, 그 경험이 코칭심리학자로서 프랙티스를 하는 데 어떤 영향을 미쳤는가?
3. 최초 미팅 후 자신의 경험에 비추어 볼 때 코치이가 코칭보다는 상담이나 치료가 필요하다고 판단되는 경우 코치이에게 어떻게 설명하겠는가?
4. 만약 코치이가 자살을 할 생각이라고 말한다면 당신은 어떻게 하겠는가?

추천 읽기

Barry, M., Murphy, M., & Donavan, H. (2017). Assessing the effectiveness of a cognitive behavioural group coaching intervention in reducing symptoms of depression amongst adolescent males in a school setting. *International Coaching Psychology Review*, 12(2) 101–109.

Carroll, M. (2007). Coaching psychology supervision: Luxury or necessity? In S. Palmer & A. Whybrow (Eds.), *Handbook of coaching psychology: A guide for practitioners*. Hove: Routledge.

Corrie, S. (2017). SGCP research network: What role do coaching practitioners have in working with mental health issues? Results of a survey. *The Coaching Psychologist*, 13(1) 41–47.

Nelson, E., & Hogan, R. (2009) Coaching on the dark side. *International Coaching Psychology Review*, 4(1) 9–21.

참고 문헌

Australian Psychological Society stress and wellbeing in Australia survey. (2015). Retrieved from www.psychology.org.au/Assets/Files/PW15-SR.pdf

Beck, A., Freeman, A., et al. (1990) .Cognitive therapy of personality disorders. New York: Guilford Press. Beck, A., Rush, A.J. Shaw, B.F., & Emery, G. (1979). *Cognitive therapy of depression*. New York: Guilford Press.

Bor, R., Josse, J., & Palmer, S. (2000). *Stress free flying*. Salisbury: Mark Allen Publishing.

Campone, F. (2014). At the border: Coaching a client with dissociative identity disorder. *International Journal of Evidence Based Coaching and Mentoring*, 12(1). Retrieved from http://ijebcm.brookes.ac.uk/documents/vol12issue1-paper-01.pdf

Cavanagh, M. (2005). Mental-health issues and cahllenging clients in excutive coaching. In Cavanagh, M., Grant, A.M., & Kemp, T. (Eds.) *Evidence-based coaching* (Vol.1) Contributions from the behavioural sciences (pp. 21–36). Queensland: Australian Academic Press

Centre for Clinical Interventions. (2008). Self Hesplp Resources. Retrieved on 4/9/2018 from http://www.cci.health.wa.gov.au/Resources/Looking-After-Yourself

Corrie, S. (2017). SGCP research network: What role do coaching practitioners have in working with mental health issues? Results of a survey. *The Coaching Psychologist*, 13(1) 41–47.

American Psychiatric Association (APA). (2013). *Diagnostic and Statistical Manual of Mental Disorders* (DSM-5). Washington, DC: APA.

Gordon, B.S., Cavanagh, M.J., & Grant, A.M. (2006) Duty of care in an unregulated industry: Initial findings on the diversity and practices of Australian coaches. *International Coaching Psychology Review*, 1(1) 71–85.

Green, S. Oades, L.G., & Grant, A.M. (2005). An evaluation of a life-coaching group programme: Initial findings from a waitlisted control study. In M. Cavanagh, A.M Grant and T. Kemp (Eds.), *Evidence-based coaching, Vol. 1: Theory, research and practice from the behavioural sciences* (pp. 127–142). Queensland: Australian Academic Press.

Health and Safety Executive (HSE). (2017). Work related stress, anxiety and depression statistics in Great Britain 2017. Retrieved on 4/9/2018 from www.hse.gov.uk/statistics/causdis/stress/index.htm

Lukens, E.P., & McFarlane, W.R. (2004). Psychoeducation as evidence-based practice: Considerations for practice, Research and Policy. *Brief Treatment and Crisis Intervention*, 4(3) 205-225. Oxford: Oxford University Press.

Mental Health Foundation. (2015). Fundamental facts about mental health 2015. Retrieved from www.mentalhealth. org.uk/publications/fundamental-facts-about-mental-health-2015

National Institute for Clinical Excellence (Nice). (2005). Obsessive-compulsive disorder and body dysmorphic disorder: Treatment. Retrieved on 4/9/2018 from www.nice.org.uk/guidance/cg31

National Institute for Clinical Excellence (Nice). (2013). Social anxiety disorder: Recognition, assessment and treatment. Retrieved on 4/9/2018 from www.nice.org.uk/guidance/cg159/chapter/introduction

Nink, M. (2016). The high cost of worker burnout in Germany. *Business Journal*, March 17. Retrieved on 4/9/2018 from http://news.gallup.com/businessjournal/190049/high-cost-worker-burnout-germany.aspx

Northumberland Tyne & Wear NHS Foundation Trust. (2016). Self help leaflets. Retrieved on 4/9/2018 from www.ntw.nhs.uk/pic/selfhelp

Ozbay, F., Johnson, D.C., Dimoulas, E., Morgan, III, C.A., Charney, D., & Southwick, D. (2007). Social support and resilience to stress: From neurobiology to clinical practice. Psychiatry (Edgmont), May; 4(5) 35-40. Retrieved on 4/9/2018 from www.ncbi.nlm.nih.gov/pmc/articles/PMC2921311/#B1

Palmer, S., & Szymanska, K. (2007). Cognitive behavioural coaching: An integrative approach. In S. Palmer & A. Whybrow (Eds.), *Handbook of coaching psychology*. Hove: Routledge.

Spence, G.B., Cavanagh, M.J., & Grant, A.M. (2006). Duty of care in an unregulated industry: Intial findings on the diversity and practices of Australian coaches. *The Coaching Psychologist*, 1(1), 71-85.

Szymanska, K. (2003). Rational emotive behaviour therapy for a fear of flying. In R. Bor & L. Van Gerwen (Eds.), *Psychological perspectives on fear of flying*. Hampshire: Ashgate.

Wells, A. (1997). Cognitive therapy of anxiety disorders: A practice manual and conceptual guide. Chichester: Wiley.

Young, J., Klosko, J.S., & Weishaar, M.J. (2003). *Schema therapy a practitioners guide*. New York: Guilford Press.

41장
코치 발달을 위한 인지 발달적 접근

저자: 타티아나 바흐키로바Tatiana Bachkirova[1], 일레인 콕스Elaine Cox[2]
역자: 김현화

서론

지난 10년간 코치 및 코칭심리학자를 위한 코치 교육 과정과 대학원 과정의 양적 증가가 상당하였다. 이제 코칭 프랙티스에서 코치 자신이 얼마나 중요한 역할을 하는지 더 잘 알게 되었다. 코치가 되기 위한 과정에서 관련 지식뿐만 아니라 코치의 심리적 발달이 가장 중요하다는 것 또한 널리 받아들여지고 있다. 성인 발달과정의 뉘앙스를 다루는 많은 이론이 코칭 분야에서 더 잘 알려졌고 코치이와의 작업에 도움이 되는 것으로 받아들여졌다(Lawrence, 2017).

그러나 코치와 코칭심리학자를 위한 발달의 표준 기준에 대해 글을 쓰는 저자는 거의 없다 (Bachkirova & Cox, 2007). 이번 장에서, 우리는 개인 발달의 기존 이론을 고려하고 이러한 이론을 바탕으로 코치 교육 및 훈련의 맥락에서 사용할 수 있는 코치를 위한 발달의 틀을 제안한다.

---

[1] 타티아나 바흐키로바Tatiana Bachkirova MEd, MSc, PhD, CPsychol, AFBPsS는 Oxford Brookes 대학의 International Centre for Coaching and Mentoring Studies의 코칭심리학 교수이자 이사이다. 그녀의 전문 분야는 발달 코칭 및 코칭 수퍼비전이다. 그녀는 저명한 저자, 국제 연사, 컨비너 및 International Conference on Coaching Supervision의 의장이다.
[2] 일레인 콕스Elaine Cox PhD는 Oxford Brookes 대학의 코칭 및 멘토링 연구를 위한 국제 센터의 수석 강사이자 공동 책임자로서 코칭 및 멘토링 박사 프로그램을 이끌고 박사 과정 학생들을 수퍼비전한다. 그녀는 SAGE로 이해한 코칭을 포함한 책을 출판했으며 『The International Journal of Evidence Based Coaching and Mentoring』의 창립 편집자이다.

발달적 관점developmental perspective은 성인들이 변하지 않는 것이 아니라 꾸준히 배우고 발전하며 성장함을 암시한다. 본 장에서, 우리는 다음과 같은 정의를 채택한다: 발달은 '개인이 환경에 관여하고 환경에 영향을 미치며 내적 요구와 열망을 돌보는 능력이 계속하여 증가함에 따라 유기체 내에 나타나는 변화의 조합'이다(Bachkirova, 2011, p.4). 이 견해에 따라, 이 장의 목적은 인지 발달과 자아 발달 모델의 통합에 기초한 코치의 발달 과제에 대한 설명을 제시하는 것이다. 이 장은 다음과 같은 여러 섹션으로 나뉜다.

- 첫째, 성인 발달의 여러 모델을 뒷받침하는 이론적 배경을 설명한다(Kohlberg, 1969; Perry, 1970; King & Kitchener, 1994; Kegan, 1982, 1994; Cook-Greuter, 2004; Bachkirova, 2011).
- 둘째, 코치, 코칭심리학자 또는 멘토의 성장, 발달에 적용한 최근의 이론에 대해 논의한다(Berger, 2006, 2012; Chandler & Kram, 2005; Bachkirova, 2011, 2013).
- 셋째, 코치나 코칭심리학자를 위한 발달 프로그램에 사용하기에 적합하거나 코칭 수퍼비전에서 참조할 점을 제공할 수 있도록 우리가 개발한 모델을 제시한다.
- 마지막으로, 이론과 모델이 수퍼비전 관계에 어떻게 영향을 미칠 수 있는지에 대한 방향을 제공하기 위해 사례 연구를 제시한다.

이론적 배경

비록 비교적 신생 이론이지만, 인지-발달 주의cognitive-developmentalism(또 구조주의structuralism 또는 구성주의constructivism라고도 불림)는 이미 행동을 설명하는 데 뚜렷한 위치와 역할을 가지고 있다. 또 개인의 발달 이해에 중요하고 명확하게 정의된 차원을 제공한다. 모든 인지 발달 이론은 인간이 어떻게 생각하고 의미를 만들어 가는지 그리고 근본적으로 구조화되어 있는지를 고려한다. 스키마(Piaget) 또는 주체-객체 관계(Kegan)와 같은 구조 자체는 영구적이거나 매우 느리게 변화하는 것으로 간주한다. 각 개인은 자신의 외부 상황과 내부 요소의 특정한 조합에 따라 자신의 틀을 구축한다. 다른 심리학 전통과 학파는 인간 발달에서 변화의 공통된 특징과 이러한 변화를 촉진하는 특정 조건을 찾으며, 인지 발달론자들은 발달 그 자체의 잠재적인 과정에서 나타나는 질적인 전환의 패턴을 확인하고 이 지식을 각 개인에게 적용하는 방법을 제안한다.

발달론자들은 개인의 변화 과정이 구조상의 변화뿐만 아니라 다른 방식, 차원, 다른 비율로 일어난다고 본다. 사람들은 그들의 삶 전반에 걸쳐 다양한 방법들과 매우 다양한 수단으로 새로운 기술을 배우고, 새로운 지식을 습득하며, 그들의 개인적 자질이 변화한다. 그렇지만 발달론자들에 의해 다루어지는 변화는 더 드물다. 그것들은 개인이 세상을 보고 그/그녀가 자신의 경험을 해석하는 방식에서 중요한 변화를 의미한다. 이러한 변화들은 그/그녀가 알아차릴 수 있는 깊이와 복잡성에 영향을 미치며, 수평이 아닌 수직적인 변화 수준을 나타낸다(Cook-Greuter, 1999; 2004). 또 최근 성인 발달 분야의 발전은 행동 통제에서 정신과 신체 사이의 다양한 관계로 설명될 수 있는 행동에 대한 성인들의 발달 변화를 인지할 수 있음을 보여준다(Bachkirova, 2011).

충분히 발전한 인지 발달 이론들은 인간의 잠재력을 단순하고 정적이며 자아 중심적으로 보던 것에서 복잡하고 역동적이며 세계 중심적으로 변화하는 것으로 본다. 각 발달 단계의 특성은 다음 단계로 넘어갈 때 새로운 단계의 속성으로 남는다. 그 개인은 이전에 배운 모든 기술을 활용할 수 있으며 단계마다 더욱 유연해지고, 통합됨으로써 마찬가지로 변화하고 더욱 복잡해지는 세상에서 더 잘 기능할 수 있다.

코치의 발달과 관련하여 특히 중요한 것은 각 단계가 개인적 성찰 능력, 타인 및 업무와의 효과적인 상호작용을 풍부하게 한다는 것이다. 상황의 미묘한 차이와 세부 사항을 알아차리는 그들의 능력이 향상한다. 그 결과로 인한 자기 인식은 그들에게 이러한 상황을 명확히 하고, 영향을 주고, 잠재적으로 변화시킬 수 있는 더 나은 기회를 제공한다. 초기 단계에서 타인을 이해하는 능력은 새로운 단계에 도달할 때마다 증가하고 있다. 그러나 개인이 어떤 단계에서 작동하든 추가적인 발달의 범위와 잠재력은 항상 존재한다. 발달과정은 각 개인에 대한 내부 및 외부 요인이 조합한 결과이지만 코칭 과정 내에서 적절한 지원과 도전을 통해 더욱 자극되고 촉진될 수 있다(Bachkirova, 2014; Lawrence, 2017).

우리는 인지 발달적 관점이 코칭 과정의 변화에 영향을 미치는 요소들을 이해하는 데 매우 중요하다고 믿는다. 또 코치의 발달과 타인의 발달을 돕는 능력의 성장을 이해하는 데도 특히 유용하다. 이 장에서는 코치와 코칭심리학자의 발달에 가장 중요하다고 생각하는 두 가지 관점에서 인지 발달 이론을 탐구한다. 우리는 첫 번째 관점을 **인지-성찰** 계열이라 칭한다. 이는 피아제Piaget의 연구에 그 기원을 두고 있으며 추론과 학습 능력을 강조한다(구체적인 예는 다음을 포함한다: Kohlberg, 1969; Perry, 1970; King & Kitchener, 1994). 두 번째 관점은 로에빙거Loevinger에 기원을 둔 **자아 발달** 계열로, 자아 정체성의 발달, 대인관계의 성숙 및 행동 참여에 중점을 둔다(특히, Kegan, 1982, 1994; Cook-Greuter, 2004; Bachkirova, 2011, 2014).

인지-성찰 계열

피아제Piaget는 일반적으로 발달 심리학의 창시자로 여겨진다. 그의 인지 발달 모델(1976)은 아동의 발달을 순서화된 단계로 제시한다. 피아제는 아동의 현재 인지 구조가 세계에 대한 기존 이해와 현재 경험 사이의 갈등을 이미 더 조화시킬 수 없을 때 발달이 일어난다고 설명한다. 이 시점에서 약간의 인지적 재구성이 필요하며 결과적으로 더욱 정교한 수준의 발달로 진행된다. 발달은 '형식적 조작formal operations' 단계에서 추상적 추론의 발달과 함께 청소년기 초기에 절정에 달한다.

이후 다른 이론가들은 단계이론을 피아제 학파의 '형식적formal' 영역을 초월하여 확장하기 위해 연구했으며 형식적 조작의 한계를 확인하고, 이러한 한계에서 개인이 '후형식적postformal' 단계로 넘어갈 수 있도록 하는 사고의 종류에 대해 설명하였다(Commons & Richards, 2002). 예를 들어, 코플로비츠Koplowitz(1984)는 피아제의 구체적 조작과 형식적 조작 단계를 통합하지만, 이를 넘어 단일 조작적 사고라는 네 번째 단계가 이어지는 후-논리적 또는 체계적 사고 단계를 상정하였다.

페리Perry(1970)의 지적 및 도덕적 발달 모델은 책임의 요소를 추가하여 피아제의 틀을 확장한다. 페리는 지식과 가치의 기원에 대한 개인의 가정에 구조적 변화가 있다고 제안하고 9개의 인지적 위치를 포함하는 3개의 중첩되는 발달 단계를 설명한다. 대학생을 대상으로 한 그의 경험적 연구는 사고의 기본적 이원성을 보이는 위치 1로부터, 다중성과 관계적 지식에 대한 인식 증가라는 위치 5를 거쳐, 더 발달 된 위치인 8과 9에서 더욱 맥락적 상대주의, 책임 및 해결로 이동하는 발달의 세 단계를 구별하였다. 페리는 아마도 가장 어려운 전환이 단순한 이원론에서 복잡한 이원론으로의 전환이라고 지적한다.

페리의 발견은 또한 벨렌키Belenky와 동료들(1986)에게 여성의 지식획득 방식을 탐구할 수 있도록 영감을 주었다. 그들은 페리의 이원론적 단계는 '주관론자'로, 반면에 상대주의로의 이동은 '별개의 지식'으로 언급하였다: "주관론자들은 모든 사람이 옳다고 가정하지만, 별개의 지식인이 특히 옳다고 느끼는 생각을 의심한다."(p.104).

또 킹King과 키치너Kitchener(1994)는 페리의 작업을 기반으로 성찰 평가 모델을 개발하였다. 그들은 어떻게 교육자들이 학생들을 구조적으로 잘못된, 즉 해결 방법이 확실하거나 완전하지 않은 문제에 대한 해결에 의미 있게 참여시킬 필요가 있는지 설명했다. 그들은 발달이 7단계에 걸쳐 있다고 제안했다(King & Kitchener, 1994, pp.11-12).

1단계 지식은 하나의 구체적 관찰로 제한된다.
2단계 지식에는 정답과 오답이라는 두 가지 범주가 있다.
3단계 어떤 분야에서는 지식이 확실하고, 다른 분야에서는 지식이 일시적으로 불확실하다.
4단계 지식이 몇몇 특정 경우에는 모르기 때문에, 모든 지식은 불확실하다.
5단계 지식은 확실하지 않으며, 그래서 맥락 안에서 이해되어야 한다.
6단계 맥락에 따르기에 지식은 증거와 의견을 비교함으로써 구성된다.
7단계 지식은 영역 전체에 걸쳐 일관된 일반 원칙을 향한 합리적인 탐구과정의 결과이다.

킹King과 키치너Kitchener(1994)는 계속해서 자신들의 모델과 다른 현대 인지 발달 모델 사이의 두 가지 주요 차이점을 강조한다. 첫 번째는 인식론적 가정이 추론 과정에 중요하다는 것이다. 두 번째 차이는 문제에 대한 가능한 해결책에 실제로 불확실성이 존재하지 않는 한 진정한 성찰적 사고가 필요하지 않다는 듀이Dewey(1991)의 주장을 지지한다는 것이다.

일부 저자는 사람들이 자신의 신념을 정당화하는 가정과 가치를 합리적으로 검토할 수 있게 하는 인지 발달 단계가 청소년기 또는 성인기 후반에만 일어난다고 주장한다(Brookfield, 1987; Garrison, 1991; Mezirow et al., 1990). 그들은 비판적 성찰 능력이 단지 신체적 성숙의 기능으로만 일어나는 것이 아니라 사람들이 시간이 지남에 따라 나이가 들면서 발생하는 도전적인 경험과 직면으로 인해 추론과 성찰 능력이 발달하기 때문에 발생한다고 주장한다. 특히 머지로우Mezirow는 전환 학습transformative learning을 통해서만 심리-사회적 발달의 변화가 발생할 수 있으며 이러한 학습을 촉진하도록 돕는 것이 성인 교육자의 핵심 역할이라고 주장한다:

성인 교육자는 학습자의 표현된 요구를 해결하도록 돕는 과정에서, 그것들에 대한 동기 그리고 심리 문화적 힘이 타인과 자신의 세계에 대한 해석을 형성하는 방식을 이해하기 위해 그들의 명시된 요구를 넘어 학습자의 관심을 이동시키려 할 때, 적극적으로 전환학습을 촉진한다.

(1990, p.365)

콜버그Kohlberg(1969)의 모델은 인지 이론의 기원에 대한 우리의 간략한 개요와도 관련이 있다. 콜버그는 응답자들이 자신들의 행동을 어떻게 설명하는지 탐구하기 위해 도덕적 딜레마에 관한 이야기를 사용했다. 반응은 세 가지 수준(전-인습적, 인습적, 후-인습적)으로 분류되었으며, 각 수준 내에는 두 가지 단계가 있었다. 콜버그는 그가 연구한 사람들이 그들 자신의 한 단계보다 더 앞선 도덕적 추론을 이해할 수 없음을 발견했다: 1단계에 있는 사람은 2단계 추론을 이해할 수 있으나 그 이상의 단계는 더 이해하지 못했다. 이는 학습 상황에서, 더 높은 단계로의 이동을 극대화하기 위해 개인의 현재 추론 수준보다 한 단계 앞선 도덕적 추론만이 경험되어야 함을 암시한다. 고완Gowan(1974) 또한 '발달 남용'에 대해 경고하며, 이는 개인이 전 단계의 과제를 처리하는 동안 상위 단계의 특성을 사용하도록 권할 때 발생함을 시사하였다.

그러나 고완의 연구는 인지 발달 단계에 대한 설명에서 벗어나 인지, 감정 및 합리적이고 정서적인 발달의 차원을 포함하지만 이를 초월하는 연속체로서의 발달과정에 초점을 맞추었다(Miller, 2012 참조). 다음 부분에서 우리는 이러한 자아 초월의 개념을 더 자세히 탐구한다.

자아 발달 계열

자아 발달이라는 용어는 로에빙거Loevinger(1976)가 인지 발달 심리학 분야에 도입하였다. 개인의 차이를 강조하기 위해 고안된 심리측정 방법을 사용하여 그녀는 새로운 변수를 구별하였다. 이 변수는 이전에 설리반Sullivan과 동료(1957)가 연구한 요인과 밀접한 관련이 있으며, 이를 대인 성숙도 또는 대인 통합능력이라 불렀다. 로에빙거(1987)는 이 용어가 아동의 생후 첫해에만 국한된 정신분석학 개념과의 특정한 연관성 때문에 이 용어의 사용을 주저했지만 다른 용어로는 자신이 규명한 현상을 설명할 만큼 충분히 포괄적이지 않았다고 기록하였다. 로에빙거는 또한 일관되게 확인된 기본 단계구조를 가정하였다. 그녀의 연구 참여자 각각은 자신의 관심 유형과 사회적 상황의 결과로 한 단계에서 다음 단계로 발달하고 있었다. 상응하는

대인관계 방식을 가진 자아 정체성 발달의 특정 단계는 다음의 특징을 포함한다:

충동적인	자기중심의, 의존적인
자기를 보호하는	속임수를 쓰는, 경계하는
순응적인	협동적인, 정직한
양심적이며 순응적인	도움이 되는, 자기 인식적인
양심적인	열정적인, 책임감이 있는
개별적인	상호적인
자율적인	상호의존적
통합적인	개별성을 소중히 여기는

(Loevinger; 1987, p.226)

다음 이론은 자아 발달 계열을 잘 나타내는 키건Kegan(1982)의 의식의 순서orders of consciousness 이다. 이 이론은 '연관성과 포괄을 향한 움직임으로서의 통합' 그리고 '분리와 자율성을 향한 움직임으로서의 분화'라는 두 가지 기본적인 인간의 과정을 다룬다. 키건에게 있어서 의미 구성 활동은 한 사람이 자기가 되기 위해 취하는 것과 타자가 되기 위해 취하는 것 그리고 그들 사이의 관계에 관련되어있다. 이 '주체-객체' 관계의 틀은 자기와 타자 사이의 평형상태를 유지하고 벗어남이라는 균형 잡힌 활동의 역동처럼, 어떻게 개인들이 성장하는가를 설명한다.

이 이론에서 주체의 정의는 단순하게 자기의 한 부분으로서 의문을 가질 여지없이 경험되어지는 것이다. 주체는 개인의 한 부분이기에 볼 수 없다. 따라서 그것들은 뒤로 물러서서 그것들을 볼 수 있는 능력을 요구하므로 반영될 수 없다. '주체subject'라는 것은 이러한 방식으로 우리를 소유have하고 있으며, 우리는 '객체object'를 가지고have 있다. 우리의 삶에서 객체는 '반영할 수 있고 제어할 수 있으며, 살펴볼 수 있고, 책임을 질 수 있고, 서로 관계 맺을 수 있고, 통제할 수 있고, 내면화할 수 있고, 순응할 수 있거나 그렇지 않으면 조정할 수 있는 지식이나 조직화의 요소들'이다(Kegan, 1994: 32). 개인이 객체로서 더 많이 취할 수 있을수록, 더 많은 것을 검토하고 행동할 수 있기에 그들의 세계관은 더 복잡해진다.

키건의 이론에서 발달 개념은 다음과 같은 유추를 통해 가장 잘 이해된다: 주체가 되는 것은 '통해서 보는 것see through'이 아닌 '함께 보는 것see with'이다. 드래스Drath(1990, p.486)는 이 이론을 '문화적 문맹'의 예로 잘 설명하고 있다: "우리는 우리의 문화와 연결된 규범과 기대치를 확인하고, 주어진 대로 그것들을 받아들일 수 있다. 그렇지만 그것들이 무엇인지 확인할 수 없다. 즉 우리는 그것들을 전체적으로는 볼 수 없는 것이다. 우리의 문화유산은 우리 자신이지 우리가 가진 것이 아니다. 문화가 우리를 가지고 있다. 즉 우리는 문화 안에 담긴 것이지 우리가 문화를 초월할 수는 없다." 그렇지만 어떠한 환경에서 그리고 더 성장함으로써, 우리는 문화적으로 결정된 차이를 알게 되고 전에는 하지 못했던 방식으로 타자와의 거리를 인식할 수 있게 된다.

키건Kegan(1982)은 사람들이 발달하는 여섯 단계(의식의 순서)를 설명하였고, 이들 가운데 다음의 세 단계는 좀 더 성인과 잠재적 코치들에게 적용할 수 있다:

1. 대인관계 단계는 욕구가 아닌 욕구를 가진 사람을 묘사한다. 그래서 타자 또한, 욕구가 있다는 것을 이해한다. 타자는 이제 자신의 목적을 위한 수단이 아니다. 그들은 자기 성찰적이고 자신의 필요를 더 중요한 무엇에 종속시킬 수 있지만 중요한 타자들과의 갈등 때문에 분열됨을 느낀다. 그들은 다른 사람들의 기대 이외에 무엇을 자신이 원하는지 모른다. 이는 의사결정과 자존감 이슈에서 어려움을 경험하게 하는데, 이 단계에 있는 사람들은 다른 사람들이 그들을 좋아할 필요가 있기 때문이다. 그들은 존경하며 결정을 내리는 데 도움을 줄 수 있는 사람이 있는 한 무엇이든 할 수 있다.

2. 제도적 단계는 그 사람이 현재 관계를 맺고 있는 사람이라는 것을 암시한다. 이것은 심지어 다른 사람들과의 관계 밖에서 존재하는 자아를 만들고 자율성과 정체성을 가지고 있다. 이 단계에 있는 사람들은 다양한 규칙과 의견을 검토하고 그들 사이에서 중재할 수 있다. 전능 단계에 있는 사람들과는 달리, 그들은 다른 사람들에 대해 공감하고 그들의 견해를 고려한다. 대인관계 단계에 있는 사람들과는 달리, 그들은 결정을 내리는 자신만의 체계를 가지고 있기에 다른 사람들의 견해로 인해 분열되지 않는다. 그들은 스스로 동기를 부여하며, 스스로 평가하고, 좋은 리더가 될 수 있다. 그들은 그들 자신의 규칙을 만들고 그들을 위해 싸울 수 있지만, 그러한 자신의 방식에 너무 투자하기 때문에 최고의 외교관이 될 수는 없다.

3. 개인 간 단계에서 사람은 비로소 정체성을 가진 하나의 개인이 된다. 그들은 전 단계들에서 가능한 모든 것을 달성했으며, 이에 더하여 자신의 내부 체계에 존재하는 한계와 일반

적으로 내부 체계가 갖는 한계를 배운다. 그들은 내부 체계를 두루 살펴볼 수 있고 차이점으로 보이는 것에서 유사점을 볼 수 있다. 그들은 덜 이분법적이고 덜 극단적으로 되며, 흑백논리가 감소한다. 그들은 누구에게나 현명한 조언자 역할을 할 수 있고 모두가 더 큰 공동체의 구성원임을 다른 사람들이 이해하도록 도울 수 있다.

바흐키로바Bachkirova(2011)는 최근 발달 코칭 이론을 개발하면서 행동에서 개인의 참여에 대한 기여를 목표로 하는 코칭에 특히 중요한 자아 발달의 또 다른 측면을 제안하였다. 이 기준과 관련하여 세 가지 개발 단계를 [표 41.1]과 같이 제공한다.

[표 41.1] 행동에서 참여에 대한 발달의 세 단계

	형성되지 않은 자아unformed ego	형성된 자아formed ego	개정된 자아reformed ego
행동에서 참여 (Bachkirova, 2011)	자신과 환경에 대한 통제력 감소. 행동에 대한 다른 사람에 대한 높은 의존	과거에 대한 소유권을 갖고 독립적으로 행동할 수 있는 능력. 행동에서 '육체보다 정신' 통제	정신과 육체의 조화. 자아와 환경 사이의 관계에 존재하는 복잡성 인식

바흐키로바Bachkirova(2011)는 행동을 변화와 발전의 구성요소로 간주하는 코칭에서 특히 중요한 코치이의 자기self라는 요소에 이러한 차원이 프랙티셔너의 관심을 끈다고 주장한다. 만약 한 사람이 전체로서의 유기체를 합리적으로 만족시키는 방식이 필요한 경우 행동하거나 행동을 자제할 수 있다면, 자아는 이 점에서 완전히 발달한(형성된formed) 것으로 간주할 것이다. 과거에 대한 주인의식을 갖고 미래에 대한 불안을 견디며 주인의식을 잃지 않고 다른 사람들과 관계를 구축하는 능력이 있다. 그러나 통제와 주인 의식은 유기체를 위해 무엇이 가능하고 현실적인지에 대한 과대평가로 이어질 수 있다. 형성되지 않은 자아unformed ego에는 여전히 충족되지 않은 욕구와 성취되지 않은 과업이 있으며, 다른 사람들의 더 많은 도움이나 지도가 필요하다는 정당한 욕구가 있다. 세 번째 범주인 재형성된 자아reformed ego는 형성된 자아의 능력을 넘어선 자아의 능력을 나타낸다. 이 단계에서는 정신과 육체, 의식과 무의식 사이가 훨씬 더 조화로운 관계를 맺고 있으며, 이는 유기체가 일부 요구와 작업의 모호성을 견디고 내적 갈등에 대한 에너지 낭비를 최소화하는 능력을 나타낸다(Bachkirova, 2011).

코칭에 대한 이론들의 적용

인지 발달 이론은 이미 다양한 프랙티스 영역에 적용되고 있다. 현재 몇 명의 저자들은 코칭과 멘토링과 관련하여 인지 발달 접근의 적용에 대해 글을 쓰고 자신들의 관점과 모델을 제시하고 있다. 예를 들어, 루크Rooke와 토버트Torbert(2005)는 쿡-그로이터Cook-Greuter와 협력하여, 이른바 리더의 내적 '행동 논리'를 식별할 수 있는 조사 도구인 리더십 개발 프로파일을 개발하였다. 개별 리더들이 자신의 상황을 해석하고, 도전에 대응하며, 다른 사람들에게 영향을 미치는 경향을 보여주는 일곱 가지 서로 다른 행동 논리가 확인되었다. 루크와 토버트는 리더들이 그들의 행동 논리를 알고, 현재 상황과 관련하여 그들의 강점과 한계를 평가하고, 추가적인 발전 가능성을 확인하는 것이 중요하다고 주장한다.

키건(1982)을 기반으로 한 버거Berger(2012)는 직업 변경 맥락에서 네 가지 형태의 정신에 관해 설명한다. 각 형태는 다른 관점 취하기, 권위와 규칙에 대한 지향, 다른 사람들과의 관계에서의 핵심 요구, 그리고 세상에 대한 가정이라는 다양한 방식으로 결론짓는다. 버거의 정신의 형태는 '자기 주권self-sovereign', '사회화socialized', '자기 저작self-authored', 그리고 '자기 변형self-transforming'이라는 네 가지 발달 단계에 해당한다. 그녀의 가장 가치 있는 기여 중 하나는 이러한 각 그룹의 주요 강점, 맹점 및 성장 영역을 파악했을 뿐만 아니라 코칭 및 리더에게 잠재적으로 유용한 개입을 제안하고, 각 그룹과 함께 일할 때 코치가 직면할 수 있는 함정을 고려한다는 것이다. 우리는 또한, 평가의 역할, 발달적 접근으로 관여할 때 코치를 위한 윤리적 문제 고려에 관한 버거의 입장, 그리고 그녀의 '코치이의 성장 우위를 위한 단순한 경청simply listening for our coachee's growth edge'에 대한 강조(2012, p.94, 원본 강조)와 일치함을 발견한다. 우리는 또한 코치 발달 이론을 배우는 것 자체가 발달적이라는 것에 주목하였다.

챈들러Chandler와 크람Kram(2005, p.549)은 성인 발달 관점을 멘토링과 같은 다른 발달 네트워크 및 관계와 연관시켰다. 그들은 '다른 단계들의 제자들은 그들이 직면한 한계를 초월한 더 높은 단계의 개발자들로부터 최대한의 혜택을 받을 것'이라 주장하였다. 이 주장을 뒷받침하기 위해 챈들러와 크람은 제자와 멘토의 작업과 관련하여 키건의 단계들을 검토하였다. 챈들러와 크람은 또한, 발달 단계를 평가하기 위한 다양한 도구와 방법이 어떻게 고안되었는지를 밝혔다. 라헤이Lahey와 동료들(1988)은 주제-객체 인터뷰subject-object interview를 개발했으며 워싱턴 대학교 문장 완성 검사Washington University Sentence Completion는 로에빙거Loevinger(1976)의 단계를 측정하는 데 사용되었다.

그러나 우리는 발달 이론 적용과 관련된 진전의 한 부분이 단계를 평가할 때 매우 노동 집약적인 도구를 사용하는 복잡성이 방해한다고 주장한다. 이러한 도구를 사용하려면 정교한 훈련뿐만 아니라 평가자 자체 또한 높은 수준의 발달이 필요하다. 또 다른 문제는 이러한 도구를 사용할 때 정밀도를 달성하려는 의도와 관련이 있다. 우리는 발달 코칭 성공의 정확성이 필수적이지 않다고 믿는다. 예를 들어, 언어 유창성, 교육적, 사회적 배경과 같은 측정의 질을 방해하는 요소가 있다(McCauley et al., 2006; Manners & Durkin, 2001). 또한 각각의 개별 이론을 하나의 특정 발달 라인에 초점을 맞추는 데는 한계가 있다(Wilber, 2000). 그러나 실제 코칭 과제는 더 복잡하고 다면적이다. 코치가 개별 코치이를 만날 때, 그들은 대인관계, 인지, 감정 등과 같은 다양한 주제에 대해 작업해야 할 수 있다. 이 작업은 일부 다른 단계에서의 특정 단계를 나타내더라도 열린 마음으로 발달의 각 영역을 다루는 작업에 관여해야 한다(Bachkirova, 2011, 2013).

위의 우려를 고려하여, 바흐키로바(2011)는 측정 도구가 아니라 그 자체로 발달의 세 단계 가운데 하나를 나타내는 발달 주제 평가에 기초한 발달 프레임워크의 실용적 적용을 제안하였다. 코치이가 코칭에 가져오는 의도와 목표가 발달 패턴을 보여줄 수 있다는 주장이 제기되었다. 이 주제들은 사람들이 삶에서 직면한 도전들, 그들이 발견한 어려움, 그리고 그들의 삶의 환경이 그들에게 요구하는 것에 관한 것이다. 주제의 패턴은 각 코치이의 자아 단계를 나타내며 코칭에 대한 개별적 접근 구성을 돕는다.

우리의 코치 인지 및 자아 발달 모델

특히 자아 발달적 관점이 인간 발달을 이해하는 데 중요한 차원을 제공할 수 있음이 드러났다. 우리는 코치와 코칭심리학자의 발달과정에 대한 이해 향상을 위해 이러한 발달 관점의 적용 확장을 제안한다. 우리가 제안하는 코치 발달 모델은 앞서 논의한 이론에 근거를 둔다.

코치의 개인적 및 전문적 발달을 촉진하는 실천에서, 학습 과정에서 코치의 스타일, 태도 및 행동의 다양한 측면이 개별적인 발달 단계를 나타내는 방법을 관찰했다. 관찰 결과를 분석한 결과 우리는 두 가지 특정 발달 차원을 확인했는데, 우리의 관점에서 이들의 조합은 코치의 전반

적인 발달을 의미할 수 있는 코치의 개인적 스타일과 전문성의 질적 변화에 영향을 미친다:

1. 인지-성찰 차원은 콜버그Kohlberg와 페리Perry, 킹King, 키치너Kitchener가 묘사한 바와 같이 사고와 성찰적 판단의 복잡성에 대한 정도를 설명한다.
2. 자아-발달 차원은 키건Kegan, 러빙거Loevinger, 쿡-그로이터Cook-Greuter가 설명한 자아 발달, 개방성, 진실성과 타인에 대한 포용성을 나타내는 개인 내의 그리고 개인 사이의 발달 측면을 설명한다.

우리는 이 두 차원이 가장 영향력이 있다고 생각한다. 그들은 조합하여 코치의 관계와 개인의 발달, 성찰, 동기 및 행동에서의 자아의 역할, 코치이와 함께 일하는 스타일, 문제와 도전에 대한 태도라는 다양한 측면을 나타낸다. 우리는 이러한 두 가지 차원이 코치 발달의 전반적 단계를 나타내는 데 똑같이 중요하다고 여긴다. 따라서 다음과 같은 6단계 코치 발달 모델([표 41.2])로 결합하여 제시된다.

[표 41.2] 코칭의 단계 및 발달 과업

발달 단계	인지-성찰 측면 + 자아-발달 측면	코칭 클라이언트와 작업하는 코치의 전형적 패턴	코치가 촉진에 효과적일 수 있는 발달 과제
전달자 The Teller	극단적 사고, 구체적 데이터, 규정된 모델, 수용된 지식 자기 보호, 승패를 지향하는 타인과의 관계, 조종	편들기, 본인 경험과 선호도에 기반을 둔 많은 조언	자기 이미지와 명성의 발전 경쟁적 환경에서 있어서의 지지
조력자 The Helper	추상적 사고, 세심한 비교, 내면화된 체계 및 직감에 의존, 주관적 지식 자기의식, 집단 지향이나 자신들의 특별함을 알고 있음, 강하게 내면화된 초자아, 높은 도덕적 가치와 책임감, 타인에 대해 비판적이나 좋은 관계 형성	정서적 지지 제공, '파악'하기 위해 상황을 깊게 알아보는 도움 제공, 과도한 심리측정 도구 사용, 상황에 대한 자신만의 해석, 문제에 대한 다양한 해결책 창출	자신감 발달, 새로운 기술 학습, 구체적인 문제 다루기, 어려운 상황에 적응
질문자 The Questioner	다양성과 패턴, '이해하는 사람'과 '아는 것'과의 확실한 구분. 비판적 평가. 이성적 그리고 분석적, 주관주의를 초월, 자기 성찰적, 아직 증명되지 않은 것에 대한 지적 의심. 강한 자아, 높은 자존감, 자기와 타인 이해에 대한 진정한 관심, 자기기만 가능성에 대한 인식의 발생, 밀도 있고 의미 있는 관계 형성 가능	불필요한 해석이 없는 효과적 경청과 재구성, 깊이 있는 질문 제기, 문제의 근본적 원인과 이유 확인, 이성적 논의 발달, 증거 조사, 모순 확인, 적절한 계약의 사용	동기 확인, 선택 결정, 목적과 이상 달성하기, 행동에 초점 두기, 계산된 위험성 감수하기, 미래 지향 과업, 마땅히 해야 할 자기로 작업하기

[표 41.2] 코칭의 단계 및 발달 과업(계속)

발달 단계	인지-성찰 측면 + 자아-발달 측면	코칭 클라이언트와 작업하는 코치의 전형적 패턴	코치가 촉진에 효과적일 수 있는 발달 과제
수용자 The Acceptor	상대주의, '관찰자'의 해석과 문화적 조건에 대한 의식, 체계 관점과 의미 형성으로 향함 엄밀한 이성적 분석으로부터 전체적 관점으로 이동 스스로에 대한 재정의를 구성, 많은 하부 인격에 대한 인식, 내적 충돌 탐색, 본인의 믿음에 대한 검증, 관계에서 개별성과 상호성에 집중, 다양성을 즐김, 높은 수준의 공감	과정에 대한 최소한의 구조, 사건이 벌어지는 대로 두기, 사건들을 탐색, 그들은 거의 보이지 않음, 모순을 다룸, 미래보다는 '지금'에 집중, 즉각적인 개입, 개성의 모든 표현을 수용	고유한 개성과 진정성 발달, 역할-성격 일치, 인생의 중요한 상황 및 특정한 단계의 의미 확인
양성자 The Cultivator	현실에 대한 일반적인 체계 관점, 체계적 패턴과 장기적 트렌드 인식, 자기만의 모델 및 전략의 명확화, 문제의 맥락화, 표현할 수 있는 모호함, 통찰력이 있음, 무엇보다 중요한 원칙들, 가까워질 수 있는 진실 강한 자율적 자기, 새로운 의미로 자기의 모든 요소 통합, 그림자의 수용, 상호 의존성과 개인 발달에 있어서 그 의미를 인식, 관계와 타인의 성장을 돕는 것에 대한 책임감	이상적 비전을 실용적, 원칙적 행동과 연결, 자기 탐색, 상충되는 요구에 대처하기, 질적 차이를 구별, 타인의 성장이 느릴 경우 답답해할 수 있음	의미 있는 인생을 만들기, 전략적 관여와 원칙 확인, 자기 충족을 향한 작업, 심리적 인과관계와 과정에 대한 이해, 창의성 촉진
극작가 The Playwright	문화와 본인의 인생을 넘어선 메타-인지, 패러다임을 초월, 현실은 분할되지 않은 통일체로 이해됨, 모든 생각은 구성되고 언어는 필연적으로 현실에 대한 지도 작성에 사용되기에 진실은 항상 환상에 불과함	공감적 경청, 시기적절한 도전, 변화적이며 왜곡이 없는 피드백, 정보를 비관습적, 비이성적 근원에서 도출, 클라이언트의 발달 단계에 맞춰 그들의 경험을 재구성하도록 도움	실존적 모순을 둘러싼 갈등과 작업, 언어와 의미 만들기의 문제들, 모순과 패러독스를 넘어서서 작업, 이론과 설명의 필요성을 함께 직면, 한 사람의 새로운 이야기를 창조

모든 발달 모델이 그렇듯 이러한 단계들은 명확히 구분되지 않는다. 그것들은 오직 그 무게의 중심이라 불리는 것, 즉 개인이 자신의 자원을 끌어오는 곳을 나타낸다. 예를 들면, '질문자' 성향이 주된 코치는 코치이에게 정서적 지원을 제공하거나 직관에 명시적으로 의존하는 동안 비판적 견해가 보류되는 상황에 직면할 수 있다. 질문자는 때로 (이제 막 통과한) 조력자의 전략을 채택하거나 새롭고, 덜 익숙한 수용자 전략을 사용할 수도 있다. 키건(1994, p.326)이 말한 것처럼, 개인들은 한 단계에서 다른 단계로 넘어갈 때 '점진적으로 항해' 한다.

코치 및 코칭심리학자와 같은 프랙티셔너가 하는 업무의 본질은 개인 경험의 의미 형성 과정, 비판적 성찰, 문제해결, 중요한 실존적 문제 탐색 등의 과정에 참여함으로써 코치이의 발달을 촉진하는 것과 관련된다. 이러한 과정에 직접 참여하는 그 자체만으로, 프랙티셔너들은 본인의 발달 속도를 향상할 폭넓은 기회가 된다. 또 코치는 개인적이고 전문적인 발달을 지속하기 위해 참여할 필요가 있고 헌신하는 것으로 알려져 있다. 이러한 요인들은 인지 능력 발달에 공헌하고 자아 발달의 변화에 영향을 미치는 것으로 보인다. 여기에 제시된 바와 같이, 인지 발달 모델에 대한 관련 지식과 코치로서의 발달에 대한 잠재적 랜드마크에 대한 공개는 이러한 과정을 더욱 풍부하게 할 수 있다. 제시된 모델은 또한, 코치의 수퍼바이저 및 코칭심리학자에게 유용할 수 있다. 현재 목소리를 들을 수 있거나 덜 발달 된 상태에서 더 발달 된 상태로 이동할 기회가 코치에게 주어지는지에 대한 여부에 수퍼바이저의 주의를 집중시킬 수 있다. 또한, 코칭을 받는 코치이만큼 코치는 단계가 아닌 과정으로 보아야 한다는 인식을 더 한다.

사례 연구

이 사례 연구에서는 코칭심리학자와 수퍼바이저 모두 앞서 설명한 발달 단계를 알고 있으며 이러한 단계가 코칭을 받는 코치이와의 작업에 미치는 영향에 대해 생각해 본 코칭 수퍼비전의 예를 설명한다. 코칭에서 수퍼바이저의 역할은 적응 및 발달과정을 통해 코치를 지원하는 것이다. 아래의 예는 수퍼비전에서 코치와 함께 작업할 때 인지-성찰 및 자아-발달 차원에 대한 인식이 매우 유용할 수 있음을 보여준다.

코치

우리는 가상의 코치인 소니아Sonia의 코칭 수퍼비전을 살펴본다. 소니아는 앞서 설명한 모델에 대해 익숙하며, 자신을 조력자 단계라고 인식한다. 그녀는 현재까지 조력자 전략을 효과적으로 사용해왔기에 만족하는 편이었다. 하지만 알라스테어Alastair라는 코치이에게는 그 접근이 잘 적용되지 않고 있다.

시작 무렵, 소니아는 알라스테어가 겪고 있는 팀원들과의 갈등 해결에 대하여 작업하였다. 이제 알라스테어는 소니아에게 계속 코칭을 받고 싶어 하지만, 그녀에게는 그가 작업하고 싶은 것이 무엇인지 알지 못하는 것으로 보인다. 현재 둘 사이에는 깊은 신뢰 관계가 생겼고,

직장 생활의 뿌리 깊은 불확실성, 저항 그리고 의심에 대해 공유하기 시작했다. 그렇지만 그는 그가 가치 있다고 말하는 것과 구체적 행동 사이의 연결고리를 만들지 못하는 것으로 보였다. 그녀는 그가 진전되기 위해 어떻게 도와야 할지 몰랐고 어려움에 빠진 느낌이 들기 시작했다. 그녀는 자신의 직관적인 접근이 코치이 그리고 이러한 특정한 코칭 과정의 발달에 충분하지 않다는 의심이 들었다. 이에 대한 불편이 느껴진 그녀는 이 문제를 수퍼바이저에게 가져왔다. 그녀는 질문자라는 다음 수준이 이 코치이의 요구 충족에 필요한지, 그리고 만약 그렇다면 자신이 무엇을 해야 할지를 이해할 필요가 있다고 느꼈다.

코칭 수퍼비전 과정

소니아의 수퍼바이저 패트Pat 역시 발달 단계 이론에 대해 잘 안다. 그녀는 소니아가 갈등 문제에 대해서는 코치이에게 충분한 도움을 제공하였다고 판단하였다. 그렇지만 그녀가 지금 제시하는 문제들은 점점 더 복잡한 일련의 문제들을 제시하는 코치이와 관련하여 자신의 현재 단계의 한계를 반영하는 것으로 보였다.

패트는 소니아의 다음 단계에 관한 관심과 그것에 대해 더 이해하려는 의도가 이 특별한 사건과 관련하여 자연스럽다고 생각하였다. 패트는 소니아가 이미 추상적 사고를 하고, 인지적 비교를 하고, 직관을 사용할 수 있음을 알아차렸다. 따라서 질문자 단계는 그녀에게 자연스러운 진전처럼 보였다. 또 다음 단계로의 발달이 수반하는 심화 학습을 받아들일 준비가 된 것으로 보였다. 소니아는 본인의 업무에 대한 한계를 파악했고, 현재의 개념화와 사고에 필연적으로 필요한 도전에 스스로 대비할 준비가 되어있다고 제안하였다.

그렇지만 패트는 수퍼바이저라는 자신의 역할에서, 코치가 더 진전된 발달의 기회를 사용하도록 돕는 것과 코치이가 가능한 최상의 지원을 보장하는 것 사이의 갈등도 안다. 그녀는 어떤 경우에는 이러한 딜레마가 코치이를 보호하는 문제로 확장될 수 있다는 것을 안다. 패트는 지금 상황에서 소니아가 알라스테어에게 가장 적합한 코치인지를 자신에게 물었다. 패트는 소니아가 초기 문제와 관련하여 코칭을 잘했기에, 소니아의 진전된 발달이 동시에 알라스테어와의 작업의 질을 높일 것이라고 믿었다.

따라서 패트는 소니아가 더 섬세한 주의를 기울여 자신의 코칭 실천을 평가하도록 권장하고 현재 상황에 대해 비교를 할 수 있게 하는 코치이들과의 작업 예들을 공유하도록 하였다. 수퍼비전이라는 보호 장치 아래서 소니아는 본인의 비판적 능력을 확대하기 위해 수퍼바이저 및 관련 있는 이론가들의 생각과 자기의 생각을 서로 비교하고 대조해보았다. 또한 소니아에게 과거의 코칭들을 서로 교차 분석하여 코칭 패턴을 확인해 보도록 충고했다. 이러한 방식으로 성찰하도록 격려받고, 소니아는 목표 달성 가능성이 보이지 않았고, 원하지도 않았으며, 그에 중점을 두지도 않았기에 아무리 도우려 노력해도 소용이 없었던 과거의 또 다른 코치이를 떠올렸다. 또한 현재의 '동기부여가 덜 된' 코치이와 유사한 과거 코치이들에 대해 성찰하면서 두 코치이 모두와 자신의 문제에 대한 반응에서 드러나는 하나의 패턴을 알아차릴 수 있었다. 패턴에 대한 인식은 소니아에게 '불분명한' 목표를 이해하는 능력이 부족했으며, 본인만의 직관에 의지하기보다는 다른 이론가들의 생각도 받아들이는 태도가 필요했음을 드러냈다. 그와 같은 결정적인 특징들은 질문자 수준을 나타낸다.

더 나아가 패트는 소니아에게 다른 많은 관점에서 문제를 바라보도록 도움을 주었다. "당신이 스스로 이에 대해 수퍼비전한다면, 무슨 질문을 하겠는가?", 또는 "지금, 이 순간 고객은 무슨 생각을 했을까?", "다른 이론의 관점에서 보면 이 개입은 어떠할까?"와 같은 질문을 하였다. 패트는 관점 수용에 대한 이러한 강조를 통해 소니아가 '주관적 앎'의 단계에서 '더 복잡하고, 도전적이며, 대상 중심적이고, 탐색적인' 접근으로 도움을 주는 데 중점을 두도록 도울 수 있었다.

패트는 소니아가 권위자를 참조하고 질문할 기회를 찾는 것이 그녀의 발달에 매우 중요함을 깨달았다. 따라서 그녀는 소니아가 다양한 이론을 비교하고, 여러 가지 새로운 전략을 탐색하고, 코칭에 대한 비판적 이해를 성장시키는 모델들을 분석할 것을 제안했다. 그녀는 알라스테어와 함께 일하기 위해 소니아의 이해를 발전시키는 데 도움이 되는 관련 자료와 저항 이론을 소니아에게 추천하였다.

또한 패트는 소니아의 고유한 이성적 판단력 그리고 실제로 생각을 비판하고 제시된 증거의 질과 관련하여 건전한 의심을 발전시킴으로써 궁극적으로 비판적 분석력을 개발할 능력이 있다는 신뢰를 그녀에게 제공하였다. 패트는 조력자 수준에 있는 소니아의 정체성은 다른 사람을 섬기고 돕길 원하는 소망에 묶여 있는 걸 알기에, 그녀는 코치이의 요구를 강조하는 소니아의 현재의 '조력자' 프레임을 보완하는 형식으로 피드백을 신중하게 제공하였다.

패트는 발달의 표시로 생각되는 소니아의 일부 행동을 알아차렸다. 예를 들어, 소니아가 자기 자신에게 더 많은 질문을 던진다는 것을 알게 되었다. 아직도 직관적으로 의사결정을 하지만, 이제는 '왜' 그렇게 하는지 묻고, 직관적 결정의 효율성을 비교 및 평가할 줄 알게 되었다. 최근의 개입에 대하여 설명할 때, 소니아는 "효과가 있었다고 생각되지만, 나 자신을 속이는 걸지도 모르겠다."라고 평가했다.

또한 소니아는 알라스테어의 동기에 더 큰 관심을 가지기 시작하였다. 그가 달성하거나 달성하지 못했던 것에 집중하는 것이 아니라 그가 처한 특정 상황의 의미에 관한 생각이 명확한지를 탐색하였다. 어떻게 알라스테어의 초기 갈등이 만족스럽게 해결되었는가를 떠올리며, 소니아는 그 사건과 현재의 딜레마를 연결하였다. "그에게 있어서 팀원들과 견고한 관계를 유지하는 건 어떤 의미가 있는 것일까?" 그리고 "본래 자신의 모습을 잃지 않고 그는 어느 정도까지의 타협할 수 있을까?"를 물었다.

시간이 지남에 따라 그녀와 알라스테어는 더욱 의미 있는 관계가 되었다. 소니아는 더 자신을 개방하게 되었고, 현재 그의 문제에 대한 해답이 없음을 알릴 수 있게 되었다. 그녀는 그가 겪고 있는 문제의 수준이 완벽한 답을 찾을 수 없음을 암시하고 있음을 인식하였다. 그는 자신의 한계에 대한 그녀의 개방성을 높이 평가했으며, 체면을 구기는 것에 대한 두려움 없이 자신의 문제를 깊이 있게 탐구할 수 있는 용기를 얻었다.

더 나아가, 패트는 코칭 과정의 주제가 달라졌으므로 알라스테어와의 관계에 재계약이 필요한가를 묻는 소니아에 의해 고무되었다. 이는 코칭 과정의 본질과 그 경계 그리고 후원하는 조직을 위한 결과에 대한 소니아의 인식이 높아졌음을 나타낸다.

또한 질문자 단계로의 발전이 아직 멀었음을 보여주는 신호도 있었다. 패트는 큰 구조적 문제, 미래 선택의 계획, 인생의 현 단계에서 내려야 할 결정, 본인의 가치를 추구해야 할 필요성 등 알라스테어의 문제의 본질이 무엇인지 이해하고 있다. 그렇지만 소니아는 코치이와 만나 성찰을 할 때, 아직도 가끔 그 이슈들에 대해 무심결에 자신의 해석을 투영하고 있다. 그녀는 여전히 가끔 코치이를 위해 추측과 해석을 하면서 "그런 상황에서 더 나은 행동 방침은 …일 것이다." 또는 "내가 이것을 볼 수 있도록 그를 도울 수만 있다면"과 같은 말을 한다.

사례 연구의 결과

성인들의 경험은 항상 유동적이며 세상에 '존재'하는 올바른 길을 찾는 것과 관련이 있다. 이것은 알라스테어가 제시한 이슈에서 특히 분명하였고, 소니아는 처음에 알라스테어가 이러한 이슈들을 자유롭게 탐구할 수 있도록 성찰의 공간을 허락하고자 씨름하였다. 그러나 패트는 이 특별한 사건에 대한 소니아의 성찰을 계속 지지하였다. 코칭은 알라스테어와의 계약이 끝났을 때 자연스럽게 종결되었고, 두 사람 모두 유용한 결과가 나왔다고 생각했다. 알라스테어의 소니아에 대한 피드백은 그녀가 팀에 대한 그의 생각을 촉진했고 궁극적으로 더 큰 이슈에 대한 생각으로 발전시켰으며, 이것이 유용했다고 하였다.

소니아의 수퍼비전과 관련하여, 패트와 소니아는 함께 작업해나가면서, 소니아는 더 많은 이론적 지식이 필요하다는 것을 깨닫고 몇 가지 지속적인 전문적 발달에 임하였다. 코칭에 대한 독서의 측면에서 그녀의 선택은 더 많은 증거에 바탕을 두고 비판적이 되었다. 그녀는 계약이 얼마나 필수적인지 경험했고, 코칭 과정에서의 변화에 대한 대응이 얼마나 중요한가를 깨닫고 직접 계약을 설계하였다.

결론

본 장에서는, 성인 발달의 이론들에 대해 초점을 두었다. 우리는 코치 발달 수준 모델을 제시하기 위해 기존의 인지 발달과 자아 발달 이론을 활용하였다. 우리는 교육자, 수퍼바이저 및 코치의 역할이 인지-발달 및 자아-발달 차원을 따라 개인 역량의 자연스러운 발달을 이해하고 육성하는 것이라 믿는다.

이 접근은 특정한 도구나 방법을 적용하지 않는다. 코치이뿐 아니라 코치의 각 발달 수준에 다른 접근방식이 제공할 수 있는 모든 도구와 기법의 적절성을 신중하게 고려해야 함을 의미한다. 그것은 발달 마인드를 가진 프랙티셔너의 업무에 차이를 만드는 발달의 각 단계에 적합한 지지와 도전의 예술적인 균형이다. 우리는 또한 이러한 자연적 발달과정을 지원하는 최선의 방법은 코치이의 업무와 인생 과제를 다루는 과정에서 코치의 모든 기술과 능력을 적극적으로 사용하는 것이라고 믿는다. 마지막으로, 이 접근은 적용 측면에서 프랙티셔너 자체의 개인적 성장의 중요성을 강조한다. 코칭 실천에 차이를 만드는 것은 특정 기술이나 방법의 적용보다는 인간으로서의 코치를 발달시키는 것이다.

다른 맥락으로의 적용

인지 발달 접근은 청소년기 그리고 심지어 더 어린 어린이들의 코칭을 고려할 경우, 그 적합성이 더 높지는 않더라도 동일한 관련성을 가지고 있다. 또 데이Day와 동료들(2012)이 강조한 리더십 맥락과도 적합하다(2012). 그러나 우리 모델은 성인 코치와 코칭심리학자의 발달에 국한하여 제시하였다. 집단 과정과 관련하여 집단 작업이 때때로 매우 어려운 이유는 매우 분명하다. 발달 수준이 다른 개인이 같은 과정에 강하게 관여할 때 심각한 오해가 일어날 가능성이 크다. 그러나 예상하는 그리고 예상치 못한 성장의 기회도 존재하며 가능하다. 이것은 앞으로 이어갈 토론과 연구를 위한 영역이다.

논의 포인트

1. 만약 코치이가 코치보다 더욱 높은 발달 단계에 있다면 충족되지 못하는 과정 또는 상호 관계의 좌절로 인해 경험하는 것들 외에 나타날 수 있는 문제는 무엇인가?
2. 인지 발달 접근은 코치이 또는 코치의 행동에서 드러나는 발달 수준을 판단할 필요가 있음을 의미한다. 이것은 흔히 개인이 가진 가치와 관련이 있다. 이것이 코칭이 비판단적이라는 전통적 관점과 어떻게 부합하는가?
3. 수많은 발달 이론은 더 높은 발달 단계가 지적 그리고 영적 숙달을 나타낸다고 설명하고 있다(Csikszentmihalyi, 1994). 개인 발달에 대한 이러한 견해는 코칭에 관한 여러분의 비전과 얼마나 양립할 수 있는가?
4. 인지 발달 접근이 코칭심리학에 지금보다 더 영향력을 미치게 되는 데 있어서 주요한 장애물은 무엇이라고 보는가?

추천 읽기

Bachkirova, T. (2011). *Developmental Coaching: Working with the self*, Maidenhead: Open University Press.

Berger, J. (2012). *Changing on the Job: Developing Leaders for a Complex World*, Stanford: Stanford Business Books.

Lawrence, P. (2017). Coaching and adult development. In T. Bachkirova, G. Spence, & D. Drake (Eds.), *The Sage handbook of coaching* (pp. 121-138). London: Sage.

Cook-Greuter, S. (2004). *Making the case for developmental perspective, Industrial and Commercial Training*, Vol. 36 No. 7, pp. 275-281.

참고 문헌

Bachkirova, T. (2011). *Developmental Coaching: Working with the Self*, Maidenhead: Open University Press.

Bachkirova, T. (2013). Developmental coaching: Developing the self, in J. Passmore, D. Peterson & T. Freire (Eds.) *The Wiley-Blackwell Handbook of the Psychology of Coaching and Mentoring*, Chichester: John Wiley and sons Ltd, pp. 135-154.

Bachkirova, T. (2014). Psychological development in adulthood and coaching, in E. Cox, T. Bachkirova, & D. Clutterbuck (Eds.) *The Complete Handbook of Coaching* (2 ed.), London: Sage, pp. 131-144.

Bachkirova, T., & Cox, E. (2007). A cognitive developmental approach for coach development, in S. Palmer & A. Whybrow (Eds.) *Handbook of Coaching Psychology: A Guide for Practitioners*, London: Routledge, pp. 325-350.

Belenky, M. F., Clinchy, B. M., Golderberger, N. R., & Tarule, J. M. (1986). *Women's Ways of Knowing*, New York: Basic Books.

Berger, J. (2006). Adult development theory and executive coaching practice. In D. Stober & A. Grant (Eds.), *Evidence based coaching handbook: Putting best practices to work for your clients*. Chichester: John Wiley.

Berger, J. (2012). *Changing on the Job: Developing Leaders for a Complex World*, Stanford: Stanford Business Books.

Brookfield, S. D. (1987). *Developing critical thinkers: Challenging adults to explore alternative ways of thinking and acting*. San Francisco, CA: Jossey-Bass.

Chandler, D. E., & Kram, K. E. (2005). Applying an adult development perspective to developmental networks. *Career Development International*, Vol. 10, No. 607, pp. 548-566.

Commons, M. L., & Richards, F. A. (2002). Four postformal stages, in J. Demick (Ed.) *Handbook of Adult Development*, New York: Kluwer Academic/Plenum, pp. 199-219.

Cook-Greuter, S. (1999). *Postatonomous ego development: Its nature and measurement*. Doctoral dissertation, Cambridge, MA: Harvard Graduate School of Education.

Cook-Greuter, S. (2004). Making the case for developmental perspective, *Industrial and Commercial Training*, Vol. 36, No. 7.

Csikszentmihalyi, M. (1994). *The Evolving Self: A Psychology for the Third Millennium*, New York: Harper Perennial.

Day, D. V., Harrison, M. M., & Halpin, S. M. (2012). *An Integrative Approach to Leader Development: Connecting Adult Development, Identity, and Expertise*, London: Routledge.

Dewey, J. (1991). *How We Think*, New York: Prometheus Books.
Drath, W. (1990). Managerial strengths and weaknesses as functions of the development of personal meaning, *Journal of Applied Behavioural Science*, Vol. 26, No. 4, pp. 483-499.
Garrison, D. R. (1991). Critical thinking and adult education: A conceptual model for developing critical thinking in adult learners. *International Journal of Lifelong Education*, Vol. 910, No. 4, pp. 287-303.
Gowan, J. C. (1974). *Development of the Psychedelic Individual* (Chapter 6). Available at www.csun.edu/edpsy/Gowan/contentp.html (accessed 12 January 2007).
Kegan, R. (1982). *The Evolving Self: Problem and Process in Human Development*, London: Harvard University Press.
Kegan, R. (1994). *In Over Our Heads*, London: Harvard University Press.
King, P. M., & Kitchener, K. S. (1994). *Developing Reflective Judgment: Understanding and Promoting Intellectual Growth and Critical Thinking in Adolescents and Adults*, San Francisco: Jossey-Bass.
Kohlberg, L. (1969). *Stages in the Development of Moral Thought and Action*, New York: Holt, Reinhart and Winston.
Koplowitz, H. (1984). A projection beyond Piaget's formal-operations stage: A general system stage and a unitary stage, in M. Commons, F. Richards, & C. Armon (Eds.) *Beyond Formal Operations: Late Adolescent and Adult Cognitive Development*, New York: Praeger.
Lahey, L., Souvaine, E., Kegan, R., Goodman, R., & Felix, S. (1988). *A Guide to the Subject-Object Interview: Its Administration and Interpretation*, Cambridge, MA: Harvard University, Graduate School of Education, Laboratory of Human Development.
Lawrence, P. (2017). Coaching and adult development. In T. Bachkirova, G. Spence, & D. Drake (Eds.), *The Sage handbook of coaching* (pp. 121-138). London: Sage.
Loevinger, J. (1976). *Ego Development: Conceptions and Theories*, San Francisco: Jossey-Bass.
Loevinger, J. (1987). *Paradigms of Personality*, New York: M.H. Freeman and Company.
Manners, J., & Durkin, K. (2001). A Critical Review of the Validity of Ego Development Theory and Its Measurement. *Journal of Personality Assessment*, Vol. 77, No. 3, pp. 541-567.
McCauley, C.D., Drath, W.H., Palus, C.J., O'Connor, P.M.G., & Baker, B.A. (2006). The use of constructive-developmental theory to advance the understanding of leadership. *The Leadership Quarterly*, Vol. 17, pp. 634-653
Mezirow, J., & Associates (1990). *Fostering Critical Reflection in Adulthood*, San Francisco: Jossey-Bass.
Miller, I. (2012). A retrospective commentary on the consciousness mapping of John C. Gowan part I, *Journal of Consciousness Exploration & Research*, Vol. 3, No. 8, pp. 965-979.
Perry, W. G. (1970). *Forms of Intellectual and Ethical Development in the College Years*, New York: Holt, Rinehart and Winston, Inc.
Piaget, J. (1976). *The Psychology of Intelligence*, Littlefield, NJ: Adams & Co.
Rooke, D., & Torbert, W. (2005). Seven transformation of leadership, *Harvard Business Review*, April.
Sullivan, C., Grant, M., & Grant, J. (1957). The development of interpersonal maturity: Application to delinquency, *Psychiatry*, Vol. 20, pp. 373-385.
Wilber, K. (2000). *Integral Psychology*, London: Shambala

42장
코칭심리학 수퍼비전

저자: 마이클 캐롤Michael Carroll[1]
역자: 김현화

서론

이 핸드북의 제1판과 제2판 사이의 10년 동안 코칭 수퍼비전에 대한 관심이 문자 그대로 폭발적으로 증가하였다. 2007년에는 이 주제에 관한 두 권의 책과 이에 대하여 약간의 내용을 다룬 장들과 논문들이 있었다(Carroll, 2007). 그 이후로 코칭 수퍼비전에 초점을 맞춘 많은 새로운 책이 빛을 보았다(Bachkirova et al., 2011; Carroll, 2014; Clutterbuck et al., 2016; De Haan, 2012; Hawkins & Smith, 2013; Murdoch & Arnold, 2013; Passmore, 2011). 또 2007년부터 코칭 수퍼비전에 대한 공식 교육 프로그램이 전 세계적으로 많이 증가하였다. 영국에서는 Ashridge Business School, Bath Consultancy, Oxford Brooks University 및 Coaching Supervision Academy 등이 해당 주제에 대한 공인 자격을 제공한다. Coaching Supervision Academy는 또한 호주, 영국, 프랑스, 싱가포르 및 홍콩을 포함한 다른 여러 지역에서 코칭 수퍼비전 프로그램을 운영하고 있다. 미국 프로그램의 첫 번째 집단은 2014년 시애틀에서 프로그램을 완료하였다. Hudson Institute와 함께 이는 미국에서 운영하는 코칭 수퍼비전에 대한 유일한 공식 교육 프로그램인 것으로 보인다. 코칭 수퍼

---

[1] 마이클 캐롤Michael Carroll Phd는 상담심리학자, 임원 코치 및 임원 코치의 수퍼바이저로 일했다. 그는 Bristol 대학교 교육 대학원의 객원 산업 교수였으며, 2001년 전문 심리학에 대한 탁월한 공헌으로 영국 심리학회 상British Psychological Society Award을 수상했다. 그는 현재 은퇴했다.

비전에 관한 두 개의 국제학회가 열렸고 수많은 사람이 참석하였다(2013년 Oxford Brooks University, 2014년 Ashridge Business School). 유럽 코칭 및 멘토링 위원회European Coaching and Mentoring Council(ECC)는 2012년에 공식적으로 승인한 프로그램 목록에 코칭 및 OD 수퍼비전을 추가하였다. 국제 코칭심리학 협회International Society for Coaching Psychology는 코칭심리학 수퍼비전을 위한 인정Accreditation/인증Certification 절차를 가지고 있다. 요즘에는 코칭 수퍼비전에 대한 언급이 없는 코칭심리학 학회는 거의 없으며, 코칭 관련 워크숍을 적어도 한 번 이상 개최하지 않는 학회 역시 거의 없다. 단 7년이라는 짧은 기간 만에 수퍼비전은 코칭의 주변부에서 코칭의 일상과 업무에 필수적이고 필요한 부분으로 옮겨갔다. 일부 위탁 기관들은 현재 그들과 함께 일하는 코치들이 정기적인 수퍼비전에 참석한다는 것을 보고하도록 요구하고 있다.[1]

코칭 수퍼비전에 대한 우리의 관심이 극적으로 증가하는 가운데 지난 몇 년 동안 어떤 일이 일어났는가?

역사적 배경

코칭 수퍼비전은 "코칭 분야의 신출내기"일 수 있지만, 수퍼비전 자체는 이제 한 세기가 훨씬 넘었다. 19세기 후반 미국에서 사회 복지사를 위한 지원 및 성찰 공간으로 처음 고안되어 서서히 수습 기간의 관찰, 조언 및 복지 프로그램, EAP 및 교육과 같은 다른 도움을 제공하는 전문직에 채택되었다. 프로이트의 초기 당시에는 각자의 클라이언트와 진행한 작업을 토론하고 검토하기 위해 소집단으로 모였다는 증거가 있다. 이 단계의 수퍼비전은 비공식적이었으며, 막스 아이팅곤Max Eitington은 1920년대에 정신 분석 훈련을 받는 사람들에게 수퍼비전을 공식 요구 사항으로 만든 최초의 사람으로 간주된다. 이것이 수퍼비전의 첫 번째 단계였다면, 두 번째 단계가 1950년대에 정신역동 외에 다른 상담/심리치료 지향의 도입과 함께 나타났다. 이러한 새로운 발전에서 비롯된 수퍼비전 유형은 그들이 지지하는 상담/심리치료 지향과 수퍼비전에 대한 그들의 이론과 개입을 결합했기에 '상담-중심 또는 심리치료-중심' 수퍼비전 모델이라고 불린다. 로저스Rogers, 펄스Perls 또는 엘리스Ellis의 수퍼비전에 있어서, 각각의 상담 접근에 대한 수퍼비전 방식이 어떻게 다른지 궁금할 것이다. 덧붙여, '게슈탈트 수퍼비전 모델', '비지시적 코칭 수퍼비전'(Passmore, 2011), '인간 중심 접근 코칭 수퍼비전' 그리고 몇 가지 언급이 있는 '코칭 수퍼비전에서의 교류 분석transactional analysis 이용'(Bachkirova et al., 2011)과 같은 많은 '코칭-중심 수퍼비전 모델'에 관한 새로운 책들에 주목할 필요가 있다.

　수퍼비전이 상담에서 벗어나 상담보다는 교육 과정에 더 가까워지기 시작한 것은 1970년 대부터이다. 초점이 작업을 하는 사람으로부터 작업 자체로 이동하였다. 그 결과, 수퍼비전을 위한 사회적 역할/발달의 틀이 더욱 대중화되었다. 이제 수퍼비전은 수련의 중심이 되었으며 앞으로의 작업을 개선하기 위해 수퍼비전이 수행되고 있다. 이것은 수퍼비전 이론과 실천에서 상당히 중대한 변화였으며 상담과 수퍼비전의 확고한 구분이 확립되었다. 수퍼비전은 변명과 수치심 없이 수련에 중점을 두었으며, 그 실무에 영향을 미치는 것은 무엇이든지 수퍼비전에 대한 타당한 주제(예: 프랙티셔너라는 한 개인, 관련 조직의 영향)였다. 수퍼비전에 관한 최근 문헌은 '성찰적 코칭 프랙티셔너 모델'(Campone, 2011), '코치를 위한 행동 학습 수퍼비전'(Childs et al., 2011), '수퍼비전을 통한 학습'(Carroll, 2014), '수퍼비전에 대한 성찰과 비판적 성찰'(Carroll, 2014)과 같은 장의 제목으로 이러한 추세를 반영하고 있다.

코칭심리학 수퍼비전

당연히, 코칭심리학은 다른 전문직과 관련된 수퍼비전 모델을 코칭 영역으로 도입하는 것에 대해 신중하였고 지금도 여전히 그러하다. 팜팔리스 페이즐리Pampallis Paisley(2006)는 여기서 "기존의 수퍼비전 모델이 코칭의 요구에 충분한가?"라는 핵심적인 질문을 하고 이에 대해 "둘 모두… 그리고"라고 답한다. 코칭 수퍼비전은 다른 전문직에 적용되는 수퍼비전 요소 및 모델을 모두 빌릴 수 있으며, 코칭을 '특정한 수퍼비전 체계와 이를 뒷받침하는 특정 이론이 필요할 만큼 충분히 구별되는 학문 분야'로 볼 수 있다. 이 장에서는 수퍼비전이 코칭심리학에 제공할 수 있는 부가 가치를 살펴보고, 기존의 수퍼비전 모델을 사용하여 '임원 코치가 조직에서 작업하며 직접 경험하는 복잡성의 여러 층위와 수준에 대한 요구'를 인식하면서 코칭심리학 문화 내에서 어떻게 코칭 심리 수퍼비전이 구현될 수 있는가를 설명한다(Pampallis Paisley, 2006).

　우리가 임상 수퍼비전(또는 성찰적, 발달적 수퍼비전)이라고 부르는 것들은 대체로 상황에 대한 것이다. 이때, 프랙티셔너의 작업은 수퍼바이지와 수퍼바이저 사이의 만남에 초점을 맞추고 있다. 또한 수퍼바이저는 수퍼바이지와 수퍼비전 관계 이외의 다른 관계를 갖지 않는다.

이런 이유로 이번 장에서는 오늘날 코칭 심리 수퍼비전의 주요 주제로서 자문적 수퍼비전에 대해 더 자세히 살펴볼 것이다. 코칭심리학에서 훈련 프로그램이 등장함에 따라, 코칭 심리 수퍼비전 교육생들은 더욱 충분히 다루어질 필요가 있을 것이다.

여기에 적혀있는 사항 대부분은 임원 코칭에 집중되어 있지만, 라이프 코칭에서도 수퍼바이저의 여러 가지 통찰을 공유할 수 있을 것이다. 일반적으로 임원 코칭과 라이프 코칭 사이의 차이는 임원 코칭을 후원하고 코칭심리학의 주제들에 대한 발언권을 원하는 조직의 존재 여부에 따라 결정된다.

수퍼비전의 의미는?

일반적으로 전문직들의 전반에 걸쳐 수퍼비전이란 무엇인가? 간단히 말해, 수퍼비전은 수퍼바이지(코칭심리학자)가 작업을 더 잘 수행하기 위해 검토하고 성찰하는 회의이다(Carroll, 2014). 코칭심리학자는 자신의 프랙티스 사례를 다른 사람(개인 수퍼비전) 또는 그룹(동료, 소그룹 또는 팀 수퍼비전)에게 가져오고 도움을 받아 해당 경험에서 배우기 위해 프랙티스에서 일어난 일을 검토한다. 궁극적으로 수퍼비전은 더 나은 코칭 작업을 위한 것이다. 더 나은 프랙티스를 위한 유일한 도움은 아니지만, 많은 사람의 평가에 따르면 가장 효과적인 개입 중 하나이다. 신뢰하고 투명한 관계에서 수퍼바이지는 자신의 작업에 관해 이야기하고 의식적인 성찰과 사려 깊은 작업을 통해 배우고 돌아가 다르게 실행한다. 수퍼비전은 작업에 대한 성찰이 그 작업으로부터 배우고 더 창의적으로 수행하게 하는 기초를 제공한다는 가정에 근거를 둔다(Bolton, 2001; Carroll, 2014; Hewson & Carroll, 2016; King & Kitchener, 1994; Moon, 1999). 라이언Ryan(2004)은 이를 다음과 같이 잘 설명한다. "수퍼비전은 실행에 관한 연구이다. 이는 공감적인 적절한 탐색이다. … 수퍼비전에서 우리는 자신이 실행한 것에 관한 이야기를 다시 쓸 수 있다. … 수퍼비전은 실행을 잠시 중단시킨다. 이로써 우리는 우리가 하는 것을 일깨운다. 우리의 일상적인 실행이라는 편안한 이야기에서 잠드는 것이 아니라 우리가 일깨운 무엇을 함으로써 살아있음을 느낀다."(p.44)

코칭심리학 수퍼비전은 경험적 학습의 한 형태이다. 코칭심리학 수퍼바이지들의 실제 작업이라는 프랙티스가 핵심이다. 재검토, 면담, 질문, 고려, 비판적 성찰이라는 작업이 없는 수퍼비전은 존재하지 않는다. 실제 실천과 작업에 중심과 초점을 두지 않는 수퍼비전은 코칭이나 상담의 또 다른 형태일 뿐이다. 수퍼비전은 실천에 대한 성찰reflection-on-action이며, 실제로 실천 안에서의 성찰reflection-in-action로써 그 결과로 실천을 위한 성찰reflection-for-action이 일어난다.

레인Lane과 코리Corrie(2006)는 상담심리학자들이 경험하는 수퍼비전의 이점을 다음과 같이 요약했다. 이는 코칭심리학자들에게도 똑같이 적용될 수 있다고 볼 수 있다.

- 고객client을 보호한다(사례 검토).
- 프랙티셔너들에게 성찰의 공간을 제공한다(향상을 위한 통찰).
- 프랙티셔너들이 자신들의 강점과 약점을 확인하도록 돕는다.
- 동료들로부터의 학습을 돕는다.
- 전문성 발달을 유지하고 더 새로워질 기회를 제공한다.

또 다음의 이익들을 더 추가할 수 있다.

- 프랙티셔너들에게 업무에서 윤리적이고 전문적인 문제에 대해 경고하고 윤리적 감시 역할을 한다(Carroll & Shaw, 2013).
- 코칭심리학의 방식에서 나타날 수 있는 다양한 이익집단의 필요로부터 발생하는 긴장을 고려하고 유지할 수 있는 토론의 장을 제공한다(회사, 코치이, 전문가).
- 프랙티셔너들은 그들의 코칭 작업이 삶에 어떤 영향을 주는지 측정하고, 전문적인 작업에 대한 개인적인 반응을 확인하도록 한다.
- 고객client 체계의 일부분이 아닌 수퍼바이저라는 '제삼자'의 관점(피드백)을 제공한다.
- 이는 궁극적으로 고객client(코치이)에게 웰빙과 더 좋은 서비스를 하기 위함이다.
- 코칭심리학자들이 책임져야 하는 사람들(회사, 코치이, 전문가 등)을 향한 책임성에 대한 논의의 장을 만든다.
- 심리적 혁신, 통찰 및 연구들 속에서 코칭심리학자들이 최선을 다할 수 있도록 최신의 상태로 만든다.

호킨스Hawkins와 쇼헷Shohet(2012)은 그들의 수퍼비전 저서 제4판에서 더욱 최신의 수퍼비전을 요청하며 그 유용성을 크게 확장하였다. 그들은 다음과 같이 썼다. "'당신이 앞으로 나아가도록 요구할 때 작동하는 세상은 무엇이며, 당신이 대응하려고 애쓰는 영역은 무엇입니까?' 내가 팀들과 함께 일할 때, 나는 그들에게 '당신이 집단적으로 나아가도록 요구함에 있어서 작동하는 세상은 무엇이며, 집단적으로 당신이 아직 대응할 방법을 찾지 못한 것은 무엇입니까?'를 묻는다."(p.10) 코칭심리학 수퍼비전에 대한 그들의 도전은 '프랙티셔너 개인의 요구에서 아니면 우리 주변 세계의 요구에서 수퍼비전에 대해 생각하기 시작하는가?' 클라이언트에게만 초점을 맞춘 수퍼비전의 개념에서 벗어나 코칭심리학과 코칭심리학 수퍼비전이라는 두 가지 작업을 이러한 상황이 발생하는 당시의 맥락을 포괄하며 보도록 확장하는 것은 상당히 어려운 일이다.

코칭심리학 수퍼바이저

수퍼바이저는 주로 성찰의 촉진자이다(Hay, 2007; Hewson & Carroll, 2016). 그러면 실천은 생각 없는 반복이 아니라 의식이 깨어 있는 참여하기가 된다. 성찰의 반대는 일상화되는 일에 대한 무심함mindlessness, 즉 생각 없이mindless way 계속해서 일상적인 일routine을 재생산하는 것이다. 수퍼비전은 자신의 일에 깊고 용감하게 생각하는, 의식이 깨어 있는 수퍼바이지를 만든다. 수퍼바이저, 수퍼바이지 그들은 코치이를 위해 훌륭한 작업, 질이 높은 작업 그리고 최선의 서비스를 원한다. 본드Bond와 홀랜드Holland(1998)는 수퍼비전을 '실천에 대하여 촉진된 깊이 있는 성찰을 위한 정기적으로 안전이 보장된 시간'으로 정의하며 그 묘미를 포착하였다.

수퍼비전은 주어지는 것이 아니다. 문화적으로 친숙하고 전문적으로 적응할 수 있으며 상황과 수퍼바이지에 맞게 조정될 필요가 있다. 2005년에 나와 함께 일한 50명의 마오리Maori[뉴질랜드 원주민] 심리학자, 사회 복지사 및 상담가 그룹은 수퍼비전에 대하여 '미래의 웰빙을 위해 과거의 보물을 현재의 역량competencies으로 모으는 것'으로 정의하였다(New Zealand, 2005).

수퍼바이지의 학습을 위한 수퍼비전

코칭심리학 수퍼비전의 초점은 수퍼바이지의 학습이다. 모든 수퍼비전 세션은 "지난 시간 수퍼비전에서 무엇을 배웠습니까?"라는 질문으로 쉽게 끝날 수 있다.

관련된 학습은 이론적이거나 단순히 머리로 배우는 학습이 아니다. 그것은 다른 방식으로 일을 한 결과가 가져오는 경험에서 배우는 것이다. 이론이라는 고상한 고지가 실행이라는 늪과 같은 저지대에 연결되고 적용되어 이루지는 학습이다(Schon, 1987). 호킨스Hawkins와 쇼헷Shohet(2012)은 이것을 수퍼비전이 전환학습의 한 형태가 되는 '수퍼비전 공간에서의 전환'이라고 부른다(Merizow, 2000). 작업 경험 그 자체가 선생님이 된다. 우리는 우리 자신 경험의 발자취에 앉아 있다(Zachary, 2000). 미군은 작전 후 지휘관이 부대를 소그룹으로 모아 다음 여섯 가지 질문을 하는 AARAfter Action Review(행동 후 재검토)이라는 일종의 수퍼비전 방식을 고안하였다:

- 시작하기 위해 무엇을 해야 하는가?
- 무엇이 일어나고 있는가?
- 무엇이 잘 되고 있는가?
- 무엇이 잘 안 되고 있는가?
- 이 행동에서 무엇을 배울 수 있는가?
- 다음에 우리는 어떻게 다르게 할 수 있는가?

(Garvin, 2000)

이것이 진정한 수퍼비전이며, 코칭심리학 세션에 반영하여 코칭심리학 수퍼바이저가 같은 질문을 할 수 있다. 모든 학습이 학습자의 참조 틀에서 시작된다면, 코칭심리학 수퍼바이저는 모든 수퍼바이지에게 같은 방법으로 수퍼비전을 해야 할 것이다. 하지만 이는 이치에 맞지 않는다. 학습이라는 측면에서 한 가지 크기로 모두를 만족시킬 수 없다는 것을 수퍼바이저가 이해하며, 우리가 가르치는 사람들의 학습 스타일이나 지적 능력을 알 필요가 있다. 우리는 다음과 같은 질문들을 거의 하지 않는다: 당신을 가르치기 전에, 당신의 학습 스타일을 알려주시겠습니까? 수퍼비전 시작 전에 코칭심리학 수퍼바이지에게 다음과 같이 질문하는 것이 좋다.

- 당신은 어떻게 배우는가?
- 무엇이 당신의 학습 스타일인가?
- 당신의 학습을 촉진하기 위해 할 수 있는 것은 무엇인가?
- 당신의 학습을 방해하는 것은 무엇인가?
- 우리의 다른 점이 어떻게 당신의 배움에 영향을 줄 수 있는가?
- 어떻게 우리가 함께 배울 수 있는가?

이러한 정보를 장착한 코칭심리학 수퍼바이저들은 그들의 스타일과 개입을 코칭 수퍼바이지들의 학습 필요성과 학습 스타일(그리고 학습 지능)과 조정하는데 유연하고 적응적일 수 있게 된다.

시스템적 수퍼비전

코칭심리학 수퍼비전의 가시적인 초점은 일반적으로 두 사람(라이프 코칭에서와 같이) 또는 소수의 사람들(동료, 팀, 그룹 수퍼비전)이지만 수퍼비전의 시스템적 측면을 무시하는 것은 코칭심리학자, 코칭 및 그들의 작업에 극적으로 영향을 미치는 더 넓은 분야에서 보이지 않지만, 매우 활동적인 참여자를 놓치는 것이다(Carroll, 2014; Hawkins & Shohet, 2012). 호킨스Hawkins와 스미스Smith(2006)는 코칭심리학자의 이러한 시스템적 관점을 강조하였다. "코칭 수퍼비전은 고객client와 직접 협업하지 않는 수퍼바이저의 도움을 받아 코치가 클라이언트의 체계 그리고 고객-코치 체계의 일부로서 자신을 더 잘 이해하고 업무를 혁신하는 과정이다. 또한 코치에게 고객 그리고 고객 체계의 이익을 위해 현재 변화를 시도하고 있지 않은 부분을 발견할 수 있도록 한다." 다음에서 볼 수 있는 바와 같이, 효율적인 수퍼바이저들은 자신들의 관점에서 시스템적이고 수많은 요구를 함께 수용하는 것을 포괄할 필요가 있다.

수퍼비전 과정에서는 불가피하게 보이지 않는 참여자들일지라도 많은 하부체계를 포함한다. 그들을 고려하거나 염두에 두지 않고, 그들의 영향에 대해 인식하지 않는 것은 맹점을 만들게 된다. 오쉬리Oshry는 이를 '시스템 맹점system blindness'이라고 불렀다(Oshry, 1995). 시스템적 접근 코칭심리학 수퍼비전은 [그림 42.1]의 아웃라인으로 큰 그림을 염두에 두어야 한다.

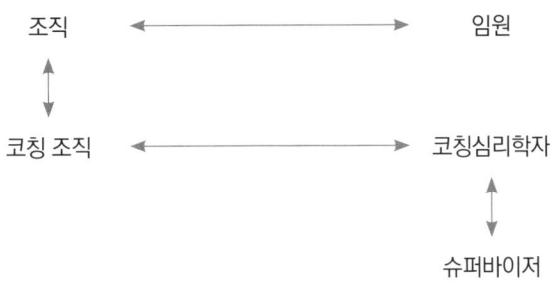

[그림 42.1] 코칭심리학 수퍼비전의 시스템적 개요

[그림 42.1]에서 조직은 코칭 조직과 계약을 하고, 임원 개인은 코칭을 위해 코칭 조직이 고용하여 지정된 코치와 관계를 맺는다. 이 코치는 외부 수퍼바이저나 어떠한 경우에는 코칭 조직 내부 수퍼바이저에게 수퍼비전을 받는다.

때때로 다섯 개가 넘는 하부체계들이 모두 포함되거나 그들 중 네 개나 임원 코칭에 더 적게는 세 개가 포함된다(임원, 코치, 수퍼바이저). 코칭 기관이나 회사에 소속된 코치 심리학자가 개별 임원에게 코칭을 제공하기 위해 조직과 계약을 맺고, 이에 대한 코칭 프랙티스를 외부 수퍼바이저가 수퍼비전을 할 때 고려해야 할 역동을 상상해 볼 수 있다. 전문가적인 경계를 유지하고, 계약을 관리하고, 특히 심리적인 계약(Carroll, 2005)과 참여자들 각각의 필요와 책임에 대한 인식이 보이지 않는 위험이 될 수 있다(Copeland, 2005; Copeland,, 2006; Towler, 2006).

특히 여기서 코칭심리학자 및 코칭심리학 수퍼바이저는 기업을 이해하고 비즈니스 맥락에서 협력하는 데 있어 지식, 통찰력 및 기술이 필요하다. 많은 코칭심리학자는 공공부문에서 근무한 경험이 있어도 이전 경험에서 이런 배경을 갖고 있지 않다. 호킨스Hawkins와 스미스Smith(2006)는 이러한 요소에 대해서 경고한다. "… 그러므로 한 그룹의 이론과 모델을 다른 그룹에 과도하게 적응하는 것은 위험하다. 수퍼비전을 위해 상담사나 상담심리학자에게 가는 코치의 위험 중 하나는 수퍼바이저의 전문적인 초점이 고객client의 심리를 이해하는 경향을 따른다는 것이다." 가장 큰 위험은 조직보다 개인에게 더 관심을 두는 근본적인 방향이 개인이 '나쁜' 또는 '감정이 없는' 조직의 희생자임에도 이를 알아차리지 못하는 경향으로 전락하는 것이다(p.148). 코칭심리학 수퍼바이저들은 그들의 안건에 (개인적인 관점은 물론) 조직의 측면을 추가하였다.

캐롤Carroll(2014)은 수퍼비전 분야의 일원으로서 조직이 있을 때 수퍼바이저가 수행해야 할 10가지 과제를 정리하였다. 그는 이를 다음과 같은 능력으로 요약한다.

1. 모든 것에 대해 명백한 계약이 있어야 한다(이는 쌍방향, 3자 사이, 때때로는 4자 사이의 계약을 포함하기도 한다.).
2. 코칭심리학자들은 회사나 조직과 (공모가 아닌) 협력이 가능하다.
3. 코칭심리학자들은 전체 체계 속에서 정보의 흐름을 관리하는 것을 돕는다(비밀을 보장하며, 누가 누구에게 이야기하는가?).
4. 수퍼바이지가 조직 상황 속에서 적절한 윤리적 선택을 하는 것을 돕는다.
5. 코칭심리학자들은 임원 개인과 조직 사이의 접점에서 일한다(누가 고객인가?).
6. 코칭심리학자들은 조직 내에서 그들이 자신을 돌보고 지지할 수 있도록 돕는다.
7. 코칭심리학자들은 기록, 통계, 보고서를 다루고, 이런 것들을 통해 조직과 소통할 수 있도록 돕는다.
8. 적절한 때에 어떻게 3자 사이의 회의를 잘 다룰 수 있는지를 안다.
9. 조직 내의 병행과정들에 대한 코칭심리학자들의 이해와 관리 능력을 촉진한다.
10. 수퍼바이지와 함께 코칭심리학이 조직의 변화를 이해하고 촉진하는 수단이 될 방법을 평가한다(예: 팀 코칭, 문화 변화를 위한 코칭).

많은 저자가 어떻게 최고의 방법으로 조직 맥락 안에서 임원 코칭을 준비하고 적용할 수 있는지를 살펴보기 시작했다(참고: Austin & Hopkins, 2004; Copeland, 2005; Clutterbuck & Meggison, 2005; Hawkins, 2012). 박사 논문의 하나는 '조직에서 수퍼비전을 할 때, 자신을 발견하는 다중 삼각측량과 이에 대한 주요 대상, 즉 코치, 고객client 그리고 조직'의 문제를 다룬다(Pampallis Paisley, 2006). 유능한 코칭심리학 수퍼바이저는 이러한 하위 체계, 요구 사항 및 상호작용을 창의적인 긴장 상태에서 함께 유지한다.

코칭심리학 수퍼바이지들의 효과적인 수퍼비전 활용을 위한 도움

많은 수퍼바이지는 훈련받을 기회가 적다는 것에 불만이 있다. 게다가 무엇이 수퍼비전인지, 어떻게 수퍼바이저를 선택해야 하는지, 수퍼비전에서 어떻게 계약이 이루어지는지, 어떻게 코칭 고객들을 대하는지, 어떻게 갈등을 다루는지에 대해 이해하거나 도움을 받을 수 있는 자료들이 너무 적다. 하나의 매뉴얼(Carroll & Gilbert, 2011)은 수퍼바이지들에게 효율적인 수퍼바이지가 될 수 있는 실제적인 도움을 준다. 다른 영역 중에 코칭심리학 수퍼바이지가 수퍼비전 시간을 최대한 활용할 수 있도록 도움이 되는 일곱 가지 기술 구성이 있다. 이는 다음과 같다.

- 성찰 방법에 대한 학습
- 배우는 방법에 대한 학습
- 학습을 촉진하기 위해 피드백을 주고받는 방법에 대한 학습
- 정서적으로 깨닫는 방법에 대한 학습
- 현실적으로 자기-평가하는 방법에 대한 학습
- 경험으로부터 배우는 방법에 대한 학습
- 대화 방법에 대한 학습

(Carroll & Gilbert, 2005 참고)

캐롤Carroll과 길버트Gilbert(2006)는 그들의 수퍼바이지들을 위해 코치들을 위한 매뉴얼에 관한 책 『On Becoming a Coachee: Creating learning relationships』(2008)을 번역했다. 이는 효과적인 코치이가 되기 위한 자료나 서적들이 거의 없는 상황 속에서 코치이들에게 도움이 될 것이다.

수퍼바이지들은 수퍼비전을 최대한 활용하는 데 도움이 필요하다. 그들이 그렇게 하는 데 사용된 시간은 귀중한 보상으로 돌아올 것이다.

코칭심리학 수퍼비전을 이해하기 위한 모델

코칭심리학이 존재하지 않았던 시기에는 임원 코칭에 여러 가지 기존의 수퍼비전 모델들이 적용되어 왔다(예: Hawkins & Shohet, 2012; Holloway, 1995; Inskipp & Proctor, 1993, 1995; Page & Wosket, 1994). 특별히 호킨스Hawkins와 쇼헷Shohet의 일곱 개의 눈을 가진 수퍼바이저seven eyed supervisor는 여기서 도움이 된다. 수퍼바이지들의 수퍼비전 준비를 돕는 상황에서 코칭 심리 수퍼바이저들이 사용할 수 있다(Inskipp & Proctor, 1993, 1995). 또한 호킨스Hawkins와 스미스Smith는 코칭 수퍼비전의 일곱 가지 방법에 초점을 두었다(2013). '수퍼비전의 세 세계 네 영역'(Turner, 2011) 그리고 '일곱 가지 대화를 사용한 수퍼비전'(Clutterbuck, 2011)과 같이 코칭을 위해 특별히 설계된 다른 모델도 코칭 수퍼비전 분야에 진출하였다.

사례 연구

앤서니Anthony는 은행 업계에 임원 코칭을 제공하는 전문 회사인 코치 슈프림Coach Supreme에 소속된 임원 코칭심리학자이다. 그의 회사는 아벨 투자회사Abell Investments와 계약을 맺고 있으며 앤서니는 두 명의 임원을 코치이로 배정받았다. 그는 거의 4개월 동안 두 사람(아멜리아Amelia와 제이슨Jason)과 함께 작업했으며 한 달에 한 번, 1시간 반 동안 개별적으로 만난다.

가브리엘Gabrielle은 앤서니의 수퍼바이저이다. 그녀는 코치 슈프림으로부터 급여를 받는 외부 수퍼바이저이다. 코치 슈프림에는 또한 아벨 투자회사와 관련하여 사례 관리에 대한 일상적인 수퍼비전을 제공하는 내부 사례 감독(아담Adam)이 있다.

앤서니는 현재 두 번, 아멜리아의 사례를 가브리엘로부터 수퍼비전 받았고, 이 마지막 수퍼비전 세션에서 아멜리아에게 일어나고 있는 일이 상당히 염려된다고 하였다. 아멜리아는 고객을 위해 투자 계정을 관리할 뿐만 아니라 15명의 투자 은행원으로 구성된 팀을 감독하고 직속으로 관리한다는 점에서 프로듀서-매니저이다. 그녀는 상당히 젊은 나이에 이 위치로 승진하였다. 이는 아벨 투자회사가 그녀를 재능이 있고 회사와 함께 더 발전할 잠재력이 있다고 보고 있다는 지표이다. 앤서니는 그녀의 관리 스타일(회사도 원했던 것)에 대해 함께 작업해 왔으며 아멜리아 그리고 인사 부서의 이사와 만나 임원 코칭 주제에 동의했으며 6개월 후에 중간 보고서를 제출할 예정이다.

그러나 아멜리아는 활기차게 시작한 지 두 달 만에 관리 경력이 '산산조각이 났다.' 그것은 그녀가 관리하는 팀 중 하나의 일부 열악한 성과에 맞서고 도전해야 할 필요성에서 시작되었다. 앤서니는 그녀를 격려하면서 어떻게 개입해야 할지에 대해 코칭하였다. 그러나 계획대로 진행되지 않았다. 약간의 신랄한 의사 교환 후에 문제가 된 팀 구성원은 그녀의 편인 것처럼 보이는 아멜리아의 상사(아멜리아의 팀 구성원)에게 가서 그녀가 일을 잘 처리하지 못하고 있다고 말하며 자신에게 인수하기를 제안하였다. 최종 결과는 그 직원이 사임하고 나머지 팀원들이 아멜리아에게 등을 돌렸다. 아멜리아를 거의 퇴출할 뻔하였다. 아멜리아에 미친 영향은 매우 파괴적이었다. 그녀는 출근이 싫어졌고 고립되고 지원받지 못하고 갇혀 있다고 느꼈다. 그녀는 스트레스로 인해 2주간의 휴가를 보낸 뒤 최근 직장에 복귀하였다.

앤서니 역시 교착상태였다. 그는 이것을 어떻게 처리해야 할지 몰랐다. 그는 두 개의 메시지를 받고 있다. 그의 사례 관리자(아담)는 팀 개발 및 갈등 해결을 제안하기 위해 상위 조직으로 가도록 권했다. 그의 다른 수퍼바이저(가브리엘)는 이것이 아멜리아의 권한을 약화시킬 것이며 앤서니가 이 문제를 해결하도록 그녀를 지원해야 한다고 생각하였다. 아멜리아는 현재 상황과 앤서니가 주목했지만 다루지 않은 그녀의 원가족 사이의 유사점을 지적하였다. 그는 코칭이 아멜리아의 배경과 그중 일부를 현재 팀 상황으로 전이하는 데 중점을 둔 상담과 유사한 형태로 바뀌지 않을까 하는 우려를 하였다. 다른 한편, 그는 아멜리아가 '살아남기 모드'에서 벗어나도록 도와야 할 필요성을 느꼈다. 그러나 그는 관리자로서 그녀 역할을 향상시키기 위한 긍정적 전략을 제공하지 않았다. 앤서니는 아멜리아가 '망가지거나' 충동적으로 사임할까 봐 걱정되었다(스트레스를 다루기 위해 2주 휴가를 보내도록 제안한 것은 의사였다).

수퍼비전에서 가브리엘은 일곱 눈 모델(Hawkins & Shohet, 2012)을 사용하여 앤서니와 가능한 조사 방법을 검토하고 다음의 어느 것이라도 함께 작업할 수 있음을 지적하였다.

1. 고객client: 팀을 고객 입장으로 살펴본다면, 우리는 그들에게 일어나고 있는 일(예: 그들은 왜 아멜리아의 반대편에 서는가?)에 집중할 수 있고, 관련된 역동을 이해하고, 이 조직을 체계적으로 그리고 관련된 다양한 관계의 관점에서 이해하려고 노력할 수 있다.

2. 개입: 아멜리아가 이 상황을 더 나빠지지 않게 할 수 있는 해결책은 무엇인가? 이 사건이 발생하게 된 계기는 무엇인가? 더 나은 분위기를 만들기 위해서 앞으로 어떤 전략이 필요할까?
3. 관계: 포함된 여러 가지 관계(아멜리아 그리고 그녀의 상사, 팀, 팀에 속한 개인들, 인사 부서 담당자 등)를 어떻게 평가할 것인가? 관계 개선을 위한 새로운 방법이 있는가?
4. 앤서니에게 무슨 일이 일어났으며, 왜 일어났는가? 그에게 일어난 것들에 대한 그의 반응, 생각, 느낌을 이해할 수 있는가? 어떻게 하면 그의 반응과 교착상태에 대한 감정을 다룰 수 있을까?
5. 병행과정: 팀에서 일어난 일이 수퍼비전 관계로 전이 될 수 있는 것은 무엇인가?(두 체계 모두 교착상태가 되었음!)
6. 가브리엘에게 무슨 일이 일어났으며 그녀의 반응은 물론 이론, 직관, 예감 등은 무엇인가?
7. 조직의 더 넓은 체계 속에서 무슨 일이 일어나고 있으며, 여러 가지 부분들은 아멜리아에게 어떻게 영향을 미치고 있는가?

각각의 그리고 모든 질문은 모두 임원 코칭 심리 수퍼비전 세션에 대해 풍부한 자료들을 만들어 준다. 수퍼비전에서 사용하는 질문들은 다음과 같다:

• 제한된 시간이 있는 상황에서 누가 결정하고, 어떠한 길을 추구할 것인가?
• 아멜리아에게 가장 좋은 도움은 무엇이며, 이 드라마에 등장하는 여러 배우를 현재 어떠할까?
• 수퍼바이저는 단순히 수퍼비전을 제공하는 것 외에 언제(만일 있다면) 개입해야 하는가?
• 수퍼바이저는 현재 상황에 대해 사례 감독자(아담)에게 이야기해야 하는가?
• 아담은 어떤 정보를 (인사담당자를 통해서) 아벨 투자회사에 피드백해야 하는가?
• 앤서니는 조직적인 측면에서 일어나고 있는 일에 대해 예상하고, 더 예방적 역할을 해야 하는가?
• 앤서니는 아멜리아에게 그가 제공하는 임원 코칭과 함께 상담적 지지를 받을 것을 추

> 천해야 하는가?(상담사가 될 수 없는 그는 그녀를 상담사에게 의뢰할 수 있으며 이는 비밀보장이 되어야 할 것이다. 그는 회사가 이 비용을 지불할 것이라고 확신한다.)
>
> 이러한 예시들은 조직에서 임원 코칭이 진행될 때 개인, 팀, 조직이라는 수퍼비전 이슈/문제/딜레마/도전들이 존재할 수 있음을 보여준다.

다른 분야들

코칭심리학의 수퍼비전을 다룬 이번 장에서는 수퍼비전의 역사를 추적하고, 코칭심리학에 수퍼비전 이론, 연구, 실행을 적용하기 시작하였다. 또한 코칭을 위해 특별히 설계된 이론, 프레임워크 및 수퍼비전 모델의 출현과 함께 이루어지고 있는 코칭심리학 분야 자체 내에서 수퍼비전의 발달을 살펴보았다. 불가피하게, 여러 핵심 분야에 초점을 맞추게 되어 다른 분야들을 고려하지 못했다. 본 장을 마치기 전에 코칭 심리 수퍼비전의 다른 영역을 고려할 때 이에 대한 다른 전문직의 틀과 모델이라 할지라도, 충분히 코칭심리학의 분야에 그 결과물들을 적용할 수 있으며, 수퍼바이저가 효율적인 수퍼비전 관계 형성과 유지에 관심을 기울여야 할 필요가 있음을 언급할 가치가 있다.

- 수퍼비전 계약(Carroll, 2014; Inskipp & Proctor, 1993, 1995; Carroll & Gilbert, 2011). 코칭심리학과 같이 여러 하위 시스템이 관련된 경우 계약에 동의하고 명확하게 작성하는 것이 기본이다.
- 수퍼비전에서 거쳐야 하는 과정과 단계(Carroll, 2014; Hawkins & Shohet, 2012)
- 수퍼바이저와 수퍼바이지 성장의 발달단계(Skovholt and Rommestad, 1992). 수퍼바이지가 직업적 발달의 다양한 단계를 통해 이동한다는 인식은 코칭심리학 수퍼바이저가 그에 따라 개입을 '최고조'로 할 수 있게 한다. 그것은 또한 수퍼바이지가 가장 필요로 하는 수퍼비전의 유형 및 관련된 관계의 종류를 볼 수 있는 여지를 준다.
- 수퍼비전 내에서의 평가 및 피드백(Carroll & Gilbert, 2011) 그리고 조직 상황 내에서의

이에 대한 실행 방법
- 소그룹과 팀 수퍼비전(Hawkins, 2011; Proctor, 2000; Lammers, 1999)
- 수퍼비전의 효율성에 관한 연구(Freitas, 2002; Watson, 2011).
- 수퍼비전의 장점과 단점: 효율적인 수퍼바이저는 무엇을 하며, 그들이 피해야 할 것은 무엇인가?(Ladany, 2004)
- 수퍼비전에서 윤리적 의사결정과 법적 이슈(Carroll, 1996; Carroll & Shaw, 2013) - 특히 조직이 체계의 한 부분으로서 존재할 때

결론

코칭심리학은 윤리강령이나 인증, 훈련과 연구 등을 집중적으로 다루며 전문성을 갖추기 위한 여정을 시작했다. 이러한 전문성 일부는 수퍼비전이다. 즉 프랙티스에 대해 검토하고, 학습한 내용을 수집하여 향후 프랙티스에 적용하는 회의이다. 코칭심리학은 코칭심리학자를 위한 경험 학습에 어떤 수퍼비전 모델과 프레임워크, 전략이 적절한지 묻는다. 일반적으로 수퍼비전에 관한 기존 이론과 연구가 코칭심리학과 관련된 틀로 번역되었지만, 더 많은 것이 필요하다. 코칭심리학 또한 그 고유의 권한에서 학습 개입으로서 코칭심리학 수퍼비전을 만들기 시작할 혁신적인 사상가, 이론가, 연구자들이 필요하다. 이는 지난 몇 년 동안 시작되었고(다음의 추천 도서 참고), 이미 코칭심리학 수퍼비전에 특화된 이론, 모델 및 프레임워크 발달을 위한 견고한 토대가 있다. 흥미로운 시간이 다가왔다!

논의 포인트

1. 수퍼비전은 코칭심리학자가 진행한 작업의 질에 어떤 기여를 하는가?
2. 어떠한 학습 개념이 코칭심리학자를 위한 효과적인 수퍼비전을 뒷받침하는가?
3. 효과적인 수퍼비전과 비효과적인 수퍼비전의 차이점은 무엇이라고 생각하는가?
4. 어떻게 수퍼바이저들은 수퍼바이지들이 수퍼비전 시간을 최대한 활용할 수 있도록 도울

수 있는가?

참조

1. BBC는 약 70명의 훈련된 내부 코치들로 구성된 조직을 가지고 있으며, 이들 모두 일대일과 소규모 그룹의 수퍼비전을 받아야 한다.

추천 읽기

Bachkirova, T., Jackson, P., & Clutterbuck, D. (Eds.) (2011). *Coaching and Mentoring Supervision: Theory and Practice*. Maidenhead, Berkshire: Open University Press.
Carroll, M. (2014). *Effective Supervision for the Helping Professions*. London: Sage.
De Haan, E. (2012). *Supervision in Action: A Relational Approach to Coaching and Consulting Supervision*. Maidenhead, Berkshire: Open University Press.
Hawkins, P., & Smith, N. (2013) *Coaching, Mentoring and Organisational Consultancy: Supervision, Skills and Development*. Maidenhead, Berkshire: Open University Press (2nd Edition).

참고 문헌

Bachkirova, T., Jackson, P., & Clutterbuck, D. (Eds.) (2011). *Coaching and Mentoring Supervision: Theory and Practice*. Maidenhead, Berkshire: Open University Press.
Bolton, G. (2001). *Reflective Practice*. London: Paul Chapman.
Bond, M., & Holland, S. (1998). *Skills of Clinical Supervision for Nurses*. Buckingham: Open University Press.
Campone, F. (2011). The Reflective Coaching Practitioner Model University Press. In J. Passmore (Ed.) *Supervision in Coaching: Supervision, Ethics and Continuous Professional Development*. London: Kogan Page.
Carroll, M. (2014). *Effective Supervision for the Helping Professions*. London: Sage.
Carroll, M. (2007). Coaching Psychology Supervision: Luxury or Necessity? In S. Palmer & A. Whybrow (Eds.) *Handbook of Coaching Psychology: A Guide for Practitioners*. London: Routledge.
Carroll, M. (2005). The Psychological Contract in Organisations. In R. Tribe and M. Morrissey (Eds.) *Professional and Ethical Issues for Psychologists, Psychotherapists and Counsellors*. London: Brunner-Routledge.
Carroll, M. (1996). *Counselling Supervision: Theory, Skills and Practice*. London: Cassel.
Carroll, M. & Gilbert, M. (2011). *On Becoming a Supervisee: Creating Learning Partnerships*. London: Virani Publishing (2nd Edition).
Carroll, M., & Gilbert, M. (2008) *On Becoming a Coachee: Creating Learning Partnerships*. London: Virani Publishing.
Carroll, M., & Gilbert, M. (2005). *On Becoming a Supervisee: Creating Learning Partnerships*. London:

Virani Publishing.

Carroll, M., & Shaw, E. (2013). *Ethical Maturity in the Helping Professions: A Guide to Difficult Life and Work Decision*. London: Jessica Kingsley.

Childs, R., Woods, M., Willcock, D., & Angry Man (2011). Action Learning Supervision for Coaches. In J. Passmore (Ed.) *Supervision in Coaching: Supervision, Ethics and Continuous Professional Development*. London: Kogan Page.

Clutterbuck, D. (2011). Using the Seven Conversations in Supervision. In T. Bachkirova, P. Jackson, & D. Clutterbuck (Eds.) *Coaching and Mentoring Supervision: Theory and Practice*. Maidenhead, Berkshire: Open University Press.

Clutterbuck, D., & Meggison, D. (2005). *Making Coaching Work: Creating a Coaching Culture*. London: CIPD.

Clutterbuck, D., Whitaker, C., & Lucas, M. (2016). *Coaching Supervision: A Practical Guide for Supervisees*. Abingdon: Routledge.

Copeland, S. (2006). Counselling Supervision in Organisations: Are You Ready to Expand Your Horizons. *Counselling at Work*, 51, Winter, 2–4.

Copeland, S. (2005). *Counselling Supervision in Organisations*. Hove, East Sussex: Routledge.

De Haan, E. (2012). *Supervision in Action: A Relational Approach to Coaching and Consulting Supervision*. Maidenhead, Berkshire: Open University Press

Freitas, G.J. (2002). The Impact of Psychotherapy Supervision on Client Outcome: A Critical Examination of Two Decades of Research. *Psychotherapy*, 39 (4), 354–367.

Garvin, D.A. (2000). *Learning in Action: A Guide to Putting the Learning Organisation to Work*. Boston: Harvard Business School.

Hawkins, P. (2012). *Creating a Coaching Culture: Developing a Coaching Strategy for Your Organisation*. Maidenhead, Berkshire: Open University Press.

Hawkins, P. (2011). *Leadership Team Coaching: Developing Collective Transformational Leaders*. London: Kogan Page.

Hawkins, P., & Shohet, R. (2012). *Supervision in the Helping Professions*. Milton Keynes: Open University Press (4th Edition).

Hawkins, P., & Smith, N. (2013). *Supervision for Coaches, Mentors and Consultants*. Maidenhead, Berkshire: Open University Press (2nd Edition).

Hawkins, P., & Smith, N. (2006). *Supervision for Coaches, Mentors and Consultants*. Maidenhead, Berkshire: Open University Press.

Hay, J. (2007). *Reflective Practice and Supervision for Coaches*. Maidenhead, Berkshire: Open University Press.

Hewson, D., & Carroll, M. (2016). *Reflective Practice in Supervision*. Hazelbrook, NSW: Moshpit Publishing.

Holloway, E. (1995). *Clinical Supervision: A Systems Approach*. Beverley Hills, CA: Sage Publications.

Inskipp, F., & Proctor, B. (1995). *Making the Most of Supervision: Part 2*. Middlesex: Cascade Publications (2nd Edition, 2001).

Inskipp, F., & Proctor, B. (1993). *Making the Most of Supervision: Part 1*. Middlesex: Cascade Publications (2nd Edition, 2001).

King, P., & Kitchener, K.S. (1994). *Developing Reflective Judgment*. San Francisco: Wiley.

Ladany, N. (2004). Psychotherapy Supervision: What Lies Beneath? *Psychotherapy Research*, 14 (1), 1–19.

Lammers, W. (1999). Training in Group and Team Supervision. In E. Holloway and Carroll (Eds.) *Training Counselling Supervisors*. London: Sage.

Lane, D., & Corrie, S. (2006). Counselling Psychology: Its Influences and Future. *Counselling Psychology Review*, 21 (1), 12–24.

Merizow, J., & Associates (2000). *Learning as Transformation: Critical Perspectives on a Theory in Progress*. San Francisco: Jossey-Bass.

Moon, J. (1999). *Reflection in Learning and Professional Development*. London: Kogan Page.

Murdoch, E., & Arnold, J. (2013). *Full Spectrum Supervision*. St Albans: Panoma Press Ltd.

Oshry, B. (1995). *Seeing Systems: Unlocking the Mysteries of Organisational Life*. San Francisco: Berrett-Koehler.

Page, S., & Wosket, V. (1994). *Supervising the Counsellor: A Cyclical Model*. London: Routledge.

Pampallis Paisley, P. (2006). *Towards a Theory of Supervision for Coaching: An Integral Approach*. D.Prof, Middlesex University.

Passmore, J. (Ed.) (2011). *Supervision in Coaching: Supervision, Ethics and Continuous Professional Development*. London: Kogan Page.

Proctor, B. (2000). *Group Supervision: A Guide to Creative Practice*. London: Sage.

Ryan, S. (2004). *Vital Practice*. Portland, UK: Sea Change Publications.

Schon, D. (1987). *Educating the Reflective Practitioner*. San Francesco: Jossey-Bass.

Skovholt, T.M., & Ronnestad, M. (1992). *The Evolving Professional Self*. New York: Wiley.

Towler, J. (2005). *The Influence of the Invisible Client. PhD Dissertation*. Guildford: University of Surry.

Turner, M.M. (2011). The Three Worlds Four Territories of Supervision. In T. Bachkirova, P. Jackson, and D. Clutterbuck (Eds.) *Coaching and Mentoring Supervision: Theory and Practice*. Maidenhead, Berkshire: Open University Press.

Watson, C.E. (2011). Does Psychotherapy Supervision Contribute to Patient Outcomes? Considering Thirty Years of Research. *The Clinical Supervisor*, 30, 235-256.

Zachary, L. (2000). *The Mentor's Guide: Facilitating Effective Learning Relationships*. San Francisco: Jossey-Bass.

43장
코칭심리학 교육 및 프랙티스의 글로벌 활동

저자: 시오베인 오리어던 Siobhain O'Riordan[1], 스티븐 팔머 Stephen Palmer[2]
역자: 김태리

서론

최근 몇 년간 코칭심리학의 성장과 발전은 가히 폭발적이었다고 할 수 있다. 이를 뒷받침하며 카바나Cavanagh와 팔머Palmer(2006)는 '급속하게 확장되는 코칭심리학 분야에서 6개월은 정말 긴 시간'이라고 피력했다(p.5). 10년이 넘는 시간이 흘렀지만, 이 현상은 여전히 계속되는 듯 보인다. 이 발언 후로도 코칭심리학은 더욱 탄탄히 확립되고 있으며, 국제적 인지도의 향상에도 한층 더 가속도가 붙고 있다. 코칭심리학의 이론, 프랙티스 및 연구 기반의 발전 속도를 목도 하며, 2006년 카바나Cavanagh와 팔머Palmer가 구글 스칼라에서 '코칭심리학'을 검색한 결과

---

[1] 시오베인 오리어던Siobhain O'Riordan PhD은 공인된 심리학자이자 Center for Coaching and Centre for Positive Transitions의 부소장이다. 그녀는 국제 심리 코칭 협회의 회장이자 회원이다. 그녀의 전문 관심사는 경영진, 건강, 웰빙, 발달 코칭심리학 영역 내에 있다.

[2] 스티븐 팔머Stephen Palmer 교수는 영국 런던의 Centre for Coaching의 창립 이사이다. 2004년에 British Psychological Society Special Group in Coaching Psychology BPS SGCP의 초대 의장이 되었으며, 2005년에는 런던 시티 대학(현 런던 대학교)에서 심리학 코칭 유닛을 창설하였다. 2016년에 덴마크 Aalborg 대학교 코칭심리학과의 겸임 교수가 되었고, 2018년 Wales Trinity Saint David 대학의 업무 기반 학습 연구소Institute for Work Based Learning의 실습 교수가 되었다. 현재 브라질 리우데자네이루 연방 대학교의 코칭심리학부의 명예 고문이며, 국제 코칭심리학 협회 국제 코칭 심리 연구센터의 코디네이터이다. 또한 국제 코칭심리학회와 국제 스트레스 관리협회의 명예회장이자 연구원이다. 그는 다양한 주제에 대해 50권 이상의 책을 쓰거나 편집했으며 유럽 응용 긍정심리학 저널을 포함한 그 분야의 많은 저널을 공동 편집했다. 2008년 BPS SGCP로부터 코칭심리학에 기여한 공로를 인정받아 평생 공로상을 받았다.

123개의 항목이 검색되었다고 밝혔다. 2018년 9월 29일에는 동일한 검색을 통해 약 5,240개의 항목이 도출되었다.

2012년 카바나와 팔머는 다시 코칭심리학의 국제적 위상을 정리하였다. 1년이 채 안 되는 사이, 런던, 더블린, 바르셀로나, 스톡홀름, 프리토리아에서 코칭심리학 국제학술대회가 차례로 개최되었으며(Cavanagh & Palmer, 2012)[1], 2014년 12월 다시 시드니, 이스라엘, 로마, 멜버른, 런던을 포함한 다른 도시들에서 뒤이어 국제학술대회가 열렸다. 2015년에는 미국심리학회 제13부문인 컨설팅심리학회가 샌디에이고에서 제5회 국제 코칭심리학회 행사를 주최하였다. 2016년부터는 국제 코칭심리학회 연례 총회가 런던에서 매년 개최되고 있다.

기존 및 새로이 떠오르는 여러 가지 국제적인 의제들에 기반하여 볼 때 코칭심리학은 교육, 연구, 직업 및 공동체 영역에서 성장을 계속할 것이라는 낙관적 예측이 가능하다. 예를 들어, 지난 10년간 코칭심리학과 관련된 발전상의 특징과 주요 사건은 다음과 같다:

- 코칭심리학 콘퍼런스, 행사 및 출판물을 통한 연구 결과의 확산을 포함한 코칭심리학 교육 및 연구에 대한 관심과 활동. 2016년 코칭심리학 연구의 다원적 국제협력을 지원하기 위한 국제 코칭심리학회 설립(www.iscpresearch.org/ about)[2]
- 국제 코칭심리학 공동체의 발전을 지원하기 위한 관계 구축
- 전 세계적으로 국내 심리학 단체 산하 코칭심리학 이익단체 또는 회원 네트워크 설립의 증가
- 인증/자격 부여와 관련한 방침 및 절차의 구축과 같은 코칭심리학 분야의 전문화를 가속하기 위한 실천 계획에 초점
- 코칭심리학 프랙티스의 기준 확립 및 검토 - 코칭심리학 수퍼비전 및 지속적인 직업 개발/교육의 역할과 중요성 포함
- 규정 및 자격 등록 등의 주제에 대한 고찰 및 토론
- 코칭심리학의 목표 및 효과에 대한 일반인 및 심리학 전문가 교육 확대 방안 모색

이렇게 비교적 짧은 시간 사이에 심리학 분야의 발전을 추동한 코칭심리학은 국제협력 및 발전 과정에서 직면하게 되는 도전과제를 해결하고 장애요인을 뛰어넘기 위해 실용적 접근을 활성화했다. 코칭심리학의 위상 강화 및 성숙은 잠재적으로 이론 및 응용 심리학 전반에 중요

한 통찰력, 증거, 기회 및 시사점을 제공한다. 실제로, 미래를 내다보며 '다음으로 해야 할 일은 무엇인가'를 고려할 때, 앞으로 남아있는 중요한 과제 가운데 하나는 지난 10여 년 동안 코칭심리학이 지속해 온 활력 및 성장 속도를 유지하는 문제가 될 것이다.

코칭심리학의 전문성과 프랙티스의 확립

코칭심리학을 둘러싼 기존 및 새로운 주제 가운데 일부를 더 검토하기 전에, 먼저 전문성의 근간이자 프랙티스의 초석이 되는 한 가지를 살펴보는 것이 좋겠다. 국내외적으로 코칭심리학 단체의 설립이 꾸준히 증가하는 현황을 분석하게 되면 코칭심리학자의 지리적 분포를 알 수 있다. 코칭심리학 그룹 대부분은 국가 공인 심리학 단체 산하에 존립하고 있으며, 일부는 독립된 단체로 운영되고 있다([표 43.1]의 요약 내용 참조).

현재 시점을 기준으로 널리 알려진 코칭 단체는 21개가 있다. 물론 [표 43.1]에 정리된 단체 이외에 더 많은 비공식 단체가 존재할 수 있다는 점을 고려해야 한다. 그러나 다른 한편으로는, 이러한 비공식 단체들은 현시점에서 코칭심리학 분야의 조직화 된 공식 단체로 표면화되어 있지 않다고 보는 것도 타당하다. 코칭심리학 분야의 공식 단체들은 코칭심리학자의 프랙티스 및 역량에 대한 요건을 규정하는 해당 국가의 정의나 지침을 제시함으로써, 기존 코칭심리학자 및 분야 진입을 희망하는 사람들에게 프랙티스에 대한 정보를 제공한다. [표 43.1]에 제시된 대부분 단체는 해당 국가의 공식 심리학 단체에 이미 소속되어 있거나 소속되기 위해 준비 중이다. 다만, 국제 코칭심리학 협회International Society for Coaching Psychology만은 예외적으로 국제적인 활동에 초점을 맞추고 있는 독립적인 단체이다.

각 코칭심리학 단체의 설립 현황 및 각각의 특징과 구성은 다양하다. 공통인 것은, 각 단체가 모두 코칭심리학을 대표하고 확립하며 확산시키고자 하는 주요 목적과 목표를 바탕으로 설립되었다는 점이다. 이에 대한 지원 및 독려를 목적으로 국제 코칭심리학회는 코칭심리학 및 전문성의 확립을 위한 국제협력을 촉진하고자 [표 43.1](*)에 제시된 여러 전문 단체와 별도로 양해각서를 체결해 오고 있다.

전 세계 코칭심리학 분야에 관련된 사람들의 수를 추정해 보기 위해, 제시된 코칭심리학 단체의 회원 수를 모두 합치면 그 숫자가 수천 명에 이를 것이라는 점은 언급할 만한 가치가 있

[표 43.1] 코칭심리학 단체와 협회

단체/협회 설립 연도	국가별 심리학 단체	단체/협회	국가
2002	호주 심리학 협회Australian Psychological Society	코칭심리학 이익 단체Interest Group in Coaching Psychology*	호주
2004	영국 심리학 협회British Psychological Society	코칭심리학 특별 분과Special Group in Coaching Psychology	영국
2006	스위스 심리학자 협회Federation of Swiss Psychologists	스위스 코칭심리학 협회Swiss Society for Coaching Psychology*	스위스
2006	남아프리카 산업조직 심리학 협회Society for Industrial and Organisational Psychology of South Africa*	코칭 및 컨설팅 심리학 이익단체Interest Group in Coaching and Consulting Psychology*	남아프리카 공화국
2007	덴마크 심리학 협회Danish Psychological Association	증거 기반 코칭학 협회Society for Evidence-based Coaching*	덴마크
2008	카탈루냐 심리학자 협회The Association of Psychologists in Catalonia	스페인 심리학자 협회 사무국General Council of the Association for Psychologists in Spain	스페인
2008	아일랜드 심리학 협회Psychological Society of Ireland	조직심리학 분과 내 코칭심리학 단체Division of Work & Organisational Psychology's Coaching Psychology Group	아일랜드
2008	소속 단체 없음	헝가리 코칭심리학 협회International Society for coaching Psychology*	헝가리
2008	소속 단체 없음	국제 코칭심리학 협회International Society for coaching Psychology	2011년 국제 단체로 변경
2009	뉴질랜드 심리학 협회New Zealand Psychological Society	코칭심리학 특별이익단체Coaching Psychology Special Interest Group*	뉴질랜드
2009	소속 단체 없음	스웨덴 코칭심리학자 협회Assoc of Coaching Psychs(스웨덴 심리학회 소속, 2018)*	스웨덴
2010	소속 단체 없음	이스라엘 코칭심리학 협회Israel Association for Coaching Psychology*	이스라엘
2010-2015	네덜란드 심리학 협회Dutch Psychological Society	일과 조직 분과 코칭심리학 단체Work and Organisation Sector Coaching Psychology Group	네덜란드
2011	소속 단체 없음	이탈리아 코칭심리학 협회Society for Coaching Psychology*	이탈리아
2011	소속 단체 없음-비공식 단체	일본 코칭 심리 협회Japan Coaching Psychology Association	일본
2011	한국심리학회	한국코칭심리협회	한국
2012	미국 심리학 협회American Psychological Association	컨설팅 심리학 협회(제13부문)Society of Consulting Psychology(Division 13) – 코칭심리학 역량검증 인증 위원회*	미국
2012	카탈루냐 심리학자 협회The Association of Psychologists in Catalonia	심리학 코칭 부분Psychology Coaching Section*	스페인
2014	헝가리 심리학 협회Hungarian Psychological Association*	코칭심리학 부문Coaching Psychology Division	헝가리
2016	싱가포르 심리학 협회Singapore Psychological Society	코칭심리학 특별이익단체Coaching Psychology Special Interest Group*	싱가포르
2018	소속 단체 없음	세르비아 코칭심리학 협회Serbian Association for Coaching Psychology	세르비아

* 국제 코칭심리학 협회와 양해각서 체결 중

다. 여기에는 심리학자, 심리학과 졸업생, 심리학과 대학원생/학부생 그리고 그 외 코칭심리학 분야에 관심이 있는 사람들이 포함된다. 또 최근 몇 년 동안 온라인 네트워킹 단체와 소셜 미디어가 확산되면서, 2017년 국제 코칭심리학 협회가 6만 명 이상의 소셜 네트워크 친구(주로 링크드인LinkedIn 기반)를 기록했다는 점도 주목할 만하다.

각 기관의 주요 활동 현황은 [표 43.2]에 요약되어 있다. 표를 살펴보면 주로 다음 사항을 중심으로 활동이 구성되어 있음을 알 수 있다:

- 코칭심리학자의 인증/자격 부여 절차
- 코칭심리학 수퍼바이저에 대한 인증 시스템
- 학술지/출간
- 워크숍 및 콘퍼런스
- 국제 코치 인증 과정 행사 개최

아울러 많은 전문 심리학 단체가 심리학자들의 국가 또는 지방 정부 인증을 지원한다. 각 단체는 회원들에게 윤리 강령 및 모범 사례를 제공하는 등 코칭심리학자의 활동을 지원한다.

이렇게 각 단체에서 수행하는 주요 분야 및 활동을 확인하는 것은 확실히 안도감이 준다. 현재 5개 단체가 인증/자격 부여 또는 코칭심리학자 등록 시스템을 보유하고 있으며, 국제 코칭심리학회 역시 최초로 인증 코칭 수퍼바이저 등록 시스템을 제공하고 있다. 이 외에도, 이탈리아 코칭심리학 협회SCP(Italy), 남아프리카 산업조직 심리학 협회 산하 코칭 및 컨설팅 심리학 이익단체SIOPSA/IGCCP(South Africa), 헝가리 심리학 협회HPA(Hungary)에서도 직무능력 개발과 관련한 절차 구축을 계획 중에 있다. 아울러 이를 통해 대학을 졸업한 심리학자나 공인 심리학자가 언제 코칭심리학자가 될 수 있는지는 각 국가 및 지역에서 요구하는 자격요건에 따라 결정된다는 사실을 알 수 있다. [표 43.2]는 각 단체가 일관되게 수행하는 활동 가운데 하나가 워크숍과 콘퍼런스 개최라는 것을 보여준다 - 국제 코칭심리학 총회의 행사가 개최되었던 일정이 본 장의 앞부분에서 간략히 소개되어 있다.

이와 같은 성과에 근거할 때, '향후 몇 년 동안 모든 전문 심리학 단체 사이의 협력이 증가할 것'이라고 언급한 팔머Palmer와 와이브로우Whybrow(2007, p.xix)의 예측이 현시점에서는 실현된 것처럼 보인다. 앞으로의 핵심 과제는 코칭심리학 공동체가 타 분야의 전문 단체 및 그룹(심리학 및 비심리학)과 더 적절히 협력할 수 있도록 이 전략을 확장하는 것이다. 지금까지의 성과를 고려할 때, 이러한 중요한 목적을 달성하기 위해 코칭심리학 분야는 앞으로 더욱 발전할 것이라는 긍정적인 기대가 가능할 것으로 보인다.

우리는 본 섹션을 시작하면서 코칭심리학 프랙티스 및 코칭심리학의 확립과 더불어 코칭심리학자의 전문성을 지원하는 전문 단체의 중요한 역할을 강조하였다. 이들 전문 단체의 역할은 학술지, 출판물, 웹사이트, 소셜 미디어, 온라인 커뮤니티, 행사, 콘퍼런스 등을 통한 지식과 정보의 확산이라는 핵심적이고 실질적인 기능의 수행을 통해 가장 눈에 띄게 드러난다고 할 수 있다.

현재 4개의 코칭심리학 학술지가 발행되고 있으며, 이 외에도 코칭에 대한 주제를 다루는 학술지가 몇 가지 더 있다. 코칭심리학 학술지의 가장 중요한 목적은 코칭심리학이라는 학문과 프랙티스 그 자체를 알리고, 참여를 확대시키고, 지원하는 것이다. 영국 심리학 협회 코칭심리학 특별 분과에서는 유럽을 중심으로 코칭심리학자 The Coaching Psychologist 및 호주 심리학 협회 산하 코칭심리학 이익단체와 공동으로 국제 코칭심리학 리뷰 International Coaching Psychology Review를 발행하고 있다. 코칭심리학자 및 국제 코칭심리학 리뷰는 회원 및 구독자가 이용할 수 있다. 두 학술지는 모두 블라인드 방식의 동료 검토 시스템을 운용하고 있으며, 코칭심리학 이론, 연구 및 프랙티스(British Psychological Society, 연도 미상)를 다룬 주제의 논문을 게재한다. 국제 코칭심리학 협회에서는 국제 코칭심리학 Coaching Psychology International을 발행하는데, 전 세계를 대상으로 코칭심리학과 관련한 통찰 및 도출된 지식에 대한 논문 제출, 관점, 공유의 촉진을 목적으로 한다(국제 코칭심리학 협회는 유럽 응용 긍정심리학회지 European journal of applied positive psychology도 후원하고 있다). 코칭심리학 Coaching psykologi은 덴마크 아알보그대학교 코칭심리학과에서 발간하는 덴마크의 코칭심리학 학술지이다.

코칭심리학의 프랙티스와 전문직에 종사하는 사람들을 지원하기 위한 출판물, 인증/자격 부여 시스템 및 콘퍼런스/워크숍과 같은 실천 활동은 확실히 증가하고 있다. 그러나 스위스를 제외한 대부분 국가에서는 심리학 단체(또는 입법자)가 공인 '코칭심리학자'라는 자격 획득에 필요한 뚜렷한 경로를 공식적으로 제시하지 못하고 있다. 카탈루냐 심리학자 협회(스페인)에서는 코칭심리학 분야의 전문 심리학자에 대한 인증 절차를 갱신하고, 72명의 공인 심리학자에게 자격을 부여하였다(Sanchez-Mora, 2016). 이는 기존의 상담심리학, 직업심리학, 교육심리학 또는 법심리학 같은 분야에서 목도되었던 경향과는 사뭇 다른 양상이다. 따라서 규정

[표 43.2] 코칭심리학 그룹/협회의 활동 영역

그룹/ 협회	자격 부여 시스템/공인 코칭심리학자	자격 부여 시스템/공인 코칭심리학 수퍼바이저	학술지	워크숍/콘퍼런스	국제 코치 인증 과정ICCP 이벤트 개최	주 또는 국가 공인 심리학자
호주심리학회 코칭심리학 이익단체(호주)			국제 코칭심리학 리뷰	✓	✓	✓
영국심리학회 코칭심리학 특별 분과(영국)	✓		국제 코칭심리학 리뷰 및 코칭심리학자	✓	✓	✓
카탈루냐 심리학자 협회 (스페인)	✓	✓		✓	✓	✓
스웨덴 심리학회 소속 코칭심리학자 협회(스웨덴)				✓	✓	✓
*코칭심리학 단체 (네덜란드)				✓		✓
코칭심리학 특별이익단체 (뉴질랜드)				✓		✓
코칭심리학 특별이익단체 (싱가포르)				✓		✓
이스라엘 코칭심리학 협회 (이스라엘)				✓	✓	✓
국제 코칭심리학 협회			국제 코칭심리학Coaching Psychology International	✓	✓	✓
조직심리학 분과 내 코칭심리학 단체(아일랜드)				✓	✓	✓
한국심리학회(한국)	한국심리학회에서 자격 부여		한국심리학회지: 코칭			
이탈리아 코칭심리학 협회 (이탈리아)	✓	준비 중		✓	✓	✓
미국 심리 학회 제13 부문 컨설팅 심리학 협회(미국)				✓	✓	✓
증거 기반 코칭학 협회 (덴마크)			코칭심리학Coaching psykologi(아알보그대학교)	✓		✓
세르비아 코칭심리학 협회 (세르비아)						
남아프리카 산업조직심리학 협회 산하 코칭 및 컨설팅 심리학 이익단체 (남아프리카 공화국)	등록 준비 중			✓	✓	✓
스위스 코칭심리학 협회 (스위스)	✓			✓		✓
헝가리 심리학 협회 (헝가리)	전문 규약 구축 중					✓
헝가리 코칭심리학 협회 (헝가리)						

참조: *단체 해체

이나 인증/자격 부여를 통해 전문자격을 획득하도록 시스템을 구축하는 것은 현재 코칭심리학 분야에서 직면한 주요 과제 가운데 하나이자 관심이 주목되는 주제라 할 수 있다.

결과적으로, 코칭심리학 프랙티스의 발전과 진보를 위한 탐색과 더불어, 코칭심리학 분야로 진입하고자 하는 사람들 및 지속적인 직업 개발/교육을 희망하는 사람들에게 요구되는 필수적인 교육 요건을 고려해야 할 필요가 하다. 이와 관련하여 제기해야 할 주요 질문 몇 가지는 다음과 같다: 심리학과 코칭심리학의 이론 및 근거에 대한 지식 습득과 같은 학문적 요건과 더불어 코칭 '역량 개발'에 대한 교육에 얼마나 중점을 두어야 할 것인가? 코칭심리학 프랙티스가 다양한 형태(예를 들어, 대면, 온라인, 개인, 그룹 등)로 제공된다는 점을 생각할 때, 기존의 모든 교육 활동이 이러한 형태의 학습 및 역량의 향상에 도움이 되는가? 교육 프로그램을 수료한 코칭심리학자로서 학습자는 '프랙티스 적합성fit to practice'이라는 요건을 어떻게 충족 및 유지할 것인가?

실제로, 코칭심리학을 심리학 가운데 잠재적인 '독립' 분야로 뚜렷이 확립하기 위해 지금까지 구축하여 온 기반을 강화하기 위해서는 추가적인 구조화 및 표준화가 아주 시급히 요구된다고 할 수 있다.

코칭심리학의 교수teaching 및 교육education 주제

현재, 코칭심리학은 일, 건강 및 웰빙, 개인적인 삶, 탁월성, 교육, 성과, 심지어 동물과 관련한 개입 등을 포함한 기존 및 다양화된 영역 모두에서 제공되고 있다. 아울러, 본 핸드북의 다른 장에서 강조된 바와 같이, 코칭심리학자는 코칭 작업을 위해 여러 분야의 접근법, 이론 및 증거를 활용한다. 코칭심리학의 교육적 및 학문적 의제는 변화를 거듭하였고, 다양한 관련 활동들이 대학 기반 환경 안에서뿐만 아니라 광범위한 외부 환경에서 수행되고 있다. 예를 들어, 코칭심리학 역사의 한 획을 그은 그랜트Grant(2001)의 박사 논문 「코칭의 심리학을 향하여 Towards a psychology of coaching」가 세상에 나온 이후로, 다양한 코칭심리학 주제를 연구한 다른 박사학위 논문들이 뒤를 이었다.

2000년대에 들어서며 대학에 기반을 둔 코칭심리학과 또는 연구센터가 전 세계 각지에 설립된 것은 연구의 진보를 추동하는 또 다른 계기가 되었다. 현재까지 8개의 대학 기반 코칭심리학과 또는 연구센터가 설립되었다. 세계 최초는 2000년 시드니 대학에 기념비적으로 개설된 코칭심리학과였다. 다음으로, 시티 유니버시티 런던City University London이 영국에서 최초로 코칭심리학과를 개설했고(2005), 이스트 런던대학교University of East London가 그 뒤를 이었다(2008). 그 밖에도 덴마크의 코펜하겐대학교University of Copenhagen(2008)와 아알보그대학교Aalborg University(2010), 브라질의 리오데자네이루 연방대학교Federal University of Rio de Janeiro(2011) 및 스코틀랜드의 에딘버그에 위치한 헤리어트와트대학교Herriot Watt University의 비즈니스 코칭심리학센터(2013)가 있다.

2016년 여름 국제 코칭심리학연구센터International Center for Coaching Psychology Research의 개설 역시 코칭심리학 연구를 지원하는 획기적인 계기가 되었다. 연구자, 학생 및 기타 관계자에게 주요한 온라인 자원을 제공하는 것을 목표로 하는 이 국제센터는 코칭심리학 및 관련 분야의 협업 및 연구 지원을 위한 자원과 정보를 제공한다. 센터의 전략 중 온라인 가상공간을 통해 전 세계에 연구 거점을 설립하여 코칭심리학 관련 연구의 혁신과 개발에 대한 논의를 가능케 하는 사업이 현재 진행하고 있다. 다른 사업 활동으로는 타 거점 지구의 회원들과의 연구 논문 공유, 논의 및 토론 등이 있다. 케임브리지 연구 거점(영국)은 시범 계획의 일환으로 국제센터에 의해 처음 설립되었다.

이에 더하여, 코칭심리학 교육의 추세에서 가장 고무적인 경향 중 하나는 코칭심리학 과목, 요소 또는 진로가 포함된 대학 학부와 대학원의 심리학 프로그램의 수가 이미 꾸준히 증가하고 있다는 것이다. 아직 초기 단계이지만 주요한 문제 몇 가지가 제시되고 있다. 만약 코칭심리학의 전문성을 더 제고시키고자 한다면, 무엇보다 중요한 첫 단계는 심리학자로서 이 진로를 선택하는 이들을 교육하기 위해 필요한 접근법을 표준화하는 일일 것이다.

교육적 의제의 개발과 관련하여 그랜트는 초창기 논문에서 지난 10년 동안 코칭심리학은 눈에 띄는 발전을 거듭하였다면서 '코칭심리학이 성장과 발전을 계속하고자 한다면, 궁극적으로는 교수teaching 및 교육의 틀이 구축되어야 한다'라고 중요한 논평(2011, p.84)을 게재하였다.

코칭심리학이라는 전문 분야가 비교적 발달의 초기 단계에 있다는 점을 고려했을 때 예상 밖의 일은 아닐지 모르지만, 코칭심리학 교육에 대한 우리의 지식에는 한계가 있어 보인다. 그랜트는 이러한 관점을 지지하며 연구 문헌에서 코칭심리학 교수teaching에 대한 내용은 제한적으로 다루어져 왔다고 지적하면서, '새롭고 활기가 넘치는 이 행동과학 분야를 유지하고 발전시킬 수 있는 일련의 교수 가능teachable 지식'이 필요하다고 주장하였다(p.96). 따라서 적절하고 가능한 한 표준화된 코칭심리학 교육 및 교수 체계의 개발에 더욱 힘을 모아야 할 분명하고도 당면할 필요성이 제기되고 있다.

현재, 우리는 표준화된 코칭심리학 교육 전략 개발에 대한 논쟁 및 대학 수준(학부와 대학원)의 커리큘럼 개발에 어떤 주제를 포함할 것인가에 대한 중요한 토론의 한가운데에 놓여 있다. 또 코칭심리학자 인증을 위한 자격 획득 경로상의 진입점과 관련하여 코칭심리학 평론가들 사이에 의견의 일치를 보이지 않는 몇 가지 쟁점이 존재하는데, 평론가 중 일부는 심리학 학사 학위가 실제로 전제 조건이 되어서는 안 된다고 주장하고 있다. 이러한 주장은 심리학 분야에서 공식적으로 인정을 받은 다른 분야들 및 기존의 학문적 경로로부터 코칭심리학을 차별화시키고 있다. 따라서 '학부 과정 필요 없이 대학원 과정만 요구하는' 경로는 전 세계 수많은 지역의 광범위한 심리학 전문직 내에 코칭심리학을 잠재적으로 위치시킨다는 의미를 시사할 수 있다. 반면, 이는 코칭심리학을 기존의 심리학 훈련 경로에 국한되지 않는 위치로 이동시키는 기회를 제공할 수도 있는데, 사실 코칭심리학이 현재까지 자리하여 온 위치와 일치한다.

위 그랜트의 논문을 바탕으로, 국제 코칭심리학 커뮤니티를 대상으로 코칭심리학자의 교육에 대한 설문조사를 실시하였다(Cavanagh, Palmer et al., 2011 참조). 설문조사에 활용된 대부분 주제는 논의에 필요한 핵심 사안을 제시하고 향후 방향성에 대한 정보를 제공하는 요약 질문으로서 이 맥락 안에 유용하게 포함시킬 수 있으리라 생각된다:

- 우리가 달성하고자 하는 것은 무엇인가? 우리의 의제는 무엇인가?
- 코칭심리학을 어떻게 정의하는가? 현 상황의 당면 문제는 무엇인가?
- 커리큘럼의 내용과 교육과정은 어떻게 구성되어야 하는가?
- 지금과 같은 코칭심리학 분야의 정립 초기 단계에서 코칭심리학 커리큘럼을 결정함으로써 발생할 수 있는 위험 요인은 무엇인가?
- 코칭심리학자가 되는 경로는 어느 수준에서 시작되어야 하는가, 학부인가 대학원인가?

우리가 지금 아는 것은 무엇인가?

다수의 코칭심리학 연구자들은 대학의 코칭심리학 학부 프로그램에서 학생들에게 통찰력과 폭넓은 경험을 공유하는 것을 통해 지식의 발전에 기여했다(예: Burns & Gillon, 2011; Steel & Arthur, 2012). 일반적으로 학부 수준의 교육은 학문 중심적인 내용에 중점을 두고 한 학기 동안 시행된다. 그러나 개별 지도에 기반을 둔 세션이나 실습 세션은 역량 기반 코칭 프랙티스 세션 또는 워크숍 일부로 포함되는 경우가 많다(예: Steele & Arthur, 2012; Burns & Gillon, 2011). 특히 흥미로운 것은 학부 심리학 프로그램의 졸업 학년에 강의를 수강한다고 하더라도, 심리학 학위 시스템 내에서 역량 개발 수업에 실질적으로 참여하는 것은 이것이 처음일 수도 있다는 점이다(Cavanah & Palmer, 2011). 이는 학부 심리학 프로그램 안에 코칭심리학이 포함된 사례를 제시하며, 이제는 '심리학 학위가 실무적 프랙티스를 더 반영하기'에 적절한 시기가 되었다는 팔머(2008)의 주장을 뒷받침한다(p.41).

일부 연구 결과에 따르면, 학부 최종 학년에 코칭심리학 강의를 수강하기 전까지 학생들이 코칭심리학에 제한적인 지식을 가지고 있었다 하더라도, 수업 후에는 전환 가능 역량transferable skills, 자기 계발(예: 대인관계능력 및 성찰 능력 향상), 취업역량 및 심리학 이론에 대한 더 명확한 적용력(Burns & Gillon, 2011; Steel & Arthur, 2012)과 같은 역량을 획득한 것으로 확인되었다. 그 외에도 학생들이 코치와 코치이의 역할을 경험하게 되면서 목표를 진전시키고 코칭심리학 역량을 획득하는 등과 같은 추가적인 이득이 있는 것으로 보이는데, 이를 바탕으로 번스Burns와 길론Gillon은 '학습 성과의 다양성을 통해 코칭심리학은 학부 심리학 프로그램에 고부가가치를 부여하고, 잠재적으로 학부 심리학 강의계획서syllabus의 핵심적인 부분을 차지할 수 있을 것'이라고 결론을 내리고 있다(p.90).

대학원 수준의 심리학 프로그램에 코칭심리학 강의를 포함시킨 후, 스파텐Spaten과 한센Hansen(2009)은 코칭이 심리학 커리큘럼의 일부로 포함되어야 한다고 주장했다. 이들은 수업 전, 수업 중 및 수업 후 측정을 통해 학생들의 기술(사회적 및 정서적)과 코칭 역량이 향상되었음을 증명하였다. 아울러, 그랜트는 대학원 코칭심리학 프로그램에서 다루어야 할 10가지 핵심 영역의 실효성에 관해 확인하고 논의했다. 여기에는 윤리 원칙, 전문 프랙티스 모델, 코칭 중에 나타날 수 있는 정신건강 문제가 포함되어 있다.

'현시점'의 국제 코칭심리학 현황을 조사하기 위해, 본 저자들은 온라인 설문조사를 활용한 연구를 수행했다(Palmer & O'Riordan, 2014). 남아프리카, 폴란드, 이스라엘, 영국, 뉴질랜드, 스위스, 덴마크, 네덜란드, 스코틀랜드, 이탈리아, 호주, 미국, 아일랜드, 네덜란드, 스페인, 스웨덴, 일본 및 브라질에서 코치심리학 분야에서 활동 중인 것으로 파악된 대상자들에게 온라인 초대장이 송부되었다. 조사 결과에 따르면, 설문조사에 참여한 여러 국가에서 코칭심리학 및 코칭에 대한 교육 프로그램을 제공하고 있었다.[3] 교육 프로그램의 범위는 전문 기관에서 제공되는 인증/공인된 코칭 또는 코칭심리학 교육부터 대학원 박사 과정 프로그램까지 다양하였다. 흥미로운 점은 전 세계 어느 지역보다 현재 영국에서 가장 많은 학부 수준의 한 학기 강의 또는 그중 일부 수업modules/elements을 제공하고 있다는 것이다. 조사된 여러 프로그램 및 교육 방식의 실질적인 내용에 대해 질문하는 것은 이 간단한 설문조사의 범주를 훨씬 넘어서는 일이었다. 그러나 코칭심리학의 교육적 틀의 개발에 도움을 제공하기 위해서는 다양한 코칭심리학 교육 훈련 프로그램 사이의 공통점과 차이점을 파악해 두면 아주 유용하게 활용될 수 있으리라 생각된다.

오리어던O'Riordan이 지적하는 바와 같이, 현재 우리가 직면한 중요한 잠재적 문제 가운데 하나는 코칭심리학, 코칭 및 코칭의 심리학psychology of coaching에 대한 교육과정/프로그램을 제공하는 교육 제공자가 너무 많다는 것이다(Cavanah, Palmer et al., 2011). 대학 기반 프로그램 외에도, 대학과 제휴를 맺고 있거나 대학에서 인가 또는 공인된 별도의 코칭심리학 과정도 상당수 존재한다. 보통 이 과정들은 혼합형 학습blended learning 방식의 단기 프로그램으로, 코칭심리학 분야에 새로 진입한 이들이나 기존에 보유한 역량과 지식을 강화하고자 하는 이들을 대상으로 설계되어 있다.

심리학자들은 전문적인 훈련, 이론의 중요성 이해, 철저한 윤리 의식, 전문성, 연구자이자 프랙티셔너로서의 접근방식 및 핵심 미세 기술micro skills과 같은 요소를 코칭심리학에 접목한다는 사실은 주목받아 왔다(Palmer & O'Riordan, 2014). 따라서 이러한 요소들이 향후 구조화될 코칭심리학 교육과정이나 프레임워크에 포함/반영되어야 할 필요가 있을 것으로 생각된다. 흥미로운 것은, 바흐키로바Bachkirova와 동료들(2017)은 코치 교육에는 일관적인 철학적 관점이 바탕이 되어야 한다고 주장해왔다는 점인데, 그들이 제안하는 것은 실용주의와 구성주의에 기반을 둔 개념화이다.

코칭심리학과 관련된 학문적 및/또는 전문적 교육을 이수하기 위해서 어떤 경로를 택하든지, 한 가지 중요한 점은 지식의 획득, 역량 개발 및 반성적 실천reflective practice을 위한 교육 및 훈련을 받는 것은 경력 동안/평생 동안 계속되어야 한다는 것이다.

지속적인 전문성 개발/교육 continuing professional development/education

전문성을 유지하고 제고시키기 위해 지속해서 고려해야 할 핵심 사항은, 코칭심리학자들이 선택 및 접근할 수 있는 지속해서 전문성 개발/교육을 제공하는 것이다. 일반적으로, 대다수의 전문 협회에서는 제휴회원이나 준회원 자격을 넘어 정회원 자격을 획득하거나 코치나 코칭심리학자와 같은 인증/자격 부여 요건을 충족하기 위해서는 연간 30~40시간의 교육을 전제 조건으로 요구하는 것으로 보인다. 최소한의 적절한 활동에 참여하는 것은 학습 및 성찰뿐만 아니라 역량 및 전문성 개발을 위한 기회를 제공하는 중요한 역할을 한다. 그렇기는 하지만, 코칭심리학자의 지속적인 전문성 개발/교육을 위해서는 어떤 활동들이 포함되어야 할 것인가? 그리고, 코칭심리학자가 지속적인 전문성 개발/교육에 참여함으로써 혜택이 받는 것은 누구인가?

첫 번째 질문은 국제 코칭심리학 협회(2013)가 [표 43.3]에 제시한 활동 영역을 통해 해결되었다.

[표 43.3] 지속적인 전문성 개발/교육 활동 사례

활동 사례	지속적인 전문성 개발/교육 40시간 중 최대 인정 시간
심리학 관련 지속적인 전문성 개발/교육	10시간
코칭심리학 관련 책/학술지 독서	15시간
전문학술지, 책 및/또는 책의 장chapters에 논문 게재. 코칭심리학 연구 시행	15시간
코칭심리학 또는 관련 분야의 워크숍, 세미나 및 콘퍼런스 참석	제한 없음
코칭심리학 관련 워크숍 개발/개최 및 콘퍼런스에서 논문이나 기조연설 발표	15시간
동료평가, 회의 주재 또는 전문적인 코칭심리학 활동 참여 등과 같은 전문성 개발 관련 활동	5시간

표를 보면, 이수할 수 있는 다양한 일련의 활동이 존재한다는 것을 알 수 있다. 다만, 출판물과 콘퍼런스를 통한 지식의 확산, 워크숍의 개최 및 전문적인 코칭심리학 활동 참여를 통해 기여하는 것은, 코칭심리학의 전문성을 계속해서 강화시키기 위해 다른 이들의 참여를 확대하고 지식을 전수하는 데 있어 특히 중요하다고 할 수 있다.

두 번째 질문과 관련해서, 코칭심리학자가 지속적인 전문성 개발/교육에 참여함으로써 얻을 수 있는 이득으로는 자기 계발 및 직업 능력개발을 포함하여 여러 가지가 있다. 고객과 코치이의 입장에서는, 특히 코칭심리학자가 수퍼비전에 성실하게 참여하는 경우, 서비스의 품질을 보증해주는 근거로 고려할 수도 있다.

코칭심리학에 대한 현시점의 국제적 관점: 교육과 프랙티스

코칭심리학 프랙티스의 현황: 과제와 기회

코칭심리학의 프랙티스와 발전에 대한 현시점에서의 글로벌 및 지역적 현황에 대해서, 우리는 고무적이면서도 복합적인 의견을 제시하고자 한다. 예를 들어, 코칭심리학을 외부적(예를 들어, 고객 및 일반대중)으로나 심리학 분야 내부적으로 가장 효과적으로 활성화하는 방안이 무엇인가 하는 것과 관련해서는 코칭심리학 분야 안에서도 논쟁과 연구가 계속되고 있다. 또한, 코칭심리학을 활용하여 연구와 프랙티스를 수행하는 독립된 영역으로 확립시키는 것과 관련하여서도 일련의 잠재적인 문제와 계속되는 도전과제를 마주하게 될 것으로 보인다.

코칭심리학 행사/콘퍼런스 운영 및 전문 기관 및 단체를 통한 학술지 발행은 비교적 잘 정착된 것으로 보인다. 그러나 규정, 표준화, 인증/자격 부여, 자격요건 및 시험과 같은 주제는 목적에 맞는 시스템을 구축할 수 있도록 신중히 접근하고 평가해야 한다.

쉽지 않은 문제이긴 하지만, 표준화 및 품질보증은 어쩌면 코칭심리학의 전문성을 강화시키면서 심리학 분야 내외에서 저항의 감소 및 수용의 확장을 가져올 수 있는 궁극적인 토대라고 할 수 있을지 모른다. (일부 국가에서는) 규제, 증거 기반의 구축, 수퍼비전의 활성화 및 연구/출판의 촉진도 역시 어쩌면 코칭심리학을 코칭과 차별화할 수 있는 영역일 수 있다. 따라서, 우리가 직면한 도전과제와 기회들은 또한 우리가 코칭심리학의 프랙티스와 교육을 발전시키는 데 가장 우선시해야 할 유용한 핵심 주제라고 할 수 있다.

코칭심리학자를 위한 표준, 역량 및 절차의 개발과 관련한 기회로는 대학 교육 내 코칭심리학, 교육 및 심리학자를 위한 학술적 맥락의 통합을 제고하기 위해 노력하는 것을 포함한다. 향후 기술의 발전은 코칭심리학 교육 및 프랙티스와 관련하여 일련의 흥미로운 기회를 제공하게 될 것이다. 온라인 시스템, 온라인 코칭, 코치 아바타 및 신경과학을 연계한 혼합형 학습과 같은 영역을 둘러싼 발전은 향후 코칭심리학의 연구, 이론 및 프랙티스를 확립시키는 데 한 역할을 제공하게 될 것이다.

결론

요약하자면, 코칭심리학은 최근 몇 년간 프랙티스, 교수teaching 및 교육 분야에서 눈에 띄게 발전해 왔다. 코칭심리학 단체 및 관련 활동, 코칭심리학 커뮤니티의 구축, 일련의 국제 코칭심리학총회의 개최, 새로운 연구/증거 기반의 구축, 코칭심리학과/연구센터의 개설, 대학 학부에서 코칭심리학에 대한 한 학기 강의가 개설되거나 그중 일부 수업으로 포함되는 사례의 증가가 그 바탕에 놓여 있다. 이 모든 활동은 코칭심리학을 심리학의 한 인증 분야로서 정립시키는 것을 목적으로 한다.

미래를 내다보면서 코칭심리학 의제에 대한 자기성찰적이고 탐구적인 자세를 경주하는 것이야말로 코칭심리학을 뚜렷이 확립된 전문 분야로서 견실한 위치에 정립시키고 이를 유지케 하는 핵심 동력이 될 것이다. 그러나 현재 코칭심리학자 및 코칭심리학자의 길에 들어서고자 하는 이들에게 있어 가장 큰 과제는 아마도 지금의 기세를 지속시키기 위해 어떻게 계속 기여해 나갈 것인가 하는 것일지 모른다.

논의 포인트

1. 코칭심리학 단체와 그룹의 역할은 코칭심리학을 전문 분야로 확립시키는 데 있어 어느 정도 중요한가?
2. 직업심리학이나 상담심리학 같은 기존에 확립된 심리학 분야와 비교할 때, 코칭심리학이 분야의 발전을 위해 취하여 온 것보다 실용적인 접근에는 어떤 것들이 있는가?
3. 본 장의 다섯 가지 주제를 제시하시오. 이 주제들은 코칭심리학 분야로 진입하고자 하는 이들에게 어떤 함의를 가지는지 논의해 보라(심리학과 졸업생 및 심리학자 포함).
4. 일부 국가에서는 누구나 합법적으로 자신을 '코칭심리학자'라고 칭할 수 있다! 이 관점이

심리학이라는 전문 분야, 코치이, 코칭심리학의 후원자 및 이해관계자에게 주는 함의에 대해 논의하시오.

참조

1. 카바나Cavanagh와 팔머Palmer(2012) 참조. www.coachingpsychologycongress.net
2. www.iscpresearch.org/about 참조.
3. 설문조사의 응답자들에게 활동 기반을 둔 국가를 표기하도록 선택지를 제시하였으나, 다수의 응답자가 이 질문에 응답하지 않았다.

추천 읽기

Cavanagh, M., & Palmer, S. (2006). Editorial: The theory, practice and research base of coaching psychology is developing at a fast pace. *International Coaching Psychology Review*. 1 (2), 5–7.
Cavanagh, M. J., Palmer, S. et al. (2011). Educating coaching psychologists: Responses from the field. *International Coaching Psychology Review*. 6 (1), 100–125.
Grant, A. M. (2011). Developing an agenda for teaching coaching psychology. *International Coaching Psychology Review*. 6 (1), 84–99.
Law, H. (2013). *Coaching Psychology: A Practitioners Guide*. Chichester, West Sussex: Wiley Blackwell.

참고 문헌

Bachkirova, T., Jackson, P., Gannon, J., Iordanou, I., & Myers, A. (2017, November 2). Re-conceptualising coach edu- cation from the perspectives of pragmatism and constructivism. *Philosophy of Coaching: An International Journal*. 2, 29–50. http://dx.doi.org/10.22316/poc/02.2.03
British Psychological Society (n.d.). Special Group in Coaching Psychology. Publications. Retrieved from http:// www. bps.org.uk/networks-and-communities/member-networks/special-group-coaching-psychology/publications
Burns, L., & Gillon, E. (2011). Developing a teaching agenda for coaching psychology in undergraduate programmes. *The Coaching Psychologist*. 7 (2), 90–96.
Cavanagh, M. J., & Palmer, S. (2006). Editorial: The theory, practice and research base of coaching psychology is developing at a fast pace. *International Coaching Psychology Review*. 1 (2), 5–7.
Cavanagh, M. J., & Palmer, S. (2011). Introduction. In M. J. Cavanagh & S. Palmer et al. Educating Coaching Psychologists: Responses from the field. *International Coaching Psychology Review*. 6 (1), 100–125.
Cavanagh, M. J., & Palmer, S. (2012). Editorial: Coaching psychology coming of age in the 21st century.

International Coaching Psychology Review. 7 (1), 4-5.

Cavanagh, M. J., Palmer, S. et al. (2011). Educating coaching psychologists: Responses from the field. *International Coaching Psychology Review.* 6 (1), 100-125.

Grant, A. M. (2001). Towards a Psychology of Coaching: The Impact of Coaching on Metacognition, Mental Health and Goal Attainment. Doctoral dissertation, Macquarie University, Sydney, Australia.

Grant, A. M. (2011). Developing an agenda for teaching coaching psychology. *International Coaching Psychology Review.* 6 (1), 84-99.

International Society for Coaching Psychology (2013). Accreditation/Certification Process. Retrieved on 1/9/16 from www.isfcp.net/accreditation.htm

Palmer, S. (2008). A coaching psychology perspective. *Psychology Teaching Review.* 14 (2), 40-42.

Palmer, S., & O'Riordan, S. (2014, December). *Developments in the Education, Practice and Establishment of Coaching Psychology: An International Perspective 2014.* Coaching Psychology: An International Perspective. Paper presented at the SGCP 4th International Congress of Coaching Psychology. British Psychological Society, London.

Palmer, S., & Whybrow, A. (2007). *Handbook of Coaching Psychology: A Guide for Practitioners.* Hove: Routledge.

Sanchez-Mora, M. (2016). Update: The Catalan psychologists society. *Coaching Psychology International.* 9 (1), 56-57.

Spaten, O. M., & Hansen, T. G. (2009). Should learning to coach be integrated in a graduate psychology programme: Denmark's first try. *The Coaching Psychologist.* 5 (2), 104-109.

Steele, C., & Arthur, J. (2012). Teaching coaching psychology to undergraduates: Perceptions and experiences. *International Coaching Psychology Review.* 7 (1), 6-13.

후기

저자: 스티븐 팔머 Stephen Palmer, 앨리슨 와이브로우 Alison Whybrow

『코칭심리학 핸드북 Handbook of Coaching Psychology: A guide for practicers』의 성공적인 초판에 이어 제2판은 필연적이었다. 초판은 많은 코칭 및 코칭심리학 프로그램의 핵심적인 텍스트가 되었다.

제2판의 생애는 출판 시점과 유사한 패턴을 따라가고 있다. 코칭심리학 분야는 새로운 통찰력과 새로운 통합이 이루어지면서 지속해서 빠르게 성장하고 발전해 왔다. 제2판은 상당히 확장되었다. 이번 판을 닫으면서, 코칭심리학의 본질은 인본주의적 토대를 가지고 있을 뿐만 아니라 긍정심리학이 결정적인 영향을 미친다는 것이 분명해졌다.

우리는 이 두 번째 판이 받아들여지고 포용되는 방식에서 초판의 발자취를 따르기를 바란다. 우리는 다음 10년이 어떤 결과를 가져올지 궁금하다. 코칭은 단순히 업무 성과 향상에 초점을 맞추는 데 그치지 않고, 이제는 팀 코칭에 관한 관심이 증가함에 따라 회복탄력성과 웰빙을 향상시키는 것도 포함한다. 코칭심리학자들은 개인의 웰빙 향상에 관심이 있는 코치이가 걷기나 정원 가꾸기 모임과 같은 지역 커뮤니티 그룹으로 안내될 수 있는 사회적 처방에 더 많이 관여하게 될까?(Palmer, 2018)

학교의 일부 젊은이는 동료 코치와 멘토로 훈련받는다. 자기 자신의 자기효능감과 자신감을 높이는 것 외에도, 동료들에게도 도움이 된다. 향후 10년 동안 더 많은 수의 젊은이가 코칭과 멘토링 훈련을 받을까? 첨단 기술의 출현으로 프랙티셔너 없이 자동화된 대화 에이전트 또는 챗봇과 같은 코칭 앱을 볼 수 있다. 즉 향상된 Woebot(Fitzpatrick, Darcy & Vierhile,

2017 참조)의 코칭 버전이다. 이러한 챗봇의 대화 및 심리-교육적 특성으로 인해 스트레스 관리, 웰빙 또는 건강 '코칭봇'이 쉽게 개발될 수 있을 것이다. 또는, 다른 한편으로 인간의 손길이 우세할 수도 있다.

코칭심리학 여행에 함께 해주어 감사하다. 최신판을 위한 새로운 주제에 대한 피드백과 가능한 제안을 받고자 한다. 다음으로 연락할 수 있다:

Stephen Palmer: stephen.palmer@iafpd.com

Alison Whybrow: alison@alisonwhybrow.com

참고 문헌

Fitzpatrick, K.K., Darcy, A., & Vierhile, M. (2017). Delivering cognitive behavior therapy to young adults with symptoms of depression and anxiety using a fully automated conversational agent (Woebot): A randomized controlled trial. JMIR Ment Health, 4(2):e19. Available: https://mental.jmir.org/2017/2/e19 DOI: 10.2196/mental.7785

Palmer, S. (2018). Can positive and coaching psychologists become more involved in social prescribing? *Coaching Psychology International*, 11, 1.

웹 링크

Woebot: https://woebot.io

Appendix 1

코칭-코칭심리학 전문 기관 Coaching and coaching psychology professional bodies

Key: Coaching psychology body = *

American Psychological Association, Division 13, Society of Consulting Psychology*
   www.societyofconsultingpsychology.org
Association for Coaching
   www.associationforcoaching.com
Association of Coaching Psychologists, Sweden*
   www.coachandepsykologer.se
Association for Professional Executive Coaching & Supervision (APECS)
   www.apecs.org
Australian Psychological Society, Interest Group in Coaching Psychology*
   www.groups.psychology.org.au/igcp/
British Psychological Society, Special Group in Coaching Psychology*
   www.sgcp.org.uk
Danish Psychological Association, Society for Evidence-based Coaching*
   www.sebc.dk
European Mentoring and Coaching Council
   www.emccouncil.org
Hungarian Association for Coaching Psychology*
   www.coachingpszichologia.hu
Hungarian Psychological Association, Coaching Psychology Section*
   www.coachingpsychologycongress.com/hpa-cps-hungary

International Association for Coaching
  www.certifiedcoach.org
International Coach Federation
  www.coachfederation.org/ICF/
International Society for Coaching Psychology*
  www.isfcp.net
Israel Association for Coaching Psychology*
  www.coachingpsychology.co.il
Korean Psychological Association, Korean Society of Coaching Psychology (Division 14)*
  https://coachingpsychology.or.kr
New Zealand Psychological Society, Coaching Psychology Special Interest Group*
  www.psychology.org.nz/membership/member-groups/special-interest-groups/
Official College of Psychology of Catalonia, Section of Psychology Coaching*
  www.copc.cat/secciones/3/Seccio-de-Psicologia-Coaching
Psychological Society of Ireland, Division of Work & Organisational Psychology, Coaching Psychology Group*
  www.psychologicalsociety.ie/groups/Special-Interest-Group-in-Work-and-Organisational-Psychology-Coaching-Psychology
Singapore Psychological Society, Coaching Psychology Special Interest Group*
  www.singaporepsychologicalsociety.org/coaching-psychology-sig
Society for Industrial and Organisational Psychology of South Africa, Interest Group in Consulting and Coaching Psychology*
  www.siopsa.org.za/pages/interest_groups#igccp
Society of Coaching Psychology Italy*
  www.scpitaly.it
Swiss Society for Coaching Psychology*
  www.coaching-psychology.ch
Worldwide Association of Business Coaches (WABC)
  www.wabccoaches.com/

Appendix 2

코칭-코칭심리학 관련 출판물 Coaching- and coaching psychology-related publications

Coaching: An International Journal of Theory, Research and Practice is an international, peerreviewed journal with explicit focus on the theory, research and practice of coaching. *www.tandfonline.com/toc/rcoa20/current*

Coaching at Work (CaW) is an independent magazine, published bi-monthly. *www.coaching-at-work.com*

Coaching Psychology International (CPI) is the international publication of the International Society for Coaching Psychology. It focuses on research, theory and practice. *www.isfcp.net*

Coaching Psychology: The Danish Journal of Coaching Psychology (DJCP) is an open access journal. It is published by the Coaching Psychology Unit, University of Copenhagen and the Coaching Psychology Research Unit, Aalborg University, Denmark. *https://journals.aau.dk/index.php/CP*

Consulting Psychology Journal: Practice and Research ® (CPJ) is published by the Educational Publishing Foundation in collaboration with APA Society of Consulting Psychology (Division 13). *www.apa.org/pubs/journals/cpb/*

European Journal of Applied Positive Psychology (EJAPP) is a peer-reviewed journal. This new journal will publish theory, research and practice articles on all aspects of positive psychology. The EJAPP is published by the National Wellbeing Service Ltd and sponsored by the ISCP. *www.nationalwellbeingservice.org*

International Coaching Psychology Review (ICPR) is an international publication with a focus on the theory, practice and research in the field of coaching psychology. *www.bps.org.uk/publications/international-coaching-psychology-review*

International Journal of Evidence-Based Coaching and Mentoring (IJEBCM) is an open access, international, peer-reviewed journal published bi-annually online in February and August.

http://ijebcm.brookes.ac.uk

Journal of Positive Psychology (JPP) provides an interdisciplinary and international forum for the science and application of positive psychology. *www.tandfonline.com/loi/rpos20#.V6ChgLgrLIU*

Korean Journal of Coaching Psychology (KJCP) publishes papers on empirical and theoretical articles about coaching psychology. *https://coachingpsychology.or.kr/journal/rule1.php*

The Coaching Psychologist (TCP) publishes articles on all aspects of coaching psychology research, theory, practice and case studies. *www.bps.org.uk/publications/coaching-psychologist*

Appendix 3

대학-기반 코칭심리학 유닛과 센터 University-based coaching psychology units and centres

Centre for Business and Coaching Psychology, Heriot Watt University, Edinburgh, Scotland
www.hw.ac.uk/schools/social-sciences.htm

Coaching Psychology Unit, Department of Communication and Psychology, Aalborg University, Aalborg, Denmark
www.communication.aau.dk/research/knowledge_groups/cqs/coaching

Coaching Psychology Unit, Department of Exercise and Sport Sciences, University of Copenhagen, Denmark
http://nexs.ku.dk/english/research/units/sport-individual-society/projects/coaching/

Coaching Psychology Unit, Laboratory of Panic and Breathing, Federal University of Rio de Janeiro, Brazil
http://www.ipub.ufrj.br/pesquisa/#1521741754320-1ab8ccfd-7420

Coaching Psychology Unit, City, University of London, UK
www.city.ac.uk/psychology/research/CoachPsych/CoachPsych.html

Coaching Psychology Unit, University of Sydney, Australia
www.psych.usyd.edu.au/psychcoach/

Appendix 4

국제 코칭심리학 협회 International Society for Coaching Psychology(ISCP)

코칭심리학 협회 The Society for Coaching Psychology는 2008년 4월에 시작되었다. 2006년 12월 영국 런던 시티 대학 City University에서 개최된 BPS SGCP 첫 번째 국제 코칭심리학 콘퍼런스 International Coaching Psychology Conference에서 회의가 소집된 후, 협회는 이전에 설립된 국제 코칭심리학 포럼 International Forum for Coaching Psychology에서 몇 가지 핵심 개념을 제시했다. 2011년 7월 18일, 협회는 국제 코칭심리학 협회 International Society for Coaching Psychology(ISCP)로 명칭을 변경할 수 있는 허가를 받았다.

국제 코칭심리학 협회는 전 세계에 코칭심리학을 장려하고 이 분야의 이론, 연구 및 프랙티스의 개발을 장려한다. 이러한 개발을 지원하기 위해 국제 코칭심리학 협회는 다양한 활동을 수행한다. 협회의 연구 부서는 연구를 수행하고 연구 허브를 조정하는 국제 코칭심리학 협회 국제 코칭심리학 연구 센터 International Centre for Coaching Psychology Research를 운영한다. 국제 코칭심리학 협회는 〈Coaching Psychology International〉 저널을 발행하고, 피어-리뷰 peer-reviewed 간행물인 〈European Journal of Applied Positive Psychology〉을 후원한다. 또한 매일 뉴스레터 e-newsletters를 발행한다. 국제 코칭심리학 협회에는 코칭심리학자와 수퍼바이저를 위한 인증 경로가 있다. 국제 코칭심리학 협회는 훈련 센터를 위한 승인 시스템 Approval System for training Centres을 운영하고 있으며 코칭심리학 및 관련 주제에서 CPD/E를 제공하는 코스/워크숍 제공자를 위한 인정 시스템도 갖추고 있다. 국제 코칭심리학 회의 International Congress of Coaching Psychology(ICCP) 포럼의 적극적인 회원이다. 국제 코칭심리학 회의 협력 조직을 대신하여 협회는 포럼 웹사이트를 유지하고 후원한다. 협회는 연례 국제회의 행사를 개최하고 국제적으로 행사를 후원하고 있다.

국제적으로 코칭심리학의 발전을 촉진하기 위해 협회는 남아프리카 산업 및 조직 심리학 협회Society for Industrial and Organisational Psychology South Africa(SIOPSA), SIOPSA 코칭 및 컨설팅 심리학 이익 그룹Interest Group in Coaching and Consulting Psychology(IGCCG), 이탈리아 코칭심리학 협회Society for Coaching Psychology Italy(SCPI)와 MOUMemorandum of Understandings를 체결했다. 이스라엘 코칭 심리 협회Israel Association for Coaching Psychology(IACP), 카탈루냐 심리학 공식 대학Official College of Psychology of Catalonia(COPC), 코칭심리학 협회Association of Coaching Psychologists(Sweden), 헝가리 코칭심리학 협회Hungarian Association for Coaching Psychology(HACP), 헝가리 심리학 협회Hungarian Psychological Association(HPA), 뉴질랜드 코칭심리학 특별 이익 단체New Zealand Psychological Society Coaching Psychology Special Interest Group(NZPSS, CPSIG)(뉴질랜드), 미국 심리학 협회the American Psychological Association, 컨설팅 심리학 협회Society of Consulting Psychology(Division 13, APA), 덴마크 심리학 협회의 증거 기반 코칭 협회the Society for Evidence Based Coaching of the Danish Psychological Society(SEBC DPS), 그리고 호주 심리학 협회 코칭심리학 이익 그룹the Australian Psychological Society Coaching Psychology Interest Group(APS CPIG). 2018년에는 스위스 코칭심리학 협회Swiss Society for Coaching Psychology(SSCP)와 MOU를 체결했다.

국제 코칭심리학 협회International Society for Coaching Psychology의 목표:

국제적 전문 회원 조직

코칭심리학을 위한 국제 협회가 설립하는 목표는 코칭심리학 분야의 활동, 특히 다음과 같은 조직적이고 실질적인 기반을 제공하는 것이다:

1. 코칭심리학의 학문, 직업, 훈련을 촉진하고 발전시키는 것
2. 코칭심리학 이론, 프랙티스, 학문의 발전을 돕는 것
3. 코칭심리학의 프랙티스를 하는 사람들의 기준을 높이기 위한 목적으로 지속적인 전문 교육 과정을 홍보하고 의견을 제시하는 것
4. 견해, 경험의 교환과 상호 협의를 위해 코칭심리학 프랙티스에 종사하는 사람들을 모으는 것

5. 공통 관심사에 대한 세미나, 회의, 토론 그룹을 주선하고 코칭심리학 프랙티스에 대한 아이디어와 정보를 교환하기 위한 정보 센터의 역할을 하는 것
6. 저널 및/또는 뉴스레터와 기타 간행물을 게시하는 웹사이트를 유지하고 이메일 토론 그룹을 운영하는 것
7. 특별한 목적을 가진 협회 또는 그룹의 부문별 또는 지역별 구성을 용이하게 하는 것
8. 코칭심리학 분야의 대표자가 되고 다른 기관이나 당국과의 관계를 개발하고 육성하는 것
9. 코칭심리학 과정과 코칭심리학 전문 지식 센터를 인정 및/또는 인증하는 것
10. 인증 또는 공인 코칭심리학자의 국내 및 국제 등록을 유지하는 것
11. 인증 또는 공인 코칭심리학자 수퍼바이저, 트레이너, 컨설턴트의 국내 및 국제 등록을 유지하기 위한 것
12. 해당 국가의 관련된 자발적 또는 의무적 등록에 회원과 코칭심리학자의 등록을 용이하게 하는 것
13. 위의 목적 또는 그중 어느 하나를 달성하는 데 부수적이거나 도움이 되는 다른 모든 일을 수행하는 것
14. 코칭심리학 분야와 관련된 법적, 윤리적, 전문적 기준에 따라 코칭심리학 분야의 모든 활동에 대한 책임 유지를 시작하고 촉진하는 것

국제 코칭심리학 협회와 관련 웹사이트

International Society for Coaching Psychology:
www.isfcp.net

ISCP International Centre for Coaching Psychology Research:
www.iscpresearch.org

International Congress of Coaching Psychology:
www.coachingpsychologycongress.net

색인

참고: 이탤릭체로 표시된 페이지 번호는 해당 페이지의 그림을, 볼드체로 표시된 페이지 번호는 해당 페이지의 표를 나타낸다.

A

2016/2017년 영국 보건안전청Health and Safety Executive in 2016/17 (HSE, 2017) 885
4-D 사이클 모델4-D Cycle Model 755
ABCDEF 코칭 모델ABCDEF coaching model 194-197, 663
『Authentic happiness』 (셀리그만Seligman) 100
BASIC ID 프레임워크framework 662
Christian Teamwork Trust 542
CLARITY 코칭 모델CLARITY coaching model 663
『Conversations for Action and Collected Essays』 (플로레스Flores) 369
e-러닝 제품e-learning products 873
EMCC 134
GROW 코칭 모델GROW coaching model 154, 174, **177**, 177-181
HILF(고강도 저주파) 증폭high intensity low frequency(HILF) outbursts 874
INSIGHT 프레임워크INSIGHT framework 111-112, *112*, 115, 602, *604*
Newfield Network 370
NICE 지침서NICE Guidelines 890, 892
PACE 모델PACE model 193
PC 이론의 근본 가정Fundamental Postulate of PC Theory 409, 411
PCP라는 유동적인 이론fluid theory of personal construct coaching 414
PERMA 모델PERMA model 101, 105, 114, 115
P/N 비율P/N ratios 109
PRACTICE 모델PRACTICE model 113, 191-193
P/R/O 모델person-in-role (P/R/O) model *553*, 553-554, 557-560
PsycTESTS 데이터베이스PsycTESTS database 850
Q 방법론Q methodology 408
RESOLVE 모델RESOLVE model in NLP 479
SMACTEPPOMFSMACTEPPOMF characteristics in NLP 482-483
SMART 모델 목표SMART goals 71, 72
SPACE 코칭 모델SPACE coaching model 193-194, 211
SOLUTION(해결) 모델SOLUTION model 460
Tavistock 인간관계 연구소Tavistock Institute of Human Relations 542
The Cold Spring Harbor Laboratory 3D Brain 앱 39
TOTE 패러다임TOTE paradigm 478, *478*
VUCA(변동적이고volatile, 불확실하며uncertain, 복잡하고complex, 모호한ambiguous) 273

ㄱ

가치values in goal-setting 81-14, *81*
가치 (심리측정)value psychometrics in coaching 848
가치, 정체성 및 삶의 목적values, identity and purpose(VIP) 606
감사의 방문gratitude visit technique 110
강력한 방향compelling direction, defined 751
강박장애obsessive compulsive disorder(OCD) 887, 892-893
강점 (긍정심리학)strength concepts in positive coaching psychology 104-105
강점 기반 팀 코칭strengths-based team coaching 758-759
강점 (심리측정)strength psychometrics in coaching 848

개인 구성 심리학 센터Centre for Personal Construct Psychology   408
개인 구성 심리학 코칭Coaching with personal construct psychology(PCP)   168
『개인 구성주의 심리학The Psychology of Personal Constructs』   407
개인 구성주의 코칭personal construct coaching:
　개인적 균형과 추진력personal balance and momentum   411-412, *412*
　과제 분석task analysis   417
　그리드 방법론grid methodology   416-417
　발달development of   408
　사례 연구case study   419-423, **421**, *422*
　서론introduction to   407-408
　수행과 전략적 목표performance and strategic goals   413-414, *413*
　심리측정psychological measurement   417
　역할 실연實演role enactment   418
　이론theory of   409-414
　자기 묘사를 통한 스토리텔링story-telling through self-characterisation   415-416
　전체적 개념concept overview   418
　촉진적 대화facilitative conversation   415
　코치이에게 유용coachee benefits   418-419
　코칭 개입 설계coaching intervention design   409-411, *410*
　타인과의 조화harmony with other people   412-413
　프랙티스in practice   419-423
개인 특성 (좋은 리더십)personal characteristics of good leadership   729
개인-환경 이론Person-Environment theory   642, 642
개인의 개발personal development   73, 104, 149, 333, 369, 441, 576, 618, 728
개인의 생생한 각성individual active awareness   303
개인적 균형과 추진력personal balance and momentum   411-412, *412*
개인적 추구personal strivings   72
객관적 성과hard measure of productivity   131
검사 관리/코칭에서 심리측정administration of psychometrics in coaching   853
검사 해석interpretation of psychometrics in coaching   854
게슈탈트 코칭gestalt coaching:
　알아차림의 방해물blocks to awareness   310, **310-311**, 311-312
　사례 연구case study   312-315, 315-323
　코치이에게 유용coachee benefits   315
　발달development of   302-303
　서론introduction to   301-302
　리더십 및 임원 코칭leadership and executive coaching   736
　현상학적 접근phenomenological approach   305-306

　프랙티스in practice   312-315
　이론 및 개념theory and concepts   304-306, *304*
결과 목표outcome goals   58, 75, 76, 295
결정적 사건 방법critical incident methodology   134
결정적 순간을 직접 비교하여 연구direct-comparison critical moment study   790
경계 없는 커리어boundaryless career   636
경쟁 목표competing goals   78-79, 82
경험 추론experience corollary   411
경험 학습 모델Experiential Learning Model   615-617
경험적 학습experiential learning   431, 928
계약 방법contractual method in transactional analysis   498
계약 방법 (교류 분석)contracting method in transactional analysis   502-505, *505*, **505**
계약하기 (조직 내 코칭)contracting organisational coaching   713-714
계획 단계contemplation stage of change model   87, 666
계획 전 (단계)precontemplation stage of change model   87, 665-666
계획 행동 이론theory of planned behavior   661
계획된 우연 학습 이론Planned Happenstance Learning Theory   642
고객-코치 체계Client-Coach system   932
고전 조건 모델classical conditioning model   175
고정관념stereotypes in coaching   824-825
공감적empathy   181, 225-229, 251-252, 434, 581-582, 735, 788, 829-831, 910
공동 창조 프로세스(코치와 코치이 사이의 동등하고 사회적인 공동 작업)coaching within organizations see organisational coaching co-created coaching   430, 694-695, 714
공평한 기회equal opportunities in coaching   825-826
공황장애panic disorder in coachees   890-891
과정-이론 모델process-theory model of coaching   789
관계 지향 (리더십)relations oriented leadership   729
관계 형성을 위한 기술relationship skills   581, 730-731
관계성relatedness principle   284-285, 336
교류 분석transactional analysis(TA):
　계약contracting method   502-505, **504**, *505*, 505-506
　계약하기 방법contractual method   498
　리더십 및 임원 코칭leadership and executive coaching   734
　무의식unconscious mind   498-499
　발전development of   496-497
　사례 연구case study   509-515
　서론introduction to   169-170, 495
　요약summary of   515
　이론 및 개념theory and concepts   497-501
　인생 태도life positions   507-508, *508*
　자율성autonomy and   *501*, 500-501

코치이 참여coachee engagement in 499-500
코치이에게 유용coachee benefits 508
철학적 기반philosophical bases 497-499
프랙티스in practice 501-508, **504**, *505*, **506**, *508*
교차 학문적 개입법cross-disciplinary intervention **148**, 148-150
구글 스칼라Google Scholar 945
구조적 결정론structural determinism 368, 373
구체적인 경험concrete experience 615, 625
국면 이론Phase Theory 614, 615
국제 경영 탁월성 이니셔티브의 구성원Global Excellence in Management (GEM) Initiative 755
국제 코칭심리학Coaching Psychology International (CPI) 950
국제 코칭심리학 리뷰international coaching psychology review(ICPR) 885, 950
「국제 코칭심리학 소개International Coaching Psychology Review」 154
국제 코칭심리학 의회International Congress of Coaching Psychology(ICCP) 24, 946
국제 코칭심리학 협회International Society for Coaching Psychology(ISCP) 926, 946, 947, 969-971
국제 코칭심리학연구센터International Center for Coaching Psychology Research 953
군터 베버Gunther Weber 518
규정 환경regulatory landscape of coaching psychology 26
규제regulation of coaching 809
그들이 초점이 된 만남they-focused realm 292-293
그레고리 베이트슨Gregory Bateson 474
그리드 방법론grid methodology in personal construct coaching 416-417
근위 목표proximal goals 75, 340
근접 발달proximal development of learning 430, 433
근접 발달 영역zone of proximal development 433
글로벌 코칭심리학coaching psychology globally:
　교수 주제teaching themes 952-958, **957**
　서론introduction to 945-947
　요약summary of 959
　지속적인 전문성 개발/교육continuing professional development/education 957-958, **957**
　현시점의 관점current perspective on 958-959
　확립establishment of 947-952, **948**, **951**
급여와 관련된 수행performance-related pay 175
긍정심리 개입positive psychology interventions(PPIs) 100
긍정심리학positive psychology 28, 230-231, 664
긍정 정서positive emotions 48, 90, 101-102, 106-109, 341, 349, 486-488, 663
긍정 조직학positive organizational scholarship(POS) 750

긍정 코칭심리학positive coaching psychology:
　INSIGHT 모델INSIGHT model 111-112, *112*, 115
　PERMA 모델PERMA model 101, 105, 114, 115
　PRACTICE 모델PRACTICE model 113
　강점 개념strength concepts 104-105
　근거 기반 코칭evidence-based coaching 106-107
　긍정 정서positive emotions 106
　낙관주의optimism concepts 105-106
　리더십 및 임원 코칭leadership and executive coaching 735
　마음챙김mindfulness 104-107
　발달development of 98-99
　발달 코칭in developmental coaching 601
　비판critique of 107-109
　사례 연구case study 115-117
　서론introduction to 97-98
　웰빙well-being 101
　자기결정 이론Self-determination Theory 101-102
　정의defined 100
　코치이에게 유용benefit to coachees 114
　프랙티스in practice 109-114
　플로리시flourishing 102
　플로리시 RAW 모델RAW model of flourishing 103-104, *103*
　핵심 이론key theories 100-104
긍정 탐구appreciative inquiry(AI) 754
긍정 탐구 코칭appreciative inquiry coaching(AIC) 750, 755-758
『긍정의 발견: 긍정과 부정의 3:1 황금비율Positivity: Top-Notch Research Reveals the 3-to-1 Ratio that Will Change Your Life』 109
긍정적으로 대처positive coping 112, 116, 605, 609
기능적 자기 공명 영상functional magnetic resonance imaging(fMRI) 37
기본적인 심리적 욕구basic psychological needs 332-333
기술 (다양성 코칭)skills and diversity coaching 833-834
기술 (코칭에서 심리측정)skills psychometrics in coaching 849
기회 구조 이론opportunity structure theory 642
긴박한 계약 체결 (커리어 코칭)pressured contracting in career coaching 643
꿈dream stage in team and group coaching 756-757

ㄴ

'나'가 초점이 된 만남I-focused realm 291
나비 효과butterfly effect 691-692
낙관주의optimism concepts in positive coaching psychology 105-106
내 최고의 미래 모습best possible future self 110
내담자 중심 치료사들client-centered therapists 228
내러티브 기반 상호작용narrative-based interactions 695

내러티브 코칭narrative coaching:
 기본 가정basic assumptions 433-434
 발전development of 430-431
 사례 연구case study *445*, 444-448, **447**
 외재화 대화externalising conversations 438-439
 외부 증인이 다시 말하기outsider witness re-telling 441-442
 이론 및 개념theory and concepts 432-437, *432*, *436*
 장애 요인과 목표 달성blocks and goal achievement 435
 재저작re-authoring 439-440, *440*
 정의defined 429-430, 600-601
 정의 예식definitional ceremony 442-443
 프랙티스in practice 437-443
 행동 영역landscape of action 435-436
 회원 재구성 대화re-membering conversations 440-441
내부 코치internal coaches 127, 134, 703, 713-716, 720, 740, 872-876
내재적 동기부여intrinsic motivation 330
내재화internalization, defined 330-331
너-초점You-focused realm 291-292
뇌파 검사electroencephalography(EEG) 37
능동적 실험active experimentation 615

ㄷ

다양성 코칭diversity coaching:
 개요overview of 827-828
 고객 의뢰client referrals 835
 공평한 기회equal opportunities 825-826
 교차 문화적 이해cross-cultural understanding 785-786
 능력competencies for 829-834
 리더십 및 임원 코칭leadership and executive coaching 731-732
 사례 연구case study 835-841
 서론introduction to 823-824
 자기-알아차림selfawareness and 829-830
 지식knowledge and 830-832
 코칭 관계coaching relationship 785
 편견, 차별, 그리고 고정관념prejudice, discrimination, and stereotypes 824-825
다원주의 코칭pluralistic coaching:
 다원적 진단assessment 269-270
 리더십 및 임원 코칭leadership and executive coaching 737
 메타 커뮤니케이션metacommunication 271
 발전development of 264-265
 변화 프로세스change process 272-273
 사례 연구case study 274-278, *227*, **227**
 서론introduction to 166, 263-264

 이론 및 개념theory and concepts 265-268
 코치이에게 유용coachee benefits 273
 프레임워크framework for 270-271, *270*
 피드백 문화feedback culture 267-268
다중양식 치료multimodal therapy 190, 663
『다크 사이드: 감정의 어두운 면을 전략적으로 사용하는 기술The Upside of Your Darkside』(비스와스 디너Biswas-Diener) 108
단기 치료 센터Brief Therapy Centre 454
단계 이론stage theory 614, 639, 906
단일체monolithic entities 75-79
담아주기containment 544, 547, 552-553, 556
대리 경험vicarious experiences 56
대면 코칭face-to-face coaching 295, 314, 556-557, 601, 773, 856-858, 869-883
대처 전략coping strategies 605
대화 (게슈탈트 코칭)dialogue in gestalt coaching 313
대화 윤리conversational ethics 434
대화 치료talking cure 540, 542
대화적 실존주의dialogic existentialism 305
데이비드 콜브David Kolb 615
도널드 마이켄바움Donald Meichenbaum 190
도널드 수퍼Donald Super 639-640
동기 강화 면담motivational interviewing(MI):
 기법techniques 668-669
 리더십 및 임원코칭leadership and executive coaching 734
 반영적 경청reflective listening 251-255
 발달development of 246-247
 변화 대화change talk 253
 사례 연구case study 257-259
 서론introduction to 245-246
 이론 및 개념theory and concepts of 248, 247-251
 인정affirmations 253
 정의defined 16
 코치이에게 유용coachee benefits 256
 프랙티스in practice 251-255
동기부여motivation psychometrics in coaching 847
동기부여와 닻 내림 단계Motivation and Anchoring stage 440
동료 간 코칭peer-to-peer coaching 714
동맹-결과 관계alliance-outcome relation 777
동맹 분야/코칭 관계allied domains in coaching relationship 780-782
동양의 명상 프랙티스Eastern meditation practices 386
『두 행운Zweierlei gluck』(베버Weber) 518 디자인design 757

ㄹ

라벨링 하지 않기de-labelling 203-204
라이프 코칭심리학life-coaching psychology:
    가정assumptions about 579
    기본 개념basic concepts 577-580
    발달development of 576-577
    사례 연구case study 586-590
    서론introduction to 75, 575-578
    세션의 종료ending the session 584-585
    소크라테스식 대화Socratic dialogue 580
    진정한 자기authentic self 578
    치료therapy vs. 582-583
    코치-코치이 관계coach-coachee relationship 578-579
    코치이에게 유용coachee benefits 585
    프랙티스in practice 580-585
    함정pitfalls 583-584
라인하르트 스텔터Reinhard Stelter 429-430
랜돌프 스톤Randolph Stone 387
런던 게슈탈트 센터Gestalt Centre in London 518
로버트 비스와스 디너Robert Biswas-Diener 99, 108
로이드 채프먼Lloyd Chapman *618*, 618-619
리더십 개발 프로그램leadership development programmes 732
리더십 및 임원 코칭leadership and executive coaching(LEC):
    관계relationships in 782-783
    관계 스킬relationship skills 730-731
    다양성 스킬diversity skills 731-732
    대인관계 중심interpersonal focus 735-736
    리더십 개발 프로그램leadership development programmes 732-733
    매핑 영역mapping domains of 733, *734*
    발달development of 728-729
    변화 스킬change skills 731
    사례 연구case study 740-744
    서론introduction to 727-728
    시스템systems of 736
    유연한 형식 및 미디어flexible format and media 739
    이론 및 개념theory and concepts 729-736, *734*
    자기 자신과 관계 중심intrapersonal focus 734-735
    작업 동맹working alliance 737-738
    좋은 리더십good leadership 729-730
    체계적인 계약 및 경계 관리systemic contracting and boundary management 738
    코치이에게 유용coachee benefits 739-740
    프랙티스in practice 736-739
리더십 (조직 내 코칭)leadership in organisational coaching 708-709
리차드 밴들러Richard Bandler 474
리차드 스트로치 헤클러Richard Strozzi-Heckler 386

ㅁ

마그네토엔-두부조영술magnetoencephalography(MEG) 37
마음챙김 (기술)mindfulness techniques 667-668
마음챙김 코칭mindfulness coaching:
    긍정 코칭심리학positive coaching psychology 104
    리더십 및 임원 코칭leadership and executive coaching 734
    발전development of 328-329
    사례 연구case study 337-342, **340**
    서론introduction to 327-328
    인지행동 코칭cognitive behavioural coaching 208
    자기 결정 이론self-determination theory and 167, 328, 329-333, **331**
    자비 중심 코칭compassion focused coaching 353
    자율성autonomy and 335
    코치coach and 333-334
    코치이coachee and 334
    코치이에게 유용coachee benefits 378
    프랙티스in practice 333-336
마이클 화이트Michael White 450, 435, 439
마크 칸Marc Kahn 620-623, *623*
마틴 셀리그먼Martin Seligman 100
막스 아이팅곤Max Eitington 926
만성적 질병 관리chronic illness management 247
만화경 커리어 모델kaleidoscope career model 640
메타 모델Meta Model in NLP 479
메타 커뮤니케이션metacommunication in pluralistic coaching 271
모리스 메를로퐁티Maurice Merleau-Ponty 368, 369
모방(행동)behaviour imitation 45
모셰 펠든크라이스Moshe Feldenkrais 387
모호함/조직 내 코칭ambiguity in organisational coaching 707-708
목격자 사고witness-thinking 434
목표 무시goal neglect 82-84
목표와 코칭goals and coaching:
    SMART 목표SMART goals 71, 72
    결과 목표outcome goals 76
    내적 표현internal representations of 73
    논쟁의 여지controversy over 70
    단일체monolithic entities 75-79
    목표, 정의goals, defined 72-75
    목표의 위계goal hierarchies 81-84, *81*, *83*
    무의식적 목표unconscious goals 79-80
    변화에 대한 준비 자세readiness to change 87-88
    보완 및 경쟁 목표complementary and competing goals 78-79

서론introduction to　69-71
성과 및 학습 목표performance and learning goals　77-78
실행 계획action planning　88-89
요약summary of　91
원위 및 근위 목표distal and proximal goals　75
자기 조절self-regulation and　73-75, 74, 83, 89-90
자기일치적 목표self-concordant goals　80-81
조절 변수selection moderators　86-87
중요성importance of　90
통합 모델integrated model for　84-86, 85
회피 및 접근 목표avoidance and approach goals　76-77
목표의 위계goal hierarchies　81-84, 81, 83
묘사의 법칙rule of description　290
무의식의 힘unconscious mind in transactional analysis　498-499
무의식적 목표unconscious goals　79-80
무의식적 불안anxieties, unconscious　543-544
무의식적 불안과 방어unconscious anxieties/defences　543-544
무의식적 의사소통unconscious communication　545
무의식적 정신생활unconscious mental life　543
무작위 대조군 실험randomised control trials(RCTs)　27, 31, 131, 146, 150
『문화 지향 프레임워크cultural orientations framework』 (알버트 로신스키Abbott Rosinski)　785
물질남용 상담substance abuse counselling　246
미국 경영협회American Management Association　870
미국 정신의학협회American Psychiatric Association (APA)　889
미국 심리학협회American Psychological Association (APA)　24, 849
미국에서 인지적 코칭USA Cognitive Coaching　190
믹 쿠퍼Mick Cooper　264
밀턴 모델Milton Model in NLP　479
밀턴 에릭슨Milton Erickson　454, 474

ㅂ

바바라 에런라이크Barbara Ehrenreich　521
반영적 경청reflective listening　251-255, 668, 704
발견discovery stage in team and group coaching　755-756
발달 코칭development coaching:
　INSIGHT 프레임워크INSIGHT framework　602, 604
　발전development of　596-598
　사례 연구case study　608-610
　사회/세대적 요인social/general factors　597
　서론introduction to　595-596
　세대적 요인Generational factors　600-601
　이론과 개념theory and concepts　598-601
　인생 전환점life transition points　597
　코치이에게 유용coachee benefits　606-607

프랙티스in practice　601-606, 603, 604, 605
발달 학파Developmental School　496
발생origination　287
방어 (무의식)defences, unconscious　543-544
버지니아 사티어Virginia Satir　474
범불안장애generalised anxiety disorder (GAD)　887, 890
범이론적 변화 모델Transtheoretical Model of Change　660-661, 734
벤 딘Ben Dean　99
변화 과정(자비 중심 코칭)change process in compassionate coaching　357
변화 대화change talk　246, 251-255, 668
변화 스킬change skills　731
변화에 대한 준비 자세readiness to change　87
변화의 행동 단계action stage of change　87
보완 목표complementary goals　78-79
복잡성 관점에서 어트랙터attractors in complexity perspective　690-691
복잡성 (기본 가정)complexity assumption　434
부정적 자동 사고들negative automatic thoughts(NATs)　205
부정적인 사고 유형negative thinking patterns　896
불안 개요anxiety in coachees　889-890
불확실성uncertainty principle　284-285
비즈니스 관리business management　773, 869-870, 872
비지시적non-directivity　224, 227, 713
빌 오한론Bill O'Hanlon　454
빌헬름 라이히Wilhelm Reich　386

ㅅ

사건 공식화 방법case formulation method　624
사건 유발 전위event related potentials(ERP)　37
사고 기술들thinking skills practitioners　203
사고의 오류thinking errors in cognitive behavioural coaching　201-203
사례 연구case study:
　개념과 기원concept and origins　614-623, 617, 619, 623
　서론introduction to　569, 613-614
　이론theories　150-151
　적응 경험 학습 모델Experiential Learning Model　615-617
　적분 이론integral theory　617, 617-618
　코치 축을 가로지르는 학습adult learning approach to coaching: case study　628-630
　코치이에게 유용coachee benefit　628
　통합적 경험 코칭 모델Integrated Experiential Coaching Model　618, 618-619
　프랙티스in practice　623-627

사무엘 존슨Samuel Johnson 457
사이코드라마psychodrama 408, 418
사전-사후 실험 설계pre-post-test study design 134
(사회) 공포social phobia in coachees 889-891
사회 구성주의social constructionism 347, 431
사회 구조social structure 47, 431, 548
사회 이론social theories 431
사회 인지 이론Social Cognitive Theory 53, 58, 660
사회적 두뇌social brain 46
사회적 방어 체계social defence systems 548-549
사회적 지지/지원social support systems 60, 110, 599, 609, 667, 896
상담과 코칭 관계counseling and coaching relationship 780-781
상위 목표higher order goals 82
상충하는 목표conflicting goals 78, 82
상호 대인관계적 영역inter-relational realms of discourse 291
상황적 경험situated experience 431
새로운 방식으로 강점 활용하기using strengths in a new way technique 110
생애 단계 이론life stage theory 639-641, *640*
생체-사이버네틱스bio-cybernetics 386
생태 심리학eco psychology 664-665
선택(실존주의 접근)choice in existential coaching psychology 286-288
선택의 조절 변수selection moderators 86
성격personality studies in coaching relationship 787, 847
성격 장애personality disorders 386, 886, 894-895
성과 목표performance goals in coaching 77-78, 413-414, *413*
성찰적 관찰reflective observation 615, 619, 625-626
세 가지 좋았던 일three-good-things technique 110
세계보건기구World Health Organization(WHO) 660
소매틱 코칭somatic coaching:
  무한 공간unbounded space 395-396
  발달development of 386-387
  배경/자연landscape/nature 390
  사례 연구case study 398-402
  사회적 맥락social context 390
  새로운 형태new space 396-397
  서론introduction to 385-386
  소매틱 개방somatic opening 389
  소매틱 변형의 원호somatic arc of transformation 393-398
  소매틱 알아차림somatic awareness 389
  소매틱 프랙티스somatic practices 390
  신체를 통해 작업하기working through the body 392-393
  신체와 함께 작업하기working with the body 391
  신체에서 작업하기working on the body 391
  역사적 단계historical stage 393-394

이론 및 방법론theory and methodology of 387-393, *388*
정신/미스테리spirit/the mystery 391
체화됨embodiment 397-398
핵심 원칙core principles of 391
형성의 장소sites of shaping 394, *395*
소크라테스식 방법Socratic method 22-23, 150, 580
수용 전념 치료Acceptance and Commitment Therapy(ACT) 108
수직적 변화vertical transformation 433
수평화의 법칙rule of horizontalization 290
수행 방해 사고performance interfering thoughts(PITs) 204-207
스키너B.F. Skinner 175
스트레스, 회복탄력성, 건강과 웰빙 코칭stress, resilience, health and wellbeing coaching:
  동기 강화 면담Motivational Interviewing 660, 668-669
  마음챙김mindfulness and 667-668
  목표 설정과 자기효능감goal setting and self-efficacy 661-662
  발전development of 658
  범이론적 변화 모델transtheoretical model of change 660-661
  사례 연구case study 671-677, **676**
  서론introduction to 657-658
  이론 및 개념theory and concepts 659-660
  이론적 관점theoretical perspectives 660-665
  코치이에게 유용coachee benefits 671
  프랙티스in practice 665-671
  해결 중심 기법solution-focused techniques 666, 669
  해결 중심 접근solution-focused approach 669
스트레스의 상호교류 이론multimodal transactional theory of stress 662
스티브 드쉐이저Steve de Shazer 454
스티브 잡스Steve Jobs 875
스티븐 팔머Stephen Palmer 24
스포츠 심리학sport psychology 781-782
스폰서십sponsorship in organisational coaching 713
시간 관리 전략들time management strategies 184, 208, 874, 893
시냅스synapses in brain 41-42
시스테믹 코칭systemic coaching 169
시스템 컨스텔레이션 접근systemic constellations approach to coaching:
  개입interventions 526-528
  결과 및 자질consequences and qualities 523
  교환exchange 523
  구조화된 세우기structured constellations 528
  대체물/대역 매핑mapping 525-526
  리더십 및 임원 코칭leadership and executive coaching 736
  발전development of 518

사례 연구case study　532-535
　　서론introduction to　517-518
　　소속belonging　522
　　시간과 장소time and place　522-523
　　알지 못함 개념not knowing concept　519
　　양심conscience　521
　　이론 및 개념theory and concepts　518-523
　　장場, 시스템, 자기field, system, self　519-520
　　질서의 힘ordering forces　522
　　코치의 입장stance of coach　528-530
　　코치이에게 유용coachee benefits　531-532
　　팀 코칭team coaching　530
　　프랙티스in practice　525, 524-530, 529
신경 가소성neuroplasticity　41-44
신경 언어 프로그래밍Neuro Linguistic Programming(NLP):
　　라포rapport in　480
　　메타 프로그램meta programmes　481-482
　　목표 설정goal setting　482-483
　　목표를 지향하는 인간humans as goal oriented　477, 477-478, *478*
　　발달development of　474-475
　　사례 연구case study　484-489, *485*, **488**
　　서론introduction to　169-170, 473
　　신체 언어body language of　481
　　언어language of　481
　　이론 및 개념theory and concepts　475-478
　　인간과 현상학적 세계humans and phenomenological world　475
　　접근의 목적goals of approach　478-479
　　체계적으로 사회적 존재인 인간humans as systemic social beings　475-477
　　체계 역동systemic dynamic　483
　　코치이에게 유용coachee benefits　483-484
　　표상 체계representational system of　480
　　프랙티스in practice　478-483
신경과학과 코칭neuroscience and coaching:
　　코치이에게 유용benefit to coachees　48-49
　　정의defined　36-38
　　코칭에 대한 시사점implications for coaching　42-48
　　서론introduction to　35-36
　　학습learning and　43-44
　　신경 가소성neuroplasticity and　41-42
　　유용함usefulness of　38-41, **39**
신경세포들neurones in brain　41-42
　　한계 및 고려 사항limitations and considerations　532
신념(심리측정)belief psychometrics in coaching　848
신뢰trust in coaching relationship　784
신체성 변형의 원호somatic arc of transformation　393

신체와 의식 사이의 연관성body/consciousness connections　386
실용주의pragmatism　407, 636, 694-696, 705, 721, 802, 811
실존적 불안의 원리existential anxiety principle　285
실존주의 코칭심리학existential coaching psychology:
　　사례 연구case study　294-298
　　서론introduction to　167, 283-284
　　선택choice in　286-288
　　의미/무의미meaning/meaninglessness　285-286
　　이론 및 개념theory and concepts　284
　　중요성centrality of　289-290
　　코치이에게 유용coachee benefits　293-294
　　프랙티스in practice　288-293
　　핵심 원리key principles　284-288
실천 단계action steps　81-84, *82*, *83*
실행 계획action planning　72-75, *75*, 88-89, 134, 173, 179-181, 200, 653, 661
실험 (게슈탈트 코칭)experimentation in gestalt coaching　313-314
심리-사회적 발달psycho-social development　907
심리-생리학적 상태psycho-physiological states　56
심리교육psychoeducation　896
심리치료와 코칭 관계psychotherapy and coaching relationship　780
심리학psychology:
　　개인 구성주의 코칭personal construct psychology　168-169
　　긍정심리학positive psychology　29, 100, 230-231, 664
　　기본적인 심리적 욕구basic psychological needs　332-333
　　생태심리학eco psychology　664-665
　　스포츠 심리학sport psychology　781-782
　　음악 연주 심리학musical performance psychology　410
　　해결 중심 인지행동 심리학solution-focused cognitive behavioural psychology　29
　　현시대 코칭 프랙티스에서 역할role in contemporary coaching　151-153
심상imagery　207, 354-355

ㅇ

아놀드 라자루스Arnold Lazarus　190
아리스토텔레스의 수사학 규칙Aristotle's rule of rhetoric　126
아메리칸 사이콜로지스트American psychologist　108
아이다 롤프Ida Rolf　387
안토니오 다마시오Antonio Damasio　479
알렉산더 로웬Alexander Lowen　388
알아차림awareness in gestalt coaching　309, **310-312**, 311
알코올 남용 상담alcohol abuse counselling　246
알프레드 아들러Alfred Adler　454
앨버트 반두라Albert Bandura　54-58, 175, 641

앨버트 엘리스Albert Ellis 190
야곱 모레노Jacob Moreno 408, 518
양전자 방출 단층 촬영positron emission tomography(PET) 37
에릭 번Eric Berne 495, 518
에토스ethos 127, 130, 137
원위 목표distal goals 75, 340-341
여유relaxation strategies 76, 208, 214, 670, 892
여정 이론Journey Theory 614-615
역동성dynamism 688, 696
역전이counter-transference 479, 545, 551
역할role analysis 550, *550*, 560-563
열린 체계 이론open systems theory 545, 545-547
영국 심리 협회British Psychological Society(BPS) 849
영국 심리학 협회Britis Pstchological Society(BPS) 24, 849
양가감정ambivalence 88, 207, 245-256, 465, 668
오컴의 원칙Occam's principle 456
온전한 건강holistic health 386
'왜 코칭이 필요한가' 질문 체크리스트'why coaching' question checklist 711
외부 코치external coaches 127, 133, 155, 329, 715, 719-722, 882
외재적 동기부여extrinsic motivation 330, **311**
외적/수평적 변화external/horizontal transformation 433
우리-초점We-focused realm 292
우울증depression in coachees 887-889
우울증, 불안 및 스트레스 척도depression, anxiety and stress scale(DASS) 667
운명destiny 757-758
움베르토 마투라나Humberto Maturana 368
워싱턴 대학교 문장 완성 검사Washington University Sentence Completion Test 912
웰빙well-being:
  긍정 코칭심리학positive coaching psychology 101
  일에 영향impact of work on 750
위로-친애의 감정soothing-affiliative emotion 346, 349, 351
위상 공간 (복잡성 기반)phase space in complexity perspective 689
위협 체계Threat System 348-349, 350-351
윌리엄William Stephenson 408
윌리엄 밀러William Miller 246
윌리엄 제임스William James 368
유기적 변증법 욕구organismic dialectic needs 332-333
유기체 가치 평가 과정Organismic Valuing Process(OVP) 232
유능성 (마음챙김)competence and mindfulness coaching 335-336
유럽 멘토링 및 코칭 위원회The European Mentoring and Coaching Council 73
유럽 심리치료 및 상담 저널European Journal of Psychotherapy and Counseling 264

유럽 코칭 및 멘토링 위원회European Coaching and Mentoring Council(ECC) 926
윤리적ethical coaching 771-774, 878
음악 연주에 관한 심리 연구musical performance psychology 410
의미/무의미meaning/meaninglessness 285-286
의사소통적 연결성communicative connectedness 690
의사결정 대차 대조표decisional balance sheet 254
의식 영역landscape of consciousness 436
이반 보소르메니 나기Ivan Boszormenyi-Nagi 518
이반 파블로프Ivan Pavlov 174
인간 잠재력 운동human potential movement(HPM) 23, 386
인간 학습 연구 센터Centre for the Study of Human Learning 408
인간 중심 코칭심리학person-centred coaching psychology:
  발달development of 224
  비지시성non-directivity 227-229
  사례 연구case study 233-240
  상담counseling vs. 231-232
  서론introduction to 69-70, 166, 223
  긍정 심리학positive psychology 230-231
  연구 지지research support 229-230
  요약summary of 241
  이론 및 기본 개념theory and basic concepts 225-230
  코치이에게 유익coachee benefits 232-233
  필요 충분 조건necessary and sufficient conditions 225-227
  프랙티스in practice 230-232
인본주의 이론humanistic theory 576, 582-583
인본주의 코칭humanistic coaching 166, 168, 181, 265, 304, 601, 962
인생 전환점life transition points 597
인생 태도life positions in transactional analysis 507, *507*
인수 킴 버그Insoo Kim Berg 454
인적 자원 관리human resource management(HRM) 576
인정affirmations 251, 253, 668, 761
인지 발달적 접근cognitive-developmentalism:
  모델models of 913-916, **914-915**
  사례 연구case study 916-920
  서론introduction to 903-904
  요약summary of 920-921
  이론적 배경theoretical background 904-911
  인지 성찰 계열cognitive-reflective strand 906-908
  자아 발달 계열ego-development strand 908-911, **911**
  적용application to coaching 912-913
인지-성찰 계열cognitive-reflective strand 906-907
인지-성찰 차원cognitive-reflective dimension in coaching 914, **914-915**
인지행동 치료cognitive behaviour therapy(CBT) 190
인지행동 코칭cognitive behavioural coaching(CBC):

ABCDEF 모델ABCDEF model　194-197
PRACTICE 모델PRACTICE model　113, 191-193
　구조structure of　199
　기술들과 전략들techniques and strategies　201-207
　리더십 및 임원 코칭leadership and executive coaching　735
　목표goals of　199
　문제 획득과 유지problem acquisition and management　200
　발전development of　190
　변화 과정process of change　197
　부정적 자동적 사고negative automatic thoughts　205
　사고의 오류들thinking errors　201-203
　사례 연구case study　210-215, *211*, **215**
　상호 교환적 양식interactive modalities　193-194
　서론introduction to　28, 154, 189-190
　수행 방해 사고performance interfering thoughts　204
　심상 기법들imagery techniques　207
　이론과 기본 개념들theory and basic concepts　191-197
　전형적 구조typical structure　201
　정의defined　601
　코치이에게 유용coachee benefits　209
　코칭심리학coaching psychology　165-168
　평가assessment　194
　프랙티스in practice　199-201
　행동 전략들behavioural strategies　208
　효과effectiveness of　197-198
일차 과제primary task　546, *546*

ㅈ

자기 결정 이론self-determination theory(SDT):
　긍정 코칭심리학positive coaching psychology　101-102
　라이프 코칭심리학in life-coaching psychology　577
　마음챙김 코칭mindfulness coaching　167, 328, 329-333, 331
　자기일치적 목표self-concordant goals　80-81
　자율성autonomy and　335
자기 계발self-development　55, 57, 386, 728, 789
자기 동기부여self-motivation　57, 577
자기 묘사를 통한 스토리텔링story-telling through self-characterisation　415-416
자기 보호 체계Self-protection System　348
자기 성찰self-reflection　89, 179, 353, 444, 508, 789, 876, 897, 910
자기 인식/자기-알아차림self-awareness　149-150, 806, 829-830
자기 조절 (목표)self-regulation goals　73-75, *74*, 83, 89
자기 조직화self-organisation　688, 705

자기 주도적self-directed action　73, 88, 149, 239, 304, 459, 707, 896
자기 주장 훈련assertion training strategies　208
자기 판단self-judgment　59
자기 효능감self-efficacy:
　긍정 코칭 결과as positive coaching outcome　150
　동기 강화 면담motivational interviewing and　248
　발달 코칭development coaching and　603
　정의defined　55-56, 176, 661-662
　커리어 코칭career coaching and　641, 653
자기 효능감 코칭 모델Self-efficacy Coaching Model(SEC):
　적용application of　62-65
　결과consequences of　57-58
　발달development of　54
　목표 및 결과 기대goals and outcome expectations　58-59
　서론introduction to　53-54
　개요overview of　59-62, *61*
　자기 효능감, 정의self-efficacy, defined　55-56
자기 효능감에 대한 모델링modeling impact on self-efficacy　56
　원천sources of　56-57
　이론 및 기본 개념theory and basic concepts　55-59
자기에 대한 지식self-knowledge in development coaching　608
자기일치적 목표self-concordant goals　80
자료로써 개인의 고유한 감정 사용하기one's own feelings as data　552
자비 중심 치료Compassion Focused Therapy(CFT)　346
자비 중심 코칭compassion focused coaching(CFC):
　발전development of　346
　사례 연구case study　358-362
　서론introduction to　345-346
　애착과 친애attachment and affiliation　350-352
　이론 및 개념theory and concepts　346-352, *349*
　적용application of　355-357
　코치이에게 유용coachee benefit　357-358
　프랙티스in practice　*352*, 352-355
자비 중심 코칭에 대한 애착attachment in compassion focused coaching　350-352
자비로운 자기의 이상적인 모습Ideal Compassionate Self　355
자비로운 타인의 이상적인 모습Ideal Compassionate Other　354-355
자비로운 편지 쓰기letter writing with compassion　357
자아 발달 계열ego-development strand　908-911, **911**
자아-발달 차원ego-development dimension in coaching　914-916, **914-915**
자아 정체성self-identity　430, 438, 442, 909
자율적 동기autonomous motivation　330-336
작업 동맹working alliance concept　134

잘 형성된 결과물well-formed outcome(WFO) 478
잘못된 믿음neuro-myths 40
장場 이론field theory 306, 311, 736
적분 이론integral theory 617, 617-618
적합도 지형fitness landscape 691
전략적 목표strategic goals in personal construct coaching 413-414, 413
전문 보건/의료 실무자Occupational Health/Medicine practitioners 419
전문화professionalisation of coaching 811
전이transference 333, 479-480, 544, 551, 937
전체론holism 303, 305-306, 736
전환기 이론transition theory 600
전환적 (작업 지향)transactional (task oriented) leadership 729
접근 목표approach goals 76-77
정서emotions:
    정서 조절을 위한 ABCDE 모델ABCDE model of emotional regulation 190
    코칭 관계coaching relationship and 790-791
    긍정 (감정)positive emotions 48, 90, 101, 106-107, 340-341, 349, 486-488, 662-664
    위로-친애 감정soothing-affiliative emotion 346, 350, 351
정서 조절을 위한 ABCDE 모델ABCDE model of emotional regulation 190
정서적 상태emotional states 57
정서적 전염emotional contagion 46
정서적인 '자기'emotional selves 356
정서지능emotional intelligence 412
정신 내적 조직organisation-in-the-mind 555
정신건강 장애mental health disorders 886-895
정신분석 이론psychoanalytic theory concepts 543-545
정신역동 접근 코칭psychodynamic approaches to coaching:
    경계에서의 관리management at boundary 546-547, 547
    권위와 리더십authority and leadership 549-550
    담아주기containment 544
    리더십 및 임원 코칭leadership and executive coaching 736
    무의식적 불안과 방어unconscious anxieties/defences 543-544
    무의식적 정신생활unconscious mental life 543
    발달development of 540-541, 541
    사람-역할(P/R/O) 모델person-in-role(P/R/O) model 554, 553-554, 557-560
        사례 연구case studies 557-563
    사회적 방어 체계social defence systems 548-549
    서론introduction to 539-540
    업무 체계의 설계work systems design 549
    역전이와 무의식적 의사소통counter-transference/unconscious communication 545
    역할 분석role analysis 550, 550, 560-563
    열린 체계 이론 개념open systems theory 546, 545-547
    이론 및 개념theory and concepts 542-550
    일차 과제primary task and 546, 546-547
    전이transference 544
    정신분석 이론 개념psychoanalytic theory concepts 543-545
    정신역동과 시스템-정신역동 코칭systems-psychodynamic coaching 540-542, 541
    코치이에게 유용coachee benefit 556-557
    프랙티스in practice 550-556, 554
정신의 조화 기능harmonising function of the mind 411
정체성 이론identity theory 431
정체성의 형성identity formation 620
제3의 귀로 듣기listening with the third ear 552
제임스 플래허티James Flaherty 369
조세프 캠벨Joseph Campbell 372
조작적 행동operant behaviour 175
조지 레너드George Leonard 386
조지 켈리George Kelly 407, 409-411
조직 내 스트레스 판별 도구organisational stress screening tool(ASSET) 667
조직 행동 분석Organisational Role Analysis(ORA) 542
조직적 코칭organisational coaching:
    리더십leadership 708-709
    모호함과 복잡성ambiguity and complexity 707-708
    발전development of 704-705
    사례 연구case study 717-722
    서론introduction to 703-704
    성과/생산성performance/productivity 148-150
    스타일로서의 코칭style of choice 716
    오퍼링offerings in 715-716
    이론 및 개념theory and concepts 706-709
    직무 및 업무 설계job and work design 706-707
    코치이에게 유용coachee benefit 717
    코칭 인프라infrastructure of 716-717
    프랙티스in practice 710-717, 712
존 그라인더John Grinder 474
존 듀이John Dewey 407
존 랭쇼 오스틴John Langshaw Austin 368
존 맥레오드John McLeod 264
존 설John Searle 368, 369
존 위클랜드John Weakland 454
존재 중심being focused coaching 167-168
존재론적 코칭ontological coaching:
    리더십 및 임원 코칭leadership and executive coaching 734
    발달development of 368-369

사례 연구case study　380-383
새로운 존재 방식new ways of being　378-379
서론introduction to　167-168, 367-368
온전한 자아와 함께 듣기listening with whole self　375-376
이론 및 개념theory and concept　369-372
질문 조건enquiry in　373-374
코치이에게 유용coachee benefits　379-380
프랙티스in practice　372-379
학습 표면화surfacing the learning　376-377
존중appreciation assumption　434
주관적 분류subjective categorisation　694
주의력 훈련attention training　353
'주체-객체' 관계의 틀'Subject-Object' relations framework　909-910
주체성agency assumption　434
준거 가치reference values　72
준비 (단계)preparation stage of change　87
중요성(실존주의 접근)centrality of existential coaching psychology　289-290
증거 기반 코칭evidence-based coaching:
　교차 학문적 개입법as cross-disciplinary intervention　**149**, 148-150
　긍정 코칭심리학positive coaching psychology　106-107
　서론introduction to　145-146
　신경과학neuroscience and　36
　심리학의 역할role of psychology in　151-153
　연구 방법론research methodologies　150-153
　유형types of　133-135
　정의defined　**148**, 146-148
　진화evolution of　**153**, 153-155, **156**
　체계적 문헌 고찰 비교systematic review comparisons　156-158, *157*
　코칭 관계coaching relationships　779-780
　코칭심리학 연구research in coaching psychology　128-129, 135-138
　코칭 연구coaching research　128-129
증거로서 경험experience as evidence　556
증거의 위계 구조hierarchy of evidence　147, **148**
지도는 영토가 아니다map-is-not-the-territory concept　475
지속 (단계)maintenance stage of change　87
지속적인 전문성 개발/교육continuing professional development/education(CPD/E)　957-958, **958**
지식 (다양성 코칭)knowledge and diversity coaching　830-833
지식의 현황knowledge state in coaching　129-135
직업 흥미 유형 검사Occupational Interest Types　637
진정 호흡 리듬soothing breathing rhythms　353-354
진정한 자기authentic self　80, 577

진정한 팀real team, defined　751

ㅊ

차별discrimination in coaching　824-825
창발성emergence principle　688
체계 이론systems theory　169, 474, 540, 545, 549
체계적 문헌 연구/고찰systematic review (SR)　146, 147, 150, **154**, 154-157, **156**, *158*
체계적인 계약systemic contracting in leadership and executive coaching　738
체계적으로 사고하기systemic thinking　555
초기 조건에 민감한 의존성sensitive dependence on initial conditions　691-692
촉진적 대화facilitative conversation　415
추구 체계drive system　350
추상적 개념화abstract conceptualization　615
추상적인 상위 목표higher order abstract goals　81
친애/자비 중심 코칭affiliation in compassion focused coaching　350-352
친화를 우선으로 하는dominant-friendly coaching　790

ㅋ

카오스 이론chaos theory　642, **642**
카탈루냐 심리학자협회Catalan Psychology Society (COPC)　950
칼 로저스Carl Rogers　234
캔디스 퍼트Candace Pert　388
커리어 코칭career coaching:
　경력 관리career management　647
　관련 이론informing theories　647, **647**
　긴박한 계약 체결pressured contracting　643, **645**, **646**
　도전challenges　636-638
　발전development of　634-635
　사례 연구case study　649-652
　서론introduction to　633-634
　생애 단계 이론life stage theory　639-641, *640*
　요약summary　653
　이론theory of　636-643
　자신감confidence and　641
　적응력과 회복탄력성adaptability and resilience　643
　코치에게 유용coachee benefits　648-649
　프랙티스in practice　643-647
컨설팅 심리학회Society for Consulting Psychology　946
케임브리지 연구 거점(영국)Cambridge Research Hub(UK)　953
켄 윌버Ken Wilber　*617*, 617-618
코치-코치이 관계coach-coachee relationship　90, 454, 776-

777, 781-783
코치이 활동coachee activities　271
코치이의 정신건강mental health of coachees:
　강박 장애obsessive compulsive disorder　887, 892-893
　공황 장애panic disorder and　890-891
　부정적인 사고 유형negative thinking patterns　896
　불안anxiety and　889-890
　사례 연구case study　898-899
　사회 지원 체계social support systems　896
　서론introduction to　885-886
　성격 장애personality disorders　894-895
　수퍼비전supervision　898
　심리 교육psychoeducation　896
　우울증depression and　887-889
　요약summary of　900
　일반적인 정신건강 장애common mental health disorders　886-895
　코칭 vs 심리치료coaching vs. psychotherapy　897
　프랙티스in practice　895-898
코칭 관계coaching relationship:
　감정 그리고 결정적 순간들emotions and critical moments　790-791
　개별적 기여individual contributions to　786-787
　게슈탈트 코칭in gestalt coaching　314
　결과outcomes vs.　777-778
　근거에서 제공된 코칭 관계evidence-informed coaching relationships　779-780
　동맹 분야allied domains　780-782
　맥락context of　792-794
　문헌literature on　776-777
　상담과 심리치료counseling and psychotherapy　780-781
　상호적 발견mutual findings　784-786
　새롭게 떠오른 모델emerging models of　782-783
　서론introduction to　775-776
　스포츠 심리학sport psychology　781-782
　연구research on　777-778
　요약summary　794
　용어 및 사용terminology and usage　778-779
　초기 영향early influences on　776-777
　코치 기여coach contributions to　786-792
　코치이의 필요coachee needs　791
　코칭에 대한 함의coaching implications　791-792
　협력적 기여collaborative contributions　783-784
코칭 기술 자기 효능감 척도Coaching Skills Self-efficacy Scales(CSSES)　64
코칭 능력 (다양성 코칭)competencies for diversity coaching　829-834

코칭 수퍼비전 아카데미Coaching Supervision Academy　925
코칭심리학coaching psychology:
　관련 출판물related publications　966-967
　구성주의 접근들constructive approaches　168-169
　국제적 환경global nature of　24-25, **25**
　규정 환경regulatory landscape of　25-26
　대학-기반 유닛과 센터university-based units/centres　968
　미래future of　30-32, 30
　삶과 일에서 마주하는 개인적 변화individual transitions in life/work　569-571
　서론introduction to　19-20, 21-22, 569
　소크라테스식 방법Socratic method and　22-24
　수퍼비전supervision and　927-928
　시스템 수준에서의 개입system level interventions　571-572
　실존주의 접근들existential approaches　167
　전문 기관professional bodies　771-774, 964-965
　정의defined　26-27
　존재 중심 접근들being focused approaches　167-168
　체계적 관점들systemic approaches　169-170
　프랙티스in practice　28-30, **30**
　행동주의 그리고 인지행동주의 접근들behavioural and cognitive behavioural approaches　165-166
코칭심리학 수퍼비전coaching psychology supervision:
　다른 분야들other areas of　939-940
　사례 연구case study　936-939
　서론introduction to　925-926;
　수퍼바이저supervisors　930
　수퍼바이지supervisees　935
　시스테믹 수퍼비전systemic supervision　*933*, 932-934
　심리학psychology and　930
　역사적 배경historical background　926-923
　요약summary of　940
　의미meaning of　928-930
　이해하기 위한 모델models for understanding　936
　효과적인 사용effective use of　935
코칭심리학 연구research in coaching psycholog:
　결과물outcomes　131-132
　서론introduction to　125-127
　시사점implications of　129-135, *130*
　요약summary of　138-139
　증거 기반 코칭evidence-based coaching　128-129, 135-138
　증거의 본질nature of evidence　128-129
　코칭 상호작용coaching interaction　135
　프로세스 연구process studies　129-130, 133-135
코칭심리학 전문성profession of coaching psychology　771-774, 964-965
코칭심리학과coaching psychology units(CPUs)　952

코칭심리학의 협력 발전collaborative development of coaching psychology   24-25, **25**
코칭 프레즌스coaching presence   502
코칭과 치료 사이의 경계와 구분therapy vs life-coaching psychology   582-583
코칭과 카운셀링 사이의 경계boundaries between coaching and counselling:
　리더십 및 임원 코칭에서 관리management in leadership and executive coaching   738
　명백한 융합explicit amalgamation of   805-806
　문제를 해결하기 위한 많은 동기incentives to resolve the issue of   809-812
　복잡하게complications with   803-805
　서론introduction to   801-802
　자신감과 역량을 초과함exceeding competence and capabilities   808
　풀리지 않은 문제들unresolved issues   806-808
　함의implications of   813-818
　현재의 이해current understanding of   802-809
코칭에서 기술의 역할technology role in coaching:
　대면 코칭face-to-face coaching   875-876
　미래 트렌드future trends   877
　사례 연구case studies   879-881
　서론introduction to   869-870
　요약summary of   881-882, **882**
　운영 관리business management   872-873
　육성 프로세스development process   870-871
　코치 선정coach selection   **872**, 871-872
　코치이에게 유용coachee benefits   878-879
　코칭 윤리ethics of coaching   878
　평가evaluation of   876-877
코칭에서 복잡성 기반 접근complexity perspective on coaching:
　내러티브 기반 개입narrative-based interactions   695
　사례 연구case study   698-700
　서론introduction to   685-687
　성찰적이고 창발적인reflective and emergence nature of   695-697
　어트랙터attractors   690-691
　위상 공간phase space   689
　의사소통적 연결성communicative connectedness   690
　적합도 지형fitness landscape   691
　조직 내 코칭in organisational coaching   707-708
　중심 개념central concepts   687-693
　초기 조건에 민감한 의존성sensitive dependence on initial conditions   691-692
　코치이에게 유용coachee benefits   697
　프랙탈 성질fractality   693
　프랙티스in practice   693-697
　함께 만드는 코칭co-created coaching   694-695
　혼돈의 가장자리 – 혼란스러운 가장자리edge of chaos-chaotic edge   692
코칭에서 심리측정psychometrics in coaching:
　발전development of   846
　사례 연구case study   862-866
　선택choice of   849-850
　수용도acceptability   852
　서론introduction to   845-846
　신뢰도reliability   851
　실용성practicality of   853
　인증 자격 요건accreditation requirements   850
　제삼자by third party   856-857
　주요 개념key concepts   846-849
　진단 범위scope of   850
　코치이에게 유용coachee benefits   861-862
　타당도validity of   851-852
　통찰력 제공creating insight   852
　편향 제거freedom from bias   852
　표준화standardisation   851
　프랙티스in practice   853-856
　효과적인 피드백 세션effective feedback sessions   857-861
코칭에서 심리측정 도구 사용 시ability psychometrics in coaching   849
코칭에서 태도 심리학attitude psychometrics in coaching   848
코칭에서의 심도 있는 작업in-depth work in coaching   806
코칭에서의 작업 동맹working alliance in coaching   152, 268-271, 333, 581, 584, 713, 737-738, 778-795, 783-784
『코칭의 심리학The Psychology of Coaching』   23
콜버그Kohlberg, L.   908

ㅌ

타인과의 조화harmony with other people   412
토마스 한나Thomas Hanna   387
통합integration, defined   330, **331**
통합적 경험 코칭 모델Integrated Experiential Coaching Model   *619*, 618-619
통합적 접근integrated approach to leadership and executive coaching   737
투자 수익률Return on Investment(RoI)   714
특성   651
팀 그리고 그룹 코칭team and group coaching:
　꿈 단계dream stage   756-757
　단계 모델stage models   752

디자인 단계design stage 757
리더십leadership and 753-754
발견 단계discovery stage 755-756
발달development of 749-750
사례 연구case study *760*, 759-764, **763**, **764**
서론introduction to 716, 749
요약summary of 765
운명 단계destiny stage 757-758
이론 및 개념theory and concepts 750-751
코치이에게 유용coachee benefit 758-759
프랙티스in practice 754-758
필요 구조necessary structures 751-752

ㅍ

파토스pathos 127, 130-133, 137
판단중지의 법칙rule of epoché 290
팜팔리스 페이즐리Pampallis Paisley 927
퍼스널 프로젝트personal projects 72
페르난도 플로레스Fernando Flores 369, 387
편견prejudice in coaching 824-825
평가assessment in coaching 194, 269-270
포괄적 통합 프레임워크Universal Integrative Framework(UIF) 430, 433
프랙탈 성질 (복잡성 기반 코칭)fractality in complexity perspective 693
프로세스 연구process studies 130, 133-135
프로이트Sigmund Freud 540, 542
프로티언 경력protean career 636
프리츠 펄스Fritz Perls 302, 309
플로리시flourishing 102
플로리시의 RAW 모델RAW model of flourishing *103*, 103-104
피드백 문화 (다원주의 코칭)feedback culture in pluralistic coaching 271-272
피드백 (심리측정)feedback of psychometrics in coaching 854-856, 857-861
피아제Jean Piaget 904-907
피어 코칭 교육 프로그램Peer Coaching Training Scheme *444*, 444-448, **445**
피터 자리스Peter Zarris 24

ㅎ

하위 수준 목표lower order goals 83
학습 관리 시스템Learning Management Systems 870
학습 목표learning goals 77-78
학습 바퀴learning wheel 432-433, *432*

학습 인프라 구축하기learning intervention in organisational coaching 714
학습에 대한 가정learning assumptions 434
합리적 정서행동치료rational emotive behaviour therapy(REBT) 190, 662
해결 중심 인지행동solution-focused cognitive behavioural psychology 29
해결 중심 코칭solution-focused coaching(SFC):
　SOLUTION(해결) 모델SOLUTION model 460
　기법techniques 666, 668-669
　기적 질문miracle question 462
　능력 추구competence seeking 461
　문제로부터 자유로운 대화problem-free talk 461
　발달 코칭in developmental coaching 601
　발전development of 454-455
　사례 연구case study 465-469
　서론introduction to 29, 154-155, 453-454
　성공success from 77
　세션 이전 변화pre-session change 461
　세션 전후 과제between-session tasks 463
　예외 구축exceptions 461-462
　이론 및 개념theory and concepts 456-459
　재구성reframing 464
　척도scaling 463
　코치이에게 유용coachee benefits 464-465
　편지 쓰기letter writing 464
　프랙티스in practice 459-464
　피드백feedback 463--464
　효과effectiveness of 197-198
해석학적 구성주의 가정hermeneutic constructionist assumption 434
해석현상학적 분석Interpretative Phenomenological Analysis(IPA) 151
행동 (리더십)behaviour in leadership 729-730
행동 성찰 기술reflection-in-action 695-697
행동 실험 (인지행동 코칭)behavioural experiments in cognitive behavioural coaching 208-209
행동 영역landscape of action 435
행동 전략들 (인지행동 코칭)behavioural strategies in cognitive behavioural coaching 208
행동 지향 접근action-oriented approach to coaching 834, 72-75
행동 후 재검토 수퍼비전After Action Review(AAR) supervision 931
행동주의 4단계 코칭 모델four-stage coaching model 180, **181**
행동주의 코칭behavioural coaching:
　4단계 코칭 모델four-stage coaching model 180-181, **181**
　GROW 코칭 모델GROW coaching model 154, 173, **177**, 177-180
　발달development of 99

발달 코칭development coaching and　596
사례 연구case study　183-185
서론introduction to　173
이론과 기본 개념들theory and basic concepts　174-176
코치이에게 유용coachee benefits　181-182
코칭심리학coaching psychology　165-178
프랙티스in practice　176-180
현사실성facticity　287
현상학적 방법phenomenological method　290, 305-309, 431
협력 학습collaborative learning　434
협력적 기여collaborative contributions in coaching relationship　783-784
헤라클레이토스Heraclitean legacy　309

헤브 규칙Hebb rule　475-477
호주 심리학 협회Australian Psychological Society(APS)　24
호주 심리학 회의 코칭심리학 이익단체Australian Psychological Society Interest Group on Coaching Psychology (APS IGCP)　98
혼돈의 가장자리-혼란스러운 가장자리edge of chaos-chaotic edge　692
혼란스러운 가장자리chaotic edge　692
화행이론speech act theory　368
환경-자동적-인과 관계eco-auto-causality　687
회피 목표avoidance goals　75, 76, 88, 342
훌리오 올라야Julio Olalla　369, 372
흥미interest psychometrics in coaching　849

색인　987

역자 소개

강준호

서울대 원자핵공학과를 졸업하고 Mercer, IBM, HCG에서 HR 컨설턴트로 활동했다. 이후 CJ 그룹에서 인사 업무를 수행했다. 현재는 글로벌 게임개발/퍼블리싱 회사인 KRAFTON에서 인사 부문장으로 근무 중이다. 과거 리더십/커리어 코칭 프로그램 개발 참여 및 사내 코치로 활동했으며, 버트 헬링거 박사의 컨스텔레이션 퍼실리테이터 경험을 보유하고 있다. 역서로는 『리더의 속살: 추악함, 사악함, 기괴함에 관한 글』(2023), 『경영자의 마음: 리더십, 인생, 변화에 관한 명상록』(2023) 등이 있다. 이메일: nyaong001@gmail.com

김태리

한국코치협회 인증 코치KAC이며, 에니어그램 및 MBTI 강사이다. 어른이 되어서도 아직 세상이 어색하기만 한 자신을 스스로 이해하고 정서적으로 재양육하고자 심리학과 코칭을 공부하고 있다. 서울대학교 대학원에서 국제학, 호주 시드니대학교에서 인권 전공으로 각각 석사를 취득하였고, 서울대학교 글로벌교육협력 박사과정을 수료하였다. 현재 대전과학산업진흥원 선임연구원으로 재직 중이다. 역서로 『코로나 시대의 정신분석적 임상』(공역, 2022)이 있다. 이메일: greenyears@naver.com

김현화

연세대학교에서 상담코칭학으로 박사학위를 받았으며, 현재 연세대학교 심리상담센터 전임 상담원으로 재직 중이다. 주요 역서로는『코칭심리학: 응용 가능한 11가지 심리학적 접근』(공역, 코쿱북스, 2016), 『속성경험적 역동심리치료 AEDP』(공역, 학지사, 2022)가 있고, 주요 논문으로는 「1인 가구 40, 50대 비혼여성의 관계성에 관한 현상학 연구」(인문사회21, 2022)가 있다. 이메일: hankful@yonsei.ac.kr

신혜인

연세대학교 상담코칭학 전공 석사과정을 졸업했으며, 한국코칭협회 인증 전문코치[KPC]이다. 청소년, 대학생, 청년을 대상으로 하는 진로 코칭, 라이프 코칭과 상담과 강의를 주요 전문 영역으로 하고 있다. 이메일: sviki0723@gmail.com

감수 김상복

한국코칭수퍼비전아카데미[supervision.co.kr] 대표이며, 한국코칭협회(KSC_2011), 국제코칭연맹(PCC_2012) 코치이다. 기업·공공조직·비영리조직 Owner와 CEO, 임원, 전문직(창작, 의료, 법률)을 대상으로 코칭하며, 이들의 자기 강화, 성격 성찰, 리더십 승계, 중년 위기관리, 커플관계, 생애 개발 등을 주요 주제로 다룬다. 이메일: newlifecreator@gmail.com

발간사

호모코치쿠스 45.
코칭심리학: 실천 연구자를 위한 안내서

근거 기반 코칭을 세계적으로 선도해 온 『코칭심리학Handbook of Coaching Psychology 2nd』을 코치들과 공유할 수 있어 매우 기대된다. 2016년에 출판된 제1판이 호평을 받아 왔지만, 이후 전면 개정하고 내용이 확대되어 새롭게 나온 지 몇 해가 되었다. 다만 여러 가지 사정으로 늦게 선보이게 되어 아쉬움과 독자에게 죄송한 마음이다.

  이 책은 이어서 출판될 『현대 코칭의 이론과 실천The SAGE Handbook of Coaching』과 한 쌍으로 같이 살펴보도록 기획되었다. 두 책을 함께 보면 현재 코칭 관련 연구 성과와 쟁점, 향후 실천 및 연구 방향에 좋은 안내가 될 것이다. 특히 대학원 수업이나 더 깊은 연구를 원하는 코치들에게 두 책이 제시한 내용과 자료는 앞으로 나갈 수 있는 지렛대가 될 것으로 믿는다.

  코칭은 임상 현장의 '실천에 근거한 이론화'와 '이론에 근거한 실천 활동' 두 방향에서 오는 긴장과 (진영 내) 토론을 통해 발전해야 한다. 이를 위해서는 무엇보다 먼저 실천 활동에 기반을 둔 연구 활동이 더욱 활발해져야 한다. 특히 일대일 코칭, 코칭으로 기획된 팀/그룹 코칭, 코칭 수퍼비전의 현장 실천 경험이 체계적으로 정리되고 동료 성찰이 이뤄지는 실천적 연구 활동이 절실하다. 이 같은 활동은 코칭 문화 보급을 위한 교육 (강사) 활동이나 코치 양성과 훈련을 위한 교육활동과는 다른 영역이다. 실천 및 경험 기반 코칭의 이론화 작업은 근거 기반 코칭 연구에 선행하는 코칭 출현의 중요한 특징이라 해도 과언이 아니다. 그렇지만 '코칭 이론에 근거한 실천 활동'은 코칭을 독립 학문 및 실천 분야로 확립하고 코칭의 질적 발전을 위해 필수적인 작업이다. 이론 습득을 강조하고 실천에 근거한 이론 연구를 검토해야 하는 이유는 무엇인가? 그것은 코칭은 단순한 '구조활동'이나 '남을 돕는 조력 활동'에 머무는 것에 있지 않기 때문이다.

코칭은 그 일부가 구조나 조력 활동으로 시작할지라도 자기 자신의 가능성과 잠재력에 주목하고 그 스스로 진정한 그 자신이 되는, 자기 삶을 사는 오너십을 갖추는 것, 〈인간화, 인간-됨〉에 함께 하는 성스러운 작업이다. 당연히 코치에게는 〈자기 경험과 삶에 대한 성찰〉을 통해 코치이와 진정한 〈관계 맺음〉이 모든 것에 앞선 전제이다. 코치가 자신기 경험과 삶을 통틀어 성찰하는 과정을 통해 스스로 변화하는 코치-됨의 여정에서 진정한 관계 맺음이 구현될 때 코칭 고객은 스스로 〈코칭 주체〉가 된다. 인식의 껍질이나 희망으로 점철된 자기 개발 방법을 '알고-감탄'하는 수준에 머물기보다는 가능성과 잠재력에 도전하고 온갖 방해 속에서도 '완전하지 않을 수 있는 용기'를 갖고 자기-됨, 오너십을 갖게 된다.

코치의 성찰을 자기 경계로까지 이끌고 경계 넘어 새로운 인식과 자각의 지평을 자극하는 것이 코칭 철학이요, 시각을 확대하고 시선을 고정하면서도 유연하게 걷게 하는 것이 엄밀한 정리로 구성된 코칭 이론이다. 그러므로 성찰 안에서 실천하는 코치에게는 (코칭) 실천의 열 걸음이 (코칭) 이론의 한 문장으로 정리되고, 코칭 이론의 한 문장이 실천을 위한 열 걸음을 가게 한다. 이론의 견고함은 실천의 유연성을 담보하고, 실천의 유연성은 이론적 성찰에서 온다.

호모코치쿠스 45번째 디딤돌인 『코칭심리학』은 임상심리학의 모든 성과에 기반을 두고 현 단계 코칭심리학의 모든 영역을 정립하고, 코칭 현장에서 제기될 수 있는 모든 주제의 연구 성과를 정리한다. 주제별로 기존 연구 현황 안내와 한계를 적시하고, 필요한 자료를 정리했다. 오늘날 연구 주제의 연구 현황과 흐름을 알기 위해서는 2019년 이후의 자료만 추가로 참조해도 될 정도이다. 많은 활용을 기대한다.

이 책의 출판이 늦어져서 역자들에게 죄송한 마음이다. 특히 일찍 자기 몫을 해준 분, 이런 저런 이유로 중간에 손을 놓게 된 분들, 뒤늦게 참여해 마무리를 해준 분들에게 모두 감사를 드린다. 마지막 원고 검토와 색인 작업에 큰 도움을 준 신혜인 코치, 디자인, 교정에 참여해 주신 이상진, 정익구 코치에게도 감사드린다.

백화가 만발해야 봄이 오듯, 코칭 이론의 성숙, 코칭 실천 연구의 활성화를 기대하며, 특히 코칭 연구와 학습의 장에서 모든 주제가 활발하게 다뤄졌으면 한다.

2023년 12월 광화문 우거에서
발행인, 코치 김상복

호모코치쿠스

코칭 튠업 21
: ICF 11가지 핵심 역량과 MCC 역량

김상복 지음

뇌를 춤추게 하라
: 두뇌 기반 코칭 이론과 실제
Neuroscience for Coaching

에이미 브랜 지음
최병현, 이혜진 옮김

마음챙김 코칭
: 지금-여기-순간-존재-하기
Mindful Coaching

리즈 홀 지음
최병현, 이혜진, 김성익, 박진수 옮김

코칭 윤리와 법
: 코칭입문자를 위한 안내
Law & Ethics in Coaching

패트릭 윌리암스, 샤론 앤더슨 지음
김상복, 우진희 옮김

조직을 변화시키는 코칭 문화
How to create a coaching culture

질리안 존스, 로 고렐 지음
최병현, 이혜진 외 옮김

내러티브 상호협력 코칭
: 3세대 코칭 방법론
A Guide to Third Generation Coaching:
Narrative-Collaborative Theory and Practice

라인하드 스텔터 지음
최병현, 이혜진 옮김

임원코칭의 블랙박스
Tricky Coaching

맨프레드 F. R. 케츠 드 브리스 외 편집
한숙기 옮김

마스터 코치의 10가지 중심 이론
Mastery in Coaching

조나단 패스모어 편집
김선숙, 김윤하 외 옮김

코칭·컨설팅
수퍼비전의 관계적 접근
Supervision in Action

에릭 드 한 지음
김상복, 조선경, 최병현 옮김

정신역동과 임원코칭
: 현대 정신분석 코칭의 기초1
Executive Coaching:
A Psychodynamic Approach

캐서린 샌들러 지음
김상복 옮김

수퍼비전
: 조력 전문가를 위한 일곱 눈 모델
Supervision in the Helping Professions

피터 호킨스, 로빈 쇼헤트 지음
이신애, 김상복 옮김

코칭 프레즌스
: 코칭개입에서 의식과 자각의 형성
Coaching Presence: Building Consciousness
and Awareness in Coaching Interventions

마리아 일리프 우드 지음
김혜연 옮김

멘탈력
정신적 강인함에 대한 최초의 이론적 접근
Developing Mental Toughness: Coaching strategies to improve performance, resilience and wellbeing

더그 스트리챠크직, 피터 클러프 지음
안병욱, 이민경 옮김

코치 앤 카우치
Coach and Couch

맨프레드 F.R. 케츠 드 브리스 외 지음
조선경, 이희상, 김상복 옮김

리더의 정치학
: 조직개혁과 시대전환을 위한 창발 리더십 모델
Leading Change: How Successful Leaders Approach Change Management

폴 로렌스 지음
최병현, 윤상진, 이종학, 김태훈, 권영미 옮김

고용 가능성
고용+가능성 업그레이드 전략
Developing Employability and Enterprise: Coaching Strategies for Success in the Workplace

더그 스트리챠크직, 샬롯 보즈워스 지음
조현수, 최현수 옮김

게슈탈트 코칭
바로 지금 여기
Gestalt Coaching: Right here, right now

피터 브루커트 지음
임기용, 이종광, 고나영 옮김

강점 기반 리더십 코칭
: 조직 내 긍정적 리더십 개발을 위한 가이드
Strength_based leadership Coaching in Organization An Evidence based guide to positive leadership development

덕 매키 지음
김소정 옮김

영화, 심리학과 라이프 코칭의 거울
The Cinematic Mirror for Psychology and Life Coaching

메리 뱅크스 그레거슨 편저
앤디 황, 이신애 옮김

영웅의 여정
자기 발견을 위한 NLP 코칭
The Hero's Journey: A voyage of self-discovery

스테판 길리건, 로버트 딜츠 지음
나성재 옮김

VUCA 시대의 조직 문화와 피어코칭
Peer Coaching at Work

폴리 파커, 팀 홀, 캐시 크램, 일레인 와서먼 지음
최동하, 윤경희, 이현정 옮김

정신역동 마음챙김 리더십
: 내면으로의 여정과 코칭
Mindful Leadership Coaching : Journeys into the interior

맨프레드 F.R. 케츠 드 브리스 지음
김상복, 최병현, 이혜진 옮김

실존주의 코칭 입문
: 알아차림·용기·주도적 삶을 위한 철학적 접근
An Introduction to Existential Coaching

야닉 제이콥 지음
박신후 옮김

공감으로 완성하는 코칭
: 평범함에서 탁월함으로
Coaching with Empathy,

앤 브록뱅크, 이안 맥길 지음
김소영 옮김

내러티브 코칭
: 새 스토리의 삶을 위한 확실한 가이드
Narrative Coaching: The Definitive Guide to Bringing New Stories to Lif

데이비드 드레이크 지음
김상복, 김혜연, 서정미 옮김

시스템 코칭
: 개인을 넘어 가치로
Systemic Coaching: Delivering Value Beyond the Individual

피터 호킨스, 이브 터너 지음
최은주 옮김

시스템 코칭과 컨스텔레이션
개인, 팀 및 그룹에 대한 원칙, 실천 및 적용
Systemic Coaching & Consitellations

존 휘팅턴 지음
가향순, 문현숙, 임정희, 홍삼렬, 홍승지 옮김

유연한 조직이 살아남는다
포스트 코로나 시대
뉴노멀이 된 유연근무제
Flexible Working

젬마 데일 지음
최병현, 윤재훈 옮김

쿼바디스
: 팬데믹 시대, 죽음과 리더의 실존적 도전
QUO VADIS?: The Existential Challenges of Leaders

맨프레드 F. R. 케츠 드 브리스 지음
고태현 옮김

단일 회기 코칭과 비연속 일회성 코칭
: 30가지 고유한 특징
Single-Session Coaching and One-At-A-Time Coaching: Distinctive Features

윈디 드라이덴 지음
남기웅, 안재은 옮김

ADHD 코칭
: 정신건강 전문가를 위한 가이드
ADHD Coaching: A Guide for Mental Health Professionals

프란시스 프레벳, 아비가일 레브리니 지음
문은영, 박한나, 가요한 옮김

글로벌 코치 되기
: 코칭 역량과 ICF 필수 가이드
Becoming a Coach

조나단 페스모어, 트레이시 싱클레어 지음
김상학 옮김

10가지 코칭 주제와 사례 연구
: 20개 사례, 40개 논평, 720개 주석,
  19개 실습 사례
Complex Situations in Coaching

디마 루이스, 폴린 파티엔 디오숑 지음
김상복 옮김

인지행동 코칭
: 30가지 고유한 특징
Cognitive Behavioural Coaching: Distinctive Features

마이클 니난 지음
엘리 홍 옮김

코칭과 트라우마
: 생존 자기를 넘어 나아가기
Coacjing and Trauma

줄리아 본 스미스 지음
이명진, 이세민 옮김

리더십 팀 코칭
: 변혁적 팀 리더십 개발을 넘어
Leadership Team Coaching

피터 호킨스 지음
강하룡, 박정화, 박준혁, 윤선동 옮김

코칭과 정신 건강 가이드
: 코칭에서 심리적 과제 다루기
A Guide to Coaching and Mental Health:
The Recognition and Management of Psychological Issues

앤드류 버클리, 캐롤 버클리 지음
김상복 옮김

팀 코칭 이론과 실천
팀을 넘어 위대함으로
The Practitioner's handbook of TEAM COACHING

데이비드 클러터벅, 주디 개넌 편집
강하룡, 박순천, 박정화, 박준혁,
우성희, 윤선동, 최미숙 옮김

리더의 속살
: 추악함, 사악함, 기괴함에 관한 글
Leadership Unhinged: Essays on the Ugly, the Bad, and the Weird

맨프레드 F. R. 케츠 드 브리스 지음
강준호 옮김

생의 마지막 여정을 돕는
웰다잉 코칭
Coaching at End of Life

돈 아이젠하워, J. 발 헤이스팅 지음
정익구 옮김

정신역동 코칭
: 30가지 고유한 특징
– 현대 정신분석 코칭의 기초2
Psychodynamic Coaching: Distinctive Features

클라우디아 나겔 지음
김상복 옮김

리더의 일상적 위협
: 모래 늪에서 허우적거릴 때 살아남는 방법
The Daily Perils of Executive Life: How to Survive When Dancing on Quicksand

맨프레드 F. R. 케츠 드 브리스 지음
고태현 옮김

경영자의 마음
: 리더십, 인생, 변화에 대한 명상록
The CEO Whisperer: Meditations on Leadership, Life, and Change

맨프레드 F. R. 케츠 드 브리스 지음
강준호 옮김

리더십 팀 코칭 프랙티스(3판)
: 매우 효과적인 팀을 만드는 사례 연구
Leadership Team Coaching in Practice: Case studies on creating highly effective teams

피터 호킨스 편저
강하룡, 박정화, 윤선동, 최미숙 옮김

코칭심리학(2판)
실천 연구자를 위한 안내서
Handbook of Coaching Psychology

스티븐 팔머, 앨리슨 와이브로우 편저
강준호, 김태리, 김현화, 신혜인 옮김

(출간 예정)

코칭 이론과 실천
The SAGE Handbook of Coaching

타티아니 바치키로바, 고든 스펜스,
데이비드 드레이크 편저
김상복, 윤순옥, 한민아, 한선희 옮김

정신역동 코칭의 이해와 활용
: 현대 정신분석 코칭의 기초 2
Psychodynamic Coaching: focus & depth

울라 샤롯데 벡 지음
김상복 옮김

임원코칭
: 시스템 - 정신역동 관점
- 현대 정신분석 코칭의 기초 3
Executive coaching: System-psychodynamic perfective

하리나 버닝 편집
김상복 옮김

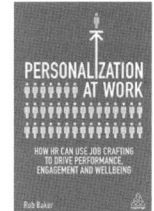

잡크래프팅
Persnalization at Work

롭 베이커 지음
김현주 옮김

팀 코치 되기
: 팀 코칭 가이드
Coaching the Team at Work: The definitive guide to team coaching

데이비드 클러터벅 지음
아시아상담코칭학회 옮김

팀 코칭 도구 모음
: 55가지 도구와 기술
The Team Coaching Toolkit: 55 Tools and Techniques for Building Brilliant Teams

토니 르웰린 지음
박순천, 박정화, 윤선동 옮김

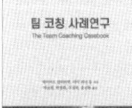

팀 코칭 사례연구
The Team Coaching Casebook

데이비드 클러터벅, 타미 터너 외 지음
박순천, 박정화, 우성희, 윤선동 옮김

관계 중심 팀 코칭
Relational Team Coaching

에릭 드한, 도로시 스토펠시 편저
김상복 외 옮김

코칭수퍼비전의 이론과 모색
Coaching and Mentoring Supervision: Theory and Practice

타티아나 바키로버, 피터 잭슨,
데이빗 클러터벅 지음
김상복, 최병현 옮김

인지행동 기반 라이프코칭
Life Coaching: A Cognitive behavioural approach

마이클 니난, 윈디 드라이덴 지음
정익구 옮김

수퍼바이지와 수퍼비전
: 수퍼비전을 위한 가이드
Being Supervised A Guide for Supervision

에릭 드 한, 윌레민 레구인 지음
한경미, 박미영, 신혜인 옮김

호모스피릿쿠스

나르시시스트와 직장생활하기
Narcissism at Work: Personality Disorders of Corporate Leaders

마리 린느 제르맹 지음
문은영, 가요한 옮김

정신분석 심리치료의 기본과 실천
: 정신분석·지지적 심리치료와의 차이

아가쯔마 소우 지음
최영은, 김상복 옮김

조력 전문가를 위한
공감적 경청
共感的傾聽術
:精神分析的に"聽く"力を高める

고미야 노보루 지음
이주윤 옮김

코로나 시대의 정신분석적 임상
'만남'의 상실과 회복
コロナと精神分析的臨床

오기모토 카이, 키타야마 오사무 편집
최영은, 김태리 옮김

트라우마와 정신분석적 '접근'
핵심 이론과 일곱 가지 사례
トラウマの精神分析的アプローチ

마쓰기 구니히로 편집
김상복 옮김

라캉 정신분석 치료
이론과 실천의 교차점
ラカン派精神分析の治療論

아가사가 가즈야 지음
김상복 옮김

코칭 하이브리드

영화처럼 리더처럼
: 크고 작은 시민리더 이야기

최병현, 김태훈, 이종학,
윤상진, 권영미 지음

마음챙김 코칭
: WHO에서 실행까지
Mindfulness Coaching: Have Transformational Coaching Conversations and Cultivate Coaching Skills Mastery

사티암 베로니카 찰머스 지음
김종성, 남관희, 오효성 옮김

사랑하는 사람의 상실로
슬픈 나를 위한 셀프 코칭
슬픈 나를 위한 코칭

돈 아이젠하워 지음
안병욱, 이민경 옮김

고통의 틈 속에서 아름다움 찾아내기
: 슬픔과 미망인의 여정에 대한 회고

펠리시아 G Y 램 지음
강준호 옮김

코칭 A to Z

누구나 할 수 있는 코칭 대화 모델
: GROW_candy 모델 이해와 활용

김상복 지음

세상의 모든 질문
: 아하에서 이크까지, 질문적 사고와 질문 공장

김현주 지음

첫 고객·첫 세션 어떻게 할 것인가
(1) 윤리적 가이드라인과 전문가 기준에 의한 고객 만남
(2) 코칭 계약과 코칭 동의 수립하기

김상복 지음

코칭방법론
: 조직 운영과 성과 리더십 향상을 돕는 효과성 코칭의 틀

이석재 지음

코치 100% 활용하는 법
: 코칭을 만난 당신에게

김현주, 박종석, 박현진, 변익상,
이서우, 정익구, 한성지 지음

(코쿱북스)

코칭의 역사
Sourcebook Coaching History

비키 브록 지음
김경화, 김상복 외 15명 옮김

101가지 코칭의 전략과 기술
: 젊은 코치의 필수 핸드북
101 Coaching Strategies and Technique

글래디나 맥마흔, 앤 아처 지음
김민영, 한성지 옮김

리더십을 위한 코칭
Coaching for Leadership

마샬 골드 스미스,
로렌스 라이언스 외 지음
고태현 옮김

집필자 모집

- 멘토링 기반 코칭 방안과 사례 연구
- 컨설팅 기반 코칭 방안과 사례 연구
- 조직개발 코칭 방안과 사례 연구(일대일 또는 그룹 코칭)
- 사내 코치 활동 방안과 사례 연구
- 주제별·대상별 시네마 코칭 방안과 사례 연구
- 시네마 코칭 이론과 실천 방안 연구
- 아들러 심리학 기반 코칭 방안과 사례 연구
- 코칭 기획과 사례 개념화(중심 이론별 연구)
- 코칭에서 은유와 은유 질문
- '갈굼과 태움', 피해·가해자 코칭
- 미루기 코칭 이해와 활용
- 코치의 젠더 감수성과 코칭 관계 관리
- 정서 다루기와 감정 관리 코칭 및 사례 연구
- 코칭 장場field·공간과 침묵
- 라이프 코칭 핵심 과제와 사례 연구(청년 및 중년)
- 커리어 코칭 핵심 과제와 사례 연구(청년 및 중년)
- 노년기 대상 라이프 코칭 방안과 사례 연구
- 비혼·혼삶 라이프 코칭 방안과 사례 연구
- 코칭 스킬 총정리와 적용 사례
- 부모 리더십 코칭과 사례 연구(양육자 연령별)
- 코칭 이론 기반 코칭 방안과 사례
- 커플 코칭 방안과 사례
- 의식확장과 영성코칭
- 군 리더십 코칭
- 코칭 ROI 연구

▣ 동일 주제라도 코칭 대상과 방식, 코칭 이론별 집필이 가능합니다.
▣ 최소 기준 A4 기준 80페이지 이상. 코칭 이론과 임상 경험 집필 권장합니다.
▣ 편집위원회와 관련 전문가 심사로 선정됩니다.
▣ 선정 원고는 인세를 지급하며, 무료로 출판합니다.

 호모코치쿠스 45

코칭심리학
실천 연구자를 위한 안내서

초판 1쇄 발행   2023년 12월 28일

펴낸이	김상복
지은이	스티븐 팔머, 앨리슨 와이브로우 등
옮긴이	강준호, 김태리, 김현화, 신혜인
감　수	김상복
편　집	정익구
디자인	이상진
제작처	비전팩토리
펴낸곳	한국코칭수퍼비전아카데미
출판등록	2017년 3월 28일 제2018-000274호
주　소	서울시 마포구 포은로 8길 8. 1005호

문의전화 (영업/도서 주문) 카운트북
　　　　전화 | 070-7670-9080   팩스 | 070-4105-9080
　　　　메일 | countbook@naver.com
　　　　편집 | 010-3753-0135
　　　　편집문의 | hellojisan@gmail.com 010-3753-0135
www.coachingbook.co.kr
www.facebook.com/coachingbookshop

ISBN 979-11-89736-48-4
책값은 뒤표지에 있습니다.